DICTIONARY OF
MEDIEVAL LATIN
FROM BRITISH SOURCES

FASCICULE XII

Pos–Pro

DICTIONARY OF
MEDIEVAL LATIN
FROM BRITISH SOURCES

Fascicule XII   Pos–Pro

PREPARED BY

D. R. HOWLETT, M.A., D.Phil., F.S.A.

With the assistance of

T. CHRISTCHEV, M.A.

T. V. EVANS, Ph.D.

P. O. PIPER, M.A., A.M., Ph.D.

and C. WHITE, M.A., D.Phil.

UNDER THE DIRECTION OF A COMMITTEE
APPOINTED BY THE BRITISH ACADEMY

Published for THE BRITISH ACADEMY
by OXFORD UNIVERSITY PRESS

Oxford University Press, Great Clarendon Street, Oxford OX2 6DP

Oxford New York

Auckland Cape Town Dar es Salaam Hong Kong Karachi
Kuala Lumpur Madrid Melbourne Mexico City Nairobi
New Delhi Shanghai Taipei Toronto

With offices in

Argentina Austria Brazil Chile Czech Republic France Greece
Guatemala Hungary Italy Japan Poland Portugal Singapore
South Korea Switzerland Thailand Turkey Ukraine Vietnam

Published in the United States
by Oxford University Press Inc., New York

British Library Cataloguing in Publication Data
Data available

Library of Congress Cataloging in Publication Data
Data available

Typeset by John Waś, Oxford
Printed and bound in Great Britain by
CPI Antony Rowe, Chippenham, Wiltshire

ISBN 978-0-19-726436-2

PREFACE TO FASCICULE XII

Fascicule XII continues the steady advance in production of the Dictionary, made possible by the generous financial support of the Packard Humanities Institute, the Arts and Humanities Research Council, and the British Academy, and support from the Faculty of Classics and housing by the Bodleian Library of the University of Oxford. It is a pleasure to thank for continuing invaluable services P. G. W. Glare as Consulting Editor and Pamela Armstrong Catling as Editorial Assistant and to welcome as Assistant Editors Dr Shelagh Sneddon and Mrs Kathrin Korn. We thank also Dr Bonnie Blackburn, F.B.A., for help with musical entries, Mr Andrew Gray, Mr Alan Piper, Dr Jacques Paviot, Mr David Rymill, and Dr Ann McVeigh for verification of quotations from archives in Durham, Paris, Winchester, and Belfast, and members of staff of the Bodleian Library, the British Library, and the National Archives for help and access to primary sources. We note with regret the death of Dr Geoffrey Martin, Keeper of the Public Records 1982–8 and a former member of the supervising committee.

J. N. Adams

mere ~ium intendens *Ch. Sal.* 89; **1231** intendando [*sic*] contra eum ~ium *BNB* II 419; c**1231** petit .. decimas garbarum in villa de C. .. quas .. injuste percipitis, eo quod de jure pertinent ad ecclesiam suam .. et intendit ~ium et petitorium .. super hiis intendens ~ium et petitorium *Reg. Malm.* I 388; **1235** peto .. eadem michi .. adjudicari, intentans ~ium quod est recuperande possessionis et petitorium *Reg. S. Thom. Dublin* 293 p. 248; s**1238** data est sententia pro eis, tam de petitorio quam de ~io M. PAR. *Maj.* III 480; **1287** in istis ~iis ubi restitutio mulieris vel viri petitur, aliud quam in aliis ~iis de rebus corporalibus et temporalibus observatur PECKHAM *Ep.* 677 p. 941.

2 (eccl. & mon.) that has possessions, properties (of monastic order, as dist. from the friars).

postquam tractavit de illis qui in religione ~ia sui ordinis professionem offendunt, dicendum est jam de hiis qui errant in ordine fratrum mendicancium GOWER *VC* IV p. 185 *tit*.

3 (gram.) that expresses or indicates possession.

cum genitivus casus proprie ~ius sit, quia ejus est possidere, cujus est generare *Ps.*-GROS. *Gram.* 66; si sub intencione possessionis construatur, erit construccio ~ia BACON XV 120; si dicatur sic .. 'capa est illius' et hujusmodi, .. ista sunt ~ia .. cum ergo eadem construccio non est partitiva et ~ia nulla istarum erit partitiva *Ib.* 132.

4 (one's) own.

repulsus est ad priora refugia ut curaretur et populus hereditarii ac ~ii loci translatae dominae ammoneretur GOSC. *Lib. Mild.* 6.

possetenus v. posse.

possibilis [CL]

1 (usu. log. or phil.) able to exist or to come into being, possible, potential; **b** (w. inf. or acc. & inf). **c** (as sb. n.) possible or potential thing, possibility.

cogantur ea .. declarare si hoc eis sit ~e BRACTON f. 186; intellectus ~is vocatur qui est in potentia ad scientiam et non habet eam de se BACON *Tert.* 74; diversificatur tamen potencia intellectus agentis et intellectus ~is KNAPWELL *Not.* 187; non est ~e, quod nature est contrarium *Flor. Hist.* I 120; foret .. dubitandum vel distinguendum cum non sit ~ior pertinens responsio WYCL. *Ver.* I 285; omnibus viis ac modis sibi ~ibus ELMH. *Cant.* 207. **b** omnis pyramis cujus basis triangulus ~is est ab eo dividi duas pyramides equales ADEL. *Elem.* XII 3; in omnibus possibilibus impediri ~is est casus et fortuna BACON VIII 9 (v. et. 1c infra); de membris istius distinccionis non duxi exemplificandum ad presens: per ipsam tamen multe objecciones ~es fieri possunt excludi OCKHAM *Pol.* I 336. **c** siquidem existentium quam ~ium facilior est assignatio J. SAL. *Met.* 871B; jam enim nequaquam contingens ~i comparatur *Ib.* 901A; BACON VIII 91 (v. 1b supra); ~e logicum est modus composicionis formate ab intellectu cujus termini non includunt contradiccionem .. ~e reale est quod accipitur ab aliqua potencia in re sicut a potencia inherente alicui DUNS *Ord.* II 282; si est ex se possibile esse ergo necesse esse ex se componitur ex ~i *Ib.* IV 160; omne ~e Deus perfecte cognoscit *Ziz.* 10.

2 (impers., *~e est*) it is possible; **b** (w. inf. or acc. & inf.). **c** (w. *quod* or *ut* & subj.).

at illi, quantum humanae naturae ~e est .. GILDAS *EB* 17; cum eis gentibus que nos et vita et regno privare, si esset ~e, volebant W. MALM. *GR* II 183; **1309** (1435) quantum in nobis est et est nobis pocibile *CalPat* 460. **b** futurus .. participii activi .. suggerit consequentiam cujusdam competentis ordinis condicionaliter, ut vix ~e sit alterum fieri nisi alterum precesserit ABBO *QG* 19 (42); quoniam .. hoc facere mihi nunc ~e non est .. ANSELM (*Ep.* 312) V 239; non est ~e naturam aeternitatis pluralitatem admittere *Id.* (*Incarn. B* 15) II 33; nec per aliud ~e est tales esse plures naturas *Id.* (*Mon.* 4) I 17; licet .. ~e sit albere gentem Ethiopum speciemque cignorum nigrescere .. J. SAL. *Met.* 901B. **c** **799** aut si ~e est ut quemlibet de humiles vestros [*sic*] nobis .. dirigatis *Ep. Alcuin.* 183 p. 308; semper .. ~e est quod homo peniteat dum vivit T. CHOBHAM *Praed.* 178.

3 possible (as not being prohibited by law).

illud quod tunc erat ~e secundum leges tunc institutas nunc non est ~e secundum legem jam institutam, licet absolute sit possibile OCKHAM *Quodl.* 586.

possibilitare [cf. CL possibilis, LL possibilitas+-are], to render possible (in quot. w. *ad* & acc.).

nec mala societas ~at ad dampnacionem, nec mors graciam predestinacionis inducit .. WYCL. *Civ. Dom.* I 373.

possibilitas [LL]

1 state or condition of being able to exist or come into being, possibility, potentiality (also log. or phil.).

hec ipsa .. ~as eveniendi .. rerum facilitati, quo .. moveri possunt, convenienter ascribitur J. SAL. *Pol.* 445C; episcopus, quotiens ~ati ratio concurrit, missas celebrare nullo tempore pretermisit AD. EYNS. *Hug.* V 15 p. 181; quorum adventum .. cognoscens, et de ~ate resistendi diffidens, decrevit utilius fore pacem ab eis querere, quam illos ad arma in sui perniciem provocare M. PAR. *Maj.* I 434; docet experientias totius ~atis nature et artis BACON *Tert.* 44; quando anima ei [caritati] subjecta a ~atis confusione sub accidente ejusdem caritatis reducitur KNAPWELL *Not.* 187.

2 ability, capability. **b** (*pro ~ate* or sim.) to the extent of one's power.

pollicens ei ~atis Dei fuisse cito sibi rem perditam recuperari [v. l. recuperare], si fides eorum non titubasset FELIX *Guthl.* 40 p. 126; ut sint multi mundo corde et juxta humanae ~atis modum puri a peccato BEDE *Prov.* 996; ut quod ~as [AS: *mægi* vel *mæhto*] nostra non optinet ejus nobis intercessione donetur *Rit. Durh.* 82; **998** ut quod nostra ~ate consequi nequimus eorum nobis suffragio posse donari speremus *Ch. Roff.* 32 p. 42. **b** ut .. aliis instanter suarum pro ~ate virium praedicaret WILLIB. *Bonif.* 6 p. 28; **786** cum omni devotione juxta ~atem virium suarum *Ep. Alcuin.* 3 p. 27; **802** eum .. adjuvetis secundum ~atem vestram ALCUIN *Ep.* 259 p. 417; secundum ~atem suam aut ante distribuit aut sequenti tempore erogare proposuit ASSER *Alf.* 102; quia pro me orare pro ~ate tua non desinis ANSELM (*Ep.* 232) IV 138.

possibiliter [LL]

1 according to what is possible, possibly.

possibilis .. unde ~iter adverbium OSB. GLOUC. *Deriv.* 515; s**1456** pericula .. verisimiliter sive ~iter affutura *Reg. Whet.* I 223.

2 as far as possible.

1404 quia omnia .. scripti serie .. non poterunt explicari, magistrum W. .. transmitto ~iter informatum *Conc.* III 280b.

possidere [CL], **possedere**

1 to have in one's control, hold, occupy, (sts. pr. ppl. as sb.) holder, occupant: **a** (country or territory); **b** (office or seat of power, also in fig. context); **c** church; **d** (space on a chess board).

a [Romani] habitabant intra vallum .. ; ceterum ulteriores Brittaniae partes .. jure dominandi ~sidebant BEDE *HE* I 11 p. 25; sicut Wandali qui olim protriverunt Affricam, sicut Gothi qui ~sederunt Hispaniam, sicut Longobardi qui adhuc obsident Italiam W. MALM. *GR* I 5; Ludovicus rex Frantie Normanniam concessit puero ut facto sibi hominio ~sideret eam jure legitimo *Ib.* V 419; opulentam Bulgarie regionem armis nostris optentam ~sideres ORD. VIT. VII 7 p. 186; Lageniensium princeps .. orientalia insule maritima .. ~sidebat GIR. *EH* I 1 p. 225; ~sedentibus .. et occupantibus nobile regnum Scocie *Plusc. pref.* p. 4. **b** **1080** apostolicae sedis cathedram ~sidente papa Gregorio *Regesta* 4 p. 2; thronum possedisti / Dei dextera / cum quo nunc resides LEDREDE *Carm.* 3. 28. **c** **1200** ~siderunt ecclesiam illam *CurR RC* II 200; **1362** promisit .. episcopus quod ~sidentem ecclesiam de Kylkeram .. ad eandem ecclesiam noviter recipiet *Reg. Paisley* 147. **d** albus rex rubro spatio primum poteatur / et rubrus niveum spatium rex jure tenebit / ffemina rubra rubro candens niveo possidebit (*Vers. Corpus*) *Hist. Chess* 519.

2 to hold as property, to own, possess (also absol.); **b** (abstr., also in fig. context or fig.). **c** (pr. ppl. as sb.) owner, possessor. **d** (p. ppl. *possessum* as sb. n.) thing possessed, possession, property.

679 terram .. teneas ~sedeas tu posterique tui inperpetuum defendant, a nullo contradicitur *CS* 45; dimidium omnium quae ~sidet dare THEOD. *Pen.* I 7. 5; terram .. repromissionis .. legitimae hereditatis jure perpetuo ~sidendam [*gl*.: habendam, perfruendam, *to ægenne*] dereliquit ALDH. *VirgP* 12 p. 241; omnem quam ~sederat substantiam in tres divisit portiones BEDE *HE* V 12 p. 30; **736** ita ut quamdiu vixerit potestatem habeat tenendi ac ~sidendi cuicumque voluerit vel eo vivo vel certe post obitum suum relinquendi *CS* 154; **799** (10c) terram .. contulimus in perpetuum posidendam *CS* 296; sapienter .. provisum est ut monachi plura, episcopus vero ~sideret pauciora *V. Gund.* 26. **b** post haec aut supplicium aut regnum ~sidebis *Ps.*-BEDE *Collect.* 139; possedeat plenum pectus amore Dei ALCUIN *Carm.* 48. 12; **804** ut fiat unius coronae splendor in animo Deum ~sidente *Id. Ep.* 272. **c** **690** (15c) voluntate ~sidencium *CS* 40; tales .. semitae rapiunt ad interitum animas ~sidentium [cf. *Prov.* i 19] BEDE *Prov.* 942. **d** dum attrahitis, dulcia promittitis; cum pertrahitis, ~sessum vestrum amaritudine perfunditis ANSELM (*Or.* 10) III 35; pauperibus tribuit larga possessa tribunus GARL. *Tri. Eccl.* 104.

3 to hold (person) in or under one's power, control, or influence, to dominate, possess: **a** (of a mental condition); **b** (of a demon or evil spirit).

a quis .. ita ignorantiae caecitate ~sessus, ut .. GILDAS *EB* 93; hiems longae infidelitatis quae mundum ~sederat BEDE *Cant. cap.* 1078 p. 181. **b** infirmantes demoniaci professi sunt pro eo tantum futuro deseruisse demones et numquam iterum ~sessuros *V. Cuthb.* IV 18; quos etenim daemon rabida possederat ira FRITH. 1315; exinde majoribus tormentis ~sessum corpus diabolus agitare OSB. *Mir. Dunst.* 19 p. 148; notandum hic .. energumenam fuisse a diabolo ~sessam GIR. *IK* I 12 p. 94; nos demones et viventes ~sideremus et defunctos torqueremus *Latin Stories* 101; ~sessus a maligno spiritu GASCOIGNE *Loci* 140.

4 to keep or maintain in a certain condition (*cf. Luc.* xxi 19).

in tanta paciencia animam suam ~sidebat ut dum sibi dominabatur hoc ipsum quod erat ~sidebat *V. Edm. Rich. B* 617.

5 to have as attribute or sim.

utrum a Tritone Libyae palude an palus ab illo hoc nomen inditum ~sideat [vv. ll. ~sedeat, ~sidebat] ignoratur *Lib. Monstr.* I 52; sane in Etruscorum libris lectum est certa esse numina jactus fulminum ~sidentia, Jovem viz., Vulcanum, et Minervam ALB. LOND. *DG* 10. 6; longa vero duos tractus ~sedens quorum dexter longior est sinistro, plicata longa vocatur HAUDLO 84.

6 (intr.) to be owned or possessed.

c**1466** declaracio bonorum mobilium Johannis Fastolf, militis, ad manus Johannis Paston, armigeri, deveniencium et ~sidencium tam ex liberacione Thome Howys .. quam .. *Paston Let.* 906 p. 573.

possinet- v. pocenet-. **possitus** v. ponere.

possus, ? *f. l.*

quam lapidem si volueris habere poteris optime quia est in potestate omnium, tam apud pauperes quam apud divites et in hoc possu [? l. processu vel possessu] multi errant RIPLEY 377.

post [CL]

1 (as adv.) in the rear, behind; **b** (w. ref. to sequence).

quedam fiunt ante, quedam ~t, quedam dextre, quedam †sinister [l. sinistre] M. SCOT *Phys.* 56 (v. dispositio 1a); **1257** navis [quieta] de omnimoda prisa excepta debita et antiqua prisa regis, viz. uno dolio vini ante malum et alio ~t *Cl* 52 (cf. *MGL* II 252: dolii ante malum et alterius retro malum). **b** quod prius, quod ~t ponendum sit ut ordinem habeant res vel libri qui scribuntur *Comm. Cant.* I 16.

2 at a later time, subsequently, afterwards (*v. et. expost*); **b** (w. abl. expressing degree of difference). **c** (leg., as sb.) writ stating that a defendant had gained title to land after a flawed transaction.

unde factum est ~t tot annis domicilium .. beatae et semper virginis Mariae THEOD. *Laterc.* 8; **755** ~t non tempore tenso obiit et ipse ÆTHELW. II 18; s**993** ~t venit exercitus in ostium fluminis Humbre *AS Chr.*; TRE et ~t et modo val. j s. *DB* I 38ra; instruendis modo non dicetur, instructioribus in ~t dicendis distinguetur BALSH. *AD* 27; si aliquid primo sit in uno loco et ~t quiescat et ~t sit in alio loco OCKHAM *Quodl.* 29. **b** ungebantur reges non per Deum, sed qui ceteris crudeliores exstarent, et paulo ~t ab unctoribus .. trucidabantur GILDAS *EB* 21; pardus est fera rapax .. , qui Alexandro et Macedonibus cum ceteris nocuerunt bestiis paulo ~t quam Aornim petram expugnavit *Lib. Monstr.* II 6; non multo ~t acrior gentem peccatricem ultio .. secuta est BEDE *HE* I 14 p. 30. **c** **1282** breve de ingressu formatum per hoc verbum ~t *Selden Soc.* CXI 9; **1289** breve de ingressu per le ~t *Ib.* CXXIII 402.

3 (as conj.) after.

1169 confessus est, ~t comminatorias vestras .. recepit, quod .. BECKET *Ep.* 466 p. 520; **1442** ~t atque literas tuas legerim BEKYNTON I 150.

4 (prep. w. acc.) in or to the rear of, behind; **b** (*~t tergum* or *terga*); **c** (*postergum*, *~a* as one word); **d** (w. ref. to sequence).

super murum ~t pulpitum lectionum *Offic. Sal.* 5; punctus perfeccionis secundum quosdam dicitur quatripliciter, sc. ~t notam et ante, et sub et supra HAUBOYS 196; capillares vene sunt vene subtiles valde que sunt ~t aures. sunt et alie capillares vene in epate *SB* 14. **b** ut .. relictis ~t tergum mundialibus tenebris ad amoena caelorum regna .. tota festinaret ecclesia GILDAS *EB* 9; uti raro .. videretur quasi ~t tergum vindemiatorum aut messorum racemus vel spica *Ib.* 24; nam quos elegit et amavit, non dereliquit ~t tergum *Mir. Furs.* 1; s**755** illucescente .. die notum militibus factum est qui ~t tergum remanserant regis ÆTHELW. II 18; vinctisque ~t tergum manibus *Enc. Emmae* III 5; contigit ut frater ille .. ~t tergum sibi juvenem succlamantem audisset R. COLD. *Cuthb.* 53; magne parentis ossibus ~t terga missis, genus humanum in utroque sexu reparaverunt modo legitimo *Natura Deorum* 24. **c** dum aratri stibam postergum respiciens neglegenter regeret .. ALDH. *VirgP* 31; Lundoniensis erat quo tempore vernula quidam, / versa cui posterga fiunt vestigia morbo WULF. *Swith.* I 1419. **d** linee residue [et] linearum surdarum, que ~t eam sunt, non erit ex eis linea in termino binomie ADEL. *Elem.* X 107; sunt autem ipse insule ~t fretum Sicilie, que .. Eolie appellantur ALB. LOND. *DG* 4. 10.

5 at a time subsequent to, after; **b** (postpositive w. abl.); **c** (w. participial phr.). **d** (w. ref. to sequence); **e** (hypallage). **f** (*~t modicum*) after a short time.

quis ex vobis gladii ictu veridicantis pro confessione Christi ~t vincula carceris, .. ~t .. continua pericula, ~t famis jejunii vigiliarum labores .. plexus est? GILDAS *EB* 73; qui coierit cum masculo ~t xx annum, xv annos peniteat THEOD. *Pen.* I 2. 4; foedera cum manibus Domini per nomina summi / ante diem mortis firmando gessit uterque, / post mortem alterius maneat quod criminis expers ÆTHELWULF *Abb.* 369; mihi .. auxiliator ut ~t lapsum resurgam *Nunnam.* 61; E contra illa canina littera R semper aspere sonat, nisi cum in media parte orationis ~t vocalem inchoat syllabam ABBO *QG* 8 (20); ~t mortem R. E. *DB* I 2va; †**676** (12c) ~t baptismi sacramentum *CS* 43; famam .. momentaneam istam .. memoria vivere .. ~t vitam GIR. *TH intr.*; 'pone' vero dicit inpresencia, 'prope' proximitatem secundum tempus sicut 'juxta' respectu loci, '~t' temporis quod 'adversus' loci *Ps.-*GROS. *Gram.* 55; Edwardus .. ~t dictos Dispensarios, versus occidentales partes Anglie .. tendentes, iter suum direxit AVESB. 77b. **b** s**871** Ælfred optinuit regnum migratu ~t fratrum ÆTHELW. IV 3. **c** .. ut ~t accepta fidei rudimenta spreto gentilium ritu .. plenius et perfectius conservaverit ALDH. *VirgP* 25; **1249** ~t fena falcata et adunata *Cart. Osney* IV 353; ~t coronatum Edwardum juvenem regem *Hist. Roff.* 368; **1451** volo quod, si bona ~t debita soluta legataque satisfacta extendere possunt, quod executores mei inveniant unum presbyterum idoneum celebrantem pro anima mea per annum *MunAcOx* 624. **d** filii tui ~t te et filii filiorum tuorum regnabunt in ea [sc. civitate] ALDH. *VirgP* 25; factum est .. hoc per industriam reginae Merciorum Osthrydae, quae erat filia fratris ejus, id est Osuiu, qui ~t illum regni apicem tenebat BEDE *HE* III p. 148; s**817** Stephanus papa obiit et ~t eum Pascalis suscepit pontificatum *AS Chr.*; hi .. , unus ~t unum Rofensi ecclesie presidentes, ex more a .. Lanfranco archiepiscopo .. in capitulo fratrum Cantuarie ipso episcopatu investiti fuerunt EADMER *HN* 2; s**1453** obeunte .. possessore .. nec relinquente ~t se heredem ullum *Reg. Whet.* I 95. **e** post paucos .. electionis suae dies praecepit Edgarus diarcha, totius regni sui concilium celebrari OSB. *V. Dunst.* 29. **f** promereberis etenim ~t modicum gladium Petri in quo innumera omnium generum sicut Petrus animalia occides OSB. *V. Dunst.* 31; videris nunc misellum sub onere deficientem cadere, nunc surgere conari et iterum relabi ~t modicum in terram W. DAN. *Ailred* 39; atque singula revolvens ~t modicum filie respondit T. MON. *Will.* I 1; collectus est ille sacrosanctus sanguis cum cerebro et testulis, et diligenter repositus est, ~t modicum toti mundo propinandus GERV. CANT. *Chr.* 228.

6 next to in point of order or importance.

671 domino reverendissimo .. et ~t Deum peculiari patrono ALDH. *Ep.* 1; Hibernia insula omnium ~t Brittaniam maxima BEDE *HE* I 1 p. 11; capitalis domini regis justitia, primus ~t regem in regno ratione fori *Dial. Scac.* I 4B; quidam presbyter erat .. qui beatum Martinum ~t Deum pre ceteris sanctis amare et honorare solebat ALEX. CANT. *Mir.* 47 (I) p. 254; Hibernia, ~t Britanniam insularum maxima GIR. *TH* I 1; **1229** sit .. major persona ~t episcopum in episcopatu Dunelmensi *Feod. Durh.* 213.

7 following the authority or guidance of, in accordance or compliance with.

quod quidam vir .. per apostasiam conversus ~t Satanam .. vineam Christi .. depredari non pertimescit (*Excom.*) *GAS* 432; hoc est consilium, quod Æþelredus rex et sapientes sui condixerunt, et emendationem et augmentum pacis omni populo, apud Þudestoca in Mircena lande .. ~t Anglie lagam (*Quad.*) *GAS* 217; hii ~t astra vitam animalium volatilium et piscium distinxerunt MAP *NC* I 1 f. 7v.

8 after the manner of, in imitation of, like (in quotation w. ref. to naming practice).

de istis tribus filiis Alani et eorum successoribus tota Europa post diluvium repleta est, supputando quemlibet filium habere terram ~t illum nominatam *Eul. Hist.* I 300.

9 in pursuit of or in search of (w. implication of intention to catch or obtain); **b** (w. implication of yearning).

s**755** insequitur ~t alterum alter, stat miserabilis pugna ÆTHELW. II 18; **793** non exeatis ~t luxurias carnis ALCUIN *Ep.* 20 (v. 1 exire 1c); ~t eum fratres carissimi suspiremus, et ad Christum post eum laeti quique tendamus ADEL. BLANDIN. *Dunst.* 1; **1238** non fecit sectam ~t malefactores *KR Mem* 17 m. 4; dimisso campo, ~t hostem curritur GARL. *Tri. Eccl.* 80; **1294** s[c]rutavit domum Willelmi Messoris ~t unum purcellum *CourtR Hales* 301; **1307** item carectario versus Therfeld ter ~t meremium, vj d. *MinAc Wistow* 28; **1308** dum carectarius fuit apud Hamtone ~t vinum domini (*Ac. Combe*) *Doc. Bec* 171; in expensis Johannis atte Celer' quando ivit apud Porchester' ~t Ricardum Plomer .. item solut' Symoni Brenetor quando ivit ~t plumbarium *Ac. Obed. Abingd.* 30; ~t aurum non abiit quod potius dispersit CIREN. II 233; girfalcus .. cum ~t .. aves in aiere volantes fuerit dimissus, non desistit a persecutione avium donec omnes .. ad terram deiciat UPTON 187; miserunt legacionem ~t eum BOWER VIII 4. **b** **790** vere fateor moeroris languore post te me esse pertaesum et usque ad lacrimas absentia tua contristari ALCUIN *Ep.* 9.

1 posta [OF *poste*=*postal courier* < CL posita, *p.ppl. of* ponere], postal station.

1516 magistro domino meo Brianno Tuke .. magistro ~arum Londini *L. & P. Hen. VIII* 1698.

2 posta v. postis.

postare [CL postis+-are]

1 to square or shape (timber to make posts). **b** (pr. ppl. as sb. m.) one who squares or shapes timber.

1384 in stipendio .. carpentariorum .. ~ancium et ad cariagium aptancium plures quercus et querculos *DL MinAc* 507/8228 m. 20; **1384** in stipendio .. carpentariorum .. meremium ibidem ~ancium et ad cariagium aptancium .. et carpentancium *scultrees*, *pyles*, et trabes *Doc. Leeds* 115; **1400** in stipendio .. carpentariorum .. ~ancium meremium in parco de Roundhay .. pro *planchour* inde habendo *Ib.* 122; **1419** in expensis iiij carpentariorum ~ancium easdem quercus iij s. iiij d. *Fabr. York* 38. **b** **1337** in stipendiis .. ij carpentariorum .. illud [maheremium] scapulancium, ~ancium, et auxiliancium predictis v carpentariis *Cal. Scot.* III 364.

2 to suspend from a post.

1325 in vij lib' canabi ~andis et filandis pro cordis springaldorum et balistarum ibidem inde faciendis *Pipe* 170 r. 55*d*.

postatio [postare+-tio], the squaring or shaping of timber to make posts.

1419 in expensis factis circa succisionem, ~onem, et cariagium viij magnarum quercuum datarum fabrice *Fabr. York* 41.

postcanonicus [CL post+LL canon+-icus], that pertains to additions to canons, postcanonical.

1395 cum penitenciaria cum decem canonibus ~is *Catal. Durh.* 52.

postclamare [CL post+clamare], to cry aloud or exclaim after or to the back (of a person).

adhuc .. jam .. procurator stulto murmure ~abat dicens B. *V. Dunst.* 27.

postcommunio [CL post+communio=*mutual participation*], a prayer following communion, part of the mass, post-communion.

~o: hos, quos reficis, Domine, sacramentis, attolle benignus auxiliis EGB. *Pont.* 25; ~o. Sancti Spiritus, Domine, corda nostra mundet infusio et sui roris intima aspersione fecundet (*Jud. Dei*) *GAS* 428; statimque specialem orationem de eo composuit, quam et secretam et ~onem quas postea edidit decrevit in commemorationem ipsius esse dicendas *Canon. G. Sempr.* f. 104v; ~o .. ad vesperas dicitur *Offic. Sal.* 57; ad ~onem chorus contra chorum stans se convertat *Obs. Barnwell* 108; **1434** invenient quendam capellanum .. celebraturum imperpetuum sic quod singulis septimanis .. missam .. cum ista speciali collecta et secreto et ~one hic subtus [MS: subditus] scriptis .. dicet *Reg. Cant.* II 594; **1502** cum secretis et ~one una cum speciali memoria pro anima nostra et animabus progenitorum *StatOx* 307.

postdicere [CL post+dicere], to say or mention at a later point.

a**1098** cum vij .. ~tis .. hominibus (*Ch. Bury*) *EHR* XLII 247; poterit .. ex modis predictis et ~endis quantum placuerit eam dilatare VINSAUF *AV* II 2. 70.

postdissaisina [CL post+dissaisina], (leg.) disseisin after recovery.

c**1320** postdisseisina in brevi de recto *Selden Soc.* LXXXVII 273; **1340** in primo brevi .. de hujusmodi postdisseisinis provisi *Reg. Brev. Orig.* f. 206v.

postdisseisina v. postdissaisina.

postea [CL], at a later time, subsequently, afterwards.

si quis a catholica æcclesia ad heresim transierit, et ~a reversus, non potest ordinari nisi post longam abstinentiam THEOD. *Pen.* I 5. 2; de familia hujus una manu duos [viros] tenuit et devoravit et ~a dormivit *Lib. Monstr.* I 11+; sicut ipse ~a .. solebat adtestari BEDE *HE* II 1 p. 74; gravatus est .. infirmitate .. ante diem .. Resurrectionis dominice .. et sic ~a laetus et gaudens .. usque ad diem Ascensionis dominicae .. vitam ducebat CUTHB. *Ob. Baedae* clx; qui ~a TRE .. recognovit se injuste accepisse *DB* I 2va; quorum ex eis initia disserentium attentioni plenius ~a patuisse manifestum est BALSH. *AD* 6; conversos ad fidem appellaverunt Galileos, longe ~a appellatos Christianos R. NIGER *Chr. I* 19; ecrinta .. angeli boni responderunt fratrem illum bone conversationis fuisse, et licet ~a apostataverit, tamen penituit ~a perfecte P. CORNW. *Rev.* I 203.

posteaquam [CL], at a time following that at which, after.

vel ei, quamdiu viveret, subvenire, vel ~m decederet regnum gubernare W. POIT. II 12.

postela v. 1 postella.

1 postella [CL post+sella, cf. Isid. *Etym.* XX 16. 4], **~um, ~ium,** strap attached to rear of saddle and passing under horse's tail to prevent saddle slipping forward, crupper.

hec antela .. i. cingulum illud quod est ante pectus equi, sicut postela dicitur illud quod posterius tenditur sub cauda OSB. GLOUC. *Deriv.* 34; sellarum antellas et ~as deauratas videbamus BALSH. *Ut.* 50; sedebat equum non faleris adornatum set post sellam [v. l. postela] oneratum quibus diurno uteretur tempore seu nocturno pellium et sagorum involucro AD. EYNS. *Hug.* III 5; et qui putabatur homo manum extendit et juvenem apprehendit et, ad ~am prociens, post se sedere coegit *Mir. Cuthb. Farne* 6; arculi duo, sc. antella et ~a [v. l. posscela; *gl.*: *arsun de* . .], suas habea[n]t antellas et ~as [v. l. postelas; *gl.*: trucis de[re]re] NECKAM *Ut.* 100; **c1255** [equi] fortes ad portandum de consuetudine pannos unius monachi, si opus sit, ad †postenam [l. postellam] unius armigeri *G. S. Alb.* I 265; hec ~a: *arson derere Gl. AN Ox.* 398; **s1428** que circumtexit suum palefridum usque ad aures anterius, et usque ad postelam posterius *Chr. S. Alb.* 26; *cropper*, postela *PP*; postellium, A. *the hyndur assyoun of a sadyl WW*; hec postela, A. *taylerape WW*; *a cropure* . . postela [v. l. ~um] *CathA.*

2 postella [CL postis+-ella], **~us**

1 (small) post. **b** door-post.

hic postis . . unde . . hic ~us . . diminutivum OSB. GLOUC. *Deriv.* 457; **1284** pro ix postell' grossis de quercu emptis ad cathenas ferreas sustinendas *KR Ac* 467/9 m. 7; in vj ~is emptis de Edmundo Kelman ad castrum galee *Ac. Galley Newcastle* 177; **c1417** item pro j magno ligno ad *platys* et tribus ~is pro claustro xxiij s. iiij d. *Arch. Hist. Camb.* II 442n. 3; hec ~us, *a post WW*. **b** in faciendis portis ligneis ad ~am et ante castellum et ad barbacanam *RScacNorm* I 91;

2 (as sb. m., as Latin translation of personal or place-name).

1167 de j hida terre in C. quam ~us tenuit *Pipe* 203: **1241** homines redd. comp. de xx s. de terra ~i de lana regine dum eam non collegit. in thesauro liberaverunt *Pipe* 130.

postellium, postellum v. 1 postella. **postellus** v. 2 postella. **postema** v. apostema. **postena** v. 1 postella. **posteptimemeris** v. posthephthemimeres.

posterare [LL], to follow, come after.

sperne voluptates, nocet empta dolore voluptas; / illecebras carnis posterat ipse dolor WALT. ANGL. *Fab.* 58. 20.

posterga v. post 4c.

postergare [postergum+-are]

1 to leave behind (also transf.).

urbem postergat Pelleam GARL. *Tri. Eccl.* 132; primo detractam de capite coronam dejecit, postmodum vero pallium deposuit et convivalis oris hilaritatem repressit, ad ultimum totam luxuriam ~avit W. BURLEY *Vit. Phil.* 270; ~atis mundi illecebris BOECE f. 177v.

2 to postpone, or (?) to disregard.

1414 ~atis quibuscumque . . arduis negotiis BEKYNTON II 120; **1441** non enim e facili, nostro judicio, ~ari aut decidere poterunt res nostre, quarum adjumento manus porrexeritis adjutrices *Ib.* I 73.

postergum v. post 4c.

posteriare [CL posterior+-are], to treat as secondary or inferior.

1404 si qui presumpserint attemptare vel ~are ordinacionem factam de textoribus *BBWint.* 4.

postericum, (bot.) ? coriander (*Coriandrum sativum*).

~um, *coriaundre MS Cambr. Univ. Libr. Dd. 11. 45* f. 112.

posterim [CL post; cf. interim], afterwards.

quod si ipsi redditus . . sine causa racionabili et eciam manifesta proximos dies novem ~im thesaurarie . . non fuerint persoluti *Cust. Cant.* 34.

posterior [CL]

1 further back (in position) or at the rear; **b** (anat.); **c** (of monster).

'speluncam duplicem', i. anteriorem et ~orem; sic duplex fuit *Comm. Cant.* I 138; si prior vocalis exploditur, erit sinalipha; si ~or fuerit explosa, erit ecthlipsis ALDH. *Met.* 9; partes navium dicuntur puppis pars ~or, prora anterior, carina media OSB. GLOUC. *Deriv.* 174; permaximam humeri utriusque partem tam ~orem quam anteriorem obtegit R. COLD. *Cuthb.* 42; **1336** cum ij ferris ~oribus *Househ. Ac.* 186; in ferrura ij ferrorum anteriorum et ij ferrorum ~orum pro *morel Ib.*; ~or, A. *hyderour WW*. **b** purulenta collecta digestionum, que naturalem per partes ~ores habere debuerant exitum R. COLD. *Cuthb.* 128. **c** fingunt quoque poetae in mari Tyrrheno caeruleos esse canes qui ~orem corporis partem cum piscibus habent communem *Lib. Monstr.* II 19; bipedes equos in mari esse Tyrrheno qui parte corporis priore equorum figuras et ~ore piscium habent *Ib.* 28; scorpio est vermis habens faciem aliquantulum similem mulieri et in parte ~ori [ME: *bi hinden*] est serpens *AncrR* 73.

2 (n. as sb., usu. pl.) the hind part of the body, posterior; **b** (*~ora nature*) rectum. **c** (w. ref. to horse); **d** (in fig. phr.).

vulnus excipit a ~oribus; penetrabat autem vulnus intestina fundamento contiguum W. CANT. *Mir. Thom.* III 23; et sicut pavo stellatum caude curvamen concavans anteriora ornat, ~ora vero turpiter nudat ALB. LOND. *DG* 4. 5; **s1234** unus videns occiduam partem dorsi minus armis communitam percussit eum in ~ora M. PAR. *Maj.* III 279; **1338** lutum . . in ~ora sua nudata . . projecerunt *Lit. Cant.* II 180; ante diluvium vinum non fuit in usu nec homines vinum habebant; bibens ergo vinum [Noe] inebriatus est, et dormiens jacuit in tabernaculo ~ora nudatus HOLCOT *Wisd.* 76; vos estis misere et turpes, Simie, nec habetis de vestro unde vestrum ~ius possitis velare J. SHEPPEY *Fab.* 30; **1429** deos . . commestos emittunt per ~ora in sepibus turpiter fetentibus [MS: fetentes] *Heresy Tri. Norw.* 45; quidam . . clericus . . sensiit alteram tibiam suam valde infirmatam et usque ad ~ora sua curvatam *Canon. S. Osm.* 63. **b** fluxum sanguinis . . per posteri[or]a nature profuderat R. COLD. *Cuthb.* 53. **c** habet equus . . coleriam, que collum . . protegit, et cruperiam, que posteri[ora] munit R. NIGER *Mil.* I 15 (v. 2 collarius 1b); **1257** narratorem osculari fecit ~ora equi sui et postmodum eum projecit in cloacam *Pat* 72 m. 16. **d** et arca federis humiliata Dagon confregit et Philistheos in ~ora percussit P. BLOIS *Ep.* 138. 411A.

3 (adj., w. ref. to time, or order) coming after, later, subsequent; **b** (in book title, also ellipt.). **c** (of person, w. ref. to age).

si . . vir alteram duxerit uxorem, priorem de captivitate reversam recipiat, ~orem dimittat THEOD. *Pen.* II 12. 22; quae res quem sit habitura finem, ~or aetas videbit BEDE *HE* V 23 p. 351; †**663** (14c) nec enim sunt nomina testium subrogatorum ~oris temporis, pro majoris munimine firmamenti *CS* 121. **b** ~orum Analeticorum liber J. SAL. *Met.* 919D (cf. demonstrativus d); dicit Aristoteles in ~oribus Analecticis NECKAM NR I 6; major patet in libro ~orum BACON VII 2. **c** nomine nempe prior felix Rufina vocatur, / altera posterior florens aetate Secunda ALDH. *VirgV* 2282; alter Jacobus licet natu ~or, prius tamen . . vocatus est in apostolatum *Eul. Hist.* I 82.

4 (m. pl. as sb.) later generations.

nouerint tam poster[iores qu]am presentes nos concessisse *Doc. Bury Sup.* 8; artium . . singularum a primis inventoribus ~orum successioni paulatim innotuit notitia, primorum autem inventione vix aliquid compertum, ~orum additione mediocriter adauctum, postremis postrema addentibus ad plane explicandum vix tandem patuit BALSH. *AD* 29.

5 (m. or n. as sb.) that which follows (w. ref. to logical or notional sequence).

utraque comestio necessaria, utraque fructuosa; altera indiget alterius, ut boni aliquid operetur; nam prior si desit, ~or non solum peccata non purgat, sed etiam auget LANFR. *Corp. & Sang.* 425D; puero Wlstanus vocabulum datum; ex anteriore materni, et ex ore paterni nominis compositum W. MALM. *Wulfst.* I 1; ne graviora moliantur in eum, et fiant ~ora hominis pejora prioribus P. BLOIS *Ep.* 95. 300C; abstrahere enim est, cum plures forme materie simul insunt secundum ordinem prioris et ~oris, priorem intelligere sine ~ori KILWARDBY *OS* 201; **c1380** possunt a ~ori ascendere ad cognoscendum istam miraculosam unionem *Ziz.* 122.

6 (adj.) secondary, inferior.

hoc vinacium . . i. ~us vinum, quod et vinaceum dicitur et est quasi fex totius vini OSB. GLOUC. *Deriv.* 610.

posteriorare [CL posterior+-are], to leave or place behind; **b** (astr., phys., w. ref. to slower rotation of inferior spheres).

si quis . . voluerit dicere, quodlibet agens creatum prius naturaliter pati quam agere, quia in agendo subjicitur, et ~atur Deo agenti BRADW. *CD* 600B. **b** orbes . . ~antur et incurtantur inferiores a superioribus BACON IV 426.

posteriorista [CL posterior+-ista < -ιστής], person expert in Aristotle's *Posteriora Analytica*.

doctor insignis, ac ~a peritissime MORE *Op.* 59a.

posterioristicus [posteriorista+-icus], that pertains to (expertise in) the *Posteriora Analytica*.

talem consequentiam a particulari valere propterea, quod propositionibus constet ~is MORE *Op.* 58a; liceat ex te scire quo canone ~o posterior propositio in hac demonstratione tua ~a ex priore sequatur *Ib.* 59a.

posterioritas [CL posterior+-tas], act or condition of coming after, secondary position.

si motus simpliciter est habens initium, ejus esse et ejus non esse dividuntur prioritate et ~ate GROS. 103; substancia hujus mundi universo in ejus superioritate, ~ate, et inferioritate BACON V 157; quamvis ibi sit prioritas vel ~as *Id.* VII 87; in ipsa [sc. eternitate] namque nulla divisibilitas, nulla majoritas, nulla minoritas, nulla prioritas, nulla ~as, nulla mutabilitas, nulla accessio, nulla recessio, nulla successio, nihil preteritum, nihil futurum nec ulla penitus differentia successiva BRADW. *CD* 826B; secundum premissa in eternitate nulla est prioritas aut ~as durativa nec ulla successio hinc in illud *Ib.* 835E; similiter in tantam penuriam loquendi incarcerant se ipsos sic loquentes, quod consequenter dicerent nichil fuisse ante hoc instans nec fore post hoc instans eo quod sequitur hoc erit ante A instans, ergo A instans erit; et sic de fuisse et, ut credunt, si tunc erit ante A, tunc erit ipsum A, sicut sequitur, tunc B differret ab A, ergo tunc erit A; sicut enim differencia requirit extrema, sic anterioritas et ~as temporalis WYCL. *Ente Praed.* 205.

posteritas [CL]

1 future age or generation, posterity.

qui [Hercules] . . bellorum suorum tropaea . . ad ~atis memoriam construxit *Lib. Monstr.* I 12; ea . . ad instructionem ~atis litteris mandare studuimus BEDE *HE pref.* p. 8; a**958** (12c) quominus ~as violare audeat hoc donum *CS* 936; **969** ne postteritatis successio ignorans in malignitatis fribolum infeliciter corruat *CS* 1229; memoriam rerum gestarum . . litteris meis ~ati mandare gestio *Enc. Emmae prol.*; hanc noctem vates referant ad posteritates R. CANT. *Malch.* III 458; Platonis, / a quo posteritas dogmata vera capit J. SAL. *Enth. Phil.* 1090; illis ~atem . . instruere que nulla valeat etas destruere GIR. *TH pref.*; relinquens ~ati hanc curam ut inquirat que desiderantur FERR. *Kinloss* 3.

2 descendant (also collect.); **b** (*~as nepotum* or *generis*).

984 (11c) et post se si prolem habuerint, ~ati relinquant *CD* 645; nefandum sane arbitror ut . . fructu immortalitatis despecto, ~atem mortalem cum detrimento integritatis queram *V. Fridesw. B* 8; **s1174** volens sue ~ati fastum quendam ex regali stirpe descendere DICETO *YH* 398; cogitabat equidem conjugales amplexus, fructumque ~atis de carnis operibus exspectabat P. BLOIS *Ep.* 54. 162A; pro morte beati Thome, quam super omnia pro seipso et ~ate sua formidavit *Flor. Hist.* II 93; in Arnulpho terminavit imperium, quantum ad ~atem Karoli *Eul. Hist.* I 373. **b** . . ut sibi forte foret dotalis virgo per aevum, / de qua posteritas esset ventura nepotum ALDH. *VirgV* 1849; qui tanto patri et summi sacerdocii dignitate et generis ~ate et sanctorum locorum observatione . . heres dignissimus extitisti ALCUIN *WillP* 1; **796** ut benedictio tibi a Deo data in longam nepotum procedat ~atem *Id. Ep.* 119.

3 fact or condition of coming after (w. ref. to temporal sequence).

non erit requirendum de prioritate vel ~ate [v. l. posterioritate] feoffamentorum BRACTON f. 88; prius et posterius in motu, quantum ad prima signata, hoc est prioritas et ~as, sunt accidencia partibus motus BACON III 154; nec curandum est de prioritate vel ~ate feoffamentorum *Fleta* 5; sed quid ad nos . . prioritas aut ~as temporis? ELMH. *Cant.* 87.

posterius [CL]

1 in a position further back or at the rear.

postela dicitur illud quod ~ius tenditur sub cauda Osb. Glouc. *Deriv.* 34; equus . . anteriori parte equi naturam preferens, ~ius vero in cervum descendens Gir. *IK* I 2 p. 28; scutum teneri debet in pugna superius supra capud vel contra pectus, non ~ius [ME: *bihinden*] *AncrR* 111; **1440** extendit se a predicto vico anterius usque ad tenementum hospitalis Sancti Laurencii juxta Bristoll' ~ius *Cl* 290 m. 11*d*.

2 at a later time, subsequently.

quod non ascendit subito patet, quia in subito non est nisi prius et ~ius natura sed tempore tantum Fishacre *Quaest.* 53; ibi itaque simul sunt dies et nox, et vespera et mane; habent tamen ibidem prius et ~ius secundum naturam, quemadmodum solis splendor subito pertransit et simul tempore illustrat loca soli viciniora et remociora cum tamen prius natura illustret loca proximiora Gros. *Hexaem.* II 7; si non est primum, ergo est ~ius effectivum, quia effectibile ab alio vel a virtute alterius effectivum, quia si negetur negatio ponitur affirmacio Duns *Ord.* II 152; **1419** parochia Sancte Brigide dicebatur 'in warda Anketill de Auvern', que modo dicitur 'warda de Farndon' a Nicholao de Farndone, ~ius aldermanno illius warde *MGL* I 34.

posterna, ~um [CL posterus + -ernus; cf. AN *posterne*], back door, private door, door or gate distinct from main entrance, postern; **b** (passing into surname).

c**1100** quod jacet in orientali parte castelli ante ~am ejusdem castelli (*Cart. Wallingford*) *MonA* III 280; custos ~e conredium in aula, et oblationem in Nativitate j denarii, et oboli in Pascha, et pannos de abbate *Chr. Abingd.* II 242; refugientes itaque insecutus est rex, usque in quandam muri ~am *Itin. Ric.* II 16 p. 161; **1209** quidam cervus intravit in balliva castelli de Bruges per ~am *SelPlForest* 8; **1231** rex ad peticionem fratrum Minorum Wigornie concessit quod ~a illa que est in muro Wigornie ante domum ipsorum fratrum, largior fiat ad buscam eorum et alia necessaria per eandem ~am carianda *Cl* 566; a**1292** quod . . habeant unam posternam in latitudine iiij pedum ad gressum ad ecclesiam *Cart. Chester* 600; habere ~as in omni curia totaliter inhibeatur set unicus sit ingressus *Fleta* 164; c**1300** pro quodam ~o ejusdem ville [Carnarvan] emendando, iiij s. viij d. *KR Ac* 486(9) m. 3; **1451** ita tamen quod porte et ~e . . . temporibus ad hoc debitis et oportunis claudantur et aperiantur *Pat* 473 m. 3; unam de ~is secretis castri *Plusc.* IX 36.   **b 1211** Jacobo de Poterna *Cart. Osney* IV 222; **1218** Jacobo de Poterna *Ib.* IV 146.

posterula [CL posterus + ulus], (small) back door, private door, door or gate distinct from main entrance.

1068 dono . . totam terram et moram extra ~am, que dicitur Cripelesgata, ex utraque parte ~e, viz. ab aquilonari cornu muri civitatis, sicut rivulus foncium ibi prope fluencium ipsam a muro discriminat, usque in aquam currentem, que ingreditur civitatem (*Ch. Willelmi I = Regesta* 22) *EHR* XI 740; s**1142** qua re ab oppidanis animadversa, imperatrix cum solis quattuor militibus per ~am egressa amnem transivit W. Malm. *HN* 524; potuerunt ingressum habere per ~am M. Par. *Maj.* III 21; ~a . . *posterne Teaching Latin* II 25; c**1300** pro domo . . versus parvam ~am *Reg. Malm.* I 121; quidam temerarii, confictis clavibus ~e castri de Wyndeleshore, . . ingressi sunt cameram qua pueri comitis Marchie dormiebant Wals. *HA* II 420; *posternȝate*, . . ~a *PP*.

posterus [CL]

1 occurring at a later point or period in time. **b** (as sb. n. *in ~um*) in the future (*v. et. imposterum*).

ego . . in presenti chronographia . . nitor palam enucleare, qualiter et a quibus antiqui scematis mutatio nuper ceperit pullulare, quia ~is lectoribus hoc autumo gratum fore Ord. Vit. VIII 26 p. 435. **b 686** (13c) ut ne aliquis in ~um sit adversitas propria manu signum sanctae crucis expressi *CS* 67; **798** in ~um [v. l. imposterum] inter nos *CS* 291 (v. imposterum 1); c**1153** universitati vestre scribere nos et ratio et providencia necessaria compellit, ne sc. nostro silencio servorum Dei innocentia in ~um periclitari aut contra justum et equum debeat fatigari *Doc. Theob.* 37; ne autem in ~um dubium sit ubi plenarie surgat hidag[ium] de hiis duabus villis sciendum est . . *Kal. Samson* f. 85v; **1214** per quod in postterum possit universitati fidelium provenire dispendium *Pat* I 124a; ejusdem verbi virtute propagantur in †~ium [MS: ~um] species tunc de terra producte Gros. *Hexaem.* VII 1.

2 next (in succession of time), following.

~a vero die Felix *Guthl.* 50 p. 160; ~a . . die moram pugne absolvit W. Malm. *GR* IV 384; ~a . . die cum predicto fratre Crolandiam venit Ord. Vit. IV 15 p. 277; hec donatio fuit facta in Pascha in Dorchecestre, et ~a vice eandem donationem liberaliter in Natali confirmavimus *CS* 413.

3 (m. pl. as sb.) descendants. **b** future generations.

in veteribus viris, quibus priscae legis licentia, nuptiales thalamorum copulas pro nepotum prosapia et ~orum [*gl.*: i. natorum] progenie propaganda clementer indulsit Aldh. *VirgP* 22; tradux . . i. propago, quod et pro peccato Ade dicitur, eo quod ab ipso in ~os fuit translatum Osb. Glouc. *Deriv.* 161; a**675** (13c) . . ut tam tu quam ~i tui pro animae meae remedio intercedere debeatis *CS* 34.   **b p675** sed nec Victorii paschalis laterculi curriculum, qui dxxxii annorum circulis continetur, ~is sectandum decreverunt Aldh. *Ep.* 4 p. 483; cum suos . . ecclesia catholica . . doctores semper celebrare non cessat . . eisque [*sic*] scriptis memorialibus promulget in ~os V. Greg. 75; fames . . famam suae malitiae ~is diuturnam relinquens Bede *HE* I 14 p. 29; vitas precedentium patrum ~is ad exemplum vivendi transmittere V. Gund. 1; c**1120** notum sit omnibus presentibus et ~is quod . . *Regesta Scot.* 5; ut, sicut . . antiquorum industria nostri temporis aucta sunt studia, sic . . nostra quoque diligentia ~orum studiis aliquid adjiciatur Gir. *TH* III *intr.*; de quibusdam dudum fortuniis in Anglia de miro motis ~ibus [*sic*] scripto redigere instans me racio monet Favent 1.

postestas v. potestas.

postfactum [CL], that which is done subsequently, (*de* or *ex ~o*) in the light of subsequent events.

ut ex ~o inquiunt manifestum est V. Har. 10 f. 13v; res de postfacto quod fuit ante docet Nig. *SS* 488 (= Gower *VC* III 562).

postfaenium [CL post + faenum + -ius], grass which springs up immediately after hay is harvested, 'fog', aftermath.

fogge, postfoenium Levins *Manip.* 157.

postfemoralis [CL post + LL femoralis], (as sb. n.) part of saddle placed behind the thigh.

habet sella sibi annexum pectorale ne retrocedat et ~e ne anterius elabatur R. Niger *Mil.* I 14.

postfoenium v. postfaenium.

postgenitus [CL]

1 born at a later time (also in ellipt. construction).

a**889** (11c) post mortem Ethelboldi, fratris nostri primogeniti . . quod idem rex Etheredus nostras distributiones nobis esse permitteret, sicut eas habuimus, ante ipsius Etheredi, fratris nostri ~i, coronationem *CS* 555; et primogenitae meae, ~ae, et juniori necnon Alswytho, ipsis quatuor lego libras quadringentas, cuilibet eorum centum libras *Ib.*; **1198** Heilewis habuit ij sorores ~am et primogenitam *CurR RC* I 194; fratres superstites sunt adeo propinqui heredes in gradu quo ad seysinam sicut ille qui mortuus est tum eciam quia ~us eorum superstes statim post mortem premortui incipit esse loco ipsius heres propinquior patri communi *Fleta* 402.

2 (?) born after the death of the father, posthumous.

1234 rex de fine xl marcarum quem Johanna . . fecit cum rege pro habenda licencia maritandi Agnetem filiam suam ~am cui vellet, perdonavit eidem Johanne xx marcas *Cl* 399; **1242** eodem modo scribitur . . eidem vicecomiti de Johanna filia ~a et una heredum Johannis le Deneis liberanda Johanni de Geres *Cl* 386.

3 (as sb. m.) descendant.

956 (12c) Adam . . ex informi materia creatus . . expulsus in has diversas orbis plagas . . usque ad termini sui calcem; sicuti modo in suis ~is apparet *CS* 949 (cf. ib. 995); **956** (12c) ut ~is luceat dignitas merita singulorum *CS* 957.

posthabere [CL]

1 to treat or esteem as less important, subordinate (to).

de beato Letardo dicentur imposterum non ~enda miracula Gosc. *Transl. Aug.* 43A; semper enim tota vita curam corporis illis ~uit rebus W. Malm. *Wulfst.* II 14; tu qui disciplinali militie et libris quondam omnia ~ebas nunc, sicut audio, codices ad calices transtulisti P. Blois *Ep.* 7. 21B; sufficit michi insolentiam versute infidelitatis stylo simpliciore obruere, nam et David contra Goliam pugnaturus armis humilioribus graviora ~uit *Id. Ep. Sup.* 77. 5; ambitione ~ita, Christi ecclesiam . . venerantes Gir. *EH* II 9; omni cura revestiendi ~ita Obed. *Abingd.* 410.

2 to leave behind. **b** (transf.) to set aside.

puppibus ~itis, petunt arida *Enc. Emmae* II 9. **b** ad quod armentum Juppiter in specie tauri pulcherrimi descendens, ~ita majestate sua, inter ceteros tauros mugiit *Natura Deorum* 29.

posthephthemimeres [CL post + hephthemimeres < ἐφθημιμερής], the part of a hexameter following the first 3½ feet.

antipentimemerium . . , eptimemerim, posteptimemerim omittamus Gerv. Melkley *AV* 208.

posthinc [LL], from this point onward, henceforward.

ut lectoris . . animus . . dignius ~c eum . . concelebret Byrht. *V. Osw.* 403.

posticium [posticus 3 + -ium], private or hidden door, back door, postern.

~ium, statio, postis ubi scilicet occultum ostium efficitur Osb. Glouc. *Deriv.* 479; **1188** in operatione pontis castelli de Bedeforda et ~ii versus aquam iiij li. et vj s. *Pipe* 120; rex per ~ium palatii, fixis tentoriis, ecclesiam est ingressus, ut evaderet populi compressionem *Ann. Paul.* 261; latenter ingressi sunt per ~ium versus aquam Tamisie Wals. *HA* I 170.

posticulus [CL posticus + -ulnus], private or hidden door, (small) back door, postern.

his postis . . unde hic ~us . . diminutivum Osb. Glouc. *Deriv.* 457; **1272** in parietibus boverie recarpentandis que fracte fuerunt de ~is *MinAc* 935/3 m. 1; **1292** in clat' et posticul' [et] pro fald' wiscand' (Durrington, Wilts) *Ac. Coll. Wint.*

posticus [CL as adj. and sb. f., n.]

1 situated at the back.

imminet hinc dominus, terret metus intro ferinus, / urget posticus, latet ante pedes inimicus R. Cant. *Malch.* V 161; ~us, ultimus vel posterius factus Osb. Glouc. *Deriv.* 479.

2 (as sb. n.) the rear or back.

cerebrum . . et ~o capitis inditum cerebellum D. Edw. *Anat.* c 2.

3 (as sb. m., f., or n.) private door, back door, postern; **b** (fig.).

analogium . . ab antica et ~a eque distabat Balsh. *Ut.* 50 (v. antica); per ~am australem cum paucis clam egressus Gir. *EH* I 21; ~um, itaque, qui molendinum ducebat G. Cold. *Durh.* 16; **1244** claudere vicum qui extenditur sub muro Oxon' a porta que dicitur Watergat' . . usque ad paruum ~um ejusdem muri versus castrum (*Pat* 56 m. 9) *Grey Friars Ox.* 297; hic ~us, *posterne Gl. AN Ox.* 167; **1322** facere . . unum alium ~um . . cujus mensura erit tam in altitudine quam in latitudine quod unus homo pedes libere et absque loci artacione possit inducere et educere unum equum *PlRChester* 34 r. 15; *posternȝate*: ~um . . ~us . . ~a *PP*. **b** ave, virgo, vas pudicum, / ad quam auris per posticum / venit rex altitonus Walt. Wimb. *Virgo* 131.

postidos [CL postid + dos < δώς], dowry.

a *dewry*, dos . . ~dotem *CathA*.

postilis [CL postis + -ilis], post.

porta pulcherima . . celata et compta tapeciis in ~ibus et clausuris ex utroque latere G. Hen. V 15; et ornabant propugnacula turris . . prominencia in ~ibus *Ib.*

postilla [dub.]

1 (marginal) note or comment on a passage of Scripture or other work, postil.

sunt . . ~e magistrales, que dicunt quod est animal simile urso et muri Bacon *CSPhil.* 484; . . ut . .

marginalibus .. apostillis exornaretur NETTER *DAF* I *tit.*

2 collected series of comments, commentary or homily.

12 .. ~e veteres Guidonis Longobardi super epistulas Pauli .. ; Robertus .. ~e super pentatheucum .. (*Catal. Librorum Croyl.*) *Festschr. J. Vorstius* (Leipzig, 1954) 294; hic super totam Bibliam ~as fecit TREVET *Ann.* 216; in factura ~e nobilis super epistolas Pauli .. lx s. AMUND. II *app.* 269; emit .. quatuor Evangelia glossata, et Isaiam et Ezechielem glossatos, et ~as super Mattheum *Chr. Evesham Cont. A* 268; **1515** omnes libros et opera de ~a doctoris de Lyra *Reg. Heref.* p. x.

1 postillare [postilla + -are], to annotate or comment on (esp. an expression, passage, or text): **a** (of Scripture); **b** (of other work).

a **1235** psalterium legendo ~avit usque ad medium *Lanercost* 43; c**1308** papa .. fratrem Hugonem de Ordine Predicatorum instituit cardinalem, qui totam Bibliam ~avit et magnas super Bibliam concordantias compilavit *Ann. Worc.* IV 434 (cf. *Eul. Hist.* I 279, KNIGHTON I 218); scriptura juvat seipsam pro sensibus ~andis, ut illud Amos 'non sum propheta' (WYCL.) *Ziz.* 461; ut sancti, ~antes scripturam loquuntur WYCL. *Ver.* I 14; Parabole Salomonis ~ate (*Catal. Librorum*) *Chr. Rams.* 365; in omeliis Sancti Augustini et Sancti Bernardi, qui predicabant clero et populo ~ando et exponendo textum alicujus apostoli GASCOIGNE *Loci* 42; **1469** Sacram Scripturam egregie ~avit *Lit. Cant.* III 247; ~ando scripsit super epistolas et evangelia per totum annum *Mon. Francisc.* I 530. **b** vise, et prout supra correcte et apostillate, eciam media nocte, propter necessarium recessum nuncii *Pri. Cold.* 196.

2 postillare v. postulare.

postillaris [postilla + CL -aris], that contains marginal notes or a developed commentary.

p**1440** liber xij prophetarum ~is (*Catal. Librorum*) *JRL Bull.* XVI 469.

postillatio [postillare + CL -tio], systematic series of comments or annotations on a text, commentary.

innitar .. ~oni sanctorum doctorum WYCL. *Dom. Div.* 2.

postillator [postilla + CL -tor], writer of notes or comments on passages of Scripture or other works.

~or evangelii OCKHAM *Dial.* 737; quamvis forte multi ~ores ista verba non habeant (KYN.) *Ziz.* 48; videat quicumque voluerit omnes doctores, expositores et ~ores R. MAIDSTONE *PP* f. 165v; secundum ~orem Petrum Johannem super Gen. primum BUTLER 404; **1460** in finem rogo, videte textum et ~ores super eodem, ex quibus potestis plane considerare episcopum modernum aliquando Scripturam Sacram ignorare *Paston Let.* 617.

postimus v. postumus.

postis [CL], **2 posta** [ML = *stockade for fishing*; v. *MLLM* s.v.]

1 post (of timber or other solid material, esp. as support for a superstructure); **b** (dist. acc. form). **c** door-post (also with ref. to *Exod.* xii 7). **d** mill-post. **e** (collect. sg.) timbers or props. **f** (fig.).

resedit .. ad convivium, adpendens linteolum .. in una ~a parietis BEDE *HE* III 10 p. 147; veniens intraverat hospes, / pulveris ac pannum posta suspendit in alta ALCUIN *SS Ebor* 345; nam quadam die, dum vir Dei in structura laboraret ingens ~is super eum cecidit WULF. *Æthelwold* 15; omnes ~es Mauri .. ad ruinam muri defendendam exfluxere, repagula ~ium opponentes OSB. BAWDSEY p. clxx; videns domunculam quandam per ~em deforis a muro dependentem GIR. *EH* I 16; **1220**, **1223**, **1225** ~es (v. 2 panna); **1313** in emendacione stabuli .. cum nova ~a et novo mangerio *Comp. Swith.* 393; **1344** facere unam domum .. novam de una copula et ~e uno *Arch. Bridgw.* 99; **1463** pro ~ibus, tignis, tectura, et laboribus, et expensis edificancium per novem ebdomadas *ExchScot* 179; **1514** quod nonnulli iniquitatis filii .. arbores, arborum fructus, ligna, ~es, trabes .. temere, malitiose occultare, et occulta detinere presumunt *Ch. Beauly* 178. **b 1226** sex ~es tortos et

sexties xx cheverones de longitudine viginti pedum et sex paunas *Cl* 106b; **1258** quod in bosco regis .. faciat habere Guidoni de Rupe Forti constabulario Colec' iiij tortos ~es ad quandam aulam inde construendam infra castrum predictum *Cl* 199; **1258** iiij quercus, ad quatuor ~es curvos inde faciendos ad quandam aulam suam construendam *Cl* 214; **1260** duas quercus aptas ad tortos ~es et tres quercus aptas ad pannas et trabes *Cl* 120. **c** sanguis agni legalis in limine superliminare et utroque ~e domorum in quibus edatur jussus est poni BEDE *Hom.* II 7. 138; ventum .. est ad aulae Dei januam, quam ~ibus haerentem offendens, ascensorium, quo se artifices ad sacra tecta templi mittebant, secure transcendit ADEL. BLANDIN. *Dunst.* 2; beat[it]udinis premium iis qui ad ~es hostii sui mane pulsaverint, et eterne vite felicitatem [iis] qui ipsam elucidaverint, fideliter pollicetur ANDR. S. VICT. *Comm.* 271; ante tuos postes moriar NIG. *Paul.* 48v. 427; in utroque .. ~e sanguis agni ponebatur P. BLOIS *Ep.* 123. 359B; **1308** Thomas C. asportavit ~es hostii domus Ricardi filii E. *Rec. Elton* 152. **d 1259** quod .. faciat habere .. unam quercum aptam ad quendam ~em unius molendini ad ventum *Cl* 426; in molendino erigendo xx s. vj d. in ~e cum virgis ad idem cariandum v s. viij d. (*Faringdon*) *Ac. Beaulieu* 75; **1282** in ferro empto et fac' ad ~em et trabem dicti molendini (*Ac. Cliffe*) *DCCant.* **1319** r. c. .. de iiij s. de j veteri ~e molendini de G. vendito *MinAc* 992/10 m. 1. **e 1419** custos quarere .. in stipendiis j operarii conducti, et evacuantis pulverem de ~e, iv s. *Fabr. York* 37; Willelmo Norton per xvij dies evacuanti pulverem extra ~em v s. viij d. *Fabr. York* 40. **f** s**899** Ælfredus, rex Saxonum, immobilis occidentalium ~is ÆTHELW. IV 3; tres principales tunc temporis Hibernie ~es GIR. *EH* II 36.

2 stake, stout pole, or column (set upright in or on the ground for execution by burning).

de heresi convictus et condempnatus .. primo solempniter degradatus, postea in Smythfeld .. ~i derecte stando catenatus ac dolio, ignitis focalibus circumdatus in cineres redactus AD. USK *Chr.* 58.

3 roll (of fabric, named from its shape).

1362 [6 *posts*] ~as [*of Cindon at 100 s. the post*] *Cal. Pl. Mem. Lond.* I 258.

postitor v. 2 portitor.

postliminium [CL = *resumption of civic rights on return from exile*]

1 return (esp. from exile or journey); **b** (transf. or fig.).

justo valde judicio, ut, qui interdictum repetebat ~ium [*gl.*: reversionem, *geancyr*, *ageancerdingce*], serviret ut vile mancipium ALDH. *VirgP* 31; ~ium, *edcyr of spræsiðe* ÆLF. *Gl.* 116; is namque dominum suum .. vi bellica cepit, neque ante ~o concessit reverti mancipatum indignissimae custodiae, quam .. extorsit W. POIT. I 15; c**1163** ut eum quasi ~io reversum cum gratia suscipiatis G. FOLIOT *Ep.* 152; hoc ~ium .. reversio de exilio .. alii .. dicunt ~io indeclinabile esse OSB. GLOUC. *Deriv.* 457; revertenti restituenda esse omnia jure ~ii asseverabis NECKAM *NR* II 155 p. 242. **b** ut ad seriem ~io revertar W. MALM. *GR* II 113; o ~ium [librorum] gratiosum R. BURY *Phil.* 7. 114.

2 delay in return.

non multo transacto ~io nautarum WILLIB. *Bonif.* 4 p. 16.

postlocutio [CL post + locutio], (leg.) something said later, later claim.

tu mihi promisisti .. plenam defensionem contra omnem ~onem [*AS*: *æfterspræce*] in eo testimonio quod tunc nobiscum affuit (*Quad.*) *GAS* 399.

postmatutinus [CL post + matutinus], that pertains to the period after matins.

9 .. postmatutinis laudibus, / quas Trinitati psallimus, / psallamus rursus, admonet / verus Pater familias *Anal. Hymn.* LI 12.

postmeridies [CL post + meridies, cf. CL postmeridianus], afternoon.

undermele, ~ies .. postmesimbria *PP*.

postmesimbria [CL post + ML mesembria < μεσημβρία, cf. CL mesembrinos], afternoon.

undermele, .. ~ia *PP*.

postmittere [ML < CL post + mittere]

1 to send afterwards. **b** (transf.) to add afterwards.

Mellitum .. Gregorius Augustino ~misit auxiliarium GOSC. *Transl. Aug.* 20B. **b** quia ad opus accedere non debeo sine prefatione .. ideo prohemium quoddam habile et utile premitto vel etiam ~mitto, in quo reddo auditorem docilem, facundum, attentum W. DROGHEDA *SA pref.*

2 (p. ppl. as sb. n.) that which is sent afterwards.

promissum quasi premissum, si res comitetur, / si non, promissum quasi postmissum vocitetur W. COMBE 196.

postmodum [CL], at a subsequent time, afterwards.

is ~um labentibus temporum lustris .. septies vicena et quaterna virginum milia dulcisonis melodiae concentibus canticum rude canentia .. auscultare .. meruit ALDH. *VirgP* 7; fauni nascuntur de vermibus natis inter lignum et corticem et postremo procedunt ad terram et suscipiunt alas et eas amittunt ~um *Lib. Monstr.* I 4+; fecit basilicam, quam ~um pagani .. succenderunt BEDE *HE* II 14 p. 115; ~um vero, regnante W. rege, diratiocinavit illud Lanfranc' *DB* I 5vb; Stephanum tunc Bononie comitem, ~um Anglie regem W. MALM. *HN* 504; pigriores in primis, pernicius ~um .. insistunt GIR. *TH* I 12 p. 37; **1301** ~um easdem terras contulit et concessit .. Roberto et Nicholao *SelPlMan* 126.

postnatus [CL post + natus *p. ppl. of* nasci], born after, younger, puisne; **b** (passing into surname).

1218 si aliquis baronum domini regis tenencium de domino rege obiisset, et non haberet heredes nisi filias, et primogenite filie maritate essent in vita patris sui, dominus rex daret ~am filiam que remaneret in hereditate patris sui alicui militum suorum *BNB* II 12; **1220** ut .. maritaret .. de Matillde Saherum ~um filium suum *SelPlCrown* 136; **1221** Gilbertus frater predicti Samuelis ~us, quondam vir ipsius Sibille, tenuit hereditatem ipsius Samuelis dum idem Samuel fuit in terra Jerosolime et duxit eam interim in uxorem et habuit pueros de ea *PlCrGlouc* 26; si .. frater ~us plures habuerit filios BRACTON f. 3; post decessum meum .. cum predictus P. filius meus [sc. primogenitus] hereditatem suam habuerit, predicta villa et fedum predictum .. Willelmo filio meo ~o et heredibus suis .. revertatur (*Donatio ad vitam*) *FormMan* 2; etiam si primogenitus regum sese filium legis hujus esse fateatur, ~os fratres suos reges hujus legis esse filios ipse tunc ostendet FORTESCUE *NLN* I 5. **b** quando Ricardus Punnatus erat praepositus in Hersam *DB* II 186.

postnetta v. pocenettus.

postor [*aphaeretic form of* CL impostor], charlatan, impostor.

tollite postorem, nova dum tormenta paremus. / .. / tolle magum! nova nos opus est tormenta parare NIG. *Laur.* 938.

postponderare [CL post + ponderare], to think poorly of, to give less heed to.

pater ponens animam suam in manibus suis medicorum consilia ~avit W. DAN. *Ailred* 41.

postponere [CL]

1 to rate lower or behind, to treat as of secondary importance.

territoria ejus circumquaque adjacentia optimis comparanda, nulli ~ponenda OSB. BAWDSEY p. cliv; mundi etiam fertur sic ~posuisse gloriam *V. Fridesw. B* 4; tante .. perfectionis erat quod quando erant quibus prodesse poterat, voluntatem propriam procul dubio ~posuit utilitati proximorum *V. Edm. Rich B* 619.

2 to neglect; **b** (w. inf.).

si .., quod absit, verba ejus ~ponitis BEDE *HE* I 32 p. 69; ipsius commoda procurans, sua ~ponens W. MALM. *HN* 506; [cardinales] que sua sunt querunt, que celica postposuerunt (*Divers. Ordin.* 28) Ps.-MAP 230. **b 1432** delicta .. corrigere .. ~ponunt *StatOx* 243 (v. coularis).

3 to disparage, belittle.

1392 cujus animositatem viri strenui et cordati multa laudum commendacione attollunt, desides vero et vecordes illam ~ponunt *Chr. Westm.* 206.

4 to postpone, put off, delay: **a** (trans., also w. *ad* & acc.); **b** (w. inf.); **c** (absol.).

a s**1235** appellatione ~posita M. PAR. *Maj.* III 317; **1236** proprium jusjurandum in sui prejudicium violando ad dampni illationem .. non ~posuit *CurR* 1580. **b** de fulmine et tonitruo, quia alias dicemus, ad presens dicere ~ponamus BERN. *Comm. Aen.* 7; **1187** ut .. custodibus illis .. assistant et auxilium .. impendere nullo modo ~ponant (*Lit. Regis) Ep. Cant.* 158; **1220** regalia .. eidem reddere non ~ponant *Pat* 227; **1304** ut .. id quod debetur solvere cum celeritate non ~ponat (*Ep.) Chr. Rams. app.* 389; mandat quod rex levari faciat tallagium .. et illud sibi mittere non ~ponat *Eul. Hist. Cont.* 337. **c** BACON IX 201 (v. postpositio 1).

5 to set aside: **a** (person); **b** (act or abstr.).

a tu adolescenti adultero adherens, regem sponsum ~posuisti me, cum consortem thori et regni dominam fecissem te J. FURNESS *Kentig.* 36 p. 224; s**1239** ~posito decano Lincolniensi M. PAR. *Maj.* III 528. **b** ~pone laboriosas distentiones tuas ANSELM I 97 (v. cura 1); sibi vim faciens et infirmitatis gravedine ~posita *V. Gund.* 39; ab hoc nomine quod est cullum hec culla .. eo quod ille qui hanc vestem gerit omnia debeat ~ponere secularia OSB. GLOUC. *Deriv.* 133; piscandi gratia Farne venerat et pullos mootarum, memorati fratris prohibicione ~posita, lapidibus inquietabat *Mir. Cuthb. Farne* 3; et, terrenis omnino ~positis, Deum contemplans *V. Edm. Rich C* 595; Dei timore ~posito *FormMan* 23; quatinus omni dubietate in hac materia ~posita, hujus rei veritas .. innotescat CIREN. II 26.

6 (understood as) to turn aside.

~positis .. oculis indicavit breviter fratri statum curie CIREN. I 134 (=G. MON. XII 7: ~positis .. osculis).

7 to place after: **a** (in order of importance); **b** (of order within a text); **c** (gram.); **d** (of mus. notation).

a videntes et videndo invidentes illum preponi quem juxta conversionis ordinem judicabant sibi debere ~poni EADMER *V. Anselmi* I 9. **b** 956 (12c) his testibus consentientibus et conscribentibus quorum nomina hic ~ponuntur *CS* 964; in carta componenda .. primo ponendum est nomen donantis .. et statim ~poni debet nomen recipientis *FormMan* 1 (v. defensio 2b). **c** H vero tantum metro utilis semper absque ullo sono vocalibus preponitur ubi ascribenda videtur, et consonantibus quibus apponenda est ~ponitur ABBO *QG* 11 (25); in appositione pronominis ad pronomen magis certum preponitur et magis confusum ~ponitur, ut 'ego ipse' BACON XV 46; si autem de 'bal' volueris memorari ymaginem 'ba' sillabe tibi loces eversum abbatem vel erectum balisterium si habere velis, teneatque ulnam in ore per medium ex transverso, vel alio modo ad balisterii extremum superius applicetur ad significandum quod 'ba' sillabe debeat 'l' ~poni BRADW. *AM* 185. **d** punctus perfeccionis ~positus proximam perficit notam precedentem HAUBOYS 196; quod si valor unius semibrevis, vel duarum ut brevis, vel quatuor ut longa, et sic de aliis, precedat duas minimas, et ~ponatur semibrevis vel ejus valor *Fig.* 41; hic patet imperfeccio brevium per semibreves et earum valores prepositas et ~positas in prima mensura perfecta *Ib.* 49.

postpositio [LL]

1 (act or occurrence of) postponing, delaying.

si naturaliter postponat, donec per equale spatium postponat, est in principio, dum minuitur ~o, est in augmento, dum perseverat in hoc, est in statu, dum vero postponitur, est in declinatione BACON IX 201; **1322** studeant fideliter revelare ab excitacionibus et induccionibus negociorumque dicte fabrice ~onibus antedictis questuariorum quorumcumque in prejudicium dicte fabrice *Stat. Linc.* I 333.

2 (act of) setting aside or giving up.

s**1458** pro eradicacione radicum rancorum, et ~one discordie et variacionis *Reg. Whet.* I 300.

postpositivus [LL], (gram.) placed after.

ordo dicitur accidere conjunccioni precipue, quia quedam prepositive sunt, ille sc. quas precessit illud an, alterum conjungitur; ~e, quarum sequitur exceptis encleticis que, ne, ve *Ps.*-GROS. *Gram.* 58; quod a

---

Graecis ~us articulus dicitur .. nempe (qui, quae, quod) LINACRE *Emend. Lat.* f. 8v.

postprandius [CL post+prandium+-ius]

1 that pertains to the period following the midday meal, postprandial.

1345 horam dormicionis ~ie consuetam *Reg. Heref.* 55.

2 (as sb. m. or n.) the period following the midday meal, afternoon.

dum semel sedet in cella sua in uno ~io *Offic. R. Rolle* xxx.

postpunctare [CL post + punctum + -are], to mark after.

invenitur numerus perfectus super literam Q, propter quod Q ~atum est litera tabularis anni mcclxv BACON VI 192.

postquam [CL]

1 subsequent to the time at which, after.

si quis ~m se voverit Deo, secularem habitum acciperit, iterum ad aliquem gradum accedere omnino non debet THEOD. *Pen.* I 9. 2; ~m solis ardore paludes dehiscebant adustae, tunc pestis irata cibo potuque carens agros scintillantibus peragravit oculis et nimiam dedit mortalibus plagam *Lib. Monstr.* III 5; ~m annis quinque rexit ecclesiam, .. migravit ad caelos BEDE *HE* II 7 p. 95; consuetudinem non reddidit ~m comes terram habuit *DB* I 86rb; Alexander papa secundus ~m Romanam et apostolicam sedem xl annis rexit, e mundo migravit ORD. VIT. IV 11 p. 248; s**1237** adicimus .. quod ~m novitii, anno probationis finito, gestaverint habitum monachilem, ad professionem .. protinus compellantur M. PAR. *Maj.* III 433.

2 from the time that, ever since.

defendit se pro xxvii hidis ~m habuit pro xvj hidis ad libitum Heraldi *DB* I 32rb; miseretur .. me orphanitatis et debilitatis que vobis accessit ~m Maximianus regnum istud .. spoliavit G. MON. VI 2.

postremitas [LL], last part, portion, or position.

scito autem, quando acciderit stella in ~ate signorum, quod est in semita prima, erit coacervatum tibi ex horoscopo ADEL. *Elk.* 37; chimera est monstrum triforme .. quod historici dicunt nichil aliud esse quam montem in primo capite leones, in medio pecudes, in ~ate serpentes habentem BERN. *Comm. Aen.* 72;

postremo [CL]

1 at the last point or period in time, at last, finally.

fauni nascuntur de vermibus natis inter lignum et corticem et ~o procedunt ad terram et suscipiunt alas *Lib. Monstr.* I 4†; plorans et lacrimans quem pene nullus consolari potuit. ~o interrogatus quid sibi esset, clamare cepit .. *V. Cuthb.* I 3; ~o tamen .. in corde suo cogitabat paterna rura deserere EDDI 2; si quis dominum suum occidat .. nullo modo se redimat, set decomatione vel .. ~o severa gentium animadversione dampnetur (*Leg. Hen.* 75. 1) *GAS* 591; artem etiam ea inveniendi et comperiendi ~o expedivimus BALSH. *AD* 56; ~o [ME: *alast*] cum perceperit quod omnino est bene morigerata .. tunc manifestat .. *AncrR* 78.

2 to sum up, in short.

T[homas] archiepiscopus .. vixit .. in archiepiscopatu annis ferme xx, quo nec alter episcopus tempore suo persona decencior, nec magnis et minimis magis unanimiter dilectus .. ~o in omnibus fere et amabilis, et laudabilis, et reverendus H. CANTOR f. 3v.

postremus [CL]

1 occurring at the latest point or period in time, last, final.

ante diem mortis dolor adveniens tibi fortis, / anno dante moram, postremam traxit ad horam *V. Gund.* 49; corpora postremo nova tempore nostra resurgent L. DURH. *Dial.* IV 425.

2 last (in order of sequence); **b** (ellipt. or as sb. m.); **c** (*in* ~*o*) at last, finally.

---

c**1093** omnes .. vos hac ~a supplicatione convenio ANSELM (*Ep.* 165) IV 39; tres ~os [libros] precedentibus preludiis gratius tempus Gratie commendat L. DURH. *Hypog.* 64. **b** artium .. singularum a primis inventoribus posteriorum successioni paulatim innotuit notitia, primorum autem inventione vix aliquid compertum, posteriorum additione mediocriter adauctum, ~is postrema addentibus ad plane explicandum vix tandem patuit BALSH. *AD* 29; in summa familiaritate primos habuimus, in minori medios, in nulla ~os GIR. *EH* II 37. **c** videtur autem et in ~o .. BALSH. *AD* 74; in ~o, i. post mortem BACONTHORPE *Quaest. Sent.* I 4a.

3 lowest or worst.

Cornu namque bria recta racione vocatur, / non est, ut dicis, mundi postrema cloaca, / immo plus, uti scis, cleri lux, clara fit aqua M. CORNW. *Hen.* 221.

4 (as sb. n.) the latter.

in omni eo quod facis, habeas in intentione unum horum aut ambo simul, quia ~um [ME: *latere*] incidit in primum *AncrR* 151.

postridie [CL; al. div.]

1 on the following day, next day.

cleptes quidam .. tenebroso custodiebatur in carcere, nefandis vinctus catenis et dira compede, donec in eculeo ~ie suspenderetur pro crimine LANTFR. *Swith.* 34; ille [sc. Gaufredus] contra fremere, immania minari, post tridie se illuc venturum W. MALM. *GR* III 231; s**1139** causa .. regis in posterum diem dilata [v. l. prolata], nec minus in crastino [v. l. crastunum] ad adventum archiepiscopi Rothomagensis post tridie prolongata *Id. HN* 475 p. 32.

2 (in gl.) after the third day.

aftyr þe thyrd day; post triduum, ~ie *CathA*.

postscriptio [CL post+scriptio]

1 postscript.

Cronica Reginaldi .. sic dicunt in ~one *Flor. Hist.* II 157n.

2 *f. l.*

1418 ut hanc urbem .. cedibus, rapinis, †postscriptionibus [l. proscriptionibus], tyrannice nimis opprimerent BEKYNTON II 131.

post sella v. 1 postella.

postsequi [LL < CL post+sequi], to follow after (in quot. mus.).

quoniam omnis pausatio regulativa continuat modum precedentem et ~entem, prout melius potest .. *Mens. & Disc. (Anon. IV)* 58.

postsessor [CL post+sessor, cf. AS *sæta=resident, inhabitant*], subsequent resident or inhabitant.

833 (14c) juxta antiquam conscripcionem ipsis ~oribus .. assignata permaneat *CS* 410.

postsummonitio [CL post+summonitio], subsequent summons.

translata ad magnam curiam loquela ad peticionem petentis oportet quod summoniatur tenens quod sit ibi ad certum diem petenti responsurus. est autem summonicio, ~io, et resummonicio, et sunt quedam mandata que locum non habent *Fleta* 378.

postterum v. posterus. **post tridie, post triduum** v. postridie.

postulare [CL]

1 (trans.) to ask for (usu. as something to which one is entitled), to demand: **a** (w. acc. or pass.); **b** (w. acc. & inf.); **c** (w. acc. & obj. cl.); **d** (w. obj. cl.); **e** (absol.); **f** (w. inanim. or abstr. subj.).

a Bethlehemitici ducis .. populum Israhel gentesque ~atas in virga ferrea recturi ALDH. *Met.* 2 p. 69; ait .. Beati Cuthberti clementiam cum constanti mentis fiducia devotissime ~are R. COLD. *Cuthb.* 53; directi sunt .. ad archiepiscopum, ~atas inducias ex parte regis deferentes A. TEWK. *Add. Thom.* 7; c**1192** sine licencia ~ata a vicecomite vel ab aliis ballivis meis *Ch. Chester* 256; s**1232** quibus [sc. magnatibus

Anglie] rex proposuit quod magnis esset debitis implicatus .. unde necessitate compulsus ab omnibus generaliter auxilium ~avit M. Par. *Maj.* III 212; **1302** laus Dei extollitur .. et peccatorum venia postillatur [*sic*] *Reg. Wint.* I 136. **b** at insulani et, quantum valuere, armis arma repellebant, et invocantes divinae auxilium pietatis caelitus se vindicari continuis diu inprecationibus ~abant Bede *HE* IV 26 p. 266. **c** [Aedilthryda] multum diu regem ~ans, ut saeculi curas relinquere atque in monasterio tantum vero regi Christo servire permitteretur .. Bede *HE* IV 19; vir .. Wintoniam citius adiit .. fratrem praedictum accersivit, accersitumque ~avit ut missatica beati patris impleret Wulf. *Æthelwold* 42. **d** ~abant ut .. synodus .. fieret Bede *HE* II 2 p. 82; interim itaque id a lectore ~atum sit ut si harum artium immunis accesserit, quicquid in his computationum lineis secundum regulas subscriptas inciderit magis certum quam necessarium habeat Adel. *Elk. pref.*; ad me fratrem regis defuncti pertinere regnum ejus hereditario jure diffinitiva sententia ~o ut declares Fortescue *NLN* II 7. **e** sed tamen, ne lucernam verbi ~antis gurges neglegentiae demergat, de his tibi pauca sermo depromet beluis *Lib. Monstr.* II *pref.*; oret pro me sanctus Abel .. intercedat pro me sanctus Isaac .. ~et pro me felix Jacob *Ps.*-Bede *Collect.* 385; roget pro me fidelis Abraham .. intercedet [*sic*] pro me justus Isaac .. ~et pro me felix Jacob *Nunnam.* 58; ~e[t] coram amico qui penuriam suam predicat *Prov. Durh.* 5; quo viso, tandem sacerdos obnixe ~antem et devote suscipientem, terrore tamen magis quam ratione compulsus, communicavit Gir. *TH* II 19 p. 103; a ~ando primo capite prohibentur in totum minor xvij annis et surdus Ric. Angl. *Summa* 26; femine secundum leges .. non possunt esse judices nec magistratum gerere nec adoptare nec ~are nec fidejubere Ockham *Pol.* I 160. **f** Romani .. Italiam petunt, suorum quosdam relinquentes praepositos .. solo nomen Romanae servitutis haerere facturos .. et, si res sic ~avisset, ensem, ut dicitur, vagina vacuum lateri ejus accommodaturos Gildas *EB* 7; cum ratio ~at .. *Simil. Anselmi app.* 193; [bedelli] vel ab officio perpetuo vel ad tempus ammoveantur .. si delicti qualitas .. remocionem ~averit *StatCantab* 209;

2 to nominate or elect to an ecclesiastical dignity (when some canonical impediment is supposed to exist), subject to the sanction of the superior authority.

prius ad unum episcopatum et alterum, demum ad Neapolitanam metropolim ~ari et solemniter eligi me fecerunt P. Blois *Ep.* 72. 224B; **1215** ut vos induceret ad ipsum ~andum *Cl* 202b; s**1231** eodem anno Radulphus, episcopus Cicestrensis .. est in Cantuariensem archiepiscopum ~atus *Ann. Dunstable* 128; Gilebertus, Herefordensis episcopus, ad sedem ecclesie Londoniensis ~atus, illuc translatus est M. Par. *Min.* I 320; **1254** cum eorum [sc. decani et capituli] electus, vel ~atus, ei fuerit presentatus, regium ei assensum adhibeat et favorem *RGasc* I 330b; **1261** frater Johannes supprior Berncestr a canonicis de Chetewod, petita prius licencia a domino rege patrono suo eligendi et optenta, in priorem de Chetwod ~atur *Ambrosden* I 363; tunc cancellarius Anglie et ~atus sedi Cantuarie .. confirmatus, non sacratus J. Reading f. 159v; **1417** lego ecclesie cathedrali Cicestrensi ad quam sum ~atus duas pelves argenteas *Reg. Cant.* II 134; Willelmus Wischard .. cancellarius regis electus pro tunc ad cathedram episcopalem Glasguensem ecclesie ~atus est ad Sanctumandr' Bower X 28.

3 (p. ppl. as sb. m.) person nominated or elected to an ecclesiastical dignity, a postulate.

diligenti inquisitione de persona ~ati M. Par. *Maj.* III 207; **1503** reverendus pater Andreas ~atus ecclesie cathedralis Moravien' *RScot* 548a; **1559** requisitioni et admonitioni faciende per reverendos patres episcopum Dunkeldensem, ~atos Candide Case et Rossensem *Conc. Scot.* II 154.

postulaticius [CL =*given by request*], that often requests or demands.

postulo, -as, unde .. ~ius, -a, -um, quod frequenter postulat Osb. Glouc. *Deriv.* 464; ~ius, qui frequenter postulat *Ib.* 480.

postulatim [ML < postulatus *p. ppl. of* CL postulare + -im], in the manner of one asking for or requesting, demandingly.

postulo, -as, unde .. ~im adverbium Osb. Glouc. *Deriv.* 464; ~im, precanter *Ib.* 480.

postulatio [CL]

1 request (usu. for something to which one is entitled), demand.

Britannia .. legatos Romam cum epistolis mittit, militarem manum ad se vindicandam lacrimosis po[s]tulationibus poscens Gildas *EB* 15; nisi me ventus tuae ~onis a puppi praecelsa pavidum inter marina praecipitasset monstra *Lib. Monstr. prol.*; mox effectum piae ~onis consecutus est Bede *HE* I 4 p. 16; ne exempli ~o longe quesita diutius nos fatiget Adel. *ED* 25; **1146** ~oni dominus archiepiscopus et Walterius prior cum nonnullis monachis qui ibi affuerunt consensit *Doc. Theob.* B; et sic quievit suspensa pacis ~o adoptata M. Par. *Maj.* V 727; quasi ut severitate legis illius conterriti, ipsi a stolida et minus provida ~one sua desisterent Fortescue *NLN* I 17.

2 nomination or election to an ecclesiastical dignity.

s**1213** mandamus, quatenus episcopatus et abbatias Anglie nunc vacantes facias .. per electionem vel ~onem canonicam ordinari Wend. II 96; **1215** nos regium praebuerimus assensum vestre ~oni *Cl* 2026; s**1231** Radulfus, episcopus Cicestrensis .. est in Cantuariensem archiepiscopum postulatus, sed ~o non fuit admissa *Ann. Dunstable* 128; de accusacionibus et earum effectu et de eleccione et electi potestate et de ~one (W. Drogheda *SA*) *EHR* XII 651; c**1274** item ea que facta sunt et ordinata in .. concilio super electionibus, ~onibus, et provisionibus *Leg. Ant. Lond.* 172; s**1333** papa providit .. non virtute ~onis capituli Cantuariensis, sed proprio suo motu *Ann. Paul.* 360.

postulator [CL], supporter of request, pleader.

his tamen nominibus, ~or, 'interpellator', 'advocatus', supponitur persona Neckam *SS* II 22. 3; nubes penetrat suo fervore .. supernos delectat suo fragore .. optata impetrat suo ~ore Peckham *Serm.* 278n. 2.

postulatrix [CL postulator + -trix], supporter of request, pleader (f.).

ut tu pro nobis esses ~ix et patrona J. Godard *Ap.* 251.

postuma v. apostema.

postumus [CL]

1 born after the father's death. **b** (as sb. m.) one born after the father's death; **c** (passing into cognomen).

~us, post obitum patris natus *GlC* P 533; ~us, *unlab Ib.* P 559; **10..** ~us, *unlaf* .. postunus [*sic*], *unlaf WW*. Carilao filio regis qui natus ~us erat, cum ad etatem adultam pervenisset, regnum .. restituit W. Burley *Vit. Phil.* 62; **b** posthumus .. ille qui post patris nascitur humationem Osb. Glouc. *Deriv.* 267; quoniam autem percunctationum alia simplex est ut 'cujus filius est posthumus', alia duplex ut 'quis quando posthumi fuerit pater' Balsh. *AD* 157; hic postimus, *he that is born aftyr the deth of hys fadyre WW*. **c** Romanorum filii olim Silvio Posthumo orti ideo dicitur Posthumus, quia post mortem Aeneae patris ejus natus est Nen. *HB* 149 [v. l. Rec. Vat.].

2 (in gl., understood as) last, final.

~us, postremus Osb. Glouc. *Deriv.* 475.

3 reborn, born again after death.

mortuus evigilat disrumpens tartara tetra. / .. / edidit extemplo leti decreta resurgens / postumus angelica prodens suffragia turbis Aldh. *VirgV* 1420.

postunus v. postumus.

postura [cf. CL post + -ura, positura], foot-binding, hobble (that binds the hind legs).

aliquoties desuper equorum pediligulas, quas vulgo ~as vocant J. Furness *Walth.* 45.

pota v. 2 potus.

potabilis [LL], drinkable, potable.

uti has aquas .. familiae tuae ~es tribuas Egb. *Pont.* 129; si venire poteris ad fontem vel locum unde inimici hauriunt aquas ~es, infunde in illis locis diversa venena corrumpencia et tunc inimicis effodias sepulturas Bacon V 154; in aliquo comestibili vel ~i *Id. Maj.* II 212.

potabilitas [LL potabilis + CL -tas], the quality of being drinkable, potability.

nam terra omnibus se communicat per supportacionem; aqua per suas proprietates — natabilitatem, ~atem et labilitatem et ceteras Docking 113.

potagiarius [ML potagium + CL -arius], that pertains to soup, (as sb. m. or f.) soup-maker.

olera .. per manus ~ii conventui paranda *Cust. Westm.* 74; **1312** in solutis xxij sororibus et ~iis earum .. per vj septimanas, cuilibet earum iij d. ob. et ~ia j d. per septimanam, xxxix s. *Comp. Swith.* 397–8; **1322** ~ius *HMC Rep.* IX 77; **1328** serjanciam ~ii in coquina prioratus *Reg. Roff. Ep.* I f. 127; **1335** ~ius et discarius habentes unum garcionem *Lit. Cant.* II 94.

potagium [ML < ME, OF *potage*], (thick) soup, pottage.

1206 quolibet die duas ciffatas cervisie et unum ferculum de elemosinario, et ~ium quod ad officium pertinet *FormA* 79; a**1225** die lune sequenti cervisia v d., in ovis j ob., in ~io ob. *Househ. Ac.* 119; a**1301** molabunt avenam nostram ad faciendam farinam nostram ad ~ium nostrum per totum annum *Deeds Newcastle* 43; **1325** in j olla enea locata pro ~io famulorum faciendo *MinAc* 854/8; faciant .. vicario .. duos bussellos pisarum pro protagio *Reg. Roff.* 424; **1417** statutum .. fuit ut haberent panem et vinum et uno die unicum genus carnium et altero genus unum piscium et singulis diebus unum genus ~ii prout dies exigebat *Chr. S. Alb.* 108; in carnibus bovinis pro ~iis emptis per eundem xij d. *Househ. Ac.* 459; hoc ~ium A. *potage WW*; quoddam venenum vocatum *rattesbane* cum quadam porcione pottagii vocati *brothe* in quodam disco adtunc et ibidem commiscuerunt *Pat* 1303 m. 16.

potagra v. podagra.

potare [CL]

1 (trans.) to take in liquid, drink (also in fig. context); **b** (holy water as cure for illness). **c** to drink from or of (w. acc. of source).

he sunt aque de puteo Samarie, que plus pote plus accendunt concupiscentie sitim P. Blois *Ep.* 102. 317B; aquam si .. crudam ~es .. mors imminet Gir. *TH* I 35; aque pote equis .. pestifere *Ib.* II 7; **1388** evaserunt a gaola .. ~averunt unum dolium vini rubii .. quod fuit predicti archicpiscopi *IMisc* 240. 14. **b** benedixi aquam, et astulam roboris .. inmittens obtuli egro ~andum Bede *HE* III 13 p. 153. **c** divaricant prunas veribus potantque lacunas R. Cant. *Malch.* I 405.

2 (intr.) to drink (to satisfy thirst); **b** (convivially, esp. w. implication of drinking intoxicating drinks); **c** (spec. as entitlement allowed in spec. circumstance).

cum corpus mortui miles custodiret, / ut labore nimio siccatus sitiret, / et ad dictam feminam potandi [*sic*] veniret *Latin Stories* 156. **b** ad domum sacerdotis .. cum hospitibus ~aturus accessit R. Cold. *Cuthb.* 17; qui modice potare velit, potet moderanter D. Bec. 2374. **c** **1262** provisum est per forewardmannos quod ~abunt die Dominica ante Pentecostem *Gild Merch.* II 5; c**1352** sic operabuntur usque ad primam pulsacionem vesperarum, et tunc ~abunt infra logium usque ad terciam pulsacionem propulsatam, et redibunt ad opera sua *Fabr. York* 172.

3 (trans.) to cause to drink (also fig.); **b** (w. instrumental abl., also fig.); **c** (w. ref. to *Psalm.* xxxv 9); **d** (w. ref. to *Psalm.* lxviii 22). **e** (p. ppl.) drunk, intoxicated (also fig.).

Samsonem quoque de maxillis asini sitientem ~avit *V. Cuthb.* III 3 (cf. *Jud.* xv 19); Johannes cum gratia me ~et ab Omnipotentis pectore *Ps.*-Bede *Collect.* 383; miseris condolebat, pauperes recreabat, esurientes pascebat, sitientes ~abat Dominic *V. Ecgwini* I 15; eos .. sic cibat, sic ~at, sic in tricliniis fulcit J. Sal. *Pol.* 725C; c**1243** attendentes siqui Christum in membris suis non paverunt vel ~averunt Gros. *Ep.* 87; de ventris dolio potantur celici, / potantur etiam omnes catholici Walt. Wimb. *Carm.* 133. **b** nam et usque hodie multi de ipso ligno sacrosanctae crucis astulas excidere solent, quas cum in aquas miserint eisque languentes homines aut pecudes ~averint Bede *HE* III 2 p. 129; pectore de gnaro pandit salutaria dicta / imbribus atque piis sitientis corpora potat Æthelwulf *Abb.* 103; comites potabat fonte Frith. 1129 (v. ductor 2a); animam meam vestra dulcedine ~abatis? Anselm (*Or.* 14) III 58; et modo incipientes, et teneros lacte quodam ~at historie Ad. Scot *TT* 630A; s**1461** gens lactata Styge, potataque plebs Acheronte *Reg. Whet.* I 399. **c** inebriebantur ab ubertate domus Dei et torrente voluptatis ejus ~abantur AILR. *Ed. Conf.* 760D (=CIREN. II 268). **d** Jovinianus .. potu dulcissimo felle commixto multos ~avit *Ps.*-BEDE *Collect.* 327; post hec inter latrones cruxifixus, capitum agitatione et verborum exprobatione irrisus, aceto cum felle ~atus *Eccl. & Synag.* 96; Deus pro nostra infirmitate felle ~atus [ME: *dronc*] est in cruce *AncrR* 142; aceto ~ari volo, totum sanguinem exhauriri et in cruce mori *G. Roman.* 354; s1436 tanquam felle ~ati intoxicati sunt *Plusc.* XI 9. **e** juvenem Robertum .. cum potus a taberna digrederetur, aggressi sunt quidam malevoli qui vite ejus insidiabantur W. CANT. *Mir. Thom.* IV 26; si fueris potus, te potum nesciat hospes D. BEC. 1384; s1174 sancta .. martyris aqua ~atus .. a Cantuaria recessit GERV. CANT. *Chr.* 249; torrente voluptatis spiritualis ~atus J. FURNESS *Walth.* 64.

4 (transf.) to apply liquid to (in quot., w. ref. to separation of metals).

et [cineres ulmi] plumbum potando tegunt, plumboque direptum / enatat argentum, nil modo sordis habens L. DURH. *Dial.* II 177.

potaria v. 1 potarius, pottaria.

1 potarius [CL potus+-arius; cf. LL potarium=*drinking vessel*], used for containing drink. **b** (as sb. n.) drink.

dolio grandi inde repleto et inter dolia vinaria sive ~ia .. dolose locato GIR. *Spec.* III 16. **b 1248** in mercede hominum pilancium poma et ~ia sine pane *Rec. Crondal* 56.

2 potarius v. pottarius. **potata** v. pottata.

potatio [CL]

1 drinking-party or scot-ale.

domunculae .. in comesationum ~onum, .. et ceterarum .. inlecebrarum cubilia conversae BEDE *HE* IV 25 p. 265; vacant ~onibus honorifice in aula, non lectionibus cum clero aut monachis ÆLF. *Ep.* 2a. 15; 1102 ut presbyteri non eant ad ~ones, nec ad pinnas bibant *Conc. Syn.* 676; 1200 hiis eciam adnectimus ut clerici non intersint tabernis et publicis ~onibus *Ib.* 1067; 1276 ad ~onem ut dicitur scothall' *SelPlMan* 103; 1337 ~o gildanorum die Dominica proxima ante festum sancti Edmundi regis *Gild Merch.* II 332; 1424 lego parochianis ibidem pro ~one facienda in exequiis meis xx d. *Reg. Cant.* II 296.

2 (act of) drinking; **b** (intoxicating drink).

manducacio, ~o, inducio OCKHAM *Err. Papae* 960 (v. 2 indutio); impinguat igitur corpus et humectat quies et satietas et esus ciborum dulcium et ~o latis dulcis et calidi J. FOXTON *Cosm.* 18. 6. **b 1157** ~onis assiduitas apud exteras nationes fecit Anglos insignes J. SAL. *Ep.* 85 (33 p. 56); sole pestes Londonie, immodica stultorum ~o, et frequens incendium W. FITZST. *Thom. prol.* 12; domum ~onis W. NEWB. II 21 (v. domus 10b); potuit esse causa nimia ~o si alienatio fuit momentanea. si inveterata, potuit esse causa melancholia *Quaest. Salern.* Ba 30; s971 calamitas .. non provenit per ~onem. adhuc enim Angli virtuosi sunt ad hoc vitium *Ann. Wint.* 13; Anglici a Saxonibus animorum inconditam ferocitatem, a Flandricis corporum enervem moliciem, a Danis ~onem nimiam, dedicerunt tempore regis Edgari W. WORC. *Itin.* 322.

3 drink, beverage.

concurreruntque Deo disponente aque ~o, et ite missa est modulatio *Mir. Wulfst.* II 11 p. 159; debent .. custumarii habere .. cibum suum .. bis per diem .. et dicunt quod debent habere ~onem post nonam *Cust. Battle* 89.

4 (med.) draught, potion.

12.. prohibemus ne aliquis medicine ignarus sub pallio medicine ~ones herbarum mortiferarum alicui conferat egrotanti *Conc. Scot.* II 43.

potatiuncula [CL potatio+-uncula], drink, beverage.

a bever, drinck, ~a LEVINS *Manip.* 71; 1573 illam peciam prati .. pro manutencione potaciuncul[arum] pro parochiam perambulantibus in septimanis Rogacionum, annuatim imperpetuum datam *Pat* 1097 m. 22.

potator [CL], drinker (esp. of intoxicating drink); **b** (in positive sense; cf. *Matth.* v 6).

a805 junxisti te scortorum gregibus, ~orum conviviis ALCUIN *Ep.* 295; ad tabernam in qua caupones,

qui usitatius ~ores vocantur, accessit R. COLD. *Cuthb.* 129; Indos vel ob hoc juxta Fulgentium dicitur vicisse, quod sol eos facit ~ores ALB. LOND. *DG* 12. 3; ~ores enim inter pocula plagas Domini non reducunt ad memoriam nec passionis Christi faciunt mentionem S. LANGTON *Serm.* 2. 8; 1242 nec intersint publicis ~oribus *Conc. Scot.* II 54. **b** quatenus esurietis et sitis praenotatae pius ~or vel fautor, sacro imbuimine adesse dignemini B. *Ep.* 387; scribere in bibere convertisti; et, quod anxie doleo, nunc predicaris egregius ~or, fueras nominatissimus disputator P. BLOIS *Ep.* 7. 21B; ut ad me veniens sanctus congaudeat / cetus angelicus, et letus rideat / dicens solempniter "potator valeat!" WALT. WIMB. *Carm.* 166.

potatricula [potatrix + -ula], (in gl.) small drinker (f., esp. of intoxicating drink).

~a, parva potatrix OSB. GLOUC. *Deriv.* 475.

potatrix [CL potare+-trix], drinker (f., esp. of intoxicating drink); **b** (transf.).

mater mea .. garrula, proterva, ~ix, luxuriosa O. CHERITON *Par.* 169. **b** potatrix Anglia, textrix / Flandria, jactatrix Normannia VINSAUF *PN* 1003; haec ait "o misera potatrix Anglia, per nos / accipies calicem mortis, eumque bibes" GARL. *Tri. Eccl.* 44.

potatus [CL], potation, draught (in quot. fig.).

duravit hec perniciosa clades vario ~u fortune WHITTLESEY *app.* 157.

pote v. 2 potum. **potecarius** v. apothecarius. **potella** v. potellus.

potellarius [ML potellus+CL -arius; ? *assoc. w.* ML pottum], that contains a pottle. **b** (as sb. n.) vessel that contains a pottle.

1421 unam ollam potellar' veterem deauratam *Cal Exch* II 103. **b 1405** ij salaria et ij pottellaria de argento *Test. Ebor.* III 34.

potellum v. potellus.

potellus [ML < ME, OF *potel* < *pot*+*el*], ~**um**, ~**a**

1 pottle, liquid measure equal to two quarts; **b** (dist. acc. commodity).

1287 Willelmus le Barbur: ~us falsus et quarta bona, et quia vendidit pro xvj d. (*CourtR St. Ives*) *Law Merch.* I 19; item omnes jalones, ~os, et quartos, et omnes alias mensuras *Fleta* 74; 1390 unam ollam stanneam de ~o, unum quartum, unum gillum *PlRCP* 519 m. 499; 1419 quod braciatores vendant per ~um et quartum (*Liber Albus* IV) *MGL* I 699; 1423 j amphora lignea continens j ~um *Ac. Obed. Abingd.* 98; 1448 item ij ollas lagenales .. deauratas. item viij ollas petellorum argentes (*Invent.*) *Arch. J.* LI 120; ~a, A. *a potel* WW. **b 1294** vendidit .. unum ~um cervisie pro uno denario *Rec. Elton* 43; 1322 in uno ~o vini .. iij d. *Rec. Leic.* I 331; 1339 in uno ~o unguenti empto ad unguendas predictas fundas, vij d. ob. quad. *KR Ac* 462/15 m. 5; 1346 in j ~o tarpicis empto pro rotis iij d. *Rec. Elton* 322; 1394 item pro ~o olei vij d. ad lampades *Ac. Churchw. Bath* 15; 1399 unum *strikill* ligni, lagena, ~a et quarta eris pro vino, sigillum pro mensuris vini .. *Mem. York* II 10; et in j ~a mellis empta pro senescallo *Househ. Bk. Durh.* 307.

2 vessel that contains a pottle.

1321 item ij ~a majora argentia de una secta. item ij ~a, unum de una secta. item unum ~um de alia et majori secta cum j emalle in summitate (*Indent.*) THORNE 2038; 1411 lego .. Radulpho .. ~um argenteum *Reg. Exon.* I f. 323; 1427 quatuor .. mensuras aereas pro liquoribus, sc. unam lagenam, ~am, quartam, et unam pintam *MunAcOx* 284.

poteminum v. porthmium. **potens** v. posse.

potentatus [CL]

1 power, dominion, or authority. **b** physical strength.

ultrix divini ~us [*gl.*: potestatis] censura ALDH. *VirgP* 32; non ad saecularis tyrannidem ~us [AS: *mihte*] super eas [sanctimoniales] exercent *RegulC* 7; hanc .. praerogativam .. in Augustini ~u habuit GOSC. *Transl. Aug.* 33D; archiepiscopi, episcopi, comites, et alie potestates in terris proprii ~us sui sacam et socnam habent (*Leg. Hen.* 20. 2) *GAS* 560; Coxo .. comes prosapia et ~u inter Anglos precelsus ORD. VIT. IV 3 p. 176; transit omnis potentatus, /

transit honor et ornatus / transit mundi gloria WALT. WIMB. *Van.* 1 35; secundo modo habendi [sc. habicio civilis que subdividitur in habere civile verum et pretensum], secundum utrumque membrum equivocum, habent ~us seculi bona fortune, aut fortuita WYCL. *Civ. Dom.* I 17. **b** vix in ~ibus per octoginta annos aliquis vivit BACON *Tert. sup.* 45 (cf. *Psalm.* lxxxix 10).

2 one who possesses power or authority, 'potentate'.

in his namque memoria sacerdotum regumque et ~uum, populi quoque et plebis simul ALCUIN *Liturg.* 487C; que profecto aspera et dubia grandem semper ~um comitantur H. BOS. *Thom.* II 10; s1230 gaudentibus cardinalibus et ~ibus imperii de concordia tam desperata et tam subito confirmata M. PAR. *Maj.* III 198; potestas .. est super opus hominis et non super volicione eterna quam ~us potest causaliter terminare WYCL. *Dom. Div.* 150; sed orationibus etiam suis ~ibus et proceribus .. jussit crebrius esse vacandum BLAKMAN *Hen. VI* 7.

potenter [CL]

1 with physical force, powerfully; **b** (w. ref. to *Sap.* vi 7).

~er, ~ius, ~issime adverbia OSB. GLOUC. *Deriv.* 454; hostem .. in primis .. congressibus ~er triumphare GIR. *GE* II 8 p. 206; rex .. eos .. potenter / expugnat GARL. *Tri. Eccl.* 140; Eadwardus sequitur, credens bellare potenter / cum Sarracenis WYKES *Vers.* p. 131; quinque nobilissimas civitates .. quas eatenus incoluerant, de manibus eorum ~er extorsit BOWER VI 13. **b** potentes ~er tormenta patiantur *Ps.*-BEDE *Collect.* 24; c1211 quatinus potentes in oculis suis ~er tormenta patiantur GIR. *Ep.* 6 p. 236.

2 in a manner that involves possession or exercise of power or authority.

obstans potentum viribus / vires pro impotentibus / potencius exerces P. BLOIS *Carm.* 27. 14; Deus ergo ~er existit quia vere est, quia bonitas est, quia simplicitas est, quia eternaliter est NECKAM *SS prol.* 7; regnum Assyriorum ~issime gubernavit M. PAR. *Maj.* I 6.

3 effectively, cogently.

ut exhortatorias sibi litteras mitteret, quibus ~ius confutare posset eos BEDE *HE* V 21 p. 332.

4 in an overbearing or arrogant manner.

quia sicut semper est Deus, ita semper est bonus .. et hoc ~er non potest sicut jam saepius diximus ANSELM *Misc.* 301.

potentgarnetta [ME *potentgarnet* < AN *potence*+*carne*, v. et. carnettus], cross-garnet, sort of hinge.

a1389 de .. j par' potentgarnett' pro quodam ostio, j par' potentgarnett' cum iiij bolt' et ij coler' nuper fact' pro quodam ponte vertibili *KR Ac* 423/2 m. 4d.

potentia [CL]

1 capacity to exercise control (over person or thing), potentiality; **b** (dist. from *actus* 4); **c** (w. dependent gd.).

quod corpus nostrum illa inmortalitatis gloria sublimatum subtile .. sit per effectum spiritalis ~iae BEDE *HE* II 1 p. 76; sunt .. in animato tria: ~ia, opus, habitus; estque ~ia principium motus in aliud ex motoris et moti armonia productum ALF. ANGL. *Cor* 16. 10; ab Aristotele habetur quod anima est corporis organici perfectio vitam habentis in ~ia J. BLUND *An.* 14; ~ia activa comproportionalis est essencie cujus est ~ia: ~ia autem passiva sive receptiva non, set talis ~ia infinita in essencia finita DOCKING 110; proprie est materie pati et est id quod est ens in ~ia BACON VIII 83; ~ia significat posse habere formam et connotat carenciam ejus OCKHAM *Sent.* V 134. **b** genera et species .. in yle per ~iam fuerunt, que postea actu generationis prodierunt D. MORLEY 26; aliquid quod est in ~ia nondum egreditur ad actum GROS. 101 (v. actus 4a); sumitur actus ibi .. pro actualitate, que opponitur ~ie BACON *Tert.* 125; hic est sermo de ~ia ut ~ia est principium, et hoc modo illa propositio est falsa que dicit quod '~ia est ejusdem generis cum actu' DUNS *Ord.* IV 139; nec existit in actu nec in ~ia OCKHAM *Pol.* II 586; probat actum precedere ~iam BRADW. *CD* 2C. **c** apostolica ligandi atque solvendi utitur ~ia, cum ferro ligatos supplices absolvit et reos sine ferro constringit Gosc. *Edith* 55; quod habet ~iam jam essendi Bacon *CSTheol.* 53.

2 possession of control or command (over person or thing), power or authority; **b** (w. ref. to inanim. agent); **c** (personified, as powerful entity). **d** class or order of angel (*cf. Eph.* i 21, *Coloss.* i 16).

major multis ~ia simulque malitia Gildas *EB* 33; ut .. diabuli potestate[m] destrueret .. et inferni ~ia[m] aboleret Theod. *Laterc.* 21; Enoch, / quem quondam rapuit divina potentia caeli Aldh. *VirgV* 274; majore ~ia cunctis qui Brittaniam incolunt .. populis praefuit Bede *HE* II 5 p. 89; erat .. comes magne ~ie, utpote comitatum Eboracensium et Northanhymbrorum habens *Obsess. Durh.* 4; fecit multa mirabilia et prodigia in conspectu ejus, ostendit ei suam ~iam [ME: *michte*] *AncrR* 153; **1314** de ~ia absoluta etsi non de ~ia ordinata *MunAcOx* 100; districcius inhibentes ne aliqui archiepiscopi .. ecclesias et vicarias vestras per petenciam vobis auferre .. presumant *Cart. Cockersand* III 1067. **b** adamante Cypri praesente potentia fraudor Aldh. *Aen.* 25 (*Magnes Ferrifer*) 5. **c** p**1298** o Dei potencia, te pro tuis peto (*Dunbar* *165) *Pol. Songs* 172. **d** quedam ~ia signum aperuit *Ps.*-Map 6. 89.

3 force (of arms).

s**1239** quia sibi ~ia suffragabatur armorum (*Lit. Papae*) M. Par. *Maj.* III 595.

4 military force.

1217 misimus .. in succursum vestrum .. barones .. cum multitudine militum, servientium, et balistariorum, et Wallencium, et maxima armatorum ~ia *Pat* 109; Tartari, cum innumerabili procedentes ~ia, Terram Sanctam jam fere usque ad Acram destructam occupaverant *Flor. Hist.* II 452; quod illi duo reges possent, cum suis ~iis .. arripere .. iter Ad. Mur. *Chr.* 73; s**1347** ~ia manuum armatarum et sagittariorum .. secum assumpta Avesb. f. 114; **1364** pro vadiis diversorum, tempore quo dominus noster rex fuit cum ~ia apud Edinburgh *ExchScot* 164; s**1296** in propria persona cum magna ~ia Bower XI 20 p. 58 (=*Plusc.* VIII 21).

5 sphere of official or administrative power, jurisdiction, or the territory over which such power is exercised.

per terras et ~iam dicti domini *Proc. A. Kyteler* 12.

6 staff or crutch (as means of support). **b** crozier.

duobus quos vulgo ~ias vocant baculis gressus utcumque dirigens, et imbecilles artus sustentans T. Mon. *Will.* VII 11. **b** **1245** potentia Beati Thome Martiris, et pecten, que habentur pro reliquiis *Invent. S. Paul.* 471.

7 mathematical power.

sit possibile vero dividatur supra D atqui A G et G B in ~ia tantum rationales communicantes, superficies ergo A G in G B medialis, duplum ejus mediale Adel. *Elem.* X 36; itaque B R et R L rationales ~ia *Ib.* XIII 12.

potentiabilis [CL potentia+-bilis], potential.

ad objectum quod corruptibile et mortale differunt secundum genus, dico quod loquitur de genere subjectivo, non de genere ~i Peckham *QA* 28.

potentialis [LL < CL potentia+-alis]

1 potential, possible; **b** (gram.); **c** (log. & phil.). **d** (n. as sb.).

ut .. ~is .. effectus nequeat comprehendi Gir. *TH* II *pref.* p. 75; queritur quare ~is et actualis caliditas ignis non possit removeri ab igne, cum ipsa aqua sit potentialiter et actualiter frigida et humida, et ~is et actualis frigiditas aque possit removeri ab aqua? *Quaest. Salern.* B 301; anima igitur duplicem habet totalitatem perfectionis et ~em Gros. 250; ponitur .. splen inter duo calida membra, sc. cor et epar, ut ex sua ~i frigiditate inducat temperantiam in extremis *Ps.*-Ric. *Anat.* 37. **b** ~em vocamus, quem Graeci per ἄν conjunctionem et verbum .. explicant Linacre *Emend. Lat.* f. 13v. **c** hec [divisio] causarum, alia actualis, alia ~is Bacon VIII 82; ex omnibus istis concluditur, potenciam intellectus respectu intelligibilis esse pure ~e Duns *Ord.* III 276; tunc illa res a qua accipitur genus, vere est ~is et perfectibilis ab illa re a qua accipitur differencia *Ib.* IV 201; habere esse ~e non est aliud quam posse esse in materia Ockham *Quodl.* 153; dicit .. quod stat Deum multa intueri, et per consequens esse Deo presencia, cum hoc quod non sint, nisi forte secundum esse ~e, vel objectivum (Wycl.) *Ziz.* 474. **d** complexione que est ex ~ibus non secundum aperitionem Gilb. VI 242v. 2.

2 that has potential (to become or come into being). **b** that is a potential product of.

hinc est quod theologus censet animam eciam rationalem esse compositam, tum quia partes habet ~es, tum quia alteratur a tristicia in gaudium Neckam *SS* III 9. 6. **b** sicut caseus ~is est lactis, ita et acetum vini Gilb. I 42v. 2.

3 that possesses power or authority.

strangg, .. ~is *CathA.*

potentialitas [LL potentialis+CL -tas], (log.) potentiality.

est .. ipsa [materia prima] res tantum in potentia .. assimilatur in sua ~ate passive increate forme in sua actualitate *Ps.*-Gros. *Summa* 322; motus est actus entis in potentia; ista ~as non est tantum a parte moti, sed etiam a parte motoris Peckham *QR* 5; ita quod nihil unius includit aliquid alterius — alioquin non hoc primo esset actus, nec illud primo esset potencia (quod enim includit aliquid ~atis, non est primo actus) — ita oportet in conceptibus .. Duns *Ord.* III 82; est dissimile, quia deitas ipsa per proprietatem personalem non determinatur nec contrahitur, nec aliquo modo actuatur, quia hoc erat imperfeccionis et ~atis in natura creata *Ib.* IV 67; est quoque necesse esse in bono perfecto actus bonus perfectus completus in bono, et purus a ~ate imperfecta incompleta, et a corruptibilitate mala Bradw. *CD* 2C; si deficeret a ~ate dupla, non esset datum tempus totum per quod erit minus quam in duplo potencius Wycl. *Log.* II 136.

potentialiter [LL < LL potentialis+CL -ter]

1 potentially, possibly. **b** (gram.) in the potential mood.

licet adhuc in eo minime omnia vitia sint actualiter, tamen propter praedictam illorum consuetudinem jam omnia quodam modo videntur inesse ~iter *Simil. Anselmi app.* p. 97; Deum .. esse totum non solum ~iter, sed etiam essentialiter Pull. *Sent.* 641D; terra ~iter in se sicca est, frigida vero actualiter, ut ab aqua D. Morley 80; nonne Deus verus ubique est et ~iter et essentialiter? Neckam *SS* I 2. 17; re acuta nimis ~iter calida vel frigida oculum intrante Gilb. III 130v. 2; dicitur autem ubique tripliciter, sc. ~iter, presentialiter, essentialiter, sicut scribitur in Sententiis. ~iter, quia illa virtus, ut dictum est, ad omnia se extendit Gros. *Quaest. Theol.* 206; imo incipere esse, et nunc esse, et nunquam prius fuisse habitualiter sive ~iter sc. Bradw. *CD* 66E; corpus Christi ~iter creatur ex pane (Tyss.) *Ziz.* 169. **b** iterum dicebam quod scribebas et scriberes, tum subjunctive, tum ~iter Linacre *Emend. Lat.* f. xxi.

2 in a manner that involves power, might, or force.

summe Deus clementiae / mundique factor machinae, / unus potentialiter [AS: *myhtylice*] / trinusque personaliter *AS Hymns* 29; Domino .. tam ~iter quam mirabiliter operante H. Bos. *LM* 1305C; Deus et Dei Filius homo Jesus judex arbitrarius et ~iter infinitus Marie Lazarum Martheque germanum .. vocavit de sepulchro E. Thrip. *SS* X 20; c**1264** quod ad conservationem pacis in partibus ultra Trentam ~iter una mecum manum apponant auxiliatricem *RL* II 255; Hecham quoque figulorum .. ~iter et viriliter revocavit Oxnead *Chr.* 297; s**1385** Angliam intrando ~iter et hostiliter *Plusc.* X 7 (cf. Bower XIV 46).

3 in a manner according to capacity.

s**1191** quo non poterant personaliter accedere processerunt ~iter Devizes f. 38r.

potentiarius [CL potentia+-arius], that involves independent power (in civil and criminal jurisdiction), (in quot.) palatine.

nam et regie dignitas potestatis in urbe illa [sc. Dunelmo] erat ~ia episcopalis possessio dicionis R. Cold. *Cuthb.* 95.

potentilla [CL potens *pr. ppl. of* posse+-illa], (bot.) valerian (*Valeriana officinalis*).

~a, valeriana idem *SB* 34; ~a, *herbe yve, lovewort, valerian MS Cambridge Univ. Libr. Dd* 11. 45 f. 111 vb; amantilla, portentilla [*sic*], marturella, fu, valariana [v. l. valeriana] idem, G. et A. *valeriane Alph.* 8 (cf. ib. 69, 150); ~a, *valeriane MS BL Sloane 2479* f. 102.

potentionalis [CL potens, potentis+-io, -ionis+-alis], potential, possible.

cum sit [siccitas] lima caloris excitat et intendit caloris motum sive actum, qui excitatus dissolvit actualem vel ~em [Trevisa: *þat he may fynde*] quam invenit humiditatem, que quidem dissoluta et diffusa per membra humiditatem elicit seu humorem Bart. Angl. IV 3.

potentus [CL potens, *p. ppl. of* posse+-tus], that possesses power or efficacy, powerful.

infundendum sit oleum, et vinum postea ... prius igitur, quod maxime ~um vulneribus mederi solet, suavissimum lenitatis oleum infundatur H. Bos. *Thom.* IV 15.

poteria v. pottarius. **poterna** v. posterna.

potestalis [CL potestas+-alis], productive of power.

ad ~em (ut ita dicam) majestatem fecundam et fertilem in Deo omnia convocant Colet *Cel. Hier.* 180; Jesus Christus, fecunda et magnifica potestas, paterna authoritate in se statum in hominibus produxit, ut ita loquor, ~em ex potestatibus omnibus *Ib.*

potestarius [ML *as sb. m. or f.* < CL potestas+-arius], that relates to power or authority.

originalis defectus in posteris, quem quilibet proprium in se causat, cum prevaricacione ~ia, vocatur peccatum originale contractum Wycl. *Civ. Dom.* I 219.

potestas [CL]

1 possession of control or command, power or authority; **b** (over person); **c** (over property); **d** (w. ref. to inanim. agent); **e** (w. ref. to healing property); **f** (w. ref. to *Matth.* xvi 19, *Luc.* xi 52). **g** (embodiment of power; *cf.* 8 infra).

rursum misere mittentes epistolas reliquiae ad Agitium Romanae ~atis virum Gildas *EB* 20; dicimus namque ~atem esse aliquando in quo nulla est ~as Anselm *Misc.* 341; **1194** prior itaque et antedictus conventus .. habebunt in perpetuum tantam ~atem, dignitatem et dispositionem in omnibus ecclesiis suis parrochialibus quantamcunque alique abbacie habent *Regesta Scot.* 368 p. 366; hoc non fuit nisi ex ~ate Dei, que major est ~ate regia; immo etiam ~as ecclesiastica major est regia Hales *Qu.* 515; virtus et ~as idem sunt Bacon *Tert.* 177; **1313** de hiis qui pro ~ate officii sui alios occasionaverint ut per hoc extorserint terras, et redditus, et alias prestaciones *Eyre Kent* I 37; direxi ~ati vestre omnia que gesta sunt in pretorio meo, valete. hanc epistolam Claudio direxit Pilatus *Eul. Hist.* I 130. **b** puella .. xvj annorum sui corporis ~atem habet Theod. *Pen.* II 12. 35; puer usque ad xv annos sit in ~ate patris sui *Ib.* II 12. 36; Patris obumbrabit te, virgo, celsa potestas Aldh. *VirgV* 1706; nostram, id est Anglorum gentem de ~ate Satanae .. convertit Bede *HE* II 1; et hic triumvir .. i. ille qui habet ~atem super tres viros, quod etiam tritarcha dicitur, et inde hic triumviratus .. i. ejus ~as Osb. Glouc. *Deriv.* 580; a**1400** in hora mortis hominis quilibet simplex sacerdos habet plenariam ~atem sicut papa *Ziz.* 373. **c** **679** ista [terra] .. in ~ate abbatis sit inperpetuum *CS* 45; a**688** (12c) terram vobis ad construendum monasterium in postestate [*sic*] confero *CS* 72; **858** tam rato ac stabili tenore quilibet episcopus et illa sancta congregatio eandem terram teneat atque possideat propria ~ate ac voluntate sibimet ad habendam *CD* 1058; valebat x lib' .. modo iiij lib', quia non habet ~atem in silva sua *DB* I 47vb; corpus ejus et omnis substantia sunt in ~ate regis *Ib.* 154vb; c**1200** de blado ~atem habere non potuit *DCCant* (*HMC*) I 238 (v. 1 copia 3b). **d** quaeritur unde Moyses adesset qui mortuus fuerat et sub ~ate contrariarum virtutum tenebatur *Comm. Cant.* III 75; Christus clementia sua solita .. flammantis foci ~atem compressit Aldh. *VirgP* 43; his igitur regulis et radicibus et fundamentis datis ex ~ate geometrie, diligens inspector in rebus naturalibus potest dare causas omnium effectuum naturalium per hanc viam Gros. 65. **e** dinamedia, ~as herbarum, vel locus ubi medicina reconditur Osb. Glouc. *Deriv.* 175. **f** per aliam clavem, que est ~as, solvit ipsum a pena per obligationem ad penam temporalem Hales *Qu.* 1066 (v. 2 clavis 1e); per ~atem clavium est ~as utentibus clavibus Hales *Qu.* 1236 (v. 2 clavis 1 d); cum ergo dicitur, quod Christus ~atem clavium non videtur Petro tradidisse per haec verba 'tu es Petrus' etc. OCKHAM *Dial.* 863. **g** ex cujus [sc. Samuelis] ore Spiritus Sanctus cunctis mundi ~atibus intonuit GILDAS *EB* 38; vis ~atis, *riccra manna need* ÆLF. *Gl.* 116; quevis .. ~as, sed precipue summa, mediocrisue, vel minima, consorcii semper et parilitatis eciam quodammodo genialiter est et inexorabiliter abhominativa E. THRIP. *SS* XI 3.

2 self-control, mastery of one's faculty or emotion. **b** (leg.) ability to act, power of disposition.

affectus .. nostri nostre nequaquam subjacent ~ati GIR. *TH* III 10. **b** p**1180** in viduitate mea in ligia ~ate mea *Ch. Westm.* 384 (v. ligius 6a); **1207** Robertus .. dicit quod Thomas dedit ei terram illam .. econtra Ysabella dicit .. quod carta illa non debet valere, quia facta fuit in lecto egritudinis, et Robertus dicit quod in ligia ~ate facta fuit *CurR* V 6; **1219** terram .. pater suus in vita sua et in sana ~ate .. dedit *Ib.* VIII 90; **1220** cartam fecit in libera ~ate sua et in viduitate sua, priusquam desponsata esset .. Gaufrido *Ib.* 376; **1272** Henricus pater meus, in legis ~ate sua et plena sanitate (*Ch.*) *Reg. Paisley* 50; **1313** noveritis me in plena mea etate et legia ~ate remisisse *Deeds Newcastle* 30.

3 power (of action) (usu. w. dependent phr. or cl.).

alligandi .. et solvendi .. ~as GILDAS *EB* 32; p**675** si ipse ~atem ligandi atque monarchiam solvendi in caelo et terra .. accipere promeruit ALDH. *Ep.* 4; ita quod .. plenam habeant ~atem ordinandi, disponendi, audiendi, arbitrandi *State Tri. Ed. I* 12; beneficium .. absolucionis non .. petivit, sciens episcopi ~atem ad hoc extendere se non posse *Proc. A. Kyteler* 20; habet licitam ~atem et auctoritatem uti rebus alienis OCKHAM *Pol.* I 301; s**1341** ~atem tractandi inter te et ipsum concordiam (*Lit. Imperatoris*) AVESB. f. 97b; **1415** si aliqui .. se possint bonis roborare predicta terras, tenementa, et redditus emere .. et si non sint ~atis seu vigoris predictas terras emere seu ad illud non sint voluntarii *Reg. Cant.* II 108; **1428** nullus presbiter habet ~atem ad absolvendum aliquem de peccato *Heresy Tri. Norw.* 60.

4 power as exercised, policy.

ratione publice ~atis excusantur *Dial. Scac.* I 8A; ad alias quaslibet causas sub quibuscunque judicibus non evocantur, et si forte vocati fuerint ratione ratione publice ~atis excusantur *Ib.* I 8B; debetur hec prerogativa dignitatis publice ~ati *Ib.* II 4D.

5 (concrete) military force.

1228 ballivus de Torkesaye capit ~atem secum et facit ducere bona et mercimonia predicta in navem *EEC* 158; patria congregauit .. ad removendum .. vim ... per quod predicti coronator, constabularius, et ballivus cum ~ate patrie ceperunt .. Gilbertum *State Tri. Ed. I* 55; dux cum residua ~ate sua in lij navibus applicuit apud Hogges in Normannia AVESB. f. 136; **1381** aggregata sibi magna ~ate de communitate ejusdem ville *RParl* II 106b.

6 sphere of official or administrative power, jurisdiction, or the territory over which such power is exercised (*v. et.* 7 infra).

1278 attachiaverunt quoscumque vel eorum bona transeuncia per eorum ~ates *StRealm* I 237a; **1313** de magnatibus, et eorum ballivis, et similiter de aliis, exceptis ballivis domini regis, quibus datur specialis auctoritas qui ad instanciam cujuscunque sive auctoritate sua propria attachiaverunt quoscumque vel bona eorum transeuncia per eorum ~atem compellendo per hoc ipsos ad respondendum coram eis de contractibus, convencionibus, et transgressionibus factis extra ~atem et jurisdictionem [eorundem] *Eyre Kent* I 45; **1439** tam virtute hujus[modi] submissionis et compromissi, quam vestra ordinaria ~ate *Stat. Linc.* II 195.

7 (geog.) region under control, dominion.

943 (15c) parvam partem ~atis mee .. id est xi mansas .. donavi *CS* 781; c**1100** omnibus hominibus .. Francis et Anglis, qui in ~ate Karleoli habitant, salutem (*Ch.*) *MonA* III 583; hic toparcha .. i. princeps super totum .. et inde hec toparchia .. i. ejus ~as OSB. GLOUC. *Deriv.* 25; a**1211** si forte contigerit quod thelonium captum fuerit de aliquo burgense in terra mea vel ~ate (*Kilkenny*) *BBC* 196; **1284** per totam Angliam et ~atem nostram *Gild Merch.* I 14 n. 1; nec in aliqua parte ~atis nostre eum recipiemus BLANEFORD 137; **1419** cives per totam ~atem regis sint quieti de omni theolonio *MGL* I 165.

8 person who possesses power or authority. **b** holder of high rank or public office, magistrate. **c** spec. *podestà*, chief magistrate administering Italian town or republic.

qui duo, licet homines simplicis qualitatis fuissent, attamen in premissis prodicionibus cum predictis ~atibus prout participes ambo afforciebantur FAVENT 19; s**1415** et tunc nos qui fuimus residuus populus, ut de ~atibus taceam, timentes prelium imminens, corda et oculos in celum levavimus *G. Hen. V* 11 p. 76. **b** a**723** similiter servitium regis et regine, episcopi et prefecti, et ~atum et comitum *Ep. Bonif.* 14; erant etiam alie ~ates super wapentagiis, quas trehingas vocabant (*Leg. Ed.*) *GAS* 653; quicunque conati fuerint fidem facere judicibus aut alicui ~ati MAP *NC* IV 16 f. 58; c**1220** inhibemus ne beneficiati sint vicecomites ut ballivas laicas teneant vel earum firmas unde laicis ~atibus ad reddenda raciocinia obligentur (*Const. Lond.*) *EHR* XXX 298; **1320** baronibus, senescallis, justiciariis, ~atibus, .. ceterisque dominis temporalibus *Mon. Hib. & Scot.* 214b; c**1320** *greve* quoque nomen est ~atis *MGL* II 634. **c** **1220** viris venerabilibus, ~ati Bononie et magistro B. .. salutem *Pat* 260; c**1223** Henrico .. regi Anglie .. ~as, consules, et commune Mediolanenses *RL* I 192 p. 215; domino Bonefacio de Salis ~ati, militibus, et populo Mediolanensi, Philippus vicedominus, ~as, milites, et populus Parmensis, salutem M. PAR. *Maj.* VI 146.

9 class or order of angel (*cf. Eph.* i 21, *Coloss.* i 16).

opto thronos, †viventes [l. virtutes], archangelos, / principatus .. potestates [*gl.*: duguðmihta], angelos .. (LAIDCENN MAC BAÍTH *Lorica*) *Cerne* 85 (cf. *Nunnam.* 91); adjuro te .. per omnia agmina sanctorum angelorum, archangelorum, thronorum, dominationum, principatuum, ~atum, virtutum (*Jud. Dei*) *GAS* 405; in prima hierarchia sunt tres ordines isti, seraphin, cherubin et throni; in secunda, dominationes, principatus et ~ates; in tertia virtutes, archangeli et angeli AD. SCOT *QEC* 854B; in gerarchia tres constant angelorum ordines ternos in singulis ponens .. in secundo dominationes, principatus, ~ates S. LANGTON *General prol.* 195; sicut et quidem ordo medius angelorum, qui ~ates similiter nuncupantur BRADW. *CD* 568E; quartus ordo [angelorum] appellatur ~ates, et isti prevalent aliis in eo quod possunt imperare spiritibus malignis J. FOXTON *Cosm.* 89. 3.

10 (malign) natural force or spirit.

si nunc adversus principatus Leviathan et ~ates [*gl.*: i. imperia, *andwealdu*] tenebrarum .. repugnantes in fronte duelli fortiter dimicemus ALDH. *VirgP* 11; quia vir Dei igne divinae caritatis fortiter ardebat, quia tempestates ~atum aeriarum a sua suorumque lesione crebris orationibus vel exhortationibus repellere consuerat .. BEDE *HE* II 7 p. 94; spiritus aeriarum ~atum GOSC. *Transl. Mild.* 11; nascuntur .. in aere aerie ~ates ADEL. *QN* 5; tu percussisti virga crucis tue, id est, pia passione debellans et confundens omnes contrarias et aereas ~ates S. EASTON *Psalm.* 5; c**1300** Judas mortuus est in aere, tanquam aereis ~atibus sociandus *Flor. Hist.* I 107.

11 (astr.) planetary or astral influence; **b** (assoc. w. Hecate).

biga dicitur currus lune propter duas ejus potestates eo quod crescit et minuescit, sicut triga currus solis propter tres ejus ~ates, quia lucet, calet, siccat OSB. GLOUC. *Deriv.* 65; Arabes in tantum virtutes signorum venerantur quod eis totum ipsius hominis corpus secundum varias illorum ~ates per singulas partes diviserunt D. MORLEY 180; sunt in signis predictis quedam fortitudines, que planetis attribuuntur, que dicuntur ~ates, vel dignitates, seu testimonia GROS. 42. **b** Hecate dea est centum habens ~ates quam dicunt esse lunam infinitos effectus habentem BERN. *Comm. Aen.* 53.

potestative [ML]

1 in a powerful, forceful, or authoritative manner.

Thomas vero vices ejus [sc. regis] et negotia strenue et ~e exsequens *V. Thom. A* 15; s**1137** agens ~e licenter a militaribus viris homagia .. extorsit DICETO *Chr.* 250; in casu est licitum et de judicio summi pontificis etiam ~e et judicialiter per sentenciam judicare, et ab eo eciam appellare OCKHAM *Pol.* I 59; nec legitur alium leonem rugisse tam ~e et tam virtualiter de longinquo WYCL. *Ver.* I 17; **1416** impedire ~e soluciones decimarum garbalium *Cop. Pri. S. Andr.* 59; debet ecclesia .. justiciam per se facere, ita libere et ~e quod nec rex nec comes vel ministri eorum aliquid juris .. possint exigere *Sanct. Bev.* 12.

2 in a manner indicative of power or authority.

spiritus sicut clamose, sic et ~e emissus H. BOS. *LM* 1330D.

3 within one's power, with authority.

possessio est habere ~e rem ad fructum, usum vel abusum habentis WYCL. *Quaest. Log.* 265.

4 potentially.

bene enim potest esse in aliquo potencia infrigidativa absque hoc quod illud sit formaliter †frigidium [*sic*, l. frigidum]; corpora enim celestia non sunt formaliter frigida nec calida, et tamen quedam illorum sunt ~e frigida et quedam ~e calida MIDDLETON *Sent.* II 161a.

potestativus [LL < CL potestas + -ivus]

1 that has power or authority; **b** (w. dependent prep. phr., gen. or dat.).

et a potestate ~us OSB. GLOUC. *Deriv.* 454; c**1236** voti .. transgressorem se constituit vir religiosus, si excurrit in talia, maxime non incidenter, sed ex deliberatione suscepto hujusmodi ~o officio GROS. *Ep.* 72* p. 209; **1238** scio insuper quod cum beneficia ecclesiastica auctoritate ~a conferuntur .. omnium teterrima odia in se provocant conferentes *Ib.* 49 p. 145; quo sit vel esse videatur prorsum incertum munimentumve loci majestasve ~a Delii majoris sibi fit admiracionis excitativum E. THRIP. *SS* III 36; periculo etiam ordinis cui nullus immobilis titulus, nullus usus ~us, superbiendi ministrat materiem PECKHAM *Paup.* 10. 39; potuit videre ex ~a autoritate WYCL. *Ver.* I 395. **b** quando Radulfus comes fuit ~us et sui et terrae suae *DB* II 211b; **1142** concedo Roberto de Ver unam baroniam .. infra annum quo ~a fuero regni Anglie (*Ch. Mathildae*) *Mandeville* 182; c**1160** quamdiu nos, aut aliquis per nos, de eodem castro tenentes et ~i erimus *Ch. Sal.* 33; est enim sol super diem ~us utpote qui sua presencia diem efficit GROS. *Hexaem.* V 6.

2 that relates to power or authority; **b** (gram., w. ref. to imp. mood); **c** (w. ref. to abstract lexical classes of verbs) that expresses potentiality.

prudentie et ~e cure debes sollicitius imminere (*Lit. Papae*) FL. WORC. II 63 (=W. COVENTR. I 131); quia omne quod fit ex aliquo habet ~am similitudinem cum eo ex quo fit NECKAM *SS* III 78. 1; principium ~um *Ps.*-GROS. *Summa* 449 (v. amativus); investigacio peccati .. una est ~a et judicialis .. alia est per simplicem interrogacionem OCKHAM *Dial.* 647. **b** unde et primus modus indicativus est sive scientificus, secundus inperativus sive ~us, tercius optativus sive desiderativus dicetur *Ps.*-GROS. *Gram.* 48. **c** dicitur hec inclinacio anime a quibusdam qualitas, ab aliis forma verborum, et ob hanc dicuntur verba ~a, meditativa, desiderativa, inchoativa, perfectiva, imitativa, frequentativa *Ps.*-GROS. *Gram.* 51.

3 that is within one's power.

si .. possibilis et ~a, ut si dicam "do tibi talem rem si dederis mihi decem", valet donatio BRACTON f. 19.

potestatus [Cl potestas + -atus], (act or function of) power.

c**974** ne .. ab aliquo tyranici ~us praefatum rus ab illo sancto loco .. aligenetur [*sic*] *Reg. Malm.* I 317; s**1236** et judicio ~uum adduntur ei plures M. PAR. *Maj.* III 356; non sit potestas nisi super creaturam que ~ui sit subjecta WYCL. *Dom. Div.* 159.

potevelle [CL potis + velle], to wish strongly, to prefer.

audacie potius quam negligentie abs te accusatum iri potevolui ANDRÉ *Hen. VII* 4.

potfalda [ME *poten* + falda < AS *fald*, ME *fold*], practice of establishing temporary enclosure for domestic animals on another's property (liable to a fee).

1209 et de ij s. de ~a *Pipe Wint.* 5; et de iiij s. de ~a relaxata *Ib.* 41; **1235** non respondet de potfald', quia oves non erant in pastura episcopi *Pipe Wint.* B1/16 r. 7*d.*; in defectu manerii de Stanford' assignati ad respondendum de putfald' *Ib.* r. 8; **1244** de ij s. de potfold' *Pipe Wint.* B1/18 r. 10*d.*; **1401** de potfald' ovium matricum nil, quia null' hoc anno *Pipe Wint.* B1/150 r. 24*d.*

potfolda v. potfalda.

Pothinianus [CL Pothinus+-ianus], follower of Pothinus.

Photinus is est (a quo et ipsi possunt non immerito appellari Photiniani) . . qui Pompeium leto dampnare ausus J. SAL. *Pol.* 778C.

poticarius v. apothecarius.

potingarius [ME *potinger*+CL -arius], person in charge of porringers, soup-maker.

1489 magistro Stephano ~io pro feodo suo *ExchScot* 143.

potio [CL]

1 drink (in quot. an intoxicating drink).

vino variisque ~onibus GIR. *TH* III 27.

2 medicinal draught or potion; **b** (fig. or in fig. context).

plerumque etenim contingit ut qui aliquam corporis infirmitatem patitur ~onem quaerat, qua possit ab illa infirmitate curari *Simil. Anselmi* 77; ~onem a Johanne medico . . spe longioris et sanioris vite accepit ORD. VIT. III 579; decoctiones herbarum et ~ones multoties sumpsit quas a physicis didicit J. FURNESS *Walth.* 130; ~o sancti Pauli quam sanctus Paulus composuit valet proprie epilepticis GILB. II 119v. 1; verbi gratia, aliquis sensibiliter comperit quod talis ~o sanavit febrem in Platone, et hoc memoria tenet KILWARDBY *OS* 9; scordam, . . serpentes et scorpiones et alias latentes bestias odore solo fugat, ictibus eorum eque medetur sive vulneribus illinitum sive in ~one sive in cibis sumptum *Alph.* 177. **b** pro lactis alimonia temperata est eis ~o fellis atque absinthii, ideoque oculi Jesu qui ipsi erant languerunt pre inopia J. FORD *Serm.* 17. 7; Jhesus antiquitus extento brachio / Judeis fecerat viam in invio; / an ergo debuit pro beneficio / tanto retribui mirrata pocio/ WALT. WIMB. *Carm.* 581.

3 (poisonous) draught or potion.

pro suspitione noxie ~onis paratum commentus erat remedium W. MALM. *GR* IV 387; Alanno . . per fraudem . . letaliter corrupto venenosa ~one ORD. VIT. VII 14 p. 225.

potionare [LL], **~ari** [ML]

1 to cause or give to drink.

~o . . vel ~or . . i. potionem dare OSB. GLOUC. *Deriv.* 456 (v. et. 2 infra); *to yif a drynke*, . . ~are, im- *CathA*.

2 to administer or take medicinal or narcotic potion; **b** (fig.).

solebant quiescere, ~ari, minuere, curiam tenere, missas celebrare, et plura hujusmodi GERV. CANT. *Chr.* 81; ~andus comedat in misericordia *Reg. Pri. Worc.* 129b; farmacare aut ~are GAD. 122. 2 (v. pharmacare). **b** o Philisthea! o ebria! o ~ata! o vesana! AILR. *Serm.* 21. 446C.

3 to poison; **b** (transf. & fig.). **c** (p. ppl. as sb. m.) poisoned person.

in via . . ~atus, interiit R. NIGER *Chr.* I 75; s**1190** obierunt apud Cataine ~ati G. RIC. I 149; Johannes, cognomento Scotus, circa Pentecosten, uxore sua, filia Leolini, machinante, ~atus diem clausit extremam M. PAR. *Maj.* III 394; s**1126** que dicebatur ipsum dormientem jugulasse, vel ~asse prandentem *Id. Min.* I 237; muneribus datis ad servos regis . . ipsum ~avit, qui et extinctus est *Eul. Hist.* II 279; nobilis ille princeps Britonum Aurelius Saxonico proditorie ~atus veneno BOWER III 21. **b** ne leteris . . Philisthea, que jam ~is calice superbie, que jam incipis ad inferiora de superioribus ruere AILR. *Serm.* 22. 449C; s**1459** promisso fracto, animoque ~ato, vitam nobis adimere . . festinant *Reg. Whet.* I 344. **c** queritur de ~atis quare parce deberet comedere, et parcius bibendo vinum limphatum assumere cum tepida? *Quaest. Salern.* B 328.

potionatio [LL potionare+CL -tio], poisoning.

s**1427** pervenit violenta eorum nequitia quidem ad notitiam majoris . . et Anglicorum ~o *Chr. S. Alb.* 18.

potionator [LL potionare+CL -tor], poisoner.

s**1248** eos Albigenses appellabant, proditores, et ~ores M. PAR. *Maj.* V 23; s**1247** missi sunt subdoli sicarii et ~ores ac jugulatores *Id. Abbr.* 299.

potior v. potis.

potioritas [CL potior+-tas], (leg.) greater power or force.

1315 donec plenius discussum fuerit judicialiter de ~ate juris alterius eorum *Reg. Durh.* 725.

potiri [CL]

1 (w. abl.) to obtain, acquire, gain possession or benefit of; **b** (of ruler, w. ref. to land, territory); **c** (transf., w. ref. to space on a chess board). **d** (w. ref. to state or experience). **e** (*colloquio ~iri*) to obtain or arrange an interview.

ut . . in arida cisternae latebra delitescens nequaquam limpido solis radio ~iretur [*gl.*: i. ditaretur, remuneraretur, uteretur] ALDH. *VirgP* 32; paulatim rigidis morsibus avidorum palatuum ~irentur dapibus talium escarum insolitis B. *Ep.* 386; hoc quoque spiraminis odore nonnulli pristina ~iti sunt sanitate *V. Neot. A* 10; leve vel nullum peccatum esse, si femineo ~iatur amplexu W. MALM. *Wulfst.* I 6; operam et studium dederat ut suum conjugem alicui discrimini traderet quo juvenis posset licite cupitis ~iri amplexibus *Arthur & Gorlagon* 7. **b** ita Flandria ~itus W. MALM. *GR* III 257; idemque [rex] tota Westsaxonia ~itus *Id. GP* III 102. **c** rex sedet in medio, cum quo regina locatur / albus rex rubro spatio primum poteatur [v. l. potiatur] (*Vers. Corpus*) *Hist. Chess* 519. **d** constantia mentis / . . / hostibus explosis secura pace potitur ALDH. *VirgV* 2673; fecerunt omnes ut jusserat, et sic incipiente diluculo in hostem progressi, juxta meritum suae fidei victoria ~iti sunt BEDE *HE* III 2 p. 129; quantalibet mundi gloria ~itus fueris ANSELM (*Ep.* 121) III 260; omnino seu prece seu vi voto suo ~iatur *V. Chris. Marky.* 10; [bestie] quasi ratione vel intellectu ~ienti sic ait R. COLD. *Godr.* 113; quia licet jam quidam eorum cum Deo sint et summa felicitate ~iantur ALEX. CANT. *Dicta* 123; hoc jam solatio jocunditatis ~iti *Found. Waltham* 5; ~ita unius diei quietudine in portu predicto *G. Hen.* V 15; non enim rectus factus est qui non habuit rectitudinem, sic nec fortis qui fortitudine non ~itur FORTESCUE *NLN* I 35. **e** episcopus . . colloquiis illius ~itus est FELIX *Guthl.* 47 p. 144; cujus [Calixti pape] colloquio ~itus W. MALM. *GR* V 406.

2 (w. gen. or abl.) to attain, reach (a destination); **b** (transf., of process).

decursis . . brevi spatiis pelagi optati litoris quiete ~iuntur BEDE *HE* I 17 p. 34; nautae quidam cum adversa tempestate in alto jactarentur, voverunt si eo portu, quem conspiciebant, ~iti essent, ei Deo, qui ibi esset, se vitulum immolaturos ALCUIN *Rhet.* 15. **b** ut querela inter illum et Cicestrensem episcopum de dignitatibus et libertatibus ecclesiarum suarum diu habita coram vobis fine ~iretur *Chr. Battle* f. 70.

3 (w. abl.): **a** to have possession or control of. **b** to have as an attribute.

a c**675** edito aulae fastigio spreto, quo patricii ac praetores ~untur ALDH. *Ep.* 3; locus . . angustus juxta mare, quem et prerupta rupium et arcta callium adeo coherent ut centum viri faucibus illis ~iti quantumvis numerum itinerantium aditu prohibere queant W. MALM. *GR* IV 376. **b** **672** Britannia . . solis flammigeri et luculento lunae specimine ~iatur, id est Theodoro ALDH. *Ep.* 5 p. 492; dum plures ortu comites potiuntur eodem *Id. Aen.* 62 (*Famfaluca*) 7; per biennium regno ~itus W. MALM. *GR* I 34.

1 potis [CL]

1 capable, (w. inf. or ellipt.) able (to).

nulla camena tuas potis est evolvere laudes WULF. *Poems* 15; ejus amo laudes cui totus subjacet orbis, / qui potis est cunctis leviter nos demere morbis ORD. VIT. XI *pref.* p. 159; ~is et hoc ~e, i. possibilis OSB. GLOUC. *Deriv.* 454; nobis . . postulantibus tibi martirii corona concedatur si dum vacat et ~is es, concessum facto compleveris *Ep. ad amicum* 157; *strangg*; . . vigorosus, . . pos [*sic*], potencialis *CathA* (cf. Varro *LL* 5. 4).

2 (compar.) that has greater strength or power, more powerful, stronger; **b** (of fame or reputation); **c** (w. ref. to metrical effect).

nullus erat potior muliebri viscere natus / ni medicus mundi ALDH. *VirgV* 419; credere decet eum ~iorem . . sumsisse profectum de labore conversionis multorum quam de . . quiete . . habuerat BEDE *HE* II 1 p. 74; Pater item docet Christum esse verum hominem, quia dat ei in quantum homo est uti ~ioribus bonis suis NECKAM *SS* I 25. 16; **1312** jus consuetudinarium,

quod ~ius est quam jus scriptum (v. consuetudinarius 1b). **b** reges Romanorum cum . . primam Parthorum pacem . . ~ioris famae viribus firmassent GILDAS *EB* 5; ob ~iorem [*gl.*: i. ad meliorem, i. majorem, *mæran*] virginitatis gloriam ALDH. *VirgP* 44; tu rex meus magnus, / tu judex meus justus, / tu magister potius *Cerne* 119; versus subscriptos devote tu lege, lector, / presulis ad laudem patris Emundi potiorem *Poem Edm. Rich* 6. **c** quae lyrico liceat cursim contingere plectro, / ne potior lassis generet fastidia versus BEDE *CuthbV* 564.

3 (as sb. m.) more powerful person.

callidus . . senex regalibus consiliis et judiciis prerat, quapropter in pretorio principali parem seu ~iorem perpeti metuebat ORD. VIT. X 8 p. 51.

4 (as sb. n.) more powerful or effective thing (w. ref. to food).

coquat fabas et olera aut, si hoc infirmitas exegerit, preparet ~iora AILR. *Inst. Inclus.* 4.

5 (w. ref. to condition) better.

multa volventi ~ior sententia visa ut Goduini consilio fortunas suas trutinaret W. MALM. *GR* II 196; cui potior pauper divite jusque lucro (*Vers.*) *Ib.* III 284; ~ior insule Britannice pars GIR. *TH* I 2; **12** . . sicut dicit ~ior pars patrie (*Attestaciones Testium*) *Feod. Durh.* 236.

6 (as sb. n.) better thing.

si vero quisquam chordarum respuit odas / et potiora cupit, quam pulset pectine chordas ALDH. *VirgV* 67.

7 (superl.): **a** that has greatest strength or power, most powerful. **b** (w. ref. to proof, reason, or sim.) most compelling or persuasive.

a quare [sc. de Augustino primum narratur]? quia et cui ~issimus haec solemnitas praescribitur primatus debetur GOSC. *Transl. Aug.* 29C. **b** scribere nos . . [causa] prior illa premonet et ~issima GIR. *TH intr.* p. 5; cum prima demonstratio Euclidis sit ~issima BACON IX 170.

8 (acc. sg. n. as adv.) especially, above all.

qui ~issimum [*gl.*: precipue, optime, vel maxime] septenas Asiae ecclesias inexhaustis dogmatum imbribus irrigabat ALDH. *VirgP* 7; quantum . . is locus fuit etiam primatibus patrie venerabilis, ut ibi ~issimum sub protectione Dei genitricis opperirentur diem resurrectionis, plura sunt documento W. MALM. *GR* I 21; luciniam amo et mevulam . . et ~issimum philomenam MAP *NC* IV 3 f. 44v; **1552** iis ~issimum qui videbuntur potius sue instructioni causa quam curiositatis . . eadem expetere *Conc. Scot.* II 137 (v. 1 communicare 1a); **1586** comitum et nobilium filii ex academiis, ~issimum Parisiensi et Coloniensi, advolantes in patriam (*Chr. J. Hay*) *Scot. Grey Friars* II 174; in hoc conventu ~issimum continuo fuit et floruit provinciae seminarium philosophiae et sacrae theologiae (*Ib.*) *Ib.* II 175.

2 potis v. pottum.

potissare v. pytissare.   **potissime** v. 2 potius.   **potissimum, ~us** v. 1 potis.   **potissume** v. 2 potius.

potista [CL potus+-ista < -ιστής], a drunkard.

certe nisi tu totus esses ~a, facile cerneres . . MORE *Op.* 62b.

potiuncula v. 1 portiuncula.

potiundus [1 potis, cf. facundus, iracundus], powerful.

tu licet oblatum mundi contemnis honorem / vilibus et mavis secretis condier antris, / pontificis summi quam vis potiundus honore BEDE *CuthbV* 525.

1 potius v. 1 potis.

2 potius [CL]

1 (as correcting adversative) rather, instead.

sed latro nequaquam pro furto vel latrocinio furem alium damnat, quem ~us optat, tuetur, amat utpote sui sceleris consortem GILDAS *EB* 100; huic . . preceperat ut illam iret speculatum, nuptias conciliaturus. . . ille viam celerans nichilque preter opinionem comperiens, celato apud parentes nuntio, suis ~ius usibus puellam applicuit W. MALM. *GR* II 157; ex hac parte remanent v species, demonstrandi, optandi, ortandi, prohibendi, et eligendi, ut ecce, eya, ne, utinam, ~ius *Ps.*-GROS. *Gram.* 59.

2 (in combination with other particles): **a** (*~ius quam*) rather than or more than. **b** (*~iora ac*) or rather; **c** (*seu ~ius*); **d** (*vel ~ius*). **e** (*quin ~ius*) but rather; **f** (*immo ~ius*); **g** (*sed ~ius*).

a deflendo ~ius quam declamando GILDAS *EB* 1; eunuchus .. ipsum erat nomen dignitatis ~ius quam castrationis tunc apud Aegyptios *Comm. Cant.* I 206; vitiorum ~ius inplicamentis quam divinis solebam servire mandatis BEDE *HE* III 13 p. 153; levius non esse sapientes quam insipientes dici et non esse justos ~ius quam injustos ABBO *QG* 21 (46); Egelredus filius Edgari et Elfride regnum adeptus obsedit ~ius quam rexit annis triginta septem W. MALM. *GR* II 164; **1202** appellat eum per attiam ut credunt ~ius quam per justam causam *SelPlCrown* 11. **b 672** allegoricae ~iora ac tropologicae disputationis bipertita bis oracula ALDH. *Ep.* 5. **c** fluvio qui intererat evadato seu ~ius enatato ORD. VIT. IX 6 p. 495. **d** tota animi veneratione, vel ~ius hebetudine GILDAS *EB* 32; fiunt autem dictis sex equivocationum modis sophistica sine complexione principia, in quibus communi diversorum appellatione de quo enuntietur equivoce designari vel ~ius celari contingit BALSH. *AD* 45; hujus autem interpretacio est 'et erunt omnes docibiles Dei' vel ~ius 'docti Dei' GROS. *Hexaem. proem.* 56. **e** insula, nomen Romanum nec tamen morem legemque tenens, quin ~ius abiciens germen suae plantationis amarissimae, ad Gallias .. Maximum mittit GILDAS *EB* 13; nec natura sinit celerem natare per amnem, / pontibus aut ratibus fluvios transire feroces; / quin potius pedibus gradior super aequora siccis ALDH. *Aen.* 38 (*Tippula*) 6; non tamen ille ignavo indulgens otio feriabatur, quin ~ius crebras circumquaque victorias extendens .. in occidentali parte insule .. monarchiam adeptus est W. MALM. *GR* I 16. **f** ambitores istos ordinant, immo ~ius humiliant GILDAS *EB* 67; sermo vester, immo Dei ~ius H. BOS. *Thom.* IV 13 (v. energia b); in sinu tuo leticia mea, immo spes ~ius tocius regni est reposita *V. II Off.* 4. **g** Andegavenses .. et Britones .. non fugerunt, sed ~ius Ligerim fluvium audacter pertransierunt ORD. VIT. IV 12 p. 257; **12** .. cum non deceat de aliorum fletu ridere set ibidem ~ius de hujusmodi sit dolere *Conc. Scot.* II 40; sexta et ultima nullius temporis, que ~ius immensurabilis magis appellatur HAUDLO 160 (=HAUBOYS 336); nulli imponitur ut locum intret sed ~ius in principio dissuadetur sibi ingressus KNIGHTON I 138.

3 more suitably or appropriately.

cujus facti preconium cui ~ius imputem, Lanfranco an Wlstano .. pro vero non discerno W. MALM. *GR* III 269.

4 (superl.) especially or above all.

c**1365** in tenera juventute, quando ~issime proficerent in scienciis primitivis *StatOx* 164; per hoc medium ~issume est deducibile actus generari vel circa idem objectum vel circa novum WYCL. *Act.* 26; Robertus Stewart .. quamvis juvenis erat annis, senilem se gessit ~issime erga Anglos exhibebat BOWER XIII 42.

5 most or very ably.

s**1338** regnum ~issime et nobiliter rexit *Plusc.* IX 37.

potor [CL], a (habitual) drinker of intoxicating drinks.

1157 ita tamen quod Anglico et ~ori sufficere debeat J. SAL. *Ep.* 85 (33); a poto hic ~or .. i. potator per sincopam OSB. GLOUC. *Deriv.* 456; potor continuus, jugulator, predo, gulosus D. BEC. 46; potores cogi cupiunt; cogantur et ipsi / evacuare ciphos D. BEC. 2372; convocata .. civium multitudine in aula publica, que a ~orum conventu nomen accepit GIR. *Galf.* II 8.

potraria v. 2 petraria.

potrix [CL], a drinker of intoxicating drinks (f.).

si tua candescens fuerit maga pessima conjux, / .. si potrix, surda, deformis D. BEC. 2016.

potta [ME *potte*], (topog.) pit, hollow, depression.

a**1243** usque ad ~as super Moram *Cart. Cockersand* 162; a**1263** dedi .. unam landam super Morfurlong .. cujus unum caput buttat super Doketisdiche et aliud super ~am in Mora *Ib.* 123.

pottagium v. potagium.

pottarius [ML < pottum + CL -arius]

1 that pertains to pots or pot-making, (as sb. m.) potter; **b** (passing into surname).

ibi potarii reddunt xx s. per annum *DB* I 65rb; **1255** de ramunculis .. intelligimus quod multum sunt ~ii sustentati et aliquando furantur *Hund.* I 22a; **1279** cum serviciis predicto prato pertinentibus de potariis de Nether Heworth *Feod. Durh.* 110n; c**1285** potteriorum (*Malling*) *Cust. Suss.* II 116; **1335** de familia in celariis panis et cerevisie .. ~ius cum uno garcione *Lit. Cant.* II 95; **1349** ~ii qui solebant reddere pro argillo habendo xiij s. mortui sunt *IPM* 105 m. 14; **1419** querela ~iorum (*Liber Albus*) *MGL* I 738. **b 1130** Pagano potario iij s. vj d. *Pipe* 46; **1169** Walterus ~ius *Pipe* 120; Osbertus Potarius reddit pro argilla sua per annum viij d. *RBWorc.* 37. **1284** de Michaele ~io pro ij poleis eneis emptis .. ad levandum meremium *KR Ac* 467/9 m. 2.

2 (as sb. f.) place in which pots are made, pottery; **b** (as place-name).

ibi .. de ollaria [*gl.*: potaria] x s. *DB* I 156ra; **1221** magister Radulfus .. edificavit quandam domum super terram domini regis juxta pottaur[iam] de Suthbir' *SelPlCrown* 95; firma: et de xiij d. de poteria (*Cornw*) *Ac. Beaulieu* 102. **b 1234** Willelmus Comes de Poteria tenet j *cotsetland* .. et si capit terram ad ollas faciendas super terram domini, tunc dabit iiij d. *Cust. Glast.* 142.

pottauria v. pottarius. **pottellarium** v. potellarium. **potterius** v. pottarius.

pottulum [ML pottum + CL -ulum], small pot.

1479 de .. quadringentis ~is lapideis (*KR Ac* 129/2) *Bronnen* 1864.

1 pottum [ML < ME, OF *pott* < AS *pot*], ~us

1 vessel of rounded form, pot; **b** (as receptacle for liquid); **c** (as receptacle for solid).

1213 cuidam figulo pro ~is, iij s. ij d. *DCCant. VMA* f. 54; **1300** ballivis Jern[emuth'] .. pro lxix *weyes* continentibus cccxlv quarteria salis de ~o emptis .. ibidem *AcWardr* 107; **1460** duos magnos ~os argenteos deauratos *ExchScot* 31; **1474** quatuor centenaria ~orum terreorum (*KR Ac* 129/2) *Bronnen* 1747. **b** ponatur in potum vel cacabum bullientem BACON IX 178; ponatur .. magnum ~um cervisie *Lib. Evesham* 16; **1317** cuppam meam de argento .. cum ~o aquario et uno saler' de argento .. pro capella *PlRCP* 285 (*Deeds enr.*) r. 1d.; **1363** erat quoddam potum super focum plenum aque bulliante [*sic*] *SelC Coron* 40; item, si voluerint, habeat duo bacilia, et unum ~um de argento ad aquam AMUND. II *app.* 363. **c 1248** in mmdccc ~is marle dispergendis .. in dlxv ~is fymi cariandis annuatim *Rec. Crondal* 55; **1258** in l pott' albi sabulonis, iij s. vj d. pretium centeni vij s. *Ac. Build. Hen. III* 162; c**1460** in ij ~is terre tenacis emptis ad idem [sc. daubationem parietis] *Comp. Swith.* 451.

2 pot-shaped receptacle used as fish-trap.

in gurgite et wara reparanda xxij d. ob. in wiliis et ~is ad idem faciendis xij d. *Ac. Beaulieu* 70; **1271** in ~is faciendis ad piscandum vj d. *Pipe Wint.* B1/35 r. 2d.; de quolibet ~o piscium *Reg. S. Aug.* 138; **1370** in wylys et ~us [*sic*] iij s. *Ac. Obed. Abingd.* 19.

3 (*~um fimarium* or *fimale*) dung pot, tub or cart used to carry manure.

1357 in j caretillo pro ~o †fimari [l. fimario *or* fimali] de novo faciendo iiij d. (*Whitchurch*) *Ac. Man. Wint.*

2 pottum v. 2 potum.

1 potum v. 1 pottum.

2 potum, 2 pottum [ME *pot*]

1 iron implement for cleaning a cart or plough.

1262 in ij ferr' ad bacul' carucarum scilicet potis j d. ob. (*Radstowe, Northants*) *MinAc* 949/3; **1346** in [i]j *potes* faciendas de novo ad carucas mundandas, de ferro empto, j d. ob. (*Pershore, Worcs*) *Ac. Man.*

Wint.; **1359** in ferro empto pro j auriculo, et j anulo, et j *pote* [ad carucas] (*Pendesham, Worcs*) *Ac. Man. Westm.* 22215.

2 implement for tamping a gun.

1375 unum grossum gunnum cum tribus pottis (*Ac. Foreign*) *EHR* XXVI 694n.

pottus, potum v. 1 pottum. **potura** v. 1 putura.

1 potus v. 1 pottum.

2 potus [CL], ~a

1 act of drinking; **b** (fig.).

dipsas .. si percusserit hominem, erit insatiabilis ~u usque dum moritur *Ib.* I 467; bis binis bibulus potum de fontibus hausi ALDH. *Aen.* 83 (*Juvencus*) 2; necnon de pane benedicto in duobus locis, qualia et quanta mirabilia facta sunt dico, vel de aquae ~u benedicto *V. Cuthb.* IV 18; rasuram aquae inmissam ac ~ui datam BEDE *HE* I 1 p. 13; circumeat fratres cum singulis ~ibus [*gl.: scencum*] singulorum osculans manus *RegulC* 42; tunc Walensis venationem saltuum, tunc Scotus familiaritatem pulicum, tunc Danus continuationem ~uum, tunc Noricus cruditatem reliquit piscium W. MALM. *GR* IV 348; juvenis quidam ritu gentis inter amicos potantes, et ipse potans, ex ipso ~u male potens, tanquam crapulatus a vino, insanire cepit *Mir. Wulfst.* I 14; ~us illi fuit gustus aque (*Godric*) *NLA* I 479. **b** Jovinianus .. ~u dulcissimo felle commixto multos potavit *Ps.*-BEDE *Collect.* 327; nostre privilegium / contulit nature, / cum humane speciem / sumpsit creature, / volens ejus fieri / particeps jacture / potu mortis dure P. BLOIS *Carm.* 22. 4; cum proles tenerior / potum hausit passionis, / heu, quod non commorior! J. HOWD. *Sal.* 35. 10.

2 drink, liquid nourishment: **a** (esp. as dist. from *cibus*, *esus*, or sim.); **b** (w. ref. to fermented drink as form of payment); **c** (mon., as allowance, esp. conceded on feast days; also spec. as part of Maundy observance).

cibus caelestis panis, ~us novus ex rupe viator GILDAS *EB* 1; demonstrat quod deaurata labia habuerunt qui aliquid gustaverunt ~i *Comm. Cant.* I 327; tunc pestis irata cibo ~uque carens scintillantibus peragravit oculis et nimiam dedit mortalibus plagam *Lib. Monstr.* III 5; habent de rege cibum et ~um *DB* I 1rb; indulge potibus, escis D. BEC. 1411; ~us in stomacho recipitur *Quaest. Salern.* P 9; placencia seu delectatio exterior, corporis sanitas, cibus, ~us, [ME: *drunh*] vestimentum sufficiens, et quidlibet hujusmodi carni placens *AncrR* 60. **b 1209** in ~u Roberti de Ellestede, iij tonnelli *Pipe Wint.* 5; a**1280** in seriis sequentibus alii canonici per successionem ~um pulsatoribus ministrabunt predictis hora prenotata *Stat. Linc.* I 386; **1334** carpent' operant' in campanili ad ~um vj d. *Ac. Durh.* 116. **c 1185** ~us monachorum .. sc. duas caritates *Chr. Abingd.* I 346 (v. caritas 4b); quando .. ~um caritatis inter collacionem sunt habituri *Cust. Westm.* 3; c**1305** ~us caritatis (v. caritas 4b); de ~u caritatis .. et interim dum predictum evangelium legitur dominus episcopus, .. more Christi Jesu per suos ministros et servitores caritatis ~um sufficienter prout decet ministrabit *Process. Sal.* 80.

3 medicinal or narcotic draught (also as sb. f.).

parotidas, steatema, tromtis, narcodia, pota *Gloss. Poems* 104; **1323** occasione cujus ~us .. custodes talem dormitionem sumpserunt quod vigilias suas .. facere non potuerunt *Abbr. Plac.* 343; valet .. morsui animalis venenosi, si trita et aquis temperata patienti detur in ~um (*Hugo*) *NLA* II 50; ~us Antiogie *Invent. Med.* 28.

4 (*~us avenae*) drink or thin gruel made from oats.

hic fruges, ibi vina, jacent, hic potus avene L. DURH. *Dial.* I 407 (v. 1 jacere 8b).

pouderare v. poudrare.

pouderlumbardus [cf. ME *powderlomberd*], sort of spice imported from Lombardy.

1372 in .. pudurlumbarto, *alkynet*, sanudrio *Exch Scot* 370.

poudragium [OF *poudrage* < pulvis], toll on travellers by road, or ? *f. l.*

c**1180** cum decima pasnagii, careti, et poudragii [? l. pondragii, cf. 1 pondagium], brostagii et herbagii *Act. Hen. II* II 151.

poudrare, pudrare [ME *poudren*, OF *poudrer*, AN *pudrare* < pulvis]

1 to dust or sprinkle w. salt or spice.

1247 scribitur vicecomiti Kancie, de v summis boni merlengi pudrati et de cungeris grossis, quotquot poterit, et de cc mulewellis grossis et bene pudratis *Cl* 96; **1252** iiij^xx cungros, de quibus xl sint recentes et xl pudrate .. de viij salmonibus, de quibus iiij sint in pane et iiij pudrate *Cl* 292; a**1298** duodecim merlingos meliores, ~atos, pro uno denario *MGL* II 119; **13..** maccerarius habeat salsas carnes et recentes, .. item habeat porchinum, pudratum vel in succedio positum (*Nominale*) *Neues Archiv* IV 340; **1409** in coquina, xv salmon' sals' et pouder', xviij s. *Ac. Durh.* 608. **1440** cum *kippyng*' et *powdering*' de eisdem pellibus .. que in London' .. erunt kippate, vel powderate, **1449** (v. kippare).

2 to dust, sprinkle, or spangle (w. ref. to ornamentation).

1340 unam capam .. de indeo colore ~atam (v. indeus); **1342** campedo .. lecti operat' cum aliis circulis et rotulis hachiat' de serico et pudrat' cum loseng' de armis Lionelli (*AcWardr*) *KR Ac* 389/14 m. 2; **1368** item j capa de nigro *wurstede* ~ata cum litteris S cum amita ejusdem *Invent. Norw.* 6; **1386** j lectum viridem ~atum cum falconibus *FormA* 427; **1403** unam aulam rubeam et nigram palatam et ~atam cum albis turettis .. unum lectum palatum rubeum et nigrum cum turettis de rosis albis ~atum *Pat* 370 m. 29; **1426** vestimentum integrum blodii coloris pouderatum cum stellis aureis *Reg. Cant.* II 358; **1430** ecclesie mee Sancti Maugani lego unum vestimentum sacerdotale de panno rubeo powderato cum volucribus aureis *Ib.* 478.

†**poudrellum** v. pondrellum.

poudrus [AN *pudrus, poudrous*; cf. ME *poudre* < CL pulveratus], salted or spiced.

pro dc allecibus ~is, xx d. *Ac. H. Derby* 29; **1406** j piscis salcius, j congrus salcius de stauro. item j hake ~us *Househ. Ac.* 309.

poukewaynum [ME *poukwein*, cf. ME *pouker = cock of hay*], sort of cart, 'poke-wain', ? hay-cart.

1327 in factura duorum ~orum de novo factorum *KRMem* r. 84*d*. (cf. ib.: pro predictis carectis necnon pro duabus *poukewaynes* de novo emptis).

poula v. 1 pola.

pounaceus [ME *pounas*, OF *paonace, ponace, assoc. w.* CL puniceus, poeniceus < φοινίκεος; cf. AN *poun, pon, paon, pown=peacock*]

1 (of colour) purple, peacock-blue, or sim.

1235 j toall' pounac' coloris radiat' auro de serico *Chanc. Misc.* 3/4.

2 (as sb. m., f., or ?n.) fabric of purple, peacock-blue, or sim. colour.

1208 item xxj uln' de poenac' ad opus camerar' .. regine *Cl* 88b; **1212** pro xlviij ulnis de poenacio et pro viij peniculis de cuniculis ad robas falconariorum *Pipe* 91; **1212** habuit ad partem suam de latrocinio illo j pallium de poenacio et quandam penulam *SelPlCrown* 65; **1217** faciat .. duas robas de viridi vel poenacia *Cl* 343a; **1225** unam robam, sc. tunicam et supertunicam de viridi vel de pennac' *Cl* 22a; **1228** precipimus vobis quod habere faciatis Conrado de J. .. unam robam de viridi vel poenacio sc. tunicam et pallium cum penula de bissis *Liberate* 7 m. 4; **1236** mandatum est probis hominibus de Beverlaco inventis in nundinis de Stowa quod faciant habere ad opus domini regis v bonas burnettas, x powenacios, et viij *bleus*; et precium eorundem pannorum dominus rex eis reddet apud Lond' in proximo adventu suo ibidem *Cl* 301; **1239** computate eciam eisdem xviij s. vj d. quos posuerunt in una roba, sc. tunica et supertunica et palleo de ponac' [c]um furura et penula de cuniculis *Liberate* 14 m. 22 (*Cal. Liberate* 438: pona); c**1248** lego etiam tunicam meam de ponacio filiis Willelmi Colin *Rec. Norw.* II 359; **1252** robam integram de optimo cameletto vel de ponacio tincto in *grein Cl* 290; **1255** iiij pannos de ~io (*CurR* 155 m. 1 *d.*) *Law Merch.* II 5; **1271** duci faciat in regnum nostrum .. tres pannos de pounac' et sex pannos de muretto *Pat* 89 m. 18; **1285** pro factura et custura viij garminum de pounac' contra Pentecostem iij s. (*Ac.*) *Arch.* LXX 31; **1300** item j supertunica hominis de pouneto pro v s. *Rec. Leic.* I 363.

pounacius v. pounaceus. **pounceare** v. punchiare.

pouncis [ME *pounce*, OF *ponce* < CL pumex], fine powder, dust used to prepare parchment for writing or to prevent ink from smudging, pounce.

1390 pro xviij pellibus pergameni .. iiij s. et pro ~i j d. *Ac. H. Derby* 19.

poundagium v. pundagium. **poundfalda** v. pundfalda. **poundus** v. pondus. **pounetus** v. pounaceus. **pounsare, pounsonetum** v. punchiare. **pountagium** v. pontagium.

pous [πούς], **pos** [πός], foot.

pos, pes *GlC Interp. Nom.* 261.

poutura, pouturum v. 1 putura. **powderare** v. poudrare. **powenacius** v. pounaceus.

poya [AN *poi=little, small*], sort of lean-to construction, pentice or booth, 'poy'.

1365 duas plac' terre cum suis pertinenciis ex opposito schoparum tent' quondam R. de Copforde in foro Colc' ad construend' ibidem duas ~as quarum long' cont' separat' novem pedum hominis, lat' trium pedum hominis et dimid' (*Colchester Borough Oath Book*) ERO D/B 5 R1 47v; **1392** ballivi concesserunt Ricardo S. unam ~am ex Heuedgate ex opposito schope dicti Ricardi cont' in long' viij pedum et in lat' duos ped' ac eciam quandam placeam terre vacue sub pariete mansionis dicti Ricardi *Ib.* 62v.

poyada [cf. paiare < OF *paiier* < pacare; cf. OF *poiat*], form of due or toll.

1027 (1243) cum consuetudine trium modiorum salis et cum la payda e la formentada *CalPat* 393; **1174** (1233) cum consuetudine trium modiorum salis et †laporada [MS: lapoida] et formentada *CalCh* I 175; **1255** ad firmam tradidimus Helie Muner .. consuetudinem parvam de Royano de ~a *RGasc* I *Sup.* 7.

poyntacio v. punctatio. **praces** v. prex.

practicabilis [practicare+CL -bilis], that can be put into practice, practicable.

cognicio omnium, tam speculabilium quam ~ium, per principia sumpta a luce eterna ut cognita DUNS *Ord.* III 169.

practicalis [practicus+CL -alis], practical; **b** (in book title).

unde consulit Hostiensis quod promovendi maxime ab opere ~i potissime cirurgico .. abstineant J. BURGH *PO* VII 4. **b** a**1332** liber ~is m[agistri] Bartholomei, phisici *Libr. Cant. Dov.* 58.

practicare [ML practicus+CL -are]

1 to practise, perform, or act. **b** (med.) to practise as doctor or sim.

ex dictorum digesto consilio celsitudo regia pertractet consulcius et ~et prudencius, quoquomodo precautis infaustis casibus tam labilis fortune firmius stabit regnum *Dictamen* 357; tamen hec que jam de experiencie effectu ~ata potenciam regis regaliter tantum principantis exprobrare videntur FORTESCUE *LLA* 37 p. 90; de modo primo ~andi in opere Rebis RIPLEY 195; c**1542** de .. aliis malificiis et sortilegiis per eas respective usitatis et ~atis *Form. S. Andr.* II 176. **b** cum apud Salernum studium fisicorum vigere cepisset, Salernitani invidia tacti titulos balneorum corruperunt, timentes ne divulgata balneorum potentia lucrum ~antibus [v. l. practigantibus] auferret GERV. TILB. III 15; de erroribus quorundam ~antium in hac arte RIPLEY 186 *tit.*; a**1537** passim ignaros juxta ac cecos quosque ad gradus atque ~andum in arte hujusmodi [sc. medicine] admittebant (*Lit. Regis*) *MunCOx* 249.

2 to put into practice, apply, or enact.

1440 ad omnes vias justas, .. quibus .. pax ~ari et induci possit BEKYNTON II 73; **1486** quia credibiliter informamur quod multa obloquia rumores .. nove insurreccionis incitande .. in abusione fidelium .. ibidem seduciose ~antur, seminantur *RScot* 471a; istud in Scotia a septuaginta annis ~atum est MAJOR VI 18.

3 to be practical.

ita potencia ~ante alia erit potencia prius recta, ita quod consequens illatum in prima racione videtur concedendum DUNS *Ord.* I 213; potencia ~ans *Ib.* I 217 (v. dirigibilis).

4 to construct. **b** (transf.) to arrange.

1432 castrum jaspertinum subtili mechanica ~atum (*Lit. J. Carpenter*) *MGL* III 462. **b** **1517** accessus quoque et regressus sine regiis litteris ~atos cassari (*Lit. Duc. Alb.*) *Mon. Hib. & Scot.* 523b.

1 practice [CL practicus+-e], practically, in practice; **b** (dist. from theoretically).

Deus ~e cognoscit homini esse penitendum et angelo esse movendum DUNS *Ord.* I 221; quedam [sc. eleccio] est speculativa, qua post deliberacionem creatura vult finem aliquem, sine hoc quod vellet ~e inniti exequi pro illo fine WYCL. *Ente Praed.* 165. **b** †**956** (11c) cuncta quae cernuntur inter caelum et terram ~e temporalia sunt, et quae non videntur in caelestibus theorice catholica fide credenda sunt *CS* 937; cum de plana musica quidam philosophi sufficienter tractaverunt, ipsam quoque nobis tam theorice quam ~e efficaciter illucidaverunt, theorice precise Boecius, ~e vero Guydo monachus HAUBOYS 180.

2 practice v. practicus.

practicus [CL < πρακτικός=*effective*], **2 practice** [πρακτική=*practical science*]

1 pertaining to practice or action, practical, actual or active; **b** (as dist. from contemplative or speculative); **c** (as tech. term) applied.

quid de medicis ~is dicam? J. SAL. *Pol.* 476B; intellectus speculativus veritatis per extensionem ejus ad amorem boni fit ~us BACON *Tert.* 10; preterea, habitus ~us generatur ex praxibus, sed habitus ~us generatur ex actibus sequentibus eleccionem; ergo illi sunt praxes DUNS *Ord.* I 191; cognicio perfecta angeli respectu objecti ~i OCKHAM *Quodl.* 140; c**1363** ex ~a rerum evidencia (KYN.) *Ziz.* 65; **1381** metrum mensura practica / oportet quod sit unica, / non multitudo plurium *Pol. Poems* I 241. **b** prius paene contemplativam quam ~am [*gl.*: *andwurdan*] exercuit vitam ALDH. *VirgP* 29; binas habenas sacro moderamine tenens, legis videlicet et theoricae necnon et ~ae vitae B. *V. Dunst.* 13; studuit tota mentis conamine ~ae vitae desideria relinquere BYRHT. *V. Osw.* 404; theoricam practicamque vitam regens Deus Pater *Trop. Wint.* p. 49 (=*Miss. Ebor.* II 249); tripartitam .. vitam .., primam theoricam, secundam ~am, tertiam philargicam ALB. LOND. *DG* 11. 22 (v. philargicus); expertus .. erat, et experiencia .. et ~us erat, nec tantummodo speculativus *Reg. Whet.* II 445. **c** alkimia operativa et ~a BACON *Tert.* 40 (v. alchimia a); astrologia ~a *Ib.* 106 (v. astrologia b); omnia ~a sciencia habet pro objecto primo illud cui acquiritur finis ~e sciencie, et non ipsum finem DUNS *Ord.* I 90; dicitur sciencia ~a communiter et large, que sc. est acquisita ex experiencia particularium et determinat voluntati modum operandi T. SUTTON *Quodl.* 356; syllogismus, ~us OCKHAM *Quodl.* 140.

2 (as sb. m.) one who practises an art or profession, practitioner.

practicus huic servit, servitque theoricus; arcem imperii sacri philosophia dedit J. SAL. *Enth. Phil.* 451; practicus obtusus medicalis, nescius artis, / practizans temere fit mendax vilis ubique D. BEC. 1797; Alcides interpretatur fortis et pulcher per quem ~um accipimus qui gloria rerum gestarum pulcher est BERN. *Comm. Aen.* 56; liber morborum .. ab omnibus auctoribus et ~is magistrorum extractus GILB. I 1. 1.

3 (as sb. f.) practice, action, or performance; **b** (dist. from *theorica*); **c** (med.); **d** (as book title).

meticula sit ~a multum et pericul[os]a GIR. *Spec.* III 9 (v. meticulosus 2); non bene potest de levi ~e assuescere cujus mens in studiis renuit desudare *Correct. Alch.* 2; ceterum melius est equale quam inequale, ut dicit Boetius in ~a geometrie BACON *Maj.* I 120; si isti prelati ad logicam scripture attenderent et ad praticam qua occupant illa bona WYCL. *Versut.* 99; s**1389** precatur pro misericordia, spondens in posterum correccioris vite ~am *V. Ric. II* 119; **1395** vera ~a necromancie pocius quam sacre theologie *Ziz.* 362; **1432** musica .. ~am artis sue per diversorum instrumentorum modulamina propalabant (*Lit. J. Carpenter*) *MGL* III 461; secunda .. racio probatur per communem ~am: quia in necessitate portans potest capere suam camisiam, et eam cum colore nigro maculare et habebit arma sua perfecta UPTON 116; **1543** ex eorum .. affectionibus et ~a sinistra *Form. S. Andr.* II 279. **b** milites claustrum servant cum

monachis, sepe de ~is simul tractant et theoricis ORD. VIT. V 19 p. 467; ecce quod ante ~am et sanctarum operationum theoricam postulat . . H. Bos. *Thom.* III 18; theorica namque ea contemplatur in quibus ~a nequit agere, id est incorporalia BERN. *Comm. Aen.* 40; hinc speculativam gignit sapientia, gignit / hunc ramum cujus practica nomen erit GARL. *Tri. Eccl.* 100; cum mors compositum solvet algifica, / nos ad theoricam transfer ex practica WALT. WIMB. *Carm.* 113. **c** a1350 tam illi qui . . in ~a celebres quam qui in arte medicinali . . magistralem apicem sunt adepti *StatOx* 40; 1400 non ponunt penas practizantibus non licenciatis ad ~am medicine *StatOx* 191; malum ad devitandum demandat medicorum nedum ~a *Reg. Whet.* I 156. **d** 13 . . ~a Bartholomei (*Catal. Librorum*) *Chr. Rams.* p. lxxxix; a1332 ~a m[agistri] Bartholomei, physici *Libr. Cant. Dov.* 58; 1443 lego . . omnes quaternos meos de ~is Curie, viz. Libellorum, Posicionum, Articulorum, Excepcionum *Test. Ebor.* II 91.

4 (mil.) strategem, trick.

c1500 ~a usus Alexander suos instruxit ut quanto citius fugam fingerent, et prolapsis in persecucione Anglis sine ordine dispersis unanimiter, . . cum magno clamore se verterent *Extr. Chr. Scot.* 176.

5 practical example.

ex hac re magna ~a ad modernos sumi potest CAPGR. *Hen.* 16.

practigare v. practicare. **practisare** v. practizare. **practisatio** v. practizatio.

practizabilis [ML practizare+CL -bilis], that can be put into practice, practicable.

judicium . . practicum est sentenciam ~em in ordine ad opus discernere WYCL. *Civ. Dom.* II 172.

practizare [ML, cf. practicus, -ίζειν], **~isare**, to practise, perform, observe. **b** (med., absol.) to practise as doctor or sim.

pro privilegio noviter adquisito, necdum approbato vel ~isato *G. S. Alb.* III 433; Christiani principes ~izaverunt illam sentenciam WYCL. *Decl.* 359; utinam ista doctrina foret hodie ~izata *Id. Chr. & Antichr.* 668; qui plus ~izant tamquam instrumenta diaboli ut seducant . . *Id. Versut.* 102; ~izata . . fuit hec lex eodem tempore WALS. *YN* 391; hanc . . perfidiam in Sarum dioecesi ~izarunt *Ib.* 359; ipse hoc fecit ad Paulum et ad apostolos . . quod nunquam apostoli ~izarunt NETTER *DAF* I 336B. **b** practizans temere D. BEC. 1798 (v. practizans 2); a1350 in medicina . . publice ~izare *StatOx* 41; 1400 multi laici et illiterati puplice ~izantes in . . facultate medicine *StatOx* 191; multi laici et illiterati ~isantes publice in predicta facultate *Ib.*; 1462 licenciatus . . ad ~izandum in arte chirurgie *MunAcOx* 694.

practizatio [ML practizare+CL -tio], practice, observance.

quantum ad ultimum allegatum de approbacione divina secularium potestatum, quis dubitat quin pro statu vie ad direccionem sponse Christi sit utilis et ejus ~isacio in rebelles Christi legibus legalis ac meritoria? WYCL. *Civ. Dom.* II 171.

practizator [ML practizare+CL -tor], practitioner.

a1350 ~ores in medicina *StatOx* 40.

prae [CL]

1 (adv.) in front, ahead.

ait "i pre; sequar" GIR. *GE* II 27 p. 303.

2 exceedingly.

prae, valde *GlC* P 605; prae me tulit, valde me laudavit *Ib.* P 799.

3 (prep. w. abl.) in front of, before (also fig.): **a** (spatial); **b** (in temporal sense).

a pessimam mihi scientiam certus prae oculis habeo BEDE *HE* V 13 p. 311; hominem incusans quod hostem pre oculis positum non prodidisset W. MALM. *GR* II 131; agnorum fuga pre lupis vel leporum a canibus MAP *NC* II 17 f. 29v; 12 . . habens Deum pre oculis *Feod. Durh.* 129n; c1317 vestris pre pedibus prevoluti . . exoramus ut . . *FormOx* 18; monstruosam quandam modo effigiem preseferens [*sic*] *Mir. Hen. VI* III 117; a1566 respondens suas questiones pre foribus Schole Theologice fixas publicabit *StatOx* 383. **b** statim . . pre foribus ait . . GIR. *Invect.* I 2.

4 (*prae manu* or *prae manibus*, also as single word) before the hands, at hand or in front. **b** (in commercial contexts) in advance, as downpayment, before conclusion of a transaction; **c** (understood as sb.).

forte psalterium pre manibus habens W. MALM. *GR* II 211; literas istas pre manibus et oculis in secreto tanquam speculum habeatis, in quo mores et modos ac gestus vestros inspicere possitis GIR. *SD* 150; nec sibi pre manibus quis properavit opem GOWER *VC* I 1244; num dat pre manibus sceleris veniam michi Christus? *Ib.* VI 425. **b** a1198 pro decem marcis quas michi dedit premanibus *Cart. Beauchamp* 12 p. 6; a1205 dederunt mihi . . burgenses quandam [summam] pecunie in Gersoun premanibus *Rec. Leic.* I 5; 1236 mittimus ad te . . servientes nostros ponendos in castro nostro de Bamburg' qui etiam pacati sunt premanibus de xl diebus *Cl* 313; a1350 quod domum ad firmam decem annorum oporteat dimittere, denarios pre manibus accipiendo *StatOx* 80; 1447 solvit . . eandem summam pre manibus *Mun AcOx* 565; summam quadraginta librarum in partem solucionis nauli pro viagio . . premanibus eciam ante inceptum viagium . . solvisse *SelPlAdm* II 93. **c** pro septem solidis in premanibus pagatis *Cart. Glam.* I 146.

5 before (w. ref. to merit or regard, also w. gen.).

solum prae omnibus tribunicae potestatis personis ALDH. *VirgP* 48; fulgor . . sapientiae prae multis in te fulget lectoribus *Ep. Aldh.* 6; **957** (14c) meae amantissimae necnon prae omnium anelantium generis humani dilectissimae Hunan *CS* 995; a958 (12c) viris ecclesiasticis prae caeteris operam impendere curabo *CS* 936; **1214** restat a finibus nostris et nostrorum preceteris extirpanda *Pat* 124a.

6 (in comparisons) more than or in preference to. **b** (w. compar.) than.

prae [*gl.*: ante] ceteris creaturis nectareum conficiat edulium ALDH. *VirgP* 6; illum pre ceteris sibi prefici concrepant EADMER *V. Osw.* 21; eolicis . . flatibus . . pre aliis terris hec exuberat GIR. *TH* I 6; quandam pre ceteris cum quodam Alexandro similiter novitio contraxeram societatis familiaritatem P. CORNW. *Rev.* I 205; color viridis pre [ME: *fro*] ceteris coloribus *AncrR* 48 (v. fovere 2a). **b** diem . . majore prae ceteris festivitate memorabilem (*Lit. Ceolfridi*) BEDE *HE* V 21 p. 338; unde iis qui . . illum in hac vita pre ceteris sincerius diligunt, placuit . . me ad hoc commovere EADMER *V. Osw. prol.*; illum . . quem pre ceteris arctius diligebat *Ib.* 8; lapides . . pre alia gente promptius . . ad manum habent GIR. *TH* III 10.

7 on account of, because of, through.

non solum . . prae tantis malorum criminibus, quae geritis in futuro, sed etiam pro his, qui vestro cotidie exemplo pereunt, poenali poena plectemini GILDAS *EB* 96; civitas . . nomine Bizantium, cujus muri jam prae vetustate consumpti sunt ALDH. *VirgP* 25; adeo ut . . prae nimietate doloris jam moritura videretur BEDE *HE* V 3 p. 285; mystica verba pii pre sensu discit acuto ÆTHELWULF *Abb.* 106; acceptam sacerdotalis laudem officii pri manu episcopi BYRHT. *V. Ecgwini* 354; prae paupertate non possunt *DB* I 158rb; erumpentibus lacrymis pre jubilo cordis qua voce exprimat quod pre se intus habet invenire minime valet EADMER *V. Osw.* 5; ut his ad admiratione suis ostenderet, quibus cibariis alienigene vescerentur GIR. *TH* III 26; 1225 ipsa pre timore fugit in ecclesiam *SelPlCrown* 119; s1239 rex pre gaudio saltitavit M. PAR. *Maj.* III 531; s1185 (*recte* 1187) unde papa rumorem audiente, pre dolore obiit *Eul. Hist.* I 275; arbor . . que diu crevit et tandem pre senio deficit . . HOLCOT *Wisd.* 168; vix in suo cursu domos aut arbores, quas pre montibus attingere poterat, aliquas reliquit integras J. READING 178v; non erit tam ingratus . . quin mihi boni faciat quid pre tanto nuncio LIV. *Op.* 145.

praeabigere [CL prae-+abigere], to drive away beforehand.

boves ejus subtiliter preabactas E. THRIP. *SS* III 1 (v. praeabscondere).

praeabscondere [CL prae-+abscondere], to hide beforehand.

dum boves ejus subtiliter preabactas sibi subtraxit umbrosa silve sub obscuritate sensate satis sagaciterque ~itas E. THRIP. *SS* III 1; suis in quibus se ~erant prosilientes a latebris . . tremulis ei sermonibus primo supplicare pergunt ut eos libidinis in adjectiones adinvitat *Ib.* VII 5.

praeabundare [CL prae-+abundare, cf. LL praeabundantia], to be very plentiful or predominate.

cunctis divitiarum copia prehabundo T. MON. *Will.* II 7; fructus generatus ex humiditate in qua ~at terra secundum inferiora sui est durissimus *Quaest. Salern.* B 147; ~ant levia elementa in omnibus NECKAM *NR* I 39; si autem prehabundaverint [in materia florum] partes ignee cum aeriis, color erit purpureus sive roseus UPTON 113.

praeaccelerare [CL prae- + accelerare, cf. praecelerare], to hurry on in advance or ahead.

cum ipse redire pararet, juvene instigante temerario, et ~ante, silve partem usque ad saltum interiorem transpenetrarunt GIR. *EH* II 1 p. 310.

praeaccendere [CL prae-+accendere]

1 to kindle before or previously.

s1306 truncus vero illius, ~so in conspectu ejus vehementi igne, . . in favillas et cineres funditus conflagratur *Flor. Hist.* III 135.

2 (fig.) to inflame, incite previously or greatly.

tante devotionis igne ~sus (*J. Bridl.*) *NLA* II 69; 1436 ut graciosissimi sui domini ~dat cor benivolum *EpAcOx* 139.

praeacceptare [ML < CL prae-+acceptus, *p. ppl.* of accipere+-are], to accept in preference.

plerique peregrinationi diutine assueti patrie ~ant exsilium . . ego aliter sentio P. BLOIS *Ep.* 160. 455C; eam [sc. viam] que elatos humiliat, et exaltat humiles, que subtiles postponit, et ~at simplices *Reg. Whet.* II *app.* 377.

praeaccipere [LL], to accept or receive previously or in advance.

nonne impie ageret et ingratitudinis de ~ceptis beneficiis et amicitie preterite reatum incurreret? GROS. *Cess. Leg.* IV 4; inungantur mane ~cepta purgatione GILB. II 113. 1; in declarando quod . . [felicitas in hac vita] ~cipitur et . . quibus modis . . perveniatur ad felicitatem T. YORK *Sap.* I 49a; 1312 diem etiam alium quem pro sui determinacione dictus frater Hugo magister fratrum ~ceperat *Collect. Ox.* II 340; c1315 unus Templarius apud . . monasterium nostrum . . ad totam vitam suam . . conversabatur, et suam sortem de bonis Templariorum ad suam sustentationem ~cepit *Meaux* II 316; . . illos autem velut modo nobiliori, quam sit ipsorum natura, cognicionem illorum ~cipientes determinate et hec scire BRADW. *CD* 183B.

praeactio [CL prae-+actio], previous action.

potes facere illud solus sine coaccione divina, aut sine ~one divina BRADW. *CD* 674A.

praeactivus [CL prae-+activus], active before or previously.

si in potestate ejus activa, et non equaliter coactiva, nec ~a BRADW. *CD* 671E.

praeacuere [CL], to sharpen to a point or make very sharp. **b** (p. ppl. as adj.) sharpened. **c** (fig.) mentally acute.

lignum quoddam in sudis morem dolando ~unt R. COLD. *Cuthb.* 17 p. 35; instrumentum exoculatorium bis vel ter ~entes, et usque ad cerebrum illud maliciose trahicientes *Mir. Wulfst.* II 16. **b** per altitudinem et supereminentibus ~tis sudibus transcensum prohibere videbatur *V. Chris. Marky.* 12; aculeos ~tissimos ferri cuspide exacuerat R. COLD. *Cuthb.* p. 42; castores . . habent . . in proxima castris ripa scrobes subterraneas, latibulaque in sicco munitissima. ad que venator explorans dum ~tis sudibus desuper transpenetrare molitur, ictum audiens et violentiam timens, quam citius ad castri munimenta se bestia confert GIR. *IK* II 3 p. 116; brachium ipsius fabri manu apprehendens ita fortiter strinxit ut unguium ~torum vestigia manifestis apparerent vestigiis *Found. Waltham* 4. **c** talibus . . suffultus columnis in inquisitione veritatis ~tus, in fallaciarum animadversione circumspectus et providus *V. Edm. Rich* P 1790A.

†praeacumen, *f. l.*

testule ovi interior tela, que quandoque †unguinum preacumine [? l. unguium pre acumine] vix pre sui teneritudine de testula confracta expilatur R. COLD. *Godr.* 112.

praeadditus [CL prae-+addere], attached or associated beforehand.

Levi hic ~us sive assumptus significat, quod . . additus numero apostolorum (*Ps.*-BEDE *Matth.*) *PL* XCII 46D.

praeadductus [CL prac-+adductus *p. ppl.* of adducere], adduced beforehand.

ad ~am allegacionem . . respondere OCKHAM *Dial.* 850.

praeadjacens [CL prae-+*pr. ppl.* of adjacere], lying, situated in front, or attached.

unum aliud tenementum cum duabus shopis ~entibus *Cl* 282 m. 22.

praeadvisare [CL prae-+advisare < OF *aviser*], to advise or inform about previously.

1474 treuge . . per alios utriusque principis commissarios in omnibus et singulis articulis ~atis fuerunt prorogate *RScot* 449b.

praeaestimare [CL prae- + aestimare], to judge or assess beforehand.

si homo opera sua, que ipse facturus est, precogitare et ~are potest BALD. CANT. *Commend. Fid.* 625.

praeaffectare [CL prae-+affectare], to desire or choose beforehand.

s**1456** expediens est . . futura pericula . . precernere, et de remedio congruo, quemadmodum ipse dominus [sc. manerii] . . ~at, politice providere *Reg. Whet.* I 220.

praeagere [CL prae-+agere], to do or act beforehand.

a**1222** cartam . . sigilli mei munimine in testimonium ~acte pacacionis . . corroboravi *Reg. Malm.* I 458; sexta debilior ceteris, debiliter arbitratur, quod Deus coagit et ~agit proprie omnem actum voluntatis create BRADW. *CD* 669D; potes facere illud solus sine coaccione divina, aut sine praeaccione divina, vel non, nisi Deo tecum agente, et eciam ~agente *Ib.* 674A.

praeagnitio [CL prae-+agnitio], prior recognition.

quoniam eleccio quidem operacionum in nobis est, finis autem bonarum quidem Dei operacionis juste cooperantis preeligentibus bonum justa consciencia secundum ~onem ejus; malarum autem dereliccionis Dei, rursus secundum precognicionem ejus justicie derelinquentis BRADW. *CD* 598C.

praeagnoscere [ML, CL prae-+agnoscere], to recognize beforehand.

1433 ipsum . . providissimum virum et maturum ~novimus *EpAcOx* 100.

praealbescere [CL prae-+albescere], to gleam more greatly, to be more radiant, to outshine.

sponsa, que liliis convallium ~it, ipsa eadem dicit 'nigra sum, sed formosa' [cf. *Cant.* i 4] P. BLOIS *Ep.* 97. 304C.

praeallegare [ML < CL prae-+allegare]

1 to cite or mention before.

per jura ~ata W. DROGHEDA *SA* 8; dicit in alia parte libri ~ati M. SCOT *Sol* 720; quia sicut arguitur cap. ~ato, 'Pater gignendo dedit essenciam suam Filio' DUNS *Ord.* IV 14; juxta illud Psalmiste ~ati CONWAY *Def. Mend.* 1410 (*recte* 1310); de auctoritate illa ~ata 'patres nostri peccaverunt et non sunt' [*Lam.* IV 7] (KYN.) *Ziz.* 55; c**1390** Ricardus, protestando quod non cognoscit quod ipse tenebatur dicto Thome de Holme in aliquo denario, nec quod aliqua talis querela, judicium, seu execucio facta fuerint per ipsum Thomam . . superius ~atum *Mem. York* I 230; rex Johannes . . fremens contra barones suos, ex causa ~ata *Plusc.* VII 4.

2 to assert or allege before.

1415 predictus Jeuan dicit quod ipse de debito predicto per aliqua ~ata excludi non debet (*AssizeR*) *March. S. Wales* 57; s**1435** dicit quod ipse per aliqua ~ata ab accione sua predicta habenda precludi non debet AMUND. II 123.

praeamabilis [ML < CL prae- + amabilis],

very or most lovable, very much beloved; **b** (in epistolary address).

erat eodem tempore quidam praedives adolescens, ~is regi praedicto et carus BYRHT. *HR* 64; munera deferentes eximia ~i viro *Id. V. Osw.* 455; quiescite igitur inter medias sortes, inter ~es Pachelis amplexus P. BLOIS *Ep.* 138. 413A; o speciosissime et ~is in decore tuo ROLLE *IA* 246; ubi onus afflicionis ~e non intulit lex, sed casus in lege G. *Ed. III Bridl.* 142 (=WALS. *HA* I 203); ~issime rex *Regim. Princ.* 114. **b** s**1421** ~is in Christo frater (*Lit.*) AMUND. I 83 (=*Reg. Whet.* II *app.* 403); in Christo ~es vos . . salutantes *Reg. Whet.* II *app.* 419; pater ~is . . rancores conceperit (J. WHET.) BEKYNTON I 113.

praeamare [ML < CL prae-+amare], to love very much or in preference.

Oswaldum . . vulgus . . ~avit BYRHT. *V. Osw.* 421; si benignior . . apparuerit, et illum ~abit J. SAL. *Pol.* 601C; nova cupiditate ~antes meum quam nostrum, facti sunt episcopi R. NIGER *Chr. II* 96; **1302** cordialiter ~ato domino J. abbati (*Lit.*) *Chr. Rams. app.* 376; c**1340** apud vestram ~andam benevolenciam *Form Ox* 283; non agunt propter aliquem finem ~atum nec predesideratum OCKHAM *Quodl.* 296.

praeambire [CL prae-+ambire], to embrace beforehand (in quot. fig.).

divinus animus omnia continet . . omnium scienciam ~iens BRADW. *CD* 216A.

praeambulare [LL], to walk in front, precede. **b** (w. internal acc.) to go over beforehand; **c** (quasi-dep.) to occur previously.

diacono cum lucerna bajula etiam clara die ~ante GIR. *GE* I 6. **b** **1194** ipse hoc factum ~avit et prolocutus fuit *CurR* I 57; non velut bonus operator, dignus mercede, sed ut operatrix nequissima, que penam perpetuam pro mercede meruerat, ad conductorem ~ata via processit premium petitura *Latin Stories* 88. **c** s**1287** nullis penitus signis ~atis OXNEAD *Chr.* 271.

praeambulatorie [LL praeambulus+CL -torius+-e], in an anticipatory or premonitory manner.

in figura futurorum figurative non minus quam quasi ~e predesignativa E. THRIP. *SS* II 22.

praeambulus [LL]

1 who walks or goes before, that leads the way (also transf.); **b** (of inanim. or abstr. subject); **c** (w. ref. to hastiness).

dux ~us in justitia mandatorum Dei J. SAL. *Pol.* 464B; boves . . ad aratra . . jungunt . . quaternos frequentius, stimulatore ~o, sed retrogrado GIR. *DK* I 17; exiens enim a domo penurie et in loco pascue collocatus, incrassatus, impinguatus, dilatatus, nunc ventrem ~um gestat P. BLOIS *Ep. Sup.* 56. 2; quam venerabiles extitere priores ac patres nostri ~i, dum talibus uterentur quae indicia sunt sanctitatis, religionis, et humilitatis! M. PAR. *Maj.* V 244; turma preambula columpna letatur, / et celi mortalibus manna propinant J. HOWD. *Cant.* 210; s**1378** dicti . . ministri sceleris, anteque ~i . . cadaver . . arripiunt WALS. *HA* I 378. **b** [verbum Christi] est previum et ~um ad acciones spirituales H. HARTLEPOOL 194. **c** cavendum . . est ne manus ~a linguam preveniat vel e converso *Dial. Scac.* I 5M.

2 that precedes, that is found or occurs in front or before.

corpus in se simpliciter consideratum insensibile est; unde, cum sine sensu ~o non sit delectacio J. BLUND *An* 159; regia crux pacis est causa preambula GARL. *Tri. Eccl.* 122; c**1265** cum sit ars artium regimen animarum que . . nos docet . . justa singulorum merita nostra moderari judicia discrecione ~a . . *Ann. Durh.* 114; calumpnia . . essonii projecti die ~o hodie devoluta in eo petentis quia excedit debitum tempus calumpniandi locum non tenet HENGHAM *Magna* 9 p. 24; s**1302** consilio ~o in oppressores suos unanimiter insurrexerunt *Flor. Hist.* III 307.

3 preliminary.

~is preparacionibus detur medicina purgativa inducens sanitatem GROS. *Templ.* 6. 6; nec intelligentia creata per apprehensionem aliquam ~am sensus vel imaginationis . . intelligit *Ps.*-GROS. *Summa* 391; hic . . unam conclusionem ~am suppono OCKHAM *Quodl.* 508.

4 that anticipates or forewarns, premonitory; **b** (med.).

conjectantes hanc victoriam . . veluti ~am, alias quoque victorias . . prenunciasse GIR. *JS* IV p. 252; jam habet perfidie sue ~am heresiarcham, quem heretici Albigenses papam suum appellant (*Lit.*) M. PAR. *Maj.* III 78. **b** verumtamen quartane insidiantis et imminentis ~os aestus jam presensi P. BLOIS *Ep.* 109. 332D.

5 (as sb. m. or f.) guide; **b** (w. ref. to God or a saint); **c** (w. ref. to other moral guide).

ipso Roberto duce illorum et ~o existente G. *Steph.* 14; dux nostra et secreta ~a sit H. Bos. *LM* 1391C; contigit . . ut inter hos, presulem viz. ejusque ducem, quispiam commeantium medium immergens se fortuitu . . quod ubi advertebat ~us ejus, sepe stomachando aiebat . . AD. EYNS. *Hug.* V 17. **b** si Deum promereri ducem et ~um poterimus, indubitanter statim de inimicis nostris triumphabimus ORD. VIT. IX 14 p. 590; quem [S. Georgium] Christiani viderant in bello Antiocheno ~um, et precursorem, et contra gentem erroneam validum propugnatorem *Ib.* p. 596. **c** ~i coetaneorum suorum in id justitie et veritatis quod . . illuxerat eis J. SAL. *Pol.* 493B; s**1259** ut Christi ~i veri fierent sequaces, et misericordiam miscuerunt judicio et justiciam exercuerunt in publico *Flor. Hist.* II 427.

6 (as sb. m. or f.) forerunner, predecessor. **b** (~*us Antichristi*) precursor of Antichrist. **c** (of inanim. or abstr. subject).

1167 suspensa potestate domini Cantuariensis usque in adventum legatorum quorum erat ~us J. SAL. *Ep.* 219 (219 p. 372); s**1177** custodes exercitus, qui preibant, manus injecerunt in ~os et sumarios ipsius cardinalis G. HEN. II I 137; at illi, redeuntes, a ~is suis, et procuratoribus, didicerunt quod rex Anglie fuisset G. S. *Alb.* I 89. **b** **1167** ego, quisquis ille sit qui in tantarum pravitate usurpacione silere et dissimulare consulit sacerdotes, hereticum esse non dubito et ~um Antichristi, si ipse non sit personaliter Antichristus J. SAL. *Ep.* 201 (234 p. 428); qui debuerant esse vicarii apostolorum, et filii Petri, facti sunt socii Jude, et ~i Antichristi P. BLOIS *Ep.* 123. 360C; ille damnatissimus Antichristi ~us, Johannes Wyclef, . . reassumpsit anathematizatas opiniones WALS. *YN* 333. **c** c**1197** ambo sentimus ~os mortis, defectus viz. sensuum et molestias senectutis P. BLOIS *Ep.* 141. 424A; o invidia, o ambicio, dampnationis eterne ~a *Id. Guthl.* 707; diei ~a apparuit aurora *Itin. Ric.* 414.

7 (as sb. n.) preparation or anticipation.

utinam istud fastuosum crementum dominacionis, . . non sit ~um, viam preparans Antichristo (WYCL.) *Ziz.* 261; **1437** utinam . . non hec dissencio religioni Christiane plagam pariat immedicabilem . . quam apostolus Thessalonicensibus scribens (*II Thess.* ii 3) presagivit affuturam in preparacionem et ~um adventus Antichristi BEKYNTON II 41.

8 preliminary expression or concept. **b** introductory passage or section (also as formal division within a written work).

hec igitur, quasi preludia quedam . . quasi ~a prelibavimus GIR. *DK pref. prim.* 158; post debita recommendaciones ~a *Reg. Whet.* II *app.* 420. **b** **1240** psalmos, et ympnos, . . et ~a sacramenti (*Stat. Worc.*) *Conc. Syn.* 300; prima pars continet quedam communia ~a ad interiora mathematice et habet [quinque] distincciones BACON XVI 1; incipiunt tria ~a ante exposicionem (J. BRIDL. *tit.*) *Pol. Poems* I 124; ~a sequitur, quod Aristoteles et omnes gentiles philosophi erant heretici WYCL. *Ver.* III 279; c**1400** appositum est quoddam ~um, viz. quod rex . . dedit (*Hist. Fundationis*) *MonA* IV 646a; hec ~a . . prudenciam vestram non gravent CAPGR. *Hen.* 3; ?**1460** prudenti viro pauca scribenda pro presenti propono quia scio vos ex paucis plura colligere et ex ~o plura concludere *Paston Let.* 606.

praeamplexari [CL prae-+amplexari], to embrace beforehand (in quot. fig.).

1237 rogamus . . vestram dilectionem, quam gratuito sine nostris meritis nos ~antem brachiis vestre dilectionis . . reamplexamur GROS. *Ep.* 38.

praeamplus [CL prae-+amplus], very large.

erat . . rex Henricus secundus vir subrufus, amplo capite et rotundo, oculis glaucis, . . moderata quadam immoderantia ventre ~o GIR. *EH* I 46 p. 302.

praeangustus [CL prae- + angustus, cf. CL perangustus], very narrow.

praeangustus

quod inter alia notabile censui, stuphas undique videas miro artificio consertas, lateralibus quibusdam et ~is spiraculi viis occulte calorem exhalantibus GIR. *IK* I 5 p. 56.

praeannectere [CL prae-+annectere], to join previously.

s1296 soluto fidelitatis vinculo quo regi Anglie preannexus fuerat *Flor. Hist.* III 98.

praeantea [ML < CL prae-+antea], previously, beforehand.

licet rex ~a in coronacione sua regium juramentum in sui animam suscepisset .. attamen illud idem in effectu juramentum .. renovatur FAVENT 24; **1431** parcellas .. ~a nominatas *Dign. Dec.* 48; **1467** ab .. aliquo regardo, sibi facto per prefatam dominam reginam ~a distributo (*TRBk*) *JRL Bull.* L 471; si .. ammotis ~a gravioribus saxis, ipsum deinde solum pulverem vel minimos quosque arene lapillos effodiendos habuero *Mir. Hen. VI* II *prol.* p. 80; **1515** pro defectu solucionis .. annualis redditus .. per unum mensem .. post .. festum .. quo .. solvi debeat, si legittime ~a petatur .. licebit .. abbati .. distringere *FormA* 273; **1583** terminus viginti et unius annorum eidem Johanni .. ~a concessus *Pat* 1234 m. 26.

praeanticipare [ML < CL prae-+anticipare]

1 to attain or occupy beforehand.

deinde biduo transacto, quendam aptum adversariis montem Ethandun nomine exercitu cum omni ~avit suo *V. Neot. A* 14.

2 to take into consideration beforehand.

990 totis ergo precordiorum votis suppliciter cernui vestram petendo, pulsando, querendo, ~amus pietatem *Conc. Syn.* 177.

praeantiquus [CL prae-+antiquus], (in quot. superl.) very old.

12.. Reg[istrum] ~issimum (*tit.*, DC Linc. Mun. A/ 1/4/2) G. R. C. Davis, *Medieval Cartularies of Great Britain* (London, 1958), no. 582.

praearare [CL prae-+arare], to describe (in writing) previously.

venimus villam magnam .. nomine Belbey .. et est sita ad radicem deserti ~ati S. SIM. *Itin.* 85.

praearduus [CL prae-+arduus]

1 very steep.

quodam o[p]pido ~a rupe constructo *Hist. Meriadoci* 356.

2 very difficult.

Magni Montis incole vitam ~am elegerunt J. SAL. *Pol.* 698C.

praeargutus [CL prae-+argutus *p. ppl. of* arguere], (as sb. n.) that which has been argued previously.

consequens falsum per ~a RIC. SWYN. *Calc.* 302.

praearmare [CL prae-+armare], to arm before (in quot. fig.).

confirmatio .. quasi athletam contra spirituali nequitie ~at PULL. *Sent.* 846D; ~atus contra vicia, gracias omnium Conditori insigniter ministrauit (*J. Bridl.*) *NLA* II 69.

praearripere [CL prae-+arripere]

1 to seize or grasp beforehand (in quot. fig.).

rex .. alium ~ere inordinate sedem suam .. consensit EDDI 14.

2 to adopt or take up beforehand.

certus prelimitet ordo / unde prěarripiat cursum stylus VINSAUF *PN* 57.

praeascensor [CL prae-+LL ascensor], one who climbs or goes up (in quot. a ladder) beforehand or first.

tandem in [diluculo] diei sequentis super scalas erectas apud in the Cowgate viri virtutis protinus ascendentes, quorum ~or fuit Willelmus de Turribus BOWER XIV 10.

praeascultare v. praeauscultare.

praeasserere [ML < CL prae-+asserere]

1 to state or assert before.

1441 prior supradictus ~tam protestacionem in scriptis .. iteravit *DCDurh. Reg. III* f. 269r; **1456** ad ~ti juramenti prestacioni interessendum .. vocatis *Pri. Cold.* 187; s**1465** omnes et singuli, ut ~itur, capitulariter congregati *Reg. Whet.* II 30; **1477** infra limites ~ti castri per dictos servientes escaetoris captum decernendo .. determinaret *Mem. York* II 217.

2 (p. ppl. as sb. n.) something stated or asserted before.

dum tam precipitanter in ~tis assertorem reprobare non erubuisti E. THRIP. *SS* I 2.

praeassignare [CL prae-+assignare], to appoint, assign, or allot before. **b** to assume or mention beforehand.

1214 filia cum terris ~atis reddetur domino regi *RChart* 197b; **1219** carta quam supradictus Ricardus de Cogan mihi super ~atis terris exposuit *Reg. S. Thom. Dublin* 171; s**1225** ad ~atas rectoribus ecclesiarum predictarum portiones *Reg. S. Osm.* II 27; militaribus .. copiis quas ~averat E. THRIP. *SS* III 20; s**1334** heres regni in casu ~ato per talliam designatus *Plusc.* IX 29. **b** a**1214** in libro nostro Hybernico, quem ratione ~ata tam subtili dampnabilem judicastis .. GIR. *Ep.* 3 p. 170; ergo cum habeamus vim diminutivam sicut augmentativam, plures sunt vires anime vegetabilis quam vires ~ate J. BLUND *An.* 49; ex scaturigine ~ata et numero et viribus aucti, parum regem dubitabant *Chr. Wallingf.* 60; ut sub undenario ~ato absque vestri corporis nocumento .. ipsum coitum exerceatis KYMER 19.

praeassuetus [CL prae-+assuetus, *p. ppl. of* assuescere], previously accustomed.

c**1399** serpens ille antiquus, venenum sue malitie longe lateque dispergens, ut ~us *Meaux* III 258.

praeassumere [ML < CL prae-+assumere]

1 (log.) to assume or undertake beforehand.

universale autem in actu, precedit actum intelligendi, sicut ~ptum est in antecedente, quia objectum sub racione objecti precedit actum DUNS *Ord.* III 217; fideliter consummavi ut veraciter dicere valeam verba thematis ~pti HOLCOT *Sermo* 221; cum vero ~itur in racione, quod simplices non debent investigare secreta scripture divine, istud non est verum OCKHAM *Dial.* 770.

2 to choose or take beforehand.

posset forsitan superbire credendo ipsum propter sui nobilitatem ad tale officium ~i BRADW. *CD* 631E; sortem Domini ~ptam dimittitis R. BURY *Phil.* 4. 52; **1393** possum repetere verba ~pta *Reg. Heref.* 53; **1452** magister Robertus, arbiter .. ~ptus *MunAcOx* 637.

praeattendere [CL prae-+attendere], to consider beforehand or previously.

istis discriminosis immoderati coitus incommodis preattentis, ita ejus usum de cetero observetis ut .. KYMER 19.

praeaudire [LL, cf. CL praeauditus =*examined beforehand* (*in a court of law*)]

1 to hear before.

qui nec artium vel etiam grammatice ~ivit rudimenta M. PAR. *Maj.* V 468; s**1298** dicens quod inter cetera certamina inter regna ~ita figura fuit pulcherime victorie .. BOWER XI 30.

2 (p. ppl. as sb. n.) something heard before.

1300 vestre congregacionis consorcium de quo ex sepius ~itis bonam opinionem concepimus *Reg. Cant.* I 384.

praeauscultare [CL prae- + auscultare], to hear or listen to beforehand.

cancellarii officium est, libros chori corrigere .. et ut debite conserventur previdere, lecciones preasculture et lectores informare *Ord. Exon.* 4.

praebeatus [CL prae-+beatus], very blessed.

Deo soli et gloriose genitrici ejus Marie, necnon et illi piissimo oppressorum suffragatori Henrico regi ~o .. seipsum .. commendabat *Mir. Hen. VI* I 8.

praebenda [LL *gdv. of* CL praebere =*support, allowance*], **~um**

1 grain used as food for people or domestic animals, provender, fodder; **b** (spec. acc. kind of grain); **c** (spec. acc. kind of animal fed to); **d** (w. gen. indicating recipient or destination of prebend).

c**1163** decimam ~e mee et †blasii [*sic* MS] mei *Regesta Scot.* 245; c**1173** de cano meo, de vaccis et porcis, de frumento et braseo et ~a et de caseo et butiro *Ib.* 139 (=*Reg. Moray* 7); c**1181** exceptis pugnatis ~e (v. praebendarius 3); c**1263** sacrista habeat quolibet anno iiij celdras ~e de grangia prioris ad equos suos *Pri. Cold.* 38; **1266** recepta ejusdem in ~a, vj celdre x bolle ~e *ExchScot* I 2; **1308** in prebend' et in expens' .. equorum xv s. *Ac. Durh.* 5; hec ~a .. *probend* WW; hic prebitor, qui dat ~a; hic prebendarius, cujus sunt ~a *WW*. **b** **1242** pro .. xviij quartariis [sc. avene] ad probendam affrorum *Pipe* 141; c**1280** ~um pro equis dictis, vj bus. grosse avene et vj bus. minute avene *Househ. Ac.* 161; **1293** de frumento, farina avene, brasio, et ~a avene *Doc. Scot.* I 408; **1323** in iiij quart' avene empt' pro ~a *Sacr. Ely* II 30; **1358** in feno, iij s. ix d. .. in ~a avene, xvj d. .. in pane pro eisdem [sc. equis], xij d. (*Ac. Ox.*) *EHR* XXIV 740; **1443** pro mcclxviij quar. j buss. avene et pis' emptis .. pro ~a equorum *Comp. Dom. Buck.* 19. **c** clamare fecere, ut quisque .. equo suo pro posse ~am porrigeret W. MALM. *GR* IV 365; c**1257** vix invenerunt unde dominici possent seminari, et liberationes famulorum et ~a afrorum et boum possent sustentari *RL* II 125; a**1307** equi eorum habebunt ~am quamdiu capi possit inter duas manus *Cust. Battle* 53; **1333** in ~a pro dictis jumentis iij quartaria, vj buselli *LTR Mem* 105 m. 39d.; **1478** apud Wellys cenandi in toto cum ~is equorum, viij d. ob. W. WORC. *Itin.* 42; **1540** inveniendo .. pro equis suis *lytter*, fenum, et ~am *Banstead* 365. **d** **1209** reddunt compotum de cc j quarteriis de toto exitu avene. .. in missis apud W. et ibi liberatis Petro A. ad ~am episcopi, xviij quarteria. in ~a Roberti B., iij quarteria. in ~am x avrorum per annum, xxxviij quarteria *Crawley* 190; **1258** in ~a stottorum curie per totum annum xlij quar. et dim. .. in ~a equorum domini per tres adventus xj quar. et dim. .. in ~a senescalli et superveniencium per annum x quar. *Ac. Wellingb.* 3; **1464** de hostillario pro ~a carectarum, xx li. *Feod. Durh.* 207.

2 stipend. **b** (eccl.) stipend (paid usu. to canon of cathedral or collegiate church), prebend;

1130 idem [sc. Johannes mariscallus] debet xl m. argenti pro magisterio in curia regis de liberatione ~e *Pipe* 18; **1204** dedimus Johanni del Broc ~am iij d. que fuit Johannis aurifabri Lond', et .. vobis mandamus quod illam ei habere faciatis *Cl* 7b; in maneriis suis instituit ~as dandas per annum pauperibus (*Lanfr.*) *NLA* II 138; si hoc annuum stipendium, in aliquam ~am, quam vocant, .. ejus munificencia commutaretur ASCHAM *Ep.* 210. **b** **1091** duas partes ~ae canonici defuncti in usum concessi ceterorum canonicorum, et tertiam in usum pauperum, per unius anni spatium *MGL* II 27; **1167** Johanni C. xl s. pro ~a sua per breve regis, et Willelmo de G. xx s. pro ~a sua *Pipe* 202; a**1193** ~a ejus [sc. fratris defuncti] continuis xxx diebus, in pane et cervisia, et uno ferculo, vel pulmentariis duobus, super mensam in refectorio ab elemosinario pauperibus distribuenda collocabitur *FormA* 82; pro ~a quinque marcarum P. BLOIS *Ep.* 133. 395B; **1256** tertia decima ~a canonie assignantur viginti marce annue de ecclesia de Deere *Reg. Aberd.* II 40; **1259** ~am magistri Ade W., canonici libere capelle regis, sequestrando *Cl* 486; *a prebende*, ~a *CathA*.

3 office of a prebendary, prebend; **b** (w. ref. to sim. eccl. office). **c** (*ad* ~*as pertinens* or *spectans*) pertaining to (the provision of) prebends; **d** (held or received by layman).

1102 statutum est .. ne ecclesie aut ~ae emantur EADMER *HN* p. 164 (=W. MALM. *GP* I 64); a**1124** siquis .. vendiderit aut emerit .. archidiaconatum, preposituram, ~am *Lib. Landav.* 95; c**1127** canonici .. ejusdem loci ~as suas omni vita sua libere et honorifice teneant E. *Ch. Scot.* 59; **1255** dominus rex .. per magistrum Robertum de Prebenda, procuratorem suum *Reg. Ebor.* 121; **1272** ~a de Wrocestr' quam Willelmus de A. tenet in episcopatu Cestr' *Cl* 89 *sched. to* m. 4d.; **1321** apud Boseham, in choro ecclesie, sunt sex canonici seculares, habentes sex ~as divisas *Reg. Exon.* 69; **1443** quoad ~am meam Wellensem, quid, per quem, et quare actum sit, scisti omnia priusquam pergeres BEKYNTON I 161. **b** **1256** quilibet .. canonicus tam in dignitate constitutus quam simplicem ~am habens juramentum fidelitatis et obediencie prestabit .. capitulo *Reg. Aberd.* II 42; **1321** unus predictorum canonicorum tenet prebendam que vocatur ~a parochialis et vicariam in corpore ecclesie confert et vicarium constituit *Reg. Exon.* 69; **1334** de sex ~is bursalibus in dicta collegiata ecclesia *Reg. Exon.* II 753; **1363** dominus R. M., canonicus ejusdem capelle, et prebendarius prebende que dicitur ~a parochialis *Reg. Exon.* III 1245; **1396** ~e parochialis *CalPat* 659; **1520** per preceptoriam hospitalis ejusdem, vulgariter nuncupatam ~am *Form. S. Andr.* I 152; **1523** ~as bursales in dicta ecclesia *Mon. Exon.* 83. **c** **1219** Robertus de W. [sc. canonicus Ebor'] optulit se .. ad recognoscendum utrum j toftum .. sit libera elemosina pertinens ad ~am suam in Eboraco, an laicum feodum ipsius Rogeri *CurR* VIII xii; **1232** terris ad ~as pertinentibus, **1237** terris ad ~as .. spectantibus (v. praebendus).

4 piece of church land or other property, the income from which is assigned to provision of prebendal stipends, also collect., prebend; **b** (*in ~a, in ~am*) 'in prebend', property that provides a prebendal stipend.

TRE erant ~ae communes, et reddebant lxj li. inter totum. modo sunt divisae per singulos, per episcopum Bajocensem *DB* I 1 va; de terra hujus manerii sunt ij hidae in ~a aecclesiae de Cicestre. R. tenet de episcopo *DB* I 23rb; c**1137** concedo .. terram Rabbi .. solam et quietam de omnibus placitis et causis, sicut ~am antiquitus illi ecclesie adjacentem *Cart. Chester* 352 p. 235; a**1189** R. filius G. qui dedit sancte Marie ~am de Asgerebi *Stat. Linc.* II ccxl; **1220** dicit quod ecclesia illa est capella pertinens ad ecclesiam de F., que est ~a ecclesie sue Cicestr' *CurR* VIII 353; **1287** requisitus si tota villa sit de feodo suo, dicit sic excepta parte que pertinet ad ~am ecclesie predicte ville *PQW* 3a. **b** Radulfus de S. tenet j manerium in ~a Cerlentone vocat' ..... TRE .. Levuinus tenuit in ~a *DB* I 1va; G. et R. clerici j hidam in ~a *DB* I 18rb; Acardus presbiter tenet ij virgatas in ~a *DB* I 25ra; tres clerici habent j car' terrae et dim. de ea sunt ij bovatae in ~a *DB* I 283ra; c**1104** in ~am (*DC Linc. Reg. Ant.* f. 8*d*., no. 58) *EHR* XXXIV 578; c**1147** omnes ecclesias nostras .. que adhuc in ~am, sive in communionem, nec meo nec antecessorum meorum sunt privilegio confirmate (*Ch. Linc.*) *EHR* XXXV 214; quomodo illa quondam inclita .. ecclesia ecclesie Eboracensi, cum quadam villa nomine Holm, in ~a sit data Ric. Hex. *Hist. Hex.* II 5 *tit.*;

praebendabilis [LL praebenda+CL -bilis], (of land, church, or other property, the income of which is devoted to provision of a prebend or prebends) prebendal.

1285 Stratton et Grimeston sunt ~es ecclesie Sarrisburie *Aids* II 17.

praebendalis [ML], pertaining to a prebend, prebendal: **a** (w. ref. to church, the income of which is devoted to the provision of a prebend, or to cathedral or collegiate church, the members of which are recipients or holders of prebends); **b** (w. ref. to benefice or sim., the holder of which receives a prebend); **c** (w. ref. to land, the income of which is devoted to the provision of a prebend or prebends).

c**1224** nos .. attendentes .. diligenter dictarum ecclesiarum fructuum et proventuum sufficientiam et abundantiam ad duorum rectorum honestam sufficere sustentationem, ita duximus ordinandum .. quod .. utraque ecclesia .. imperpetuum remaneat ~is *Ch. Sal.* 103; **1225** ut ad opus sedis apostolice in singulis cathedralibus ecclesiis et aliis ~ibus, prebende singule reserventur *Reg. S. Osm.* I 368; **1256** canonici .. majores et minores ecclesiis suis per ydoneos capellanos et clericos tenentur deservire ~ibus *Reg. Aberd.* II 48; decanus ecclesie ~is de Aucland' *G. Durh.* 7; **1446** in ecclesia ~i de Bugden .. presentibus .. W. A. prebendario de Bugden .. et aliis *Eng. Clergy* 243; **1453** invenimus monasterium .. esse fundatum de et super ecclesia quondam collegiata .. in qua .. prebendarii almuciis et aliis insigniis instar canonicorum ecclesie cathedralis .. utebantur; et quia non modo super ipsa immo et super ecclesiis de S. et B. quondam ecclesiis ~ibus orta est fundatio dicti monasterii .. *Cart. Osney* III 94. **b** **1247** ~e beneficium eidem [sc. canonico] fuerit assignatum *Dign. Dec.* 36; nondum plene contuli cum magistro R. de M. de personis aptis ad curam ~em Ad. Marsh *Ep.* 34; c**1280** ecclesie parochiales seu beneficia ~ia (*DipDocE* 1576) *DocExch* 358. **c** s**1237** concessa est regi tricesima omnium mobilium apparentium .. de omnibus terris, exceptis ecclesiis et earum dotibus, et terris ~ibus *Ann. Dunst.* 147.

praebendare [LL praebenda+-are]

1 to give fodder to, feed (animal).

a**1121** ad ~andos equos suos et hospitum suorum *MonA* V 121a; equus .. de sexta parte busselli avene .. singulis noctibus oportebit ipsum ~ari *Fleta* 162; de die claro faciat prepositus .. affros et equos cotidie ~ari *Ib.* 165.

2 (eccl.) to make prebendal. **b** (p. ppl. as adj., w. ref. to church, the income of which is devoted to the provision of a prebend or prebends) prebendal; **c** (w. *terra*).

1200 preterea confirmavimus .. ecclesie .. de L., et predicto episcopo et successoribus suis, ecclesias de R. et de C., que ex dono regis Ricardi fratris nostri in predicta ecclesia de L. sunt ~ate *RChart* 49b; non jacebit assisa de ecclesiis prebendatis generaliter, nisi forte fraus intervenerit ab initio in prebendatione, si ~ata fuerit in absentia alicujus dum fuerit agens in partibus remotis Bracton f. 241b; c**1365** episcopus ~avit illam ecclesiam reddendo xl s. ad Clone cum vicaria *Pipe Cloyne* 26. **b** c**1190** in eadem libertate in qua sunt ecclesie ~ate in episcopatu Sarum *Reg. S. Osm.* I 241; **1235** quod nulla assisa ultime presentacionis de cetero de ecclesiis ~atis nec de prebendis capiatur *BNB* III 134; **1239** si contingat rectorem aliquem ecclesie parochialis non ~ate, neque pertinentis ad dignitatem aliquam vel communam Lincolniensis ecclesie, .. vicarium ecclesie hujusmodi delinquere .. Gros. *Ep.* 73 p. 238; de ecclesiis ~atis Bracton f. 241b (v. 2a supra). **c** cautus existat quia canonici Walenses exquisita quadam dolositate terras omnes ~atas olim et sanctuario datas suas potius esse hereditarias et non prebendis assignatas .. confingunt Gir. *JS sup.* 145.

3 to grant a prebend to, make (a) prebendary. **b** (p. ppl. as adj., usu. w. *canonicus*) who holds a prebend, prebendary. **c** (as sb. m.) prebend.

non modo curiales set etiam aliarum ecclesiarum cathedralium personas ~abat rarissime Ad. Eyns. *Hug.* III 11 *tit.*; loco illorum (sc. monachorum] .. canonicos seculares instituerat, et eos de bonis ecclesie .. ~averat R. Howd. IV 35 [=W. Coventr. II 116]. **b** **1409** canonici †prepend*a*ti [l. ~ati] male solvunt stipendia pertinencia ad communam vicariorum *Fabr. York* 245; **1435** Alanus K. .. ecclesiarum cathedralium S. Petri Eboracensis et S. Pauli Londoniensis canonicus ~atus *Reg. Cant.* II 585; c**1514** J. W., canonicus ~atus *Eng. Clergy* 196; magna discordia inter .. magistrum Th. D. archidiaconum Richmund, solum canonicum residentiarium ecclesie Eboracensis, et fere omnes alios canonicos ~atos in eadem ecclesia exorta fuit *Chr. Pont. Ebor. C* 444. **c** a novis ~atis, cum primum in stallum inducuntur, concanonicis suis .. denarii ad vinum extorquentur Gir. *GE* II 26 p. 290; **1232** de consensu .. Ricardi B., quondam archidiaconi Elyensis et canonici Sarum, ~ati in dicta prebenda de B. *Ch. Sal.* 227; Walterus [sc. Map], qui et archidiaconus et canonicus erat Lincolniensis episcopi et ~atus etiam in ecclesia Herefordensi Ad. Eyns. *Hug.* V 10; moderni ~ati Christum et apostolos ejus multum excederent in privilegio sanctitatis, qui usi sunt cibis alienis et quieverunt in alienis tectis Peckham *Paup.* 10 p. 39; **1549** ordinatum est ut .. prepositi, decani, et ~ati rectoriarum portionarii .. populum in fide instruendum curent *Conc. Scot.* II 100.

praebendarius [ML]

1 pertaining to an allowance: **a** (of money) that constitutes an allowance, stipend, or alms. **b** (eccl., canon or cleric) who receives or holds a prebend, prebendary. **c** (of church, the income of which is devoted to the provision of a prebend) prebendal. **d** (as sb. f.) prebend, benefice.

a reddebat .. xxj s. et iiij d. ~ios *DB* II 117. **b** c**1162** his testibus .. canonicis; clericis vero ~iis de choro .., laicis vero istis .. *DC S. Paul.* 12a; p**1205** quod presbiteri eorum ~ii non sequantur nisi duo generalia capitula archidiaconi. .. archidiaconus non ullum capellanum ~ium presumat suspendere .. nisi judicio duorum canonicorum W. M. Mason, *History and Antiquities of the Collegiate and Cathedral Church of St. Patrick near Dublin* (Dublin, 1820), *app.* I p. ii; †a**1100** (1331) tribuo S. Petro Eboracensi et duobus canonicis ejusdem ecclesie ~iis .. ecclesiam de Axminstre *Regesta* I *app.* 139; decrevit .. monachos .. fore eliminandos, et clericos ~ios instituendos *Meaux* I 248. **c** bene recolitis quod olim plures ecclesie clericales et ~ie Blesis erant P. Blois *Ep.* 78. 241A; c**1226** quod ecclesia de T. .. et ecclesia de C. .. sint ~ie, et eas episcopi Sarum .. conferant ut patroni *Ch. Sal.* 172. **d** **1533** una cum .. advocationibus ecclesiarum, .. capellarum, cantiariarum, archidiaconatum, ~iarum *Foed.* XIV 482.

2 **a** (as sb. m. or f.) one who receives a dole, stipend, or allowance: **a** holder of an allowance of land. **b** receiver of alms. **c** holder of a prebend.

a Ulward ~ius regis tenet ij hid' in Suidone *DB* I 74rb; hoc manerium tenuit una ~ia regis Edwardi. ipsa iij hid' et dim. habuit *DB* I 201rb. **b** modo reddit .. x s. et viij d. ad ~ios pascendos *DB* II 107; si peccuniam habebant [sc. inventi et pauperes et abjecti], sit domino cui ~ii erant, si super terram ejus sit (*Leg. Hen.* 78. 5a) *GAS* 595; erant .. tres paupercule mulieres que .. vite subsidium .. perdiderant ... hanc curam beatus Dunstanus .. habebat, et eas inter alios ecclesie ~ios vite necessariis sustentabat Eadmer *Mir. Dunst.* 3; non propriis nominibus nec monachos, set caniculos, vassallos, et ribaldos nominare consueverat [sc. abbas]. et si aliquando pro defectu ciborum murmurarent .. eos ~ios suos nominavit *Chr. Evesham* 105; **1218** habere facias .. priorisse de K. xl s. ad sustentacionem duarum ~iarum nostrarum cum ea moram facientium *Cl* 355b; quidam latomus pre senectute cecus, quam inter ~ios rex sanctus pascebat (*Edm.*) *NLA* II 581; hic prebitor, qui dat prebenda; hic ~ius, cujus sunt prebenda *WW*. **c** **1217** non poterit nobis melius provideri .. quam si .. excommunicati penitus amoveantur, et loco eorum qui dicuntur regulares, cum sint prorsus irregulares, .. constituantur ~ii *Pat* 111; s**959** vicarii non habebant unde eam vestirent et tegerent eam [sc. ecclesiam Wintoniensem], nec ~ii qui predicebantur talibus poterant intendere *Ann. Wint.* 11; **1287** predictus N. .. dicit quod ipse est ~ius ecclesie Lyncoln' *PQW* 3b; Edwardus .. rex .. ~iis in ecclesiis cathedralibus et collegiatis .. salutem Ad. Mur. *Chr.* 153; **1475** presentibus .. magistris Willelmo Fratour, canonico Aberdonensi et ~io de Fillortht, .. *Scot. Grey Friars* II 214; p**1571** ejus .. lucro lapidem predictum cuidam Stephenson, ecclesie Dunelmensis ~io, vendidit *Hist. Durh.* 156.

3 (sb. n., in mon. context w. ref. to human or animal food) portion, (spec.) measure (of fodder, grain, or other dry goods).

c**1181** concessi R. filio S. .. magisterium janue nostre .. cum omnibus bonis consuetudinibus quas habuit pater ejus, exceptis pugnatis prebende, pro quibus habebit singulis noctibus unum ~ium *Reg. Malm.* II 318; debet coquinarius feorragium ad unum equum, et prebendam vel duo ~ia de furfure de granario *Chr. Evesham* 217 (=*MonA* II 30a); inveniet .. celerarius .. ad unum [sc. monachum] de fabis siccis unum ~ium rasum, vel de novis cumulatum de granario *Chr. Evesham* 218 (=*MonA* II 30b); habebit .. coquinarius .. septem summas frumenti .. ad frixuras, et .. unum ~ium .. ad pulmentum, et tria ad Pascha ad faciendum flacones *Chr. Evesham* 218n (=*MonA* II 30a); percipiet coquinarius ad Pasca tria ~ia frumenti ad flaccones inveniendos ... percipiet refectorarius .. dimidium ~ium frumenti de granario ad oblatas ad cenam *Chr. Evesham* 219.

praebendatio [praebendare+CL -tio], act of making (a church) prebendal.

nisi .. fraus intervenerit .. in ~one Bracton f. 241b (v. praebendare 2a); c**1226** carta de ~one ecclesie de Teintone *Ch. Sal.* 171 *rub.*

praebendicula [LL praebenda+CL -ius+-culus], (small) prebend.

a promandry, prebenda .. ~a *CathA*.

praebendiolus [LL praebenda+CL -ius+-olus], holder of a small prebend, prebendary (*cf. praebenda* 2).

episcopi palatium .. ad austrum adjacet, et ex altera parte nitide prebendariorum edes. prebende enim xxvij cum ~is xix, preter decanum, precentorem, cancellarium, et tres archidiaconos ad hanc spectant ecclesiam Camd. *Br.* 198.

praebendula [LL praebendula + CL -ula], small prebend.

c**1197** pauper ille clericus, cui ~am illam donavi, jam ad sedem apostolicam appellavit P. Blois *Ep.* 147. 435B; erat .. clericus .. ~am habens modicam *Found. Waltham* 27; **1332** donavimus .. ecclesiam de

H. . . et ~am de decimis militum nostrorum in H. . . provenientem *MonA* VI 666a.

praebendum v. praebenda.

praebendus [*gdv. of* CL praebere; cf. LL praebenda], (of church the income of which is devoted to provision of a prebend or prebends) prebendal.

1232 exceptis bonis que . . archiepiscopi, episcopi, et alie persone ecclesiastice habent de ecclesiis parochialibus, et de ecclesiis prebendalibus et ~is, et terris ad prebendas pertinentibus *SelCh* 356; **1237** exceptis bonis que . . habent in ecclesiis parochialibus sive ~is, et terris ad prebendas et ecclesias parochiales spectantibus *Ib.* 358.

praebenignus [CL prae-+benignus], very or most kind, beneficent, or generous.

quoniam imbecillitati fidelium consulens gubernator omnium ~us, sic sui muneris dona diffundit in hominibus, ut . . *Mir. Hen. VI* I 1 p. 16.

praebere [CL]

1 to hold forth (within sight or sound of another), to present, show, display (also w. abstr. obj.).

~endo pessima exempla, vitia, malosque mores GILDAS *EB* 66; venerunt a Persida magi, docatum [v. l. ducatum] illis ~ens stella THEOD. *Laterc.* 5; ut non tam spectaculum intuentibus quam horrorem ~eant *Lib. Monstr.* II *pref.*; per compositionem hic presbiter, quasi ~ens iter OSB. GLOUC. *Deriv.* 267; presbiteri, qui vite viam ceteris et iter exempli ~ere tenentur GIR. *SD* 100.

2 to offer (for acceptance), to present, proffer (gift).

749 ut munuscula ab aecclesiis in saeculare convivium regis vel principum a subditis minime exigantur, nisi amore et voluntate ~entur *CS* 178; en Regi celi tres reges munera prebent / aurum, thus, mirram mystica dona Deo *Vers. Peterb. Psalter* 10; quemdam tandem peritum . . chirurgicum convenit, multa ei ~ens et majora promittens donaria *Mir. Fridesw.* 110; doner . . prestare, ~ere, exhibere *Gl. AN Ox.* f. 154.

3 to make available, provide, supply, grant; **b** (w. abstr. obj.); **c** (*assensum* or *consensum*); **d** (*exemplum* or sim.). **e** (~ere aures or sim.) to pay heed, give ear (to). **f** (~ere se & acc.) to offer oneself as, serve as. **g** (~ere vicem & gen., gl. as) to prepare.

quae paludes ~ent pluribus monachorum gregibus optatos solitarie conversationis sinus, quibus inclusi non indigeant solitudine heremi ABBO *Edm.* 2; abiret ergo, et infirmo victum vestemque ~eret W. MALM. *Wulfst.* II 7; **c1160** precipio quatinus monachis de Mai . . decimas vestras absque dilatione ~eatis *Regesta Scot.* 162; Julius [sc. Caesar] . . gentibus invisis Latium ~ere cruorem non formidavit GIR. *EH* I 7; ligatum eum ferunt vulturi jecur perenne ~entem ALB. LOND. *DG* 10. 9. **b** reconciliatio penitentium . . tantum est ab episcopo . . . si vero episcopo dificile sit, presbitero potest necessitatis causa ~ere potestatem, ut impleat THEOD. *Pen.* I 13. 3; intuentibus . . horrorem . . ~eant *Lib. Monstr.* (v. 1 supra); veni cito / ut marito / prebeas consilia HIL. RONCE. 103; dicitur Juno quasi novos juvans, et dicitur Lucina quasi lucem natis ~ens BERN. *Comm. Aen.* 4; predarius, ~ens auxilium, vel preda plenus OSB. GLOUC. *Deriv.* 484; **c1460** non wlt in hac parte hujusmodi pacis perturbatoribus resistere, sed magis eisdem in talibus insolenciis favorem et auxilium in omnibus ~ere *Paston Let.* 605. **c** ~ui palam adsensum evangelizanti beato Paulino rex BEDE *HE* II 13; **c775** quibusque religiosis postulationibus tanto libentius tantoque promptius consensus ~endus est *CS* 260; cum aliquando cuidam fratrum vestrati proferenti . . assensum ~uissem ABBO *QG* 15 (34); pontificis petitionibus justis libens assensum ~uit V. *Gund.* 15; **c1200** presente eadem Philippa et assensum ~ente *Ch. Chester* 319; **1218** electioni . . regium ~uimus assensum et favorem *Pat* 169; **1235** dictis abbate et conventu ex altera communiter assensum †pretentibus [MS: prebentibus] *Reg. S. Thom. Dublin* 293 p. 249. **d** dant fortia segni populo monita, ~ent instituendorum exemplaria armorum BEDE *HE* I 12; tante subjectis ~uit humilitatis exemplum ut . . WULF. *Æthelwold* 9. **e** ~ete aures vos qui continetis multitudines GILDAS *EB* 63 (=*Sap.* vi 3); verbis . . horum . . diligenter auditum ~ebant BEDE *HE* III 26; creditur quod tam tepida, immo nulla audientia super hoc facto

tam favorabili ~eretur *V. Edm. Rich P* 1803D. **f** te ipsum ~e exemplum bonorum operum GILDAS *EB* 105 (=*Tit.* ii 7); caeteris in exemplum factus formam vivendi se ~uit *V. Gund.* 3; his Martha necessaria procurando, his Maria intentae contemplationis se formam ~endo *Ib.* 17. **g** felix amoeni litoris / secessus ille, qui sacra / fovens harenis viscera / vicem sepulcri praebuit [*gl.*: gegearcode] *GlP* 883.

praebibere [CL], to drink a toast or health.

non calicem reddas domino nisi "prebibe" dicat; / cum tibi prestiterit potum, non dic "mihi potes" D. BEC. 1068; mutua pacta ferunt monachi, quod, si quis eorum / prebibat, in fundo nil remanere sinet; / vasaque sic plena vacuant que replent vacuata, / ut faciant Bachi propria festa loci GOWER *VC* IV 138.

praebipunctis [CL prae-+bi-+punctum+-is], (mus.) that is preceded by two *puncta* or *puncti* (*cf. punctum* 2).

virga ~is et subtripunctis ODINGTON 93.

praebitio [CL], (act of) providing or supplying: **a** (w. ref. to voluntary provision) offering, contribution. **b** (w. ref. to involuntary provision) exaction, tribute, tax.

a quis . . sufficeret mirari . . abundantissimas possessiones religionum, et preter stupendas annuorum provectuum exuberantias, copiosissimas spontanearum ~onum profusiones, et multiplicissimas impositarum contributionum prestationes? AD. MARSH *Ep.* 246 p. 430. **b** qui suam a ~one ignobili eximere satagebat ecclesiam, quomodo aliorum ecclesias oneraret ut seipsum relevaret? AD. EYNS. *Hug.* IV 7 p. 36.

praebitor [CL=*supplier, purveyer*], one who supplies prebends.

hic ~or, qui dat prebenda *WW*; *a prebendary*, ~or, prebendarius; versus: prebitor est qui dat prebendam, suscipiens hanc / prebendarius est *CathA.*

praebraviare [CL prae-+braviare]. to award the foremost prize to.

s1429 in studio litis, dum virtus cursitat omnis, / sola . . moderantia prebraviatur AMUND. I 273.

praecalidus [CL], very hot (in quot., w. ref. to perceived nature of vowel sounds, and their methods and organs of production).

distinguntur [sc. littere] . . secundum calidum et frigidum . . . nam A in calidissima parte gutturis . . formatur et dicitur calida, U vero in labiis frigiditate se contringentibus, et sic de aliis . . . motus . . vitalis est motus plaustri, linearis ~us, circularis prefrigidus Ps.-GROS. *Gram.* 21.

praecanere [LL], to sing beforehand, to prophesy or foretell (in song or verse).

796 si Christum Sibilla ejusque labores praedixit venturum cur non Naso Homerum ejusque itinera ~cecinit? ALCUIN *Ep.* 97.

praecantare [CL *to chant spells over*]

1 to sing beforehand, to prophesy or foretell (in song or verse).

tene, soror, voluit res precantare futuras / spiritus? *V. Merl.* 1521.

2 to chant or incant (a spell or as a spell, unless quot. be construed as sense 3).

si quis ~averit ad fascinum vel qualescumque praecantationes excepto symbolo et oratione Dominica, qui cantat et cui cantatur tres quadragesimas in pane et aqua peniteat ROB. FLAMB. *Pen.* 334.

3 (eccl.) to chant or sing (a part of the liturgy); **b** (intr.).

1305 venerabilem . . archiepiscopum . . eligo in summum pontificem et pastorem, quam eleccionem cantico divine laudis ~ato fecimus . . solempniter publicari *Reg. Cant.* II 675; **s1428** in capitulo hymno 'Veni Creator' ~ato reverenter *Chr. S. Alb.* 24. **b** missa celebrata, sacerdos percantat eum BELETH *RDO* 161. 163C [ed. *PL*: ante cadaver ~at sacerdos].

praecantatio [LL]

1 spell, incantation; **b** (w. ref. to Christian prayer).

non ante destitit virum . ., qui eos captivos tenebat, rogando, monendo, . . minando, velut quibusdam ~onibus delinere, quousque eosdem . . absque redemptionis pretio liberos impetraret dimitti AD. EYNS. *Hug.* IV 13 p. 65. **b** qualescumque ~ones ROB. FLAMB. *Pen.* 334 (v. praecantare 2).

2 (eccl., act of) singing the liturgy, or sung or chanted portion of the liturgy.

peracto . . officio percantationis, portatur [sc. cadaver] ad sepulcrum BELETH *RDO* 161. 163C (ed. *PL*: ~onis).

praecantator [LL], sorcerer, enchanter.

caraios et divinos ~ores EGB. *Pen.* 8. 4.

praecapitulare [CL prae- + capitulare], to summarize in advance, or to preface with a summary.

in exordio positionis hujus libelli non opus fuerit ~ari ÆTHELW. II *prol.* p. 15.

praecaptare [CL prae-+captare], to take in or note in advance, to anticipate or act in anticipation of.

1355 ~anda solucione predicte summe . . ipsius partem magnam expendebant *Lit. Cant.* II 338; comes de Donbar . . homo legeus regis Anglie devenit . .; tamen . . Scoti, factum suum hujusmodi ~antes, eadem [sc. castra sua] ad usum regis Scocie occupabant AD. USK 65.

praecarere v. praecavere. **praecarius** v. precarius.

praecarus [ML], very dear or beloved (usu. as superl.); **b** (in epistolary address). **c** (as sb.) very dear or beloved person.

1275 temporibus . . prekarissimi genitoris nostri *RGasc* II 9a; **1346** nostro precarus [v. l. nostris preclarus] regi fit Sanctus Omarus; / sanctus preclarus proprie genti fit amarus *Pol. Poems* II 40; **1529** in magistrum G. C. . . canonicum et prebendarium prebende de B. . . et serenissimo regi nostro precharum et predilectum *Reg. Heref.* 219. **b 1281** obsecramus . ., domine precharissime, ut . . *Conc.* II 63b; **1339** tuque, ~issime fili (*Lit. Papae*) WALS. *HA* I 218; **c1380** amice ~issime *FormOx* 315; **c1410** avuncule ~issime *Form Ox* 426; **1440** confrater in Christo ~issime *Pri. Cold.* 114. **c** pius et misericors Deus, volens experiri pacienciam regis nostri . ., tetigit eum in morte unius de amantissimis et ~issimis suis G. *Hen.* V 7.

praecastigare [CL prae-+castigare], to check or restrain beforehand or in advance.

ne candore nimio / evanescant in pallorem, / praecastigat hunc candorem / rosam maritans lilio / prudencior natura P. BLOIS *Carm.* 4. 5a. 73.

praecastrare [CL prae-+castrare], to castrate beforehand.

si bestiam ~atam canes iterum forte persequantur, . . coxa in altum elevata, partem venatori quam appetit precisam ostendit GIR. *IK* II 3.

praecausare [CL prae-+causare], to cause beforehand or in advance, predetermine.

omne causatum a causa finali est ~atum a causa efficiente quia finis movet efficientem ad agendum W. ALNWICK *QD* 113; illa non produccio potest esse sibi ex se sola sine Deo illam causante et naturaliter ~ante BRADW. *CD* 674D.

praecautio [LL], warning, cautioning in advance.

1236 faciatis quoque . . commoneri . . ne in defunctorum exequiis de domo luctus et recordationis novissimorum in ~onem peccaminum faciant domum risus et jocationis in multiplicationem peccaminum GROS. *Ep.* 22 p. 74.

praecavare [CL prae-+cavare], to hollow out in front or beforehand.

cavo componitur ~o, ~as, et decavo, -as, et ab istis verbalia OSB. GLOUC. *Deriv.* 133.

praecavere [CL]

1 (intr.) to be on one's guard, beware, exercise foresight, take precautions; **b** (w. indir. qu.); **c** (w. *ut* & subj.); **d** (w. dat. of interest). **e** (w. dat. or w. *a* or *de* & abl.) to be on one's guard or take precautions against. **f** (*praecautum* used impers. or as adv.).

c**1158** sedula nos convenit circumspectione providere nostraque auctoritate quatenus poterimus ~ere *Doc. Theob.* 173; posset contingere quod nullus Latinus .. posset interpretari in lingua nostra. .. et tamen obligamur ad illam faciendam [sc. sacram scripturam sciendam] ... igitur irremediabiliter essemus astricti ad ~endum PALMER 420. **b** quia adversa previsa quiecius flagellare solebant, qualiter suos ad ville insultum securius .. instruat apud se deliberativo consilio cordis sui ~et et disponit *Ps.*-ELMH. *Hen. V* 43. **c 1170** officiales domini regis provida nimis cautela et perniciosa nobis circumspectione ~erant ut archiepiscopus et sui .. nichil .. invenirent preter domos vacuas J. SAL. *Ep.* 300 (304 p. 714). **d** c**1212** quamvis tamen sacius fuisset .. providentia previa ante lesionem sibi ~ere quam post causam vulneratam remedium quaerere GIR. *Ep.* 5 p. 190; non haec a visco sibi precavet GARL. *Tri. Eccl.* 33; non solum de tunc presenti, sed de futuro sibi periculo ~entes *V. II Off.* 6; **1330** nos tuis volentes super hiis indempnitatibus ~ere, te ac regnum et successores .. pro dictis duobus milibus librarum .. solutis absolvimus imperpetuum *ExchScot pref. app.* clxxxiii. **e** *V. II Off.* 6, GARL. *Tri. Eccl.* 33 (*v.* 1d *supra*); volentes damnis et periculis hujus ~ere *Laws Romney Marsh* 57; volentes de futuris ~ere periculis *Eul. Hist.* III 181. **f** poterunt .. per processum temporis vel omnia communi obliterari memoria vel etiam varia et minus veridica relatione a veritatis ratione, si non posteritati literatorio beneficio precautum fuerint, magna et ex parte vacuari *Hist. Llanthony* 127 f. 31v.

2 (trans.) to be on one's guard or take precautions against; **b** (w. refl. dir. obj., foll. by *ne* & subj.).

nam in hac valle lachrimarum .. quid aliud decet nisi merore presentium merorem ~ere futurum? PULL. *CM* 199; c**1161** nec offensam rationis attendunt, dum hominum sibi ~isse videantur offensam ARNULF *Ep.* 35 p. 60; domestici proditoris insidias .. quis evitare vel ~ere valebit? GIR. *SD* 146; ligetur campana in collo cati, tunc poterimus ~ere ipsum et audire quocunque perrexerit, et sic ejus insidias evitare *Latin Stories* 80; bonum quod diligunt amittunt, et malum quod non †precarent [l. ~ent] incurrunt ROLLE *IA* 165; effusionem sanguinis ~ere .. desiderans *Ps.*-ELMH. *Hen. V* 43; cave .. et †procave [l. precave] fallaciam uxorinam *Wager* f. 40a. **b** oportet hujus carte compositorem se sagaciter ~ere ne cespitet in ejus forma *Ars notaria* 440.

3 (p. ppl.) having been cautioned in advance, forewarned (also w. gen. or dat. of that against which one has been forewarned).

non precauta gerit formica sub horrea victum GARL. *Tri. Eccl.* 31; non nisi confessus velit occursare procellis / precautus, veluti sit moriturus ibi *Ib.* 32; eorum malicie precautus, remedia paravit oportuna AD. USK. 4.

praecavitio [CL prae-+cavitio, *epenthetic var. of* cautio; cf. LL praecautio], (act of) being on one's guard or taking precautions (against, with obj. gen.).

quicquid enim mali cuicumque a Deo acciderit est ad sui bonum vel commodum per viam purgacionis, per viam meriti augmentacionis, per viam magis mali ~onis aut per viam pulchre punicionis WYCL. *Mand. Div.* 393 considerans .. quomodo pudor suus de criminis deteccione et cautela populi de furti consimilis ~one foret sibi et suis similibus frenum constringens *Id. Ver.* II 83.

praecedere [CL]

1 to go before, ahead, or in front, precede: **a** (intr.); **b** (trans., w. dat. or acc.).

a precedo, *ic forestæppe GlP* 508; surge, Philippe, precor. precede: sequamur: eamus L. DURH. *Dial.* III 543; episcopus Bangorensis .. ~ente tota capella regia processionaliter in capis *G. Hen. V* 8 p. 50; ~ente proprio comitatu, et populo armigero, quasi ad custodiam, subsequente *Ib.* 25 p. 170. **b** mos est orientalium pastorum ~ere et cantare gregibus suis *Comm. Cant.* III 137; ille autem ~ens eos quasi praeviator, usque ad mare pervenerunt *V. Cuthb.* II 4; ductor qui me ~ebat BEDE *HE* V 12.

2 (in time, succession, or logical sequence); **b** (pr. ppl.); **c** (in abl. absol.); **d** (as sb. m.); **e** (as sb. n.); **f** (trans.).

falsum est quod ~it; falsum ergo est et quod sequitur ABBO *QG* 3 (7); nulla quippe voluptas oritur nisi dolor precesserit, ut nemo unquam delectatur bibendo nisi prius doluerit sitendo PETRUS *Dial.* 22; c**1197** in eo vero, quod aliquid novi operis dignatio vestra petiit a me, licet excusatio mea precesserit, adhuc tamen ad pleniorem excusationem mihi potest sufficere P. BLOIS *Ep.* 141. 422D; **1206** ut inquiratur utrum ita appellatus sit de roberia, et utrum appellum suum precessit necne *SelPlCrown* 53; longe ambe erunt perfecte .. nisi sola brevis ~at vel sequatur HAUBOYS 246. **b** ut in ~ente libro paucis diximus BEDE *HE* IV 1; iste infans .. erit .. omnium ~entium Francorum ducibus major ALCUIN *WillP* 23; ~enti anno hujus descriptionis reddidit xl li. comiti R. *DB* I 252ra; si ~entem et sequentem discusseris hystoriam PETRUS *Dial.* 59; r. c. de j busello lini recepto de remanenti anni presedentis *FormMan* 47; hic .. modus quintus ad omnes modos ~entes omnesque mensuras convenienter habet reduci HAUDLO 176; secundum sanctissimi Augustini decretum, in abbatum ~entium titulis annotatum ELMH. *Cant.* 184. **c** in eadem syllaba, ~ente consonante, sonat expresse ABBO *QG* 9 (21). **d** †**663** (14c) ne sequentium rapacitas ~entium irrumperet instituta *CS* 121; quantitas aH ad dl sicut quantitas Ht ad lm ... quantaque ~ens ad ~entem, tanta sequens ad sequentem. quanta autem aH ad dl tanta ab ad dh ADEL. *Elem.* V 15; omnis ligatura per oppositum cum proprietate et perfecta ultima est longa et omnes ~entes ponuntur pro brevi GARL. *Mus. Mens.* 3. 6; ut habeat homo .. memoriam †~entem [? l. ~entium] et .. providentiam futurorum BACON VI 2 (v. conterminare 2). **e** quid Stephanide filii suis meruere temporibus? quid Mauricii? quid Robertus Barrensis, vir verecundus et audax, cujus laudes ~entia tenent? GIR. *EH* II 10; quia ergo in ~entibus de moribus instruendis audistis, ratio ordinis et consummationis exigeret ut et secunda pars, que est de questionibus circa fidem difficilibus, nunc convenienter legeretur FISHACRE *Sent.* 97; semiditonus bene concordat secundo G, ergo et primo et non e converso per ~entia GARL. *Mus. Mens* 9. 21; et hec conclusio patet manifeste ex ~entibus OCKHAM *Quodl.* 552. **f** extimplo nec saltim vestigia fumi quod ignem ~it et sequitur videntes *V. Cuthb.* II 6; ad sepulchra fratrum qui eas ex hac luce praecesserant BEDE *HE* IV 7; inter duas .. partes cum [S] se ~it, ut 'Deus summus,' ne nimius sibilus sit, prior S sonum perdit ABBO *QG* 8 (20); c**1157** more predecessorum suorum archidiaconorum .. qui nos precesserunt, semper in suppedaneo sedis archiepiscopi sedeat *Doc. Theob.* 36; negacio ~it habitum sibi oppositum OCKHAM *Quodl.* 547; **1549** questiones .. ostio affigantur die sabbati disputationem ~ente *StatOx* 357.

3 to precede (in dignity, rank, or importance), have precedence. **b** (trans.) to have precedence over, excel, surpass.

1219 Radulphus dicit quod carta illa non debet ei nocere, quia, priusquam illa facta esset, fecit .. rex Johannes cartam suam .. que inrotulata est ad scaccarium .. et ideo videtur ei quod carta illa debet ~ere *CurR* VIII 46; c**1342** ad nos pertinet decreta et sentencias judicum auctoritate nostra precedencium .. demandare *Form Ox* 136. **b** lapideis saxis terreque moli .. arbores et herbe longe precellunt ... arbores et herbas multum animalia bruta ~unt, que sensibiliter de loco ad locum se ipsa moventia .. preteritorum recordantur GIR. *TH* I 13 p. 40; nos de mensurabili musica quam ipsam plana ~it tanquam principalis subalternam HAUBOYS 180.

4 (trans.) to serve as source of or as exemplar for. **b** (pr. ppl. as sb. n.) precedent.

aliqui volunt quod quintus noster modus sit primus omnium. et bona est ratio, quia per istum modum ~it omnes nostros modos GARL. *Mus. Mens. app. P* 91. **b 1457** proviso .. quod dicta concessio non capietur pro ~enti sive exemplo nobis neque heredibus nostris extunc *Lit. Cant.* III 225; **1523** quodsi presentem concessionem pro exemplo, et (ut vocant) pro ~ente, ad similes unquam concessiones exigendas accipiendam fore praesentiremus .. *Conc.* III 699b.

5 to act in anticipation of, anticipate (the action or arrival of), precede.

800 hanc solemnitatem .. tribus diebus jejunando, orando, missas canendo, et elimosinas dando pro invicem .. ~amus ALCUIN *Ep.* 193 p. 321; evaginavit .. rex Caliburnum et .. properabat eum in ictu ~ere antequam clavam cepisset *Eul. Hist.* II 340.

praeceleber [CL prae-+celeber], very famous or celebrated.

1440 ~ris memorie Sigismundum .. adhortari curavimus BEKYNTON II 91.

praecelerare [CL]. (in gl.) to go (hastily) in front of, to hurry on ahead of.

praecellerat, antecidet *GlC* P 726.

praecellens [CL], excellent, pre-eminent, precellent; **b** (as honorific of person, usu. superl.). **c** (as sb.) excellent person.

Anglia, terra ferax, precellens insula, regnum / rege sub Henrico nobile L. DURH. *Dial.* I 55; terram promissionis ~entem in bonis possidendam intravit H. READING (I) *Fid. Cath.* 1336B; quam preclariore, quam ~entiore prediti sunt animo GIR. *TH* III *pref.* **b 685** (13c) ~entissimum monarchum Æthelredum regem *Reg. Malm.* I 279 (=*CS* 65); s**879** ~entissimus imperator Karolus .. ad gaudia migravit aeterna *Chr. S. Neoti* 138; **1073** zelo Dei et amore justicie ~enti .. archiepiscopo LANFR. *Ep.* 15 (17); virgo ~entissima DOMINIC *V. Ecgwini* I 8; **1396** ob amorem ~entissimi principis patris vestri defuncti *Lit. Cant.* III 49; **1433** vestre ~entissime celsitudini humillima recommendacionis humanitate premissa *EpAcOx* 94. **c** in tantum fortasse non valebat, ut expiati tanto precellerent, quanto ex ~entioribus nati fuissent PULL. *Sent.* 769A.

praecellenter [ML < CL prae-, cf. excellenter], excellently, pre-eminently.

Deus .. longe ~ius quam vel exprimi vel excogitari possit creaturis omnibus incomparabiliter antefertur GIR. *TH* I 13 p. 41; c**1245** ad predicta .. ~er agenda GROS. *Ep.* 124 p. 350; precentor .. convenienter dici potest quasi princeps cantorum, vel principaliter cantans, vel precipue, vel ~er, vel pre aliis, cantans *Obs. Barnwell* 66; c**1401** que nobiscum in studio jam per quadriennium ~er expleverit *FormOx* 201; tres sedes erexit Petrus, et sedit quamvis ~er in Roma NETTER *DAF* I 295.

1 praecellentia [*var. sp. of* percellentia], astonishment.

stonyynge or stonynge of mannys wytte, attonitus, ~ia (*PP*) *Camd. Soc.* LXXXIX 477.

2 praecellentia [LL], excellence, pre-eminence; **b** (as title or form of address).

a**1251** tam ex dignitate gradus, quam ex scientie ~ia AD. MARSH *Ep.* 104; tria sunt in verbo mentis que verbo Christi maxime congruunt, viz. veritatis relucentia, voluntatis complacentia, primitatis ~ia H. HARTLEPOOL 194; **1302** nec tedeat apostolice dignitatis ~iam *Reg. Cant.* II 614; prout exigit plenitudo sue potestatis et ~ia sui fori *G. Ed. III Bridl.* 147; in quibus non apparet ingenii vivacitas et nature quedam ~ia FERR. *Kinloss* 7. **b** ego, pudore vel negligentia hactenus dilatus, tue ~ie tandem nostre manus primicias dedicavi GOSC. *Edith* 38; c**1241** ea .. vestre ~ie humili sermone vero et plano significamus *Ch. Sal.* 272; a**1380** quod regalis ~ie sublimitas proprio motu, et arbitrio, et .. suo jure regio tam ferviter exequitur *Pri. Cold.* 51.

praecellere [CL]

1 (intr.) to excel, be pre-eminent or superior; **b** (w. abl. to indicate quality or condition in which pre-eminence consists). **c** to preside, be foremost (among a number of persons). **d** (w. dat.) to surpass, be superior to, excel or be pre-eminent over.

ut expiati tanto ~erent PULL. *Sent.* 769A (v. praecellens 1c); dum hec pensantur, activa [sc. vita] ~ere videtur *Ib.* 939B; cum contemplatio sit res maxima hujus vite, videtur quod melius est in ipsa debeat ~ere R. MARSTON *QD* 330. **b** haec omnia ut gradibus crescunt, ita sibi qualitate nature ~unt, nam arbor praefertur lapidi *Ps.*-BEDE *Collect.* 183; inter omnia alia Anglie, artificiosa compositione, et eximia pulchritudine, hoc ~ebat RIC. HEX. *Hist. Hex.* 14; AILR. *Ed. Conf.* 756D (v. 1d infra); orientales plage propriis quibusdam et sibi innatis preeminent et ~unt ostentis GIR. *TH pref.*; si animi dotes, quibus ~ebat avunculus tuus, imiteris P. BLOIS *Ep.* 12. 39B; juste .. tanto oriundus stemmate, tanta animi virtute, corporisque ~is [v. l. procellis] vigore *Hist. Meriadoci* 362. **c** vidi praefulgidum hierarcham .. sublimi solio principaliter ~entem GOSC. *Mir. Iv.* lxiv. **d** apostolus qui ceteris magnitudine pretioque ~it AILR. *Ed. Conf.* 756D; lapideis saxis terreque moli, que nullum ex se motum habentia tantum ponderosa subsistunt et ad centrum tendunt, arbores et herbe longe ~unt GIR. *TH* I 13 p. 40.

2 (trans.) to surpass, be superior to, excel or be pre-eminent over; **b** (w. abl. or *in*+abl. to indicate quality in which pre-eminence consists).

ubi pax illa est quae ~it omnem intellectum BEDE *Luke* 616; ut coaetaneos quosque ~eret et suorum tempora studiorum facili cursu transiliret B. *V. Dunst.* 4; gaude, conjux regia, / Babilonis gloria, / que precellis omnia / Regi necessaria / domina / HIL. RONCE. 107; dum dare vult laicus, precellit theologiam GOWER *VC* III 1227. **b** erexerunt statuam procerissimae magnitudinis quae c et vij pedes altitudinis habet et prope omnia Romanae urbis opera miro rumore ~it *Lib. Monstr.* I 3; ipsam .. omnes mulieres sanctitate ~uisse puto EADMER *Virt.* 584B; hec oracio dignitate .. ~it alias oraciones EDMUND *Spec. Relig.* 77; **1356** qui alios principes in strenuitate ~it (*Ch. Ed. Balliol*) AVESB. f. 132; precellit calices major honore ciphus GOWER *VC* III 104; vulgaris .. opinio creverat, Italicas et Teutonicas naciones ceteras in hac sciencia ~ere RIPLEY 180.

praecelse [CL praecelsus+-e], pre-eminently, exaltedly.

fortissimi .. Dei agoniste asperis rebus ~ius claruere GOSC. *Wulfh.* 9.

praecelsus [CL]

1 very high or lofty.

qui praecelsa rudis scandit fastigia turris ALDH. *CE* 4. 1. 28; nisi me ventus tue postulationis a puppi ~a pavidum inter marina praecipitasset monstra *Lib. Monstr. prol.*; palacia mirabar intra ~os muros altissima MAP *NC* III 2 f. 36.

2 (of persons) lofty, exalted, pre-eminent. **b** (w. ref. to God, in quot. as sb.) Most High.

te quidem, pastor ~e, .. B. *V. Dunst.* 1; hanc ecclesiam ~ae Dei genitrici condidit GOSC. *Transl. Aug.* 35D; invenit dominam suam de paupere ditissimam, de abjecta ~am, de lacrimante jocundissimam *Id. Transl. Mild.* 18 p. 178; princeps Wallie .. cum ~is tironibus fecit vigilias suas in ecclesia Westmonasterii *Flor. Hist.* III 131. **b** rex .. Tudvael .. / sub quo servator Praecelsi pastor ovilis / eximium columen vigili tutamine mandris / praefuit *Mir. Nin.* 105.

praecensere [ML < CL prae-+censere], (in quot., app.) to count for more than (w. abl.).

querebant animam Dagoberti regis Averni / precones, illam non habuere tamen. / fecerat ecclesiam que precensebat iniquis / actibus; o reges, templa parate Deo GARL. *Tri. Eccl.* 36.

praecentaria, praecenteria v. praecentoria.

praecentor [LL], one who leads singing or musical performance, (skilled) singer. **b** (eccl., w. ref. to office-holder in religious institution) precentor, cantor, chanter. **c** (transf.) preparer, editor, or author (of written work).

precino, -is, unde hic ~or OSB. GLOUC. *Deriv.* 86; si precentor eas, ita providus esto canendo, / ut tua vox aliis vocum modulatio fiat D. BEC. 167; Christo ~ore. et .. chori hujus et ~oris concors quidem melodia et dulce admodum canticum H. BOS. *Thom.* VI 12; fidicinem previum habens, et ~orem, cantilene notulis alternatim in fidicula respondentem GIR. *IK* I 4 p. 48; ~or .. quasi princeps cantorum .. vel pre aliis cantans *Obs. Barnwell* 66 (v. praecellenter); **1358** ~ori et sociis ludentibus apud Beaureper *Ac. Durh.* 124. **b** explicit prologus .. per Osbernum monachum et ~orum [l. ~orem] ejusdem ecclesie OSB. *V. Dunst.* 2 (cf. id. *Mir. Dunst.* 26: secundum Osbernum .. ~orem); **1147** memini .. ecclesiam nostram diu a ~oris vacasse officio, quod ei necesse est habere continuum (*DCLinc.* D. ii. 86. 3) *EHR* XXXV 214; c**1160** hujus rei testes sunt .. Rogerus de A. precintor *Danelaw* 151; **1202** S. .. episcopus .. et L. presentor et S. archidiaconus *Reg. S. Aug.* 546; s**1223** in quo [anno] primo constitutus est ~or in ecclesia Menevensi *Ann. Cambr.* 76; postea, quia rude compositum fuerat, Willielmus Malmesburie monachus et ~or modo decenti .. vitam suam investigavit *Eul. Hist.* I 226; **1498** in solucione facta .. capellano, cancellario, confessori domini prioris, presentori, et granatori *Ac. Durh.* 655; **1549** magister Joannes Th., ~or Moraviensis *Conc. Scot.* II 85. **c** de se nihilominus exponit hujus textus ~or .. GOSC. *Mir. Iv.* lxiii.

praecentoria [ML < LL praecentor+CL -toria], office of precentor, precentorship; **b** (w. ref. to church, the income of which is assigned to financial support of a precentor)

precentor ecclesie Wellie effectus est, episcopo donante ei ~oriam et prebendam *Episc. Som.* 24; **1214** de presentacione ad prebendam qui fuit R. precentoris ecclesie Eborac' ad resignacionem ejusdem R. cum ipsa dignitate ~arie et pertin' suis *Pat* 101a; **1220** sub sigillo W. decani Sarum, quod sigillum fuit de ~aria sua *Reg. S. Osm.* I 294; cum G. Eboracensis archiepiscopus ~oriam illam uni de suis dare vellet W. COVENTR. II 181; **1415** R. F. .. resignavit ~oriam ecclesie cathedralis Herefordensis *Reg. Heref.* 89; nomina beneficiorum predicatoribus assignatorum: .. pro episcopo Aberdonensi, ~oria seu prebenda de Crewdane *Conc. Scot.* II 115. **b** **1204** dedisse .. ecclesie S. Pauli Lond' ecclesiam de S. .. ad faciendam ~oriam in predicta ecclesia S. Pauli, ita quod quicumque precentor eandem ecclesiam in ~oriam habuerit pro anima nostra .. per se si presbiter fuerit, vel per alium presbiterum loco suo .. in officio sacerdotali ministrabit *RChart* 124b; **1207** (1344) ecclesiam de P. .. ~eriam ecclesie Wellensis in perpetuum fore decernimus *ChartR* 130 m. 5 (cf. *CalCh* V 25).

praecentoriatus [ML < praecentor+CL -atus], office of precentor, precentorship.

1555 omnia exitus, redditus, reversiones, et proficua omnium et singulorum .. decanatus, ~us, cancellariatus .. et ceterarum prebendarum *Dign. Dec.* 137 p. 253.

praecentrix [CL praecentus *p. ppl. of* praecinere+-trix], one (f.) who leads singing, (skilled) singer (in quots. transf.). **b** (eccl., w. ref. to office-holder in religious institution) precentrix, precentress.

nobilis volucrum ~ix [sc. philomena] NECKAM *NR* I 51; alauda .. in preconia diei letabunda exsurgit ~ix *Ib.* 68. **b** **1237** priorissa et conventus de Wylton' habent licentiam eligendi per Avelinam ~icem ejusdem domus *Pat* 47 m. 8; c**1250** ~ix quoque preparet librum collationi *Inst. Sempr.* lxxxiii; judices .. subpriorissam, ~icem, cellerariam, ac sacristam .. ab ingressu ecclesie suspenderunt *Meaux* II 17; **1415** Margareta Henivale ~ix *Reg. Cant.* III 361; **1422** quod magis idonea monialis in ~icem deputetur (*Elstow*) *Vis. Linc.* I 50; **1519** domina Johanna Twyford ~ix que factura est provisiones pro vestimentis et calciamentis monialium (*Burnham*) *Ib.* II 87.

praecentura [ML < LL praecentor+CL -ura], office of precentor, precentorship.

a chawntury, ~a *CathA.*

praecentus [CL prae-+cantus], leading or lead part of song or singing, (passing into) treble.

praecino, -is, unde .. ~us, -tus OSB. GLOUC. *Deriv.* 86; *a trebylle*, ~us *CathA.*

praecepere v. praecipere.

praeceps [CL]

1 that falls head foremost, plunging downwards, headlong (also fig.); **b** (w. *dare*) to cause to fall, to cast down or headlong. **c** (of constellation) that appears head downwards. **d** (of hill) steep, precipitous. **e** (in gl.).

torrens praecipiti jam te submerserit amne *Altercatio* 67; quem lex non cohibet, dissolvit culpa, solutum / in mala precipitat, precipitemque necat J. SAL. *Enth. Phil.* 346; a regno lucis ejecta superbia preceps, / in tenebris semper digna manere fuit NECKAM *DS* I 84; illapsus fortuitu ab hiis in quibus dependebat ramusculis, corruit ~eps *Mir. Hen. VI* II 38. **b** plures supra muros ~ipites dati OSB. *V. Elph.* 135; Argum dulci melo soporatum arpe ense falcato interfecit et de rupe ~ipitem dedit *Natura Deorum* 23. **c** Scorpius altivolans titulat ambitque Novembrem. / Scorpius hibernum preceps jubet ire Novembrem *Kal. M. A.* I 417. **d** montem .. ascendit .. in quo nihil repente arduum, nihil ~eps, nihil abruptum, quem lateribus longe lateque deductum in modum aequoris Natura conplanat BEDE *HE* I 7. **e** ~ipites, vergentes *GlC* P 649; ~eps, obruptus [l. abruptus] *Ib.* P 730; praeceps [*gl.*: *sigende*] in altum deprimat *GlP* 845.

2 who acts in haste, swift, quick. **b** who or that acts with (undue or excessive) haste, hasty, rash, (over-)eager. **c** done or performed in haste, swift, rapid. **d** done or performed with (undue or excessive) haste, hasty, rash.

~eps, *trondendi GlC* P 805; ~eps, i. alacer, *caf GlP* 322. **b** ~eps, temerarius *GlC* P 819; c**961** (12c) si quis .. hanc nostrae munificentiae dapsilitatem ausu temerario infringere ~eps temptaverit, sit ipse sequestratus a communione sanctae Dei ecclesiae *CS* 1319; **1166** quis .. nisi parum sane mentis et ~eps aut hostis consulet ut .. solus contra torrentem .. brachia incassum presumatis erigere J. SAL. *Ep.* 148 (177 p. 180); mihi notabile videtur quod .. nationis istius homines .. pre aliis gentibus impatientes et ~ipites sunt ad vindictam GIR. *TH* II 55; vino .. aut cerevisia totum ejus cerebrum estuabat. .. lingua ~ipiti, et confusa, atque clamore demoniaco intonabat P. BLOIS *Ep.* 7. 19C; c**1213** tam promptulus tunc et ~eps fuit ad sequestrationes contra nos faciendas GIR. *Ep.* 7 p. 246; auctorisque sui livor non immemor audax, / preceps presumptor improbus alta petit NECKAM *DS* I 86. **c** in ~ipitem [MS: ~ipite] subjeccionem trium municionum rebellium cuneos armiferos .. tripertivit *Ps.*-ELMH. *Hen. V* 85 [ELMH. *Hen. V Cont.* 132: in ~ipite subjectioni]. **d** c**1214** contra ~ipites prelatorum sentencias GIR. *Ep.* 8 p. 282.

3 (*in ~eps*): **a** precipitously downwards, headlong. **b** with precipitous haste or speed, headlong.

a quod si de perfectionis culmine labi in ~eps mallet, regredi sue facultatis minime estimaret PULL. *Sent.* 760B. **b** tucius est gelida vitam glaciasse sub Artho, / quam semel in preceps flexa racionis habena / Lothofagos Veneris libasse HANV. VII 100.

1 praeceptio [CL]

1 (act of) teaching or instructing.

quod sive philosophica ~one edoctum sive bestiali exemplo admonitum, non irrationabiliter genus humanum sequitur ADEL. *QN* 39; qui eloquentie ~onem a studiis philosophie eliminat .. societatis humane fedus distrahit J. SAL. *Met.* 827B; est .. ad hanc .. cognitionem a loquendi rudimentis aliquid principii, reliquum ex ~one nostra BALSH. *AD* 28; nisi forte a ~one contingat disciplinaliter disserendi negotium interdum inchoari *Ib. rec.* 2 11.

2 (act of) commanding, ordering, or enjoining, command, order, injunction.

a**1161** omnem animam potestatibus superioribus subicit Spiritus Sancti per apostolum suum emissa ~o, cui quisque resistit, divine dispositioni convincitur contraire (THEOB.) *Ep. J. Sal.* 82; neque .. gratia ista .. in brutis animalibus aut in rebus operetur insensibilibus; sed in his tantum qui ~onis aut prohibitionis capaces audiunt AILR. *Spec. Car.* I 12. 516D; nuptiarum formam instituit papa E. quam observari precepit .. . et ad confirmationem sue ~onis eandem .. repeciit formam his verbis .. VAC. *Mat.* 16; nam et sermo potestate plenus est sicut et Patris .. . par illi est et in ~one auctoritas et in operatione virtus et in facilitate velocitas J. FORD *Serm.* 23. 3; nullos ibi excessus ~o regia, vel hominum temporalis utilitas poterit excusare P. BLOIS *Ep.* 16. 61D; quia constat factum esse celum ~one Dei GROS. *Hexaem.* I 16 p. 74.

3 authoritative teaching, rule, principle.

Orcus .. figurat .. corpus humanum. Cerberus ergo januam Orci custodit quia eloquentia oris instrumentum et claudit et aperit. Hercules hunc victum extrahit dum in ~onibus et regulis ceteris comprehendit BERN. *Comm. Aen.* 88; artis .. rationes scibiles et omnibus eedem et omnes eidem; artis ~ones tradite nec ab omnibus eedem nec omnes ab eodem BALSH. *AD* 124.

2 praeceptio v. praereptio.

praeceptiunculum, ~a [CL praeceptum + -unculum, -a]

1 (little) instruction, teaching.

mi puer, diligenter invigilato his ~is [Eng.: *instruccyons*] WHITTINGTON *Vulg.* 35.

2 (little) rule, principle; **b** (iron.).

collectaneum .. de .. quotidiani sermonis exemplaribus excogitavimus: ~is nostri de concinnitate grammatices libelli accommodatum WHITTINGTON *Vulg.* 33. **b** a**1535** tam ineptas quam etiam falsas ~as habet [sc. liber] (MORE *Ep.*) *Thomae Mori Opera* (1563) p. 379.

praeceptor [CL]

1 teacher, instructor, tutor.

monita tibi profecto non desunt, cum habueris ~orem paene totius Britanniae magistrum elegantem Gildas *EB* 36; c**675** reverentissimo patri meaeque rudis infantiae venerando ~ori Hadriano Aldhelmus .. salutem Aldh. *Ep.* 2; inbuebantur ~oribus Scottis parvuli Anglorum Bede *HE* III 3; optime preceptor, verax et habebere doctor *Altercatio* 87; puer .. ut disciplinam subterfugeret, et verbera crebra ~oris, in concava fluvii cujusdam ripa se fugitivus occultavit Gir. *IK* I 8 p. 75; Seneca ~or Neronis efficitur *Ann. Exon.* 6v; Anaximander Peraxiadis, Milesius, philosophus, auditor Thaletis sapientissimus et Anaxamenis ~or fuit W. Burley *Vit. Phil.* 48; **1595** de uno magistro sive ~ore et uno subpedagogo seu hypodidascalo *Pat* 1431 m. 18.

2 one who issues commands, orders, or instructions, leader, master; **b** (of mil. force); **c** (of city); **d** (of country in monarch's absence); **e** (contrasted w. *servus*).

excepto auditorii loco, qui et ab hoc maxime eo censetur nomine, quod ibi audiendum sit quid a ~ore [AS: *beodende*] jubeatur *RegulC* 56; jussu abbatis primus hanc sacram porticum impulit; nec ille tam officiosus excusari potuit, quia ~ori obedivit Gosc. *Transl. Aug.* 17B; hec precepta superna homo pauper spiritu formidat referre ..... tertia nihilominus nocte adhuc dubitanti .. ~or idem astitit *Id. V. Iv.* 85B; absit .. ut contra stimulum calcitremus, quia sane contra ~ores nostros murmurare non jam Christum sequi est sed potius persequi J. Ford *Serm.* 18. 7. **b** Herwardus dum se talium virorum ~orem conspiceret ac dominum .. *G. Herw.* 328b; Flandrenses ducem sibi ac ~orem constituerunt Petrum le Coning, qui eos more Moisy in certamine precederet *Flor. Hist.* III 111. **c** Willelmus .. civitatis Saresbirie ~or .. et municeps *G. Steph.* 74. **d** Bajocensis pontifex Odo, frater regis, et sub rege absente ~or Anglie Gosc. *Transl. Aug.* 37D. **e** totum dans Deo et nichil sibi, servum non ~orem se esse dicebat *V. Birini* 16; qui aliorum erat ~or, factus est servus omnium *V. Edm. Rich B* 621.

3 (w. ref. to office-holder) preceptor: **a** (of Knights Templar); **b** (of Knights Hospitallers); **c** (of Knights of the Order of St. Thomas of Acre); **d** (of Hospital Brothers of St. Anthony).

a c**1187** tenendum sibi et heredibus suis de domo militie Templi ..... his testibus, fratre R. elemosynario, fratre A. ~ore *Reg. Glasg.* I 37; **1205** rex .. magistro militie Templi in Anglia et ~ori Lond' .. *Pat* 486; **1234** habere faciant fratri R. de S., ~ori milicie Templi in Hibernia .. unam navem ad denarios suos ad transfretandum in Hiberniam *Cl* 404; sub ducatu ~oris Antiochie, W. de M. F., victi sunt M. Par. *Min.* II 399; **1291** ut in eadem foresta habere faciat .. fratri Briano de Jaye ~ori militie Templi in Scocia quatuor quercus aptas ad meremium *RScot* 4a; s**1298** in hoc .. proelio [sc. Faukirk] occisus est ~or militie Templi Anglie, Brianus Jay *Eul. Hist.* III 169. **b** **1196** frater Garsias de Lisa ~or omnium fratrum hospitalis Jerosolimitan' citra mare Miditerraneum et totum capitulum *E. Ch. S. Paul* 225; **1317** ~ores seu magistros .. domorum hospitalium S. Johannis Jerosolomitani *Reg. Carl.* II 160; **1328** domorum ~ores, procuratores, et sindici totius capituli prioratus Anglie *Hosp. in Eng. app.* 215; **1460** ~or de Torfichin *ExchScot* 5; **1527** frater Ph. de V. L. .. sacre domus hospitalis S. Johannis Hierosolymitani magister .. precarissimis fratribus Th. D. .. priori .., et Johanni B. precepte nostre Dalby et Rodley ~ori .. salutem *Foed.* XIV 197. **c** **1295** Johannes de Stokes ad tit' ~oris domus S. Thome de Acon Londonie *Reg. Cant.* 903. **d** **1469** presentibus .. ffratre Michaeli Gray ~ore domus hospitalitat' S. Antonii prope Leith *Melrose* 576.

4 (w. ref. to official in Chancery) preceptor.

ipsi .. socii cancellarii ~ores esse debentur eo quod brevia .. remedialia fieri precipiunt *Fleta* 77; **1389** nullus .. preter prefatum custodem rotulorum et ~ores per dominum cancellarium nominandos et perficiendos *Chanc. Orders* 2 (v. plicare 1b); c**1418** quod tres ~ores, sive duo .. ex duodecim ordinariis [sc. magistris] et tercius ab extraordinariis, ad voluntatem domini cancellarii .. constituantur *Chanc. Orders* 7b.

praeceptorie [LL praeceptorius+CL -e], so as or with intent to instruct or direct, by way of an order or rule.

1268 cum .. propter necessitatem vel utilitatem vacantis ecclesie jus commendationis non tam ~ie quam permissive fuerit introductum *Conc.* II 13b; hujusmodi principatum .. Christus apostolis minime interdixit, licet eis imposuerit ~ie vel consultorie ut ab omni principatu .. abstinerent Ockham *Pol.* I 105; si obicitur de illo Ozee, primo capitulo, 'vade, sume tibi uxorem fornicariam, et fac filios fornicacionum', dicitur communiter quod non ~ie, sed yronice fuit dictum Wycl. *Dom. Div.* 139.

praeceptorius [LL]

1 that instructs or directs, instructive, directive, preceptual. **b** (*litterae ~iae*) letters preceptory; **c** (foll. by *ut*+subj.); **d** (ellipt; as sb. f.). **e** (as sb. n.) precept.

ut libero gressu moveret animum ad ~ia verba sapientiae haurienda (*Ps.*-Bede *Prov.*) *PL* XCI 1059B; impugnare nolentes verbis exhortatoriis, ~iis, vel prohibitoriis .. a violencia reprehendendo Ockham *Dial.* 538; pretermissis penis ~iis .. J. Reading f. 182b; ista ~ia potestas ac directiva usus temporalium est, soli theologo reservata Wycl. *Civ. Dom.* I 142; carta ~ia hominibus de Thanet, ut faciant servicia et consuetudines abbati Elmh. *Cant.* 449; possunt .. archiepiscopi et episcopi .. ad correccionem morum statuta facere ~ia, prohibitoria, et penalia Lyndw. 70r. **b** per litteras de curia commonitorias vel etiam ~ias Gir. *Symb.* 22 p. 265; **1290** in municione castri de Jedewrth, per literam dictorum custodum ~iam *ExchScot* 44; **1362** precepitur computantibus quod literas domini nostri regis obligatorias et ~ias que remanent pro dicto debito secum deferant in proximo compoto suo *Ib.* 92; **1391** dominum J. de A. .. in corporalem possessionem ejusdem per suas litteras ~ias seisiri mandavit *Pri. Cold.* 69; **1448** ut patet per literas J. de L. camerarii Scocie testimoniales et ~ias *ExchScot* 318; archiepiscopus .. abbatibus .. ~ias direxit literas *Croyl. Cont. B* 471. **c** ut abbas .. destinaret litteram .. priori nigrorum monachorum .. ~iam, in virtute obedientie, ut .. se transferret ad monasterium suum Wals. *HA* II 190. **d** **1166** misimus tibi jampridem ~ias sub interminatione pene Becket *Ep.* 238. **e** quam acceptam legens Patricius invenit in ea quoddam contineri commonitorium, ymmo ~ium sibi specialiter directum injungens ut .. J. Furness *Pat.* 136; in talibus ~iis 'convertimini ad me' etc. .. manifestat liberum arbitrium voluntatis Bradw. *CD* 312A.

2 (as sb. f.) preceptory, or office of preceptor, preceptorship: **a** (of Knights Hospitallers); **b** (of Hospital Brothers of St. Anthony). **c** (w. ref. to land or other property, by the income of which the preceptorship is supported).

a **1328** propter .. depauperacionem ~iarum et fratrum *Hosp. in Eng. app.* 216; **1363** qui olim ~iam et bona dicti hospitalis .. pro centum marchis .. annuatim .. persolvendis recepit (*Lit. Papae*) *Mon. Hib. & Scot.* 325a; **1508** quanto .. fratrum hospitalis S. Johannis Jerusolimitani opera laude digna ..... nonnulli Romani pontifices .. omnibus .. ecclesias, capellas, seu loca prioratuum, ~iarum, domorum aliorum .. hospitalis ejusdem .. visitantibus .. indulgencias concesserunt *Reg. Heref.* 12; **1520** cum tu .. et .. dominus H. K. presbyter canonicatum ejusdem ecclesie et ~iam hospitalis ejusdem vulgariter nuncupatam prebendam .. resignaveritis *Form. S. Andr.* I 152; **1583** nuper ~ie sancte Trinitatis Beverlac' .. quondam spectans *Pat* 1235 m. 9. **b** **1438** domus sive hospitale S. Antonii, Londoniis, ac ecclesia ejusdem, que sunt capitalia et principalia ~ie S. Antonii in Anglia Amund. II 162. **c** **1434** Sibilla de R. .. dedit hospitalariis ~iam de Shenegey, cum pertinenciis, anno Domini mcxl *MonA* VI 834b.

praeceptrix [CL], one who issues instruction or order (f.), instructress, mistress, preceptress.

ille, timens vel supervacuum dictum dive ~icis negligere .. Gosc. *Werb.* 6; cum viro suo et amicis ~icis sue monitis obtemperavit *Mir. Fridesw.* 41.

1 praeceptum v. percipere.

2 praeceptum [CL]

1 teaching, instruction, advice, precept (some quots. might also be construed as sense 2.)

sua [sc. Christi] ~a .. apud quosdam .. integre et alios minus .. permansere Gildas *EB* 8; primo contemptus procerum praecepta docentum, / dum mentis typhus ventoso pectore turget Aldh. *VirgV* 2712; vir ille .. praecepit ei dicens, "coquere farinam .. et cum calido unguens linire debes." puer .. ~o oboediens .. *V. Cuthb.* I 4; talis erat culpa regis pro qua occideretur, quod evangelica ~a devoto corde servaret Bede *HE* III 22; quedam documenta omni Christicole .. non indigna, que a precedentibus illustrium virorum ~is certissima comperi .. in ista cartula quoadunare decrevi O. Cant. *Const.* 69; sponsa .. exit cito in plateas et vicos, .. ~a caritatis juxta virtutem singulorum dispensans, 'sapientiam loquens inter perfectos et infirmioribus lac praebens, non escam' J. Ford *Serm.* 1. 3.

2 order, command, injunction, precept; **b** (bibl., w. ref. to Ten Commandments). **c** (issuing from king or royal official; some quots. might also be construed as sense 2d); **d** (as written document); **e** (*breve* or *litera de ~o*). **f** (*ad ~um, ex ~o, per ~um*, w. gen. or poss. pron.), by order of, at the command or behest of; **g** (abl. *~o* w. gen.). **h** (*dare in ~is*, sts. foll. by *ut* or *quod*+subj.) to order or command (by precept). **i** (*habere in ~is*) to be ordered or commanded (by precept). **j** (Sc. leg., *~um sasine*) 'precept of sasine', instrument by which ownership of land is transferred. **k** (*~um de clare constat*) 'precept of clare constat', deed for completing title of a vassal's heir to lands held by a deceased vassal (Sc.) (*v. OED s. v.* constat 3).

isti sine respectu temptant Deum, cujus ~a contumaci despectione contemnunt Gildas *EB* 62; prima praecepti complevi jussa parentis Aldh. *Aen.* 64 (*Columba*) 3; **753** respondebam .. quod majus et fortius fieri debeat ~um apostolicae sedis et ordinatio Sergii papae Bonif. *Ep.* 109; **957** (14c) Adam Dei omnipotens nutu protogenes ex informi materia creatus, in eodemque ~o trinae simplicitatis custodito sine alicujus elementi perturbatione feliciter collocatus *CS* 995; TRE tenuerunt filii E. de abbate, nec poterant alias ire absque licentia, et tamen commendaverunt se Walterio sine abbatis ~o *DB* I 59ra; naturam locutionis iv genera circumsistunt. quedam sunt prohibitionis, quedam permissionis, quedam ~i, quedam consilii Gerv. Melkley *AV* 2. **b** a**1332** tractatus ejusdem [sc. beati Bernardi] de x plagis et x ~is *Libr. Cant. Dov.* 25; ibi prope est locus ubi Dominus ei tradidit x ~a [ME: *comaundementis*] legis *Itin. Mand.* 42. **c** **738** (12c) si quis .. contra ~um meum huic donatione [*sic*] meae .. contraire temptaverit, sciat .. *CS* 159; antea tenebant iij homines de ipso rege, sed non poterant recedere sine ~o regis *DB* I 32vb; ad conducendum exercitum comitatus sui juxta ~um domini regis (*Leg. Ed.*) *GAS* 656; c**1162** predictis monachis terram illam .. tradiderunt ~o meo *Regesta Scot.* 234; privilegio .. apostolico aut regio ~o plurimi tuti sunt ne judicibus suis obtemperent J. Sal. *Pol.* 680C; rex solet .. per electionem civium ponere duos custodes ..; qui mortui sunt, et postea nullum ~um habuerunt cives ad tales eligendos *Leg. Ant. Lond.* 26. **d** vicecomes .. negat se ~um vel sigillum regis de hac re unquam percepisse *DB* I 32ra; hec sunt jura que rex Anglie solus .. habet: .. placitum brevium vel ~orum ejus contemptorum (*Leg. Hen.* 10. 1) *GAS* 556; **1259** mandatum est .. quod faciant habere .. Rogero de scaccario .. ad custodiam Judeorum assignato .. robam ..... quod clericis regis de cancellaria regis qui sunt de ~o faciant habere robas suas sicut eas prius habere consueverunt, et Thome de M. qui de novo positus est ad ~a faciant habere robam sicut uni de clericis predictis *Cl* 454; c**1467** preceptum est ballivis .. quod .. faciant ..... et sigilletur super ~um dimidium sigilli officii cancellariatus *MunAcOx* 726; **1479** nos .. dedisse .. officium .. hundredarii, sive ballivi .. cum returnis omnium brevium et ~orum, una cum executionibus eorundem *Reg. Whet.* II 205. **e** **1274** liberatum fuit Roberto B. archidiacono Ebor' magnum sigillum regis .. et statim inde consignavit brevia cancellarie tam de cursu quam de ~to *Pat* 93 m. 8; **1338** recipientes ab eis breve nostrum de ~o per quod premissa fecerunt necnon literas acquietantie ipsius Th. factas in hac parte *RScot* 543a; **1460** ut patet per binas literas de ~o ostensas super compotum sub signeto *ExchScot* 33. **f** ipse ex ~o tuo persequeretur usque ad mortem J. Ford *Serm.* 10. 7; c**1218** decim acras quas .. perambulaverunt .. per ~um meum *Inchaffray* 32; **1370** injunctum est .. quod quilibet veniant die Dominica ad ~um prepositi *Hal. Durh.* 103; et ex ~o domini regis tractus erat et suspensus traditor antedictus et, pendens in patibulo, in cineres fuerat concrematus Strecche *Hen. V* 149. **g** c**1362** Roberto Carter ad sanacionem tibie sue fracte, ~o prioris, vj s. viij d. *Ac. Durh.* 565. **h** s**1262**, **1264** (v. dare 12d); filio suo dederat in ~is ut .. hunc defectum .. supplere deberet *Meaux* I 164. **i** nichil extra debitum officii sui tenebatur facere eciam si hoc in ~is ab aliquo justiciario haberet *State Tri. Ed. I* 22. **j** **1527** ~um sasine supra carta predicta per terre et lapidis et unius garbe tradicionem directum A. G. .. et Th. L. .. ballivis abbatis *Reg. Aberbr.* II 469; **1527** ~um sasine dictarum terrarum per *le thak* et *rayp* tradende directum J. S. .. ballivo abbatis *Ib.* 472. **k** **1588** instrumentum saisine .. super ~o de clare constat et saisine dato per D. P. .. cum consensu J. G. *Reg. Brechin* II 226.

3 (act of) incitement (to commit crime).

12.. M. appellavit B. de facto et M. uxorem ejus de forcia et P. patrem dicte M. de ~o, quod ipsi .. eam assaltaverunt *SelCWW* cci; **1297** appellavit .. R. personam ecclesie de P. de ~o, vi, et auxilio dicte felonie *Eyre Kent* 110.

4 rule, principle.

Donatus artis grammatice scripsit ~a Jeronimi *Ann. Exon.* f. 7; imitatio authorum sine ~is [Eng.: *without preceptes and rules*] WHITTINGTON *Vulg.* 35.

5 promise, vow (perh. infl. by AS *hæs* 'command', *behæs* 'promise', and ME *hest* in both senses).

c**810** (12c) et tibi .. tuisque successoribus veridica professione profiteor stabile obedientiae praebere ~um votorum meorum sine ullo scrupulo falsae cogitationis, usque ad terminum vitae meae *CS* 334 [=*Conc. HS* III 569]; similiter stolidum ~um [ME: *dusi heast*] vel fides male prestita, diu esse sine confirmatione, falso simulare confessionem *AncrR* 74.

praeceptura [CL praeceptor+-ura], (eccl.) preceptory (of Knights Hospitallers).

hoc .. anno obiit .. Robertus Botell .. frater ordinis S. Johannis Jerusolimitorum de Rodys, qui in ~a sua London' magna et mirifica construxit ex novo, et opera antiqua ad condignum reparavit HERRISON *Abbr. Chr.* 12.

praeceptus [LL], (act of) grasping (fig.), understanding.

precipio, -is, unde .. hic ~us, -us, unde Macrobius de Saturnalibus: 'nihil huic operi insertum puto, aut cognitu inutile, aut difficile ~u' OSB. GLOUC. *Deriv.* 127.

praecernere [CL prae-+cernere], to discern in advance, foresee.

s**1456** hujusmodi futura pericula .. ~ere *Reg. Whet.* I 220.

praecerrus v. praeserus. **praeces** v. prex.

praecessio [LL]

1 (act of) going before or ahead, precession (in quot. in astr. context, w. ref. to motion of planet). **b** a going forward or advance, procession.

per primas duas quartas apparebit ejus [sc. stelle] incessus ad orientem, ad contrarium sc. primi motus, et vocatur hec incurtacio accessus. et dum movebitur per alias duas quartas, quia polus ipsius ascendit de equinocciali, apparet quod stella multiplicet suum motum ad occidentem, et addat super motum generalem, et vocatur hec ~o recessus BACON IV 428. **b** o gloriosa et praecelsa regis [sc. Eadmundi] translatio! quam regaliter antecedit praesulis et athletae ~o! HERM. ARCH. 47; Mamercus Viennensis episcopus, in frequenti motu terrarum .. supplicationes sive rogationes primus instituit, quas nostri Graiam secuti vocem litanias, et vulgo ~ones, vocant, quod binos precedendo bini longo ordine sequantur, a loco ad locum progrediendo, ac magna voce orando P. VERG. *Invent.* VI p. 416.

2 (fact of) going before or ahead (in time or succession), preceding, precession.

sed non est simile, quia hec dictio 'predestinatus' ratione hujus dictionis 'pre' notat quandam ~onem S. LANGTON *Quaest.* 134; si autem hec vocalis E pronuncietur acute, per se stare debet sine hujus vocalis I ~one, verbi gracia, *bevez*, *chevez*, *tenez*, et sic de consimilibus *Orthog. Gall.* S2; tu Aristoteles per totum illum processum supponis quod cujuslibet rei facte non esse precedit necessario suum esse, et hoc loquendo de ~one temporali BRADW. *CD* 66.

praecessionare [LL praecessio+CL -are], to go before or in front, lead (a procession).

reliqui sui iiij custodes eciam virgas albas suis palmis bajulantes ad regendam eandem processionem ut ~antes honeste et reverenter incedant suos labores effectualiter impendant et diligenter circa eandem ascultent *REED York* 117.

praecessivus [CL praecessus *p. ppl. of* praecedere+-ivus]

1 that goes before, ahead, or in front.

altero humero seipsum precedere videtur [arrogans], altero sequi. dum enim dexter humerus ~us est, sinister retrogradus est NECKAM *NR* II 190 p. 344.

2 that goes before or precedes (in time, succession, or logical sequence, in quots. w. obj. gen.).

cum .. in logicis generatio naturaliter ~a sit paternitatis NECKAM *SS* II 10. 1; in aurora que ~a est lucis diurne *Ib.* III 11. 3.

3 that has precedence (in rank or importance) or excels, excellent, surpassing.

scelerumque procellas / propulit infracto securus navita clavo, / quem precessiva racio dedit HANV. V 457.

praecessor [LL]

1 one who has gone before (in time, succession, or geniture, usu. w. ref. to previous holder of office or dignity), precessor, predecessor; **b** (w. ref. to literary authority). **c** (transf.) that which has gone before (in text), aforementioned item.

601 factum est ut .. tanto in opinione ~ores suas quanto et in bono opere superaret (*Lit. Papae*) BEDE *HE* I 32; p**675** tonsuram S. Petri .. refutantes, seque .. defendentes .. quod auctorum et ~orum suorum tonsuram imitentur ALDH. *Ep.* 4 p. 482; ~orem pontificatus sui papam Benedictum tam inhianter huc proficiscendi precatus est dedisse licentiam *V. Greg.* p. 85; **751** antecessor .. ~oris vestri .. me .. ad predicandum verbum fidei Germanicis gentibus misit BONIF. *Ep.* 86; **794** (11c) referebat fiducialiter incunctanterque confirmavit cum testimonio scripturarum illarum quas Æðelbald rex ante in aeternam libertatem suis processoribus praescripsit *CS* 269; genitor illius regni ~or rex magnificus Athelredus extitit *Pass. Æthelb.* 1; tertio modo dicitur pater quilibet ~or directe generationis naturalis, ut avus, atavus, proavus (KYN.) *Ziz.* 30; **1427** predictum R. aquebajulum et suos ~ores, predecessores, et antecessores *FormOx* 463; **1429** fuerunt .. prefati .. W. Ch. rectoris .. ~ores et predecessores .. suis temporibus successivis AMUND. I 242. **b** quod ~ores celeberrimi uniformi nominis exemplo propalasse noscuntur ALDH. *Met.* 8; que .. referuntur, a .. abbate Andrea celebrata noscuntur .. .. revelationes et prodigia, que hic ~or scribit .. GOSC. *V. Iv. prol.* 81A. **c** hoc prosodiae causa contingere solet, quia hic epitritus .. in antepaenultima acuto profertur accentu, sicut ~or paenultima ALDH. *Met.* 139.

2 one who goes before (in rank or dignity), superior (in quots., contrasted w. *ministrator*; cf. *Luc.* xxii 26).

denique qui ~or eorum est et ministrator Dominus Iesus, nam cum sit super omnia .. humillima dignatione sua ministrat illis J. FORD *Serm.* 85. 8; ad Dominum, qui major est fit tanquam minor, et qui ~or fit tanquam ministrator BRACTON f. 5b; a**1440** qui aspirat ut in grege sit ~or, subsequetur a retro .. ac subserviet, velut ministrator *Reg. Whet.* II 377.

praecessus [CL praecedere], act of putting into or condition of being in order (in accordance with precedence or merit; *cf. Joh.* xiv 2).

ceterum post carnis resurrectionem quasi secundum regnum perfectorum non inconvenienter accipitur, in quo ~us mansionum et diversa meritorum praemia numerantur ANSELM *Misc.* 330.

praecharaxare [CL prae-+LL charaxare], to write beforehand, (in quot., as p. ppl.) aforementioned.

†**974** (14c) tam plene sicut ea .. melius ac liberius prekaraxati nobilissimi possederunt antropi *CS* 1311.

praecharus v. praecarus.

praecibare [CL prae-+cibare], to feed beforehand or in advance, (fig.) to give a foretaste to.

ut precibatus glorie condimentis / possis ad cenam certius hanelare J. HOWD. *Cant.* 524.

praecidere [CL]

1 to cut before or in front. **b** to cut, sever (throat). **c** (in med. context) to cut, incise.

precisores .. omne quod accipit [homo] .. prius incidunt; .. quod priores [precisores] ~ere [v. l. precindere, prescindere] non possunt, illis [caninis] tradunt, ut confringant (*Leg. Hen.* 93. 6) *GAS* 609. **b** Rogerus suam aptans lanceam, cujus mucro, prout deberet, non fuerat hebetatus, sub galea Ernaldi, guttur ejus cum trachea ~it et arteriis M. PAR. *Maj.* V 318; cum quis ludens cum pila manum barbitonsoris percuciens, quem non viderit, ob quod gulam barbati ~erit *Fleta* 47. **c** cutem teste capitis .. precisam R. COLD. *Godr.* 370 (v. praecisio 1b).

2 to cut down, fell (tree or plant). **b** to clear (land of trees or other vegetation).

animal quod nuncupatur autolops quod longis cornibus quae serrae figuram habent, ingentia robora ~ens ad terram deponit *Lib. Monstr.* II 24; de filiis .. Israhel triginta milia qui ad ~endas de Libano cedros missi sunt BEDE *Templ.* 743; neu interea, dum in annona depressa peritura olera penitus exstirpare nituntur, justa potius plantaria cum malis pariter, secanti intercepta sarculo, eradicando ~ant B. *V. Dunst.* 1; equus infrenatus et insellatus astitit juxta illos .. ad unum precisum truncum qui vi[debatur] illic preparatus, ut servis Dei [accommoda]ret ascendendi ministerium *V. Chris. Marky.* 43. **b** **1242** mandamus .. quatinus passum de Cumsy .. sc. in bosco Thome de S. A., ubi melius et utilius ad pacis nostre conservacionem fieri possit, †preseidi [l. prescidi] faciatis, ita quod mercatoribus et aliis viatoribus per boscum illum transeuntibus transitus pateat securus *Cl* 513 (cf. *RGasc* I 15a: prescidi faciatis).

3 to cut or lop off, sever (a part from the whole): **a** (limb, member, or extremity of body); **b** (hair, nail, horn, or antler); **c** (w. ref. to *Deut.* xxi 12); **d** (limb or branch of tree); **e** (quarried stone); **f** (w. ref. to carving or sculpting); **g** (eccl., w. ref. to excommunication); **h** (*palmites praecisi*, fig. w. ref. to *Joh.* xv 2).

a manus cum brachiis a corpore praecisas BEDE *HE* III 12; contigit .. totam militis coxam .. uno securis ictu precisam fuisse: ex una equi parte coxa cum tibia, ex altera .. corpore cadente moribundo GIR. *TH* III 10; s**1402** femine Wallencium post conflictum genitalia peremptorum absciderunt, et membrum pudendum in ore cujuslibet mortui posuerunt, testiculosque a mento dependere fecerunt, nasosque precisos in culis presserunt eorundem WALS. *HA* II 250. **b** si esses ita pulcher ut Absalon in cujus corpore non erat macula et cujus coma multo pretio ponderabatur precisa HON. *Eluc.* 1170A; sicam protulit, et cornu cervi arripiens .. de medio ~ere festinavit R. COLD. *Cuthb.* 88; si quid in ea mortuum est idolatrie voluptatis erroris libidinum, vel prescido vel rado BACON *Maj.* III 43; iterque arripiens versus rebellium asperima prescidenda cornua *Ps.*-ELMH. *Hen. V* 81. **c** si populus civitatem obsideret et aliquis puellam pulchram apud hostes conspiceret, ungues et crines ei ~eret, postea uxorem duceret HON. *Spec. Eccl.* 1057B. **d** ut sciat unusquisque radicibus exstirpatis facilius ramos ~ere posse ALCUIN *Moral.* 633A. **e** primo igitur lapides qui ad hanc aedificandam fabricam comportati sunt, aut de montibus sunt praecisi aut de locis subterraneis eruti aut de agris collecti ANSELM *Misc.* 313. **f** quam prudenter ab aliis artificibus illic praecisa superflua, quam competenter suppleta sunt hiantia L. DURH. *Ep.* 264. **g** donec .. a Deo perpetua excommunicatione precisi corruant in gehennam P. BLOIS *Ep.* 142. 426C; **1294** ab ecclesie unitate prescisus *DC Cant. Reg. Q* f. 8v; **1295** a quocumque episcopo catholico ab unitate ecclesie non preciso *Reg. Cant.* I 23; **1298** quamvis excommunicatos fuisse et esse fecerimus publice nunciari .. ipsi nicholominus magis ac magis laxantes ad impia noxios appetitus in rebellione .. persistunt et tanquam precisi vigorem vilipendere non pavescunt ecclesiastice discipline *Ib.* 226; **1299** tanquam prescisi magis et magis vigorem contempnere non formidabant ecclesiastice discipline *Ib.* II 886. **h** quapropter excommunicati, schismatici, depositi, contra ecclesiam catholicam erecti, seu palmites a vite precisi, quomodo possunt agere in sacramentis H. READING (I) *Dial.* VII 1244D.

4 to cut off or away, remove (something carried or worn); **b** (transf. & fig.).

quidam peregrinus martyris Thomae Cantuariensis

perdiderat viaticum suum. concinno siquidem ~erat ei marsupium W. CANT. *Mir. Thom.* VI 155; monachus .. ambiens reliquias de vestibus sacrati corporis .. collectam in rugam a virgineo pectore tunicam cultello precidit [v. l. prescidit] GOSC. *Edith* 271; captivos liberans .. eorum vincula ~it et dilaniavit M. PAR. *Maj.* V 315. **b** ne ~eretur tibi merces altissimi LUCIAN *Chester* 39; ut longeva nequicia subita securi ~atur MAP *NC* IV 6 f. 49v; informentur, quaeso, ad opera honestatis, ne sciant experientia quid sit peccatum, omnisque turpitudinis occasio ~atur P. BLOIS *Ep.* 51. 157B; subsequenter in ordinis Cartusiensis carcerem .. in seculo nempe positum et nil seculare preferentem, prescisa namque mundana sollicitudine cuncta quod solum est necessarium .. amplectentem et appetentem GIR. *Spec.* III 12 p. 194; superparticulare est major continens minorem totum et aliquam partem ejus precisam *Mens. & Disc.* (*Anon. IV*) 66.

5 to cut off a part of, trim, cut short: **a** (thread, in quot. in fig. context); **b** (clothing, in quot. w. ref. to *II Reg.* x 4); **c** (w. ref. to hambling, lawing, or expeditation of dogs); **d** (transf. & fig.).

a ad corruptionem que quasi existendi filum prescidens retrudit ad non esse J. SAL. *Pol.* 447B. **b** dicit ergo Jeronimus quod prescidit tunicas ante et retro S. LANGTON *Chron.* 125. **c** pedes .. canum qui in vicinio silvarum morabantur ex parte ~i fecit ORD. VIT. XI 23 p. 238. **d** si vero dies suos mors immatura ~eret J. SAL. *Thom.* 8; precisio est color quando ~imus de dictione vel de oratione VINSAUF *AV* II 3. 168 (v. praecisio 4a); **1549** procuratores academie .. longa argumenta nugatoria, que magnum disputationibus afferunt impedimentum, ~ent *StatOx* 348.

praecienter [CL prae-+ciens *pr. ppl. of* ciere+-ter], in the manner of an address or greeting (as calque on *prosagoreutice* < προσαγορευτικός, but *v. et. praescienter*).

prosagoreutice, id est precienter [v. l. prescienter] GARL. *Dict.* 133 (v. prosagoreutice).

praecinctio [CL=*level gangway in a theatre*], (act of) girding (also fig. or in fig. context).

fiat mihi quaesso, Domine, .. voluntas bona in mente, praecinxtio [*MS corr. to* praecinctio] castitatis in circuitu, honestas actionis in opere (*Oratio*) *Cerne* 132 [=ALCUIN *Liturg.* 553C]; 'et praecinctum ad mamillas zona aurea.' illud sciendum quod Daniel vidit virum praecinctum [ad] renes, Joannes ad mamillas ... duplex .. illa ~o non ad caput, sed ad membra redigitur ALCUIN *Exeg.* 1098A; jam cantus de ~one lumborum et ardentium lucernarum gestatione secundo terminabatur OSB. *Mir. Dunst.* 11.

praecinctus [CL *in sense* 1]

1 (act of) girding: **a** (transf.) (act of) girding oneself in preparation, preparing (for, w. gen.). **b** (*in ~u*) (as one) girded in preparation for departure, in haste, hurriedly.

a tam ineptum quam et inusitatum videbatur ut in ~u bellorum de voluptate cogitaret, et quam uxorem duxisset mox secum ad prelia duceret W. NEWB. *HA* IV 19; rex Portyngalie .. regnum Hispanie hostiliter est ingressus, eo quidem tempore quando idem bastardus se contra ducem ad ~um itineris preparasset WALS. *HA* I 368. **b** **800** ego .. in ~u [v. l. procinctu] ob vestri itineris festinationem haec .. dictavi, ita ut mihi tempus .. emendandi non fuit idoneum ALCUIN *Ep.* 201.

2 area physically or jurisdictionally bounded, that surrounds or is attached to a building, institution, administrative unit, or sim., precinct: **a** (in assoc. w. monastic establishment); **b** (in assoc. w. castle); **c** (in assoc. w. parish); **d** (in assoc. w. city); **e** (in assoc. w. hundred, leet, county, or sim.); **f** (in assoc. w. university); **g** (w. ref. to fields belonging to *villa*); **h** (in assoc. w. forest).

a c**1060** habeat idem locus liberum ~um, id est ambitum et cemeterium mortuorum circa se (*Lit. Papae*) AILR. *Ed. Conf.* 759D; **1358** omnes terras suas in ~u monasterii sui, viz. a rivulo currente intus M. et .. *Melrose* 435; **1371** infra quem quidem purcinctum abbas et predecessores habent et habuere prata *Cart. Osney* II 466; **1453** quoddam mansum infra ~um nostrum *Lit. Cant.* III 214; contra priorem Spaldingie et homines Hollandenses, qui cum exercitu irruerunt in ~um Croylandie *Croyl. Cont. B* 453; **1479** infra ~um exempti monasterii *Reg. Whet.* II 191. **b** illud [sc. castrum] protinus firmissimis castellis cinxit ... in cujus ~u .. ecce .. WALS. *YN* 61. **c** nuper Londoniis, infra ~um parochie Sancti Dunstani in Oriente *Mir. Hen. VI* V 162. **d** **1419** infra ~um libertatis civitatis Londoniarum *MGL* I 634; **1577** in civitatem, suburbium, libertates, seu franchezias ejusdem civitatis Dublinie, aut in limites, bundas, circuitum, vel ~um earum aliquarum vel alicujus (*Dublin*) *Gild Merch.* II 62; **1605** nullus .. extraneus inhabitans seu residens extra burgum illum, libertates seu ~um ejusdem (*Devizes*) *Ib.* II 54. **e** dicit quod predictus abbas cepit averia .. extra ~um predicti hundredi, et extra libertatem suam *Chr. Peterb.* 70; qui libertates aliquas infra ~um comitatus habere clamant *Fleta* 23; **1331** ad predictos visus francipleg' .. dicunt quod idem abbas .. levavit fines .. de transgressoribus contra assisam panis et cervisie infra ~um visuum predictorum *PQW* 16b; triginta libras .. apud E. infra ~um dicti hundredi inventas vi et armis cepit *Reg. Brev. Orig.* f. 101r; **1551** camerarii predicti nocent regiam viam apud le Cokkeye infra presinctum hujus lete ad graunde nocumentum populi *Leet Norw.* 86. **f** c**1440** infra predicte universitatis ~um *FormOx* 466; **1504** quilibet graduatus aliquem sermonem universitatis solemnem predicaturus infra ~um ejusdem *StatOx* 310; **1593** in templo S. Petri Orientalis infra universitatis ~um *Ib.* 451. **g** **975** (12c) istis limitibus prefatum †resentum [? l. precinctum] ex amussim circum giratur *CS* 1319; **1481** solebant pertransire cum processione in diebus rogacionum .. per ~um camporum ad villam de Preston pertinencium *Fabr. York* 260. **h** **1279** habet unum boscum infra purcingt' de Wychewode *Hund.* II 856a [cf. ib.: habet unum boscum infra forest' de Wychewod'].

praecindere v. praescindere.

praecinere [CL]

1 (intr.) to lead the singing (of choir or sim., usu. in eccl. context), to precent. **b** (trans.) to lead in the singing of (a song). **c** (in gl.) to sing.

10.. clerus hanc decantet antiphonam duobus episcopis ~entibus (*Pont. Claudius*) *HBS* XCVII 89; cano componitur .. ~o, -is, unde hic precentor .. i. precantor, et hic precentus OSB. GLOUC. *Deriv.* 86; cum ~entium et succinentium, canentium et decinentium, intercinentium et occinentium premolles modulationes audieris, sirenarum concentus credas esse J. SAL. *Pol.* 402C. **b** contempletur beatissimam Mariam cum virginitatis tympano choros virginum precedentem et ~entem dulce illud canticum quod nemo potest canere nisi utriusque sexus virgines AILR. *Inst. Inclus.* 15. **c** ~ere, *chanter Gl. AN Ox.* f. 153v; *to synge* .. ~ere *CathA*.

2 (trans.) to sing beforehand, to prophesy, foretell; **b** (intr., w. *de*+abl. to indicate matter foretold).

qui .. incarnationis ejus mysterium prophetando ~erent BEDE *Hom.* II 19. 202; pridem in adventum tuum bene visa est per totam regionem campana sonare que appellatur ipsius sancti Dunstani, ~ens sc. gloriam Cantuariorum GOSC. *Edith* 38; se .. vulnerandum sed non .. moriendum, vivumque ab oppido evasurum ~uit GIR. *IK* I 5 p. 61; qui sensus expertos et in negotiis bellicis habuerunt comprobatos, hoc triste presagium fore ~ebant indubitanter futurorum M. PAR. *Maj.* V 134; Cassandra fuit sacerdotissa Phebi et ~ebat futura TREVET *Troades* 69; de signatis in frontibus thau: frontibus infixum thau precinuit crucifixum *Vers. Worc.* 102 (cf. *Ezech.* ix 4). **b** de quo in carne venturo ~ens propheta dicebat BEDE *Hom.* I 16. 257.

3 (mus.) to sing through in advance, or ? *f. l.*

illa nota dicitur habere perfeccionem in cantu intrinsecam que, ~endo [? l. prescindendo] omnes inferiores potentes eam imperficere et †omnem [l. omnem] divisionem, valet tres alias notas gradus sibi immediati descendendo *Fig.* 41.

praecingere [CL]

1 to encircle (w. belt, girdle, or sim. garment), to gird (also in fig. context). **b** to gird (w. or as w. weapon or arms, or in preparation for contest, struggle, or labour; freq. fig. or in fig. context). **c** to gird (w. insignia of office), to invest or promote (w. or to some rank, dignity, or honour).

introgressis in capitulum fratribus .. ~ant se linteis abbas et prior LANFR. *Const.* 110; ille Diones / baltheus, illa tuos precinget fascia lumbos HANV. IX 303; ~e me, Domine, zona justicie, et constringe in me dileccionem Dei et proximi (*Ord. Sal.*) *HBS* XXVII 3; precinctus, A. *ygurd WW*. **b** se .. veri Dei militem esse proposuit deinde praecinctus spiritalibus armis adversus teterrimi hostis insidias scutum fidei FELIX *Guthl.* 27 (cf. *Eph.* vi 11–17); Daniel vidit virum praecinctum [ad] renes ALCUIN *Exeg.* 1098A (v. praecinctio); quintum [sc. opus] faciet cum ~et se et transiens ministrabit illis ubi erit precipue quies *Eul. Hist.* I 12; Dominus regnavit, decorem induit, Dominus induit fortitudinem et precinsit se [v. l. precinxit se virtute, precinxit se, precinxit me] (*Pass. Margaretae*) *Publications of the Modern Language Association of America* XXXIX (1924) 534. **c** precinxit eum rex comitem Buchanie *Plusc.* XI 6.

2 (transf.) to surround (in manner of a ring, band, or belt), encircle, girdle.

sicut Scylla monstris ita et haec [sc. Hydra] serpentibus praecincta fuisse fingitur *Lib. Monstr.* III 3; cum dicis sexaginta, pollicem .. curvatum indice circumflexo diligenter a fronte ~es BEDE *TR* 1; juxta murum .. quo Romani .. totam a mari ad mare praecinxere Brittaniam *Id. HE* III 2; unde quo glaucis cupiunt crispare fluentis / littora, quin refluis satagunt nudare meantes / cursibus, et terram praecingunt cerula sanctam ÆTHELWULF *Abb.* 97; lactea stelliferum precingat colla monile VINSAUF *PN* 604.

praecinxtio v. praecinctio. **praeciosus** v. 2 pretiosus.

praecipere [CL]

1 to give notice of. **b** to give instruction (in), teach, propound (in quot. absol.)

c**1205** capiatur et detineatur donec voluntatem meam de eo precepero *Regesta Scot.* 467. **b** recipitur .. in cella noviciorum ubi Alredus ~iebat ut magister W. DAN. *Ailred* 15.

2 to instruct, advise, direct; **b** (w. inf.); **c** (w. acc. & inf.).

falso prophetae vaticinantur in nomine meo, non misi eos et non praecepi eis GILDAS *EB* 81; vir ille .. praecepit ei dicens, "coquere farinam .. et cum calido unguens linire debes" *V. Cuthb.* I 4; frater .. arrepta navicula portum reliquit ac deinde, quo vir Dei praeceperat, coepto itinere perrexit FELIX *Guthl.* 50 p. 158. **b** non hujusmodi nominibus uti, sed sic nominata internoscere, ~imus BALSH. *AD rec.* 2 136. **c** praecepit S. Germanus manere eos jejunos et clausis janius NEN. *HB* 175; Virgilius ~it imminente pariendi tempore agasones suas equas agitare, ut ex sudoris humectione et caloris dissolutione apertior et facilior esset partus BERN. *Comm. Aen.* 9.

3 to instruct, order, command, enjoin (often w. dat.): **a** (absol.); **b** (w. inf.); **c** (foll. by. *quod* & subj.); **d** (foll. by *quatinus* & subj.); **e** (foll. by *ut* or *ne* & subj.).

a c**793** tuum est ~ere, illorum oboedire ALCUIN *Ep.* 74; c**1162** non ponantur inde in placitum donec in Angliam redeam nisi precepero (*Ch. Hen. II*) *EHR* XXIV 308; *comander*, ~ere *Gl. AN Ox.* f. 153v; si papa daret tale preceptum, sibi non esset obediendum .. quia ~eret contra legem divinam OCKHAM *Dial.* 556. **b** ideo eis praecepit tollere aliquid *Comm. Cant.* I 222; **836** hoc munus et hanc libertatem scripsi et scribere precipi [*sic*] *CS* 416; **868** (9c) ipsum .. omnibus successoribus nostris in nomine omnipotentis Dei observare ~imus *CS* 519; c**1142** ~io omnibus meis hominibus .. hoc donum manutenere ad posse suum *Ch. Chester* 59; c**1215** inquiri precepimus diligenter si .. *Cart. York* 14. **c** **1133** ~io quod ecclesia .. eas .. libere teneat *Ib.* 9; c**1162** ~io tibi quod sine dilatione facias recognosci .. (*Ch. Hen. II*) *EHR* XXIV 308; **1202** tibi ~imus quod sis ipsi H. in auxilium ad pacem faciendam *SelPlCrown* 22; c**1212** volo .. et ~io quod .. ipsi et homines sui .. sint liberi .. de syris et hundredis *Ch. Chester* 350; **1378** coronatores preceperunt ex parte domini regis ballivis quod eum ibidem facerent villatam .. custodire *SelC Coron* 87. **d** praecipit obsecrans .. / quatinus haec nulli .. / dicant ÆTHELWULF *Abb.* 483; c**1145** volo et iterum ~io quatinus .. monachi .. habeant *Regesta Scot.* 30; **1289** nos .. vobis precepimus et mandamus quatinus dictos redditus et exitus .. expediatis *RGasc* III 449b. **e** Dominus sic praecepit Moysi ut ille populo sic ~eret agere *Comm. Cant.* I 244; omnibus .. praecepit ne domum ejus intrarent neque de cibis illius acciperent BEDE *HE* III 22; **867** ~io omnibus successoribus meis .. ut numquam aliquis hanc .. munificentiam infringere presumat *CS* 516; c**1135** volo et ~io ut bene et libere teneat *Doc. Bury Sup.* 808;

dominus Maimundi precepit .. ut clauderet januam *Latin Stories* 26; ~iens inter alia .. statuta, sub pena mortis, ne quis incenderet, vastaret, vel caperet .. *G. Hen. V* 9.

4 (trans., w. command or thing commanded as object); **b** (w. gd. or gdv. phr. as dir. obj., usu. w. dat.); **c** (foll. by *ut* & subj.); **d** (w. acc. & act. inf.); **e** (w. acc. & pass. inf.). **f** (pass., w. inf.).

nec custodisti mandata Domini Dei tui, quae praecepit tibi Gildas *EB* 38; TRE tenebat A. monachus j hidam et faciebat servitium quod ei ~iebatur *DB* I 174va; c**1160** ego illud ~io et sic stare concedo et scripto presentis carte confirmo *Regesta Scot.* 153. **b** p**675** vascula .. et fialas .. fulvis favillarum cineribus expianda purgandaque ~iunt Aldh. *Ep.* 4 p. 484; [Christus] discipulo inter discrimina perfidorum militum eventus rerum praestulanti genetricem pie praecepit [*gl.*: mandavit] tuendam *Id. VirgP* 7; infesta saecularium negotia, quae contemptibilibus ecclesiae apostolus dispensanda ~it *Ib.* 59; **838** hanc reconciliationem .. omnibus fidelibus observandum [*sic*] ~io *CS* 421. **c** **738** (12c) hoc quoque ~imus, ut nullus praesumat .. hanc donationem meam minuere *CS* 159. **d** precipis [Domine] orbes rapide remeare J. Howd. *Cant.* 176. **e** [Earconberctus] jejunium quadraginta dierum observari principali auctoritate praecepit Bede *HE* III 8; ad id flagitii lasciviendo prorupit ut sibi quadam singularis potentiae auctoritate ~eret ostendi corpus tanti martyris Abbo *Edm.* 16; nam et ignis et qui accendit ignem et qui ~it ignem accendi faciunt incendium Anselm *Misc.* 339; **1184** quas [sc. divisas] .. firmiter teneri ~io *Regesta Scot.* 252; quartam partem thesauri sui precepit servientibus suis et pauperibus pro anima sua erogari *Feudal Man.* 93. **f** sanguis agni super utrumque postem .. poni preceptus est Petrus *Dial.* 135.

5 (w. person commanded as object).

601 prius .. populum abstinere a mulieribus ~it (*Lib. Resp.*) Bede *HE* I 27; in concilio praesulem .. condemnari ~it [*gl.*: i. mandavit] Aldh. *VirgP* 32 p. 273; quos .. cruentis verberum ictibus vapulare praecepit [*gl.*: i. mandavit] *Ib.* 33; praecipit audacter maculatum caede cruenta / absidam ecclesiae pullis non tangere palmis *Id. VirgV* 1046; c**1145** justiciam meam Cestrie .. ~io quod illum justitiet donec ad dignam satisfaccionem veniat *Cart. Chester* 12 p. 70; pastor ecclesie reptilia et immunda mactare ~itur et comedere J. Sal. *Pol.* 660B; cum .. coram auditoribus sibi datis .. factum electionis sue proponere pars utraque ~eretur Gir. *JS* 3 p. 191; remisit .. exercitum .., ac singulos domum redire praecepit Bede *HE* III 14; gratias refero tibi .., Domine, quod de carne mea peccatrice talem nasci precepisti tuorum hostium expugnatorem M. Par. *Abbr.* 313; **1378** sepius rogaverunt et ~uerunt .. homines in dicta nave existentes ut velum suum deponerent *IMisc* 220/7 m. 3.

6 (impers. pass., often w. dat.). **b** (w. inf.); **c** (foll. by *quod.* & subj.); **d** (foll. by *ut* & subj.).

tenebant ix liberi homines xviij hidas, et secabant .., et faciebant servitium sicut eis ~iebatur *DB* I 174va. **b** in quarto capitulo Actus Apostolorum ~itur abstinere a fornicatione, a sanguine et soffocato et idolatria Theod. *Pen.* II 11. 2; in constructione tabernaculi ~itur Moysi facere pelles rubricatas Osb. Glouc. *Deriv.* 500; juxta divine legis edictum quo ~itur eicere derisorem Ric. Angl. *Summa* 27 p. 37; **1306** adhuc preceptum est arrestare Simonem K. ... adhuc preceptum est loqui cum ballivis de Ff. .. *Rec. Elton* 114. **c** **1202** preceptum fuit servienti domini regis quod eum quereret *SelPlCrown* 22; **1206** preceptum est quod teneat appellantibus rectum in curia sua *Ib.* 53; **1214** preceptum fuit vicecomiti in banco .. quod ipse haberet corpora eorum *Ib.* 75; c**1275** ~ietur a curia quod deforciator legitime sumonicetur *CBaron* 69; **1306** preceptum est .. quod distringatur ad respondendum *Rec. Elton* 115; **1362** precepitur computantibus quod .. *ExchScot* 92 (v. praeceptorius 1b). **d** in constructione tabernaculi ~itur ut illa .. fiant opere polymitario Osb. Glouc. *Deriv.* 431; in lege ~itur ut subula perforetur auris servi *Ib.* 524.

7 (pres. imp. as sb., leg.) form of writ ordering something to be done (w. name taken from opening word or words of writ): **a** (*~e*, often as abbr. equivalent of b or d). **b** (*~e quod reddat*); **c** (exx. of writ). **d** (*~e in capite*).

a interim perquisivit breve quoddam, sc. ~e *CurR* I 360; **1203** Alanus .. et Emma uxor sua debent j m. pro habendo ~e apud Westm' .. de j carrucata terre in L. Willelmus de B. debet iij m. pro habendis tribus ~e apud Westm' .. de j carrucata terre in D., et .. *Pipe* 213; **1214** Stephanus .. [dat] domino regi ij palefr' pro habendo quoddam ~e de feodo ij militum *Cl* 174a; breve quod vocatur ~e de cetero non fiat alicui de aliquo tenemento .. *Magna Carta* 34; duo sequuntur essonia quoddam breve de recto quod vocatur ~e, sicut illud ubi quis terram .. clamat tenere de domino rege in capite ... est etiam quoddam breve quod vocatur ~e, a quo per accidens et ex discretione justiciarii duo procedunt essonia, in quo fit mentio de longinquo ingressu, verbi gratia Bracton f. 346b; **1309** jurata de utrum, *ou le bref fut porté vers plusours par diverses precipes: ou le bref s'abatist vers un*, hoc non obstante *les autres resp[ondirent] pur ceo q'il avoit diverses* ~e (*PlRCP*) *Year Bk.* I (*Selden Soc.* XVII) 52. **b** **1607** ~e quod reddat .. *is called sometime a writ of right close* (v. 7d infra). **c** c**1185** rex vicecomiti salutem. ~e N. quod juste et sine dilatione reddat R. unam hidam terre .. unde idem R. queritur quod predictus N. sibi deforciat Glanv. I 6; **1237** ~e tali quod juste et sine dilacione reddat tali tantam terram .. unde talis antecessor cujus heres ipse est fuit seisitus in dominico suo ut de feodo die quo obiit *BNB* III 228; **1309** ~e Johanni de C. quod juste .. reddat .. *Year Bk.* I (*Selden Soc.* XVII) 174. **d** **1225** petit .. duas carucatas terre .. ut jus suum per ~e in capite *CurR* XII 974; sunt .. quedam [placita] que .. immediate terminari debent .. sicut placitum de baroniis, ubi ipse petens tenere clamat immediate de domino rege in capite per breve de recto, quod vocatur ~e in capite Bracton f. 105b; **1299** brevia nostra que vocantur ~e in capite tacite impetraverunt (*Dublin*) *BBC* 43; **1535** *This wrytte of ryghte*, ~e in capite, *lyeth for the tenaunt whiche holdeth of the kynge in chefe, as of his crowne, whiche tenaunte is deforced transl. of Natura Brevium* (v. *OED* s. v. *præcipe*).

8 to grant, give, commend.

nunc auditis, quid Deo precupiam [vv. ll. precupio, ~iam; OE *hwæs ic Gode ann, hwæt Drihtene ic bebeod*], et quid complere debeatis (*Quad.*) *GAS* 149.

praecipitanter [CL *in sense* 1]

1 with headlong speed, with haste, swiftly, at once.

spiritus .. nequam ~er impetuosus .. proruebat R. Cold. *Godr.* 237; regem suum, ut precipitur, .. ~er adit Map *NC* II 17 f. 29v; cui major plus quam Deo obediens, regia precepta ~er effectui mancipavit M. Par. *Maj.* III 544.

2 (transf.) in haste, (over-)hastily, without due care.

misere .. esse damnato presertim nequissimo, minus tamen male quam exigunt merita nec pertinaciter negabo, nec ~er affirmabo Pull. *Sent.* 705C; constat .. ignorantiam quam culpa facit, nec defensionem habere, nec ~er acta defendere *Ib.* 868C; in fide Christi, in qua nihil ~er agendum est, in qua nemo repente sit summus P. Blois *Ep.* 100. 309B; uxor est eligenda discrete, non subito, nec ~er rapienda Holcot *Wisd.* 160; s**1340** in agendis regni non ~er et voluntarie precedere disponimus, sed .. deliberato consilio .. moderabimur Avesb. f. 88b.

3 all at once, suddenly.

interrupto colloquio nostro necdum finito .. solus ~er et indignanter exihistis et .. minaciter .. abcessitis Gir. *SD* 128; s**1075** unus ex illis, cujus arbitrium omnes exspectabant, ~er patria lingua dixit, '*schort red, god red, slea ye the bischop*' Wend. (*ed. Coxe*) II 18 (=M. Par. *Maj.* II 15).

praecipitare [CL]

1 to cause to fall, cast down (esp. from a great height, freq. as form of execution or killing); **b** (in fig. context or fig.); **c** (into hell).

~at, *ascufið* *GlC* P 629; ~a, *afael Ib.* P. 630; inopinum ex propugnaculo deturbans in subjectum Sequanam ~avit W. Malm. *GR* V 392; diros carnifices coartavit, cepit, et de altissima turre Brugis ~avit Ord. Vit. XII 45 p. 476; Antiochus rex facit suspendere duo parvulos ad ubera matrum suarum et simul ~are Ad. Dore *Pictor* 153; tandem vir ejus ~avit eam in aquam *Latin Stories* 12; quem a matre absconditum reddi compulit Ulixes et matre in captivitatem ducta de altissima turre ~avit et occidit Trevet *Troades* 3; imperator .. statuit .. quod si mulier sub viro adulterata esset, .. de alto monte ~aretur *G. Roman.* 276. **b** nisi me ventus tuae postulationis a puppi praecelsa pavidum inter marina ~asset monstra *Lib. Monstr. prol.*; quem lex non cohibet dissolvit culpa, solutum / in mala precipitat J. Sal. *Enth. Phil.* 346; arcent insidias hostis, quem gloria fallax / atque sui nimius precipitavit amor Neckam *DS* I 82. **c** timeo ne, quando boni Christiani post mortem cum angelis sanctis accipiunt vitam eternam, vos, quod absit! ~amini in gehennam Ælf. Bata 4. 31 p. 64; maligni spiritus sunt, quorum omne studium est homines a rectae viae statu dejicere, et ad profunda inferni ~are Elmer Cant. *Record.* 719C; cernimus .. animas sanguine testamenti redemptas .. in gehennalem flagitiorum omnium et cunctorum facinorum voraginem .. ~ari Ad. Marsh *Ep.* 247 p. 459; homo cum peccat, Deus .. eum .. per graciam suam salvat, ut non ~etur in infernum *G. Roman.* 277.

2 to cast or throw oneself down, cause oneself to fall (refl., also fig.); **b** (pass. in same sense). **c** (pass.) to fall. **d** (refl.) to descend headlong or precipitously.

1166 sane temerarium nimis et omnino praecipitem et ~antem se in mille dampnationis laqueos reputarem, qui se ad observantiam sacrorum canonum .. obligaret J. Sal. *Ep.* 168 (167 p. 96); in aquam .. se ~avit *Mir. Fridesw.* 31 (v. praecipitium 1a); statim cursu prepeti in proximum mare se ~at [sc. mus] Gir. *TH* II 6. **b** sicut .. interficiendo alium, ita et se ipsum ..... si quis tedio vite .. hoc fecerit, filium heredem habere debet ... ex alto .. ~ati et submersi similiter heredes habebunt *Fleta* 54. **c** nuntius quidam, monachis Eliensibus directus adveniens, innotuit unum ex illis de maceria ecclesie ~atum subita morte occubuisse Eadmer *V. Osw.* 24; qui studet in nimium cito precipitatur in imum L. Durh. *Dial.* III 403; qui dormitat super crepidinem inferni sepe ~atur [ME: *torplið*] totaliter antequam putet *AncrR* 124. **d** hinc in castellum pons despicit .. / .. / largus enim gradibus spatiatur ubique minutis, / nec se precipitat sed procul ima petit L. Durh. *Dial.* I 390.

3 to cause to subside or drop (in quots. pass.): **a** (w. ref. to prolapse of womb); **b** (w. ref. to fainting or collapsing).

~atur [matrix] Gilb. VII 298. 1 (v. praecipitatio 2a). **b** prevenit ergo provide consciam horam, et ultro velut in oratione prosternitur ne tam ~ata quam posita humi videretur Gosc. *Transl. Mild.* 25.

4 to do or perform (something) hastily or in haste. **b** (intr., pr. ppl. as quasi-adj.) that passes quickly, precipitate.

~at, festinat *GlC* P 722; non oportet te ~are sentenciam et judicium tuum Bacon V 172; sententias .. in quolibet fratrum ~atas relaxavit *Chr. Battle* f. 104v. **b** **1304** Johannem de Ba virum .. castum et modestum ex fervore animi continuato et non ~anti .. admittere nolebant in monachum *Reg. Cant.* 1327.

5 (alch.) to cause to be deposited as a solid from a liquid solution, to precipitate.

tunc enim sine dubio ~ari potest in vase longo et forti undique bene lutato Ripley 142; hujus vero exercetur opera semper, donec ~etur in pulverem instar minii rubicundum *Ib.* 205; primo cum lento igne per hebdomadam operare .. semper ~ando mercurium *Ib.*; sic argentum in aqua forti dissolutum cupro, sale communi, aut ammoniaco injecto ~atur *LC* 258a.

praecipitarius [CL praecipitare + -arius]

1 pertaining to a (down)fall, (*patibulum ~ium*) device for hanging criminal, gallows, gibbet.

s**1242** ad caudas equorum ipse, et xvj socii ejus, ad patibulum ~ium tractus, suspensus est M. Par. *Min.* II 463 (cf. id. *Maj.* IV 196: ad illam penalem machinam que vulgariter gibbetus dicitur).

2 (as sb., mil.) sort of siege engine.

dictum castrum .. infatigabiliter .. compactis ~iis impegerunt M. Par. *Maj.* IV 206.

praecipitatio [CL]

1 (act of) casting down or causing to fall (esp. from a great height).

utrum prius erit, an malorum ad inferos ~o, an bonorum in celos introductio? Pull. *Sent.* 999C; quam .. his diebus prelati majores .. ecclesiam Dei dissipare non cessant, animas exponendo sempiterne condemnationis ~onibus immanissimis Ad. Marsh *Ep.* 247 p. 459; Corineus .. summitatem montis nactus monstrum .. in mare projecit ... locus ille ex ~one gigantis nomen adeptus est; Saltus Gogmagog vocitatur in hunc diem *Eul. Hist.* II 219.

2 (act of) falling or sliding down, subsiding: **a** (w. ref. to prolapse of womb). **b** (transf.) collapse, downfall, ruin. **c** (theol., w. ref. to falling or lapsing out of grace or into sin).

a ~o matricis est declinatio ipsius ad aliam sui partem aut ex paralisi matricis. .. relaxantur nervi ipsius, et precipitatur quandoque in dexteram partem, quandoque in sinistram GILB. VII 298. 1. **b** quid .. infidelius est quam eum .. totius vanitatis lenocinio excecatum in sordes vitiorum impellere et ~onis abyssum J. SAL. *Pol.* 481D. **c** libertas proprie facultatis et licentiosa potestas multis extitit causa ~onis, et sensus proprius causa deviacionis PECKHAM *Paup.* 11 p. 96.

3 (fact of) being in (undue or excessive) haste, hastiness, precipitancy, precipitateness.

sunt quos a praedicationis officio vel imperfectio vel aetas prohibet, et tamen ~o impellit BEDE *Luke* 632D; contra consilium sunt precipitatio et ira, / consilium velox judiciumque nocet H. CANTOR *Vers.* 220; **1169** verba ~onis diligit lingua dolosa J. SAL. *Ep.* 291 (291) (cf. *Psalm.* li 6); de Sichem .. qui ad primum aspectum Dinae .. eam rapuit ... ob cujus facti ~onem interfectus est cum populo suo per fratres Dinae HOLCOT *Wisd.* 160.

4 (alch.) depositing of a substance as a solid out of a liquid solution, precipitation.

in ~one mercurii impregnati cum sole vulgi .. debet corpus subtiliari ante ~onem ... cum .. fuerit in hunc modum subtiliatum, ponatur in vase ~onis RIPLEY 204; ~o: quando corpora per aquas corrodentes corrosa et in aqua soluta, vel aque corrodentis abstractione, vel alio encheremate, in aliquem calcem repercutiuntur *LC* 258a.

praecipitator [LL], one who casts down or destroys, overthrower, destroyer.

1105 legis Christianae rectores non jam rectores sed ~ores, ac .. paene omnis justitiae effecti subversores *Ep. Anselm.* V 308; totius multitudinis .. una voce W. recti amatorem, et episcopos .. justitie ~ores esse concrepantis EADMER *HN* p. 168; pastor predator fit, princeps precipitator, / et dux seductor *V. Ed. Conf. Metr.* 374.

2 (theol., w. ref. to sinner) one who acts precipitately, or one who has fallen (rashly or precipitously).

facile .. a Domino remittitur ~oris [v. l. precipitationis] temeritas apud quem difficile curatur studii iniquitas. unde .. minus .. peccare videtur qui cum pulchra muliere fornicatur, quem species ad fornicandum impellit, quam ille qui cum turpi muliere fornicatur, quem nulla causa impulsiva ad hoc impulit nisi sola iniquitas mentis T. CHOBHAM *Conf.* 57.

3 (alch.) agent that causes solid to be deposited from a liquid solution, substance that causes precipitation, precipitant.

ad hoc enim laboret sublimator, ut Mercurio humiditatem flegmaticam auferat, et fetulentam substantiam, et sic mortificatur. non enim sic mortuus perficit opus nisi fixetur, ad quod insudat ~or cum ignis tanta violentia M. SCOT *Sol* 714.

praecipitatorium [CL praecipitare+-orium], (mil.) sort of siege engine.

muros et castra civitatis mangonellis, petrariis, et ~iis undique erectis flagellarunt M. PAR. *Maj.* V 26.

praecipitium [CL *in sense* 1]

1 act of falling or being thrown (esp. from a great height); **b** (as form of killing or execution); **c** (*in* ~*ium dare*, w. gen. of that into which victim falls).

si quis alium fugiens, ut ira decertantium vel causa persequentium sepius impetravit, ~io [v. l. precipio] vel casu aliquo moriatur, reddat eum qui injuste perfugabat (*Leg. Hen.* 88.5) *GAS* 603; cujus [sc. draconis] ~ii fragor fere per duo milliaria auditus est R. NIGER *Chr. II* 173; in aquam capite prius immisso se precipitavit. impetu autem fluminis subtus rotam molendini molentis delata, quod ipsius ~io contiguum erat .. *Mir. Fridesw.* 31; fratrem suum .. in navicula vetustate confracta .. Neptuno commisit; .. adolescens ille inter fluctus maris vita pertesus, voluntario ~io undis sese summersit M. PAR. *Maj.* I 450 (=CIREN. II 64); primo nuncius narrat quomodo filius Hectoris datus est in ~ium, .. tercio nuncius conquassacionem membrorum ex ~io describens TREVET *Troades* 75. **b** libera me .. in umbra alarum tuarum sperantem a iminenti precipiccio J. FURNESS *Kentig.* 3. **c** condemnati cives, membris confractis, in maris ~ium dati sunt GIR. *EH* I 15.

2 falling down, collapse; **b** (w. ref. to fainting or swooning). **c** (transf.) fall (in rank, status, or condition), downfall, ruin. **d** (theol., w. ref. to falling or lapsing out of grace or into sin).

quanto .. lapidum ampliorem superponebant cumulum, tanto magis accelerabant turris ~ium *Mir. J. Bev. C* 345. **b** illa vero, his auditis, velut in ~ium delapsa, se solo premens .. FELIX *Guthl.* 50 p. 158. **c** cui negotio cum se medium nisi rem protelando rex facere nollet, sciens archiepiscopum abominabile habere tanto ~io se perenniter fieri obnoxium, suspensa res est EADMER *HN* p. 286; si .. quis antiquas nescit historias, .. si casus et ~ia precedentium non recolit tirannorum .. J. SAL. *Pol.* 807B; mala vita dupplex ~ium habet: carnem enim molestiis honerat, et spiritum vitiis pregravat BERN. *Comm. Aen.* 49; quidam suos ulcisci prepropere parant, et bellice sibi cladis et confusionis peremptorie ~ium primiciare procurant E. THRIP. *SS* III 13; unde provenit .. populo ~ium, regno detrimentum *G. Ed. II Bridl.* 91; casus vel ~ia persecutorum ecclesie S. Edmundi (*Edm.*) *NLA* II *app.* ii p. 676. **d** ille ira et omnibus vitiis repletus omnes ad ~ium aeternae damnationis pertraxit BYRHT. *V. Ecgwini* 385; formidans .. ~ium animarum in quas totus Satanas .. his sceleratissimis diebus debacchari conspicitur AD. MARSH *Ep.* 36; non sine precipientis .. peccato dampnabili ac gravi ~io gregis sui *Flor. Hist.* III 165.

3 vertical or very steep face (of rock, *etc.*), cliff, crag, precipice; **b** (fig. or in fig. context).

ferunt quia .. homines inedia macerati procederent ad ~ium aliquod .. et junctis misere manibus pariter omnes .. ruina perituri .. deciderent BEDE *HE* IV 13; est autem ibi in proximis locis Ceoddri, quoddam inter alia plura praecisi montis ~ium B. *V. Dunst.* 14; mons Ceddrorum perexcelsus .. qui medio sui interruptus ingens baratrum et immane ~ium de summo .. ostendit OSB. *V. Dunst.* 18; semita arta et a leva ~io et subterlabente fluvio timenda W. MALM. *GR* II 170 (=*Eul. Hist.* I 396: †~ia); in preruptis locorum ~iis, ubi vetusta etas .. castella locarat, denuo reparare *G. Steph.* 86; templum civitatemque non muri .. sed ~ia .. naturalia, murorum vices supplendo, .. defendunt E. THRIP. *SS* III 36. **b** c**793** inveni oviculam istam per neglegentiae ~ia errantem ALCUIN *Ep.* 70; cavendum est .. maxime per mundi ~ia iter agentibus OSB. BAWDSEY clxviii; peripateticus .. utrimque erroris ~ium metuens, nec ad paradoxas Stoici, nec ad kiriadoxas Epicuri movetur J. SAL. *Met.* 935A; quocunque vocat esca jejunos .. secuntur qui possunt, in omne ~ium irruunt, nec ullum mortis incursum metuit famis angustia MAP *NC* I 25 f. 19; luxuriantur tam corporaliter quam spiritualiter, et gregem subjectum multipliciter ducunt in ~ium WYCL. *Ver.* II 135.

praecipium v. praecipitium, pretium.

praecipue [CL], more or to a greater degree than anything or anyone else, more than in any other situation or circumstance, especially.

~e de his tribus orbis terrae generibus responderi petebas quae maximum formidinis terrorem humano generi incutiunt *Lib. Monstr. prol.*; insula .. ~e issicio abundat et anguilla BEDE *HE* I 1; omnes consonantes, et ~e mute, velut exanime corpus jacent quousque illas singule vocalium pro suo nutu animando movent ABBO *QG* 11 (25); silentii gravitatem inclusae servandam ~e suademus AILR. *Inst. Inclus.* 5; illa [stella, i. Saturnus] enim in Capricorno posita, pluvias gravissimas, sed ~e in Italia, commovet ALB. LOND. *DG* 1. 3; antidotum quasi contra vicium aliquod datum, ~e quod datur per os *SB* 11.

praecipuitas [ML < CL praecipuus+-tas], excellence, surpassingness, exceptionality.

Rogerius .. Saresberiensis electus episcopus, vir multa bene meritorum ~ate sollempnis (*Quad.*) *GAS* 545; qui tanta clericos ingenuitate fovebat, qui tanta meritorum ~ate pollebat (*Ib.*) *Ib.* 546.

praeciputio [cf. CL praecisio, praeputium], cutting off of the foreskin, circumcision, or *? f. l.*

omnis circumcisio literalis est gracia circumcisionis spiritualis signande ... ~o [? l. preputatio] vel precisio igitur superfluitatis peccati a corde, i. mente, intelligi debet WYCL. *Ver.* III 145.

praecipuus [CL]

1 that surpasses all others (in quality, talent, or skill), outstanding, exceptional.

Gregorius, vir doctrina et actione ~uus, pontificatum .. sortitus BEDE *HE* I 23; Theodoricum in opere fusili auri et argenti totius civitatis [sc. Lundonie] ~uum *Found. Waltham* 24; juvenis .. sutor .. illius artis omnes excedens magistros novis et ~uis invencionibus MAP *NC* IV 12 f. 53v.

2 that exceeds all others in importance, foremost, chief. **b** (of person); **c** (as sb. m.). **d** (eccl., w. *festivitas*, *festum*, or sim.) principal.

atque adeo ingentis magno auxit munere doni / precipui decorans nobilitate gradus *Epigr. Milredi* 810; **796** 'docentes eos servare omnia quaecumque mandavi vobis'. ordo ~uus. .. ne putemus levia esse quae jussa sunt, et pauca addidit .. ALCUIN *Ep.* 110 p. 158; s**1135** quedam .. castella in Normannia, inter que ~um Danfrontum W. MALM. *HN* 460; hec summis auctoribus prima fuit et ~ua scribendi occasio GIR. *TH intr.* p. 4. **b** ut Maro ~uus poeta cecinit *Lib. Monstr.* III 10; misit .. cooperatores et verbi ministros, in quibus primi et ~ui erant Mellitus, Justus .. BEDE *HE* I 29; s**1141** Londonienses qui ~ui habebantur in Anglia sicut proceres W. MALM. *HN* 495 p. 55; ibique Guillelmum Osberni filium in exercitu suo ~uum reliquit ORD. VIT. IV 1 p. 167; procurantibus .. quorum ~uus et principibilis fuit magister J. de H. M. PAR. *Maj.* III 172. **c** Gaufridus iste .. ~uus totius Anglie *Found. Waltham* 29 (v. praecluis 1b); ad patriam suam nuncium imperitum destinavit, ad primates et ~uos regni sui *V. II Off.* p. 230 (ed. 1963); Rogerus de Turkebi, regi ~uus, et nulli in toto regno maxime in justicia et terre legibus secundus, cum omnes precelleret sensuum et rerum nobilitate et gloria *Flor. Hist.* II 450. **d** quinque sunt ~uae festivitates, id est, Natale Domini, Resurrectio ejus, Pentecostes, Assumptio sanctae Dei genetricis Mariae, festivitas loci LANFR. *Const.* 126; pulsentur signa sicut in ~uis festis [v. l. festivitatibus] *Ib.* 130; lampade nonne vacua, / festa peto precipua, / quo nubit sponsus nobilis? J. HOWD. *Cyth.* 14. 8; et omnes benedicciones facere .. Dominicis diebus ~uis *Cust. Cant.* 74; vinum non bibunt nisi forte in ~uis festis [ME: *festival dayes*] *Itin. Mand.* 38.

praecircinare [CL prae-+circinare], to trace a circle around beforehand or in advance, 'pre-encircle' (in quot. in fig. context). **b** (transf.) to sketch out (a plan or scheme) in advance.

circinus interior mentis precircinet omne / materie spatium VINSAUF *PN* 55. **b** premunita sunt .. contra eum castella ... interim magnates regni .. totum regnum occupabunt. sic enim prelocutum fuerat et ~atum M. PAR. *Abbr.* 249.

praecircumvenire [CL prae-+circumvenire], to act beforehand in order to deceive with foresight.

Phicium [Appollonem] .. prenoscicatorem .. medicinalem tam circumspectum futurorumque tam sapientem ~iret E. THRIP. *SS* III 1.

praecise [CL *in sense* 1]

1 in a manner cut off or removed from so as to preclude any other consideration, without qualification or reservation, categorically, absolutely; **b** (in leg. context, cf. *se prist a la defaute tut a trenche* as equivalent of *se capere ~e ad defaltam* at *Year Bk.* III (*Selden Soc.* XX) 49).

navale siquidem bellum fieri, item non fieri possibile est, alterum .. prescise et determinate verum est et prescitum J. SAL. *Pol.* 444C; s**1245** quod staret et pareret ~e, absque ulla conditione, omnibus mandatis ecclesie M. PAR. *Maj.* IV 450; **1259** nos inde moti et turbati quam plurimum eidem episcopo ~e mandavimus quod .. *Cl* 427; **1422** noveritis me .. dedisse, concessisse, et ~e vendidisse .. *Cop. Pri. S. Andr.* 99. **b** **1272** ~e se tenuit ad finem predictum qui nullus est, .. ~e petit judicium et possessionem predicti heredis (*CurR*) *EHR* XXXV 412; **1297** predicti W. et R. ~e defendunt jus predicti B. *SelPlMan* 123; **1315** predictus R. ~e petit judicium super defalta quam predictus A. fecit (*PlRCP*) *Year Bk.* XVII (*Selden Soc.* XLI) 32.

2 exactly, precisely, with precision; **b** (leg.); **c** (w. ref. to number).

si Deus-homo passus per se justificat hominem

lapsum et est hec ~e conproportionata causa huic effectui GROS. *Cess. Leg.* III 1 p. 123; non est necesse .. habere totaliter proprietatem et perfectionem semper etc. prescise, sed prout melius et brevius competit etc. *Mens. & Disc.* (*Anon. IV*) 53; hoc autem non contingit in creaturis, quia ibi abstrahendo illas realitates que sunt in eodem (puta realitatem generis et differencie) et considerando eas ~issime utraque est finita et neutra perfecte eadem alteri DUNS *Ord.* IV 275; religio movet quando fit ~e causa prolis generande ad cultum Dei HOLCOT *Wisd.* 157; cum de plana musica quidam philosophi sufficienter tractaverunt .. theoretice ~e Boetius, practice vero Guydo monachus HAUBOYS 180; archiepiscopus .. ipsos fecit iterum citari coram se .. super ecclesias .. et super decimis et pensionibus .. jus speciale si quod haberent ~e et peremptorie proposituri et ostensuri THORNE 1967. **b** **1221** omnes juratores .. dicunt ~e quod Ketellus non est culpabilis *SelPlCrown* 104; juratores .. ~e intelligunt quod ipse occidit eum *PlCrGlouc* 4; **1277** Galfridus venit defendens .. Johannes respondit .. et ponunt ~e in judicio. et ponitur in respectu *Hund. Highworth* 65; **1333** sic ~e dicunt quod .. *Reg. S. Aug.* 184. **c** cum .. ova ducenta †mitterentur [l. mitterentur], .. episcopus .. ~e mandavit quod ducentas oves ei promissas quam citius mitteret GIR. *GE* II 34 p. 332; multiplex est quando major numerus continet minorem multotiens ~e *Mens. & Disc.* (*Anon. IV*) 65; Hebrei sicut a patribus suis acceperant menses lunares ducentas triginta quinque ~e contineri in decem et novem annis solaribus BACON VI 119; completus est .. tractatus iste .. anno .. etatis nostre quinquagesimo octavo ~e completo R. BURY *Phil.* 20. 253; **1440** sic remanent in annum futurum ~e iiij l. v s. iiij d. ob. *Cant. Coll. Ox.* II 158.

praecisinus v. praecisivus.

praecisio [CL]

1 (act of) cutting or incising.

a testa enim capitis ita fuit gladio vorante decisa, quasi videretur foramen illud novaculi peracuti verbere vel ~onis secamine abrasa R. COLD. *Osw.* 51 p. 380; ex medicorum industria, exigente physice artis peritia, cutem teste capitis in modum crucis in quatuor regionum partes precisam habuit, sed nil remedii medicorum ~onibus percipere potuit R. COLD. *Godr.* 370; diversis medicamentorum ~onibus afflicta *Id.* 482.

2 removal by cutting off or severing (in quot. by pruning, in fig. context). **b** (eccl., applied to excommunication).

c1330 per .. fratris T. de N. revocacionem a studio, in qua palmitis fructiferi dolendam nimis ~onem a vite totum ordinem anxie ferre decet J. MASON *Ep.* 212. **b** **1166** intentatis minis interdictum aut precisionis elogium in eum jam dudum fore proponitis multa severitate DICETO *YH* I 322; rigore .. censure que de stricto jure procedit, et precipue ~onis sententia, supersedendum GIR. *Symb.* I 21 p. 257; neque canonicam in aliquo censuram nec prescisionis elogium formidantes *Id. Spec.* IV 12.

3 cutting away or removing (of abstract or non-material thing). **b** (log.) abstraction, mental separation (of fact or idea).

eo quod Hugonum consilio regine familia esset diminuta, et certorum reddituum ~one et annone magis parca subministratione MORE *Chr. Ed. II* 306. **b** natura .. individuata ut hec humanitas non est subsistens, quia de modo significandi in abstracto significat cum prescisione ipsius esse et omnium accidencium, que sunt in hoc homine T. SUTTON *Quaest.* 41; non sic intelligendo quod post separacionem sibi primo competat intelligere substancias separatas secundum esse proprium, quod habent in seipsis, sed propter ~onem a cognicione, que est convincendo a phantasmatibus BACONTHORPE *Quaest. Sent.* I 4b.

4 (rhet.) figure by which one leaves off the end of a statement, aposiopesis.

utendum est in locis suis ad jocum excitandum duobus coloribus rhetoricis, sc. occupatione et ~one. .. ~o est color quando precidimus de dictione vel de oratione. de oratione sic: 'nonne tu es ille quem vidi ..? sed parcam pudori tuo' VINSAUF *AV* II 3. 167–8.

5 exactness, precision, definiteness, (precise) definition.

exclusio nichil addit nisi quamdam ~onem circa subjectum et predictum BACON XV 294; de tercia prioritate habetur I Posteriorum, in definicione 'universalis', quia 'primo' ibi dicit ~onem sive adaequacionem

DUNS *Ord.* III 49; et patet quod conclusiones geometrice non demonstrant cum ~one, sed cum exclusione erroris sensibilis WYCL. *Log.* III 110; si in quantum dicat ~onem tunc episcopus nec tenetur predicare nec aliud opus facere, quia ut sic equinitas est tantum equinitas, si in quantum alio modo teneatur, tunc est verum quod nullus episcopus tenetur predicare GASCOIGNE *Loci* 31 (unless to be referred to sense 3b *supra*).

praecisivus [CL praecidere + -ivus], (as sb., w. ref. to tooth) incisor.

ad ordinatam dentium seriem referendum hoc videbitur, decens enim ipsorum ordo in †precisinis precipue equalitatem quandam desiderat (NECKAM *Cant.* IV 10) R. W. Hunt & Margaret Gibson, *The Schools and the Cloister* (1984) 109.

praecisor [CL praecidere + -or], (w. ref. to tooth) incisor (often in apposition to *dens*).

dentes alii ~ores, alii canini, alii molares, ~ores dicuntur primi dentes hominis, quia omne quod accipit ipsi prius incidunt (*Leg. Hen.* 93. 6) *GAS* 609; qui primos vel ~ores dentes excusserit alicui, viij s. emendet (*Ib.* 93.7) *Ib.* 609; apposuit pater cultellum, et duos dentes anteriores, qui ~ores dicuntur, excussit W. CANT. *Mir. Thom.* II 40; hi [sc. dentes] lati sunt et acuti, incisores vel ~ores a medicis nuncupantur ... sunt iterum duo qui canini sunt dicti .. ~oribus enim dentibus sunt forciores BART. ANGL. V 20; refert utrum fracti sint dentes ~ores, molares, sive maxillares ... ~ores .. multum adjuvant ad devincendum BRACTON f. 145; ~or, anterior dens *CathA*.

praecisura [CL], part of a line cut off by intersection, section, segment (in quot. w. ref. to section of the altitude of a scalene triangle).

minor ~a ADEL. *Alch.* (ed. 1898) 16.

praecisus [CL *in sense* 1]

1 sheer, very steep (in quot., w. ref. to Cheddar Gorge).

est autem ibi in proximis locis Ceoddri, quoddam inter alia plura ~i montis praecipitium, mira .. et immensa profunditate devexum B. *V. Dunst.* 14.

2 definite, exact, precise.

in somno .. sensus communis principaliter immobilitatur et per calorem freneticum .. solvitur. frigus enim praescisa est causa immobilitatis sensuum, calor vero solutionis tam sensus proprii, quam communis *Ps.*-GROS. *Summa* 492; ad primum objectum in contrarium dicendum quod hoc quod dicit 'sicut' non dicit ibi omnem similitudinem aut ~am, sed generalem, quasi dicat: sicut sol lucet excellentius, ita et illa lucebit excellentius PECKHAM *QA* 160; **1283** hujus .. ~a veritas sciri non poterit *Id. Ep.* 495 p. 638; queritur .. quid est subjectum ~um et immediatum ipsius temporis BACON XIII 256; **1309** in forma juris proposituri quicquid voluerint contra eum, pro termino peremptorio et ~o *Reg. Carl.* II 10; sophiste .. sciunt dicere quandocunque talia fuerunt, sed nulla pro ~a mensura, sicut tamen limitatur in communi modo loquendi WYCL. *Log.* III 133.

praecitanter [CL prae- + citanter], very swiftly or speedily, or ? *f. l.*

maris fluctus ut murus .. altissimus .., quandoque proram .. dimergens ad ima voraginis, modo puppim ~er [? l. precipitanter] elevans R. COLD. *Cuthb.* 52.

praecitare [CL prae- + citare], to cite or refer to beforehand, (in quot. as p. ppl.) above-mentioned.

1277 pro illis insuper procuratoribus nostris ac substitutis eorum in forma ~ata rem ratam haberi, exponimus cautionem *Conc.* II 31b.

praecitus v. praescire.

praeclamare [LL], to claim or call upon before or in advance.

1166 ergo hactenus puniatur, ut vestrum 'benedicite' usque ad prefinitum diem ei ~are non liceat, nisi venia impetrata J. SAL. *Ep.* 157 (153).

praeclamatio [LL praeclamare + CL -tio], (act of) calling or crying out beforehand or in advance, cry (of warning).

custos .. qui custodiam cui preest saltim ex ~one

[AS: *mid hreame*] defendere non vult (*Cons. Cnuti* 26. 1) *GAS* 307.

praeclare [CL]

1 very clearly or distinctly.

nocte .. cuidam seniori aetate .. quidam honorificentissimus in visu adstitit, ita ~e ut recolat adhuc cujus formae illum assimilare potuerit GOSC. *Transl. Aug.* 26A.

2 very excellently or outstandingly; **b** (iron.).

tuus tunc preclare / fit triangulare / scutum Filius J. HOWD. *Sal.* 33. 4. **b** potent preclare, liceat sibi cuncta vorare, / et sint inflati nec sit modus ebrietati R. CANT. *Malch.* II 408.

praeclaritas [LL], brilliance, outstandingness, excellence.

c1321 ad vos .. quos honoris ~as et virtutum insignia efficiunt graciosos (R. BURY *Ep.*) *FormOx* 67; **1343** vestra maturitas .. ~ate meritorum et scientie divinitus jam erecta (*Lit. Regis*) WALS. *HA* I 256.

praeclarus [CL]

1 very clear or distinct, (transf.) quite obvious or plain.

eorum ~a fuisse videtur intentio, quibus .. opere pretium fuit et cure, egregium aliquod mundo memoriale relinquere GIR. *TH intr.* p. 3.

2 very bright, brilliant, or radiant.

tanta .. lux .. ut omni splendore diei .. videretur esse ~ior BEDE *HE* V 12; quidam candido ~us habitu, dicens se Michahelem esse archangelum *Ib.* 19.

3 (transf., sts. w. abl. of specification) brilliant, splendid, outstanding; **b** (of person, w. ref. to reputation or achievement); **c** (as title or form of address); **d** (of action or deed). **e** (as sb. m.) outstanding man.

insula .. fluviis .. multum piscosis ac fontibus ~a copiosis BEDE *HE* I 1; melior est sapientia auro et .. consilium .. ~ius omni lapide pretioso *Ps.*-BEDE *Collect.* 63; o quam ~iore, quam precellentiore prediti sunt animo, qui pretiosum illud Dei donum .. non abscondunt GIR. *TH* III *pref.* p. 139. **b** per auream aquilam .. ~us vir .. exprimitur WULF. *Æthelwold* 3; intelligentes filium ejus .. signiferum fore militiae Dei .. et in aquila aurea ~um virum ÆLF. *Æthelwold* 2 p. 18; morum venustate ~us *Found. Waltham* 29 (v. praecluis 1b); iste tamen cum tantus vir esset et a senatu etiam ~us et nobilis haberetur GROS. *Hexaem. proem.* p. 17; **1341** quod ~us Ph. de V. ad tractandum inter nos et ipsum concordiam dedit vobis (*Lit. Regis*) AVESB. f. 98. **c** **1341** Lodowicus, Dei gratia Romanorum imperator semper augustus ~us (*Lit. Imperatoris*) AVESB. f. 97b. **d** confitentur quidem omnia opera Cristi ac dicta fuisse bona et vera et miracula ejus ~a [ME: *clere*] *Itin. Mand.* 72. **e** parvo datur preclarus pretio, / redemptorem vendit ambitio J. HOWD. *Ph.* 103.

praeclius, praeclivis v. praecluis.

praecludere [CL]

1 to obstruct so as to deny passage through or along, block, bar, close (also in fig. context); **b** (w. dat. of indir. object); **c** (transf.).

os aperit, verba singultibus impediuntur. / vocis iter medium precluditur NIG. *Paul.* f. 501. 599; **s1245** viis terre ipsius de mandato ejus omnino preclusis M. PAR. *Maj.* IV 452. **b** **c1165** erat, ut memini, genus hominum qui in ecclesia Dei archidiaconorum censentur nomine, quibus vestra discretio omnem salutis viam querebatur esse ~clusam J. SAL. *Ep.* 166 (140 p. 24); omnis tibi via negandi ~cluditur, et confiteri necesse est P. BLOIS *Serm.* 770B; nemini habenti usum liberi arbitrii ~cluditur via salutis aut profectus salutis PECKHAM *Puer. Obl.* 421; **1293** omnibus quicquam contradicere volentibus in hac parte nostra auctoritate, quatenus jus ~clusit, via ~clusa est per decretum *DC Cant. Reg. Q* f. 53a. **c** nunc claustrali angustie mancipata es, ubi omnis evagandi licentia ~clusa est P. BLOIS *Ep.* 35. 114A; si doli capax non posset induci ad vovendum, magna sibi ~cluderetur salutis occasio PECKHAM *Puer. Obl.* 422.

2 to close the entrance of, to deny or prevent access to, shut off; **b** (w. dat. of person to whom access is denied).

1275 donasse .. licenciam bonam et facultatem liberam includendi et ~cludendi quamdam particulam terre sue arabilis *Feod. Durh.* 190n. **b** **1166** si affectum .. suspenderem, michi salutis proprie .. merito viderer gaudia ~clusisse J. SAL. *Ep.* 165 (164 p. 84).

3 to bar or block the way of, deny a path to, stop. **b** to deny entrance to, exclude, shut out.

invenimus nos undiqueversum pari tempestate ~clusos BEDE *HE* V 1; intra fauces [vulpecule] avicula vitalem spiritum ~cludente, bestia inventa est suffocata GIR. *TH* II 30; vox preclusa redit singultus ut ille recedit NIG. *Paul.* f. 50. 611; preclusi viam floris / vis reserat caloris P. BLOIS *Carm.* 2. 1. 1; **c1422** thesaurarius .. continue nummissma sensus in carbonam ~cludendo, nusquam solem intuiturum *Cant. Coll. Ox.* III 70. **b** debet .. circa claustrum hostia claudere, et omnes seculares ~cludere *Obs. Barnwell* 52.

4 (in quots. in leg. context) to prevent or preclude (a person from some action, w. *ab* or *de*).

1270 ~cludentes ei viam super dote sua ulterius impetranda *Selden Soc.* CXI 9; **1313** ad ipsam Agnetem de accione sua in hac parte ~cludendam *Reg. Malm.* II 411; **1423** de omni accione .. ~clusi *RParl* IV 209b (v. praeclusibilis); **1451** ipse .. ab accione sua predicta habenda ~cludi non debet *Reg. Whet.* I 63; **1470** per alienacionem illam eadem uxor et heredes sui ~clusi erant ab omni accione *Bury St. Edm.* 181.

praecluere [CL], to be much talked of, to be renowned, celebrated, or famous; **b** (pr. ppl. as adj.).

Edgyde .. que monasterio Tamuuordie provincieque Staffordie meritorum signis, sicut et ipsa Wiltonie, ~it GOSC. *Edith* 54. **b** vive: quem dedere regna, magna regum gratia / precluens princeps opime principum Brittaniae *Ib.* 81; ~entissimus .. ac sanctissimus Theodorus *Id. Transl. Aug.* 40D; translationem ~entissimi Augustini *Ib.* 46C.

praecluis [LL < CL praecluere], **~uus, ~ivis,** much spoken of, celebrated, famous, renowned; **b** (of person). **c** (in gl.) gentle, well-born, noble.

ut tua praecluibus gliscens eupraepria sceptris, / ardua Romulei servet precepta vigoris FRITH. 1029; Dominus .. qui proprie alumne inopinam per sancti sui ~ua Neoti merita attribuere dignatus est sospitatem *V. Neot. A* 20; caelestis aulae nobiles / .. / concorditer ferant Deo / laudum tropaea procluo WULF. *Poems* 164; ~uis .. miraculis vicinos monachos ad sui venerationem .. excitaverit W. MALM. *GP* II 91; nobile certamen invenit [? l. iniit] Thebea juventus, / preclue martyrii premeruisse decus NECKAM *DS* III 756. **b** a domno presule Aðelwoldo venerabili atque abbatibus Ælfstano necne Æðelgaro ~uibus LANTFR. *Swith.* 3; erat omnibus blando eloquio affabilis, humilitatis gratia ~uis ABBO *Edm.* 3 (=CIREN. I 332); nunc stylus vertatur ad aerium elementum in quo non minori gratia ipsa beata Dei genitrix ~ivis insignissime demonstratur DOMINIC *Mir. Virg.* f. 139rb; Berhtwaldus, et fama religionis nominatissimus et generis nobilitate ~uus W. MALM. *GR* I 29; Stephanus .. de Magnavilla, vir illustris militarisque industrie ~uis *G. Steph.* 86 (cf. ib. 109: militie industrie ~uis); tibi, inquam, vir ~uis [vv. ll. preclius, preclarus, preclare], vir insignis, vir virorum perpaucorum GIR. *IK pref.* p. 8; Gaufridus iste [sc. de Mandevilla] precellens multiformi gratia, precipuus totius Anglie, militia quidem ~ivis, morum venustate preclarus *Found. Waltham* 29; providemus eum precellere cunctos qui ante eum fuerunt ~ues [v. l. preclaros] reges terre in gloria et honore J. LOND. *Commend. Ed. I* 11. **c** *gentylle* .. versus: strenuus ingenuus, illustris vel generosus, / insignis, presignis, et inclitus, egregiusque; / istis patricius, preclarus, nobilis assint. / debes predictis adhibere que precluus istis *CathA.*

praeclusibilis [CL praeclusus *p. ppl. of* praecludere+-bilis], (leg.) liable to be precluded (from some action).

1423 querentes et implacitantes de omni actione ~es et preclusi in hac parte *RParl* IV 209b.

praeclusio [CL=*stopcock*]

1 (act of) blocking the way (of), stopping.

donec in eo vidisset indubitata mortis indicia per vocis ~onem. tunc .. cum cerneret vocem ademtam sibi .. WALS. *HA* I 327; **1437** quicquid .. nos et nostri ad ~onem repressionemque tanti et tam execrabilis mali conferre poterimus BEKYNTON II 85.

2 (leg. act of) preventing or precluding (a person from some action, or an action from taking place), preclusion.

1523 nichil dicit in ~one predicti querentis actionis sue predicte *Law Merch.* II 136; nec in ~onem bille illius aliqualiter respondet *Entries* 179ra.

3 tract of land enclosed (for cultivation).

tantilla agri hujus particula vix quinque pedum dimensione suffoditur! non sic decet virile robur se exserere, sed operum probabili magnitudine quam devotus sit Deo animus grandis spatii ~onibus demonstrare R. COLD. *Godr.* 100.

praeclusivus [CL praeclusus *p. ppl. of* praecludere+-ivus], (leg.) that precludes or causes preclusion, preclusive.

1291 felonia illa non esset ei ~a accionis ad petendum tenementa predicta *PlRCP* 87 m. 31*d.*; **1308** petit judicium si presentacio predicti abbatis tempore viri sui facta ipsi Johanne accionis sue debeat esse ~a (*PlRCP*) *Year Bk.* I (*Selden Soc.* XVII) 32.

praeclusorium [CL praeclusus *p. ppl. of* praecludere+-or+-ium], (eccl.): **a** screen (across end of chapel in church). **b** ? sort of screen or frontal.

in capella Beate Virginis .. duas perticas pro superponendis cereis .., una cum procere altitudinis †perclusorio [l. ~io] dictam capellam inferius terminante .. procuravit *Croyl. Cont. B* 498. **b** ejus .. laudabile preconium est, quod .. tabulam super summum altare deauratum, cum suo ~io ante et retro decentissime preparato, conductis artificibus, ad Dei laudem fieri fecit *Croyl. Cont. B* 535.

praeco [CL *in sense* 1]

1 one who makes public announcements or pronouncements, crier, herald. **b** one who hawks or cries goods for sale in a market place, hawker, (in pejorative sense) huckster.

Joseph .. ~o primus denominatus est ante praecedens eum [sc. Pharaonem] *Comm. Cant.* I 205; jussit rex ~ones proclamare .. atque illis praeconantibus .. BYRHT. *V. Ecgwini* 379; ~onibus, *bydelum GlP* 331; cujus digna laudum preconia vox ~onis non silebit GIR. *TH* III 50; rex .. ~onem vocavit et ait ei .. perrexit nuncius .. *G. Roman.* 374; ~o proclamaturus edictum regis ascendit in altum, ut eminus audiatur; preco quicunque est quasi predicator proclamaturus edicta regis, id est, precepta Christi HOLCOT *Wisd.* 205; uxores eorum .. voce ~onis .. jubentur proscribi *Plusc.* IX 8. **b** arrecto aurium auscultantur captu .. laudes .. propriae, .. furciferorum referto mendaciis .. ~onum ore ritu bacchantium concrepante GILDAS *EB* 34; *a crier in the merkett*, ~o, preconizator *CathA.*

2 (transf. & fig.) herald (in quots. w. obj. gen.); **b** (of future event or occurrence); **c** (w. ref. to expounder of Christian faith or doctrine, usu. w. obj. gen.; cf. *II Petr.* ii 5); **d** (w. ref. to Christ).

palpo turpissimus et preco turpium / linguam prostituit ob leve precium WALT. WIMB. *Palpo* 51; modo veri preco tacet, / modo mollis palpo placet, / modo dormit veritas *Id. Van.* 114 (cf. id. *Scel.* 60: veri preco pedem non portet regis). **b** in cruce vita Deus nos suscitat, hunc Heliseus / rem monstratura preco fuit ante figura *Vers. Worc.* 102. **c** o ~onem veritatis [sc. Guthlacum] .. FELIX *Guthl.* 51 p. 162; verus summae lucis ~o omnibus praedicatur Augustinus BEDE *HE* II 2; **c794** ut per ejus dilectionem nobis inviolabilis permaneat fraternitas, cujus caritatem sicut sacerdos Dei summi, sicut tuba caelestis, sicut ~o salutis cunctorum ingerere cordibus studeas ALCUIN *Ep.* 39; ex quo vox turturis audita est et ~o pudicitie Paulus consilium de virginitate dedit P. BLOIS *Ep.* 55. 168B; reges qui ~onem a se veritatis expulerant M. PAR. *Maj.* I 266; ave crater cujus mustem / illum fidum, illum justum / Petrum debriaverat, / haustu cujus ausum nactus / novus verbi preco factus / in verba proruperat WALT. WIMB. *Virgo* 33; HOLCOT *Wisd.* 205 (v. 1a supra); Novi .. Testamenti et baptismalis gracie ~o fidelissimus fuit [Johannes Baptista] UHTRED *Inst.* xx; in acerrimum ~onem atque assertorem veritatis, divum Paulum JEWEL *Apol.* Aiiiv (recte Aiiv). **d** at praeco magni judicis / Dominus potens et fortis est BEDE *Hymn.* 6. 22.

3 beadle, sergeant, or sim. official; **b** (of town or village); **c** (w. ref. to custodian or watchman in castle); **d** (in assoc. w. law-court); **e** (w. ref. to papal official assoc. w. administration of tithes). **f** (eccl.) beadle, verger.

si quis ~o [MScot.: *criour or serjand*] in burgo domini regis falsitati consentiat aut mercedem capiat causa constitucionis ville pessundande vel minorande .. *Leg. IV Burg.* 69; **1289** ~onem, messegenarios seu gardas, et omnes alios officiales necessarios (v. messagarius); hic ~o, -nis, *a bedylle WW*; *a bedelle*, bedellus, ~o *CathA.* **b** accersit .. ~onem ville Fulconem; quid facto opus sit interrogat. at ille, 'brevis,' inquit, 'et insufficiens est causa pro qua captus est ..' BEN. PET. *Mir. Thom.* IV 2 p. 174; **1254** mandatum est majori et universitati procerum S. Severi .. quod .. habeant in .. villa majorem et ~onem ad exequenda mandata regis quamdiu guerra .. duraverit *RGasc* I 337b; ~ones [MScot.: *criouris, serjandis*] in burgo eligendi sunt communiter ab omnibus burgensibus *Leg. IV Burg.* 71; **1276** debemus ponere ~onem sufficientem in villa cum consilio juratorum *RGasc* II 14b. **c** Howelo ap Res prekoni prisoni Wallensi existenti in castro de Bere *Rec. Wardr.* 248; **1434** pro feodo ~onis, viz *garitour*, castri de S. *ExchScot* 593. **d** tandem laxatus interrogatur, num ~onem suum ulterius prohiberet, quo minus homines ad curiam suam evocaret W. MALM. *Wulfst.* I 8; **c1200** ea die vocatus fuit per ~onem, utrum esset presens nec ne ... M. de E. diaconus .. concordat cum eo .. de vocacione Alani a ~one facta *SelCCant* 40; Lucifer precedit ortum solis. ~o prevenit adventum judicis AD. DORE *Pictor* 152; **1435** episcopus fecit .. magistrum D. .. ad comparendum ad certum terminum .. per ~onem in valvis chori ecclesie .. publice vocari *Reg. Brechin* II 49; tunc judex faciet partem appellantem per ~onem curie, viz. apparitorem vel bedellum curie, .. trina vice publice preconzari [*sic*] *Praxis* 262. **e** rex misit nuncios suos ad .. papam, supplicans humiliter ut decimas .. per triennium eidem concederet .. secundum verum valorem. .. papa regiis peticionibus assensum prebuit, et quia paupertatem allegavit, benigne ~onem ejus eidem concessit, unde ecclesia Anglicana valde est apporiata B. COTTON *HA* 141. **f** precones genua persuadent flectere plebem. / levite e manibus calicis vas sume sacerdos GARL. *Myst. Eccl.* 390.

4 (acad.) bedel.

1427 quia ~onis officio congruit sibi commissa planius quo noverit intimare, et inter cetera linguarum eloquia .. Latina maxime sit communis, statutum est ut .. proclamaciones .. bedellorum .. solum fiant in publico sub Latino *StatOx* 233; **1549** magistrorum artium disputationes diebus Lune, Martis, et Mercurii fient. .. ~o collegia vocabit *Ib.* 347; ~ones aut viatores academie, vicecancellarii jussu, congregationem .. vocabunt *Ib.* 350; tres erunt ~ones seu viatores armigeri, pari loco ac munere, et unus inferioris loci bedellus *Ib.* 351.

5 one paid or endowed to pray for others (esp. for the souls of the dead), beadsman.

1337 in anniversario domini Watteri de Norwyc' ... in potagio dim' bus' frumenti ... in dono precon' ... in cervisia braciata ij gr' brasei *Househ. Ac.* 204 **1424** ~o civitatis .. pro mortuis exorandis .. cum campana sua solita tantum modo pulsata nunciet populo .. volenti interesse ad orandum pro anima mea .. quod tali die et hora diei missa mea funeralis *Reg. Cant.* II 285; **1427** lego .. duobus ~onibus alias *bedman* viij d. *Ib.* 351; **1502** obligant se .. observare .. diem anniversarium obitus mei .. dando quolibet anno ~oni mortuorum ville Oxonie iiij d. *Reg. Merton* I 264.

praecoepisse [LL < CL prae-+coepisse], to begin beforehand or in advance (in quot. absol.).

respondit mox archipresul hostie motum in calice fluctuationem meam indicare que precepit in mente H. BOS. *Thom.* III 13 p. 215.

praecogitare [CL], to think about or consider beforehand or in advance, or in preparation or anticipation, to precogitate. **b** (w. ref. to criminal act or activity, usu. as p. ppl.) to premeditate. **c** (p. ppl.) previouly noted, aforementioned.

voluit .. Deus ab eterno et ante seculum omnes homines creare in seculo .. quo ~avit et predestinavit eos se creaturum *Tract. Ebor.* 647; quod .. multo plura quam ~averamus addendo et insumendo vix perfecimus ANSELM (*Ep.* 89) III 215; dum .. puer vel adolescens vel juvenis conspiciunt beatos, ~ent [v. l. percogitent] quam sit eorum finis ambiguus H. HUNT. *CM* 2; contra materiam vane glorie de aliquo, cujus delectacio movet in presenti, valde expedit ~are quid de illo delectabili eveniet in futuro HOLCOT *Wisd.* 60; Willielmus ~ans terram sibi a Sancto Edwardo concessam invadere .. naves parat *Eul. Hist.* II 34; nolite ~are quid loquamini, dabitur enim vobis in illa hora quid loquamini *Plusc.* VI 31 (cf. *Matth.* x 19: cogitare). **b** quod per totum annum de aliqua forisfactura non dabunt nisi xij d. praeter homicidium et furtum et *heinfar* ~ata *DB* I 269rb; **1304** calumpniati sunt juratores .. per maliciam ~atam .. ita quod ipse et alii .. remittuntur prisone *RParl* I 160a; **1355** ex malicia ~ata cepit baculum ipsius M. extra manum suam et percussit eam plures ictus *SelCCoron* 102; **1389** ibi pro antiqua ira ~ando mortem predicti Ricardi percussit eum cum quodam gladio *Ib.* 100. **c** ~atus .. Ælfegus propter consanguinitatis fraternitatem concessit illi .. *Text. Roff.* f. 149r.

praecogitatio [LL], considering or thinking about beforehand, in advance, or in anticipation, precogitation.

quia nec ejus voluntas irrita potest fieri nec ~o falli nec preordinatio commutari *Tract. Ebor.* 647.

praecogitativus [CL praecogitatus *p. ppl. of* praecogitare+-ivus], thought about beforehand or in advance, characterized by premeditation.

o indebita ~e infidelitatis nequitia. o jam manifesta in cordibus pravorum latens invidia *Ep. ad amicum* 58.

praecognitio [LL], knowing (about) or getting to know beforehand or in advance, precognition.

ita patet responsio ad objectum in contrarium, quia non requiritur ~o scientialis, sed tantum experientia specierum presentium per communicationem sue essentie ad locum et ducatum communicationis ipsius in similitudinem illorum quae sunt in loco PECKHAM *QR* 48; quedam est in universali predicamentali continente plura, ut apprehendere rem a longe, et hec est quedam ~o BACON VII 80; pius affectus in Deum, sicut meretur ~onem futurorum, sic ex ipsis cognitis assurgit mens ulterius affectuosius ad Deum R. MARSTON *QD* 345; 'nec pavet auspicium', id est ~onem vel demonstracionem rei ex qua sumitur conjecturacio, 'mortis abhominande' TREVET *Troades* 45.

praecognitor [LL], one who conceptualizes beforehand or in advance.

causa mere naturalis, que ex natura sua determinat sibi certum effectum et non alium, non requirit ~orem nec directorem OCKHAM *Quodl.* 115.

praecognoscere [CL *in sense* 1]

1 to know (about) or get to know beforehand or in advance, to have foreknowledge of.

quia .. frequenter reperiuntur .. et, nisi sagaci subtilitate ~nitae fuerint, diversa impedimentorum obstacula .. generare solent ALDH. *Met.* 9 p. 81; quibus .. ~nitis et vitatis W. MALM. *HN* 497 p. 56; vagi et nunquam stabiles vespere vix ~ere valeremus, ubi sequenti mane futuri simus S. LEXINGTON *Ep.* 24; concupivit insuper regnum cernere Francorum et civitates intueri quarum tantum nomina ~noverat M. PAR. *Maj.* V 467; justiciarii .. talia precognoscentes cum festinatione recesserunt *Id. Min.* II 263; primus actus intellectus .. non est imperatus a voluntate, cum enim voluntas nihil velit, nisi sit ~nitum ab intellectu T. SUTTON *Quodl.* 559.

2 to think of beforehand or in advance, preconceive (usu. phil.); **b** (w. inf.).

licet mala ~nita fuerint a Deo ab eterno, non tamen dicuntur ab eterno fuisse in Deo, quia Deus non disponit ea in quantum sunt mala NECKAM *SS* III vi 12; talia certitudinaliter ~nosci possunt, sicut solem oriturum cras; .. sicut medicus ~noscit sanitatem infirmi W. MACCLESFIELD *Quaest.* f. 38rb; secundo nota quod subjectum prime sciencie simul ~noscitur DUNS *Ord.* III 9; de sagitta, que ex se potest indifferenter dirigi superius et inferius, ad ante vel retro; et ideo requirit ~noscentem ejus terminum et dirigentem OCKHAM *Quodl.* 115. **b** guerrarum insidie, cuncti fulminancium insultuum impetus, seu universa gravamina, que Marcialis industria concipere ~novit *Ps.*-ELMH. *Hen. V* 85.

praecollatus v. praeconferre.

praecollaudare [CL prae- + collaudare], to praise (together) beforehand or previously.

archiepiscopus .. tanta dicitur austeritate processisse ut, ipsis instanter resistentibus, multi eum ~antes de ejus tunc mirarentur feritate M. PAR. *Abbrev.* 313 (=*Flor. Hist.* II 366).

praecollectus v. praecolligere.

praecolligere [CL prae-+colligere], to gather or collect previously or beforehand (in quot. p. ppl.).

officiarii nostri monasterii dimittant .. equos .. et alia pecora, .. pecuniam omnem ex ipso officio ~lectam, ac cetera necessaria *Lit. Cant.* II 397.

praecomes [CL prae- + comes], premier or foremost earl (in quot. w. ref. to Henry Beauchamp earl of Warwick, created duke of Warwick in 1445).

1444 hiis testibus .. carissimis consanguineis nostris Humfredo duce Buk', Henrico ~ite regni nostri Anglie et comite Warr', et Johanne comite Oxon' (*ChartR* 188 m. 23) *Dign. Peer* V 251 (cf. *CalCh* 51).

praecommendare [CL prae-+commendare], to commend or praise previously or beforehand.

eam [matrimonialem confederacionem] quam retro libens .. ~avi E. THRIP. *SS* IV 27.

praecomminare [CL prae-+ML comminare], to threaten previously or beforehand.

1280 omnia superius vobis injuncta sub pena ~ata fideliter exequentes *Conc.* II 44b.

praecomponere [CL *as p. ppl.*], to prepare or make ready in advance or beforehand.

exspirans suscepit sacerdotis officium, funeris ritum, planctus parentum, et ~positus est ad tumulandum W. CANT. *Mir. Thom.* IV 32.

praecomptus CL prae-+comptus], adorned in readiness, or very much adorned and embellished.

Domino dignis virtutibus auctos / undique praecomptos transmigret lucis in horas ÆTHELWULF *Abb.* 87; viribus et totis praecomtam reddere curat / hanc aedem Domini *Ib.* 145; genibus flexis tundit pavimenta sacelli, / ac bene praecomptus divinis cantibus aris / offert quod mundum solvit de morte maligna *Ib.* 565.

praecomputare [CL prae- + computare], to reckon or render account of previously or beforehand (usu. as p. ppl.). **b** (p. ppl. as sb.) previously reckoned or rendered accounts.

1265 ij multones, prius computati, de Breborna. .. herba ~ata pro xxvj equis *Manners* 61; **1299** in expensis Willelmi de H. et magistri W. Coci preeuncium apud Hakinton' non precomp', *Househ. Ac.* 164; c**1310** vinum et cervisia ~ata. iiij c allec ~atum. vj mulvelli et x scalpini ~ati *Ib.* 175; c**1310** vinum et cervisia ~ata. iiij c allec ~atum. vj mulvelli et x scalpini ~ati *Ib.* 175; **1335** Margare atte Burghe in partem solucionis xv librarum sibi debitarum .. xl s., preter ix li. x s. sibi prius .. solutas et ~atas *Comp. Swith.* 241; in feno empto pro xxxiiij equis .. ij d. ob., et residuum ~atur inter equos prehendinantes [l. perhendinantes] ibi ante adventum domini *Ac. Ep. Bath.* 153; **1351** in ferramentis j paris rotarum de rebus ~atis (*MinAc*) *Econ. Condit. app.* 61. **b** **1267** in pane, vj s. iij d. vinum de ~ato. .. in sale j d. ob. et cetera de ~ato (*KR Ac*) *EHR* LIV 211; **1299** pro comite et familia in pane, cc et dim. panibus de j qr. furnito de precomp' *Househ. Ac.* 167; **1407** expenduntur iij auce, j caponis, j gallina, l ova de precomp'. item ij cuniculi de precomp' *Ib.* 297.

praecomtus v. praecomptus.

praeconari [LL], ~are

1 to act the part of a herald, to herald, announce, proclaim: **a** (w. acc.); **b** (w. acc. & inf.); **c** (w. indir. qu.); **d** (foll. by *quod* or *ut*); **e** (trans.); **f** (absol.).

a ambitionis quasi (ut dici solet) insignia ~antes J. SAL. *Pol.* 680B; hoc .. subjecta ejus gestorum series .. continua invenitur assertione ~ari AD. EYNS. *Hug.* III 7; mens non potest meditari, / lingue laudem preconari / Marie deficiunt GARL. *SM* 1151. **b** publice ~entur principem non esse legi subjectum J. SAL. *Pol.* 527B. **c** is quante apud Deum gratie fuerit et sit, et veteris quondam vite et nove in majorem ecclesiam translationis ~antur magnalia W. MALM. *GR* I 24; ejus merita quanti apud Deum pensentur, signa ~antur illustria *Id. GP* I 1. **d** c**1169** fama .. ~atur quod in eorum manibus sunt consilia et opera regum J. SAL. *Ep.* 287 (287 p. 632); ~averant .. edicto publico ut .. GERV. CANT. *Chr.* 399. **e** ad nonam, dum missa intonatur, ille intentus orabat: dum evangelium ~atur, non ferens majestatem presentis remedii, exsangui pallore corruit et obdormivit GOSC. *Mir. Aug.* 556. **f** jussit rex praecones proclamare et silentium fieri; atque illis ~antibus non horrendus salpicum clangor nec musica sambucorum audiebatur BYRHT. *V. Ecgwini* 379; et fama ~ante et certis nuntiis intercurrentibus, homines Eboracensis scyre non latuit RIC. HEX. *Stand.* f. 42b; a**1161** tales esse fratres .. publico ~antis fame testimonio didicimus J. SAL. *Ep.* 125 (85).

2 to herald (future occurrence), foretell.

nec hoc genus mortis qui crucifigendus a saeculo ~abatur elegerat BEDE *Luke* 378C; de sacerdotali prosapia ortus est ut .. potentius mutationem sacerdotii ~aretur *Id. Hom.* II 19. 203; hoc namque tunc de illo ~abatur quod propterea nasciturus esset in mundo, ut .. *Eccl. & Synag.* 63; s**1177** hanc .. petram .. quam ~at [Christus] nullis ventorum turbinibus .. quatiendam *G. Hen. II* I 210; quum .. Ælfgiva .. Edgarum peperisset, .. Dunstanus vocem celitus emissam dicitur excepisse talia ~antem, "pax Anglie regno, recens orto regnante puero" *Chr. Rams.* 17.

3 to proclaim as commendable, to commend, acclaim, praise.

o regis pietas laudanda, humilitas ~anda *Pass. Æthelb.* 3; illos qui altius ~antur, quos auditorum multitudo circumstrepit J. SAL. *Pol.* 654B; rex merito ~andus uti cum devotione munificus *Chr. Battle* f. 29; episcopus Wintonie .. pre cunctis in Anglia principibus probitate et sapientia, diuitiis et gloria, nominatissime ~atus *Croyl. Cont. B* 521.

praeconarius [ML < CL praeco+-arius], of or belonging to a herald or crier; **b** (w. ref. to expounder of Christian faith or doctrine; *cf. praeco* 2c).

rex .. voce ~ia jussit suam patefieri voluntatem *Enc. Emmae* I 3; rex Ricardus .. regem Francie invitavit ad prandium, et voce ~ia omnem animam vocavit ad diem tantam deducendam secum *Itin. Ric.* II 24; proclamatum fuit per Angliam voce ~ia ut .. *Flor. Hist.* 101; pacis securitate accepta et voce ~ia per totum exercitum proclamata *Ann. Osney* 196; voce ~ia venerabilis cancellarius .. fecit proclamari ut .. *Croyl.* 31; totius marisci dominum voce ~ia proclamantes *Croyl. Cont. B* 518. **b** unde multi verbo ~ie commonitionis illius ascensi, quam studiose nonnumquam lapides ad opus ecclesie beati Cuthberti deferebant R. COLD. *Cuthb.* 104 p. 232.

praeconator [LL praeconari+-tor], one who heralds or proclaims (as commendable or praiseworthy), commender, laudator.

unum tantum erat quod hujus ordinis fautor et ~or Deo in hac religione displicere causabatur J. FORD *Wulf.* 48.

praeconatrix [LL praeconari+-trix], that acts as crier or herald (f.).

a**1171** casum hunc non tam mirabilem quam stupendum talium ~ix fama longe lateque vulgavit J. SAL. *Ep.* 143 (209 p. 336).

praeconatus [LL praeconari+-tus], heralding (of planned occasion), crying, announcing. **b** heralding (of future occurrence), foretelling, forewarning.

contigit .. quod multo ~u festum diei Natalis Domini proclamatum fuit apud Cadomum a domino rege fieri MAP *NC* V 6 f. 69v. **b** bipartitus lapidum casus, ~us vicem gerens, eis persuasisset ut alio se transferrent *Mir. J. Bev. C* 347.

praeconcedo [ML < CL prae-+concedere], to grant or concede previously or beforehand.

non .. inscribitur nisi ~cesso quod stare debeat *Dial. Scac.* I 6H; dominus rex cartam ~cessam se monstrans minime conservare M. PAR. *Min.* III 132; **1257** si .. aliquibus libertatibus sibi a nobis .. ~cessis minus plene usi fuerint .. (*Oxford*) *BBC* 35; quod alienus sacerdos audiret et absolveret subditum alienum vice proprii sacerdotis, qui hanc licenciam ~cessit CONWAY *Def. Mend.* 1415 (*recte* 1314); quia a talibus personis peccantibus habitualiter possent temporales domini auferre meritorie ~cessa *Chr. Angl.* 116; **1545** habendum .. cetera premissa eidem archiepiscopo per presentes †~cessis [l. ~cessa] eidem archiepiscopo et successoribus suis in perpetuum *Mem. Ripon* I 246.

praeconceptio [ML < CL prae-+conceptio],

(act of) conceptualizing or conceiving (in the mind) beforehand or in advance, preconception (in quots. by God).

anime principium nihil aliud est quam divina ~o que fuit in divina providentia J. BLUND *An.* 325; nonne archetipus mundus est ordinatissima ~o qua tota Trinitas preconcepit mundum et preordinavit? NECKAM *SS* III 3. 1.

praeconcessio [CL prae-+concessio], (act of) conceding previously or beforehand.

1245 predictum subsidium . . preconcedendo, et nostra ~one ad idem faciendum eos . . arctando GROS. *Ep.* 29.

praeconcipere [ML < CL prae-+concipere]

1 to grasp (with or as with the senses) or perceive previously or beforehand.

1187 defectum . . non timemus, nisi et vos prius defeceritis, ut jam multiplicibus ~cepimus argumentis *Ep. Cant.* 90; **1315** attentius vos rogantes quatinus circa destructionem . . inimicorum nostrorum . . juxta ~ceptam benivolentiam quanto potentius poteritis velitis prout de vobis confidimus *RScot* 149a; inter quos Petrum [de Gavestone] . . familiaritate venerabatur singulari. que familiaritas specialis, a magnatibus ~cepta, invidie fomitem ministravit TROKELOWE 65.

2 to create (in the mind), conceive, form an idea of, conceptualize, or imagine previously, beforehand, or in advance, to preconceive; **b** (w. God as subject). **c** to devise or conceive (a plan, undertaking, *etc.*) previously, beforehand, or in advance; **d** (w. God as subject) to preordain. **e** (p. ppl. as sb. n.). something conceived in the mind beforehand.

nihil significamus nisi id quod intelligimus et ~cipimus antequam idem significemus J. BLUND *An.* 284; archa intelligibilis non fit in se sed in opere, que eciam si non fiat, fieri tamen dicitur in mente artificis ~cipientis formam rei NECKAM *SS* III 6. 3; magnam materiam et occasionem ad imperium Romanum optinendum ~ceperat M. PAR. *Maj.* V 549; qui . . ~ceptam corde veritatem suo fatur in animo E. THRIP. *SS* I 5; ad concipiendum veritatem illius questionis vel proposicionis oportet ~cipere terminos illius questionis DUNS *Ord.* III 6; **s1451** cum viri sit prudentis in agibilibus suis singulis finem ut principium ~cipere *Reg. Whet.* I 8. **b** NECKAM *SS* III 3. 1 (v. praeconceptio); ~cepit . . Deus et preordinavit futura in se ipso *Ib.* 8. 2. **c** **s1198** cum capella . . constructa fuerit, sicut eam . . ~ceperant construendam GERV. CANT. *Chr.* 567; consilium tacite preconcipit omne malignum VINSAUF *PN* 188; **1263** renunciavit nobis . . quod non posset ullatenus . . ~ceptum intentionis sue propositum variare *RL* 248; **s1301** ex ~cepta malicia et prelocuta ac preordinata prodicione *Ann. Lond.* 118; quem . . comes Marchiarum, cum potencia armata ex ~cepta providencia veniens, subito eundem secum abduxit *Plusc.* X 5. **d** ~ceperat divina benignitas quod . . aquis sacri baptismatis mundandum erat genus humanum NECKAM *NR* I 2 p. 13; **1433** quos [Christus] . . virtutum luminibus et meritis ~ceperit relucere, hos spiritualium beneficiorum insigniis dignetur gratanter aspicere *EpAcOx* 100. **e** perspexit, stante ecclesia in integro suo statu, difficile sibi fore assequi ~cepta *Chr. Angl.* 115.

3 to adopt, form, or conceive (a hope, desire, or other mental attitude) previously or beforehand.

spero . . quod . . dabitur divinitus desideriis ~ceptis directio salutaris AD. MARSH *Ep.* 188 p. 339; contra . . spem suam quam ex pollicitis predicantium ~ceperunt M. PAR. *Maj.* III 617; spes . . ~cepta de sanctitate pape prorsus evanuit exufflata *Ib.* V 559; pluviarum inundationes spem frugum ~ceptam denegavit *Id. Min.* II 425; obiit . . episcopus Wigornie . . postquam omnia de . . sancto Wlstano sollempniter . . secundum desiderium suum diu ~ceptum consummaverat *Flor. Hist.* II 168.

praeconferre [CL prae-+conferre], to bestow or confer previously or beforehand (in quot. p. ppl.).

omnes admisimus codices afferentes, ut nunquam precedentium multitudo fastidium posterorum efficeret, vel hesternum beneficium precollatum prejudicium pareret hodierno R. BURY *Phil.* 8. 144.

praeconfessare [CL prae-+confessus *p. ppl. of* confiteri+-are], to confess or acknowledge previously or beforehand (in quot. p. ppl. as sb. n.).

1590 ad sextum articulum respondet quod ~ata per eum sunt vera . . *REED Cambridge* 327.

praeconfessus v. praeconfiteri.

praeconfirmare [CL prae- + confirmare], to encourage or strengthen the resolve of beforehand or in advance.

nempe rex in bellum profecturus suos . . ita ~averat ut se proficisci . . ad moriendum non hesitarent E. THRIP. *SS* III 15.

praeconfisus [CL prae-+confisus *p. ppl. of* confidere], very or quite trusted.

1456 significamus vestre amicicie ~e quod . . *DC Durh. Reg. Parv.* f. 84.

praeconfiteri [CL prae-+confiteri], (theol.) to confess (sin) previously (in quot. p. ppl.).

tenentur eadem peccata ~fessa iterum confiteri CONWAY *Def. Mend.* 1423 (*recte* 1323).

praeconfoederare [CL prae-+LL confoederare], to contrive by conspiracy, beforehand or in advance (in quot. p. ppl.).

omnes preter Josue, quasi consensu ~ato communi, de terre statu . . sunt mentiti E. THRIP. *SS* VII 4.

praeconfrater [CL prae-+confrater], (eccl.) ? previously-mentioned fellow brother (of religious order), ? higher ranking fellow brother (of religious order) (*cf.* praecontestis).

1516 dompnus Th. S. . . dompnus J. B. . . dicunt concordando cum suppriore . .; dompni R. S., Th. H., Th. Y. dicunt et concordant cum ceteris confratribus suis . .; dompni H. B. et R. H., novicii R. W., J. T., J. W., R. M., omnes isti examinati dicunt et concordant cum ~ribus suis in omnibus ut superius continetur (*Vis. Lichfield*) *Collect. Staffs* 4th ser., XIII 50.

praecong- v. praecogn-.

praeconialis [LL], of or belonging to a herald or crier; **b** (w. ref. to John the Baptist). **c** (w. *laus* or *fama*) (as though) made or proclaimed by a herald or crier. **d** of or relating to praise, laudatory. **e** that is worthy of heralding or praising, praiseworthy, laudable.

c1236 precepit [rex] . . voce ~i declamari, quod mercatores . . GROS. *Ep.* 21. **b** cum . . ipse Johannes sit vox, ipse totus Johannes . . vocis habet officium, et constat quod vocis ~is est precursorie, cum ipse sit preco et precursor. . . ipsa Johannis nativitas, quasi vox ~is jubens 'parare viam Domino', Domini presenciam . . ostendebat GROS. *Cess. Leg.* IV 2 p. 163. **c** si viginti clerici . . tam eximium opus emissent, dicerem ipsos ~i laude dignissimos GIR. *LS* 414; quos . . celestis conversatio . . cum jugi ~is fame claritate tam Deo quam hominibus reddit acceptabiles AD. MARSH *Ep.* 5. **d** istud est . . canticum superceleste, canticum admirabile, canticum ~e, quod exprimi non valet et taceri non potest H. BOS. *Hom.* 1405A; patri cantat sempiterna laudum preconia, psalmos triumphales, et psalmos ~es, et canticum novum . . quod nemo potest cantare nisi solus Jesus BALD. CANT. *Tract.* 4. 432D; euge verbum ~e est et sermo laudantis, i. bene J. BATH 281. **e** successus . . iste, et quasi victorie ~es, non ad temporalia . . sed utinam ad eterna referri possit GIR. *Invest.* VI 15.

praeconiare [cf. LL praeconiatio < CL praeconius], to herald, proclaim, announce.

s1255 vehementer sperabatur a multis et ~iabatur quod ipse esset redempturus et liberaturus magnam partem Wallie *Ann. Cambr.* 89.

praeconis- v. praeconiz-.

praeconium [CL]

1 announcement by a herald (in quot. w. ref. to the Annunciation). **b** public statement (w. obj. gen.).

post . . puerperii praeconium virgo . . permansit [Maria] ALDH. *VirgP* 40. **b** quomodo . . juventutis ~ium sublimaverit . . liber ejusdem vite . . demonstrat BYRHT. *V. Osw.* 457 (cf. B. *V. Dunst.* 29); **1310** cum

2 act of blazoning abroad (usu. w. obj. gen.).

~ium, praedicatio *GlC* P 584; hunc [sc. Edgarum regem] Dominus . . suae pacis signiferum . . in ipso quoque ortu simili ~io declaravit GOSC. *Edith* 40; ferebatur ergo per Angliam ipsius fame ~ium W. MALM. *Wulfst.* I 7; **c1168** nescio enim quid de episcopo sentiam . . cujus omnia opera vulgi ~io celebrantur J. SAL. *Ep.* 256 (257); jucunda multitudine ergo divitiarum et dignitatum et opum et fame ~io et sui maxime uteri numero elata [Niobe] *Natura Deorum* 77; sempiterna laudum ~ia BALD. CANT. *Tract.* 4. 432D (v. praeconialis d); rex ipse, inter hec laudum ~ia et apparamenta civium . . *G. Hen. V* 15 p. 112.

3 commendatory proclamation (usu. w. obj. gen.). **b** (of written work); **c** hymn *etc.* of praise.

672 domino venerabili ~io efferendo . . Ehfrido Aldhelmus . . salutem ALDH. *Ep.* 5 p. 488; **705** domino reverentissimo et catholicorum patrum ~iis beatificando Berctualdo totius Brettanie gubernacula regenti WEALDHERE *Ep.* 22; videtur oportunum . . hymnum virginitatis inserere . . in laudem ac ~ium ejusdem reginae ac sponsae Christi BEDE *HE* IV 18; **716** inque throno aethereo / Christum laudes preconio BONIF. *Ep.* 9; cum . . florentis adolescentiae contingeret etatem, ~ium sanctae conversationis ejus Adelstano regi . . fama vulgante nuntiatum est WULF. *Æthelwold* 7; his mirabilibus populi attoniti tantis B. Augustinum ~iis gaudent efferre GOSC. *Aug. Maj.* 59C; quatinus ab eis magnifice gesta exceperit novitas in favorem, fama in ~ium, populus in exemplum SENATUS *Wulfst.* 68; ave, celi decor, ave, / Dei templum et conclave / cujus in preconio / omnis altus scriba jacet, / omnis rethor acer acet WALT. WIMB. *Virgo* 35; **14. .** Deus, cujus hodierna die ~ium innocentes martires non loquendo sed martyrando confessi sunt *Med. Stage* II 283. **b** **a940** dixit rex Æþelstanus / per Petri preconia: / sint sani, sint longevi / Salvatoris gratia (PETRUS) *ASE* IX 98; hoc exile preconium, / quod cor depromsit inscium, / tua sumat clemencia J. HOWD. *Cyth.* 149. 4. **c** turba fratrum geminis adstant et turba sororum / classibus, concinnent praeconia Regi polorum *Epigr. Milredi* 815; intonatur responsale ~ium; procedit solemne collegium GOSC. *Transl. Aug.* 42A; S. Servanus . . audivit angelicos cetus, melliflua ~ia in etthere resonare J. FURNESS *Kentig.* 4 p. 168.

4 praiseworthy act.

evigilantes naute custodem salutis sue Dominum et servum ejus beatum Birinum dignis ut prevalent ~iorum laudibus accumulant *V. Birini* 13; quid sibi vult puer iste, cui tot et tam sancta ~ia attestantur OSB. *V. Dunst.* 7; iste . . reverentissimus episcopus, inter cetera doctrine sancte et operum illustrium insignia ~ia etiam duodecim pueros de natione Anglorum in Christo erudiendos . . suscepit *Hexham* I 212; depromit etiam virtutibus inclita egregiis . . et inauditis a seculo declarata miraculis sanctorum ~ia GIR. *TH intr.* p. 8; dono te trium munerum / . . / secundum sensum misticum / tuum laudant preconium LEDREDE *Carm.* 38. 12.

praeconius [CL]

1 of or belonging to a herald, crier, or sim.

voce ~ia citati cives residui adunantur MAP *NC* I 21 f. 15v.

2 of or belonging to a beadle, sergeant, or sim. official (*cf.* praeco 3).

reo postulante tribus edictis vocetur per intervalla xxx dierum, quia vox ~ia paucis innotescit RIC. ANGL. *Summa* 11; **1277** adveniente die, cum ~ia voce in valvis ecclesie vocati nullo modo comparuerunt *Reg. Heref.* 136; **1202** parte . . dicti abbatis . . diucius expectata et voce . . preconizata nullo modo comparente . . *SelCCant* 483.

praeconizare [ML < CL praeco+LL -izare < -ίζειν]

1 to proclaim or announce publicly, to herald; **b** (w. abstr. or implied inanim. subject); **c** (w. fut. act. ppl. or gdv.). **d** to herald, announce, foretell (a future event or occurrence, also intr. w. *de*). **e** to herald or proclaim with commendation, commend, praise.

dum lego . . Stephanum inter lapides Christum ~izasse GOSC. *Lib. Confort.* 63; vox letancium / preconizat tibi preconium J. HOWD. *CA* 26; **1275** Petrus ballivus fecit ~izare primum wapintak' de A. post festum S. Michaelis in foro L. post horam nonam contra modum debitum ... R. T. similiter fecit ~izare et similiter wapintak' tenuit *Hund.* I 247b; **1279** nunquam .. poterunt extrahere vel habere obsides de Vasato, verum ~izabitur, pro ipsis, pro juramento recipiendo, pro exercitu mandando, pro curia et assisa tenenda .. *RGasc* II 59a; convenerunt .. milites .. ad rotundam tabulam apud Neuvin juxta Snaudone ~izatam in choreis et hastiludiis ad invicem colludentibus *Ann. Wav.* 402; ut ubique in regno Scotie .. publice proclamaretur [pax], et, proclamata seu ~izata firmiter servaretur *Ann. Scot.* 252; quidam armigeri .. quoddam hastiludium .. celebrarent, et tenerent ita quod una pars in habitu monachali veniret et altera in habitu canonicali. et ~izatum fuit quod monachi tenerent contra canonicos regulares W. Guisb. 224; ac si angeli ~izantes Christi descensum ad inferos dicerent principibus tenebrarum, '.. attollite portas vestras' Wycl. *Incarn.* 30. **b** equitatem examinis ~izat legalis decisio Ric. Armagh *Serm.* 31; legum exposiciones, generales predicaciones, et publice excommunicaciones tam crebro ~isaverant predictos hereticos, quod non restat fidelibus nisi se ipsos aufugere Wycl. *Sim.* 105: **1400** dati campanatori Ebor' ~izanti sepulturam defuncti, viij d. *Test. Ebor.* III 18. **c** rex Francie .. fecit abjudicare dominum regem Anglie de Vasconia .., et eciam fecit ipsum ~izari capiendum ubicumque potuisset inveniri B. Cotton *HA* 233; ad radicem maledictionis .. securim amputationis .. se positurum necessario ~izat *Flor. Hist.* III 315; papa .. canonizavit [v. l. ~izavit .. canonizandum] beatum Thomam de Cantilupo Ad. Mur. *Chr.* 31; **d** juxta quod propheta de capite ~izat: 'nunquam tristis neque turbulentus' H. Bos. *Thom.* IV 13 p. 374; unde et Johannes etiam ipsa sua nativitate Christum ~izans plusquam propheta fuit Gros. *Cess. Leg.* IV 1 p. 163; Moyses et prophete ~izaverunt de ista passione et de resurrectione mea *Eul. Hist.* I 98; iste .. rugitus leonis nostri [sc. Christi] ~izavit rugitum medium, de quo Matth. .. Wycl. *Ver.* I 17; rex noster a primordiis suis innata floruit pietate, ita ut de eo verissime ~izetur illud beati Job .. Capgr. *Hen.* 1. **e** asserunt illi cancellarium archipresulis defuncti successorem futurum; et id ipsum ~izabat et populus H. Bos. *Thom.* III 1; laudanda est .. sancti pontificis justa severitas, et ~izanda illustris imperatoris obedientie humilitas J. Waleys *Commun.* I 3. 2; **a1513** quia pre ceteris ad mensam honoris magistri de Sprucia propter precedentem probitatem ~izatus est, per invidiam domini de Cliffurde per eum appellatur ad duellum *Extr. Chr. Scot.* 200.

2 (leg., or in leg. context) to call or cry the name of publicly, to summon (by or as though by a herald or crier). **b** to denounce publicly or by proclamation.

1316 vos vero et quidam de vestris civitate et diocese per vos citati sepius ~izati et diucius expectati .. comparere nullatenus curaverunt *Reg. Carl.* II 120; **1350** archiepiscopus .. episcopum publice ~izatum, nullo modo .. comparere curantem, sed expresse recusantem, pronunciavit .. contumacem *MunAcOx* 171; **1413** nos eundem dominum J. sic .. citatum, publice et alta voce ~izari fecimus, ac sic ~izatum, diutius expectatum, et nullo modo comparentem, reputavimus .. contumacem *Ziz.* 436; dominus Th. M. fuit ~izatus, sub pena proditoris infra sex menses se judicio scisturus [*sic*] Ad. Usk 15; **1476** omnium aliorum .. ~isatorum et non comparencium, si qui tales fuerint, absenciis in aliquo non obstantibus *Reg. Whet.* II 153; **1532** propter ejus multiplicem contumaciam in non comparando legitime citatus et ~izatus *MunCOx* 248. **b** **1283** siquis intraverit de die ortos, vineas, prata alterius, et inde capiat fructum, fenum, paleam, lignum valens xij d. vel infra, sine voluntate illius cujus fuerit, postquam quolibet anno ~isatus fuerit, in ij solidis et dim. .. ad opus dicte ville pro justitia puniatur *Foed.* II 262; dominus Cantuariensis .. audita et recepta relacione quod idem J. se incastellavit .. ac opiniones suas defendit .. fecit eum citari publice ac ~izari Wals. *YN* 440.

3 to cry in the market-place, hawk.

to cry in the merketh, ~izare *CathA.*

praeconizatio [ML praeconizare + -tis]

1 (act of) heralding, announcing, or proclaiming, announcement, proclamation; **b** (w. ref. to term or provision of proclamation); **c** (w. ref. to expounding of Christian faith or doctrine). **d** (act of) heralding or proclaiming as commendable, laudation, praise.

quantum igitur nativitas Johannis fuit presencie Christi ~o Gros. *Cess. Leg.* IV 2 p. 163; **a1275** forma publice ~onis faciende per omnes scolas in iniciis terminorum *StatOx* 81; **1279** jus tenendi assisas, faciendi fieri ~ones, et alia .. deveria et servicia *RGasc* II 58b; **1302** factis .. ~onibus debitis in eadem ecclesia de jure patronatus, de valoreque fructuum, ac numero parrochianorum *CartINorm.* 283; **1400** campanatori pro ~one obitus per civitatem, iiij d. *Test. Ebor.* III 19; testimonium ecclesie catholice est objectum fidei Christiane, et legislacio scripture canonice. subjicitur tamen ipsi, sicut testis judici, et testimonium veritati; sicut ~o definicioni, et sicut preco regi Netter *DAF* I 202b. **b** **1314** major, jurati, et communa .. publice preconizari fecerunt quod omnes mercatores .. ad dictam civitatem salvi et securi venirent, addentes in ~one quod si quis .. quicquam amitteret, ipsi eidem amissa restituerent ..; qua preconizacione durante, .. infra eandem civitatem .. quedam .. bona .. furtim quodamodo rapta fuerunt *RGasc* IV 1090; **1316** quod .. in tubis publice preconizari fecerint quod omnes mercatores libere et secure venirent ..; Petrus de B. .. mercator .. super securitate ~onis predicte ad dictam civitatem .. accedens *Ib.* 1531. **c** excuset saltem apud piissimos patres impericie vicium ob amorem divine ~onis scribentis devocio *Mir. Hen. VI* II *prol.* p. 81 (cf. ib. p. 83: amore ductus divine ~onis). **d** in admirationem, ~onem, et dilectionem .. eos beneficii munificentia provocavit J. Waleys *Commun.* I 3. 8.

2 (leg. or in leg. context) proclamation (summoning interested or cited party to appear), summons; **b** (w. obj. gen.); **c** (in non-legal context).

1293 post terminum predictum peremptorium completum totaliter et effluxum ac ~ones multiplices palam factas *DCCant. Reg. Q* f. 53a; **1309** post ~ones multiplices in ipso termino et postea palam factas nullus apparuit contradictor *Reg. Cant.* 1110; **1416** post .. ~ones .. multiplices in ipso termino et postea palam factas nullus apparuit coelectus vel contradictor *Ib.* I 32; **1465** ~onibus in claustro et ad ostium dicte domus capitularis, ut quicunque pretenderent se habere aliquid interesse in hujusmodi eleccionis negocio tunc venirent .. publice factis .. *Reg. Whet.* II 32; **1476** peractis .. preconisationibus .. ad ostium domus capitularis .. quod tunc venirent *Ib.* 147. **1602** facta ~one pro predicto G. non comparenti *REED Cambridge* 386. **b** **1416** facta ~one citatorum per .. episcopum, .. archiepiscopus continuavit convocacionem hujusmodi usque in crastinum *Reg. Cant.* III 12; **1446** cum quibus in forma juris juratis, ~one oppositorum primitus facta, se purgavit et dimissus est *Eng. Clergy* 237; **1456** aliis .. absentibus post ~onem nostrorum omnium .. citatorum publice factam pro contumacibus pronunciatis *ObitR Durh.* 93. **c** apparitori domini episcopi pro ~one cleri in ebdomada Pent', vj d.; et eidem pro citacione absencium de processione, x d. *Ac. Durh.* 464; **1537** apparitori †pro conizacione [l. ~one] curator', iiij d. *Ib.* 483; **1538** apparitori †pro canonizacione [l. ~one] curatorum, iiij d. *Ib.*

praeconizator [CL praeconizare + -tor], crier (in marketplace), hawker.

a crier in the merkett, preco, ~or *CathA.*

praeconsiderare [CL prae- + considerare], to think about or consider beforehand, to plan in advance.

omnibus tenemini viris predicare, / sed quibus, quid, qualiter, ubi, quando, quare, / debetis solicite preconsiderare *Ps.*-Map 46; alium .. intellectum eliciemus ex hac littera, ~antes tamen quid sit quod dicitur .. Neckam *SS* I 34. 1; in mausoleo competenti .. per officiales suos ~ato .. tumulabitur *Obed. Abingd.* 355; ubi Anglici [fuerunt], caute et prudenter divisis eorum turmis et avantagiis ~atis *Plusc.* IX 28.

praeconsideratio [CL prae- + consideratio], (act of) thinking about or considering beforehand or in advance (in quot. w. gen.).

non absque ~one futuri commodi *Ps.*-Elmh. *Hen. V* 48 p. 121.

praeconsiliari [CL prae- + consiliari], to deliberate or take counsel beforehand or in advance.

si est aliqua noticia determinata de aliquo futuro contingenti, non oportet negociari nec consiliari [v. l. ~ari], quia sive consiliemus sive non, hoc eveniet Duns *Ord.* VI *app. A* p. 402.

praeconsiliatio [CL prae- + LL consiliatio], (act of) taking counsel beforehand or in advance.

quales .. opiniones habent homines in moralibus, tales sunt elecciones eorum in moribus. eleccio enim sequitur ~onem .. et ideo iniquum consilium .. sequitur viciosa eleccio Holcot *Wisd.* 72.

praeconspicere [CL prae- + conspicere], to see or observe before or in front of one, or to see something yet to come.

sermonis tribuo pueris elementa Latini, / quorum multiplicem lector preconspice fructum Garl. *Syn.* 1577A.

praeconstans [CL prae- + constans *pr. ppl. of* constare], very steady, steadfast, or constant. **b** (superl., of person, as form of address).

1451 eas vestre ~anti amicicie cum immensis graciarum accionibus .. mittimus *Pri. Cold.* 174. **b** venerabilis frater et domine ~antissime *Dictamen* 346; ~antissime amice .. *Ib.* 369; **c1413** reverende domine et avuncule ~antissime *FormOx* 425.

praeconsularis [CL prae- + consularis], having the rank of (foremost or preeminent) counsellor.

c1393 patres preeminentes et viri ~es summa discrecione dotati *Dip. Corr. Ric. II* 137.

praeconsulere [CL prae- + consulere], to consult or seek advice previously, beforehand, or in advance (w. dat., in quots. ellipt.); **b** (trans.).

consulis isti / ex alia, sed in hac forma preconsule primo Vinsauf *PN* 1650; si propheta tam mirabilis, secretorum prescius divinorum, ~ere volebat tam sollicite quomodo grate posset gratis data refundere .. R. Bury *Phil. prol.* 3. **b** fisiculo, -as, i. prophetare vel pronuntiare, et inde fisiculatus, -a, -um, i. prenuntiatus vel preconsultus Osb. Glouc. *Deriv.* 231; ~to super eodem .. priore fratrum predicatorum in Anglia Ad. Marsh *Ep.* 192 p. 348.

praecontestis [CL prae- + con- + testis], (leg.) previous or previously-mentioned fellow witness (*cf. praeconfrater*).

1443 E. A. .. jurata et diligenter examinata coram nobis .. super disposicione et voluntate predicti concordat cum suo ~e *Reg. Heref.* 255; tertius testis concordat cum ~ibus in secundo miraculo. .. quartus testis concordat cum ~ibus in primo miraculo *Canon. S. Osm.* 37 *in marg.*; **1510** R. Brown similiter examinatus concordat cum ~e in omnibus premissis ... D. Obrenane clericus .. juratus ut supra, concordat cum ~ibus in omnibus premissis *RB Ossory HMC* 264.

praecontinere [CL prae- + continere], to contain or enclose beforehand or in advance.

ex hoc quod dicit quod perfecciones creaturarum continentur in racionibus eternis, sequitur quod ~eantur [v. l. contineantur] in essencia divina W. Alnwick *QD* 393.

praecontractus [CL prae- + contractus], previous or previously existing agreement or contract (in quots. w. ref. to marriage-contract).

quedam mulier asserens ipsum W. ante susceptionem habitus .. matrimonium cum ipsa contraxisse .. ipsum racione ~us matrimonii disracionavit *Lib. Mem. Bernewelle* 157; **1397** dicunt quod David Vawr et Gwenllian filia David iverunt extra diocesim pro matrimonio clandestino celebrando inter eos, non obstante reclamacione facta per Eva Bache propter ~um cum dicta Eva (*Vis. Heref.*) *EHR* XLV 453; **1449** quousque divortium inde inter eos racione ~us matrimonii inter ipsum P. et J. filiam predicti E. *Entries* 393rb; **1598** quod nullum postea constabit impedimentum ~us, consanguinitatis, affinitatis, vel ullius alterius legittime cause cujuscumque ratione *Foed.* XVI 331.

praecontrahere [CL prae- + contrahere]

1 to contract or incur (an obligation or debt) previously or beforehand.

tributum rex indebitum / solvis [Jhesu] ut solvas debitum / quod primum precontraxerant / qui fedus morti fecerant J. Howd. *Cyth.* 61. 6.

2 to enter previously or beforehand into a marriage contract, make a previous marriage contract.

ostendebatur .. in quodam rotulo pergameni, quod filii regis Edwardi erant bastardi, supponendo illum ~traxisse cum quadam domina Alienora Boteler antequam reginam Elizabeth duxisset uxorem *Croyl. Cont. C* 567.

praecoquus v. praecox. **praecordal-** v. praecordial-.

praecordialis [ML < CL prae-+cordialis]

1 (anat.) of or related to the internal organs, vitals, or bowels (also as sb. n. pl.). **b** of, related to, or connected to the heart.

precordium .., i. intestinum, .. unde hic et hec ~is, et hoc ~e OSB. GLOUC. *Deriv.* 102; duo fratres germani, quorum alter ~ium passionibus nimis graviter torquebatur, alter manum habebat .. contractam (*Thom.*) *NLA* II 403. **b** quippe caput sancti regis longius remotum a suo corpore prorupit in vocem absque fibrarum opitulatione aut arteriarum ~i munere ABBO *Edm.* 12 (=CIREN. I 345); motus in eo arteriarum nullus, multo intercurrente more spatio, poterat dinosci: hanelitum tandem, licet perexilem, et ~em motum vix ei subesse deprehensum est AD. EYNS. *Visio* 2; omnes barbari illi et eorum duces ac magistratus sanguinem vene ~is in magno vase per minutionem fuderunt M. PAR. *Maj.* III 365; cruor ~is diffunditur, exta distrahuntur *Id. Min.* I 441.

2 occurring or operating in, or emerging from, the internal organs, (from) deep within, deep, hearty. **b** (of emotion or feeling) deeply felt, deep, hearty, heartfelt, sincere; **c** (of action or activity).

egregia .. insignes forma sanctitatis, .. indeficientis ~ibus orationis compti privilegiis, et plurimis Patris spirituum debriantur bonitatum speculis BYRHT. *HR* 2 p. 5. **b 949** ego Eadredus .. cuidam mihi intimo ~is affectu amoris fideli .. xviij mansas dedi *CS* 877; **956** (12c) intimo ~is affectu caritatis ego Eaduuig .. meo ministro .. Eadrico xxij mansas impendo *CS* 963 (=*Chr. Abingd.* I 207); ad sanctam Willelmum quem ~i semper dilexerat devotione T. MON. *Will.* V 22; aspirans ~i affectu ad vere hujus perfectionis meritum et premium *V. Har.* 13 f. 17b; quis enim plene posset enarrare dolores eorum ~es, cum viderent hostes Christi armis, vexillis, et cognitionibus picturatis, quas bene noverant, cum derisionibus superbire? M. PAR. *Maj.* V 162; subjicitur Wallia .. legibus Anglie, .. unde Wallenses ~i dolore sauciantur OXNEAD *Chr.* 187. **c** conditoris sui, que numquam ei deerat, ~is recordatio AD. EYNS. *Hug.* II *prol.*; tam pape quam regi, non sine ~ibus omnium suspiriis, est satisfactum M. PAR. *Abbr.* 292; tracto .. ab alto ~i suspirio, respondit rex .. *G. S. Alb.* I 238; cum ~i querimonia *Flor. Hist.* II 333 (cf. M. PAR. *Maj.* VI 145: cum lugubri querimonia); **a1374** ad quecumque .. ~ia munera graciarum *Pri. Cold.* 42; **1442** beatitudo vestra ad benignos et ~es rogatus hos nostros BEKYNTON I 149.

3 close to one's heart, intimate. **b** dear, beloved; **c** (in letter as term of address, esp. in superl.); **d** (as sb. m.) dearly beloved person.

quicquid a pio genitore legationibus vel alloquutionibus postulasset, hoc ~e erat GOSC. *Edith* 64; est mihi secretum ~e quod tibi habeo revelare *G. S. Alb.* I 16; ut nec saltem suas auderent scribendo querimonias ~es revelare *Ib.* I 216; **s1294** pro quibusdam arduis et ecclesie Romane ~ibus negotiis B. COTTON *HA* 259. **b a1103** ~em amicum nostrum consolari volumus *Ep. Anselm.* IV 173; sponsa jam michi ~is M. PAR. *Edm.* 225; **1279** eleccionis negocium de persona precordialis [*sic*] in Christo filii *Reg. Ebor.* 3; **1280** non ad predecessoris nostri ~is diffamacionem .. scribimus ista *Reg. Heref.* 261; **a1316** ad vos .. ~issimum et confidentissimum amicum nostrum confugimus *Chr. Rams. app.* 399. **c c1120** ~issimo et .. dilectissimo patri .. OSB. CLAR. *Ep.* 1 p. 39; charissimo et ~i amico suo .. H. BOS. *Ep.* 22. 1456D; **1219** Henricus .. archiepiscopus .. dilecto et ~i amico et in Christo carissimo .. *RL* I 31; **1280** ~issimo sibi in Christo domino Antonio Bek' .. PECKHAM *Ep.* 95; **1329** Robertus .. rex Scottorum David ~issimo filio suo .. *Melrose* 364; **1460** ~issime magister ac amice singularis *Paston Let.* 608. **d** predixit eis ~em suum ipso die affuturum *V. Chris. Marky.* 61.

praecordialitas [ML < CL prae-+ML cordialitas], deep feeling or affection, love.

ob ~atis affectum et deleccionis devocionem quam .. Johannes .. capellanus erga domum .. gerit *Reg. Kilmainham* 81.

praecordialiter [ML < CL prae-+ML cordialiter]

1 in a manner that involves the internal organs, vitals, or bowels; **b** (in fig. context) 'through the middle', 'to the heart', so as to affect the deepest feelings or thoughts.

hoc precordium .., i. intestinum, .. unde .. ~iter adv. OSB. GLOUC. *Deriv.* 102. **b** episcopus .. hiis verbis totam cordis ejus erectionem tumidam elisit ... hoc .. telo, blando et levi, sed mirum in modum penetrabili et peracuto, rex ~iter trajectus .. ore supino in terram deponens cervicem risibus .. diutius frena laxabat (*Hugo*) *NLA* II 45.

2 (from) deep within, deeply. **b** with deep or intense feeling, in a heartfelt manner, deeply, intensely, heartily, fervently.

s1249 cives [sc. Londoniarum] ~iter ingemuerunt, dicentes .. M. PAR. *Maj.* V 49; si multa eum moverent et commovere merito deberent et offendere, super hoc precordalius conquestus est in secreto *Id. Edm.* 259; **s1246** quamplures eorum .. ~iter suspirantes doluerunt, dicentes *Flor. Hist.* II 307. **b** vestris semper necessitatibus ~ius intendo GOSC. *Edith* 297; **a1161** utriusque vite successus vobis ~ius studeant ab Altissimo promereri J. SAL. *Ep.* 125 (85); **1208** unde vobis ut domino ~issime gratiarum acciones refero multiplices *Pat* 83a; qui exules et pauperes morituri, ipsi tiranno ~iter maledicebant M. PAR. *Min.* I 13; **s1217** cum .. hujus rei eventus ad notitiam Lodowyci pervenisset, multo ~ius doluit OXNEAD *Chr.* 142 (=B. COTTON *HA* 109; cf. M. PAR. *Maj.* III 28: fortius); **1440** quibus eam interpellatam et ~iter exoratam volumus BEKYNTON I 108.

3 in a loving or affectionate manner, lovingly, warmly (some quots. might also be construed with sense 2).

1262 tribulationum diversitas .. et afflictionum crudelitas, quas fuistis .. peperti, nos excitant .. ut vobis teneritate paterna .. ~ius compati debeamus *MonA* I 31a; tantis signis monitus / penitens jam credat, / quod precordialiter / Christus ei se dat PECKHAM *Phil.* 54; ~iter adherens beato Roberto, quondam Lincolnie episcopo, eique suos parvulos tradens nutriendos, multa per ipsius consilia salubria tractabat (RISH.) WALS. *YN app.* 497; **a1440** ex intimis nostri cordis visceribus vos ~iter salutamus *Reg. Whet.* II 408.

praecordium [LL < CL *pl. only*]

1 (anat.) internal organs, vitals, bowels (sg. & pl.); **b** (of bee); **c** (transf. & fig.); **d** (spec. as organs round the heart); **e** (spec. as 'mouth' of stomach). **f** (w. ref. to action of breathing) breast, chest.

latera regiorum tenerrima puerorum vel ~ia crudeliter .. ense hastaque pro dentibus laceravit GILDAS *EB* 28; exhausta membrorum vitalia et marcida ~iorum ilia .. contra rerum naturam sustentasse ALDH. *Met.* 114 p. 155; ~ia, intima in quibus cor *GlC* P 577; ~ium, -dii, i. intestinum OSB. GLOUC. *Deriv.* 102; ut ex intimis ~iis eructet dicens J. FORD *Serm.* 93. 2; ~ia, *ynwarde WW*; hoc viscus, A. *bowelle*. hoc perecordium idem est *WW*. **b** dulcia florigeris onero praecordia praedis ALDH. *Aen.* 20 (*Apis*) 2; velut apis .. multimodos divine scripture flosculos .. congregavit, quis ~ii sui cellulas densatim replevit ASSER *Alf.* 88. **c** canonicis septem epistularum rivulis arida .. nascentis ecclesiae ~ia affluenter satiarunt ALDH. *Met.* 2 p. 67; nunc mea divinis complentur viscera verbis / totaque sacratos gestant praecordia biblos *Id. Aen.* 89 (*Arca Libraria*) 2; non tamen inflexit fallax praecordia mentis / pompa profanorum *Id. VirgV* 1718; **c705** ad instiganda vestri pectoris ~ia stridente calamo *Id. Ep.* (12) p. 502. **d** ~ia, intima in quibus cor *GlC* P 577; ~ium .. eo quod presit cordi OSB. GLOUC. *Deriv.* 102. **e** ~ia apud veteres dicitur os stomachi *SB* 35. **f** quod .. cum profundo ~iorum suspirio .. flebiliter ingemescendum ALDH. *VirgP* 10.

2 internal organs as seat of emotions.

acies .. trementibus ~iis inepta GILDAS *EB* 19; **672** illud .. ex penetralibus ~ii nequaquam promens dissimulo propalare ALDH. *Ep.* 5 p. 490; illius eloquio .. / credula pandentes regi praecordia Christo *Id. CE* 4. 3. 12 (cf. *Mir. Nin.* 22); sermo tuus de incendio sacri amoris .. ~ia inflammat, et dum se adhuc intelligentie nostre oculis abscondit, jam viscera sauciavit J. FORD *Serm.* 22. 1; **c1205** osculor spiritualiter os et manus absentis, et ex intimis ~iorum dulcius, elegantius, et sanctius vos amplector P. BLOIS *Ep. Sup.* 21. 3; nec mirum .. si ~ia regis doloris tela persenciant *Ps.*-ELMH. *Hen. V* 115 p. 306.

praecorectus v. praecorrigo.

praecorrigere [CL prae-+corrigere], to correct previously or beforehand (in quot. as p. ppl.).

1314 si quis aliquid .. noverit .. quod in secundam personam transierit quomodo, quantumcumque committentibus solis constet, quod [v. l. quod aut] per sacramentalem confessionem fuerit ~correctum inquirenti tanquam communi judici detegat et revelet (*Instr.*) *Flor. Hist.* III 165 (=*EHR* VI 753; cf. *EHR* V 110: precorectum).

praecorripere [CL prae-+corripere], to set upon or seize (before or from the front).

sepelitur in igne / massa rudis, coctam transmittit ab igne recenti / forceps incudi, dat verbera crebra magister / malleus et duris precorripit ictibus illam VINSAUF *PN* 817.

praecorrumpere [CL prae-+corrumpere], to corrupt beforehand or in advance.

cum amicum blanditiis ~ruperit, more meretricantis .. suum omnia convertat ad lucrum J. SAL. *Pol.* 485D; per regios pecunia .. ~ruptos consiliarios regem ipsum conveniunt T. MON. *Will.* II 14 p. 109.

praecox [CL], **~coquus** [LL]

1 that ripens early or quickly. **b** (transf.) that matures or comes into being before the usual time, precocious.

est et malum ~cox, eo quod cito maturescat OSB. GLOUC. *Deriv.* 197; dant uvapassa clibano simeraria plebe, / uva precerra, vel precox tibi primatura, / ubi preco quo [? l. precoquo] quando vel precox tibi prematura sunt uva *WW*. **b** tale .. est illud ingenium quod sola subtilitate lasciviens nulla residet gravitate. hoc est quod in libro de institutione oratoris ~coquum dicitur, et non temere pervenit ad frugem J. SAL. *Met.* 865B.

2 ripe. **b** (as sb. f.) ripe fig.

~cox et ~coquus, maturus OSB. GLOUC. *Deriv.* 471; *rype*, maturus, ~coquus, temperaneus *CathA*. **b** *a rype fige*, ~coqua, ~cox *CathA*.

3 (as sb. f.) dried grape.

~cox .. *sunnerysynge WW*; hec uva, hec uvula, *a grape*. hec uvapassa. .. hec ~cocia, idem est *WW*.

praecruciare [CL prae-+cruciare], to torture excessively (in quot. w. ref. to mental anguish).

ave [Maria]. que signaris / vellere dum paris / nupta lilio; / sed precruciaris [vv. ll. prescinciaris, precuciaris], / quando specularis / in pressorio / quem dudum in gremio / manna pavit puellaris J. HOWD. *Sal.* 30. 4.

praeculpare [CL prae-+culpare], to blame or criticize previously or in advance.

esculento frui poculentove quivis est indignissimus quod .. seriis .. non erubuerit ~are sermonibus E. THRIP. *SS* II 14.

praecultus [CL prae-+cultus, *p. ppl. of* 2 colere], very cultivated, very refined.

perfectam .. vitam, / quam pater Eanmundus praecultis moribus ornat ÆTHELWULF *Abb.* 207.

praecumulare [CL prae-+cumulare], to measure or reckon before, value above (*cf. cumulare* 2).

non gregis adventu nec opum letatur acervo: / rebus precumulat omnibus illa virum GARL. *Epith.* V 94.

praecupere v. praecipere 8.

praecurrere [CL]

1 to run before or in front (of others), to hurry on ahead. **b** (trans.) to run before or in front of, hurry on ahead of, precede. **c** (of river) to run in front or before so as to form a boundary.

s1097 cursitores, qui semper exercitum precurrebant ut exercitui previderent et .. necessaria diriperent, ~erunt ad .. civitatem ORD. VIT. IX 8 p. 513;

his vij occisis qui eum comprehendere precucurrerant G. *Herw.* f. 329; componitur .. curro percurro, -is, et ~o, -is, et circumcurro, -is, a quibus nihil venit Osb. Glouc. *Deriv.* 92; venator instigans et preda ~ens Gir. *TH* II 40; Rufinus e vestigio ~entem [sc. cervum] sequebatur Whittlesey *app.* f. 5 p. 147. **b** s1097 (v. 1a supra); Conradus vero imperator, volens preripere gloriam praefati regis [sc. Lodovici], ~it eum cum impetu infiniti exercitus Teutonicorum R. Niger *Chr. I* 90. **c** 1292 liberam communam in mora de C., sicut medietas aque precucurrit (*Knutsford*) BBC 83.

2 to do something earlier than another. **b** (trans.) to anticipate (another).

nullus [sc. psallens] ante alium incipere, ~ere, post alios trahere aut punctum tenere, presumat *Ord. Ebor.* I 3. **b** qui [sc. Johannes Baptista] .. Dei filium baptizavit et ad inferos descendentem gloriosa passione precucurrit S. Easton *ET* 370; ut data sunt grata, donis precurre petentem, / nam res sero data minus obligat accipientem Walt. Wimb. *app.* 2 9. 38 p. 310.

3 to anticipate (action).

c1158 ille .. imperata diligenter exequutus est; sed etiam imperium quandoque eleganti precucurrit (v. l. ~it) ingenio, promptus ad omnia quibus debet ingenui adolescentis industria collaudari Arnulf *Ep.* 15.

4 to occur previously, precede. **b** (trans.).

de gratuita divini muneris gratia, quae singulis quibusque non meritorum ~entium praerogativa, sed caelestis beneficii munificentia confertur Aldh. *Met.* 142 (143) p. 202; secundo die potest reus facere defaltam ... tertio die placiti post captionem terre per defaltam quam tenens fecit die precurso Hengham *Magna* 9 p. 25. **b** una [cometa] diei, altera noctis ~ebat exortum Bede *HE* V 23; quia prescientia naturaliter ~it predestinationem R. Melun *Paul.* 114; facta est dispersio Judeorum per orbem universum quam dispersionem multa ~erunt signa M. Par. *Maj.* I 112.

5 to be superior to, surpass, outstrip.

ut non solum magistrorum ingenia prompte subsequi, sed etiam in multis velociter ~ere possis Alcuin *Rhet.* 1; talibus aucta bonis monachorum corda virescunt / incipiuntque pii sese precurrere Christo Æthelwulf *Abb.* 190; has .. Eadgytha, sicut prelustrabat dignitate, ita ~ebat abjectione Gosc. *Edith* 62.

praecursio [CL]

1 (act of) running ahead or before.

Rufinus e vestigio precurrentem [sc. cervum] sequebatur, set Wlfadus quid bruti animalis presencia et ~o pretenderit intelligens .. illum revocare nitebatur Whittlesey *app.* f. 5 p. 147.

2 (act of) preceding another, office of a forerunner or precursor (in quot. w. ref. to John the Baptist).

cur .. baptizat [Johannes] .. nisi ut ~onis suae ordinem servans qui nasciturum nascendo praevenerat baptizando praeveniret Bede *Luke* 355 (*cf.* id. *Hom.* I 1. 22: ~onis suae servans officium].

praecursor [CL *in sense* 1]

1 one who runs ahead: **a** (mil.) one who fights in the van, member of advance guard. **b** (in apposition as quasi-adj., *~or eques*) mounted scout; **c** (*~or exercitus*) advance force, forward army.

a magis festine super ruentibus ~oribus nocuit, his vij occisis qui eum comprehendere precucurrerant G. *Herw.* f. 329; contempnens .. virtutem fortium, qui bellorum discriminibus pro conservandis regni juribus ultro se ~ores exposuerunt *Flor. Hist.* III 188. **b** premissis per regem .. cum certis ~oribus [v. l. ~oris] equitibus ad explorandam patriam G. *Hen.* V 3 p. 22; premisit .. rex ~ores equites ad temptandum transitum [sc. fluminis] *Ib.* 11 p. 70. **c** qua de causa .. valde animis accensis, .. acrius contra ~orem exercitum consurgunt G. *Herw.* f. 326.

2 one who precedes another, forerunner, precursor; **b** (in mil. context); **c** (w. ref. to John the Baptist, as precursor of Christ).

Normannorum marchio parabat suam profectionem, nescius infortunii quod preoccupaverat suum ~orem [sc. Tosticum] Ord. Vit. III 12 p. 125; hic dicitur 'Licie classis ductor' quia est corporee voluptatis ~or Bern. *Comm. Aen.* 82; veniet magnus, ~or majoris, qui preparatas antea vias armatis egregie viribus ampliabit Gir. *EH* I 16; dicunt enim quod religiosi pauperes sunt ~ores Antichristi Peckham *Paup.* 63. **b** predones invadebant predas pagensium .. prestolantes ducem R., qui statuerat ~ores suos .. sequi cum multis legionibus militum Ord. Vit. VIII 2 p. 270. **c** sanctus Johannes ~or Theod. *Laterc.* 9; sic fulsit felix virgo Baptista Johannes / nuntius et Domini dictus praecursor in aevum Aldh. *VirgV* 415; redemptoris nostri ~or testimonium de ipso perhibens Bede *Hom.* I 2. 26; Deus qui conspicis quia nos undique mala nostra constristant per ~orem gaudii corda nostra laetifica *Rit. Durh.* 56; quem praecursorem Dominus sibi jure fidelem / praeconemque simul Judex in carne futurus / elegit veniens altissimus atque prophetam Wulf. *Brev.* 346; reduc etiam ante oculos mentis tue zonam pelliceam ~oris Domini, et cilicium de pilis cameli M. Rievaulx (*Ep.*) 63 p. 176; vel tunc declinare fecit eum, cum eum fecit ~orem suum S. Langton *Ruth* 121; unde ~or Domini ipsemet preibit ad dandam scienciam salutis plebi ejus S. Gaunt *Serm.* 214.

praecursorius [CL], of the nature of or belonging to a forerunner or precursor, precursory (in quots. w. ref. to John the Baptist).

799 quia in Johannis baptismo non fuit regeneratio, sed quadam ~ia significatio baptismi Christi Alcuin *Ep.* 166 p. 270 (*cf.* id. *Dogm.* 158C); Johannes enim precursor erat Christi et ejus preco, et sua nativitate quasi preconia et ~ia voce Christi nativitatem nunciavit Gros. *Cess. Leg.* IV 2 p. 162.

1 praecursus v. praecurrere.

2 praecursus [CL = *anticipation, forestalling*], course (of time; *cf. cursus* 8b, *decursus* 2c).

s84 in ipsius .. anni ~u Johannes evangelista .. edidit librum Apocalypseos Æthelw. I 1 [cf. ib. I 5 [s534] in ipsius .. anni decursu].

praeda [CL]

1 plunder, spoils, goods, or land acquired by depredation (sg. as collect.); **b** (pl., items taken as plunder); **c** (w. play on *praedo*); **d** (transf. or fig.).

s1016 pedestres in flumen .. navibus devehuntur, equestres vero vivam ~am per terram minantur Fl. Worc. I 116; parentes occisi .. praedantur cum qui occidit ... de hac ~a habet rex terciam partem *DB* I 179rb; Ganymedem etiam Juppiter, Troili Trojanorum regis filium .. inter aliam ~am bellicam rapuit Alb. Lond. *DG* 3. 5; nundinas dicte ville in ~am sumpsit et secum duxit in manu forti et sic villam spoliavit Strecche *Hen.* V p. 156. **b** post inormem catervarum stragem .. numerosas Sodomorum reducenti ~as [*gl.*: i. spolias] obvians .. Aldh. *VirgP* 54; 1233 quod ipse omnes terras unde vos disseisivit .. et similiter omnes tenserias et ~as quas ipse et sui assederunt vel ceperunt in terra vestra .. reddi faceret *Cl* 323; Scoti cum captis ~is .. rediciunt Ad. Mur. *Chr.* 30. **c** ereptam praedonibus ~am nulla ex parte restituendo dominis sed sibi soli vindicans Bede *HE* I 6 p. 17; ~a inter praedones partitur Alex. Cant. *Mir.* 34 p. 226; latrunculos noctu sacram edem expilare aggressos, invisis loris .. irretivit. formoso .. spectaculo, quod preda predones tenuit W. Malm. *GR* II 213; cum honorem accipit, non per ambitionem rapit honorem sed per humilitatem rapitur ad honorem ne sit ipse predo honoris, sed quasi ~a ipsius honoris Bald. Cant. *Serm.* 5. 15. 533. **d** flavescentes saliculas .. circumvallantes fertilem ~am [*gl.*: spolia] numerosis crurum et coxarum oneribus advehunt [sc. apes] Aldh. *VirgP* 4; magnas antiquo hosti ~as .. baptizando eripuit Bede *HE* II 20 p. 126; predo vetus a tyrone / domitus deficit. / versa vice de predone / preda predam fecit P. Blois *Carm.* 17. 5. 52; predonem etenim reduces in predam J. Howd. *Cant.* 239.

2 act of plundering, looting.

non in ~a [*gl.*: i. e. vastatione] nec in rapina regnum tibi dabitur, sed de manu Domini obtinebis Felix *Guthl.* 49 p. 150; omnem exercitum a ~a continuit W. Malm. *GR* III 238; post multas strages ~as, incendia, caedes Ord. Vit. V 9 p. 372; *mayr* vel *kymellaur* potest habere secum tres homines in aula regis ad convivium et in familia domini sui ad cybum, et ad ~am eant cum familia regis *Leg. Wall.* A 120; Venetia .. Sclavorum piratarum ~am tyrannicam compescit et reprimit *Eul. Hist.* II 112.

3 prey (of hunter, wild animal or sim.); **b** (transf., of person); **c** (prov.).

carinam / retibus aequoreas claudentem marmore praedas Aldh. *CE* 4. 5. 4; nisos quibus .. pedes .. aptos ~e natura dedit Gir. *TH* I 12; aves ~e Bart. Angl. XII 1; preda viro predo murum mustela precatur Walt. Angl. *Fab.* 38. 1; dum voluit liberare domicellum suum fugantem ~am animalium Ad. Mur. *Chr.* 74. **b** martires ad theatrum truduntur reste ligati / rictibus ut rodant sanctorum membra leones / .. / sed secus evenit sanctis victoria palmae: / bestia sanctorum labris vestigia linxit / obsequium praebens praedas oblita recentes Aldh. *VirgV* 1439; Turfridus mature diem obiit in pelago naufragus ~a piscibus expositus W. Malm. *GR* II 10 p. 384; ut .. ceu leo supra ~am presto consisteret, fratrem ab introitu Neustrie bello abigeret *Ib.* X 13 p. 80.

praedabilis [CL praeda + -bilis], that can be plundered.

praedor, -aris .. unde .. hic et hec ~is et hoc ~e Osb. Glouc. *Deriv.* 450.

praedabundus [CL], engaged in or competent at plundering.

cum tam infinita multitudo sensim per terras Christianorum et non ~a procederet W. Malm. *GR* IV 348; ~us, -a, -um, ad predandum habilis Osb. Glouc. *Deriv.* 450.

praedagium, *f. l.*

1373 excommunicantur .. omnes compellentes clericos †solide praedagia [l. solvere pedagia] .. seu alias examinaciones quascumque pro rebus suis, quas causa negociandi transmittunt *Conc.* III 96a.

praedalis [CL praeda + -alis], (*avis ~is*) bird of prey.

sum predalis avis: vivere preda mihi Walt. Angl. *app.* 2. 34; debemus cor nostrum ei dare, sicut avi ~i paratur cor prede sue Holcot *Wisd.* 17.

praedamnare [CL], to condemn beforehand, prejudge as guilty; **b** (Christ).

1160 collisio .. populorum .. regnorum subversio est et fomes schismatis est predampnati a Domino J. Sal. *Ep.* 125; 1171 scismatici pertinaciam .. maledictione promptissima predampnavit Arnulf *Ep.* 75; fructus carnalis commixtionis ~atus est, utpote de mala arbore natus Bald. Cant. *Serm.* 13. 39. 475. **b** 1171 Christus .. judicio licet iniquo ~atus J. Sal. *Ep.* 304 (305 p. 728); ad primam cogita Jesum a Judaeis ~atum S. Easton *Psalm.* 35.

praedamnificare [CL prae- + damnificus + -are], to harm or damage beforehand.

qui tam scium tamque cautum .. deum circumveniendo predampnificaverit E. Thrip. *SS* III 2.

praedanter [CL praeda + -anter], in the manner of a plunderer.

Walenses .. bis vel ter Anglicos ~er acceperant, sed semper ubique deterius reportaverunt *Chr. Ed. I & II* II 217.

praedanus v. praedianus.

praedapifer [CL prae- + dapifer], head steward.

predapifer, positor epularum, providus astet, / .. / sit tibi predapifer pleno crinitus honore D. Bec. 1155, 1161.

1 praedare [CL prae- + dare, LL *p. ppl.* praedatus], to give or provide beforehand.

suis prandia predederat ad prelandum profecturis quasi forent apud inferos nusquamve cenaturi E. Thrip. *SS* III 15.

2 praedare v. praedari.

praedari [CL], ~are

1 (intr.) to acquire spoils by depredation.

pirate .. maria latrocinandi et ~andi studio pervagantur Gosc. *Transl. Mild.* 3; Adelinus .. cum quibusdam suorum ~atum ierat Ord. Vit. IV 5 p. 192.

2 (trans.) to take as plunder, to carry off; **b** (of bird).

quomodo tertiam partem predatae gazae possidentibus remittebat FELIX *Guthl.* 17 *tit.* p. 66; **1253** obviavit illis qui ~averunt carectam ad crucem de L. in foresta de G. et cognovit plures eorum *SelPlForest* 109. **b** volucres / flaventes praedare senis nituntur aristas BEDE *CuthbV* 418; quomodo domi sedens duas manicas a corvis ~atas intellexit FELIX *Guthl.* 40 *tit.* p. 124.

3 to plunder, despoil: **a** (place). **b** (person).

a 'pasce oves meas' ne luporum inpetus conturbati pascua ~ant placita mea THEOD. *Laterc.* 14; impugnatus . . fuerat . . / . . externis praedantibus undique fines ALCUIN *SS Ebor* 510; pagani . . partim in Exeancestre residebant et pars Merciam ~atura recessit ASSER *Alf.* 50c; rex parcens patriae prohibuit ultra eam ~ari sed jussit civitatem Londoniam . . obsidione teneri *Enc. Emmae* II 7; collectoque filiorum et nepotum exercitu, regnum . . ~atur *Simil. Anselmi* 37; s**1194** urbem succendit, ~avit, . . ecclesiam . . violenter intravit, asportavit thesaurum DICETO *YH* 123; villas ~avit *Meaux* I 287. **b** reges habet Britannia, sed tyrannos . . saepe ~antes et concutientes, sed innocentes GILDAS *EB* 27; ~antur eum qui occidit ejusque propinquos et comburunt domos eorum *DB* I 179rb; ? c**1280** ecce pravi pueri pauperes predantur [AN: *s'en vunt . . preer*] (*De temporibus* 21) *Pol. Songs* 135.

praedarius [ML]

1 of one who plunders or preys on, (*avis ~ius*) bird of prey.

c**1235** retentis mihi et heredibus meis . . feris et avibus ~iis *Couch. Kirkstall* 288.

2 that abounds in spoils.

~ius, . . praeda plenus OSB. GLOUC. *Deriv.* 484.

3 (*in gl.*) that offers support.

~ius, auxilians *GlC* P 621; ~ius, prebens auxilium OSB. GLOUC. *Deriv.* 484.

praedatio [CL]

1 act of plundering, depredation.

s**787** venerunt Daci cum tribus puppibus in Brittanniam ~onis causa H. HUNT. *HA* IV 25; s**793** venerunt pagani ab aquilonali climate . . et miserabili ~one cuncta vastabant R. COLD. *Osw.* 21; cum sua predoni ~o sit venialis P. BLOIS *Euch.* 1147A; prima Danorum rabiei ~o . . vastant omnia ELMH. *Cant.* 220.

2 booty, spoils.

dum . . divideretur . . maxima ~o (*Iltutus* 25) *VSB* 230; imperavit sacrilego exercitui reddere Deo . . totam ~onem *Ib.*

praedativus [CL praedatio + -ivus], associated with plundering.

s**1256** annus . . Francigenis invidiam pro comitis Ricardi promotione pariturus, regni Anglie ~us, Wallie bellicosus, Scotie turbulentus M. PAR. *Maj.* V 600.

praedator [CL], plunderer, robber; **b** (w. ref. to Vikings).

802 de bona . . voluntate domni imperatoris . . certus sum . . sed tantos non habet justitiae adjutores quantos etiam subversores, nec tantos praediatores quantos ~ores ALCUIN *Ep.* 254; **1168** qui nunc ~or est, erit et ipse in predam et qui sine misericordia judicat, sine misericordia condemnabitur J. SAL. *Ep.* 249 (273); quando ab exteriori infestatione quiescitur, que tamen rarissima quies est, ut non calumniator instet, vel ~or invadat, vel fur surripiat J. FORD *Serm.* 113. 3; 'populator', id est destructor, raptor, ~or TREVET *Troades* 6. **b 799** paganae . . naves . . multa mala fecerunt per insulas oceani . . . . . occisi sunt in litore quasi centum quinque viri ex illis ~oribus ALCUIN *Ep.* 184.

praedatorius [CL], concerned with or relating to plunder. **b** (*jus ~ium*) right of seizure.

praedor, -aris . . unde praedator . ., ~ius, -a, -um OSB. GLOUC. *Deriv.* 450. **b** omnes manubias quas jure ~io in suos usus transcripserat W. MALM. *GR* I 34; ut omnia que jure ~io in suos usus transcripserat Deo . . decimaret ELMH. *Cant.* 253.

praedatrix [CL], one who preys upon, hunts (f.); **b** (w. obj. gen.).

rus extra muros habebat cujus segetes depascebantur auce silvestres. . . ad segetes reversus, ubi ~ices improbas primum conspicatus est W. MALM. *GP* IV 172. **b** fata obstant: hominum predatrix Atropos arcet J. EXON. *BT* I 112.

praedebere [CL prae- + debere], to owe before or previously.

rex Anglie de ~ito regi Francie homagio exoneraverat semetipsum *Flor. Hist.* III 94.

praedecedere [CL prae- + decedere], to depart (from life, office, or sim.) before one.

contemptores legis Dei timent serviliter rectificare elemosinas suas et ~encium suorum WYCL. *Sim.* 45.

praedecessor [LL]

1 one who departs or dies before.

1285 pro . . animabus patris mei, matris mee, et omnium ~orum meorum, set et pro salute propria, prolis mee, et omnium successorum meorum *Deeds Balliol* 10;

2 one who precedes in a position, predecessor: **a** (royal); **b** (public official); **c** (eccl.).

a 675 sicut antiquitus ~ores mei reges . . libere tenuerunt *CS* 36; a**717** (11c) a fidelibus regibus predecessoribus meis et propinquis *CS* 91; c**1168** ~or meus rex Malcolmus *Regesta Scot.* 8; nec rex ipse Ricardus nec ~or et pater ejus Henricus . . DEVIZES f. 36v; **1255** habuerunt communam predictam tempore regum ~orum dom. regis nunc *SelPlForest* 25; **1256** temporibus ~orum nostrum regum Anglie *BBC* 10; **1265** ~oribus nostris, regibus Anglie *Cl* 142. **b** privilegium . . ab antiquo concessum per ~ores, cives bone memorie, perquisitum *Leg. Ant. Lond.* 36; arbitror . . Ricardum . . et suos precessores, ~ores, et antecessores officium aquebajulatus . . exercuisse *FormOx* 463; **c** hic ergo mox abbas electus scripsit epistolam qua apostolico papae patrem predecessoremque suum commendaret *Hist. Abb. Jarrow* 29; juxta prodecessorem suum . . sepultus est BEDE *HE* II 7; de prediis per ~orum suorum impotentiam seu incuriam ab ecclesie ablatis, questionem movet H. BOS. *Thom.* III 19; obiit . . Ricardus II episcopus Dunelmensis . . qui . . ab inestimabili debito, quo Ricardus I de Marisio ejus ~or obligaverat, liberavit M. PAR. *Maj.* III 391; **1240** per ordinacionem . . Hugonis Lincoln. episcopi ~oris nostri *StatOx* 74; sanctus Thomas . . et . . Edmundus confessor, ~ores vestri *Lit. Cant.* I 14; **1334** priorissa et moniales de Sancto Boithano et earum ~ores semper hactenus . . seisite fuerunt *RScot* 265b; de tecis dicti patris et predecessorum suorum. resignavit xx s. usualis monete regni Scocie quos ipse David et predicessores sui de tecis dicti patris et predicessorum suorum annuatim . . percipere consueverunt *Reg. Aberbr.* II 115.

praedecestrix [LL], predecessor + -trix], predecessor (f.)

1277 quedam Editha predesestrix sua fuit vestita et seysita de dicto messuagio *CourtR Hales* 87.

praededucere [CL prae- + deducere]

1 to put down (in writing) beforehand or previously.

sic de ceteris blasphemiis in quarto capitulo ~tis CONWAY *Def. Mend.* 1333; **1440** super omnibus et singulis ~tis in locis sepefatis laborat et est publica vox et fama *DCDurh. Reg. III* f. 252r.

2 to deduct beforehand or first of all.

~i debent debita aliorum que clara sunt et recognita BRACTON f. 60b; ipsa ante omnes debitores dotem suam ~et totam vel partem quamdiu tantum remanserit in bonis viri sui *Ib.* 61; **1362** residuum omnium bonorum meorum . . debitis meis et funeralibus expensis ~tis, do et lego patri meo *Test. Karl.* 66.

praedefinitio [CL prae- + definitio], ruling or decision made beforehand.

sine statuto praediffinitionis tempore quasi ad statutum praedestinationis diem WILLIB. *Bonif.* 8 p. 54.

praedefunctus [LL], previously deceased.

1410 de ~i pontificis . . successore BEKYNTON II 109.

praedeliberare [CL prae- + deliberare], to consider or deliberate beforehand.

cogitavit itaque sic intra se, cum suis super hoc non pretractans, non ~ans H. BOS. *Thom.* IV 17.

praedelinquere [CL prae- + delinquere], to commit an offence previously (in quot., pr. ppl. as sb. m.).

gravis . . in ~entem vindicta E. THRIP. *SS* III 43.

praedemonstrare [LL], to show, give as an illustration (in advance).

imponens illi nomen 'Ypodigma Neustrie' eo quod ~et precipue casus vel eventus illius patrie WALS. *YN* 5.

praedenuntiare [LL], to announce, state, or enjoin previously.

"sicut alias ei ~asse meminimus" (*Bulla Papae*) B. COTTON *HA* 191.

praedepositus [CL prae- + depositus *p. ppl.* of CL deponere], previously stated (in quot., as sb. n.).

1590 articulum deponit quod ~a per eum sunt vera *REED Cambridge* 328.

praedescriptus [CL prae- + descriptus *p. ppl. of* CL describere], described or mentioned beforehand.

vexillum viz. ~i vasis simile H. BOS. *LM* 1332B; **1440** cum . . non pauce . . ecclesie . . in locis vacaverint ~is BEKYNTON I 15; propter ~a virtutes et merita quibus eum pollere conspicimus *Ib.* I 16.

praedesiderare [CL prae- + desiderare], to desire beforehand or desire greatly (in quots. p. ppl. as adj.).

exultant profecto vectores ~ati portus in inspectione sed multo magis consummata gaudent navis in applicatione E. THRIP. *Collect. Stories* 203; **1448** ordinaverunt quod universitas pro suo proprio commodo ~atam faciat ordinationem *StatOx* 274.

praedesignativus [CL prae- + designativus], that indicates beforehand, that foreshadows.

singula contigisse perhiberentur eis in figura futurorum figurative non minus quam quasi preambulatorie ~a E. THRIP. *SS* II 22.

praedestinantia [cf. LL praedestinare], predestination.

secunda descripcio de restricta predestinancia est quod est eterna (WYCL. *Ente*) *MS Cambr. Trin. Coll.* B. 16. 2 f. 61C.

praedestinare [LL]

1 to determine, intend in advance.

supra cujus . . scopuli oram loco adherenti transversum lignum xij pedum . . componere ~ans, desuper etiam aedificium domunculi construere cogitavit *V. Cuthb.* III 4; vix ego . . talia fine ~ato precluderam E. THRIP. *SS* I 1.

2 (theol.) to predestine, to foreordain by divine purpose: **a** (tr., person); **b** (abstr.); **c** (p. ppl. as adj.); **d** (p. ppl. as sb. m.). **e** (in pregnant sense) one predestined to salvation.

a quod in superno Hierusolimae municipatu praedistinatos [*gl.*: i. presignatos, premissos] et aethralis litteraturae albo descriptos . . laetabundos fore . . confidimus ALDH. *VirgP* 34; quod autem se oves suas cognoscere dicit eligere utique et ad regnum caeleste praedistinare significat BEDE *Hom.* II 24. 246; promere cogerent hunc ex divina dispensatione in perpetuae beatitudinis praemia ~atum fore [*sic*] FELIX *Guthl.* 8; eum . . ad futurum seculum ~ando AD. SCOT *Serm.* 101B; ut nationes infidelium ~ate ad vitam eternam convertantur BACON *CSPhil.* 395; Domine Jesu Christe qui me creasti, redemisti, et ad id quod sum ~asti BLAKMAN *Hen. VI* 2. **b** quod Deus ~at dicitur, intelligitur praeordinare, quod est statuere futurum esse . . quare quidquid Deus ~at, necesse est futurum esse ANSELM (*Praesc.* II 1) II 260; Deus necessario ~avit electis vitam eternam OCKHAM *Dial.* 470. **c** cum praedistinatae [*gl.*: constitute, antedicte, *þære forestihtes* vel *foressedes*] palma victoriae ALDH. *VirgP* 12; predestinus, ~atus, presagiatus, prefiguratus OSB. GLOUC. *Deriv.* 467. **d** data est . . lex, ut ~ati ad vitam .. saluarentur; ~ati .. ad mortem .. magis punirentur LANFR. *Comment. Paul.* 123A. **e** quod ~ati possunt, possunt et damnati W. CANT. *Mir. Thom.* IV 43; **1431** credo ecclesiam sanctam Catholicam que est numerus ~atorum *Reg. Cant.* III 221.

praedestinatio [LL]

1 previous intention, plan. **b** (theol.) predestination (w. ref. to God's plan for the world, for individual human life or an individual's fate after death); **c** (in title of book).

o scopo [i. e. ὁ σκοπὸς], i. ~o quod unusquisque habet ~onem in mente cujuslibet libri antequam scribat quomodo et qualiter consumat eum *Comm. Cant.* I 16. **b** Hieremias .. qui antequam maternis ederetur partubus, beata praedistinatione [*gl.*: i. premeditatione, ~o est indicare aliquid antequam fiat] Domino dicatur ALDH. *VirgP* 20; apud quem rerum perfectio non in consummatione operis sed in suae [sc. Dei] est ~one voluntatis BEDE *Gen.* 21; en in quantum laudanda sit aeternae Deitatis ~o .... doctorem gentium Damascum pergentem .. evangelium filii sui nuntiare praedestinavit FELIX *Guthl.* 27 p. 92; sponsio sic regis praedestivenatio: caelo / promittit sanctis quae bona pro meritis, / inferni miseros et cogit adire tenebras *De lib. arb.* 105; quoniam liberum arbitrium videtur repugnare gratiae et ~oni et praescientiae Dei, ipsa libertas arbitrii quid sit nosse desidero ANSELM (*Lib. Arb.* 1) I 207; quem per ~onem ad futurum seculum generat AD. SCOT *Serm.* 1. 11. 101B; ~onis .. duo sunt effectus: infusio gratie et salvatio NECKAM *SS* II 49. 2; hec [racio] est impossibilis, aliquis condemnatur contra ~onem OCKHAM *Pol.* II 729. **c** scripsit .. Anselmus libellum unum de concordia prescientie et ~onis et gratie Dei cum libero arbitrio EADMER *V. Anselmi* II 64; Augustinus in libello suo, .. De ~one Sanctorum BRADW. *CD* 60A; vide Concordiam presciencie et ~onis *Ziz.* 60; de ~one sanctorum (*Catal. librorum*) *Chr. Rams.* 366.

2 fate, destiny.

tria hic notat quibus hominem posse fieri beatum credebant: fatum ~onem; fortunam, id est casum; virtutem BERN. *Comm. Aen.* 118.

praedestinator [LL], one who predestines.

hec .. addit predestinatio supra prescientiam, quod est penitus causa sufficiens ~ori GROS. 196.

praedestinatorie [LL praedestinator + -ius + -e], with regard to predestination.

quod omne peccatum, quamvis ~e gravissimum .. sit remissibile *G. Roman.* 311 *tit.*

praedestinatrix [LL praedestinator + -trix], one who predestines (f.), predestinator (w. gen.).

cum vita vivencium sit predestinatrix / nos in vitam refer[e]t Virgo mediatrix GARL. *Epith.* I *Summa* 27.

praedestinus v. praedestinare. **praedestivenatio** v. praedestinatio.

praedeterminare [LL], to state previously or determine beforehand. **b** (as sb. n.) something stated previously or determined beforehand.

c**1185** leprose mulieres eandem ecclesiam .. teneant .. sicut ~atum est *Lit. Cant.* III 77; **1203** per ~atum servitium *RChart* 109b; dicitur 'tractus' in choro modo ~ato *Reg. S. Osm.* I 162; non videntur syllogismi nullam vim ratiocinandi habere nisi per syllogismum et per figuras et modos ~atos KILWARDBY *Quomodo Deus* 123; **1331** sicut ~atum est *PQW* 136b. **b** quod oportet adnecti ~atis de materia BACON II 65.

praedeterminatio [CL prae-+determinatio], predetermination, prearrangement.

quia disposicio prima necessaria ad quamlibet talem accionem est ~o Dei, aut volucio pro certa mensura, quibus repugnat formaliter quod Deus non sic agat pro determinata mensura WYCL. *Ente* 155.

praedevotus [CL prae-+devotus], deeply devoted or devout, or held in devotion, cherished.

1426 vestris paternitatibus ~is pro nostri defectus relevamine eo confidencius duximus supplicandum *EpAcOx* 21; c**1429** vestram paternitatem ~am oramus *Cant. Coll. Ox.* III 82; haud solum cepit virtutem .. sanctissimi viri .. vocis jubilo confiteri sed et .. reverendi ejus tumuli visitator extitit ~us *Mir. Hen. VI* II 54 p. 140.

praedialis [CL praedium+-alis]

1 pertaining or attached to land or landed property. **b** (*dominus ~is*) landholder. **c** (as sb. n. pl.) landed estates.

c**1280** libertates .. ecclesiasticas, veluti immunitates circa personas ad eas confugientes, .. rex .. integre conservat; de libertatibus autem ~ibus, ab ipso rege .. concessis, pertinet cognicio ad forum *DocExch* 355; ~es servitutes .. non dicuntur esse extra bona *Fleta* 174; que .. auxilia fiunt de gracia .. et non sunt ~ia sed personalia *Ib.* 198; **1296** qui .. finem non fecerant exleges .. censebantur et de injuria, damno, vel convicio personali vel ~i sibi factis .. remedium .. negabatur *Ann. Dunstable* 406. **b** **1367** per eadem loca de quibus et per que domini ~es novem partes .. garbarum cariant *Conc.* III 70a. **c** cuncta ~ia cunctaque temporalia summi principis esse dicuntur, sic ecclesiastica spiritualia cuncta summi pontificis intelliguntur GIR. *Spec.* IV 18 *tit.*

2 (*decima ~is*) tithe that derives from produce of the land.

c**1225** cum .. decimis .. parochialibus sive ~ibus *Dryburgh* 26; domini seculares non debent de civili reditu decimare, non solum quia eorum tenentes decimant de frugibus, pascuis, silvis, et animalibus domesticis, que vocantur decime ~es .. WYCL. *Civ. Dom.* I 322; **1425** decime ~es et oblaciones percipere debent curati et laici eas eis solvere tenentur *Reg. Cant.* III 131; in litem .. vocatus pro decimis ~ibus, utpote grani vel faeni *Praxis* 252.

praedianus [CL praedium+-anus], of a landed estate.

sicut a monte montanus et a predio ~us OSB. GLOUC. *Deriv.* 24; praedanus [v. l. praedianus], -a, -um, i. de predio existens *Ib.* 451.

praediatessaris [CL prae-+LL diatessaron+-is], (mus.) that is preceded by four notes.

virga pretripunctis et subdiatesseris, virga ~eris et subdiapentis ODINGTON *Mus.* 94; virga ~aris et subdiapentis WILL. 22.

praediatesseris v. praediatessaris. **praediator** v. praedicator.

praedica [cf. CL praedicare], prayer bead.

1554 par' ~arum de *amber Pat* 890 m. 43.

praedicabilis [CL]

1 that deserves to be spoken about (publicly), remarkable, notable; **b** (as sb. n.).

quanto major miseria, tanto fit ~ior misericordia *Frag. Rit. Dunst.* 451; pro illius ~i sanctitate rex idem eum secum habere .. solebat EADMER *V. Osw.* 2; ambobus ~is spei juvenibus W. MALM. *GR* I 17; multa opera ~i memoria digna fecit *Ib.* II 184; s**971** Daci .. ut erant natura potatores lectissimi, hoc unum ~e bonum Anglie intulerunt, quod ex emulatione eorum Anglorum probitas toti mundo prejudicat in calicibus epotandis *Ann. Wint.* 13; s**1357** applicuit in portu .. cum preda nobili captivarum. .. ducens secum .. regem captivosque ~es WALS. *HA* I 283. **b** s**1153** ~e quidem in eo, quod in spiritu consilii et fortitudinis barbare gentis sue feritatem sapienter moderatus est *Hexham* I 169.

2 (log.) that can be predicated, predicable. **b** (as sb. n.) predicate; **c** (w. ref. to Aristotle's categories; in quot., of Porphyry's commentary on Aristotle's work).

accedimus ad illam logicorum questionem, qua queri solet utrum aliquod singulare accidens sit ~e NECKAM *SS* II 25. 3; omnis enim acceptio predicati et subjecti naturaliter prior est eorum inter se conjunctione .. anima .. vero intentiones ~es et subicibiles primitus elegit consequenterque componit vel dividit *Ps.*-GROS. *Summa* 298; si est eadem per essenciam in omnibus, tunc participatur ab omnibus speciebus et individuis sicut genus. ergo est de omnibus ~is KILWARDBY *OS* 300; similiter omne ens ~e WYCL. *Act.* 117. **b** quod si substantialiter est homo, et hoc ~e 'homo' non in quale sed in quid habeat predicari J. CORNW. *Eul.* 8; predicamenta dicta sunt, sive in sermonibus sive in rebus, decem genera ~ium que sic ad singulares .. substantias applicantur J. SAL. *Met.* 896B; intendentes de ~i primo videamus, quid sit ~e, deinde quomodo dividatur. sicut ergo praedicatum est, quod de alio dicitur, ita ~e, quod est de alio dicibile (SHIRWOOD *Syncat.*) *GLA* III 15; attributa non sunt nisi quedam ~ia mentalia vel vocalia vel scripta nata significare et supponere pro Deo OCKHAM *Quodl.* 211. **c** item universam logicam Aristotelis, cum ~ibus Porphyrii FERR. *Kinloss* 50.

3 (*dies ~is*) day on which preaching may take place.

c**1340** diebus .. ~ibus sermones .. habeantur (v. 1 dies 8d).

praedicabilitas [ML < CL praedicabilis+-tas], (log.) predicability.

universalitas non esset in rebus, sed tantum communis ~as *Ps.*-GROS. *Summa* 338; ~as sive de uno solo sive de pluribus non convenit rei nisi secundum suum esse intellectum MIDDLETON *Sent.* I 236; si dicitur universalitatem attendi penes ~atem et communicabilitatem, et non penes ~atem in actu, tunc redit evidencius dicta conclusio; quia ~as non potest magis et minus suscipere, nec terminus specificus manens sinonimice specificus nunc amplius et nunc strictius signare WYCL. *Dom. Div.* 180.

praedicamentalis [ML < LL praedicamentum+-alis], (log.) of or relating to a predicament or category; **b** (as sb. n.).

profecto rerum ~ium et sermonum perutilis est notitia et evidens ab Aristotile disciplina J. SAL. *Met.* 898C; hoc genus 'actio' est genus generalissimum, ergo predicatur de qualibet specie actionis, et ita omnis actio est res hujus generis, et sic res ~is, et sic res naturalis, ergo est a Deo P. BLOIS *Ep. Sup.* 68. 3; liberum arbitrium dictum de creatura continetur sub genere aliquo ~i; dictum verum de Deo sub nullo genere ~i continetur GROS. 217; cum dicit agens et paciens esse eadem secundum genus non loquitur de genere ~i .. patet per hoc quod multa sunt in eodem genere ~i diversa secundum speciem T. SUTTON *Gen. & Corrupt.* 63; oportet .. necessario quod accio et passio, que sunt genera ~ia, sint unus motus *Id. Quodl.* 592; restat videre, si omne ens sit ens ~e, et videtur quod non, quia omne ens ~e est substancia vel accidens WYCL. *Ente Praed.* 1. **b** omnium ~ium vim et proprietatem naturalium finibus limitari J. SAL. *Pol.* 453A; nullum .. ~e predicatur de Deo in quantum est Deus NECKAM *SS* I 18. 14.

praedicamentum [LL]

1 that which is predicted or asserted, condition, circumstance, predicament.

quinto tractabitur de summis hominum, qui sic sunt in rebus humanis ut generalissima in ~is H. HUNT. *CM* 12; sicut ~um scriptum in libro componitur ex diccionibus scriptis et ~um prolatum componitur ex vocibus, ita ~um in mente componitur ex conceptibus et nullo modo ex rebus extra, cum ~um sicut nec propositio, non habeat nisi triplex esse: in mente, in scripto, in prolacione OCKHAM *Quodl.* 573.

2 (log.) category (esp. w. ref. to ten categories of Aristotle); **b** (*liber ~orum* or *~a Aristotelis*) title of book by Aristotle, the Categories.

Stoicorum argumenta et Aristotelicas categorias quae x ~orum generibus distinguuntur .. despexit ALDH. *VirgP* 35; **9..** cathagorias, x ~a *WW*; decem diversitates rerum .. omnino diversarum in natura esse arguens, quas etiam decem ~a posteri vocaverunt, singulis ~is et genera et species et individua ascribit ADEL. *ED* 22; quia naturalium prima est inquisitio, in ipsa primo decem ~a formata sunt J. SAL. *Met.* 896A; sicut substantia composita que est genus generalissimum ideo dicitur tale genus esse respectu compositorum omnium que sunt in illo ~o BACON *Tert.* 122; ens prius dividitur in infinitum et finitum quam in decem ~a DUNS *Ord.* IV 205; accipitur actio et passio communiter prout sunt duo genera ~orum .. quia omne moveri est de ~o passionis et omne movere est quoddam agere T. SUTTON *Gen. & Corrupt.* 55; ens enim positivum extra animam sufficienter dividitur per decem ~a quorum unum est substancia et novem sunt accidencia *Id. Quodl.* 473; ~um dupliciter accipitur: uno modo, pro primo et communissimo in linea predicamentali, et isto modo quodlibet ~um est prima intencio vel nomen prime intencionis ... alio modo, accipitur ~um, pro toto ordine aliquorum ordinatorum secundum superius et inferius OCKHAM *Quodl.* 559. **b** librum ~orum, qui est de termino BACON XV 194; Aristoteles in ~is dicit quod maxime proprium est substantie OCKHAM *Quodl.* 575; commentarium Boethii Aristotelis ~a (*Catal. librorum*) *MunAcOx* 516; **1501** libri logicales .. exposicio Sutton super ~a (*Catal. librorum*) *Cant. Coll. Ox.* I 24; ~a Aristotelis FERR. *Kinloss* 44.

3 preaching. **b** what is preached, sermon.

in laborum generibus que virtute operis fiunt de ~o meritorie accionis *Reg. Whet.* II 416; *a prechynge*, catagoria, .. predicacio, ~um *CathA.* **b** ~a Augustini (*Catal. librorum*) *Chr. Rams. app.* 364.

praedicare [CL]

1 to make known, declare; **b** (pass., w. pred.) to be known as, called. **c** (log.) to predicate; **d** (p. ppl. as sb. n.) predicate (also transf.).

quibus [CXX annis] dicitur Noe ~asse illis ut paenitentiam agerent quando fecit arcam suam *Comm. Cant.* I 69; quem totus celebrem terrarum praedicat orbis ALDH. *VirgV* 2559; revertuntur ad naves suas, patrieque situm et civitatem consociis ~ant G. MON. I 11; **1264** et in carcere .. detineat pro eo quod quidam sinistra de ipso ~averunt *Cl* 81 m. 3. **b** verus summae lucis praeco ab omnibus ~atur Augustinus BEDE *HE* II 2 p. 82; aequum dicitur quotiens .. partes .. aequali temporum lege consistunt ... duplum ~atur, quotiens id quod majus est bis continet minus, ut quattuor et duo BONIF. *Met.* 109; beatior in exilio quam in natali patria ab omni ~er posteritate *V. II Off.* 238; quatuor .. sunt que .. Job intra sanctitatis circulum includere videntur, viz. quod vir, quod simplex, quod rectus, quod timens Deum ~atur W. DAN. *Sent.* 57. **c** hoc ipsum 'animatum' ~atur univoce de corpore animato, et de animali, et de homine J. BLUND *An.* 35; quod de pluribus differentibus specie ~atur BACON *Maj.* II 448; quod .. dictum est ab Aristotele, quod de materia ~atur forma in substantiis, non est sic intelligendum tamquam sola forma ~etur KILWARDBY *OS* 315; omnis proposicio in qua ~atur corpus Christi de pane est impossibilis OCKHAM *Quodl.* 449. **d** quod .. dialectica verba, affirmationem, ~atum subjectum caeteraque in hunc modum tractatui tantae rei laboras inserere LANFR. *Corp. & Sang.* 418D; quoniam ~atum necessarium potest verificari de subjecto aliquo ente et de aliquo non ente BACON *CSTheol.* 58; in proposicione .. hereticus debet esse ~atum, et id quod sequitur, debet esse subjectum OCKHAM *Dial.* 445; res significata per ~atum inest rei significate per subjectum KILVINGTON *Soph.* 101; s**1429** qui de subjecto in ~atum transiens, post baptismum in catechumenum AMUND. I 35.

2 to make widely known, publicize (w. implication of praise).

pulchra supernorum civium sodalitas merito pudicitiae ~atur [*gl.*: narratur] ALDH. *VirgP* 7; malentes vel sic quodammodo ~ari quam omnino esse ignoti ADEL. *ED* 8; adolescenti magne nobilitatis et ~andi roboris W. MALM. *HN* 452; hec est laudatio, qua a filiis et viro ~atur ANDR. S. VICT. *Sal.* 93.

3 to proclaim, preach (Christ, Gospel, or sim.); **b** (w. dat.); **c** (transf., w. inanim. subj.); **d** (*sermonem ~are*) to preach a sermon (also ellipt.). **e** (*textum ~are*) to preach on, expound (a passage of Scripture). **f** to preach to, convert by preaching. **g** (absol.) to act as preacher. **h** (pr. ppl. as sb. m.) preacher.

post admirabilem ~ando Christi evangelium orbis paene circuitum GILDAS *EB* 73; coepit Sanctus Johannes precursor ~are baptismum penitentiae THEOD. *Laterc.* 9; Johannes .. / praedicat adventum Christi paranymphus ALDH. *VirgV* 407; ~abant verbum et libenter auditi sunt BEDE *HE* III 21; mandatum legitur dedisse ut in toto mundo evangelium regni ~arent OSB. *V. Dunst.* 42; primus in ea .. fidem Christianam et ~avit et plantavit GIR. *TH* III 16; sic nunc ewangelizatur et ~atur Christus et nostre per eum salutis dispensacio GROS. *Cess. Leg.* I 10 p. 58; s**1346** verbum Dei .. in cimiterio ecclesie Sancti Pauli .. ~ans et exponens AVESB. f. 106b. **b** mox publice Christum paganis praedicat ALDH. *VirgV* 1137; misit eum ad ~andum verbum vitae .. nationi Anglorum BEDE *HE* II 15 p. 116; ~abat eis verbum Dei et multa millia verbo veritatis instituit EADMER *Wilf.* 28; cum .. properarent illuc ut verbum Dei populo ~arent *Latin Stories* 100. **c** regem cum asserant / auro Arabee, / thus, mirra predicant / Deum in homine LEDREDE *Carm.* 15. 11. **d** ~antes ad populum in vulgari *V. Ric. II* 38; **1504** quod quilibet graduatus aliquem sermonem universitatis solemnem ~aturus infra precinctum ejusdem *StatOx* 310. **e** **1460** et ubi ego semel in ecclesia Pauli palam ~avi hunc textum *Paston Let.* 617 p. 222. **f** Edessa civitas, que .. per Thomam apostolum fuerat ~ata et Christo dedicata *Meaux* I 114. **g** licentiam .. ~andi non abstulit BEDE *HE* I 25 p. 46; qualiter [Wilbrordus] Dei in opere praedicandi proficisset ALCUIN *WillV tit.* p. 207; presbiteri sive clerici populares vel laicos ~andi causa adissent WILLIB. *Bonif.* 1 p. 5; tempore quo rex .. qui regnavit in Cantia, ~ante beato Augustino, fidei sacramenta susceperat AILR. *Ed. Conf.* 755D; c**1223** negotium .. bene poterit demonstrare, licet ~andi licentiam non habeat, dum tam literis nostris sicut diximus sit munitus *Ch. Sal.* 153; Johannes Baptista ~avit in deserto *Ann. Exon.* 5v; pulpitum .. ~aturus ascendit R. BURY *Phil.* 4. 57. **h** qui nihil didicit, aliorum doctor efficitur, et quasi aes sonans aut cymbalum tinniens usurpat ~antis officium P. BLOIS *Ep.* 23. 83B; terra que .. sub pedibus ~antis in collem excrevit GIR. *IK* II 1; **1362** jurati presentant quod †predicas [l. predicans] de Cretynge et Ricardus de Wrotham .. imprisonati in prisona .. et quod predicti †predicas [l. predicans] et Ricardus postquam sic fecerunt, videntes portam prisone .. apertam .. prisonam .. felonice fregerunt *Proc. J. P.* 345.

4 to set forth or teach, advocate. **b** to exhort people to (an act); **c** (w. acc. & inf.).

in septima requievisse Deum ab opere suo ~atur THEOD. *Laterc.* 23; infiniti scolares .. impium dogma velut catholicum ~ant J. CORNW. *Eul.* p. 258; **1418** quam .. doctrinam juste et sancte alias pretticastis contra .. heresiarcham *Cop. Pri. S. Andr.* 3; **1549** ad ~andum fidei rudimenta .. habiles *Conc. Scot.* II 99. **b** s**1147** iter Jerosolim' ~atur *Ann. Exon.* 10; crux contra Albigenses .. in Francia ~atur TREVET *Ann.* 182. **c** egenis eleemosynam esse dandam .. ~antes, sed ipsi vel obolum non dantes GILDAS *EB* 66.

praedicatio [CL]

1 announcement, statement; (in quots., log.) assertion of something about a subject, predication.

Plato .. Aristidis filius nec quantitate ut atomus nec soliditate ut adamas, sed nec ~one, ut dicunt, individuum est J. SAL. *Met.* 886D; substancia predicatur de omnibus compositis ~one formali et inherencie et in abstraccione BACON II 53; hoc eciam satis apparet attendenti modum et naturam ~onis qua dicimus A est animal SICCAV. *PN* 131; quando est ~o directa, puta quando superius predicatur de inferiore OCKHAM *Quodl.* 127; oportet autem fidelem theologum notare ~onem triplicem .. sc. ~onem formalem essencialem et habitualem WYCL. *Conf.* 508.

2 act of making widely known, publication.

praeconium, ~o *GlC* P 534; ~o laudis BERN. *Comm. Aen.* 60.

3 preaching, teaching, or expounding of Christian doctrine; **b** (w. ref. to payment made for preaching).

quidquid .. in nativitate, quid in aetate, quidquid in ~one, quidquid in passione, quidquid in resurrectione Christi THEOD. *Laterc.* 22; provincias sereno evangelicae ~onis [*gl.*: doctrine] lumine illustravit ALDH. *VirgP* 23 p. 255; audita ~one veritatis .. se Christianum fieri velle confessus est BEDE *HE* III 21 p. 170; **796** alius est, qui talentum ~onis accipit, alius sapientiae ALCUIN *Ep.* 111; tunc praedicante Petro et apostolis verbum Dei Judeis crediderunt una die tria milia et baptizati sunt et in alia ~one crediderunt quinque milia ÆLF. *Ep.* 2. 38; gens quippe Berniciorum per ~onem Sanctorum Oswaldi .. et Aidani .. ad fidem Christi conversa est RIC. HEX. *Hist. Hex.* I 2; si .. ~oni et instructioni .. pro officii debito .. instititssent GIR. *TH* III 28; **1498** devota divinorum officiorum celebratione, verbi Dei ~one *Scot. Grey Friars* II 257. **b** et ~o et legata fidelium et si que sunt alie gratuite obventiones *Chr. Evesham* 216; et pro ~onibus ejusdem in capella ij s. j d. ob. *Med. Stage* II 289.

4 sermon.

certatum est publicis ~onibus ac demum scriptis ut omnes crederent ipsas [sanctas] .. ad .. aecclesiam translatas GOSC. *Lib. Mild.* 4; **1285** orationibus ac ~onibus .. audiendis *Mon. Hib. & Scot.* 131b; episcopus Roffensis quandam ~onem faciebat *MGL* II 482; episcopus dixit .. adjiciens quod hanc materiam predicasset in presentia regis .. ad quod dominus Hugo respondit quod fuisset mirabilis ~o quia eum tangebat *Hist. Roff.* p. 365; doctor Johannes de Capistrano fecit multas ~ones et reformaciones in regno .. Hungarie de episcoporum moribus malis GASCOIGNE *Loci* 9; **1549** quilibet episcopus .. ultra communes ~ones [quae] per alios .. fient, praedicet *Conc. Scot.* II 95.

praedicatissa [CL praedicator+LL -issa], nun of the Dominican Order.

1384 priorissa et conventus ~arum de Dertford *IMisc* 232 m. 3.

praedicator [CL]

1 one who proclaims, preacher; **b** (w. obj. gen.); **c** one who preaches to (w. hearer in gen.); **d** (w. ref. to charitable object).

verbum Domini .. diligenter docuit. .. provolutis genibus ante pedes ~oris *V. Cuthb.* II 6; nostram gentem per ~ores, quos huc direxit, .. aeternae libertatis fecit esse participem BEDE *HE* II 1 p. 78; misit Augustinum cum aliis ~oribus in Brittaniam R. NIGER *Chr. II* 141; s**1197** surrexit quidam praediator [v. l. praedicator] egregius in Francia qui usuram maxime conabatur extirpare OXNEAD *Chr.* 100; s**1224** Ricardus .. sacerdos et ~or *Mon. Francisc.* I 493; *a precher*, ~or [v. l. dicator], evangelizator *CathA.* **b** quondam dominicae resurrectionis incredulus negator, sed visis vulnerum cicatricibus credulus ~or [*gl.*; i. doctor] ALDH. *VirgP* 23 p. 255; ~oribus evangelii (*Lit. Papae*) BEDE *HE* II 8 p. 95; illo ingenue resistente, ultro processit alius nullo poscente, qui scriptor, ~or et signifer esset fallaciae GOSC. *Lib. Mild.* 10; ex quo Gregorius papa Augustinum et Mellitum aliosque ~ores verbi Dei in Angliam misit ORD. VIT. III 15 p. 160; c**1233** recogita quod .. scripturarum es .. expositor, crucis Christi ~or GROS. *Ep.* 10 p. 49; **1425** frater W. Melton, ordinis Fratrum Minorum, sacre pagine professor, verbi Dei famosissimus ~or *Mem. York* II 156; **1583** ~or verbi Dei *Pat* 1236 m. 24. **c** futurus multorum populorum ~or erudiebatur ALCUIN *WillP* 4; egregius mundi ~or *Ib.* 6. **d** c**1223** prohibemus ne sine literis nostris, ad fidelium elemosynas postulandas, aliquis admittatur ~or *Ch. Sal.* 153; **1225** ~ores fabrice ecclesie .. euntes .. ad petendum elemosinas ad dicte ecclesie fabricam *Pat* 518; **1231** frater Robertus, ~or operationis ecclesie .. de Abbodesbiry *Ib.* 426; **1247** nullus ~or questuarius in ecclesiis admittatur nisi nostra .. fulciatur auctoritate *Conc. Syn.* 412.

2 (*frater ~or*) friar preacher, Dominican friar; **b** (ellipt., *~or*).

1229 faciat habere fratribus ~oribus Oxonie iiij fusta in balliva sua *Cl* 191; **1275** unam placeam terre .. ubi homines de Linc' solebant ludere fratres predicatores et alia aisiamenta habere *Hund.* I 312a; **1333** prior et fratres ordinis fratrum ~orum de Berewico super Twedam *RScot* 256a; **1358** fratribus ~oribus, Augustinensibus, et Carmelitis dicte ville .. lego xx s. *Feod. Durh.* 6; **1419** de ponte juxta fratres predictores habendo *MGL* I 713; s**1424** decollati sunt et in ecclesia fratrum ~orum inhumati *Plusc.* XI 3. **b** a**1226** concessi et presenti carta confirmavi Deo et canonicis ordinis ~orum placiam illam (*DL DeedsS* 59) *MS PRO D. L.* 27/59; s**1257** concessa est mansio fratribus Bethleemitis .. quorum habitus similis est habitus ~orum M. PAR. *Maj.* V 631; in hoc aggravatur hec corruptio, quod quilibet corrigit pro sua voluntate .. sed ~ores maxime intromiserunt se de hac correctione BACON *Tert.* 93; s**1299** item in eodem anno constituit papa ne ~ores seu minores predicarent sine licencia *Feud. Man.* 117; unde .. ~orum ordinem propter sacre scripture studium et proximorum salutem principaliter institutum constituciones pronunciant eorundem R. BURY *Phil.* 6. 86; **1274** invitis parentibus qui eum monachari volebant, ~orum ordinem est ingressus WALS. *HA* I 12.

praedicatorius [CL praedicator+-ius]

1 of or concerned with preaching.

s**1508** colloquia .. cum nuncio Britone in arte ~ia inter proceres fuere non pauca ANDRÉ *Hen. VII* 114.

2 (*ordo ~ius*) order of preachers, the Dominican order.

s**1495** Sancti Dominici ordinis ~ii provincialem commemoro ANDRÉ *Hen. VII* 69.

praedicatrix [LL]

1 one who proclaims (f.), (in quot., abstr.).

tam jucunda compositio corporis mox quasi praeco fuit, ~ix et nuntia eterne sue jucunditatis H. BOS. *Thom.* VI 14.

2 (w. gen.) one who preaches to or exhorts (f.).

mulieribus tamen semper in penitentia injungendum est quod sint ~ices virorum suorum .. unde peccatum viri sepe mulieri imputatur si per ejus negligentiam vir ejus non emmendatur. .. debet .. in cubiculo .. virum suum blande alloqui et si durus est et immisericors .. debet eum invitare ad misericordiam T. Chobham *Conf.* 375.

praedicere [CL]

1 to mention or state beforehand; **b** (w. acc. & inf.); **c** (p. ppl. as adj.) aforementioned, aforesaid; **d** (p. ppl. as sb. m. or f.) aforementioned person. **e** (as sb. n.) aforementioned thing.

secundum quod propheta ~dixit Theod. *Laterc.* 6; verba secundae conjugationis quae in tribracho praediximus Aldh. *PR* 119; bonum autem est, ut cum alicujus consilium in placito redditur, cum emendacione dicendum ~dicatur (*Leg. Hen.* 46. 5) *GAS* 570; retulit .. nobis idem vir reversus, de quo jam ~diximus *Mir. J. Bev.* A 320; de coronis imperatoris ~dicendum H. Bos. *LM* 1343D; **1267** predictas terras cum molendino et omnibus aliis pertinenciis suis, sicut ~dictum est, prefatis abbati et conventui .. warrantizabimus *Cart. Chester* 563 p. 321; ut autem que ~diximus omnibus possint constare *Feod. Durh.* 219. **b** fruges / quas pia perpetui praedixit gloria regni / glescere sulcati per squalida jugera ruris Aldh. *VirgV* 112; regina, quam Christianam fuisse ~diximus Bede *HE* I 26 p. 47; dum haec ita geruntur Ælfegus, apud quem illum olim conversatam fuisse ~diximus, ad vitam spiritualis saeculi dispositus est Osb. *V. Dunst.* 23; propter placitum, quod ~diximus inter ipsum et Johannem Glesguensem episcopum .. a domino papa statutum fuisse H. Cantor f. 31. **c** ~dictae [*gl.*; i. memorate] sorores Dulcitio .. torquendae traduntur Aldh. *VirgP* 50; eo quod ~dicta porticus plura capere nequivit Bede *HE* II 3 p. 86; **957** sit terra ~dicta ab omni servitio mundano semper libera *CS* 1000; quoniam ~dictus pater Wilfridus, et beata Ethelrida regina .. hanc magnificare et exaltare sategerunt Ric. Hex. *Hist. Hex. pref.* p. 3; per pares suos .. †predictaram [l. predictarum] et vicinarum villarum *Chr. Peterb.* 32; soror ~dicte virginis Ætheldrede Elmh. *Cant.* 191; Ricardus de Cropesley successit Ricardo ~dicto Flete *Westm.* 108. **d** **1278** ita tamen quod per nimia approniamenta [v. l. appropriamenta] ipsorum ~dicti de Stanlowe non impediantur quin .. *Cart. Chester* 309 p. 208; **1285** ~dicta [sc. Amabilia] requisita, si velit quod predicta inquisitio caperetur, dicit quod sic *Reg. Malm.* I 259; **s1343** quod ~dicti mittendi sint in predicta curia Ad. Mur. *Chr.* 130. **e** recapitulatio est ~dictorum usque 'posuit eum in paradisum' *Comm. Cant.* I 34; ~dictis odibilius audietis et majus obprobrium Map *NC* III 2 f. 37; secundum ~dicta, casus semper presupponit fortunam Ockham *Quodl.* 92; dum ~dicta fiebant in partibus transmarinis Avesb. f. 126b; **s1343** quod ~dicta expediantur Ad. Mur. *Chr.* 130.

2 to foretell, prophesy; **b** (w. acc. & inf.); **c** (w. *quod* & subj.). **d** (p. ppl. as sb. n.) prediction.

sicut supra dictus propheta ~dixit, "ecce," inquiens, "dies veniunt" Gildas *EB* 85; ita cruenta fors evenit, ut profeticus sermo ~dixit [*gl.*: i. prenuntiavit] Aldh. *VirgP* 38 p. 289; prophetizare cepit et verbis de preterito futura ~dicere Gir. *TH* II 47. **b** quem se numerum annorum fuisse habiturum ipse .. suis ~dicere solebat Bede *HE* V 8 p. 294. **c** **1166** ~dixit .. in diebus beati Eugenii quod non esset nisi in extremis diebus pacem et gratiam in urbe habiturus J. Sal. *Ep.* 199 (185). **d** juxta ~dictum viri Dei Bede *HE* III 22 p. 173; post beati viri obitum .. properant impleri ~dicta W. Malm. *GR* II 165.

praedictare CL prae-+dictare]

1 to dictate (words to be spoken or written).

tractatum illum .. columba ~ante in publicum promulgavit [sc. Deus] P. Blois *Opusc.* 822B.

2 to dictate, prescribe (a course of action).

R. .. Salesbiriensis episcopus qui secundus sacramentum illud predictum fecerat et omnibus aliis ~averat H. Hunt. *HA* VIII 1; verba et opera tua ~et caritas et informet affectio P. Blois *Ep.* 132. 393B.

praedictio [CL =*previous notice, prophecy*], act of proclaiming.

s1322 rex .. veniens Salopiam .. ubi domini R. de M. avunculus et nepos, ad ~onem et promocionem pacis per comites de R. et A. et alios bonam formam pacis regis promittencium .. se reddiderunt *Ann. Paul.* 301.

praedictive [CL predictio+-ivus+-e], in the manner of a proclamation.

David utitur quandoque voce imprecatoria non imprecatorie, et glossa dicit quod hoc dicitur ~e, sc. quod predictio est non imprecatio, tantum forma. pari rationi videtur .. solutio: oratio signum est semper voluntatis, et ideo dicit glosa quod utitur voce orationis non orationi, cum voluerit illud prophetica (S. Langton *Quaest.*) *MS Cambr. St. John's Coll.* 57 f. 208v.

praedictor v. praedicator. **praediffinitio** v. praedefinitio.

praedigestus [CL prae-+digestus *p. ppl. of* digerere], expounded or mentioned beforehand.

nullus .. ipsum tutari ob ~i regis pavorem ausus fuit (*Cadocus* 22) *VSB* 68; idem firmiter ~o Run genito ejusdem .. precepit ne .. (*Ib.* 24) *Ib.* 74.

praedignatio [CL prae-+dignatio], high esteem.

pre nimia admiratione obstupescibile et ~one incomprehensibili amplexabile H. Bos. *LM* 1378.

praedigne [CL prae-+digne], very worthily or fittingly.

virgo .. / paradisus predigne diceris / dum hunc vitae fructum protuleris J. Howd. *Ph.* 24.

praedignus CL prae-+dignus], very worthy or fitting.

705 postquam me immeritum nullisque ~is moribus comprobatum in pontificatus officii sedem divina gratia subtronizasset *Reg. Malm.* I 288; de rebus ~is apud ~um presulem .. pauper indignus dicere temptavi Ad. Marsh *Ep.* 247. 25 p. 465.

praediligere [CL prae-+diligere]

1 to have an especial liking for, to prefer or love greatly.

latus omne pererrans / ambitio reptat predilexitque colendum / pro laribus montem Hanv. IV 19; ordine servato sic conformatur amori / verus amor; se prediligat omnis homo Walt. Angl. *Fab.* 61. 38.

2 (p. ppl. *praedilectus*) very dear, greatly preferred or beloved.

~ae Dei abbatissae Byrht. *V. Osw.* 427; ea .. quae in loco sibi ~o gessit *Ib.* 462; c1192 nostro ~o O. dapifero *Regesta Scot.* 347; Petrus Bles. Bath. archid. dilecto et ~o nepoti suo E. priori de monasteriolo P. Blois *Ep.* 131. 386A; amico suo ~issimo *Chr. Rams.* 379; ceteri apostoli a Domino ~i *Concl. Loll.* XXXVII 25; **1439** fidelis et ~i consiliarii nostri, Roberti Bekynton I 12.

praedimittere [CL prae- + dimittere], to demise, grant or transfer in advance (an estate or sim.) by will or lease.

1573 ut present' predimiss' dimiss' et concess' fuerunt cuidam Jacobo *Pat* 1103 m. 21.

praediolum [CL], small estate.

798 adicio et aliud meae possessionis ~um quod a circumpositis cognominatur æt Onnandune *CS* 283; **966** quoddam ruris ~um x sc. cassatas *CS* 1176; predium .. unde hoc ~um, ~i. dimin. Osb. Glouc. *Deriv.* 451; papa, sua sede privatus, habitavit in ~o proprio Gir. *PI* I 17.

praediosus [CL praedium+-osus], that consists of landed property.

ampliacio ~a prefati loci Flete *Westm.* 63.

praedirus [LL < CL prae-+dirus], very terrible, dreadful.

ut praedira necis pariter tormenta tulerunt Aldh. *VirgV* 1882; principium sceleris praedira superbia constat Alcuin *Carm.* 62. 134; **1300** ~is anxietatum torquemur aculeis *Conc.* II 256a.

praediscere [CL], to learn beforehand, first, or in preparation.

mortis sed versus ab oris / vivere jam Christo sensu praediscit acuto Æthelwulf *Abb.* 388; qui miles esse voluerit, ~at artem eamque usu .. firmet J. Sal. *Pol.* 618D; telorum quisque noverat usum .. domi ~ebatur *Id. Met.* 914C; pacis et juventutis tempore silvas .. transpenetrare, montium alta transcurrere .. ex industria ~unt Gir. *DK* I 8.

praediscors [CL prae-+discors], formerly disagreeing.

s1260 quosdam .. ~des concordans *Flor. Hist.* II 452.

praedisponere [CL prae-+disponere], to arrange or provide beforehand.

~entem et preordinantem omnia *Tract. Ebor.* 647; nunc ordine predisposito H. Bos. *LM* 1302B; **1408** apes .. sub uno principe .. avolans et revolans, nature sue utilia ~it *Conc.* III 311a; **1440** modo tuta .. itinera ~i et provideri queant Bekynton II 73.

praedisseminare [CL prae-+disseminare], to disseminate previously.

que .. preexcogitata doctrinaliter ~averat E. Thrip. *SS* IV 25.

praedistinare v. praedestinare.

praedistinguere [LL], to distinguish or make clear previously.

juxta duo que predistinximus exemplaria H. Bos. *LM* 1361C; sicut predistinctum est in tabula Pasche *Reg. S. Osm.* I 68.

praeditare [CL prae-+ditare]

1 to enrich greatly. **b** to make splendid with decoration.

dicentes se velle potius quamlibet experiri fortunam quam sub tanto ibi ~ari sic discrimine *Hist. Meriadoci* 375; **s1366** cum multis aliis bonis prioratus sui locum nobiliter ~avit Oxnead *S. Ben. Holme app.* 438. **b** **1411** vestiarium .. jocalibus preciosis egregie ~avit *Invent. Ch. Ch.* 101.

2 to enrich previously.

s1251 Guido, frater regis, vocatus ut ditetur, venit in Angliam, aliis fratribus ~atis M. Par. *Abbr.* 321.

praeditus [CL], (usu. w. abl.) well endowed or provided with, possessed of: **a** (material possession); **b** (abstr.).

a miles quidam Ricardus, cognomento Pantefot, genere clarus, amplis possessionibus ~us *Mir. Fridesw.* 77; avibus .. quibus alie regiones ~e sunt Gir. *TH* I 11. **b** primum hominem Deus aetatem perfectum nec non et intellectum adque rationem ~um fincxit Theod. *Laterc.* 17; Eulalia .. duplici ~a [*gl.*: i. ditata] triumpho et gemino ornata tropeo Aldh. *VirgP* 46; quicumque sacerdotali erant gradu ~i Bede *HE* III 3 p. 132; erat .. aspectu admirabilis et intus .. prudentia ~us Felix *Guthl.* 21; **934** (10c) ego A. singulari privilegii ierarchia ~us .. rex *CS* 704; Ægelrico Cicestrensi episcopo, homini magnarum rerum peritia ~o .. adheserat Eadmer *V. Dunst. prol.* p. 164; Sampson virtute preditus J. Howd. *Cyth.* 5. 10.

praedium [CL], landed estate, property, settlement; **b** (w. play on *praedo*).

sponsi .. impetrant ut ab urbe Roma ad propria ~ia [*gl.*: *hame*] ducerentur ne forte, si Christianae religionis titulo eas accusantes .. propalarent, possessiones earum et agrorum fundi fiscali jure proscriberentur Aldh. *VirgP* 52; vovit ergo, quia si victor existeret, .. xij possessiones ~iorum ad construenda monasteria donaret Bede *HE* III 24 p. 177; ~ium, villa *GlC* P 744; ut omnium ~iorum redditus in tota Anglia notitie sue per scriptum adjiceret W. Malm. *GR* III 258; ~ia magna distrahi penitus et in perpetuum alienari permitterent Gir. *IK* I 3; hoc ~ium, *a maner WW*. **b** **1232** custodit populum populator, predia predo H. Avr. *Poems* 127. 182.

praedives [CL]

1 (of person) very rich in material or other goods, richly endowed (also w. abl. or *in* & abl.); **b** (of Christ). **c** (as sb. m.) very rich man.

erat namque quaedam ~es matrona, regali ex progenie orta B. *V. Dunst.* 10; **1093** possessiones .. priori et conventui nostra donatione vel quorumlibet laicorum ~itum largitione .. concessas *Ch. Durh.* 7; rex ~es in imperio, gloriosus in palatio, terribilis in regno Osb. Clar. *V. Ed. Conf.* 18 p. 98; quidam .. ope ~es et potestate R. Cold. *Cuthb.* 118; si accesserit pauper .. ad hominem ~item et prepotentem Bald. Cant. *Serm.* 16. 45. 491B. **b** non enim contentus fuit ~es Retributor ille bonorum Ad. Eyns. *Hug.* V 17 p. 206. **c** ut itaque his tribus modis in cura ~itis alicujus famulatim exhibere videmus Alex. Cant. *Dicta* 10 p.

151; nam quidam ~es dum excommunicatus moreretur, post novem annos uxor ejus moriens filios petit ut juxta virum suum sepeliretur Hon. *Spec. Eccl.* 870A; nutabat ~es ille quo transferret condigne hoc mirabile sanctificium *Found. Waltham* 9; gratiam . . domini regis et omnium ~itum terre . . adquisierat *Ib.* 14.

2 (of place or institution) abounding in wealth, richly endowed.

reliquit ecclesiam suam ~item, prediis undecunque adquisitis W. Malm. *GP* II 80; ~es est . . et satis felix urbs vestra . . . quot . . castra! quot naves! Osb. Bawdsey clxii; terra . . ~es erit et opulenta, fluens lacte et melle Bald. Cant. *Serm.* 10. 21. 496.

praedividere [LL]

1 to divide (into parts or smaller groups) in advance.

predivisis agminibus, alii Greciam, quidam . . Macedoniam singula ferro prosternentes adiere E. Thrip. *SS* III 31.

2 to distinguish or classify previously.

1206 fecit michi fidelitatem . . de predicto redditu reddendo sicut predivisum est *Cart. Osney* I 311.

praedivinare [CL], to have foreknowledge of, foretell.

futura ~antes sed prophetarum de se dicta recolentes Bede *Mark* 177 (=Gir. *GE* I 19 p. 158; cf. Ambrose *in Lucam* CCSL 14. 190).

praedo [CL], robber, brigand. **b** (~o *maris*, ~o *piraticus*) pirate; **c** (w. ref. to rapist); **d** (of Satan); **e** (applied to animal); **f** (transf., in chess) pawn (when making a capture). **g** (fig.).

cum recessissent domum crudelissimi ~ones Gildas *EB* 25; a Saracenis ~onibus [*gl.*: s. ~o qui populando alienam provinciam invadit, i. raptoribus, *struderum*] et Ismaelitis grassatoribus obvia quaeque atrociter vastantibus captus Aldh. *VirgP* 31 p. 270; preda inter ~ones partitur Alex. Cant. *Mir.* 34 p. 226; sane fenerator, dum proximum manifeste spoliat, fure deterior est et ~one P. Blois *Ep.* 17. 63A; nec permissus est aliquis eis nocere inimicus, licet inter medios ~ones quandoque transierint qui . . alios viatores spoliaverunt *Canon. G. Sempr.* f. 108; gens Hibernica castellis carens, ~onibus abundans Gir. *TH* II 55; **s1326** vocabatur tunc temporis hujusmodi robaria *rifflinge* et ~ones appellabantur *rifflers Ann. Paul.* 321; hec ~o, *a robber* WW. **b** ut nichil circa oram maritimam ~o piraticus inveniret, secum asportaturus W. Malm. *GR* III 249; dicuntur pirate ~ones maris, i. *robburs GlSid* f. 150. **c** renitentis et multum deprecantis pudorem ~o nocturnus invasit et rapuit W. Malm. *GP* V 259. **d** dum praedo pellax et tetrae mortis amator / auctorem generis strofa pellexit inani, / scanderet ad superas arces ne turba nepotum Aldh. *VirgV* 2718; predo vetus a tyrone / domitus defecit P. Blois *Carm.* 17. 5. 49; miseras tandem animas . . ~o cruentus rapit Gir. *TH* I 16; insidians credo facit hoc anime predo [*gl.*: diabolus] Garl. *Mor. Scol.* 541. **e** nec predam sub pedibus ~o respexit Gir. *TH* II 29; preda viro predo murum mustela precatur: / "Da veniam, debes parcere, parce michi" Walt. Angl. *Fab.* 38. 1. **f** pedes directo tramite incedit, nisi cum injurias suas in hoste persequitur. tunc . . gressum obliquat, cum ~o efficitur Neckam *NR* II 184. **g** certatim me predones spoliare solescant Tatwine *Aen.* 29 (*Mensa*) 4; ne sit ipse ~o honoris sed quasi preda ipsius honoris Bald. Cant. *Tract.* 12. 533D; aut certe praedones iracundie et nequitie clara luce diripient ea J. Ford *Serm.* 92. 8; ab infamibus / mendicant titulos fame predonibus Walt. Wimb. *Palpo* 49.

praedocere [CL]

1 to instruct (in) or inform beforehand (w. pers. or theme as obj.).

~tis, ante doctis *GlC* P 601; **1102** futura ~ens secula, ne eorum imitarentur flagitia H. Los. *Ep.* 6 p. 10; quod et praeostendimus . . et hoc ~tum H. Bos. *LM* 1324B; notandum est trifariam taciturnitatis esse causam: loquendi in possibilitatem, stuporem, pudorem. . . tertiam causam taciturnitatis pudoris esse ~uimus W. Donc. *Aph. Phil.* 1. 14; quem tot . . rerum malarum documenta . . ~ent et instruunt Gir. *TH* III 24.

2 (p. ppl. as adj., also as sb.) very skilled or learned, or taught beforehand.

[Hild] suo ~ta exemplo monebat omnes . . Domino obtemperanter serviendum Bede *HE* IV 23 p. 256; ast lector . . / praedoctus biblis Æthelwulf *Abb.* 500; lapides . . parati / artificis summi praedocto pollice Garl. *Myst. Eccl.* 18.

praedogmatizare [CL prae-+LL dogmatizare], to proclaim or teach earlier (in quot. w. acc. & inf.).

animas . . ~averat vel igne purgari vel aqua verberibusve E. Thrip. *SS* IV 25.

praedominantia [CL prae-+dominans *pr. ppl. of* dominari+-ia], predominance.

generatio uno modo est motus, alio modo mutatio: a principio . . transmutationis incipit generatio quantum ad originem forme substantialis; sed quando materia fit necessitas ad formam contrariam, subito fit transmutatio et ~ia forme agentis et illa ~ia dicitur mutatio vel generatio proprie Peckham *QR* 65.

praedominari [CL prae-+dominari]

1 to have mastery, take control; **b** (w. dat.); **c** (w. inanim. subj.).

predominari / conjux queque sitit, et sola placere marito D. Bec. 2058; domina praedominante proba Garl. *Tri. Eccl.* 55. **b** nil ulli famulo confert servire marito, / ni velit ipse sibi matronam predominari D. Bec. 1935; dum unus multis potentibus ~ari vult, maximam sepe concitat reipublice perturbacionem Ockham *Dial.* 877 (*recte* 875). **c** regnet hinc amor, inde metus. / . . predominetur amor, vestigia cujus adheret / expers horroris invidieque timor Neckam *Poems* 457; pestilenciam . . in Anglia ~antem *Meaux* III 69; ignibus in multis officinis ~antibus *Croyl.* 97.

2 to have superiority, be predominant (in quot. w. *in* & abl.).

amicissime domine, et pater ~ans in amore *Reg. Whet.* II 453.

3 (pr. ppl.) more abundant as an element, predominant.

predominans cholere flammeus humor adest Neckam *DS* II 266; saporis enim est esse in subjecto tali cum ipsum subjectum sit aquosum, ubi sc. aquea natura sit ~ans J. Blund *An.* 215; non . . hec elementa que hic apud nos sentimus sunt pura, sed singulis singula permixta et a ~antibus denominata Gros. *Hexaem.* IV 7; omne elementum . . habet aliquam naturam ~antem Bacon XII 80; ex ~anti virtute duodecim signorum *Id. Maj.* I 380; in omni mixto est aliquod elementum ~ans Ockham *Pol.* I 305; flores tamen virides raro vel nunquam inveniuntur. quod autem accidit propter subtilitatem materie florum, in qua si ~antes fuerint aquee et aerie color erit albus Upton 113.

praedominium [CL prae-+dominium], predominance, supremacy.

forma est principium corruptionis . . et generationis et etiam quia in hoc quod suum contrarium per ~ium supra se et excellentiam corrumpit, in hoc seipsam in materia introducit Bacon VIII 114; ~ium elementi in mixto attenditur secundum convenienciam in qualitate naturali Duns *Sent.* II 15. 1. 9.

praedonare [CL prae-+donare], to give or grant previously or in advance.

statum . . usitatum nostro monasterio, largicione regali ~atum ac cursu temporis longevi fulcitum *Chr. Rams.* 376; proporcionaliter potest donare . . in virtute primi Domini ~antis Wycl. *Dom. Div.* 251; nec dubium quin moderate et prudenter ~ans temporalia posset totum hoc malum faciliter extinxisse *Id. Blasph.* 190.

praedonius [CL], of or belonging to one who takes possession without legal right (in quot. *more* ~io).

c**1411** fratris cameram more ~io . . intraverunt et ipsum . . extraxerunt *FormOx* 188.

praedotare [CL prae-+dotare]

1 to enrich greatly, to make splendid with decoration.

s1438 calicem quendam aureum, gemmis variis et margaritis in pede ~atum Amund. II 194.

2 to endow previously or in advance.

s1239 ut . . desineret ecclesiam suis possessionibus viduare, quam constat diuturna temporis prescriptione ~ari M. Par. *Maj.* III 532; **1405** ecclesiam Sancti Andree . . nostri predecessores . . pre ceteris regni nostri ecclesiis, specialis amoris privilegio munifice ~abant *ExchScot* 623; **1442** quomodo . . reges . . cellam nostram de Coldingham . . cum suis juribus et pertinenciis ~arunt et confirmarunt *Pri. Cold.* 128; abbas instituit primitus cistam quandam in communi, ipsamque tam opulenter ~averat, quod conventui succurrere sufficerent in omni necessitate perurgenti *Reg. Whet.* I 458.

praeducere [CL]

1 to lead before or in front.

ante eum longo ordine reges innumerabiles alii celeberrime pompe ~ebantur Greg. *Mir. Rom.* 22.

2 to marry previously.

1160 cum Willelmus Adeliciam superduxisset, Albereda, quam preduxerat, in ipsis nuptiis pro se jus federis conjugalis protestata est *Ep. J. Sal.* 131.

praeductale [CL prae-+ductus *p. ppl. of* ducere+-alis], device for teaching children letters.

~e, instrumentum illud quod habent infantes cum primas litteras discunt Osb. Glouc. *Deriv.* 484.

praeductor [CL prae-+ductor], outstanding leader.

grates et strenuus egit victori summo ~orique Neoto *V. Neot. A* 14.

praeductus CL prae-+ductus], the act of moving or leading forward or in front.

rex . . tentoria . . proximius . . erigi et stabiliri constituit. nec putes, ex hoc regis ~u aliorum vires et animos lencius accensos fuisse *Ps.*-Elmh. *Hen. V* 94.

praedulcis [CL]

1 very sweet (to taste, also fig.).

~i [*gl.*: suavi] dactulorum sagina squalidum sustentans corpusculum Aldh. *VirgP* 28; sitim passis praedulcia pocula tulit *Mir. Nin.* 476; ambrosia, i. herba . . ~is saporis Osb. Glouc. *Deriv.* 40; flos et apex cleri, solita dulcedine stillant / predulces ex corde favi Vinsauf *PN* 2096.

2 very sweet (to hear), melodious. **b** (of speech) pleasing in content.

est ~e melos: prece supplice tangere celos M. Rievaulx (*Ep.*) 57; sic nos predulci demulcent voce Sirenes Neckam *DS* IV 666. **b** angelice praedulcia jussa loquelae Wulf. *Swith.* I 292; dicit Plinius quod examen apum sedit in ore infantis Platonis, tunc eciam suavitatem illam ~is eloquii portendens Gros. *Hexaem. proem.* 11.

3 that has a sweet or attractive quality: **a** (of person); **b** (of activity or condition).

a praedives habebat / . . puerum . . / extiteratque sibi praedulcis et unicus idem Wulf. *Swith.* I 1481. **b** pacifica conversatio inter bonos utilis est et ~is Bald. Cant. *Serm.* 14. 34. 447; eterne vite pignus predulce reservo, / ut sit languenti prompta parata salus Neckam *Poems* 122; dum amori moritur, / vite predulci vivitur J. Howd. *Cyth.* 11. 8; **1282** quam pio, quam ~i nos foveritis solatio Peckham *Ep.* 285.

praedurare [CL], to make very hard. **b** to harden at the tip (cf. CL *praeferratus*).

crystallus est lapis ex aqua ~atus, ideoque a glacie nomen sortitus Alb. Lond. *DG* 8. 10. **b** cujus multo calibe . . atos sentis aculeos Map *NC* IV 3 f. 47.

praedurus CL]

1 very hard (in consistency). **b** (as sb. n.) very hard object or substance.

praedurae cotis adinstar Aldh. *VirgV* 107; resistitur a latice velut a solida glacie vel ~o marmore Gosc. *Lib. Mild.* 20; ~us, i. valde durus Osb. Glouc. *Deriv.* 171; fasciis pectus et ~o tectus corio J. Sal. *Pol.* 598D. **b** non praedura vel aspera neu me fervida terrent Tatwine *Aen.* 27 (*Forceps*) 4.

2 (of person) very strong.

pene gigas statura, manu vero et mente ~a H. Hunt. VI 22.

3 excessively hard-hearted, ruthless.

sensus hebes, cervix predura, magistri / dogmata non recipit NIG. *SS* 1541; eliminet [sc. mulieres]: ecce sororum / scandala promulgat. ferat: ecce pericula fratrum / dissimulat; premollis in hoc, predurus in illo H. AVR. *Hugh* 268.

praedux [LL]

1 that which leads or precedes.

hoc monitorio ~duce usus es OSB. CLAR. *Ep.* 12.

2 guide, leader (for sick or blind).

qui [sc. clericus aeger] respondit, "precede me tantum ad quem dicis locum . ."... qui dum ad sancti tumulum accessisset cum ~duce, supplici Deum exoravit prece quatinus illius mederetur languoribus LANTFR. *Swith.* 2; caecus . . / ad proprium rediit sine preduce tectum WULF. *Swith.* II 1101; duae sorores . . cecitatis infelicitate contabescentes, ut neuter [*sic*] earum absque ~duce quoquam ire valeret *Mir. Fridesw.* 17; fueratque tanto dierum spacio penitus obcecatus, ne quovis modo se juvare aut quoquam ire sine ~duce potuisset *Mir. Hen. VI* IV 136.

3 moral guide, ethical leader: **a** (of king or saint); **b** (of God, Christ, or sim.).

a **964** (13c) ego Ead[g]arus gentis Anglorum et barbarorum atque gentilium rex ac ~ux *CS* 1143; ex quo . . es hucce progressus, ~dux semper extiti tuus *V. Neot. A* 16; **1066** (1335) apostolum Petrum quem ~ducem et signiferum et defensorem in omnibus necessitatibus . . meis senseram *CalCh* IV 330. **b** praeduce Christo FRITH. 946; ipso [sc. Verbo Domini] ~duce vos proficitis in domo ejus AD. MARSH *Ep.* 188 p. 339; itinere confecto, ipso [sc. Deo] nimirum ~duce quo premonente fuerat aggressum . . vota persolvit *Chr. Rams.* lxxxii; ~duce gratia Dei CIREN. I 273.

praeedere [CL prae-+1 ēdere], to produce in advance.

1312 jurgiorum seminaria et lites ~ere ac pacis federa et unitatis vinculum roborare *Reg. Durh.* I 106.

praeefficientia [CL prae-+efficientia], previous production of effect.

quid mirum si Damascenus negaret ~iam Dei in actu liberi arbitrii, cum coefficienciam ejus neget BRADW. *CD* 601A; negant [sc. Pelagiani] . . predestinacionem, providenciam . . divinam . ., coefficienciam quoque Dei et specialiter ejus ~iam libero arbitrio in libero actu suo *Ib.* 637C; nulla enim causa secunda quicquam potest sine coefficiencia et ~ia prime cause, divine viz. voluntatis *Ib.* 647A.

praeeffundere [CL prae-+effundere], to pour out or discharge previously.

mortui virtute divina revigoratus animaque quam ~erat revegetatus E. THRIP. *SS* X 12.

praeegregius [CL prae-+egregius], very excellent or eminent.

1450 ~ie doctor, amice . . predilecte *Pri. Cold.* 167.

praeejicere [CL prae-+ejicere], to eject previously.

s**1260** revocatis omnibus ~ejectis *Flor. Hist.* II 460.

praeelabi CL prae-+elabi; cf. CL praelabi], (of time) to elapse previously.

tribus annis ~elapsis J. READING f. 186; non multis diebus ~elapsis BROMPTON 1047.

praeelectio [LL]

1 previous choice, preference.

qui multa percurrit ut eligat cui sit potius insistendum, circumspectus est et aliis examinatis ~oni sue fidelius servit J. SAL. *Pol.* 655A; **1167** hoc in ~one consilii observato *Id. Ep.* 223 (224).

2 selection beforehand, pre-election.

inter omnia . . que de ipso leguntur miracula, tria mihi videntur admiratione dignissima: de . . triginta annis ante ortum ~one GIR. *IK* II 1 p. 102; de caritate Dei qualis ab initio fuerit penes eum ad ecclesiam suam in ~one J. FORD *Serm.* 14. 1.

praeeligenter, by preference.

quod firmius, . . amantius, et ~ius delectatur de bono predicto, quam de quantiscunque aliis supradictis BRADW. *CD* 460B.

praeeligere [LL]

1 to choose by preference, prefer; **b** (w. *inter* & acc. or *prae* & abl.); **c** (w. inf.); **d** (foll. by *quam*); **e** (w. *ut* & subj.).

in ipsis eligendis que ~eligenda et in fugiendis que pre ceteris fugienda J. SAL. *Met.* 905B; Justus . . episcopus . . relicta sede vitam anachoriticam preelegit *Flor. Hist.* I 195; prelatus non vivens vitam apostolorum . . spernit . . Christum, quia ~it mores ipsis contrarios WYCL. *Sim.* 49; ~elegit matrem et hereditatem dimisit *G. Roman.* 417. **b** inter cetera ordinis monasteria unum ~elegimus in Burgundia situm H. BOS. *Thom.* IV 12; quomodo regem perderent . . explorabant. tandem inter cetera [unum] ~elegerunt M. PAR. *Maj.* I 233; **1293** vos pre ceteris Christicolis ~elegit *DC Cant Reg. Q* f. 17b. **c** non fastu carnalis nobilitatis tumuit sed vilia queque fratrum obsequia hilariter agitare ~elegit ORD. VIT. VI 4 p. 17; sive ~eligerent repatriare cum gratia, sive cum honore subsistere AILR. *Ed. Conf.* 774D; licet pateret ei cum summo honore accessus ad regna plurima . . ~elegit ad natale solum . . accedere *Dial. Scac.* I 6E; malui potius et longe ~elegi . . finium nostrorum historias . . declarare GIR. *DK pref.* p. 157; **1301** si . . statum priorem ~elegeris retinere *Reg. Cant.* 404; s**1387** dedignatur fugere sed pocius pugnare ~elegit *Chr. Angl.* 385. **d** **1169** dominus Cantuariensis ~elegit exulare perpetuo quam ut . . laedatur ecclesia J. SAL. *Ep.* 291 (291); ~eligens errantes emendare quam perdere R. NIGER *Chr. I* 45; de cujus virtutibus silere potius quam pauca dicere ~elegimus AD. EYNS. *Hug.* II 14; **1235** ~eligitis ad presens lectioni magis insistere quam onus cure pastoralis subire GROS. *Ep.* 13; ~eligat lesionem corporis quam . . ruinam anime *AncrR* 145; ut per illam viam peregrini transire cessarent, ~eligentes longiorem in circuitu peregrinacionem suscipere quam tot ducis exaccionibus . . lacessiri *V. Ric. II* 72. **e** ~elegit ut fieret musca, que . . muscas abigeret J. SAL. *Pol.* 393C.

2 to select, choose; **b** (w. dat. or *ad* or *in* & acc.); **c** (w. inf.).

s**1237** elegerat autem eundem comitem et ~elegerat in guerra peritissimum M. PAR. *Maj.* III 387; arbitri ~electi . . querentes illa omnia *Hist. Durh.* 3; ad excolendum vitem dominicam vestre sanctitatis prudenciam . . celestis agricola ~elegit *FormOx* 266; s**1339** si rex Anglie locum . . nequaquam munitum ~eligeret . . rex Francie cum illo bellum committeret WALS. *HA* I 216. **b** inter cetera compererunt unum quod proditioni ipsius ~elegerunt G. MON. VIII 24; municipium Oxonie . . quod . . populus Saxonicus . . ad locum studii ~elegit *StatOx* 17; **1362** ipsam . . ~elegimus et assumpsimus in uxorem *Lit. Cant.* II 424; **1433** quem sacra facultas theologica gratissimum ~elegit in alumpnum *EpAcOx* 100. **c** amator et zelator est virginitatis, qui nasci de Virgine ~elegit P. BLOIS *Ep.* 36. 115A; intendens . . soli Deo vacare ac anachoreticam vitam ~eligens ducere *Meaux* I 107.

3 (theol.) to choose beforehand, choose for salvation, pre-elect.

tu ~elegisti apostolos tuos ut doctrina sua nobis praeessent EGB. *Pont.* 4; electus et ~electus a domino regni sublimatur solio. et ubi eum regnare praeordinarat . . Deus? *Pass. Æthelb.* 2; quem Deus sibi ~elegerat antistitem futurum . . licet quidam emulorum . . promotionem ejus, contra divine dispositionis consilium, impedire conati sint, unanimiter . . electus est J. SAL. *Thom.* 10; reperies . . quandoque tot ex hominibus assumendos esse quot ciderunt ex angelis. non numquam reperies tot ex hominibus esse ~electos quot steterunt angeli NECKAM *SS* III 21. 1; sapientiam Deus revelavit suis prophetis . . et . . aliis quos ~elegit BACON *Maj.* III 54; Deus . . revelavit ea sanctis prophetis suis . . et quibusdam aliis quos ~elegit BRADW. *CD* 32E.

4 (p. ppl. *praeelectus* as adj.) choice, excellent, outstanding; **b** (of person).

Albion . . nemoribus . . ~a G. MON. I 16 (v. habitare 2a); cum ~issima sanctarum reliquiarum portione R. COLD. *Cuthb.* 35; nemorumque fecunditate ~a M. PAR. *Maj.* I 21; s**1248** vestes preciosissimas . . de eskarleto ~o (v. furrura 1b); quo lates potissime, ~e thesaure? R. BURY *Phil.* 1. 17. **b** custodes virtutis eximie precipui et ~i *Itin. Ric.* III 9; gratulatur ecclesia . . de tantarum eminentiarum ~o pontifice AD. MARSH *Ep.* 246 p. 422; eximium nostre congregacionis confratrem aut patrem potius ~um *FormOx* 200; convocatis . . cementariis electis, . . quibus prefuit . . vir . . fallax et falsidicus sed artifex ~us *G. S. Alb.* I 219; taliter omnes dicte ecclesie patres, etiam ~os, honoris tramite antecessit *Reg. Whet.* I 454.

praella [OF *praelle*<pratellum], small meadow.

1286 pro diversis operacionibus . . in domibus archiepiscopi, viz. pro praell' curtilag' (*AcWardr*) *TRBk* 201 p. 11.

praeemere [CL prae-+emere], to buy in advance. **b** (p. ppl. as sb. n.) store of goods previously purchased.

ut hec omnia quasi quedam parodica ~antur et . . juste creduntur adquiri si ~pta fuerint aut coempta J. SAL. *Pol.* 677B; ambitiosus . . monachus ad abbatiam quam ~erat vocaretur *Ib.* 679C (v. abbatia a); **1258** quod nullus regratarius . . emat carnes . . ante primam horam sub pena dimidie marce . . . et si aliquis . . non habeat unde pecuniam illam solvat, . . perdat victualia ~pta (*Grimsby*) *BBC* 295; injuste devetarunt †pre emere [l. preemere] pisces (v. devetare); **1337** item ij auce de stauro ~pto *Househ. Ac.* 179. **b** **1337** item x ova de ~pto in putura xiij pauperum panis de stauro et xiij allec de ~pto *Househ. Ac.* 181.

praeeminenter [CL prae- + LL eminenter], pre-eminently, supremely.

nos, tuum opus, erige preminenter J. HOWD. *Cant.* 311; **1338** meritorium credimus et Deo ~ter acceptum *FormOx* 90.

praeeminentia [LL]

1 high position or situation.

s**1311** ingressum infra castrum de Scardeburge . . obsederunt. . . Petrus ~a petre preclusus . . misit legatos *Flor. Hist.* III 150.

2 pre-eminence, excellence, superiority; **b** (as honorific title). **c** dominion, authority.

qui scientie et nominis ~ia ceteris quasi principari videbantur H. BOS. *LM* 1351A; s**1252** Andefulsus, qui propter sui ~iam rex dicitur Hispanie M. PAR. *Min.* III 122; **1301** omittere non possumus . . quin insolentiam subjectorum . . ~ia regia . . reprimamus *Ann. Lond.* 120; **1301** ex ~ia status sui regie dignitatis (*Lit. Papae*) WALS. *HA* I 96; s**1301** ex preiminencie [v. l. preminencia] regie dignitatis *Eul. Hist.* III 184; de ~ia primacie *Croyl.* 92; **1432** tanta potencia virtutum, ~ia sapiencie, rationatu justicie *MGL* III 461. **b** c**1241** sciat . . vestre paternitatis ~ia *Ch. Sal.* 272; vestram ~iam pastoralem promoveat . . Pastor altissimus *Ziz.* 301; **1477** ut . . ad . . gradum bacallariatus eundem admittere vestre dignatur ~ia bonitatis *Reg. Whet.* II 173. **c** quod solum nature racionalis, ut Dei, angeli et hominis, sit ad sensum expositum dominari, patet ex hoc quod dominium sic sumptum dicit ~iam ad regendum actus liberos, quod non est alicujus quod est natura racionali inferius WYCL. *Dom. Div.* 4.

3 high rank.

secundum ~iam dignitatis BALD. CANT. *Serm.* 5. 14. 533; transcensis . . dignitatis caduce ~iis AD. MARSH *Ep.* 49; **1297** quivis alius cujuscunque preheminencie condicionis et status *Reg. Cant.* 156; ad ~iam magistralem in dicta facultate . . meruit exaltari *Form Ox* 139; peccat mortaliter cujuscunque dignitatis, ~ie, condicionis . . est OCKHAM *Dial.* 670; **1387** ut literas de salvo . . conductu . . personis tam ecclesiasticis quam secularibus status gradus dignitatis honoris seu ~ie fuerint *RScot* 89a.

4 privilege, prerogative.

intendit significare sibi aliquos esse conjunctos respectu hujus actus 'divellimur', respectu quorum habeat quamdam dignitatis prerogativam et dominacionis preheminenciam BACON XV 68; in solitaria vita tres ~ias [ME: *preeminences*] adquisivit: privilegium predicatoris, meritum martiris, premium virginis *AncrR* 52; **1439** cum omnibus suis juribus, et pertinenciis, ~iis, libertatibus et franchesiis eisdem pertinentibus BEKYNTON I 44; **1570** ei . . stilum, titulum, libertates et ~ias hujusmodi officio convenientia . . concedimus *Foed.* XV 679.

praeeminere [LL *as pr. ppl.*]

1 (of place) to protrude. **b** to be prominent. **c** to rise above (also w. dat.).

fundamento quod de pariete veteri Augustinianae porticus ~ebat superjecta GOSC. *Transl. Aug.* 27B. **b** collis, id est locus preminencior in montis jugo

TREVET *Troades* 76. **c** sicut elefans omnia animalia magnitudine praeminet, sic illa infirmitas [lepra] alias *Comm. Cant.* III 13 (v. et. 2c infra); quidam ex .. multitudine fratrum acceptum baculum episcopi R. .. per transversum sarcophagi super corpus patris ducere coepit et jam illud omni ex parte corpori jacentis ~ere .. invenit EADMER *V. Anselmi* II 68; in consistorium ubi papa residens omnibus ~ebat conscendit ORD. VIT. XII 21.

2 to be pre-eminent, excel, take precedence; **b** (pr. ppl.); **c** (of abstr.).

quasi vasa Deo consecrata praeminere demonstrant BEDE *Ezra* 871; hoc siquidem agnovere majores nostri, qui et temporis antiquitate preminentes et sapientie perfectione precellentes disciplinam discendi et formam nobis ostenderunt sapiendi OSB. GLOUC. *Deriv. pref.* 275; sed Boisilus .. inter ceteros fratres ~ebat RIC. HEX. *Hist. Hex.* I 8; quoniam perfectione charitatis proeminebat [*sic*] PULL. *Sent.* 816C; orientales plage propriis quibusdam .. ~ent et precellunt ostentis GIR. *TH pref.* p. 21; **1407** [theologica facultas] inter ceteras .. prerogativa ~et ampliori *StatOx* 198. **b** fuerunt eo tempore preminentiores ipsius ecclesie persone non pauce AD. EYNS. *Hug.* III 1; duo montes sunt duo testamenta proeminentia [*sic*] spiritualis intelligentie GROS. *Post. Mark* 356. **c** praeminet .. infirmitas *Comm. Cant.* III 13 (v. 1c supra); caritas que tam superhabundanter ~ebat in eo *V. Edm. Rich B* 619.

3 to be superior (to, also w. dat.). **b** to be in charge of, to control, preside.

vir sacer a puero qui, quantum preminet orbi / fama, tam fame preminet ipse sue W. MALM. *GR* III 284; unde et eorum doctrina ceteris omnibus longe preminentior est H. BOS. *Gl. Pref.* 345; mirum et hoc quoque quod idem clericis tanto conamine preferri semper et preminere nituntur, quos .. eruditione .. clericis incomparabiliter constat esse minores *Hist. Llanthony* f. 51v; virum .. ad omnimoda regni moderamina regibus aliis preminentem *Found. Waltham* 19; substantialia rationalis creature assero preminere substantialibus aliarum creaturarum NECKAM *SS* I 12. 1; **1290** ecclesia nostra .. ceteris preminet in decore (*Mun. Sal.*) *HMC Rep.* I 347. **b** sed tu qui celis premines universis / et sceptra Jerusalem summe gubernans / .. J. HOWD. *Cant.* 195; decani officium est .. cum in animarum regimine, morum correctione, et juredictione premineat causas omnes ad capitulum spectantes audire *Stat. Linc.* I 280; sit .. superior perpetuus .. qui scolaribus .. ~iat et presit *Deeds Balliol* 287; imperatorum infidelium, quos Christus et apostoli ~ere potestate legitima censuere OCKHAM *Pol.* I 279.

4 (pr. ppl. as adj.) outstanding, excellent.

quidam monachus .. presbyteratus .. gradu praeminens BEDE *HE* V 12 p. 309; tu factis renitens voceque praeminens, / tu donis rutilans atque Deo placens WULF. *Poems* 166; haec [sc. ecclesia antemuralis] est arx civitatis ~entissima, ac decentissima totius regni regia GOSC. *Transl. Aug.* 34B; preminens, antecellens OSB. GLOUC. *Deriv.* 484; ad quem ego, licet sodalium non preminentior, respondi: .. *Found. Waltham* 19; quidam illorum in theologia preminentiores *Flor. Hist.* III 161; sua ~enti industria *FormOx* 96; **1297** ~entissime discrecionis .. viro .. Robertus .. salutem *Reg. Cant.* III 525.

praeemptio [CL prae-+emptio], previous purchase.

1317 ferro de ~one *Fabr. Exon.* 76; **1335** item lx allec de ultima ~one *Househ. Ac.* 184; **1337** in iiij piscibus .. prime ~onis precii xij d. *Ac. Ep. Bath.* 97; a**1422** xv die Decembris nichil que totum de ~one et dierum precedencium (*KRAc*) *JRL Bull.* XXVI 266.

praeemptorius v. peremptorius.

praeenarrare [CL prae- + enarrare], to describe previously.

qui super tumulum sancti Wlstani juramento corporaliter prestito, sic se rem habere sicut ~atum est asseruerunt *Mir. Wulfst.* II 12.

praeenumerare [CL prae- + enumerare], to enumerate previously.

~atis .. creatis NECKAM *SS* III 11. 1.

praeequitare [CL prae-+equitare], to ride in front or before.

a**1422** vallato camere .. pro vadis suis extra curiam ~ando de Rederhithe usque Ledys (*KRAc*) *JRL Bull.* XXVI 267; s**1377** veniens .. ad ostium monasterii, ~antibus duobus qui ejus lanceam et clypeum portaverunt WALS. *HA* I 337.

praeequitator [CL prae- + ML equitator], mounted attendant who rides in advance of a carriage, outrider.

1286 R. Cardinel uni ~orum longarum carectarum *Rec. Wardr.* 727; **1290** vij ~oribus longarum cartarum et v ~oribus curtarum cartarum *Chanc. Misc.* 26d; **1290** in j sella nova ad ~orem carecte camere *Ac. Swinfield* 180; **1300** ~oribus vallettriis de currubus regine et domicellarum *AcWardr* 103; **1315** pro vadiis xix carectariorum et xix ~orum suorum *Cl* 132 m. 10.

praeerigere [CL prae-+erigere], to raise up beforehand.

sicut enim homo gravis et debilis jacens in terra, non potens multum nec modicum se per se erigere, potest tamen cum alio ipsum preveniente et continue ~ente .. quodammodo coerigere semetipsum BRADW. *CD* 371B.

praeeripere [CL prae-+eripere], to snatch previously.

praedonis more episcopus alterius episcopi sedem ~ere ausus est EDDI 15.

praeesse [CL]

1 to be in charge or control (of); **b** (w. dat.); **c** (w. acc.); **d** (? w. gen).

nec sibi quisquam sacerdotum de corporis mundi solum conscientia supplaudat cum eorum quis ~est, si qui propter ejus imperitiam vel desidiam .. perierint GILDAS *EB* 110; sunt prelati qui non prodesse cupiunt sed ~esse GIR. *TH* III 28 p. 174; **1196** meritorium .. valde est si sic ~sis ut prosis P. BLOIS *Ep.* 134. 397A; **1438** ipsum .. supplicamus .. ut in ea [ecclesia] prodesse magis quam ~esse queat dignetur beatitudo vestra BEKYNTON I 3; cum ~esse et subesse simpliciter dicta sint opposita et oppositorum idem fit judicium FORTESCUE *NLN* II 20. **b** egent sane populi quibus ~estis vel potius quos decepistis, audire GILDAS *EB* 96; lictores dicebantur qui reis puniendis ~erant BEDE *Retract.* 1026; monasterium .. cui tunc Hild abbatissa ~fuit *Id. HE* III 24 p. 179; **797** optans te longaeva prosperitate populo ~esse Christiano ALCUIN *Ep.* 128 p. 189; W. de B., miles, capitaneus in Britannia ac locis ibidem .. regi Anglorum subjectis ~fuens AVESB. f. 121v p. 415; sub qua tamen dum optimi reges sibi ~fuerunt, ipsa plausit, et cum discoli ei ~essebant ipsa inconsolabiliter lugebat FORTESCUE *LLA* 9 p. 26; placitum regis eis ~essentis *Ib.* 12 p. 28. **c** Kenredus .. regnum Merciorum sic nobilissime ~fuerat, sed nobilius multo sceptrum relinquens *Eul. Hist. Annot.* II 163. **d** cum .. per unum canonicum qui prierat [l. preerat] granarii dolenter conquestum fuisset sibi quod in toto acervo tritici deposito in horreo vix l quarteria remanerent *Chr. Kirkstall* 122.

2 to be or exist before (the present or a stated moment).

apud omnipotentem Deum incommutabiliter ~erat fixum *V. Neot. A* 18; ~erat tamen usus et exercitatio que sicut in aliis, ita et hic precepta antecessit J. SAL. *Met.* 859A; materia ~fuit DUNS *Metaph.* VII 10 p. 379b; ex rosis et herbis exprimitur aqua, igitur illa ~fuit in rosa OCKHAM *Quodl.* 223; nec aliquis vel aliqua patria qui ~fuerant sub obediencia unius partis .. dampnentur J. READING f. 176v p. 145; secundo modo dicitur creare aliquid, cum facit illud quod nulla pars ejus vel subjectum ejus ~fuit WYCL. *Act.* 44; non manet panis ille qui ~fuit, sed solum similitudo ejus (WYNTERTON) *Ziz.* 188.

3 (pr. ppl. *praesens*, usu. w. *esse* or sim.) present (at), (being) in the same place, in person, or face to face; **b** (w. dat.); **c** (as sb.). **d** (eccl. & mon.) one who has been presented to a benefice, a presentee.

quasi ~entem arguo quem adhuc superesse non nescio GILDAS *EB* 29; **705** nostris .. cogentibus me ~entem inesse WEALDHERE *Ep.* 22; sicut presbiteri et diaconi ejus qui ~entes erant *V. Cuthb.* IV 2; ejus ubique majestatem credebat esse ~entem BEDE *Retract.* 1019; ubi absentum [? l. absentem] corpere [l. corpore] spiritu intueor ~entissimum H. BOS. *Ep.* 35. 1467C; propter priorem de T. qui ~ens tunc aderat GIR. *SD* 128; **1255** ideo qui ~entes sunt de eadem villa committuntur prisone *SelPlForest* 27. **b** quanto .. Deo fuero ~entior tanto ero in auxiliando celerior W. MALM. *GP* IV 148; nonne item Deo ~ens est Antichristus? ergo coram Deo presentialiter est Antichristus NECKAM *SS* II 37. 1; **1269** detentos .. pro morte Johannis .. pro eo quod ~entes fuerunt interfeccioni .. Johannis *Cl* 167; anima non potest desistere ab intelligendo seipsam quia semper est sibi ~ens WYCL. *Trin.* 68. **c** vox ipsa quae ~entes instruit et fama loquellae quae ad absentes .. pervenit BEDE *Cant.* 1199. **d** **1559** nisi ~ens per ordinarium diligenter examinatus .. *Conc. Scot.* II 166.

4 (pr. ppl. *praesens* as adj.) ready, available, present (of money).

1564 pro .. summis pecuniarum .. michi .. ~entium per honorabilem virum W. Ker *Scot. Grey Friars* II 5.

5 of or pertaining to the present time or moment, contemporary, modern.

ut in ista gente experiretur Dominus .. ~entem Israelem, utrum diligat eum an non GILDAS *EB* 26; incipit auctoritas operis ~entis: Christe fave votis bonis THEOD. *Laterc. pref.*; usque in ~entem diem *Ib.* 8; utinam nobis ~entium rerum possessio non sit futurarum remuneratio ALDH. *PR* 142 (143) p. 204; ad trudendum illum in ~entium tormentorum gehennas FELIX *Guthl.* 32; juxta illud exemplum constructionis tabernaculi quod ~entem ecclesiae constructionem praetendebat BEDE *Ep. Cath.* 65; **1376** in xx quart' salis anni ~entis .. lxvj s. viij d. *Ac. Durh.* 583.

6 (gram., w. *tempus* or ellipt. as sb. n.) present tense.

tam ~entis quam futuri temporis ALDH. *PR* 118 p. 163; secunda persona ~entis temporis ABBO *QG* 8 (19); si A sit in ~enti, semper prima syllaba preteriti in E desinit *Ib.* 13 (31); ~ens tempus *ys andwerd tid*: sto *ic stande* ÆLF. *Gram.* 123; non habemus participium passivum ~entis temporis. pro ~enti possumus uti passivo praeterito participio ejusdem verbi ANSELM (*Ver.* 12) I 196; tempus transitum vel preteritum, tempus ~ens vel ens *Ps.*-GROS. *Gram.* 48; ~ens et preteritum opponuntur BACON XV 147; hoc verbum 'dividi' est ~entis temporis *Id. Tert.* 132.

7 (*praesentes* as sb. m. pl., usu. in phr.) persons who live in the present time or are present here and now (also dist. from *futuri*).

1086 sciant ~entes et futuri quod .. *Ch. Westm.* 462; **1145** noverint tam ~entes quam futuri quoniam .. *Doc. Theob.* 5; **1283** sciant ~entes et futuri quod .. *Deeds Balliol* 2.

8 (w. *litterae* or *epistola* or sim. or ellipt. as sb. f.) the present document, letter, or book, (pl.) these presents.

671 quemadmodum lator ~entium viva voce plenius promulgabit ALDH. *Ep.* 1 p. 476; ~entibus tibi .. litteris mandamus ut .. W. MALM. *GP* III 117; elegantiora queque ~enti volumine .. digessi GIR. *TH intr.* p. 8; **1316** T. Everard, latorem ~entis .. specialiter recommendo *Conc.* II 459a; homagium .. vobis reddimus per ~entes TREVET *Ann.* 346; c**1200** prior de L. vel ejus serviens ~entis lator *Regesta Scot.* 387; s**1356** universis pateat per ~entes quod nos .. AVESB. f. 132; c**1280** sub sigillo scaccarii nostri ~entibus appenso (*Lit. Regis*) DICETO *YH cap.* p. 286n.

9 thing offered for acceptance, a present, gift, or sim.

s**1175** ipsi servient domino regi de canibus suis et avibus singulis annis de presentiis [v. l. ~entibus] suis *G. Hen. II* I 103.

10 (as sb. n.) the present time; (*ad praesens*, *de* or *pro praesenti*, or sim.) at present, in the present moment, now; **b** (in historical narrative, to indicate a present moment of previous time).

delectatio carnalis, etsi stultorum mentibus ad ~ens adridet .. BEDE *Ep. Cath.* 76; quanto magis trepidi de actibus nostris in ~enti fuerimus, tanto amplius in futuro de percepta mercede laetabimur *Ib.* 130; due opiniones male sunt, una ~entis, alia futuri BERN. *Comm. Aen.* 120; s**1239** quamquam ad ~ens per literas suas dicat M. PAR. *Maj.* III 561; docuit .. et tenuit publice, et docet, tenet, et asserit de ~enti .. quod .. CONWAY *Def. Mend.* 1425 (*recte* 1325); **1411** vicia juniorum, que vobis specificare non congruit pro ~enti *FormOx* 189. **b** Carolus hoc factum ad ~ens vindicare non potuit R. NIGER *Chr. II* 148.

11 (as sb. n. pl.) things or events that occur in or are characteristic of the present time, present things or events.

in utraque vacui, qui futura perdunt et ~ia non acquirunt *Ps.*-BEDE *Collect.* 162; pius Omnitenens, futurorum praescius, cui omnia ~entia persistunt FELIX *Guthl.* 4; ipsa . . futura preveniens, ~entia comitatur, transactas quoque res prosecutura omnia simul perspicaci vestigatione complectens PULL. *Sent.* 714D; cura ~entium et providentia futurorum BALD. CANT. *Serm.* 12. 13. 481; cum sensacio non sit nisi ~encium . . et concordat ethimologia nominis qua dicitur presens quasi presensus WYCL. *Act.* 11.

praeevitatio [CL prae-+evitatio], avoidance in advance.

affirmabat eciam [rex] quod, postposita tali ~one discrimen, pocius sub Dei misericordia se et suos exponeret in eventum, quam aliquantula nota fuge honoris sui famam diminuens *Ps.*-ELMH. *Hen. V* 22.

praeexaminare [LL], to examine or consider beforehand.

qui non antequam loqui pronunciandum pergit meditacione ~atum E. THRIP. *SS* IV 11; **1270** prout predictus magister R. ~atus superius deposuit *SelC Cant* 257; **1445** historiam . . compilatam . . mature ~ari fecit *Reg. Heref.* 271.

praeexcellenter [CL prae-+excellenter], most excellently, to an especial degree.

unde et ~er contemplationis dicitur oculus hic H. Bos. *LM* 1361B; sicut singulariter et ~er unum dicitur *Ib.* 1370B.

praeexcellere [CL prae-+excellere]

1 to surpass, be superior to: **a** (w. dat.); **b** (w. acc.).

a jure . . hoc sacrificium aliis sacrificiis ~it et recte dictum est quod melior est obedientia quam victime BALD. CANT. *Serm.* 7. 30. **b** justum est . . regem in quadam prerogativa alios ~ere et superare *Quadr. Reg. Spec.* 34.

2 (pr. ppl. as adj.) outstanding, pre-eminent, most excellent.

prudentiam, fortitudinem, justitiam, ac temperantiam, quas quasi ~entissimas quattuor duces cuncta virtutum turma subsequitur BEDE *Sam.* 525; diximus esse quasdam prime et principalis unitatis manifestationes ~entes H. Bos. *LM* 1370D; totum se Deo offerens in holocaustum tanquam operi ~enti (W. HILTON) *MS Bodl. Lat. th. e. 26* f. 128; **1433** princeps ~entissime *EpAcOx* 95.

praeexcelsus [LL], very exalted.

preeccelse domine *Couch. Furness* II 697.

praeexcipere [CL prae-+excipere]

1 to receive previously.

Ptolomeus . . quam plurimis ~ceptis capitur wlneribus E. THRIP. *SS* III 34.

2 to except or exclude in advance or previously; **b** (in phr. *exceptis praeexceptis*).

1441 preter decimas de manso rectoris in casu predicto ~ceptas *Reg. Cant.* I 315. **b** **1432** nullus de jurisdiccione universitatis, exceptis ~ceptis, accedat ad aliquod hujusmodi convivium nisi qui . . fuerit specialiter invitatus *StatOx* 248; **1442** habendum et tenendum manerium predictum cum pertinenciis, exceptis ~ceptis eisdem Simoni et Willelmo Shepherd *Paston Let.* 10. p. 19; predicta terras et tenementa in Radewelle cum suis pertinenciis, exceptis ~ceptis, dicto abbati AMUND. II *app.* 283; **1444** prior . . concessit . . villam . . cum terris . . exceptis ~ceptis . . Alexandro *Pri. Cold.* 150; **1564** habend' et tenend' predicta mesuagia, terra, tenementa, cotagia, cursus, aque ac cetera omnia et singula premissa cum eorum pertinenciis universis exceptis ~ceptis prefato J. E. *Pat* 999 m. 26.

praeexcogitare [CL prae-+excogitare], to think up or devise in advance; **b** (*malitia ~ata*) malice aforethought.

que . . ~ata . . predisseminaverat E. THRIP. *SS* IV 25; **1415** pro quibusdam prodicionibus contra ligenciam suam . . nequiter ~atis *Reg. North.* 432. **b** **1268** per feloniam et maliciam ~atam *Cl* 475.

praeexercere [LL < CL prae-+exercere], to exercise or use in advance.

nisi . . discretiva sue ~eat usum auctoritatis, suum non complent officium electiva et detestativa NECKAM *SS* III 90. 20.

praeexercitamen [LL], preliminary training or exercise; **b** (w. ref. to Quintilian's *Institutio Oratoria*).

quibus . . indicebantur ~ina puerorum, in prosis aut poematibus imitandis, poetas aut oratores proponebat J. SAL. *Met.* 855B; quia in toto ~ine erudiendorum nihil utilius est quam ei quod fieri ex arte oportet assuescere, prosas et poemata cotidie scriptitabant *Ib.* 856A. **b** sive . . dicatur [sc. dialectica] a Greco lexis, quod locutio interpretatur, sicut Quintiliano in ~inibus placet, sive a lecton quod dictum nuncupatur, non multum refert *Ib.* 860C.

praeexhaurire [CL prae-+exhaurire], to consume or use up previously.

s1295 cardinales . . ~hausta pecunia multa nimis, a viris religiosis duplam pecuniam extorserunt *Flor. Hist.* III 280.

praeexhibere [CL prae-+exhibere], to produce, offer, show, or exhibit previously.

qui cum mutue salutationis officio ~ito assideret et post modicum a viro Dei interrogaretur quisnam ei occurrisset in via, mulierem sibi obviam venisse respondit J. FORD *Wulf.* 69; si ~itis circumspectionis paterne remediis ad remanendum apud nos nullatenus induci valeat AD. MARSH *Ep.* 205.

praeexigentia [CL prae-+exigentia], (log. or phil.) presupposition, notion assumed as the basis of argument.

cum arguitur ex independencia quod non erit ~ia, nego consequenciam DUNS *Ord.* II 286.

praeexigere [LL < CL prae-+exigere], to demand or require in advance, to presuppose.

similiter ad hoc quod sit auditus ~itur collisio corporum que sonora sint J. BLUND *An.* 213; primo ~itur aliquod singulare quandocunque et ubicunque sit universale BACON II 97; determinat . . de generacione et corrupcione . . et de aliis motibus quorum cognicio ~itur via doctrine T. SUTTON *Gen. & Corrupt.* 113; notitia determinata rectitudinis non est necessario prior volicione quasi illud volicio requirat . . sed tantum ~it ostensionem objecti DUNS *Ord.* I 216; si . . ignorancia necessario ~eretur ad meritum, ipsa esset causa essencialis illius BRADW. *CD* 644B; sicut secundus modus ~it primum, ita tercius modus secundum ~it, quia impossibile est prescitum carentem fide secundum justiciam presentem conficere (WYCL.) *Ziz.* 116.

praeeximiare [CL prae-+eximius+-iare], to make outstanding, (refl.) to distinguish oneself.

si sompniculosis te studiorum sudoribus . . ~iavisses E. THRIP. *SS* IV 5.

praeeximius [CL prae-+eximius], particularly outstanding.

arbitror hoc non simpliciter eximium, sed inter eximia ~ium W. NEWB. *Serm.* 892.

praeexistentia v. praeexsistentia. **praeexistere** v. praeexsistere.

praeexperiri [CL prae-+experiri]

1 to discover or experience previously.

1421 tantam humanitatem de vestra dominacione fueram ~tus *Cant. Coll. Ox.* III 79.

2 (p. ppl. *s. pass.*) tested or experienced previously.

1346 vestras insuper fidelitatem et strenuitatem . . contra hostiles invasiones Scotorum . . modernis temporibus ~tas sudoribus bellicis . . commendamus *R Scot* 675b; de quibus beneficiis ~tis sumens audaciam pleniorem *FormOx* 314; **1391** vestre dileccionis ~te subsidium ex intimis imploramus *Pri. Cold.* 69.

praeexplorare [CL prae-+explorare], to investigate beforehand.

provisor qui rem ~averat . . miraculi facti testis fuit *Chr. Wallingf.* 42.

praeexponere [CL prae-+exponere], to set forth or explain previously.

sicut ens in potencia et ens in actu sunt idem juxta modum ~positum DUNS *Metaph.* IX 2 p. 535b; ~posito modo OCKHAM *Pol.* I 47; per aliquam similitudinem, ut ~posita est (J. BRIDL.) *Pol. Poems* I 214.

praeexprimere [CL prae- + exprimere], to state previously.

1432 sub penis ~pressis *StatOx* 248.

praeexsistentia (-exi-) [LL], pre-existence.

hoc quod est 'erat' cum sit temporis preteriti nominat preteritionem et ~existentiam BACON VIII 77; que non requirunt . . Christi ~existentiam corporalem (WYCL.) *Ziz.* 121.

praeexsistere (-exi-) [LL], to be or exist previously; **b** (in phil. or theol. context).

propter indisposicionem baptizati, puta si peccato mortali ~existit, potest contingere quod gracia non confertur OCKHAM *Dial.* 471; **1431** in nulla facultate seu sciencia quisquam magistrali censetur digne potiri honore, nisi per tempus competens aliquamdiu studiosus et diligens discipulus ~extiterit in eadem *StatOx* 234. **b** omnis doctrina et omnis disciplina intellectiva fit ex ~existenti cognitione J. BLUND *An.* 367; ut aque temporaliter ~existentes totam undique terre superficiem cooperuissent GROS. *Hexaem.* IV 2; magnitudini sue ~existenti sint equales [sc. partes] sed stat ibi divisio BACON VIII 155; mobile non fuit factum set semper ~existebat T. SUTTON *Gen. & Corrupt.* 184; primum declaro, quia 'creatura genita' non est de nihilo, quia aliquid ejus ~existit, ut materia DUNS *Ord.* IV 64; accidens panis ~existentis *Ziz.* 184.

praefactus [CL prae-+factus *p. ppl. of* facere; al. div.], made or done previously.

vir . . litteratus . . de quo pre facta est mentio *G. S. Alb.* I 261.

praefalcare [CL prae-+falca+-are], to furnish with blades.

prefalcat sparos Hyspania, planat et hastas / Anglia . .; / Romani nova pila parant GARL. *Tri. Eccl.* 28.

praefalco [CL prae-+LL falco], large falcon, gerfalcon.

hic falco vel ~o, *faucun Gl. AN Glasg.* f. 21c; hic ~o, *girefauc Gl. AN Ox.* 487.

praefari [CL]

1 (intr.) to speak about beforehand, to mention earlier; **b** (w. *de*). **c** (p. ppl. *s. pass*)

ut ~fati sumus BYRHT. *V. Osw.* 469; sicut superius ~ati sumus *Id. HR* 2. **b** non longe ab urbe de qua ~ati sumus BEDE *HE* III 17 p. 159. **c** hisdem temporibus fames Constantinopolim invasit; . . Brettones fames . . ~ata magis magisque adficiens BEDE *HE* I 14 p. 29; **940** acta est haec prephata donatio anno ab incarnatione Domini nostri . . DCCCCXL *CS* 759; sacri ordinis ~ati presules W. MALM. *GP* I 5; instanti . . die ~ato G. COLD. *Durh.* 20; **s1325** inter ~atum regem Anglie et regem Francie AVESB. f. 77; **1438** meritum ~ate Herefordensi ecclesie . . duximus commendandum BEKYNTON I 2.

2 (trans.) to foretell.

futura ~ari, id est praeloqui BEDE *Luke* 404.

3 to address.

944 in cunctis denique †praefatulam [?l. praefatis] successoribus nostris hoc donum in sempiternum usque permaneat stilum *CS* 796; commilitones suos in hec verba ~atur G. MON. X 6 (=*Eul. Hist.* II 349).

4 (liturg.) to say or sing (as) a preface.

prefatur festi cantum divinaque tangit GARL. *Myst. Eccl.* 602.

praefaricator v. praevaricator.

praefastidire [CL prae-+fastidire], to show disdain in advance.

est indignissimus quod verbis presumpserit prevituperare commenticiis . . vultuve vel verbo ~ire vel gestibus E. THRIP. *SS* II 14.

praefatia v. praefatio.

praefatio [CL], ~ia

1 preface, introductory statement or formula.

ista testimonia sunt de eo quod in ~one diximus de libello Scottorum THEOD. *Pen.* I 7. 5; Sedulius .. in ~one metrica, quae exametro et pentametro catalecto decurrit, primum versum decascemum texuit ALDH. *Met.* 10 p. 85; rex Osuiu, praemissa ~one quod oportet eos .. regulam tenere, .. jussit BEDE *HE* III 25 p. 183; in catalogo compoti post descriptam prephationem sunt concurrentes adsignati quarum circulus habet annos quater septenos, id est xxviii BYRHT. *Man.* 28; incipit exigui praefatio stricta libelli WULF. *Swith. prol.* 395; ~onibus coloratis et picturato fastu verborum sincera non eget affectio P. BLOIS *Ep.* 39. 119B; ANDRÉ *Hen. VII dedic.* p. 4 (v. praegustatio).

2 (eccl.) preface: **a** (in liturgy for ordination of clergy); **b** (in liturgy for dedication of a church); **c** (in the Mass).

a ordinatio ostiarii: .. ~o ostiarii: Deum .. deprecamur ut hunc famulum suum .. benedicere dignetur EGB. *Pont.* 11; ordinatio exorcistae: .. ~o exorcistae: Deum .. deprecamur ut hunc famulum tuum .. benedicere dignetur in officium exorcistae *Ib.* 13. **b** ~o linteaminum EGB. *Pont.* 43. **c** ~o in medio aecclesiae. Sursum corda EGB. *Pont.* 38; hucusque ~o id est praelocutio et allocutio populi, hinc sequitur exhortatio, Sursum corda ALCUIN *Suppos.* 1252D; Gelasius Afer qui ~ones ix dictavit R. NIGER *Chr. II* 132; ~o dicitur quasi prelocutio que est ad ministerium preparatio. .. nota quod decem sunt ~ones in missa BELETH *RDO* 45. 53; ~onibus decem canonicis utimur GIR. *GE* I 7; ad 'per omnia', et ad ~onem, omnes ad altare conversi debent stare *Obs. Barnwell* 108; prima pulsatio ab epistola usque ad ~am *Ord. Exon.* I 35.

praefatiuncula [LL], short preface.

hac ~a venerandam celsitudinem vestram affabiliter alloquens ALDH. *Met.* 5; finit ~a *V. Greg.* p. 75; incipit ~a ÆTHELWULF *Abb. pref.*; ANSELM (*CurD pref.*) II 43 (v. praefigere 2a); precor ut .. finem ~ae minoris libelli .. emendetis *Id.* (*Ep.* 109) III 242; non enim ad materiam tantam sine ~a ausus sum accedere CAPGR. *Hen.* 3; **1456** haec te .. ~a tangit BEKYNTON II 157.

praefatulam v. praefari. **praefecialis, praefectialis** v. praefetialis.

praefectio [CL], action of placing in charge, appointing, appointment; **b** (w. *in* & acc. or abl.); **c** (w. *super* & acc.).

1324 hujus modi profectio [l. prefectio] magistri .. cancellario notificetur *Stat. Mich. Cantab.* 645; quod non erant sex menses elapsi a privacione Ricardi usque ad ~onem H., ~onem cassavit GRAYSTANES 24; s**1341** rex .. de ~one et eleccione officiariorum .. non concessit AD. MUR. *Chr.* 120; **1357** compertum fuit .. Dunensem ecclesiam tempore ~onis hujusmodi non vacare *Mon. Hib. & Scot.* 310b. **b** de ~one Willegodi in primum abbatem *G. S. Alb.* I 4; **1344** ordinamus .. ~onem prepositi in qualibet exnunc secutura vacacione debere expediri *Eng. Clergy* 381; **1447** vos novimus cellam de Coldingham a tempore ~onis vestre in eadem .. laudabiliter et laboriose gubernasse *Pri. Cold.* 159; **1453** ~o magistri Johannis Burnebie in priorem *ObitR Durh.* 13n. **c** ~o dominativa hominis super sublunaria ipso inferiora WYCL. *Dom. Div.* 5.

praefectorius [CL]

1 of a chief officer or superintendent or relating to his office (in quots. *dignitas ~ia*).

s**1137** hac inter eos dissensione cardinalium auctoritati et ~ie dignitati displicente J. WORC. 44; **1307** ego W. .. Londoniensis diocesis publicus .. imperiali alme urbis ~ie dignitatis auctoritate notarius *Reg. Cant.* 1179.

2 (as sb. m.) prefect, chief official (in quot. w. ref. to Carolingian office of prefect of the palace).

primitus Merevingi, postmodum ~ii, demum agnominati sunt DICETO *Chr.* 440 [*in marg.*: a tempore Pipini, qui ex prefecto palacii factus est rex].

praefectura [CL]

1 office of civil or military authority, command.

his duobus ~am Anglie commisit ORD. VIT. IV 1 p. 167; dictatura, quasi ~a OSB. GLOUC. *Deriv.* 172; coetus armiferi, capitaneorum quorumdam nobilium ~a .. in partes vicinas .. mittebantur *Ps.*-ELMH. *Hen. V* 67 p. 190; armatorum cuneos sub illustrium capitaneorum ~a .. in partes varias destinavit *Ib.* 71.

2 office of prefect, reeve, or provost.

aliter sedet in carruca ~ae [*gl.*: quod pretoria potestate presit, prepositure, *gerefscire*, prefectus equitum senior super equos] dignitas, aliter mulionis vilitas ALDH. *VirgP* 19; qui officium ~ae .. super pagum locumque illum gerebat WILLIB. *Bonif.* 9 p. 57; non licet clerico esse mercatorem, nec habere ~am ÆLF. *Ep.* 2. 171; sepe etiam ex inscicia placitancium cause transeunt in jus aliorum: .. tarditate, ut qui in ~a vel qualibet potestate constitutus, sepe differt exigere, dum licet, quod sepe cum labore frustraque prosequitur destitutus (*Leg. Hen.* 22. 1) *GAS* 561; greve .. nomen potestatis apud nos nichil melius videtur esse quam ~a; est enim multiplex nomen: greve .. dicitur de scyra, de wapentagiis, de hundredis, de burgis, de villis (*Leg. Ed.*) *Ib.* 654; **1148** per xx solidos reddendo [*sic*] .. annuatim ~e de L. (*Lewes*) *BBC* 203; a**1174** Rualenius .. abjuravit de se .. ~am Genetii quam tenebat hereditarie et in manu mea eam reddidit *Act. Hen. II* I 525.

3 area administered by reeve, borough, shire.

10.. ~e, *scire WW*; **1205** centum solidos redditus in ~a Leircestrie *RChart* 141a.

praefectus [CL]

1 high-ranking official under a king or emperor, reeve, count, magistrate. **b** (*~us praetorio*) praetorian prefect. **c** (*~us aulae* or sim.) major domo. **d** (*~us Angliae*) chief justiciar of England. **e** (Cont., applied to margrave).

procus .. praefecti filius .. / qui famosus erat regali fasce ALDH. *VirgV* 1931; [rex] misit illo .. Raedfridum ~um suum BEDE *HE* IV 1 p. 203; **770** Aeðelmundo .. qui fuit dux et ~us Aeðelbaldi regis Merciorum *CS* 203; ~i regis et bedelli et elemosinarii *DB* I 209ra; Eadwardus rex mandat et precipit omnibus ~is et amicis suis, ut justa judicia judicent (*Quad.*) *GAS* 139; [rex] tantum a reverentia Romane sedis abfuit ut .. pontificem cuidam ~o .. in ergastulum trudendum committeret W. MALM. *GP* III 101; ~i minores qui munitiones custodiebant, nobiles .. contumeliis aggravabant ORD. VIT. IV 3 p. 171; [rex Gulielmus I] posuit et fiscum, fecit ~os cum potestate magna .. qui omnia vectigalia caperent, qui aerarium curarent P. VERG. IX 154; c**1567** adest Don. Alvarus ~us maris cum quinque triremibus regiis ASCHAM *Ep.* 351. **b** secundum leges a quolibet appellari potest usque ad ~um pretorio RIC. ANGL. *Summa* 37 p. 84. **c** et opes et regni potentia penes ~os palatii tenebatur R. NIGER *Chr. II* 146; at regni administrationem ~us aulae procurabat *Ib.* 147; [Henricus VII] .. claros delegit .. R. Broke .. suae domus regiae ~um P. VERG. XXVI 566. **d** s**1189** ~i Anglie .. adquiescere deberetis consilio GERV. CANT. *Chr.* 442; s**1209** Gaufrido filio Petri, ~o Anglie *Id. GR* 103. **e** ~us Brugensis, vir magnificus MORE *Ut.* 23.

2 (*~us urbis* or sim.) reeve, mayor, governor.

duces regis .. pontificem .. ducentes .. ad ~um nomine Osfrith qui praeerat Inbroninis urbi regis EDDI 36; ~um Lindocolinae civitatis .. convertit BEDE *HE* II 16 p. 117; ejusdem urbis ~i .. interdictum WILLIB. *Bonif.* 8 p. 53; duos monasterii sui presbiteros, Osmundum et Adelmannum, Wiltoniensis ~us Ailuuinus in suum abducebat ergastulum GOSC. *Edith* 272; rex .. Medorum ~o urbis eos commendavit ORD. VIT. XI 26 p. 256; c**1147** in ipso burgo hunc M. F. cum regis consensu .. ~um fecisse (*St. Andrews*) *BBC* 242; hic ~us, *a mayr WW*; vicecancellarius et ~us urbis .. coirent ASCHAM *Ep.* 317.

3 (*~us villae* or ellipt.) estate manager, bailiff.

~us villae .. ab isto manerium abstulit *DB* I 32ra; ~us abbatissae sancti Edwardi retinuit geldum de vj hidis (*Dom. Exon.*) W. H. Jones, *Domesday for Wiltshire* 167.

4 (eccl.) person appointed to office by ecclesiastical superior.

Romanus pontifex .. omne jus quod ei olim fuit in Anglia in episcopos ac alios ~os creandos, habere desivit P. VERG. XIX 396; ut soli reges Angli episcopos designarent et episcopi minores ~os facerent *Ib.*

5 (acad., *~us collegii*) prefect or provost of a college.

1550 Gulielmus Billus ~us collegii nostri ASCHAM *Ep.* 311; **1565** ~us aut magister alicujus collegii sive aulae *StatOx* 393.

praefecundus [CL prae-+fecundus], very fertile or fruitful (in quot. in fig. context).

erroribus ortum / divicie prestant .. / .. et semina culpe / prefecunda jacit HANV. VI 402.

praeferentia [CL praeferens *pr. ppl. of* praeferre+-ia], precedence, rank.

abbas, juxta quod sue deposcit dignitas ~ie, in capite partis orientis claustri .. sedere solet *Cust. Westm.* 157; licet abbatis incumbat ~ie, quando capitulum tenet .. licenciam concedere minuendi fratribus *Cust. Cant.* 77; proviso humanitus et misericorditer quod talis sit penitencia eidem injuncta, ut sue ~ie nullatenus deroget *Ib.* 228.

praeferox [CL], very fierce.

~ox, valde ferox OSB. GLOUC. *Deriv.* 475.

praeferramentum [ME *preferrement* < CL praeferre+-mentum], something brought forward, prior claim or right, prerogative, privilege.

1413 ~o decem milium librarum nobis in parliamento nostro .. anno regni nostri primo .. facto non obstante *Cl* 263 m. 16; **1459** aliquo .. actu, ordinacione, restriccione, assignacione, seu ~o in contrarium facto *RScot* 393b; **1478** nullum omnino habiture preferrementum in exposicione ad vendicionem, privilegium vel beneficium *Foed.* XII 81.

praeferratus [CL], tipped or shod with iron.

fiunt et arietes longarum trabium ~atis capitibus, quarum impulsu .. muri terebrantur R. NIGER *Mil.* III 76.

praeferre [CL]

1 to carry in front. **b** to bring forth. **c** to put before (in time). **d** to proffer.

venienti occursum est .. magna pompa ... alii lignum Domini ~unt W. MALM. *GP* V 222; duo candelabra que ~untur sunt duo precepta charitatis HON. *GA* 551A; **1584** bedelli, ~entes suas columnas (v. columna 2c). **b** talem et ille praetulit [*gl. forbrohte*] oris corusci gloriam *GlP* 632. **c** Clemens, caelestis clavicularii primus successor, .. quamquam nonnulli Linum et Ancletum in pontificatus regimine nequiquam ~ant [*gl.*: preponant, i. ante ponant, *foresettaþ*] ALDH. *VirgP* 25. **d** presul .. pacem pretento ramo ~ens W. MALM. *GP* III 132.

2 to display, reveal. **b** to show the appearance of, resemble.

corporeis nam anima praefertur gestibus alma ALDH. *VirgV* 133; [vallis] unum latus flammis .. terribile, alterum .. frigore .. non minus intolerabile ~ebat BEDE *HE* V 12 p. 305; ~ens, *forþteonde GlP* 562; jamque vir sanctus ~ebat in vultu quod postea manifestatum est divino nutu ABBO *Edm.* 3; hec [porta] aliis augusta magis fastigia prefert; / prefert et faciem, quam vereare, feram L. DURH. *Dial.* I 352–3; anguem modicum, anguillule nigre formam ~entem GIR. *TH* I 36; ecce quidam adolescens, pulcher aspectu, statura procerus, forma membrorum magnarum virium ~ens virtutem, carpebat iter *Hist. Arthuri* 84. **b** laborat cervix vergens in gyrum, et sacerdotem Cybeles ~re videtur NECKAM *NR* II 190 p. 344.

3 (w. *sententiam* or sim.) to put forward a statement, to declare. **b** (w. *votum*) to take a vow.

1279 sententiam et interdictum per .. [sedem] apostolicam prelatam et prelatum *RGasc* III xxxviii; **1326** verba .. juxta intencionem ~entis sentenciam sunt intelligenda .. *Lit. Cant.* I 201. **b** presbiter .. faciens fornicationem naturalem .. prelato ante monachi voto iij annis peniteat GILDAS *Pen.* 1; puero non licet jam nubere, prelato ante monachi voto THEOD. *Pen.* II 6. 11; presbyter cum puella [sc. fornicationem faciens] non prelato monachi voto, annos iij peniteat EGB. *Pen.* 5. 3.

4 to mention before (esp. in phr. *ut praefertur*).

quatinus, ut praetulimus, amplius consecretur .. haec .. dies GOSC. *Transl. Aug.* 24A; s**1343** treuge capte fuerant .. sub hac forma: .. treugis apud Vanes, ut ~tur, captis AVESB. f. 101b; Arnaldus .. de quo ~tur *Meaux* I 423; accepit .. sedem episcopatus in civitate Donwichnica ... duo .. episcopi rexerunt provinciam .. quorum unus sedebat apud Donwich, ut ~tur ELMH. *Cant.* 167.

5 to put forward or advance, exalt, promote.

b (also w. dat. or *in* & acc. or abl.) to appoint to or as. **c** (w. dat.) to put in charge of.

1434 volo .. ut .. eos in literatura debite .. informari faciat .. quousque ad artes per eos erudiendas disponantur .. vel aliquo alio modo honeste ~antur *Reg. Cant.* II 506. **b** praefertur in urbe magister ALCUIN *SS Ebor* 1430; aliis singulis singulos in religione probatos abbates preposuit. Folbertus .. in abbatem prelatus est EADMER *V. Osw.* 17; judex vel quivis officio prelatus GIR. *GE* II 29. **c** cum .. in toto orbe gereret pontificatum et conversis .. ad fidem veritatis esset praelatus ecclesiis BEDE *HE* II 1 p. 73; praelata regimini monasterii illius .. Hild *Ib.* IV 21 p. 253; **940** homo .. ad imaginem suum creatus et omnibus prelatus creaturis *CS* 753; Alcwinus, licet .. monasterio beati Martini prelatus esset W. MALM. *GR* I 69; horum prior Herefordensi .. ecclesie prelatus est FL. WORC. *Cont. A* 75; ipsum Eadmundum electum canonice sedis predicte duxit regimini ~endum *V. Edm. Rich C* 608; **s1227** vir nobilis dux de Lemburgo ex parte domini imperatoris erat exercitui ~endus M. PAR. *Maj.* III 128.

6 to prefer, esteem more highly: **a** (w. dat.); **b** (w. *super* & acc.); **c** (w. abl.); **d** (p. ppl. as adj. or sb. m.).

c**705** si .. secura dulcis patriae otia exulantis domini pressurae praetulerint ALDH. *Ep.* 9 p. 502; hujus doctrinam .. Scottorum traditionibus jure ~endam sciebat BEDE *HE* III 25 p. 182; Thomas Bajocensis canonichus .. seculari prudentia non ignobilis, morum compositione multis ~endus W. MALM. *Wulfst.* II 1; milites .. preclues .. omnibus quos ante viderant ~endi MAP *NC* II 17 f. 29; Jacob amplectitur Rachel et prefert eam Lye sorori ejus AD. DORE *Pictor* 158; [veritatem] que est in contemplando preponit Augustinus animo ..... veritatem que est in enuntiando non audet ~re animo, sed innuit eam temporalibus omnibus ~endam GROS. 131; Judas miserimus quem philargiria / cecavit pretulit Christo marsupia WALT. WIMB. *Sim.* 8. **b** ?**1312** pange, lingua, necem Petri .. / quem rex amans super omnem pretulit Cornubiam (*De Morte P. de Gaveston*) *Pol. Songs* 259; non .. sequitur, quod ipsum [sc. Petrum] super reliquos apostolos pretulerit OCKHAM *Dial.* 849. **c** licet omni miraculorum operatione et signorum ostensione ministerium evangelicae praedicationis ~endum sit ALCUIN *WillP* 14. **d** **797** laudavimus fratrem nostrum prelatum archiepiscopum ALCUIN *Ep.* 127; **972** improvida fragilitas hominum omnibus creaturis prelatior *CS* 1285; qui beato Dunstano, tempore dum viveret, praelatus pariter extitit et familiaris amator B. *V. Dunst.* 9; iste miles .. potest dici quilibet Christianus bonus et prelatus qui debet debellare .. contra diabolum *G. Roman.* 312; an .. Christus .. constituerit beatum Petrum principem et prelatum aliorum apostolorum et universorum fidelium OCKHAM *Dial.* 846.

7 (p. ppl. as sb. m. or f.) prelate: **a** (eccl.) member of higher clergy or high-ranking official; **b** (mon.). **c** secular ruler, high-ranking official. **d** (applied to Christ or Satan).

a cunctis sanctae ecclesiae fidelibus tam praelatis quam et subditis *RegulC* 67; a**1260** nullus sacerdos audeat perficere matrimonium in casu dubio inconsulto episcopo vel ejus prelato, sed ad eos semper referat omnes matrimonii dubietates (*Stat. Lond.* 46) *Conc. Syn.* 644; prelati, sacerdotes, vel diaconi non habebunt officia secularia *Concl. Loll.* XXXVII 2; **1441** si monachus efficiatur prelatus ecclesie secularis *Pri. Cold.* 125; ecclesia potest privari feudo propter prelati ingratitudinem durante vita prelati, quo tamen mortuo revertitur feudum ad ecclesiam vel successorem UPTON 51; non tantum in clericis et sacerdotibus sed etiam in praelatis et episcopis JEWEL *Apol.* C6. **b** si quis monacho vel monache, servo vel ancille sine prelatorum suorum licentia aliquid committat .. (*Leg. Hen.* 45. 2) *GAS* 571; **1238** statuentes, ut quecunque de cetero talem commiserint pravitatem, .. sive sit subdita sive ~a, sine spe restitutionis de suo monasterio prelata expellatur M. PAR. *Maj.* III 512; absit aliquo religioso facere votum sine precepto prelati *Mir. Montf.* 83; **1429** capitulum .. abbatum, priorum, et aliorum prelatorum nigrorum monachorum regni Anglie *Pri. Cold.* 103. **c** non .. una eademque omnibus potest convenire doctrina ..; aliter praelati, aliter subditi docendi sunt BEDE *Tab.* 411; transeunt autem multis modis, alia intrinsecis alia extrinsecis accidentiis secundum industriam vel inscitiam concausantium, secundum socam prelatorum quam quidem habent in suo de suis, quidam de suis et extraneis .. (*Leg. Hen.* 9. 4a) *GAS* 555; socna .. sub prelatis hundretorum et burgorum (*Ib.* 20. 1a) *Ib.* 560; si a domino vel rege vel prelato secundum legem sit monitus (*Ib.* 41. 6) *Ib.* 568; quidam sunt prelati sive ministrales: istos video cum Noe arca fabricanda et regenda sollicitos P. BLOIS *Serm.* 668D; urbis prelati Samuyr stravere beatos GARL. *Tri. Eccl.* 103; deinde prelatus [ME: *sovereyn*] superior amputat caput defuncti *Itin. Mand.* 120. **d** cum viduam vidisset pius .. prelatus fletibus .. madidatam .. ait .. "femina, flere noli" E. THRIP. *SS* X 22; ideo Lucifer dicitur fuisse prelatus terrestri[s] ordinis .. in oppositum dicendum, quod Lucifer preerat ordini terrestri, non prelatione immediata, sed mediantibus aliis sibi subjectis MIDDLETON *Sent.* II 83b.

praefervidus [CL]

1 very hot.

potissimum sudans et ~is venis suspiriosus W. MALM. *GR* IV 373; aquam ~am cum urceo in faciem jacere *Id. GP* V 271.

2 (of person, action, or emotion) very ardent or fervent.

sicut cupiditate ~us ita liberalitate precipuus W. MALM. *GP* II 79.

praefestinus [CL prae-+festinus], over-hasty, premature.

illum quem morte ~a mihi subtrahendum timeo T. MON. *Will.* II 14; pridem pena dari potuit, si pena placeret / prefestina mihi, fulmine strage nece GARL. *Epith.* III 74.

praefetialis [CL prae-+fetialis], (understood as) herald of battle.

praefeciales, *gefeohtes bodan* ÆLF. *Gl.* 143; rediviva prosperitas illi blande favens sevos perfectiales .. terruit ORD. VIT. XII 19 p. 370; per suffectos perfectiales acriter oppresserunt *Ib.* XII 30 p. 424.

praefica [CL], woman hired to lament in funeral procession.

populi circumstantis corona, que tamdiu stabat respondens fletibus ~e, id est principis planctuum ... ~e dicte sunt principes planctus, non doloris ALB. LOND. *DG* 6. 28.

praeficere [CL]

1 to make or do previously.

1263 maxime cum dominus rex contra juramentum suum quod prestitit in coronacione sua premissa facere vel concedere non potuit, nec sui subditi vice versa contra juramentum fidelitatis quod eidem domino regi preffecerunt predicta in se suscipere *Powicke Studies* 239.

2 to appoint (to a responsible position as); **b** (w. dat.) to put in charge of, set over (person, institution, or sim.); **c** (w. *in* & acc.).

prior canonicorum Cisterciensium missus .. ad quamdam domum monialium pro priorissa ibidem ~ienda *Spec. Laic.* 61; **1418** ipsum fratrem T. abbatem predicti monasterii jure electionis hujusmodi preficimus *Reg. Cant.* 49. **b** tibi simul et eis quibus te regendis divina praefecit auctoritas BEDE *HE pref.* p. 5; dux .. coenobio Cadomensi abbatem primum ~eret *V. Gund.* 9; Odonem fratrem populo Gallie Belgice .. prefitiens W. MALM. *GR* III 233; collateralis mea .. quam omnibus gazis et potestatibus in toto prefeci regno meo ORD. VIT. V 10 p. 382; **1214** de consilio .. cancellarii, quem episcopus Lincolniensis scholaribus .. ~iet *MunAcOx* I 2; prior qui de illis xiij predicte domui regende ~ietur, per me .. eligetur *Reg. Paisley* 2. **c** **1324** magistrum W. de Buxton eisdem domui, collegio, et societati, in magistrum ~io *Stat. Mich. Cantab.* 641; **1595** in locum .. morientis personam .. eligere, nominare et ~ere *Pat* 1431 m. 18.

praeficuum v. proficuus.

praefidenter [CL praefidens+-ter], over-confidently.

Britannia namque ~er adversus Normanniam fuit omnis armata W. POIT. I 42.

praefigere [CL]

1 to fix in (stake or sim.).

fossa .. supra quam sudes de lignis fortissimis ~untur BEDE *HE* I 5 p. 17; ad ostium capelle .. astitit ei vir .. poste quodam prefixo quasi pro podio fungens GIR. *EH* I 40.

2 to attach to, set at the front; **b** (ellipt., signature of document).

quae nunc non libuit versu percurrere cuncta, / sed strictim quaedam properanti tangere plectro, / et gestis titulos paucis praefigere musis ALCUIN *WillV* 13. 4; hanc praefatiunculam cum capitulis totius operis omnes .. ante ejus principium ut ~ant postulo ANSELM (*CurD pref.*) II 43; nomen suum Salomon operi suo ~ere curavit ANDR. S. VICT. *Sal.* 8. **b** **986** ego Oswald, archipraesul, consignavi. ego Aþulf, episcopus, prefixi *Reg. Malm.* I 320.

3 to fix (eye) on or direct (mind) towards.

gloriam .. vobis et posteris vestris ~ite H. HUNT. *HA* VIII 15.

4 to fix, set, determine in advance; **b** (date or time); **c** (w. dat.). **d** to arrange (event or meeting) in advance. **e** (w. *ut* & subj.) to determine or decide that.

sol a medio procedens Orientis aequinoctium vernale suo praefixit exortu BEDE *HE* V 21 p. 339; mundi quia summa potestas / indefinito praefixerat omnia verbo, / defore nil justis spondens pro se tribulatis FRITH. 932. **b** praefixos in lege terminos [Paschae] (*Lit. Ceolfridi*) BEDE *HE* V 21 p. 351; examinationis locum et diem ~ens *Chr. Rams.* 133; summonitus .. ad diem prefixum aut venit aut non venit GLANV. I 7; ~itur illico examinis dies quo rex et ceteri proceres .. convenerunt *Eul. Hist.* II 186. **c** **1214** diem quem .. W. L. episcopus vobis ~et *Cl* 178; **1252** ~ens eis diem de mense in mensem donec inde justiciam plenius consecuti fuerint *Cl* 290; conveniant in capitulo canonici .. et diem illum provideant, quem ~ant presentibus, ut ad illum diem conveniant .. ad electionem faciendam L. SOMERCOTE 29; c**1204** diem partibus .. ~entes *Meaux* I 294; **1334** volumus quod vos .. homines .. ad nos ad diem et locum vobis per nos ~end' ducatis *RScot* 282b; s**1476** prefixo michi termino .. personaliter interesse nequeo *Reg. Whet.* II 152. **d** **1217** ante generalem motum crucesignatis prefixum et statutum (v. motus 2); s**1259** ut .. ad parlamentum apud Abbeville prefixum .. interesset *Flor. Hist.* II 429; **1545** concilium prouintiale generale .. indicimus, convocamus, denuntiamus, statuimusque et ~imus *Conc. Scot.* I cclxii. **e** multorum deffinitione optimatum, prefixum est in curia regis ut culpatus vir .. subiret candentis examen calibis ORD. VIT. V 16 p. 433.

5 to devise in advance, prescribe (also w. dat.).

?**798** legitimus .. heres erit, qui praefixos ordines erga parentes tenuerit ALCUIN *Ep.* 132; **944** sit .. liberum libertate prefixa ab omni jugo servili *CS* 796; certam in amicitia metam Christus ipse prefixit AILR. *Spir. Amicit.* II 33. 674; tam stricte vero tenuit prefixam sibi formam purissime paupertatis ut nonnumquam in capparone suo portaret farinam et sal .. propter fratrem quendam infirmum ECCLESTON *Adv. Min.* 15; quare temere isti talem modum procedendi ~unt. .. non intendunt aliquam formam procedendi circa papam ~ere OCKHAM *Dial.* 562; ut serviant nobis prefixa forma *Croyl.* 104.

6 to appoint (a person to a position).

s**1465** ad nominandum et ~endum priorem studentium in universitate Cantebrugie *Reg. Whet.* II 53.

praefigurabilis [LL praefigurare+-bilis], that can be prefigured.

terra mero melle manabilis, / terra certe prefigurabilis / regni vera luce spectabilis J. HOWD. *Ph.* 938.

praefigurare [LL]

1 to shape or devise beforehand. **b** (mus.) to write (as note on staff) previously.

1160 rex et tota curia adeo pendent de consilio vestro ut nec spes pacis immineat nisi eam vestra prudentia ~et J. SAL. *Ep.* 128. **b** he longe ~ate nunquam imperfici possunt HAUDLO 116.

2 to symbolize, represent.

avis picta .. levitatem gentis colore et voce ~ans J. SAL. *Pol.* 411B; s**1163** odor hujus floris resurrectionem et gloriam ejus ~at (*Lit. Papae*) DICETO *YH* 310.

3 to prefigure; **b** (w. ref. to Christian typology).

quia de origine monachatus et quemadmodum ejus tipus in patribus veteris Testamenti precesserit, ostensum est; qualiter in patribus Novi Testamenti, quod in antiquis ~atum est, compleatur, restat ut pariter videatur UHTRED *Inst.* xx; ~o, A. *to tokyn byfore* WW. **b** tipica panis merique libamina litaturus Redemptoris tipice personam ~ans [*gl*.: i. ostendens] obtulit ALDH. *VirgP* 54; redemptionem . . quae in antiqui Dei populi liberatione ~ata . . est (*Lit. Ceolfridi*) BEDE *HE* V 21 p. 341; testimoniis . . in quibus ~atus est adventus Domini Salvatoris ALCUIN *Exeg.* 616D; cum . . tabernaculum in nonnullis [sc. scriptoribus] sanctam ecclesiam elegantissime ~averit AD. SCOT *TT* 625C; in hoc . . quod dicitur quia 'Spiritus Domini ferebatur super aquas', ~atum est misterium baptismi NECKAM *SS* III 14. 2.

4 to be an omen of, portend.

satis mirantes quid illud mirabile gestum novi ~aret exempli B. *V. Dunst.* 12; 'quid portendat [hoc . . signum] nescio.' senex ait, 'transmigratio populorum de regno in regnum . . ~atur ORD. VIT. IX 2 p. 462; **1272** si quidem infortunii prodigialis eventus aliquod mirabile potuit . . ~are portentum WYKES 250; **s1198** cometa . . interitum regis Ricardi prodigialiter . . ~ans OXNEAD *Chr.* 101.

praefiguratio [LL]

1 the action of prefiguring, representation beforehand by figure or type.

Johannes . . quem salvator, unica mundi redemptio et conservandae castitatis alma ~io [*gl.*: i. manifestatio, *getacnung*] . . peculiariter dilexit ALDH. *VirgP* 23; in cujusquam et ipse quoque pulchre ~one filius hominis sepe vocatur [sc. Ezechiel] *V. Greg.* p. 102.

2 prophetic sign, omen; **b** (w. subj. gen.); **c** (w. obj. gen.).

altare . . quod Moyses . . in ~one apostolica xij lapidum constructione firmavit EGB. *Pont.* 37. **b** Londonias civitatem adire, aruspices scilicet, ariolos sive mathematicos quoscumque conducendi gracia, quo vel divinacione forsitan vel astrorum ~one, quisnam rerum suarum alienator extitisset *Mir. Hen. VI* I 9 p. 33. **c** verumtamen hec somnii visio non futuri peccati sed gloriosi meriti fuit ~o *Canon. G. Sempr.* f. 40v; **s1402** cometam . . ipsius ducis . . mortis ~onem AD. USK. 75.

praefiguratrix [LL praefigurator + -trix], that prefigures (f.), prefigurative of.

quos a peste diluvii archa ~ix ecclesie liberaverat J. SAL. *Pol.* 658B.

praefindere [CL prae- + findere], to cleave or divide (in advance or at the front).

findo componitur ~o OSB. GLOUC. *Deriv.* 208.

praefinire [CL]

1 to determine, fix, or appoint beforehand: **a** (date, time); **b** (limit, end); **c** (place).

a paschae celebrandi tempus nobis ~itum (*Lit. Ceolfridi*) BEDE *HE* V 21 p. 334; usque ad ~itum mortis suae tempus *Id. Hom.* 192; c**1154** diem ~ientes octavas Pentecostes *Ep. J. Sal.* 2; post ~itum autem tempus a domino surrexit sanctissimus Adeluuoldus episcopus Wentane civitatis H. ALBUS 27; usque ad ~itum tempus GIR. *GK* II 10; vos sceptrigeros effecisset, nisi Normannorum violenta direptio, Deo permittente, usque ad tempus ~itum praepedisset J. FURNESS *Walth. prol.* 1. **b** ~it . . Dominus actibus hujusmodi corporalibus terminum; ~it . . spiritalibus terminum non prefigit, sed magis eis terminum tollit et perpetuitatem adicit GROS. *Cess. Leg.* I 10 p. 55. **c** c**802** et ego perpetualiter tuis sanctissimis corroboratus consiliis atque orationibus spectans spectabo in loco ~ito ALCUIN *Ep.* 239 p. 384.

2 to prescribe, define in advance.

cum ei juxta ~itam sententiam etiam ecclesiam licuerit intrare BEDE *HE* I 27 p. 59; ad sibi sed properans praefinita facta magister ALCUIN *SS Ebor* 1463; quis te . . nobis statuit arbitrum ut tam stolide praejudices et ~ias nostrum arbitrium GOSC. *Lib. Mild.* 26; mors . . legatis . . a feralibus homicidis . . ~ita est ORD. VIT. XI 28 p. 264; **s1168** ~it in vir doctissimus et eloquentissimus ex causis licendi sumendam esse dictorum intelligentiam J. SAL. *Ep.* 271 (253).

praefinitio [CL], determination or fixing (of time or limit) beforehand.

propterea trium regum nomina in genealogia Salvatoris omittuntur, quia Joram se miscuit impiissimae genti Jezabel, et ut juxta ~onem ejus tres tessaresce decades fierent (*Ps.-BEDE Matth.*) *PL* XCII 10B; omne

igitur mandatum, tam cerimoniale quam morale, precepit indifferenter observandum sine termini ~one GROS. *Cess. Leg.* I 2 p. 10; patet quoque ex aliis scripture locis quod ea que videntur precipi sine termino habent ab eodem precipiente termini ~onem *Ib.* I 10 p. 55; sunt quedam [actiones] que aliquando fiant perpetue et durare solent sine temporis ~one, hodie vero fere omnes infra certa tempora limitantur BRACTON f. 102b.

praefixio [ML < CL praefixus *p. ppl. of* praefigere + -io; cf. LL fixio]

1 action of fixing (date or sim.) beforehand, or date fixed beforehand; **b** (*ex* ~*one*).

1276 prior cum conventu . . dicte prefixcioni coram nobis expresse consenserunt *Reg. Heref.* 88; ~o dierum . . semper hucusque fuit arbitraria ad voluntatem justiciariorum *State Tri. Ed. I* 23; **1320** dictus episcopus devillaverat ante ~orem diei predicte *RParl Ined.* 89; **1330** diem citacionis . . et ~onis termini *Lit. Cant.* I 327; **1333** postea continuato processu per prefixicionem dierum usque crastinum clausi Pasche *LTR Mem* 105 m. 33; prefixerunt diem partibus . . proximum juridicum . . ~one facta, usque in diem quintum decimum ejusdem mensis GRAYSTANES 19. **b** **1292** prorogatisque diebus et continuatis usque ad diem Sabbati sequentis ex ~one coram archiepiscopo apud Lamehet' convenit ibi totus clerus *Ann. Durh.* 202; **1302** habet diem ex ~one usque ad proximam curiam ad respondendum domino de transgressione verberacionis *CourtR Hales* 458; habuerunt inde diem ex ~one *Entries* 229b.

2 previous decision.

1281 rebellis et reluctans premunitiones, ~ones, monitiones, et cetera officio nostro inherentia *Reg. North.* 65; **1286** prior . . sentiens se per hoc gravatum, et libertati sue de D. prejudicium generari, fecit illam ~onem per domini regis concilium revocari *Ann. Dunstable* 334; **1296** in negocio . . per ~onem tuam ad nos . . devoluto *Reg. Cant.* 123; causantes . . certe ~onis quasi enervatum responsum W. GUISB. 330; racio . . boni fruibilis non est racio boni in communi sed boni perfecti, quod est bonum non habens defectum, vel saltem secundum apparenciam est tale vel secundum ~onem voluntatis qualis non est relacio DUNS *Ord.* II 40; **1311** certis de causis . . predictam nostram ~onem, quoad loci predicti . . assignacionem . . duximus immutandam *Reg. Carl.* II 35.

3 appointment (of a person to a position).

mandatum . . de ~one fratris Johannis in priorem de W. *G. S. Alb.* II 88; p**1322** ~o sacriste et eleemosinarii de Coldingham. . . vobis custodiam officiorum sacristarie et eleemosinarii . . committimus *Pri. Cold.* 9 *tit.*; **1471** ~o prioris de Pembroke . . priorem prioratus . . Pembrochie . . prefecimus, deputavimus, et ordinavimus *Reg. Whet.* II 96 *tit.*

praeflare [CL prae- + flare], to blow upon (from the front).

pontifices, Zephyrus quos preflat et Eurus GARL. *Hon. Vit.* 41.

praeflorere [CL = *to flower early*], to flourish greatly (in quot. pr. ppl.).

nil confert homini generoso stemate nasci, / nil labor assiduus, nil preflorens famulatus, / ni fortuna suis illum subnutriat alis D. BEC. 1586.

praefocare [CL]

1 (trans.) to suffocate, choke. **b** (w. *manibus*) to strangle. **c** (fig.).

quidam ab ipsis civibus crudeliter trucidati, quidam fetore mortuorum sunt ~ati HON. *Spec. Eccl.* 1015D; citra laticis profunditatem . . citra corpusculi . . collisionem posset parvula . . solo casu ~ari W. CANT. *Mir. Thom.* VI 136; qui [vermes] . . myrrhe hujus unctione . . nascituri ~entur J. FORD *Serm.* 22. 5; que in propria contumaciter abscedens . . ~ata ab hoste maligno AD. EYNS. *Hug.* IV 6; mulier ~ata cum illa suffumigatione excitatur GAD. 63v. 1; sic . . ambo pariter demersi atque ab aquis nimiis pene ~ati periclitantur indigno valde atque horrendo mortis discrimine *Mir. Hen. VI* III 104 p. 183. **b** dentibus laniare et manibus illum ~are parabat *V. Fridesw. B* 17. **c** miserie cumulus simul confluens in extremis eum ~avit H. HUNT. VIII 11.

2 (intr.) to choke, be suffocated.

basiliscus . .cujus flatum omne quod hauserit mori-

tur. aves . . desuper volantes, ejus flatu ~antes, moribunde decidunt HON. *Spec. Eccl.* 915B.

3 (fig.) to stifle, suppress.

cavendum est, ne horridum scisma . . grasetur et rursus ne bonum culpabiliter ~etur ORD. VIT. VIII 26 p. 442; incuria . . cogitationes discrete rationis ex negligentia ~averat et virtutis viam ex torpore obsederat R. COLD. *Cuthb.* 91 p. 199; **s1187** papa . . ejus ~ans sermonem "sta, frater," inquit, "sta" GERV. CANT. *Chr.* I 369.

praefocatio [CL], stifling, suffocation, choking.

GILB. IV 177. 1-2, *SB* 39 (v. cynanchia); ut in ipso [spatio] dilatari possit [cor] absque ~one *Ps.*-RIC. *Anat.* 24; opilatio pororum est causa ~onis caloris naturalis GAD. 45. 2; pulmones . . ~onis periculum avertunt D. EDW. *Anat.* B4.

praefocativus [CL praefocatus *p. ppl. of* praefocare + -ivus], that causes choking or suffocation.

sicut est catarrus ~us subito, ut patet in squinantia non vera GAD. 51v. 1.

praefolium [CL prae- + folium], skin above the eyes, ? eyelid.

10 . . ~ium, *fel ufan eagan* WW.

praeforis [CL prae- + foris], outside.

foris . . componitur aforis . . et ~is . . omnia adverbia in loco OSB. GLOUC. *Deriv.* 217.

praeformare [CL prae- + formare],

1 to form or give shape to beforehand.

preformet capiti Nature circinus orbem VINSAUF *PN* 563 (v. circinus).

2 to inform, instruct beforehand.

1159 viros virtutis et consilii providet et ~at ARNULF *Ep.* 24; **1175** et meliore consilio ~atos olim sensus *Ib.* 106; infantium linguas . . radit dum erudit et ne . . soloecismo balbutiant in sermone ~at J. SAL. *Met.* 852A.

praefortis [CL prae- + fortis], exceptionally strong or brave.

prefortis dominatus D. BEC. 1586 [v. l.]; **s1419** fuerunt . . in illa villa ~es viri constituti pro deffensione *Chr. S. Alb.* 122.

praefrater [CL prae- + frater], elder brother.

1225 Willelmus Peverel . . Hamundo ~ri suo et Willelmo prenepoti suo *CurR* XII 1033.

praefrigidus [CL], very cold (in quot. w. ref. to perceived nature of vowel sounds and methods and instruments of their production).

motus vero vitalis est motus plaustri, linearis precalidus, circularis ~us *Ps.*-GROS. *Gram.* 21.

praefucare [CL prae- + fucare], to colour over or in advance, to counterfeit, pretend beforehand.

longe fortius timenda est . . amicitia ~ata quam inimicitia despicata GIR. *EH* II 39 [= *Id. DK* II 9].

prefudicia v. praefunditia.

praefugere [CL prae- + fugere], to flee before or in advance.

fugio . . componitur quoque ~io, -is, et aufugio OSB. GLOUC. *Deriv.* 222.

praefugitivus [CL prae- + fugitivus], that flees before.

e terris illam vidit discedere dudum / exulis Astree prefugitiva cohors GARL. *Epith.* VI 394.

praefulgere [CL]

1 to shine with outstanding brightness; **b** (with reflected light).

solus . . Moyses in ipsum ejus verticem ubi in igne et caligine divina majestas ~ebat ascendit BEDE *Hom.* II 17. 194; quomodo . . potuit angelus . . tot et tantis ~ens nature deliciis videre Deum? NECKAM *SS* III 64. 4. **b** [ecclesiam] auro, argento, et gemmis ~entem exhibere sategit *Found. Waltham* 14.

2 (fig.) to shine forth, to be splendid or outstanding. **b** (w. dat.) to outshine, to exceed in splendour or eminence.

viros sanctos . . in quibus eximius Uilbrord presbyteri gradu et merito ~ebat BEDE *HE* V 10 p. 299; Treveris Sancti Paulini ~et cenobium GOSC. *Edith* 73; sic virginum prefulget castitas P. BLOIS *Carm.* 20. 2a. 27; fuit autem Orpheus . . vir maximus tam ingenii claritudine quam eloquentie suavitate ~ens ALB. LOND. *DG* 8. 20; non solum in illo glorioso stemmate regum Anglicorum in divitiis et gloria in regno potentissimi preful[s]erunt J. FURNESS *Walth. prol.* 2; sapiens . . quanto magis . . sapientie dote ~et GIR. *TH* I 22. **b** sic ~ente omnibus siderea lampade Editha GOSC. *Edith* 59; adeo quod . . regios fastus assumeret et aulam ingressus ceteris coaulicis in omni magnificentia ~eret H. BOS. *Thom.* II 7; s1202 abbates . . ante nos fuerunt qui nos scientia . . precellebant et nobis ~ebant *Chr. Evesham* 111.

praefulgidus [LL]

1 that shines very brightly: **a** (of sun or other source of light, also fig.); **b** (of object bright with reflected light).

a veritatis et humilitatis ~um lumen videre possitis GILDAS *EB* 74; ut sol illustrat totus praefulgidus orbem / sic fulgent sancti semper in arce patris ALCUIN *Carm.* 95. 9; ecclesiarum . . ~a lampas (*Ep.*) *Mem. Dunst.* 362; ipsa . . Maria est luminare quoddam magnum et ~um AD. SCOT *Serm.* 334D; **1284** predictum studium [sc. universitatis Oxoniensis] quod est Anglicane ecclesie ~um luminare PECKHAM *Ep.* 615; regum luminare ~um *Ps.*-ELMH. *Hen.* V 64; **1452** ~a nominis vestri lucerna *EpAcOx* 309. **b** habitum nitore gemmarum ~um . . respondit esse EADMER *V. Osw.* 17; regalis lancea auro ~a J. WORC. 45; de celo lapsum quoddam tabernaculum cristallinum ~um *Meaux* III 153; quia nec donariis ~is sibi donatis . . illicito amore captus fuerat BLAKMAN *Hen. VI* 9.

2 (fig.) bright, resplendent: **a** (of person, body, or place); **b** (of act or abstr.).

a 799 omni sapientie decore ~o David regi ALCUIN *Ep.* 171; virginem sideream in sanctimoniali habitu ~am GOSC. *Lib. Mild.* 9; laverunt ergo corpus, quod jam spe resurrectionis perpetue ~um, stupori et venerationi visentibus fuit W. MALM. *Wulfst.* III 22; adstitit ei in visu . . senior, . . celesti luce ~us AILR. *SS Hex* 12 p. 196. ad regnum Scottorum . . clericis ~um, principibus gloriosum SIM. GLASG. *V. Kentig. prol.* p. 243. **b** in operibus caritatis gloria ~is BEDE *Sam.* 688; a755 ~am longe lateque beatitudinem tuam *Ep. Bonif.* 105.

praefulgorus [CL prae-+fulgor+-us; cf. LL fulgoreus], very bright or splendid.

ave, casta sponsa Dei / . . / que per vultum prefulgorum / aquilinam angelorum / aciem reverberas WALT. WIMB. *Virgo* 43; Gallorum vero, armorum decore ~ore caterve *Ps.*-ELMH. *Hen.* V 63; eximie probitatis miles, ~oris milicie titulis attollendus *Ib.* 64; ~a meridies *Ib.* 67 (v. meridies 1c).

praefundator [CL prae-+fundator], previous founder.

1390 pro animabus Thome Malmeyn militis et aliorum ~orum *Reg. Roff.* f. 6.

praefunditia [cf. CL prae-+funditare], continuous pouring forth, abundance.

potior . . est . . providentia . . quam opulentia. illa nimirum congregat . . congregata conservat . . ista vero prefudicia [? l. prefunditiam] de redditibus, quoniam de anno in annum redeunt . . per negligentiam et incuriam dissipat GIR. *Spec.* II 34 p. 113.

praefurcare [CL prae-+furcare], to split in two at the front, (in quot. p. ppl.) forked at the front.

juniores hastilibus ferro dempto ~atis 'simulacra belli cient' [Verg. *Aen.* V 674], campestria prelia ludunt W. FITZST. *Thom. prol.* 14.

praefurere [CL], ~ire [cf. LL furire], to rave or rage greatly.

furio . . componitur ~io, -is OSB. GLOUC. *Deriv.* 210; omnifici sponsi rivalis prefurit, ardet / alterius thalamos subdere fraude sibi GARL. *Epith.* I 219.

praegarrulus [CL prae-+garrulus], very garrulous, that chatters noisily.

vocat pluviam pregarrula cornix GARL. *Tri. Eccl.* 30.

praegaudere [prae-+gaudere], to rejoice first or beforehand.

'si vis me flere, dolendum est primum ipsi tibi' [Hor. *AP* 102–3]. si gaudere, ~endum J. SAL. *Met.* 847B.

praegestare [CL prae-+gestare], to carry in front.

1450 predicti nuper dux et Alicia tenuerunt . . dicta maneria . . de nobis in capite per servicia ~andi auream virgam . . in die coronacionis regis *Cl* 301 m. 13.

praegnare [LL]

1 to impregnate, make pregnant, cause to swell with growth: **a** (woman); **b** (animal). **c** (soil).

a 1424 do et lego . . infanti in utero dicte M. uxoris mee si ~ata fuerit *Reg. Cant.* II 277; *to make with childe*, gravidare ~are, inpregnare *CathA*. **b** quin magis ex aure praegnantur viscera fetu ALDH. *Aen.* 82 (*Mustela*) 6; de iij jumentis . . quarum tot ~ati [*sic*] et tot steriles *Reg. Rough* 221. **c** humor humum pregnat, humus herbam parturit GIR. *Symb.* II 1 p. 346.

2 (intr.) to be pregnant, swell with growth: **a** (of woman); **b** (of soil).

a contigit . . ut concipiens ~asset [sc. uxor] FELIX *Guthl.* 4. **b** non aratro renovatur humus, non semine pregnat / set tribulos . . parit H. AVR. *Poems* 127. 202.

3 (transf. & fig.) to be full, to abound. **b** (trans.) to be full of, to abound in.

dum loculus pregnat satis, impregnare licebit GOWER *VC* III 201.; ordine quo regnant reges, sua nomina pregnant *Id. Carm.* 364. 84 (=*Pol. Poems* I 362). **b** R. cadit, H. regnat, quo regnum gaudia pregnat GOWER *CT* 430 (=*Pol. Poems* I 452).

4 to yield (fig.), to mean, imply.

nec ~at dicta negativa exitum liberati WYCL. *Ver.* III 225.

praegnas, ~ans [CL]

1 pregnant, swelling with child or young: **a** (woman, also w. *ab* & abl.); **b** (animal); **c** (as sb. f.).

a si ~antem mulierem quis liberam conparat, liber est ex ea generatus THEOD. *Pen.* II 13. 6; concipiunt [mulieres] et ~antes effecte usque ad pariendi articulum naturaliter intumescunt GIR. *TH* II 4; **1221** dicit quod ~ans tunc fuit et grossa *PlCrGlouc* 32; R. Seypo habuit mulierem ~antem et febricitante *Mir. Montf.* 73; mulierem . . que eum de fornicacione . . accusaret, et se ab eo ~antem assereret OCKHAM *Dial.* 598; **1520** injunctum est omnibus habentibus mulieres et vacabundas prignantes in domibus suis *DCDurh Court Bk. Crossgate* I f. 177 [cf. ib. f. 179v: **1521** mulieres . . prignantes]. **b** a quodam rustico empta est ~ans vacca . . et aperta . . tres porcelli pro vitulo reperti sunt in ea ORD. VIT. XII 1 p. 312; ubi canis femella ~ans ad pedes ejus decubuit, cujus catulos ipse in matris ventre latrantes audivit SILGRAVE 57. **c** non etati, non sexui, non ~antibus vel parturientibus parcitur GOSC. *Transl. Mild.* 5 p. 160; ad ~antem accessisti ROB. FLAMB. *Pen.* 226; filia . . ventris multata tumore, ~ante grossior (*Albanus*) *NLA* I 37; etsi jam sc. vix septem mensium tempora ~ans peregisset *Mir. Hen. VI* III 125.

2 (transf.). **b** (*lapis ~ans*) a kind of gem, eaglestone.

propter bursam favet pravis / si sit pregnans, si sit gravis / et vicina partui WALT. WIMB. *Van.* 76. **b 1215** unum lapidem ~antem (v. lapis 9a).

3 (of shape) swelling.

[calculus] erat . . ~ans in medio sui, gracilis in capite W. CANT. *Mir. Thom.* II 64 p. 224; tanquam praegnantia labra tumore / surgant VINSAUF *PN* 574.

4 laden, full.

nam tantus in agmina nostra / venit, ut eriperet cunctis sua predia pregnans *V. Merl.* 1041.

5 (fig.) full of substance, compelling, cogent.

mathematica non est in aliquo vitiosa, sed ~ans et plenissima omni utilitate et decore sapientiae ineffabili BACON *Tert.* 271; ~ans auctoritas beati Augustini R. MAIDSTONE *PP* f. 160v.; s1459 auditis utriusque partis racionibus, ipsasque prengnantes persuadentesque esse intelligens *Reg. Whet.* I 355.

praegnativus [LL praegnatus *p. ppl.* of praegnare+-ivus], caused to swell with growth.

vere marito / pregnativa parit rosulas et lilia tellus HANV. VIII 293.

praegnosticare [CL prae-+ML gnosticus < γνωστικός+-are; cf. ML prognosticare]

1 to foretell, predict from foreknowledge. **b** (in weakened sense) to surmise, suppose.

prenosticat abbas Joachim multiplices eventus in mundo futuros, ut patet in suo tractatu de speciebus scripturarum WYCL. *Ente Praed.* 18; puer natus per incuriam obstetricis in stramine projectus est . . quod quidam signum future potestatis prenosticabat BROMPTON 910. **b** s1250 abhorruerunt videntes archiepiscopum loricatum; unde prenosticabant multi quod non ad visitandum . . venerat sed potius ad prelium excitandum M. PAR. *Maj.* V 123.

2 (of thing or event) to betoken, indicate beforehand.

s1381 imago . . protomartyris . . Albani . . nulla potuit arte . . removeri de sigillo, prenosticans . . martyrem nolle eos fore dominos WALS. *HA* I 483; s1416 septem delphini in Tamisia prenosticabant . . tempestatem maximam *Ib.* II 314.

praegnosticatio [praegnosticare+-tio]

1 knowing beforehand, foretelling, prediction, prophecy.

unde juxta prenosticacionem suam mortuus est in quadragesima proxima sequente BROMPTON 1243.

2 sign of future events, portent.

ab hora meridiana mira prenosticacio apparuit in sole et luna, utrique etiam fere . . sanguinei apparuerunt ut nichil terris radiorum preter . . sanguineum emitterent *Chr. S. Edm.* 71; s1334 [pueri innocentes] . . responderunt . . "homines regis David sumus . . ." que fuit prenosticacio future libertatis BOWER XIII 30.

praegnoscitator [praegnosticare + -tor], one who predicts, offers a prognosis.

prenoscitatorem . . medicinalem tam circumspectum futurorumque tam sapientem E. THRIP. *SS* III 1.

praegnostice [praegnosticus+-e], in the manner of a prediction or portent.

multe . . habitudines . . que docent prenostice hanc irreligiosam affeccionem circa temporalia inesse ecclesie WYCL. *Sim.* 39.

praegnosticus [CL prae- + ML gnosticus < γνωστικός]

1 that presages, foretells, or predicts from foreknowledge (usu. w. gen.); **b** (w. ellipsis of *liber*, w. ref. to *Liber Prognosticorum de futuro saeculo* of Julianus Pomerius).

de somnio signorum prenostico J. FORD *Wulf.* 11; multa futurorum populus prenostica vidit H. AVR. *Poems* 6. 39; s1212 surge et vide mira et magnarum rerum prenostica *Ann. Cambr.* 68; talis enim testificacio prenostica ut sic est prediccio incogniti jam futuri WYCL. *Ver.* III 192; sermones Christi erant flores, fructus virtutum prenostici *Id. Eccl.* 198. **b** Prenosticus [sc. Juliani Pomerii] *Meaux* III xciv.

2 (as sb. n.) presage, sign; **b** (w. ref. to saying or text).

medicum, qui urine et pulsus et multiplicium prenosticorum indicio morbi deprehenderet quantitatem J. SAL. *Pol.* 457C; ista decent monachum. sunt hec prenostica certa NIG. *Poems* 402; perpulchro prenostico, immo indicio certi presagii portendit . . tibi cervus demersus in fontem salutaris baptismi lavacrum WHITTLESEY *app.* 144; s1337 istud . . prenosticum fuit futurorum *Meaux* II 385. **b** cum legeretur epistola et perventum esset ad locum in quo per beatum apostolum dicitur, 'qui conturbat vos portabit judicium suum' [*Gal.* v 10] . . intravit archiepiscopus ecclesiam confidens in Domino et pro munere gratum habebat ~um illud, referens illud ad

.. cancellarii venturam confusionem G. Ric. I 210;
s**1239** cujus cum prenosticum esset, 'gaudium est angelis Dei super uno peccatore penitentiam' . . , [Luc.
xv 10], omnes bonam spem de ipso conceperunt M.
Par. Maj. III 617; s**1099** moriturus mihi dixit ". . tu
. . omnia heres universorum possidebis." propicio Deo
et vobis consentientibus hoc prenosticum verificetur
Id. Min. I 164.

praegrandis [CL]

1 very large. **b** excessively large.

ipsa vero arbor in summo cacumine gestabat unam
~em cucullam Wulf. Æthelwold 38; patinam . . que
duos pisces ~es, adjecto uno minusculo contineret
W. Malm. GP V 240; c**1250** ad ~em thronum veri
Salomonis Ad. Marsh Ep. 77 p. 192; ductus est in
quamdam aulam ~em Spec. Laic. 57; congregaverat
sibi ex parte regis pretensa ~em exercitum hominum
armatorum Chr. Kirkstall 126; cum ~i summa Blakman Hen. VI 10.   **b** sint pondere grandi / sed non
pregrandi Vinsauf PN 1880.

2 (transf., of abstr.) immense, powerful.

alii magnates, quos nihil ad tanti laborem itineris,
nisi ~is et urgentissima terre necessitas induxisset P.
Blois Ep. 98. 308A.

praegratificari [CL prae-+gratificari], to favour or bestow grace upon (w. dat. of recipient).

homini longe licencius satisfaciendo quam sibi spiri-
tualissime ~ato numero E. Thrip. SS IX 6; spiritu
qui sibi ~atus fuerat . . relicto Ib. IX 7.

praegratus [LL], very pleasing.

s**1460** domina . . grata ~aque consanguinea Reg.
Whet. I 358.

praegravamen [CL prae- + LL gravamen],
burden, imposition.

s**1312** sentiens . . me ex premissis ~inibus . . inde-
bite pregravari Reg. Durh. I 185.

praegravare [CL]

1 to weigh down (also transf. & fig.).

nimie crassiciei pondere ~atus Ord. Vit. IV 7 p.
219; dives . . saturatus . ., dum ~ato stomacho se
colligit ad quietem, crebris ructibus excietur Ailr.
Spec. Car. I 23. 526; **1166** ut preponderare videatur
libra vindicte et quos potenter puniet non tam examinare lance equitatis quam mole magnitudinis ~are
J. Sal. Ep. 145 (168 p. 102); peccatorum sarcina ~ati
S. Langton Serm. 4. 33.

2 to oppress, harass.

si judicem suspectum habuit vel se sentiat ~ari (Leg.
Hen. 5. 4) GAS 549; cum . . annis quoque senilibus
et laboriosis ~ata plurimum jam fere succumbat . .
efficatie viribus evacuata nimis cella memorialis Gir.
Ep. 4 p. 188; Deus misericordiarum . . famulos suos
quasi pater filios in omni tribulatione post pressura
consolatur, percutit et medetur, dejicit ut gloriosus
elevet ~atum V. II Off. 9; **1454** quidam . . malevoli
machinantes ipsum Petrum multipliciter ~are Law
Merch. II 110.

3 to make worse, aggravate.

cum sol . . / ardet et infestus terrarum praegravat
aestus R. Cant. Malch. app. 830 p. 171.

praegravescere [CL prae- + gravescere], to
weigh down excessively (fig.), to oppress greatly.

metuens . . ne tam . . atrocis magnitudo nequitie
. . mei modulum ingenii ~at et debilis eloquii superet
facultatem P. Blois Ep. 238. 541B.

praegravis [CL], very heavy.

gravis componitur ~is . . i. valde gravis Osb. Glouc.
Deriv. 254; nam terre gravitas unde superat gra-
vitatem, / hinc mundi centrum pregravis illa tenet
Neckam DS IV 647.

praegredi [CL]

1 to go forward, go ahead.

[n]eque confiderem liceat bene ambulasset dixit
qu[i] vidit [st]rigas capite ~ientes Prov. Durh. 11.

2 to surpass.

recte primogenitus appellatur quia omnes adoptionis filios etiam illos qui incarnationis ejus tempora

†nescendo [l. nascendo] praecesserunt dignitate ~itur
Bede Hom. I 5. 34.

praegustamentum [CL praegustare+-men-
tum], foretaste.

preludia sunt hec, et quasi ~a André Hen. VII 19.

praegustare [CL]

1 to taste first or before another. **b** to taste,
partake of.

Brihtricus . . decessit quod ex potu sine regine
nimirum conscientia ~averat W. Malm. GR II 113.
b idromellum . . ultimo die Novembris mensis in
circuitu sedentes in commune ~ant W. Malm. GR II
189; aliquando panem solum sumens, nullum penitus
liquorem ~avit V. Edm. Rich P 1793A.

2 to taste (fig.) or experience in advance.

spei caelestis ac si saporem ~ans Gildas EB 29; post
~atas saluberrimae doctrinae miculas B. Ep. 387; quid
morer? assidua pregustat morte perennem / talibus
hic mortem semper ubique miser L. Durh. Dial.
IV 247; c**1214** nullam ecclesiasticam justiciam nisi
precio pretaxato et ~ato, equo viz. ad minus . . ad hoc
electo, exibere voluistis Gir. Ep. 8 p. 278; angelus . .
quesivit ab illo si vellet ~are que essent gaudia future
vite P. Cornw. Rev. I 183; quod aliqualem future
beatitudinis dulcedinem ~abant in delectacione divine
bonitatis Spec. Incl. 3. 2.

praegustatio [CL prae-+gustatio], foretaste,
anticipation, enjoyment in advance.

fructus ergo iste divini amoris fruitio est, claritatis
eterne felix quedam ~o J. Ford Serm. 71. 7; gratiosam ~onem in tempore . . gloriosam satietatem in
eternitate Ad. Marsh Ep. 180 p. 323; talis celestis ~o
. . in hac mortali vita non perfecte seu continue . .
poterit optineri Spec. Incl. 4. 1; quia quedam ~o estimatur suavitatis eterne Rolle IA 256; tue . . majestati
hac epistolari prefatione ~onem quamdam studiorum
meorum . . offero André Hen. VII dedic. p. 4.

praegustator [CL], one who tastes (food or
drink) beforehand (w. gen.).

s**1381** mererentur ~ores effici ciborum ejus et po-
tuum Wals. HA II 6.

praegustus [CL prae-+gustus], foretaste, experience in advance.

in quodam ~u sabbatum sabbatorum Ailr. Spec.
Car. III 1. 576.

praehabere, praehabitare v. praehibere.   **prae-
habundare** v. praeabundare.

praehibere [CL < prae-+habere], **~habere**
[ML]

1 to obtain or possess previously or beforehand.

iste proprietates sunt eterne et in his natus est
Filius de Patre, id est, Pater ~habens ista, communicat
ea Filio Duns Ord. IV 269; rex Anglie . . a terris in
regno Francorum ~habitis privabatur Flor. Hist. III
87; ~habita licencia regia Eng. Clergy 277; priorem
noticiam oportet eciam laicum ~habere de hostia
antequam cognoverit duas alias questiones Wycl.
Euch. 110.

2 to hold, conduct, perform previously or in
advance.

~habito . . cum fratribus suis consilio H. Bos.
Thom. III 18; **1218** ~habita deliberacione . . magistrum R. . . in pastorem sibi elegerunt Pat 183;
s**1213** non intelligens Petri prophetiam, de quo sermo
~habitus est Flor. Hist. II 147; adjudicaverunt seisinam . . tenementorum . . Johanni, nulla inquisicione
~habita State Tri. Ed. I 2; **1293** sic omnis processus ~habitus in curia regis . . per tales premuniciones
poterit evacuari RParl I 134a; **1332** ~habita . . altercacione super expensis sibi ministrandis Lit. Cant. I
474; pessimis cogitationibus . . sauciatus . . propter . .
opera pessima in seculo ~habita Eul. Hist. proem. I 2;
~habita eleccione canonica a presentis monasterii collegio monachorum Elmh. Cant. 319; **1549** tractatibus
et considerationibus ~habitis Conc. Scot. II 111.

3 to have as a pre-existing quality or attitude,
to exist beforehand (pass.).

si liberalis aliquis feram foreste fugerit, sive casu
sive ~habita voluntate (Ps.-Cnut) GAS 624; ergo esse

et perfeccio omnium creaturarum ~habentur in Deo
W. Alnwick QD 368; **1391** sub spe mutue amicicie inter nos ~habite Pri. Cold. 69; p**1400** malicia et
conspiracione inter eos inde ~habita Bury St. Edm.
180; sagacium et peritorum ~hibita virtus in vicium
commutatur FormOx 423; **1432** postquam . . ventorum austeritas et pluviarum copie, per aliquot dies
†prohibite [l. prehibite] cessavissent MGL III 457;
s**1322** semper . . debiles permanserunt, vires ~habitas
recuperare non valentes Wals. HA I 166.

4 to suffer (disease) previously.

adhuc . . ad memoriam egritudinis ~habite, struma
in dorso aliquantulum prominebat Mir. Fridesw. 14.

5 to consider or mention before. **b** (p. ppl. as
sb. n.) aforementioned subject or text.

quem quartum eorum qui campanam . . fregerunt
sermo ~habitus indicavit Chr. Rams. 159; **1249** prope
terram ~hibitam Cart. Mont. S. Mich. 65; **1259** ad
omnia ~habitata [? l. ~habita] fideliter observanda Ib.
33; cum . . ymaginativa et sensitiva sint idem in subjecto, ut ~habitum est Kilwardby SP 30ra; **1281** si
. . per aliquem de locis predictis cum . . sale non
transierit, . . si fecisset transitum per aliquem de locis
~habitis, puniatur RGasc II 121a; secundum Philosophum, I Posteriorum, de subjecto oportet precognosci
quid est et quia est et, per consequens, subjectum
debet ~haberi ante demonstracionem Ockham Quodl.
480.   **b** secta perfecta promittit bona eterna et spiritualia, ut patet ex ~hibitis Bacon Maj. II 392; **1281**
ordinamus . . super ~habitis quod . . RGasc II 121a.

6 to produce, provide, supply.

1346 dictum est eis quod respondeant et ~habeant
corpus predicti Thome. qui dicunt quod ipsi corpus
. . ~habere non possunt eo quod idem T. . . captus
fuit . . et quo devenit penitus ignorant SelCKB VI 53.

praehonorabilis [CL prae-+honorabilis], very
honourable; **b** (in title or address).

s**1456** profectus . . non sufficiunt . . ~em statum honoris vestri Reg. Whet. I 251.   **b 1423** ~is domine et
magister EpAcOx 5; s**1423** ~es domini, patres ordinis
et patroni Amund. I 143; **1435** in praesencia ~is magistri . . Thome . . cancellarii universitatis MunAcOx
510; ~i . . viro domino Johanni de S. militi FormA
336.

praehonorabiliter [CL prae-+LL honorabili-
ter], very honourably.

s**1274** oportebat nec in hac parte Dei gloria ~ius
aliquibus reputasse Flor. Hist. III 39.

praehonorare [CL prae-+honorare]

1 to honour greatly (esp. in title or address).

s**1274** ~atus exharchus totius Asie Flor. Hist. III
37; **1426** in Christo ~andi et caritatis amplexibus
dignissime confovendi EpAcOx 25; **1451** ~ande et
peregregie doctor Pri. Cold. 173; s**1423** insignissime domine et pater, ex meritis ~ande Amund. I
118; **1476** admittimus ~atam personam vestram . . in
consortium nostre fraternacionis FormA 336; vestre
~ande reverencie Ib.

2 to honour more highly, prefer (in quots.
w. ref. to Aristotle Eth. Nic. 1096a14–16, cf.
προτιμᾶν).

ambobus enim existentibus amicis, sanctum est ~are
veritatem Incept. Ox. 169 (cf. Bacon CSTheol. 29:
duobus existentibus amicis sanctum est honorare veritatem); veritas . . quam amicis ~are officium obtinet
sanctitatis R. Bury Phil. 1. 22.

praehumectare v. praeumectare.

praeignarus [CL prae- + ignarus], that has no
previous knowledge or experience (of, w. gen.,
transf.).

maria . . poncium ~a pontibus stravit [Xerxes] E.
Thrip. SS III 12.

praeilluminare [CL prae- + illuminare], to
give light to or illuminate in front or before.

quidam . . dicunt quod ille qui est ex parte abbatis
semper debet ~ari. alii dicunt quod una nocte ~ari
debet unus ex una parte et altera nocte reliquus ex
altera (Cust. Bury St. E.) HBS XCIX 43.

praeimpendere [CL prae- + impendere], to
pay, give, or devote previously or in advance.

1385 suis id exigentibus meritis et serviciis ~pensis *RParl* III 205a; **1451** cum immensis graciarum accionibus pro vestris gratissimis laboribus ~pensis *Pri. Cold.* 174; **1452** pro .. beneficiis .. assiduisque laboribus .. profusis ~pensis *Ib.* 175.

praeimperare [CL prae-+imperare], to command previously.

penas .. pendit seu ~ati tam crudelis pariscidii seu preperpetrati tam detestabilis sacrilegii E. THRIP. *SS* III 10.

praeinanimatus [CL prae- + in + animatus], previously endowed with life.

corpus anima redit ad ~atum violenciaque revegetat fatalitatis exinanitum E. THRIP. *SS* X 4.

praeincantare [CL prae-+incantare], to bewitch or charm beforehand.

ille, conjugis .. sibilis ~atus vipereis, criminis hujus se primum inficiatur habere conscientiam AD. EYNS. *Hug.* IV 5.

praeincertus v. praeinserere.

praeincipere [CL prae-+incipere], to begin beforehand.

est .. prolempsis quotiens clausula de novo apposita anticipat finem clausule preincepte GERV. MELKLEY *AV* 32.

praeinducere [CL prae-+inducere], to bring in beforehand.

nec in palacium ad mensam ingrediebatur nisi pauperibus ~tis J. SAL. *Thom.* 11 p. 307; ex eo quod ~tum est in subjecto corrumpendo in gradu uno, subito potest simile induci cum substantiali forma rei generande in gradu alio KNAPWELL *Quare* 154.

praeinfigere [CL prae-+infigere], to fix upon (w. abl.).

caput .. crudeliter amputatum .. circumfertur .. lancea preinfixum E. THRIP. *SS* III 34.

praeinfligere [CL prae-+infligere], to inflict in advance.

debitas dei destinacione sacrilegis penas ~ente E. THRIP. *SS* III 16.

praeinfula [CL prae-+infula], (eccl.) veil that covers the chalice and paten.

cum infula, cum alba, .. cum calice, oblata patena superposita, aqua, vino, ~a, et cum aliis monastice religioni addictis *Obed. Abingd.* 355.

praeingens [CL prae-+ingens], very great.

fetor praeingenti complet putredine nares BEDE *Hymn.* 14. 103.

praeingredi [CL prae-+ingredi], to enter (a place) in advance, to enter before (someone, w. double acc.).

preingressa de hinc urbem virum E. THRIP. *SS* III 29.

praeinquirere [CL prae-+inquirere], to investigate or ascertain in advance.

1283 cum .. preinquisita per magistrum B... veritate, ordinatum fuerit .. quod .. *RGasc* II 191b.

praeinserere [CL prae-+inserere], to insert, include, mention previously (in quots. p. ppl.).

1426 secundum formam et tenorem conclusionis libelli sui ~te in scriptis ferri et promulgari sentenciam .. postulavit *Reg. Cant.* III 145; **s1435** juxta ~te posicionum et articulorum suorum conclusionis formam et tenorem AMUND. II 76; **1454** omnia .. que nos ~tarum apostolicarum literarum vigore faceremus *Mem. Ripon* I 303; **s1476** Johannes Wolmanne preincertus .. fecit sermonem ... prefati prior et presidens et ceteri omnes et singuli proximo ~ti .. *Reg. Whet.* II 146; ad omnia et singula ~ta prestandum *Form. S. Andr.* II 196.

praeinsistere [CL prae-+insistere], to be very pressing or urgent (with a person, in quot. w. *ut* & subj.)

1207 apud eundem precibus inculcando ~imus .. ut .. preces nostras intendat *Conc.* I 516b.

praeinstruere [LL], to instruct or inform in advance.

Moyses, summa .. vir a sapiencia ~ctus E. THRIP. *SS* II 6; de transmissis a Moyse terram promissionis ad explorandum ~ctis .. exploratoribus *Ib.* VII 4; **1189** nullo modo misissem litteras, nisi ut essetis ~cti *Ep. Cant.* 297.

praeintellegere [LL], to understand or know beforehand or by presupposition.

alique definitiones dantur per comparationem ad rem, in qua veritas fundatur .. alique per comparationem ad intellectum hec considerantem et comparantem, ut hec 'veritas est indivisio esse et ejus quod est', ubi ~legitur compositio facta ab intellectu compositivo PECKHAM *QA* 219; preterea nihil potest voluntas velle, nisi quod est ~lectum; ergo angelum esse equalem Deo oportuit esse ~lectum DUNS *Sent.* II 6. 1. 1; sicut ex hoc quod suppositum ~legatur sue accioni T. SUTTON *Quodl.* 23; ex isto patet quod oportet ~legere veritatem extra proposicionem, antequam intelligatur illam significare proporcionaliter ex institutione hominis WYCL. *Ente* 16; **s1423** non insuper, tercio, ~lexit quomodo ecclesias gravant AMUND. I 75.

praeintingere [CL prae-+intingere], to dip or soak beforehand.

pannum .. aquis .. preintincxerant et jam .. in ore .. insanientis infundebant R. COLD. *Cuthb.* 98.

praeintrare [CL prae-+intrare], to enter in advance.

accepta .. hujusmodi licentia et ~andi occasione .. subintrant OSB. BAWDSEY clxxix.

praeintrudere [CL prae-+intrudere], to intrude (in quot. person, into office or position) previously.

1219 Robertus ibi extitit preintrusus *Foed.* I 230.

praeinvenire [CL prae-+invenire], to discover previously (in quots. p. ppl.).

apparet enim rationabili intellectu, secundum fabulas ~tas, quod Parce ex lassitudine torquendi digitos haberent languentes GERV. MELKLEY *AV* 145; non omnino censeri debet a sane sencientibus inappreciabile ~tum .. conari decorare E. THRIP. *SS* XI 12.

praeinvestigare [CL prae-+investigare], to investigate beforehand.

cum .. rex .. angustias quas crebrius ~averat .. occupasset E. THRIP. *SS* III 13; si sanum saperes .. aliquid .. ~andum subintelligendumve censeres *Ib.* IV 17.

praeinvitare [CL prae-+invitare], to invite in advance.

vos universi sacerdotes ~ati ad mensam H. BOS. *Thom.* III 13 p. 219.

praeire [CL]

1 to go in front. **b** (trans.) to go in front of, precede.

hic preit, hic sequitur: ad me postremo venitur; / fit prior extremus, extremus fitque supremus R. CANT. *Poems* 7. 25; et qui prehibant [*sic*] et qui sequebantur clamabant "Osanna in excelsis" G. CRISPIN *Serm.* 115; miles .. primus in prelium ire, ultimus .. redire consuetus. in omni conflictu .. seu ~ire paratus seu perire GIR. *EH* II 9; **1331** rex .. debet ~ire et venare per totam insulam .. cum canibus, baculis, furetis, et retibus *Ext. Guern.* 74. **b** audacter quia omnes qui jam precesserant ~iret spondebat ORD. VIT. XII 26 p. 413; vere Thurstinus nobile nomen habens: / litera T preit hoc nomen H. PONTEFR. 15; ipsa tamen navis fluctus sequiturque preitque H. AVR. *Hugh* 639; **1286** passanti M. de C. et alios qui ~iverunt regem in Francia, x s. *Rec. Wardr.* 457.

2 to take the lead, lead the way. **b** (trans.) to lead.

a797 tuum est praecipere, illorum oboedire; tuum ~ire, illorum subsequi ALCUIN *Ep.* 74; totus in errorem mundus, preeuntibus illis, / ducitur; hi preeunt precipitesque ruunt NIG. *SS* 2329; protestatur se res non solum vicinas sed et remotas perspicue videre, et que preducis adjuta beneficio gressus direxerat, jam nullo ~eunte, Deo et beate Virgini gratias agens, ad ipsius properavit ecclesiam *Mir. Fridesw.* 17; amor ~it in

tripudio et coream ducit ROLLE *IA* 276. **b** presbiter ad facinus parrochianos execrabile ~ivit, in hospitium alterius sacerdotis primus ignem immisit et sic previus .. in baratrum suos secum pertraxit ORD. VIT. XIII 23 p. 61.

3 to precede (in time).

luce gravi nimium que sexta preibat Aprilem ORD. VIT. XI 30 p. 271; Ganymedem .. Juppiter, Troili Trojanorum regis filium, his signis ~euntibus, inter aliam predam bellicam rapuit ALB. LOND. *DG* 3. 5; quodque sequens preeuntis triplicat annos FLETE *Westm.* 113.

4 to outdo, surpass: **a** (person); **b** (abstr.).

a pronuntians pudendum si illi fortitudine cederet quem nobilitate ~iret W. MALM. *GR* III 262; unus alium in bono opere festinabat ~ire, elemosinarumque largitate digniter superare ORD. VIT. III 1 p. 12; ad exercitium spirituale cum subjectis commanebat, ad laboriosa etiam juniores interdum ~ibat *Ib.* VI 4 p. 15; o mater elegans, quam nulla similis / preit vel sequitur, et tamen humilis WALT. WIMB. *Carm.* 73; cum quidem conspicitur miles, minor hoste preitur *Pol. Poems* I 115. **b** qui famam virtute ~iret W. MALM. *GR* I 31.

1 praejacēre [CL]

1 to lie or be situated in front (of).

c1209 juxta fabricas in antea usque ad viam ~entes *Ch. Chester* 231.

2 to lie ready to hand, pre-exist.

qua ratione herbae sine ~enti nascantur semine ADEL. *QN cap. tit.*; lectio .. scriptorum ~entem habet materiam J. SAL. *Met.* 853A (v. doctrina 2a); creavit .. Deus celum et terram non ex ~ente materia .. sed sola dispositione providentie sue GERV. TILB. I 885; ut igitur humano corpore bina membra possint pregredi ratio est aliquid de spermate in omnibus membris contineri, quemadmodum ex ~enti materia fetus *Quaest. Salern.* B 4; generatam vero ideo innuit, quod secundum multos etiam ipsa ~enti materia ΰλην habuit ALB. LOND. *DG* 6. 13; nonne .. major est effectus potentie divine facere animam ex nihilo, quam facere corpus ex ~enti materia NECKAM *SS* II 56. 1.

3 (pr. ppl., log., of proposition) forelying, existing beforehand, constituting an original proposition from which another is inferred (also ellipt., as sb. f.).

queritur, quare hec dictio 'solus' dicitur magis exclusiva, quam inclusiva; cum enim dicitur 'solus Socrates currit', includitur Socrates subjectum cursui, alii autem excluduntur; et dicitur, quod hoc est, quia inclusio non est ex virtute hujus dictionis 'solus', sed ex virtute sue ~entis, exclusio autem est aliorum et ex virtute hujus dictionis SHIRWOOD *Syncat.* 64; reduplicativa infert suam ~entem, sicut sequitur 'homo in quantum animal est sensibilis, igitur homo est sensibilis' OCKHAM *Quodl.* 607; quedam exclusiva in qua terminus exclusivus tenet primum ordinem exponi debet per ejus ~entem et universalem de subjecto et qualitate oppositis subjecto et qualitate proposicionis ~entis; ut ista 'tantum homo currit' debet sic exponi 'homo currit' et 'non quod non est homo currit'; ergo 'tantum homo currit' WYCL. *Log.* I 50.

2 praejacēre [CL], to throw, set, lay (foundation) before.

primus .. quasi materiam ~it omnium reliquorum et totius logice quedam constituit fundamenta J. SAL. *Met.* 903A; sensus corporis, qui prima vis .. anime est, omnium artium ~it fundamenta *Ib.* 921B.

praejactare [CL prae-+jactare], to boast greatly about.

solum suum Karolum Francia †prejectat [MS: prejactat]; et Ricardum Anglia probitate jactat *Pol. Songs* 58.

praejaculator [CL prae-+jaculator], one who hurls or throws first or before.

non sit .. / mendax mercator, ad talos prejaculator GARL. *Mor. Scol.* 554.

praejectare v. praejactare. **praejectum** v. proicere.

praejubere [CL prae-+jubere], to order previously or in advance.

si a suo prejussus fuerit magistro *Cust. Cant.* I 281.

praejudicare [CL]

1 to form an opinion or make up one's mind in advance, to prejudge. **b** (w. inf. as obj.) to decide (to).

haec in beati regis Æthelberti memoraverim reverentiam, ne quis ejus ~et merita, quamquam ignorentur miracula Gosc. *Transl. Aug.* 44C; quis te .. nobis statuit arbitrum ut tam stolide ~es et prefinias nostrum arbitrium *Id. Lib. Mild.* 26. **b** superum jam scandere regnum / me juvat, et fragili praejudico carne resolvi Frith. 1340.

2 to pass judgement on, condemn. **b** (w. gdv. specifying sentence).

resurgit justus .. quia justus est nec justitia ejus ~at lapsus fragilitatis humanae Bede *Prov.* 1009; prohibemus ne Christianus aliquis pro penitus parva re saltem ad mortem seducatur, id est condempnetur aut ~etur (*Quad.*) *GAS* 311; Herwardus dum .. ex effugatis et ~atis et ab exhereditatis manum suam non minime crescere cerneret *G. Herw.* f. 328b; confessio igitur in jure sponte habita ~at ..: confessus pro judicato est, qui quodammodo sua sententia condempnatur Ric. Angl. *Summa* 34 p. 68; in cantu ecclesie si quid erratum fuerit, sive in tono imponendo, vel alio modo, nemo illum [sc. precentorem] ~et *Obs. Barnwell* 58. **b** post multas .. illatas sibi sine merito contumelias, velut Susannam ~averunt ipsum .. ditioni regis tradendum Ord. Vit. VI 10 p. 127.

3 (usu. w. dat.) to affect adversely, be prejudicial to, impair the validity of (a claim or sim., also absol.). **b** (*non ~ans* w. dat.) without prejudice to. **c** (w. *quin* & subj.) to be an obstacle to, prevent.

ei qui de his plenius .. et verius dicere novit, non solum non ~o, verum etiam ut dicat .. ardenter exopto Ad. Scot *TT* 684; **1242** ex mera gratia sua auxilium ad presens ab eis postulamus, nolentes ex eo ipsis in aliquo projudicari [l. ~ari] nec .. quod trahi possit in consequenciam *RGasc* I 69b; nolunt ~are libertatibus .. civitati concessis *State Tri. Ed. I* 79; **1304** nolentes .. quod .. bannimenta, facta tempore guerre .. adherentibus nobis in guerra, qui .. non audebant litigare secure, ~iare possint *RGasc* III 438b; **1321** nolumus quod .. priori .. ~etur in hac parte; vobis precipimus quod .. ipsum domos et kayas suas .. quietas tenere permittatis *Lit. Cant.* I 47; hoc .. dicte communitati ~iari non debet *MGL* II 343; **1341** nolentes predictis burgensibus super libertatibus suis .. in aliquo ~iari *RScot* 614a; **s1300** quod nulli ~are .. velit sed singulorum jura conservari velit illesa W. Guisb. 344. **b a1075** Thomae Eboracensi archiepiscopo sacramentum relaxavit, scriptamque tantum professionem recepit, non ~ans successoribus suis qui sacramentum cum professione a successoribus Thomae exigere voluerint Lanfr. *Ep.* (3); propter amorem regis Lanfrancus Thome sacramentum remisit, non ~ans successoribus suis H. Cantor f. 2. **c** non ~et consuetudo edita loci vestri quin cameras illas .. possint ingredi et tenere J. Mason *Ep.* 212; si cui .. vel processus compendiosus vel stilus rudis displiceat, hoc non ~at quin ad libitum suum unusquisque sibi aliam [sc. chronicam] poterit ordinare *Meaux* I 72.

4 (w. dat.) to have priority over, to outweigh in importance or influence. **b** (absol.) to be of greater priority.

quia privata utilitas publico dampno non ~at, immo commune dispendium privato commodo preponderat W. Malm. *GR* II 147; **1167** ut semper honestas utilitati ~et J. Sal. *Ep.* 223 (224); hec sunt que ~ant astris, elementis imperant Map *NC* IV 6 f. 50; **a1350** ipsa justicia eterni Judicis juste offenditur, dum iniquitas sub foliis verbi hujus 'appello' sub umbra legis velata ~at equitati *StatOx* 93; ut jam Anglorum probitas toti ~et mundo in calicibus epotandis Ciren. II 127. **b** licet patiens non sit fortis, extrahatur sanguis a naribus cum setis porcinis .. vel fiat flebotomia in summitate nasi quod ~at in hoc casu Gilb. II 108v. 1; inter omnes herbas .. ~at origanum *Ib.* III 160. 2.

praejudicativus [CL prae-+LL judicativus], (w. dat.) prejudicial, injurious (to).

1295 mandata .. eis ~a seu impeditiva processuum eorundem *Conc.* II 205b; **1297** ad alia ~a prelatis .. suisque periculosa subjectis *Reg. Cant.* I 188; **1396** non renunciatio hujusmodi .. universitati .. est in aliquo ~a *Conc.* III 228a.

praejudicialis [CL]

1 (leg.) of or concerned with the process of a preliminary enquiry, prejudicial.

ex uno delicto plures poterunt competere actiones alicui contra alium quarum una erit ~is et preambula et prius terminanda Bracton f. 103; cum questio status incidat in assisam et ~is sit, videndum erit cui obiciatur et a quo *Ib.* f. 190b.

2 that influences a judgement or opinion beforehand.

tante fuit auctoritatis ut ~i opinione sententias omnium superaret, essetque satis ad quamlibet sententiam roborandam si hoc ipse dixisse doceretur J. Sal. *Pol.* 642B.

3 injurious, prejudicial; **b** (w. dat.); **c** (as sb. n.).

1301 nec .. permittimus .. premissa tam insolita .. ~ia et alias inaudita .. regem .. facere *Ann. Lond.* 125; **1450** ne quid dispendiosum, grave, vel ~e, contra et adversus nos et nostrum monasterium in curia Romana fieri .. videretur *Pri. Cold.* 167; **s1432** porrexit ei ex parte domini sui litteras ~es Amund. I 302. **b** si aliqua in eis .. inveniantur domino regi vel regno ~ia vel dampnosa *Leg. Ant. Lond.* 54; ne hujusmodi dona donatoribus sint ~ia *Fleta* 186; facta est compositio .. priori et conventui ~is in multis Graystanes 3; consuetudo tam prejudicalis imperatori Ockham *Pol.* III 284; **1343** instrumenta aliqua nobis seu populo nostro ~a (*Lit. Regis*) W. Guisb. *Cont.* 411; **a1400** ~e vobis, periculosum causantibus, et lamentabile .. nobis *Pri. Cold.* 77. **c 1340** nos illos qui in premissis deliquerint juxta eorum demerita puniri et hujusmodi nobis ~ibus quatenus poterimus volentes precavere *RScot* 591b; **1359** hujusmodi ~ia nobis et populo nostro tolerare non possumus *MGL* I 416; in vestris litteris .. enormia et nostre regalitati ~ia demandastis, ex quibus devota populi caterva possit infici *Dictamen* 341.

praejudicialiter [LL], in a manner involving injury or detriment, prejudicially.

1279 domini pape capellano .. sententiam excommunicationis nimis contemptibiliter et ~iter fulminante Peckham *Ep.* 17; **1347** cella nostra de C. .. sit .. atrociter et ~iter preoccupata *Pri. Cold.* 32; **1476** uti seculares .. in alterius negocium ~iter attemptare non presumant (*Bulla Papae*) *MunAcOx* 348.

praejudiciare, ~ari v. praejudicare.

praejudicium [CL]

1 act of judging beforehand, forejudgement.

anima .. humana racionalitatis sola sit inter animalia ~io privilegiata .. E. Thrip. *SS* XII 1.

2 something prejudical to one's interests, harm, damage, prejudice. **b** (*in* or *ad ~ium*, usu. w. gen.) to the disadvantage or detriment of. **c** (*sine ~io* or sim., w. gen.) without prejudice to, **d** (*~ium afferre* or sim., w. indir. obj.) to cause harm to.

proceribus .. succlamantibus ~um quod clerici passi fuerant injuste, leniori consilio succidi debere W. Malm. *GR* II 161; in urbibus nec in pauperes ~ium, nec inter viventes discidium nec propter morientes justitum *Id. GP* I 18; ~iis et rapinis inter mortales anhelavi Ord. Vit. VIII 17 p. 373; ex qua lesione demon rugitum emittens procaciter contra apostolum reclamabat et se ~ium fuisse perpessum asserebat Coggesh. *Visio* 15. **b c1157** ne ista donatio vobis in ~ium vel dampnum fiat in posterum *Doc. Theob.* 40; rex .. respondit se nunquam fecisse cartam aliquam in ~ium ecclesie nostre nec aliquid sancto Ædmundo velle auferre Brakelond f. 134v; **1305** in magistrorum et scolarium .. damnum non modicum et eorum sanitatis ~ium manifestum *MunCOx* 12; **1380** edificant unum tenementum ad pregidicium domini regis et fori et nocumentum patrie *IMisc* 221/13 m. 2; quod in .. egencium animarum derogamen et nostrum ~ium et gravamen redundare dubium non existit *Reg. Paisley* 32. **c** rationes .. quibus id juste .. sine suae ecclesiae ~io facere deberet Lanfr. *Ep.* (3); ego vero sine ~io sanius sapientis adscribendum arbitror utriusque meritis J. Furness *Walth.* 28; **1270** si sine ~io nostri vel libertatis aliorum de partibus illis fieri possit (*Lydham*) *BBC* 176; salvo ~io cujuscunque R. Bury *Phil.* 8. 137. **d** de Trinitate personarum, et Unitate substantie que Deus est, et quod ~ium aliquod nec Trinitas Unitati, nec Unitas facit Trinitati Ad. Scot *QEC* 30 *tit.* asserentes eo ipso, si processerit, ~ium magnum et gravamen .. metropolitane sedis honori posse procul dubio provenire Gir. *IK* I 1 p. 15; per .. consilia paulisper invalescentia in lesionem fidei Christiane domino regi .. posset non minimum ~ium gravari *Leg. Ant. Lond.* 235; **1441** utrique ecclesiarum .. enorme ~ium afferet Bekynton I 137; timuerunt ne ejus familiaritas nimia, que multociens parat contemptum, eis ~ium generaret et opprobrium *Plusc.* VI 19.

praejugulare [CL prae-+jugulare], to kill beforehand (in quot. fig.).

talibus ecclesia Christi suffulta columnis / decidet, ante suam prejugulata diem Nig. *SS* 2788.

praejungere [CL prae-+jungere], to join or unite previously.

ducibus .. quos in societatem prede sibi prejunxerat duobus E. Thrip. *SS* III 38.

praejuramentum [CL prae- + juramentum], 'foreoath', preliminary oath of accuser.

prosequatur omnis homo compellationem suam ~o [AS: *foreaðe*] (*Quad.*) *GAS* 163; inducatur simplex lada, i. e. purgatio, simplici ~o [AS: *foraðe*], triplex lada triplici ~o [AS: *foraðe*] (*Ib.*) *Ib.* 325. ~um est unius hominis jurantis, antequam ille juret qui Dei judicium inire debet (*Cons. Cnuti*) *GAS* 619; si vulnus fiat alicui et accusatus neget, se sexto juret, sine ~o, quia sanguis et vulnus ipsum *forað* prevenerunt (*Leg. Hen.* 94. 5) *Ib.* 611.

praejurare [CL prae-+jurare]

1 to swear a 'foreoath'. **b** (*causam ~are*) to start a law-suit with a preliminary oath.

960 docemus .. ut sacerdos contra thanum non juret in compurgatione, nisi thanus ~averit *Conc.* I 229b; si manupastum alicujus accusetur de furto, solus pater familias emundare potest, si velit, fracta lege, sine ~ante (*Leg. Hen.* 66. 7) *GAS* 586. **b** si tainus habeat credibilem hominem ad antejuramentum pro eo, sit; si non habeat, ipse tainus causam suam ~et [AS: *ofga sylf his spæce*] (*Quad.*) *GAS* 325.

2 to swear previously; **b** (oath or sim.); **c** (w. acc. & inf.) to swear that.

Edwardus .. fideliter, ut ~averat, assentit baronibus *Flor. Hist.* II 466. **b** talis dehinc potest pro domino suo ~are juramentum, quod supra nominavimus *foraþ* (*Inst. Cnuti*) *GAS* 457; si quis alium .. compellare velit, quod ei aliquod ipsorum non compleverit, ~et hoc [AS: *agife þone forað*] in quattuor ecclesiis (*Quad.*) *Ib.* 67; **s1216** leges .. quas pater suus Johannes ~averat B. Cotton *HA* 106. **c** cum rex sepius ~asset se nihil arduum facturum M. Par. *Maj.* III 475.

3 (pass.) to be sworn, bound by oath previously (in quot. w. internal acc.). **b** (as p. ppl. sb. m. or f.) juror who has already been bound by oath, previous witness.

liberi .. majoresque .. non ~ati sacramentum pretitulatum penes se observare omnia composita .. prestiterunt J. Reading f. 174b. **b 1240** Henricus .. juratus et requisitus concordat in omnibus cum duobus ~atis *Ch. Norw. Cath.* II 72; **1271** A. Grey jurata .. idem dicit in omnibus ut Editha proximo ~ata *SelCCant* 131; **1301** adhuc dicunt ~ati quod .. *Rec. Elton* 104.

praejuratio [CL], 'foreoath', (the swearing of) a foreoath.

inducat causam suam *mid foraðe*, id est cum ~one (*Quad.*) *GAS* 379.

praejussio [CL prae-+jussio], previous command or order.

ille .. parens .. beatae matronae praeceptis ne ultimam ~onis suae custodiam .. torpenti curae committeret, adimplevit B. *V. Dunst.* 11.

praekaraxare v. praecharaxare. **praekarus** v. praecarus. **praeko** v. praeco. **praelabere** v. praelibare.

praelabi [CL], to glide forward or past.

alterius denique temporis ~entibus [*gl.*: i. e. decurrentibus] circulis Felix *Guthl.* 48 p. 146.

praelaborare [CL prae-+laborare], to perform preliminary labour, or to struggle, suffer greatly.

1412 Christus suffragabitur fidelibus ~antibus in ista materia *Conc.* III 342b.

praelactare [CL prae- + lactare], to suckle, nourish beforehand (in quot. fig.).

infantium .. qui ad artem philosophie, ea [sc. grammatica] ~ante, cibante, et ducente, ituri sunt J. SAL. *Met.* 851D.

praelambere [CL], to lick beforehand (in quot. fig.).

harum visionum veracem exitum jam ~ens fortuna ferebat in populum W. MALM. *GP* II 75.

praelapsio [CL praelabi, lapsio], slipping, falling, gliding forward.

prelabor .. unde prelapsus et ~o OSB. GLOUC. *Deriv.* 300.

praelargire [CL prae-+LL largare, ~ire], to extend.

681 (? 10c) ~ita .. terra est super verticem montis .. sub estimatione sex manencium *CS* 61.

praelargiri [CL prae-+largiri], to give generously, to be especially lavish with.

fenerator ut plus recipiat interdum aliquid ~itur J. SAL. *Pol.* 764D.

praelargus [CL]

1 very liberal, generous.

largus componitur ~us, dilargus OSB. GLOUC. *Deriv.* 320; munificus princeps prelarga stipendia nobis / conferet NECKAM *DS* III 759.

2 (w. ref. to spatial dimensions) very extensive, broad.

at solidi suprema loci prelarga serenat / planities L. DURH. *Dial.* I 297.

praelatia [CL praelatus < *p. ppl. of* praeferre+ -ia]

1 office or dignity of prelate, prelacy. **b** office or dignity of governor or ruler; **c** (w. ref. to period of office).

1227 ipsum ita esse .. decrepitum quod non sufficere ad ~e officium digne supplendum *Cl* II 179b; **s1102** abbates .. quosdam, qui de manu laicorum .. ~ias optinuerant *Flor. Hist.* II 36 [cf. M. PAR. *Maj.* II 123: abbatias obtinuerant]; ne .. illegitimi ~ias vel ecclesiastica beneficia .. optineant M. PAR. *Min.* II 382; episcopis, archidiaconis .. subveniatur per .. idem statutum, si aliquis, jus .. non habens, presentaverit ad ecclesias, domibus suis ~ie, dignitati aut personatui spectantes, tempore quo vacaverint ~ie, dignitates aut personatus *Reg. Malm.* I 75; Thurstanus a Willielmo Rufo tunc regnante pro quingentis libris argenti ~iam Glastonie ademit *Eul. Hist.* I 417; notum est jam in regno Anglie quod pueri, juvenes, et in curiis mundanorum manentes ponuntur jam in ecclesiis et in magnis officiis et ~iis GASCOIGNE *Loci* 13. **b** dignitatem summam et officium primi hominis ~iam nominare FORTESCUE *NLN* I 34. **c** post decem annos suae ~ie J. READING f. 190b.

2 authority of prelate. **b** (secular) authority, dominion.

item hoc patet de potestatibus, dignitatibus, et omnibus ~iis BRADW. *CD* 274C. **b** non auferens a viro per verba hec ~iam qua ipsum solum antea insignivit. .. hanc primi hominis ~iam S. Thomas .. vocat dominium naturale, quod super mulierem consistebat in .. dirigendo FORTESCUE *NLN* II 18.

3 ecclesiastical goverance by prelates.

cum sacra ecclesia in statu ~ie .. fuisset AD. MUR. *app.* 233.

praelaticus [2 praelatus+icus], of a prelate.

hujus .. auctoritate mandati partes ad presenciam nostram ~o edicto peremptorio vocari fecimus *Reg. S. Thom. Dublin* 372.

praelatina v. praelatura.

praelatio [CL]

1 (action of) preferring or giving precedence

to (w. gen.). **b** (*jus ~onis*, w. ref. to rules prescribing hierarchy of authority.)

cur .. Honorium abusiva lacerare voluit detractione, in pontificis laudati ~one GOSC. *Transl. Aug.* 26A; de orientis .. et occidentis collatione et occidentalium non immerito ~one GIR. *TH intr.* p. 7; ex ~one mutua aliene sanctitatis AD. EYNS. *Hug.* IV 12 p. 61. **b 1073** putantes quod .. jus ~onis quandoque conentur arripere LANFR. *Ep.* 12 (13); quod minor majorem judicare non posset, et presertim eum, qui jure ~onis subesse dinoscitur (*Lit. Papae*) M. PAR. *Maj.* II 232; hoc jus Protimeseos quod nihil aliud est nisi jus ~onis qua una persona alteri praefertur in rerum alienarum venditione aut auctione *Jus Feudale* 349.

2 (high) office or dignity of prelate or ruler; **b** (w. ref. to period of office).

inter hos praecipuos regiae ~onis viros B. *V. Dunst.* 3; hi qui .. in culmine ~onis conscenderunt, duces, episcopi, et abbates *V. Ed. Conf.* f. 55; **1106** si qui vero deinceps, praeter investituras, ecclesiarum ~ones assumpserint etiam si regi hominia fecerint nequaquam ob hoc benedictionis munere arceantur (*Lit. Papae*) EADMER *HN* p. 211; c**1127** postulo quatinus pretaxate ecclesie vestre ydoneam personam .. ~one abbaciali dignam mittere dignemini *Regesta Scot.* 8; eo .. securius pastoris ei deputavit offitium quo nullum vidit illi inesse ~onis appetitum *Canon. G. Sempr.* f. 51v; a multiplici ~onis turbacione subducti .. prioratus officium .. resignamus *Ann. Durh.* 13; suprema potestas spiritualis, sc. papatus, dominacionem excludit, sicut et omnis ~o ecclesiastica, teste Petro OCKHAM *Pol.* I 15; **1472** ecclesiam Sancti Andree .. metropolitica ~one merito dignam existere *Mon. Hib. & Scot.* 466a. **b** hic in inicio ~onis sue licet in ordinis rigore et possessionum ampliacione domum sibi commissam strenue gubernaret *V. Chris. Marky.* 55; secundo .. sue [sc. abbatis] ~onis anno *Chr. Rams.* 325; abbas ecclesie .. Johannes, anno ~onis sue nono, benedixit quinque sanctimoniales M. PAR. *Min.* II 100; **1281** tempore sue ~onis *Reg. Heref.* 297; **s1423** anno ~onis sue tercio *Chr. S. Alb.* 4.

3 authority, control, rule.

[Dei] dispositione omnium ~o regnorum conceditur (*Lit. Papae*) BEDE *HE* II 10 p. 101; quanto potencius plurima sibi subjicit ex imperio, quanto .. admiracior in ~one conspicitur *Ep. Glasg.* 309; unum .. ex semetipsis nomine Rollonem .. sibi dominum .. praeficiunt. Rollo ~one potitus .. DICETO *Abbr. Norm.* 245; in aliis regnis in tantum dilatatur ejus ~o quod septuaginta provincie ei obediunt M. PAR. *Maj.* III 397; **s1222** ecclesiam sancte Margarete .. ab omni ~one et jurisdictione Londoniensis episcopi .. libera et exempta et penitus .. absoluta .. sententialiter declaraverunt *Flor. Hist.* II 175; principes in sua absoluta ~one BEKINSAU 738.

praelativus [CL praelatus *p. ppl. of* praeferre+ -ivus], (previously) brought forward or bestowed.

939 hanc vero ~am donationem sublimiter a Patre luminum instigatam quisquis benivola ac fideli mente augendo satagerit augeat amplificet *CS* 744; **974** quisquis .. augendo hanc ~am donationem amplificare satagerit *CS* 1303.

praelator [CL praelatus+-tor], church dignitary, ecclesiatical superior.

obedientia quidem cellarii concessa est a ~oribus suis beato Samsoni (*V. S. Dubricii*) *Lib. Landav.* 82.

praelatura [CL praelatus *p. ppl. of* praeferre+ -ura]

1 pre-eminence, superiority.

ibi respirat prelatura rosarum, / crocus et aloes mixtura redundat J. HOWD. *Cant.* 187.

2 office or dignity of prelate.

indigna talium ~a facit hac tempestate ut ecclesia, que olim libera erat, cum Agar contemptibiliter ancillari cogatur P. BLOIS *Ep. Sup.* 5. 9; **1244** sacerdotes, .. diaconi .. ~as et beneficia obtinentes *Mon. Hib. & Scot.* 43a; dispensamus ut .. libere possis ad administraciones et ~as tui ordinis promoveri *Ann. Durh.* 90; **1302** exemplum ponens in episcopis et aliis prelatis regalia obtinentibus ut licet ad episcopatum vel aliam †prelatinam [l. prelaturam] eligantur .. (*Reg. Linc.*) *EHR* XXVI 510; archiepiscopus aliquando in causa appellacionis potest alicui prelato inferiori episcopo auferre ~am OCKHAM *Pol.* I 204; **1415** ad .. causas eleccionum .. de quibuscumque personis in abbates,

abbatissas, priores, priorissas, seu ad alias ~as et dignitates, officia vel beneficia ecclesiastica *Reg. Cant.* III 348.

1 praelatus v. praeferre.

2 praelatus [LL=*preference*], office or dignity of prelate or ruler; **b** (w. ref. to period of office).

s1458 vocantes ad nos de magnis ~ibus regni nostri dominorum de sanguine nostro et consilii nostri *Reg. Whet.* I 300. **b** sub octavo sui ~us anno *Croyl. Cont.* B 480.

3 praelatus [CL prae-+2 latus], very wide.

celum .. orbi prelatum [*gl.*: latissimum] diffuso per dominatum GARL. *Mor. Scol.* 148.

praelavare [CL], to wash beforehand.

preloti capitis .. crines VINSAUF *PN* 978 (v. discriminare 1b); dum .. barbam prelotam rasorio tetigisset *Latin Stories* 88.

praelector [CL], (acad.) reader, prelector.

1529 publicis in .. jure canonico .. ~oribus *Conc.* III 719a; **1553** T. F. ~ori medicinae *CalPat* 310; c**1566** ~ores Grecae linguae *StatOx* 396.

praelectus v. praeeligere.

praelegare [CL], to bequeath beforehand or to mention earlier in a will.

1368 volo .. de vestimentis et aliis .. ~atis .. predicta fieri *Reg. Exon.* 1556; **1431** est ista voluntas mea ultima ut uxor mea bene se habeat contentam de omnibus sibi ~atis .. alioquin dicta omnia bona et catalla mea sibi ~ata pro nullo habeantur *Reg. Cant.* II 442.

praelegere [CL]

1 to select, choose. **b** (w. inf.) to prefer (to).

venerat angelicus .. coetus, / deque tuis secum praelecto milite castris / .. remeabat ad astra BEDE *CuthbV* 667; ad libidinem visus intorsit vitamque philargicam ~it ALB. LOND. *DG* 11. 23; aer antiquis philosophis fuerat .. prelectus GARL. *Tri. Eccl.* 97. **b** ~it ad tempus recedere quam dubium certamen inire *Ann. Lond.* 19.

2 to read (before).

utrum .. talia sint videnda et ~enda. .. scripta paganorum et hereticorum sunt legenda et videnda OCKHAM *Dial.* 664 *tit.*

praelibamen [CL prae- + libamen], first draught, foretaste (in quot. in fig. context).

de rivo fontis sapientie poculi spiritualis ~ina haurientes R. COLD. *Cuthb.* 2.

praelibare [CL]

1 to pour as first libation (in quot. transf.). **b** (*~are osculum*) to offer a kiss.

~at .. Deo intentius thura pure orationis FOLC. *V. J. Bev.* 248. **b** episcopo pacis osculum, oblitis occasionibus omnibus, ~avit *Chr. Battle* f. 83v.

2 to taste beforehand. **b** to experience beforehand; **c** (p. ppl. *s. act.*). **d** to have a foretaste of, to enjoy in advance (heavenly delight).

~aret, praegustaret *GlC* P 651; his captus presbiter, ipse quoque in delectationem animum resolverat, spe aucam ~ans W. MALM. *Wulfst.* III 2; similes sunt illis qui piper vel aliam herbam amaram gustu ~ant, ut vinum post sumptum suavius sapiat HON. *Eluc.* 1138C; dum immodicus estatis fervor immineret, quosdam ministrorum altaris cogebat panis et vini modicum ~are AD. EYNS. *Hug.* III 13. **b** ut numquam cruciationem perpetuam †praelabere [l. praelibare] debeam sed ad indulgentiam pervenire merear omnium criminum *Cerne* 84 (=*Ib.* 151); fidentissimus episcopus jam triduana abstinentia ~ata a fratribus, armatus fide .. ultro ferramentum invadit GOSC. *Transl. Aug.* 17C; clerico quiescenti et aliquantum somni ~anti *Mir. J. Bev. A* 303. **c** ut .. ab eadem facultate intelligentie pauca ~atus non deterrearis ADEL. *ED* 29. **d** norit quantum .. hujus adhuc peregrinationis incola, mente superna ~averit gaudia W. MALM. *GP* I 19; nectar celicum, cujus suavitatem in hiis quoque reclusi angustiis .. meruimus ~are, hodie se nobis toto infundet gurgite AD. EYNS. *Hug.* IV 12.

3 to touch upon, mention beforehand or in

a preliminary manner. **b** (p. ppl. as adj.) afore-mentioned.

his .. breviter ~atis, redeamus ad ordinem narrandi BEDE *HA* 9; **798** perpaucis haec ~avi verbis ALCUIN *Ep.* 143 p. 227; his summatim sic ~atis, dicant nunc isti .. factum suum GIR. *Invect.* I 11; his ~atis considerandum est quid accidat de ortu et occasu signorum GROS. 20; hoc, quamvis in septimo Perspective tradatur, hic duxi necessarium ~are PECKHAM *Persp.* I 15; his ita gestis rex, ut ~atum est, in pace quievit SILGRAVE 89. **b** ~ati regis militibus .. suadere *Enc. Emmae* I 2; ad superiorem tabulam abbate cum tribus ~atis comitibus simul etiam recumbentibus G. *Herw.* f. 332b; **s1414** ingressus est in campum in quem .. Lollardi disposuerant intrasse; .. suspensus est in campo ~ato *Chr. Northern* 285; **1536** scolaribus in universitate nostra Oxonie .. salutem. cum nuper, visitantibus nobis Universitatem nostram ~atam .. *MunCOx* 249.

praelibatio [LL]

1 tasting beforehand, foretaste.

probantes ingenium ex parva libacione procedentium de ingenio sicut vinum probatur parva ~one GROS. *Hexaem. proem.* 140.

2 (fig.) foretaste, (transf.) anticipatory experience.

~o future dulcedinis BALD. CANT. *Serm.* 19. 12. 510; tropoloice fidelis anima que in se videt, id est tranquillitatem mentis et ~onem vite eterne S. LANGTON *General prol.* 195; ~onem in terris et .. satietatem in excelsis AD. MARSH *Ep.* 146; operis totius ~o jam digesta BACON *Min.* 316; tranquillitas mentis et ~o vite eterne OCKHAM *Dial.* 763.

praeliberare [CL prae-+liberare], to exempt (from obligation) in advance.

988 sit ~ata donatiuncula libera ab omni fiscali tributo *CD* 665.

praelibium, form of exaction.

c1390 sequestramus omnes illos et singulos qui tallias, contribuciones, collectas, pedagia, ~ia, vectigalia, et alias angariaciones illicitas et a jure prohibitas contra ecclesiasticas libertates imponunt *Reg. Armagh* f. 2v, transcript p. 561.

praeliliare [CL prae-+LL liliare], to be whiter than a lily (in quot. w. cognate acc.).

ista mulier ~at lilia, id est precellit lilia in candore GERV. MELKLEY *AV* 92.

praelimia [CL prae-, cf. limen+-ia], passage preliminary to a text, preface.

~ia, presermo, prologus, proemium OSB. GLOUC. *Deriv.* 484.

praelimitare [CL prae-+limitare], to define, fix, or limit beforehand.

1448 sub condicionibus ~atis *StatOx* 271; exceptis decimis preexceptis solvend' ut ~atum esset *Entries* 157va.

praelocare [CL], to place in front or before.

si prelocet aptior ordo / posteriora prius, vel detrahat ipsa priora / posterius VINSAUF *PN* 91.

praelocutio [CL]

1 pronouncement about the future.

secundum hanc itaque Domini ~onem maledictus est populus ille [sc. Judei] GROS. *Ep.* 5 p. 35.

2 preliminary discourse or announcement, preamble.

673 cum .. explessem ~onem, interrogavi unumquemque eorum per ordinem si consentirent (*Conc.*) BEDE *HE* IV 5 p. 215.

3 preliminary or previous discussion, negotiation, or arrangement.

ut hoc totum impleatur, quod in nostra consultatione dictum est vel in nostra ~one stat (*Quad.*) *GAS* 175; hec sunt dominica placita regis nec pertinent .. ministris ejus, sine diffinitis ~onibus (*Leg. Hen.* 10. 4) *GAS* 556; cum inter vos et .. sorores ordinis S. Clare .. ~ones habite fuerint super ecclesia de C. .. per vos .. concedenda et ipsis .. obtinenda *Cl* 115 m. 12d.; ~o facta fuit, quod comes Flandrie daret filiam

suam filio regis Anglie *Ann. Ang. & Scot.* 378; secundum ~onem .. apposuerunt duas scalas ad murum abbatie .. et murum transivit THORNE 2056; omnes alii tractatus et ~ones .. annullabuntur WALS. *HA* I 294.

praelocutor [CL prae- + locutor], one who speaks before or in front of others, speaker, spokesman, advocate; **b** (in House of Commons).

erat autem quasi previus et ~or regis in hoc negotio W. supra nominatus .., homo lingue volubilitate facetus EADMER *HN* p. 68; **1287** pro injusta detencione xviij d. versus W. Oyl de Buf ~orem suum versus G. de Ba *Law Merch.* I 30; **1323** dixerunt per ~orem suum magistrum Hugonem .. clericum *Kelso* 459; non habeat tenens necesse .. aliquid .. respondere ad narracionem petentis, quousque petens, vel suus ~or .. clameum suum narraverit *RegiamM* I 11 p. 18; **1425** decani, archidiaconi et procuratores capitulorum et cleri .. traxerunt se in domum inferiorem .. ut unum referendarium sive ~orem ex seipsis eligerent qui vice eorum omnium et singulorum causas exponeret et responsa *Reg. Cant.* III 103. **b** **1406** sigillum Johannis Typtot, militis, ~oris communitatis predicte in dicto parliamento nostro *RParl* III 575b; **1425** dominus cancellarius prefatis communibus .. dedit in mandatis quod .. eorum ~orem eligerent et ipsum sic electum eidem domino regi .. presentarent *Ib.* IV 261b; **1453** communes .. presentarunt .. regi T. Thorp, pro communi ~ore suo in eodem parliamento *Ib.* V 227b; **1449** J. Say, ~or parliamenti .. incepit aliud parliamentum apud Westmonasterium W. WORC. *Ann.* 765; **1471** concessimus eidem Mauricio officium unius servientum nostrorum ad arma et quod ipse sit attendens super ~orem parliamentorum nostrorum pro tempore existentem *Pat* 525 m. 19.

praelocutorius [CL prae- + ML locutorius], who acts as introductory speaker, spokesman, or advocate.

sponsi et sponsae cubiculariam totius amoris ~iam H. Bos. *LM* 1391C (v. contionatrix).

praelongus [CL], very long.

tua praelongo ducatur prora remulco ALCUIN *Carm.* 4. 4 p. 221; hircum .. pilositate ~a .. conspicuum GIR. *TH* II 23.

praeloqui [CL]

1 to say in advance, to foretell, prophesy; **b** (w. *de* & abl.); **c** (w. indir. qu.).

futura praefari, id est ~loqui BEDE *Luke* 404. **b** audierat prophetas eorum .. de suo regno et Babiloniorum destructione fuisse ~locutos *Id.* *Ezra* 810. **c** quis hujus futurus sit finis jam opera ejus .. non incertis .. ~loquuntur indiciis AD. EYNS. *Hug.* IV 5.

2 to say or mention previously; **b** (p. ppl. as adj., *s. pass.*).

videamus quid .. magister gentium Paulus .. in tali negotio ~loquatur in prima epistola GILDAS *EB* 97; Anselmus .. benedictionem suam regi .. obtulit, ~locutus moleste sua .. iram regiam ferre W. MALM. *GP* I 50; Christo .. se quodam sophista ~loquente commendavit, " in manus tuas domine Deus licet olim peccator, nunc vero poenitens commendo .." ORD. VIT. V 19 p. 460. **b** optatam ~locuti theologi mentionem B. *V. Dunst.* 1; "tu quare in praeconio tanti regis condignas laudes .. non resonas ..?" .. ille .. se respondebat .. quid in laude regis ~locuti cantaret ignorasse *Ib.* 29; **1302** modo ~locuto *Chr. Rams.* 375; **1444** per gesta Lanfranci ..; Lanfrancus Cantuariensis archiepiscopus ~locutus *Lit. Cant.* III 185.

3 to discuss, speak about previously; **b** (*s. pass.* in perf. tenses).

quicquid .. aut premeditati fuerant aut secreto ~locuti GIR. *IK* I 12. **b** juret .. quod per rectitudinem cepit, sicut antea ~locutum erit (*Quad.*) *GAS* 222; **c1155** precipio ut quod de ista terra prenominata inter monachos et illos ~locutum est firmum existat *Regesta Scot.* II 4; **1217** ratam habemus .. treugam .. que quidem treuga capta fuit et ~locuta coram .. magnatibus de consilio nostro *Pat* 110; **1334** ad .. approbacionem quarundam convencionum inter nos et .. regem Scocie ~locutarum et concordatarum *RScot* 261a; in preconcepta malicia et ~locuta ac preordinata prodicione, communicato consilio RISH. 206; cum hoc pactum sic fuerat ~locutum, non tamen perfectum *Meaux* II 311.

praeloquimen [CL praeloqui + -men], preamble, preliminary discourse.

cujus doctrine ministerio illius primevi exordii et prohemii ~ina potuimus exhaurire R. COLD. *Cuthb.* 2.

praeloquium [LL], previous report.

preloquor .. unde .. prelocutio et hoc ~ium OSB. GLOUC. *Deriv.* 309; **s1239** preter agillime fame ~ium (*Lit. Imp.*) M. PAR. *Maj.* III 575; **s1246** etsi cause nostre justitiam vulgaris fame ~ium .. (*Lit. Imp.*) *Id. Min.* III 7; **1314** etsi .. flagicia .. perpetrata per Vascones .. credamus ad aures vestras per vulgaris fame ~ium pervenisse *Conc.* II 449a.

praelucere [CL]

1 to shine very brightly, (in quot. w. dat.) to surpass in brightness.

ad hec corpus Dominicum claritati solis ~ere nescio aliquem posse ambigere EADMER *Beat.* 1.

2 to shine in front, light the way (fig.).

audiunt populi .. qualiter [se] ad pia opera litera ~ente convertant LUCIAN *Chester* 72.

3 to shine (fig.), be brilliant, conspicuous; **b** (of person); **c** (pr. ppl. as adj.).

ubi nostrae .. beatae retributionis ~et exemplum BEDE *Mark* 293; felix Britannia .. quia gemmam propriam qua perpetuo decoretur atque ~eat .. ex se .. generavit W. NEWB. *Serm.* 902; in manu pontificis, et in digito imaginis precipuum ~et testimonium *V. Edm. Rich P* 1783C. **b** Petrus .. qui Augustinensi monasterio post abbas praeluxit primus GOSC. *Aug. Maj.* 66C. **c** glorificans dominum praelucentemque Suithunum WULF. *Swith.* II 885.

4 (w. dat.) to appear to (in quot. as a vision, w. implication of radiance).

sanctimonialis puella forme inestimabilis astabat. ille .. intellexit non mortalem temeritatem verum sideream majestatem sibi ~ere GOSC. *Lib. Mild.* 19.

praelucidare [CL prae-+LL lucidare], to illuminate greatly.

hic Christus templumque suum vitale .. / ... tale suo regina dedit sapientia regi Virginea / tale suo virgo prelucidat Editha Christo Virgineo GOSC. *Edith* 90.

praelucide [CL prae-+lucide]

1 very brightly or clearly (fig.), splendidly.

venerabilis vir .. eadem refulsit gloriosa auctoritate, ut honestatem suorum praenominum ejus decoraret vita ~e BYRHT. *V. Osw.* 401;

2 very lucidly, perspicuously.

indoctos .. spiritu suo illustravit ... his ~e pandere coepit sua arcana BYRHT. *V. Ecgwini* 352.

praelucidus [CL], very bright.

virga illi in manu, rectricis dignitate pretenta, croceo vel cereo colore ~a GOSC. *Transl. Mild.* 30 p. 199; ~um illud Christiane nobilitatis specular, in quo velut e splendido lacunari omnium virtutum repercutiebatur jubar, Godefridus in regem eligitur W. MALM. *GR* IV 370; ~i candoris novitatem R. COLD. *Cuthb.* 47 p. 98.

praeludere [CL]

1 to practise for in play, to rehearse for: **a** (w. dat.); **b** (w. acc.).

a prelusit future felicitati adolescentis fortuna ut sub .. pedagogo addisceret qualiter non rudis .. ad gubernandam rempublicam procederet W. MALM. *GP* II 75. **b** quasi sub pace prelia dum cogitant, nunc lanceando, nunc sagittando, bella preludunt GIR. *DK* I 8.

2 to prelude, introduce, serve as an introduction to.

summa libelli / preludit, totum parte patescit opus GARL. *Tri. Eccl.* 2; talia preludunt epiteta miserrima belli *Ib.* 42.

praeludium [ML < CL prae-+ludus+-ium]

1 performance, game, or sim., as rehearsal for or introduction to more important one; **b** (w. ref. to preparation for war). **c** (*pacis ~ia*, w. ref. to truce).

praeludium

hoc ~ium .. i. parvus ludus ante majorem factus Osb. Glouc. *Deriv.* 303; tanquam Jerosolimitane peregrinationis .. quedam ~ia facientes Gir. *IK* II 6 p. 125; habuerunt .. quedam ~ia fidei Bacon V 37n; **1304** possint lecciones resumere et easdem continuare .. absque nove examinacionis vel approbacionis ~iis *FormOx* I 6. **b** prologus hic belli preludia talia scribat Steph. Rouen II 673; super bellici preludii illius [sc. tornamenti] eventibus Gir. *GE* II 12 p. 227; militie sacre peragit preludia quedam Garl. *Tri. Eccl.* 22; torneamenta .. quasi bellorum ~ia *Meaux* I 279; numquam fuisse moris Anglorum hosti se reddere ante ~ia Martis et Bellone Wals. *YN* 469. **c** qui .. filii .. lucis et pacis, pacis ~ia statuerunt, treugas sc. biennales W. Guisb. 316.

2 prelude: **a** (of play); **b** (of literary work); **c** (w. ref. to speech of animal in fable).

a *a bane of a play*, ~ium, proludium *CathA*. **b** hac .. in area, arcta licet et arida, .. musam adhuc rudem se tamquam ~io quodam exercere constitui Gir. *EH pref.* p. 224; primo, quasi ~ia quedam premittendo, a modicis incepit miraculis Gerv. Cant. *Combust.* 18; hec crucesignatis facio preludia quorum / bella canam Garl. *Tri. Eccl.* 34. **c** "si cantu placeas, plus ave quaque places." / credit avis, picteque placent preludia lingue; / dum canit ut placeat, caseus ore cadit Walt. Angl. *Fab.* 15. 5.

praelum v. prelum.

praelusio [CL], preface, prelude.

ludo componitur .. preludo, -is, unde ~io et hoc preludium Osb. Glouc. *Deriv.* 303.

praelustrare [CL prae-+lustrare]

1 to go round, encircle.

lustro .. componitur quoque ~o, -as, i. circumdare Osb. Glouc. *Deriv.* 314.

2 to outshine (in quot. fig.).

has clarissima gemma Eadgytha, sicut ~abat dignitate, ita precurrebat abjectione Gosc. *Edith* (II) 62.

praelustris [CL]

1 very magnificent.

regia prelustris multis oculata fenestris Gosc. *Edith* 89.

2 (of person) very illustrious. **b** (as sb. m.) very illustrious man.

~is abbas Gosc. *Transl. Aug.* 36C; prelustro .. i. circumdare .. et hic et hec ~is .. i. nobilis et altus qui pre omnibus lustratur Osb. Glouc. *Deriv.* 314; vir validus, virtute virens, prelustris et armis Garl. *Tri. Eccl.* 15; regis prelustris sacrata capella *Ib.* 127. **b** ad fontem ~issimi stabat et caput sibimet ex eo abluebat Gosc. *Wulsin* 17.

praemachinari [CL prae-+machinari], to devise, contrive previously.

1160 accepta licentia quam ~ati eramus J. Sal. *Ep.* 78 (128).

praemagnifice [CL prae- + magnifice], with great magnificence, very splendidly, excellently.

Thomas presul .. / protestatur hoc premagnifice J. Howd. *Ph.* 838; cum proles premagnifice / miraculis preradiat *Id. Gaudia* 12. 2.

praemagnus [CL prae-+magnus], very great.

~am de vobis conceptam in Domino fiduciam Ad. Marsh *Ep.* 76 p. 189.

praemancipare [CL prae- + mancipare], (in quot. refl.) to devote oneself intently to.

jam vero florem attingens juventutis, quasi quibusdam virtutum gradibus celestibus sese ferventius ~avit actibus *V. Neot. A* 2.

praemandare [CL]

1 to order or command beforehand; **b** (w. *ut* & subj.).

quicquid ages, virtus illud premandet Hanv. VIII 190. **b** archipresul vero consultus ~avit ut omni privatus beneficio ecclesiastico exauctoraretur H. Bos. *Thom.* III 22.

2 to report beforehand.

1253 regi pro certo significabant, quod nisi festinanter .. in Wasconiam veniret, omnia foret amissurus, et hec sepius ~averant, sed tunc precise M. Par. *Maj.* V 378.

praemanibus v. prae 4.

praemanica [CL prae-+manica], ornamental cuff or wristband.

ponyete of a sleve, ~a, -e, f. *PP*; *a punzet*, ~a *CathA*; **1562** unum [sc. par] premanicar' precii iij d. (*SessR Brecon*) *MS PRO Wales* 4/320/6.

praemanifestus [CL prae-+manifestus], very evident.

abbates .. ex ~is injuriis certificati, regis tuicione ad propria remearunt Wals. *YN app.* 546.

praemantia [CL prae-+ML mantia], divination beforehand.

a divining before, ~ia *CathA*.

praemarcidus [CL prae- + marcidus], very thin, emaciated.

erat .. idem sacerdos .. pre abstinentie .. rigore ~us Ad. Eyns. *Hug.* V 4.

praemasticare [CL prae-+LL masticare] **a** to foretaste (*i.e.* anticipate oneself as being about to). **b** (intr. w. *ad* & acc.) to have a preliminary taste of, chew over in advance (fig.).

a verba .. jactitantes magniloqua, invitis Saracenis se ~ant olim devotam consummaturos peregrinationem *Itin. Ric.* IV 35. **b 1165** jam multi ~ant ad talia, optantes ut veniant scandala G. Foliot *Ep.* 155.

praematialis v. primatialis.

praematurare [CL prae-+maturare], to bring to premature completion or end, hasten.

Parthiam, ubi Parthi Crassi nostri dictatoris fata sunt ~ata Diceto *YH* II 57; non prematurat, non jus procrastinat, album / non denigrat opus, non nive nigra tegit Garl. *Epith.* II 285.

praemature [CL]

1 very quickly.

rivuli .. ad primos .. solares radios solidissimum in lapidem .. condensantur. .. ex liquidis .. in solidam naturam tam ~e conversis Gir. *TH* II 7.

2 at a very early stage. **b** too early, too soon.

puerum .. ~e militem fecerat, donatum clamide coccinea W. Malm. *GR* II 133. **b** Magno ~re mortuo Olauus totum [sc. regnum] occupavit W. Malm. *GR* III 260; **1341** revocacio .. vicariatus facta fuerat ~e cum .. non debuisset fieri quousque regnum Francie .. pacifice fuissemus adepti Avesb. f. 98b.

praematurus [CL]

1 (of person) very mature or experienced.

prehonorabili ~oque viro domino J. de S. militi *FormA* 336; [cf. *MonA* II 244b: primaturoque].

2 that occurs very early or quickly, very speedy.

imminentem .. lepre malitiam morte prevenire desiderans tam ~a quam preclara Gir. *EH* I 13.

praemaxime [CL prae-+maxime], to the very greatest degree, very much.

1285 indigemus ~e .. remedium reportare Peckham *Ep.* 636.

praemaximus [CL prae- + maximus], very great.

illud .. agere in hominum conspectu, magnum constat esse transgressum, istud vero perficere, ~um in ipsum Deum videtur et est peccatum G. Steph. 34; homines autem ipsius ville, ob ejusdem loci ~am excellencie dignitatem, burgenses vocantur Chr. Battle f. 18v; ~um, prout decet, celebraturus convivium, palacium regium ingressus est Ps.-Elmh. *Hen. V* 11; **1429** impudenter asserere quod .. confrater meus et ego sumus in Anglia libertatum ecclesie ~i oppressores Bekynton I 256; **1437** ad ~a virtutum .. quibus supereminet dona *Ib.* I 54.

praememorare

praemeditari [CL], ~are [LL]

1 (intr.) to think or meditate beforehand; **b** (trans.) to think about, meditate upon, or plan earlier or in advance, premeditate.

is .. ~atus ait, 'modo, fili mi, scio, modo a quo sim percussus agnosco' B. *V. Dunst.* 20; si quis a vobis petierit quod honestatem .. non deceat, ~ati estote ne aut minae .. persuadeant vobis aliquid, unde vos postea paeniteat Anselm (*Ep.* 311) V 238; super Ethelfridum paratis copiis insperatus advolat, nichilque minus quam insidias opinantem ~atus aggreditur W. Malm. *GR* I 47; multum ~avi antequam illud facerem, quam male fieret et nichilominus feci *AncrR* 122; miser homo non premeditatus de futuris ornat se cum viciis G. *Roman.* 322. **b** ?**814** ne posteris caderet ex memoria quicquid patres precedentes cum consultu ~arent *CS* 307; quicquid .. ad quotidianos usus .. premeditati fuerant aut secreto prelocuti Gir. *IK* I 12 p. 96; persone sue dedecus et regni sui gravamen .. ~avit G. *Hen. II* 122; s**1087** cum preoccuparet mors emendacionem vite ~avit *Eul. Hist.* III 44.

2 to expect.

ne contemnatis misericordiam quam Deus vobis non ~antibus fecit Anselm (*Ep.* 212) IV 108; ipsumque nichil hujusmodi ~atum, ex improviso invadit G. Mon. I 5; affectabat subitum atque furtivum impetum facere Britonesque non ~atos occupare *Ib.* VIII 4; s**1228** irruit in eos cum suis legionibus comes non ~atos M. Par. *Maj.* III 156.

3 (p. ppl. as adj., *s. pass.*) premeditated. **b** (as sb. n.) something thought about earlier.

c**1169** causa de assaltu ~ato *Regesta Scot.* 80; **1203** nequiter et assultu ~ato robavit ei .. xv marcas argenti *CurR* II 180. **b** praemeditata quidem levius sufferre valebis: / quae subito adveniunt multo graviora videntur Alcuin *Carm.* 62. 73.

praemeditate [CL], with premeditation, after previous consideration.

non .. adeo mirandum si subito motu .. aliquid non ~e fecistis Anselm (*Ep.* 161) IV 33; **1552** caveant .. rectores .. ne minus ~e in pulpitum conscendant, sed toto studio .. ad lectionem peragendam .. sese praeparent *Conc. Scot.* II 138.

praemeditatio [CL], premeditation, previous deliberation, forethought.

?**814** (11c) prudentis consilii viri hoc decretum firma ~one constituerunt *CS* 307; c**1103** sententias capitulorum .. nolo vobis .. mittere .. quia subito sine ~one ac competenti tractatione .. sunt prolatae Anselm (*Ep.* 257) IV 169; alioquin si poterat quid fieri quod non poterat ante provideri, poterat certe a Deo quid improvide ac impremeditate factum esse: sed opus Dei omne incipit, operis autem ~o ipsius inceptionem antecedit *Pull. Sent.* 712D; caritas Dei non solum dulcis est et in ~one affectuosa sed fortis etiam atque operosa in exhibitione J. Ford *Serm.* 13.5; studia pravitatis .. ex ~one proveniunt et industria Gir. *SD* 70; ut evax, heya, ha et quecumque pulsu passionum anime sine ~one emittuntur Ps.-Gros. *Gram.* 60.

praemeditative [CL praemeditate+-ivus+-e], with premeditation, after previous consideration.

nec quidem ~e excusationem mendacii sed casu protulit *Ep. ad amicum* 134.

praemeditator [CL praemeditari+-tor], one who plans or contrives in advance, deviser (in quot. w. gen.).

s**1382** magister J. Wyclyf in suo adventu habuit Johannem Balle sue pestifere inventionis ~orem Knighton II 170.

praemellire [CL prae-+ML mellire], to sweeten in advance.

felices .. quos educat aura, / quam pomi premellit odor Hanv. I 302.

praememorare [LL], ~ari [CL prae-+LL memorari]

1 to mention previously. **b** (p. ppl. as adj.) aforementioned.

901 (12c) terram emptam a quodam ministro .. nomine Dudi .. quam .. rex .. cuidam, ut ~atus sum,

ministro suo nomine Dudi . . dederat *Reg. Malm.* II
316. **b 781** libertas concessit, ut nullo majore
cessu alicujus rei essent subjectae, quam ~ata sedis
episcopalis *CS* 241; **901** (12c) ne ~atam ecclesiam
calumpniis perturbet *Reg. Malm.* II 316; ~ati . .
Ailwynus . . et tres fratres ejus *Chr. Rams.* 26; has
locorum angustias ~ate gentes occupaverant *Itin. Ric.*
I 21; ad aliam interrogacionem ~atam OCKHAM *Dial.*
407; s**1453** ~atus officiarius generalis *Reg. Whet.* I
110.

2 to remember or think about previously.

visa, vel audita, vel prememorata vel ante / acta,
mihi meminisse volens, ita confero mecum: / sic vidi,
sic audivi, sic mente revolvi, / sic egi VINSAUF *PN*
2010.

praemensurare [CL prae-+LL mensurare],
to measure previously.

quod ~atum est ab altissimo Deo BACON V 130.

praementionare [CL prae-+ML mentionare],
to mention previously. **b** (p. ppl. as adj.) aforementioned.

de contractibus quos ~avimus E. THRIP. *SS* I 6.
b ~ata commendacione E. THRIP. *SS* IV 26; modo et
forma ~atis *Entries* 481va.

praementiri [CL prae-+mentiri], to lie about
beforehand.

~ita auree etatis secula ingressurus gestis et exultas
MAP *NC* V 1 f. 59.

praemerere [CL prae-+merere], to deserve
particularly or beforehand. **b** (p. ppl.) particularly deserved.

illis qui ~uerunt donare justum est J. SAL. *Pol.*
719C; s**1224** hoc . . asserunt multi, quibus confessionem fecit, peccatis suis exigentibus [eum] ~uisse
M. PAR. *Maj.* III 90; **1423** hoc fecit graciam predicto
Theophilo suis gratis meritis ~endo, et hoc modo
quilibet predestinatus in tempore suo secundum suum
modulum et donum sibi a Deo gratis datum meretur omnibus predestinatis eternam beatitudinem *Reg.
Cant.* III 163. **b** mendacitatis . . bene ~itum sic
imposuit finem E. THRIP. *SS* VII 3.

praemeta [CL prae-+meta], measure, limit.

~a, mensura OSB. GLOUC. *Deriv.* 484.

praemetari [CL prae-+metari], to measure (in
advance).

~ari, mensurare OSB. GLOUC. *Deriv.* 484.

praemetiri [CL *as* p. ppl.]

1 to measure (in advance).

si quis habet fundare domum, non currit ad actum /
impetuosa manus: intrinseca linea cordis / premetitur
opus VINSAUF *PN* 45.

2 to take the measure of, estimate, consider.

1166 ~itur et timet pericula vestra J. SAL. *Ep.* 184
(174 p. 150); a**1182** magna pars prudentie est consulta
ratione personam illius cui scribitur ~iri *Ib.* 143 (209
p. 326); hic premetitur quanta virtute triumphans / de
campo veniat in sua regna pugil GARL. *Epith.* III 529.

3 to take thought for, consider beforehand.

libidinis ictibus resistes si exitum tuum ~iaris W.
DONC. *Aph. Phil.* 10. 13e; heu Frigii, gens non pre-
mensa futurum! J. EXON. *BT* III 52; **1304** ~ientes
futura vobis mandamus ut . . (R. BURY *Ep.*) *FormOx*
9.

praemia v. praemium.

praemiabilis [ML < CL praemiari+-bilis],
that deserves reward.

meritum est actus potentie libere et secundum
inclinacionem gracie elicitus, acceptus Deo, ut ~is
beatitudine DUNS *Sent.* I 17. 3. 25; ipsum occidere
nequaquam demeritorium et punibile sed pocius meritorium et ~e fuisse quis dubitat? BRADW. *CD* 47D.
inter cetera pietatis opera, non solum meritorium sed
eciam ~e fore dinoscitur loca sanctorum diruta . .
restituere AMUND. I app. 421.

praemialis [LL], given as a reward.

ipso nos pane sacias eternali; / ipso nos ditas munere
premiali J. HOWD. *Cant.* 496.

---

praemialiter [LL praemialis+-ter], as a reward.

post subtraccionem ab hac luce ad perpetue lucis
habitaculum inhabitandum ~iter vestram faciat regiam
revirescere majestatem *Regim. Princ.* 83.

praemiare [ML; CL *as* dep.], to reward:
a (person); **b** (act or abstr.); **c** (absol.).

a Deum . . justissime punire malos et ~iare bonos
certissimum est GROS. 155; magister, quem convenit
propter suos labores prolixiores amplioribus stipendiis
~iare G. S. ALB. II 493; foret contrarium racioni, quod
viventes voluptuose per totam hanc vitam sine penitencia ~iabuntur post hanc vitam cum sanctis WYCL.
Ver. II 56; ~iabit vos Dominus . . cum sero tempus
solucionis pervenerit, denario pro laboribus adoptato
Reg. Whet. II 382; Justitia . . numquam nos deserit,
sed quos aliquando pro meritis, cum non fuerint,
~iare non poterit, punire tunc pro crimine non desistit
FORTESCUE *NLN* I 39. **b 1337** gerentes in votis
expertam gratitudinis vestre constanciam cum ea que
regiam decet munificenciam retribucionis exuberantia
~iare adeo quod debebitis merito contentari *RScot*
516a; **1338** affectantes gratitudinem vestram . . prout
regiam decet magnificenciam ~iare *Foed.* V 17; omnes
. . leges racionales presupponunt justiciam esse ~ian-
dam HOLCOT *Wisd.* 102; tanti principis industriam
merito ~iandam persenciens Ps.-ELMH. *Hen.* V 55.
c semper . . citra merita puniens et ultra ~ians GIR.
GE I 34 p. 108.

praemiatio [ML], act of rewarding.

sub tante formidinis comminatione et sub tante
~onis promissione AD. MARSH *Ep.* 77 p. 190; in his
jugiter relucent ~ones proborum et puniciones perversorum HIGD. I 4; amplius . . de remuneracione seu
~one hominum in presenti BRADW. *CD* 77D; Epicurei quoque et multi alii philosophi possibilitatem
resurreccionis corporum humanorum et ~onis post
mortem hominum negant plane *Ib.* 88C; omnes . .
natura consenciunt quod apud Deum resident auctoritas infallibilis, monicio summe racionabilis, et ~o plus
utilis observanti WYCL. *Dom. Div.* 89; Cristi precepcio
mercedis, copiosa ~o *Id. Ver.* II 174.

praemiator [CL], one who gives a reward, re-
warder.

1308 quod Dominum . . habeatis in celis ~orem
Reg. North. 188; **1449** Deum, equissimum ~orem,
dignam vobis mercedem tribuere duximus exorandum
EpAcOx 273.

praemiatorius [ML =*given as a reward*], that
gives a reward.

opera . . ~ia BRADW. *CD* 457A (v. glorificatorius).

praemicare [CL prae- + micare], to shine
greatly (in quot. of person).

puella pulcherima . . que . . mira nature dote ~uit
GIR. *GE* II 11 p. 219.

praemicia v. primitiae.

praemilitare [CL prae-+militare], to prepare
to fight, conduct preliminary actions of a fight.

primitus obliquant [sc. galli] oculos clipeisque minantur / alarum, tendunt colla levantque pedes; / rauca
voce tumor animi premilitat, audax / tibia bella ciet
GARL. *Epith.* III 639.

praeminari [CL], to threaten (a consequence)
previously.

s**1239** ut aufugeret mortem, quam ~abatur patruus
suus, de Barbaria fugit in Siciliam M. PAR. *Maj.* III
558.

praeminere v. praeeminere.

praeminister [LL], one who is responsible for
(w. gen.), servant.

rex . . patrie defensores suique juris ~ros et tu-
tores obsidere tentavit G. *Steph.* 53; flamineus, i. ~er
sacrorum OSB. GLOUC. *Deriv.* 209.

praeministra [CL], one who is responsible
(for), servant (f.).

conscendit suggestum quem ex populari ejus fa-
mulitio due ~e . . in loco editiori prestruxerant OSB.
GLOUC. *Deriv.* 2.

praeministrare [CL], to provide in advance.

---

me vobis ducatum ~ante et previo itinere secura
vestigia preparare R. COLD. *Cuthb.* 30.

praemiolum [CL praemium + -olum], small
reward or gift.

parva merces, munusculum, ~um OSB. GLOUC. *Deriv.* 361.

praemirabilis [CL prae-+mirabilis], very remarkable, greatly to be wondered at.

signo ~i R. COLD. *Cuthb.* 19; quod omnibus con-
tuentibus . . satis adhuc ~e consistit *Ib.* 39; illud ~e
creditur quod nunc . . subicitur *Ib.* 75.

praemirari [CL prae-+mirari]

1 to be very surprised or amazed, to wonder
greatly.

ipso conspiciente et turba copiose plebis ~ante R.
COLD. *Cuthb.* 49 p. 103.

2 (gdv.) very remarkable, greatly to be wondered at.

B. Cuthberti casula . . adhuc . . satis splendida est
et ~anda R. COLD. *Cuthb.* 35.

praemirifice [CL prae-+mirifice], in a very
remarkable or marvellous manner.

semper subsistat modulans ~e in melliphona meditacione ROLLE *IA* 159.

praemirificus [CL prae-+mirificus], very remarkable, that causes great wonder.

ad opera ~a que exterius fieri cernimus enarranda
procedamus R. COLD. *Cuthb.* 94.

praemirus [LL], very remarkable, greatly won-
drous.

monachos premiro munere claros ÆTHELWULF *Abb.*
23; premiroque locum cinerum jam lumine complet
Ib. 668; hunc ego cognoscens premiro lumine clarum
Ib. 772.

praemissarius [CL praemissus *p. ppl.* of prae-
mittere+-arius], preliminary, that precedes.

ideo quatuor gradibus ~iis convectitur quintus gradus vestre providissime regalie virtutis perseverancie
singularis *Regim. Princ.* 85.

praemissio [CL praemissus *p. ppl.* of praemit-
tere+-io], **a** something sent before, preliminary
statement, or (?) *f. l.* **b** previous arrangement, or
(?) *f. l.*

a s**1318** ne presens comitis ~o [? l. promissio] vel
relacio in vanum curreret seu currisset, cuncta que
verborum insinuacione digesserat facta dictis com-
pensabat *Flor. Hist.* III 184. **b** s**1312** de custodia
comitis de Pembroke vi et armis vel saltim ex ~one
[v. l. permissione], ut dicebatur, et ex proposito per
comitem de Warwyk . . Petrus de Gavastone eripitur
G. *Ed. II Bridl.* 43.

praemisticare v. praemysticare.   **praemitiae** v.
primitiae.

praemitis [LL]

1 very sweet or fragrant.

mensam / . . Petro quae gignit odores / praemites
statuit ÆTHELWULF *Abb.* 148.

2 very gentle.

nam duo praemitis laudaverat aera magister, / quae
injecit templi vidua nuda gazis ALCUIN *Carm.* 11. 23;
agnos atque pios praemiti contulit agno [i. e. Christo]
ÆTHELWULF *Abb.* 90; post quem germanus praemitis
regmina cellae / Siguinus alterius sumpsit cognomine
dictus *Ib.* 473.

praemittere [CL]

1 to send in front or in advance; **b** (w. ref. to
giving a signal).

~missis ante sollicite nuntiis GILDAS *EB* 67; ~misso
[*gl.*: i. ante misso] Christi labaro tutus et Christi
vexillo armatus ALDH. *VirgP* 23; si laetarentur pro
~misso ad Deum patrono, sed dolere cogebantur pro
amisso vite solatio W. MALM. *GP* V 231; nuper
de archidiaconatus mei visitatione redibam ~mittens
servientes meos apud Wallingfordiam, qui mihi hospitium prepararent P. BLOIS *Ep.* 29. 98C; sagittam

igniti ferri in insulam arcu ~miserunt GIR. *TH* II 12; ~misit .. rex precursores equites ad temptandum transitum .. fluminis .. et cito cum exercitu sequebatur *G. Hen.* V 11. **b** ~mittens sui noticiam [appo]sita manu fronti digitoque erecto comitem et equos habuit [pa]ratos *V. Chris. Marky.* 34; semper premisso signo crucis exeat GARL. *Tri. Eccl.* 106.

2 to place (prologue or heading) at the front.

~missus libello prologus docet H. Bos. *Thom. pref.* p. 158; quoniam de septem tomis .. quidam breves, quidam prolixiores sunt, ut facilius inveniri possit quod queritur, etiam singulis tomis singula et propria capitula sua ~misimus *Ib.* p. 159; licet cuique particule ad faciliorem ipsius cognicionem quedam speciales et breves rubricelle ~mittantur (J. WHYTEFELD) *Libr. Cant. Dov.* 407 (cf. ib. 409: preponitur rubia litera distinccionalis); ~mittuntur hic tituli eorum que in sequenti libello digesta sunt regis Henrici miracula *Mir. Hen. VI* II prol. p. 68.

3 to say, mention, or describe first or previously; to set forth in the previous passage; **b** (p. ppl. as adj.); **c** (f. or n. as sb.).

~missa praefatione BEDE *HE* III 25 p. 183; nec propositiones quas ~mittis nec consequentias quas infers ullatenus infirmare valeo ANSELM (*CurD* II 16) II 121; de singulis que ~misimus *G. Steph.* 102; **1232** secundum quod ~missum est *Ch. Chester* 430; primo [Aristoteles] ~mittit suam intentionem T. SUTTON *Gen. & Corrupt.* 57; sicut ~mittitur capitulo proximo precedente *MGL* I 28. **b 722** ~missus antistes in sorte praedicationis precedit (*Lit. Papae*) *Ep. Bonif.* 20; sicut ~misse substantiarum differentie suis proprietatibus exprimuntur J. SAL. *Met.* 841B; antequam possit de ~missis probationibus judicare BACON *CSPhil.* 409; non obstantibus admonicionibus jam ~missis G. Durh. 45; si volueris per ~missam invenies gradum medii celi WALLINGF. *Rect.* 424; secundum ~missarum [v. l. ~missorum] doctrinam *Ib.*; dare potestatem ~missam tractandi concordiam AVESB. f. 97b. **c** premissa omnibus sunt ad salutem necessaria BART. EXON. *Pen.* 5; **1219** ratum .. habituri quicquid per eos .. super ~missis fuerit ordinatum *Pat* 197; s**1238** ut .. ad ~missa complenda cogeretur M. PAR. *Maj.* III 478; **1294** facto silentio ut ~missa intelligi valeant et audiri *Reg. Carl.* I 19; totum ~missum fuit factum antequam Galfridus .. esset infeodatus *Reg. S. Thom. Dublin* 375; perpendere .. ex ~missis quisque poterit sane mentis ELMH. *Cant.* 82.

4 (f. sg. as sb., log.) premise, proposition.

hujus propositionis ~missa est ab auctoritate LANFR. *Comment. Paul.* 270; **1269** frater N. predicator nunquam se fecisse illam racionem ubi est conclusio de statu dampnacionis manifeste dicit, sed dicit fratrem A. minorem fecisse ~missas *Grey Friars Ox.* 335; in omni probacione ~missa debet esse notior conclusione T. SUTTON *Gen. & Corrupt.* 66; quia conclusio est eadem per te, et ~misse hinc inde possunt causare actum ejusdem speciei OCKHAM *Quodl.* 483; nostrorum promissorum ~missas inferemus conclusionaliter *Reg. Whet.* II 427.

praemium [CL]

1 payment (for service performed or to be performed).

duos .. servulos ~io conductos ita fraudulenter docuerunt ut .. armati intrarent ecclesiam ASSER *Alf.* 96; aiunt .. domine esse surreptum ut extraneos quos posset ~iis deliniret W. MALM. *GR* V 418; noverca veneficos .. magnorum .. pollicitationibus ~iorum sollicitavit ORD. VIT. XI 9 p. 196.

2 reward; **b** (w. gen. of reward); **c** (w. gen. of that for which reward is granted).

adventante Deo, qui cunctis praemia pensat / seu pia perfectis seu certe saeva profanis ALDH. *VirgV* 281; presta ut hoc vasculum tuae ecclesiae preparatum sanctificetur .. ut per illius .. sonitum fideles invitentur ad ~ium EGB. *Pont.* 118; sic Deus omnipotens sanctos per saeva probavit / verbera, post reddens praemia laeta polo ALCUIN *Carm.* 9. 96; premio [AS: *leana*] caret qui beneficium ingrato prestet *Prov. Durh.* 35; sanctorum meritis et ~iis coequari *Canon. G. Sempr.* f. 33. **b** o qualia .. animam tuam regni Christi ~ia in die judicii manerent GILDAS *EB* 34; ut pudicitiae ~io [*gl.*: dono] privaretur ALDH. *VirgP* 46; aurea caelestis largitur praemia regni *Id. VirgV* 2005; pro adipiscenda caelestis vitae ~ia Goduino .. dono .. xv mansas terrarum *Text. Roff.* 136. **c** perpetua laborum suorum a Domino ~ia recepit BEDE *HE* III 14 p. 157; pro amore felicitatis perseverantiam in sanctitate, pro ~io sanctitatis aeternitatem in felicitate ANSELM (*Ep.* 41)

III 152; regnum perfectorum .. in quo .. diversa meritorum ~ia numerantur *Id. Misc.* 330; predarum predam .. pretiumque laboris et ~ium petunt GIR. *TH* I 12.

praemodicus [CL prae-+modicus], very moderate (in quots. in size).

fer, mea carta, mea supplex munuscula domno / corpore praemodico viscera magna gerens ALCUIN *Carm.* 71. 2. 10; neu temnas modico, lector, pro corpore librum, / corpore praemodico mel tibi portat apis *Ib.* 80. 2. 8.

praemollis [CL], very soft or gentle.

mollis componitur ~is OSB. GLOUC. *Deriv.* 340; cum .. canentium .. ~es modulationes audieris, sirenarum concentus credas esse, non hominum J. SAL. *Pol.* 402C.

praemonere [CL], to warn or advise in advance or previously; **b** (w. *de* & abl.); **c** (w. inf.); **d** (w. *quod*); **e** (w. *ut* or *ne* & subj.).

c**1144** monemus .. ut secundum libertatem istam digne et canonice serviant ibi ... omnibus .. libertatem .. istam conservantibus et sicut ~uimus in eadem ecclesia canonice et digne Deo et sancte Marie servientibus benedictionem Dei concedimus et nostram *Doc. Theob.* 269; ipse [diaconus] ~et aures ad Dominum, ipse hortatur orare ROB. FLAMB. *Pen.* 89. **b** admonuit eum esse de quo Moyses idem populum cui legem dedit ~ebat BEDE *Hom.* I 24. 100; ob .. ecclesiae utilitatem, de qua oraculo fuerat ~itus *Id. HE* V 10 p. 299; de moribus et modis magistri illius .. nos tociens ~uit et, ut nobis caveremus ab ipso, sepius premunivit GIR. *SD* 86. **c** scribere nos .. prior illa [causa] ~et et potissima GIR. *TH intr.* p. 5. **d** lectorem ~itum volo quod hic quasi ancipitem viam narrationis video W. MALM. *GR* II 197. **e** si fuerint ~iti ut conveniant ad sciram *DB* I 11b; a**1079** hoc .. ~eo ut .. per licentiam abbatis vestri hoc faciatis ANSELM (*Ep.* 38) III 148; qui autem flagitiosus quantumlibet, sed occultus, occulte ~eatur, ne quod debet esse saluti, presumat perditioni PULL. *Sent.* 968B.

praemonitio [LL], forewarning.

exiit, reputans apud se forte non sine sui ~one primo ad sedem suam introitus die evangelium lectum fuisse 'Nemo potest duobus dominis servire' EADMER *HN* p. 51; multas etiam alias ~ones pariter et premunitiones rex iste divina miseratione .. suscepit GIR. *EH* I 40; post ~onem sibi factam quod equum talem debite custodiret *Reg. Brev. Orig.* f. 106v.

praemonitor [CL], one who warns or gives notice in advance.

simul cum predictis ~oribus de premonicione predicta *Reg. Brev. Jud.* f. 70b.

praemonitorius [LL], that gives warning or advice in advance.

quociens autem hec et alia vobis doctrinalia et ~ia dicere consuevimus et [? *supply* vos] in natura indocili atque rebelli sermones nostros capere non posse consideravimus GIR. *SD* 136.

praemonstrare [CL]

1 to indicate previously.

altera medietate alteri ecclesiae, quam ~avimus, reservata GOSC. *Transl. Aug.* 29A; substitutus est illi venerabilis Agelricus ut ~atum est *Id. Wulsin* 16; de quo et ad quid et qualiter artis disserendi institutio ~avimus BALSH. *AD* 56; **1168** proceres .. Francorum ei se fide obligaverunt quod rex Francorum .. ~atam pacis observabit conditionem J. SAL. *Ep.* 244 (272 p. 566).

2 to display or reveal earlier or in advance.

dignum fuit etiam et ejus conversionis [mentionem] facere, quomodo antiquitus traditur, illi fuisse ~ata *V. Greg.* p. 89; assumpta a Filio Dei humana natura et intus Sancti Spiritus virtute plena erat et foris hominibus aperte Sancti Spiritus opera ~abat BEDE *Tab.* 402 p. 15; quid anima in occulto passa sit, caro palam ~abat *Id. HE* III 19 p. 167; particulamque tui premonstrans experiere, / que maneat totum gratia vel quis honor. / si placet hec, totus poteris fortasse patere J. SAL. *Enth. Pol.* 71.

3 to demonstrate or prove in advance.

~ans in cultu castitatis expectaturam se filium virginis, et peregrinam in terris sponsum quaesituram in caelis GOSC. *Edith* 45; accipis in hac quaestione per-

sonam eorum qui credere nihil volunt nisi ~ata ratione ANSELM (*CurD* I 10) II 67.

4 to show by example. **b** (w. *exemplum* or sim.) to offer an example.

ea quae agenda docebat, ipse prius agendo ~abat BEDE *HE* IV 26 p. 273. **b** ubi longo jam senio defessus, vidit se ultra non posse exemplum pristini vigoris ~are discipulis *Hist. Abb. Jarrow* 21; auream .. sagittam que principalis specimen ~abat absolutionis contulit ORD. VIT. XI 26 p. 257; ipsius magistris et clericis universis conspicuum ~abat exemplum *V. Edm. Rich C* 597.

praemonstratensis v. premonstratensis.

praemonstratio [LL]

1 preliminary indication.

licet inferius .. plenius inseratur quod .. hic tamen de rebus hujuscemodi .. sit brevis quedam ~io *Cust. West.* 23.

2 demonstration, revelation in advance.

gaudia praemonstrata .. quae ~o per dimidium cubiti .. figuratur BEDE *Tab.* 408.

praemonstrativus [CL praemonstratus *p. ppl.* of praemonstrare+-ivus], (w. obj. gen.) that gives advance warning (of).

dies .. anxietatis et moeroris ~a *Plusc.* VII 34.

praemordax [CL prae-+mordax], very biting.

mordax componitur ~ax, i. valde mordax OSB. GLOUC. *Deriv.* 338.

praemordere [CL], to bite off the tip of (something).

sed, divina ultione subsequuta, confestim sibi linguam ~ens et digitos dentibus lanians, interiit GOSC. *Edith* 272.

praemoretur v. praemori.

praemori [CL]

1 to die first or earlier. **b** (p. ppl.) dead earlier, predeceased. **c** (p. ppl. as sb.) one who has died earlier, predeceased person.

Henricus noster antequam pater vel fratres sui ~itur H. Bos. *Thom.* IV 30; habuit .. tres filios .., Tancredum et Boemundum et Rogerum. .. ~tuis vero Tancredo et Boemundo, Rogerus adeptus est Calabriam R. NIGER *Chr.* I 84; **1255** si .. Johannes ~etur [*sic*] sine herede .. dicta Angnete superstite, de mille libris .. disponere poterit *RGasc* I *Sup.* 48a; **1415** si dicta uxor mea dicto filio meo superstite ~iatur *Reg. Cant.* II 114; s**1189** rege .. Richardo in regnum .. sublimato et fratre suo Henrico ~tuo BOWER VIII 48. **b** dixerat et functi praemortua membra reviscunt *Mir. Nin.* 247; mater mea ~tua astitit ei in somnis GIR. *EH* I 42 p. 295; omnes amicos .. fratris sui Henrici ~tui, regis junioris .. liberos absolvit *Plusc.* VI 33; Edwardus tercius genuit Edwardum principem Valliae, ~tuum ante patrem *Ib.* VIII 16. **c 1173** si .. vel Azo vel Willelmus supervixerit, terram ~tui habebit *Ch. Sal.* 38.

2 (of the body or its parts) to be (virtually) dead (before actual death).

per multos annos ita ~tua erat toto corpore ut omni membrorum penitus carere videretur motione GOSC. *Æthelb.* 9; medietate corporis ~tua, semivivumne diceres an semimortuum ambigeres *Id. Transl. Mild.* 24 p. 190; leprosus, vix solo anhelitu palpitans, cetera tabidus et in vivo cadavere jam ~tuus W. MALM. *GR* II 121; ut in illis quorum unum membrum, adhuc viventibus ceteris, ~itur PULL. *Sent.* 691C; repente omnia corporis membra que pridem ~tua videbantur cepit movere *Chr. Battle* f. 105; premortua semina surgunt / in vitam; ventura seges previvit in herba VINSAUF *PN* 550.

3 to die especially, be more likely to die.

in ea [insula] seniores ~iuntur, quia morbi in ea rarissimi et raro vel nunquam hic quispiam moritur, nisi longa senectute confectus GIR. *IK* II 5 p. 124.

praemotio [CL prae-+motio], previous motion.

quod non possint movere originaliter ex seipsis, sed

homine seu artifice premovente, quorum et ~onem necessario consequantur BRADW. *CD* 674C.

praemovere [LL]

1 to set in motion first.

non possint movere originaliter ex seipsis, sed homine seu artifice ~ente BRADW. *CD* 674C.

2 to affect greatly (with emotion, in quot. p. ppl.).

1377 verecundia . . premoti *FormOx* II 384.

praemulcere [CL], to soothe or appease greatly or in advance.

†praemulcit [l. praemulcet], plus lenit *GlC* P 716; nisi eum premulseris, occurret tibi non fideliter rei geste concepta series J. SAL. *Pol.* 563D.

praemunerare [CL prae-+munerare], to pay in advance (as a bribe or incentive).

s**409** jam ~ati fuere juvenes duo Hengest et Horsa ÆTHELW. I 3; is . . Christiane Judeos justicie multis ~atus muneribus subtraxit T. MON. *Will.* II 15.

praemuniare v. praemunire.

praemunire [CL]

1 to furnish, equip, provide (with); **b** (refl.).

s**1312** in quo . . loco castrum regis fortissimum situm est, sed nec armis nec victualibus ~itum TROKELOWE 75. **b** multiplici . . opere fabrili gemmarum, auri et argenti ~ierat se gloriosus heros ille Tovi quo redimire posset corpus crucifixi *Found. Waltham* 11.

2 to protect or defend in advance, forearm. **b** (refl.); **c** (in paronomasia with *praemonere*).

ne crebra irruptione hostium incursetur aggere ad instar altioris muri fossa humo ~itur ABBO *Edm.* 2; contra fraudes malignantium diligenter arcem ~ivit ORD. VIT. IV 19 p. 296; milites cum invocacione nominis Domini Jhesu armati et sancta communione ~iti processerunt e castris *Ib.* IX 9 p. 526; et tuis nos presidiis / premunias ad exitum J. HOWD. *Cyth.* 146. 12. **b** per multos dies . . vexatus sese confessione et oratione bene ~ivit ORD. VIT. XIII 42 p. 123; mures inierunt consilium qualiter a cato se ~iri possent *Latin Stories* 80. **c** praemonitus et ~nitus relatione fidelis amici EADMER *Wilf.* 46.

3 (assoc. w. *praemonere*) to prepare in advance, forewarn; **b** (w. *de* & abl.); **c** (w. *quod* or *quatenus*); **d** (p. ppl. as adj.).

per quelibet, ipso agente, accidentia in terris inscitiam nostram certificat et ~it G. *Steph.* 24; Hugonem . . ~iens et suscitans se statim ad tutelam viriliter erexit GIR. *EH* I 41 p. 293; si ipse per consilium domini regis fuisset inde ~itus *Leg. Ant. Lond.* 72; Willelmus ~itus . . ad Hybernian aufugit OXNEAD *Chr.* 123; **1343** archiepiscopus . . volens visitare dioecesim . . ~ivit bene prius episcopum AD. MUR. *Chr.* 147; s**1173** premuniciones divinitus fiebant, sed hec omnia parvipendebant. secundo ~ivit eum quidam Hibernicus cum adjeccione signorum secretissimorum *Eul. Hist.* III 88. **b** a . . familiari suo . . de mittendis sic nuntiis archipresul ~itus se subtraxit H. Bos. *Thom.* IV 18; de penitentia talibus imponenda eos ~iatis GIR. *GE* I 52 p. 158; Penda de tali impetu non ~itus continuo captus est *Flor. Hist.* I 308; de omnibus infirmitatibus . . equos sciverint . . equos suos habere †prominuant [l. premuniant] . . emptores antequam precium horum equorum recipiant ab eisdem *Cant. Cath. Pri.* 217; s**1296** ~iti . . Anglici de adventu hostium, ad bellum se parant WALS. *HA* I 54. **c** monens diligenter et ~iens quatinus ab expeditione crastina . . abstineret GIR. *EH* I 42; **1333** ~ientes eosdem quod quilibet eorum victualia pro sustentacione sua pro quinque diebus secum deferat *RScot* 247a; s**1340** cancellarius . . ~ivit eum quod . . adversarius . . clam . . transmiserat . . navigium AVESB. f. 89; hostillerii ~iant hospites suos quod dimittent arma sua in hospitiis suis *MGL* I 346. **d** ob visionis mentionem quam forte a nepote audierat ~itior existens GIR. *EH* I 41 p. 293.

4 to give advance warning or notice to (someone, w. acc. or dat.); to summon (often leg.); **b** (w. *de* or *super* & abl.); **c** (w. indir. qu.). **d** (~iri or ~ire facias or ellipt.) name of writ and statute.

a**1184** si . . burgensis fuerit extra burgum tempore summonitionis . . et non possit rationabiliter ~iri, non

amercietur (*Tewkesbury*) *BBC* 146; ita quod dominus rex habere possit omnia predicta ad servicium suum quolibet anno in octava sancti Martini, si ita sit quod ~iatur quindecim dies ante festum beati Martini *Exch Scot* 28; cum aliquis malefactor captus fuerit et infra mensem postquam ~itus fuerit per ballivum . . ad judicium faciendum non venerit, tunc licebit ballivo . . malefactores judicare G. S. *Alb.* I 365; **1452** volentes . . quod . . confratres nostri . . specialiter vocarentur, et debite ~irentur *Reg. Whet.* I 11; **1531** breve de ~iendum . . Thomam P. essendo coram . . rege auditur' recordum *Cant. Coll. Ox.* III 219. **b** **1294** ballivus testatur quod ~ire fecit . . Johannem de die istius curie *SelPlMan* 83; **1333** quod idem Johannes . . proficiscatur quotiens et ubi ipsum super hoc fecerimus ~iri *RScot* 255a; s**1295** dummodo ex parte . . regis Scocie super hoc congruo tempore fuerimus ~iti BOWER XI 17. **c** ~ire facias predictos . . quod tunc sint ibi audiendo illam recognicionem *State Tri. Ed. I* 32; prior fuit ~itus ex parte domini regis . . ut in crastino . . ad dominum regem apud Evenwod' personaliter accederet G. *Durh.* 17; **1318** ~iri facias quod sint coram nobis et consilio nostro apud Ebor' *MS PRO C256/2/1* no. 1; ut . . comitis consilium ~iret quatenus coram eis se presentarent *Croyl. Cont. B* 487; ibet ipse ballivus . . ~ire majori . . quod sit ibi tali die ad hujusmodi placitum tenendum cum juratis suis *Reg. S. Aug.* 153. **d** s**1391** ex eo . . quod . . petebatur statuta 'Quare impedit' et '~iri facias' . . aboleri admiracionis causa consurgit maxime . . quoniam constat illa statuta eciam inter laicos patronos regni nostri subditos super jure patronatus eorum et aliis legem tribuere ab antiquissimis temporibus observatam *Chr. Westm.* p. 203; **1434** per brevia illa de ~iri facias que nisi infra paucos annos in aliqua materia infra regnum aliquem habebant cursum *Reg. Cant.* III 256; **1448** tam per brevia nostra . . de attinctis, decies tantum, ~ire facias, adjudicatis (v. decies c); **1452** per breve de ~iri facias *Reg. Whet.* I 90; **1454** versus quos aliqua secta ex parte nostra aut alterius cujuscumque per breve . . aut per billam de ~iri facias, in curia nostra coram nobis *Pat* 479 m. 13; **1490** quod processus fiat contra eos per ~iri facias . . precipimus *Cl* 350 m. 7d.

5 to give advance warning or notice of.

1319 die sabbati quo nostrum ad vos adventum ~iavimus *FormOx* I 47.

praemunitio [CL praemunire + -tio; CL = *strengthening in advance*]

1 forewarning.

docuit me Parisius . . oris mei tam nimium esse fetorem ut vobis molesta fieret presencia mea. . . in retribucionem hujus ~onis et alias exhibite fidelissime cure MAP *NC* III 3 f. 40v; mira . . sequentis eventus ~o GIR. *PI* III 28 p. 311; factum credimus ad ~onem gentium regionis, ut plagam Danorum, que proxime secuta est, possent evitare *Flor. Hist.* I 392; ~ones divinitus fiebant . . secundo premunivit eum quidam Hibernicus cum adjeccione signorum secretissimorum *Eul. Hist.* III 88; qui respondit, quod fieri non debuit, quia pactum de terna ~one non servavit *Latin Stories* 36.

2 advance notice (of date set).

1204 habebunt ~onem de termino xl dierum *Pat* 43; **1334** ita quod . . homines . . bene arraiati et armati prompti sint et parati ex ~one trium dierum *RScot* 287b; **1365** omnes illi qui . . prosequi presumpserint personales citaciones contra aliquem de regno nostro . . in curia Romana . . habeant spacium duorum mensium per ~onem eis faciendam *SelCKB* VI 144; **1457** sagittarios fore promptos infra quatuor menses post debitam ~onem per nos . . fiendam *Lit. Cant.* III 225; s**1474** ad visitandum . . monasterium de G. . . juxta assignacionem et ~onem nostras *Reg. Whet.* II 109.

praemunitivus [CL praemunitus *p. ppl. of* praemunire+-ivus], that gives warning or advice in advance.

1304 de littera quam nobis misistis ~am commissionis vobis facte a domino papa *Reg. Cant.* II 668.

praemunitorius [CL praemunitus *p. ppl. of* praemunire+-tor+-ius], that gives warning or advice in advance, (*litterae ~iae*) letters praemunitory.

1318 a nobis . . ~ias litteras recepistis [sc. de eundo ad parliamentum] *Lit. Cant.* I 39; c**1319** visitacionis officio, quod . . nostris adhuc premissis litteris ~iis, intendebamus . . impendisse *FormOx* I 48; **1328** literas . . ~ias *Conc.* III 508b.

praemutilare [CL prae-+mutilare], to mutilate beforehand.

cornua multiplici †premutiliata [l. premutilata] modo NIG. *SS* 1704.

praemutiliare v. praemutilare. **praenaminare** v. praenominare.

praemysticare [CL prae-+ML mysticare], to signify beforehand in a mystical sense.

s**1173** signa magna visa sunt in celo . . que effusionem sanguinis designari putabantur, que ob vindictam beati Thome martiris advenire premisticabant *Plusc.* VI 25 (cf. BOWER VIII 21).

praenarrare [CL], to relate or mention beforehand.

s**1250** in peregrinacione ~ata M. PAR. *Maj.* V 174; essencia . . est communis ad septem res ~atas WYCL. *Univ.* 188; **1542** item . . mandamus . . sociis . . collegii ~ati quod . . nullam mulierem in cubiculum . . aliquis recipiat *Deeds Balliol* 323.

praenasci [LL = *to be born first or previously*], (w. *de* & abl.) to be born from.

rex David . . uxorem duxit Mathildim . . de qua suscepit filium Henricum, mansuetum et pium hominem . . dignus per omnia qui de tali ~eretur AD. SCOT *TT* 723C.

praenatare [CL], to swim in front.

acervus lapideus . . qui, quantum preeminet littore fluctibus vacuato, tantum ~are videtur redeuntibus undis et grandiora queque velantibus jam repleto GIR. *TH* II 8; cum cervorum agmen vadum fluvii . . transire disponit, ~at fortior, ita quod caput sequentis precedentis clunibus innititur NECKAM *NR* II 135.

praeneglegere [CL prae-+neglegere], to neglect or overlook previously.

discipuli . . ~lectam scoriam excoxerunt donec fieret aurum electum R. BURY *Phil.* 10. 158.

praenepos [CL prae-+nepos], (eldest?) nephew, or ? *f. l.*

1223 Willelmus Peverel de Dovera . . Willelmo prenepoti [? l. pronepoti] suo *CurR* XII 1033.

praenescire [CL prae-+nescire], not to know beforehand (in quot. w. indir.qu.).

in . . abyssis . . caliginum palpat . . zelus electorum ~iens quo divertat AD. MARSH *Ep.* 14.

praeniger [CL prae-+niger], very dark; **b** (in place-name).

discute praenigram tenebris fugientibus umbram / et clarum largire diem redeunte salute *Mir. Nin.* 356. **b** **1091** dedit v acras terre sitas in eadem insula [sc. Grenesoii] ad ~rum Montem *CartINorm.* 386.

praenimis [CL], much too, excessively.

~i, . . multo *GlC* P 579.

praenimius [CL prae-+nimius], too much, too great, excessive.

in impetu sagittarum ~io eos eminus affligebant OSB. BAWDSEY clxx; molestia ~ia fatigati R. COLD. *Cuthb.* 83.

praenitere [CL], to shine very brightly.

Mildreda et . . Adrianus proprias tenent porticus et altaria ad capita vel Augustinus, Mildreda altari ~et sanctorum Innocentum GOSC. *Transl. Aug.* 24D, nitco componitur . . ~eo, -es OSB. GLOUC. *Deriv.* 372; ante tibi similis virtute vigoreque mentis, / prenituit cunctis prevaluitque feris GARL. *Epith.* III 166.

praenitescere [CL prae-+nitescere], to (begin to) shine very brightly, become very bright (in quot. fig.).

caritas primos ignea circumvibrat, / quorum dileccio constanter ignescit; / ordo sequens sciencia prenitescit J. HOWD. *Cant.* 515.

praeniti [CL prae-+niti], (of person, w. abl.) to rest one's weight, lean (on).

curvus et distortus erat ut quadrupes duobus scabellulis ~endo incederet GOSC. *Mir. Iv.* lxv.

praenitidus [CL prae-+nitidus]

1 very bright; **b** (fig.).

haec est illa domus . . / quam sol per vitreas illustrans candidus oras / limpida praenitido diffundit lumina templo ÆTHELWULF *Abb.* 622. **b** spurius insigni prefertur, garcio regi, / rusticus urbano prenitidoque niger GARL. *Epith.* I 148.

praenobilis [CL], very distinguished, noble; **b** (of person).

nullus potus sumitur, nisi vinum fuerit ~e aut specierum irritamentis multa confectione conditum R. NIGER *Mil.* IV 51; signum justitie, signum prenobile vite GARL. *Myst. Eccl.* 74; castellum de Rogemant . . aggressu ~i et insultu longo valde optinuit *Ps.-*ELMH. *Hen. V* 120; **1448** vestrum statum ~e semper conservet . . Christus *MunAcOx* 585; de ~i ejus prosapia BLAKMAN *Hen. VI* 3. **b** Manuel . . rex porphirogenitus . . imperator . . ad ~issimum regem Francie DICETO *Chr.* 257; quoadusque duxerat . . ~em dominam . . regis . . filiam BLAKMAN *Hen. VI* 7; **1480** ~i domino H. . . Comiti Northumbrie *Reg. Whet.* II 216; **1583** ~em principem Philippum regem Hispanie *Pat* 1236 m. 29.

1 praenomen [CL], name, added name or designation: **a** title. **b** nickname.

a Oda sc. archiepiscopus civitatis Cantie . . sic venerabilis vir grandaevus extitit apostolica dignitate . . ut honestatis suorum ~inum ejus decoraret vita BYRHT. *V. Osw.* 401; nomen . . est quod dictum est, cognomen a cognacione, ~en ab officio, agnomen a loco . . ~en . . tum ab officio, . . inponitur *Ps.-*GROS. *Gram.* 37. **b** sacerdos . . nomine Rannulfus, propter crudelitatem similem flammae comburenti ~ine Flambardus ANSELM (*Ep.* 214) IV 112; ~en . . tum a figura, tum ab eventu inponitur *Ps.-*GROS. *Gram.* 37.

2 praenomen v. privatio.

praenominare [CL]

1 to provide (a person) with a name, title, or nickname. **b** to name (a place).

Alexander . . extiterat canonicus, cognomen habens de Lewes ~atus magister, major habitus in quadrivio, sed minor repertus in evangelio AD. EYNS. *Hug.* II 11; Alienora a Merlino aquila rupti federis est ~ata *Meaux* I 131. **b 956** illo in loco qui a rurigenis ~atur æt Dyddanhame *CS* 927; s**871** in loco Basingon ~ato ÆTHELW. IV 2.

2 to name beforehand.

nomen sibi impositum Jesus, quod prius per angelum fuit ~atus [v. l. ~atum] *Eul. Hist.* I 72.

3 to mention beforehand; **b** (p. ppl. as adj.) aforementioned. **c** (as sb. m.) aforementioned person. **d** (as sb. n.) aforementioned thing.

desiderato puero, quem ~avimus . . occurrerant H. BOS. *Thom.* IV 29; duo . . quos ~avimus . . nominarunt Boso *V. Pont.* 397. **b 634** siquis . . ~atae ecclesie concessis . . contenderit reniti (*Lit. Papae*) *Conc.* I 36b; a**797** memor esto . . patris Benedicti . . et successoris ejus Ceolfridi . . . ~atis patribus . . assimilari . . stude ALCUIN *Ep.* 67; c**850** electus Lundoniensis æcclesiæ gubernaculaque pontificatus ~atæ æcclesiæ . . suscipiens *CS* 498; de his iiij ~atis maneriis *DB* I 52vb; **1217** donec nos ad quartum decimum annum etatis nostre . . pervenerimus, et cum ad etatem ~atam pervenerimus *Pat* 26; **1418** ~atis nunciis nostris . . dare velitis . . opem BEKYNTON II 121. **c 1239** idem quoque accidet si quisquam ~atorum repellat episcopum vestrum ab ordinum . . celebratione GROS. *Ep.* 73 p. 236. **d** nisi in ~atis ALCUIN *Gram.* 894D; quisquis prefate ecclesie de ~atis abstulerit ORD. VIT. IV 16 p. 283.

4 to fix, determine in advance.

a**941** si . . dies praenaminatus neglegatur emendet *CS* 648; **1223** usque ad terminum ~atum *Ch. Chester* 299.

4 (p. ppl. as adj.) very renowned, celebrated.

~issimi . . Theodori . . thurificatio GOSC. *Transl. Aug.* 41C.

praenominatio [CL prae-+nominatio], previous nomination, designation.

quorum electio est . . sine ~one cujusque mundane potestatis celebrata J. SAL. *Pol.* 679C.

praenoscere [CL]

1 to know in advance; **b** (w. acc. & inf.); **c** (w. indir. qu.).

se divinare et ~ere posse . . arbitrabantur ALDH. *Met.* 3 p. 73; illos presertim qui se Christo conformabant, quem prophetico spiritu ~ebant PULL. *Sent.* 775D; constanter asseris, quasi spiritum habeas prophetie et Dei arcana prenoveris P. BLOIS *Ep.* 106. 329A; si famem futuram . . ~erent . . casus quidem prescientia quia Dei est, sed tantummodo quia prescientia, que nulla est si non ~it certa R. MARSTON *QD* 444. **b** quoscumque in ea praenoscerit esse futuros WULF. *Swith.* I 178; utpote qui . . infidelitatis conscius regiam se majestatem offendisse prenorat G. *Steph.* 14; caritas Dei, mater nostra, cum nos in eam peccaturos ~eret, jam tunc penes se cogitabat cogitationes pacis et non afflictionis J. FORD *Serm.* 13. 3. **c** prenovit prior per aliquem quid mercis negotiator querere venerat DEVIZES f. 28r.

2 (p. ppl. as adj.) very well known.

prenosco, . . pernosco . . et ab istis prenotus et pernotus, i. valde notus OSB. GLOUC. *Deriv.* 374.

praenostic- v. praegnostic-.

praenotare [CL]

1 a to provide with (a mark or sign) in front. **b** to provide with a mark or sign in front.

a quali accentu ditrocheus figuratur? si pænultima positione producitur, accentu acuto ~abitur, ut aggregandus ALDH. *PR* 128; **757** ego Hemele . . praesul . . signum salutiferae crucis ~avi *CS* 183; **963** ego Oscytel . . signo salutifero hanc . . largicionem ~avi *CS* 1112. **b 964** ego Ælfstan episcopus corroboravi . . ego Ælfstan episcopus ~avi *CS* 1143 (=*FormA* 175).

2 to note first (in writing), premise, to set down at the beginning.

796 libro cui de catecizandis rudibus titulum ~avit ALCUIN *Ep.* 110; ~atur translatio virginis quam famosam virtutibus ex tota Britannia visitabant pietate et nomine Mildretham GOSC. *Transl. Mild. cap.* 1 p. 154; salutationem . . tam breviter ~are volui, quia sic . . affectum meum opulentius intimare non potui ANSELM (*Ep.* 7) III 108; ea . . que . . Jeronimus divine legis interpres ~avit in Apocalipsis proemio ORD. VIT. II 5 p. 288; capitula . . totius libelli breviter ~ata J. CORNW. *Eul. cap.*; cupimus ~are non bellum sed faciem belli *Croyl. Cont.* C 549.

3 to write out, set down in writing.

aliqui etiam duodecim apostolorum titulo repperiuntur falso sua scripta ~asse BEDE *Luke* 307; **838** nomina subter ~ata sunt *CS* 421; **931** haec apicibus litterarum ~avimus, ne . . aboletur mihi praefata possessio *Reg. Malm.* I 306; **956** visum est regibus sua dona . . grammate ~ari *CS* 957.

4 to mention beforehand; **b** (p. ppl. as adj. or sb.).

947 ceu superius ~avi *CS* 820; ut ~atum est, australem parietem . . possedit GOSC. *Transl. Aug.* 23D; hec de nostro sene ~avimus, eo quod ad rem pertinere rati sumus. tacemus cetera *V. Chris. Marky.* 28; **1216** sicut ~atum est *Pat* 1; sicut in hoc rotulo ~atur *Leg. Ant. Lond.* 13; quod quaedam istarum sunt breves et quaedam semibreves, ut ~atur et ut patebit in multis exemplis ut hic WALS. *Mus. Mens.* 79. **b** quod inde Eadburgem ~atam Limmingas cum sanctimonialibus profugisse credi suadeat GOSC. *Lib. Mild.* 12 p. 80; c**1150** episcopus ~ato . . abbati prebendam illam . . dedit *Ch. Sal.* 16; **1203** quum episcopus ~ata que intendebat non probasset *Chr. Evesham* 137; s**1215** ab officio suspensus est Stephanus . . archiepiscopus . . . suspensionem ~atam dominus papa confirmavit *Flor. Hist.* II 155; nisi sine brevi allocetur ei excepcio ~ata *Fleta* 110; fundatoris nostri devocionem superius ~atam ELMH. *Cant.* 88.

5 to make known in advance. **b** to presage.

tradunt . . iiij nomina in Veteri Testamento ab angelis ~ata fuisse, sc. Ismael, Isaak, Sampson, Josias *Eul. Hist.* I 45. **b** ignis . . qui ascendit super cadavera ~avit in sacrificiis perfectionem Deo placabilem *Comm. Cant.* I 103; quando niger apparebat color ejus, tunc ~abat pestilentie mortalitatem futuram *Ib.* I 295 p. 354; a**875** saepe seges messem fecunda prenotat al-

tam *ASE* IX 72; his prelibatis, / piscem assum editis, si mel prenotatis *Poem S. Thom.* 73.

6 to distinguish in advance.

dies quarta decima . . separatim sub Paschae titulo ~atur, sicut Exodi sequentia patenter edocent (*Lit. Ceolfridi*) BEDE *HE* V 21 p. 335.

praenotarius [CL prae-+notarius], protonotary, chief clerk.

c**1200** V. capellano, ~io urbis *Cart. Chich.* 341; habet . . rex clericos suos ~ios in officio illo qui cum clericis memoratis familiares regis esse consueverunt et precipue ad victum et vestitum, qui ad brevia scribenda secundum diversitates querelarum sunt intitulati *Fleta* 77; in hac . . curia sunt clerici, ~ii, et cursarii qui placita irrotulant et brevia faciunt judicialia *Ib.* 86; tunc legat ~ius virtutem brevis ad instruccionem juratorum *Ib.* 230 (=BRACTON 185b: protonotarius); dicat ~ius clamatori, "exige essoniatorem R. le Jay" HENGHAM *Magna* 6.

praenotatio [LL], advance indication, preliminary remark. **b** (w. ref. to division of text) heading.

a**1149** a suis prelatis ~onis et confirmationis contra rebelles optinere munimenta duximus dignum *Act. Ep. Linc.* 56. **b** liber . . iste in viij partes est divisus, quarum totidem sunt he ~ones. singule . . partes in capitula sunt decise . . capitulorum ~ones prime partis PULL. *Sent.* 639D; in medio . . linee fit ~o literis capitalibus *Dial. Scac.* II 10A.

praenotescere [CL prae-+notescere], to become known in advance.

~at autem sophismatum genera inveniri posse quedam in ipsis disserendi principiis que ab enuntiatione et interrogatione constituimus BALSH. *AD* 38.

praenotio [CL prae-+notio], foreknowledge.

providentia est per prescientiam futurorum comprehensio. vel providentia est futurorum per coniecturam ~o W. DONC. *Aph. Phil.* 3. 18; ut et quod ejus [sc. Dei] providentia ut initio, fine carebit, et ejus ~o et dispositio ex quo prescitum evenerit, desinunt sic vocari PULL. *Sent.* 642D; quid est ~o, quid vero dispositio, nisi prescientia futuris suum rebus ordinem assignans? *Ib.* 714C.

praenubere [LL], to marry (person, in dat.) first or beforehand.

celica lux prenubit ei, preludia fiunt / sponsi celestis et nova sponsa placet GARL. *Epith.* V 249.

praenumerare [LL]

1 to count or determine the number of previously or in advance.

dies vite prenumerat ordinatos J. HOWD. *Cant.* 118.

2 to enumerate or specify earlier.

ut ad ~ata pretacte dissensionis mala addam H. BOS. *Thom.* III 16.

3 to count out or pay down (money) in advance.

1218 pro centum marcis quas ei ~averunt, ad acquietandum de debitis suis *RL* I 18.

praenuntiare [CL]

1 to announce in advance, predict, give the first indication of: **a** (verbal) **b** (non-verbal).

a ipse [sic] quippe ~abantur quod contra meos inimicos, triumphati scilicet hostis ministros, pro me dimicaturi essent *Eccl. & Synag.* 64; aruspices . . vaticinantur in ossibus animalium . . sive futura ~ent, sive presentia pronuntiunt vel preterita J. SAL. *Pol.* 407D; cum ergo completa sunt que sanctus testimonium suae promissionis futura ~avit J. FURNESS *Walth.* 111; premisit suum marescallum, ut adventum ejus ~aret et voluntatem indicaret M. PAR. *Maj.* V 344; tercius malus spiritus . . apparuit multis similiter generosis civile decidium ~ans *Chr. Kirkstall* 137; quosdam . . secundum justiciam tractandos fore, vel ad vitam vel ad mortem, rex ~at *Ps.-*ELMH. *Hen. V* 126. **b** avis illa insensata mortem cavere cum nescisset, immo . . hominibus . . nihil profuturum ~et *V. Greg.* p. 89; jurato . . quod ei tribus signis mortem cum fuerit proxima ~abit *Map NC* IV 6 f. 49; munificentiam enim a tenera ~avit infantia P. BLOIS *Ep.* 20. 73C; hanc [sc. cometam] regum ~ande mutationi mittit Juno pedissecam BERN. *Comm. Aen.* 7.

2 (p. ppl. as sb. n.) something that has been announced in advance or predicted.

post beati viri obitum . . festinant consummari ~ata W. MALM. *GR* II 165.

praenuntiatio [LL]

1 act of announcing in advance, predicting.

hoc signo divinae ~onis Dunstanus est glorificatus OSB. *V. Dunst.* 23 p. 97; primo pax Dei et domini inter eos qui convenerint publica ~one ponenda est (*Leg. Hen.* 81. 1) *GAS* 598; et semper crescente manifestacione sue presencie, moriebatur magis ac magis actus et ~o prophetie GROS. *Cess. Leg.* IV 2 p. 162; **1317** diem . . prenuntient . . ut facta . . ~one . . baccallarius . . non impediatur *FormOx* 23; s**1318** nulla ~one ad populum prius facta vel proclamata *Ann. Paul.* 282; **1441** si . . recedere voluerit . . ante suum recessum inde ~onem faciet *MonExon* 405b.

2 something that has been announced in advance or predicted.

si ergo eas ~ones, que de Christo mihi facte sunt, ignorare me estimas *Eccl. & Synag.* 60; futurum per prophetarum ~ones expectamus AD. MARSH *Ep.* 49 p. 154.

praenuntiativus [LL], that announces beforehand, prophetic; **b** (w. gen.).

priora quidem de ~is vaticiniis, sequentia vero ponemus de actis significativis *Eccl. & Synag.* 96; **b** si . . eorum signa essent, aut ex eorum creatione illa significarent aut aliunde eorum ~a essent R. MELUN *Sent.* I 247; quapropter manifestum est quod divina scriptura salutis humani generis ~a composita est sic GROS. *Cess. Leg.* I 9 p. 49.

praenuntiator [LL], one who announces in advance, prophet.

soli . . hujus rei per Spiritum Sanctum ~ores principaliter et maxime dicti sunt prophete GROS. *Cess. Leg.* IV 1 p. 159.

praenuntiatrix [LL], prophetic, (as sb.) herald (f.).

Platonis in cunis jacentis . . ori apes mel infuderunt, eloquiorum ~ices suavium NECKAM *NR* II 174.

praenuntius [CL]

1 that announces in advance, that heralds (w. obj. gen).

chrisma . . celebratur Christi . . nominis pariter et generationis ~ium BEDE *Luke* 319; ibat fama viri ~ia W. MALM. *GP* I 51; talia fuerunt tunc dicta . . futuros eventus presagiencia eorumque habundanti ex corde ~ia GIR. *SD* 30.

2 (as sb. f., m., or n.) herald, harbinger, forerunner; **b** (inanim. subj.).

celer eripitur lucis praenuntius ales ALCUIN *Carm.* 49. 22; dum . . adventum Scottorum expectaret, redeuntibus ~iis quos ad explorandum premiserant RIC. HEX. *Stand.* f. 43; tota vita patriarcharum fuit prophetalis, testificans formam nostre reparacionis per Dei filium incarnandum. . . ut facta ~orum incarnationem Cristi signant WYCL. *Ver.* III 138. **b** malorum ~ia . . videas exuberare fluenta GIR. *TH* II 7; cum . . aurora, divine lucis ~ia, albescere inciperet J. FURNESS *Kentig.* 4 p. 168.

3 spokesman, leader.

s**1381** aliqui ex populo ~ios vel capitaneos eis prefecerunt *V. Ric.* II 24.

praeobicere [CL prae-+obicere], to bring forward as a charge or objection beforehand (in quot. p. ppl. as sb. n.).

per predicta possunt alia preobjecta solvi S. LANGTON *Quaest.* f. 182v.

praeobire [LL], to die earlier.

1257 si materfamilias viro suo superstite ~ierit *Conc. Syn.* 559.

praeobtinere [CL prae-+obtinere], to obtain, acquire previously; **b** (p. ppl., also as adj.); **c** (as sb. n.).

cum Poticii sacrorum dei ritum . . quem pro dono . . velut hereditarium preoptinuerant, ad . . servorum ministerium transtulissent E. THRIP. *SS* III 23. **b** s**1217** absolucione a legato . . perobtenta [l. preobtenta], Franciam remeavit *Meaux* I 399; a**1284** secundum preoptentam meritoriam et piam consuetudinem regni *Ann. Durh.* 137; **1296** diocesani speciali licencia preoptenta *Reg. Carl.* I 77; **1310** juxta laudabilem consuetudinem regni Anglie preoptentam *Reg. Carl.* II 29; **1356** deliberacione provida preoptenta . . obligamus . . ecclesiam de Recolure *Lit. Cant.* II 340; **1376** si postea, consultacione secunda eciam preobtenta, judex in causa procedat ulterius *RParl* II 357b; **1382** licencia tunc predicti regis minime preoptenta *IMisc* 227/8. **c** recuperabit preoptenta BRACTON f. 194; **1279** [constitutio] concilii generalis [pluraliter beneficiorum fruentem] [non] et preobtentis [beneficiis] et ultimo simul privat, cum concilium generale sola auferat preobtenta *Conc. Syn.* 839.

praeoccupare [CL]

1 to seize, occupy, possess in advance; **b** (land or place); **c** (w. ref. to wrongful appropriation); **d** (w. illness as subj.).

futura angelicae vitae celsitudo . . jam . . violenter anticipatur, licet ultroneis affectibus sponte ~etur [*gl.*: i. precedatur, *sy forne forfangen*] ALDH. *VirgP* 18; neque . . illa venenum dare regi proposuerat sed puero, sed rex ~avit, inde ambo periere ASSER *Alf.* 14; succedente Edgaro fratre, omnium antecessorum, nisi Ethelstanus palmam ~asset, facile primo W. MALM. *GP* V 251; G. de P. ingenti precio comiti dato presulatum ~are sategit ORD. VIT. X 19 p. 117; *devant prendre*, . . anticipare, preocupare *Gl. AN Ox.* f. 154v. **b** Ingelricus ~avit ij hidas de terra prepositi Haroldi *DB* II 5b; primum basilicam beati Petri ~ans, raptores oblationum . . extinxit W. MALM. *GR* II 201; collis partem . . nostri ~avere OSB. BAWDSEY clxiv; ad harenas insule Lindisfarnensis pro vadis ~andis prevenerat R. COLD. *Cuthb.* 105; comes . . et alii nobiles . . alia quecunque propinquis partibus ~abat rebellio, in regiam ditionem reddita receperunt *Ps.-*ELMH. *Hen. V* 71. **c 1153** quas [insulas] aliquando ministri mei ~averunt injuste *Ch. Chester* 115; c**1213** accepimus episcopum . . de hiis, que ad archidiaconi porcionem . . pertinebant, marcas v vel vj ~asse GIR. *Ep.* 7 p. 248. **d** c**1000** excepto si ~atus fuerit infirmitate, pro qua ambulare non possit (*Lit. Papae*) *Conc. Syn.* 235; s**1263** rex . . brevi langore ~atus, ab hac luce migravit *Plusc.* VII 23.

2 to encroach upon; **b** (w. *super* & acc., land). **c** (of person) to occupy at expense of (someone).

1219 preocupavit cheminum domini regis de latitudine duorum pedum et de longitudine duarum perticarum *Fees* 271; preocupavit quandam placiam *Ib.* **b 1246** curia presentavit quod subscripti ~averunt super terram domini *SelPlMan* 7; **1246** ~avit super divisam (v. dividere 8b); **c** homines de hund' non testantur quod habere debeat [hanc hidam], sed ~atam esse super regem *DB* I 48vb; a**1121** de terra quam ~at super eos et divisam (v. dividere 8b); c**1132** super eos nemo quicquid ~et. et [si quis] preoccupavit vos, eis inde plenum rectum tenete (*Ch. Hen. I*) *EHR* XXIV 428.

3 to anticipate. **b** to take a position in front of. **c** (w. ref. to speech or writing) to mention beforehand.

ut nil omnimodis de tempore paschae legalis ~andum, nihil minuendum esse decerneret (*Lit. Ceolfridi*) BEDE *HE* V 21 p. 336; tertium est genus dierum †intercidentium [l. indicativorum] et quidam horum sunt ~antes ut sextus respectu septimi et quidem suboccupantes ut octavus respectu septimi BACON IX 88. **b** contingere solet, ut inferioris vitae gradus . . paulatim proficiens superiorem tepide torpentem ~et [*gl.*: i. anticipet, preveniat] et . . superiorem voti compos victorem ~et et qui existimabatur . . posterior, deinceps . . existat anterior ALDH. *VirgP* 10. **c** diximus autem ~ando supra, quia . . Lamech . . interitum designat reproborum BEDE *Gen.* 81; quattuor sorores . . quas ille quomodo nuptum locaverit sermo ~avit W. MALM. *GR* II 135.

4 to overtake, forestall, take by surprise: **a** (person); **b** (abstr.); **c** (w. occasion or event as subj.).

a si quis ~atus fuerit in aliquo delicto, vos qui spirituales estis instruite hujusmodi in spiritu mansuetudinis *Ps.-*BEDE *Collect.* 221; R. exercitum . . imperatoris cuneis suis sociavit et . . imparatos ~avit ORD. VIT. IV 8 p. 235; non ~ati, non desubitati, non adventum hujus ignari . . statim . . sunt confecti GIR.

IK I 4; qui superveniens improvisum ne te ~et, arma . . tibi relinquam, cilicium et loricam *V. Edm. Rich C* 595; quasi subito et improvise ~atus G. HEN. V 16. **b** ~abant . . se mutuo talibus objectionibus vel multo his mordacioribus veluti condebitores sensus mei GILDAS *EB* 1; jam dudum id facere satagerem nisi scrupulosae interrogationes tuae anticipantes festinationem meam vi quadam ~arent ALDH. *Met.* 10 p. 96; cujus situm commemorarem, nisi aviditatem meam ~aret Ambrosiana . . facundia W. MALM. *GR* IV 358. **c** neque . . vespere sabbati ~ante jam noctis articulo monumentum adire valuerunt BEDE *Mark* 294; non communicet quamdiu penituerit, nisi morte ~atus fuerit ÆLF. *EC* 39; querimonia domum replevit quod eum ~aret mors emendationem vite . . meditantem W. MALM. *GR* III 282; nescius infortunii quod ~averat suum precursorem ORD. VIT. III 11 p. 125; timere debet homo ne subita morte ~etur et sic in furcis inferni suspendatur ALEX. BATH *Mor.* III 83 p. 164.

5 (w. inf.) to hasten (to), to anticipate others (in doing something).

quantos suus funestus satelles ~aret ad interitum perducere, tantos . . regius occursus in exercitu contraheret minus ABBO *Edm.* 6.

6 (w. ref. to *Psalm.* xciv 2, *faciem ~are*) to come to meet, to come into the presence of.

orationibus . . insiste, quo ~ando faciem Dei in confessione propitium eum invenire merearis BEDE *HE* IV 23 p. 263.

praeoccupatio [CL]

1 the act of seizing in advance or encroaching upon. **b** taking by surprise, sudden attack.

terrarum . . de ~one (v. divisio 6a). **b** nulla unquam violentia vel inopinata, nulla ~one, nulla desubitatione . . animo consternatus potuit inveniri GIR. *EH* I 4.

2 anticipation, mentioning beforehand.

non simul tempore plasmavit eos sed in prescientia, unde hic loquitur de illis in simili, vel prolepsis est, id est ~o S. LANGTON *Gl. Hist. Schol.* 50.

3 preliminary objection.

judicium enim est: qui sine contradicione vel ~one super implacitacionem exit ad consilium intrat in placitum (*Leg. Hen.* 48. 1c) *GAS* 571.

praeoccupator [CL praeoccupare+-tor], one who seizes or takes possession in advance, or one who takes by surprise.

Satanus elatus, ~or avarus H. READING (I) *Fid. Cath.* 1329B.

praeoccurrere [CL prae-+occurrere], to run against or check the progress of beforehand.

"filius meus est" inquit "ne timeas, sed vade et circumspice ne forte ~imur circumventi" KNIGHTON I 253.

praeocupare v. praeoccupare.

praeofferre [CL prae-+offerre], to offer beforehand.

? **1236** ut munus spiritus preoblatum sanctitatis vestre fulgori non maneat penitus occultum, offero etiam me paratissimum . . ad labores corporis quos imposuerit nutus vestre preceptionis GROS. *Ep.* 35; conclamaverunt an sibi consulentes an ipsi pacem preoptulerint in brevi sensurum E. THRIP. *SS* III 33; **1407** humili serviciorum nostrorum recommendacione cum reverencia preoblata *Lit. Cant.* III 101; **1433** quem tocius . . communitatis votiva desideria digne ~unt erigendum *EpAcOx* 100.

praeoperari [LL], to work or bring about beforehand.

s**1184** suspiret vobis et nobis Deus ~ante gratia sua illud operari, quod ad salutem omnium . . prospiciat DICETO *YH* II 27; Deus operatur et ~atur in homine quodlibet opus bonum BRADW. *CD* 380C; nec ipse potest facere Deum praevelle et ~ari hoc in ipso, nec Deo praevolenti et ~ari volenti resistere *Ib.* 613B.

praeoperatio [LL praeoperari+-tio], (act of) bringing about beforehand.

generaliter politici penas statuerunt, non principaliter contra homines delinquentes, set contra divinam ~onem qua necessitat ad cuncta scelera facienda WYCL. *Ente* 275.

praeoperatrix [LL praeoperari + -trix], one who or that which effects in advance (f.).

communicant hujusmodi ut possibile in ~ice virtute deificis ipsius et humanis virtutibus (ERIUG.) GROS. *Cess. Leg.* III 1 p. 124.

praeoperire [CL prae-+operire]

1 to cover over or in front.

est .. lapis in mari oceano tam miri decoris, qui aliquoties apparet, aliquoties vero arenis ~itur *Ps.-*BEDE *Collect.* 63.

2 to cover beforehand or at an early stage.

s1249 fluxit .. annus ille minus fructifer, licet arbores floribus ~irentur M. PAR. *Min.* III 67.

praeopime [CL prae-+opime], very richly or sumptuously.

s899 verterat .. volumina .. ita varie, ita ~e ÆTHELW. IV 3.

praeopimus [LL], very abundant.

~as Regi coelorum gratias reddant ÆTHELW. II *prol.*

praeoptabilis [LL], much to be desired or chosen in preference.

natus est .. ~is dominus meus rex CAPGR. *Hen.* 125.

praeoptare [CL]

1 to choose in preference; **b** (w. dat. or *potius quam*).

ille .. licet in hac guerra divitiis .. admodum esset corroboratus, serene tamen pacis securitatem ~ans ORD. VIT. VII 10 p. 200; ipsumque patrem eo tempore licite, si ~asset, militare vel matrimonium contrahere potuisse ARNULF *Ep.* 98. **b** potius mortem celerem quam vitam tam funebrem ducere sepius ~avit R. COLD. *Cuthb.* 115; est in potestate eligentis alterum alteri .. ~are MIDDLETON *Sent.* I 364; scientiam veterum ~andam diviciis R. BURY *Phil.* 2. 37.

2 to wish (for), desire (eagerly); **b** (w. inf. or acc. & inf.); **c** (p. ppl. as adj.).

cui et ipse, ut preostendimus, tanto animo ~averat pontificium! H. BOS. *Thom.* III 24. **b** perfectioni deputa .. quae perfecto equitatis fine concludere ~avimus EGB. *Pont.* 99; velut exanimes inglorii et imbelles mori ~abant ORD. VIT. IX 10 p. 549; a1149 unde ne vestram que penes nos acta sunt possint latere prudentiam vobis ista transcripsimus quem munitum per omnia et esse semper incolumen ~amus *Doc. Theob.* 211; juvencula simplex et casta .. se utpote ~averat ab angelo Domini fecundari SIM. GLASG. *V. Kentig.* 5; a1180 a via non declinare justitie ~amus G. FOLIOT *Ep.* 372; neque enim ea que vobis et ecclesie huic a nobis persolvi debentur pessundari cupio nec nostram ex libera ancillam effici ~o *Chr. Battle* f. 67v. **c** nos ad portum applicans / pacis preoptate, / plena plene perfrui / presta libertate S. LANGTON *BVM* 3. 25; comes .. cum .. imperatore, gratia mutue visitationis et confabulationis diu ~ate, corpus et cor recreando commorabatur *Flor. Hist.* II 249; scimus enim nostro tempore dictum locum plures cursu ~ato visitasse J. YONGE *Vis. Purg. Pat.* 2.

praeoptatio [CL praeoptare + -tio], (act of choosing in) preference.

electio est duorum ostensorum ad aliquid aliud ordinabilium quod est in potestate eligentis alterum alteri ad illud libere preoptare vel alterum et non alterum ordinare. .. oportet etiam quod illa ~o sit libera. unde carentibus usu liberi arbitrii non competit eligere MIDDLETON *Sent.* I 364.

praeordinare [LL]

1 to place or arrange in front.

horum electissimi mixti cum sagittariis in prima acie ~antur RIC. HEX. *Stand.* f. 43b.

2 to draw up (army) beforehand.

s1187 acies .. hinc inde armatas ad pugnam ~averunt G. *Hen. II* II 6; in .. exercitu ad placitum suum .. ~ato *Plusc.* VIII 27.

3 to arrange, determine, or fix beforehand; **b** (p. ppl. as adj.).

philantropia .. conquirendum fore ~et O. CANT. *Pref. Frith.* 10; unde illa suis prudenter providens scivit ipsis sagaci animo profutura ~are *Enc. Emmae* II 16; omnia ejus gesta ~et studiosa deliberatio sapientum P. BLOIS *Ep.* 121. 356A; ubi rex ~averat, quod die sequenti primam aciem ipse deduceret *Itin. Ric.* IV 14; 1332 Josep .. discrete et graciose ~avit remedium contra futuram sterilitatem *Lit. Cant.* I 360; volunt quod satisfaccio ~etur GRAYSTANES 10 p. 51; s1410 una cum vasis venena continentibus que projicienda ~averant in dictam villam *Chr. S. Alb.* 57. **b** rationes que ~ato tempore in suos procedunt effectus J. SAL. *Pol.* 427D; s1295 ~atis .. nunciis .. destinandis .. pro pacis concordia reformanda *Flor. Hist.* III 95; ex .. ~ata prodicione .. cum .. inimicis nostris .. amicicias copularunt *Eul. Hist.* III 180; s1384 eo die loco ~ato positurum WALS. *HA* II 117; 1583 ~ata pena .. mulctabitur *StatOx* 428.

4 to prepare or intend for (w. *ad.* or *in* & acc.).

s1352 cum scalis ad hoc ~atis muros castri .. ascenderunt AVESB. f. 121v; 1438 callidus serpens in illius [sc. mulieris] filios arma mortis ~at nondum natos *Conc.* III 529b.

5 to foreordain, predestine; **b** (w. God or one of His attributes as subj.); **c** (person to an end, w. ref. to *Act.* xiii 48).

que secundum celestem aut terrenam phisim ab eterno ~ata .. novimus MAP *NC* IV 6 f. 50. **b** 958 ab eodem Deo .. populis et tribubus ~atus in regem *CS* 902; quod Deus praedestinare dicitur, intelligitur ~are, quod est statuere futurum esse ANSELM (*Praesc.* 2) II 260; divina ~ante clementia .. gratiam .. invenimus in oculis ejus DICETO *YH* II 141; Deum cuncta .. ~asse ab eterno BACON V 61; quod contradiccionem includit, quod aliquid fiat quod ~atum a Deo non fuerit OCKHAM *Pol.* III 14; quando racionabilius stare putandum, quam quando numerus animarum hominumque sanctorum a divina sapiencia ~atus fuerit adimpletus? BRADW. *CD* 144A; Deus .. ~at fructum justicie WYCL. *Ver.* II 59. **c** credebant et baptizabantur quotquot erant ~ati ad vitam aeternam BEDE *HE* II 14 p. 114; quotquot ad vitam ~ati attente legunt H. BOS. *LM* 1367B; quem ad vitam ~avit eternam AD. SCOT *TT* 615A.

6 to appoint beforehand.

c1150 ecclesie beati Martini de Dovera monachos ~avimus ad servicium Dei et sancti Martini *DCCant. Ch.* D 95; a domino suo rege arcius amabatur, in tantum ut eum suis consiliis et negociis ~aret (*Ailr.*) *NLA* II 546.

7 (mon.) to admit previously to a monastic order.

surgant et accedant ad altare sigillatim, quisque per se, secundum quod sunt priores ~ati, et legant ibi professiones suas *Cust. Cant.* 3.

praeordinatio [LL]

1 previously established ordinance.

s1188 ad decimas colligendas secundum predictam ~onem in terris suis transmarinis constitutam G. *Hen. II* 33; s1353 ex ~one domini regis Anglie et concilii sui, stapella lanarum incepit esse apud Westmonasterium AVESB. f. 123.

2 preordination, predestination.

praedestinatio videatur idem esse quod ~o sive praestitutio ANSELM (*Praesc.* 2) II 260; crevit puer nudo adhuc nomine Albanus, immo non nudo nomine sed divina etiam ~one W. NEWB. *Serm.* 880; antecedentia .., de qua fit hic sermo, est eventus futuri secundum cursum nature necessaria ~o GROS. *Quaest. Theol.* 197.

praeordinativus [LL praeordinatus *p. ppl. of* praeordinare+-ivus], that foreordains.

contigit ~a manu cuncta prospere gubernantis (*V. J. Bridl.*) *NLA* II 73.

praeornare [CL prae-+ornare], to adorn greatly.

regnum .. virtute et sciencia ~atum (WYCL.) *Ziz.* 258.

praeostendere [CL prae-+ostendere]

1 to show previously or at an earlier stage.

ille splendor ethereus, in vita .. Ethelburgae preostensus, perspicue hic de supernis effulsit sedibus GOSC. *Æthelb.* 11; s1258 licet estivo tempore segetes uberrime et fructuum redundans pubertas preostensa fuerit, in autumpnali tamen tempore imbrium inundationes continue M. PAR. *Maj.* V 728; 1408 prout per litteras apostolicas et alia .. documenta .. coram consilio nostro preostensas liquere poterit manifeste *Eng. Clergy* 201; s1384 contigit miraculum .. .. lignum .. defertur Tynemutham in testimonium preostensi miraculi *Chr. Angl.* 361.

2 to point out, indicate in advance (also in fig. context).

1166 me sinceritas vestra quadam reconciliationis et pacis via preostensa exhilaravit J. SAL. *Ep.* 164 (149 p. 46); extra silvam ipsos conducens .. viam ei certissimam longe ~it GIR. *TH* II 19 p. 103; s1267 in profundis mariscis viam, quam ~erant incole, fieri jussit W. GUISB. 203.

3 to reveal (to the mind or consciousness) in advance, foreshadow.

gaudium futurum quod accepturus erat ~ere potuit R. MELUN *Paul.* 243; ut quodam quasi vaticinio concilii celestis infallibilem providenciam magnum aliquid circa juvenem disposuisse ~eret *Ep. Glasg.* 310; 1187 hoc sane est quod alicui ex fratribus quondam preostensum fuit *Ep. Cant.* 69; infortunium tot prodigiis preostensum *Croyl.* 96; *to bode*, portendere, ~ere, pronosticare, pronosticativus *CathA.*

4 to make known or tell in advance. **b** to mention previously.

apud Londonias ire non debet .. nisi illud priori ordinate ~at *Cust. Westm.* 21. **b** 1244 habenda et tenenda .. per servitium preostensum *CurR* 131 m. 21d.

5 to demonstrate or prove beforehand; **b** (p. ppl. as sb. n.).

infinitus .. est ut equipollenti significatione ~imus et nobis incognitus numerus ORD. VIT. VII 12 p. 217; sicut dilucide jam satis preostensum E. THRIP. *SS* XI 8; pulsu .. cognoscitur quod parum aut nihil excedit nisi ut preostensum est in paucis GILB. I 63v. 1; ut satis †proostensum [l. preostensum] est *Ib.* II 82. 2; ex conclusione preostensa DUNS *Ord.* IV 159; in essencia divina .. continentur omnium creaturarum perfecciones. .. essencia divina .. continet .. perfecciones omnium creaturarum .. ut preostensum est W. ALNWICK *QD* 437. **b** querendo 'cui aliquid conveniat' non queritur 'quid sit id cui aliquid convenit,' nec omnino 'quid aliquid sit', quod ex preostensis patet BALSH. *AD rec.* 2 155.

6 to manifest (feeling or quality) previously.

1315 probate vestre fidelitatis constancia per actus strenuos hactenus multipliciter preostensa *RScot* 149b; canes imitantur hii sed in malo sensu, qui dum cibis vescimur assunt cum consensu, sed in fine prandii, mappa jam remota, perit amicicia preostensa tota *Superst. Pharis.* 104; 1403 vestre dileccionis affectus nobis .. preostensus *FormOx* 208.

praeostensio [praeostendere+-tio], foreshowing, foretelling.

rerum futurarum ~o BALD. CANT. *Sacr. Alt.* 708C; mirabiles .. ~ones et revelaciones GIR. *Invect.* VI 2.

praepacare [CL prae-+pacare], to pay in advance or previously.

de qua peccunia protestamur nos esse ~atos totaliter bene et integre *FormMan* 11.

praepalare v. propalare.

praepalmitare [CL prae-+ML palmitare], to put up for sale, to bargain beforehand.

chepyn, licitor, .. precior, .. ~o, -as, -avi *PP.*

praepalpitare [CL prae-+palpitare], to feel for, try to find by touching, (in quot. *gressus ~are*) to feel one's way.

baculo gressus precipites ~ans R. COLD. *Cuthb.* 121.

praepar [CL prae- + par], more than equal, greatly superior.

Galvandus Arcturi nepos, omnium par et in strenuitate omnibus ~ar GERV. TILB. II 17 p. 428.

praeparabilitas [CL praeparare + -bilis + -tas], ease of preparation, quality of being preparable.

in . . religiosis querentibus in alimentis . . curatam ~atem J. WALEYS *V. Relig.* f. 236v (v. deliciositas).

praeparamentum [ML < CL praeparare + -mentum], (act of) preparation.

1274 rex . . applicuit in Angliam, expectans . . diem coronationis sue, cujus solemnitatis ~a . . non mediocrem . . solicitudinem requirebant WYKES 259; ~a descensus sui . . indies cogitet *Croyl. Cont. C* 557; omne ~um belli secum contrahens WALS. *HA* II 271; ut opus Dei ordine procedat, magno opus erat ~o COLET *Sacr. Eccl.* 61.

praeparare [CL]

1 to make ready, prepare; **b** (absol.).

ut avidius organa nequitiae ~etis ad bona GILDAS *EB* 89; modo vestiuntur in isto libro vestimentis ipsis quae in Exodo ~entur *Comm. Cant.* I 346; putasne quis tibi hodie prandium ~avit? *V. Cuthb.* II 5; rogavit . . ministrum suum . . ut sibi locum quiescendi ~aret BEDE *HE* IV 22 p. 261; **1260** menia . . ~antur (v. 2 decasus 1a). **b 1319** paterne caritatis . . in pacem et quietem studii ~antis *FormOx* 52.

2 to prepare (by special process); **a** (food or meal); **b** (other material).

a ubi . . virgines . . sumptuosa ferculorum convivia ~arent [i. coquerent] ALDH. *VirgP* 35 p. 278; cum . . cocturam . . alimentorum in focularibus ~atam ad edulium refutaret *Ib.* 38 p. 288; accidit . . ut aspiceret illum fratrem stantem juxta feruens caldarium, in quo victualia ~abat artificibus WULF. *Æthelwold* 14; sicque sibi preparat escas *WW.* **b** ego emo cutes et pelles et ~o [AS: *gearkie*] ÆLF. *Coll.* 97; **1281** lavit lanas et alio modo ~avit ad opus extraneorum *Rec. Leic.* I 190; **1291** quod dictas lana[s] bene et fideliter . . ~et prout hactenus ~are consueverunt *Cl* 143 m. 9d.

3 to prepare to: **a** (w. inf., also refl. & pass.); **b** (w. *ad* & gd. or gdv.).

fili mi, ~a te in iter tuum pergere FELIX *Guthl.* 50 p. 158; venenum suum diffundere jam ~avit GIR. *EH* I 7 p. 239; ~ati essent resignare sua regna pape OCKHAM *Dial.* 887; Jerosolimam se ~ant proficisci *Meaux* I 239. **b** semper quasi cras moriturus hodie te ~a ad reddendam rationem vitae tuae ANSELM (*Ep.* 375) V 319; bellicis instrumentis ad prelianduin sese ~averunt ORD. VIT. III 11 p. 125; ponatur . . sol creatus ~atissimus ad agendum potest non agere BRADW. *CD* 599B.

4 (w. *contra*) to prepare for.

pro j lagena vini empta ad jentaculum domini G[alfridi] et W. de Hexton' eunciun versus Windeshoram ad ~andum contra adventum domine regine iiij d. *Housch. Henr.* 403.

praeparatio [CL]

1 (act of) preparation. **b** (w. ref. to celebration of Jewish Sabbath, in quots. transf.) day of preparation, day before the Sabbath. **c** (~*o cordis*, cf. *Psalm.* ix 38) disposition.

GlC P 109, *Gl. Leid.* 30. 63, BELETH *RDO* 96. 97 (v. parasceue 1a); in ~onem jucunditatis . . eterne Dominus . . pro dilecta sua . . non desinit esse sollicitus J. FORD *Serm.* 96. 4. **b** *GlC Interp Nom.* 247, *GlC* P 19, OSB. GLOUC. *Deriv.* 482 (v. parasceue 1b); **9 . .** parasceue, i. *WW*; parasceue, hoc est ~o Judeorum, quia eo die preparabant Judei sibi necessaria que in sabbato habere debuissent ÆLF. *Regul. Mon.* 187. **c** ut . . percutienti maxillam in ~one cordis nostri prebeamus et alteram J. FORD *Serm.* 76. 7; quemadmodum habens charitatem secundum ~onem cordis habet omnes virtutes et actus eorum omni vitio caret OCKHAM *Dial.* 590; non omnis criminosus habet secundum ~onem cordis omnia vitia *Ib.* 591.

2 preparation (by special process): **a** (of food); **b** (of other material).

a 1535 sol. R. T. pro factura *de sutteltez* et ~one *le borehede* arga Nat' Domini iij s. iv d. *Ac. Durh.* 112. **b 1291** quas [sc. lanas] predicti religiosi allocare tenentur eisdem mercatoribus in ~one eis facienda apud villam sancti Botulphi *Cl* 143 m. 9d.

3 preparatory event or process.

subvectio impiorum gravioris ruine ~o est J. SAL. *Pol.* 812D.

4 substance specially prepared as medicine.

ista utere, et nulla ~o *Mir. Montf.* 105; si vero contingat quod aliquis frater pro qualicumque egritudine . . ~one sumpta, medicinetur *Cust. Cant.* 300.

praeparatitium [CL praeparatus *p. ppl. of* praeparare + -itium], preparatory procedure.

artis ~ia et multos articulos veritatis tradunt artium preceptores, etiam in introductionibus suis J. SAL. *Met.* 900C; artis ~ia precesserunt, ad quam suus opifex . . rudem . . tironem irreverenter . . non censuit admittendum. sicut enim in arte militari instrumentorum quibus res militaris instruitur, preparatio precedit artem, sic hujus sacri adeuntibus cultum quedam elementa premittuntur *Ib.* 902A; corpus artis deductis ~iis . . consistit in tribus, sc. topicorum, analeticorum, elenchorumque notitia *Ib.* 902B.

praeparativus [CL praeparare + -ivus], preparative (w. gen.).

liberalitas regis est causa ~a boni regiminis et triumphalis expeditionis MILEMETE *Nob.* 112.

praeparator [LL], preparer.

verba quoque Baruc expresse manifestant Deum hominem, ubi de inventore sapientie et ~ore terre cum pecoribus et emissore et vocatore luminis et stellarum subjungit GROS. *Cess. Leg.* II 2 p. 81; Christus . . summos sacerdotes . . constituit ut sint . . ~ores regni, consummatores celi AD. MARSH *Ep.* 209; subcellarius liberat potagium ~ori lane quando lanam nostram preparat quantum sufficit *Ac. Beaulieu* 305; **1291** lana que vocatur *tayller* . . brusetur inter communem lanam . . in forma lane communis per ~orem dictorum mercatorum ad hoc juratum *Cl* 143 m. 9d.

praeparatorie [CL praeparatorius + -e], by way of preparation.

excommunicatio . . non debet obstare justicie complemento: quia sic posset clericus per excommunicacionem, ~ie ad Antichristum, conquirere totum mundum (WYCL.) *Ziz.* 256; **1449** tractandum est ~ie de ordine et forma observandis *Cap. Aug.* 118.

praeparatorius [CL], preparatory, that prepares the way for (w. gen., dat., or *ad* & acc.). **b** (as sb. n.) preliminary, preparation. **c** preparatory agent.

interiorem hominem ~ia sanitatis invadit anxietas W. CANT. *Mir. Thom.* VI 13; recipiant cimiterium quod . . concordie primum poterit esse ~ium GERV. CANT. *Imag.* 83; ~ie autem dicuntur [inducie] que dantur partibus ad instructionem cause RIC. ANGL. *Summa* 22; duplex est digestio; . . prima est in ore que fit masticando et ~ia ad digestionem principalem BACON XI 223; novem tractatus . . quorum unumquemque in diversos libros censeo dividendum, primi namque duo erunt ~ii et preambuli ad sequentes OCKHAM *Dial.* 771. **b** circa ~ia judiciorum et ipsa judicia et judiciorum sequelas W. DROGHEDA *SA* pref. p. 3; **1326** multa et magna ~ia que in talibus requiruntur *Lit. Cant.* I 173; **s1308** fiunt ~ia coronacioni regis *V. Ed. II* 157; **1443** ad faciliorem expedicionem capituli celebrandi propter ~ia ejusdem *Cap. Aug.* 84. **c** prima nutrimenti ~ia . . fuerunt dentes RIC. MED. *Anat.* 223.

praeparatrix [ML < LL praeparare + -trix], one who prepares (f.), preparer (in quot. of abstr.).

neque internam perdo securitatem, que sempiterne imitatrix et ~ix existit tranquillitatis AD. EYNS. *Hug.* III 12.

praeparatus [CL], preparation.

citra omnem ~um, parum elevata [sc. securis] letale vulnus infligit GIR. *TH* III 21 p. 166.

praepartiri [CL prae- + partiri], to distribute in advance.

1254 subplicamus ut aliquam nobis helemosinam praepertiri dignemini in adjutorium *AncC* 47/117.

praeparvus [LL]

1 very small.

immanisque ferus preparvo pascitur ore HWÆTBERHT *Aen.* 42 (*Draco*) 6; praeparva domuncula ALCUIN *Carm.* 108. 1; sanctus illo requievit, domuncula orationis super eum habita ~issima HERM. ARCH. 1.

2 very short in duration.

pausat quidem, somniculo pressus ~issimo HERM. ARCH. 37.

praepatere [CL prae- + patere], to be very obvious.

cum sit inter cetera cronographorum florida scripta velut ~ens palia inter tritici grana peroptima KNIGHTON I 2.

praepatulus [CL prae- + patulus], very wide, extensive.

praepatulis / intervalla obstaculis (ÆTHELWALD) *Carm. Aldh.* 2. 15.

praepavidus [CL prae- + pavidus], very frightened.

hunc ego prepavidus nitidis jam vestibus album / . . adivi ÆTHELWULF *Abb.* 696.

praepectus [CL prae- + pectus], garment that protects the chest.

s1097 loricam quoque cum ~ore, necnon et corpus ipsius libere perforavit M. PAR. *Min.* I 85.

praepedire [CL]

1 to impede, obstruct the advance of: **a** (person or animal); **b** (movement).

a rex [sc. apum] . . cum hiberna castra gregatim egreditur . . si pulverulenta sablonis aspergine ~itus seu repentinis imbribus . . retardatus fuerit ALDH. *Ep.* 12 p. 502; properans . . rex e Snotingeham, ~itur ad Fracti Pontis aquam ORD. VIT. IV 5 p. 194; eum loricatum et armorum pondere gravatum et multipliciter fatigatum cum multis de suo exercitu simili incommodo ~itis *V. II Off.* 3. **b** impeditis [v. l. ~itis] gressibus incedendi usum retardat BEDE *Tab.* 483; ad te tendenti cursum non prepedire / aequora nec venti R. CANT. *Poems* 1. 12; nimia . . terre ipsius curam ~iens . . herbositas GIR. *TH* I 24 p. 57.

2 to obstruct (person) in the performance of some action, to hinder, prevent; **b** (w. inf.); **c** (w. *ab* & sb. or gd.); **d** (w. *ne* or *quin* & subj.).

pedum, manuum linguarumve ~itas [l. ~itos] sermonum et actuum THEOD. *Laterc.* 17; quem autem infirmitas implendi ~it, uno profecto multum reservamus judicio Dei EGB. *Dial.* 409; **c801** loquere domino meo David, ne irascatur famulo suo, quia venire non valui, sicut voluit, continua ~itus corporis infirmitate ALCUIN *Ep.* 241; ne qua vero ~iaris ambiguitate GOSC. *Aug. Maj.* 85B; vos sceptrigeros efficisset, nisi Normannorum violenta direptio, Deo permittente, usque ad tempus praefinitum ~isset J. FURNESS *Walth. prol.* 1; ne miremini, mi domine, si vobis ante non scripsi; non enim neglexi, sed multiplici dierum ~itus malitia, scribere non potui D. LOND. *Ep.* 15; sed quoniam istum negocium non est leve mihi quam multa peccata ~iunt J. MIRFIELD *Brev.* 46. **b** quod efficere ~itur . . morte *Chr. Battle* f. 34v. **c** optimates . . non valebant hostium insectationibus a sancto opere ~iri BEDE *Ezra* 845; ne forte diabolus . . supervacuis vos curis ab aeternae salutis auditione ~iat *Id. CuthbP* 13; eget quoque vita vegetativa quarta virtute, videlicet impuri et superflui expulsiva, ne ipsius putredine ipsum corumpatur et ab attrahendo recens nutrimentum ~iatur GROS. *Hexaem.* IV 30 p. 155. **d** dat osculum plurimis, nec in omnibus posset, luctu et suo et ipsorum ~itur *Hist. Abb. Jarrow* 25; ~imur . . ne omnia quae desideramus bona valeamus perficere BEDE *Cant.* 1068; **1167** certe quin votis adjuret, quin desideriis obsequatur . . omnino ~iri non potest [caritas] J. SAL. *Ep.* 228 (236 p. 438).

3 (pass., w. *negotiis*) to be preoccupied with, prevented by business.

1279 si arduis negociis ~itus . . venire non possit *RParl Ined.* 5; **1364** variis et arduis ad presens †~itis [l. ~iti] negociis intendere personaliter non possimus [sic] *Cart. Mont. S. Mich.* 11 p. 12; domino namque Lincolniensi a primo consecrationis sue tempore consuetudo fuit singulis annis, nisi urgentioribus negociis ~iretur, Witham venire *Chr. Witham* 500; **1446** me aliis arduis ~ito negociis *Melrose* 559; variis et arduis ~itus negotiis *Scot. Grey Friars* II 219.

4 to impede, obstruct, or render difficult (an action, function, or condition).

castimoniam nec membrorum crudelis dilaceratio compescere nec lictorum atrox vexatio ~ire [*gl.*: i. impedire, *geletten*] . . valuerunt ALDH. *VirgP* 41; **1166** Lexoviensis episcopus unicum dixit esse remedium imminentem sententiam appellationis obstaculo ~ire J. SAL. *Ep.* 145 (168 p. 110); vir quidam de Wereministra, Thomas nomine, qui ventositate intercutanea membrorum omnium officium ~iente vexatus fuerat *Mir. Fridesw.* 57; cum .. mentis tranquille serenitatem tot adversa ~iant GIR. *Ep.* 4 p. 186; anima itaque leditur a re visa molesta, unde lesa anima ~iuntur operationes que insunt ei a natura *Quaest. Salern.* N 6.

praepeditio [LL], that which impedes or prevents an action, obstacle, hindrance. **b** (*~o canonica*) hindrance imposed by canon law, lawful hindrance (as excuse for absence).

[Haroldus] eis [sc. Normannis] obviam ire subito disponit, nullius admissa ~one *Found. Waltham* 20; **1437** quod .. ad tanti mali ~onem tucius .. gerendum esse censueritis BEKYNTON II 89; **1459** talem .. habebant .. obicem ~onis quod staret et irrita sua eleccio et ipsi compulsi sedere domi *Reg. Whet.* I 336; *a lettynge* .. ~o *CathA.* **b 1223** nullus prior excuset se veniendi ad generale capitulum nisi ~one canonica prepeditus *Cap. Aug.* 25; s**1235** vocatus ad synodum, veniam nisi prepeditus fuero canonica ~one M. PAR. *Maj.* III 318; **1426** in dicta convocacione canonica ~one impediti non valebant personaliter interesse *Reg. Cant.* III 175; s**1422** si ~o canonica et racionabilis laqueum posuerit pedibus vestris, ita quod non poteritis .. ad nos dirigere vestros gressus AMUND. I 84; **1504** veniam nisi prepeditus fuero canonica ~one *Reg. Heref.* 5.

praependatus v. praebendare.

praependere [CL prae-+pendere], to estimate, judge.

quam efficax remedium .. ex ipsius rei eventu ~ere poteris *Hist. Meriadoci* 354; c**1250** ex cujus tenore ~imus .. predecessorem nostrum eis .. procuraciones .. commutasse *Reg. Aberbr.* I 132; a**1419** attendentes onera gravia vestre paternitatis humeris incumbencia, ~entes insuper necessitudinem inevitabilem et sumptuositatem quasi importabilem fabrice ecclesie vestre .. considerantes eciam .. *Fabr. York* 202.

praepensare [CL prae-+pensare], to consider previously.

1562 utilitateque mea diligenter ~ata ac considerata *Form. S. Andr.* II 209.

praeperdere [CL prae-+perdere], to lose previously.

multis ~itis recuperatis *Plusc.* VI 34.

praeperpetrare [CL prae- + perpetrare], to perform, carry out previously.

penas .. pendit .. ~ati .. detestabilis sacrilegii E. THRIP. *SS* III 10.

praeperscrutari [CL prae- + perscrutari], to examine thoroughly beforehand.

si sic sermocinantis mentem .. tibi libuisset .. ~ari E. THRIP. *SS* IV 24.

praepertiri v. praepartiri.

praepes [CL]

1 (of bird used in augury) that flies straight ahead (esp. as thereby giving a good omen).

aves juxta artis disciplinam aut oscines sunt, id est que futura ore canunt, aut ~etes, que volatu significant ALB. LOND. *DG* 11. 13; porro ~etum avium, ut ait Servius, alie superiora tenent, et proprie ~etes dicuntur, alie inferiora, et infere nuncupantur; communi .. vocabulo et he et ille ~etes quia omnes aves priora petunt volantes *Ib.* 11. 15.

2 swift; **b** (w. *cursus* or sim.); **c** (of the mind); **d** (of news that spreads quickly).

†perpes [l. ~es], *hraed* *GlC* P 374; impiger vel ~es, *unslæw* ÆLF. *Gl. Sup.* 169; hic et hec ~es, i. velox OSB. GLOUC. *Deriv.* 411; fiuntque pedes stationarii .. qui fuerant ~etes in excursu J. GODARD *Ep.* 222; Cambises igitur hic prepes veniat / ut istum Pontium Pilatum puniat WALT. WIMB. *Carm.* 573. **b** sed primum ab ipsis pedetemptim cepit secedere et postmodum ~ete cursu fugere LANTFR. *Swith.* 3; voce jubente Dei parent et prepete cursu WULF. *Brev.* 701; si qua sanae doctrine flore odorifluo dulci anima adgregavero libens in vestrum paternitatis alvearium, velut apis obediens, ~eti volatu revehere et condere curabo B. *Ep.* 387; statim cursu ~eti in proximum mare se

precipitat GIR. *TH* II 6; equorum forcium cursu ~eti se obviam Anglis .. contulerunt *Ps.*-ELMH. *Hen.* V 23. **c** providus ac pugnax, praepete mente sagax *De lib. arb.* 70. **d 1164** et nescio quo ~etis et inquiete fame preconio calamitas Anglorum ecclesiarumque vexatio quocumque veniebam fuerat divulgata J. SAL. *Ep.* 134 (136 p. 4).

3 (as sb.) bird (esp. bird of prey).

non fueram praepes quo fertur Dardana proles ALDH. *Aen.* 57 (*Aquila*) 3; mitia quapropter semper praecordia gesto / et felix praepes nigro sine felle manebo *Ib.* 64 (*Columba*) 6; hic prepides temptant avida concludere rostra *Kal. M. A.* I 407; hic et hec ~es, -dis .. aliquando dicitur pro ave OSB. GLOUC. *Deriv.* 411. [falco] aquilam insequitur acerrime et pectore audaci ~es [v. l. praeceps] eam fere perturbat .. et vix artis notae beneficio tantum evadit ~es fugitivus discrimen NECKAM *NR* I 27; hic ~es, A. *hawke* WW.

4 demon, hobgoblin.

hobb trusse .. ~es, negocius *CathA.*

praepingere [CL prae-+pingere], to make a preliminary design of, to sketch or represent pictorially beforehand; **b** to prefix (written character or shape, in quot. ellipt.).

quatenus ille ad divinum cultum quandam stolam sibi diversis formularum scematibus ipse ~eret quam postea posset auro gemmisque variando pompare B. *V. Dunst.* 12; ut ei stolam sacerdotalem artificiosa operatione ~eret quam postea ad divinos cultus aurifactoria imitatione figuraret OSB. *V. Dunst.* 10. **b 986** ego .. rex .. donum .. confirmavi .. ego Ælfeз, episcopus, depinxi, ego Æscwi, episcopus, prenotavi. ego Æþelgar, episcopus, prepinxi *Reg. Malm.* I 320.

praepinguis [CL]

1 very fat.

pertesus conubii, quod illa ~is corpulentie esset, a lecto removit W. MALM. *GR* III 257; ~is, valde crassus OSB. GLOUC. *Deriv.* 484; alosis ~ibus GIR. *TH* I 9.

2 very fatty, oily, rich in fat.

stomachum farcire studet praepinguibus extis ALDH. *VirgV* 2492; unguine sed perfusa foret praepinguis olivi WULF. *Swith.* II 608.

3 (of soil) very rich, fertile.

gleba ~i .. terra .. fecunda GIR. *TH* I 5.

praeplacere [CL prae+ placere]

1 to please previously.

dum .. pertritas et .. decoctas .. fastidiret .. que ~uere tortulas E. THRIP. *SS* II 11.

2 to be particularly pleasing or popular.

preplacet hic usus, cui regis gratia major / affuit, et pretium sermo rotundus habet J. SAL. *Enth. Phil.* 151.

praeplurimus [CL prae-+plurimus], (pl.) very many.

his .. et aliis ~is .. oraculis *Chr. Rams.* 182.

praepolire [CL prae-+polire], to polish finely (in quot. fig.).

pro .. prepollita, preclara columpna letantes, .. supplicantes quatenus tante columpne .. virtutes .. pensantes, ipsum .. promovere dignemini *FormOx* 200.

praepollenter [CL praepollens + -ter], outstandingly, excellently.

prepollens, i. valde fulgens et inde ~er adv. OSB. GLOUC. *Deriv.* 437; liquet quam ~er insigniri oportet virtutum istarum apicibus eum qui .. officium metropolitani .. habet adimplere AD. MARSH *Ep.* 247 p. 441.

praepollentia [CL praepollens + -ia], excellence.

sublimitas, ~ia, excellencia OSB. GLOUC. *Deriv.* 199.

praepollere [CL]

1 to be superior in power, influence, or value, to surpass (w. dat.); **b** to be remarkable in, distinguished for (w. abl.).

quis .. inter vos principatum tenere debeat, queve sedes episcopalis ceteris ~eat W. MALM. *GP* I 38; novem drachmis drachma decima perdita ac reperta ~eat P. BLOIS *Serm.* 759A. **b** regalibus ~ebant palatiis ita ut aureis tectorum fastigiis Romam imitaretur G. MON. IX 12; tunc vere virum Dei spiritu prophetico ~ere persensit R. COLD. *Godr.* 110; cum .. divitiarum magna habundantia ~eret RIC. HEX. *Hist. Hex.* 52; qui degens olim in mundo magnis meritis ~ebat *Canon. G. Sempr.* f. 133; in hoc conflictu miles quidam .. mirabili strenuitate ~uit GIR. *EH* I 13; ideo sepe docet beatus Augustinus quod nulli eorum, quantumcumque magna sciencia vel sanctitate ~eat, credendum est WYCL. *Apost.* 66.

2 (pr. ppl. as adj.) extremely powerful. **b** outstanding, remarkable, excellent.

femina praepollens et sacra puerpera virgo ALDH. *CE* 2. 7; ultima terrarum praepollens India constat *Ib.* 4. 9. 1; quadrati praepollens Conditor orbis *Id. VirgV* 514. **b** campis .. ~enti culturae aptis GILDAS *EB* 3; mansit in Cantia .. quasi columna immobilis .. elemosinis et prophetia ~ens WULF. *Æthelwold* 14; nec movet antiquitas temporum, quod sint in sanctitate et sciencia ~entes WYCL. *Apost.* 70.

3 to have power over (w. dat.).

huic sancto contubernio ~ebant quatuor ecclesiastici proceres ELMH. *Cant.* 94.

praeponderanter [CL prae-+ML ponderanter], with greater weight, preponderantly.

redeunt peccata prius .. deleta .. vel imputabiliter seu eque ponderanter secundum reatum, vel eciam ~er propter aggravacionem novi contemptus adjuncti BRADW. *CD* 414C; quicunque episcopus .. ~er accipit illum statum propter honorem vel comodum temporale est symoniacus WYCL. *Sim.* 17.

praeponderantia [CL prae-+ML ponderantia], greater weight (fig.), preponderance.

cum tamen profitemur in baptismo quod abrenunciamus Sathane et omnibus pompis ejus. talis itaque finalis ~ia seculari privilegii est signum infallibile membri diaboli WYCL. *Eccl.* 185; ~ia vindicte atestatur preponderacione injurie *Id. Blasph.* 176.

praeponderare [CL]

1 to be of greater weight, to weigh more, to be preponderant (also fig.).

spe metuque libratis, cum neutrum ~aret W. MALM. *GR* I 61; **1166** sic respondebit ad merita ut ~are videatur libra vindicte et quos potenter puniet non tam examinare lance equitatis quam mole magnitudinis pregravare J. SAL. *Ep.* 145 (168 p. 102); pondera apostoli bona opera ostendentia aliquando ~abant atque pondera diaboli .. mala significantia iterum ~abant ... cum .. statera se inclinaret versus apostolum .., tollebat apostolus animam illam COGGESH. *Visio* 14; qui amplius diligant amplius glorificabuntur, non illi qui asperiorem vitam ducunt quia dilectio ~at [ME: *overweið*] *AncrR* 152.

2 (w. dat.): **a** to weigh more than. **b** to have more value or influence than.

a sed illud sane querendum occurrit in hac gaudii exploratione, quid curiosius debeat explorari, an quod aurum cui ~eret cui prefulgeat et quod cui in puritate premineat J. FORD *Serm.* 12. 5. **b** commune dispendium privato commodo ~at W. MALM. *GR* II 147; quorum [morborum] singuli ~abant paralysi *V. Chris. Marky.* 50; nam licet non deesset fratrum electio, plebis petitio, voluntas episcoporum, gratia procerum, his tamen omnibus tua ~avit auctoritas, tua magis urgebat voluntas AILR. *Ed. Conf.* 780A; ne forte in tua estimatione ~erent minora majoribus *Id. Spec. Car.* II 16. 561; sanum consilium preponderat omnibus escis WALT. ANGL. *Fab.* 26. 19.

3 to weigh (a matter) mentally, assess the value of. **b** to consider to be of greater weight, influence, or value.

in virga directionis sub discretionis examine pende et ~a quid juris rigor dictet A. TEWK. *Ep.* 10 p. 49; ~ans quantam gratiam .. inveniebat TROKELOWE 82. **b** quamvis eum accessum .. cunctis opibus terrae ~aret Gosc. *Transl. Aug.* 31B; quicunque .. illam [sc. institutionem] .. violaverint, apponat ac ~et Dominus illam eorum sacrilegii iniquitatem super omnes alias iniquitates eorum *Text. Roff.* 226. toti abstinentie mee .. hec continentia sola longe ~at GIR. *GE* II 220.

praeponderatio [LL], greater weight, preponderance; **b** (fig.).

1377 piscacione cujusquidem rete, mole et ~one dicte corde plumbeate, fetus, flores et sperma piscium .. destruuntur *IMisc* 211/5. **b** ideo preponderancia vindicte atestatur ~one injurie WYCL. *Blasph.* 176.

praeponere [CL]

1 to place in front: **a** to set (something) before. **b** to prefix (part of word or text). **c** to put (a question) before (someone).

a 679 praepositis sacrosanctis evangeliis .. pariter tractantes (*Conc.*) BEDE *HE* IV 15 p. 239; non portans cucullam .. capitulum ingredietur, ita quod a camerario .. deferatur cuculla in capitulum et ad gradum ~atur *Cust. West.* 211. **b** laboro ex cunctis quae utiliora invenire potui, et singillatim titulos ~ens congessi THEOD. *Pen. pref.*; aut ipsae praepositiones corrumpuntur ut accedo .. aut ceteras orationum partes, quibus praepositae fuerint, corrumpunt ALDH. *PR* 140; H vero .. semper absque ullo sono vocalibus ~itur .. et consonantibus .. postponitur ABBO *QG* 11 (25); hanc epistolam prepositam corpori Veteris et Novi Testamenti velud loco proemii scribit beatus Jeronimus GROS. *Hexaem. proem.* 1. **c a805** placuit prudentiae vestrae aliquid ~ere mihi ad solvendas .. quaestiones ALCUIN *Ep.* 289; quedam .. supplicaciones .. cardinalium dominacionibus ~entur CONWAY *Def. Mend.* 1411 (*recte* 1311).

2 to place around, wrap.

c 1211 in xvj ulnis de canabo ad lanam ~endam, iij s. *Pipe Wint.* 49.

3 to prefer, rate more highly, give priority to; **b** (w. acc. & dat.).

816 meo praeclaro atque praeponito [*sic*] pontifici .. hoc .. privilegium .. componere decrevi *CS* 357; fratres .. invidentes illum ~i, quem juxta conversionis ordinem judicabant sibi debere postponi EADMER *V. Anselmi* I 9; dum improbi suam violenter ~ere sententiam nituntur, regularis ordo saniusque consilium .. impediuntur ORD. VIT. III 12 p. 127. **b** palam damnationem tuam facio, i. ipsum ~o tibi, ut saepe postea patres fecerunt, i. Abraham de Ysaac et Ismahel, Isaac de Jacob et Esau *Comm. Cant.* I 49; omnibus generalium virtutum gradibus .. speciale virginitatis privilegium praeposuit ALDH. *VirgP* 7; cum mundi divitias amori caelestium ~imus BEDE *HE* III 19 p. 165; ne videretur regni ejus justicie pietatem filie ~ere SIM. GLASG. *V. Kentig.* 6; Marsyas enim stultus interpretatur, qui solus in arte musica tibiam ~ere voluit citharae ALB. LOND. *DG* 10. 7; nullus enim verus Christianus aliquid ~it legi Dei PECKHAM *Paup.* 79.

4 to put in charge (of), set in authority (over), appoint (w. dat., *in* or *ad* & acc.).

non habent regem .. Antiqui Saxones, sed satrapas plurimos suae genti praepositos BEDE *HE* V 10 p. 299; cum monasteriis suis abbates ~ere vellet W. MALM. *GP* V 225; monasteria fundavit et ex discipulis quos instituerat illis patres preposuit J. FURNESS *Kentig.* 34 p. 220; si queratur quis sit melior ville .. statim ~itur qui plures divicias habet, quamvis sit pessimus *G. Roman.* 423; **1369** J. W. custos foreste preposuit quemdam R. B. in officium forestarii in foresta *SelPlForest* xlix; **1419** cum .. gubernator Christus ad profectum sue ecclesie et communitatis gubernacionem et animarum curam quempiam ~i ordinaverat *Reg. Cant.* I 60.

5 (p. ppl. *praepositus* as sb.) one appointed to position as superintendent, governor or administrator, reeve, provost, mayor; **b** (w. gen.); **c** (passing into surname).

~us, *gerefa oððe pravost* ÆLF. *Gram.* 300; U. tenuit reddens omnem consuetudinem ~o firmae *DB* I 172vb; ego .. rex .. mando ~is meis omnibus in toto regno meo .. ut in primis de meo proprio reddant Deo decimas .. et episcopi similiter faciant de suo proprio et aldermanni et ~i mei (*Quad.*) *GAS* 147; precipio .. omnibus vicecomitibus et ~is .. regni mei .. ut nulli homini nec diviti nec pauperi vim injustam inferant W. MALM. *GR* II 183; **c1170** comes Cestrie omnibus ~is et ballivis suis .. salutem *Ch. Chester* 166; *meyr*, ~us, -i *PP*; *reve, lordys servaunte*, ~us, -i *PP*. **b** Þaga civitatis [Carlisle] ~us *V. Cuthb.* IV 8; habent .. aldermanni in civitatibus regni hujus in ballivis suis et in burgis clausis .. eandem dignitatem .. qualem et habent ~i hundredorum et wapentagiorum in ballivis suis sub vicecomitibus regis (*Leg. Ed.*) *GAS* 655; in hoc prelio E. regie mense ~us, A. comes palatii, atque R. Britannici littoris ~us .. occubuerunt R. NIGER *Chr. II* 148; iste est .. Michael ~us paradisi LUCIAN *Chester* 60; **1434** ~o castri custodienti domos et claves dicti castri, vasa regis, et omnia alia necessaria in absencia regis dimissa *ExchScot* 593. **c 1185** comisit vicecomes terram illam Rogero ~o *RDomin* 80.

6 (eccl.) one set in authority, official, provost (of collegiate church or sim.), church administrator.

omnesque coloni cum ~is ecclesiae, cum sacerdotibus ac populo GILDAS *EB* 24; ~us in ecclesia, qui aliis sub episcopo prepositus esse dinoscitur; et videtur idem officium esse ~i quod in majoribus ecclesiis decani GIR. *PI* I 19; **1269** omnes proventus ipsius parochie quos prior et fratres hospitalis S. Nicholai .. percipere consueverant, ad perpetuos usus .. ~i et presbyterorum .. applicamus *Ch. Sal.* 347; J. de C. decanus ejusdem ecclesie et ~us Beverlacensis *Leg. Ant. Lond.* 164; **1426** coram .. venerabili viro magistro Johannes Cameroun, ~o ecclesie collegiate de Lincloudan *ExchScot* 400; de ~o ecclesie collegiate de H. . . liij s. iv d. *Feod. Durh.* 77.

7 (mon.) superior of a religious house, prior. **b** (as sb. f.) prioress. **c** (as sb. m.) monk acting as reeve of estate.

presbiter .. qui nunc est ~us cenobii quod dicitur Mailros *V. Cuthb.* IV 4; sexta feria .. a decano portetur [sc. hasta]; sabbato .. a ~o [AS: *prafuste*] .. deferatur *RegulC* 41; prior, qui et ~us in regula nominatur, honorabilior est reliquis ministris domus Dei LANFR. *Const.* 143; Brihtricus, ex ~o factus abbas, septem annis .. cenobio prefuit W. MALM. *GP* V 264; hac occasione ~us ut tunc, prior ut nunc dicitur, monachorum constitutus *Id. Wulfst.* I 5; **1239** in ordine Fratrum Predicatorum nunquid non omnes ~i superiores visitant eosdem quos visitant ~i inferiores? GROS. *Ep.* 127 p. 378; **s1452** ego, frater W., prior istius monasterii et ~us *Reg. Whet.* I 15. **b** visio talis apparuit .. Agneti nomine, ~e de Apeltona *Canon. G. Sempr.* f. 86; in cellario .. nulla loquatur nisi ~a et celleraria *Ord. Sempr.* xvi p. lxxviii. **c** sexaginta solidos impendit fratri ~o Tanetensis insule GOSC. *Transl. Mild.* 21 p. 185.

8 warden, head, provost: **a** (of college); **b** (of hospital).

a 1364 instanciam ~i .. Aule Regine Oxonie *MunAc Ox* 225; **1412** omnes gardiani, custodes, ~i, et rectores collegiorum et singuli principales aularum *StatOx* 222; **1449** ~um .. Aule Regalis Oxonie *Lit. Cant.* III 198. **b** ~us prefati hospitalis de Duningtona *Canon. G. Sempr.* f. 156v.

praeporrigere [CL prae-+porrigere], to put forward, stretch out in front.

inque latus levam preporrigit ulnam HANV. II 85.

praeportare [CL], to carry (in front).

949 Odone archiepiscopo .. regni caelestis super arva Brittanica claves ~ante *CS* 880.

praepos [cf. CL impos], very powerful.

~os, valde potens OSB. GLOUC. *Deriv.* 479.

praepositare [praepositus *p. ppl. of* CL praeponere+-are], to act as reeve.

c1300 hic incipit modus ~andi sub compendio computandi (*Form.*) *ArchJ* XXII 58.

praepositarius [praepositus *p. ppl. of* CL praeponere+-arius], reeve, bailiff.

concessimus eidem R. officium ~ii in domo nostra de Any .. et sustentacionem suam quoad vixerit *Reg. Kilmainham* 108; **1550** R. W. ~o *CalPat* 74.

praepositatus [praepositus *p. ppl. of* CL praeponere+-atus], office of reeve or provost.

1283 perquisita .. de xx s. de Willelmo Francisco pro delicto ~us (*Crondall*) *Ac. Man. Wint.*; **1346** de denariis exeuntibus de balliva ~us ejusdem ville *Gild Merch.* II 150.

praepositio [CL]

1 action of placing before or in front.

honoris exhibicio .. ~o nominis in scribendo, prima vox in judicialibus *Stat. Linc.* II cx.

2 (gram.) what is placed before or in front, prefix, preposition.

sunt aliae ~ones quae similiter in compositione figurarum corrumpunt annexas orationum partes ut per .. perficio ALDH. *PR* 140 p. 199; 'secundum' ~o est imitationis, 'post' temporis sive ordinis BEDE *Orth.* 50; ~o est pars orationis, quae praeponitur aut sibi ipsi aut ceteris partibus orationis BONIF. *AG* 542; partes orationis sunt octo .. : nomen, pronomen, verbum, adverbium, participium, conjunctio, ~o, interjectio ÆLF. *Gram.* 8; energia .. derivatur ab hoc verbo energo quod circumflectitur in fine et componitur ab ἐν ~one Greca, et ἔργω verbo GROS. *Hexaem. proem.* 52; ex parte ista erunt diccionum indeclinabilium genera iiij: interjeccio, adverbium, conjunccio, ~o *Ps.*-GROS. *Gram.* 35.

3 (log.) condition of being placed before or in front, relation of superiority.

inequiparancia .. continet sub se species subalternas, sc. ~onem et subposicionem, sive supraposicionem et subjeccionem BACON XV 221.

praepositive [LL praepositivus+-e], as placed in front, prepositively.

casti prelati preeunt quasi prepositive H. AVR. *Poems* 103 p. 59.

praepositivus [LL]

1 (gram.) placed in front, prefixed, prepositive.

quod nullo modo posse fieri ordo ~ae conjunctionis ostendit ABBO *QG* 6 (14); *þas and þillice synd gehatene* ~ae, *þæt sind foresettendlice* ÆLF. *Gram.* 267; ordo dicitur accidere conjunccioni precipue quia quedam ~e sunt *Ps.*-GROS. *Gram.* 58; pronominibus articularibus que sunt hic, hec, hoc, cum dicimus hic magister, hec domina, hoc stannum, et hij vocantur ~i articuli BACON *Gram. Gk.* 14; de articulis autem Hebraicis et Grecis adhuc unum est verbum, sc. quod habent articulos prepositivos et subjunctivos *Id. Gram. Heb.* 207.

2 that confers authority (also as sb. f.).

causam excusationis pro ~i cellerarii precepto pretendens R. COLD. *Cuthb.* 107; si tibi balliva sit tradita prepositiva / ocius infestam contempnas prepositivam, / que, cum prestat opes ex rapto, tollit amicos D. BEC. 1642–3.

praepositor [CL praepositus *p. ppl. of* praeponere+-tor]

1 one who places food before a diner.

~or, A. *a settor of mes WW*; *a sewer at the mete*, depositor, ~or, discoforus *CathA*.

2 official in charge. **b** (spec.) churchwarden.

1467 ballivorum, feodariorum, ~orum et aliorum ministrorum seu officiariorum (*TR Bk.*) *JRL Bull.* L 459. **b 1427** W. H. rectori ecclesie predicte beate Marie J. H. et J. W. ~oribus ecclesie predicte *Loseley MSS* (*Guildford*) 341/14.

praepositum v. proponere.

praepositura [LL]

1 office of reeve or provost, provostship; **b** (w. ref. to period of office). **c** district governed by provost.

971 agatur de eo [procuratore] quod de regis agitur praeposito, ut videlicet reo rite .. depulso .. illi qui dignus sit Christi designetur uti regis solet ~a *CS* 1270; si aliquis .. non pareat .. perdat prepositus ~am suam et amicitiam meam (*Quad.*) *GAS* 182; reddit etiam eis omnes prepusturas [? l. prepositturas *or* propresturas] de quibus ante eis discordia et calumpnia erat *Cart. Bath* 52; **1246** mandatum est W. de B. .. quod de exitibus ~arum et consuetudinum civitatum .. faciat habere W. de A. .. x marcas *Cl* 457; **1253** ~am Leycestrie habuit ad firmam et dictos denarios .. extorsit *Rec. Leic.* I 42; **1253** commisimus .. Bernardo de S. ~am nostram inter duo maria *RGasc* I 265b; **1347** quando exierit de ~a, accrescet firmam ipsius terrae iv d. *Feod. Durh.* 115n; **1548** ~as, magisteria, praesidentias, .. seu officia in locis predictis habentium *Foed.* XV 179. **b** si et ipse quicquam repetat in ante subjectis .. causa sit si in ~a non cravavit (*Leg. Hen.* 56. 6) *GAS* 576; **1471** in tempore ~e sue *Scot. Grey Friars* II 221. **c** unam hidam in Appelford, et alteram in Middeltuna et unam wicham que in ~a Merceham sita est *Chr. Abingd.* II 130; **1200** burgenses .. eligant duos de legalioribus .. burgensibus ville sue .. unum .. qui bene . . custodiat ~am ville . . et non amoveatur quamdiu se in balliva illa bene gesserit (*Northampton*) *BBC* 351; inter Walenses, in quot terras, quot ~as in dominia transeuntes, pro bobus vendiderit GIR. *Symb.* I 31 p. 310.

2 (eccl.) office of provost or prior (in or of collegiate church or monastery).

sicut tironibus sue a principibus erogabantur stipendia militie, sic quibusdam coronatis pro famulatu suo dabantur a laicis episcopatus, et abbatie, ecclesiarum ~e, . . alieque potestates et dignitates ecclesie quas meritum sanctitatis et sapientie doctrina solummodo deberent optinere ORD. VIT. IV 7 p. 225; ad hanc ecclesiam transtulit, ejusque ~am sub se disponendam illi commisit *Hexham* I 213; **1207** cujusquidem manerii ~am nos et successores nostri [episcopi] alicui canonicorum Wellensium . . conferemus *ChartR* 130 m. 5; **1269** ecclesiam humilem . . construximus et parochialem cum cura collegiatam, tum etiam ~am effecimus, dominum N. prepositum preficientes et ~am ipsam cum omnibus suis pertinentiis commendantes eidem *Ch. Sal.* 347; s**1074** emptor et venditor cujuscunque officii, ut puta episcopatus, abbatie, ~e, decanie W. COVENTR. I 90; **1524** cum ~a sive vicaria ecclesie collegiate de Craylle *Reg. Aberbr.* II 442; prioratuum, priorissatuum, ~arum *Conc. Scot.* I ccxciii.

3 office of master of a college, provost.

1456 depositus fuit . . a ~a predicti collegii BEKYNTON II 174.

4 primacy.

Christus nullam de ~a . . inter apostolos . . contentionem esse voluit BEKINSAU 751.

praeposse [*back-formation from* CL praepotens], to be very powerful. **b** to be superior in power, to have power over (w. dat.).

1167 conicitur . . Radulfi de Faia spiritum ibi prepotuisse, ut et prophete et precones palacii inebriati sint dolis et temeritate illius J. SAL. *Ep.* 202 (212 p. 344). **b** suntque potestates quintus [ordo], quibus ampla potestas, / per quam spiritibus aliis preposse videntur H. AVR. *Poems* 43. 42.

praepossidere [CL prae-+possidere], to seize previously.

s**1307** Vasconiam in dolo prepossessam recuperavimus vi et armis J. LOND. *Commend. Ed.* I 14.

praeposterare [CL]

1 to put what was after before, to reverse, invert: **a** (elements of a word or sentence); **b** (expected order). **c** to disturb, upset.

a parumper id est perparum ~ata praepositione per ALCUIN *Orth.* 2340. **b** breviter, quamvis ~ato ordine, loquar ASSER *Alf.* 74; **1295** passionarium . . incipit annorum ab incarnacione Domini ducentorum et finit in vita Botulphi, modo ~atur *Vis. S. Paul.* 325. **c** quas habet ipse sinus, res non prepositeret usus. / sub pede nec ponas quas habet ipse sinus WALT. ANGL. *Fab.* [ed. Hervieux] app. 49. 3; s**1159** Octavianus paucis sibi faventibus mantum ~atum suscepit et papatui se ingessit GERV. CANT. *Chr.* 166; ave, parens, partus morem / partu mutans, nam dolorem / partui preposteras WALT. WIMB. *Virgo* 24; s**1423** si ea segnities que hodiernos crastinat actus, vestras in ea parte provisiones ~et AMUND. I 144.

2 to reverse or invert order.

~are, ordinem transvertere OSB. GLOUC. *Deriv.* 475; vere Roma nimis est; eris sitibunda, / vorax, irreplebilis, inferis secunda. / 'non' et 'est' prepostera / lucri spe jocunda, / probos censet reprobos et immunda munda *Poem S. Thom.* 89; *to turne the ryght ordir*, ~are *CathA.*

praeposteratio [LL], (act of) putting what was after before, reversal, inversion.

videtur quod contemporanei fuerunt Joatham rex Juda et Jeroboam rex Israel. sed hoc aperte falsum, quia prius fuit Jereboam, ut habetur in tercio Regum. ideo intellige ~onem in litera, quia prius fuit Jereboam ut dictum est S. LANGTON *Chron.* 97; o que juris preposteratio. / parvo datur preclarus pretio J. HOWD. *Ph.* 103; hic loquitur de ordine preposteo qui est inter antecedens solum et relativum solum; hec ~o non est concedenda cum precedat relativum BACON XV 43; **1328** nota vestra . . sufficit . . quam vobis remitto, cum ~one unius verbi interlinearis inter quintam et sextam lineam *Lit. Cant.* I 277.

praepostere [CL]

1 in reverse order.

poetica auctoritate in metris ~e poni eas [praepositiones] invenies, ut 'maria omnia circum' ALCUIN *Gram.* 896D; signa reliqua que eis oriuntur et occidunt ~e oriuntur et occidunt SACROB. *Sph.* 109; nec facias aliquid ~e, preponendo postponenda et postponendo preponenda BACON V 138.

2 in incorrect order.

1169 ut nemo prepropere vel ~e, id est non commonitus neque convictus, judicetur G. FOLIOT *Ep.* 201; quedam lecciones ibi dicuntur que non hic et quedam ibi ~e ponuntur *Ord. Ebor.* II 329.

praeposterus [CL]

1 reverse, inverted. **b** (*ordo ~us*) reverse or inverted order.

componitur ~us, -a, -um quando qui deberet esse ulterior factus est prior OSB. GLOUC. *Deriv.* 451. **b** ordo ~us *Comm. Cant.* III 99; scematum species, quae ordine ~o poeticis versibus prolatae sunt ALDH. *Met.* 10 p. 88; id vero scrupulum nec ulli moveat licet horum ordo ~us *V. Greg.* p. 106; si ergo bonus se judicat malo inferiorem, malum ~o ordine sibi facit superiorem EADMER *Beat.* 15 p. 290; quod tunc temporis contigerit Mabiliae Willelmi Talavacii filiae veraciter explicabo licet ~o ordine ORD. VIT. III 3 p. 52; quasi per hysteron proteron ordineque ~o GIR. *PI* I 20 p. 138; civilior ordine recto / et longe prior est, quamvis preposterus ordo VINSAUF *PN* 100.

2 incorrect.

tempore ~o [*gl.*: *andelbærre tide*], id est vernali, non autumnali ALDH. *VirgP* 38 p. 290.

praepostulare [CL prae-+postulare].

1 to demand in advance.

corpus totum sanguine irrigari . . necesse fuit, exceptis partibus que membra non sunt, membrisque que solam ~ant vegetationem ALF. ANGL. *Cor* 16. 3.

2 to nominate or elect (to an ecclesiastical dignity) beforehand.

tunc abbate . . et in pastorem Londoniarum ~ato J. READING f. 178.

praepotens [CL], very powerful.

Eadgaro regnante, basileo insigni atque invictissimo, ~te ac clementissimo necnon gloriosissimo LANTFR. *Swith. pref.*; regnante . . rege Eadgaro . . ~te ac invictissimo regis Eadmundi filio WULF. *Æthelwold* 13; verum in futuro aut vere ~s, aut erit omnino semperque impotens *Simil. Anselmi* 68; legit abjecta esse in domo pauperis . . magis quam habitare in tabernaculis regalibus ~s domina SIM. GLASG. *V. Kentig.* 1; ~tissime rex DICETO *Abbr. Norm.* 250; **1453** compotus W. W. thesaurarii magni hospicii ~tis principis H. ducis Bukyngham *Ac. H. Buckingham* 11.

praepotenter [CL prae-+potenter], very powerfully.

ut eosdem ~er protegatis, defendatis efficaciter AD. MARSH *Ep.* 246. 7; sicut olim manus omnium contra Ysmaelem et manus ejus contra omnes, sic nos eges terre contra Edwardum, sed Edwardus valens ~ius contra omnes J. LOND. *Commend. Ed.* I 8.

praeprocurare [CL prae-+procurare], to attend to in advance.

eo Xersi perversos pertinaciter eventus ~ante E. THRIP. *SS* III 17.

praepromittere [CL prae- + promittere], to promise previously.

sponsi sepius sui sibi prepromissi E. THRIP. *SS* IV 7.

praeproperare [CL prae-+properare], to hasten in front of or greatly. **b** (tr.) to prepare w. excessive haste.

Christiani . . gradatim ibant nec alius alium inordinate ~abat ORD. VIT. IX 10 557. **b** sollicitudo gravis, preproperatus honor G. WINT. *Epigr.* 111.

praepropere [CL]

1 very quickly, with great haste.

aemulorum agmina . . ~e trans maria fugaverunt GILDAS *EB* 17; tam . . capax memorie, ut quicquid lectitando . . enixius rimaretur . . ~e [*gl.*: i. ilico, celeriter, *ofestlice*] in praecordiis puerilibus lentesceret ALDH. *VirgP* 35; quod . . rex indiscretus irrogare ~e deliberaverat in se reflexum recepit SIM. GLASG. *V. Kentig.* 7; frequencius, ~e, laute GROS. *Templ.* 9. 9.

2 too quickly, prematurely, precipitately.

quoniam causa perdifficilis est, ipsam temere aggredi aut ~e nos non condecet T. MON. *Will.* II 14 p. 110; **1169** ut nemo ~e vel prepostere, id est non commonitus neque convictus, judicetur G. FOLIOT *Ep.* 201; si non tam ~e, tam premature . . evasisset florem . . invida fatorum series rapuisset GIR. *TH* III 49 p. 195; nec sustineas, ut quis te ~e ab amplexibus Rachelis, et ab uberibus sancte voluptatis avellat P. BLOIS *Ep.* 134. 398A; **1279** ad cujus mulieris sectam sectatores . . ad utlagacionem in ipsum W. per ejus absenciam promulgandam ~e processerunt *Gaol Del.* 35B m. 49*d*.; s**1391** ~e bello se immiscuit, quia si expectasset dominum J. H. . . forsitan vivus . . evasisset *Chr. Westm.* p. 204.

praeproperus [CL]

1 very quick, very hasty.

passu peramplo et ~o GIR. *EH* I 41 p. 293;

2 too quick, too hasty, premature, precipitate; **b** (of speaker).

sicut adulti si morte ~a excludatur baptisma PULL. *Sent.* 844C; quamvis nichil esse sciret ordinarium quod ~um fuerit vel praeproperum . . transfodit adulterum E. THRIP. *Collect. Stories* 197; baliste . . adversarie que erant de post dorsum armatorum et ex lateribus, post primum tractum sed ~um in quo paucissimis nocuerunt, in arcuum nostrorum formidine recesserunt G. *Hen. V* 13. **b** ille ~us . . respondit W. MALM. *GP* I 6; hoc . . non ideo dixerim quod de integritate sancti sim dubius, sed utrum eo loci contineatur nolo esse affirmator ~us *Ib.* IV 180; lingua . . garrula . . et ~a GIR. *SD* 26; memento / ne sis preproperus; sed in his que dixeris esto / Argus et argutis oculis circumspice verba VINSAUF *PN* 749.

praeprosperus [CL prae-+prosperus], very favourable.

dum aura flante ~a tritici et siliginis mixtilionem ventilare disposuisset *Mir. Hen. VI* I 3.

praeprudens [CL prae-+prudens], very prudent, wise.

apostolus Paulus dicit in epistola ad Senecam: '~ti tibi revelata sunt que paucis divinitas concessit' BACON *Tert.* 72.

praepsallere [CL prae-+psallere], to sing before or outsing (w. dat. or abl.).

cum canis in cetu, socio prepsallere noli; / concine dum psallit, taceatur dum tacitus sit D. BEC. 169.

praepulcher [LL], very beautiful.

candida praepulchris complectens colla lacertis ALDH. *VirgV* 1715; praepulchro sophiae regnantem stemmate celsae ALCUIN *Carm.* 59. 17; perficit inde pius prepulchri culmina templi ÆTHELWOLD *Abb.* 143; non cessant . . / . . cantibus odas / fundere prepulchris *Ib.* 242; haec est illa domus . . / cui conpacta nitet prepulchris mensa tabellis *Ib.* 436.

praepulsare [CL prae-+pulsare], to ring bells in advance.

non debet ~ari BELETH *RDO* 86. 90 (v. dupulsare).

praepunctio [CL praepungere+-tio], (act of) pricking or stabbing.

avulsumque retectis costarum latebris ~onibus crebris . . ac si raptum equuleo ABBO *Edm.* 10.

praepunctuare [CL prae-+ML punctuare], to fix, settle, or appoint previously.

deducta sunt usque in terminum induciarum tempora, deficientibusque optatis subsidiis, prout ~atum fuerat *Ps.*-ELMH. *Hen. V* 49; articuli ~ate concordie perleguntur *Ib.* 91.

praepungere [CL prae-+pungere], to mark in front or in advance.

963 hanc regis munificenciam gabulo glorioso praepunxi *CS* 1112.

praepurgare [LL], to clean or purify in advance.

W. de Lacy [ob. 1139] .. divino tactus verbere seliter .. ~abatur *Cart. Glouc.* I 16 (v. caeliter).

praeput- v. praeputi-.

praeputialis [CL praeputium + -alis], of or pertaining to a foreskin.

cujus potencie actus ~is, nisi fuerit precisus, fornicatur anima cum diabolo WYCL. *Ver.* III 150.

praeputiare [CL praeputium + -are], to cut off, to cut away the end of, to circumcise.

illud quod circumcidendo preputatum est PULL. *Sent.* 987C; preputo, -as, i. prescindere OSB. GLOUC. *Deriv.* 450.

praeputiatio [LL =*uncircumcision*], (act or state of) circumcision.

preputo .. i. prescindere, unde preputatio OSB. GLOUC. *Deriv.* 450; Judeus totam circumcisionis sanctitatem et observantiam in preputatione unius membri caruncule, i. e. genitalis, intelligit P. BLOIS *Perf. Jud.* 856A.

praeputiatus [LL]

1 who has a prepuce, uncircumcised (in quot. as sb. m.).

nam circumcisus, in circumcisione ad fidem vocatus, non debet nolle circumcisus fuisse; sic et ~iatus, quia circumcisio vel praeputium nihil valet ad beatitudinem promerendam LANFR. *Comment. Paul.* 177A.

2 circumcised.

preputo .. i. prescindere, unde preputatus OSB. GLOUC. *Deriv.* 450.

praeputium [CL]

1 foreskin, prepuce; **b** (of Christ). **c** (understood as) penis or testicle. **d** (fig.).

si quis propter infirmitatem ~um circumcidere cogitur .. nullus haec agentem Judaizare judicabit ANSELM (*Azym.* 3) II 226; si Veneris stimulis tua mentula sit stimulata / .. nesciat ignita preputia ducere palma D. BEC. 1993; lavet illud [membrum] .. interius vel exterius intra ~ium GAD. 84v. 1. **b** anni renovacio / circumcisio vicio / remoto prepucio / nobis sit inicium / virtutis P. BLOIS *Carm.* 23. 1. 3; quomodo .. dixit ecclesia quod ~ium Domini, quod in circumcisione ejus precisum est, adhuc habetur in terra T. CHOBHAM *Praed.* 110; deinde octavo die circumciditur Christus cujus ~ium ab angelo Carolo Magno dicitur delatum in templum Domini in Jerusalem M. PAR. *Maj.* I 82. **c** ~ii, testis *GlC* P 695; 10 .. ~ia, .. þa wæpenlican limo WW. **d** ·ium mentis est carnalis affectio, crassa imaginatio, et ratio vaga et incerta COLET *Rom. Exp.* 225.

2 (transf. & collect., the world of) the uncircumcised.

praedicate evangelium omni creaturae: id est, et circumcisioni et ~io BEDE *Tab.* 440; qui de Judaeis in fide praecesserant .. qui de ~io ad fidem convenerunt *Id. Cant.* 1121; Salvator .. per quem .. solus Petrus circumcisionem, solus Paulus ~ium .. oppugnasse cognoscuntur AD. MARSH *Ep.* 247. 46 p. 489; dixit apostolus, sibi creditum esse evangelium ~ii, sicut Petro circumcisionis OCKHAM *Dial.* 856; potestatem habuit predicandi tam ~io quam circumcisioni *Ib.*

1 praequirere v. perquirere.

2 praequirere [CL prae- + quaerere], to search, inquire, examine in advance.

architectus .. materiam ~it in qua se .. exerceat J. SAL. *Met.* 910A; quare et diversa quesitu sunt 'quid fit' et 'quid est quod fit', nisi forte alterum excluditur initialiter ~endi certificatione abnegativa BALSH. *AD rec. 2* 145; cavendum .. ne quis elective perquirendorum .. frustra conquirere conetur ut, prequisito an mundus ex aliquo factus sit et certificato quoniam non, exclusum est et queri ineptum ex quo factus sit mundus *Ib.* 165.

praeradiare [CL], ~ari

1 to shine very brightly; **b** (transf. & fig.).

tabulata superbis / preradiant inscripta notis J. EXON. *BT* III 170; ave, que sceptraris / et preradi-

aris / jugi radio J. HOWD. *Sal.* 44. 2. **b** non igitur magni estimemus cum nobiles pueros vel juvenes viderimus tam forma quam divitiis et favoribus ~are H. HUNT. *CM* 6; dum sub modio fumigans, lucerne super candelabrum posite, imo serenissimo luminari, quod ecclesie ~at universe, tenebras meas compellor inferre P. BLOIS *Ep.* 236. 538B; occidit occasu pastoris ovile, lucerna / Luciferi radiis praeradiantis eget NIG. *Poems* 401; ut inter universos mundi principes justicia, clemencia, fideique constancia tanquam lucida gemma ~aret GIR. *Æthelb.* 3; quia inter ceteros virtutum dotes humilitate singulari ~ari consueverit AD. EYNS. *Hug.* IV 12; majestas summa simulatur preradiando / corpore solari ELMH. *Metr. Hen. V* 667.

2 to outshine (w. acc. or dat.); **b** (fig.).

sidusque lucernam / preradiat, vincuntque faces fulgore favillas HANV. III 356. **b** superbia stravit / illum celicolis cunctis qui preradiavit NIG. *Laur.* f. 36. 2; preradians aliis presul ad astra volat GARL. *Hon. Vit.* 74; preminentem principali justitia, magnanimitate regali precellentem, nobilitate militari ~antem ceteris *Ps.*-ELMH. *Hen. V* 85.

praerapide [CL praerapidus + -e], very swiftly.

velox facundia tanquam / torrens prerapide currens VINSAUF *PN* 2078.

praerapidus [CL], very swift.

ventosque superbia preceps / velis prerapidos nigris infundit et albis HANV. V 161; quidam .. puerorum, .. superiores secessit in partes, quoadusque deveniret cursu ~o ultra crucem magnam *Mir. J. Bev. C* 329.

praerare, *f. l.*

G. MON. VI 10 (v. ducatum 3a).

praerecitare [CL prae- + recitare], to state or mention previously, (in quots. p. ppl. as adj.) aforementioned.

1350 ~ate indenture *Reg. Rough* 282; concessit .. universitati custodiam aliorum ~atorum *MunAcOx* 462; 1456 ad finem ~atum BEKYNTON II 164; 1506 veniant .. ad ecclesiam .. ~ati prioris *MonExon* 26; c1530 infra loca claustralia et gardinos ~atos .. vosmetipsos recreetis (*Vis. Leicester*) *EHR* IV 308.

praeregere [CL prae- + regere], to rule in advance or pre-eminently.

953 (15c) ego Adred Christo perpetualiter superni numinis intuitu subtronizato ~ente et eque illo confavente totius Albionis primicherius et famose famule Dei Adgive .. terre particulam .. concedo *CS* 898.

praeregnare [LL], to reign previously.

reale est quod petimus regnum, descendibile ~antis heredi FORTESCUE *NLN* II 50.

praereligiose [CL prae- + religiose], very religiously.

1526 ut .. in .. locis regularibus castigatissime et ~e diversetur (*Vis. Thame*) *EHR* III 710.

praeremanere [CL prae- + remanere], to remain from before.

1290 r[emanent] .. auce iste et capones cum ceteris ~entibus *Ac. Swinfield* 99.

praereptio [LL], act of seizing, deprivation.

modo inter fluctuantis maris miserrima pericula avariciam cum vita finiunt, modo a latronibus depredati in via mortis ~one suffocantur *Ep. ad amicum* 122; priori .. jura preripiendo, nulla vera causa hujusmodi †prereptiodis [MS: prerepcionis] per dictum priorem perfecta *Pri. Cold.* 53; pro atrocibus injuriis monasterio nostro Dunelmensi .. irrogatis super precipiti †precepcione [MS: prerepcione] et †dampnifica [MS: dampnifera] detencione domus nostre *Ib.* 78.

praerequirere [ML < CL prae- + requirere], to require in advance, to have as prerequisite.

'quam', 'tot', 'quot', respiciunt equalitatem vel diversitatem in gradibus, que equalitas vel diversitas ~it multitudinem talium WYCL. *Quaest. Log.* 240.

praereserare [CL prae- + reserare], to expose at the front.

frontemque auctura superbam / prereserat tonsura genas in summa recurrens / tempora J. EXON. *BT* IV 69.

praeresumere [CL prae- + resumere], to resume beforehand.

1236 salvo .. jure .. ad terram illam petendam .. placito in statu quo suspensum fuit ~pto *CurR* XV 1875.

praeria, **~ium** [ME *praiere*, AN *praerie* < CL *pratum*], meadow; **b** (passing into surname representing *des Prés* or sim.).

1180 de bernag' in ~iis et in surmon' *RScacNorm* I 29; 1243 manerium valet .. in ~iis iiij libras *RGasc* I 212a; 1289 in iij ml iijᶜ de turbis fodiendis et pro eisdem cariandis ad diversa herbaria, gardina et ~ia regis turbandis [*sic*] *KRAc* 467/19 m. 3; 1306 dedi .. totum pratum meum jacens in ~ia que vocatur Cheverheth' *AncD* 1262. **b** 1230 de dimidio feodo et quarta et vicesima parte unius feodi Ranulfi de ~iis *Pipe* 250.

praeripere [CL]

1 to seize first (esp. w. ref. to prize or sim.); **b** (w. dat. of person, *etc.*, forestalled).

intenderat ipse hanc palmam ~ere GOSC. *Aug. Min.* 744C; nos pigritantes senes damnat aetas immatura .. et ante nos ~it corone insignia *Id. Edith* 91; dum premia omnium fraudulenter ~iat J. SAL. *Pol.* 468A. **b** huic Alexis ~uit coronam OSB. CLAR. *V. Ed. Conf.* 18 p. 102; 1166 nisi forte Ricardus de Sideberia juvenili alacritate diligentie tue ~iat palmam J. SAL. *Ep.* 157 (153).

2 to snatch away, carry off; **b** (w. abstr. obj.); **c** (w. sudden or premature death as agent).

claves a clavigero ~iens GIR. *IK* I 12 p. 96. **b** ne mens praerepta ab impio recedat a proposito *Cerne* 159; p1083 temporalibus ad eterna cruciandi tormenta sunt prerepti *Ch. Durh.* 3; nothus Alexandri filius regnum patruo ~ere affectavit ORD. VIT. VIII 22 p. 403; Jacob .. ei benedictionem ~iens BALD. CANT. *Tract.* 5. 447C; **c** illa ne hoc perficeret morte praerepta est BEDE *HE* III 8 p. 144; pro ejus .. laboravi salute, quem timeo forsan citius vel morte praereptum esse propter decrepitam in eo senectutem ALCUIN *Dogm.* 233A; praecipites .. ruunt multi de rupibus altis / .. / ut sibi praeriperet longum cita mors cruciatum *Id. SS Ebor* 594; sed, ne mors acerba parvulum ~iat, aqua regenerandum comitetur PULL. *Sent.* 929B; Cnutone .. rebus humanis exempto, filiisque ejus immatura morte praereptis, Angli .. Edwardum .. in regem elegerunt AILR. *Ed. Conf.* 744D; nobis avunculum tuum mors inopina ~uit P. BLOIS *Ep.* 12. 36A.

praeroborare [CL prae- + roborare], to strengthen previously.

[ventus] quamvis praeroborata non prostravit J. READING.

praerogantia [LL], privilege, prerogative, precedence.

nepos semper preferri debet propter juris ~iam quod ei descendit *Fleta* 279.

praerogare [LL]

1 to pay in advance.

grates .. clementiae Dei, quae non modo debitum mihi supplicium non inferre, verum etiam indebitum voluit beneficium ~are OSB. *V. Dunst.* 18; cum barones, qui cos [sc. barbaros] in auxilium suum .. conciverant, nec ex propriis redditibus stipendia †prorogare [l. prerogare], nec inexpletam eorundem sitim ex predarum .. spoliis poterant remunerare G. *Steph.* 78 p. 154; 1164 neque .. introitum potui optinere nisi in annum totum pretio ~ato J. SAL. *Ep.* 134 (136 p. 12); s1185 congregavit exercitum .. ad hoc astrictum sacramento .. quod continuum aget in castris triennium, ~atis anni primi stipendiis DICETO *YH* II 37.

2 to grant, award, bestow. **b** to present (someone) with a privilege.

634 Redemptoris .. misericordia .. famulis .. dignatur .. munera ~are (*Lit. Papae*) BEDE *HE* II 18 p. 120; 719 conlaetamur fidei tuae et adjutores effici cupimus gratiae ~atae (*Lit. Papae*) *Ep. Bonif.* 12; tanta et externis et indigenis ~at beneficia ut .. hec ad fidem meritorum deberet sufficere GOSC. *Edith* 36; nullus sibi de iis que Deus non approbat plaudat quoniam unde isti coronam inde illi novit .. penam ~are EADMER *HN* p. 269; s1147 eundem Willelmum de Sicilis reversum, Henricus episcopus Wintonie ad se tulit, eique non nisi quasi archiepiscopo officiosissime

quotidianum ministerium ~avit J. Hex. *HR Cont.* 320; de regali munificentia ei in sua consecratione ~ata AD. EYNS. *Hug.* III 5 *tit.* **b 1269** inter illa que apicem nostre dignitatis exornant approbata consuetudo nos ~at ut clerici de scaccario .. implacitari non debeant alibi quam ibidem *KR Mem* 43 m. 15d.

3 to put in charge, give precedence to, appoint (w. dat., *in* & acc. or abl.).

~are, anteferre, preponere OSB. GLOUC. *Deriv.* 468; Amazones .. duas reginas ceteris audaciores sibi ~antes M. PAR. *Maj.* I 442; **s1214** tres acies constituunt, in quarum prima .. Ferrandum .. prefecerunt; in acie secunda Willelmum .. ~antes WEND. II 107; **1336** propter veritatem .. et justiciam deduxit eum mirabiliter dextera Dei, et gradientem de virtute in virtutem, prerogativa meritorum in ecclesia sua merito †prorogavit [l. prerogavit] *Lit. Cant.* II 116; alium .. nobis .. fidum in ipsius ejecti locum supplica[vi]mus †prorogari [l. prerogari] *FormOx* 203.

praerogatio [CL]

1 prior distribution.

hic itaque in agricultura magnum impendens exercitium et per annone ~onem ad populos attrahens a saturando Saturnus meruit appellari ALB. LOND. *DG* I. 2.

praerogatio [CL], precedence, prior claim or status.

determinatur respectus hujus ~onis ex re ipsa, ex eo sc. quod Polinices reliquam videt GERV. MELKLEY *AV* 46; **c1265** inter preclara ac salutifera pietatis opera quasi quandam specialem laudis ~onem optinere videtur ecclesiarum renovacio *Ann. Durh.* 93; **c1279** vobis, domino nostro, de cujus innato amore pre cuntis viventibus gerimus ~onem *Ib.* 186; quanto montuosa terra magis appropinquat ad solem, quam terra humilis .. tanto plures radios suscipit. hinc videtur michi quod propter triplicem .. ~onem radiorum solarium quam habet mons super terram humilem .., sc. propter priorem radiorum solarium suscepcionem DOCKING 117.

praerogative [CL praerogativus + -e], in a manner that gives precedence or accords special status.

nec ponitur fortis ad differentiam alterius Achillis non fortis, sed fortis ~e, non dico anthonomasice, quia anthonomasia in substantivo consistit GERV. MELKLEY *AV* 45.

praerogativus [CL]

1 that shows or gives preference, preferential (also w. obj. gen.).

gaudens ~o sibi collatum munere quod non esset secunda huic in regno ecclesia *Found. Waltham* 16; **1282** vestra devotio erga nos .. ~a quadam benevolentia dinoscitur prefulsisse PECKHAM *Ep.* 310; **1330** Sancti Andree ecclesiam inter ceteras regni Scocie ~is modis insignitam *Mon. Hib. & Scot.* 251a; **1336** (v. praerogare 3); **s1444** per suam [sc. archepiscopi] ~am jurisdiccionem *Lit. Cant.* III 186.

2 (as sb. f.) privileged status, prerogative; **b** (royal). **c** (*curia ~ae*) prerogative court (eccl., of provinces of Canterbury and York). **d** (as sb. n.).

705 quia ignarus fui quid de hac re tue religionis ~a decrevere voluisset WEALDHERE *Ep.* 23; ~a, *frumgifu* vel *synder wurðmynt* ÆLF. *Gl. Sup.* 178; cum omnes martyres ~am habeant glorie sempiterne, titulus tamen illorum illustrior est ceteris .. qui duplici honore digni doctorum funguntur officio J. SAL. *Thom. prol.* p. 301; **s1176** facta est contentio inter R. Cantuarie archiepiscopum et R. Eboracensem, quis eorum sedis †prorogativa [l. prerogativa] alium in consilio precederet R. NIGER *Chr. II* 177; propter senioris etatis ~am *Flor. Hist.* I 76; **1419** antiquitus .. aldermanni talem habebant ~am ut in inquisicionibus non ponerentur *MGL* I 34; Romani pontificis .. ~as fictas .. fuisse .. BEKINSAU 748. **b** debetur hec ~a dignitatis publice potestati *Dial. Scac.* II 4D; **1331** ad .. dominum regem pertinet per ~am suam de eodem hundredo totaliter disponere *PQW* 55a; **1356** transferimus regnum, regimen, titulum, et coronam Scocie una cum insulis .. regaliis, dignitatibus .. †prorogativis [l. praerogativis], privilegiis *RScot* 787b; **1405** nos volentes de debitis nostris prout convenit racione ~e nostre pre ceteris anteferri *Cl* 254 m. 10; **1433** eodem episcopo usurpando et clamando ~am dicti domini regis nunc sibi pertinere *Langley app.* 251; principis

indisputabilem ~am MORE *Ut.* 91. **c** curia ~ae, in qua commissarius de haereditatibus .. jus dicit CAMD. *Br.* 144 (v. curia 5g); ad judicem curiae ~ae spectant probationes, approbationes, et insinuationes testamentorum ac commissiones administrationum ab intestato decedentium intra provinciam Cantuariensem *Praxis* 7. **d** *a prerogative*, ~um, -i LEVINS *Manip.* 153.

3 pre-eminence in respect of a quality, superiority (usu. w. gen.): **a** (of virtue or sim.); **b** (of wickedness); **c** (w. *in* & abl.).

hanc solam puritatis ~am [*gl.*: i. gratiam premissam, *þysne ænne wurþscipe* ALDH. *VirgP* 15; pater cenobii accessit ad fratrem quem pro sanctitatis sue ~a pre ceteris dilexerat H. BOS. *Thom.* VI 11; terre istius clerus .. castitatis ~a preeminet GIR. *TH* III 27; ~a morum genus vicit et seculum *Canon. G. Sempr.* f. 37v; nonne et beatus Gregorius ~a meritorum preditus fuit cum tamen esset corpore invalidus? NECKAM *SS* IV 31.5; **1282** tales quibus propter ~am meritorum et utilitatem publicam fieri debeat gratia specialis PECKHAM *Ep.* 308 p. 399. **b** perfidi, perjuri, .. qui sane propriam habent malitie ~am (*Quad.*) *GAS* 530; capitales .. et criminales cause suam ubique retinent malicie ~am (*Leg. Hen.* 61. 18) *Ib.* 582. **c 1340** saniorem .. partem [sc. communitatis] ex ~is in sciencia et prioritate domus aliisque consimilibus, ex quibus unus alio .. sanior solet numerari *Deeds Balliol* 288.

4 (*ex ~a*) first of all.

antequam veniamus ad totam intentionem nostri sermonis ex ~a dicimus quod .. M. SCOT *Phys.* 24.

praerogator [LL], one who bestows or distributes.

~or, dispensator OSB. GLOUC. *Deriv.* 484.

praerubicundus [CL prae-+rubicundus], very red, ruddy.

verbo propriato dicitur aurum / fulvum, lac nitidum, rosa praerubicunda VINSAUF *PN* 771.

praeruinosus [CL prae-+ruinosus], very ruinous, dilapidated.

a1542 permittit tenementum suum ~um et preceptum est sufficienter reparare citra festum Pentecostes *Comp. Swith.* 143.

praerumpere [CL]

1 to break into pieces, destroy.

terrebat .. Dei genetricis in abbatem superiorem de praerupta ecclesia sua judicium GOSC. *Transl. Aug.* 34A.

2 to break forth, burst out.

in cavilla unius primum quinque foramina in modum fistule vel cancri preruperant R. COLD. *Godr.* 500; unde calor naturalis non valuit ad exteriora ~ere in se ipso deficiens extinctus est, et sic homo mortuus est *Quaest. Salern.* B 84.

3 (p. ppl. *praeruptus*); **a** (as adj.) abrupt, steep, precipitous. **b** (as sb. n.) steep place, precipice.

a montanis collibus minacibus ~is vallatis GILDAS *EB* 25; ~a rupe BEDE *Ezra* 891; tertius saltus, et trium ~issimus GIR. *TH* II 41; in loco ubi una parte cacumen ~e rupis habebat, ex alia parte mare profundissimum subjacebat *Latin Stories* 9; ?**s1401** Owenus [de Glendore] .. de loco ad locum fugiens, semper aut in ~is montibus aut in silvis latebrosis latitabat *Chr. Northern* 280. **b** ~a, i. devexa, *cludas* GlP 456; qui cum regibus conversantur per excelsa et ~a nutantibus sunt similes; semper enim titubant, timent et ruunt W. DONC. *Aph. Phil.* 12. 6a; de recluse decem tribuum inter moncium ~a *Spec. Laic.* 35.

4 (fig.): **a** (as adj.) abrupt, hasty, rash. **b** (as sb. n., *ex ~o*) abruptly, all of a sudden.

a juvenis in tam ~o dicto suo, nimia confusione obrutus GOSC. *Lib. Mild.* 26; sero ~i consilii penitentiam fecit W. MALM. *GR* I 34; quippe a quo mens insolentior, vox ~ior, gestus solutior, incessus fractior exulabat *Id. Wulfst.* I 2; **s1139** quod .. non se ~a legatum promulgasset jactantia *Id. HN* 471 p. 29; **c1180** neque jam latens odium sed ~a in omnibus audacia videbatur ARNULF *Ep.* 137. **b** intermissis aliis sermonibus, ita ex ~o querendo dicebat "heus .." R. COLD. *Godr.* 336.

praeruptio [LL], incursion, raid.

antelucana ~one constanter partem exercitus cui prefuit effudit circa oppidum Werc J. HEX. *HR Cont.* 289.

praerutilare [CL prae-+rutilare], to shine very brightly (also transf. & fig.).

hic Salmoniaci misteria candida templi ~ant Gosc. *Edith* 89; **14..** ut rosa praerutilans oritur *Anal. Hymn.* XI 132; **1426** cujus nobilitatis lux fontana scintillantis fame splendoribus in regno ~at universo *EpAcOx* 26.

praerutilus [LL], that glows or shines very brightly, esp. with a red or gold colour.

jamque prophetalis stillanti e culmine virtus / candida praerutilo irradiat praecordia flatu BEDE *CuthbV* 251.

praes [CL], property as surety.

in nonnullis nobilium bonorumque hominum predibus HUGEB. *Will.* 1 (v. crux 7a).

praesaepe v. praesepe.

praesaevire [CL prae-+saevire], to rage in advance, be severe beforehand or excessively.

verni prenuncia plausus / meroris presevit hiemps HANV. VIII 150.

praesaevus [CL prae-+saevus], very savage.

si tumidum preseva tonet, si nauseet iras / pectore flammato HANV. VIII 98.

praesagare [CL], ~iare, to presage, predict. **b** (p. ppl. as sb. n.) predicted phenomenon.

manifeste jam tum ~antes quod sancti in hac vita pressuras essent .. passuri BEDE *Gen.* 63; Abel interpretatur luctus sive miserabilis, quo nomine ~abatur a prima aetate dolenda immaturae mortis ejus conditio *Ib.* 63; hic tempus redemptionis per secundum Adam et ~abatur futurum et parabatur *Ib.* 172; ~are vel ~iare, i. divinare OSB. GLOUC. *Deriv.* 519; falsa vaticinantes suadebant ut evidentibus signis et indiciis .. non crederent, quibus aperte futurum .. gentis ~abatur excidium J. SAL. *Pol.* 419B; timore prelii ~ati tantus erat ad Croylandiam concursus *Croyl. Cont. A* 122. **b** quatuor in mundo regnorum surgere sceptra / ut prius in strato truculentus imaginis altae / diversis vidit jam praesagata metallis ALDH. *VirgV* 337.

praesagatio [CL], (act of) divination.

~o, .. divinatio OSB. GLOUC. *Deriv.* 484.

praesagimen v. praesagmen.

praesagire [CL], ~iri

1 to have a foreboding or presentiment of. **b** to anticipate.

adhuc nescii duros ipsius ~ibant casus *Enc. Emmae* II 2; **s1139** ita ~iebat animus mala futura W. MALM. *HN* 469 p. 26; nec mirandum, si mea mens quadam sui perturbatione ejus ~iebatur excessum, cujus vita tam delectabiliter fruebatur AILR. *Spec. Car.* I 34. 539; **1164** sed absit de illa quod paternus ~it animus, quia "vix" inquit "spero ut ab ea possit aliquid boni esse" J. SAL. *Ep.* 134 (136 p. 80); ~iebat animus meus felicioris eventus auspicium P. BLOIS *Ep.* 138. 409C. **b 1157** quod ab initio ~iebam, quanto magis pulsabatur eo magis et magis innotuit J. SAL. *Ep.* 34; nobiles et magnificos decet nil promittere, sed quasi ~ire desideria hominum et eorum petitiones largitionibus prevenire P. BLOIS *Ep.* 34. 112A; **1178** tanquam desideria mea ~iretis *Ib.* 52. 159B.

2 to have advance knowledge of, to predict, foretell. **b** to portend, presage.

~io, -is, i. divinare OSB. GLOUC. *Deriv.* 519. **b** aurea .. imminentis et proximo future conquisitionis tempora ~ientes GIR. *TH* II 10; talia fuerant tunc dicta et tam naturalia futuros eventus ~iencia eorumque habundanti ex corde prenuncia *Id. SD* 30; est [fulmen] quod ~iat, ut "de celo tactas memini predicere quercus" ALB. LOND. *DG* 10. 5; **1283** quod .. circa hoc in thesauris ire altissimi sit signatum, videntur quedam evidentia ~ire PECKHAM *Ep.* 430; visi sunt cygni natantes infra navigium qui ~ire dicebantur .. felicia auspicia *G. Hen V* 3.

praesagium [CL]

1 presentiment, foreboding.

dira antistitis ~ia tristi regis funere .. inpleta sunt BEDE *HE* III 14 p. 157; cancellarius .. quasi

~iis quibusdam et conjecturis jam de regis voluntate presumebat H. Bos. *Thom.* III 1.

2 advance knowledge, prediction, foretelling. **b** portending, presaging.

cujus verba . . facta sunt ~ia futurorum prout postea rei probavit eventus *Chr. Dale* 11. **b** Benedictum quem . . ita fortunatum vocabuli ~ium [*gl.*: i. vaticinium, prescientia . . *godcundlic forescawung*] pascebat ut penitus aliter in proposito divinae religionis vivere nequiret ALDH. *VirgP* 30; ex divino ~io ad manifestandam nascentis gloriam illud prodigium fuisse perhibebant FELIX *Guthl.* 8; ejus genitrix . . vidit hujuscemodi . . somnium, futuri effectus ~ium WULF. *Æthelwold* 2 (=ÆLF. *Æthelwold* 2); intellexit . . vir Deo afflatus hoc esse mirabile ~ium divinae electionis GOSC. *Edith* 100; S. Mildreda . . posterius celesti ~io Augustinensi monasterio transferenda ELMH. *Cant.* 223.

3 divination, interpretation of portent.

visum est quasi celum aperire et stellam emittere . . de cujus significancia plurimi loquebantur plura. set ego qui scribo . . ejus ~ium Deo auctori nature . . relinquo G. *Hen.* V 1.

4 something said, story.

10 . . ~ia, *dihta oððe saga WW.*

praesagmen [CL praesagire+-men, cf. praesagium 4, AS *saga, sagu*]

1 utterance, what is uttered.

c**675** sacrosancta potissimum ~ina refutatis philosophorum commenticiis legito ALDH. *Ep.* 3; †**959** ego Æthelredrus rex dulci voce voluntatis ~ine in honore Dei hoc donum dedisse videbar *CS* 1351.

2 foretelling. **b** portending, presaging.

†**675** Domini ~ina nostris tandem temporibus comprobentur impleri (*Ch.*) W. MALM. *GP* V 199 (=*Reg. Malm.* I 280); ~imen, presagatio . . divinatio OSB. GLOUC. *Deriv.* 484. **b** Redemptoris passionem misticis ~inibus [*gl.*: vaticiniis, expositionibus presciis vel divinationibus presciis futurorum, *sagum vel witegun*] portenderat ALDH. *VirgP* 23; superna Dei vatem praesagmina ditem / caelitus implebant, ut nosset clausa latebris *Id. VirgV* 304.

praesagus [CL]

1 who or that has a foreboding or presentiment.

mox intellegit praesago pectore vatis ALDH. *VirgV* 344; haud locum ~a mente sepe virgo notaverat et "hic locus requietionis mee est" dixerat GOSC. *Edith* 96; ex his que caute et operte interloquebatur videri jam poterat futurorum sibi ~us H. Bos. *Thom.* IV 29; mente malorum plerumque ~a GIR. *TH* II 45.

2 who has or imparts foreknowledge. **b** that forebodes or presages. **c** (as sb. m.) one who predicts, prognosticator.

nec me praeterire silentio libet quoddam miraculum ~ae [*gl.*: i. e. divine; *gewittigre*] providentiae venerabilis viri Guthlaci, cui . . largitum est ut verba absentium quasi scripta videret FELIX *Guthl.* 46 p. 142; **b** . . tenerrima aetatula infantis nequaquam ~o [*gl.*: prescienti, prescio] indolis prodigio caruerit, sed puerilis ludorum gesticulatio . . futuri praesulis auctoritatem portenderat ALDH. *VirgP* 32 p. 273; cometae duae . . quasi orienti simul et occidenti dirae cladis ~ae BEDE *HE* V 23 p. 349; **796** ~um tibi nomen imposuere parentes, licet dispensationis Dei ignari apud quem omnia futura jam facta sunt ALCUIN *Ep.* 113; qui duo signa boni praesaga notas Gedeoni, / quae simul ac vidit, hostilia castra cecidit, / signa triumphandi zabulum dabis et superandi R. CANT. *Poems* 287. 20. **c** prenoscicatorem . . medicinalem . . futurorum . . tam sapientem . . specialemque ~um E. THRIP. *SS* III 1.

praesancire [LL], to confirm beforehand, sanction in advance.

ad hoc sumptus lautifice eis presanxit necessarios *V. Neot. A* 21.

praesarcire [CL prae-+sarcire], to repair beforehand.

s**1387** recollecto ~itoque navigio WALS. *HA* II 155.

praesarclare v. praesarculare.

---

praesarculare [CL prae-+LL sarculare], to hoe, weed in advance.

c**1230** [habebit] ad terciam sarclacionem, si presarclatum fuerit bladum, donum ante nonam. abibit sine cibo *Cust. Waltham* f. 222v.

praescidere v. praecidere.

praescienter [LL], with foreknowledge, presciently.

prosagoreutice, id est precienter [v. l. prescienter] GARL. *Dict.* 133 (v. prosagoreutice).

praescientia [LL], foreknowledge (esp. as divine or supernatural attribute). **b** (med.) prognosis.

Guthlac cui Dominus adsidue futurorum ~iam manifestabat FELIX *Guthl.* 35 p. 112; futurorum scientia sua ~ia H. Bos. *LM* 1357; ~ia . . rebus causa eveniend' non est, aut eventus rerum ei causa est presciendi J. SAL. *Pol.* 448A; o secretum ~ie divine! AD. SCOT *Serm.* 163; que secundum divine disposicionis ordinem instant . . eorum ex preteritis et presentibus habemus ~iam MAP *NC* IV 6 f. 50; videtur quod predestinatio non sit causa boni futuri nisi sicut ~ia Dei est causa cujuscumque contingentis GROS. *Quaest. Theol.* 198; hoc . . est privilegium singulare anime Christi, quod ipsa sola inter spiritus videntes Deum habet ~iam OCKHAM *Dial.* 746. **b** autem curarum †sciantia [l. scientia] nec accidentium futurorum pres[ci]entia haberi possint RIC. MED. *Signa* 32.

praescindaneus [LL praescindere + -aneus], suitable for cutting.

prescidaneus [v. l. prescindaneus], -a, -um, i. ad prescindendum habilis OSB. GLOUC. *Deriv.* 547.

1 praescindere v. praecidere.

2 praescindere [LL]

1 to cut first or tear apart at the front.

quod priores [dentes precisores] precidere [vv. ll. precindere, prescindere] non possunt, illis [caninis] tradunt, ut confringant (*Leg. Hen.* 93. 6) *GAS* 609.

2 to cut or chop off at or from the front; **b** (fig.).

praeputo . . i. ~ere OSB. GLOUC. *Deriv.* 450; securis . . illa . . huc ad pontium materies ~endas est transmissa R. COLD. *Cuthb.* 110; caudam suam nimis festina prescidit [vacca] domumque cucurrit, suadens socie ut abscissa cauda ab impedimento se solveret NIG. *Ep.* 18; apparitores autem rem crudeliter peragentes, pupillas effossas et nervis adhuc super faciem dependentes videntibus multis presciderunt *Mir. Wulfst.* II 16 p. 171; Ciph de manu Saul irruentibus Philisteis liberatus, ejusdem postea persequentis oram chlamydis prescidit M. PAR. *Maj.* I 26 (=*Flor. Hist.* I 30: precidit; cf. *I Sam.* xxiv 5); nunc caput a statua Nabugod presciditur auri GOWER *VC* VII 5; [auricularum] altera paululum ~itur MORE *Ut.* 68. **b** liquet quia, dum ab unitate ecclesiae, quae est corpus Christi, per tanti violationem sacramenti se ~it, non in Deo, nec ex Deo, nec cum Deo est LANFR. *Cel. Conf.* 628.

3 (transf.): **a** to cut off (non material or abstr. thing). **b** to renounce. **c** to abstract from.

a c**1223** omnes hore . . distincte dicantur; ita quod ex festinatione nimia verba non ~antur vel syncopentur *Ch. Sal.* 147; si . . aliquod eorum negare volueris, ut michi ~as viam probandi que vera sunt . . in vanum disputabo P. CORNW. *Disp.* 156; **1422** excessum [sc. annui census] cum acie discretionis ~ere et, prescisione facta, unumquemque . . retaxat *Reg. Whet.* II 404. **b** veteres amicos suos . . sine spe recuperationis ~unt et penitus evellunt NIG. *Ep.* 18; si quis Christianorum [ecclesias Saracenorum] . . prescindere voluerit . . divinitatem oportebit et passionem a filio Marie virginis ~ere S. SIM. *Itin.* 29. **c** factibilium principium omne per se ordinatum ad esse eorum, est in cognoscente, ~endo omne principium in facto DUNS *Metaph.* VII 12 p. 401; *Fig.* 41 (v. praecinere 3).

praescindibilis [LL praescindere+-bilis], divisible, detachable.

1511 variavit mag. Walkar . . in hiis tribus materiis . . an materia celi sit ejusdem rationis cum materia istorum inferiorum, . . an materia ~is est ab omni forma, tercia an materia sit principium individuationis *Reg. Merton* I 419.

---

praescire [LL]

1 to know in advance, to have foreknowledge of; **b** (w. God as subj.).

cujus venerabilis transitus tam a se quam ab aliis multiplici revelatione ~itus OSB. *V. Dunst.* 41; intendenti autem mensurare quinque ~ire necessarium est ADEL. *Elem.* I p. 32; ecce vides si de eclypsi aliquid volumus ~ire quam sit necessarium scire in quibus signis vel signorum gradibus inveniri vel sibi opponi debeant sol et luna WALCHER *Drac.* 87; beatus Edwardus obitum suum longe ante ~ivit AILR. *Ed. Conf.* 770D; omnes res gestas . . scitis ut fiunt et quandoque ~itis antequam fiant DEVIZES f. 25r. **b** non tamen divina pietas plebem suam ~ivit deseruit BEDE *HE* I 22 p. 42; a**799** numquid quasi nescius Deus nos confiteri hortatur peccata, qui priusquam gesta essent, ~iebat? ALCUIN *Ep.* 131; praescivit famulos Omnipotens proprios *De lib. arb.* 20; quod a principio omnia ~ivit que de eo futura erant et prevoluit PULL. *Sent.* 651A; quod vulgo obicitur, quia necessario si ~itur eveniet J. SAL. *Pol.* 448A; presentia scire / fas homini, solique Deo prescire futura VINSAUF *PN* 352.

2 (p. ppl. as adj.) foreknown (as predestined to wickedness and eternal damnation).

non probati in bono sed in malo opere ~iti ministrantes et innumera crimini habentes GILDAS *EB* 109; quotquot ab initio ~iti et predestinati sunt conformes fieri imaginis filii sui H. Bos. *LM* 1348C; secundo modo vult omnes, etiam ~itos, salvos fieri, id est, si salvi facti sint beneplacet ei GROS. *Quaest. Theol.* 201; quibusdam ad vitam predestinatis . . quibusdam . . ad mortem precitis et reprobatis (*Transl. S. Ecgwini*) *Chr. Evesham* 30; quidam sunt electi, et alii per penam eternam sunt ~iti OCKHAM *Dial.* 505; Petrus est ~itus, igitur Petrus damnabitur *Id. Quodl.* 591; **1382** quod si papa sit prestitus et malus homo et per consequens membrum diaboli non habet potestatem supra fideles Christi *Conc.* III 162a; quod nullus ~itus est pars ecclesie *Ziz.* 2; **1412** infans ~itus et baptizatus necessario vivet diutius, et peccabit *Conc.* III 349a.

praescise v. praecise.   **praescisio** v. praecisio. **praescisus** v. praecisus.

praesciscitari [CL prae-+sciscitari], to learn, find out beforehand.

833 ~ato . . rex esse se taliter et convocato exercitu imbuit . . arma ÆTHELW. III 3.

praescissio [CL praescindere+-sio]

1 cutting off.

prescindo . . inde prescissus, ~o OSB. GLOUC. *Deriv.* 547.

2 (transf.) cutting out (of superfluity).

1422 excessum [sc. annui census] cum acie discrecionis prescindere, et, ~one facta, unumquamque juxta . . facultatem . . retaxare *Reg. Whet.* II 404.

praescius [CL], who has foreknowledge, who knows beforehand; **b** (w. obj. gen.); **c** (w. inf.).

prescius auctor / quos novit justos convocat ad superos *De lib. arb.* 17; quia omnium ~ius [Deus] animum Judeorum in necem suam pronum novit PULL. *Sent.* 820D. **b** ~ius sui obitus extitisse . . videtur BEDE *HE* IV 22 p. 262; virginem hujus nebulae in se imminentis ~iam GOSC. *Lib. Mild.* 14; Duvenaldus . . ipsorum adventus exploratione certissima ~ius GIR. *EH* II 2; cujus rei ~ii . . episcopi muliebre consilium prudencie repagulis impediebant *V. II Off.* 23. **c** s**1307** rex Edwardus ~ius mori in bello J. LOND. *Commend. Ed. I* 18.

praescribare v. praescribere.

praescribere [CL]

1 to write earlier in or at the head of a document. **b** to write out, copy.

955 (12c) labarum Christi ~entibus conscribens impressi *CS* 905; sicut distincte prescripta declarant capitula GIR. *TH intr.* p. 7. **b** **1269** Henricus Dei gracia Rex Anglie, Dominus Hibernie etc. ~atur tota litera *CBaron* 71.

2 to write about, mention, or describe previously; **b** (p. ppl. as adj.); **c** (as sb. m.).

postquam non multum tempus papa defuncto, electus, ut prescripsimus, ad pontificatum est *V. Greg.* p. 86; de ipsius moribus . . multa in hoc libro ~untur *Flor.*

Hist. II 379; ideo primordialiter hos gradus [sc. throni Salamonis] prescribavi [*sic*] quatinus in vestra memoria virtuosa suas stabiliant mansiones *Regim. Princ.* 56. **b** crebro scrutantes praescripta volumina legum ALDH. *VirgV* 2770; omnes has praescriptas terras tenuit Carlo *DB* I 70va; c1175 precipio ut predicti canonici prescriptam elemosinam .. quiete teneant *Regesta Scot.* 149; de talibus itaque senibus qui .. senectutis vicia prescripta .. vitant GIR. *SD* 64; de quibus inter alias prescriptas [virgines] nulla fit mencio FLETE *Westm.* 73. **c** omnes prescripti fuerunt jurati .. quod nullas faciant falsas mensuras *MGL* III 432.

3 to prescribe, order, lay down. **b** (p. ppl. as sb. n.) prescription, precept.

anticipant .. tempus in lege praescriptum (*Lit. Ceolfridi*) BEDE *HE* V 21 p. 337; sibi praescriptae mortis dum venerat hora ALCUIN *SS Ebor* 226; 1166 me tanto temporis spacio premunite ut ad locum et diem quem prescripseritis commode valeam pervenire J. SAL. *Ep.* 182 (179 p. 192); hec philosophia tibi jam decrepito pernecessaria esset, que frequenter in scholis describitur, sed frequentius ~itur, cogitatio mortis sc. assidua P. BLOIS *Ep.* 6. 18C; 1431 inde seisitos fuisse de consuetudine laudabili et legitime prescripta *Cl* 282 m. 17*d*. **b** 1556 ut eedem [sc. disputationes] juxta statutorum .. prescriptum .. celebrentur *StatOx* 373.

4 to claim by virtue of uninterrupted possession or lapse of time.

1265 pacifice .. possedisse ab antiquo et longissima prescriptione legitime prescripsisse decimas et pensiones *Reg. Malm.* I 417; 1331 mercatores .. libertates hujusmodi non possunt ~ere nec clamare nisi ex speciali concessione .. regum Anglie *PQW* 455b.

5 (w. *contra* & acc.) to lay claim to (a right *etc.*) in opposition to or supersession of.

quod .. dicitur aliquem posse ~ere contra alium in visitando, si sic intelligitur quod is qui ~it excludit eum contra quem ~it a visitando GROS. *Ep.* 127 p. 379; ne contra eam morosa delectatione ~eret quietem dulcedinis interrupit *V. Edm. Rich P* 1797E; non apparet quod unquam aliquis in hoc prescripserit contra Romanum imperium, quia nullus potuit se bona fide alienare a Romano imperio OCKHAM *Dial.* 905; sicut in spiritualibus et ecclesiasticis contra obedienciam et visitacionem non ~itur, sic contra dominium Romani imperii nullus potest ~ere *Ib.*

praescripsare [CL prae-+scribere, *perh. backformation from perf.* praescripserunt *or conf. w.* praestringere], to deceive, trick.

deceivere .. fraudare, machinari, ~are *Gl. AN Ox.* f. 154v.

praescriptibilis [CL praescribere+-bilis]

1 that can be prescribed, subject to prescription.

1300 unanimiter affirmabant quod quamvis visitacio ~is non fuerit, modus tamen visitandi satis congrue poterit prescribi *G. Durh.* 4.

2 (leg., *tempus ~e*) period of time that allows claim to possession or limitation in law.

1397 hactenus longis et retroactis temporibus, et tempore †perscriptibili [l. prescriptibili] .. offerri extitit consuetum *Conc.* III 231a; 1427 pronuncio .. Ricardum .. et suos precessores .. officium aquebajulatus .. per tempus ~e exercuisse *FormOx* 463; 1521 decimas .. de terris suprascriptis prevenientes per tempus ~e *Reg. Heref.* 87.

praescriptio [CL]

1 what has been written before, prescribed form (of words).

1166 nunquid ergo jurare possem in ea ~one verborum aut potius salutis proscriptione, que ab aliis ut audio exigitur et prestatur J. SAL. *Ep.* 168 (167 p. 96).

2 prescription, precept, decree; **b** (med.).

addicti sunt siquidem ~oni quotquot videbantur habere propinquos *Chr. Battle* f. 108v. **b** si toto physice lucteris robore, lucis / continuasse moras, stamen tamen Atropos evi / rumpit et in mortem non est prescriptio vite, / producitque dies sed non medicina perhennat HANV. VI 224.

3 (leg.) title or right acquired by long-standing use, prescription; **b** (w. *contra* & acc.).

1197 cum omnibus libertatibus et ~onibus quas H. de V. in civitate .. fecerit (*Limerick*) *BBC* 42; 1219 ne .. monachi super .. ecclesiis et decimis aliquam molestiam .. patiantur, cum .. temporis ~o eis multum debeat suffragari *Ch. Sal.* 88; 1265 pacifice .. possedisse ab antiquo et longissima ~one legitime prescripsisse decimas et pensiones *Reg. Malm.* I 417; 1285 nulla alicujus temporis ~o vel possessio possit ledere .. virtutem presentis composicionis *RGasc* II 276a; quare non timemus de jure nostro, per gratiam Dei conservantis nobis privilegia nostra, certissimi sumus, nisi ~o obsit, cujus interruptio facillime probatur *Chr. Evesham* 114; 1365 nulla ~o vel longa possessio ipsis archiepiscopis .. de jure valere poterat aut prodesse *Lit. Cant.* II 475; symonia ex ~one vel diutiva consuetudine contrahit robur legis WYCL. *Sim.* 93; cum .. ~o legitima titulus est sufficiens ad extinccionem juris prius adquisiti, si Edwardus titulum aliquem habere potuisset ex ipsa Philippa, .. per legitimam ~onem a tali jure sufficiente excluderetur FORTESCUE *Tit. Edw.* 9; 1455 scriptis .. ~onem legitimam constituentibus *Melrose* II 50. **b** 1285 nulla longa seisina seu ~o locum tenere debet contra coronam regiam *PQW* 251b; contra papam .. quoad temporalia currit ~o saltem centenaria OCKHAM *Pol.* I 31.

praescriptor [CL praescriptus *p. ppl. of* praescribere+-tor], one who gives orders or advice.

dictator .. praeceptor, .. *dihtnere*, ordinator, ~or *GlH* 420; aque transmeande ~orem et vadi .. monstrandi ducem *G. Steph.* 47.

praescriptus [CL praescriptus *p. ppl. of* praescribere+-tus], prescription, prescript, decree.

qui illud honeris michi inperito inevitabili ~u obedientie imponunt AD. EYNS. *Visio pref.* p. 287.

praesecare [CL], to cut at the end.

cum canis surget angulis / presectis rigens stipulis / jam barba, non lanugo P. BLOIS *Carm.* 13. 4. 20.

praesecmen v. praesegmen. **praesedere** v. praecedere, praesidere.

praesegmen [CL], a piece cut off, clipping.

presecmina ex unguibus LIV. *Op.* 6; *chypping of leder or cloth or odyr lyk* .. presigmen *PP*; hoc ~en, *screde WW*.

praeseidere v. praecidere.

praesellum [CL prae-+sella+-um], front saddlebow.

~um, A. *the assyon of a sadelle WW*.

praeseminare [LL], to sow beforehand (in quots. transf. & fig.).

venena quae serpens primo homini ~avit (*Ps.-BEDE Matth.*) *PL* XCII 37B; futurorum malorum origines ~antur et cause AILR. *Serm.* 402C; s1260 donec verius cognosceret qualem ~ata discordia sortietur effectum *Flor. Hist.* II 448.

praesenior [CL prae-+senior], who has a higher degree of seniority, (in genealogy or w. ref. to degree of consanguinity *~or patruus*) ? paternal uncle of one's great grandfather.

quodque prefati Rupertus presenior patruus, et Rupertus senior avus, ac Rupertus pater dicti Ludowici quondam comites Palatini Reni *Foed.* IX 173.

praesens v. praeesse.

praesentabilis [ML < CL praesentare+-bilis]

1 that can be presented or displayed, (usu. leg.) liable or subject to presentment; **b** (as sb. n.).

1305 iidem decenarii ad hundredum illud presentaverunt ea que ibidem ~ia extiterant *PlRCP* 155 m. 229; 1408 R. G. .. quibus non venit .. ad presentand' omnia ~ia pro rege *CourtR Ottery St. M.* m. 94; que .. inquisibilia sive ~ia fuerunt *Entries* f. 554. **b** 1315 consueverunt .. ~ia in eodem visu suo presentare (*PlRCP*) *Year Bk.* XVII (*Selden Soc.* XLI) 83.

2 (eccl. of clergyman) fit to be presented to a benefice.

1556 presbiterum .. ~em, admissibilem constituere (v. induabilis 2).

praesentalis [LL], existing at present.

requies est iterum ~is villa Beodrici Æstengle protectori Eadmundo martyri HERM. ARCH. 16 p. 46.

praesentaliter v. praesentialiter.

praesentamentum [CL praesentare+-mentum; cf. ME, OF *presentement*], (leg.) presentment, act of presenting or substance of document that is presented before a jury or magistrate (usu. w. ref. to complaint).

1295 dixit quod ex querela Johannis Edrich versus villatam de Rugaker non fuit per ~um *CourtR Hales* 340; 1331 parcellam .. seisitam fuisse virtute ~i tunc facti *PQW* 150b; 1419 breve ad distringendum majorem et vicecomites pro quodam ~o super eos presentato in Suthwerk et ~um predictum .. *MGL* I 573; s1443 singula eorum ~a transvertere .. disponebat *Croyl. Cont. B* 520; accusati per indictamentum, ~um, aut per testimonium .. tercium *Entries* f. 598v.

praesentaneus [CL = *immediately operative, prompt in effect*], existing at the present time, present.

~eus .. i. in presentia existens OSB. GLOUC. *Deriv.* 514; quod per condicionem nequaquam condicionalem intelligit sed disposicionem seu statum vel modum presencialem sive ~eum divine noticie BRADW. *CD* 721C; *present,* presens, presencialis, ~eus *CathA*.

praesentare [CL]

1 to cause (person) to appear (before), present (to, for approval *etc.*). **b** (refl. & pass.) to present oneself, appear; **c** (w. ref. to the Presentation of Christ in the Temple, *cf. Luc.* ii 22–24). **d** (acad., also absol.) to present for examination or degree (also p. ppl. as sb. m.).

c795 quatenus omnium particeps essem eorum quos tantus pastor suo regi ~abit ALCUIN *Ep.* 51; 1199 (1324) eos quos fecerint vicecomites ~ent justiciariis nostris qui respondeant nobis (*Ch.*) *MGL* II 250; si ~etis mihi senescaldum .. qui sciat et possit senescaldiam regere recipiam eum in tali statu BRAKELOND f. 128. **b** statim debent surgere et ad venias humiliter se ~are LANFR. *Const.* p. 174; ad cujus pedes fusus optinet ut abbati ~etur GOSC. *Transl. Mild.* 21 p. 184; inde Johanni apostolico ~atus, voti compos efficitur EADMER *V. Osw.* 22 p. 27; corripiunt viam papeque obtuibus ~ati quicquid poterant .. agunt W. MALM. *GP* I 57; ubi significata est beatitudo illorum qui in futura resurrectione per ministros Christi Domino ~abuntur AILR. *Serm.* 13. 7. 284D; rex imperatrici a fratre ~atus Gleocestrie R. NIGER *Chr. II* 184; 1220 eligatis tres viros .. et illos nobis ~ari faciatis apud London .. et nos unum ex illis tribus .. vobis dabimus ad vicecomitem *Pat* 281; s1347 aliqui .. qui coram .. domino nostro .. personaliter se ~ent AVESB. f. 116v. **c** sicut ille pro nobis hodie in templo est natus AILR. *Serm.* 5. 29. 238; eodem anno, quo Christus natus est, circumcisus est et .. in templo ~atus *Ann. Exon.* 5; Christus .. in Templo ~atur *Eul. Hist.* I 67. **d** a1350 ut melius de ~ati sufficiencia valeat liquere, qui prius rexerunt ad ~ati deposicionem poterunt vocare *Stat Ox* 42; 1516 neque licebit .. ulli incorporato .. in aliqua facultate ~are quousque realiter promotus fuerit ad aliquem alium gradum *Ib.* 333; 1582 convocatio doctorum, magistrorum regentium .. in qua actae sunt causae nonnullorum determinantium, utrum sc., cum ~arentur ad determinandum post principium Quadragesimae, ista praesentatio esset licita *Ib.* 423.

2 (eccl.) to nominate or recommend (to a bishop) for institution to a benefice (*cf.* J. W. Gray, '*Jus Praesentandi* in England', *EHR* XLVIII 481–508); **b** (absol.) **c** (pr. ppl. as sb.) one who presents to a benefice, presenter. **d** (p. ppl. as sb. m.) one who has been presented to a benefice.

ita quod personam ad eandem ecclesiam licite ~abit GLANV. IV 1; 1192 clericus quem H. vel heredes sui ~abunt ad prefatam ecclesiam *Ch. Westm.* 320; ex more patrie personam illum episcopo loci ~avit *Canon. G. Sempr.* f. 40; c1213 cum .. nos prior de P. ad ecclesiam de T. per monacum suum et litteras suas ~averit GIR. *Ep.* 7 p. 250; 1220 placuit .. Sahero .. melius promoveri in ecclesiam illam quam uxorem ducere et ~atus fuit episcopo et admissus ad ecclesiam illam *SelPlCrown* 136. **b** 1270 ad ecclesias ratione tenementorum Judei etiam ~arent *Leg. Ant. Lond.* 234; ad quam .. ecclesiam dominus rex debuit ~asse durante custodia ipsius Alicie *State Tri. Ed. I* 17; 1459 prisca consuetudine ~andi ad omnia vacancia beneficia *Conc. Scot.* II 79. **c 1549** de jure patronatus ipsorum ~antium *Conc. Scot.* II 114. **d** c**1236** cum .. post hujusmodi collationem ~atus recusetur ab episcopo, presentator impetrat a curia regis ut episcopus citetur per vicecomitem GROS. *Ep.* 72* p. 227; **12..** noverint .. ~ati quod de cetero jurabunt quod nec promissio nec pactio aliqua intersit inter ipsos et presentatores *Conc. Scot.* II 36; **1269** presentatoribus et ~atis ordinacioni .. archiepiscopi .. se .. submittentibus *Cl* 92; **1293** nostro et ~ati nostri nomine *RGasc* III 73a; s**1344** processus .. versus patronos seu eorum patronorum ~atas AD. MUR. *Chr. app.* 238; **1390** (1414) ~atus regius ad tale beneficium .. non admittatur .. si aliquis ~atus regius alio modo foret admissus .. infra unum annum post induccionem ~ati regii *Cl* 263 m. 22.

3 to display, exhibit, make visible or available for consideration, examination, or perusal; **b** (absol.).

c**675** altato quondam sceptri in vertice celydro Ebreae contionis obtutibus ~ato ALDH. *Ep.* 2 p. 479; Guthlac, cui Dominus absentia ~abat, velut prophetiae spiritu inflatus, cum domi sedisset et nihil aliud excepto domus vestibulo prospicere potuisset FELIX *Guthl.* 40 p. 124; ut .. luna plenum suae lucis orbem mundo ~et (*Lit. Ceolfridi*) BEDE *HE* V 21 p. 340; cartam inde [donationum] facientes Willelmo .. confirmandam ~averunt ORD. VIT. III 2 p. 39; eas [absentium corporum proprietates] poterit imaginatio ~are J. SAL. *Pol.* 437B. **b** sic angelo ~ante, scriptore imitante liber est ille conscriptus GIR. *TH* II 39; **1373** precipitur vicecomiti quod faciat inquiri quot celdre ordei fuerunt infra balliam suam tempore taxacionis, et ~et in proximo scaccario *ExchScot* 418.

4 (leg.) to bring before a court or magistrate for consideration or trial, make presentment (of); **b** (w. acc. & inf.); **c** (w. *quod*). **d** (p. ppl. as sb. n.) presentment. **e** (absol.).

de x marcis de misericordia civium de Carleolio pro femina quam ~averunt *Pipe* 33; **1198** Engleseria non fuit rationabiliter ~ata. murdrum *CurR RC* I 159; **1220** omnia placita .. eis ~ata in rotulis suis inrotulari facient *Pat* 289; concelaverunt .. Rogerum et .. falso ~averunt mortem Hawisie .. et postea cognoverunt quod vixit *PlCrGlouc* 3; ille qui interfectus est semper reputabitur Francigena nisi Englescheria rite fuerit coram justiciariis ~ata BRACTON f. 134v; **1306** fregit assisam cervisie sicut ~atum fuit in ultimo visu *Rec. Elton* 115. **b** s**1324** jurati de patria convocati .. absentem episcopum reum fuisse de omnibus objectis articulis ~arunt WALS. *HA* I 172. **c 1202** duodecim juratores in veredicto suo ~averunt quod .. *SelPlCrown* 16; **1253** R. de J. ~avit quod J. B. et H. de C. et J. de P. sicut malefactores de venacione .. regis, et R. persona de J. eos receptavit *SelPlForest* 108; **1276** ville de B. et C. et B. .. ~ant quod A. et G. .. venerunt de .. *Hund.* II 178a; **1321** item ~ant quod iidem decanus et capitulum .. appropriaverunt sibi quandam aliam placeam ibidem *MGL* II 339; **1388** extitit ~atum quod .. (*CoramR*) *Peasants' Rising* 36. **d 1449** duodecim liberi jurati magne assise domini regis capte pro rege super ~atum dictorum officiarium [*sic*] quorum nomina .. *CourtR Carshalton* 72. **e 1287** requisitus si .. prepositus venit ad turnum vicecomitis ad ~andum .. *PQW* 7b.

5 to offer or bestow as gift or present, give. **b** to hand over.

precipit et capsam sibi presentare paratam WULF. *Swith.* II 21; si essent ei canes .. ~abantur regi ut si vellet acciperet *DB* I 56va; ut veniente domina sua in manerium ~aret ei xviij oras denar' *DB* I 179vb; c**1087** hoc donum Deo et S. Petro .. super altare predicti apostoli Petri ~avi *Ch. Westm.* 436; Willelmum ducem adiit eique preciosissimam pallam ~avit ORD. VIT. III 9 p. 106; **1213** cum osturci et girefalcones nobis fuerint ~ati de Nortweya *Cl* I 156b; s**1244** ut occurrat Francis et Anglis pecuniam ipsi ~aturis *Ann. Lond.* 42. **b** s**1233** parate sunt tibi insidie si venias ut capiaris ab inimicis tuis qui te regi .. ~abunt M. PAR. *Maj.* III 246.

6 to act as accredited representative of, represent.

nec eciam coram justiciariis cum personam regis in judicio representent [v. l. presentent] *Fleta* 32; s**1297** comes de Warenna qui locum regis tenens personam ipsius ~abat in hoc W. GUISB. 314.

7 (intr.) to present oneself (to), appear (before).

799 hoc maxime animum contristat paternum quod domni mei David et vestrae dilectionis [v. l. dilectioni] sic cito, sicut volui, ~ari [v. l. ~are] non potui ALCUIN *Ep.* 164; non ~antibus sepefatis comitibus conspectui regio *Flor. Hist.* III 296; in Acquitaniam properantes nobili .. principi ejusdem .. humiliter ~abant .. ejus consilium et auxilium .. requirentes J. READING f. 188v; **1426** ipse qui ~avit majori ac aliis viris cum uno cervo *Leet Coventry* I 103.

praesentarie [LL], face to face, in person.

anagoyce Jerusalem vitam celestium spirituum significat qui contemplantur Deum present[ar]i[e] et per speciem vident regem glorie in decore suo S. LANGTON *General prol.* 195.

praesentarius [cf. LL praesentarie], existing at the time concerned, present.

universam quippe multiplicitatem eorum que fueriunt [*sic*] ~io intuitu divinus perlustrat oculus PULL. *Sent.* 714D; verte oculos ad ~iam conversationem nostram *Ib.* 770B.

†**praesentas,** *f. l.*

†de praesentati quidem [? l. repraesentavi quaedam] a prioribus; jam paginulis carpere instat ut tertii †nobis [? l. vobis] statum libelluli edicamus ÆTHELW. III *prol.* p. 26.

praesentatio [LL]

1 (act of) bringing (person) into the presence (of), presentation, (eccl., *~o Beatae Mariae*, Feast of) the Presentation of the Virgin (celebrated on 21 Nov.). **b** (acad., act of) presenting (a candidate) for examination, admission to degree, or sim.

s**1464** approbavit celebracionem festi ~onis Beate Marie *Eul. Hist.* I 292. **b** a**1350** ante suam ad incipiendum ~onem *StatOx* 33; c**1430** nullus potest admitti ad incipiendum in sacra theologia nisi omnes doctores in theologia in ~one presentes jurent de scire *Ib.* 225; **1582** ~o ad determinandum *Ib.* 423.

2 (eccl., act of) presenting or right to nominate or recommend to office, presentation; **b** (*litterae ~onis* or *de ~one*) letters of presentation. **c** (w. subj. gen. to specify presenter); **d** (w. obj. gen. or *de* & *abl.* to specify person presented). **e** (w. gen. to specify benefice). **f** (*ultima ~o*) last presentation, advowson.

1172 pro ecclesia de Capella .. et E. dicebat suam esse et de ~one sua et de feudo suo quod tenebat .. in Capella *Act. Hen. II* I 582; s**1251** cum alia ecclesia primo vacatura que ad ~onem vestram spectare noscatur (*Lit. Papae*) M. PAR. *Min.* III 109; **1294** ad vicariam ecclesie de O. .. ad nostram ~onem spectantem *Reg. Carl.* I 8; s**1397** statuerunt quod .. idem fiat de beneficiis per eos collatis. et quod ~ones et collaciones sint in manu regis *Eul. Hist. Cont.* 376. **b 1203** habet litteras patentes de ~one ad ecclesiam de E. *Pat* 31a; **1217** litteras habet de ~one ad medietatem ecclesie de Seing *Pat* 33; c**1230** multociens fuit presens in capitulo suo ubi conferebantur clericis carte super ecclesiis, similiter et litere ~onis *Feod. Durh.* 280. **c 1160** noverit universitas vestra nos, ad ~onem Ricardi, abbatis de M. .. constituisse W. .. personam ecclesie beate Dei genetricis Marie de Porstocha *Ch. Sal.* 30; sciens .. Godefridum ad ~onem domini regis .. fuisse .. in ecclesia institutum *Chr. Battle* f. 125; s**1232** institutus est in eadem ecclesia clericus ad ~onem abbatis *Chr. Evesham* 277; c**1236** responsurus .. quare non admisit idoneam personam ad ~onem hujusmodi presentatoris GROS. *Ep.* 72* p. 228; Henricus persona est absque ~one domini regis *State Tri. Ed. I* 18; sic dicitur quod plebanus recipit ecclesiam a solo episcopo .. non tamen absque ~one patroni OCKHAM *Brev.* 109. **d** c**1182** terram et pratum .. et ~onem capellanorum et decimas totius parrochie *Act. Hen. II* II 178; pro ~one alicujus personе pecuniam .. recipere *G. Hen. II* I 87; **1262** salvis nobis et successoribus nostris ~onibus vicariorum per canonicos prebendarum faciendis *Reg. S. Osm.* I 354; ex ~one clericorum ad prebendas .. amicos adquirere GRAYSTANES 9 p. 47; [vicarii] quorum ~onem sacristae et suis successoribus concedens .. T. STUBBS *Chr.* 404; **1449** obligavit se Thome G. .. patrono, in xx li. pro ~one facta de sua persona ad eandem *Eng. Clergy* 239. **e** c**1166** ~onem beati Petri de Sap .. cum omnibus decimis .. possedit *Act. Hen. II* I 353n; **1180** quod abbas et conventus ~onem ecclesie de G. in perpetuum possidebant *Ib.* II 131; de advocatione et ~one ecclesiarum si controversia emerserit inter laicos H. BOS. *CE* 1413B (=M. PAR. *Min.* I 323); accepta prius in recompensacionem ~one integra ecclesie de W. .. ad quam prior et conventus solebant alternis vicibus presentare GRAYSTANES 16 p. 57; in .. episcopos .. ad quos beneficiorum ~ones spectabant *Ps.*-RISH. 496; **1419** fundaciones et ~ones cantariarum majori, camerario et civitati pertinencium *MGL* I 552 *tit.*; **1459** in ~onibus beneficiorum sedibus vacantibus *Conc. Scot.* II 79. **f** super jure ipso presentandi personam vel super ultima ~one, i. super saisina juris presentandi personam GLANV. IV 1; **1215** recognitiones de nova dissaisina, de morte antecessoris et de ultima ~one non capiantur nisi in suis comitatibus *Magna Carta* 18; ei per juramentum suum advocacionem illius ecclesie, sc. ultimam ~onem, abstulerunt BRAKELOND f. 137v; **1315** exceptis placitis ultime ~onis *MGL* II 212.

3 (act of) displaying or making available for consideration, examination, or perusal, presentation. **b** (leg., act of) presenting before court, magistrate, or person of authority, presentment.

1345 data .. summo pontifici ~onis utriusque schedule *MunAcOx* 148; **1345** tu .. nobis super hoc destinasti literas sed adeo brevem terminum continentes quod a tempore ~onis earum computando .. vix potuisset .. negocium inchoari (*Lit. Papae*) AD. MUR. *Chr.* 182; s**1378** ardore quam maxime inflammatus ~one eleccionis hujusmodi WALS. *HA* I 383. **b** c**1180** amerciati .. pro assisa fracta si amerciaturi essent per ~onem duodecim (*Tewkesbury*) *BBC* 158; **1198** amerciamenta .. W. .. dim' m' pro falsa ~one *CurR RC* I 179; **1201** juratores in misericordia pro stulta ~one *SelPlCrown* 6; **1230** debet lxj s. .. pro falso [*sic*] ~one *Pipe* 345; **1236** homines prioris de Broke veniunt ad duos *laydeyes* per annum ad ~ones faciendas et assisas recipiendas *Cust. Battle* 136; quorum [juratorum] ~ones fiant dupplicate in modum cirographorum indentate *Fleta* 21; s**1276** per duodecim juratos de M. fuit presentatum ... ista ~o nos latebat et propter hoc non quesivimus remedium *Ann. Dunstable* 270; compertum est .. per ~onem duodenorum de hundredo de Sannforde quod .. *State Tri. Ed. I* 70; s**1312** baro scaccarii .. recitavit ~onem vicecomitum *Ann. Lond.* 219.

4 (act of) offering for acceptance.

ibi vij piscatores reddentes regi praesentation' piscium ter in anno *DB* I 189rb; de presentation' piscium xij sol. *Ib.* 191vb; j piscaria mille anguillarum et iij ~ones per annum valentes xlix denarios *Ib.* 206va; uxori sue dedit medietatem totius piscarie de Welle et consuetudinalium ~onum [v. l. cum consuetis ~onibus piscatorum] *Chr. Rams.* 60; **1300** ubi ex ~one ciphi illius modici ad vos forsitan affectio domini tepuisset *Lit. Cant.* I 29; s**1344** aliarum dignitatum .. ~ones et collaciones AD. MUR. *app.* 234.

praesentator [ML < CL praesentare + -tor]

1 (eccl.) one who presents to an office, presenter.

c**1220** ne aliquis presentatus ad sacros ordines faciat pactum suo ~ori quod non inquietabit ipsum super aliqua .. sustentacione sibi facienda (*Const. Lond.*) *EHR* XXX 296; **1230** ut faciat inquisicionem .. quis ultimo fuit ~or ad personatum ecclesie de K. *RL* II 4; c**1236** cum .. post hujusmodi collationem presentatus recusetur ab episcopo, ~or impetrat a curia regis ut episcopus citetur per vicecomitem GROS. *Ep.* 72* p. 227; **1269** ~oribus et presentatis ordinacioni .. archiepiscopi .. se .. submittentibus *Cl* 92; si .. nullam habuit omnino talis ~or seysinam .. *Fleta* 328; **12..** nec promissio nec pactio aliqua .. inter ipsos [presentatos] et ~ores *Conc. Scot.* II 36.

2 (leg.) one who makes presentment.

1202 post ~or Englescherie W. obiit et nullus loco ejus presentatus est nisi coram justiciariis et ideo ad judicium de murdro. consideratum est quod sit murdrum *SelPlCrown* 25; **1221** Englescheria fuit presentata et ~ores mortui sunt *PlCrGlouc* 39; Englescheria non est ~ata nisi per duos et ideo murdrum, et ~ores convicti sunt de falsa presentacione et ideo custodiantur *Ib.* 45; **1320** duo viri .. sint astantes juxta dictum ~orem *MGL* I 54.

3 one who exhibits or makes available for consideration or examination.

c**1230** dicunt ~ores consuetudinum quod .. (*Cust. Bledlow*) *Doc. Bec* 121.

praesentatorius [ML praesentator + -ius], (eccl.) that presents to a benefice, (*litterae ~iae*) letters of presentation.

1232 post venit .. R. .. cum literis ~oriis *MonA* II

81a; presentatus fuit .. per litteras suas ~orias *G. S. Alb.* I 346.

praesententiare [CL prae-+sententia+-are], to determine sentence or judgement beforehand.

sentenciam Dei seriam secundum seriem, ~iantisque secundum scema sermonis universi E. THRIP. *SS* II 13.

praesenter [LL]

1 being present, in person.

†c**1150** per terram unius carruce quam tunc ~er exhibuerunt *Cart. Chester* 8 p. 55; presens .. unde ~er adverbium OSB. GLOUC. *Deriv.* 514; ideo demones dant responsa de rebus absentibus, quando loquuntur ~er cum hominibus BACON *Tert.* 187; quod si ipsa anima non est quod ~er est NETTER *DAF* 32a.

2 presently, at once.

statim immediate et ~er *Entries* 527ra.

praesentia [CL]

1 fact or state of being present (locally or temporally), presence.

941 (14c) quatinus temporalium rerum mobili ~ia utens fidelem obedienciam .. servet *CS* 769; dies est et nox non est propter ~iam solis ANSELM *Misc.* 340; in hodierno eternitatis incommutabilem significavit ~iam J. FORD *Serm.* 67. 8; de ~ia Dei localiter. hic queritur de locali ~ia Creatoris GROS. *Quaest. Theol.* 205; **1430** volo quod quilibet canonicus et vicarius principaliter existens in exequiis, missa et ad sepulcrum meum tempore sepulture corporis mei percipiat xij d. sc. pro exequiis vj d., pro missa iiij d., et pro ~ia sepulture ij d. *Reg. Cant.* II 503.

2 the fact of being present as affecting another person or event. **b** (*in* or *sub ~ia*, or sim.) in the presence (of), in front of (usu. w. ref. to one's person or personal presence as guarantee of authority or authenticity).

in ~a Christi omnia simulacra .. confracta sunt THEOD. *Laterc.* 7; **671** vestrae caritatis affabili ~ia frui ALDH. *Ep.* 1 p. 476; puerulos, quos .. ad regis ~iam [*gl.*: conspectum; *to gesyþþe* vel *andwurdnysse*] simul introducunt *Id. VirgP* 33 p. 274; et ~iam tuam volo et auxilium desidero W. MALM. *GP* I 52; ecclesiam illam sub protectione .. pape constituens, ~iam ejusdem ad cautelam contra futura gravamina .. sub synodi totius testimonio appellavi GIR. *Symb.* I 22 p. 264; **1220** regine ~iam nostram in Anglia nuper adeunti .. satisfecimus *Pat* 245; **1300** non expectata ~ia predicti Willelmi .. inquisicionem illam facere *Ib.* 120 m. 24*d*. **b** congregata synodo non parva sub ~ia regis Ecgfridi BEDE *HE* IV 26 p. 272; **1072** annuente .. rege, in ~ia ipsius et episcoporum atque abbatum, ventilata est causa de primatu *Lit. Cant.* III *app.* p. 351; s**1128** sacratus est .. Cantuarie .. sub ~ia abbatum et aliarum .. personarum J. WORC. 26; c**1160** convenerunt ante ~iam nostram monachi de Alencestria cum priore *Doc. Theob.* 1; s**1189** episcopus .. sollempniter est collocatus in sede sub ~ia xij episcoporum DICETO *YH* II 75; delati fuerunt predicti rotuli coram auditoribus in ~ia cancellarii *State Tri. Ed.* I 70.

3 state or condition that is here and now, this (present) life.

ut in hac ~ia [te] incolumem et post migrationem corporis custodiat, ducens ad aeterna tabernacula ÆTHELW. *prol.* p. 1.

4 thing offered for acceptance as gift, contribution, or payment, a present (usu. pl.).

s**1175** ipsi servient domino regi de canibus suis et avibus, singulis annis de ~iis [v. l. presentibus] suis *G. Hen. II* I 103; **1199** debet ei .. araturas .. ~ias et cetera servilia *CurR RC* II 25; **1241** cxvj s. iiij d. ob. quos posuerunt in ~iis factis domino legato apud Cant' *Liberate* 15 m. 13; jocose loquens de ejus adventu, quem vocavit 'presentiam', et de xenio suo, quod '~ias', vulgariter loquendo, vocavit quod Gallice auribus sonat .. sic: *de sun present e sa presence G. S. Alb.* I 185; c**1256** omnia honera tocius ville supportant in talliagiis, in ~iis, et in omnibus infortuniis *IMisc.* 10/7 (cf. *CalIMisc* I 238 p. 79); **1258** pro vino ab eo recepto ad ~iam *Rec. Leic.* I 82; s**1285** expendat dictus prior in ipso itinere .. circiter triginta tres marcas: viz. in ~iis, donis, expensis suis propriis .. *Ann. Dunstable* 321.

5 (*in praesentiarum*) v. impraesentiarum.

praesentialis [LL]

1 (of person) present (at), who is in the same place, in person. **b** (of act or state) accomplished or informed by personal presence, personal.

medicus Kinefridus qui sicut morienti illi ita et elevate de tumulo ~is affuit ut in tam mirando .. miraculo testis existerat [l. existeret] .. *Lib. Eli.* I 27 p. 45. **b** virtus autem sancti martyris, si non erat, ut consueverat, frequens ac ~is, tamen .. HERM. ARCH. 19 p. 51; regis filius, Johannes, cujus incrementum ac laudes ~i conspectioni committo ne videar .. ex insufficientia mea minus dixisse de eo quam est GERV. TILB. II 2; **1236** cum nihil .. post tuum ~e sanctissimum colloquium quam per epistolas tuas consolatio sit mihi tam jocundum GROS. *Ep.* 20 p. 70; **1279** per ~em aspectum corporis .. se potentem et validum ostensurus *Mon. Hib. & Scot.* 121b; s**1327** quod nec illa permisit filium suum .. aut aliquem suorum liberorum sibi ~e solacium prebere *V. Ed. II* p. 88; disposicionem seu statum vel modum ~em sive presentaneum divine noticie, ita dicit BRADW. *CD* 721C.

2 present, who or that is here and now or exists at the time of speaking, current.

propter offensa ~ia populi HERM. ARCH. 1 p. 29; jam adest quinta feria ~is *Ib.* 20 p. 52; cui ad mortem aegrotanti supervenit eadem consanguinea, a ~i matre monasterii destinata GOSC. *Edith* 283; presens assertio .. assertio ~is de antichristo futuro, quoniam erit, partim est existentia antichristi futura GROS. 144.

praesentialitas [ML]

1 state or condition of being at the same place or present (at), presentiality, presence.

quia .. illa sunt presencia aliis potenciis inferioribus, sed propria ~ate .. DUNS *Ord.* III 223; quia est presens virtuti phantastice sed propria ~ate *Ib.* 224; de respectu ~atis et posicionis OCKHAM *Quodl.* 392; summus igitur spiritus propter suam perfeccionem infinitam simpliciter, est necessario repletivitatis et ~atis infinite simpliciter et immense BRADW. *CD* 163C; accidentia .. informant panem et vinum, non autem corpus Christi vel sanguinem, sed illa informacio propter ~atem dignioris corporis est sopita WYCL. *Euch.* 75.

2 state or condition of being here and now or at the moment of speaking, presentness (in time).

ymago prioritatis relinquitur in memoria a ~ate J. BLUND *An.* 269; cum de eo loquatur quod loquitur ipsum ad quod loquitur in maxima ~ate post se ipsum erit *Ps.*-GROS. *Gram.* 43.

praesentialiter [LL]

1 in a manner that involves personal presence, in person, personally.

679 sicut Dominus noster .. tradidit discipulis suis, qui ~iter viderunt et audierunt sermones ejus (*Syn.*) BEDE *HE* IV 15 p. 239; virtus Altissimi obumbravit ei dum divina Christi potentia et eam ~iter implevit et ut capi ab illa posset substantia se nostrae [*sic*] fragilitate obnubit *Id. Hom.* I 3. 13; **796** quia ~iter verbis vestram dulcissimam dilectionem ob longitudinem habitationis nostrae ammonere nequeo ideo litterarum officio implere non cesso quae linguae ministratione denegatur ALCUIN *Ep.* 105; **799** multa animus meus laetitia gavisus est multoque anhelabat desiderio praesentialiter [v. l. praesentaliter] ordinem videre vestrum *Ib.* 168 p. 276; tam ex humilitatis mee suggestione quam que viva ~iter voce obtuli W. MALM. *GP* III 100; quod in preterito anno fratres vestri secum ~iter tractaverunt BOSO *V. Pont.* 434; nulla .. nisi ea .. quibus ~iter interfuimus AD. EYNS. *Hug.* V *prol.* p. 74.

2 in the present moment, at present, (here and) now.

jam .. coepit judicium perditionis impiorum quod eos ~iter semper excrucians nullo umquam fine cessabit BEDE *Ep. Cath.* 74D; siquid nostra vobis ~iter proficiat industria, perpetualiter vestra nobis prosit intercessio ALCUIN *Dogm.* 88C; sicut praeterita quae olim fuerunt apud nos abscondit oblivio, sic ea quae nunc nobiscum ~iter fiunt hi qui nasci habent scire non poterunt *Id. Exeg.* 673C; Mauricio semper oranti, ut Deus eum ~iter puniret et non in Gehenna R. NIGER *Chr. I* 55; oculo mentis obturato nec que ~iter patitur sentit nec que post modicum pati meretur intelligit AD. EYNS. *Hug.* V II p. 141; **1258** omnia que ~iter vel in futuro habere potero *Deeds Balliol* 325; nota quod non est idem suppositum ~iter et actualiter quia omne suppositum actualiter ~iter est et non convertitur BACON VIII 220.

praesentificare [CL praesens+-ficare], to make present or actual.

futurum siquidem potest fieri non futurum antequam eveniat, seu, ut verius dicam, ipso nunquam eveniente ipso nunquam posito in esse, ipso nunquam ~ato, seu facto presenti BRADW. *CD* 863E.

praesentire [CL], **praesentiscere,** to perceive or sense beforehand; **b** (w. acc. & inf. or pred. acc.).

provide sc. dissimulans ne quis de ipso sacro arcano ~isceret aliquid †abdueendum [l. abducendum] GOSC. *Transl. Aug.* 28B; ~tiat fornicator .. tormenta quae meruit, praegustet quod praeparavit ANSELM (*Medit.* 2) III 81; tanto sibi subditos ampliori dilectione celebrans, quanto eos in patriae defensionibus ~serat acriores (*Quad. arg.* 2) *GAS* 532; quod [Eoli flatus] hodieque .. ejus loci incolas certum est ~tire ALB. LOND. *DG* 4. 10; eam ipse conjugis callide adventum ~tiens in vaccam convertit *Natura Deorum* 23; **1284** vos scire volumus, si ~sissemus gravamina que quotidie experimur PECKHAM *Ep.* 592 p. 822; quasi adversitates Richardi futuras intellexerat et ~tiscerat [leporarius] CAIUS *Can.* f. 3b. **b** consurgens autem praesensit adesse salutem FRITH. 514; Judei talia non facerent .. si se crimine objecto immunes ~tissent T. MON. *Will.* II 10; cum .. nihil jam vite vitalis superesse ~tiunt GIR. *TH* II 4 p. 81; **1284** si ~sissemus .. inde nullum nobis remedium affuturum PECKHAM *Ep.* 592.

praesentiscere v. praesentire. **praesentor** v. praecentor.

praesentum [ML; cf. ME, OF *present*], thing offered for acceptance, a present, gift.

1086 unum ~um anguillarum, quadraginta viz. grossas anguillas *Ch. Westm.* 462; dabunt nobis .. unum agnum de present' *Gavelkind* 183; c**1336** in volatil' empt' pro ~o inde faciendo domino episcopo *Ac. Durh.* 531; **1350** J. de M. deferenti anguillos [*sic*] priori, de ~o vj d. *Ib.* 550.

praesepe, ~es, ~ium [CL], stall for animals. **b** receptacle for fodder; **c** (w. ref. to *Is.* i 3); **d** (w. ref. to *Luc.* ii 7).

boves doctores catholicos, ~e coetum auditorum, segetes dicit fructus operum bonorum BEDE *Prov.* 981; **1209** pro .. ~e ovium facienda *Pipe Wint.* 53; **1276** in lix cleys ad faldam, iij pres' ad bidentes, j domo ad bercarium facienda *Ac. Stratton* 73; **1312** pro ~ibus animalium faciendis *Rec. Elton* 169; **1390** pro ~ibus ovinis in *les prames Ac. H. Derby* 48. **b** debeo implere ~ia [AS: *binnan*] boum feno ÆLF. *Coll.* 91; turpe est Christiano sine graciarum accione ad mensam sedere sicut bos ad ~e T. CHOBHAM *Serm.* 17. 64vb; **1388** j ~e stans, ij ~ia pendalia *CalPat* 482; presepe [*gl.*: *cracche*], cum presepio [*gl.*: idem est], starquiliniumque (*Vers.*) *WW*. **c** ut necdum parvulus natus sit eis et necdum animalis Israel Domini sui ~e cognoverit? J. FORD *Serm.* 93. 8. **d** ex femineo editus ventre, positus in ~io, pannis est obvolutus THEOD. *Laterc.* 14; puerum gracili praesepia voce / implentem cernunt *Mir. Nin.* 412; inter matrem et filium, inter sinum et ~ium, pia cogitatio cum locutione discurrit AILR. *Ed. Conf.* 785B; denique in civitate David patris sui, que ad eum de hereditate spectat, pro solio regio vix ~e jumentorum sibi mutuatus est J. FORD *Serm.* 103. 5; sic eum [Jesum] rursum posuerunt in ~io [ME: *in an creche*] pannis involutum *AncrR* 96; quem lex jubet colere / natus est de Virgine / in presepi adoratur / hodie LEDREDE *Carm.* 2. 17.

praesepes v. praesepe.

praesepelire [CL], to bury beforehand or previously.

s**1044** tabe lepre perfusus, et meliore jam sui parte presepultus *Chr. Rams.* 157; sepultus est .. juxta sororem suam .. ibidem .. presepultam *Flor. Hist.* III 49n.

praesepire [CL], **~iare,** to fence off, encircle, enclose; **b** (fig., w. ref. to protecting or exempting from).

praesepta, circumdata *GlC* P 750; **1313** Johanni le Disshere pro ccc pedatis ~iandis in stabula regis *KR*

praesepire *Ac* 468/2 f. 5. **b 1042** (12c) ut praefatae telluris ruricolae inviolabile robur libertatis semper obtinere valeant, regali libertate sunt praesepta [*sic*] ab omni saeculari jugo *CD* 762 (=*CD* 800 [**1054**]: praesepti).

praesepium v. praesepe. **praeseratum** v. praeserratum.

praesermo [CL prae-+sermo], preface, prologue.

prelimia, ~o, prologus, proemium OSB. GLOUC. *Deriv.* 484.

praeserratum [CL prae-+serratus], perh. a serrated tip of a bolt (to prevent its withdrawal).

a *typpynge of a boltt*, preseratum, cornutamentum [v. l. cornumentum] *CathA*.

praesertim [CL], especially, particularly: **a** (to emphasize single word); **b** (w. abl. absol.); **c** (w. *cum* cl.).

a 801 dicta . . ejus, ea ~im quae Trinitatis unitatem . . insinuarent ALCUIN *Ep.* 213 p. 356; quelibet . . regiones, insule presertim GIR. *TH* II *pref.* p. 75. **b** quae meorum foenus votorum hactenus infectum arguebant, ~im, ut dixi, diversarum rerum dissensionibus fessae mentis cervicem gravi fascis sarcina deprimentibus ALDH. *VirgP* 59 p. 320. **c** nonnulli vero eundem non generali morte defunctum sed speciali somno soporatum . . quiescere contendunt . . ~im [*gl.*: precipue, videlicet, igitur, scilicet, *to gewissan*] cum de sepulcri tumba pulvis ebulliat ALDH. *VirgP* 23 p. 255; dictum est . . quod nullis annis genti illi fuerit judex, ~im cum historiae narrent . . BEDE *Acts* 990; nec . . video quomodo aliter esse possit; ~im cum omnes unum corpus Christi sunt EADMER *Beat.* 9; **1166** pacem . . non recepi, ~im cum litteratiores et meliores viri . . aviditate rapuerint eam J. SAL. *Ep.* 165 (164 p. 84); nullam super hoc veritatem scire potuimus, ~im cum principes et prelatos . . et viventes possideremus et defunctos torqueremus *Latin Stories* 101.

praeserus [CL prae-+serus], (of grape) ? that ripens very late, or that ripens before those that ripen late.

dant uvapassa clibano simeraria [?l. cineraria] plebe, / uva precerra, vel precox tibi primatura, ubi preco / quo quando vel precox tibi prematura sunt uva (*Vers.*) *WW*.

praeservare [LL]

1 to keep in a certain state or condition, to preserve, to make endure.

illud [regimen] ex illis suppono scitum et secundum possibilitatem ~atum quia nisi ~etur sanitas in senibus non possunt retardari . . passiones senectutis BACON IX 6; **1288** statum omnium illorum . . in tranquillitate . . pulcritudine . . ~are *FormOx* 357; nec omittit Deus eciam tali servo nequam vicissitudinem mutuam supererroganter rependere; cum omnem servum factum ex nichilo, quamlibet fuerit, ~at essencialiter et gubernat . . WYCL. *Dom. Div.* 18; **1438** quam diu et feliciter ~et et muniat eternus . . Sponsus BEKYNTON I 3; **1559** in vera religione ~anda, retinenda, et augenda *Conc. Scot.* II 152.

2 to keep safe (from), protect; **b** (absol.).

1239 custodes . . punitione sunt digni si eorum . . negligentia appropinquavit filius mortis periculo et si eorum negligentia non est ab hoc ~atus GROS. *Ep.* 127 p. 406; **1325** Christus sponsam suam . . a . . molestis eventibus . . abit LB. *Cant.* I 163; sine gracia vel virtute non potest aliquis viator a pravitate heretica . . ~ari OCKHAM *Dial.* 479; **1344** adeo simplices et sciencia sunt ignari quod in proferendo magistralia . . ab incongruitate se nesciunt ~are *FormOx* 170; personas ordinis nostri ab omnibus . . dispendiis immunes ~are *Meaux* II 67; **s1453** sic . . fuit . . ~ata . . ecclesia de Sancto Albano ab . . illorum insidiis *Reg. Whet.* I 93. **b** infirmitas missa a Deo . . lavat peccata prius commissa, ~at [ME: *weoreþ*] a committendis *AncrR* 61.

3 (intr.) to continue to exist (in a certain state or condition), to endure, or ? *f. l.*

1279 ut hec amicabilis composicio inter partes facta stabilis et firma †preservet [*sic*: ?l. preservetur *or* perseveret] imperpetuum (=*Cart. Chester* 308 p. 205).

praeservatio [ML < LL praeservare+-tio]

1 (act of) keeping in a certain state or condition, preservation.

ecce quod ~o creature ex nichilo procedit ex ejus dominio WYCL. *Dom. Div.* 12; **1413** presenciam nostram pro ejus ~one [sc. Rome; v. l. ipsius conservacione] plurimum flagitabat BEKYNTON II 116; **1545** super libertatis . . ~one *Conc. Scot.* I cclvii; **1552** faciant . . statuta et ordinaciones . . concernentia et tangentia . . ordinacionem, gubernacionem, ~onem et disposicionem reddituum *Pat* 850 m. 27; **1595** ordinaciones in script' continent' et tangent' . . ordinacionem, gubernacionem, ~onem et disposicionem redditus *Pat* 1431 m. 19.

2 (act of) keeping safe, protection, preservation.

finis autem omnium istorum est ~o a peccato et perpetua quies in gaudio WYCL. *Ver.* III 109; **s1455** miraculosa . . ~o monasterii a spoliacione post finem belli *Reg. Whet.* I 173.

praeservativus [ML < LL praeservatus *p. ppl.* of praeservare+-ivus], that preserves or keeps safe (from), preservative, protective. **b** (as sb. n.) medicine that preserves health or protects from disease or illness, a preservative (also fig.).

1239 ut per medecinam ~am ab egritudine . . [medicus] sanitatem reddat stabiliorem GROS. *Ep.* 127 p. 426; perseverancia finalis est ~a a peccato mortali et conservativa finaliter aliorum munerum divinorum BRADW. *CD* 521 (*recte* 512) B; **1511** pro medicina ~a contra pestem pro salute fratrum *Cant. Coll. Ox.* II 255. **b** debent ~a a lepra dari et eam occultancia GAD. 47. 1; **s1440** tu baculus fuisti senibus, tu virga juvenibus, tu vinum egris et oleum, tu antidotum sanis et ~um AMUND. II 238; ~a sunt medicamenta vitam a suis inimicis et corruptionibus defendentia *LC* 259.

praeses [CL]

1 one who rules or is in charge (of), ruler, chief, president.

~ides, *wealdendas GlP* 454; Willelmus . . ~es castrensis ORD. VIT. IV 5 p. 188; Luxoviensem pontificatum filio suo Thome puero suscepit et per triennium non ut presul sed ut ~es gubernavit *Ib.* X 19 p. 117; ~es dicitur a presidendo, quoniam et aliis presidere aliisque presidium ferre debet GIR. *PI* I 19 p. 105.

2 governor (of Roman province); **b** (w. ref. to Pontius Pilate, *cf. Matth.* xxvii 2).

natus est . . in civitate Judeae . . Bethleem . . sub ~ide Syriae Cyrino THEOD. *Laterc.* 2; rursus truculentus ~es [*gl.*: presidens dicti quia alicujus loci tutelam presidialiter tenent, i. judex] tam claro sanctorum tironum triumpho confusus ALDH. *VirgP* 34 p. 276; Judaei . . Paulum accusabant apud Felicem ~idem [*cf. Act.* xxiii 24–6] ALCUIN *Rhet.* 5; [successit] Festo ~idi Jude[e] Albinus et Albino Florus R. NIGER *Chr.* I 22; hec descriptio prima facta est a ~ide Syrie Cyrico M. PAR. *Maj.* I 80; Tiberius . . requisitus cur provinciarum ~ides diu teneret in officiis respondit G. Roman. 348. **b** traditus est Pontio Pilatio ~idi prima manu THEOD. *Laterc.* 10; traditus . . est [Jesus] a ~ide in potestatem eorum illa condicione ut . . BEDE *Retract.* 1001; rex Eadmundus . . quasi ante Pilatum ~idem ABBO *Edm.* 10; vide, attende quomodo stat ante ~idem, inclinato capite, demissis oculis AILR. *Inst. Inclus.* 31 p. 670; tenebas [Jhesu] sic silencium / quod presidem oportuit / mirari, quantum potuit, / tam nobile prodigium J. HOWD. *Cyth.* 82. 10.

3 reeve, sheriff, ealdorman.

956 (11c) precibus et suasionibus B. regalis ~idis *CS* 937; is pro quodam crimine comprehensus a regis ~ide LANTFR. *Swith.* 25; presidis Eadrici fit functio et ante tribunal WULF. *Swith.* II 306; ~es, *scirgerefa* ÆLF. *Gl.* 110; in illo autem conventu comitatus assint episcopus et ~es [AS: *se ealdorman*] (*Cons. Cnuti* 18. 1) *GAS* 321; ~es provintie W. MALM. *GP* V 277; ne . . cogaris in centuria, aut foro ~idis, vel proconsulis . . reddere rationem J. SAL. *Pol.* 396C.

4 (eccl.) bishop.

videns ~es ecclesie utilitatem et persone gratiam *Canon. G. Sempr.* f. 44; post nummos venit ad gladios electio sepe / et sedem validus robore preses habet GARL. *Tri. Eccl.* 39.

5 (acad.): **a** a president or regent of college (also ~*es collegii*). **b** one who presides (over).

a 1524 ex consensu cancellarii, congregationis, rectorum et ~idum universitatis *StatOx* 334; **1551** qui in aliquo collegio vicem ~idis gerat *Ib.* 361; Joannes Claymundus, Oxoniensis, sacerdos saecularis, ~es collegii Corporis Christi BALE *Index* 192; J. S., collegii Corporis Christi Oxonii socius . . vitam doctoris J. Clamundi ejusdem collegii ~idis . . Latinis literis mandavit *Ib.* 252; **1556** ~ides . . collegiorum ut intersint congregationibus hujusmodi . . *StatOx* 366; **1556** pecunie . . stent in deposito apud ~idem collegii Corporis Christi 367. **b 1549** duo artium eligantur magistri declamationum ~ides *StatOx* 359.

6 (in gl., understood as): **a** *ducenarius*. **b** *judex*.

a ducenarius, ~es *GlC* D 371; ducenarium, ~idem *Gl. Leid.* 35. 282. **b** ALDH. *VirgP* 34 (v. 2a supra); ~es, judices *GlC* P 576.

praesessio [CL=*superintendence*], precedence, superiority, pre-eminence.

nullus . . Italorum concilio . . interfuit . . . solent de ~one contendere Ravennas Ligurie et Mediolanensis metropolitanus Emilie J. SAL. *Hist. Pont.* 21; ordinavit . . ne abbatisse Sancte Brigide in conventibus publicis . . ante episcopos habeant ~onem *Ib.* 36 p. 72.

praeseverare v. perseverare.

praesidatus [LL], office of governor (of province), governorship. **b** office of sheriff, shrievalry.

agens ~um . . idem Pontius Pilatus qui adsignatus fuerat principari genti Judaeorum THEOD. *Laterc.* 11; biennium dicit conversationis Pauli in Caesarea, non autem ~us Felicis BEDE *Acts* 990; Augustus . . raro aut nunquam presides a ~u amovit R. NIGER *Chr.* II 109. **b** Hugo de G. qui ~um Gewissorum . . jam habuerat ORD. VIT. IV 4 p. 186; **s1191** Gerardus de Camvilla . . emerat a rege castelli Lincolnensis custodiam . . necnon et adjacentis provincie ~um ad tempus certum W. NEWB. *HA* IV 16 p. 337; quem presulem [Hen. II] crearat ex preside, in ~um recreavit ex presule R. NIGER *Chr.* II 167.

praesidentia [ML < praesidere]

1 charge of a religious or other establishment, rule, presidency; **b** (w. subj. gen.); **c** (w. obj. gen.). **d** (~*ia apostolica*) the papacy.

cum per mortem . . predecessoris sui . . sibi ~ia devolveretur G. S. *Alb.* II 403; **1439** precamur . . eum qui omnipotens est quatinus providencie vestre in commissa jam ~ia assistat BEKYNTON I 197; **1451** qui . . contra presentem ordinacionem contigerit recipi, non promoveantur ad ordines sacros, nec ad aliquam ~iam assumantur, antequam . . (*Stat. Francisc.*) *Mon. Francisc.* II 85. **b** nonnumquam . . necesse est optimum modum proficiendi relinquere, sc. regimen unius solius, et ~iam plurium acceptare OCKHAM *Dial.* 951. **c 1309** conservet Altissimus ~iam vestram ecclesie sue *Reg. Carl.* I 325; **1438** ad ~iam ejusdem ecclesie favorabiliter suscipere BEKYNTON I 4. **d 1329** quatenus nos . . a tam importabili pondere exonerare dignetur et absolvere apostolice ~ie sanctitudo *Reg. North.* 360.

2 (as honorific title).

1329 talem . . ecclesie defensorem acceptum habere dignetur vestre ~ie celsitudo *Conc.* II 556b.

praesidentialiter [ML praesidentia + -alis + -ter], in one's capacity as a president, as a president, presidentially.

s1423 plenius vos omnes non magistraliter instruo, nec ~iter demando, immo amicabiliter AMUND. I 144.

praesidere [CL], **praesedere**

1 to sit to the fore, at the head.

gloriosa unitas . .; scio te sine qualitate bonam . . absque situ ~sidentem H. BOS. *LM* 1365D.

2 to be in charge of or preside over; **b** (w. dat.); **c** (w. acc.); **d** (w. *ad* & acc.).

~sidente agonitheta theatrales . . pompae . . peraguntur ALDH. *PR* 121 p. 167; **813** ~sidente Christi gratia *CS* 342; **957** (14c) omnipotentia divinae majestatis ubique ~sidente et sine fine cuncta gubernante *CS* 1000; **s1075** congregatum est concilium in Lundonia, ~sidente Lanfranco archiepiscopo Dorobernensi

W. MALM. *GP* I 42. **b** qui nunc in caelis excelsae praesidet [v. l. praesedet] arci ALDH. *Aen.* 79 (*Sol et Luna*) 6; ipsa .. caritas .. quia interiori homini ~sidet semper ibidem haberi potest BEDE *Ep. Cath.* 62; congregata synodo .. cui .. Theodorus archiepiscopus ~sidebat *Id. HE* IV 26 p. 272; ut Cantuariensis ecclesie dignitatem cui tot preclari patres .. ~sederunt W. MALM. *GP* III 124; post quem tres ~sederunt sub parvo tempore Romane sedi pontifices OSB. CLAR. *V. Ed. Conf.* 11 p. 87; tractat secum .. de pastori substituendo, qui ~sedat et presit ovibus destitutis SERLO GRAM. *Mon. Font.* 81; in illa superna curia spirituum beatorum cui ~sidet Michael *Canon. G. Sempr.* f. 105v; preses dicitur a presidendo quoniam et aliis ~sidere aliisque presidium ferre debet GIR. *PI* I 19 p. 105. **c** Petrus apostolice qui culmen praesidet aedis ALDH. *VirgV* 530; glorioso praefatae sedis Gregorio juniore apostolici culminis cathedram ~sidente WILLIB. *Bonif.* 6 p. 34; **949** Odone archiepiscopo metropolitanam cathedram ~sidente *CS* 880. **d** hic [episcopus] quoque presul nominatur vel quia ~sidere ad consultum putatur vel quasi pre solo, hic [l. hoc] est pre terra seu patria, in spiritualium cura prestitutus GIR. *PI* I 19 p. 108.

3 (pr. ppl. as sb.; usu. w. gen. to specify authority) president, head: **a** (in the Exchequer); **b** (eccl. & mon.). **c** (acad.) president or head of college.

a qui porrigentes ~sidenti litteras excusationis et absentie domini sui causas .. allegantes *Dial. Scac.* II 4A. **b** s**1238** per ~sidentes capituli graviter puniatur M. PAR. *Maj.* III 500; c**1250** ~sidens in refectorio duplex habeat de quolibet ferculo *Ord. Ely* 2; nec debet [gardinarius], cum egritudinis causa fuerit extra conventum, illuc incedere, nisi .. de licencia ordinis ~sidentis *Cust. Westm.* 89; **1298** prior [sc. ecclesie Christi Cantuariensis] vel in ejus absencia ~sidens *Reg. Cant.* 819; **1331** quod tantum ~sidentes regule Sancti Benedicti habeant potestatem absolvendi fratres suos si delinquant in aliquo trium substancialium *Lit. Cant.* I 370; **1343** mandatum est ~sidentibus capituli generalis nigrorum monachorum in Anglia apud Northampton *RScot* 640b; **1406** quilibet ~sidens cujuscumque ecclesie cathedralis *Lit. Cant.* III 98. **c** a**1350** ut heresis .. memoria non existat quam in sui ortu non occiderit catholicorum doctorum solercia et ~sidencium vigilis cura *StatOx* 17; **1524** servientes cum ~sidente collegii domine Marie Magdalene *DocCOx* 57; **1535** in consimili redditu presid' et scolaribus collegii Magdalen' Oxon' *Val. Eccl.* II 279a; **1548** magistros, prepositos, ~sidentes, socios, vel scholares .. indignos .. statutis collegii .. expellendum et amovendum (*Pat*) *Foed.* XV 179; **1590** in quadam camera .. infra collegium Magdalenense in aedibus doctoris Bande, tunc dicti collegii ~sidentis *StatOx* 442.

4 (in gl., assoc. w. *praesidium*, understood as) to act as a *praeses*, to protect, defend (also pr. ppl. as sb.).

~sedit, proagit, defendit *GlC* P 733; presul, judex, vel ~sidens vel defensor *Gl. Leid.* 1. 87; ~sideo .. i. defendere OSB. GLOUC. *Deriv.* 541.

5 (in sense of CL *supersedere*, in quot. w. inf.) to refrain or desist (from).

747 ut singulis annis unusquisque episcopus parochiam suam pertransiendo et circumeundo speculandoque visitare non ~sideat (*Clovesho*) *Conc. HS* III 363; c**750** dum ambo .. Romae estis et limina beatorum apostolorum frequenter visitando trivere [v. l. terere] non praesedistis (*Lit. Regis*) *Ep. Bonif.* 105 p. 229.

praesidialis [ML < CL praesidium + -alis], that provides defence or protection.

cum .. non sit hujusmodi personis .. ad regalis clementie protectionem ~em defensionis refugium AD. MARSH *Ep.* 232 p. 398.

praesidialiter [ML praesidialis + -ter], in a manner that involves defence or protection.

truculentus praeses [*gl.*: presides dicti quia alicujus loci tutelam ~iter tenent] ALDH. *VirgP* 34 p. 276.

praesidiari [ML < CL praesidium + -ari], to aid, assist, protect.

Deo .. ~iante feliciter prope Ascalonem triumphavit ORD. VIT. X 12 p. 69; ~iari, auxiliari OSB. GLOUC. *Deriv.* 484.

praesidium [CL]

1 (source or means of) assistance, help, defence, or protection; **b** (w. subj. gen.); **c** (w. obj. gen.); **d** (w. dat. to specify beneficiary); **e** (w. *contra*).

qui hastati et scutati famulo Dei ~ium [*gl.*: adjutorium, auxilium, *gebeorh*] laturi venisse leguntur ALDH. *VirgP* 26 p. 262; cum nil alicubi ~ii nisi in fuga esse videretur BEDE *HE* II 20 p. 125; quod .. destituta pontifice provincia recte pariter divino fuerit destituta ~io *Ib.* III 7 p. 141; preses dicitur a presidendo quoniam et aliis presidere aliisque ~ium ferre debet GIR. *PI* I 19 p. 105; **1412** cum vos .. concesseritis unam medietatem decime nobis solvendam .. ita quod .. predicti prelati ac clerus .. taxacionibus, ~iis seu aliis oneribus, similibus vel dissimilibus, non vexentur .. *FineR* m. 7. **b** cujus [jaspidis] forti presidio / resistitur diabolo FRITH. *Cives* 2. 5; specialiter sancti Æcguuyni antistitis imploravit ~ium BYRHT. *V. Ecgwini* 392 (*recte* 382); ut regnum ipsum .. episcoporum vel abbatum ~iis oporteat communiri W. MALM. *GR* V 424; esse .. in oculis habendum eternum regem cujus vicerint ~io ORD. VIT. IV 1 p. 165; hujus me, Domine, suffragiis commendatum et fultum ~iis, a castris tuis ad palatium .. jubeas citius emigrare AD. EYNS. *Hug.* V 17 p. 199. **c** adinvenientes tale ~ium, immo excidium patriae GILDAS *EB* 23; declinavit se a via paulisper in loca palustria, vite ~ium petiturus SIM. GLASG. *V. Kentig.* 7; propugnacula .. que .. ad hujusmodi civitatis ~ium sororisque sue subsidium edificatum iri promittunt J. FORD *Serm.* 113. 4. **d** jusserat .. rex totam vastari Tanetum ne foret ~io imminenti exercitui Danorum GOSC. *Transl. Mild.* 21 p. 181. **e** quod est maximum nobis ~ium contra insidias .. terrenis inimici BEDE *Ep. Cath.* 57; quantoque hanc escam paraveris nobis contra lassitudinem subsidio, et contra hostes ~io J. FORD *Serm.* 41. 8.

2 group that defends or protects, garrison.

Cherubin, .. i. angelorum ~ium *Comm. Cant.* II 9.

3 place that provides defence or protection, stronghold, fortress (also in fig. context).

Christus etenim vocatur petra quia inexpugnabile ad se confugientibus ~ium tribuit quia sperantes in se ab antiqui hostis insidiis munitos reddit et tutos BEDE *Hom.* I 6. 260; Eboracensis ~ii custos ORD. VIT. IV 5 p. 187; proinde ad hanc turrim velut ad certum ~ium .. confugiendum est omnibus a facie tentatoris J. FORD *Serm.* 77. 9.

praesigmen v. praesegmen.

praesignaculum [CL praesignare + -culum], thing that indicates beforehand or prefigures, foretoken. **b** sign made before baptism, rite of anointing before baptism.

quoddam presagii celestis oraculum et eterne beatitudinis .. ~um R. COLD. *Godr.* 160 p. 170. **b** finito ymno rogat se infans catecuminum ab Widerno sacerdote fieri et ab Edwaldo teneri ad ~um fidei et Rumwoldum vocari. perfecto .. ~o aiunt parentes .. *V. Rumwoldi* 3–4 (=*NLA* II 346).

praesignare [CL], **~ire** [ML]

1 to mark (out), indicate, or designate beforehand; **b** (w. ref. to marking or anointing as rite preliminary to baptism); **c** (w. acc. & inf. or *quia*).

c**802** aut quid rationis sit quindecim esse psalmos qui cantico graduum titulo ~arentur? ALCUIN *Ep.* 243 p. 389; locum .. ad illum / quem tibi legati praesignavere superni WULF. *Swith.* I 308; Dunstanus .. doctus [v. l. ductus] uti armatura Dei olim per visum in gladio verbo Dei inscripto ~ata [v. l. signata] et sibi tandem a Domino credita .. ADEL. BLANDIN. *Dunst.* 8 p. 61; sic .. victima immolationi ~abatur ALB. LOND. *DG* 6. 32. **b** hinc ergo rogo, me a sacerdote Widerino, qui me ~avit, baptizari, atque ab Edwoldo suscipi *V. Rumwoldi* 4 (=*NLA* II 347). **c** 'cum venisset .. Paulus in Hierusalem' non quia illo adhuc tempore sic vocaretur priusquam Sergium Paulum, Cypri proconsulem, ad fidem Christi converteret, sed praeoccupando nunc ita vocatur, oportunum ducente beato Luca ibi ~are quia Paulus esset vocandus BEDE *Retract.* 1017; creator omnium signa quedam .. demonstravit .. et exhibitis ostensionibus inusitatis terribiliora prestolari ~avit ORD. VIT. X 1 p. 1; lecto .. per quatuor continuos menses exceptus mortem premortuis membris instare ~abat W. CANT. *Mir. Thom.* V 3 p. 373; cujus signo virtutis et gratie S. Spiritus afflamina consolationis .. a Domino impetrasse ~avit R. COLD. *Cuthb.* 92 (v. afflamen).

2 (to mark out beforehand so as) to foretell, foreshadow, or prefigure; **b** (w. ref. to Biblical or Christian typology).

si dixero .. turrium casus .. Oswaldi et .. Æthelwini ~asse in mortem occasus EADMER *V. Osw.* 32 p. 35; apes Platonis infantuli mel labiis inferebant singularem dulcedinem eloquentie ejus futuram ~antes J. SAL. *Pol.* 409C. stella .. ardentissima .. bellum ~are existimetur ALB. LOND. *DG* 11. 10; s**1066** regni subversionem .. cometa .. minaci fulgore ~avit M. PAR. *Maj.* I 542. **b** quod a proprio discipolo xxx argenteis venundatur Judaeis ante ~atum est in Joseph a suis fratribus Ismahelitis distractus THEOD. *Laterc.* 20; per Melchisedech .. supernae potestatis pontificium et caelestis infulae flaminium ~abatur [*gl.*: prefigurabatur, *getac*] ALDH. *VirgP* 54 p. 312; Moysi et prophetarum auctoritas qui ejus incarnationem, passionem, et resurrectionem suis ~averunt scriptis BEDE *Hom.* II 9. 143; qui tam excellenti misterio conjugalem copulam consecrasti ut Christi ecclesie sacramentum ~ares [AS: *fore segnadest*] in foedere nuptiarum *Rit. Durh.* 109; Palumbus, ubi demonis clamorem ad Deum de se audivit, finem dierum sibi ~ari intellexit W. MALM. *GR* II 205 (cf. DICETO *Chr.* 179: presigniri presensit); que ~averint Nativitatem Christi DICETO *Chr.* 54; mundus in diluvio purgatus est, et ~atus est in eo baptismus P. BLOIS *Perf. Jud.* 859A; cui progressui convenit admisceri hystorias et actus prophetales, Christum et corpus ejus, quod est ecclesia, ~antes GROS. *Hexaem.* I 4; figura et umbra precedentes et ~antes Christi graciam HARCLAY *Adv.* 70;

3 to mention before, (p. ppl. ~*atus*) aforementioned.

941 (14c) quicumque istam terram ~atam .. custodierit .. *CS* 769; ~atis denique temporibus, quidam negotiator .. LANTFR. *Swith.* 25; aspicit palam ~atum sacerdotem, sicut Dominicis sacramentis conficiendis assistebat GOSC. *Transl. Aug.* 30A; hinc motus vir apostolicus [Paulus] quem virginis appellatio ~abat, ad illum accessit *Id. Transl. Mild.* 21 p. 182; ille .. totiens ~atus frater optimus GIR. *JS* VI p. 326; rex Anglie ~atus WALS. *HA* I 10.

4 (to mark out so as) to distinguish, make noteworthy or remarkable.

natum rure chorum presignit [*gl.*: nobilitat] mente decorum GARL. *Mor. Scol.* 220; idem vero dominus ille tribunus .. virum Dei exoravit quo sibi habitum monachilem prestaret eundemque divini servitii stigmatibus come barbeque abrasione ~iret (*Cadocus* 19) *VSB* 64.

praesignatio [LL], (act of) marking out or indicating beforehand.

addendum est ut quoniam fere omnes hujus libri tabule nomine mensium vel annorum planorum vel annorum collectorum Arabicorum pretitulate sunt quid sibi velit hec ~o intimetur ADEL. *Elk.* 3; legalia eo quod habuerunt Christum in ~one .. salutifera fuerunt facientibus illa GROS. *Cess. Leg.* IV 4 p. 167.

praesignire v. praesignare.

praesignis [CL], distinguished (in appearance or importance), notable, preeminent, outstanding.

ad tam ingentis miraculi ~e testimonium OSB. CLAR. *V. Ed. Conf.* 9; quem presignis equus grato moderamine gestat (*De abbatibus deliciose viventibus*) *Sat. Poets* II 231.

praesignium [cf. CL praesignare, LL insignium], foretoken, portent.

s**734** est luna veluti sanguinolentis intincta guttis, et in ipso ~io Tatwine et Beda migraverunt ÆTHELW. II 14 p. 22.

praesinct- v. praecinct-.

praesistarchia [CL prae- + sitarchia < σιταρχία, *assoc. w.* CL cista], chest that contains money.

a**1150** deficit sumptus in presistarchiis nostris, expense abierunt, aera non suppetunt OSB. CLAR. *Ep.* 23 p. 99 (cf. *G. S. Alb.* I 180 [s**1151–66**]: argenteum a sistarchio volens extrahere, extraxit aureum).

praesociare [CL prae- + sociare], to associate (in friendship) previously.

dimissis .. rex animosis quos sibi ~iaverat .. sodalibus .. E. THRIP. *SS* III 14.

praesolemnis [CL prae- + sol[l]emnis], very solemn or special.

subsecutum .. est classicum quod in presolempnibus diebus fit pulsatione omnium signorum *Mir. Wulfst.* II 11.

praesolidare [CL], to guarantee, confirm, or corroborate (document) beforehand.

1001 si quis .. hanc [*sic*] subscriptionis nostrae sigillum librumque ~atum violare .. temptaverit *CD* 705.

praesolvere [LL=*to loosen beforehand*], to pay beforehand or at a previous time, to pre-pay.

nisi presolutis denariis J. READING f. 180v p. 155; si .. arreragia .. et pecunia presoluta a rege iterum exigerentur *Meaux* II 309; s**1406** quod restituerent de propriis quintam decimam presolutam *Chr. S. Alb.* 3.

praesorium v. pressorius.

praespecificare [ML < CL prae-+LL specificare], to mention previously, to specify beforehand, (in quots. p. ppl. as sb. n. pl.) things specified previously.

1432 ita tamen quod vestimenta et ~ata perpetuo remaneant ad summum altare ibidem *Reg. Cant.* II 486; **1432** ut .. orent pro anima mea et ceteris ~atis *Ib.* 487.

praespicere [LL], to see beforehand, to foresee.

tormenta sequentia semper mansura ~iunt BEDE *Prov.* 941.

praesplendere [CL prae-+splendere], to shine brighter, be more brilliant or resplendent (than), to outshine.

crux gemmata membris lucentibus / que presplendes celi sideribus J. HOWD. *Ph.* 237. 2.

praestabilis [CL]

1 (as adj.; *cf. praestare* 1) outstanding, excellent, very able or powerful; **b** (of person); **c** (of God or divine attribute; *cf. et. Joel* ii 13); **d** (of act or abstr.).

~is .. i. multum valens [v. l. vel facile ad prestandum] OSB. GLOUC. *Deriv.* 513. **b** o Christi confessorem ad omnia credentibus in Christo ~em! GOSC. *Transl. Aug.* 38C; abbas ut erat ~is et humanus, ultro ad advenam egreditur .. *Id. Transl. Mild.* 21 p. 184. **c** divina clementia ~is est ad ignoscendum si nos tardi non erimus ad depraecandum ALCUIN *WillP* 30; tu .. ~is super malitiam ANSELM (*Or.* 14) III 56; quod suavis est .. quod miserationes ejus super omnia opera ejus, quod multus est ad ignoscendum, quod ~is super malitia AD. SCOT *QEC* 21. 837B. **d** erat reverende faciei homo et ~is eloquentie *Found. Waltham* 17 f. 94.

2 (as sb. n.; *cf. praestare* 3) something that can be lent.

sapiencia et panis videntur minime habere racionem ~is WYCL. *Dom. Div.* 226.

praestabiliter [ML < CL praestabilis+-ter], in an outstanding manner, excellently.

Uuihtburdingus genuit Uulfelmum, patrem .. Uulfildae, similiter parentes aequantem vel ~ius superantem GOSC. *Wulfh.* 1.

praestanter [CL *as superl. only*], in an outstanding manner, excellently.

cui prout magis utcumque illa similia sunt, ita verius et ~ius existunt ANSELM (*Mon.* 34) I 54; nec ille ~ius valuit redhibere offitium utpote qui propinquiorem tendebat ad exitum W. MALM. *GP* IV 186; prestans .. i. multum valens .. unde ~er, ~ius, ~issime adverbia OSB. GLOUC. *Deriv.* 513.

praestantia [CL], outstanding excellence, preeminence, prowess; **b** (as honorific title).

H. de G., G. de G. aliique quamplures militaris ~iae fama celebratissimi W. POIT. II 22; ~ia, valitudo OSB. GLOUC. *Deriv.* 468; in illo strenuam laudat miliciam / in illa nimiam forme prestanciam WALT. WIMB. *Palpo* 139. **b** **1520** quod inpresentiarum ~iam tuam aggressi sumus, paucis sum dicturus .. rem omnem ~ie tue .. commisit *Reg. Merton* 494.

praestantio v. prestatio.

praestare [CL]

1 to be outstanding or superior (to), to surpass, excel (usu. w. dat. to indicate thing or person surpassed and abl. to indicate area of excellence or priority); **b** (w. acc.); **c** (w. *prae* & abl.). **d** (pr. ppl. as adj.) excellent, outstanding, superb.

licet mellifluos palmeti dactilos et mulsum nectaris nicolaum longe inconparabiliter ~are [*gl.*: excellere, antecellere, *oferþeon*] credamus ALDH. *VirgP* 9 p. 237; Hibernia .. serenitate aerum multum Brittaniae ~at BEDE *HE* I 1 p. 12; aiunt .. insulam .. universis aliis quas incolunt homines terris possidendorum redundantia usquequaque ~are ANSELM (*Resp. Insip.* 6) I 128; qui etate ~abat Eanfridus W. MALM. *GR* I 49; Willelmus .. dux eorum ~abat eis fortitudine et prudentia ORD. VIT. III 14 p. 149; artibus ingenuis mortis meditatio prestat: / quid doceant alie, quid docet ista, vide L. DURH. *Dial.* IV 71; Beda .. Hiberniam tam aeris salubritate quam serenitate multum Britannie ~are asserit GIR. *TH* I 3 p. 25; ceteris animalibus leo calore ~are dicitur ALB. LOND. *DG* 8. 13. *to be better*, pristare, prevalere *CathA*. **b** dum .. animadverteret quantum caelestis philosophiae dogma mundi disciplinas .. ~aret [*gl.*: antecelleret, excelleret, superaret, superexcelleret, *oferþuge* vel *stige*] *Ib.* 35 p. 277. **c** preter linguarum omnium precipueque duarum, Latine sc. et Gallice, que pre ceteris apud nos ~ant, impericiam GIR. *SD* 132. **d** ~antissime et amantissime fili mi ALDH. *Met.* 5 p. 75; Hieronimus .. universorum .. interpretum ~antissimus [*gl.*: excellentissimus, sublimissimus, dignissimus, *wyrþfullesta*] *Id. VirgP* 29 p. 266; quo .. nullus .. ~antior [*gl.*: excellentior, dignior, *snelna*] extitit *Ib.* 48 p. 302; auxiliumque Dei cunctis praestantius armis / poscite corde pio precibus, prosternite vestros / vultus ALCUIN *SS Ebor* 245; quibus nulli umquam ~antiores fuerint in offitiis utrisque W. MALM. *GP* V 277; alii episcopi .. et .. ~antiores persone DOMINIC *V. Ecgwini* I 13; p**1298** Angli velut angeli semper sunt victores, / Scoticis et Wallicis sunt prestanciores (*Dunbar* *263) *Pol. Songs* 179; a**1350** in veritatis catholice professione firmior, ac privilegiorum multiplicitate ~ancior inventur *StatOx* 17.

2 (impers., *~at*) it is better or preferable (to).

~at, melius est *GlC* P 735; de Elwardo .. ~at silere W. MALM. *GR* I *prol.*

3 to put forward, furnish, make available (for use).

732 terrula quaedam .. quam .. ~iteram antecessori tuo *CS* 148; homines .. testantur quod ~itum fuit istud manerium per vicecomitem extra firmam regis *DB* I 31rb; xl acras .. quas praepositus regis E. ~avit suo parenti *DB* I 179va; eum coepit orare quatinus jumentum suum ad equitandum sibi ~aret ALEX. CANT. *Mir.* 21 (II) p. 197; ~a michi aurum, quinquaginta libras *Descr. Constant.* 252; qui gladium ~iterit [v. l. ~abit; AS: *onlæne*] ad occidendum aliquem (*Quad.*) *GAS* 103; c**1210** nullus burgensis cogatur catallum suum ~are nisi prius facta fuerit securitas .. de reddendo (*Kilkenny*) *BBC* 88; **1222** debent .. ad sarculandum ~are .. j hominem usque ad terciam ad cibum suum proprium *Dom. S. Paul.* 47; **1293** ~abant singulis annis unum obolum *PQW* 217a; **1458** in j equo .. ~ito J. .. et sic perdito *Ac. Durh.* 151.

4 to provide (service or abstr.); **b** (oath); **c** (w. inf. or acc. & inf.); **d** (w. *ut* & subj.).

o quantam exultationem .. Deo tua salus servanda ~aret! GILDAS *EB* 34; saepe patrocinium Christo ~ante [*gl.*: concedente, annuente] ALDH. *VirgP* 12 p. 240; ubique creatura suo Creatori ~at obsequium BEDE *Acts* 942A; exstiterat multis optatae causa salutis / atque aegris oculis praestaverat ipsa medelam ALCUIN *SS Ebor* 780; premio caret qui beneficium ingrato ~et, *leana forleosaþ se þe hit lyþram deþ Prov. Durh.* 35; **1166** sed, ut audio, omnes illi scripto ~iterunt auctoritatem J. SAL. *Ep.* 184 (174 p. 142); **1301** si .. prelati et persone .. assensum ~iterint *MGL* II 163. **b** hujus rei fidem .. fide corporaliter ~ita confirmabis *Dial. Scac.* II 12C; **1183** ~itit corporaliter juramentum (*Lit. Papae*) *EHR* IX 535; contra sacramenta plurima eidem .. super reliquias pretiosissimas corporaliter ~ita GIR. *IK* II 2 p. 112; **1196** quod clerici presentati .. ~abunt sacramentum *CurR* I 16; s**1306** obtinuit .. absolucionem a juramento quod invitus ~averat super observancia libertatum WALS. *HA* I 110; **1357** ~iterunt corporale coram nobis specialiter juramentum *MunAc Ox* 200. **c** ita vos ~et feliciter vivere, ut coelestis beatitudinis efficiat coheredes EGB. *Pont.* 75; de quibus hic loquimur nobis ut perpete Christus / prestet ad illorum consortia tendere sancta WULF. *Brev.* 234. **d** rurigenae praesta ut certus solamina possit / tradere per sacras scripturas BONIF. *AG dedic.* (ed. *CCSL* p. 6); ~a [*gl.*: *gionn*] quesumus ut per eum .. reformari mereamur *Rit. Durh.* 2.

5 to cause, bring about; **b** (w. ellipsis of obj.); **c** (w. acc. & inf.).

faba .. sumpta inflaciones ~at et indigestabilis est *Alph.* 61. **b** multa mirabilia cotidie in presentia nostra Domino ~ante aguntur *V. Cuthb.* IV 16. **c** crescere rem minimam gentis concordia prestat GOWER *VC* V 671.

6 to appoint (person to an office).

cellerarius .. unanimi fratrum electione ~itus GIR. *Spec.* III 17 p. 238.

7 (assoc. w. CL adv. *praesto*) to be ready (for) or available, to respond to.

stupet mare novum et inusitatum iter sed ad jubentis imperium ~at et gaudet *V. Birini* 11.

8 (p. ppl. *praestitum* as sb. n.) something given or made available for use or as loan. **b** (*de*, *ex*, or *in praestito*) on or as a loan.

c**980** tunc iterum Ælfegus accepit ~ita sua omnia *CS* 1098 p. 320 (cf. *CS* 1097: *feng to his læne*); [has hidas] duo teini tenebant ~ito *DB* I 83vb; **1203** retineatis .. litteras nostras patentes super quas fecerunt ~itum illud *Pat* 31a. **b** c**980** tunc remansit Litelbroc et Uuldeham in ~ito suo *CS* 1098 p. 331 (cf. *CS* 1097: *stod .. on his læne*); **1157** eidem x marcas argenti de ~ito regis *Pipe* 126; **1218** de denariis qui venerunt de Bristoll de ~ito mercatorum Hibernie *Pat* 167; ?**1219** domine Avicie x s. de ~ito (*Chanc. Misc.*) *Househ. Ac.* 119; **1252** mandatum est abbati de Glastingebur' quod ij^{xx} capones, quos ei de ~ito rex habere fecit quando ultimo fuit apud Glastingbur', regi mittat *Cl* 288; **1259** quod .. unam balistam de cornu de ~ito habere facias *Cl* 6; **1285** in liberacione facta Johanni de W., valletto domini, x m. de ~ito *Ac. Stratton* 160; **1400** de eodem Johanne, ex ~ito xx li. *Test. Ebor.* III 16.

praestaria [ML; cf. CL praestare], loan, trust.

a**1038** terram .. l sc. agros in ~iam annuo duobus ministris meis Æ. et E. .. hujus ~iae traditionis testes sunt .. *CD* 754*.

praestarius [cf. ML praestaria], one who holds on loan or in trust.

confirmatur ex hoc quod non est possibile Deum prestare alicui aliquid nisi digno; nullus talis est dignus esse Dei ~ius; ergo nulli tali pro tempore quo est hujusmodi prestat assumptum WYCL. *Civ. Dom.* I 9; non ad impedicionem vel dampnum ~ii sed ad ejus utilitatem multiplicem *Id. Dom. Div.* 225; omnis talis ~ius est .. servus Dei, ergo Deus ex mero dominio vendicat sibi omnem visum prestiti tanquam suum ministerium peragendum *Ib.*; patet quod Deus non potest a se abdicare usum prestiti nisi constituere ~ium novum deum *Ib.*

praestatio [CL]

1 (act of) giving, supplying, or providing: **a** (as a gift or loan); **b** (oath, fealty, or homage). **c** payment (of what is owed as debt, toll or other obligation), prestation.

a et ipsum in aque ~one et in aliis que potest, cum necesse viderit, debet adjuvare *Cust. Cant.* 37; [actus donacionis] a quibusdam vocatur ~o WYCL. *Dom. Div.* 224; istis suppositis, patet quod ~o summe et propriissime Deo conveniat *Ib.* 225; **1518** de ij s. receptis pro ~one tunice Roberti Hode *REED Devon* 122. **b** **1220** corporalis ~one sacramenti *Cl* I 429b; **1268** ~oni juramenti .. intersit *MunAcOx* 778; **1279** homagiorum et fidelitatis ~onem ratam et gratam habentes *RGasc* II 55a; **1416** qui .. ad juramenti ~onem vel obedienciam astringi debent *Reg. Cant.* III 428; s**1406** voto et obligacione ac juramenti ~one et ejus observacione *Chr. S. Alb.* 7; homagium est ille actus ~onis juramenti cum sua solempnitate UPTON 36. **c** c**1180** absque ~one moliture *Ch. Westm.* 306; suamque perpetuis temporibus a ~onis illius onere absolvit ecclesiam AD. EYNS. *Hug.* IV 7 p. 35; **1230** ad ~onem decimarum perceptarum de tenuris suis *Reg. Aberbr.* I 197; sunt .. alie ~ones .. ut auxilia vicecomitis et fines communes pro amerciamentis communibus *Fleta* 199; **1301** cives quieti sint a ~one theolonii . . *Reg. Carl.* I 169; **1388** immunes a ~one hujusmodi mortuariorum *Mem. York* II 20.

2 what is given, supplied, or provided: **a** (for use or as a gift); **b** (oath or service); **c** (payment, prestation).

a 732 est terrula . . quam ego . . dudum praestiteram antecessori tuo . . et tu . . jam per tempora plura me annuente usus es ~one *CS* 148; **1241** ad opus Johannis M. cui inde rex ~onem fecit *Cl* 316. **b s1173** comitatum Tolosanum . . Aquitanico duci, in servitio militari multisque aliis ~onibus in scripto redactis, obnoxium futurum esse sacramento firmavit DICETO *YH* I 353 (=WALS. *YN* 97). **c** ~onem uno tantum solvit anno *Chr. Rams.* 333; manus extenderat ad regii fisci ~ones annuas usurpandas que dicuntur de Scaccario *Itin. Ric.* V 22 p. 333; **1226** nolentes . . similem ~onem trahi posse in consuetudinem vel debitum . . protestamur beneficium . . ex sola liberali gratia cleri processisse *Pat* 64; **1313** de hiis qui pro potestate officii sui alios occasionaverint ut per hoc extorserint terras et redditus et alias ~ones [v. l. vel aliquas possessiones) *Eyre Kent* 37; **1321** qui . . extorserint terras, redditus, et alias ~ones *MGL* II 355; tribuit [regnum Angliae] annuas prestanciones non necessarias GARDINER *Si sedes* 38.

praestatuere [CL prae-+statuere; cf. et CL praestituere], to establish or fix previously.

1416 sub pena de occisione ~ta *Doc. Bev.* 125.

praesternere [CL], to lay (road), pave in advance (in quot. fig.).

presternit natura viam quam dirigit artis / regula NECKAM *DS* III 279.

praestes [CL], deity who provides aid (usu. pl.). **b** (assoc. w. CL adv. *praesto*, understood as) Bacchus.

~ites, dii succurrentes OSB. GLOUC. *Deriv.* 467; hi ~ites, -tum, dii sc. qui presto erant ad petitiones hominum *Ib.* 513. **b** hic ~es, ~itis, i. Baccus quia semper ebriosi presto sunt *Ib.* 451.

praestigator v. praestigiator.

praestigia, praestrigia [CL], **praestigium** [LL], **praestrigium**

1 illusion or deception achieved by magical arts; **b** (spec. as category of the art of magic); **c** (in or as title of book).

milites magica putantes ~stigia [*gl.*: dicta quod prestringunt aciem oculorum, fantas, nicromantia, falsitas, *scincræfte, scinlac*] gestum ALDH. *VirgP* 35 p. 279; ~strigium, deceptio magica *GlC* P 697; **949** multis . . vitiorum ~strigiis mentes humanas incentor . . deludit *CS* 880; asserentes illum nec quicquam divino auxilio sed pleraque daemonum ~stigio operari OSB. *V. Dunst.* 11 p. 81; quem [Psalmum] nescio quo ~stigio retrograde ducens W. MALM. *GP* IV 156; ~stigium . . Mercurius dicitur invenisse, quod ex eo sic dicitur quod aciem prestringat oculorum J. SAL. *Pol.* 406D; erat . . per diabolicas ~stigias tam potens ad capiendas simplicium animas ut . . W. NEWB. *HA* I 61; amantes corporalem speciem vel divicias temporales quasi per ~stigium [ME: *wychcraft*] falluntur ROLLE *IA* 210; unum tale contigit, non dico superno miraculo sed infernali ~stigio *Eul. Hist.* I 400. **b** gentes praestigiae gnaras et sortilogiae / esse ferunt R. CANT. *Malch.* I 434; magia . . quinque complectitur species: ~stigia, sortilegia, maleficia, manticen et mathematicam vanam ALB. LOND. *DG* 11. 12; species artis magice sunt he: μαντική, μαθηματική, maleficium, ~stigium, sortilegium BACON *Tert.* 270. **c** liber ~stigiorum Thebidis secundum Ptolomeum et Hermetem per Adhelardum Bathoniensem translatus (ADEL. *Prestig.*) *EHR* XXVI 495; in libro, quem de ~stigiis fortune composuit OCKHAM *Dial.* 837.

2 trick designed to deceive, deceit.

~stigia, fallacia *GlC* P 734; ~strigiae, doli insidiae *Ib.* P 813; ~stigium, calliditatis artificium OSB. GLOUC. *Deriv.* 464; **s1228** novi istos nuncios et eorum ~stigia M. PAR. *Min.* III 258.

3 trick designed to amuse or entertain.

tregetynge, mimatus . . ~stigium *PP*.

praestigialis [ML < CL praestigium+-alis], that is produced by trickery or magic, delusive.

si clausis palpebris eorum ~is saltatio vel versuta tergiversatio illorum contemptui habeatur R. COLD. *Godr.* 187.

praestigialiter [ML < CL praestigia+-alis+ -ter], by trick or magic.

1196 si . . [mali angeli] . . illa . . quadam angelice nature potentia . . partim ~iter et fantastice . . partim etiam in veritate . . valeant exhibere W. NEWB. *HA* I 87.

praestigiare, ~iari [LL]

1 (intr., dep.) to perform (conjuring) tricks, to practise magic.

magus ille ante solis ortum extra castra quotidie egrediebatur et artem in agro exercuit . . . ille [sc. M. Curcius] muro urbis perforato ea parte qua nanus ~iari volebat, de nocte exivit *Eul. Hist. Cont.* I 413; *to juggil*, fascinare, ~iari LEVINS *Manip.* 127.

2 (trans.) to deceive by trick or magic.

Deus . . illuminet cor tuum ne ~iatis oculis tendas quo ego timeo MAP *NC* IV 5 f. 47; ita . . ~iat oculos hominum quod facit eos putare esse aurum quod est auricalcum T. CHOBHAM *Praed.* 203; **s1236** hec visio per dies plurimos oculos intuentium quasi ~iatos detinebat M. PAR. *Maj.* III 367; **s1295** portans in cassidili toxicum mellitum quo ~iarentur liniti *Flor. Hist.* III 282.

praestigiator [CL]

1 one who practises deceit, trickster, deceiver.

praestigium, ad praestigatores *GlC* P 729; prefatum prestigatorem . . populum decipientem invenit ORD. VIT. I 2 p. 234; cum ~oris lotio perfusi ars deletur et oculis, quos malitia sua prestrinxerat, videndi facultas reparatur? J. SAL. *Pol.* 406B; mox ille nequissimus ~or aufugit R. COLD. *Godr.* 156 p. 165; unde quia res ita phantastice immutant ~ores appellantur ALB. LOND. *DG* 11. 12; palpo dolosus, perniciosus prestigiator / est benedictus WALT. WIMB. *Scel.* 126.

2 one who performs tricks for entertainment, juggler.

tregetowre, mimus . . pantomimus . . ~or *PP*.

praestigiatorius [ML < LL praestigiare+-torius], of or connected with performing tricks or practising deceit.

prestigium . . inde prestigiator, i. defraudator . . et ~ius, -a, -um OSB. GLOUC. *Deriv.* 464; ~ius, deceptorius *Ib.* 480.

praestigiatrix [CL], (one) who practises magic or conjuring tricks (f.).

hec forme anilis flagitiosa ~ix . . capellam pede impudico subintravit T. MON. *Will.* VII 18 p. 283; ~icis muliercule . . repulsio *Ib.* trahit ars ab utroque facetum / principium ludit quasi quedam prestigiatrix VINSAUF *PN* 121; hinc incantatrix, sagana, †prestitigatrix [l. prestigiatrix] GARL. *Syn.* 1586A.

praestigiatura [LL praestigiatus *p. ppl.* of praestigiare+-ura], performance of conjuring tricks, magic.

gentilitas est si quis idola colit . . aut in sorte vel . . ~is aliquid agat (*Quad.*) *GAS* 313.

praestigiosus [CL]

1 who performs conjuring tricks or practises magic. **b** (as sb. m.) magician.

cum . . anum ~am studio incantationis discende adissemus ADEL. *QN* 58. **b** si . . ~us aliquis aliqua maleficii sui arte infirmum aliquem sanat, numquid sanitas ipsa non est sanitas? G. CRISPIN *Simon.* 45.

2 of or characterized by magic or the performance of conjuring tricks.

eorum . . reprobatur opinio qui ex quadam ~a varietate fortune rerum temporalium metiuntur eventus P. BLOIS *Ep.* 19. 71B; isti, licet non sint prophete aut filii prophetarum, de suo corde vaticinantes nescio quo ~o spiritu frequentissime mortem meam presagiunt *Id. Ep. Sup.* 76. 2.

3 deceptive, deceitful, full of trickery.

~us, i. subdolus et versipellis OSB. GLOUC. *Deriv.* 464; ita ex animis omnium illa ~a superstitio [cf.

M. PAR. *Maj.* I 186: suasio iniqua] deleta est *Flor. Hist.* I 213; episcop' . . Rom' . . ~is rationibus . . sibi arrogasse . . dominatum BEKINSAU 734.

praestimonialis [ML praestimonium + CL -alis], (of benefice) that yields prestimony.

1541 aut alia beneficia etiam ~ia *Form. S. Andr.* II 130.

praestimonium [ML; praestare 3–4+CL -monium], (eccl.) annual payment for the support of a priest, prestimony.

1294 omnes . . provisiones . . super . . porcionibus, ~iis, ecclesiis parochialibus (*Bulla Papae*) B. COTTON *HA* 271; **1353** super . . provisionibus . . prebendarum . . ecclesiarum porcionum, ~iorum aliorumque beneficiorum *Reg. Exon.* II f. 41v.

praestimulare [CL prae-+stimulare], (of a fly) to sting fiercely.

[musce] omnia prestimulant [v. l. perstimulant], omnia lesa dolent GOWER *VC* I 576.

praestinare [CL=*to bargain for, buy*], (in gl., assoc. w. *praestare*).

commodo . . i. prestare [vv. ll. prestinare, parare] OSB. GLOUC. *Deriv.* 136; ~are, accommodare *Ib.* 480.

praestinguere [CL prae-+stinguere]

1 to stab in front or beforehand.

sacrum corpus ferro degustante prestinxit [v. l. percussit] GOSC. *Edith* 271.

2 to mark at the front.

†**961** (12c) ego Eadgar rex hanc munificentiam signo crucis prestrinxi *CS* 1073.

praestinus v. pristinus.

praestipulatio [CL prae- + stipulatio], statement made in advance as guarantee or promise.

950 ut . . justum . . juramentum et ~o [AS: *frumtalu*] firmiter permaneant' *Conc.* I 221b.

praestitor [LL], one who gives or grants, giver.

Domine, verus doctor et ~or, advocatus et judex ALCUIN *Liturg.* 604B.

praestituere [CL]

1 to fix or establish beforehand. **b** to prescribe (a course of action, also w. *ut* & subj.).

ut vobis tempore ~to reddatur in caelis BEDE *Ep. Cath.* 43; veruntamen ante ~tum terminum pax rupta est W. MALM. *GR* IV 388; finis ultimus qui . . ostenditur a racione errante tamquam finis ultimus vel finis ~tus quem . . voluntas ex libertate sua vult tamquam finem ultimum DUNS *Ord.* II 10; potest . . Deus absque juris injuria . . ~ere angelo et homini certum terminum ad merendum BRADW. *CD* 740D. **b** cujus sc. scribendae meditationis . . hanc mihi formam ~erunt ANSELM (*Mon. prol.*) I 7; sic nulli ~is, ut cui dictamen tuum non placet, pulchrius non scribet *Id.* (*CurD* I 1) II 49.

2 to put in charge (w. dat. to indicate area of responsibility); **b** (w. *in* & abl.).

1166 tempus quo me in ministerio suo ~it BECKET *Ep.* 224 p. 515 (=DICETO *YH* I 324: ~it [v. l. prefecit]); rationalibus . . gregibus . . indoctos ~unt GIR. *GE* II 34 p. 336; nolit unquam Deus talem Anglicane ecclesie ~tum esse pastorem *Id. Symb.* I 31 p. 330; ecclesia S. Petri . . habet archipresbyterum cardinalem clericis singulariter ibidem deservientibus prepositum et ~tum *Id. Spec.* IV 2 p. 270. **b** presul . . in spiritualium cura ~tus *Id. PI* I 19 p. 109.

3 to give, grant.

quis eam tot patrociniis adjuvit . . tot ei propugnatores ~it? *Canon. G. Sempr.* f. 35; **1218** electioni . . nostrum ~imus favorem et assensum *Pat* 183.

1 praestitus v. praescire 2.

2 praestitus [cf. praestare 9b], (*de ~u*) as customary payment or provision.

1221 de ~u eo anno ei aravit tantum *CurR* X 39 (=*BNB* III 413).

praestitutio [LL], (act of) arranging, establishing, or fixing beforehand.

praedestinatio videtur idem esse quod praeordinatio sive ~o, et ideo quod Deus praedestinare dicitur, intelligitur praeordinare, quod est statuere futurum esse ANSELM (*Praesc. II* 1) II 260; ad Anselmum et Aristotelem respondendum quod talis tantum meretur secundum propriam ~onem, non secundum rigorem justicie absolutum BRADW. *CD* 361C.

praesto [CL], (as adv., usu. w. *esse*, sts. w. *habere*) ready, available, at hand; **b** (w. dat.); **c** (w. *ad* & acc.); **d** (w. inf.).

filii tenebrarum, . . si vestrae potentiae sit istis me tradere poenis, en ~o sum FELIX *Guthl.* 31 p. 106; etiam si numquam instet flagitandi necessitas nec ~o sit praestandi facultas ANSELM (*Ep.* 20) III 127; ubi ~o est Domini adjutorium W. MALM. *GP* I 35; habemus . . eundem ~o presbiterum ipsos . . probaturum T. MON. *Will.* II 14 p. 107; reponat fasciculum suum inter ubera sua quatenus memoriam abundantie suavitatis hujus ~o habeat semper J. FORD *Serm.* 20. 7. **b** talis . . est omnis cui non ~o sunt haec quae Petrus loquitur BEDE *Ep. Cath.* 71; cum res ipsae secundum illam sunt quae semper ~o est iis quae sunt sicut debent ANSELM (*Ver.* 13) I 199; auxiliante . . benigno Creatore qui ~o est omnibus qui eum diligunt ORD. VIT. X 20 p. 129. **c** hi prestites, -tum, dii sc. qui ~o erant ad peticiones hominum OSB. GLOUC. *Deriv.* 513; eorum mores cum . . omnium admiracione ~o sunt ad calamum MAP *NC* V 1 *prol.* f. 59; hec tibi ad videndum ~o sunt LUCIAN *Chester* 62; una magna falarica fuerat locata, ~o ad sagittandum vel lapides emittendos STRECCHE *Hen. V* 167. **d** alius est ~o probare eo modo quod jacuit ad ecclesiam die qua rex E. obiit *DB* II 213; quanto et ubi conjunctio vel oppositio solis at lunae contingat, ~o est inveniri ADEL. *Elk.* 33 p. 26; illum . . omnibus se invocantibus ~o ad remedia occurrere W. MALM. *GP* II 92; c1180 si burgensis summonitus fuerit . . vel fuerit ~o recedere (*Cardiff*) *BBC* 145; surgere cum domino placeat, sis surgere presto D. BEC. 1205; domine, ~o sum, voluntati vestre satisfacere *G. Roman.* 302.

praestolari, ~are [CL]

1 to wait (for), expect; **b** (w. *si* or indir. qu. & subj.). **c** (pr. ppl. as sb.) one who expects.

quid . . a talibus . . bestiis ventris ~aris? GILDAS *EB* 68; in annum decimum quintum Tiberii Caesaris quo redemptio gentium praestulata [v. l. prestolata] advenisse traditur ALDH. *Met.* 2 p. 69; qui in alia vita gaudium ~atur aeternum BEDE *Acts* 985D; c767 exitum sororis nostrae extremum . . praestulamur, mortem viz. carnis illius *Ep. Bonif.* 130 p. 268; c801 mei cordis ardentissima voluntas tuae faciei ~atur aspectum ALCUIN *Ep.* 227 p. 371; ~are, Domina, infirmam animam te sequentem ANSELM (*Or.* 7) III 21; c1172 fortasse venturum cum Britonibus ~or Arturum et Messiam cum Judeis expecto P. BLOIS *Ep.* 34. 112A; 1453 in regnum nostrum Anglie . . veniendo ibidem morando nocte dieque perhendinando et ~ando ac bona et mercandisas . . vendendo . . *Cl* 303 m. 21 *d.*; 1490 qui est omnis gracie ~ate marces [i. e. merces] magnanimis que est Christus Jhesus *Reg. Aberbr.* II 266. **b** 798 me spero . . in his morari partibus . . et ibi ~are [v. l. ~ari] quid auditurus sim de . . ALCUIN *Ep.* 146 p. 236; ego Deum testem invoco hic presens ego ~abor si fortuna dederit meum signum defendendo STRECCHE *Hen. V* 164. **c** diu ~anti expectatio sua adveniens tam grata est quam gemma pretiosa diviti ANDR. S. VICT. *Sal.* 63.

2 (in gl. and gram. verse).

prestōlor expectans, prestōlor [fio] favorem H. AVR. *CG* f. 8v. 17; ~ari, *aquiter Gl. AN Ox.* f. 153.

praestolatio [LL], (act of) waiting (for), expectation; **b** (w. subj. gen.); **c** (w. obj. gen.).

Christi adventum longa votorum ~one suspirabam BEDE *Luke* 334A; suplici ~one que super eo censenda sunt suscepturum se pollicetur W. MALM. *GP* III 100; bona ergo ~o viam sponso parat, que iter venientis accelerat J. FORD *Serm.* 100. 6; qui . . in loco quietis et suavitatis beata ~one expectant AD. EYNS. *Visio pref.* p. 286; diutine ~onis . . sollicitudinem non mediocri sublevavit exultatione AD. MARSH *Ep.* 53 p. 161. **b** impiorum ~o, i. omne quod fieri expectant et desiderant ANDR. S. VICT. *Sal.* 50. **c** 941 (15c) ubi erit fletus et stridor dentium [cf. *Matth.* viii 12], pena eterna sine prestulacione consolacionis *CS* 769; corda divinitus tacta ad futuri ~onem . . arrecta DOMINIC *V.*

Ecgwini II 7 p. 49; qui in ~one communis responsi grave infortunium incurrit ORD. VIT. XI 28 p. 263.

praestolator [LL], one who waits for or expects.

1145 voluntatem domini pape sedulus ~or expectet G. FOLIOT *Ep.* 40.

praestrenuus [ML < CL prae- + strenuus], very energetic or restless.

quo abis, ~e? LIV. *Op.* 226.

praestrictim [LL], very tightly.

interius ~im inclusus R. COLD. *Godr.* 144 p. 154.

praestrictus [CL praestrictus *p. ppl. of* praestringere + -tus], compression of style, succinctness.

simili utique forma ea dinoscitur communem Latini ydiomatis proferenciam excedere in ~u *Dictamen* 334.

praestridere [CL prae-+stridere; cf. et. CL perstridere], (of musical instrument) to produce high-pitched tone or shrill noise.

prestrident litui, tuba pretonat, altus equorum / precinit hinnitus nuntia signa necis GARL. *Epith.* I 519.

praestrigia, ~ium v. praestigia.

1 praestringere v. praestinguere.

2 praestringere [CL]

1 to tie at the extremities, or to tie (the extremities). **b** (transf. & fig.) to constrict, obstruct.

'hostilibus telis aut prestricta manus' i. quamvis ~erentur manus TREVET *Troades* 42. **b** revertebantur inanes nuntii, vel veris vel verisimilibus argumentis prestricti W. MALM. *GR* III 238; si vitam [Radulfi] inquiras, nulla . . infamia prestrictum *Id. GP* I 67 p. 126; omnem meditandi ~it viam R. MELUN *Sent.* I 4.

2 to blunt; **b** (transf.).

robur hostium et aciem armorum arte magica ita prestrinxit, quod . . GREG. *Mir. Rom.* 4. **b** praestigium, quod ~at aciem oculorum *GlC* P 681; cum prestigiatoris lotio perfusi ars deletur et oculis quos malitia sua prestrinxerat videndi facultas reparatur? J. SAL. *Pol.* 406B; prestigium . . Mercurius dicitur invenisse quod ex eo sic dicitur quod aciem ~at oculorum *Ib.* 406D; 1167 fortasse rectius amicum dixerim qui oculos meos phantasticis fortune ludibriis prestrictos aperuit et . . *Id. Ep.* 169 (194).

3 (assoc. w. CL *perstringere*) to touch upon, run over (briefly).

verumptamen compendiose ~am qua sicut homo ita et mundus suas habet aetates H. LOS. *Serm.* 62.

praestruere [CL]

1 to build up or place in front.

qui celeriter revertentes Turcos adesse et duas copiosas acies prestruxisse acclamaverunt ORD. VIT. IX 9 p. 526.

2 to block up, obstruct; **b** (eyesight, also w. ref. to dazzling or dimming); **c** (act).

januam regni a perditorum ingressu . . in perpetuum ~it BEDE *Gen.* 96. **b** his etenim visum prestruit illa jocis J. SAL. *Enth. Phil.* 314. **c** fletum ei ~it nimia doloris anxietas et loquelam MAP *NC* III 3 f. 40.

3 to construct or prepare beforehand or in advance. **b** to devise, plan (action).

qui per Enoch raptum, Paradisi sedibus aptum / prestruis in fine mundi medicare ruine R. CANT. *Malch.* VI 20; nec mora virago memorata gemmatum conscendit suggestum quem ex populari ejus familio tue preministre . . in loco editiori prestruxerant OSB. GLOUC. *Deriv.* 2; in cruce Mardocheo prestructa cogitur ipse / torqueri tortor qui cadit arte sua GARL. *Epith.* VI 61. **b** quod hortatu convivantium a promisso scelere revocari deberet, si non illum haec de industria ~isse cognoscerent BEDE *Hom.* II 23. 241A; noverca ejus occultis machinationibus multa ei

mala ~ebat ORD. VIT. XI 35 p. 288; prestructis igitur insidiis, de nocte in eos insurrexit R. NIGER *Chr. I* 89.

4 to instruct, teach, train (in advance).

factus homo tanquam viator strenuus sequacibus ducatum prebens, verbo eos et exemplo ~ens PULL. *Sent.* 712A; alia nocte impingunt in thalamum magnopere [juvenem] prestructum ne . . *V. Chris. Marky.* 10; electus fuit Eligius prestructus in arte / fabrili GARL. *Tri. Eccl.* 38.

praestul- v. praestol-.

praestum [cf. OF *prest* < CL praestare], (something given as) grant, lease, loan, or payment, prest.

unum manerium Malmetune tenuit de fratre suo Brand in ~o *DB* I 376va; c1150 sciatis me quietos clamasse omnes homines de burgo S. Edmundi de omni exactione pecunie et de omnibus ~is imperpetuum, nisi per abbatem et conventum (*Ch.*) *EHR* XXIV 429; 1419 Ricardo, Londinensi episcopo, preciosam Bibleam meam quam habet ex ~o, ut fideliter solvat *Wills N. Country* 22.

praesuavis [CL prae-+suavis], very delightful or charming.

fac, ut Christi bajulem / jugum presuave S. LANGTON *BVM* 1. 11; ad nos attende, Domine presuavis J. HOWD. *Cant.* 160.

praesubstituere [CL prae- + substituere], to establish beforehand.

duobus alter ex conducibus ad prelium presubstitutis autoribus agmine citato recedit a Grecia solis sauciorum cum x milibus E. THRIP. *SS* III 41.

praesubtilis [CL prae-+subtilis], (of person) who has acute perception or fine judgement.

Epicurus . . ~is in sententia de visu fuit ADEL. *ED* 7.

praesubtrahere [CL prae-+subtrahere], to remove or withdraw beforehand.

talis, inquam, in majori parte preficitur et ydonei ~untur WYCL. *Blasph.* 123.

praesul [CL =*dancer at the front of a religious procession*]

1 one who is in charge (of), patron, protector; **b** (w. ref. to God). **c** (Anglo-Saxon) ealdorman.

Mercurius eloquentie ~ul J. SAL. *Met.* 932D; hunc [Plutonem] inferorum regem, terrarum viz. ~ulem ponunt ALB. LOND. *DG* 6. 1. **b** s943 mirabili cunctipotentis polorum ~ulis clementia opitulante (*Syn.*) W. MALM. *GP* I 16. **c** s888 transiit . . Eðelbald, Cantiae ~ul ÆTHELW. IV 3 p. 47.

2 (eccl.) bishop; **b** (applied to archbishop); **c** (applied to pope); **d** (applied to apostle).

te nunc sancte speculator, verbi Dei digne dator, / Hædd, pie presul, precor THEOD. *Pen.* (*Vers. Epil.*) p. 203; percunctantur venerandum ~ulem [*gl.*: episcopum] utrum filii sui veraciter essent ALDH. *VirgP* 33 p. 275; praefatus Punicorum ~ul [i. e. Augustinus; *gl.*: defensor, Cyprianus] *Ib.* 58 p. 319; 796 ad cujus libri lectionem te, sanctissime ~ul [Arno Salisburgensis] remitto ALCUIN *Ep.* 113 p. 166; intersit ~ul [AS: *biscop*] comitatus et aldremannus (*Quad.*) *GAS* 203; nec presul tetigit monialem quam tetigisse / proposuit GARL. *Tri. Eccl.* 37; s670 ut nullus clericus suum episcopum relinquat, aut alicubi veniens absque litteris sui ~ulis admittatur (*Conc.*) M. PAR. *Maj.* I 296. **b** 738 ego Aldulfus episcopus in primis penitus ignoravi quod a Dorovernensi ecclesie ~uli et rege, hac kartula confirmata esse debuisset *Ch. Roff.* 3; c738 omnium generalis meique specialis ~ulis venerandi Bonifacii sub magisterio (LUL) *Ep. Bonif.* 98 p. 220; Berthwaldus, Cantuariorum provintie ~ul W. MALM. *GP* I 35; ipse Eboracensis primus ~ul ab Urbano papa pallium acceperat S. DURH. *Ep. Hug.* 1 p. 222; contra Petri tamen cathedram, Cantuarieque ~sulem GIR. *EH* II 31 p. 375. **c** Gregorius, sedis apostolicae ~ul [*gl.*: papa, episcopus, *wealdend*, presul vocatus quia preest sollicitudine] ALDH. *VirgP* 13 p. 242; c738 sicut a decessore nostro . . Gregorio ~ule . . missus fuerat (*Lit. Papae*) *Ep. Bonif.* 42 p. 67; rexit tunc temporis almus / Gregorius praesul, toto venerabilis orbi / ecclesiae sedem Romane maximus ALCUIN *SS Ebor* 79; s1095 Albanensis episcopus . . ab Urbano sedis apostolice ~ule Roma missus Angliam venit EADMER *HN* p. 77; sicut Christus dixit omnibus ~ulibus Romanis quod dixit Petro W. Malm. *GP* I 41. **d** pausat in Effeso praefatus corpore praesul Aldh. *CE* 4. 5. 17.

praesulari [LL]

1 to be in charge, to guide, preside.

qualiter homo bona faciat per liberum arbitrium ~ante gratia et malum sola sua operante propria voluntate Anselm (*Praesc.*) II 259; opitulari, auxiliari .. patrocinari, ~ari, tueri Osb. Glouc. *Deriv.* 399.

2 (eccl.) to be, become, or serve as bishop, archbishop, or pope.

1196 ad nostram sumus ecclesiam .. reversi; in qua nunc valemus et volumus .. ~ari (*Lit. Archiep.*) Diceto *YH* II 145; possessiones quedam Roffensis ecclesie quas ~antibus antecessoribus suis Lanfrancus in sua tenuerit ditione *Flor. Hist.* II 12; ~ante venerabili Anselmo (*Augustinus*) *NLA* I 98.

3 to create or appoint as bishop.

iste [sc. Gregorius Turonensis] stature pusillus, mirantibus cunctis papa, sc. quod pro parvitate ~atus est, ait "Deus ipse fecit nos et non ipsi nos" R. Niger *Chr. II* 139; **s1260** Nicholaus ~atus in sedem Wintonie *Leg. Ant. Lond.* 211.

praesularis [ML < CL praesul + -aris]

1 of, for, or pertaining to a ruler, (in quot.) royal.

12.. quod et probans latius / sancti laudem serens / presularis marmori / baculus adherens (*De Eduardo Confessore*) *Anal. Hymn.* XXIX 151 p. 72.

2 (eccl.) of, for, or pertaining to a bishop, episcopal.

urbe Wentana / ut praesulari / functus sit infula (*De S. Æthelwoldo*) *Anal. Hymn.* XL 204 p. 180; Roffensis praesulatus cum ~i basilica beati Andreae apostoli Gosc. *Transl. Aug.* 43B; **s1129** quem [Rogerium] .. ex precepto archiepiscopi Simon Wigornensis episcopus Coventrei ~i sede inthronizavit J. Worc. 29; ~is reverencia nupcialis federis, solennizacione qua decuit, connodavit vincula *Ps.*-Elmh. *Hen. V* 92 p. 267; **s1432** ~em nuncium varia ab ipso [presule] tulisse et multifaria genera exprobracionum Amund. I 304; **s1457** doctor quidam .. opinionis .. perverse, ~is tamen dignitatis, ac cathedratus in ecclesia Cicestrensi *Reg. Whet.* I 279.

praesulatus [LL]

1 office or dignity of leader, rulership, rule. **b** office of governor, governorship.

ut ipse .. Lucas .. et Timotheus ac Titus viri apostolici de vocatione gentium ad ~um ejus [populi Dei] pervenerint Bede *Tab.* 424A; toto tempore ~us Samuhelis *Id. Kings* 718. **b** post ~atum Cyrini M. Par. *Maj.* I 80.

2 (eccl.) office or dignity of bishop, episcopate; **b** (applied to the office or dignity of archbishop). **c** (applied to the office or dignity of patriarch or pope).

Athanasius post obitum Alexandri sumpto ecclesiae ~u [*gl.*: episcopatu, dominatu] quantas hereticorum machinas expertus sit .. Aldh. *VirgP* 32 p. 273; Johannes .. Hagustaldensis ecclesiae ~um suscepit Bede *HE* V 2 p. 283; accidit autem ut anno ~us beati Hugonis decimo .. Ad. Eyns. *Hug.* IV 8 p. 39; hec erant sui ~us laboriosa primordia G. Cold. *Durh.* 3. p. 7; **1233** ut nequeat ulterius officium exequi ~us *Mon. Hib. & Scot.* 299; exorantes quatenus .. providere student .. ~us vestri vigilantia Ad. Marsh *Ep.* 75 p. 184. **b 811** ~us .. Þulfredi archiepiscopi *CS* 332; ad .. Romanae sedis aecclesiam .. pervenit ubi pallium principale sub ~us privilegio una cum benedictione apostolica .. suscepit B. *V. Dunst.* 28 p. 40; sancta Eboracensis ecclesia tui ~us tempore priscam rusticitatem exuerit Folc. *V. S. Bev. prol.* p. 241; tres archiepiscopos .. ordinaverunt .. primum Londonie, secundum Eboraco, tercium Cerlegion ... Eboraco tota Northumbria ab arcu Humbre cum reliqua parte Albanie, cujus ~us [v. l. MS *adds*: officium] numquam fuit immutatum: alii duo archipresulatus pluries fuerunt subversi *Eul. Hist.* II 172. **c** quo tempore ~um sedis apostolicae Honorius .. habebat Bede *HE* II 17 p. 118; Honorius pro illo est in ~um electus *Ib.* II 18 p. 120; erant his diebus duo competitores Romani ~us, Guibertus et Urbanus W. Malm. *GP* I 49; horum [patriarcharum] itaque, unus principatum in Asia tenuit, qui principatu vel ~u in Antiochia prefuit Gir. *PI* I 19 p. 107; ~um sedis apostolice Honorius .. tenebat Elmh. *Cant.* 170.

3 diocese of bishop, bishopric; **b** (applied to province of archbishop, archbishopric).

ab eodem ipso rege et plurimis episcopis ~u pulsus est Bede *HE* V 19 p. 327; Roffensis ~us cum praesulari basilica beati Andreae apostoli Gosc. *Transl. Aug.* 43B; ad regendum Luxoviensem ~um Gislebertus .. electus est Ord. Vit. V 3 p. 311; **c1155** H. comes Cestrie episcopo Lincollniensi totique ~us ejusdem clero .. salutem *Ch. Chester* 125; at beate recordationis supradictus Wilfridus .. item de ~u suo pulsus est Ric. Hex. *Hist. Hex.* I 12 p. 29; **s666** Wine, episcopus Wintoniensis, a rege Kincwalc de ~u pulsus M. Par. *Maj.* I 294. **b** tempore quo ~um Eboracensem regebat Gerardus *Mir. J. Bev. A* 299.

praesuleus [ML < CL praesul + -eus], of, for, or pertaining to a bishop, episcopal.

1088 dedi ad Sumersetensis episcopatus augmentationem .. ut inibi instituat ~eam sedem (*Ch.*) *MonA* II 266b; **1156** quas .. donationes .. et translationem ~ee sedis .. firmiter roboramus *Cart. Bath* 74 p. 69.

praesultare [CL], to dance in front or to lead the dance (transf. w. musical instrument as subj.).

quamvis armoniis praesultent organa multis Aldh. *VirgV* 1716.

praesumere [CL]

1 to take (that to which one is not entitled), appropriate, usurp. **b** (pr. ppl. as sb. m.) one who takes possession without right or permission, usurper.

palliolum aurique parum de anathemate ~ptum multos stravisse Gildas *EB* 1; si monachus .. evomuerit sacrificium in die, cenam suam non ~mat *Id. Pen.* 7; Deus hoc nobis praecipit ut non ~amus quod solius Dei est Anselm (*CurD* I 12) II 70; quarum [aucarum] unam ~psit ad cenam rusticus, nullum sc. accusatorem veritus W. Malm. *GP* IV 172; *devant prender*, usurpare, anticipare, preocupare, ~ere *Gl. AN Ox.* f. 154v. **b c1102** ne .. laicus investituram ecclesiarum daret .. nec aliquis ~entem consecraret Anselm (*Ep.* 217) IV 119.

2 to presume, take upon oneself, undertake (usu. without right or permission); **b** (w. inf.); **c** (ellipt. or absol.). **d** (pr. ppl. as sb.) one who acts presumptuously. **e** (p. ppl. *praesumptus* as adj.) presumptuous (of person or abstr.).

judicium .. super illum superbe ~is Anselm (*CurD* I 20) II 87; sed quid non ~it femina? ausa est .. fidem fallere W. Malm. *GR* II 157; nec eos tales esse ut tantos ausus ~erent credebat Ord. Vit. XIII 43 p. 126; **s1097** inauditum .. est .. te quid tale ~ere Eadmer *HN* p. 95; **1235** justiciarii .. recordantur quod ceperunt assisam .. et cognoscunt quod non admiserunt essonium .. set hoc fuit .. propter lapsum vj mensium qui instabat et quia continebatur in brevi .. quod debebant eam capere in die illo; et si aliquid ~pserint hoc fuit per ignorantiam *CurR* XV 1429; ne .. cogamini ~pti schismatis detestabilem repugnantiam .. promovere Ad. Marsh *Ep.* 73 p. 202; excommunicaverunt omnes qui aliquid ~erent contra cartas *Leg. Ant. Lond.* 71. **b** omnes .. philosophorum disciplinas .. usurpare ~psimus [*gl.*: ausi sumus] Aldh. *VirgP* 59 p. 320; ad extremum .. ~unt inire conflictum Bede *HE* I 17 p. 35; qui turpitudinem novercae .. revelare ~serit .. *Ib.* I 27 p. 51; **798** unde et aliquid familiarius vestrae dilectioni scribere ~o Alcuin *Ep.* 143 p. 225; qui in Filium Dei manus sacrilegas extendere ~pserunt J. Sal. *Pol.* 426A; **c1161** ne quis .. abbatem et monachos vexare vel molestare ~at *Doc. Theob.* 2; nullus contra eos regum aut principum attollere ~eret cervicem Ad. Eyns. *Hug.* V 6 p. 105. **c** mulieres .. menstruo tempore non intrent in aecclesiam; .. si ~ant, iijbus ebdomadibus jejunent Theod. *Pen.* I 14. 17; si .. bene ~psit [illa] quae vestimentum Domini in languore posita tetigit .. Bede *HE* I 27 p. 56; **c789** quapropter ~psi per fiduciam caritatis .. volens me ipsum tuis .. sacrosanctis orationibus commendare Alcuin *Ep.* 5; iterum devotio fecit eam ~ere sed iterum magna ejus humilitas faciebat eam hesitare Ailr. *Serm.* 9. 20. 255; **1178** ut per omnia sit in te humilitas non vilescens, dignitas non ~ens P. Blois *Ep.* 15. 53A; dum me conpellis presumere, dum michi stulto / imponis sapientis onus, presumpcio partim / est tua H. Avr. *Guthl. proem.* 11; **s1380** quia contra consilium matris sue .. Johanna ista ~psit .. indignacionem incurrit *Chr. Angl.* 258; non solum in regem set in universalem ~psit ecclesiam *G. Hen. V* 1. **d** non justitia sapientis, sed superbia ~entis (*Ps.*-Bede *John*) *PL* XCII 856C. **e** quo quisque abjectior, eo promptissime obsecutionis ejus erat ~ptior Gosc. *Edith* (II) 63; quidam ~ptiori temeritati ad ipsum locum lucis concurrunt *Id. Mir. Iv.* lxiv.

3 to take as being so, presume; **b** (w. inf., acc. & inf., or ellipt.); **c** (w. *quod* & ind. or subj.); **d** (w. *de*). **e** to presume in favour of (w. *pro*) or against (w. *contra*). **f** (pr. ppl. as sb.) one who takes as being so or presumes.

dum .. bene tractantur ab his qui non de sua sed de Dei ~unt sapientia Theod. *Laterc.* 4; **a1090** in qua re hanc certam ~am concessionem si nullam legero prohibitionem Anselm (*Ep.* 23) III 131; qui ad scientiam metrorum ~psit ingenium, impulit animum W. Malm. *GP* V 190; duraret ergo, futurum olim ad gloriam quod interim ~ebat ad veniam, futurum ad premium quod nunc erat ad suplicium *Ib.* V 268 p. 425; ingenio majora meo presumere poscor: / poscitur ad rapidum noctua tarda diem L. Durh. *Dial.* IV 475; ~itur quis esse filius hoc ipso quod nascitur ex uxore quia nuptie probant filium, et semper stabitur huic presumptioni .. i. donec probetur contrarium Bracton f. 6. **b** qui vult corpus suum dedicare continentiae habitare cum foeminis non ~at *Ps.*-Bede *Collect.* 202; ita ut etiam aliis se magistros fieri posse ~erent Bede *Ep. Cath.* 35; aestimet .. se falli .. ~endo se posse quod non possit Anselm (*Ep.* 37) III 146; heresum scissiones ~untur, schismatum rebelliones extolluntur et seditionum discidia concitantur Ad. Marsh *Ep.* 92 p. 214; Christus .. papam papatu privavit, si ~erat se Christum et verum Deum Ockham *Dial.* 573; **c1345** in omni necessitatis articulo .. dominacionem vestram presumimus prompciorem *FormOx* 88; **a1350** jura ~unt administratorem occasione sui officii res distrahendas precio emere viliori *StatOx* 78. **c 1220** ~entes .. cum fiducia quod ea velitis pocius quam .. *Cl* I 429b; sicut unusquisque presumitur bonus, nisi probetur contrarium ita de quolibet ~endum est, quod bene agit, nisi .. Ockham *Dial.* 454 (*recte* 554); ~endum est quod accusacio ex charitate fiat *Ib.*; pueri Romani non tradebantur patribus vel matribus ad nutriendum sive erudiendum, quia ~ptum fuit quod pre nimia dileccione noluerunt filios proprios castigare vel verberare *Eul. Hist.* I 416; ~endum est quod familiarium dominus ipsum principem diligit et honorat *Quadr. Reg. Spec.* 38. **d** praecipit ut numquam de nostris viribus ~amus sed in divinae tuitionis adjutorium speremus Bede *Ep. Cath.* 129D; cucurrerunt ambo non de merito suo sed de gratia confisi divina, de Deo ~entes non de virtute humana *V. Birini* 11 f. 66; ~ebam de fortitudine et ingenio meo ad me defendendum; sed fortior et ingeniosior me Deus fuit et ideo praesumptio mea nihil fuit Anselm (*Ep.* 156) IV 22; Gaufridus .. de consensu Johannis comitis fratris sui ~ens, parato navigio suo Dovram apulit Devizes f. 35; presumptionum igitur alia facti, alia juris. cum de facto ~itur, statur presumptioni donec probetur contrarium ... cum ~itur de jure et circa aliquid, quod ex jure sumit effectum, aut super presumpto jus nichil statuit, tunc non admittitur probatio in contrarium Ric. Angl. *Summa* 33 p. 60; ~endum est de quolibet impugnante heretica quod rite et juste faciat antequam constet contrarium Ockham *Dial.* 454 (*recte* 554). **e** non sit ~endum pro papa qui ante judicium preciperet taliter impugnantes neci tradi ... ergo non esset ~endum pro illo sed contra ipsum Ockham *Dial.* 454 (*recte* 554); licet .. pro facto pape sit ~endum quando bono animo fieri potest *Id. I. & P.* 31. **f** benedicta sit .. dispensationis divine clementia que numquam deserit de ipsa ~entium expectationem Ad. Marsh *Ep.* 53 p. 161.

praesummus [LL], highest, supreme.

et ~us et precipuus custos H. Bos. *Ep.* 29. 1463C.

praesumptibilis [ML]

1 that can be taken (as prey or booty).

nec feris vel avibus [corpus] .. commestibile vel ~e R. Cold. *Cuthb.* 88.

2 presumptuous.

958 (13c) invidie facibus succensus ~i elacionis fastu hoc .. frangere .. voluerit *CS* 1041; presumptuosus, presumptiuus, ~is Osb. Glouc. *Deriv.* 470; **s1306** concepit audaciam ~em dominum suum .. inquietandi Rish. 226 (=Wals. *HA* I 108).

praesumptio [CL]

1 enjoyment (of something) by mental anticipation, hope (of); **b** (w. obj. gen., or adj. or *quod* & subj.). **c** confidence.

timens ne forte magnitudine hujusmodi infirmitatis solitariam deserere vitam .. necesse esset .., fideli usus est praesumptione speravitque se illorum ope curandum BEDE *CuthbP* 46. **b** cum longa maeroris anxietate fuerit formido consumpta quaedam jam de ~one veniae securitas nascitur BEDE *Luke* 343; quo malis praesentibus durius deprimebatur, eo de aeterna certius praesumtione respirabat *Id. HE* II 1 p. 77; **1453** cum non fuerit spes neque ~o aliqua quod ab hujusmodi nefando peccato committendo desisteret *MunAcOx* 660. **c** moveri se fidei praesumtione non passus est BEDE *HE* I 19 p. 37.

2 unauthorized taking possession (of).

illum ab hujus praesumtione ministerii quod regulariter implere nequibat .. cessare praecepi BEDE *HE* V 6 p. 291; ~o terre vel peccunie regis .. violentus concubitus .. prevaricatio legis regie (*Leg. Hen.* 10. 1) *GAS* 556.

3 presumptuous act or conduct, presumption; **b** (w. quasi-subj. gen.); **c** (w. obj. gen.).

his quoque congreditur praesumptio trux novitatum ALDH. *VirgV* 2699; **765** nisi antea suam ~onem digna satisfactione correxerit *Ch. Roff.* 7 p. 9; decimas aecclesie et oblationes temerariis retinentes praesumpsionibus *GAS* 207; districte prohibens ne ulterius id facere presumeret et pericula ex tali ~one non semel accidisse sibique innotuisse memorabat AD. EYNS. *Hug.* V 15 p. 182; **1219** talem vindictam capi faciemus, quod tanta presumcio non relinquetur inpunita *Pat* 195; quasi ex maleficio transgressiones sive ~ones ut si judex scienter male judicaverit BRACTON f. 101. **b** pessimam ~onem impii hominis morte vindicare ALCUIN *WillP* 14 p. 128; non autem arrogantie temeritatibus sed licentiosis amoris ~onibus ANSELM BURY *Mir. Virg.* 25 p. 40; hec fantasmatum ludibria paulatim introduxit pictorum nefanda ~o AD. DORE *Pictor* 142; s**1238** quamvis ~onem delinquentium debita possit animadversione punire M. PAR. *Maj.* III 514; dixit parabolam contra ~onem juvenum ECCLESTON *Adv. Min.* 105; c**1360** consilium, de ~onibus dicti monachi et suorum fautorum .. plenius informatum *MunAc Ox* 223. **c** c**1322** consueta ~o licium et sumptuosa calamitas jurgiorum .. caritatem extenuant, odium generant *FormOx* 41; operis peculiaris ~o *Cust. Cant.* 254.

4 (act or condition of) taking for granted, unwarranted assumption; **b** (w. obj. gen.).

hinc divina fides, inde humana praesumtio BEDE *HE* I 17 p. 35; non tamen conatum hunc meum ~oni deputes sed devotioni AILR. *Ed. Conf.* 782D; nec ~oni sed fidei ascribendum quod triplicari sibi celestia munera precabatur *Ib.* 789A; orate, ne detur ~oni quod devotio incohavit J. FORD *Serm.* 120. 8; securitas generat necgligenciam et ~onem [ME: *overhoȝe*] *AncrR* 85; spes sine timore luxuriat in ~onem [ME: *makeþ* [*mon*] *overtrusten*] *Ib.* 128. **b** in illo [versu] ~onem propriae puritatis dissuadet BEDE *Prov.* 996; ne .. infirmus animus in sui praesumtione se elevet *Id. HE* I 31 p. 66; hic hesitatione pusillanimitatis, illic ~one nimie securitatis BALD. CANT. *Commend. Fid.* 48. 2. 604; ex nimia .. securitatis ~one GIR. *IK* I 4 p. 48; nec est nunc tempore gracie corpus Christi, quod est ecclesia, tumens de suarum virium ~one, sed .. GROS. *Cess. Leg.* I 10 p. 59.

5 (leg.) presumption of a fact; **b** (w. obj. gen. or *de*). **c** (*~o facti*) presumption of fact. **d** (*~o juris*) presumption of law.

ipsis ~onibus frequentissime stabit donec probetur contrarium J. SAL. *Pol.* 575A; licet autem multis ~onibus videretur archidiaconus in quibusdam fuisse gravatus GIR. *Invest.* III 16 p. 156; si super hoc convictus fuerit ~one contra eum faciente tenebitur per legem .. se purgare GLANV. XIV 2; probatur .. aliquid quandoque per testes, quandoque per instrumenta, quandoque per ~ones, quandoque per alterius partis prolationes et confessiones RIC. ANGL. *Summa* 29 p. 39; presumitur quis esse filius .. et semper stabitur huic ~oni donec probetur contrarium BRACTON f. 6; **1281** per quod curia ista possit aliquam ~onem habere quod ipsi ponunt esse patroni ecclesie *PQW* 438b; ~one probabili credi potest R. BURY *Phil.* 6. 91. **b** ob tantam igitur tam vehementem homicidii ~onem, milite tamen constanter inficiante, judicatum est, duello rei certitudinem experiri GIR. *IK* i 7 p. 71; ex quibus verbis colligitur quod propter nullam ~onem seu suspicionem de heretica pravitate est aliquis excommunicatus OCKHAM *Dial.* 664. **c** ~onum igitur alia facti, alia juris. cum de facto presumitur, statur presumptioni donec probetur contrarium .. cum presumitur de jure et circa aliquid quod ex jure sumit effectum, aut super presumpto jus nichil statuit, tunc non admittitur probatio in contrarium RIC. ANGL. *Summa* 33 p. 59–60. **d** RIC. ANGL. *Summa* 33 (v. 5c supra).

praesumptionalis [CL praesumptio + -alis], presumptuous, arrogant.

rarissime .. ~i cuiquam fas fuit vel facultas castigacione, verbalive vel commenticia, vicium funditus obliterare E. THRIP. *SS* III 3; sic .. sibi scienter adversancium falsitatis commenticie vel mendicitatis cedit in argumentum, ~isve venit erroris ad innuitivum *Ib.* VIII 2.

praesumptiose [LL], presumptuously, arrogantly.

798 ne quid nostra parvitas ~e [v. l. praesumptuose] dicere videatur ALCUIN *Ep.* 136 p. 207; **798** ne mea aliquid ~e rusticitas responderet .. *Ib.* 143 p. 225.

praesumptiosus [LL], presumptuous.

quid vero ~a mente et stulta temeritate altiora te rimari non metuis ALCUIN *Dogm.* 222C; **793** nec stilum meum ~um putes *Id. Ep.* 15 p. 41; **801** opus arduum et difficile et meae parvitati ~um injunxistis *Ib.* 214 p. 357.

praesumptive [LL]

1 presumptuously.

quid inveniri iniquius potest quam simpliciter me credere nolle quod lego et ~e credere velle quod non lego? ALCUIN *Dogm.* 113C; quam ~e sibi usurpare *G. Steph.* 6 p. 14.

2 (usu. leg.) in a manner that gives reasonable ground for belief, by presumption, presumptively.

de facili perpendi poterit utrum partus ille fuerit viri defuncti vere vel ~e, vel alterius, computato tempore quo dicebat se concepisse BRACTON f. 70; **1279** si qui .. inventi fuerint in pacis perturbacionem arma deferentes vel tranquillitatem ipsius universitatis .. perturbantes et super hoc convicti fuerint .. seu per eorum fugam ~e confessi *MunAcOx* 40; **1309** quia impossibile est probacio filiacionis nisi ~e [v. l. nisi presupposita] *Year Bk.* I (*Selden Soc.* XVII) 186; **1324** quia .. super purgacione sibi indicta defecit ex toto .. ~e habebatur pro convicto *Proc. A. Kyteler* 39; non .. per certam scienciam .. sed solummodo ~e OCKHAM *Dial.* 664; **1405** licet .. ad habendum noticiam nominum .. Anglicorum, de quibus .. conqueritur, facta fuisset diligens .. inquisicio, de .. eorum nominibus .. vere vel ~e nullo modo poterat constare *Lit. Cant.* III 86.

praesumptivus [LL]

1 presumptuous.

†**961** (12c) quod si quisque .. ~o peregerit temptamine, hoc in tetrico infernalium sine ullo refocilamine sustineat cruciamine *CS* 1073; ab ejus dominio ~o ausu conati sunt recedere W. JUM. III 1; ~a hujus temeritatis inhonestatio vel inhonesta concussio *G. Steph.* 34 p. 76; perversorum audatia ~a *Conc. Scot.* I cclxiv.

2 (leg.) that gives reasonable ground for belief or presumption, presumptive.

spernuntur namque primae post monachi votum inritum inlicitae licet, tamen propriae conjugis ~ae nuptiae GILDAS *EB* 35; causa .. utlagationis esse poterit vera aliquando et aliquando ~a BRACTON f. 126v.

praesumptor [LL]

1 one who takes possession (of) or occupies (usu. without right or permission), occupier, usurper; **b** (w. obj. gen.).

territus presumtor ferrum cum sacra rapina proicit GOSC. *Edith* 271; aliter presumptum officium judicium ~oris efficitur et mortem operatur indigno consectori H. LOS. *Ep.* 28 p. 55; successores vero Theodori aut similiter tempori consulendum duxerunt, aut temporibus melius se habentibus ~ores fuerunt W. NEWB. *HA* V 12 p. 444; **1222** nullus .. possessiones .. ecclesie .. alienare presumat ... ~or .. personatu .. spolietur *Conc. Syn.* 117. **b** ne umquam indignus ~or tui corporis et sanguinis reus efficiar .. *Nunnam.* 77; **1167** ille Coloniensis ~or ecclesie J. SAL. *Ep.* 189 (186 p. 226).

2 one who dares or undertakes (usu. presumptuously or without right or permission), presumer; **b** (w. obj. gen.).

continuo meritam praesumptor senserat iram *Mir. Nin.* 113; nam prior si desit, posterior non solum peccata non purgat, sed etiam auget et ~ores judicat LANFR. *Corp. & Sang.* 425D; videbantur .. ille imagines prosilire et impetum in ~orem facere W. MALM. *GR* II 169; c**1183** ne .. aliquis maliciosus ~or hanc composicionis paginam confringere .. attemptet (*Cart. Leeds*) *Becket to Langton* 189; preceps presumptor improbus alta petit NECKAM *DS* I 86; s**1188** ~ores illos qui tam enormis sacrilegii facinus admiserunt GERV. CANT. *Chr.* I 62; ~or contra pacem BRACTON f. 136; presumtoris humili satisfaccione complacatus CIREN. I 360. **b** mox tormenta luit sceleris praesumptor iniquus ALCUIN *WillV* 32. 7; rogo ne statim me aut ~orem novitatum aut falsitatis assertorem exclamet ANSELM (*Mon. prol.*) I 8; viri pompatici temeritatisque non audende ~ores *G. Steph.* 34 p. 72; ~ores tante temeritatis qui in archiepiscopum manus injecerant DEVIZES f. 35v; s**1239** omnes tante enormitatis ~ores M. PAR. *Maj.* III 544; si ~or rei peculiaris, si pecunie contagio implicatus *Cust. Cant.* 251.

praesumptorius [LL], presumptuous.

1157 tibi .. precipio, quatenus de verbis ~iis .. dignitati regie contrariis, equitati rectitudinis subjaceas *Conc.* I 431b.

praesumptrix [LL], (as adj.) presumptuous. **b** (as sb. f.) presumptuous woman.

ne lingua pudorem / praesumtrix tulerit FRITH. 484; viderant .. juvenem .. celeri morte multatum .. nec ille tam officiosus excusari potuit quia praeceptori obedivit quin penam ~icis gratiae luerit GOSC. *Transl. Aug.* 17B; cum .. prae angustia clamantem abbas interrogaret causam, ostendit tumidam ~icis manus poenam *Ib.* 37C; protinus ultio digna Dei presumtricem mulierem invasit subito *V. Edm. Rich P* 1800B. **b** testantur illud vitale caput se contra erexisse ac presumtricem minaci indignatione absterruisse GOSC. *Edith* 271.

praesumptuose [LL]

1 in a manner exceeding one's right or authority, illegally.

s**1176** ut Eboracensis de sede quam ~e occupaverat .. dejiceretur R. NIGER *Chr. II* 177; **1216** quanto comes W. .. regnum nostrum Angl' ~ius sit ingressus *Pat* I 200b.

2 presumptuously.

temere, sine consilio vel ~e *Gl. Leid.* 2. 172; nimis alta tentasti, nimis ~e egisti ALEX. CANT. *Mir.* 35 (II) p. 228; quod ergo superest rei ~ius suscepte multoque inferius quam rei dignitas exigebat J. FORD *Serm.* 120. 8; suis ~e literis asserit M. PAR. *Maj.* III 605; quibus adeo ~e derisibiliterque delirantibus E. THRIP. *SS* II 15; desinant ~issime murmurare que nesciunt tenere arguendo probare PECKHAM *Paup.* 10 p. 42; **1309** ~e contra justic' de se sine assensu .. regis levaverunt hic quedam nova statuta *PQW* 835b.

praesumptuositas [ML < LL praesumptuosus+-tas], presumption, presumptuousness.

suam navem propter nimiam ~atem perdidit FORDUN *GA* 159 p. 364; c**1400** multorum de ~ate accusacionem sustinuit *G. S. Alb.* II 402; elacione et ~ate *Plusc.* X 23 p. 351.

praesumptuosus [LL]

1 presumptuous; **b** (of person, also pred.); **c** (as sb. m.) presumptuous or arrogant person.

dum alta divinitatis mysteria ~a audacia scrutari presumit ALCUIN *Dogm.* 102C; **1073** nisi ~um sanctitati suae videatur, Eboracencis aecclesiae archiepiscopus LANFR. *Ep.* 11 (12); ~e postulationis argui W. CANT. *Mir. Thom.* VI 122 p. 509; ne .. non modo superflua sed etiam videantur onerosa. ne vero ut etiam ~a condempnentur, eorum arbitrio relinquimus providendum .. AD. EYNS. *Hug.* V 12 p. 145; factis .. interrogationibus .. quod non est fatuum neque ~um BRACTON f. 184v; decretique circumspectissima sic subtilitate tam ~um censoris opus obliterare procuravit E. THRIP. *SS* III 43; literas .. continentes ~am Normannorum confederationem seu ordinacionem ad subversionem .. regni Anglie AVESB. f. 107. **b** **967** nullus successorum meorum ipsius terre portionem .. nunquam ~us auferat *Ch. Burton* 22; a**984** secularium quispiam ausu temerario jus tirannidis non in Christi cultura presumtuosus exerceat (ÆTHELWOLD

Ch.) Conc. Syn. 129; non .. ad tante majestatis tue equalitatem ~us aspiro AILR. *Ed. Conf.* 747B; ~us .. dicar an providus? GIR. *TH intr.* p. 5; videntes Romani quia ~i eramus qui hec contra prohibitionem .. pape feceramus *Chr. Evesham* 198; aliqui Minores ~i BACON *Tert.* 75. **c** tactus sancti corporis sicut ~o obfuit ita officioso ut et aliis prodesse contulit GOSC. *Transl. Aug.* 38D; penaliter et inexorabiliter .. puniendo peccata tam ~orum E. THRIP. *SS* II 15.

2 (*~um est, videtur*, or ellipt.) it is presumptuous (to): **a** (w. inf.); **b** (w. *quod*, *si*, or *ut* & ind. or subj.).

a ~um esse quippiam huic statuto adversum velle moliri *G. Steph.* 4 p. 18; temerarium quoque esse, nimisque ~um in ejus se comitatum tam inconsulte velle ingerere *Ib.* 101 p. 194; quedam .. que scripto commendare non mihi videtur ~um sed plerisque perutile GLANV. *prol.* p. 3; superfluum, immo et ~um esse judicavi ab hiis congruentius exposita insipidiore eloquio replicare AD. EYNS. *Hug.* II *proem.* p. 45; an .. temerarium sit seu ~um veri amoris in Christo et pro Christo impiis obedire J. GODARD *Ep.* 220. **b** de regno addebat ~um fuisse quod absque generali senatus .. conventu .. alienam illi hereditatem juraverit W. MALM. *GR* III 238; ~um si juvenis quilibet tantum temptaret laborem *Id. GP* I 48 p. 81; quid ~ius esse potest quam ut scribere velimus non vacantes? GIR. *EH pref.* p. 222; s**1066** affirmat .. nimis ~um fuisse, quod absque generali consensu regni hereditatem vobis juraverat alienam M. PAR. *Maj.* I 539.

3 (leg.) that provides grounds for presumption, presumptive (of), that presupposes.

est .. quedam species criminis que ~a est mali, mortem tamen non inducit *Fleta* 61.

4 (in gl.) brave, daring.

magnanimus, audax, ~us OSB. GLOUC. *Deriv.* 360.

praesumt- v. praesumpt-.

praesuperare [CL prae-+superare], to surpass or outnumber.

idcirco suspendo stilum; miracula sancti / regis presuperant viridantis germina campi *V. Ed. Conf. Metr.* I 526 p. 377.

praesuperior [CL prae- + superior], much higher in rank or status, superior, (as sb. m.) a superior.

episcopus vel judex inferior .. admittit alium clericum in maximum praejudicium querelantis ac contemptum ~oris *Praxis* 85 p. 111.

praesupponere [ML < CL prae-+supponere]

1 (usu. log. & phil., w. personal or non-personal subj.) to require or regard as a necessary preceding condition, presuppose; **b** (w. dat.); **c** (w. *quod*); **d** (w. inf. as complement). **e** (p. ppl. *praesuppositum* as sb. n.) presupposition, assumption.

sic enim forma esset etiam aliam [formam] immediatius substantie convenientem ~ens *Ps.-*GROS. *Summa* 344; natura ~it corpora in principio materiali BACON *Maj.* II 503; dicunt aliqui quod emanacio creaturarum non ~it de necessitate emanacionem personarum MIDDLETON *Sent.* I p. 126; oportet aliquem conceptum prehabere de Deo ad quem discurritur quia discursus ~it aliquem conceptum de termino ad quem est DUNS *Ord.* II 67; responsio ad primum argumentum sophismatis ~it responsionem ad istud sophisma KILVINGTON *Soph.* 47 [48] h p. 128; forma corporis mixta ~it in materia formas simplicium corporum T. SUTTON *Gen. & Corrupt.* 105; presupposita una distinccione OCKHAM *Quodl.* 596; in omnibus ~itur bonum regimen GAD. 40 v. 1. **b** sicut in substancia creata generabili aliquid est potenciale, quod ~itur generacioni, ut materia, et aliquid inductum est per generacionem ut forma DUNS *Ord.* IV 41; motus non incepit per motum vel mutacionem cui ~itus subjectum T. SUTTON *Gen. & Corrupt.* 184. **c** presupposito semper quod dicto durante biennio de singulis attemptatis adjudicatis pollicitatis *RScot* 436b. **d** s**1423** cujus prophecie spiritubus ipse supponens ac ~ens inspirari, plenius vos omnes non magistraliter instruo AMUND. I 144. **e** **1396** dubium vertitur apud quosdam super tali presupposito *Reg. Heref.* 131.

2 to place or mention first, to preface.

~enda sunt aliqua *Croyl. Cont. C* 549.

praesuppositio [ML], (log. & phil., act of) taking as a necessary preceding condition, assumption, presupposition (also w. obj. gen.).

ars est agens non primum set secundum, ergo agit ex ~one materie non ergo materiam facit vel producit BACON VIII 63; loquendo autem de ~one modo tertio dicunt aliqui quod emanatio creaturarum, quia non presupponit eas de necessitate nisi inquantum includunt infinitam potentiam, sapientiam, et bonitatem que in qualibet .. MIDDLETON *Sent.* I p. 126; nec natura divina causat aliquam personam set quelibet earum est eque primo natura eadem natura simplicissima. ideo non est ~o in divinis et finis intentus consequens ad produccionem singularium sicut est respectu individuorum ad suam speciem WYCL. *Ente* (*Sum.*) 94; quod impossibile est hominem assentire alicui demonstracioni cujusdam idiomatis nisi fide presupposita. ideo si ~o [MS *adds*: fidei] impedit ne demonstracio sit naturalis, sequitur .. *Id. Trin.* 3.

praesusurrare [LL], to whisper in advance or beforehand.

Gnatones diligis et comedos qui dulces ~ant illecebras MAP *NC* IV 3 f. 44v.

praetangere [LL], to touch upon, mention, or point out before, (p. ppl. *praetactus*) aforesaid, aforementioned. **b** (as sb. n. pl.) aforementioned things, things already discussed.

1212 nos vero procul de marina interim non recedemus, et vos similiter prope marinam vos teneatis, ut pretacto inter nos et nuntios vestros negotio nostro et vestro .. (*Cl*) *Foed.* I 157; **1236** quod licet pretactum sit in generali non supervacuum tamen .. est tangere etiam in speciali GROS. *Ep.* 72* p. 227; meruit .. domum Dei magnifice, ut pretactum [v. l. predictum] est, edificare *G. S. Alb.* I 8; **1275** duo placia cum pretactis edificiis sunt hec .. *Ch. Sal.* 354; **1276** illam libertatem concessit comiti Glouc' in iiij maneriis, ut pretactum est *Hund.* II 178b; **1293** constat .. propositionem de qua ~itur sufficienter probasse *SelCCant* 365; de Jacobo eciam pretacto, iiij modis dictus est frater Domini *Eul. Hist.* I 82; ostenso quod pretacte decem conclusiones .. *Ziz.* 187. **b** **1283** tunc presentialiter prompti erimus ad pretacta *Conc. Syn.* II 948; **1327** ad racionem positus de pretactis dicit quod .. *MGL* III 418; ambo reges .. pretacta ac sequencia ratificare .. convenirent J. READING f. 174 p. 139.

praetaxare [ML; cf. LL praetaxatio]

1 to assess, establish, determine, or fix beforehand.

captivorum nihilominus summam ~atam sorte mediante partiti sunt *Itin. Ric.* III 18 p. 234; **1201** ~atam pecuniam ex integro faciemus persolvi *Pat* I 4b; quorum trium ordinum [?l. ordinem] ~avit hymnographus in illo versiculo S. LANGTON *General prol.* 194; dies .. tropheo Christi ~ata GIR. *PI* III 17 p. 269; nos tamen .. canonicas a sanctis patribus ~atas proponemus penitentias ROB. FLAMB. *Pen.* 234; s**1237** fecit in publico innovare sententiam ~atam in omnes .. violatores M. PAR. *Maj.* III 382; **1248** si .. contingat aliquos burgensium .. terminis ~atis curie nostre .. interesse non posse .. (*Poole*) *BBC* 201.

2 to touch upon or mention beforehand, (p. ppl. *~atus*) aforementioned. **b** (w. *de*).

omnia in his que jam ~avimus provenerunt ORD. VIT. XI 26 p. 259; **1145** nec se in ~atis maneriis jus habere probare posset *Doc. Theob.* 223; c**1150** post decessum ~ati Hubaldi *Ch. Sal.* 16; c**1198** per manus Roberti de M. tunc precentoris ejusdem ecclesie et ~ati altaris procuratoris *Ch. Westm.* 411; hec omnia .. celata sunt in ~ata columpna GREG. *Mir. Rom.* 25; cum .. semel descenderet ad ~atum hospitale *Canon. G. Sempr.* f. 157. **b** magister Eustachius de quo supra ~atus [l. ~atum] est .. *Chr. Witham* 200.

3 (p. ppl. as sb.): **a** (m.) previously mentioned person. **b** (n.) previously mentioned thing.

a vir autem, cujus ille ~atus fuerat servulus LANTFR. *Swith.* 25; quatinus ad ~atos plenius alliciendum .. operam adhiberet GIR. *JS* VI p. 323. **b** ~atis annectitur, qualis in paradiso erat homo PULL. *Sent.* 645C; ubi mater Grammatica pure et enucleatim ~ata enervavit, octave littere tractatum disposuit eminus deflorare OSB. GLOUC. *Deriv.* 265.

praetaxatio [LL], previous agreement or arrangement.

hoc ad ~onem addito ut infra indutiarum spatium .. DEVIZES f. 43.

praetegere [CL], to cover over, to shelter.

tego componitur ~o .. protego, contego OSB. GLOUC. *Deriv.* 574.

praetelare v. protelare.

praetemptare [CL], **praetentare** [cf. CL pertentare]

1 to probe or test beforehand.

c**1211** viam autem humilitatis satis hactenus ex industria ~avimus GIR. *Ep.* 6 p. 226; non pretemptata tanti operis difficultate GERV. MELKLEY *AV* 1; ut quidam cecus eadem via graderetur, baculo semitam ~ante *V. II Off.* 24; adherens tumbe .. et eam gyro circuiens suam pretentavit valentiam, diffidens adhuc viribus .. *Mir. J. Bev. C* 332.

2 to attempt, try out; **b** (w. inf.).

vadi pretentandi periculum .. suscepit GIR. *IK* I 8 p. 73; multa per internuntios .. rex Anglorum vano labore ~asset *Id. PI* III 10 p. 254; s**1253** quod .. proposuerat et ~averat M. PAR. *Maj.* V 415. **b** ne ab officio .. remoti in alia diocesi ~ent ministrare EGB. *Dial.* 405; quod animalium genus nullus .. abducere pretentavit WALS. *HA* I 410.

praetendere [CL]

1 to hold out in front.

tum presul, pro janui s pacem pretento ramo offerens .. W. MALM. *GR* III 271; ~it xenium dicens: "accipite, domine" *Id. GP* IV 165; clipeos pectoribus ~entes G. MON. X 4; pretensa lancea occurrit *Eul. Hist.* II 323.

2 to put forward, extend (also in fig. context); **b** (act or abstr.).

qui propriis numquam confidit belliger armis / cassida nec capiti discit praetendere metri ALDH. *VirgV* 2851; matrona .. cenobium E. .. condidit et .. ditavit. his quoque que sibi .. Ethelricus ~erat addidit GOSC. *Mir. Iv.* lx; escam non habebat quam [volucri fugitivo] ~eret W. CANT. *Mir. Thom.* V 22 p. 390. **b** rivis leni murmure serpentibus ipsorumque in ripis accubantibus suavis soporis pignus ~entibus GILDAS *EB* 3; in nullo .. ei efficaciter obtemperatum, sed omnibus pene pretenta excusatio .. W. MALM. *GP* I 63; frustra cardinales cum archiepiscopis trivissent operam nisi refugienti ~issent pape obedientiam *Id. Wulfst.* I 11 p. 18; s**1159** Resus filius Griffini solus bellum regi ~it *Ann. Camb.* 47.

3 to (cause to) extend in space, stretch out. **b** (intr.) to extend, reach, or stretch out.

florigeros ripis praetendens undique campos ALCUIN *SS Ebor* 31; hac die .. tendatur velum templi inter chorum et altare ... in die autem festivitatis .. dum missa de Quadragesima canitur, debet esse pretensum (*Ord. Gilb.* f. 14v) *HBS* LIX 24; c**1230** ~itur autem dictus *sike* adversus duas cruces, que sunt apud aquilonem usque B. versus austrum *Feod. Durh.* 259. **b** **12..** juxta viam ~entem versus la Wodbrigge *Reg. Malm.* II 142; super pecunos in chorum ~entes *Cust. Cant. Abbr.* 276; **1354** mesuagium .. ~ens in latitudine a tenemento .. Henrici .. usque ad tenementum quondam Roberti *FormA* 166.

4 to extend in time, prolong.

pacis tuae abundantia tempora nostra ~e et conserva EGB. *Pont.* 6; post hec ibunt in capitulum ad lectionem primam undique convenire debent, et eadem causa prior diucius quam solet ~ere debet campanam *Cust. Norw.* 28.

5 to put forward for viewing, consideration, or as pretext or reason, to display, exhibit, show (sts. deceptively or falsely). **b** (pr. ppl. as sb.) one who puts forward for consideration or as pretext. **c** (p. ppl. as adj.) falsely displayed or professed, deceptive, false.

671 cujus rei studiosis lectoribus tanto inextricabilior obscuritas ~itur ALDH. *Ep.* 1 p. 477; denique celans Verbi aeternitatem et ~ens carnis infirmitatem ait .. BEDE *Prov.* 1011; tranquillitatem animi et ipse fatebatur et fatiei ~ebat hilaritas W. MALM. *GP* I 49; **1166** cum .. eam [salutationem] de more scribentium ad amicos pagina non ~it, non facit hoc defectus caritatis J. SAL. *Ep.* 165 (164 p. 84); c**1190** si autem .. de caseo ~it inopiam, satisfaciet predictus wikarius in denariis *Cust. Abingd.* 333; quod hemispherii formam Hispania ~at GIR. *TH* I 2 p. 23; ypocrisis candorem ~it exterius innocencie et tamen omnes species virtutum quas ~it mortificat T. Chobham *Serm.* 13. 49ra; c1214 quatinus vel semel justam petendi auxilii causam ~ere possetis Gir. *Ep.* 8 p. 270; **1428** si aliquis .. causam .. injuriarum .. habeat seu ~at .. (*Const. Lichfield*) *Conc.* III 506a. **b 1428** injuriatus sive injuriam ~ens prosequatur viam juris *Ib.* **c** ut nullum esset majus future calamitatis inditium quam pretense affabilitatis eloquium W. Malm. *GR* V 398.

6 to make known or indicate (beforehand or indirectly), to signify; **b** (w. indir. qu.).

quid mali, quod servi parabola ~erit, inspicite .. Gildas *EB* 96; praesentem ecclesiae constructionem ~ebat Bede *Ep. Cath.* 65; auricolor crisolitus / scintillat velut clibanus / pretendit mores hominum / perfecte sapientium Frith. *Cives* 8. 3; miratur et quod videbat quid novi ~eret ignorabat Eadmer *V. Anselmi* I 16 p. 26; si est vox aspera ex siccitate que ~itur citrinitate coloris tenuitate Gilb. IV 183v. 1; ut communiter osculum mulieris nimium iteratum .. ex immundo corde procedit, et cor impudicum ~it Ockham *Dial.* 667. **b** gladius et cultellus .. sunt scindencia verba .. quibus impugnat alium. ~unt [ME: *bodeþ*] quomodo demones impugnabunt ipsum et dimicabunt cum creagris infernalibus *AncrR* 76.

7 to put forward as assertion or statement, to claim, allege (sts. deceptively or falsely), pretend (also absol. or ellipt.); **b** (w. acc. & inf., refl. or pass. & double acc.); **c** (w. *quod* & subj.); **d** (p. ppl. *praetensus* or *praetentus* as quasi-adj. or adj., sts. leg.) pretended, alleged, asserted. **e** (abl. sg. *praetenso* as adv.) by assertion or allegation, according to one's claim.

requisiti a rege utrum omnem subjectionem et obedientiam .. an illam solam subjectionem et obedientiam quam ~eret ex auctoritate Romani pontificis Anselmo denegassent Eadmer *HN* p. 74; **1360** secundum consilium peritorum .. ut ~ebant *MunAcOx* 223; **1428** ad peticionem partis injuriate ~entis per decanum et capitulum (*Const. Lichfield*) *Conc.* II 506a. **b** necesse est laboret ut .. se .. bona fecisse vel dixisse simulando ~at Bede *Ep. Cath.* 31; hic quadam die ~ens quamlibet sibi necessitudinem imminere .. Alex. Cant. *Mir.* 43 (I) p. 243; **1331** titulo prescripcionis quem ~it se et predecessores suos hucusque sine interrupcione .. habuisse *PQW* 150a; in cunctis pene accionibus suis monachum pocius quam militem se ~ebat *Eul. Hist. Annot.* III 25; **1466** petant .. remissionem .. transgressionum .. que ~untur intulisse eisdem *MunAcOx* 722; **1548** aut interesse aliquod in eisdem habentes seu habere ~entes *SelPlAdm* II 2. **c** quod si operari fuerit jussa, ~it protinus quod sit infirma *Simil. Anselmi* 88. **d** hoc iter Christianae religionis praetento tantum sacerdotali nomine intrare se putant Gildas *EB* 73; **s1342** de magistro T. de Bere, prius concorditer electo, sed propter reservacionem pretensam, diu impedito Ad. Mur. *Chr.* 124; c1380 unum solamen est quod tales pretense censure non obligant quoad Deum (Wycl.) *Ziz.* 265; **1413** Jacobus Jonghe Jans factor et attornatus Jacobi Hughesonne et Johannis Bassevelde mercatorum de Dam in Fflandria pretensus *Cl* 263 m. 18d.; **1433** in magnam evidenciam enervacionis et adnullacionis pretensi juris et tituli *Cl* 283 m. 4d.; **1447** J. B., W. A., ac W. F., pretensi scholares, super perturbacione pacis et homicidio defamati *MunAcOx* 563. **e** resignavit libere, plenarie, pacifice ac quiete, tam pretenso quam vero *Plusc.* IX 22 p. 257 (=Bower XIII 12: resignavit omni juri et clameo veris vel pretensis).

8 (w. inf.) to intend or propose (to).

891 mentes ab inde Hierosolimis ire ~unt Æthelw. IV 3 p. 48; quod ~it verificare pro .. rege *MGL* II 401; c1349 donacionem sic fieri, ~it verificare per patriam *FormA* i n; **1361** hoc ~unt verificare (*CoramR*) *Law Merch* II 105; **1419** pars contraria ~it verificare per patriam *MGL* I 670, 1433 prout dictus Willelmus superius allegavit hoc ~endo verificare *Cl* 283 m. 3.

9 to urge assiduously, (refl.) to push oneself to the front, exert oneself.

papa autem ~it se et laborat ad hoc nimis illicite quod sit seculo summe dives Wycl. *Chr. & Antichr.* 681.

10 (intr.) to be in the front or move forward.

jam .. Wigorniam infestus advenerat cum regii milites qui ~ebant .. pauci multos effugarunt W. Malm. *GR* IV 306.

praetener [CL], very delicate or tender (in quot. of age).

---

filium Henricum .. annis ~eris, virili tamen audacia munitum, in ducem .. constituit *Ps.-Elmh. Hen. V* 3 p. 6.

praetenere [CL prae-+tenere]

1 to hold ready.

1295 invenit plegios de predoctis duobus jumentis prehibendis vel pretinendis .. ad cujuslibet exigenciam *CourtR Hales* 324.

2 to hold or own previously.

1360 duo mesuagia que .. J. S. et T. A. ~uerunt de me in convencionar' (v. conventionaria); **1440** concesserunt Johanni Battescombe illas duas clausas terre cum pertinenti .. que [*sic*] Nicholaus Gole ~uit ex dimissione sua habendum et tenendum prefato Johanni et assignatis suis *Cl* 291 m. 32; **1567** unum tenementum .. quod Johannes Rawlen .. ~uit de domino *Surv. Pembr.* I 394.

praetense [ML < praetensus *p. ppl.* of CL praetendere+-e]

1 by way of assertion or allegation, allegedly.

1325 judices appellacionis, dicto majori per dictos procuratores, in causa dicte appellacionis a dicta excommunicacionis sentencia per ipsum majorem, ~se datos et assignatos *MunAcOx* 115.

2 by way of pretension, fictitiously.

de scismatico videtur .. eum prius fuisse vere vel ~e filium vere ecclesie Wycl. *Ver.* I 164.

praetensio, praetentio [ML < praetensus, praetentus *p. ppl.* of CL praetendere+-io]

1 (act of putting forward as) allegation or assertion.

hoc illam constat patrasse sub alterius ~tentione Gosc. *Transl. Mild.* 37 p. 210; **s1237** non cessat .. sophista sue girare volumina fraudis et in false ~tentionis studere fallaciis M. Par. *Maj.* III 428.

2 (act of) unauthorized claim (to an office), asserting unauthorized claim (to an office), pretence.

argumenta .. contra ~tensionem Edwardi usurpatoris militancia Fortescue *Tit. Edw.* 14.

praetensive [praetensus *p. ppl.* of CL praetendere+-ivus+-e], by way of assertion or allegation.

1435 M. I. .. principatum quarumdam personarum nobis immediate subjectarum ~e obtinenti salutem *FormOx* 439.

praetentare v. praetemptare.

praeter [CL]

1 (as prep., usu. w. acc.) past, across, or beside.

~er communem semitam .. dicte fosse adjacent Amund. I app. p. 429.

2 beyond in degree or scope, (~*er modum*) excessively, beyond measure.

avidi ~er modum, aquam biberunt ultra modum Lucian *Chester* 46.

3 out of line with or contrary to. **b** (to express absence or negation) without.

timens .. ne ~er voluntatem Dei vel ~er quod in Sanctis Scripturis .. praecipitur vel dicat aliquid vel imperet Bede *Ep. Cath.* 63; contigit eum ~er spem et votum suum et meum tam diu demorari, ut .. Anselm (*Ep.* 43) III 155; c1214 exemplum quoque abatis Bernardi .. hic apponere ~er rem non putavi Gir. *Ep.* 8 p. 270; **c**: accidit aliquis effectus a causa naturali et libera vel a duabus causis liberis, ~er intencionem agentis liberi Ockham *Quodl.* 91; **1370** bona ~er et contra voluntatem dominorum .. abstraxerunt *Conc.* III 86b; **1411** respicite cartas et munimenta predictorum tenementorum .. et ibi invenies ut suprascriptum est sine dubio ~er cartas de licencia regis (*Reg. Pri. Coventry*) *MS PRO E. 164/21* f. 26. **b** non potuerunt vendere .. absque ejus licencia .. non potuerunt vendere ~er ejus licenciam *DB* I 130ra; statuit tamen penes se ~er licentiam .. Dunstani se discessurum minime fore Eadmer *Mir. Dunst.* 20 p. 242; cum autem, ut dictus est, defensum esset quod

---

non emerent animalia ~er plegios [*gl.*: absque plegiis] (*Leg. Ed.* 39) *GAS* 669; confratriam .. de cetero non teneatis: eo enim quod ~er assensum nostrum inita est .. volumus quod omnino cassetur *Pat* 192; tempore quo fuit major, ~er assensum et consensum predictorum fidelium *Leg. Ant. Lond.* 165; Agnes .. male vivit et vixit in corpore ~er virum suum *MunAcOx* 580.

4 in addition to, as well as, besides.

cui ~er illa nefanda .. peccata .. accedit .. illud .. insipientiae pondus Gildas *EB* 1; Brittania .. civitatibus .. XX et VIII .. insignita, ~er castella innumera Bede *HE* I 1 p. 10; ~er hoc habet Hugo ij homines tenentes dimid' solin' *DB* I 62a; c1280 ix s. xj d. et quad. ~er pensionem vj m. *Val. Norw.* 244.

5 with the exception of, except, save, but (also w. abl.). **b** (w. numeral) minus, all but.

nulla esset omnimodis ~er domorum ruinas Gildas *EB* 24; nemo ~er ipsum Bede *HE* IV 14 p. 235; **767** hanc terram liberam esse ab omni tributo .. ~er instructionibus pontium vel necessariis defensionibus arcium *CS* 202; qui nullam .. aliam ~er hanc existimarent vitam *V. Neot. A* 15; neque potuit habere dominum ~er regem *DB* I 6ra; murdrum .. est occulta .. hominum occisio .. que nullo sciente vel vidente facta est ~er solum interfectorem et suos coadjutores et fautores Bracton f. 134v; arabit j acram ~er perticam *Cust. Taunton* 18. **b** alii [dicunt] autem eum [Adam] septem annos peregrisse in paradiso ~er xl dies *Comm. Cant.* I 44; s893 factusque numerus tunc annorum .. nongentesimus ~er annis septem Æthelw. IV 3 p. 49.

6 in addition, also.

c1128 faciunt vj precationes et ~er operationes eorum (v. consuetudo 2b).

7 (as conj., disjunctively) except.

est .. locus undique mari circumdatus ~er ab occidente Bede *HE* IV 13 p. 232; c1283 debet omnia alia opera et consuetudines sicut Walterus .. ~er quod non operabitur in gardino *Cust. Battle* 8; per totum annum introire dedignabatur [? l. dignabatur] ~er in ecclesiam *V. Ric.* II 126 (v. dedignari 2).

praeterea [CL]

1 in addition, also, besides.

quid ~ea beatus Esdras .. minatus sit attendite Gildas *EB* 60; neutra activorum .. sunt ~ea neutra passiva Alcuin *Gram.* 875B.

2 moreover, furthermore (usu. to begin new paragraph or sentence): **a** (as first word); **b** (as second word).

a ~ea [*gl.*: nec non, extra hoc, etiam] absurdum fore suspicabar Aldh. *VirgP* 25 p. 258; ~ea omnes ad quos haec eadem historia pervenire potuerit .. precor Bede *HE* pref. p. 8; ~ea Grece Juppiter Zeus dicitur Alb. Lond. *DG* 3. 1. **b** fuit ~ea quaedam in Indorum finibus bestia major *Lib. Monstr.* II 16; **1234** episcopus concessit quod de cetero non implacitabit .. abbatem .. et inpreterea remittit .. abbati .. omnia dampna *CurR* XV 1074; **1255** et ~ia contingit quod aliquis canonicus nullos proventus habuit .. et ~ia duo decesserunt *Val. Norw.* 493.

praetereunter [LL], in passing, cursorily, casually.

non autem ~ter intuendum quod dicitur 'qui testimonium perhibet de his et scripsit haec' Bede *Hom.* I 9. 49; de partitione et sortitione vestimentorum ejus non est ~ter loquendum (*Ps.-Bede John*) *PL* XCII 911B; non ~er notata morum ejus compositione W. Malm. *GR* V 390; transiliter, transeunter, transitorie, ~er, perfunctorie Osb. Glouc. *Deriv.* 593.

praeterfluere [CL]

1 to flow past; **b** (trans.).

ad quandam .. cellulam quae ex nomine ~entis aquae Suestra dicitur Alcuin *WillP* 15 p. 128; s1141 ad flumen quod inter duos exercitus ~ebat W. Malm. *HN* 489; ~it .. juxta monasterium amnis Nen in australi parte H. Albus 5; quemadmodum ~entibus undis notus amnis manet in flumine J. Sal. *Met.* 875C; trans flumen Aluni, quod cemiterium a boreali ecclesie parte ~ens determinat Gir. *EH* I 38 p. 287; nubes .. ex parte australi in ingentem resoluta pluviam cecidit, que super stratam ex parte illa proximam quasi rivulus ~ens inundavit *V. Edm. Rich P* 1800D. **b** in fluvio Sualua, qui vicum Cataractam ~it Bede *HE* II 14 p. 115; quibus fluminibus .. villulae ~untur et magnae urbes Petrus *Dial.* 99;

fluvius ille [Medeguaia] Rofensem urbem ~ens W. Malm. *GR* II 180; ab occidente .. civitatis muros Farfar flumen ~it Ord. Vit. IX 12 p. 577.

2 (w. pool or lake as subj.).

inde paludibus dilatatis stagnorum ad duo vel tria milia spatiosorum innumerabilis multitudo ~it Abbo *Edm.* 2.

praeterfluus [cf. CL praeterfluere], that flows past.

monasterium .. Abbendonense Tamisie flumen ex australi parte habet sui ~um *Chr. Abingd.* I 480.

praetergredi [CL]

1 to walk, move, go past, across, or beyond. **b** to surpass, exceed.

he erant partitiones regnorum quanvis reges .. terminos ~erentur .. W. Malm. *GR* I 105; quem frater ejus, per timorem resiliisse putans, objectis obprobriis ~itur Map *NC* II 24 f. 32v; ut .. devotio eorum qui ~iuntur viam vehementius accendatur in odorem suavitatis *Mir. Wulfst.* II *prol.* p. 148; hujus fosse famosissime extant .. vestigia quam cum armis ~i [v. l. transgredi; Trevisa: *passe*] .. cunctis Cambrigenis penale fuit Higd. I 43. **b** paribus invidere, superiores ~i velle W. Malm. *GR* III 246.

2 (transf.): **a** to transgress, contravene, or disregard (order, law, or sim.). **b** to let pass, overlook.

a c1089 quaecunque illarum hanc constitutionem nostram praetergressa fuerit .. Lanfr. *Ep.* 31 (59); Anselmus .. obedientiam .. pape in nullo ~i volens, extra Angliam manere delegit Eadmer *HN* p. 194; qui hujusmodi statuta scienter ~i voluerit R. Cold. *Cuthb.* 74 p. 152; c1298 pactum pretergressus est princeps prenotatus [sc. Johannes Baliol] (*Dunbar* 53) *Pol. Songs* 165; quin saltem pro morte vitanda posset quis tale preceptum ~i Ockham *Dial.* 731; patet quod summum ac saluberrimum consilium foret cuilibet viatori rogare quod nunquam ~iatur mandatum ejus, hoc est quod nunquam peccet Wycl. *Mand. Div.* 279. **b** nec ~ietur cura mea .. abbatias W. Malm. *GP* II *prol.* p. 139; 1438 sed et nec scandala hinc et inde exorta sustineremus, defenderemus, ~eremur simulatorie *EpAcOx* I 167.

praeteria v. praeterea, praeterire, praetorium. **praeterio** v. praeterire. **praeteriol-** v. praetoriolum.

praeterirasci [CL praeter+irasci], to be more than angry (at), to be very angry with.

ut quid mihi ~eris ac furor tuus super me velut ignis succenditur? (*Cadocus* 7) *VSB* 38.

praeterire [CL]

1 (trans.) to pass by, go past; **b** (transf.). **c** (pr. ppl. as sb.) one who passes by or goes past.

prostratos despoliant, despoliatos ~eunt ut ceteros insequantur G. Mon. X 4; s1298 rex cum parva milicia transfretavit hostesque suos astucia celebri ~ivit (*Chr. Bury*) *EHR* LVIII 68; inter naves multas clanculo fugit navigando et sic rates omnes ~ivit et in altum pelagus vas suum deduxit Strecche *Hen. V* 158. **b** quas et si persecutoris ~ierit sevitia, non cassant martyrum premia, quibus erant martyrii vota Gosc. *Transl. Mild.* 3; 1254 si .. Johannes dictum terminum solucionis ~ierit *RGasc* I 343b. **c** corpus .. locatum est in edito, ~euntibus conspicuo W. Malm. *GP* II 73; palee .. a ~euntibus conculcate sunt Ord. Vit. IV 6 p. 208; s1295 ita ut ~euntes dicerent .. *Flor. Hist.* III 282.

2 (in temporal sense) to go by, pass, come to an end (also w. abstr. as subj.); **b** (of time); **c** (of deadline).

799 priorem dum dixi syllabam posterior futura fuit et dum posteriorem dico, ~iit [v. l. ~it] prior Alcuin *Ep.* 163 p. 265; si ~irent et laberentur recentia W. Malm. *GP* I 42; ea .. que de facile ~ire possunt et perire Gir. *TH pref.* p. 21; libidinis voluptas velut spuma cito deletur et citissime ~iens nihil nisi penitudinis stimulum in conscientia derelinquit Alb. Lond. *DG* 1. 7; pro pretio ~eunte perpetuum .. decus exspiravit Gir. *PI* II 1 p. 156. **b** spatio bilustri temporis vel eo amplius ~euntis Gildas *EB* 1; sicut .. constat quod psalmista mille annos non diei futuro judicii sed diei hesterno quae ~iit [v. l. ~it] ante oculos conditoris adaequat Bede *Ep. Cath.* 81; noli tristari; dies enim miseriarum tuarum ~ierunt Felix *Guthl.* 52 p. 166; ~iit plurimum tempus W. Malm. *GR* II 171; promiseram vobis librum vestrum die sabbati, que jam ~iit, remittere. quod non feci .. P. Blois *Ep.* 37. 116B; jam multum tempus ~iit quod in os meum cibus mihi delectabilis non intravit *V. Edm. Rich P* 1815A; 1441 astipulacionem hanc non multi ~ient menses quam signa firmaverint Bekynton I 170. **c** speramus, quia terminus a vobis mandatus ~iit, quod .. Anselm (*Ep.* 40) III 152.

3 to pass, spend (time). **b** to bring to conclusion. **c** (*~ire aetatem*) to pass, be beyond (fighting) age.

quod restabat postposita lite ~eunt G. Mon. IX 14; ludorum diversitate contendentes .. totum diem ~eunt *Eul. Hist.* II 329. **b** brevia non exierunt antequam inquisicio capta et ~ita fuisset *State Tri. Ed. I* 35; cum dies ille fuisset ~itus .. *Ib.* 52. **c** 1202 hoc offert probare ut homo qui ~iit etatem *SelPlCrown* 11; H. defendit .. per corpus suum sicut homo qui etatem ~iit *Ib.* 41.

4 (w. ref. to *Matth.* v 18) to pass or go away. **b** to cause to pass or go away.

figurabatur enim quod iota unum aut unux apex non ~iret a lege donec omnia fiant Bede *Cant.* 1178; c1430 sub fide a qua iota unum non ~it *Reg. Whet.* II 453. **b** ut nec unus apex nec unum iota debeat ~iri Bald. Cant. *Serm.* 9. 3. 419.

5 to pass over cursorily, consider briefly. **b** to pass over (in silence), fail to mention, avoid mentioning, omit; **c** (w. acc. & inf.); **d** (w. *quod* or indir. qu.); **e** (w. *de*).

enucleatis .. metrorum pedibus, .. operae pretium arbitror ut multimodas .. sinzigiae replicationes .. stimulo festinationis compulsi ~ire studeamus Aldh. *PR* 141 (142). **b** ingenti miraculorum mole victus brevitatis compendio plura ~eo [*gl.*: declino, *ic forlæte*] Aldh. *VirgP* 35 p. 280; nec ~eunda [*gl.*; devitanda, pretermittenda vel preponenda] censeo sanctarum virginum Anatoliae et Victoriae praeconia *Ib.* 52 p. 308; nec me ~ire silentio libet quoddam miraculum Felix *Guthl.* 46; nec silentio ~eunda opinio quae .. ad nos usque perlata est Bede *HE* II 1 p. 79; omitto, ~io *GlC* O 164; ne .. minor videatur cujus gesta ~eo W. Malm. *GR* V *prol.*; c1213 episcopus .. quasi clausis oculis .. sub silentio cuncta ~iens Gir. *Ep.* 7 p. 244. **c** c1213 nos minis acerrimis affici quasi sub silentio ~ivit Gir. *Ep.* 7 p. 256. **d** nec ~eundum quod quidam codices habent numero singulari .. Bede *Ep. Cath.* 49; nec ~eundum quod beata Dei genetrix meritis praecipuis etiam nomine testimonium dedit *Id. Hom.* I 3. 10D; non est .. negligenter ~eundum quod fiunt interdum designationes ex quibus nugari accidit Balsh. *AD rec.* 2 119; ~iri quoque et hoc non debet, qualiter .. Gir. *SD* 140. **e** longum nimis erat quid singuli meruissent .. exponere et de omnibus ~ire non foret gratum Ad. Eyns. *Visio* 16; sub silentio ~eundum non esse reor de duobus filiis Arwaldi M. Par. *Maj.* I 309.

6 to transgress, violate, fail to observe or implement (precept, order, arrangement, or sim.).

quia illius praeceptum ~iit gratiam ejus statim perdidit *Simil. Anselmi* 73; in sacris scripturis qui ultra concessos qui ~iri nec possunt terminos, celestium secretorum ardua et arcana scrutari nituntur Gir. *TH* I 13 p. 40; .. et si diem inter nos constitutam ~eam, omnes terre mee tecum sine fine maneant *Latin Stories* 116; primo ~ierunt metas et bundas libertatum Thorne 2147; tali lege .. regulatum fuisset totum genus humanum si in paradiso Dei mandatum non ~iisset Fortescue *LLA* 9 p. 26.

7 (of sentence or decision) to be passed.

1290 sentencia illa contra eos ~ivit per quod adjudicati fuerunt prisone *State Tri. Ed. I* 32.

8 (p. ppl. *praeteritus* as adj.) past, bygone, former. **b** (as sb. n. sg.) the past. **c** (as sb. n. pl.) past or bygone things.

cui mox destinatur legio ~iti mali immemor Gildas *EB* 15; ~itae [*gl.*: transacte] conversationis neglegentia posterior Aldh. *VirgP* 10 p. 238; accepto clericali habitu ~ita piacula expiare certabat Felix *Guthl.* 20; interfecta ~ita vita Bede *Acts* 968A; †pretiosi [? l. preteriti] .. temporis culpas, si que fuerunt, per penitentiam deletas esse bene credi decuit *V. Thom. B* 137; tube discipline ex sacra scriptura inducunt dampna †pretertia [l. preterita] vel dolores imminentes ad memoriam R. Niger *Mil.* III 59; omne nunc est medium duorum temporum, finis sc. ~iti et principium futuri T. Sutton *Gen. & Corrupt.* 197. **b** haec videt in praesens, praeteritumque, sequens / cujus ab intuitu nequeunt res flectere cursus *De Lib. Arb.* 10; cepit .. verbis de ~ito futura predicere Gir. *TH* II 47 p. 130; 1279 quicquid fuerit de ~ito, hortamur vos .. quod de cetero .. statuta .. observetis (Peckham *Const.*) *Conc. Syn.* II 850; 1287 ab aliis in ~ito vel a nobis in presenti *PQW* 5a. **c** qui fortuitas ~itorum [*gl.*: transactorum] permutationes temporum tenaci memoriae textu tradiderunt Aldh. *VirgP* 4 p. 232; in cognitione divinae virtutis et ~ita et futura et praesentia aequaliter praesentia sunt Bede *Ep. Cath.* 81; 799 omnia ~ita et futura Alcuin *Ep.* 163 p. 265; sicut ~ita quae olim fuerunt apud nos abscondit oblivio .. *Id. Exeg.* 673C; ob hanc rem Janus bifrons pingitur quod et †preteria [l. preterita] respiciat et futura prevideat Alb. Lond. *DG* 4. 9; animalia .. que .. vi quadam imaginaria presepe cognoscunt et ~itorum recordantur Gir. *TH* I 13 p. 40.

9 immediately past, last.

705 memor sum quomodo in †praesentis [MS: praeteriti] anni sinodo statutum est Wealdhere *Ep.* 22; in ~ito anno valuit x lib' *DB* I 362vb; quod in ~ito anno fratres vestri secum presentialiter tractaverunt Boso *V. Pont.* 434; 1275 de exitu anni ~iti *Ac. Stratton* 66.

10 (gram., w. *tempus* or as sb. n.) past or preterite tense (usu. w. ref. to perfect tense); (*~itum imperfectum*) imperfect tense; (*~itum perfectum*) perfect tense; (*~itum plusquamperfectum*) pluperfect tense. **b** (*participium ~itum*) past participle, participle of the past or perfect tense.

sunt alia [verba] ejusdem conjugationis quae in ~ito perfecto concordant Aldh. *PR* 114 p. 156; pungo quod pupugi ~ito dicitur *Ib.* 116 p. 159; quaedam participia ~iti temporis *Ib.* 14 p. 172; tempora verborum .. cum tribus speciebus ~iti temporis enumerata sunt quinque Bonif. *AG* 499; sunt praeterea neutra passiva quae in ~ito perfecto et plusquamperfecto passivi declinationem habent Alcuin *Gram.* 875B; 'subrepo' si a verbo quod est 'repo' componitur, productione letatur, sin a 'rapio', corripitur et illud ~itum 'subrepsi' istud facit 'subripui' Abbo *QG* 6 (17); ~itum tempus *ys forþgewiten tid* Ælf. *Gram.* 123; ~itum inperfectum, *þæt is unfulfremed forþgewiten*; .. ~itum perfectum *ys forþgewiten fulfremed*; .. itum plusquam perfectum *is forþgewiten mare þonne fulfremed Ib.* 124; tempus transitum vel ~itum, tempus presens vel ens *Ps.*-Gros. *Gram.* 48; ut presens optativi et ~itum inperfectum conjunctivi *Ib.* 50. **b** sicut non habet ~ita participia a verbis activis et neutris Anselm (*Ver.* 12) I 196; pro praesenti possumus uti passivo ~ito participio ejusdem verbi *Ib.*

praeterite [ML < CL praeteritus *p. ppl. of* praeterire+-e], in the past, previously.

item Deus vult presencialiter hunc viatorem esse predestinatum, et ~e hunc fuisse predestinatum Bradw. *CD* 752C.

preteritio [LL], (phil.) fact or condition of being in the past, preterition.

pretereo .. et hec ~o Osb. Glouc. *Deriv.* 189; illa ymago que tunc fuit presentie similitudo semper .. erit ymago prioritatis et ~onis J. Blund *An.* 269; hoc verbum 'fuit' quandoque consignificat ~onem vel processionem; hoc verbum 'erit' consignificat consecutionem Neckam *SS* II 35. 19; 'erat' cum sit temporis preteriti nominat ~onem et preexistentiam Bacon VIII 77; ea que hic preterita sunt aut futura ibi sine ~one aut futuricione in ~one et futuricione sua dinoscuntur *Ps.*-Gros. *Gram.* 15; sive in potencia, sive in ~one, sive in futuricione Duns *Metaph.* V 11 p. 282b; ~ones, futuriciones, possibilitates Wycl. *Ver.* II 128.

praeteritus [CL praeterire+-tus], (act of) passing or going past, a passing.

~us, A. *a passynge WW*.

praeterlabi [CL], to glide or slip past: **a** (trans.); **b** (intr. transf. or fig.).

a aliud .. maris brachium Hiberniam in directum versus boream ~itur et Britanniam Gir. *TH* I 2 p. 23. **b** vita .. mortalis dum ex cibo sustentatur ~itur Bald. Cant. *Sacr. Alt.* 680B.

praeterluere [CL], to wash as it passes, to flow past (trans.).

inter fluvium .. qui ~it Antiocham et lacum Ord. Vit. IX 9 p. 526.

praetermeare [CL], to move or walk past, to pass by.

ut predam maximam .. nostri ~antes relinquerent omnino intactam GIR. *PI* III 21 p. 276; nos .. ex transverso illam [sc. palestram] ~eavimus AD. EYNS. *Visio* 16.

praetermissa [CL praeter+LL missa], additional service (besides Mass) as part of the Office of the Dead.

quatuor cerei circa quadraturam mausolei debent accendi et in ~a, ad missam et ad vigiliam ardere *Obed. Abingd.* 383.

praetermissio [CL], (act of) passing over, omission.

veruntamen dicti ~o nichil reverentie imminuit successoribus Petri W. MALM. *GP* I 41.

praetermittere [CL]

1 to let slip past (in quot. word or phrase), to utter alongside other words.

vix eciam sine juramento loqui possunt, quin aliquod juramentum ~ant *Latin Stories* 61.

2 to go past, pass by.

ob prematurum aure favorem venerabili Menevensi ecclesia, omine sinistro, pretermissa GIR. *EH* II 32 p. 380.

3 to pass over, fail to mention, avoid mentioning, leave out, omit.

de mirabilibus pretermissis *V. Cuthb.* I 7 *tit.*; de quo viro, ut multa insignia ~antur, illud quo omnium regum vicit prestantiam memoretur quod .. GOSC. *Transl. Mild.* 6 p. 163; quae de paradiso predicasti ~enda sunt, quia ratione non possunt comprobari PETRUS *Dial.* 71; plura studio brevitatis memoria digna ad scribendum ~ens SIM. GLASG. *V. Kentig. prol.* p. 244.

4 to drop, omit (letter or syllable).

vocalis anterioris sillabe debet ~i et consonans .. adjungi cum vocali subsequente, verbi gracia .. *Dirlande* .. et non *de Irlande Orthog. Gall.* L22 p. 12.

5 to fail to perform or implement, overlook, neglect.

nil .. ~ere sed cuncta pro suis viribus operibus explere curabat BEDE *HE* III 17 p. 161; numquam .. pretermisit officium pastoralis cure *Canon. G. Sempr.* f. 42.

6 (w. inf.): **a** to cease or fail (to). **b** to decline or refuse (to).

a oblationis hostiam .. Domino offerre nullo die praetermisit *Hist. Abb. Jarrow* 33; numquam .. commissum sibi gregem .. docere ~ebat BEDE *HE* IV 21 p. 256. **b** hoc .. exemplis ostendere ~imus ne afferat docendi studiosa diligentia dicendi odiosam prolixitatem BALSH. *AD* 60.

7 to put an end to, to leave off, stop (doing).

quod cum miles ~ere nullatenus voluisset GIR. *TH* II 49 p. 132.

praeternaturalis [CL praeter+naturalis], that is beyond what is natural, customary, or usual, preternatural.

eadem produccio anime est ~is respectu Dei que quo ad naturam est naturalis WYCL. *Log.* I 173.

praeternaturaliter [CL praeter + CL naturalis+-ter], in a manner that is beyond what is natural, usual, or customary, preternaturally.

difficultas tamen est magna utrum natura intendit singularia, et utrum ordinavit quod non fierent talia monstra vel orbata .. et tamen talia dicuntur quo ad naturam viciatam fieri naturaliter et ab ejus intento, non naturaliter sed ~iter sibi ordinato WYCL. *Log.* I 171.

praeternavigare [CL], to sail past. **b** (pr. ppl. as sb.) one who sails past.

cumque quidam dux Ulixes necesse haberet ibi ~are, jussit se ad malum navis ligare HON. *Spec. Eccl.* 855D. **b** quamvis enim locus, nisi per aquam, nusquam adiri possit, tamen ante portam monasterii

publicus, ut ita dicam, ~antium trames habetur W. MALM. *GP* IV 182.

praeternecessarius [ML < CL praeter+necessarius; al. div.], that is beyond necessary, unnecessary.

proposiciones preter necessarie KILWARDBY *OS* 604; alia autem opera servilia velut terram colere, fructus colligere, bona fortune ducere vel parare, negociari et eis similia possunt bene fieri cum circumstanciis congruis serviendo communitati vel homini. ista tamen fieri in sabbato prohibentur, cum sint servilia ~ia, ut tunc fiant WYCL. *Mand. Div.* 217; aliis difficultatibus ~iis indecisis *Id. Ver.* I 407; alie artes mechanice, eciam liberales vocate, sunt ~ie et .. superflue .. *Ib.* II 144.

praeterquam [CL], except, apart from (usu. followed by phr.).

loca .. ~am navigio inaccessibilia GIR. *TH* I 8; socii ejus .. loricis contecti corpora et capita ~am solos oculos W. FITZST. *Thom.* 138; prescientia .. futurorum, ~am in his que certa lege nature evenire solent, non ita communis est BALD. CANT. *Commend. Fid.* 85. 11. 625; **1233** nulla captio .. ~am ad opus .. comitis (v. denariata 1a); ignis .. generaliter accipitur pro qualibet pena infernali ~am pro vermi consciencie T. CHOBHAM *Praed.* 40; **1321** quod nullus .. placitet .. de ullo placito ~am de placitis de tenuris exterioribus *PQW* 449a; omnia fere producta .. habent cortices, testas .. ita quod .. aliquid sibi juvare possunt, ~am homo tantum *Eul. Hist.* I 18; neque in regno alio .. datur gradus specialis in legibus regni illius ~am solum in regno Anglie FORTESCUE *LLA* 50 p. 124.

praeterrere [CL prae-+terrere], to fill with great fear, awe, or reverence, (gdv. ~endus as adj.) awe-inspiring, (that is to be) greatly feared or respected.

1433 vestre sanctitatis ~enda clemencia *EpAcOx* 97.

praetersacramentalis [CL praeter+LL sacramentalis], non-sacramental, performed or taking place outwith a sacrament.

sic ~is effusio et esus sangwinis signat effusionem injustam sangwinis WYCL. *Ver.* III 197.

praetersolitus [CL praeter+solitus], unusual.

cum .. providet aliquid prosperum futurum vel sinistrum ~um, movet instrumentum suum *Quaest. Salern.* B 229.

praetersorium [CL prae-+tersus *p. ppl. of* CL tergēre+-orium], cloak, covering.

~i[u]m, *paad GlC* P 670.

praetertius v. praeterire.

praetervehere [CL], to carry past (in quot. w. acc.).

montes Azareos et Russicodam regionem / pretervectus aquis, hostibus hostis adest *Brutus* 334.

praetervolare [CL]

1 to fly past.

avicule ~ando pares ibi relinquunt GIR. *TH* II 4 p. 81; se a muscis ~antibus et pungentibus .. protegere NIG. *Ep.* 18; montium juga .. collium latera .. celeri nunc lapsu quasi ~ando transimus AD. EYNS. *Hug.* V 15 p. 175; ut et aves seu ~ando seu stando futura pennis vel voce significant nescientes ALB. LOND. *DG* 9. 7.

2 to sail past as if by flying (in quot. trans.).

Anthenor, Zephiris blandum spondentibus equor, / haurit iter rapiensque ducis mandata per undas / Magnesii fines, Sparten pretervolat altam J. EXON. *BT* II 70.

3 (transf.) to pass over, overlook, disregard.

ad haec jactata in ventum jurgia taciti ~ant quibus tunc fugiendi cura erat, non disputandi GOSC. *Transl. Mild.* 15.

praetestificare [CL prae-+testificari; cf. et. LL praetestari], to attest or demonstrate in advance, to foretell.

s1260 fuit .. a multis astrilogis .. ~atum, quod eodem anno tanta erit pestis, quod .. *Flor. Hist.* II 453.

praetexere [CL]

1 to furnish with edge or border (in quot. transf.).

lurida cui gelidus pallor praetexerat ora ALCUIN *SS Ebor* 1141; hic in pomiferas arbores terra se subrigit; hic ~itur ager vineis W. MALM. *GP* IV 186; hic Wire amnis utrasque ripas .. monasteriis ~uit *Ib.* IV 186 p. 328.

2 to cloak, to shroud (in quot. fig.).

libertatem suam in velamen malitiae vertunt .. et cum vitiis impune serviunt libertatem vocant, nomine hoc ~unt culpam BEDE *Ep. Cath.* 53.

3 (p. ppl. *praetexta* as sb. f.) toga with purple border (worn by magistrates or children).

~ta, *cildes scrud* ÆLF. *Gl.* 124; palla, pallium .. penula, ~ta, clamys .. paludamentum OSB. GLOUC. *Deriv.* 475; ~ta, vestis puerorum unde pretextatus, i. illa veste ornatus vel genus officii *Ib.* 484; utebantur veste que dicitur ~a et inde pueri nobiles vocabantur pretextati HOLCOT *Wisd.* 192.

praetexio v. praetextio.   **praetexstus** v. praetextus.

praetextatus [CL]

1 who wears purple-bordered toga (applied to magistrates or children; also as sb. m.). **b** (generally) dressed, distinguished or adorned by one's clothing.

OSB. GLOUC. *Deriv.* 484 (v. praetexere 3); unde et Cesar ~atus egregio scomate lusit in quendam J. SAL. *Met.* 851D; ut ait magnus ille ~atus in Paradoxis GIR. *TH intr.* p. 6; HOLCOT *Wisd.* 192 (v. praetexere 3). **b** ~atus, *gegerwid GlC* P 600; **10**.. *gegirwed WW*.

2 (in gl., w. ref. to) office whose incumbent wears purple-bordered toga.

~atus, genus officii *GlC* P 674; **10**.. ~utus, *gegirwed WW*; pretexta .. unde ~atus ornatus vel genus officii OSB. GLOUC. *Deriv.* 484 (v. praetexere 3).

praetextio [CL praetexere+-tio], outer cover (in quot. fig.).

expedit .. ut meritis virtutum superhabundent ~ones [v. l. pretexiones] penitentiarum et satisfactionum R. NIGER *Mil.* I 59.

praetextus [CL]

1 cover, protection (also fig.). **b** pretext or pretence.

repente me sub ~u ecclesiastici ordinis, in curarum secularium pelago reperi quietem monasterii .. perdendo cognovi *V. Greg.* p. 76; **10**.. sub ~u, *under mundbyre WW*; quid est pulcritudo carnis nisi velamentum turpitudinis, nisi ~us quidam latentis ignominie et confusionis? BALD. CANT. *Serm.* 1. 4. 563; **1367** predictarum litterarum ~u et virtute muniti *Reg. Paisley* 29. **b** si sub ~u [*gl.*: sub defensione, i. velamine vel operimento, *hiwe*] cavendi noxam et declinandi delicta .. ALDH. *VirgP* 31 p. 269; sub ~u [*gl.*: sub ornatu, i. velamento, sub velamine, *sub hiwe*] integritatis sordis auribus auscultabat *Ib.* 40 p. 292; c803 sub ~u pietatis venena mortiferae suggestionis occultat ALCUIN *Ep.* 267 p. 426; ut ostendam quanta vitia in eo sub ~u virtutum pullularint W. MALM. *GR* IV 312; **1166** omnes blanditie .. eo tendunt ut sub appellationis ~u jure videatur subvertendus esse viculus sacerdotum Nobe J. SAL. *Ep.* 183 (175 p. 152).

2 (~u & gen.) by reason or virtue of, because of.

c1220 timens .. ne ~u alicujus possessionis quam habere potui in dicta villa .. in simile periculum anime mee inciderem *Feod. Durh.* 129n; c1274 ~u carte concessionis et confirmacionis libertatum burgorum nostrorum (*Congleton*) *BBC* 266; **1308** ipse seisitus est de communa pasture sue in eodem loco ~u predicti scripti (*PlRCP*) *Year Bk.* I (*Selden Soc.* XVII) 21; **1313** per inquisicionem coram vobis .. mandati nostri captam *MGL* II 143; **1321** pretextu eorumdem judiciorum .. *CartINorm.* 41; **1332** ~u brevis regis de privato sigillo cujus datum est .. rex mandavit .. nec non ~u cujusdam cedule .. *LTR Mem* 105 m. 10d.; **1453** pro licencia habenda .. ~u literarum regis patencium (*DL Ac. Var.*) *JRL Bull.* XL 396; **1466** in brevi predicto .. cujus ~u predicti J. F. et T. N. .. *Paston Let.* 900 p. 555.

3 for the sake or purpose of.

1334 novum .. concursum scolarium ad oppidum Stanfordie ~u scolastice discipline .. petimus extirpare *Collect. Ox.* I 11; **1455** laboribus ~u cultus divini et sanctissimi patroni nostri Cuthberti ejusque libertatum *DC Durh. Reg. Parv. III* 72v.

praetextutus v. praetextatus.

praetimere [CL], **praetimescere**, to fear greatly, to be or become very apprehensive (about): **a** (w. acc.) **b** (w. *ne* & subj.).

a certe, si fortior supervenerit ~ebit et illum J. SAL. *Pol.* 601C. **b 1410** ~escentes ne forsan dictum evangelicum impatescat *FormOx* 423.

praetimescere v. praetimere.

praetimidus [LL], very timid (in quot. as sb. m.).

pretimidos audere facis, leporique leonem / inseris et nervis animos ut vina ministras HANV. II 278.

praetinere v. praetenere.

praetitulare [LL]

1 to provide with title, heading, or inscription, to entitle, call, name: **a** (book); **b** (world).

a in libro quem Epigrammata ~averat ALDH. *Met.* 9 p. 79; libro quem Pedagogus ~avit *Ib.* p. 80; quemadmodum beatus Augustinus per multa librorum corpora hoc est Soliloquiorum et De Libero Arbitrio et eo quem De Magistro ~avit .. *Ib.* 10 p. 81; fere omnes hujus libri tabule nomine mensium .. Arabicorum ~ate sunt ADEL. *Elk.* 3; [que schedula] Claudii super Mattheum ~abatur H. BOS. *Ep.* 1. 1417B. **b** [Deus] omnem pene jam mundum, a sui denominatione, sub Christiano pretitulavit nomine FOLC. *V. J. Bev.* 1 p. 243.

2 to provide or supply as preface or introduction.

haec vero ad gloriam predicandae Virginis ~antur GOSC. *Werb.* xx.

3 to entitle, name, or establish in advance.

at Pater architipo complectens omnia cosmo / omnibus ydeas pretitulante noym A. MEAUX *Susanna* 274.

4 to mark, sign (document, so as to guarantee its authenticity, also absol.)

966 (13c) ego Byrhthelm episcopus ~avi *Ch. Burton* 21; †**1042** (12c) meum donum circumquaque ~o et circumroboro sanctae crucis signaculo *CD* 762 p. 66; †**1065** (13c) prefatam donationem .. ego G., dux, ~avi *Reg. Malm.* I 324.

5 to append (a name).

sic .. venerabilem priorem quem superior margo ~at, veridice et adhuc impresentiarum superstitis femine probabilem sententiam retulisse sufficiat GOSC. *Transl. Mild.* 31; **1043** (13c) his confirmantibus quorum vocabula infra sunt ~ata *CD* 767 p. 75.

6 to specify previously, (p. ppl. as adj.) previously specified, aforementioned.

943 sit .. ~ata donatio libera ab omni regali servitio *CS* 780; a**984** quicumque ~atos monachos .. ditare voluerit .. (ÆTHELWOLD *Ch.*) *Conc. Syn.* 126; aeger .. ille .. perrexit ad opificem ~atum LANTFR. *Swith.* 2; primo dicant cantores .. item dicant altari .. item ~ati cantores *Trop. Wint.* 5; voce excelsiori repetit ~atam antiphonam ÆLF. *EC* 46; Rollone regi fidelitatem faciente et rege illi filiam cum terra ~ata concedente M. PAR. *Maj.* I 441; continuacio materie ~ate G. S. *Alb.* III 296 *tit.*; tantamque memorati Karoli promissis ~atis fidem adhibuit ut .. *Ps.*-ELMH. *Hen. V* 73 p. 209.

7 to name for a post, designate, or appoint (to). **b** to give a right to, entitle.

sacratus est .. in pontificatum ad quem fuerat ~atus EADMER *HN* p. 276. **b 935** si quilibet altas litterarum discreptiones conferat vel antiquam cartulam, nichil adversum hanc ~ant constitutionem sed nostri judicii .. signo .. contempta fiant et ad nichillum valeant *CS* 708; Alphonsus; quare? quod petis, illud habe. / dum sublimatur et Hugoni pretitulatur / bellorum fomes fit novus ille comes GARL. *Tri. Eccl.* 40; quos sic privilegiavit benignitas solis eterni quod .. utrisque monasticam ~avit religionem *FormOx* 214.

praetitulatio [LL], title, heading.

hactenus ~o; hinc jam ipse textus .. incipit BEDE *Prov.* 938B; epistolarum tres sunt ad ~onem et ad signum (*Ch.*) *MonA* I 601a.

praetium v. pretium.

praetollere [CL prae-+tollere], to remove beforehand.

cum nullus possit hunc obicem tollere nisi Deus, vel per ipsum Deum ~entem BRADW. *CD* 614A.

praetonare [CL prae-+tonare], (of musical instrument) to produce very loud noise or sound.

prestrident litui, tuba pretonat, altus equorum / precinit hinnitus nuntia signa necis GARL. *Epith.* I 519.

praetonsus v. pretiosus.

praetor [CL]

1 leader, (military) commander.

stratenus [v. l. strategus], ~or OSB. GLOUC. *Deriv.* 556.

2 praetor, high-ranking Roman magistrate concerned with judicial matters; **b** (applied to ancient Israel); **c** (applied to ancient Athens). **d** (~*or maximus*) God as the Greatest Judge.

curia .. domus magna in qua sedet ~or, i. praefectus *Comm. Cant.* III 85; Romanorum ~orum [*gl.*: principum, judicum, vel *demena*] filias .. instigavit ALDH. *VirgP* 48 p. 302; uberius pandunt geminae quod forte sorores / Attica et Arthemia praetoris sanguine cretae *Id. VirgV* 2114; ~ores, honores secundi a consulibus *GlC* P 810; sane ~or etsi viva vox juris esse dicatur, sententiam ejus veritas plerumque retractat J. SAL. *Pol.* 499C; illud Lucani 'omnia Cesar erat' [cf. Lucan *Phars.* III 108], erat enim consul, ~or, dictator, imperator NECKAM *SS* III 92. 3; ut .. non liceat eumdem bis principari .. ~or et concionator W. BURLEY *Pol.* 277. **b** sacerdotes et magistratus sive ~or [vv. ll. ~ores, praesides] templi .. qui doctores et judices videbantur populi BEDE *Acts* 952. **c** "o Pericles, aspice pulchrum puerum". respondit Pericles: "~orem decet habere non solum manum et linguam continentes sed et oculos" W. BURLEY *Vit. Phil.* 170. **d** ibat ad judicium, pretor quod maximus omni / egredienti anime discernit sedibus altis ÆTHELWULF *Abb.* 337.

3 high-ranking local official, usu. reeve or judge. **b** mayor. **c** (~*or provincialis* or sim.) sheriff or lieutenant of a county; **d** (contrasted with clerical office).

~or vel praefectus vel praepositus vel quaestor, *burhgerefa* ÆLF. *Gl.* 110; c**1162** his testibus .. Rogerus ~or de Froditonia E. *Ch. Ox.* 20; c**1175** R. de Mobraio et Nigellus filius ejus cunctis baronibus justiciis ~oribus ceterisque ministeris suis .. salutem *Ch. Mowbray* 163 p. 120; **1194** reddet terram in manu ~oris ad opus domini (*Pontefract*) *BBC* 66; c**1210** si quis burgensis voluerit fieri .. capiat burgagium suum de ~oribus *Gild Merch* I 71; item juste possidet qui ~ore ductore possidet, id est per judicium BRACTON f. 196; **13** .. si quis burgensis voluerit fieri, veniat in curia et reddat prefecto xij denarios et capiet burgagium suum de ~oribus; postea dabit famulo ~oris unum denarium ut ipse testificet eum burgensem in curia fieri (*Cust. Preston*) *EHR* XV 496; ~or de curia colliget firmam .. regis .. *Ib.* 497. **b** *meyr*, major, ~or *PP*; opulentissimum ~oris urbani in crastinum Simonis et Jude pro antiqua consuetudine concelebratum convivium ANDRÉ *Hen. VII* 100; Edmundus Shaus in numero censetur eorum / illo qui praetor Londinensis fuit anno J. HERD *Hist. IV Regum* 88; *a mayre*, major, ~or LEVINS *Manip.* 74. **c** ex iis .. ~ores .. super provincias constituit R. NIGER *Chr.* II 167; *a lieutenant*, ~or provincialis LEVINS *Manip.* 25; *a sherife*, ~or provincialis *Ib.* 118. **d** c**1214** focarie ad focum, auctore non dico pontifice set ~ore, et concubine ad cubiculum sunt reverse GIR. *Ep.* 8 p. 270.

4 (applied to other offices).

primo transferuntur quinque Cantuariae archipraesules velut quinque Dominicae aulae ~ores GOSC. *Transl. Aug.* 40D; mutat pretorem [*gl.*: prepositum] pretio cui vendit honorem GARL. *Mor. Scol.* 524; hoc opus exiguum ludendo tempore feci / exiguo quod Parisius pretore relatum / conscripsere manus *Id. Myst. Eccl.* 635.

praetorianus [CL], of or belonging to a pretorian cohort.

c**1173** Caius a ~is militibus est occisus P. BLOIS *Ep.* 42. 123D.

praetoriolum [CL], ~a

1 small house.

parroke or *caban*, preteriolum *PP*; *caban*, *lytylle hous*, ~um *PP*.

2 little storehouse on a ship.

~a, domuncula in nave *GlC* P 665; preteriola, domuncula micina in nave unius cubiti in quibus abscondunt cibos *Gl. Leid.* 15. 11.

praetorium [CL]

1 large house, mansion, esp. governor's residence (in quots. w. ref. to *Joh.* xviii 28). **b** (understood as) manor or manor-house.

Christum ad presidis trahunt pretorium WALT. WIMB. *Carm.* 542; direxi potestati vestre omnia que gesta sunt in ~io meo, valete. hanc epistolam Claudio direxit Pilatus *Eul. Hist.* I 130. **b** nomenque sibi sumpsit a parochia in agro Surriae in qua ~ium sive manerium in suum nomen ascivit UPTON *app.* 67.

2 court-house.

cum egrederetur crudele ~ium [*gl.*: est ubi judices sedent: *domern*] ALDH. *VirgP* 47 p. 302; ~ium, domus judiciaria *GlC* P 622; ~ium, domus judicaturia *Gl. Leid.* 24. 18; in pretorio sepe summum jus summa injuria est J. SAL. *Pol.* 499C; c**1200** diversas domus pro ~io et gaola .. construxerunt *Feod. Durh.* 193n; cucurrit ad ~ium et audacter increpavit judicem T. CHOBHAM *Praed.* 87; s**1295** ad ~ium .. ductus .. non negavit facinus quod patrarat *Flor. Hist.* III 282; **1548** apud publicum ~ium sive locum solitum judicialem curie predicte *SelPlAdm* II 2.

3 moot-hall, town hall, or sim. **b** judgement hall (of philosopher).

10 .. in preterium, *in mæþelern WW*; **1254** ad ~ium *IMisc* 9. 37; **1403** prima gilda capitalia .. tenta in ~io de Edinburgh *Gild Merch* I 216; **1428** super omnibus et singulis accionibus, debatis, clameis, et querelis .. causa ~ii sive domus vocate *the Mothalle* dicte ville [Wygan] *Cl* 278 m. 12d.; moote *hawle*, ~ium *PP*; hoc ~ium, A. a *motehalle WW*; **1456** inquisicio facta in ~io burgi de Abbirden *Reg. Aberbr.* II 91; **1465** coram magno gradu ~ii burgi de Perth *Conc. Scot.* I ccxlvii; **1552** curia .. tenta in pretorio ejusdem [burgi de Abirdene] *Scot. Grey Friars* II 229. **b** ut ad omnem fortune impetum .. scutum rationis quasi volubile ~ium philosophantis opponat J. SAL. *Pol.* 636C.

4 title of an official's account book.

1463 ut patet per magnum librum predictum ubi hujusmodi soluciones et expense .. in fine cujuslibet mensis in quodam titulo 'Preteria' particulariter et plenius specificantur *Comp. Dom. Buck.* 53.

praetorius [CL]

1 of or belonging to a military commander (in quot. of admiral).

omnibus itaque ad ~ie puppis vermiculatum velum convolantibus W. MALM. *GR* III 238.

2 of or belonging to a praetor.

hec .. potestas potest dici ~ia et consularis et dictans et imperans NECKAM *SS* III 92. 3.

3 of or connected with a judge or court of law, legal, judicial.

pani pretoree vires obsistere nolint. / artocopus primo scindatur, dente teratur D. BEC. 934; **1542** actiones .. civiles, ~ias, hypothecarias *Form. S. Andr.* II 243.

4 of, belonging to, or occupied by a civil official (in quot. of a bailliff).

1203 constituit eum ballivum suum in curia H. de Bosco domini sui et cum non tractaret homines suos sicut deberet, deposuit eum de sede ~ia *CurR* III 69.

praetractare [CL], to discuss beforehand, consider in advance.

siquidem philosophia rerum omnium moderatrix a conviviis non potest abesse civilibus, cum nichil omnino officiosum sit aut civile quod non illa ~et J. SAL. *Pol.* 736C; verum et cum suis ~averat super hoc H. Bos. *Thom.* IV 11 p. 344; reversi sunt ad regem, ad quem, jam future guerre ~antem negocia, redeamus *Ps.*-ELMH. *Hen. V* 78 p. 226.

praetrahere [CL = *to draw in the front*], to draw to the front, put forward for consideration, or to deal with in advance.

ostensis condicionibus pacis .. preformatis .. et pretractis J. READING f. 174v p. 140.

praetripunctis [CL prae- + tri- + punctum + -is], (mus.) that is preceded by three *puncta* or *puncti* (cf. *punctum* 2).

virga ~is .. virga prediatesseries ODINGTON *Mus.* 94.

praetristis [CL prae-+tristis]

1 very sad or that brings great sadness.

796 subito ~i fama prosternatus ALCUIN *Ep.* 78.

2 that causes sorrow, (of a drink) very bitter.

arva moves turbasque potens, et territa sanas / propinasque tuis praetristia musta sed hostis / te duce bella ruunt BEDE *CuthbV* 791.

praetrudere [CL prae-+trudere], to thrust forward into (fig.).

1220 ut nulla possit ~i occasio precedentibus mandatis *RL* I 99.

praetticare v. praedicare.

praetumidus [LL], very puffed up with pride or conceit.

quid fera praetumido cervice superbia ferves? BEDE *CuthbV* 445; hunc praeter nutritum, animi ferotia quam vultus ipse demonstret ~um, omnia contra fas et jus ausurum W. MALM. *GR* IV 306.

praetura [CL], office of praetor, praetorship.

non tamen ab hoc dandum quod ~a sit consulatus aut dictatura NECKAM *SS* III 92. 3.

praetuxculum v. pratunculum.

praeululare [CL prae- + ululare], to predict by ululating.

grues odi et vocem ulule, bubonem et aves ceteras que lutose hiemis gravitatem luctuose ~ant MAP *NC* IV 3 f. 44v.

prae(h)umectare [CL prae- + umectare], to make wet or moisten previously.

quod prehumectatum erat .. sicco evaporetur GILB. IV 192. 1 (v. evaporatorius).

prae(h)umectatio [CL prae- + umectare + -tio], previous wetting.

ex prehumectatione radicis lingue, unde et saliva effluit GILB. VII 354v. 1.

praeung(u)ere [LL], to smear (with oil or grease) beforehand or copiously.

emplastrum .. lateri appone preuncto dyaltea et populcon GILB. IV 193v. 2; preuncto circulo pudibundo cum oleo *Ib.* V 229v. 1.

praeurere [CL = *to scorch at the extremity or on the surface*], to light up or burn beforehand; **b** (fig.).

lanterne, cerei liciniis preustis [gl.: *avvant ardis*] scincenduli flammantes BALSH. *Ut.* 53. **b** nec renibus precinctis nec corde preusto P. BLOIS *Serm.* 763B (cf. *Psalm.* xxv 2).

praeurgere [CL prae-+urgere], to press or urge intensely (in quot. transf.); **b** (pr. ppl. as adj.) very urgent or pressing. **c** (pr. ppl. as sb.) one who presses or urges intensely.

exit posterior pes anteriorque preurget GARL. *Epith.* I 555. **b** ~enti necessitate compulsus AD. MARSH *Ep.* 188 p. 338. **c** pervasiones rapacium .. afflictiones ~entium *Ib.* 209 p. 371.

praeustio [CL prae-+ustio], (act of) burning beforehand or consuming by fire completely.

pusti [? l. praeustiones], *brandas Gl. Leid.* 4. 76.

praeutilis [CL prae-+utilis], very useful or helpful.

curiam fore petendum recipiendo sibi Dei dispositione regisque voluntate praeutillimum patronum HERM. ARCH. 22 p. 57.

praevalenter [CL praevalens+-ter], to a superior or more powerful extent, prevalently, predominantly.

est [Deus] .. infinite potencie .. quod potest intelligi .. respectu aliarum potenciarum activarum, sc. equivalenter, et eciam ~er BRADW. *CD* 20.

praevalentia [CL], condition of being prevalent, prevalence, predominance.

ab istarum qualitatum ~ia et dominio dicuntur elementa activa vel passiva BART. ANGL. IV 1.

praevalere [CL]

1 to be more powerful, have superiority, prevail (sts. w. ref. to *Matth.* xvi 18). **b** (w. dat.) to prevail against, have superiority over, overcome; **c** (w. *adversus* or *contra*+acc.).

quod sequitur eadem sonat dicendo: 'et portae inferni non ~ebunt' GILDAS *EB* 109; inter quos bello orto, quum ~uisset Juppiter, fugatus Saturnus Italiam petit ALB. LOND. *DG* 1. 2; dixit .. vobis cavendum fore ne materni generis in vobis natura ~eret GIR. *SD* 58; s**1319** Scoti ~uerunt ita ut plusquam m homines interfecerunt *Ann. Paul.* 287; **1483** littere patentes predicte .. minime ~ebant, quia infra breve tempus .. idem Willelmus .. capitis sentenciam subiit *Reg. Whet.* II 265; ~eo, A. *to be myghty or more worthe WW.* **b** multae .. sunt portae inferi sed harum nulla ecclesiae [v. l. contra ecclesiam] quae super petram fundata est ~et BEDE *Hom.* I 20. 222C; merito ventis flammisque mundialibus ~ere .. poterat *Id. HE* II 7 p. 95; sicut aurum ~et ceteris metallis *Natura Deorum* 6; **1236** hujus judicii firma ratio, que ~et omni legi et consuetudini GROS. *Ep.* 23 p. 86; prodigiosa virium elacione micuerunt aliqui, in defesso enim cursu ceteris ~ent *Eul. Hist.* I 15. **c** BEDE *Hom.* I 20 v. l. (v. 1b supra); adversus ecclesiam ecclesiaque fidem .. quis ~ebit? GIR. *Ep.* 4 p. 178; sed contra claves celi celesteque regnum / non infernales prevaluere fores GARL. *Tri. Eccl.* 18.

2 (trans.) to prevail against or have superiority over, overcome.

ecce sacerdotalis debellat humilitas, quam nec Romanorum potentia ~uit nec Cesariana vesania *V. Birini* 7.

3 (w. inf.) to prevail in one's attempts to, succeed in (doing), be able to. **b** (without inf., foll. *quanto*, *quot*, or *ut*) to be able to, to have in one's power.

cum .. dicerent .. 'mirum .. quod tantam frigoris asperitatem .. tolerare ~es,' respondebat .. 'frigidiora ego vidi' BEDE *HE* V 12 p. 310; exul habebitur, et siquis eum occidere ~uerit, spolia ejus licenter habebit *DB* 154vb; o crux, quae pretium mundi benedicta tulisti / et rubeum rubra calicem de vite bibisti, / expugnare malos hoc sanguine praevaluisti R. CANT. *Poems* 290. 2; mirus incantator qui quasi magicis in sui cognitione prestigiis tante discretionis aciem hebetare ~uit GIR. *Symb.* I 28 p. 294; mox ut imperator eum vidit, omnem iram deposuit, et ei protinus assurrexit, nec dure sibi in aliquo loqui ~uit *Flor. Hist.* I 112; cetera perimplere .. que in dicto .. capitulo .. abbates facere ullatenus ~erent *Meaux* III 259. **b** naute custodem salutis sue Dominum et servum ejus beatum Birinum dignis ut ~ent preconiorum laudibus accumulant *V. Birini* 13; quin ab ipsis invidiose circumveniatur mordacique invidie dente quanto ~uerint nisu corrodatur OSB. GLOUC. *Deriv.* 137; ipse .. prope virum approximat, et de ejus marsupio denarios quot ~et latenter abstrahit *Chr. Evesham* 56.

praevalescentia [praevalescens *pr. ppl. of* CL praevalescere+-ia], condition of being prevalescent, prevalence, predominance.

hermaphroditus comparatur masculo tantum, vel femine tantum, secundum ~iam sexus incalescentis BRACTON f. 5.

praevalescere [CL], to become quite strong, become prevalent or predominant, take control.

atrocissima impietatis ~ente rabie, rapientes insontem quadrifidis membris velut ovem patientem .. projecerunt in lutulenta palustrium loca B. *V. Dunst.* 6. p. 12.

praevalide [CL], very strongly or powerfully.

putans eum esse inermem qui erat apostolicis munitus ~e armis BYRHT. *V. Osw.* 417.

praevaricantia [praevaricans *pr. ppl. of* CL praevaricari+-ia], transgression, contravention (of law, mandate, agreement, or trust), sin (also w. *in*+acc.).

et hodie patet eorum [sc. Judeorum] dispersio gravior propter ~iam in Messiam WYCL. *Ver.* I 234; multa alia blasphemat, ibidem cap. vij de ~ia sectarum NETTER *DAF* 478. 2C.

praevaricari [CL], ~are [LL]

1 to transgress against, contravene (law, mandate, agreement, or trust): **a** (trans.); **b** (w. *in* & acc.); **c** (absol.).

a ei cito .. obrisus ejus mandatum ~anti resistit *V. Greg.* p. 97; nec te .. occidam, ne fidem mei promissi ~er [v. l. ~em] BEDE *HE* IV 20 p. 251; c**964** (11c) praecipio ut nullo modo quis hoc ~are audeat *CS* 1136; s**910** Eadwardus, quia pactum quod secum Dani pepigerant ~ati sunt, .. exercitum in Northymbriam misit FL. WORC. I 120; Adolphus rex Alemannie .. regis Anglie pactum ~ans *Flor. Hist.* III 104; ~antes ~ati estis vere leges amicicie *Reg. Whet.* II *app.* 453. **b** temerarium .. videtur universis in legem nature ~ari, et stultum gratis dissentire ab eo quod ratio persuasit J. SAL. *Pol.* 436C. **c** **687** quam donationem meam volo firmam esse inperpetuum ... quod si aliter temptatum fuerit a qualibet persona sub anathematis interdictione sciat se ~ari *CS* 97.

2 to transgress or sin against (God, His laws or mandates; trans.); **b** (w. *in* & acc.).

multi dicunt paradisum fuisse creatum et supra aplanem collocatum ibique hominem constitutum antequam ~aret imperium Dei *Comm. Cant.* I 35; ut .. de regibus priscae legis censuram ~antibus [gl.: i. contemnentibus] saepe cautum est ALDH. *VirgP* 53 p. 311; quicunque .. sine lege peccaverunt, sine lege (i. crimine ~atae legis) peribunt LANFR. *Comment. Paul.* 112 (cf. *Rom.* ii 12); sacerdotes ~ati sunt pactum Domini, polluto pectore et manibus inquinatis sancta contrectant AILR. *Ed. Conf.* 772C (=*Leg. Ant. Lond.* 206); **1166** justificationes Dei non observabant, sed ~ati sunt mandata ejus BECKET *Ep.* 154 p. 280; c**1239** si .. predicta dispositio .. sit pars predicti pacti [sc. quod pepigit Dominus cum filiis Israel], cujus prevaricatores sunt sub maledicto, liquidissimum est quod non licet istud pactum ~ari GROS. *Ep.* 127 p. 371; omnes .. heretici legem Christianam ~antur, ergo omnes sunt infames OCKHAM *Dial.* 588; terminos transgressi sunt [sc. Judei], privaricatique sunt legem vagi et fluxi mentibus suis COLET *Rom. Exp.* 223. **b** virorum, qui ~ati sunt in Dominum AD. SCOT *Serm.* 149C.

3 to commit a transgression, transgress. **b** to transgress, sin (against God, His laws or mandates).

1167 minus malum est simpliciter ~ari quam prevaricationem cumulare perjurio J. SAL. *Ep.* 221 (229 p. 404); ventus contrarius percussit proram eorum qui in voto ~ati fuerant W. CANT. *Mir. Thom.* II 30; ~ante .. Saule in regimine, idem Samuel mandato Domini unxit David filium Ysai R. NIGER *Chr.* I 6; hiis quibus extiteras [sc. Fortuna] pia mater, dira noverca / efficeris, vario prevaricata dolo GOWER *VC* II 54. **b** si angelos ~ari posse fateamur .. PULL. *Sent.* 725; tam perverse ~anti tamque pertinaciter exasperanti de populo E. THRIP. *SS* 11 22; radix peccati fuit ille prius scelerati / ex quo dampnati perierunt prevaricati: / desuper a celis dejecit eum Michaelis GOWER *VP* 97.

4 to turn (a thing) from the proper, usual, or expected course, condition or meaning, to pervert.

quod nunc hic pro similitudine per anticipationem dicam, licet ~are personarum ordinem videar W. MALM. *Mir. Mariae* 147; est .. calumpniari crimina falsa intendere; ~ari vera abscondere J. SAL. *Pol.* 574C; monachus .. belli .. ~at eventum, mutata sibi hostium in predam victoria MAP *NC* IV 7 f. 51; comprimat hos Dominus saltem, quos novit in isto / tempore primevam prevaricare fidem GOWER *VC* IV 806; *to begyle* .. calumpniari, ~ari, colludere ... calumpniari est falsum crimen intendere, ~ari est verum crimen scienter abscondere, colludere est quum aliquis desistit ab accusacione accepta pecunia *CathA*.

praevaricatio [CL]

1 (act of) transgression or contravention (of law, mandate, agreement, or trust); **b** (w. obj. gen.).

c**964** (11c) si quid praefatorum delicti praevaricantis causa defuerit virum, ~onis delictum secundum quod praesulis jus est emendet *CS* 1136; a**1163** si contingat ipsum priorem vel per mortem vel per criminalem ~onem .. deponi *Reg. Paisley* 2; erat dignum prodigium spectaculo .. alteras [sc. naves] non obligatas absolutas dimitti, alteram ~onis ream ad debitum solvendum reposci W. Cant. *Mir. Thom.* II 30; **1223** Lewelini dicti principis Norwallie ~o nil ei aliud quam damnationem et confusionem adducit, cum ita levis factus sit fidei ut .. *RL* I 212; licet quidam .. voluisset nequiter jura pervertendo deviare a via veritatis, alii ita clare percipientes ~onem et excessum eorum non eos tollerabunt *Plusc.* VII 17 p. 86; ubi non est lex .. terminos ponens quos transgredi non liceat, ibi non est privaricatio—transgressio Colet *Rom. Exp.* 267. **b** circumitores monasterii .. circumire debent .. observantes incurias et negligentias fratrum, et statuti ordinis ~ones Lanfr. *Const.* 145; hec sunt jura que rex Anglie solus .. habet ..: .. defectus justitie, ~o legis regie (*Leg. Hen.* 10. 1) *GAS* 556; fratres .. vadant in locutorium .. ubi sine privaricacione silencii possunt ad invicem loqui *Obs. Barnwell* 140; **1318** statutorum et legum nostrarum ~o *FormOx* 43; privaricator a varicando, hoc est transgrediendo, .. a quo privaricatio ipsa officii ac legis transgressio Colet *Rom. Exp.* 267.

2 (act of) transgression (against God, His laws or mandates), sin; **b** (w. obj. gen.); **c** (w. ref. to sin of Adam); **d** (*~o prima* or sim.). **e** (w. ref. to transgression against pagan deities).

filius mortis descendit, sed filius resurrectionis ascendit; filius ~onis descendit, sed filius reconciliationis ascendit Bede *Hom.* II 18. 198; **800** catholicorum sacerdotum, qui in simili ~one ut ego nequaquam obnoxii sunt *Ep. Alcuin* 199 p. 330; quicunque in lege peccaverunt, per legem (per ~onem) damnabuntur Lanfr. *Comment. Paul.* 112 (cf. *Rom.* ii 12); multi .. a lege Dei recesserunt. in illis vero diebus Judas Maccabeus recesserat in desertum, ne fieret particeps ~onis R. Niger *Chr. I* 16 (cf. *II Macc.* v 27); Josephus dicit quod Salomon vixit xcvj annis, sed sacra Scriptura illos exprimit tantum quibus regnavit ante ~onem *Eul. Hist.* I 46; possident .. pecunias, ut possideantur ab ipso qui causat in seculo ~ones *Reg. Whet.* II *app.* 385. **b** **1378** Deus ligat omnem ligatum simpliciter, qui non potest excommunicare nisi propter ~onem legis sue Wycl. *Decl.* 360. **c** quia Adam praevaricator extitit et isti quoque ~one ejus obnoxii fuere *Comm. Cant.* II 17; draco, qui pestiferum ~onis [*gl.*: i. deceptionis, *gewemmincce*] virus rudibus florulentae telluris colonis de venenosa fauce letaliter evomuit Aldh. *VirgP* 12; cum Adam post culpam ~onis audivit Dominum deambulantem in paradiso Bede *Gen.* 36B; superasti passione tua suggessorem peccati, qui gaudebat in ~one primi hominis per lignum vetitum Egb. *Pont.* 113; **1001** (15c) post notam protoplasti ~onem *CD* 706; cur ~onis lignum sicut et vite medium paradisi locum obtinet Pull. *Sent.* 645D; primis parentibus non necessaria / fuerunt vellera .. / .. / invenit tegimen sola transgressio, / velamen peperit prevaricacio Walt. Wimb. *Carm.* 419. **d** cuncti .. primae ~onis [*gl.*: divaricationis] nexibus adstricti Aldh. *VirgP* 20; c**803** nec a reatu primae ~onis liberari posse, nisi per gratiam .. mediatoris Dei Alcuin *Moral.* 645D; qui dum vos catecizarent, dum Christi legibus initiarent, de massa antiqua ~one corrupta praecidebant Anselm *Misc.* 312; ex peccato prime ~onis Gir. *GE* II 1 p. 174; ante peccatum .. prime ~onis temperate complexionis erat Eva, sed Adam temperatissime Neckam *NR* II 156 p. 250; post prime ~onis piaculum in prothoparentis posteros propagaliter derivatum Amund. II *app.* 280. **e** suos .. deos .. offensos fataliter penaliterque ~onumque non minus peccaminumque propter contagia E. Thrip. *SS* II 2.

2 (act of) turning (a thing) from the proper, usual, or expected course, condition, or meaning, perversion.

maledixit Deus serpentem tribus de causis; .. secundo, quia mentitus est, ideo punitur in ore per venenum et loquele ~onem [v. l. privacionem], quia ante peccatum locuti sunt, post sibilum eis est impositum *Eul. Hist.* I 20; **1382** predicacionis, quin verius ~onis, officium temere usurpantes .. nonnulla heretica .. publice predicare nequiter presumpserunt *Ziz.* 334.

praevaricator [CL *in sense* 1]

1 (leg.) advocate or legal advisor who acts in collusion with opposing party in a case. **b** (in gl.) bad or wicked interpreter or expositor.

juris consulti .. vocant .. privaricatorem qui modo hujus, modo illius, partis est, et 'qui adversarii causam adjuvat prodita causa sua', et qui 'colludit cum reo' Colet *Rom. Exp.* 223. **b** ~ores [*gl.*: mali expositores] Neckam *Ut.* 105 (v. 2b *infra*).

2 transgressor, contravener (of law, mandate, agreement, or trust); **b** (w. obj. gen.); **c** (w. dat.); **d** (in apposition or as adj.).

~ores, susurrones, et magnatum adulatores, pervertentes omnia, sinistre interpretantur universa M. Par. *Maj.* V 544; s**1281** Liwelinus princeps Wallie, immemor pacis et federis inter dominum regem .. et ipsum .., ~or una cum David germano suo Oxnead *Chr.* 258; s**1322** ~or in causa domini sui [sc. comitis Lancastrie] reddidit se domino regi *V. Ed. II* 267; in hoc facto .. prevaricantes prevaricati estis vere leges amicitie, trepidantesque amplius trepidastis quam de amico amicum oportuit trepidare. .. redeat .. nunc ~or ad cor *Reg. Whet.* II *app.* 454; fit ut varicari transgredi significet. .. hic privaricator is dicitur quicunque ab officii sui prescripto .. aberrat, sive perfidia ac malicia, sive imprudentia vel negligentia id fiat Colet *Rom. Exp.* 223. **b** s**1136** pene omnia [jurata] ita perperam mutavit, quasi ad hoc tantum jurasset ut ~orem sacramenti se regno toti ostenderet W. Malm. *HN* 465 (19); c**1167** ne ~or obediencie publicem quibus pactionibus et cautionibus optenta sint que .. a domino papa indulta esse jactitant qui ecclesiam persequuntur J. Sal. *Ep.* 212 (197); **1187** ut quicunque transgressor exstiterit quasi ~or quadragesimalis jejunii habeatur (*Lit. Papae*) *G. Hen. II* II 19; legirumpi, plebicitorum abusores, vel ~ores [v. l. privaricatores; *gl.*: *depessurs, desusurs, pesuris*] plebi statutorum .. fustigentur, puniantur, vel capitali sententia condempnentur Neckam *Ut.* 105; imprecabatur [sc. abbas] ulterius contra ~orem sue legis metro Ovidiano Amund. II *app.* 287; **1529** aut ordinis nostri prelibati ~ores seu visitationem tuam recusantes *Form. S. Andr.* I 318. **c** theomaca sum. nam parentes mei huc usque †prevaritores [l. ~ores; cf. *NLA* II 352: gentes .. prevaricatrices] vobis extitere (*V. Samsonis*) *Lib. Landav.* 13. **d** virguncula, focum incidens .., facie combusta digitisque .. amissis ~orum parentum peccatum luit W. Cant. *Mir. Thom.* VI 144.

3 transgressor (against God, His laws or mandates), sinner; **b** (w. obj. gen.); **c** (in apposition or as adj., freq. w. *angelus*).

quia Adam ~or extitit et isti quoque praevaricatione ejus obnoxii fuere *Comm. Cant.* II 17; ut .. qua hora diei ~ores paradiso expulerat, ea confessorem in paradisum induceret Bede *Gen.* 56; **800** claudere caelum potuit ~oribus et aperire conversis Alcuin *Ep.* 193 p. 321; ne dum minorem quam oporteat reverentiam exhibueritis, non solum ~ores verum etiam infideles judicemini Osb. *V. Dunst.* 43 p. 124; per primum ~oris lapsum .. facti sumus impotentes et infirmi J. Godard *Ap.* 266; Adam, ~or primus, in quo omnes originaliter peccaverunt Gros. *Cess. Leg.* I 8 p. 38; in criminibus, non est in possessionibus potestas vestra. propter illa .. et non propter has acceptistis claves regni celorum, ~ores utique exclusuri, non possessores Ockham *I. & P.* 7. **b** s**705** ante terribilem divine majestatis thronum cum ~oribus preceptorum Domini *Reg. Malm.* I 289; Domine .. certe si minus te movet lapsus Adam ~oris tui .. J. Ford *Serm.* 84. 4. **c** legebam .. populum verborum Dei ~orem .. per Arabiae deserta sparsim cecidisse Gildas *EB* 1; de casu ~oris angeli et sociorum ejus penitus reticuit Bede *Gen.* 16; **956** (12c) angelo ~ore per quem omnis adversitas inrepsit in genus humanum *CS* 971; viam vite, quam apostata angelus et homo ~or male servendo [*sic*] perdiderant J. Ford *Serm.* 33. 6; maligni spiritus tanto sunt malitia prestantiores .. quanto ~ori fuerant angelo prava voluntate conjunctiores Gir. *PI* I 1 p. 8; ~ores angeli quorum dyabolus princeps est Bart. Angl. II 19 p. 41.

4 one who turns (a thing) from the proper, usual, or expected course, condition, or meaning, perverter.

juris servator sis, non fidei violator, / veri perversor, nec recti prevaricator D. Bec. 1490.

5 (in gl., understood as) reckless, careless.

praefaricator, *reccileas GlC* P 631.

praevaricatorius [CL praevaricator + -ius], that prevaricates, prevaricatory.

qui lingua ~a et duplici sibi causas creditas produnt, et animas .. contractu damnabili supplicio eterne damnationis addicunt P. Blois *Ep.* 140. 422A.

praevaricatrix [LL]

1 (f.) transgressor, contravener (of law, mandate, agreement, or trust); **b** (w. obj. gen.); **c** (w. dat.); **d** (in apposition or as adj.).

mulier quae vovit ut post mortem viri ejus non accipiat alterum et mortuo illo ~ix accipiet alium Theod. *Pen.* II 12. 13. **b** quam .. rex pater ejus .. secundum patrie legem quasi filiam fornicariam legisque paterne ~icem lapidibus obrui jussit Sim. Glasg. *V. Kentig.* 3. **c** theomaca sum, cujus gentes hucusque vobis [v. l. nobis] ~ices extiterunt (*Samson*) *NLA* II 352. **d** s**1067** in regnum remeans Anglicum, iterato plurimos ejusdem gentis repperit, quorum levia corda ab ejus fidelitate ~ix conspiratio adverterat W. Jum. VII 40 (19) p. 178 (=Diceto *Abbr. Norm.* 262); **1277** nullus .. qualicumque consuetudine privaricatrice [v. l. ~ice] constitutam annonam in pane et vino .. ante horam statutam percipiat *Doc. Eng. Black Monks* I 79.

2 transgressor (against God, His laws or mandates), sinner (in quots. w. ref. to *Is.* xlvi 8). **b** (in apposition or as adj.).

redi ergo, redi, ~ix, ad cor, et pedem ab inferis extrahe Elmer Cant. *Record.* 716A; ne post hec omnia, misera hec et stulta ~ix rediret ad cor et contristaretur secundum Deum ad penitentiam Ad. Scot *QEC* 11. 819B; o anima mea .. redi, ~ix, ad cor, et arguens te statue te contra faciem tuam *Id. Serm.* 374D; redit ~ix ad cor, perpetrati facinoris recordatur, culpe commisse suam adscribit calamitatem *Mir. Fridesw.* 46. **b** volens Deus gentis ~icis punire malitiam J. Sal. *Pol.* 614D; o .. gloriosa domina que .. assumpta es in celum, .. que murum illum eneum destruxisti quem mater tua [sc. Eva] ~ix inter nos erexit *Mir. Wulfst.* II 16 p. 173; ~icem animam provocans ad penitentiam Ad. Marsh *Ep.* 104 p. 233; ne vos .. optetis .. cum plebe ~ice post ollas carnium et peponum *Reg. Whet.* II 389.

praevaritor v. praevaricator.

praevastare [CL prae-+vastare], to destroy or lay waste beforehand or in advance.

quod pontes et calceta rumpuntur per hostes, et quod Franci ~ant victualia Elmh. *Metr. Hen. V tit.* p. 86; pontes, calceta rumpuntur ubique per hostes, / .. / victus adest regi vix sumptibus octo dierum, / Franci prevastant predia, vina, dapes *Ib.* 406.

praevaticinari [CL prae-+vaticinari], to prophesy or foretell, to tell beforehand or in advance.

siquidem impossibile est non evenire quod de industria ~atus est, cum huic sospitatem, illi sinistrum exitum prenuntiaverit egrotantis J. Sal. *Met.* 831A.

praevectare [CL prae-+vectare], to carry before or in front (of oneself).

semper in manu quasi pro baculo securim bajulant ... quocunque se vertant, hanc ~ant Gir. *TH* III 21.

praevehere [cf. CL praevehi], to carry or convey before or in front (of, also fig.).

non equidem juste irascerer illi qui mea ~eret et me apud intelligentes sua auctoritate commendaret *Ep. ad amicum* 30 p. 152; regibus prevehere vel equare stellis, / dulcibus eruere potest me procellis P. Blois *Carm.* 5. 8.

praevelare [LL], to cover or conceal (by placing something) before or in front; **b** (fig.).

atque hos [sc. libros] conspicui prevelat ductilis auri / lamina, sic sancti comunt altaria templi Æthelwulf *Abb.* 639; teneros dum mollia surgunt / suppara per renes, oculis factura repulsam / archanosque virum prevelatura recessus Hanv. II 116. **b** it .. Danaum rapturus alumpnam / Dardanus et blande debellaturus Achivos / prevelat fraudes J. Exon. *BT* III 162.

praevelle [CL prae-+velle], to will beforehand or in advance (in quots. of God).

utique sicut prescit [sc. Deus], ita ~vult que facturus est Pull. *Sent.* 696B; potest Deus hoc facere per voluntatem suam solam .. et non nisi volendo, seu naturaliter ~volendo hominem velle Bradw. *CD* 639B; prima [sc. responsiunculа] .. aliquid esse in potestate voluntatis create quia in potestate sua est quod Deus velit et ~velit liberum actum suum *Ib.* 669C.

praevenari [CL prae-+venari], to hunt or pursue beforehand or in advance (in quot. fig.).

quia .. talia discreto quodam presagio mentis regalis ~atur aspectus, pridie quam villam .. subjugari proponeret, capitaneis .. mentis sue de insultu crastino propalavit archana *Ps.*-Elmh. *Hen. V* 44.

praevendere [CL prae-+vendere], to sell beforehand or in advance.

c**1218** nullus ecclesie rector .. decimas ecclesie sue ~ere presumat ante Pascha, cum ex tunc secundum consuetudinem fructus cedere debeant ad debita vel legata solvenda *Conc. Syn.* 82 (=*Ch. Sal.* 150); c**1242** nullus persona sive rector ecclesie .. decimas suas ~ere [*Conc.* I 734a: provendere] valeat ante Pascha *Conc. Syn.* 352; **1453** de iiij^xx quarteriis, vij bussellis, pecca furfure provenientis de furnicio .. frumenti ..; que idem computat liberasse Johanni B. custodi granarii domini .. pro mixtura ~enda ibidem per tallium *Ac. H. Buckingham* 36.

praevenire [CL]

1 to come before or in front of, approach. **b** to come in front of (so as to obstruct the way), oppose. **c** to come before (so as to welcome or honour), to meet, welcome.

c**801** ~ire faciem aeterni judicis in confessione et lacrimis Alcuin *Ep.* 238; c**801** ~iant in conversione faciem judicis. .. credat homo totum quod peccat veniabile esse, si in confessione ~iet faciem Dei *Ib.* 241; cognoscimus .. quod complacenter cunctorum aspectus non ~imus (*J. Bridl.*) *NLA* II 76. **b** maximum diluvium et excessus maris in omnibus terris maritimis, et multi homines fluctibus ~ti mortui sunt *Feudal Man.* 103. **c** ut concordiam cum proximis servemus, studeamus honore illos ~ire. tunc siquidem fratrem suum quis honore ~it, quando suam voluntatem ejus voluntati supponit Alex. Cant. *Dicta* 14 p. 159; episcopi .. incedunt, et ante introitum ecclesie aquam sanctificant qua canonicos introducendos ex more ~iant Gerv. Cant. *Chr.* 97; quocumque se verterit, ~iri se putat, et ~ientibus gratiam refert J. Ford *Serm.* 91. 8; magne .. sunt .. benedictiones iste dulcedinis quibus me ~ire dignatus es *Ib.* 120. 7; **1337** quod .. non ~ietis honoribus quos perjuros et in subversione ipsius universitatis noveritis nequiter conspirantes *FormOx* 95.

2 to arrive or come beforehand or in advance. **b** (trans.) to arrive or come before (in time or succession), precede.

propinquante hora sui decessus, xiij diebus ~iente corporea infirmitate pressus est Bede *HE* IV 24 p. 261; ~io, *to come by fore WW*. **b** regem sequuntur in Siciliam et ~iunt in terram Juda Devizes f. 28v; quidam miles seduxit quandam domicellam ... que cum nocte statuta vestes in duabus sarcinis colligasset, et per fenestram militi tradere et postea seipsam, latrones .. militem casu ~ti [? l. ~ientes] ipsam cum sarc[in]is exceperunt *Latin Stories* 96; s**1436** propter ~tam mortem regis sequenti principio quadragesime secutam, nihil legatacionis exercuit Bower XVI 26.

3 to precede (so as to show, prepare, or ease the way), to lead, guide, prevene (usu. of God or aspect of God); **b** (absol.). **c** (of malign influence) to lead, sway, win over.

796 si hoc, divina eos ~iente gratia, verum est .. Alcuin *Ep.* 99; ~iat hunc famulum tuum, quaesumus Domine, misericordia tua, ut omnes iniquitates ejus celeri indulgentia deleantur Egb. *Pont.* 122; propheta David .. oraculo ~tus Spiritus Sancti in falsos auctores Dominicae passionis .. ait B. *V. Dunst.* 6; febre corripitur ... dissimulavit tamen, duplici .. consolatione ~tus Ailr. *Ed. Conf.* 771B; qui amore ~tus vite contemplative .. ad hanc solitudinem convolaverat Ad. Eyns. *Hug.* IV 11; Domine, tua plenitudo dulcoris / puros preveniet et reget affectus J. Howd. *Cant.* 355; hujus .. devotionis montione ~ti ab eo qui solus bonam hominis et ~it voluntatem et perficit R. Bury *Phil. prol.* 4; Israel interpretatur 'videns Deum', et significat hominem donis nature et fortune ~tum, cujusmodi sunt homines ingeniosi, speciosi, fortes, et divites Holcot *Wisd.* 104; rex Malcolmus a Deo ~tus in benediccionibus dulcedinis .. in tota vita sua .. morum gravitate simul et sanctitate ita precellebat, ut .. *Plusc.* VI 21. **b** a**625** concedentes .. tibi ordinationes episcoporum exigente oportunitate, Domini ~iente misericordia, celebrare (*Lit. Papae*) Bede *HE* II 8 p. 96; doctoribus, qui .. ab aeterno sole inluminati, divina ~iente gratia, caecas ignorantiae tenebras .. inlustrarent Alcuin *Vedast.* 416; tentatio, ~iente Dei gratia, te fortiorem faciet in adversis et in periculis circumspectum P. Blois *Ep.* 11. 33D. **c** ut rex, malorum .. ~tus consilio, captionem fratris sui .. parvi duceret W. Malm. *HN* 512; domina .. erupit in vocem increpationis, et quasi diabolico ~tam spiritu blasphemam .. verberaret Ailr. *Ed. Conf.* 783D; s**1146** scriptis .. directis et exeniis sumptuosis papam et senatum quisque pro se ~ire studuit J. Hex. *HR Cont.* 319.

4 to anticipate the action or occurrence of, act in anticipation of, anticipate; **b** (so as to prevent or avert); **c** (ellipt. or absol.). **d** to act in anticipation of (a future event, as though it has already occurred), anticipate.

ut .. suum exitum, cujus hora incerta est, vigiliis, orationibus, bonis operibus ~ire meminerint Bede *HE* IV 3 p. 209; c**790** quod necessitas cogit, voluntas ~iat Alcuin *Ep.* 52; ~imus dudum nova solemnitate dies natalicios salvacionis beatissimi presulis Osmundi festivum celebrando natalem (*Osmundus*) *NLA* II 241; **1549** contumaces citatione ~ti usque ad comparitionem suspendantur, et tam admissi quam non admissi in synodis .. publicentur *Conc. Scot.* II 112. **b** praevertitur, ~it *GlC* P 703; disposuit ultramarinas partes adire .. sed ~it venerabilis regina Eadgivu .. ejus conamina Ælf. *Æthelwold* 7 p. 19; festinantius .. age, ne voti tui exsecutionem mors inopinata ~iat P. Blois *Ep.* 11. 35B; laudatur Maria, quod rationem fide ~it; et punitur Zacharias, quod fidem ratione tentavit Gir. *TH* I 13 p. 43; docebat .. linguam non ~ire intellectum W. Burley *Vit. Phil.* 26; **1508** que exequie debuerunt celebrari in die S. Georgii, isto anno contingenti in die Pasche; propterea ~te erant ejus exequie *Reg. Merton* 361. **c** cavere .. summe debent pontifices infulati, qui legere, qui predicare debent scripturas; ne unde perveniret utilitas, inde ~iat mortis calamitas Butler 404. **d** **1202** comitatus ~it judicium, et finem fecit ante judicium pro cc li. *SelPlCrown* 16.

5 (of death) to prevent or forestall any future action of; **b** (of other causes).

unus .. lapidem .. de funda emittens, fronte perforata usque ad cerebrum magi exprobrantis illisit; quem .. sicut Goliad .. mors incerta ~it Eddi 13; qui ejus interitum cognoscentes differre tempus paenitentiae .. timerent, ne improviso mortis articulo ~ti inpaenitentes perirent Bede *HE* V 13 p. 313; deceptos .. ac morte ~tos in poenas aeternas transmittis Lanfr. *Corp. & Sang.* 407A; siquis morte ~tus non divisisset quae sua erant *DB* I 179ra; **1177** quod si morte ~tus vel infirmitate prepeditus [de] rebus suis disponere non poterit *Reg. Glasg.* 40; idem Wighardus Romam perveniens, priusquam in episcopum consecrari posset, morte ~tus est Elmh. *Cant.* 194. **b** **1101** si ipse, ~tus vel armis vel infirmitate, pecuniam suam non dederit (*Ch. Hen. I*) Ric. Hex. *Stand.* f. 38b; nam si non parcis verbis, nemo tibi parcet, / prevenietque dies impia turba tuos J. Sal. *Enth. Phil.* 1512.

6 to come to or occupy (a place) beforehand; **b** (transf. or fig.). **c** (w. dat.) to occupy, preoccupy, or usurp the place of.

prae[ven]tum, occupatum *GlC* P 720; campo ea nocte per regem in hoc consultum manu militari ~to, dum ita veniunt, in multitudine capiuntur, trahuntur, suspenduntur, et cremantur Ad. Usk 121. **b** discede a me, fomes peccati, .. quia jam ab alio amatore ~ta [*gl.*: obtata, *forhradad*] sum, qui me anulo fidei suae subarravit Aldh. *VirgP* 45; illa que cum alabastro venit .. inveniens eum a quo prior ipsa ~ta est J. Ford *Serm.* 23. 4. **c** nequit .. mercator foranus cum socio suo infra civitatem mercatum aliquod facere ad revendendum illud in civitate; nec ad aliquod mercatum faciendum nequit civi ~ire, nec magis in urbe perhendinare poterit quam xl dies (*Lib. Lond.* 9. 1) *GAS* 675.

7 to buy up beforehand (with intention of reselling at an enhanced price), forestall the market on, forestall.

1258 quod, cum allec vel aliud genus .. piscis ad dictam villam per mare venire contingit, quidam .. piscem illum ~ientes illum postmodum per regrateriam vendunt .. in dicte communitatis .. prejudicium et .. gravamen *Cl* 312.

8 (assoc. w. *provenire*): **a** to come forth or proceed. **b** (of revenue or profit) to proceed, issue, result.

a 'ab agente nihil ~it nisi extrahere illud, quod est in potencia in actum.' .. [Avicenna] dixit .. quod una necessaria est causa efficiens alterius. dicit commentator quod 'iste sermo est imaginabilis. non enim est illic preventus neque execucio neque accio, ita quod dicamus quod una accio sequitur unum agentem tantum' Kykeley 201. **b** **1315** quod reddat .. racionabilem compotum suum de tempore quo fuit receptor denariorum ipsius Stephani ex quacunque causa et contractu ad communem utilitatem eorundem Henrici et Stephani ~iencium (*PlRCP*) *Year Bk.* XVII (*Selden Soc.* XLI) 66; **1329** una cum omnibus aliis emolumentis que de supradictis decimis majoribus eisdem poterunt ~ire *Reg. Exon.* 502.

9 *f. l.*

s**1458** pretextu quorum aliqua secta versus eosdem abbatem et conventum per billam, vel per breve de '†~ire [l. praemunire] facias' .. fieri valeat *Reg. Whet.* I 294.

praeventilare [CL prae-+ventilare], to air, or (fig.) to expose to consideration or discussion, previously, beforehand, or in advance.

his .. et aliis de causis inter dominum papam et cives Romanos lite contestata et ~ata, idem papa .. exivit ab urbe M. Par. *Maj.* III 304.

praeventio [LL]

1 (fact of) being or coming in front or opposite, (astr.) opposition. **b** being before or in front of (in quality or ability), preeminence, superiority.

secundum astrologos luna est in auge in qualibet conjunctione cum sole et similiter in qualibet ~one sive oppositione, et ideo accidunt tunc duo magni fluxus et majores ceteris in mense lunari Bacon IX 196. **b** habet [homo] .. potestatem loquendi solus pre ceteris [animalibus], propter cujus ~onem in primo suo tempore dicitur infans, quasi non fans Bacon VI 6.

2 (act of) going before or preceding (so as to show, prepare, or lead the way), prevenience (of God or aspect of God).

bene siquidem gratuitam Dei bonitatem qua gratis prevenimur diluculo comparaverim matutino, quo nusquam videlicet sicut in hujus gratuitis ~onibus suis gratia se faciat manifestam J. Ford *Serm.* 58. 12; illa divine ~onis gratiam adorans gratias egit sancto Dei *Id. Wulf.* 56; ut sicut angelica vocatione creditur fuisse preventus, sic et ipse aliis simili ~onis officio pacem et gloriam annuntiaret *Ib.* 58.

3 (act of) anticipating the occurrence or arrival of (in quot. w. obj. gen.). **b** preventative or interventionary action taken in anticipation of subsequent legal judgement.

1255 noveritis quod nos castrum .. quod Petrus B. de B. tradidit tenendum usque ad festum S. Michaelis proximo futurum .. volentes in ~one dicti termini eidem Petro graciam facere specialem .. *RGasc* I *sup.* 30a. **b** **1384** quod ~ones in premissis effectum hinc et inde habeant, preterquam in correccionibus, et reformacionibus criminum .. et probacionibus testamentorum *Conc.* III 190a; **1515** in puniendo canonicos extra jurisdiccionem decani et infra jurisdiccionem archiepiscopi deliquentes contrahentes vel ibidem domicilium vel rem de qua agitur habentes, locus sit ~oni inter archiepiscopum et decanum, dummodo fiat in domo capitulari et cum judicio capituli *Dign. Dec.* 53 p. 60.

4 (of death) intervention (in the life of the deceased), act or fact of forestalling.

ne ipsa ecclesia per ~onem mortis pape .. privata maneret Ockham *Dial.* 931.

5 (in leg. gl.) forestalling (goods, *etc.*, in the market; *cf. OED s.v. forfang* 2).

de *forefang*, i. ~one vel anticipatione, decrevimus ut per totam Angliam idem judicium teneri debeat (*Quad.*) *GAS* 389.

praeventor [LL=*class of soldier*], one who precedes or comes before, herald, fore-runner.

1346 [*and to two criers* iiij s., *and to the fore-runners*] preventor' j s. *Rec. Leic.* II 65.

praeventrix [LL praeventor + -ix], (f.) that comes before or precedes (so as to show the way, in quots. of *gratia*).

quidquid protodoctor Augustinus suique commanipulares evangelici in vinea et messe Domini profecere, salva ~ice Christi gratia, huic debetur primo Gosc. *Transl. Aug.* 43A; hic . . potuit fugam invadere gratia ~ice, et arreptus evadere gratia subsecutrice Map *NC* III 5 f. 43; illustret mentem ~ix gratia, . . fugiat Pelagiana lues Neckam *SS* IV *proem.* 1; verbum per quod fides prodit in actum, ~ix gratia utrimque legens incrementum *Mir. Wulfst.* I *prol.*; quicquit habet meriti preventrix gracia donat *AncrR* 50 [=Amund. I 420].

praeventus [LL]

1 Fact of coming before or preceding (so as to show the way), guidance, assistance, prevention.

si qui plenilunium paschale ante aequinoctium fieri posse contenderit, ostendat vel ecclesiam sanctam priusquam salvator in carne veniret extitisse perfectam, vel quemlibet fidelium ante ~um [*ed. PL*: proventum] gratiae illius aliquid posse supernae lucis habere Bede *TR* 6.

2 (of death) intervention (in the life of the deceased), act or fact of forestalling.

nec eis aliquid ~u mortis dare poterat Torigni *Chr.*

3 (act of) coming forth or proceeding.

non . . est illic ~us neque execucio neque accio Kykeley 201 (v. praevenire 8a).

4 (assoc. w. *proventus*) success.

~us, *spoed GlC* P 707.

praevernare [CL], to be or become spring-like, take on the conditions of spring (in quot. fig.).

prevernas vita, redoles fama, pietate / stillas, fructificas prole, pudore vires Garl. *Epith.* I 9.

praevertere, ~i [CL]

1 to turn aside, turn (from an anticipated course of action), divert. **b** to anticipate or forestall (so as to prevent).

fuit . . Dominus cum prefato Turstino, unde et omnes adversariorum conatus adversus eum sanioris sententie consultu ~it J. Hex. *HR Cont.* 303; sic ficta locutus / accinctos ad bella Friges prevertere temptat J. Exon. *BT* III 143. **b** ~itur, praevenit *GlC* P 703.

2 to outrun or outstrip.

quid si cum hoc decore esses tam velox quam Asael, qui cursu pedum ~ebat capreas Hon. *Eluc.* 1170A.

praevetustatus [cf. CL prae-+vetustus], very old or aged.

1267 de xv s. de ij bobus debilibus et privetustatis venditis (*Chilbolton*) *Ac. Man. Wint.*

praeveus v. praevius.

praeviam [cf. CL obviam], in front, in one's way or path.

sicut non licebat preterire hominem hunc . . qui se mihi ~iam obtulit absque salutatione et osculo pedum ejus, ita . . J. Ford *Wulf.* 53.

praeviare [LL], to go before or in front (esp. so as to lead or guide), to lead the way, precede. **b** (~*aturus*) that goes before or in front (so as to be in one's way or path).

s679 ad hoc apostolicum fastigium, tanquam ad locum munitum turremque fortitudinis gressus cordis, Deo ~ante, perduxi Eddi 30 (= W. Malm. *GP* III 100); tum pius egrediatur praeviante Spiritu Sancto / invenit et cunctos trepidantes lingere terram *Mir. Nin.* 234; reverendissimi parentes . . cum salutacione omnimoda ~ante, vobis . . me humiliter recommendo *Dictamen* 370; *to ga before* . . precedere, pregredi, preire, ~are *CathA*. **b** c1244 mors dura et calamitosa, mors ~atura et prepropera, . . gubernatorem prostravit ac precipitavit *ObitR Durh.* 48.

praeviator [LL], one who goes before or in front, one who leads the way.

ille . . praecedens eos quasi ~or, usque ad mare pervenerunt *V. Cuthb.* II 4.

praeviatrix [LL praeviator+-trix], (f.) one who goes before (so as to prepare the way for, or in anticipation of the coming of, another), precursor.

clementiam salvatricem . . almificam: / que fulgida praeviatrix invitat pia agmina Christicola / peribola ad speciosa portarum Sion *Miss. Ebor.* II 306.

praevidentia [LL]

1 act of seeing beforehand or in advance.

quid . . est providencia, nisi procul videntia, seu ~ia intellectus Bradw. *CD* 261E.

2 realization beforehand or in advance, prescience, foresight.

quia non habuerunt ~iam, perierunt *Flor. Hist.* III 201 (cf. *Bar.* iii 28); senex . . ille . . habens ~ie graciam (*Mello*) *NLA* II 182; 1418 humane ~ie sagacitas sciens nature legibus diffinitum quod cercius nil morte *Reg. Cant.* II 154; ~ia, *a forsyghte WW.*

praevidere [CL]

1 to see or perceive previously or beforehand. **b** to see before or in front (of one).

is ta cefalea dieriisis [i. εἰς τὰ κεφάλαια διαίρεσις] est quanta capitula, i. de quot rebus scribere velit ante praevidit *Comm. Cant.* I 16; super aquas sedere consuevit ut venturi raptum accipiens praevisa in aquis umbra declinet Bede *Hom.* I 12. 62; s679 siquidem ~it vestra apostolica summitas privatum me esse, humili devotione que censentur libenter amplector W. Malm. *GP* III 100; virgo que Galonis leserat in ore virginem, eo quo previsa fuerat modo Map *NC* III 2 f. 37v; s1092 hoc anno . . inundatio pluviarum diffusa est, qua major non erat previsa *Flor. Hist.* II 25; inde Romanos graves, Graecos leves . . ~emus, et ideo Pictavi sunt . . callidi atque astuti *Eul. Hist.* II 105; s1179 quod si preceptum nostrum . . duxeritis negligendum, sicut predicto monasterio de benedictione abbatis ~imus, ita . . providere curabimus, quod . . (*Lit. Papae*) Elmh. *Cant.* 438. **b** rex circumvallatus periculo a tergo vidit intensis manibus suis quo doluit, ~it hostes in patulo quo timere debuit, lateraque sua quasi militum nuda catervis *Chr. S. Edm.* 68.

2 to realize beforehand or in advance, have prescience of, foresee; **b** (intr.).

et eodem spiritu imbutus tempestatem et serenitatem ~it quo et Paulus apostolus in actibus apostolorum navigantibus prophetavit *V. Cuthb.* II 4; turbatam incursione gentilium provinciam videns, et monasteriis quoque periculum imminere ~ens, . . navigavit Galliam Bede *HE* III 19 p. 168; ~eo, praescio *GlC* P 565; minus ea ledere solent que ~entur Gir. *EH* II 39 p. 398; Deus, neminem ad peccandum cogens, ~et tamen eos qui propria voluntate peccabunt R. Marston *QD* 444; verumtamen isti Gallici, superbia excecati, nociva non ~entes Strecche *Hen. V* 150. **b** homo qui non diligenter ~et sibi de fovea et puteo, faciliter cadit in eum Holcot *Wisd.* 98.

3 (intr.) to exercise foresight, make provision; **b** (impers.); **c** (foll. by *ne* & subj.). **d** (w. dat.) to make provision or provide for. **e** (w. *contra* & acc.) to make provision or provide against, look out for. **f** (w. inf.) to make provision to, to prepare to.

septimus [sc. catullus ursi accidie] est necgligencia dicendi vel faciendi vel ~endi [ME: *to biseon biforen*] vel rememorandi vel male custodiendi rem cujus habet custodiam *AncrR* 71. **b** cum thesaurus . . in ecclesia exteriori primo locaretur, et novissime ad locandum . . in choro, ut honorifice previsum fuerat, . . sustolleretur *Plusc.* VII 15. **c** 796 pio pastori condecet . . ~ere ne aliqui . . a via veritatis . . exorbitare incipiant Alcuin *Ep.* 94. **d** minus juste sic impetite satis effective ~it nova previsionis in spiritualitate E. Thrip. *SS* VII 6; 1303 vestro pariter et nostro honori provide ~entes *Chr. Rams. app.* 379. **e** debet Christianis [v. l. Christianus] ~ere [AS: *scyldan*] contra omnia que peccati [v. l. peccata] sunt (*Quad.*) *GAS* 477. **f** ea . . quae a nobis . . ordinanda sperastis, hoc . . adtribuere ulla sine dilatione ~emus Bede *HE* II 17 p. 119.

4 (trans.) to exercise foresight on behalf of, make provision or provide for; **b** (w. acc. & inf.); **c** (w. indir. qu. as obj. cl.).

multum tempus vixi, beneque mihi pius Judex vitam meam ~it Cuthb. *Ob. Baedae* clxiii; c795 constanter state in Dei timore; dum ille misercorditer vestrum ~it honorem, qui numquam dimittit sperantes in se Alcuin *Ep.* 47; a796 herbas . . quas direxisti . . accepi. et sicut corporali me sanitate ~ere curasti, ita tuae spiritali saluti praevideri semper desidero *Ib.* 56; 1564 utilitate et commodo dicti loci de Roxburgh ac meis et successorum meorum . . previsis et diligenter consideratis *Scot. Grey Friars* II 5. **b** 749 (12c) ego . . hoc maxime agendum esse ~i [v. l. providi], ut eam . . liberam efficerem ab omnibus vinculis piaculorum *CS* 178 (cf. *ib.* 140: ego . . studendum esse providi ut . .). **c** 793 episcopus dicitur quasi superspeculator, qui omni exercitui Christi prudenti consilio ~ere [v. l. providere] debet quid cavendum sit quidve agendum Alcuin *Ep.* 17 p. 46; 793 haec est sapientia vera, ut homo sibi ~eat quomodo in aeternum feliciter vivat *Ib.* 18 p. 50.

5 to provide or supply (w. dat. or *ad* & acc. of person to whom, or that in the interest of which, a thing is provided). **b** (w. double acc.) to provide (a person) with (a thing).

in istorum . . adminiculum est, quod manibus vilitatis nostre divina gratia similiter ~it, quae iste vir ex Scotorum libello sciscitasse quod diffamatum est Theod. *Pen. pref.*; neque ad susceptionem potentium saeculi . . domus ~eri necesse fuit Bede *HE* III 26 p. 190; pridie quam consecretur aecclesia, ~endae sunt reliquiae ab episcopo Egb. *Pont.* 26; a796 tuae spiritali saluti ~eri semper desidero (v. 4a supra); frater . . quem abbas jussit ~ere cibaria artificum monasterii Wulf. *Æthelwold* 14; quoniam carebant provisore, ait ex suis curialibus sese eis optimum ~isse Herm. Arch. 22 p. 57. **b** s1229 quam [sc. coronam] Dominus . . nos habendam ~ens, . . nos mirabiliter exaltavit (*Lit. Imperatoris*) M. Par. *Maj.* III 175.

praevidus [CL praevidere+-us], possessing or exercising foresight.

hanc tamen et vulpem previda [v. l. prenida, prenida] placat avis Walt. Angl. *Fab.* 13. 8 [cf. ed. Hervieux: provida].

praevie [CL praevius+-e], previously, beforehand.

illa prohibicione contempta, acerbius et frequentius quam hujusmodi ~ius convicia marito dicere non cessabat *Latin Stories* 12; contradictores librorum Moysi graviter puniendos, nisi Deus ~e determinasset Wycl. *Ver.* I 270; ne aliquid . . incidere possit, ad investigandum ~e omnem latebrosum dicte turris latibulum . . sufficientem armatorum conglువiem . . miserunt Favent 13; 1433 ambassiatores nostros quos ~e Basiliam transmisimus Bekynton II 62.

praevigil [CL prae-+vigil], very wakeful or watchful.

inermium penitentium assumens tegumenta, in Dei omnipotentis laudibus ~ili pernoctabat cura *V. Neot. A.* 2.

praevigilia [CL prae-+vigilia], (eccl.) eve of a vigil.

facta est victoria ipsa in ~ia S. Mathei apostoli, anno Domini supradicto *Meaux* III 162; c1452 in ~ia nativitatis Domini . ., . . in vigilia . . *Ac. Almon. Peterb.* 30.

praevincere [CL prae-+vincere], to conquer beforehand, previously, or in advance.

in gentem quam armis vicerat et quam luxurie ~vicerat magnitudo J. Sal. *Pol.* 734B; nisi forte revinceret hostem, / sicut erat previctus [v. l. devictus] homo Vinsauf *PN* 1186.

praeviridans [CL], (lit.) very green, (in quot. fig.) very youthful or vigorous.

is erat fide et sapientia eque mirandus, ~antibus membris incanus W. Malm. *GR* III 234.

praevise [LL], with foresight or forethought, foresightfully, providently.

ordinata igitur processione et omnibus ~e dispositis . . veniunt ad locum sibi destinatum *Found. Waltham* 6.

praevisio [CL praevisus p. ppl. of praevidere+

-io], (act of) seeing (in the mind) or realizing beforehand or in advance, prescience, foresight.

oculi sapientis sunt in capite ejus, hoc est, prudens ~o in mente providente Gros. *Hexaem.* X 8 p. 302; in illis .. docetur quomodo fiant sermones sublimes, .. ut animus ad id quod intendit persuasor rapiatur sine ~one, et subito cadat in amorem boni Bacon *Tert.* 304; divina providentia in sua ~one non fallitur ..; sed divina providentia prevideat omnia .. infallibiliter *Id.* VII 105; non est simile de prescientia Dei et ~one hominis, quia in ~one hominis ipse actus ~onis transit in preteritum, actus autem divine prescientie non transit in preteritum quia est in presenti eternitatis Middleton *Sent.* I p. 346b.

praevisor [CL praevidere+-or], one who exercises foresight, overseer, steward; **b** (w. ref. to bishop or archbishop, as etym. synonym for *episcopus* or *speculator*); **c** (w. ref. to king). **d** (war-)leader.

ministrationis regiae ~ores .. venerunt .. ad videndum si omnia paratuum ministeria habilia fuissent vel apta B. *V. Dunst.* 10; applaudit regi previsor [v. l. precursor] gracia legi *Vers. Cant.* 13. **b 935** (12c) ego Ælfheah Wintoniensis aecclesiae ~or CS 707; elegere Byrhtelmum, Dorsaetensium ~orem, ad summum sanctae Dorobernensis aecclesiae sacerdotem B. *V. Dunst.* 26; idem ovilium Christi solers ~or [sc. Dunstanus] *Ib.* 35. **c 925** (13c) ego Æthelstan .. rex Anglorum totiusque climatis ferme cataclismatum gurgitibus Cristiane patrigene ~or *Ch. Burton* 2. **d** s871 seducitur regia turma; jam ~ores [sc. barbarorum] aspera tenent loca, sine spoliis victoriam sumunt Æthelw. IV 2.

praevitare [CL prae-+vitare], to avert or avoid beforehand or in advance.

tunc ~atur paroxismus ejus supposito bono regimine Gad. 40v. 1.

praevituperare [CL prae- + vituperare], to blame, censure, or criticize beforehand or in advance.

esculento frui poculentove quivis est indignissimus quod verbis presumpserit ~are commenticiis E. Thrip. *SS* II 14.

praevius [CL]

1 that goes before or in front, leading the way; **b** (in abl. or nom. absol.). **c** (as sb. m.) leader, guide. **d** (as sb. f.) herald, precursor (cf. *praeviatrix*).

arduam caelestis intelligentiae semitam .. scandens, ac ~ium populis ducatum praebens Willib. *Bonif.* 3; is [sc. caecus] dum haberet ~ium ductorem, sicut oculis privati habere solent, qui eum vel ad ecclesiam duceret vel ubicumque illi necesse foret Lantfr. *Swith.* 18; ~io, *forestapulum* GlP 563; **1166** sane quidam eorum sunt qui furem videntes currunt cum eo, immo ~ii ductores et doctores ipsum in furta precipitant et rapinas J. Sal. *Ep.* 193 (187 p. 230); c1211 scientia .. non ad salutem est ~ia Gir. *Ep.* 6 p. 234; assit per maria mihi previa stella Maria Garl. *Hon. Vit.* 83; dux Eboracensis, prefectus regalis aciei ~ie, .. exploratores misit ab acie qui .. Ps.-Elmh. *Hen.* V 25 p. 56. **b** cum equus .. aquam intrare prorsus abnuerat, rex .. ad antiquum vadum se conferre ira ~ia deproperavit Gir. *IK* I 6 p. 63; **1217** mandamus .. quatinus .. mandatum domini pape, racione ~ia et justicia mediante, fieri faciatis *Pat* 46; dixit mihi comes .. quod plus desiderat ut, ~ia veritate et inoffensa justitia, .. controversia contingens homines suos .. conquiescat Ad. Marsh *Ep.* 25 p. 110; comitem superbum — velle consilio ~ium — .. mittere in exterminium *V. Ed. II* 169; **1354** a ductu cantaria .. amoveatur .. amoto hujusmodi, justa tamen racione ~ia, nullo appellacionis .. beneficio .. sibi aliqualiter valituro *Lit. Cant.* II 320. **c** sanctus .. ~ius noster, gratias agens Deo Eddi 40; Stephanides .. comiti, comes regi, rex filio Johanni dux et ~ius, viam prebuit et ducatum Gir. *EH* II 33; propterea ~ei propriis properare [? l. properate] popularibus, propugnacula pugnatum [? l. pugnantium] prospera preparare J. Reading f. 192. **d** noctis dispendia dampnant / et venerem, Titone, tuam, cum previa Phebi / amplexu gelido et sterili tardetur amore J. Exon. *BT* V 39.

2 in front, in one's way or path, **b** (transf.).

ille quidem velox sic precurrebat ut isset / ad nemus intactus nisi previus amnis obesset *V. Merl.* 476; postremo .. persona regalis, nullo cultu regio destituta, mantellis ~iis latis, et aliis, ad exultacionem honoris regii Ps.-Elmh. *Hen.* V 31 p. 75. **b** sibi .. visum fuisse asseruit, ut tanta futura pericula declinarentur quacumque ~ia policia Ps.-Elmh. *Hen.* V 47 p. 117.

3 that comes before in time or sequence, preceding, previous.

a1242 quicquid .. predictus cantor .. fecerit assignatione ~ia provisione debita secundum formam suprascriptam *Reg. Moray* 112; **1292** si contingat omnes socios domus dicte subito mori .. vel amoveri de domo sine eleccione ~ia *MunAcOx* I 61; item, removens prohibens habet accionem ~iam accioni illius a quo removetur Duns *Ord.* III 219; **1314** si predicto archiepiscopo .. ex causis ~iis fuerit aliqua angustia irrogata *Lit. Cant.* III 393; jus nature ~ium, pariter animalia cuncta docens, contra violentas injurias licencium defensioni indulsit W. Guisb. *Cont.* 316; c1380 in vestra reverencia .. tot et tanta subsidia reperui, nullis meis meritis ~iis *FormOx* 322; nocte ~ia me excitavit a sompno vox, ita .. insonans Ad. Usk 60.

praevivere [CL prae-+vivere], to live, or to be alive previously or beforehand.

praemortua semina surgunt / in vitam; ventura seges praevivit in herba Vinsauf *PN* 551; **1235** predecessor ejus Willielmus circiter viginti annis in prosperitate ~vixerat *Conc.* I 631a.

praevocare [CL prae-+vocare], to call or summon previously or beforehand.

1297 interim .. episcopi cum suis consiliis, ceteri vero ~ati similiter .. plene deliberent .. tam de auxilio licito quam de modo *Reg. Cant.* I 199.

praevolare [CL]

1 to fly or race ahead (also fig.). **b** (trans.) to outstrip, surpass.

quis nescit Ypodamiam ~asse ad palmam, dum concertantium procorum cursum projecto auro potuit retardare J. Sal. *Pol.* 587B; scis, quia Hippodamia, quamdiu cursum procorum concertantium projecto auro retardabat, ~abat ad palmam P. Blois *Ep.* 91. 286C; iste tardus et imperfectus est affectus. ~at autem intellectus, dum cognoscit quam bonum est justum esse R. Marston *QD* 346. **b** novit .. pia fides pigra ~are tempora, et tanquam de presenti affici, quod inconcussa sibi depingit fiducia G. Hoyland *Ascet.* 264A; credo nonnullum vestrum, duce experiencia, ~are verba mea Ad. Scot. *Serm.* 422B; incola mergus aque madidis ne provocet [v. l. prevolet] alis / surgentes aquilas lambentibus ethera pennis Hanv. I 63; morum prevolat alis / curriculum laudis *Ib.* I 139; s1097 cum ecce, H. M. et A. de R., cum magna caterva alium ~antes exercitum, defessos paganos recentes fundunt Diceto *Chr.* 222.

2 (in gl.) to flutter.

~ant, *flotorodon* GlP 877.

praevolentia [CL prae-+volentia], will established in advance, predetermination.

magis .. ostendendum, omnia que eveniunt a divina providencia evenire, ac ejus providencie legibus ordinari. quid .. est providencia, nisi procul videncia, seu previdencia intellectus, cum procul †violencia [l. volencia] seu ~ia voluntatis Bradw. CD 261E.

praevolitare [CL prae-+volitare; cf. CL praevolare], to fly or flutter before or in front (in quot. transf.).

prevolitant vexilla Barach lambentia celum / pacis et invitant oscula blanda polo Garl. *Epith.* I 507.

praevolitio [CL prae-+ML volitio], (act of) willing beforehand or in advance, predetermining.

superest .. inquirere quid est realiter predestinacio ... ipsa est eterna prevolucio Dei, sive preordinacio voluntatis divine circa futurum Bradw. CD 421A.

praevoluntas [CL prae-+voluntas], will established in advance, predetermination.

alia secundum potestatem sc. dicuntur priora; excedens enim potestate prius, et quod potencius: tale vero est cujus ~atem sequi necesse est. alterum est posterius, ut non movente illo, non moveatur, et movente illo, moveatur; et ~as principium Bradw. CD 362 (*recte* 638A); si Linus debilior haberet Petrum dominum fortiorem, cujus .. ~atem necessario sequeretur, ut non

movente illo non moveretur, et movente necessario moveretur *Ib.* 670C.

praevolutio v. praevolitio.

praevolvere [CL prae-+volvere], (in quots. pass. w. middle sense) to roll (on the ground) or grovel before or in front of (w. dat. or *prae* & abl.).

c1317 vestris pre pedibus ~voluti .. exoramus ut .. *FormOx* 18; **1320** vestris pedibus ~voluti .. exoramus ut .. *Ib.* 58.

praex v. prex.

pragma [LL < πρᾶγμα], deed, act, matter, affair.

1019 (15c) Domini clementia mortalibus .. permisit quatinus terrenis mundi ~atibus coelita mercari valeant tripudia CD 730; ~a, causa Osb. Glouc. *Deriv.* 480; ~ata, cause *Ib.* 484.

pragmatice [CL pragmaticus+-e], practically, pragmatically.

presbiter libros habeat quibus predicet catholice, i. fideliter; doceat tipice, i. figurative; loquatur ~e [gl.: *demandablement*], i. causative Garl. *Dict.* 133; cum .. judex .. perpenso subtilitate judicio, libratoque vel subtilius vel ~e diduccionis examine, quod in judicium deducta res expostulaverit statuere teneatur .. et examinare E. Thrip. *SS* II 21.

pragmaticus [CL < πραγματικός]

1 experienced or skilful in business or affairs. **b** (as sb. m.) one skilled in business or affairs (in quot. w. ref. to appointed official).

~us, causativus Osb. Glouc. *Deriv.* 480; **1160** sacram vestram prammaticam [sc. epistolam] episcoporum .. cardinalium sancte prosecuta est et provide plena veritatis epistola, hoc mundo clamans ..: .. omnes apostolatui vestro .. per omnia consensisse G. Foliot *Ep.* 133; persona .. dicitur quasi 'pars una', eo quod senator vel vir ~us erat una pars curie Neckam *SS* II 1. 8; in causis mediis maturos elige, claros, / moribus ornatos, pragmaticosque viros Neckam *DS* I 146. **b** omnes .. provincias, loca, civitates beato pontifici et pape Silvestro concedimus .., et ab eo .. per ~um constitutum decrevimus disponenda Ockham *Pol.* I 53.

2 that relates to affairs of a state or community (in phr. ~*a sanctio*, an imperial or royal decree issued as fundamental law; cf. *OED s. v. pragmatic* A. 1).

~a sanctio dicitur, que fit consultatione prehibita, que in canonibus dicitur decretalis epistola Vac. *Lib. paup.* 165; s1265 dicti quinque .. conabantur astruere hujusmodi ~as sanctiones, communi consensu et juramento confirmato [l. confirmatas], nullo posse consensu contrario dissolvi *Flor. Hist.* III 255.

praia [cf. *OED s. v. pray sb.*²], wooden pin used in thatching.

1237 in praiis emptis ad dictam logam, j. d. ob. *KR Ac* 501/18 m. 2; **1237** pro wallura et prais colligendis *Ib.*

prama v. prasma. **prammaticus** v. pragmaticus.

pramo [ME *pram* < MDu. *praem, pramo*, MLGerm. *pram*, +-o], crewman or operator of a pram (sort of open, flat-bottomed boat used for transport).

1392 cuidam ~oni pro j *prame* ab ipso conducta de Dansk usque Conyngburgh et redeunda, per convencionem factam, xiij marc' pr' *Ac. H. Derby* 174.

pranchius v. prasinus.

prandere [CL, *perf.* prandi, LL *perf. also* prandidi], to eat a midday meal, (in general) to eat or dine; **b** (dist. from *cenare*); **c** (dist. from *comedere*). **d** (pr. ppl. as sb.) one who is eating (perh. w. implication of excess). **e** (p. ppl. as sb. n.) food, meal.

priusquam ~ere [v. l. ~ire] coeperunt Felix *Guthl.* 47 p. 144; rogavit comes eum ad ~endum in domum suam ingredi. ... dum ille domum comitis pransurus ac benedictionem daturus intraret Bede *HE* V 4 p. 287; datum est episcopo venenum bibere in aula sua cum hospitibus ~enti Wulf. *Æthelwold* 19; dum calices haurit socius, prandere quiescas D. Bec. 943; duo de fratribus nostris nuper in sua domo ~iderunt GERV. CANT. *GR cont.* 174; **1339** si contingat predictum R. . . quod ad aulam pransurus commode accedere non possit *Reg. Kilmainham* 112; **s1476** illo die . . abbas et episcopus . . ~iderunt cum ipso *Reg. Whet.* II 160. **b** a Pascha usque ad Pentecosten . . ad sextam ~eat, et ad seram cenet AILR. *Inst. Inclus.* 12; nullam volebat fieri questionem quid in meridie foret pransurus, aut quid in vespere cenaturus *V. Edm. Rich C* 603. **c** **1339** quando sibi liceat in camera sua comedere vel ~ere, . . tunc habeat in die duos panes albos *Reg. Kilmainham* 110. **d** vites [*gl.*: vitare velis] prandentes, vites secreta gerentes, / vites amentes, probra, nugas, bella moventes GARL. *Mor. Scol.* 575. **e** **c1280** omnes ministri tocius curie habebunt pransum sicut predicti precariarii *Crawley* 232.

prandeum v. prandium. **prandiolium** v. prandiolum.

prandiolum [LL], light meal eaten about midday.

nunc dicendum est de quodam parvo ~o, quod debet fieri ante magnum prandium in Pascha BELETH *RDO* 119. 122C; accumulatis illis denariis . ., noluit frater . . forulum nunciis resignare, nec dominus papa . . ad prandium [v. l. ~um] invitare *G. S. Alb.* I 309 [cf. *MonA* II 192a: ~ium]; **1535** de xij d. solutis pro ~o gardianorum et auditoris hujus compoti *Ac. Churchw. Bath* 112.

prandire v. prandere.

prandium [CL], meal eaten about midday, (in general) food; **b** (w. ref. to *Dan.* xiv 32–36); **c** (*ad ~ium* w. vb. of motion or implied motion); **d** (w. *sedere* or *considere*); **e** (*de ~io surgere*); **f** (*in ~io*); **g** (as point of temporal ref., sts. dist. from *cena*).

putasne quis tibi hodie ~ium preparavit? *V. Cuthb.* II 5; hic fecerunt ~ium *Tap. Bayeux* 50; adsint ad opus prandii / [hec] vasa sanctuarii / que pater [meus] habuit / Jerusalem cum diruit HIL. RONCE. 99; contigit quod animalia invitata fuerunt a leone ad magnum ~ium *Latin Stories* 56; **1425** *that fra than furth* nullus forinsecus admittatur infra civitatem istam, nec toleratur parare ~ia in generalibus festis vel nuptiis . . nisi sit admissus et juratus ad libertatem hujus civitatis *Mem. York* II 160; **1440** canonicus convivans decanum stet coram eo tempore graciarum dicendarum ante ~ium, et [eciam] post *Stat. Linc.* II 295; hoc ~ium, hoc epulum, A. *mete WW*. **b** sicut . . propheta quondam ex Judea repente sublatus et in Chaldea cum ~io est depositus WULF. *Æthelwold* 5; angelus Abbacuc prophetam de Judaea in Babiloniam sustulit, quem supra lacum leonum posuit, qui Danieli ~ium porrexit ALEX. CANT. *Dicta* 5 p. 131. **c** quando aliquos ad ~ium vocant *Comm. Cant.* I 107; rogatu summi pontificis, contra rem solitam, vir Dei illo die ad ~ium venire cogitur FELIX *Guthl.* 47; quotidie ad ~ium veniens GIR. *TH* II 21; **c1270** vobis mandamus quatinus omnes debentes sectam . . sint ibidem summo mane coram nobis . ., quia inde ad ~ium nostrum aput N. tenta curia tempestive declinavimus [l. declinabimus] *CBaron* 70; **c1352** sic officia sua diligenter complebunt usque ad horam nonam, et tunc ad ~ia sua ibunt *Fabr. York* 172. **d** cum die sancto Paschae cum . . episcopo consedisset ad ~ium BEDE *HE* III 6 p. 138; **1251** pastor ovium dicit quod sicut sedebat ad ~ium sum die Pentecostes subtus hayam in campo *SelPlForest* 97. **e** surgant . . sepe de ~io aut cena . . cum suspicantur se inventuros aliquid negligentiae LANFR. *Const.* 146. **f** **1336** dominus Th. S. et plures alii de patria, et similiter illi de inquisicione, fuerunt in ~io apud Wardley *Ac. Durh.* 533; **1403** sacrista laicus . . campanas pulsare teneatur, et in futuro sedeat et recumbat in ~io ad mensam generosorum *Stat. Linc.* II 179. **g** circumeant . . post cenam cum bis fratres reficiunt, et post ~um cum semel LANFR. *Const.* 146; **s1100** Guillelmus rex mane . . comedit, seseque post ~ium ut in Novam Forestam venatum iret preparavit ORD. VIT. X 15 p. 86; **c1190** post ~ium . . si classicum pro defuncto fieri debebit fiet ante pulsacionem vesperarum *Stat. Lich.* 14; **1212** quedam femina . . cecidit mortua . ., et . . sepulta fuit eodem die ante ~ium *SelPlCrown* 64; **c1352** in yeme . . lucescente die ad opus suum venient . . et sic continuare . . usque ad horam nonam. post ~ium vero . . dormire debent infra logium *Fabr. York* 172; **a1460** ex manerio de Castre, Sabbato, circa tempus ~ii festinantissime *Paston Let.* 581.

2 (feud.) (duty of providing) food or a meal, as part of tenant's customary obligation to lord of manor. **b** (*precaria sine ~io* or sim., w. ref. to meal provided by lord to tenant performing boon-service).

c1170 concesserunt quod omnes sui . . ad tursias venirent, . . et omnes quieti sint de toto bienno [*sic*] et de toto ~io consuetudinario *Act. Hen. II* I 510; **1287** Hodo de Sadelhaco [debet] unum ~eum, de quo solvit xl s. . . et debet reddere instrumentum. . . item Bertrandus de Luco et ejus parcionarii, unum ~eum, de quo solvent xxxv s. *Reg. Gasc. A* I 74. **b** **1325** (v. precarius 4h).

pranga v. pronga.

pransare [CL pransus *p. ppl. of* prandere + -are; cf. CL pransitare], (in gl.) to eat.

to ete, . . prandere, pransare, pransitare *CathA*.

pransarorium v. pransorium.

pransilis [CL pransus *p. ppl. of* prandere + -ilis], pertaining or related to a midday meal or eating.

eadem in domo vas quoddam mirabilis efficacie ad horas ~es afferebatur ADEL. *QN* 58.

pransorium [cf. CL pransorius = *suitable for use at lunch*], (in gl.): **a** place for eating, 'eating-house'. **b** dish or bowl.

a promulsorium, ~ium, cenaculum OSB. GLOUC. *Deriv.* 472; ~ium, domus ubi prandemus vel discus *Ib.* 479; *etynghows*, pransarorium, -ii *PP*; *an etynge place*, ~ium *CathA*. **b** parapsis, discus, . . ~ium OSB. GLOUC. *Deriv.* 476; *Ib.* 479 (v. a supra).

pransum v. prandere.

pranulus, (metr.) form of syzygy.

enucleatis . . metrorum pedibus . ., operae pretium arbitror, ut multimodas alternantes sinzigiae replicationes . . praeterire studeamus . .: proxilius, . . rivatus, ~us, linuatus . . ALDH. *PR* 141 (142) p. 201.

Prascenus v. Pruscenus.

prasia [πρασιά], bed in a garden (in quot. w. ref. to *Marc.* vi 40, arranged in rows).

prasia [πρασιά] Graece, Latine locus ubi catervatim recumbunt *Comm. Cant.* III 71.

prasinus [CL < πράσινος]

1 of a leek-green colour, (leek-)green; **b** (med., w. *cholera*); **c** (her.).

in quibus [sc. generibus concyliorum] sunt et musculae, quibus inclusam saepe margaritam omnis quidem coloris optimam inveniunt, id est et rubicundi et purpurei et hyacinthini et ~i, sed maxime candidi BEDE *HE* I 1; rubent aliae, aliae virent, hae purpureo, hae hyacinthino, hae ~o colore vestiuntur GOSC. *Aug. Maj.* 51D; tota superficies cutis . . viridi colore tingebatur. . . puella . . illum prassinum colorem penitus amisit, atque sanguineam habitudinem . . paulatim recuperavit COGGESH. *Chr.* f. 88b; **1267** onicleum unum et duo pranchii caucidonii *CalPat* 139. **b** cholera . . †prassiva [l. prassina], in colore viridis . . sicut herba que prassium, id est marrubium vel porrus, nuncupatur BART. ANGL. IV 10; est et praxina, viridis quasi sectile porrum: / hanc coleram magnus ducit in esse calor GARL. *Epith.* V 177; est [colera] nota propter adustionem colere eruginose, que vocatur zinaria vel prassina GAD. 3. 2; prassus . . i. porrus, unde colera prassina *SB* 35. **c** recte . . errorem suum fatetur quod dixisset colorem viridem a se damnatum in insignibus haberi. . . nonnullas . . que . . hunc colorem in clypeis habuerunt recensebo familias. . . Erpinghamiorum equestris familia parmulam argenteam . . in scuto ~o gestabat UPTON *app.* 40.

2 (*lapis ~us*) sort of precious stone of leek-green colour, prasine. **b** (as sb. f.). **c** (as sb. n., w. ref. to green variety of chalcedony).

ubi nascitur aurum optimum et bdellium et lapis onichinus sive, ut habet alia translatio, carbunculus et lapis prassinus GROS. *Hexaem. proem.* 31; prassinus . . lapis idem est quod viridis lapis, nam prassos Grece porrus vocatur Latine, a cujus succi similitudine dicitur lapis prassius sive prassinus *Ib.* XI 20. **b** **1261** reddunt compotum . . de una ~a cum capsa auri similiter de dono . . ponderis xiij d. *LTR AcWardr* m. 1; **1268** unam gerlandam cum ~is, rubettis, saphiris, perlis *Liberate* m. 4. **c** calcido ut ignis lucet, haec [l. hoc] est ~um *GlC* C 77.

3 (bot.) kind of plant, perh. leek (*Alium porrum*) or horehound (*Marrubium vulgare*); cf. *prasion*, *prason*.

aqua decoctionis epatice, scolop', capil', vene seminum quattuor frigidorum, et gumi arab', vio', et prassinorum GILB. I 19v. 2.

prasion [CL < πράσιον], **1 prassium**

1 (bot.) horehound (*Marrubium vulgare*). **b** (w. *album*) white horehound. **c** (w. *nigrum* or ellipt.) black horehound.

harehune . . *ðas pyrte ðe Grecas* ~ssion *ond Romane* marubium *nemnað Leechdoms* I 148; marrubium agrestis dicitur ~ssion, alii eupatorion, . . Romani marrubium *Gl. Laud.* 990; marrubium, i. ~ssium *Ib.* 1047; viridis, et amara, acuta, sicut herba que ~ssium, id est marrubium vel porrus, nuncupatur BART. ANGL. IV 10; ut ex . . cerfolio, ~ssio, policaria, aniso, et similibus GILB. V 232. 2; si non abhorreat amara, tunc addatur de ~ssio et gentiana GAD. 54. 2; ~ssium aut filofores frutex est ex una radice multas virgas habens albas asperas et quadras, folia similia digito majori, et obrotunda, aspera, et rugosa, gustu amara *Alph.* 138; marubium, ~ssium idem, A. *horehoune SB* 29. **b** ~ssium duplex est, album et nigrum, [marrubium nigrum idem] *Alph.* 138; ~ssio albo utimur in electuariis et pocionibus contra tussim antiquam. G. *morail*, A. *horhune Alph.* 138; ~ssium et marubium idem et est marubium album, G. *marole*, A. *horehunne* vel *horehunde MS BL Addit. 15236* f. 6. **c** marrubium nigrum, ~ssium idem, . . A. *horhoncie* vel *houndesuede Alph.* 111; ~ssium duplex est, album et nigrum, [marrubium nigrum idem] *Ib.* 138; ~ssio nigro non utimur *Ib.*

2 juice of white horehound.

†parssi [l. prassi'], i. succus porri *Gl. Laud.* 1217; ~ssium dicitur succus herba [? l. herbe] marubii albi *SB* 35.

3 (w. *ampelos*) white vine or bryony (*Bryonia dioica*), also conf. w. wild turnip.

ampelon ~ssion, vitis alba idem *SB* 10; alphesora, amphelion ~ssion idem, vitis alba, brionia idem, G. *navet*, A. *wildnep Alph.* 5.

prasius [CL < πράσιος], kind of precious stone of green colour, prasine, prase. **b** (w. *lapis*, in apposition or as quasi-adj.).

~ius est lapis ad modum porri viridis . ., aliquando invenitur cum guttis sanguineis BART. ANGL. XVI 77. **b** a cujus [sc. porri] succi similitudine dicitur lapis prassius sive prassinus GROS. *Hexaem.* XI 20.

prasma, prama [OF *presme*, OF, AN *prasme*, *prame*; cf. CL prasinus], leek-green stone, prase. **b** (in gl.) crapaud, toad-stone.

1245 capa . . cum tassellis . . et morsu coherente trifuriato, in quo est lapis qui dicitur *presme Invent. S. Paul.* 476; capa que . . habet morsum . . in cujus medio est *presme* contrafacta *Ib.*; **1267** unum firmaculum cum ~smis, balesiis turpibus, ponderis iiij s. vij d., precii xl s. *CalPat* 136; **1267** una ~sma in capsa, precii xl s. *Ib.*; viriditas . .; sic est videre in quo genere sunt smaragdi, crysolitus, et ~ma secundum species suas *Ps.-*GROS. *Summa* 631; **1315** anulus magnus cum saphiro et quatuor ~mis cum quatuor margaritis *Invent. Ch. Ch.* 71; **1322** anulus pontificalis magnus cum saphiro oblongo et quatuor ~mis cum quatuor margaritis *Ib.* 7. **b** hec pama, A. *a grapond WW*.

prason [CL *app.* = *growth of leek-green colour on seaweed* < πράσον *leek*], **prassum, 2 prassium, prassus,** leek.

parasa [? l. prasa], i. partaboclum *Gl. Laud.* 1167; prassium . . porrus nuncupatur BART. ANGL. IV 10 (v. prasion 1a); prassos Grece porrus vocatur Latine GROS. *Hexaem.* XI 20; prassus, secundum quosdam i. porrus, unde colera prassina i. porrina *SB* 35; prassium, porrum idem, G. *porreus*, A. *lek MS BL Addit. 15236* f. 6; prassum porrum idem . . *poret leke Ib.* f. 182.

prassinus v. prasinus. **prassion** v. prasion, prason. **prassium** v. prasion, prason. **prassius** v. prasius. **prassiva** v. prasinus. **prassos, prassum, ~us** v. prason. **prata** v. pratum.

pratagium [CL pratum + -agium], toll, tax, or levy on meadowland.

c1187 ex compositione . . facta de ~io pratorum

suorum, in prataria de M. M. id quod ipse G. quietavit eis de toto ~io et custodia .. ita quod canonici habebunt custodem suum in omnibus pratis suis, exceptis illis .. que ejusdem G. pratarius salva et integra custodiet, nichil pro custodia ab eis exacturus sive petiturus *Act. Hen. II* 406.

pratalis [CL], that grows or is found in meadows, (*herba ~is* in quot. bot.) ? yellow meliot (*Melilotus officinalis*), ? clover (*Trifolium*), ? honeysuckle (*Lonicera periclymenum* or *caprifolium*).

herba ~is, *a thre levyd grasse, cockshodis Herb. Harl. 3388* f. 80v.

pratarius [CL pratum+-arius], **~erius, ~orius,** of or pertaining to meadow or meadowland: **a** (as sb. m.) manorial officer charged with custody of meadows, ? hayward. **b** (as collect. sb. f. or n.) portion of manor or estate that consists of meadow, meadowland. **c** (as sb. n., mon.) open area enclosed by cloister, cloister-garth.

a c**1160** recognitum .. fuit .. domos ~arii, excepta una, .. esse consuetudinarias *Act. Hen. II* I 266; c**1187** in omnibus pratis .. exceptis illis .. que ejusdem G. ~arius salva et integra custodiet, nichil pro custodia .. exacturus sive petiturus *Ib.* 406. **b** c**1187** ex compositione .. facta de pratagio pratorum suorum, in ~aria de M. M. (v. pratagium); a**1240** totum pratum in ~orio de Aston qui [*sic*] vocatur Gillemedewe *Cart. Chester* 156. **c** ad omnia .. intervalla in claustro possunt fratres qui voluerint absque reprehensione secus ~erium .. inter columnas residere *Cust. Westm.* 169; in yeme .. mane et sero, quando in claustro ad scannum non possunt bene videre super libros, possunt fratres qui voluerint absque reprehensione secus ~erium inter columpnas residere *Cust. Cant.* 214.

pratella v. pratellum.

pratellensis [pratellum+-ensis], of or belonging to a (small) meadow (in quots. passing into place-name).

ipse comes tenet in O. v hidas et S. Petrus pratellens' de eo. terra est v car' *DB* I 240va; hic [sc. Guillelmus Pictavinus] genere Normannus de vico ~i fuit Ord. Vit. IV 7 p. 217; c**1187** causam que inter abbatem et canonicos Oseneye et abbatem et monachos ~es super capella de Watecumba vertebatur *Cart. Osney* IV 430.

pratellum, ~a, ~us [CL pratum+-ellum, -ella, -ellus]

1 small meadow or grassy area, paddock, garth.

a**1135** precipio quod monachi .. habeant .. suas duas breches .. cum ~is et grava que pertinent .. sicut Willelmus frater meus .. dedit *Cart. Glouc.* II 239 (cf. *Hist. Glouc.* 68: Willelmus rex .. minor dedit .. duas breces .. cum .. ~is .. adjacentibus); vidi ambitum quemdam de lignis .. circumseptum .. ad modum claustri sed rotundum, cujus interioris herba ~i communium virorem excedebat herbarum *V. Chris. Marky.* 72; camerarius habet unam acram prati .. inde parantur lecta monachorum. habet etiam ~um de St., unde invenit fenum sub pedibus monachorum quando balneant *Cust. Abingd.* 300; singuli [sc. Cartusienses] habent ostiola sua ex opposito claustri versus ~um Gir. *Spec.* III 20 p. 250; c**1235** unam virgatam terre .. cum uno ~o eidem terre pertinente .., cum una acra que appellatur Rubra Acra et ~o quod vocatur Uplangemede *Ch. Sal.* 216; c**1250** persona tenet parvulum ~um *Cart. Rams.* I 380; c**1250** habet .. unum ~um, pertinens ad dictam cotlandam, continens tres rodas *Ib.* II 36; **1260** duo ostia et unum bancum in .. claustro [de Gyldeforde], duas fenestras vitreas in appenticio quod est juxta ~um regine nostre .. emendari facias *Liberate* 36 m. 3; s**867** bellum non longe a villa .., in una ~a que usque in hodiernum diem Ellecroft vocitatur *Eul. Hist.* III 4; video .. divitem cum paupere .. placitare .., qui in fine .. justum pauperem devorat .. non peccantem nisi quia ~um pauperis prato .. divitis vicinatur Upton 168.

2 (as place-name, passing into surname); **b** (w. ref. to abbey of Préaux, near Calvados in Normandy); **c** (*S. Leodegarius de ~is*, Saint-Léger-des-Préaux in Normandy).

s**1191** exclamavit unus sociorum regis nomine Willelmus de Pratellis, idiomate Saracenico vociferans se esse *melech*, quod Latine dicitur rex *Itin. Ric.* IV 28; **1261** Petronille de ~is .. racionabile tallagium habere facias *Cl* 405; **1268** inter .. tenentes ejusdem ville [sc. Parve Tywe] ex una parte, et Johannem de ~is dominum de Magna Tywa ex altera *Cart. Osney* IV 229. **b** **1266** licenciam .. recipiendi attornatos abbatis de ~is *Cl* 232. **c** **1260** rex cepit fidelitatem Georgie create in abbatissam S. Leodegarii de ~is in Normannia *Cl* 85.

3 (as sb. f., bot.) melilot or clover (*Melilotus, Trifolium*; cf. *pratalis*).

†paratella [? l. pratella], i. mellilotum *SB* 33; ~a agrestis, i. mellilotum croceum *MS BL Royal 12. E. 1* f. 100v; ~us, i. corona regia, A. *honysokyll MS BL Sloane 405* f. 15v. ~a agrestis, *honysokyl MS Cambr. Univ. Libr. Dd. 11. 45* f. 112rb.

4 bunting (*Emberizina* species).

buntyng, byrd, ~us, -li *PP*; hic ~us, *a buntyle WW*; *a buntynge*, ~us *CathA*.

pratellus v. pratellum.

pratensis [CL], that grows or is found in meadow, meadow-, (*ruta ~is*) meadow rue or meadow rhubarb (*Thalictrum flavum*).

1597 thalietrum, thalictrum, *and* ruta ~is, *in English bastard rubarbe, or English rubarbe* (Gerarde *Herbal*) *OED* s. v. *rhubarb* 3.

praterium v. pratarius. **prateum** v. pratum.

praticulum [CL pratum+-culum], small meadow, paddock, garth.

c**1150** dedi .. eis boscum de B. .., et ~um quod est inter domum W. et vacariam et fossata mea *MonA* VI 840; c**1250** habebit .. domos cum curtilagio et ~is ad easdem spectantibus *Ch. Sal.* 319.

praticus v. practicus.

pratinus [ML < CL pratum+-inus], (bot.) that grows or is found in meadows.

pes pulli ~us medius, *ze[le]w craye*, *mareblowre MS BL Royal 12. E. 1* f. 99; pes vituli ~us minor, *calvysfote Ib.*; pcs pulli agrestus .. *folys foot or* pes pully ... pes pully pratrinus .. *myddyl folys for* ... pes pulli aquatice .. *water folys fot Agnus Castus* p. 215 (*ed.* p. 195).

pratis v. pratum. **pratorius** v. pratarius. **pratrinus** v. pratinus.

pratulum [CL], small meadow.

c**1185** de ~o quodam quod nominato stagno adjacet G. Foliot *Ep.* 451.

pratum [CL], **~a, ~is**

1 meadow, meadowland (freq. w. ref. to water-meadow); **b** (fig.); **c** (gen. sg. after *acrae* or other noun of measure); **d** (dist. acc. kind of meadow); **e** (dist. acc. use or usefulness); **f** (w. ref. to what grows in or is produced from meadow, esp. grass cut for making hay).

679 cum campis et silvis et ~is *CS* 45; quattuor .. / limpida .. flumina .. / quae rubros flores et prata virentia glebis / gurgitibus puris .. rigabant Aldh. *CE* 4. 10. 11; c**756** (10c) cum silvis et ~eis *CS* 181; **778** huic .. terrae adjacent ~ae ubi dicitur Hreodham in iiij locis *CS* 227; **811** cum campis, pascuis, ~ibus, silvis *CS* 335; in ~o quodam amenissimo quod tamen .. dicitur ab incolis ex antiquo Pratum Proditorum H. Bos. *Thom.* V 1; **1202** H. de R. appellat J. de H. quod ipse .. venit in ~a sua et illa per averia sua pavit *SelPlCrown* 14; a**1229** molendinum de T. cum tota aqua et molitura terre de T., et cum quadam terula et ~a *Cart. Mont. S. Mich.* 59; **1254** quod predicti burgenses habeant gildhallam suam .. simul cum ~o quod vocatur Portmanebroc *Gild Merch.* II 203; **1350** in falcacione ~i stagni de Petingdon, iij s. xj d. *Ac. Durh.* 550; hoc ~um, *a medowe WW*. **b** audiant .. nos .. carpentes paucos flores .. de extento sanctorum novi testamenti tironum amoenoque ~o Gildas *EB* 73; purpureos pudicitiae flores ex sacrorum voluminum ~o decerpens .. virginitatis coronam .. contexere nitar Aldh. *VirgP* 19; nam multa sacrorum et divinorum voluminum ~a, velut apis ingeniosa sic rapido cursu capacis ingenii pervolavit ut mentem potius quam corpus divinis reficeret lectionibus B. *V. Dunst.* 5; quod de ~o pagine divine deflorabat, in armarium cordis ut in actum usque deduceret, fideliter collocabat *V. Birini* 20; discurramus jam ex more, si placet, per amena et fecunda ~a scripturarum Ad. Scot *QEC* 810C. **c** **855** (12c) dabo unam villam .., et duo jugera ~i *CS* 486; **942** (12c) undecim segetes ~e [v. l. ~i] *CS* 778; l acrae ~i *DB* I 56vb; c**1250** tenet duas cotlandas .. et unam rodam ~i *Cart. Rams.* II 36; de .. x acris terre, x acris ~i, x acris pasture Hengham *Magna* 1 p. 2; c**1276** dimidia acra ~i jacet in communi prato de C. et Th. in tercia sorte *Cart. Osney* IV 139; †**975** (14c) cum sexaginta acris ~i *CS* 1313. **d** c**1180** dedisse .. tres carucatas terre .. cum ~o recenti et salsato *Ch. Mowbray* 360; **1232** exceptis duabus partibus feni ~i salsi, et duabus partibus feni prati de Langemede, et exceptis omnibus pratis ejusdem ville *Cart. Colch.* 520; **1296** ix acre prati .. in ~is salsis et dulcibus versus solem *Cl* 113 m. 9*d.*; **1338** x acre ~i salsi in pratis de St., .. et iij acre ~i frisci *Hosp. in Eng.* 146; **1374** hominibus differentibus herbam provenientem de eisdem ~is aquosis usque alteram et siccam terram *DL MinAc* 507/8227 m. 1; **1391** quinque acre ~i salsi in parte australi dicti prati *Cl* 232 m. 22*d*. **e** ~um iiij bobus *DB* I 129ra; ~um ij carucis, .. silva cc porcis *Ib.* 130vb; ~um j carucae et ij bobus *Ib.* 132rb; ibi ~um sufficiens carucis ... ibi habebat .. v servos et ~a carrucis *Ib.* 162vb; **1222** de ~o falcabili (v. falcabilis); c**1254** ibidem sunt xviij acre ~i debilis unde quelibet acra valet per annum viij d. *IPM* 10/18 (=*Cal. Scot.* I 1967); **1388** vj acre ~i falcabilis (v. falcabilis). **f** falcabunt omnes ix operaciones et levabunt totum ~um *Rec. Templars* 9; camerarius habet unam acram ~i in Culeham, quam falcant homines ipsius ville, et levant, inde parantur lecta monachorum *Cust. Abingd.* 300; **1242** in ~o falcando, levando, blado sarclando, metendo, colligendo, cariando, tassando .. in autumpno *Pipe* 119; **1279** debet invenire j hominem ad ~um falcandum, sublevandum, et preparandum, et cariandum, et tassandum *Hund.* II 442b (cf. ib. 442a: ad falcandum in ~o; 446a: ad pratum falcandum et fenum sublevandum); **1312** in ~o bis falcato et elevato, xx d. *Comp. Swith.* 399; **1343** in ~is falcandis, spargendis, et levandis *Ac. Durh.* 204; **1388** ij opera ad faciendum ~um ibidem per duos dies *IMisc* 240/35; **1495** pro falcacione, lucracione, induccione ~orum de Fawkland *ExchScot* 483.

2 (as place-name, also passing into surname); **b** (*~um Monstratum* =Prémontré, in quots. w. ref. to Premonstratensian Canons); **c** (*Sancta Maria de ~o* or *~is*, w. ref. to Hospital of St. Mary de Pré near St. Albans).

quod .. dicitur .. ~um Proditorum H. Bos. *Thom.* V 1 (v. 1a supra); **1310** Guilhelmus de ~o *EHR* XLI 354. **b** domum pauperem canonice religionis et ordinis de Prato monstrato vocati .. destruere .. curavit Gir. *Spec.* III 2; Hales, de ordine Prati monstrati [v. l. Premonstracensi] M. Par. *Maj.* III 490. **c** **1194** infirmis feminis S. Marie de ~o *G. S. Alb.* I 202; affuit frater R., custos .. ecclesie S. Marie de ~is, exigens conradium abbatis .. ad opus leprosarum ibi manentium concedi *Ib.* I 305; **1260** monialibus leprosis S. Marie de ~is juxta S. Albanum, j mille [allecis] *Cl* 239.

pratunculum [CL pratum+-unculum], small meadow.

1182 (1316) quoddam †prætuxculum [l. ~um] quod vocatur Hamwa, quod extenditur de crofta de S., de W. secus stagnum molendini usque ubi novus rivulus descendit in veterem rivulum *MonA* VI 434.

pravare [CL pravus + -are], **~ere,** to make wicked or corrupt, to pervert.

filius mali genitoris exemplo ~atus Gildas *EB* 109; *to make a schrewe* [v. l. *to make schrewed*], ~ere, de- *CathA*; cum regibus amicare, / et omnibus dominari, / et supra te pravare [MS: grassari] Skelton I 349.

pravata v. parabata.

prave [CL], in an incorrect, crooked, or depraved manner, perversely, wickedly.

bona aliqua fecit, quae tamen .. ~e agendo .. obnubilavit Bede *HE* V 13; membra Christi ~e docendo a suo corpore separes Alcuin *Dogm.* 230A; ~e gesta postulant ulcisci Osb. *V. Elph.* 125; prave Christum vivendo negavi R. Cant. *Poems* 293. 3; eis in malo consimiles, qui eos ~e agentis favoribus extollunt Hon. *Spec. Eccl.* 918 D.

pravere v. pravare.

pravicola [CL pravus + -cola], promoter or worshipper of depravity, perversity, or error (in quot. as quasi-adj.).

quater denos .. vexilla per annos / .. tuli verae .. fidei, / barrida pravicolae qui stravi examina turbae FRITH. 1098.

pravilegium [CL pravus+lex+-ium, *w. play on* privilegium], wicked, perverse, or erroneous privilege.

s1112 privilegium illud, quod non est privilegium, sed vere dici debet ~ium, .. a domino papa .. per violentiam regis Henrici extortum W. MALM. *GR* V 428; s1112 quod dampnaverunt, dampno, potissime illud privilegium quod potius vocandum est ~ium nuper Henrico concessum dampnamus in eternum KNIGHTON I 109; hoc non privilegium sed ~ium dici debet *Eul. Hist. Cont.* 346.

praviloquium [CL pravus+loqui+-ium], perverse or depraved speech.

auditum circumcidimus si hunc a ~io obstruimus HON. *Spec. Eccl.* 842 B.

pravitas [CL]

1 crookedness or incorrectness (w. ref. to behaviour, morals, or ethics), perversity, depravity, wickedness.

ex necessitate emendandae suae ~atis BEDE *HE* IV 25; in tumorem elatus, ac per hoc sede piorum indignus, debitum ~ati locum recepit PULL. *CM* 203; Tonantis iram, quam ~as in terris provocavit, Neptunus in undis vindicavit GIR. *TH* II 54; hic nequiciam antequam furcas ascenderet .. dixit: ".. omnis ~as a Deo est" STRECCHE *Hen. V* 149.

2 (applied to disapproved religious opinion or practice): **a** (w. *haeretica*); **b** (w. *simoniaca*); **c** (w. *Lollardica* or *Witclevistica*).

a quorum secta .. quam venenatis heretice ~atis frondibus succreverit ALDH. *Met.* 2 p. 71; ad eorum memorias signa faciens et prodigia, per que ~as confundatur heretica et fides catholica confirmetur (*Lit. Papae*) *Canon. G. Sempr.* f. 133 (cf. *Mir. Wulfst.* II 1); s1239 in Christum .. Cujus testamenti tabulas stilo ~atis heretice nititur abolere M. PAR. *Maj.* III 590; 1382 eundem P. de ~ate heretica non convictum .. ad pristinum statum restituimus *Conc.* III 169b; c1412 quod nullus .. scienter admittat aliquem .. de heretica seu Lollardica ~ate probabiliter suspectum *StatOx* 222; per .. magistrum L. de L. inquisitorem heretice ~atis .. confutatus est BOWER XVI 20. **b** ille ~atem simoniacam detestans ex animo .. *V. Edm. Rich P* 1780B; s1237 accidit .. ut .. turpes exactiones faciant, que interdum etiam cadunt in symoniacam ~atem M. PAR. *Maj.* III 425. **c** c1412 habeat ~ate (v. 2a supra); ut tendamus ad hanc Witclevisticam ~atem de absoluta necessitacione voluntatis humane NETTER *DAF* I 69a.

3 perverse or wicked deed or act, misdeed, (also leg.) offence, misconduct. **b** malfeasance, misconduct, malignance.

1163 compositio .. firma debet in sua stabilitate consistere, et ne aliquorum ~ate ulla valeat ratione infringi, eam necesse est apostolice sedis presidio communiri *Cart. York* 15; 1277 de Joc' de Bed' pro ~ate translata, xx m. *KR Ac* 249/22 (cf. ib.: de Joc' Debed', Christianitate translata, xx m.); s609 Clotarius rex Brunehildam reginam equo indomito uno pede una manu alligata cum coma capitis .. pro diversis ~atibus disrumpi precepit *Eul. Hist. Chr. Brev.* 278; 1548 naves et naviculas piratarum predictarum vel de piratica ~ate hujusmodi suspectas *SelPlAdm* II 2. **b** 1218 nos .. ordinationem ipsam, sicut sine ~ate .. facta est .. confirmamus *Cart. York* 25; 1354 peto .. quatinus michi licencia transeundi .. ad ordinem Cisterciensem .. sine difficultate et ~ate quacumque concordatur *Lit. Cant.* II 326.

pravus [CL]

1 awry, crooked, that deviates from the ideal, defective.

inde prava seges glitibus densescet acerbis ALDH. *VirgV* 2725; sinthoma [i. symptoma] est ~um accidens *SB* 39.

2 that deviates from (behavioural, moral, ethical, or doctrinal) correctness, crooked, perverse, depraved, wicked: **a** (of opinion or conduct); **b** (of person); **c** (as sb. m.).

a periculosa .. ac supervacua .. doctrina est quae ~is operibus obfuscatur GILDAS *EB* 96; procus illustris

pravo succensus amore ALDH. *VirgV* 1846; te monachi texit vestis, te regula rexit: / rexit et erexit, nec te via prava reflexit *V. Gund.* 49; a1161 ~as consuetudines ab ecclesia Dei penitus extirpare *Doc. Theob.* 23; omnia .. ~a .. nostra mente cupere nos et desiderare ALB. LOND. *DG* 6. 19; vino estuantem vidi qui .. ait "O quam ~us est mundus iste" S. LANGTON *Serm.* 2. 24. **b** testimonium .. quod de ~is antistitibus salvator .. loquitur GILDAS *EB* 95; haec comites pravos, id est mendacia mille / .. / conglobat in cuneum ALDH. *VirgV* 2576; non insolita populi ~i malitia GIR. *TH* II 54. **c** si .. historia .. mala commemoret de ~is .. BEDE *HE pref.* p. 5; [pra]vorum machinamenta ad nichilum red[ac]ta conspeximus WULF. *Æthelwold* 3; per quod datur intelligi quod intelligentia contemplantem spiritum, ne contaminetur, in malam vitam non sistit; ~orum tamen errores ei aperit BERN. *Comm. Aen.* 113; sic pravos digne punit Judex Deus igne *Vers. Cant.* 19.

prax v. prex.

praxapostolon [< πράξεις τῶν ἀποστόλων], (bibl.) the Acts of the Apostles.

~on, hoc est Actus Apostolorum, totidem viros diaconatus officio functos et primitivae dispensatores ecclesiae probat ALDH. *Met.* 2 p. 70.

praxinus v. prasinus.

praxis [CL < πρᾶξις]

1 action, activity, (also w. obj. gen.) doing, carrying out, putting into practice.

~is Grece et operacio Latine BACON *Mor. Phil.* 249; o scripture serenitas singularis .. ! o venerandum artificium .. pre cunctis ~ibus, que hominis manu fiunt R. BURY *Phil.* XVI 208; quod per istam horam non diligam eum [sc. Deum], vel cogitem de eo actualiter, sed vacem ~i quod expedit, aliquando non esset possibile solvere illud mandatum WYCL. *Log.* II 223; pro ~i et defensione legis Cristi *Id. Ver.* II 132; ~i, operacione *WW*.

2 (log.) practice (as dist. from theory), direct practical experience (as dist. from speculation); **b** (personified).

quia non tantum stat in cognitione subjecti sed extenditur ad ~im, ad hanc ipsam, in quantum practica est, monet unitatem et vitare contrarium FISHACRE *Sent. Prol.* 93; sumitur aliquando practica quantum ad operationem intellectus speculativi, et sic illa potest dici practica, et similiter logica, tamen ~is proprie prout est in genere moris et boni, sola moralis est practica BACON XIII 2; dico tamen quod principalius est practica quam speculativa, extendendo ~im, non tantummodo ad operacionem exteriorem, sed et ad operacionem voluntatis interiorem MIDDLETON *Sent.* I 7; de eodem haberet unus intellectus noticiam practicam et alius speculativam ~is esset possibilis uni intellectui et non alteri DUNS *Ord.* I 219; ex hoc sciendum est ulterius quod cum cognicio practica — actualissima et proxima ~i — sit aliqua sentencia de aliqua ~i elicienda *Ib.* VI 304; eternaliter ordinat [sc. prima natura] omnia, cum non capit suam speculacionem aut ~im a rebus extra WYCL. *Incarn.* 106. **b** c1423 veteris policie industria nos informat, concordat eciam cum ipsa certior in factibilibus operatrix, alma ~is, quomodo *Reg. Whet.* II 390.

3 habitual or customary mode of action, method, technique. **b** (in tit. of practical treatise on a given subject, also w. specifying or obj. gen.).

s1461 assumens .. in se artem et ~im docti cirurgici *Reg. Whet.* I 411; ~is, philorcii de virtute aque philosophice: .. accipe rorem Maii RIPLEY 194; serva tibi de pulvere albo si volueris ad elixir album. ad comprobacionem istius ~is lege philosophum dicentem *Ib.* 224. **b** 1451 volo quod magister W. K. .. habeat quinque libros meos physicales, .. tertius .. 'De ~i Amici Tui' nuncupatur *MunAcOx* 614; enarraciones proborum authorum per nos in capitulo a Kynlos: .. ~in Arithmeticos, quam nostro marte scripsimus FERR. *Kinloss* 43; ~is in Curiis Ecclesiasticis *Praxis tit.*

4 carrying on or exercise of profession or occupation (in quot. w. ref. to medical practice, in phr. *admittere ad* ~*im*).

1549 duas anatomias faciet, tres ad minimum curationes se fecisse probet, antequam admittatur ad ~im *StatOx* 346.

preapus v. Priapus.

preca [cf. precula, prex 5], prayer-bead, rosary bead.

1434 pro j pare ~arum de auro empt' de Henr' Forster, viij li. iij s. iiij d. *Ac. Durh.* 711; ~e, A. *bedus WW.*

precabilis [LL], apt for prayer, disposed to pray.

precor, -aris .. unde .. hic et hec ~is et hoc ~e .., et precarius, -a, -um, i. ~is OSB. GLOUC. *Deriv.* 451.

precabiliter [ML < LL precabilis+-ter], in a manner apt for prayer.

precabilis .. unde ~ter adverbium OSB. GLOUC. *Deriv.* 451; precarius .. i. precabilis, unde precarie vel precario adverbia, i. ~ter *Ib.*

precabundus [LL=*entreating, beseeching*], disposed or bound to pray.

precor, -aris, verbum deponens, .. unde .. ~us, -a, -um, i. ad precandum habilis OSB. GLOUC. *Deriv.* 451; *praynge*, precans, precarius, ~us *CathA.*

precalis [CL prex+-alis], (in quot. as sb.) prayer-bead, rosary-bead.

1433 dompne Johanne Sp. .. unum par ~ium de jeete *Test. Ebor.* II 49.

precamen [LL]

1 entreaty, request, prayer; **b** (directed to God, divine agency).

vir venit ad procerem trepidisque precamina supplex / vocibus ingeminat BEDE *CuthbV* 340; 1224 taliter .. cures exaudire preces nostras hac vice, quod adversus .. nia non videaris aures et animum obfirmasse (*Lit. Papae*) *RL* I 542; c1239 licet certi sumus quod vestra caritas hec .. nobis .. offerat solatia, supplicia tamen .. vestre benignitati effundimus ~ina GROS. *Ep.* 69; 1262 continuate dileccionis integritas .. confidencius nos inducit ut .. vestri favoris gracia confidentes nostra vobis ~ina dirigamus *Cl* 112; 1262 cum idem dominus papa in terra regis Navarre .. duxerit originem, propter quod ~ina sua et .. regine Navarre .. in dicto negocio plurimum juvativa censemus *Cl* 121 (=*Foed.* [*RC ed.*] I 411); 1555 domine judex, rogamus vos .. ut nostrarum interventu ~inum miserrimo huic nullum mortis vel mutilationis periculum inferas (*Bulla Papae*) *Conc.* IV 136. **b** regi Æthelstano prandium quod potuit obvia praeparavit, quia hunc causa ~inum Glestoniam venisse praescivit B. *V. Dunst.* 10; plurima omnipotens Deus adhuc inibi dignatur operari miracula et fideliter corde pura petentum effectiva haud creperum exaudire ~ina *V. Neot. A* 10; s1088 hostes ad debellandum parant arma; ipse [sc. Wlstanus] pro imminenti periculo fundit ~ina FL. WORC. II 25; nocte .. tota .. Deo, sancteque matri ipsius, sanctoque presuli Hugoni, pia fundere ~ina non cessavit GIR. *Hug.* III 6 p. 144; Deum placa / sacro precamine / .. / o virgo sacrata EDMUND *BVM* 2. 3; 1369 in .. jejuniis, vigiliis, .. et aliis orationibus et ~inibus *Pri. Cold.* 39; extremam vite metam patefecit ubique, / ut .. / .. premissa precamina cursu / precedant, socient animam loca celsa petentem *V. Ed. Conf. Metr.* I 476 p. 375.

2 prayer-bead, rosary-bead (cf. *prex* 5, *preca*, *precarius* 7b, *precula*).

1440 [lego] Matildi L. unum par ~inum et xl s., que sunt in manibus viri sui *Test. Ebor.* II 76.

precanter [CL precans+-ter], in a beseeching or supplicatory manner, beseechingly.

precor, -aris, verbum deponens, inde ~er adverbium OSB. GLOUC. *Deriv.* 451; precario, ~er *Ib.* 478; postulatim, ~er *Ib.* 480; huic instant famuli frustra mulcendo precanter; / non recipit blandas rustica dura preces WALT. ANGL. *Fab.* (ed. Hervieux) *app.* 7. 39 p. 373.

precare v. precari.   **precarent** v. praecavere.

precari [CL], ~are

1 to request, beseech, pray. **b** (w. acc. of person, w. *ut* or *quod* & subj., also impers. pass.) to ask a person to do something. **c** (w. acc. or inf.) to request something. **d** (pr. ppl. as adj.) that requests or beseeches, supplicatory, that has the nature of a request.

Hæddi, pie presul, precor, / .. pro me tuo peregrino / preces funde Theodoro THEOD. *Pen. epil.*;

671 illud perficere nequivimus, idcirco difficultatis veniam, ~or, impendite Aldh. *Ep.* 1; quid enim, precor, amplius optet / ipsum [sc. Deum] quisquis habet? L. Durh. *Dial.* IV 351; efflagitare, rogare, ~ari, orare Osb. Glouc. *Deriv.* 199; *demonder*, poscere, ~ari, petere, querere *Gl. AN Ox.* f. 154v. **b** nunc in fine precor prosam metrumque legentes / hoc opus ut cuncti rimentur mente benigna Aldh. *VirgV* 2867; c**1140** ~or vos quod .. terram suam manu teneatis *Regesta Scot.* 14; te, Guthlace, meo precor aspirare labori H. Avr. *Guthl. proem.* 8; **1321** ~atum est vj ordinatoribus .. quod ipsi .. compleant ordinacionem vini quam cicius poterunt *MGL* II 305. **c** ~or [v. l. praecor] hoc lucidius exponi et clarius enodari Aldh. *Met.* 10 p. 84; haec miratus .., se totum solo .. prosternit, supplexque veniam ~atus, sese peccasse fatetur Felix *Guthl.* 47. **d** pro nato genitor si verba precancia dixit, / corruit ex verbo cesus uterque simul Gower *VC* I 1185.

2 (directed towards God or divine agency): **a** (w. acc. & *ut* or *ne* & subj.) to pray (God that); **b** (w. acc., acc. & inf., or *ut* & subj.) to pray for. **c** (absol.). **d** (p. ppl. as sb. n.) prayer, or ? *f. l.*

a nec precor, ut Phoebus linguam sermone loquacem / dedat Aldh. *VirgV* 26; coeperunt .. vires animosque resumere, .. auxilium caeleste ~antes ne .. delerentur Bede *HE* I 16; inter opes secli sitiebas gaudia celi. / mundus vilescit, tibi dum dos celica crescit, / qua nos dotari felix dignare precari Greg. Eli. *Æthelwold* 4. 10; quumque in infirmitatem decidisset, et mori se comperisset, Apollinis miserationem ~atus est Alb. Lond. *DG* 13. 3. **b** nos Regem ~emur .. ut ipse .. regat nos *Ps.*-Bede *Collect.* 379; intimo ex corde Deum ~abatur, ne adhuc mori deberet priusquam . .neglegentias .. castigaret Bede *HE* III 27 p. 193; velut inclitus Machabeus ~atus est Deum .. ut recordaretur sui et gentis sue *G. Hen. V* 21 p. 146. **c** laus vera in Dominum depromitur ore precantis (*Vers.*) *Ps.*-Bede *Collect.* 254; **1220** dixit idem E. quod hoc fecit Deo, et rogavit omnes homines ut ~arentur pro eo adeo veracissime sicut hoc fecit pro Deo et non pro denariis *SelPlCrown* 126. **d** **1344** ea que ~atis [? l. pietatis] devocionisque optentu meritorie inchoata et gesta sunt *Eng. Clergy* 277.

3 (feud.) to 'boon', to do or perform (reaping) as boon-work (in quot. w. acc. of commodity to be reaped or otherwise prepared). **b** (p. ppl. as sb. f.) boon-work, boon. **c** (p. ppl. w. person) 'booned', bidden or obligated to do or perform boon-work. **d** (w. implement) 'booned', provided for use or service in boon-works.

1294 de tota villata de W. quia noluerunt ~are stipulam domini sicut preceptum fuit eisdem per ballivos domini abbatis, vj s. viij d.; de tota villata de B. pro eodem, iiij s. *CourtR Ramsey* 232. **b** **11..** in autumpno cum tribus hominibus faciet tres ~atas, et quilibet homo ad nonam habebit unum panem et unam ferculum carnium (*Ext. Binham*) *Med. E. Anglia* 267. **c** **11..** tenetur properare ij cumbos brasii .. et tam bene tentur [*sic*] facere quod bracista se teneat ~atum (*Ext. Binham*) *Med. E. Anglia* 270; c**1230** de precaribus .. quas facere debet ~atus *Doc. Bec* 39. **d** **1278** inponentes quod idem M. .. per precarias factas de custumariis abbatis messuit bladum suam in autumpno, et arravit terram suam .. de carucis ville ~atis *SelPlMan* 95.

precaria v. precarius. **precariare** v. percarriare. **precariarius** v. precarius. **precariarum** v. precarius. **precaricum** v. precarius.

precarie [ML < CL precarius + -e]

1 in a beseeching or supplicatory manner, beseechingly.

precarius .. i. precabilis, unde ~ie vel precario adverbia, i. precabiliter Osb. Glouc. *Deriv.* 451.

2 (leg.) by means of tenancy at will (of landlord or lessor), at pleasure of lessor, permissively.

est .. villenagium quod traditur villanis ad excolendum, et terra ~ie dimissa que tempestive et pro voluntate domini poterit revocari *Fleta* 289.

precaries [cf. CL precarius], boon-work, customary work or service owed by tenant to lord of manor (*cf. precarius* 4).

c**1230** debet ad duas ~ies cum tribus hominibus metere, et ipse in propria persona interesse *Doc. Bec.* 29; c**1230** debet .. ad festum hyemale ad ~ies carucarum arare et herciare cum corredio *Ib.* 37; c**1230** preterquam de ~iebus et cariaturis bladorum quas facere debet precatus *Ib.* 39 [cf. ib.: metere ad precarias]; **1247** R. .. in misericordia quia fuit in defectu ad ~ies autumpnales (*Bec*) *SelPlMan* 10.

precarius [CL]

1 that seeks, requests, or claims a boon, that entreats or supplicates, supplicatory. **b** (transf., w. ref. to instrument of entreaty). **c** (abl. *~io* as adv.) in a beseeching or supplicatory manner, beseechingly.

~ius, -a, -um, i. precabilis Osb. Glouc. *Deriv.* 451. **b** asciti .. in Brittanniam praecario munere in perniciosum auxilium, tres Germaniae populi Abbo *Edm.* 1; c**1197** quidquid mihi feceritis, quoddam breve ~ium erit, vestrumque beneficium cum multa gratiarum actione Dei et hominum tempestive redibit P. Blois *Ep.* 160; que propriam nequiciam in innocentem deflectens dicebat se peticiones ~ias Gilberti de illicito amore non posse sustinere *NLA* II 637; s**1211** pro ipso clerico aspersorio .. volo quod papa mihi mittat pro eo literas ~ias pro aliquo beneficio sibi competenti et forte expediet *Eul. Hist.* III 98. **c** precarius .. unde precarie vel ~io adverbia, i. precabiliter Osb. Glouc. *Deriv.* 451; ~io, precanter *Ib.* 478.

2 (in gl.) that is susceptible or amenable to entreaty or supplication.

~ius, qui facile prece flectitur Osb. Glouc. *Deriv.* 478.

3 that is granted or bestowed as a boon, or in response to a request or entreaty, (as sb. n.) boon, granting of prayer or request, or thing so granted.

743 statuimus .. propter inminentia bella .. ut sub ~io [v. l. suprecario] et censu aliquam partem ecclesialis pecunie in adjutorium exercitus .. retineamus .. et .. si necessitas cogat .. ~ium renovetur et rescribatur novum (*Conc.*) *Ep. Bonif.* 56 p. 102; *bonde, or grawnt of preyare*, ~ium, -ii, .. pencio *PP*.

4 (feud.) that is done or performed as a boon, or in response to a request, boon-: **a** (w. *opus* or *dies*; *cf. dies* 10b) customary (day's) work or service owed by tenant to lord of manor, boon-work, boon-day, boon; **b** (as sb. f. or n.); **c** (*opus ~ii*); **d** (*magna ~ia*); **e** (*~ia amoris* or sim., *cf.* ME *love-bedripe*); **f** (dist. as *hiemalis*, *quadragesimalis*, *vernalis*, or *autumnalis*); **g** (dist. as *~ia cervisiae* or sim., w. ale provided for workers, or *~ia sicca*). **h** (dist. as *sine prandio* or *ad prandium dominae*). **i** (*~ia carrucarum* or sim.). **j** (w. other gen. to specify form). **k** (w. other adj. to specify form).

a c**1280** inveniet iij dies precar' in autumpno *Crawley* 232; **1284** summa valoris omnium operum ~iorum *Reg. Wint.* 674; **1398** de lxxvij operibus ~iis de prece provenientibus de predictis .. virgatariis .. quorum quilibet inveniet j operarium ad j precariam vocatam *lovebedrip* pro bladis domini metendis, ligandis, et adunandis per j diem, viz. ab hora prima usque occasum solis, percipiendo de domino j repastum in die, sc. bini et bini j ferculum carnis vel piscis (*Comp. J. Lane, Harmondsworth*) *Ac. Man. Coll. Wint.*; **1449** de cclv operibus ~iis *Crawley* 487; **1548** opera precharia *CalPat* 315. **b** c**1160** (1316) ~ias de ipsa buxeria sicut semper pertinuerint ad Mainil Gerolt *CalCh* 309 (=*Act. Hen. II* I 299); c**1190** semel in anno ad ~ias nostras arabit, et semel metet *Reg. Ant. Linc.* III 266; **1223** debet in autumpno venire ad ~iam que appellatur *alebedripe*, .. et habere semel ad manducandum cum cervisia et iterum sine cervisia *DND* III 509; **1276** in quinque ~iis in autumpno ad blada metenda, xxxiiij s. viij d. *Banstead* I 308; **1281** est ibidem quedam consuetudo arrure de ~ia que vocatur *graserth*, et valet per annum vj s. *IPM* 27/8 m. 10; J. de B. tenet unum cothagium .. et faciet tria ~ia ad bladum domini metendum .., precium cujuslibet ij d. ... summa ~iorum xij .., .. summa omnium precaricorum [l. ~iorum] xxx .. *FormMan* 28; in xij carucariis arantibus ad semen avene de ~ia, xvij d. *Ib.* 32 (v. prex 3b); c**1330** debet facere iij *lovebones* post ~ias cum j homine suo opere et suo cibo precium cujuslibet j d. et ob. *Growth Eng. Ind.* 585; **1346** tauri: .. de quibus mactatum pro ~ia j *Rec. Elton* 330; ~ias et servicia quorundam tenencium .. in firmas pecuniarias commutavit *Meaux* III 228. **c** **1390** de cclj operibus ~ii *Crawley* 291. **d** c**1195** inveniendo .. carucas suas bis in anno omni, et iiij homines bis in autumpno ad magnas ~ias aule ad cibum nostrum *Kal. Samson* 106 p. 137; **1218** omnes .. tenentes sui .. cum tota eorum familia, sc. ipsi qui operarii possunt, eorum uxoribus exceptis, venient .. in autumpno ad magnam ~iam que vocatur *cotebone* ad metendum in bladis domini prioris *Cart. Tutbury* 356; **1264** metet per unum diem ad magnam ~iam *Reg. Whet.* II 325; **1279** uterque .. libere tenencium inveniet j hominem ad magnam ~iam domini in autumpno *Hund.* II 337a; in expensis magne ~ie in autumpno ij per preceptum senescalli *FormMan* 40; **1398** quilibet domum habens de quo fumus exiit, inveniet unum hominem ad magnam ~iam (*Ac. Man. Cant.*, *Harrow*) *Gavelkind* 20. **e** **1303** ~ia amoris in autumpno sine precio. idem respondet de lx hominibus metentibus ad unam ~iam amoris *MinAc* 991/26; **1322** in custibus j precar' xxij carucarum arancium ad warett' de amore *MinAc* 992/11; **1327** sunt .. clxix opera vocata precar' amoris provenientia de supradictis custumariis virgariis .. quorum quilibet debet j precariam. .. et si dominus non habet necessitatem quod veniant, nichil dabunt *KR Ext. & Inq.* 10/1/9. **f** **1209** in pane ~iarum autumnalium, v quarteria [frumenti] *Crawley* 190 (cf. ib. 263: in pane empto ad iij ~ias autumpni); **1209** in ~iis hyemalibus de xiij carucariis, xiij d. *Ib.* 190; **1242** in ~iis carrucarum hyemalibus, quadragesimalibus, quarum quelibet *Pipe* 137; **1242** in ~iis hyemalibus et vernalibus carrucarum *Ib.* 141; **1289** inveniet j hominem ad tres ~ias autumpnales *SelPlMan* 33; **1390** ~ia autumpnalia: summa, cclxv opera *Crawley* 291; **1449** ~ia autumpnalia: .. de cclv operibus precariis provenientibus de xlviij custumariis *Ib.* 487. **g** **1185** in autumno ad duas ~ias cervisie iiij homines *Rec. Templars* 1; **1222** Rogerus dives .. sequitur in autumpno j siccam ~iam, et aliam ad cervisiam cum duobus hominibus *Dom. S. Paul.* 54; **1222** ad omnes ~ias veniet, tam siccas quam madidas *Ib.* 68; **1222** quilibet illorum mittet j hominem ad siccas ~ias, et singuli venient ad magnas precarias cum omnibus suis operariis; .. R. filius S. .. mittit j hominem ad siccas ~ias, et omnes operarios suos ad ~ias cervisie in autumpno *Ib.* 77; **12..** ad quamlibet siccam ~iam metet dimidiam acram .., et utramque ~iam cervisie metet dimidiam acram *Rec. Templars* 153; **1402** pro expensis .. custumariorum .. venientium .. ad ij siccas ~ias *Growth Eng. Ind.* 600. **h** **1325** faciet tres precarias in autumpno, viz. ~iam sine prandio cum tribus hominibus, et unam ~iam sine prandio cum uno homine; et si sit ligator .. debet etiam unam ~iam pro voluntate domine [sc. priorisse] cum tota familia sua preter uxorem suam ad prandium domine *Ambrosden* I 575. **i** **1187** omnes faldas forinsecas .., et ~ias carucarum forinsecarum, et consuetudines gallinarum et ovorum Glanv. VIII 3; **1209** in ~iis hyemalibus de xiij carucariis, xiij d. *Crawley* 190; **1242** in ~iis ad carrucas in hyeme et estate, lxvij s. ix d. *Pipe* 119; **1254** de servitiis et consuetudinibus quas .. abbas et conventus exigebant de dicto J. .., sc. duas percarias cum caruca sua per annum *MonA* III 559a; c**1300** debet venire quolibet anno ad duas ~ias caruce cum caruca sua, si habeat integram carucam, vel de parte quam habet caruce, si carucam non habeat integram, et tunc arare debet utroque die quantum potest a mane ad meridiem (*Cust. Battle*) *DuC* v 425; **1314** in una ~ia carucarum *Rec. Elton* 220. **j** **11..** prior et conventus Plimton' concesserunt mihi annuatim unam ~iam aratorum in hieme et unam ~iam messorum in autumpno de suis tenentibus *Reg. Plympton* 157; **1204** predictus J. .. fuit firmarius suus et consuetudinarius de predicta terra, reddendo per annum xvj li., et faciendo averagium .., et ~ia falcium, .. et talliagium per annum *CurR* III 98; **1222** mittit j hominem ad ~ias arature *Dom. S. Paul* 68; **1224** in autumpno operari debet ad ~iam Bartholomei [sc. sui domini], cum tota familia sua excepta uxore sua, et ad *luvebon* Bartholomei invenire debet j hominem ad proprium cibum *BNB* II 704; **1264** inveniet ad ~iam ordei unum hominem *Reg. Whet.* II 325; **1277** debet ij homines ad ij precarias ad cibum domini .. idem adjuvabit levare fenum ad ~iam domini quod nihil valet ut supra (*MinAc* 32/8) *EHR* I 735. **k** **1357** fuerunt ibidem octo libere ~ie, provenientes de liberis tenementis, que valebant .. xvj d. *G. S. Alb.* III 95.

5 related or pertaining to boon-work, boon-. **b** (as sb. m.) boon-worker, one who owes or performs boon-work.

1251 que .. culture coli possunt sufficienter cum tribus carucis propriis, et consuetudine carucarum ville, et duabus ~iis carucis [? l. carucarum], que consuetudo ad valentiam trium carucarum estimatur *Cart. Rams.* I 282; **1277** inveniet unum hominem ad quemlibet turnum ~ium ad cibum domini *Med. E. Anglia* 154. **b** **1242** in quietancia redditus prepositorum, bedellorum, ~iorum, xx s. v d. *Pipe* 126; **1249** Galfridus percarius venit et tradidit terram suam (*CourtR*) *EHR* I 734n; c**1280** omnes ministri tocius curie habebunt pransum sicut predicti precar[iarii] *Crawley* 232; c**1280**

eodem onere recipiet comestum sicut alii precar[iarii] *Ib.* 235; **1352** in expensis ij ~iorum apud S. Johannem pro terra pitanciarii ibidem arranda, v s. *Comp. Worc.* I 65.

6 (leg.) of or pertaining to tenancy at will, at pleasure of landlord or lessor (w. *titulus* in quot. dist. from *commodatus*). **b** (abl. *~io* as adv.) by means of tenancy at will, at pleasure of lessor, permissively; **c** (w. ref. to land conceded to a superior on which concessor continues to reside and from which to be granted stipendiary support).

terras quascunque seu ~io, seu commodato, .. vel alio quocunque titulo semel ipsos possidere contigerit GIR. *DK* II 4. **b** ut si fundum tibi ~io concessit, et petit a te, non satis dabit, possessor enim est VAC. *Lib. paup.* 34; **1283** ut domos nostras .. alicui viro .. ordini beati Francisci devoto, vice et nomine nostro inhabitandas, ~io concedatis PECKHAM *Ep.* 480. **c** a**955** praefati keledei dederunt locum cellulae episcopo S. Andreae sub tali forma, quod episcopus exhiberet eis victum et vestitum. . Ronanus monachus et abbas .. primo concessit ~io locum ibi episcopo (*Reg. S. Andr.*) *E. Ch. Scot.* 4.

7 related or pertaining to prayer: **a** (in gl.) praying. **b** (*tessera ~ia* or ellipt. as sb. f.) prayerbead, rosary-bead.

a *praynge*, precans, ~ius, precabundus *CathA.* **b** c**1364** Th. le C. .. domum Walteri ate Wode intravit et unum par precariarorum [l. ~iarum], precii xl d., felonice furavit *Proc. J. P.* 355; **1605** unum par tessararum precar' ossat', A. *a paire of prayinge beades of bone HMC Rep.* IX *app.* I p. 293a.

8 (as sb. m.) one paid or endowed to pray for others (esp. for the souls of the dead), beadsman.

1455 capellanus .. existens ad exequias et missam habeat pro suo labore quattuor denarios, . . et orator sive ~ius ibidem, A. *the bedeman de Newlond*, habeat pro suo labore duos denarios *Reg. Heref.* 26.

precatio [CL]

1 (act of) entreating or supplicating, entreaty, prayer; **b** (directed towards God or divine agency; **c** (transf.).

precor, -aris .. unde .. hec ~o, -nis OSB. GLOUC. *Deriv.* 451. **b** ut, nisi priorum patrum recordatio et Moysi sancta ~o intervenisset, eam penitus delere voluerit *Eccl. & Synag.* 75; exhinc subveniat digna precatio / .. tuis .. servulis, / .. / Augustine placabilis WULF. *Poems* 166; tria sunt prolapse anime reparationes, confessio, ~o, laudatio, confessio penitentie, ~o indulgentie, laudatio divine beneficiencie W. DAN. *Sent.* 42; **13** .. statuimus quod cum ecclesia vel cimiterium sanguinis vel seminis effucione polluta fuerit .. ipse polluens ~onem racione reconciliacionis hujusmodi ecclesie vel cimiterii persolvat *Conc. Scot.* II 73; **1565** illa statuta que pertinent ad missas, exequias, processiones, ~ones pro mortuis, prorsus abscindimus et amputamus *StatOx* 385. **c** inter spurcitias carnales concuba fias / vilis persone, sub tali conditione? / an fieri malis precatio demonicalis / quam pretio morum mercari regna polorum? SERLO BAY. 241.

2 (feud., w. ref. to boon-work): **a** (*ex ~one*) by or upon request (of lord, by way of boon-work). **b** customary (day's) work or service owed by tenant to lord of manor, boon-work, boon.

a c**1270** consuetudinarii: W. G. .. debet arare ex ~one per unum diem per annum, et habebit pro illa arura unum denarium ob. *Cart. Glouc.* III 71. **b** quisquis istorum metit in Augusto de blado domini dimidiam acram, et ij vicibus in Augusto ~onem *Chr. Peterb. app.* 158; ille G. habet iij villanos, et quisquis metit abbati dimidiam acram in Augusto; et de carrucis suis faciunt ij ~ones *Ib.* 159; in operatione sua facit in autumpno iv ~ones ad metendum cum omni familia domus, excepta huswyva ..; sed et quando magnas ~ones faciunt, habent corrodium *Boldon Bk.* 4; Gilbertus tenet xl acras pro ij s., . . et debet esse super ~ones, et ire in legationibus *Ib.* 19.

precatiuncula [CL precatio+-uncula], diminutive of *precatio*.

hec precatio .. unde hec ~a, -le OSB. GLOUC. *Deriv.* 451.

precator [CL]

1 one who requests, entreats, or supplicates, suppliant; **b** (w. ref. to wooer or suitor of woman). **c** (leg.) one who brings a plea, pleader, suitor.

c**733** (13c) quanto et illis qui ~ores sunt utilior res secundum hoc visibile saeculum nunc impertitur, et illis qui concessores existunt pro impertito opere pietatis uberior fructus secundum invisibile postmodum tribuetur *CS* 149; a**785** (12c) illis qui ~ores sunt .., illis qui concessores existunt *CS* 260; Malcolmus [rex Scottorum] ultro Gloeecestram venit, equis dumtaxat conditionibus multus pro pace ~or W. MALM. *GR* IV 311; c**1154** res ecclesiarum sicut sanctorum patrum testatur auctoritas sunt patrimonia pauperum et pretia ~orum *Doc. Theob.* 202; a domino piissimo et in Christo omnino mihi diligendo Adoni presbitero Claudius ~or W. WORC. *Itin.* 248. **b** que unquam inter tot milia milium sedulum sollicitumque ~orem perpetua contristavit repulsa? MAP *NC* IV 3 f. 46v. **c** quia mendax ~or carere debet impetratis, nec valere debet mulieri petenti talis replicatio BRACTON f. 297b.

2 one who entreats or makes requests on behalf of another, intercessor, advocate.

rex diu .. rogatus ad tantorum virorum instanciam flectitur, et super ipsos ~ores pacis ponit judicium DEVIZES f. 30v; vale feliciter et bene ~or istis nostris in tuam gratiam laboribus FERR. *Kinloss* 3.

precatorie [LL precatorius+-e], in a beseeching or supplicatory manner, entreatingly, beseechingly.

precatorius .. unde ~ie adverbium OSB. GLOUC. *Deriv.* 451.

precatorius [LL]

1 that seeks or claims a boon, that entreats or supplicates, supplicatory; **b** (transf., of requests). **c** (*epistola ~ia, litterae ~iae*) letters precatory. **d** (as sb. n.) request, entreaty.

precor, -aris .. inde .. ~ius, -a, -um OSB. GLOUC. *Deriv.* 451. **b** rogabat .. Pharisaeus Dominum ut manducaret cum illo .. [et] non desiit .. votis ~iis ut veniat optare, dicens BEDE *Luke* 425D; mittuntur proci ad dominam, mittuntur dona regalia, mittuntur etiam verba ~ia *Enc. Emmae* II 16. **c** c**747** admonitoriam vel precotoriam [*corr. in MS:* ~iam] epistolam Æthelbaldo regi Mercionum .. transmisi BONIF. *Ep.* 75 p. 157; c**792** vestrae pietati per ~ias nostrae parvitatis litteras hunc presbyterum Fordradum .. diligentissime commendo ALCUIN *Ep.* 12; s**1197** convocatis .. partibus apud Oxneford, receperunt judices literas ~ias a domino rege, ut negocium illud poneretur in respectum BRAKELOND f. 147v; **1242** P. .. sacrista .. habet litteras ~ias domino pape quod eidem salubriter providere curet. .. habet etiam litteras ~ias omnibus cardinalibus ... et habet litteras petitionis domino imperatori directas, quod *RGasc* I 157b. **d** **1295** ~ium ad recipiendum a mercatoribus de Pistorio quasdam litteras in curia Romana *Reg. Cant.* I 57.

2 related or pertaining to prayer, (in quot. as sb. n.) prayer-bead, rosary bead.

1420 omnia ~ia mea vulgariter dicta *beydes* tam corall' quam de argento *Reg. Cant.* II 188.

precatrix [ML < CL precator+-trix]

1 one who requests, entreats, or supplicates, suppliant (f.).

indicens .. omnibus silentium, multis precibus fusis ut restitueretur lacrimose ~ici quod perdiderat petivit MAP *NC* II 5 f. 25.

2 one who entreats or makes requests on behalf of another, intercessor, advocate (in quot. in apposition, cf. LL *precator*).

c**772** excellentiam tuam jugem ~icem pro animae nostrae salute subnixa prece flagitamus *Ep. Bonif.* 125.

precatura [CL precatus *p. ppl.* of precari+-ura], customary work or service owed by tenant to lord of manor, boon-work, boon.

1278 in expensis diversarum ~arum syatorum, sc. de c iiij^{xx} xij hominibus metentibus cxx acras: in iij

quarteriis frumenti .. ad panem, x s. v d., .. in cxj lagenis servisie .. iiij s. vij d. ob. *Ac. Stratton* 214.

1 precatus v. precari.

2 precatus [CL], request, entreaty, prayer; **b** (directed towards God or divine agency).

quapropter nobilis quaedam matrona Æthelwynn nuncupata quodam momentulo vocavit eum familiari ~u ad se, quatenus ille .. stolam sibi .. praepingeret B. *V. Dunst.* 12; c**1130** concessu .. atque ~u illius Godwyni heremite quatinus eundem locum .. in elemosina pro redemptione animarum .. possideant *Ch. Westm.* 249; precor, -aris .. unde .. hic ~us, -ui OSB. GLOUC. *Deriv.* 451; precor, -aris .. unde .. hic ~us, -u baronum tandem adquievit *MGL* II 643. **b** maxima, praecipuum quae gestas numine nomen, / addere suffragium mater dignare precatu ALDH. *VirgV pref.* 23; deprecor ut, quem praecepti vestri torcular deprimit, ~us adsiduae orationis infundet WILLIB. *Bonif. pref.*; orante .. et genu flectente preclaro sacerdote cum clero in littore, quorum ~u horam accessionis regressus maris estus famulante sinu nautas excepit W. MALM. *GP* III 100; obtentus, ~us, qui opponitur inter nos et Deum OSB. GLOUC. *Deriv.* 404; quo fit, ut animatis cordibus sumptaque orandi fiducia, Christi pietatem benignis ~ibus singuli attemptare jam ultra non differant *Mir. Hen. VI* I 13 p. 40.

3 precatus v. pricatus.

precharius v. precarius.   **preciounius** v. pretium. **preclea** v. precula.   **precotorius** v. precatorius.

precula [CL prex+-ula], prayer-bead, rosary-bead. **b** (unspec.) bead.

1410 una crux argentea et deaurata ... j pecia et ~e per dominum priorem collate *Ac. Durh.* 403; **1423** illas preces sive ~as de auro, de *gete*, et de *corall Chap. Linc.* A. 2. 32; **1442** lego Th. K. .. grocero .. optimam cathenam meam auri cum cruce dependenda .., ac meum par ~arum de et cum una oracione Dominica, et decem salutacionibus angelicis, ac uno cimbolo apostolico de auro *Reg. Cant.* II 617; **1457** unum par magnarum preclearum (*Stokton*) *PROB* 11/ 4 f. 77r; **1483** longum par ~arum de *gete* cum *gaudys* de le *crystalle Reg. Merton* I 16; **1509** portans in humero suo dextero fasciculum lignorum cum pare ~arum in manibus coram processione .. incedat *Reg. Heref.* 111; per calculos, ut ita dicam, ligneos, quos vulgus modo ~as, modo paternostros apellat P. VERG. *Invent.* V 9 p. 347. **b** **1449** lego magistro Johanni Trope collobium nigrum cum ~is *MunAcOx* 594.

precularis [precula+-aris], prayer-bead, rosary-bead (in quots. in phr. *par ~ium*).

1430 Johanni F. unum par ~ium *Test. Ebor.* II 13; **1438** de j pare ~ium de gete, iiij d. *Ib.* III 94; **1471** Matheo Pety pro factura xxiiij *les peynes* de vitro .. xxiv s. Willelmo Teele de Ebor' pro xl paribus ~ium de *yalow glas* pro coloribus eorumdem *peynes*, xij d. dicto M. P. pro xl paribus ~ium ejusdem coloris pro dictis *peynes*, xij d. *Fabr. York* 76.

predcium v. pretium.   **predicas** v. praedicare. **predix** v. perdix.   **preeccelsus** v. praeexcelsus.

preera [AN *preere*, OF *preiiere* < CL precarius], boon-work, tenant's customary service to lord (freq. during harvest).

quotquot sunt, commodabunt hominem unum ad bederipas camere .. et similiter carrucas suas ad ~as *Cust. Abingd.* 301; de commodandis hominibus ad bederipes et carrucis ad ~as *Ib.* 302; **1316** de .. tribus preereris in autumpno *ChartR* 103 m. 18.

prefixcio, prefixicio v. praefixio.   **pregidicium** v. praejudicium.

prehendere, prendere [CL]

1 to hold (in the hand), grip, grasp. **b** to take up (arms).

cernere me nulli possunt nec prendere palmis ALDH. *Aen.* 2 (*Ventus*) 1. **b** s**1188** comes Pictavensis .. arma prendidit et milites congregavit GERV. CANT. *Chr.* 432.

2 to catch hold of, seize, capture; **b** (absol.). **c** (w. ref. to hunting or fishing) to catch, take, capture. **d** (w. ref. to piece in chess) to take, capture.

rex indigne ferens compedibus irretivit, prefatus non se Baiocarum episcopum sed comitem Cantie prendere W. Malm. *GR* III 277; quoad vel vi vel ingenio prenderetur civitas *Ib.* IV 360; tribus .. militibus eum prendere volentibus, quartus dixit Ord. Vit. VIII 17 p. 373; si prendere eos temere presumpsisset, grande precium exigere potuisset *Ib.* XII 20 p. 371; hic [sc. canis] leporem prendit, fauces lepus exit inhermes Walt. Angl. *Fab.* 27. 5; ad familiare .. receptaculum se transfert falco noster, et timens et sperans .., quem Jovis armiger impetuose persequitur, jam jam prendenti similis Neckam *NR* I 27 p. 80. **b** nam gremium pandens mox pulchra puerpera prendit Aldh. *Aen.* 60 (*Monocerus*) 8. **c** venationes .. adeo prohibuit ut capitale esset suplitium prendidisse cervum W. Malm. *GR* IV 319; hi tres .. silvas adierunt, / mire magnitudinis cervum prendiderunt *Latin Stories* 140; discipuli piscabantur, et nihil prendiderunt *Eul. Hist.* I 153; ad prendendum pisces *Femina* 41. **d** **a1150** eques equitem, pedestrem pedes prendit pariter (*Vers. Wint.*) *Hist. Chess* 515.

3 to take into one's possession, achieve possession of, obtain.

non quod / prendiderim, vel quod perfectus sum [cf. *Phil.* iii 12: non quod jam acceperim, aut jam perfectus sim] H. Avr. *Guthl.* f. 64v. 8.

4 to encompass (within the grasp), contain, comprehend (in quots. in fig. context). **b** to grasp (with the mind), apprehend, comprehend, understand.

sed me materiae moles .. / deprimit, ut cunctas non possit carta coronas / prendere virgineas Aldh. *VirgV* 2764; virtutesque sacri numero quid prendere certem? Bede *CuthbV* 607. **b** nam Domini secreta latent archana nec ullus / sufficit altithroni vestigia prendere Regis Bede *CuthbV* 621.

5 to take (an oath).

s1252 forma juramenti prensa per predictos duodecim electos hoc est *MunAcOx* 21.

prehendin- v. perendin-.

preia [ME, AN *preie*], seizure, capture, round-up (of livestock).

1340 faciet preyam aver' in bruera, et porcorum in bosco, cum premunitus fuerit *RentSurv.* R 700 m. 3.

preiare [ME *preien*, AN *preier*], to seize, capture, round up (livestock).

1340 debet preyare et fugare destricciones et querere redditus .. ut prius *RentSurv.* R 700 m. 4; preyabit, fugabit, et queret redditus ut prius *Ib.*

prekatus v. prikettus.

prela [cf. OF praele, Fr. prêle], (bot.) horsetail (*Equisetum hyemale* or *arvense*).

hippuris Latinis dicitur equisetum aut cauda equina. hujus herbae duae sunt species: prior Gallis vocatur ~a. hac solent opus suum adhuc rude expolire artifices quorum ars circa pectines et caetera id genus versatur. posterior a nostris .. dicitur *horstayle* Turner *Herb.* B ii.

prelatina v. praelatura. **prelegiamentum** v. replegiamentum. **prel-** v. et. proel-.

prelum [CL *in sense* 1]

1 apparatus for pressing or crushing, press, (also) upper part, beam or plank, of press; **b** (fig., usu. w. ref. to the Crucifixion).

id quod alicui rei superponitur, aut premit, aut claudit, aut supereminet. .. superponitur torculari ~um ut premat Ailr. *Serm.* 374C; premo, -is .. inde .. hoc pressorium, -ii, et hoc ~um, -li, ambo in uno sensu Osb. Glouc. *Deriv.* 425. **b** quinque passus impetus ensis militaris, / tortus est Dominici prelo torcularis *Poem S. Thom.* 87; angularis tunsura lapidis, / prelo pressus princeps cum perfidis J. Howd. *Ph.* 485; [proles Virginis] quam pressura preli / tormento crudeli / sic examinat / quod *Id. Sal.* 21. 4.

2 wine-press; **b** (fig., w. ref. to the Crucifixion).

uva .., in ~o duobus lignis expressa, in vinum liquatur, et Christus duobus lignis crucis pressus, sanguis ejus in potum .. fundebatur Hon. *GA* 554D; expurgat justas tribulatio .. / .. sicut .. / ferrum lima domat, taurum stimulatio, prelum / uvas Garl. *Tri. Eccl.* 9. **b** vinum .. ex multis acinis eliquatur, et in torculari exprimitur; ita corpus Christi ex multis justis compaginatur, quod in ~o crucis torquetur Hon. *Eluc.* 1129B; tunc .. dulce poculum vite de Eo in crucis ~o premebatur *Id. Spec. Eccl.* 932A.

3 printing-press.

1507 ~um Ascensianum (W. Blades *Caxton* plate vii) *OED* s. v. *press* 13; **1517** gaudeo Paraphrasim sub praelo esse (More) *Ep. Erasm.* III 706; **1521** ~o assidue adesse non licet mihi: ut qui aliorsum inter aulica negotia necessario sepius sum prepeditus (*De Nominum Generibus pref.*) Whittington *Vulg.* xxx; sin effugerit manus nostras adhuc aliquid incorrectum, .. tribuas praeli nostri festinationi *Reg. Brev. pref.*

prematialis v. primatialis.

premere [CL]

1 to apply pressure to, to press: **a** grapes; **b** (w. ref. to curd in cheese-making). **c** (transf., w. ref. to Crucifixion). **d** to press against (w. dat.). **e** to press (teeth or tongue against teeth or palate). **f** to press into (w. *in* & abl.); **g** (refl.). **h** (transf., of force acting without physical contact) to exert an influence upon.

a in torculari uve ~untur, ut ex eis vini sapor eliciatur *Eccl. & Synag.* 119. **b** habebit .. unum magnum ciphum plenum de meg' exeunte caseo quando ~itur caseus, qui in profunditate fere cooperiet ambas auriculas pastoris *Cust. Bleadon* 206. **c** pressus [sc. Christus] in pressura suspiro raptoris J. Howd. *Cant.* 105. **d** se solo ~entes [v. l. sternentes] iter suum .. confessi sunt Felix *Guthl.* 43 p. 136. **e** sic vulneratus .. / ferrum remordet et .. / .. pressis [*fl.*: *tosettum*] immoratur dentibus *GlP* 302; de undecima littera, que est L, .. que .. pressa lingua promitur Osb. Glouc. *Deriv.* 296. **f** lapis .. in ecclesia .. reservatur, digitorum vestigiis tanquam in cera pressorum in silice comparantibus Gir. *IK* I 2 p. 24. **g** 'justus vix salvabitur', peccator sic deprehensus in quam partem se ~et? Anselm *Medit.* 79. **h** quicquid luna premit, ex quattuor est elementis J. Sal. *Enth. Phil.* 837.

2 to press or squeeze (in or with the hand), to grasp tightly.

Hercules namque geminos angues, secundum quod poeta cecinit, in manu ~ens eliserat *Lib. Monstr.* III 20; isti sunt quasi spongia in manu ~entis P. Blois *Ep.* 25. 89B; occido labando, volucres occido premendo H. Avr. *CG* f. 7 l. 22; diabolus, arrepto dextro suo brachio, illud strinxit crudeliter ... et erecta manu sinistra ad idem crucis signaculum faciendum, forcius illud ~endo quam prius impedivit *V. Edm. Rich B* 618.

3 to press down upon, weigh down, burden. **b** (transf.) to weigh upon, burden, oppress; **c** (of sleep or sloth). **d** (of disease or pain) to afflict. **e** (p. ppl. as adj.) pressed down, low(ered), hanging, drooping (in quot. of eyebrow).

at vero capitis si pressus mole gravabor Aldh. *Aen.* 41 (*Pulvillus*) 5; dum sedet in tenebris cecus pressusque cathenis Greg. Eli. *Æthelthryth* III 157. **b** quia inclinati tanto pondere sunt pressi, idcirco spatium respirandi non habent Gildas *EB* 1; mox draco crudelis sermonum pondere pressus / deserit obscurum .. tigillum Aldh. *VirgV* 2401; accidit .. ut acerba fames universam Britanniae regionem .. ~eret Wulf. *Æthelwold* 29; premo, -is .. inde .. hoc premium .. eo quod per premium solent ~ere allos Osb. Glouc. *Deriv.* 425; exigit arbitrii libertas vera duorum / subsidium, sine quo mens rea pressa jacet J. Sal. *Enth. Phil.* 268; rosa fetens, lugendum gaudium, / melos merens, premens preconium J. Howd. *Ph.* 468; **1418** prioratus maxima mole .. mille marcarum .. primitur debitorum *Reg. Exon.* 50. **c** ceteris quiescentibus et alto sopore pressis Bede *HE* II 12; ipse .. desidia pressus surgere non potuit *Latin Stories* 26. **d** noster .. episcopus audiens infirmitatem qua ~ebatur puella *V. Cuthb.* IV 4; totam illam, quae languore pressa fuerat, corporis sui partem Bede *HE* IV 29; **955** quod si quisque .. cartulam infringere temptaverit .. in futuro perenni cruciatu ~atur *CS* 903; usque ad ipsas fere mortis angustias .. dolore ~untur Gir. *TH* II 4; quemque premit [*gl.*: gravat] cathesis non potest diasinaxis *WW*. **e** supercilia demissa et nimis pressa vel depressa [Trevisa: *hong[ing]e browis overmesure*] signant invidum Bart. Angl. V 9.

4 (astr.) to be situated directly overhead of, to be at the zenith of.

Taurus cum sit in zodiaco secundum majorem sui partem, tamen extendit pedem suam ultra tropicum Cancri et ita ~it Ethiopiam, licet nulla pars zodiaci ~at eam Sacrob. *Sph.* 107 (cf. Lucan III 253).

5 to bring under control, tame, subdue. **b** to suppress (emotion or physical symtom thereof). **c** keep down, lower (voice).

sed mare mergentem tumidis non sorbuit undis, / dextera dum Christi turgentia marmora pressit Aldh. *CE* 4. 1. 15; Alcides .. / flammea qui pressit latronis flamina Caci *Id. VirgV* 1344; presseras, *þu gewyldest* *GlP* 494; tu te grandi ~is humilitate *V. Fridesw. B* 16; qui tanto ~it omnia fastu leonem, minima minctu confundit hyena. .. elephanto quoque .. mus terribilis esse perhibetur. sic .. minimis quibusdam majora queque ~untur Gir. *TH* I 27. **b** populum .. in superficie tantum vultus presso in altum cordis dolore sui oboedientiam proferentem Gildas *EB* 5; gemitum .. ~ebant *V. Kenelmi* 10. **c** sub silenti voce [ed. *PL*: pressa voce] Beleth *RDO* 24 col. 36A.

6 to press closely upon (in pursuit or assault), to harass, afflict, harry; **b** (pr. ppl. w. ref. to goshawk) harrier.

Herodes, contra suum judicium, sine causa parvorum innocentum crimine pressum infantum pernegavit exercitum Theod. *Laterc.* 15; adfuit .. confortaturus .. ecclesiam cum ab infidelibus ~eretur Bede *Hom.* II 8 col. 148; omnes qui me ~ebant spiritus maligni *Id. HE* III 11; nec satis est servire duces exercitus ingens, / his scelerum ducibus militat, huncque premit. / hunc petit atque premit, rapit, atterit, urget, et urit, / fedat, et ad libitum pellit in omne lutum L. Durh. *Dial.* IV 238–9; quedam fragilis treuga sepius rupta .., per quam attingentes adinvicem regnorum fines misere ~ebantur Bower VIII 12. **b** **1202** debet j bonum osturum †prenientem [l. ~entem] *Pipe* 45; **1203** debet j bonum ostr' ~entem *Ib.* 176; **1230** j osturcum ~entem *Ib.* 295; **1242** de j osturco ~ente *Ib.* 73.

7 to press upon with the feet, walk about in, tread (path or region).

nobis ista dies sumptibus innuit, / quid tu, quis opibus florueris situs, / cum terris redolens infima presseris, / Augustine placabilis Wulf. *Poems* 166.

8 to elicit or expel by pressing or squeezing, to press or squeeze out, express.

ad ~endum oleum et torquendum in manibus perfectorum virorum *Comm. Cant.* I 292; dum .. regis dextera foramina linit, solvitur crusta .., glandule .. egrediuntur, sanies et sanguis dextera regis ~itur Osb. Clar. *V. Ed. Conf.* 13.

9 to impress or imprint (with a pattern or design); **b** (w. ref. to printing).

Marcus glosatus in corio presso, Johannis glosatus in corio presso. Lucas glosatus in corio presso (*Cart. Reading*) *EHR* III 122. **b** **1520** missale scriptum .., missale pressum ex dono m' Martini Colyns *Fabr. York* 301.

10 (in gl.).

premit, deserit [? l. disserit] *GlC* P 786.

premicia v. primitiae. **preminere** v. praeeminere.

premitus [? cf. CL premere + -itus], ? (*baculum ~um*) sort of stick or staff used by weavers (cf. perh. 'press-bar', 'press-beam', *v. OED s. v.* press), or ? (sb. n.) sort of weapon or item that may be used as weapon.

1399 dicunt .. quod W. de W. .. et plures alii magistri textores venerunt vi et armis, cum *polaxes*, baculis premitis, baslardis, et aliis diversis armituris *REED Chester* 5.

Premonstratensis [Prémontré < Pratum Monstratum + -ensis], Premonstratensian. **b** (as sb. m.) member of an order of regular canons, a Premonstratensian.

c1155 fratribus .. ordinem ~em professis *Danelaw* 191; **s1232** abbates ordinis Cisterciensis .. et ~is M. Par. *Maj.* III 235; **1242** ad singulas domos religionis .. de ordine ~i et Cisterciensi et nigri ordinis et de ordine S. Augustini *Cl* 430; circa hos dies ordo ~is incepit in Laodinensi diocesi sub patre Northberto Knighton I 123; **1425** rex .. suscepit in salvum .. conductum monasterii Sacri Nemoris in Scocia ordinis ~is *RScot* 252b; **1437** priorem .. ordinis ~is Bekynton II 10. **b** Premonstratenses rursus qui vestibus albis / induti veniunt simplicate placent Nig.

SS 2287; ante adventum nostrorum ~ium *Chr. Dale* 1; duo item coenobia ad Novum Castrum, unum ~ium FERR. *Kinloss* 15.

premorium v. primarius 7. **prencio** v. prensio. **prendere** v. prehendere.

prenditio [ML; cf. OF *prendere* < CL pre(he)ndere+-tio], (act of) taking or seizing (in quot. w. ref. to taking possession of land).

1383 T. D. ponit se in misericordia domini de eo quod non expellebat terram domini inclusam per Ricardum servientem suum tempore ~onis *CourtR Meltham, Yorks.*

prengn- v. praegn-. **preniens** v. premere. **prenonphysicon** v. Phrenonphysicus.

prensare [CL], to grasp, to take or get hold of.

martiribus necnon, dum vincunt proelia mundi, / edita caelestis prensant et praemia vitae ALDH. *Aen.* 91 (*Palma*) 5.

prensio [CL]

1 (act of) seizing or capturing.

1547 [*a ship* .. *engaged in herring fishing*] circa prencionem allecium *CalPat* 309.

2 (in gl.) payment, tax, tribute, or ? *f. l.*

pensatio vel ~o [? l. pensio], taxatio, numeratio OSB. GLOUC. *Deriv.* 471.

prensitare [LL], to take or catch hold of.

manum ~are, oculo annuere, et cetera que sunt moriture virginitatis indicia lascivis etiam gestibus impudicitie facere solebat W. MALM. *Wulfst.* I 1.

prenta, ~um, preintum, printa, ~um [ME *prente, pri(e)nte,* AN *pre(i)nte,* OF *preinte, priente p. ppl. of preindre* < CL premere]

1 impression made in plastic material by stamp, die, etc. (in quot. w. ref. to stamped design of coin). **b** instrument that makes mark or impression by stamping or pressing, (in quot. w. ref. to coining money) stamp, die.

1485 secundum pondus et puritatem argenti, printam sive sculpturam, formam, afferenciam et ratam lacius contentas et expressas in quibusdam indenturis *Pat* 564 m. 18 (17). **b** **1404** prentas pro cuna nostra, viz. pro grossis denariis et obolis argenti et quadrantibus auri .. controfecit *Pat* 371 m. 21.

2 decorative badge or boss (usu. of metal) applied to bowl, (drinking) vessel. **b** (applied to architectural element, in quots. perh. for use as stencil).

1391 [*his best white mazer with a cock in the print*] cum gallo in prentis *Cal. LBLond.* H 371; **1401** printa et signa nostra super ollas predictas [sc. duas ollas de corio] existencia abstulerit *Cl* 247 m. 6; **1463** lego .. iij pelves cum pryntis et *boses* argenti *Test. Ebor.* II 257. **b** **1354** cubantibus aurum tam super dictis parietibus quam super posicione preyntorum super columpnis marmoreis ibidem *KR Ac* 471/6 m. 17 (cf. *Building in Eng.* 167); **1355** pro xxviij prentis pro ymagine Sancte Marie, viij d. *KR Ac* 502/17 (cf. *Building in Eng.* 167).

prenticius v. apprenticius.

prenum [ME *prene* < AS *preon*], pin, fastening (in quot. app. for fastening a sack).

1346 per servicium inveniendi unum hominem cum j equo, j sacco, et j ~o, ad cariandam squileriam domini regis in exercitu suo Wallie *IPM* 81/10.

preodarius v. priodarius. **prephatio** v. praefatio. **prephatus** v. praefari. **prepides** v. praepes. **presagoretice, ~eutice, presaugoretice,** v. prosagoreutice. **presbet-, presbit-** v. presbyt-. **presbitr-** v. presbyter, presbyter-.

presbyter [LL < πρεσβύτερος]

1 one advanced in years, elder.

c795 ~iter senior Latine interpretatur ALCUIN *Ep.* 37; dicit / Grecia presbiteros, lingua Latina senes A. MEAUX *Susanna* 90 p. 43; pueri et lascivi ad philosophandum sunt inabiles, neque similiter senibus ~yteris judicare possunt juxta Aristotelem *Ps.*-GROS. *Summa* 302; juvenibus consulens ut a viciis declinarent .. provectaeque aetatis viros et ~iteros, ut .. bravium .. aeterne vite .. attingerent, ammonuit BLAKMAN *Hen. VI* 5.

2 (in non-Christian contexts) elder, priest: **a** (Jewish). **b** (Pagan).

a at vereor Susanne Helciae filiae in me sententia iniquo judicio ~yterorum [cf. *Dan.* xiii 5: a senibus judicibus] dicentis ne impleatur *Ps.*-BEDE *Collect.* 317; Susannam cum fabricatores falsitatum potius quam ~iteri populorum .. fallaciter insimulare machinarentur ALDH. *VirgP* 44 p. 298; **1199** Jacobo .. ~itero Judeorum (v. presbyteratus 2); **1207** sciatis nos concessisse .. Josceo, Judeo de London' ~itero Judeorum, presbiteratum omnium Judeorum totius Anglie *Foed. RC* I 95a; qui propterea loco minorum sacerdotum sunt habiti, quales hodie apud nos sunt qui ~yteri vocantur P. VERG. *Invent.* IV 5. **b** presbyteros aramque Baal destruxit Helyas GARL. *Tri. Eccl.* 7; nam si contingat aliquem de amicis infirmari, si pater fuerit, filius pergit statim ad ~iterum legis terre illius et rogat eum consulere ydolum an debeat pater convalescere de infirmitate sua *Itin. Mand.* 144.

3 (in Christian church) elder, presbyter, (passing into) priest; **b** (w. ref. to Christ): **c** (*missae*, transl. AS *mæssepreost*); **d** (w. *parochialis, parochianus* or *plebeianus*); **e** (dist. as secular or regular); **f** (dist. as *curatus* or *non curatus*); **g** (w. *abbas*); **h** (w. *monachus* or otherwise in mon. context). **i** (*~yter cardinalis* cardinal priest (cf. *cardinalis* 3a, and *OED s. v.* cardinal).

non .. omnes episcopi vel ~yteri .. mali sunt GILDAS *EB* 69; si ~iter aut diaconus pro ebrietate [vomitum facit], xl dies peniteat THEOD. *Pen.* I 1. 3; per Timotheum ~iterum [*gl.*: ~iteri sacerdotes ideo vocantur quia sacrum dant sicut et episcopi] ALDH. *VirgP* 32 p. 274; Cedd .. accepto gradu episcopatus .. ~yteros et diaconos ordinavit BEDE *HE* III 22 p. 173; Christum quotidie devotio presbyterorum / mactat in altari P. BLOIS *Euch.* 1154A; **s1402** Lollardi docuerunt .. quod .. status conjugii optimus est, et ordinatus a Deo. quapropter virgines et ~yteri .. si salvari desiderant, debent conjugari, vel esse in voluntate et proposito conjugandi WALS. *YN* 397; **1526** testibus .. Johanne Ettell ~itro *Reg. Brechin* II 180. **b** ~yter [v. l. ~iter] fuit [Christus] quando panem benedixit THEOD. *Laterc.* 19; ~iter fuit [Christus] quando accepit panem in suis sacris manibus, similiter et calicem EGB. *Pont.* 11. **c** misse ~iteri [AS: *mæssepreostes*] et secularis thaini jusjurandum .. computatur eque carum (*Quad.*) *GAS* 465 [=(*Leg. Hen.* 64. 3) *Ib.* 584]. **d** ut ~yteri parochiales .. de forma baptizandi .. plebem instruant GIR. *GE* I 12 p. 43; ut .. a ~yteris parochianis absolutionis beneficium .. impetrarent WEND. II 94; **1268** penitentes a plebeianis ~iteris archidiacono, et ab archidiacono reddantur episcopo (*Pont. Bangor*) *Miss. Ebor.* II 337; **1326** ~itero parochiali ac omnibus et singulis parochianis ecclesie de K. .. salutem *Reg. Heref.* 366; **1495** ad cameram ~iteri parochialis capelle S. Margarete Virginis *Ac. Durh.* 250; **1518** parochiani utuntur diversis frivulis tempore divinorum in maximum nocumentum ~iteri parochialis ibidem omnia servicia celebrantis et cantantis *Vis. Linc.* I 16. **e** vulgaris .. ~iter, sc. qui regularem vitam non ducit (*Cons. Cnuti* 5. 2) *GAS* 287; hujus .. ecclesie .. quidam secularis ~yter nomine Æillavus curam egit RIC. HEX. *Hist. Hex.* II 5; indulsit tam ecclesiis conventualibus quam ~yteris secularibus, ut .. WEND. II 83; **1419** de ~yteris secularibus et religiosis .. in adulterio deprehensis *MGL* I 592. **f** **1413** pape capellanus et .. auditor specialiter deputatus universis et singulis .. ~iteris curatis et non curatis, plebanis, viceplebanis .. salutem *Cart. Glam.* 1470; **1545** universis .. aliis et singulis ~yteris curatis et non curatis infra nostram diocesem .. salutem *Conc. Scot.* I cclvii. **g** **c690** (8c) ego Guda ~iter et abbas .. ego Hooc ~iter et abbas *CS* 81; habere .. solet ipsa insula rectorem semper abbatem ~yterum BEDE *HE* III 4 p. 134; **732** tu o abba ~yter Dun *CS* 148; **786** Uuigbodum abbatem atque ~iterum ALCUIN *Ep.* 3 p. 20; **824** illi testes qui illic presentes fuere, sc. pernoð ~iter et abbas, et Feologeld ~iter et abbas, atque Æðelhun ~iter propositusque ... ego Cuðulf ~iter abbas .. Eanmund abbas .. Uuernoð ~iter abbas (*Clovesho*) *CS* 378. **h** qui non episcopus sed ~yter extitit et monachus BEDE *HE* III 4 p. 134; Cuthbertus .. / qui .. / .. manens monachus .. / doctor apostolicus fuit hinc et presbyter almus ALCUIN *SS Ebor* 650; **957** (11c) Koenuuald presul Hpicciorum confert .. Behstano ejusdem monasterii ~itero *CS* 993; Hieronimus erat monacus et ~yter ÆLF. *Ep.* 2. 105; ~yter et monachus Beda W. NEWB. *HA* I *pref.* p. 11; regula .. prelatum appellat patrem monasterii ... alio modo vocat ipsum ~iterum, addens 'qui omnium vestrum curam gerit' *Obs. Barnwell* 36. **i** **1142** ego Guido, ~iter cardinalis tituli S. Chrisogoni, subscripsi *Reg. Malm.* I 348; fecit [rex Willielmus] .. synodum congregari presentibus apostolice sedis legatis, H. S. episcopo, et ~yteris cardinalibus J. et P. AILR. *Ed. Conf.* 779B; prime .. patriarchie vj assignati sunt episcopi ..; singulis .. aliis assignati vij ~yteri cardinales, qui sunt in summa xxviij GIR. *Spec.* IV 2; Sinibaldus, ~iter cardinalis tunc S. Laurentii in Lucina, in summum pontificem eligitur *Chr. Peterb.* 14; **c1384** alteram partem hujus indenture misimus .. domino Nicolao .. universalis ecclesie ~ytero cardinali *Ziz.* 350; **1448** domini H. nuper sacrosancte Romane ecclesie tituli S. Eusebii ~iteri cardinalis, nuper nuncupati 'de Anglia' *StatOx* 268; **1545** David .. tituli S. Stephani in Celio Monte sancte Romane ecclesie ~yter cardinalis, S. Andree archiepiscopus, totius regni Scotie primas, apostolice sedis legatus *Conc. Scot.* I cclvii.

4 (*~yter Johannes*) Prester John (*v. OED s. v.*).

s1177 misit [Alexander summus pontifex] .. nuncium suum ad ~yterum Johannem regem Indorum *G. Hen. II* I 210; solebat .. inquirere, utrum unquam audissent de aliquo qui simul rex fuerit et sacerdos; et tunc exemplum .. de ~ytero Johanne, qui orientalium rex erat atque sacerdos, proponere consueverat GIR. *Galf.* II 19 p. 425; rumores per totam Christianitatem circumquaque dispersi sunt quod rex David, cognomento Joannes ~yter, de India cum magno exercitu adveniens, .. multas .. terras .. Saracenorum sibi subjugaverat COGGESH. *Chr.* f. 119; iste .. pastor [sc. Nestorinus] erexit se in regem, et vocatus est ~yter et rex Johannes BACON *Maj.* I 368; **c1422** ~iter Johannes, tocius monarchie spere corruptibilium imperator magnificus *Cant. Coll. Ox.* III 69.

5 (in explanatory quots.): **a** (interp. in moral terms); **b** (interp. as *praebens iter*).

a ~iteros .. merito et sapientia dici, non aetate, intelligendum est EGB. *Pont.* 11; ~yter Graecum nomen est, quod Latine senior dicitur, non pro ætate .. sed propter honorem et dignitatem, ut sit senex in moribus et sapientia ÆLF. *Ep.* 2. 125; ~iter dicitur senior, non etate sed sensu ... ~iter etiam dicitur 'prebens iter', sc. populo de exilio hujus mundi ad patriam celestis regni GIR. *PI* I 19 p. 111. **b** per compositionem hic ~iter quasi praebens iter OSB. GLOUC. *Deriv.* 267; GIR. *PI* I 19 (v. 5a supra); presbiter est dictus prebens aliis iter GOWER *VC* III 1893.

presbytera [LL], wife or consort of a priest.

s1035 nonnulli asserebant .. Ælfgivam .. recenter natum infantem cujusdam presbyteri [*ed. OMT*: ~itere] sibi afferri jussisse FL. WORC. I 190 (cf. DICETO *Chr.* 176: ~itere, HIGD. VI 20: presbyterissa]; hec presbiterissa, vel ~itera, i. uxor presbiteri OSB. GLOUC. *Deriv.* 268; ~ytera, uxor presbyteri *Ib.* 479; **s1036** eodem modo dicunt Suanum esse filium cujusdam ~itere DICETO *Chr.* 176; malo [sc. presbyter] cum presbytera pulcra fornicari, / servituros Domino filios lucrari, / quam vagas satellites per antra sectari *Ps.*-MAP 256; de Ursino presbytero, qui sic convixerat sue ~ytere tanquam frater cum sorore, continens a tempore ordinationis sue HOLCOT *Wisd.* 27; presbiter quidam .. qui a tempore ordinis accepti ~iteram suam .. ad se propius accedere nunquam sinebat *NLA* II 41; laudat presbyterum quendam qui ~yteram suam, i. uxorem, ut sororem abstinendo coleret P. VERG. *Invent.* V 4.

presbyteralis [LL presbyter+-alis], of or pertaining to a priest; **b** (of office, benefice, or sim., that is to be held by a priest).

1402 in ordinis ~yterialis dissolucione *Conc.* III 271a; **1411** statuimus .. quod .. capellani nostri .. in habitu at tonsura ~yteralibus honestius incedant *Lit. Cant.* III 128; **1428** ubi abjectis tonsura et habitu ~yteralibus, cuidam mulieri .. in fornicariis et illicitis amplexibus .. quasi laicus vivendo .. damnabiliter adhesisti *Ziz.* 420; ante susceptum predicacionis officium, vel ~yteralem et apostolicam dignitatem a Christo eis injunctam NETTER *DAF* I 536. 1A; **1445** unam casulam sive planetam ~iteralem cum tribus tunicis .. diaconalibus *Reg. Heref.* 272; *a preste*, .. sacerdos, presbiter; ~iteralis, sacerdotalis; sacerdotulus *CathA.* **b** **1282** hanc .. adjungentes, ut cum sola haberemus beneficia ~yteralia, de disponendis diaconalibus et subdiaconalibus gratiam nobis faceret PECKHAM *Ep.* 266; **1300** curam habens animarum .. dicta prepositura dignitas esse dinoscitur et ~iteralis existens ac personalem requirens residenciam .. promittendam *Reg. Cant.* 588; **1417** [*inst. of John Herne, chaplain, to priest scholarship*] scolariam ~iteralem *Reg. Cant.* I 161; **1421** ad scolariam non ~iteralem *Reg. Cant.* I 199.

presbyteraliter [presbyteralis + -ter], in the manner of or appropriate to a priest.

1424 G. de L. rector .. et .. J. A. magister in gramatica fuerunt jurati .. quod uterque eorum se honeste et ~iteraliter erga alterum gereret *Reg. Durh.* III 26.

presbyterare [LL presbyter + -are], **~ari**, to make or ordain (a man) a priest. **b** (intr.) to be or become a priest. **c** (dep.) to act as a priest, perform priestly offices of functions. **d** (iron.) to be an elder or superior to, 'priest it over' (w. dat.).

Philippicum Anastasius imperator .. oculis privavit. .. Anastasius imperator ~yteratur. .. vmdccccxx [sc. AD 716] R. NIGER *Chr. II* 145; si quis .. quemquam de servis suis permiserit litteris edoceri .. ac per ejus fuerit intercessionem ab episcopo ~iteratus *Fleta* 111; vestibus ornatus qui sic et moribus extat / dignus, non aliter, presbiterandus erit GOWER *VC* III 1826; muniri primo cum te facis ordine sacro, / cum te principiis presbiterare venis, .. / hoc vel pro mundi sit vel amore Dei? *Ib.* 2090; **1500** si contingeret alterum Willelmi filii et Johannis ~iterari *IPM* 14/145 (cf. *Cal. IPM* 388). **b** religiosa manus opus et servile patraret / nemo nisi vanus apud illos presbyteraret *Vers. Hen. V* 164. **c** michi .. videtur quod omnis sacerdos conjugatus debet abstinere a carnali connubio nec ~iterari WYCL. *Ver.* II 263. **d** mirum et hoc .. quod idem [sc. monachi] clericis tanto conamine presbyteri [*sic*; ? l. presbyterari] semper et preminere nituntur, quos .. tam eruditione quam institutione clericis .. constat esse minores GIR. *Spec.* II 26 p. 83.

presbyterarium [LL presbyter + -arium; cf. presbyterium], part of church (esp. large church or cathedral) reserved for officiating clergy, usu. incorporating the eastern end of the chancel beyond the choir, up to or including the high altar, presbytery.

1427 lego .. corpus .. meum ad sepeliendum ad dorsum ~iterarii in ecclesia beate Marie de Arcubus London', sc. inter summum altare et altare S. Nicholai ibidem *Reg. Cant.* II 402.

presbyteratus [LL]

1 (among Jews) office of priest: **a** (in ancient Israel); **b** (in post-Conquest England).

a pontifices eligens .. qui in partibus erant sacerdotii minoris qui nunc ~yteratus vocatur BEDE *Hom.* II 19. 204. **b** **1199** sciatis nos concessisse .. Jacobo Judeo de Londoniis presbitero Judeorum ~iteratum omnium Judeorum tocius Anglie habendum et tenendum quamdiu vixerit *RChart* 6b; **1207** ~iteratum omnium Judeorum (v. presbyter 2a); **1237** rex concessit Aaron, Judeo Eboraci, ~iteratum omnium Judeorum Anglie cum omnibus pertinentiis suis *Cl* 408; **1242** sciatis nos concessisse .. Elye, episcopo Judeo Londonie, ~iteratum omnium Judeorum totius Anglie *RGasc* I 155b; **1243** ad ea facienda ad idem scaccarium que ad ~iteratum Judeorum pertinent *Cl* 51; **1281** ad instantiam .. consortis nostre .. et per assensum communitatis Judeorum [Anglie] .. concedimus .. quod Haginus filius Deulacres, Judeus London', habeat et teneat tota vita sua officium ~iteratus Judeorum *Foed. RC* I 591a.

2 (in Christian church) office of priest or presbyter, priest, presbyterate.

Ceolfridus .. a praefato episcopo ad ~iteratum electus atque ordinatus est *Hist. Abb. Jarrow* 3; nono decimo .. vitae meae anno diaconatum, tricesimo gradum ~yteratus .. suscepi BEDE *HE* V 24; **s951** Elfegus .. qui beatum Dunstanum monachatus et ~yteratus gradu decoravit S. DURH. *HR* 109; **s1093** filii presbiterorum vel concubinarum ad ~iteratum non provehantur ORD. VIT. IX 2 p. 465; licet longe sit excellentior .. ~yteratus monachatu AD. MARSH *Ep.* 193; **1338** dominum W. de D. presbyterum beate Marie Virginis dicte ville et in possessione ~yteratus notorie existentem *Lit. Cant.* II 180; **s1402** Lollardi docuerunt .. quod virginitas et ~yteratus non sunt status approbati a Deo WALS. *YN* 397 (=*Id. HA* II 252); **1552** quoad diaconatus quo vero ad ~iteratus .. sacrorum ordinum collationem *Reg. Glasg.* 575.

presbyteri v. et. presbyterare.   **presbyterialis** v. presbyteralis.

presbytericida [LL presbyter + -cida], killer or murderer of a priest.

~itricida propterea perimitur BOWER XIII 17; **1511**

quis .. existimaret tantam .. confusionem induci, ut quos proprius curatus excommunicat hii [sc. fratres ordinum mendicancium] .. absolverent? absolvunt .. omnes ferme in omni casu ~itericidas irregulares interdictos *Reg. Heref.* 51; episcopus .. misit quemdam militem .. ~itericidam domino pape pro absolucione *Extr. Chr. Scot.* 157.

presbytericidium [presbytericida + -ium], killing or murder of a priest.

nec mirum si judex secularis vindicet ~itricidium BOWER XIII 17; **1463** in singulis sedi apostolice reservatis casibus, preterquam .. criminum heresis, .. rebellionis in Romanum pontificem .., ~itericidii (*Lit. Papae*) *Mon. Hib. & Scot.* 451b; **1539** propter ~yitericidium per eum et suos alios complices .. crudeliter perpetratum *Form. S. Andr.* II 99; iter justiciarie .. in quo quidam calumpniatus pro ~itericidio dixit se per papam absolutum *Extr. Chr. Scot.* 157.

presbyterissa [LL presbyter + -issa], wife or consort of a priest, (also understood as) nun.

hec ~iterissa, vel presbitera, i. uxor presbiteri OSB. GLOUC. *Deriv.* 267; **s1035** prefatum Swanum de quadam ~yiterissa [TREVISA: *preostes womman*; *MS Harl.* 2261: *myncheon*] recenter natum sibi .. supposuisse HIGD. VI 20 p. 132; hec ~eterissa, hec sacerdotissa, *a prystes wyfe* WW.

presbyterium [LL < πρεσβυτέριον]

1 (in Christian church) office of priest or presbyter, priesthood, presbyterate. **b** (collect.) body of priests or presbyters, priesthood, presbytery.

sacerdotes habet Britannia .. multos .. in eodem veteri .. piaculorum caeno post sacerdotalem episcopatus vel ~yterii sedem .. rapto tantum sacerdotali nomine nec tamen tenore GILDAS *EB* 66; uno puerulo, qui ab ipso nutritus et eruditus, nunc usque in eodem monasterio ~yterii gradum tenens *Hist. Abb. Jarrow* 14; super .. famulum tuum .. quem ad ~iterii honorem dedicamus EGB. *Pont.* 23; hic in seculari habitu .. positus, et gradu ~yterii functus EADMER *Mir. Anselmi* 157; **s1076** do duas ecclesias .. et sepulturas atriorum et omnia que ad ~iterium pertinent ORD. VIT. V 19 p. 441; *a presthede*, .. ~iterium *CathA*. **b** **s1274** cum toto ~iterio archidiaconatus ecclesiastici *Flor. Hist.* III 39.

2 part of church (esp. large church or cathedral) reserved for officiating clergy, usu. incorporating the eastern end of the chancel beyond the choir, up to or including the high altar, presbytery.

ante singula altaria que extra ~yterium sunt, singula luminaria ardeant LANFR. *Const.* 127; sublimatum augustius novae Augustini ecclesiae ~yterium totum illud cum amplis porticibus amplectitur spatium Gosc. *Transl. Aug.* 15A; ipsum .. in ~iterio inter chorum et altare sepelierunt ORD. VIT. VII 16 p. 251; **s1170** cum .. nomen audisset archiepiscopi, a tertio gradu ~iterii vel quarto, quem jam conscenderat, eis obviam regressus est DICETO *YH* I 343; de ~yteriis .., que et cancelli denominantur, quod solis clericis sunt assignata GIR. *GE* I 42 p. 118; exeat processio per ostium ~iterii septentrionale, et eat circa ~iterium *Offic. Sal.* 69; muros ~yterii in modum pinnaculorum ad deambulandum circa ~yterium .. et ipsum ~yterium cum tectis cryptarum ~yterio adjacentibus .. reparavit *Chr. Evesham Cont. A* 265; is curavit solarium S. Crucis et ~iterium (quod vocant) .. puto etiam a similitudine ~iterii posuisse veterem chorum FERR. *Kinloss* 28.

3 'priest-money', coins given by pope to attendant clergy on special feast-days.

peracto tante solempnitatis .. officio, archiepiscopus, sicut cardinales, bisancios aureos, quod ~iterium ab ipsis appellatur, a domino papa suscepit H. CANTOR f. 20v.

presbyteron [*n. sg. of* πρεσβύτερος], office of priest (in quot. w. ref. to rectory and right of presentation thereto).

in Burtoft S. Guthlacus habuit et habet unam bovatam terre .., et ecclesiam de Sutterton, et ~on tempore Edwardi regis *Croyl.* 80.

Prescianus v. Priscianus.   **presona** v. priso.

pressa [CL pressus *p. ppl. of* premere, *cf. ME presse*], clothes-press, cupboard.

1392 unius scabelli, unius ~e, quatuor cistarum *Pat* 334 m. 30.

pressare [CL]

1 to press down, press (in quots. w. ref. to production of wine or cheese). **b** (of weight or load) to weigh down.

1275 in j scamell' ad cas' pressand', j d. *MinAc* 994/29; **1278** ultra vinum faciendum et ~andum *Ib.* 843/2; **1278** ad cariandas dictas uvas apud Th. ad ~andum et ad vinum recariandum *Ib.* **b** mersit eas [sc. opes] ne mersaretur ab illis, / passus, ut expensis impensa pecunia pessum / pessima pressetur HANV. VI 278.

2 to press (together), squeeze.

si inter alios assedisset aliquis quem morbus occupasset regius, illius vero pedes ~are tenacius, osculari dulcius, oculos porro in ipsis figere ulceribus W. MALM. *Wulfst.* III 18.

3 (in gl.).

artare, ~are, constringere OSB. GLOUC. *Deriv.* 43; et ab hoc nomine pressus, ~o, -as, verbum activum *Ib.* 425.

4 (transf.) to suppress.

siccat .. genas, suspiria pressat FRITH. 1148.

presse [CL]

1 with firm pressure, firmly: **a** (of grip or grasp); **b** (of imprinting or impressing).

a fortuna .. / .. quasi lubricus anguis elabitur / tunc quando pressius teneri creditur WALT. WIMB. *Carm.* 347. **b** signaculum .. quo cor nostrum ~ius signavit [sc. Deus] BALD. CANT. *Tract.* 10. 511B.

2 (of perception) closely, attentively.

quoniam .. ea, inquantum dicuntur genera et species, nemo sine imaginatione ~e pureque intuetur ADEL. *ED* 12; logicam .. solo libavi auditu; phisicam .. aliquanto ~ius concepi W. MALM. *GR* II prol.

pressim [CL *in sense 2*, LL *in sense 1*]

1 (in gl.) pressed close, closely, tightly.

arctim, strictim, restrictim, ~im OSB. GLOUC. *Deriv.* 43; conjunctim, strictim, ~im *Ib.* 148; premo, -is, .. inde pressus .., et ~im, .. strictim, adverbium *Ib.* 425; ~im, strictim, angustiatim *Ib.* 473; scdco .. inde .. sessim, i. ~im *Ib.* 540.

2 with firm pressure, firmly (in quot. w. ref. to pronunciation or enunciation).

ne verba sint inflata vel anhelata .., sed ~im et aequabiliter et leniter et clare pronuntiata ALCUIN *Rhet.* 40.

pressitare [CL pressus *p. ppl. of* premere + -itare], to press, compress.

to thryngyn down, premere, ap-, de-, op-, prissitare *CathA*.

pressium [CL pressus *p. ppl. of* premere + -ium], apparatus for pressing or crushing, press.

torcular, pressorium, ~ium idem *Alph.* 188.

pressor [LL *in sense 1*]

1 class of hunter or huntsman.

numerum venatorum generaliter quadripartitum .. vestigatores, indagatores, salatores, ~ores [gl.: *berseours*] BALSH. *Ut.* 46.

2 apparatus for pressing or crushing, press. **b** (spec. as) cider-press.

1227 oppressus fuit quodam sumero cujusdam ~oris .. precium ~oris ij s. *JustIt* 229 m. 15; **1271** in stabula carectar' et domo ~oris cooperiend' *Pipe Wint.* 159299 r. 2d. **b** **1340** de .. j mola pomorum, j ~ore pro ciser' faciend' (*Bucks*) *MinAc* 1120/10 r. 3d.

pressoragium [LL pressor + -agium], (income from) right to possess or operate a wine-press.

a1161 H. de R. dedit S. Stephano totam terram et pratum .. excepto illo tantillo ubi pressorium ipsius est .. et dangerium et ~ium de tribus virgatis vinee dedit eidem sancto *Act. Hen. II* I 282; **c1161** notum vobis fieri volumus quod totum ~ium B. et omnium vinearum circa B. adjacentium, cujuscumque feodi sint et quicumque eas teneat .. totum est monachorum majoris monasterii apud B. manentium *Ib.* 335.

pressorius [CL *as adj.*; LL *also as sb. n.*]

1 (as sb. n. or f.) apparatus for pressing or crushing, press (sts. w. ref. to assoc. structure or area within which press is located, and the activity of pressing is carried out); **b** (for wine); **c** (for cider); **d** (for cheese).

bachinal, -alis, i. torcular, ~ium Osb. Glouc. *Deriv.* 71; **1209** in novo muro, et ~io cooperiendis, iiij s. xj d. ob. *Pipe Wint.* 68; **1223** quod habere faciant Willelmo de R. duas quercus .. quas dominus rex ei dedit ad quoddam ~ium faciendum *Cl* 539a; **1293** domus ad pressurium (*Bocking*) *MinAcEssex*; **1295** pro domo ~ie de postis dirigend' et trabis ad easdem ligand' (*Essex*) *MinAc* 840/8; **1309** magister milicie Templi in Anglia .. concesserit W. de W. clerico .. unam placeam in capite australi domus ~ii .. ad quandam cameram ad opus dicti W. .. construendam *DocExch* 143; **1312** in emendacione doleorum, xviij d.; in coopertura ~ii de gardino cum emendacione murorum, x s. x d. *Comp. Swith.* 399; torculor, ~ium, pressium idem *Alph.* 188. **b** a**1161** (v. pressoragium); c**1161** statuimus quod nullus possit habere ~ium in B., nec in vineis adjacentibus B. *Act. Hen. II* I 334; c**1161** H. de A. erexit ~ium in B. in injuriam et damnum monachorum *Ib.* 335; **1192** teneant .. ad arbitrium suum .. prata, vineas, latomias, ~ia, aquas, molendina usagia et pascua *Thes. Nov. Anecd.* I 647 (cf. *DuC* II 923: ~ias). **c** **1236** in ~io pomorum facto de merremio episcopi vj s. iiij d. ob. *Pipe Wint.* 159285 r. 6*d.*; **1248** expensa .. in ~io et molendino ad ciseram reparandis, ij s. vj d. (*Barton Priors*) *Ac. Man. Wint.*; nonne [amor] tot in te [Jhesu] congerit / tormenta quod te conterit, / ut pomum in pressorio? J. Howd. *Cyth.* 81. 6; **1275** idem R. abstulit de Alicia relicta G. de B. unam molam pomorum et j pressor' prec' xx s. *Hund.* II 211a; **1297** in ~io pomerii carpentando et emendando ad tascham, ij s. j d. *Ac. Cornw* I 4; **1299** j ~ium cum parte ad cizeram faciendam (*Aldenham, Herts.*) *MinAc*; **1340** de .. veteri meremio de mola et ~io pomorum (*Bucks*) *MinAc* 1120/10 r. 12*d.* **d** daer' .. in j ~io [*gl.*: *chusewat*] .. ij d. *FormMan Shorwell*; **1276** in custu daerie: .. in pressura per annum, xij d. ob.; .. in emendacione ~ii, ob. *Ac. Stratton* 191; **1305** custus daierie .. in pressor' de carpenteria emendand' ij d. *MinAc* 991/27.

2 clothes-press (w. ref. perh. both to storage chest, and to apparatus for pressing or otherwise manipulating cloth).

1236 idem J. .. unum solarium ad caput aule prosterni fecit et asportari gistas, et planchias, et porticum aule, et ~ium, et warderobas, de camera tegulata hostia, et fenestras, et mensas, et cetera utensilia domus *CurR* XV 1928; **1344** pro fors' et pressor' pro capitegiis involvendis *KR Ac* 390/8 f. 8; **1410** camera: .. de j cista nigra .. j parva cista .. v pannis integris diversi coloris .. j ~io ligneo *Test. Ebor.* III 48; *presse, or pyle of a cloþ*, pamplicium, ~ium, involucrum *PP*; **1445** in studio: .. tabula pro ~io, precium sex denarii *MunAcOx* 545.

3 (in gl.) pound (w. ref. to weight; but *cf. OED s. v.* pound sb.³ 'cider-press').

praesorium, *pund GlC* P 739.

1 pressura [CL]

1 pressing, squeezing, pressure; **b** (as symptom of disease); **c** (w. ref. to torture, in quot. transf.); **d** (fig., w. ref. to hardship, affliction, or duress).

ex quo mali graves et ponderosi, magna erit compressio in inferno post diem judicii: quia eorum corpora erunt mirabiliter gravia et quodlibet secundum ultimum potentie sue conabitur versus centrum. maxima ergo ~a ibi fiet. .. graviores loca centralia occupabunt, et minus graves loca exteriora, et sic erit minor ~a quam si fieret econverso Holcot *Wisd.* 92. **b** Alina monialis .. dixit quod .. graves solita esset sentire augustias et ~as circa cor et toto latere sinistro *Canon. G. Sempr.* f. 145v. **c** etsi die Martis beato Thome ~as quasdam et molestias inferebant tortores Capgr. *Hen.* 125. **d** hec [sc. ecclesia] ~is mundi, quasi in torculari, calcatur, et Christo per passiones incorporatur Hon. *GA* 554D; nos dum pressurat [sc. Deus], per pressuram sibi purat Garl. *Mor. Scol.* 236; [proles Virginis] quam pressura preli / tormento crudeli / sic examinat / quod J. Howd. *Sal.* 21. 4; valete in futurorum cognicione, ut a superveniente ~a .. consequamini effectum salutarem (J. Bridl.) *Pol. Poems* I 124; abbas .. velut lapis vivus in domo celesti reponendus, crebris tunsionibus et multimodis ~is conquadratur *Croyl. Cont. B* 471.

2 (transf.) pressure of hardship, affliction, or duress; **b** (w. gen. indicating source or agent of hardship or affliction); **c** (w. gen. indicating sufferer or target of hardship or affliction).

cunctis fidelibus .. qui per lacrimas ~asque praesentes ad gaudia aeterna pervenire contendunt Bede *Hom.* II 13. 155; omnipotens vero Deus ecclesiam suam in omni ~a potenter protegit Ord. Vit. III 12 p. 127; per .. pulsationes has, per has .. ~as, nitebantur ad hoc, ut genua .. curvaret et succumberet, et ut pressus, immo oppressus sic .. H. Bos. *Thom.* III 36; qui inter ~as eidem ex ipsis injuriarum malleis coronam glorie fabricavit P. Blois *Ep.* 138. 410D; s**1243** fecit .. duos fratres .. incarcerari .. qui in carcere ob immanitatem ~e defecerunt *Flor. Hist.* II 267; s**1337** de dampnis et ~is sibi et suis factis treuga facta primitus perdurante *G. Ed. III Bridl.* 132. **b** ut ostendat sanctam Dei civitatem .. a permixtione et ~a civitatis diaboli .. immunem esse non posse Bede *Ep. Cath.* 67; virga equitatis Dei ubi quod sibi displicuerat in populo detersit per ~am Danorum *V. Ed. Conf.* f. 38v; sic sanctus .. fidelem sibi ministrum ab imminentis flamme ~a illesum eruit R. Cold. *Cuthb.* 37; **1240** pre gravi onerum ~a in suscepto officio *Ch. Sal.* 259; castro .. a ~is obsidientium .. liberato *Leg. Ant. Lond.* 28; si perfecte sciencie veterum invisorum bellorum ~is obnoxie non fuissent R. Bury *Phil.* 7. 111. **c** c**705** si .. cessante felicitatis opulentia .. secura dulcis patriae otia exulantis domini ~ae praetulerint Aldh. *Ep.* 12 p. 502; quod is, qui pastoris et medici locum occupaverat, in languente ovicula, non culpe ~am, sed veterem familiaris odii insectatus sit jacturam Folc. *V. J. Bev. prol.* p. 240; ab injuriis viduarum, ab orphanorum ~is Diceto *YH* I 393; fratrum ~as .. et clamores cum bona conscientia preterire clausis oculis nec possumus Gerv. Cant. *Imag.* 63; ave, que torqueris / quando contueris / nati tedium. / .. / ave, parens pura, / cujus fit pressura / morte forcior J. Howd. *Sal.* 14. 2; a**1276** nobilis vir Edwardus .. aspiciens Terre Sancte ~as (*Lit. Papae*) *Reg. S. Thom. Dublin* 491a.

3 a pressing or thronging (of people), press, throng, crowd.

confluente .. undique .. multitudine ad .. solennia, debilis formidans ~am contendit exire ecclesia Gosc. *Transl. Mild.* 24 p. 191; convenerunt .. multitudo numerosa tam advenarum quam indigenarum .... ecce per medium ~e predictus Willelmus Map *NC* V 6 f. 69v; potest .. videri .. quantum metuenda vita est in ~a hominum [ME: *imong þrung*] *AncrR* 50; s**1308** amplius premebatur maxima ibi ~a seu compressio gentium *Ann. Paul.* 261; tanta erat indisciplinata violencia et ~a posterioris multitudinis, quod vivi super mortuos caderent *G. Hen. V* 13 p. 90; s**1404** in transitu, ad evacuandum populi ~am, tribus vicibus jactabantur missilia in vulgus Ad. Usk 91; **1432** cum in solempnibus conviviis diebus graduacionum per graduatos tentis .. tante ~e, tot inhonestates, talesque tumultuaciones .. fieri consueverint *StatOx* 244.

4 apparatus for pressing or crushing, press; **b** (spec. as cider-press); **c** (spec. as cheese-press, but *cf. et.* 2 presura). **d** printing-press, (*in ~is* in quot. app.) printed. **e** sort of torture apparatus (in quot. w. ref. to thumbscrew); **f** (w. ref. to Crucifixion).

1271 in muro petroso de domo ~e emendando *Pipe Wint.* 159299 r. 17*d.* (cf. ib. r. 2*d.*: in .. domo pressoris cooperiend'); **1407** in ij li. pinguedinis pro ~is ungend' *KR Ac* 754/29 m. 7. **b** **1211** in ~a ad siceram emendanda, iiij d. *Pipe Wint.* 57; **1272** in emendacione presure ad pomos *MinAc* 935/3 m. 2; **1309** in domo que est pistrinum, et in alia domo ubi est ~a cisarie *Cl* 126 m. 8*d.*; **1418** lego .. j molendinum cum ~a ad siceram faciendam apud A. pro tota vita sua *Reg. Cant.* II 141. **c** **1271** dayeria: .. in ~is emptis, xij d. *Pipe Wint.* 159299 r. 2*d.*; de v ulnis canabi .. emptis ad daeriam, precium cujuslibet ij d., pro ~a emptis *FormMan* 15; inventarium plenarie compositum: .. in daerya, j ~a, iiij bukette ad lactandum *FormMan* 21; **1306** custus dayer': in pressuris emptis, xviij d. *MinAc* 1079/17 r. 9*d.*; **1314** in vij presuris emptis et factis ad dayeriam domini xiij d. ob. et ij caseos de *rewayn' Rec. Elton* 214; **1346** summa [caseorum] ccv^{xx}xv, de quibus in ~a iij; liberatos celerario .. v^{xx}ix caseos *Rec. Elton* 334. **d** **1501** libri inventi in libraria ..: .. exposicio Lathbury super Trenis in ~is in papiro *Cant. Coll. Ox.* I 23. **e** **1388** per imposicionem unius ~e de ferro posite super pollices eorundem prisonum et alias diversas penas *IMisc* 242/21. **f** pressus in pressura suspiro raptoris J. Howd. *Cant.* 105.

5 clothes-press.

1395 utensilia: .. una messa sub ~a, et ij in aula, cum *tristils*, pret' v s. viij d. *Test. Ebor.* III 7; **1410** camera: .. de vj s. viij d. de una ~a lignea *Ib.* 45; **1454** unam cistam ligatam cum ferro .., unum armariolum prucie, .. unam magnam ~am de *waynscott Ib.* II 182.

6 (med.) compress.

fiant pulvilli vel plumaceoli et ~e de stuppis mundis canabinis prius carpinatis deinde rotundatis Gad. 122v. 2; rectificentur pulvilli et ~e ex utraque parte labiorum applicate, quia ibi in lateribus debent ~e applicari totiens et tante quotiens et quante sufficiunt. et desuper ~as et vulnus ponantur duo aut tres de dictis plumaceolis madefactis et expressis, deinde plumaceolus secundus major predictis applicetur et tunc ligetur fortiter *Ib.*

2 pressura v. 2 presura.

pressurare [CL pressura+-are], to apply pressure to, press (in quot. fig.).

nos Deus indurat, nos duris ducere curat; / nos dum pressurat, per pressuram sibi purat Garl. *Mor. Scol.* 236.

pressure [? *fut. ppl. of* CL premere+-e; cf. pressura, presse, pressim], pressingly, oppressively, or ? *f. l.*

quod Christianitas continuis agitatur angustiis et ~e [? l. pressuris] ac incessanter oneribus premitur importabilibus et injustis Ockham *I. & P.* 4.

pressurium v. pressorius.

prester [CL < πρηστήρ], kind of serpent.

subtrahit humanam formam leso tumor ingens, / quem prester sevo sauciat ore furens Neckam *DS* IX 300.

prestinus v. pristinus. **prestibulum** v. prostibulum. **prestitigatrix** v. praestigiatrix.

1 presura v. 1 pressura.

2 presura [OF presure, ME pressure], rennet (but *cf. et.* 1 *pressura* 4c, to which some quots. might also be referred.

1223 in custo daerie in ollis, pannis, bresura, ij s. ij d. ob. *Pipe Wint.* 159279 m. 1; in custo daerie, sc. in vasis, et sale, pannis, ~a, ollis, et aliis, ij s. ij d. ob quad. *Ib.* m. 12*d.*; **1233** in custo daerie, sc. sale, prisura, ollis, vasis, et aliis neccessariis, vj s. iiij d. *Crawley* 209; **1257** expensa daerie: .. in linea tela empta .. vij d. ob.; in pressura empta, vj d. *Ib.* 216; **1269** daer': .. in ~a, iij d.; in panniculis, ij d. ob. *MinAc* 840/1; **1275** in uno vase ad butirum faciendum empto, ij formis, ~a, linea tela, ollis, patellis, et aliis, cum tina, ad dayeriam emptis, cum ij buketis, iij s. iij d. quad. *Ac. Stratton* 62; **1277** in ~a empta [sc. ad daeriam] vj d., quia nulla ~a de stauro (*Milton, Essex*) *Ac. Man. Cant.*; **1290** in .. cleis ad fald', prinsura, lineo panno, patell' .. emptis ad daeriam *Pipe* 136 r. 30*d.*; **1306** custus daerie: .. in iiij bussellis .. salis emptis, xij d.; in ~a empta, iiij d.; in j colera empta, j d. *Crawley* 243; **1323** in una lagena pressura [*sic*] empta, viij d. *Ac. Wellingb.* 126.

pretaria v. 2 petraria. **pretentibus** v. praebere. **pretertia** v. praeterire.

pretiamentum [LL pretiare+-mentum], valuation, appraisal.

1529 in primis, stationario et bedello pro ~is bonorum *off* xv li. vij s. vj d. *Cant. Coll. Ox.* I 93.

pretiare [LL], **~ari**

1 to determine a value for or set a value upon, to value, appraise; **b** (w. monetary sum specifying value determined or appraised).

in Wella vj bord', et sunt ~ati hund' *DB* II 206b; in Dereham ij liberi homines, vj acre et sunt ~ate *Ib.* 251b. **b** piscariae et marae abbatis de Ramsey ~antur x lib', abbatis de Tornay lx sol', abbatis de Burg iiij lib' *DB* I 205ra; homines hundret' habent hanc terram ~ata xlviij s. *DB* II f. 343.

2 to consider valuable or of worth, to value, esteem, prize. **b** (p. ppl.) prized, valuable.

1219 nos .. pro paupertate nostra non possumus terram defendere, nec illos subjugare, nec me amplius pretiunt quam si essem unum garciolum *RL* I 37; quorum mediorum prima, que maxime ~amur, sunt folia respectu fructus sapiencie, ad quam ducunt WYCL. *Ver.* I 204. **b** qui precium ponit dives preciata reportat / munera GOWER *VC* III 1203.

3 to add worth or value to, (transf.) to adorn, embellish.

nobilis appensum preciatur purpura velum *V. Ed. Conf.* f. 40v.

4 (in gl.) to praise (but *cf.* ME *preisen*, which also manifests senses 1 and 2 *supra*).

to prayse .. magnificare, ~ari, mirari, laudare *Cath A.*

pretiarius [CL pretium + -arius], related to payment, financial, remunerative. **b** (as sb. f.) ? hiring.

a1260 inhibemus .. archidiaconis .. ne hujusmodi penas pretextu alicujus comodi pecunialis [v. l. preciarii] relaxare seu omittere .. presumant (*Stat. Lond.*) *Conc. Syn.* II 643. **b** elemosinarius .. apud Londonias .. maxime in autumpno cum habuerit metencium pretariam [l. precariam] necesse habeat ibidem reficere *Cust. Westm.* 95.

pretiator [LL pretiare+-tor; cf. appretiator], valuer, appraiser.

1516 inventorium bonorum ipsius per [. .] et Johannem L. ~ores *DCCant.* C. 11 f. 3a.

pretiolum [CL pretium+-olum], small payment.

955 ego Eadred .. Ælfgiðe sanctimoniali .. ob ejus amabile et aurigenum ~um, hoc est cxx s. auri, ruris particulam .. ab omni servitio .. liberam .. concessi *CS* 903.

†pretiolus, *f. l.*

hortum nobilitat precioli [l. preciosi] gloria fructus, / non arbor sterilis crescere novit ibi NECKAM *DS* V 41.

pretiositas [CL]

1 quality of being precious, preciousness, valuableness, value.

a1085 si mittas omnem aromatum odorem, omnem metallorum nitorem, omnem lapidum ~atem .. ANSELM (*Ep.* 84) III 209; ut .. sit augmentacio bonitatis beneficii et ejusdem ~atis GROS. *Cess. Leg.* I 3 p. 16; ergo in hoc vestimentorum vilitatem intellige, non ~atem PECKHAM *Paup.* 12 p. 59; ad custodiam sensus visus, qui menti protinus inprimit quicquid videt in creaturarum pulcritudine, ~ate, forma, et figura *Spec. Incl.* 1. 4; ergo, posita aliqua ydolatria, oportet concedere istam .. ex ~ate corporis blasfemati esse ydolatriam gravissimam WYCL. *Blasph.* 20; **1450** per assiduum studium adipisci valet scientie margaritam, que bene beateque vivendi viam prebet, ac peritum ab inperito sui ~ate longe facit excellere (*Lit. Papae*) *Mon. Hib. & Scot.* 383a (=*Reg. Glasg.* 386).

2 that which is precious, preciousness.

nec totam terre depasta ~atem saciatur ambicio MAP *NC* IV 6 f. 49v.

1 pretiosus v. praeterire.

2 pretiosus [CL]

1 that has great (monetary) worth or value, valuable, precious.

conculcantes porcorum more ~issimas Christi margaritas GILDAS *EB* 38; pulcherrimae virgines ~is [*gl.*: i, bonis, regiis] comptae cicladibus ALDH. *VirgP* 35 p. 278; quaedam ~a in mea capsella habeo CUTHB. *Ob. Baedae* clxiii; altera [pars maris] que friget †pretonsas [MS: pretiosas] volvit harenas / .. / ... / hanc perhibent Arabes gemmas generare micantes *V. Merl.* 800; ne perirent homines .. equos destrarios ~os perimebant *Itin. Ric.* I 67; miser smigmarius clamans smigma plus facit murmuris quam dives mercator cum ~is [ME: *deorewurðe*] mercibus *AncrR* 17; Lumbardi .. in regno infinitum aurum et argentum cum ~is lapidibus asportaverunt *Plusc.* VII 33.

2 that has great (non- or extra-monetary) worth; **b** (of person); **c** (as sb. m.); **d** (as sb. f. as personal name); **e** (w. ref. to verse in office for Prime beginning '*Pretiosa est in conspectu Domini*', *Psalm.* cxv 15).

maluit purpureum sanguinem fundere quam ~am [*gl.*: aeternam, dilectam] pudicitiam perdere ALDH. *VirgP* 42; ut plebs, quam Christus pretiosi sanguinis ostro / reddidit immunem *Id. VirgV* 584; fidem suam, que omnibus ornamentis ~ior est BEDE *HE* II 12; ultro fecundas segetes producit et uvas / nataque poma suis †pretonso gramine [MS: pretioso germine] silvis *V. Merl.* 913; quisquis .. / scit bene .. mori, nec moriens hic obit: / non obit hic sed abit, nec tam defectus eidem / quam sua profectus mors pretiosa venit L. DURH. *Dial.* IV 324; vivere de pretio pretiosius est alieno, / quam miser, infelix, mendicus, pauper obire / in patria D. BEC. 1693; quasi peculiaris .. nature thesaurus, ubi insignia et ~iora sui secreta reposuerit GIR. *TH* I 2; super reliquias ~issimas *Id. IK* II 2 p. 112. **b** **a1074** rogamus .. sicut rogari oportet ~um sanctae aecclesiae filium LANFR. *Ep.* 37 (9); **a1189** monachi S. Cuthberti ~issimi confessoris *Feod. Durh.* lxxxv; **c1300** ad perinclytum et ~um martirem beatum Thomam *Lit. Cant.* I 11; invocato ~o principe rege Henrico *Mir. Hen. VI* III 104 *rub.* **c** **1008** (13c) quidam miles Ælfgarus nomine, meus viz. praepositus atque praeciosus *CD* 1305. **d** **a1215** omnibus .. ~a filia magistri Benedicti medici in Eboraco salutem *E. Ch. Yorks* I 207; **1260** de debitis in quibus ipse tenetur Hagino filio Mossei et Leoni filio ~e, Judeis London' *Cl* 6; **1261** alicujus debiti quod debeat Hagino filio magistri Mossei, Leoni filio ~e .. Judeis *Cl* 465; **1333** de ~a filia vicarii pro *leyr*, vj d. *Hal. Durh.* 13. **e** **1505** si capellani choriste deficiant in celebratione missarum, defectus .. notabuntur fideliter .. et presentabuntur omni sabbato, in capitulo in ~a, decano et capitulo ut corrigantur *Reg. Brechin* I 221.

pretium [CL]

1 that which is rendered or paid (for goods or services), payment, price; **b** (w. ref. to wages or reward); **c** (in phr. *prece vel ~io* or sim.). **d** (equivalent to AS *gift*) bride-price. **e** (*singulare ~ium*, as though transl. AS *āngild*) payment made as atonement for injury, angild; **f** (*~ium pro ~io* in same sense; *cf. et.* 2c *infra*).

episcopatus officium vel presbyterii terreno ~io .. velle mercari GILDAS *EB* 67; trecentorum denariorum dictum est eo quod multo ~o venundari potuit *Comm. Cant.* III 55; **p705** de terra quam .. Baldredus possidendam accepto ~io obtulit ALDH. *Ep.* 13 p. 503; siquis paupertate sua non potuisset servitium facere, relinquebat sine ~io domum suam praeposito *DB* I 179ra; naulum .. i. pro transmeatione datum ~ium OSB. GLOUC. *Deriv.* 369; **1204** inveni bonam et securam navem sine †precipio [l. precio] .. transfretantibus in Flandr' in servicium nostrum *Cl* 146 (cf. ib. 16a: sine ~io); si [moneta] fuerit deformata vel attonsata, perdit pondus et imaginem, et jam non recipitur loco ~ii sicut prius HOLCOT *Wisd.* 39. **b** **c803** quocirca cujusdam sapientis Greci interrogationem, de ~io salutis humanae, cui daretur, inquirentis ALCUIN *Ep.* 307 p. 466; homo in vinea xxx diebus pro decem denariis conducitur, ex quibus operatus est sex diebus, quantum ergo ~ii totius debet accipere? ROB. ANGL. (I) *Alg.* 124; ex quo murilegi precio comulantur et hirci J. CORNW. *Merl.* (*ed. Speculum*) p. 235; **c1157** res ecclesiarum .. sunt patrimonia pauperum et ~ia prec[ato]rum *Doc. Theob.* 72; hoc diarium .. i. diei ~ium OSB. GLOUC. *Deriv.* 159; **1321** domino I. de U., baneretto Scocie, venienti ad regem de partibus Scocie et ulterius proficsenti [*sic*] usque partes transmarinas, de dono ipsius regis .., in preciounius [l. ~io unius] ciphi argenti deaurati .. vj li. iij s. iiij d.; et in denariis x li. *Cal. Scot.* III 435. **c** ne quis ad tantum fastigium aspiraret indignus vel prece vel ~io W. MALM. *GR* II 197; ad omnium Francigenarum interitum tam clericis quam laicis pluribus inductis prece et conductis ~io *Lib. Eli* III 52; parentes utrique .. nec prece nec ~io nec vi animum ad hoc ejus poterant inclinare GIR. *GE* II 13 p. 230; [juraverunt] .. quod non .. pro prece vel ~io, odio vel amore, nec pro morte nec pro vita, seu pro aliquo temporali emolumento .. N. DUNSTABLE *Chr.* 32; nullus ad hoc prece vel precio me compulit H. AVR. *Poems* 127. 23; **1549** quod omnes et singulos excessus .. absque gratia aut favore, prece vel ~io, .. commissiariis tradant *Conc. Scot.* II 94. **d** si quis feminam emat et ~ium [AS: *seo gyft*] retineat (*Quad.*) *GAS* 23; si quis emat sibi feminam et donum ~iumque [AS: *seo gyft*] non compleatur, reddat ipsam pecuniam et persolvat et emendet plegio (*Ib.*) *Ib.* 103. **e** **c802** (11c) de partibus .. et de causis singulare [v. l. singula res] solvere praetium et nihil aliud de hac terra *CS* 295; **814** (11c) exceptis his, expeditione, et pontis constructione, et singulare ~ium foras, nihilque ad poenam resolvat *CS* 351; **815** exceptis his, arcis et pontis constructionibus, et expeditione, ac singulare praetium ad penam, id est *angylde CS* 353; **†835** (12c) de illa .. tribulatione que *witereden* nominatur sit libera, nisi tamen singuli [? l. singulare] ~ium solverit ut talia accipiant *CS* 413; **†888** (13c) liberam .. ab omnibus causis, nisi singulare ~ium contra aliud ponat *CS* 557. **f** **767** (17c) nisi specialiter ~ium pro ~io ad terminum ad penam *CS* 202; **770** in hac .. terra aliquid foraras furaverit alicui aliquid nisi specialiter ~ium pro ~io *CS* 203; **801** ut ab omnium fiscalium redituum operum onerumque .. vindictis nisi tantum praetium pro praetio liberae sint in perpetuum *CS* 201.

2 worth, value, (esp. expr. in terms or context of monetary or mercantile equivalence) price. **b** (w. ref. to assessment for tax or tithe) value, valuation. **c** (leg.) price or value set upon person according to social rank, wergeld; **d** (w. *natalis*, *nativitatis*, or *redemptionis*). **e** (*in ~io stare*) to be considered valuable, to be held in high esteem.

de egressis [v. l. aegris] .. ~ium viri vel ancillae pro anno, vel dimidium omnium quae possidet dare THEOD. *Pen.* I 7. 5; vij molini de xlij li. .. aut frumentum ejusdem ~ii *DB* I 32rb; assis .. i. obolus, et .. componitur .. quadressis, i. quatuor oboli vel ~ium quatuor obolorum OSB. GLOUC. *Deriv.* 35; W. de F. tannatori creditori domini, pro pane et servisia et carnibus seu pissibus ab eo ex mutuo receptis ad predcium lxviij s., xx corea per .. preceptum senescalli *FormMan* 45; si dicas quod non ita leviter curas de tuo amore sed amplius vis habere, nomina illud quid esse debeat, pone ~ium amoris tui [ME: *sete feor o þi luve*] *AncrR* 158; preterea ~ium in nummo est relacio racionis et non res absoluta OCKHAM *Quodl.* 695. **b** in ipso primo adventu ejus in Angliam fuit ipsa villa combusta, et ideo ~ium ejus non potuit computari quantum valebat quando episcopus Baiocensis eam recepit *DB* I 1ra; silva v porcorum in eodem ~io *DB* II 133; j ecclesia, lx acre in ~io manerii *Ib.* 254; omnes ecclesie sunt in ~io cum maneriis *Ib.* 265; **s1187** per regnum .. statutum est .. omnium rerum habitudinem .. inquiri, et scito sub attestatione fidelium ~io, omnem decimam quam etiam Saladini nuncupant .. recolligi G. COLD. *Durh.* 8. **c** si quis perjurium fecerit .. super reliquias sanctorum et .. injuste juraverit, careat manibus aut det dimidium praetii [v. l. pretii] sui ipsius [AS: *healfes weres*] (*Inst. Cnuti* II 36) *GAS* 339; si quis ante comitem in placito pugnaverit, emendet secundum ~ium [AS: *wer*] sui ipsius (*Ib.* II 59) *Ib.* 71; sexies .. tantum erit simplum praetium [AS: *were, wergild*] regis, hoc est ducente xx li. (*Ib.* III 43. 1) *Ib.* 463; sacramentum liberalis hominis .. debet stare et valere juramentum sex villanorum, quia praetium ejus est, id est (*p*)*eregeld*, sex villanorum (*Ib.* III 44) *Ib.* 465; lege Anglorum suum *were*, id est ~ium suum (*Leg. Ed.* 12. 3) *Ib.* 638; solvat dupliciter et persolvat, sitque ~ii sui reus contra regem (*Ps.-Cnut* 23) *Ib.* 624. **d** redimat se ~io nativitatis sue et culpam emendet sic wera sic wita (*Quad.*) *GAS* 55; weregildo, i. natalis sui ~io, se redimat, vel secundum weram suam neget (*Ib.*) *Ib.* 97; ut weram suam, ~ium natalis sui, Christo persolvat et regi (*Ib.*) *Ib.* 280; primo Christo et regi ~ium nativitatis sue reddat (*Leg. Hen.* 11. 1a) *Ib.* 556; si quis liber aut servus occidatur, natalis sui ~io legittime componatur (*Ib.* 68. 1) *Ib.* 586; *were* suum, i. ~ium sue redemptionis KNIGHTON I 84. **e** dum .. li[ber il]le .. in ~io stetit GIR. *Spec. pref.* p. 205.

3 (expr. of price or value): **a** (*~ium*, *~ii*, or *de ~io* w. monetary sum) in price or value, worth. **b** (*in ~ium*) to the value (of). **c** (*ad ~ium* or *pro ~io* w. adj.) at or for a (lesser, greater) price. **d** (*de ~io* w. adj.) having a (small, *etc.*) price, costing (little, *etc.*). **e** (*de ~io* absol.) pricey, costly, expensive (in quots. w. ref. to horses). **f** (*in ~io argent'*) expressed in terms of monetary value or equivalent.

a quadrantal .. i. quoddam vile vas unius quadrantis ~ii OSB. GLOUC. *Deriv.* 486; **1219** catalla j bov', j juvencum, ij quarteria ordei, j quarterium et dimidium siliginis, ~ii j marca ... catalla ejus ij juvenci, ~ii iij s. *Eyre Yorks* 213; **c1293** prior de W., mm de alleciis de precio viij s. *Val. Norw.* 370; **a1307** habebit pro dicto cariago xv panes nigros .. ~ii ij d. ob. *Cust. Battle* 4; **1352** fateor me recepisse .. unam ollam eneam ~ium viiij s. *Reg. Rough* 252; **1361** cum .. xxxij saccos lane ~ii cc librarum et amplius invenisset (*Chr. Abingd.*) *EHR* XXVI 735. **b** vicecomes liberavit ei .. lxiii oves in ~ium ciiij s. vij d. *State Tri. Ed. I* 32. **c** **1203** W. P. .. vendidit catalla ipsius H. ..

pro minori ~io quam valuerunt *SelPlCrown* 32; **1221** quod non capient nec ement piscem nec bladum .. ad levius ~ium quam alii vicini *SelPlCrown* 97. **d 1215** tres pannos de serico decentes et de levi ~io (*Cl*) *LTR Mem PR* 142. **e** oneratur navis xl equis de ~io exercitatis ad arma DEVIZES f. 28v; **1226** reddere annuatim unum equum de ~io *Pat* 100; **1228** Robertus de Veteri Ponte debet .. v dextrarios de ~io *KR Mem* 9 m. 6; **1230** debet iij dextrarios de ~io *LTR Mem* 11 r. 12/1*d*. **f 1415** item rem' in ~io argent' vj panni de melioribus staminis integri, prec' lx s. ij d. *Ac. Durh.* 184.

4 (transf.) valuable or precious thing. **b** (*operae ~ium*) something worthwhile or worth doing; **c** (foll. by inf., or *ut* & subj.; *cf. opera* 3). **d** (*operae* or *curae ~ium*) something worthy of care or attention (foll. by inf. in quot.).

colligitur hoc ~ium [sc. reliquiae S. Augustini] pompose decorato scrinio, circumfertur claustro .. cum jubilo GOSC. *Transl. Aug.* 29A. **b** operepretium, necessitas OSB. GLOUC. *Deriv.* 402. **c** quid agi debeat .. inquirere operae ~ium reor WEALDHERE *Ep.* 22; operae ~ium [*gl.*: congruum, *neadþearflic*] reor ut celeberrimos .. bellatores .. C. et D. nequaquam ab historica virginum relatione .. sequestremus ALDH. *VirgP* 34; sit .. de quibus dubitet invenire studenti hoc et hujusmodi perquirere et expedire opere ~ium BALSH. *AD rec.* 2123. **d** eorum preclara fuisse videtur intentio, quibus .. opere ~ium fuit et cure, egregium aliquod .. memoriale relinquere GIR. *TH intr.* p. 3.

pretius [cf. CL pretiosus, pretium], valuable, precious.

tum regina gravis hujusce scismatis auctrix / presumpsit pretias [v. l. preciosas] sancto divellere capsas, / non inpune sibi tantam sotiata rapinam FRITH. 821.

pretticare v. praedicare. **pretuxculum** v. pratunculum. **prevaritor** v. praevaricator.

preventare [ME *preventen*; cf. CL praevenire], to avoid through anticipation, prevent.

1409 aurum et argentum .. sint pura .. absque fraude et defectibus ~andis *Doc. Bev.* 40.

preveus v. praevius. **prevign-, previngn-** v. praevign-. **previlegium** v. privilegium. **prewnum** v. prunum.

prex [CL *usu. in pl. only*]

1 request, entreaty, prayer; **b** (in phr. *~ce vel pretio* or sim.); **c** (w. ref. to formal expression of royal opinion or will). **d** (*~ces carnales*) worldly pleadings or intercessions (w. play on sense 2); **e** (in leg. context).

in zelo .. domus Domini sacrae legis, seu cogitatuum rationibus vel fratrum religiosis ~cibus coactus, nunc persolvo debitum multo tempore antea exactum GILDAS *EB* 1; matronam, .. turbis paupercularum subnixa ~ce [*gl.*: i. postulamine] poscentibus, .. oratione sequestra de letifero sopore suscitavit ALDH. *VirgP* 23 p. 255; **838** pro intima caritatis affectu praecibus episcopi adnuentes *CS* 421; c**1170** sciatis quod ego .., ~cibus episcoporum, abbatum, canonicorum, baronum, militum, tursias hospitari feci *Act. Hen. II* I 510; **1224** taliter .. cures exaudire ~ces nostras hac vice (*Lit. Papae*) *RL* I 542; idcirco nos de mensurabili musica quam ipsam plana precedit tanquam principalis subalternam, ad ~ces quorundam magnorum tractare proponentes HAUBOYS 180. 9. **b** W. MALM. *GR* II 197, etc. (v. pretium 1c). **c 1185** J. filius O. debet j accipitrem Norreis pro habenda ~ce regis ad regem Norweie de habendis catallis fratris sui Godardi *Pipe* 90; **1258** pro laudabili servicio quod Rogerus de S. Constantino F. Romanorum regi .. impendit concessit eidem dictas primas ~ces nobis debitas in abbacia .. vacatura in regno nostro et ad custodiam nostram devolvenda *Pat* 72 m. 16; a**1272** cum progenitores nostri reges Anglie .. concessissent quod cathedrales et conventuales ecclesie liberas haberent electiones, salvis tamen .. ~cibus suis justis et honestis de viris prudentibus et idoneis ibidem preficiendis (PRYNNE *Libert. Angl.* II 922) *DuC* V 427. **d** prelati, curati, vel sacerdotes .. non committent symoniam per ~ces carnales, per obsequium corporale [ME: *bi fleshli preieris, neiþir bi bodili servise*], nec per munus a manu vel pecuniam manualiter datam vel aliter promissam *Concl. Loll. XXXVII* 5. **e** c**1307** B. defendit .. et petit diem amoris. et ~ce partium datus est eis dies amoris *CBaron* 84; priusquam ambo comparuerint simul et responsum dederint, vel diem habuerint ~ce partium HENGHAM *Judic. Esson.* 119.

2 (directed toward God or divine agency); **b** (as an element in *oratio*). **c** formula used in praying; **d** (to pagan deity).

illi pauci .. prohibiti a Deo, ne ~ces pro vobis fundant perseverantibus in malis GILDAS *EB* 50; pro me tuo peregrino / preces funde Theodoro THEOD. *Pen. epil.*; **671** ut pro me peccatorum pondere .. oppresso ~ces Domino fundat ALDH. *Ep.* 1; quandocumque ad Deum viventem in excelso animum funderis in praces BURGINDA 10; multos .. ~ces viventium, .. et maxime celebratio missarum, ut etiam ante diem judicii liberentur, adjuvant BEDE *HE* V 12 p. 308; flexis poplitibus cum prece poscimus, / assis quo clipeus noster in omnibus, / Augustine placabilis. WULF. *Poems* 166; elevatis in celum oculis Dominum piis ~cibus exoravit GIR. *GE* II 10 p. 215; **1565** omnes graduati qui vel ad publica exercitia .. in scholis .. vel ad publicas ~ces in ecclesia beate Marie .. accedunt .. *StatOx* 387. **b** in septem ~cibus orationis Dominice omnia bona .. continentur ANSELM *Misc.* 330. **c** dicta antiphona .. cum versiculo et oracione, confestim sequantur ~ces Kyrieleison, Christeleison, Kyrieleison, Pater Noster, et cetera sicut prenotatum est supra *Miss. Sarum* 152; **13..** ad matutinas non dicantur ~ces .., et tamen ad horas diei potest dici Kyrieleyson ~ces et Miserere (*Brev. Heref.*) *HBS* XXVI 140n; nulla fiet memoria ad matutinas nec ad missam in hac vigilia, nec ~ces ad horas dicuntur. .. ~ces et cetera que ad primam pertinent absque prostratione impleantur (*Ib.*) *Ib.* 140; quoties ipsam Dominicam ~cem cum angelica salutatione recitaremus P. VERG. *Invent.* V 9 p. 347. **d** post orationem Enee adjectum est: 'sic effatus vestigia pressit'. nam et effata proprie sunt augurum ~ces ALB. LOND. *DG* 11. 15.

3 (feud.) request, boon (transl. AS *bēn*, alone and in compounds, w. ref. to boon-work; *cf.* c *infra*). **b** (*de ~ce*) at or upon request (of lord), boon-. **c** customary work or service owed by tenant to lord of manor, boon-work, boon; **d** (*magna ~x*); **e** (dist. as *~x cervisie* or *sicca ~x*; *cf. precarius* 4g); **f** (*~x carrucarum* or sim.); **g** (*~x autumnalis* or sim.).

[arabit] iij acras ~cum [AS: *iij æceras to bene*] et ij de herbagio (*Quad.*) *GAS* 447; debet esse paratus ad multas operationes voluntatis domini sui, et ad *benyrðe*, i. araturam ~cum, et *benripe*, i. ad ~ces metere, et pratum falcare (*Ib.*) *Ib.* 448; in quibusdam locis datur .. firma ~cum ad congregandas segetes [AS: *bendform for ripe*] (*Ib.*) *Ib.* 452. **b** [in] xl arentibus de ~ce ad semen frumenti, vij s. iij d. ..; item in xij carucariis arantibus ad semen avene de precaria, xvij d. ..; item in xl carucariis arantibus de ~ce ad terram warectandam, vij s. vj d. *FormMan* 32; **1398** precaria de ~ce: .. de .. operibus precariis de ~ce provenientibus de .. virgatariis .. quorum quilibet inveniet j operarium ad j precariam vocatam *lovebedrip* (v. precarius 4a). **c 1185** Ricardus Godchep iij acras et dimidiam pro xxvij d. et ad unam ~cem j hominem *Rec. Templars* 3; **1188** in victu et servientum mercede, et pro ferro carrucarum, et ad ~ces in autumpno, et aliis minutis necessariis, ix li. et ij s. et vj d. *Pipe* 6; c**1200** reddendo .. tres ~ces cum suo aratro *AncD* A 3023; **1219** debuerunt invenire tres homines ad tres ~ces in [autumpno], et ipse debuit interesse eques vel pedes cum virga sua ad videndum quod bene facerent *CurR* VIII 150; **1257** impendit concessio eidem clerico primas ~ces nobis debitas in abbatia proxima vacatura in regno nostro *Pat* 72 m. 16; **1284** ad primam ~cem in autumpno debet ij homines, ad ij^{am} ~cem ij homines, et ad iij^{am} ~cem j hominem, et ligare quod metit *Cust. Battle* 95; arant ~ces semel ad conredium curie (*Cust. Kent Manors, Westwell*) *Gavelkind* 19; in villa de Ickham sunt xvj cotarii, quorum quilibet .. tres ~ces, i. quando rogantur per servientem curie, debent metere, sive aliud facere quod expedit domino, per tres dies, et si noluerint facere possint artari (*Cust. Kent Manors*) *Gavelkind* 20. **d** Reinerus forestarius x acras pro iij s. .. et j hominem ad magnam ~cem, et ij ad aliam *Rec. Templars* 2. **e** debent metere j acram ad ~cem cervisie, .. et ad siccas ~ces j acram *Rec. Templars* 7. **f** ad duas preces ij homines, et ad ~ces carrucarum quantum habuerit *Rec. Templars* 3; **1270** in una ~ce xij carucariorum *Ac. Stratton* 38; singulis annis, pro eadem terra, v s. mihi dabunt, similiter tres ~ces de una caruca, et tres preces in autumpno (*Reg. Welbeck* p. 108) SPELMAN *Glossarium Archaiologicum* s. v. preces. **g 1188** ~ces in autumpno (v. 3c supra); **1276** H. de B. solebat pro ten' suo .. invenire unum hominem ad tres ~ces autumpnales *Hund.* I 14a.

4 form of obligatory military service, or duty to perform such service (*cf. exercitus* 3c).

1243 ad regem veniat cum tota gente .. ad arma tam nomine ~cis quam exercitus *RGasc* I 178a; **1243** mandatum erat .. quod sint apud Silvam die Jovis in crastino cinerum cum equis et armis pro ~ce et exercitu *Ib.* 209a; **1253** mandatum est eis quod pro ~ce et exercitu .. mittant regi .. tria milia hominum .. paratos .. armis convenientibus ad eundem cum rege in expedicionem *Cl* 289.

5 prayer-bead, rosary-bead (*cf. precarius* 7, *precula*).

1400 unum par ~cum *Cl* 246 m. 1*d*.; **1409** par ~cum de auro cum uno monili *Reg. Exon.* I f. 313v; **1423** illas ~ces sive preculas de auro, de *gete*, et de *corall Chap. Linc.* A. 2. 32; c**1452** lego patri meo ~ces meas de *gete Test. Ebor.* II 161; **1457** unum par ~cum de *curell* cum uno anulo sive munusculo auri annexo *Ib.* 214.

prexeos v. ptochia. **preya** v. preia. **preyare** v. preiare. **preynt-** v. prenta. **pri** v. prae. **pri-** v. et. prae-. **priamas** v. primas.

priapeius [cf. CL priapeus=*of or belonging to Priapus* < Πριάπειος], (metr.) Priapean (in quot. w. ref. both to metre and to caesura within that metre).

quis est versus caesurae ~ae? qui in ~o metro deprehenditur adscriptus. quale est metrum ~um? ALDH. *Met.* 10 p. 93.

priapiscus [πριαπίσκος; *in CL only as name of divinity*], (bot.): **a** periwinkle (*Vinca major* or *minor*). **b** cuckoo-pint (*Arum maculatum*), or kind of orchid (*Orchis*). **c** polypody (*Polypodium vulgare*; *cf.* AN *poliun*).

a 10.. herba ~i, *þæt is* vicapruica [v. l. vicapervica] *Leechdoms* I 66; **10..** *ðeos wyrt þe man* ~i *and oðrum naman* vica pervica *nemneð Ib.* 312; cinocoron [? l. cianocorona], i. ~um *Gl. Laud.* 398; ~us, i. peruica *Ib.* 1156. **b** satirion, i. p[ri]apiscum *Gl. Laud.* 1355; ~us, *ravenleke MS Cambr. Univ. Libr. Dd. 11 45* f. 111vb; ~us, i. saturion *Alph.* 146; saturion, jarus, ~us, leporina idem; folia habet stricta et maculosa, et testiculos in radice. mollem petimus, radice utimur, G. *jarouse*, A. *kukkowspitte Ib.* 158. **c 13..** ~us .. G. *polion MS BL Sloane 420* f. 119r.

priapismus [πριαπισμός]

1 med., affliction characterized by persistent erection of the penis, priapism.

~us, pudendorum tensio OSB. GLOUC. *Deriv.* 480; satiriasis, que est immoderata et continua virge ereccio cum appetitu ad coitum, et ~us, qui est immoderata virge ereccio sine appetitu ad coitum GAD. 74v. 1; ~us est immoderata et continua virge virilis erectio sine appetitu et desiderio ad coitum. .. ~us est infirmitas quedam ut supra *SB* 35.

2 (bot., by assoc. of *satiriasis* with *satirion*): **a** cuckoo-pint (*Arum maculatum*), or a kind of orchid (*Orchis*). **b** vine-leaf, leaf of a vine (*Vitis*).

a priapismus est infirmitas quedam ut supra. et ~us dicitur herba leporina, satirion idem *SB* 35; leporina, ~us, saturion idem *Alph.* 95; orchis, quam alii renosorchim, alii affrodisiam vel ~um dicunt .., dicitur multas vires coeundi excitare, sicut stincus *Ib.* 131. **b** *vynelef* ~us est *MS BL Addit. 17866* f. 44v.

Priapus [CL < Πρίαπος]

1 pagan deity assoc. w. procreation and fertility; **b** (in gl., assoc. w. gardens). **c** (in gl.) bugbear, sprite, demon.

s**1282** sacerdos parochialis, nomine Johannes, ~i prophana parans, congregatis ex villa puellulis, cogebat eas, choreis factis, Libero Patri circuire; .. iste .. membra humana virtuti seminarie servientia super asserem artificiata ante talem choream preferebat *Lanercost* 109. **b** ~us, deus †oratorum [l. hortorum] *GlC* P 796; ~us, deus hortorum, quod etiam pro virili membro dicitur OSB. GLOUC. *Deriv.* 470; orti deus esto Priāpus *CathA* (v. 2a infra). **c** ~os, *pucelas GlP* 409.

2 male sexual organ, penis, pintle. **b** (in gl.) end of the penis.

OSB. GLOUC. *Deriv.* 470 (v. 1b supra); **1209** in domo H. filii L. inventus fuit preapus [MS: p'ap'] unius cervi *SelPlForest* 6; **s1268** cum hoc anno in Laodonia pestis grassaretur in pecudes armenti, quam vocant usitate *lungessouth*, quidam bestiales habitu claustrales non animo docebant idiotas patrie ignem confrictione de lingnis educere et simulacrum ~i statuere, et per hec bestiis succurere *Lanercost* 85; ut vestrum semen plus fit . . prolificum . ., de partibus animalium . . subscriptis frequenter et copiose utamini . . verebella passerum . ., corda salmonis . ., ova . . piscium, priapus tauri, testiculi gallorum, vulpis, et ursi, matris leporis, et cauda stincorum, qui sunt pisciculi fluviorum Egipti Kymer 19 p. 558; hic ~us, *a pyntyle*, . . i. penis *WW*; *a pyntelle*, . . penis, prepucium, ~us correpto A; versus: prīăpus est membrum [v. l. nemorum], orti deus esto Priāpus *CathA*. **b** hoc veretrum. A. *pyntylle*; hic ~us, est finis veretri *WW*.

3 (bot.) castor-oil plant (*Ricinus communis*).

palma Christi vel pentalma Christi, gira solis, ~us idem *Alph*. 136.

priaula v. proaula.

prica [ME *prik(k)e*, *prick(k)e*, *prig(g)e* < OE *prica*], pointed object, (in quots.) nail, pin, or sim.; **b** (w. ref. to stick or large pin used for fastening or securing a sack; *cf. prenum*).

1225 ferrum et priggii, ix s. v d. ob. (*Assess. Scac.*) *DCCant.*; **1288** in md prigis emptis ad idem (*Ac. Milton*) *DCCant.*; **1306** in prigg' emptis ad grangiam lattandam (*Ib.*) *Ib.*; **1335** in j pari botarum cum prikkis pro eodem empto, ij s. viij d. *Comp. Swith.* 237; **1395** iiij laborariis ad dobandum cameram et studia . ., xix s. x d. item pro pryggis ad idem opus vj mil' vij d. *Cant. Coll. Ox.* II 142. **b** **1330** [*the manor held . . in chief by service*] unius sacke et j pricke [*when there is war in Wales*] *Cal. IPM* VII 268; **1378** Nich. filius et heres Nich. de Longforde . . tenet quatuor messuagia . . de rege in capite, per servicium inveniendi unum equum, unum saccum, et unum pryk' in guerra Wallie quandocunque contigerit regem ibi guerrare Henry Spelman *Glossarium Archaiologicum* (London, 1664), 471 (cf. **1373** *CalFineR* VIII 215).

pricard v. prikettus.

pricatus [ME *priken*; cf. ME *priked song*], (mus.) written in notation utilizing points or 'pricks', pricked, (*cantus ~us*) pricked-song, prick-song.

1504 quintus capellanus . . scolam cantationis docebit, dietim pueros inibi in cantu Gregoriano punctuato sive precato et descantu . . erudiendo *Reg. Glasg.* 509; ecclesie prepositus eligendus in cantu Gregoriano necnon in cantu precato quem alii curiosum vocant peritus sit *Ib.* 514.

prichpottus [ME *priche+pot(t)e*], sort of pot or vessel (in quot. containing eight or four gallons) for measuring or distributing beer, 'pritch-pot' (*v. OED s. v.* pritch III 4 'small or poor beer; perh. originally soured beer').

iste . . abbas primitus inter confratres istius ecclesie sacerdotio promotos ~os participari ordinavit: cuilibet, viz., monacho . . in presbyterum ordinato, absque alia servicia sibi deputata, omni septimana duos ~os, octo lagenas servicie continentes, de communi cellario percipiendas *Chr. Evesham Cont. A* 283.

pricka v. prica. **prickettus** v. prikettus.

prida [MW *prid*]

1 pledge, security, gage, (also perh.) thing given or lent in exchange for pledge or security, (procedure of) pledging or securing. **b** (spec.) 'prid', method of transferring land, *etc.*, in medieval Wales, where land passed into possession of a creditor as a gage or security for a sum of money lent, for a term of years renewable (potentially *in perpetuum*) unless the loan was repaid at the end of a specified term or renewal thereof (*v. Bulletin of the Board of Celtic Studies* XXVII 263–77, where 'prid' is dist. from, while being seen as a potential prototype of, so-called 'Welsh mortgage'; although in theory a loan transaction, a 'prid' contract could serve as a *de facto* sale of land in evasion of a social and legal system that discouraged alienation of landed property without the extended kindred group, and land held by 'prid' was inheritable and testamentarily transferable just like other land in an individual's possession; (in quot. **1457** 1g *infra*) the debtor remains in residence on his mortgaged property and pays to his creditor an annual fee that is not counted against the principal of the loan, becoming a rent-paying tenant of a property that he still technically owns). **c** (*de*, *in*, or *sub ~a*, also in phr. *terra ad ~am* or *terrae ad ~as* (*cf.* 2 *infra*), of land, held or possessed) by 'prid' or by means of a contract of 'prid'. **d** (*demittere ad ~am* or sim., of debtor) to surrender possession of (land, *etc.*) under terms of a 'prid' contract, to mortgage. **e** (*dare in ~a*, of debtor, app.) to acknowledge a lien to the value of (a sum of money) upon a specified piece of property (w. *super* & acc.). **f** (*solvere in ~a*, of creditor) to advance (a sum of money) as loan secured by specified piece of property (w. *super* & acc.; in quot. creditor is advancing an additional sum of money against a property already taken possession of under a previous 'prid' contract). **g** (sum of money lent, loan under terms of a 'prid' contract).

de *tunc* et *pryt* non participant cum rege *mayr* et *kymellaur Leg. Wall. A* 120 (=*Ib. B.* 253, *D* 347); quicumque alicui dederit *pryth* [vv. ll. *prych*; *yn prid*, i. in pignus], et ante mane non interrogaverit, non habebit responsum usque ad annum et diem unum. si tunc interrogaverit et non invenerit, licitum est ei namium capere *Ib. E* 499. **b** in forma ~e secundum consuetudinem North Wallie *Bulletin of the Board of Celtic Studies* XXVII 266. **c** **1361** habet . . terras ad ~as, viz. unum tenementum ad ~am a M. ap D. G. sub [. .] li., et . . tenementum M. I. sub ij li. *Arch. J.* XXII 271; **c1408** omnes alias terras que fuerunt dicti Willym . . tam de hereditate quam de ~a . ., et medietatem terrarum que fuerunt Jeuan ap Howell . . in ~a infra commotum de T. (*Anglesea*) *AncD* A 13604; **1464** unam placiam . . existentem in manum [*sic*] prefati Ll. ap Jeuan sub ~a de prefato Viviano (*Merioneth*) *AncD* C 3487. **d** **1289** quod ego . . impignoravi, invadiavi, et ad *tyr prid* dimisi et concessi D. filio G. . . medietatem totius juris et clamii que habui . . in villis E. et M. B. . . ad terminum c annorum . . pro quadraginta libris quas idem D. mihi ad plenum solvit pre manibus. et idem D. et sui respondebunt . . de redditibus et serviciis ad eadem tenementa pertinentibus. . . si idem D. vel sui agravantur in aliqua solucione vel demanda, hoc computabitur in *prid*. finito . . termino licitum sit . . antedicta tenementa pro *prid* antedicto acquietare, alioquin . . semper remanebunt penes antedictum vel suos heredes quousque acquietata fuerint *Bulletin of the Board of Celtic Studies* XXVII 270; **1447** ad ~am demissimus Meredith Vaghan . . tria tenementa nostra . . pro sex libris . . de prida nobis per prefatum M. V. premanibus persolutis (*Merioneth*) *AncD* C 3449; **1453** predictus Vivianus tradidit et ad ~am demisit prefato Ll. unam placeam suam . . infra villam de Bala pro quatuor li. habendam . . a festo omnium sanctorum ultimo preterito usque festum omnium sanctorum ex tunc proximo sequens (*Ib.*) *Ib.* C 3427. **e** **1441** dedit Hoell ap J. V. xxxiij s. iiij d. in ~a super tenementum vocatum Tydyn Bach . . liberandum ad festum Michaelis ad terminum iiij annorum, et sic de iiij annis in iiij annos, †quos que predicti [*sic*; l. quousque predict'] xxxiij s. iiij d. ad Rys persolvat *Arch. J.* VI 394. **f** **1462** Ll. ap Jeuan solvit infrascripto Viviano viginti sol' in ~a super placiam infrascriptam (*Merioneth*) *AncD* C 3427 *d*. (*cf.* 1d *supra* [**1453**]; *CatAncD* III 366 *adds*: '*beyond the 4 pounds within named*'). **g** **1289** hoc computabitur in *prid*. . . pro *prid* antedicto acquietare (*v.* 1d *supra*); **1447** pro sex libris . . de ~a nobis . . persolutis (*v.* 1d *supra*); **c1453** [*memorandum that Vivian (grants to) Llewelyn that he shall have the premises till the feast of the apostles Philip (and James) after the payment of the said loan*] ~am (*AncD* C 3427) *CatAncD* III 366; **1457** quod ego . . dedi . . et . . impignoravi . . burgagium meum . . pro tribus libris michi . . per predictum W. B. . . persolutis. . . et sic quod ego . . vel assignati mei solvamus . . annualem redditum . . predicto W. B. . . annuatim . . cum predicta summa de ~a predicta de lx s. *Bulletin of the Board of Celtic Studies* XXVII 276.

2 (in appos. or as quasi-adj., perh. representing MW *tir prid*, in phr. *terra ~a*) land transferred (in quot. into possession of creditor) by 'prid' or by a contract of 'prid', or ? *f. l.*

c1361 terras meas ~as [? l. ad ~as, pridatas] (v. pridare).

pridare [prida+CL -are; cf. MW *prid(i)aw*, appridare], (in quot. as p. ppl., of land) transferred (into possession of creditor) by 'prid' or by a contract of 'prid' (v. *prida*; in both quots. the lands in question are in the testamentarily transferable, and potentially perpetual, possession of the persons specified ('*meas*' and 'Gruffut ap Avon', respectively), so that *pridatus* might be translated in these quots. as '(originally) acquired or taken possession of by means of a contract of 'prid''. The Welsh verb *prid(i)aw* can also mean 'to mortgage, pledge (as security against a loan, etc.)', a usage reflected in the foll. quot., where Rhys is pledging his burgage as security against a loan of three pounds he is to receive, while still however remaining in residence on the burgage: **1457** Res Salmon has prydyt and set to pryde his burgage (*Bulletin of the Board of Celtic Studies* XXVII 277; *cf. et.* quot. **1457** s.v. *prida* 1g)).

c1361 item lego omnes terras meas pridas [? l. ad pridas, pridatas] predicto B. filio meo *Arch. J.* XXII 271; **a1441** memoranda de terris ~atis per Gruffut ap Avon in villa de Penniarth *Ib.* VI 394.

pridem [CL]

1 formerly, previously, already.

671 ut omnem praeteritum lectionis laborem parvi penderem, cujus me ~em secreta cubicula nosse credideram Aldh. *Ep.* 1 p. 477; ymnista carmen cecini / atque rem sponsam reddidi, / sicut pridem pepigeram (Aldh.) *Carm. Aldh.* 1. 7; curatus a vulnere sibi ~em inflicto Bede *HE* II 9; nisi Dei clementia ingenitum robur Francorum imperatorum animasset, ~em Europam etiam subjugassent W. Malm. *GR* I 92; non minimis . . laborabat infirmitatibus quas ex diversis calamitatibus [sustinuer]at; quas ~em tolerabat *V. Chris. Marky.* 48; dicat quivis quidlibet et controversetur illud fuisse ~em impositum W. Cant. *Mir. Thom.* III 3.

2 (*jam ~em*) long ago, a long time previously.

quas [sc. artes] ita ebibit ut . . revocaret in Galliam omnino ibi jam ~em obsoletas W. Malm. *GR* II 167; eidem . . militi jam ~em dux filiam . . dederat Ord. Vit. XI 20 p. 232.

3 (w. *nuper*) in the recent past, not that long before, or ? *f. l.*

prelatorum . . qui concordie nuper pridium [MS: p'diu'; ? l. ~em, pridie, *or* prejurate] inter regna Francie et Anglie consenserant Wals. *HA* II 344.

pridianus [CL]

1 of the day before.

ut per ~am . . abstinentiam, dignius celebremus sequentis festi laetitiam Alcuin *Suppos.* 1214C; Franci, ~i certaminis eventu eruditiores W. Malm. *GR* IV 369; pridie, i. in priori die . ., et inde ~us, -a, -um Osb. Glouc. *Deriv.* 160; quale illud jejunium . . cum ~is epulis distendimur? J. Sal. *Pol.* 728A.

2 (as personal name).

insinuante ~o Sigemano . . sarcofagum invenit Ord. Vit. III 13 p. 137; Dominico dum ~us missam solenniter celebrabat *Ib.*

pridie [CL]

1 on the preceding day, the day before; **b** (modifying adj.); **c** (foll. by *quam*); **d** (foll. by *ante* & acc.); **e** (in dates, foll. by acc. of *nonae*, *idus*, or *kalendae*); **f** (w. ellipsis of acc. element); **g** (foll. by gen., occ. in dates).

fratres . ., qui ~e abnuerant, diligenter ipsi petere coeperunt ut . . Bede *HE* III 11; luna quatuor punctis spatio quotidie tardius oriri, tardius occidere, quod ~e orta est vel occiderat, solet Byrht. *HR* 56; hospite . . qui eum ~e suscepisset contractum et nunc videret erectum W. Malm. *GP* V 262; consobrino suo palefridum quem in bello ~e perdiderat remisit Ord. Vit. XII 18 p. 362; fortuna . . fortassis hodie / . . blanditur . . / sed . . cras vel perendie / dissolvit federa que fecit pridie Walt. Wimb. *Carm.* 346; excipiendi sunt ab hac universalitate pueri †ridie [l.

pridie] baptizati NETTER *DAF* II 150v. 2. **b** lac ~e novum in fiala ponere solebat BEDE *HE* III 27. **c** consuetudinem .. fecerant fratres .. advenientes omni anno ~e quam postea idem rex Oswald occisus est vigilias .. facere BEDE *HE* III 2; s**1100** ~e quam excederet vita W. MALM. *GR* IV 333; hic ~e quam obisset ORD. VIT. III 9 p. 107; quod, ~e quam fieret, ostensum est W. CANT. *Mir. Thom.* VI 166. **d** ~e ante generalem pugnam ORD. VIT. XIII 4 p. 7; s**1248** ~e ante vigiliam natalis Domini terre motus accidit *Eul. Hist. Chr. Brev.* 303; s**1334** hanc .. determinationem fecit ~e ante mortem suam *Meaux* II 324. **e** **680** (14c) mense Julio, ~e nonas *CS* 47; ~e kalendas Septembres .. a Domino praemia recepit BEDE *HE* III 14; **1093** consecratio mea ordinata est fieri prima die Dominica post festivitatem S. Andreae, ~e videlicet nonas Decembris ANSELM (*Ep.* 164) IV 37; non multo post obiit, ~e nonas Augustas W. MALM. *GR* II 110; s**1066** sic .. Deus ~e idus Octobris innumeros peccatores utriusque phalangis puniit ORD. VIT. III 14 p. 150; '~e kalendas Maii': .. dicendum est quod illud adverbium '~e' regit istum acusativum 'kalendas', aut racione alicujus intellecti in eo aut racione significati, quia sensus est 'primo die ante kalendas Mayi' BACON XV 185. **f** pridie [sc. pridie idus] Felicis translatio conspicit astrum *Kal. M. A.* I 397; pridie [sc. pridie nonas] pausavit meritis et nomine Magnus *Ib.* I 399; pridie [sc. pridie kalendas] transfertur arca densissima ab undis *Ib.* I 404. **g** baptizatus est .. Eburaci die sancto Paschae, ~e iduum Aprilium BEDE *HE* II 14; obiit .. ~e kalendarum Septembrium *Ib.* III 17; ~e future dedicationis, emula illum mors tantis gaudiis subtraxit W. MALM. *GP* IV 177; **1549** ~e uniuscujusque termini concio Latina .. habeatur *StatOx* 350.

2 in the time preceding, formerly, previously.

1253 de quingentis libris argenti quas rex ~e eis liberari fecit *RGasc* I 264b; **1270** baronibus de scaccario ~e injunximus quod loquelas vos et ipsam .. contingentes tenerent in suspenso *Cl* 242; **1271** nos, qui gravamini dicte comitisse ~e studuimus providere (*Lit. Regis*) *Leg. Ant. Lond.* 135.

pridium v. pridem.

pridius [cf. CL pridie], (in dates, as adj. w. *nonae*, *idus*, or *kalendae*, in quot. in acc.) the day before. **b** (w. ellipsis of *nonae*, *idus*, or *kalendae*, in quot. usu. in acc., occ. in abl.).

Marcialus retenet pridias idemque kalendas *Kal. M. A.* I 408; idus per pridias Justus deponitur almus *Ib.* I 409; octavas colimus pridias ex ordine nonas *Ib.*; Germanus meruit pridias gaudere kalendas *Ib.* 410; Eupolius pridias coelum penetraverat idus *Ib.* 411. **b** at[que] bonus pridias [sc. kalendas] micat interpres Hieronymus *Kal. Met.* 60; Andreas pridias [sc. kalendas] juste veneratur ab orbe *Ib.* 74; Silvestrem pridias [sc. kalendas] celebramus ab orbe verendum *Ib.* 82; profulgent pridias [sc. nonas] ageus Gageusque secundus *Kal. M. A.* I 397; tertius embolesmos pridiis [sc. nonis] incenditur almis *Ib.* 401; Basilidisque pius pridias [sc. idus] invixerat orbi *Ib.* 407; pridias [sc. kalendas] colitur doctor agius Hieronimus *Ib.* 414.

†prifeta, *f. l.*

prifeta, *driwintra steor GlC* P 672 (cf. *Gen.* xv 9: δάμαλιν τριετίζουσαν, vaccam triennem).

prifignus v. privignus. **prig-** v. et. prica.

priga, *f. l.*

unus qui audivit jura per sex annos vel septem faciet majorem prigam [? l. pacem] in una communitiva [? l. comitiva] quam xviij sapientissimi clerici HOLCOT *Wisd.* 112 (cf. *Is.* xlviii 22, *Psalm.* cxviii 165, *Ecclus.* xlv 30, *John.* xiv 27.

prigg-, priggius v. prica. **prignans** v. praegnas.

prikettus [ME *priket*, *precat*]

1 spike on which to fix a candle, or candlestick incorporating such a spike, pricket (*cf. pikettus*). **b** sort of candle (perh. one meant spec. to be fixed on such a spike), pricket.

1300 ~us auri in uno casso de corio *AcWardr* 343; **1303** unum speculum cum ~o argenteo in casso de coreo *DocExch* 280; **1466** pro .. una magna duodena vasorum stanneorum, quatuor torcis, octo prekatis, et aliis *ExchScot* 401. **b** **1352** in lichino emp' pro torgiis, torticiis, et ~is faciendis, cum factura ejusdem *Ac. Durh.* 552.

2 young male deer having straight, unbranched horns (ME *priket* a male deer in its second year); **b** (dist. as fallow deer); **c** (dist. as red deer).

1355 cum .. in foresta nostra .. fugaverit .. cervos .. bissas .. vitulos .. damos .. sourellos .. damas, unum pickettum [*sic*], et duos faunos (*Pat*) *Foed.* V 828; **1365** quod I. de T. .. interfecit unum ~um cum arcu et sagittis .. in foresta predicta *SelPlForest* l. **b** **1248** abbas .. cepit in balliva de F. .. unum damum et unum pricard [*sic*] dami *SelplForest* 92; **1287** priketus dami .. priketus dame (*For. Proc.*) *SelPlForest* 147. **c** **1286** capiendo unam damam et unum ~um de cervo .. de quibus .. dama et ~o iidem R. et J. indictati sunt (*Cl* 103 m. 8) *OED* s. v. *pricket* (cf. *CalCl* 380); **1334** ibi cepit unum ~um cervi et venacionem asportavit ad domum propriam *Pickering* II 91; **1335** prickettus cervi (*For. Proc.*) *SelPlForest* 147.

priketus v. prikettus. **prikk-** v. prica.

1 prima, *f. l.*

1271 ipsum de residuo omnimodarum †primarum [MS: firmarum] perquisitorum et exituum comitatuum illorum .. exoneratis *Cl* 343; **1389** de agnis neque velleribus nihil hic quia oves dimittuntur ad †primam [MS: ad firmam] precio cujus libet ovis matricis xij d. (*Ac. Man. Essex*) *EHR* XXVI 336n.

2 prima v. primus.

primaevitas [LL=*first period of life, youth*], period of time contemporary or coeval with some past person or event, 'original time' (to which past subject belonged).

quam [sc. Æthelburgam] ex antiquitatis et ~atis sententia colligimus .. Limmingis templum instituisse Gosc. *Lib. Mild.* 2.

primaevus [CL=*young, youthful*]

1 that belongs to the first age: **a** (of the first age of life) youthful, of youth. **b** (of artefact, institution, or establishment) earliest, original. **c** (of world or historical era) ancient, primeval.

a in ~o [*gl.*: sc. quasi prima etate, *onfrymþyldre*] pueritiae rudimento ALDH. *VirgP* 36; quae a ~is rudimenti sui diebus in puellari verecundia vivere studebat FELIX *Guthl.* 3; cum ~o adulescentiae tempore in clero illius degerem BEDE *HE* V 6 p. 289; qui fuerat a ~a aetate Domino electus OSB. *V. Dunst.* 8; vestre tenere etatis †primenis [l. primevis] temporibus hunc gregem .. illesum preservavit *Regim. Princ.* 53; in ~a etate reputatus boni regiminis *Compilatio* 167. **b** a**1199** carta Mathei Kyninmond episcopi Aberdonensis super ~a fundatione hospitalis S. Petri *Reg. Aberd.* I 11; c**1214** nos .. desideramus in Domino ordinationis ~e supplere defectum, et .. personatuum dignitates in ipsa [sc. ecclesia] ordinare *Dign. Dec.* 2; de cujus [sc. S. Margarete] ~o tumulo odor suavissimus exalavit *Plusc.* VII 15; c**1460** cum sanctitati sue magis congruum videbatur non variare a ~a colacione .. *MS BL Royal 13 C. I* f. 72rb; cum ecclesia S. Cedde .. capella libera .. progenitorum nostrorum a ~a sua fundacione continue fuerit .. *Reg. Brev. Orig.* f. 40v; **1526** ex ~a sua fundatione *Reg. Moray* 253. **c** contra ~am et veram, que Deus est, naturam GIR. *TH* II *pref.*; preterea, ~i temporis homines propter cordium suorum mundiciam et conversacionis sanctitatem habuerunt Deum secum interius loquentem GROS. *Cess. Leg.* I 7 p. 35; mundus .. archetipus .. quid aliud est nisi ~a lux, et primus dies GROS. *Hexaem.* I 3 p. 52; **1339** jus nature ~um (*Lit. Regis*) *G. Ed. III Bridl.* 140; expulsis inde incolis a ~a sua origine, nomen genti et patrie indiderunt *Eul. Hist.* II 61; hec est racio quare apostoli .. noluerunt dulcedinem ~am deserere WYCL. *Sim.* 89.

2 first in respect of age or temporal succession: **a** (w. ref. to person) eldest. **b** (w. ref. to day of month) first.

a primevus, primus in evo OSB. GLOUC. *Deriv.* 466; a ~o Bruti filio Locrino GIR. *TH* I 2; quorum omnium [sc. filiorum] precipuus et uno dempto ~us *Ib.* III 49; filii .. regis, ~us scilicet .. aliique duo .. in regem absentem .. conjuraverant *Id. EH* I 37; c**1213** coram .. Willelmo de Barri, nepote nostro ~o et precipuo *Id. Ep.* 7 p. 252. **b** ~o et quinto diebus mensis Junii *Ps.*-ELMH. *Hen. V* 78 p. 223.

3 (as sb.): **a** (time of) youth. **b** (of institution) earliest period, beginning.

a o quam gaudes, cum hunc [sc. Jesum] tenueris, / a primevo quem esurieris J. HOWD. *Ph.* 248; c**1435** vos .. a ~o me educastis; vos me adultum sustinuistis *FormOx* 444. **b** post .. scienciarum pugiles, quos .. mater nostra universitas Oxonie a ~is sue institucionis cunabilis educare non destitit *Dictamen* 353.

primagium [CL primus+-agium], customary allowance paid for loading and care of cargo, primage. *V. et primator.*

1297 in frectagio pro iij saccis et xx petris lane .. et in touwagio dictarum lanarum et in loadesmanagio lxxj s., .. item in ~io ij s. (*KR AcCust Boston*) *OED* s. v. *primage*; **1436** pro naulo et ~io omnium aliorum bonorum transmissorum ad regem de Flandria in Scociam *ExchScot* 679; **1537** mercatores .. ~ium et lodesmanagium eorum .. de nautis, pilotis, et navium magistris non solventes (*HCA Warrant Bk.*) *EHR* LXV 475.

primalis [ML], first in rank, status, or importance.

si faleratus equus, si sit tibi copia mense, / introductus eris summus primalis amicus D. BEC. 1575; si sis primalis antistitis officialis, / esto vernalis subjectis, non hyemalis *Ib.* 1838.

1 primare [ML < CL primus+-are], to calculate the first day of, to assign (by means of table or rule) a first day to (lunation or lunar month); **b** (impers. pass.).

ex quo accideret, si omnes lunaciones continue xxxviij annorum solarium ~arentur per distincciones que fierent secundum alternacionem xxx dierum et xxix, quod ultima ex illis diceretur prima quando in celo videretur plena lumine, hoc est in medio lunacionis BACON VI 68; ab illo anno collocabimus primaciones lunacionum secundum regulam communem unam .., donec tot lunaciones sic ~averimus quousque ex fraccionibus una dies superexcrescat *Ib.* 69; in quinto .. anno cycli xix^lis^, quando luna ~atur per quinarium ... similiter in xiij^o^ anno quando luna ~atur per tresdecim .. *Ib.* 126–7. **b** sic .. accidit error in primacione lune per decemnovenalem, secundum quem ~atur in kalendario BACON VI 53.

2 primare [CL primus+-are]

1 (arch.) to prepare (surface) for painting or gilding, to prime.

1309 in j pictor' ad ~andum claves volture *Fabr. Exon.* 47; **1317** in xvij magnis clavis de petr' ~and' apprestand' usque ad aurum *Ib.* 79.

2 to lay a first course of (a structure).

1383 in stipendiis Willelmi Mason per xv dies, Philippi Bedecok' cementarii per x dies, de novo ~ancium dictum molendinum subter *les grondselles MinAc* 1209/15 m. 8 sched. 2.

primarie [ML < CL primarius+-e]

1 (w. ref. to time or temporal sequence) at first, in the first instance, originally.

non ~e aut originaliter, sed secundarie et approbative a jure gentium instituti sunt FORTESCUE *NLN* I 19.

2 (w. ref. to non-temporal sequence) in the first place, chiefly, principally, essentially.

pono gracia argumenti quod hec oracio, 'b' est, significet adequate sicut ista copulativa ~e et adequate significat, Deus intuetur Antichristum, et nullus Antichristus est (KYN.) *Ziz.* 37.

primariola [LL], woman who has given birth for the first time.

quandoque .. ~is caput mamille interius latet ita quod infans non potest accipere caput nec lac extrahere .. GILB. VII 332. 1.

primarius [CL]

1 that lies at the beginning, primary: **a** (w. ref. to beginning of created world) original, primal. **b** (w. ref. to foundation or establishment) original. **c** (w. ref. to subsequent development or change) first, original. **d** (log. & phil.) that lies at the source, that from which others issue or are derived, radical. **e** (*lapis ~ius*) foundation-stone.

a potest .. credi rariores .. ~ias fuisse aquas quae velut nebulae terras tegerent BEDE *Gen.* 20; hoc ..

factis sideribus ad augmentum ~iae lucis accessit, ut etiam nox luminosa procederet *Ib.* 22; lumine ~io .. omnia replente, nullumque caput habente *Ib.*; migrante te [sc. Jesu], celestia / commigrant luminaria, / o lucis fons primarie J. HOWD. *Cyth.* 25. 3; o finis et principium, / ve finiens primarium, / nova dans gratis gaudia *Ib.* 149. 2. **b** ab institutione monasterii sui ~ia AD. MARSH *Ep.* 5; suadebo ipsos ordines [sc. mendicancium] debere reduci ad puritatem sue institutionis ~ie RIC. ARMAGH *Def. Cur.* 1392 (*recte* 1292); **1363** solvet .. sacerdos .. de suo .. salario .. vj d. .. prout in fundacione ipsius cantarie .. fuerat ordinatum; pro quibus ipse et ipsi destringere poterunt apud B., super terris de dote ~ia ipsius cantarie *Lit. Cant.* III 63; **1415** cum, secundum dicti hospitalis ~iam fundacionem, ejusdem capellani .. habere debeant *Lit. Cant.* III 135; **1432** quod .. monachos .. in prioratu .. ad numerum juxta ~iam fundacionem ejusdem debitum .. inveniant et sustentent *FineR* 240 m. 20. **c** **1342** quia episcopi .. citaciones ~ias pro correcionibus delinquencium fieri per rectores, .. seu parochiales sacerdotes demandant *Conc.* II 699b; paupertatis evangelice professores ~ii R. BURY *Phil.* 6. 90; proprietas est nota ~ie invencionis ligature, a plana musica data, in principio illius HAUBOYS 322; **1369** seculares [scolares], quorum .. nullus juxta ~iam ordinacionem admissus superstes est *Lit. Cant.* II 493; s**1452** questio talis, an abbas resignans, et post resignacionem reelectus, debeat iterum benedici, aut sufficiat sibi ~ia benediccio *Reg. Whet.* I 19; s**1458** mense .. illo, quo rejungitur cultrum aratro, solentque homines exire in agros causa ~ie seminacionis *Ib.* 317. **d** cum .. non sint nisi sex ~ie mociones ducentes in esse universitatis per senarium distincte, et septima quietacio universitatis in esse .. non poterant esse nisi septem dies ~ii. .. quasi comproporcionales rami a suis radicibus, nec poterunt decurrere tempora nisi que sunt primorum septem dierum repetite revoluciones et replicaciones GROS. *Hexaem.* IX 2 p. 268; quia malicia privacionis est ~ia et radicalis causa non esse et corrupcionis in omnibus rebus naturalibus SICCAV. *PN* 166. **e** **1309** ad hec pietatis opera exercenda, pietatis amici et misericordie sectatores in exstruccione sacrarum edium lapides jactavere ~ios *Ann. Lond.* 164; in cujus operis fundamento .. archiepiscopus .. lapidem ~ium .. propriis manibus .. collocavit *Meaux* II 239.

2 that is first or foremost in status, importance, or influence, principal, primary; **b** (of person).

illud tam antiquum, tam ~ium, tam innumerabilium sanctorum domicilium sine auctoritate publica temerare GOSC. *Transl. Aug.* 31C; ordinatus .. Augustinus .. sedem episcopalem .. adeptus, ~ium Anglie genti retulit patriarchatum ELMH. *Cant.* 79. **b** sanctiones de foresta, quas ego Canutus rex cum consilio ~iorum hominum meorum de foresta condo et facio (*Ps.-Cnut prol.*) *GAS* 620; Rofecestriam, quam teste Beda, Rof quidam vir ~ius antiquitus possedit ac tenuit LUCIAN *Chester* 64 (cf. BEDE *HE* II 3); **1541** pro ~io informatore puerorum gramaticorum et pro magistro choristarum (*Stat. Cath. Cant.*) *Educ. Ch.* 460; **1549** Gulielmum Petrum, militem, ~iorum secretariorum nostrorum alterum (*Stat. Regis*) *StatOx* 342.

3 (as sb. m.) foremost or leading person, leader, chief, noble.

tectus Graece, Latine princeps. architectorica: ~ius operis sive princeps *Comm. Cant.* III 33; in civitate Dorubrevi, quam gens Anglorum a ~io quondam illius, qui dicebatur Hrof, Hrofaescaestrae cognominat BEDE *HE* II 3; summo post regem principi Ordulpho, item alii illustri visa est ~io, qui utrique superne emulationis celebrabantur preconio GOSC. *Edith* 266; s**604** Augustinus .. in civitate que a quodam ~io nomine Rof, Rofecestre, .. dicebatur, ecclesiam S. Andree .. construxit *Flor. Hist.* I 289; tali mediante condicione, ut .. non se proprii regni, sed Offam, ~ium ac principem preferret, et se cum suis omnibus ipsi subjugaret *V. II Off.* 7.

4 (w. ref. to officer): **a** (w. *forestae* or ellipt.) chief or head forester. **b** (eccl., in assoc. w. archbishop). **c** principal or primar (of college).

a sint .. quatuor ex liberalioribus hominibus .., quos Angli *þegenes* appellant, in qualibet regni mei provincia constituti ad justiciam distribuendam .. pro materiis foreste .., quos quatuor ~ios foreste appellandos censemus (*Ps.-Cnut* 1) *GAS* 620; habeat quilibet ~iorum quolibet anno de nostra warda .. duos equos, unum cum sella, .. unum gladium (*Ib.* 6) *Ib.* 621; si quis vim aliquam ~iis foreste mee intulerit .. amittat libertatem ... si quis .. coram [v. l. contra] ~ium pugnaverit in placito, emendet secundum pretium sui ipsius (*Ib.* 15, 17) *Ib.* 623; bosco nec subbosco nostro sine licentia ~iorum foreste nemo manum apponat (*Ib.* 28) *Ib.* 625. **b** a**1215** hiis testibus, magistro Godardo ~io Eboraci, .. Th. W. capellano, .. W. clerico *E. Ch. Yorks* I 207; **1518** enormia .. delicta nobis vel ~io nostro .. reservamus. literas .. decani vel officialis ad ~ium gratis concedi volumus et precipimus penitenti *Conc.* III 679a. **c** **1539** ~ius (*of St. Mary's College, St. Andrews*) *OED s. v. primar*.

5 student at the beginning or primary stage of education.

1477 magister scole gramaticalis .. tantum capiendo pro suo salario de quolibet gramatico, saltario, et ~io .. pro gramatico x d. quarteragii, saltario viij d., et ~io vj d. *Educ. Ch.* 422.

6 (as sb. m. or n.) prayer-book, primer.

1323 fratri meo unum ~ium ..; item .. sorori mee .. unum *tressour* cum ~io meo (*Test.*) *OED s. v. primer*; **1415** lego eidem unum magnum ~ium .., et volo quod post mortem suam dictus ~ius detur heredi meo *Reg. Cant.* II 59; **1429** lego Thome S. .. ~ium meum rubrum. item lego W. de Cr. unum rubrum psalterium ad orandum pro anima mea *Test. Ebor.* II 30; **1447** pro uno ~io empto ad usum regis .. vj li. *ExchScot* 273; nomina .. rerum ecclesiasticarum: hoc premorium, *a primer*; hoc psalterium, *a sawtyr WW*; hoc psalterium, A. *a sawtereboke*. .. hoc ~ium, A. *a premere WW*.

7 (abl. sg. ~*io* as adv.) in the first place, first of all, chiefly, principally.

tamen virtus regitiva speciei, licet ~io et per se et principaliter intendat speciem, tamen secundario intendit individuum BACON II 93.

primas [CL *as adj. only*]

1 foremost, of the highest rank, noble. **b** (as sb. m.) prominent or leading man, magnate, noble (usu. pl. w. ref. to king's earls or barons). **c** leader, ruler, foremost power (in a region). **d** foremost practitioner of art or discipline, 'primate' (in quot. with ref. to poet); **e** (as title or nickname, in quot. w. ref. to Hugh Primas).

c**802** octo ~ates homines intraverunt cum episcopo nostro die Dominico in ecclesiam ALCUIN *Ep.* 245 p. 394; **1012** (12c) praefectum meum Æsicum, quem ~atem inter primates meos taxavi *CD* 719. **b** cum suis ~atibus, quos sapientiores noverat, curavit conferre BEDE *HE* II 9 p. 100; s**910** bellum apud W., in quo ceciderunt .. G. et E. et A., ~ates paganorum *Chr. S. Neoti* 145; **1012** (12c) inter ~ates meos (v. 1a supra); s**1066** subregulus Haroldus .. a totius Anglie ~atibus ad regale culmen electus FL. WORC. I 224; a**1198** (1253) nostra .. regia auctoritate, cum consensu atque consultu ~atum nostrorum, interdicimus ut .. *CalCh* 425; **1586** qui tanta sanctitate et admiratione apud populum et regni ~ates claruit (*Chr.*) *Scot. Grey Friars* II 174. **c** rex fortissimus .. Ædilfrid, qui plus omnibus Anglorum ~atibus gentem vastavit Brettonum BEDE *HE* I 34; ~as, *heafodmann* ÆLF. *Gram.* 300; equoris undosus pater et rex imperiosus / qui maris est primas, et harenas incolit imas R. CANT. *Malch.* IV 225; s**1136** quod cum latius divulgatum esset, summum videlicet Walensium ~atem [sc. Ricardum filium Gisleberti] succubuisse *G. Steph.* 9; s**1095** iverunt .. comes .. Reimundus, et episcopi Podiensis .. et Hostiensis, qui ~ates extiterunt hujus Dei exercitus *Flor. Hist.* II 28; sacerdos ille ~as fuit in terra Madian *Eul. Hist.* I 39. **d** solvere principia methodorum principe dia / dante tibi dote, vatum decus, hinc michi do te / primatem primum, sed me premis ipse per imum, / exaltans temet M. CORNW. *Hen.* 11. **e** cum vinum poto / .. / tunc fundo lacrimas, tunc versificor quasi Primas. / tunc fundo lacrimas, tunc laudes vendico primas NECKAM *Poems* 453.

2 (eccl.) of foremost authority, possessing or assoc. w. a primatial see, primatial (some quots. might also be construed w. sense b). **b** (as sb. m.) archbishop holding first place among, or foremost authority over, other bishops and archbishops of a province, primate; **c** (assoc. w. *patriarcha*); **d** (w. ref. to archbishops of Canterbury and York); **e** (w. ref. to archbishop of Canterbury); **f** (w. ref. to archbishop of York); **g** (w. ref. to archbishop of St. Andrews); **h** (w. ref. to archbishop of Armagh); **i** (w. ref. to archbishop of Dublin); **j** (w. ref. to pope); **k** (w. ref. to bishop, prior, or sim., not possessing primatial authority; *cf.* 1b *supra*); **l** (w. ref. to royal official appointed to oversee archbishop).

maxime in celebrandis quibusdam festis, excellentius in nostra æcclesia [sc. Dorobernensi] oportere ea agi censentes propter ~atem sedem LANFR. *Const.* 85; s**1093** ecclesiam Cantuariensem ~atem totius Britannie esse scimus, non metropolitanam EADMER *HN* 49; c**1200** ecclesia tamen est sanctorum martyrum Stephani et Thome, martyris primi martyrisque ~atis P. BLOIS *Ep. Sup.* 10. 2 (=*Id. Ep.* 211); s**1093** ecclesiam Cantuariensem ~atem esse scimus, non metropolitanam M. PAR. *Min.* I 46. **b** septem primates sunt Anglis et protopatres / .. / Augustinus .. / .. / .. Mellitus .. / .. / Deusdedit .. / Theodorus GOSC. *Aug. Maj.* 93A; ~ates, qui tribus archiepiscopis presunt vel preesse habent, regem exprimunt, cujus potestas ad tres se extendit ducatus BELETH *RDO* 14 col. 28; ~as quasi inter archiepiscopos primus dicitur et principalis, et est syncopatum ab hoc nomine 'primatis', unde et accentum super ultimam syllabam habet, super quam in integra fuit GIR. *PI* I 19 p. 107; per te [sc. Mariam] magnus minoratus, / per te papa fit legatus, / primas suffraganeus WALT. WIMB. *Virgo* 126; ~as Carthaginiensis ecclesie Cyprianus NETTER *DAF* II 246. 2; **1476** venerabilium fratrum nostrorum ~atum, archiepiscoporum, episcoporum, ac .. abbatum, priorum, et aliorum prelatorum (*Bulla Papae*) *MunAcOx* 349. **c** OSB. *V. Dunst.* 32, W. MALM. *GP prol.* (v. 2e infra); est .. ~atis idem officium quod et patriarche, sola existente in nominibus diversitate GIR. *PI* I 19 p. 107; non .. ~as proprie vel patriarcha dici potest, .. nisi qui archiepiscopum unum vel plures subjectos habuerit *Id. JS* I *prol.* p. 113; ij archiepiscopi modo ~ates, modo Graia voce patriarche, hoc est patrum principes, dicti, quatuor principio fuere ... ~ates .. ac patriarche antecellunt autoritate archiepiscopis metropolitanis P. VERG. *Invent.* IV 12 p. 283. **d** **680** a primitibus [? l. primatibus] locis quae sunt universae Britanniae capita constituta, prima .. in Dorovernia .. alia vero in Eboraica civitate *CS* 53; hodie in tota Anglia duo tantum sunt ~ates, sc. Cantuarie et Eboraci *Eul. Hist.* II 173; annis sexcentis uno .. / misit Gregorius unum non pallia plura; / hoc Augustini quia stat primatis honori: / unum primati promittitur inferiori ELMH. *Cant.* 92. **e** s**694** necnon Brih[t]uualdo reverentissimo archiepiscopo et patre et ~ate totius Britannie *AS Chr.*; Dunstanum .. primae metropolis Anglorum ~atem ac patriarcham instituit OSB. *V. Dunst.* 32 p. 108; ibi prima sedes archiepiscopi habetur, qui est totius Anglie ~as et patriarcha W. MALM. *GP prol.* p. 3; **1279** frater J. .. Cantuarie archiepiscopus totius Anglie ~as *MunAcOx* 39; **1337** Johannes .. Cantuariensis archiepiscopus, totius Anglie ~as, et apostolice sedis legatus *Lit. Cant.* II 160; **1432** Henricus dictus Chichele .. Cantuariensis archiepiscopus, tocius Anglie ~as *StatOx* 248; **1511** Willelmus .. Cantuariensis archiepiscopus, Anglie ~as et apostolice sedis legatus *StatOx* 325. **f** **961** ego Oscytel Æboracensis basilicae priamas insegnis hoc donum .. confirmavi *CS* 1066; c**1031** (11c) ego Æþelnoð Eboracensis basilicae ~as insegnis hoc donum .. confirmavi *CD* 744; **1267** Walterus Eboracensis archiepiscopus Anglie ~as (*York*) *BBC* 359; **1356** domino Johanne, Dei gratia archiepiscopo Eboracensi, Anglie ~ate, et cancellario *MunAcOx* 179. **g** **1518** ad nos tanquam regni ~atem .. racione dicte nostre primatialis dignitatis *Form. S. Andr.* I 33; **1531** potestate .. Willelmi .. archiepiscopi Sancti Andree, regni Scotie ~atis *Reg. Glasg.* 543; **1536** Jacobus .. archiepiscopus Sanctiandree totius regni Scotie ~as *Conc. Scot.* I ccxlvii; **1586** ~as regni, archiepiscopus Sancti Andree *Scot. Grey Friars* II 174. **h** **1255** archiepiscopi et capituli ecclesie Armachane proposuit procurator, quod cum idem archiepiscopus sit et esse debeat ~as ejusdem provincie (*Lit. Papae*) *Mon. Hib. & Scot.* 68a; s**1274** in Hibernia ~as Ardmakensis visitavit Midiam *Ann. Exon.* 14; **1438** Johannes .. archiepiscopus Armachanus ac Hibernie ~as BEKYNTON I 3. **i** **1265** rex archiepiscopo Dubliniensi, Hibernie ~ati, salutem *Cl* 107. **j** legem tuam novam .. sollicite .. inquirebam .. ~atem omnino tui sacri collegii militantis RIC. ARMAGH *AP* 21. **k** **985** (11c) rus praedictum .. ad usum ~atis æcclesiae Dei in Wiogornaceastre restituatur immune *CD* 651; frater Joannes Adami, Dominicani ordinis in Scotia ~as FERR. *Kinloss* 80. **l** s**1196** non licere archiepiscopo Rothomagensi in .. homines regis Francorum seu regis Anglorum .. excommunicationis sententiam dictare, preter assensum iiij clericorum ab ipsis regibus pro voluntate sua eligendorum, et super caput archiepiscopi ponendorum. .. si injustam esse protulerint [sc. sententiam], rex .. ad mobilia et immobilia archiepiscopi manus extendet .. donec sententiam relaxaverit, et ei secundum arbitrium dictorum iiij ~atum satisfecerit DICETO *YH* II 136.

3 (math.) prime, unity, (the number) one.

~as sit in cacumine hujus montis, unitas principalis, qui et primus dicitur BYRHT. *Man.* 206.

primatia [CL primas+-ia], (eccl.) office, dignity, or authority of a primate, primacy, primateship. **b** (w. ref. to archbishoprics of Canterbury and York); **c** (w. ref. to archbishopric of Canterbury); **d** (w. ref. to archbishopric of St. Andrews); **e** (w. ref. to archbishopric of Armagh).

ambierat [sc. episcopus Londoniensis] . . culmen ~ie W. CANT. *V. Thom.* I 25; perpendi potest, iterum . . metropolitica fiat [sc. ecclesia Menevensis], sed ecclesie Cantuariensi subjecta. sicut una ecclesia metropolis alii metropoli jure ~ie subici solet GIR. *Invect.* II 4; tocius Gallie Arelas ~iam usque ad novissima tempora diutissime obtinuit GERV. TILB. II 10; **1226** Lugdunensis vendicavit sibi ~iam super Senonens', Rothomagens', Bituricens', Burdegalens', et Axitan', et Narbon', et eorum suffraganeos *Reg. S. Osm.* II 51; s**1317** cardinales sedis apostolici nuncii . . clericos et personas ecclesiasticas . . cujuscunque sint dignitatis . . etiam si . . archiepiscopali, ~ie, legationis, vel episcopali . .. prefulgeant dignitate, excommunicatos denunciarunt *G. Ed. II Bridl.* 53. **b** Cantuariensis archiepiscopus . . ne ulla inter eum et dominum Eboracensem super eorum ~ia haberetur dissensio . . TROKELOWE 88; attuli . . mecum . . copiam decisionis totius controversie inter Cant' ecclesiam et Eborac' de preeminentia ~ie longo tempore ante agitate *Croyl.* 92; s**1073** ventilata est questio inter archiepiscopos Cantuarie et Eborum de ~ia *Eul. Hist. Annot.* III 46. **c** in sanguine sanctorum Dolobernensis ecclesia ~iam obtinuit GERV. TILB. II 10. **d** **1518** volentes . . ~ie . . oneribus . . solerter obviare *Form. S. Andr.* I 20. **e** apud Archmaciam, beati Patricii sedem, et proprium totius Hibernie ~ie locum GIR. *TH* II 50; **1255** super jure ~ie quod idem archiepiscopus Armachanus in provincia Tuamensi habere se asserit (*Lit. Papae*) *Mon. Hib. & Scot.* 68a; a**1264** (1401) ~iam . . totius Hibernie, quam predecessores tui usque ad hec tempora . . habuisse noscuntur . . . . . per provincias et episcopatus tibi metropolitico et ~ie jure subjectos *Foed.* VIII 209.

primatialis [primatia+-alis], (eccl.) of, pertaining to, or having primacy, of or pertaining to a primate; **b** (w. ref. to archbishopric of Canterbury); **c** (w. ref. to archbishopric of St. Andrews); **d** (w. ref. to archbishopric of Armagh).

1496 in presentia . . Johannis B. publici auctoritate apostolica et venerabilis prematialis et metropolitane curie Bituricensis notarii jurati *Foed.* XII 627. **b** prima . . regni Anglicani et ~i cathedra vobis a Deo data GIR. *Ad S. Langton* 404; **1363** ecclesia Cantuariensis ~is sub nomine ecclesiarum metropolitanarum non includitur . . et sic nos, priorem ecclesie ~is, dicta declaracio non concernit *Lit. Cant.* II 450. **c** **1488** te et ecclesiam . . ab omni jurisdiccione . . racione officii legacionis et ~is dignitatis hujusmodi . . totaliter liberamus (*Lit. Papae*) *Mon. Hib. & Scot.* 502b; **1544** ad ~em et metropolitanam ecclesiam Sanctiandree *Conc. Scot.* I ccxcii. **d** **1449** devoti ecclesie metropolitice ac ~is Armachane decanus et capitulum *Reg. Armagh* 105; **1451** ecclesie Dunensis et Conerensis . . que nostre ecclesie Armachane tocius Hibernie ~i et magistre . . subdite sunt et subjecte ob honorem S. Patricii *Ib.* 286.

primatialitas [primatialis+-tas], (eccl.) office, dignity, or authority of a primate, primacy, primateship, or ? *f. l.*

1531 ratione officii legationis et ~atis [? l. primatialis] dignitatis *Reg. Glasg.* 543.

primaticus [CL primas+-icus], (eccl.) of or pertaining to a primate or primacy, primatial.

1262 cum suffraganeis provincie sue, et quibusdam suffraganeis provincie Tuam sibi [sc. archiepiscopo Armachano] jure ~o subjectis *Conc.* I 757a.

1 primatio [ML, cf. 1 primare], calculation of the first day of, assignation (by means of table or rule) of a first day to (lunation or lunar month, in quots. usu. w. obj. gen.). **b** (in quots. usu. w. *lunae*) beginning or first day of lunation or lunar month (sts. spec. as occurring at the conjunction of moon and sun); **c** (*~o anni*, w. ref. to beginning or first day of the Paschal lunation in a given year). **d** (*nota ~onis*) mark or symbol placed in calendar to indicate the first day of a lunation or lunar month.

accidit error in ~one lune per decemnovenalem, secundum quem primatur in kalendario, in quadringentos annis et lvj solaribus in uno die BACON VI 53; ad ~onem lune regularem oportebat dies integros considerare *Ib.* 66; hanc tabulam, que docet in quo signo est luna et cujus etatis sit luna secundum veram ~onem *Id.* IX 199. **b** Hebrei ~onem lune sumunt a conjunctione solis et lune NECKAM *SS* III lxxxii 2; ~ones et cetere etates lune . . . . . ~o lune . . non dicitur a visione nove lune apud Hebreos . . . . . antiquitus per astronomiam certificaverunt ~onem lune BACON *Maj.* I 195–6; mensis lunaris a ~one lune incipit. quapropter in principio mundi luna prima fuit *Ib.* 199; majus inconveniens accidit ex ~one designata per aureum numerum in kalendario . . . . . in omnibus septuaginta sex annis recedit ~o a loco suo in kalendario per sex decim minuta unius diei et quadraginta secunda *Id. Tert.* 281; ab illo anno collocabimus ~ones lunacionum secundum regulam communem unam BACON VI 69; conjuncciones . . et opposiciones solis et lune siquis invenire desiderat cum numero sue ~onis, intret tabulam . . sub ciclo in quo est N. LYNN. *Kal.* 189. **c** habita litera dominicali postea querendus est numerus ~onis anni de quo queritur . . . pro aliis autem annis futuris computandum est a ~one anni tunc instantis descendendo, et proxima primacio erit ~o vicesimi anni sequentis; et quinta ~o centesimi anni; et . . N. LYNN. *Kal.* 205. **d** ponentes notam ~onis ejus. . . sic alternatim constituerunt notas ~onis lune BACON VI 66–7; in singulis mensibus debet secundum modum predictum notas ~onis in kalendario collocare *Ib.* 70.

2 primatio [2 primare+-tio], (arch., act of) preparing (surface) for painting or gilding, priming.

1355 pictoribus operantibus ibidem [sc. apud Westm'], tam super tabulamentum quam super ~onem fin[i]s orientalis capelle regis *KR Ac* 471/6 m. 2.

primative v. primitive.

primator [CL primus+-tor], one who loads or unloads ship's cargo, stevedore. *V. et. primagium.*

1449 allocati . . ~oribus de Lethe, pro portacione dicti frumenti de batellis in et de granario, ac mensura ejusdem, liiij s. *ExchScot* 347.

primaturus v. praematurus.

primatus [CL]

1 supremacy, primacy, first place (in status, authority, or sim.); **b** (w. ref. to *Col.* i 18). **c** (w. ref. to secular power) supremacy, rule, leadership. **d** class of persons comprising the nobility, ruling class.

ideo hae tres linguae ~um in omnibus linguis obtinent *Ps.*-BEDE *Collect.* 237; mihi prae ceteris regalium ~uum [v. l. ~um] gradibus dilectissimo Ælfwaldo regi . . salutem FELIX *Guthl. prol.* p. 60; primatum tenuit [sc. Johannes Babtista], baptismate, dogmate lucens WULF. *Brev.* 341; c**1280** fraus primatum [AN: *seignurie*] optinet (*De temporibus* 3) *Pol. Songs* 133; vos magni prelati qui in ecclesia Dei habetis ~um Abel, patriarchum Abrahe, gubernacionem Noe, auctoritatem Moysi BRINTON *Serm.* 4 p. 6; orientales . . Angli, quorum ~um tenent illi qui a modernis dicuntur Norfolchici ELMH. *Cant.* 140; cum ars ut predicitur naturam imitetur, et natura omnia operetur optime, ac ars vivendi omnium artium gerit ~um FORTESCUE *NLN* I 25. **b** sis . . in omnibus . . ~um tenens, qui cum Deo Patre et Spiritu Sancto vivis et regnas J. FORD *Serm.* 36. 6. **c** **749** (12c) ego Headberht ~um tenens subscripsi *CS* 178; **983** (13c) tocius Anglorum gentis basileos, ceterarumque nationum in circuitu degentium ~um gerens *CD* 1280; ~um Jerusalem respuit [sc. Robertus dux Normannie], malens . . regnum Anglie habere quam principatum in Terra Sancta gerere CAPGR. *Hen.* 55. **d** hic . . in sublimitate roboratus beatum patrem Dunstanum tanto caritatis ardore dilexit, ut nullum paene ex ~u sibi praetulisset B. *V. Dunst.* 19.

2 (eccl.) first place or prime authority (in spiritual matters), primacy: **a** (of Rome w. respect to universal Church); **b** (of sovereign w. respect to post-Reformation English Church). **c** office, dignity, or authority of a primate, primacy, primateship; **d** (w. ref. to archbishopric of Canterbury); **e** (w. ref. to Lichfield, as chief episcopal see of Mercia).

a divina providentia nativitati illius praeparavit locum [sc. Romam] in quo totius sancte ecclesie voluit esse ~um *V. Birini* 1; s**1274** Romana ecclesia summum et plenum ~um super universam catholicam ecclesiam optinet *Flor. Hist.* III 36; antequam Romana ecclesia ~um haberet OCKHAM *Pol.* I 81. **b** **1580** placuit convocationi decretum . . confirmare . . ut juramentum de ~u et Articulis Fidei Latino sermone susciperentur *StatOx* 417. **c** famuli archiepiscopi Maguntini et abbatis S. Galli in Saxonia, qui debet imperatori l millia equitum, inter se pugnaverunt pro sede ~us R. NIGER *Chr. II* 158; alius [sc. patriarcha] in Africa ~um habuit, qui in Alexandria pontificatum tenuit GIR. *PI* I 19 p. 107; s**1306** Clemens papa . . ~um . . Aquitanie de Bituricensi ad Burdegalensem ecclesiam transtulit TREVET *Ann.* 407; s**1176** per spacium insuper annorum xxx vel amplius ex boreali parte Themensis fluvii ~um tenuit [sc. ecclesia Scoticana] et pontificalis apicem dignitatis, teste Beda BOWER VIII 26 p. 328. **d** **797** ~um illum, sicuti Doroverni constitutus est, primam sedem et concedimus et censentes promulgamus (*Lit. Papae*) *Ep. Alcuin* 127; **803** (13c) idcirco manifestissimis signis caelestis regis ~um monarchiae archiprincipatus permanere canonicis et apostolicis munitionibus statuimus ubi sanctum evangelium Christi per beatum patrem Agustinum in provincia Anglorum primum praedicatur (*Clovesho*) *CS* 310; p**936** (12c) volumen hoc evvangelii Æðelstan Anglorum basyleos . . Dorobernensis cathedre ~ui tribuit *CS* 711; **1072** Eboracensis æcclesiae antistes adversum me palam murmuravit . ., dicens me injuste velle agere eo quod super se suamque æcclesiam jure nostrae æcclesiae ~um niterer obtinere LANFR. *Ep.* 3 (4 p. 50); **1119** nulli . . sapienti dubium tam Theodorum quam ejus successorem in Eboraco et ejus provincia ~um habuisse, qui totiens in eisdem locis episcopos instituerunt et restituerunt (*Ep. Cant.*) *Hist. Church York* II 239; Offa . . honorem ~us ab eis [sc. Cantuaritis] tulit, et Lichefeldensi episcopo contulit *Eul. Hist.* II 172. **e** coeperat rex Merciorum Offa Dorobernensem archiepiscopatum in sui regni ~um ad Lichfeldensem ecclesiarum [l. ecclesiam] transferre, ut . . de cetero foret caput ecclesiarum Angliae GOSC. *Transl. Aug.* 41A.

primecherius v. primicerius.

primeintentionaliter [CL primus+ML intentionaliter], (log.) by means of or in accordance with first intentions. *V. et. OED s. v.* intention.

c**1516** terminus ~er captus (MAJOR *Libri terminorum*) *GLA* IV 248n. 426.

primella v. prunellum. **primen-** v. primaevus.
primere v. premere.

primerum [ME *primere* < primarius], primer, prayer-book.

1323 Alicie de Fornival meum ~um de *yvori* et unum par de *tales* de argento *RR K's Lynn* I 82.

primiceria v. primicerius.

primicerius [LL *as sb. m.*]

1 (as adj.) first, foremost, leading, pre-eminent.

ecce Anglie Christianitatis institutor ~ius . . conspicitur GOSC. *Transl. Aug.* 18A; iste [sc. Augustinus] ~ius consul, et Dominici testamenti angelus, . . omnium . . successorum . . ut pater filiorum apicem referet primarium *Id. Aug. Min.* 750B; presertim cum . . urbes . . sint in terris Christianorum ~ie W. MALM. *Mir. Mariae* 192; quo ceteris erat gradu prior ac officio, eo pre ceteris primus ac ~ius virtutum extitit exercitio J. FURNESS *Walth.* 20.

2 (as sb. m. or f.) first or foremost person, chief, leader; **b** (w. ref. to king); **c** (w. ref. to abbess).

781 (11c) eo die quo ~ii martyrum beati Stephani nativitas celebratur *CS* 239; ut se juberet in capitolio fratrum apud ~ium Augustinum . . tumulari GOSC. *Transl. Aug.* 41B; plures post annos . . Cantiam delatus Wilfridus, inter precipuos habetur, inter ~ios honoratur W. MALM. *GP* III 109; me . . exhonorasti, que sim virginitatis signifera, integritatis patrona, pudicitie ~ia *Id. Mir. Mariae* 221; hinc est beatissime mulierum et ~ie virginum post repromissam gratie plenitudinem J. FORD *Serm.* 4. 5; pro militibus parliamenti . . quorum primicerus et prolocutor parliamenti . . fuit dominus J. B. OTTERB. 192; **1586** quorum ~ius fuit qui in civitate metropoli regni, Edimburgo, emersit; qui cum inter reliquos principatum obtineat *Scot. Grey Friars* II 174. **b 945** (14c) ego Edmund .. rex totiusque Albionis ~ius *CS* 803; **953** (12c) ego Eadred .. rex et ~ius tocius Albionis *CS* 899; **953** (14c) ego Adred .. totius Albionis primecherius *CS* 898; **955** ego Eadred .. rex et primichaerius totius Albionis *CS* 903; †**955** (12c) ego Eadred .. rex et primicherius tocius Albionis *CS* 905; o magnanime rex Edwarde, tu ~ius noster in bello, tu dux in castris J. Lond. *Commend. Ed. I* 14. **c** monasterii sui ~ia domna Godyva, que ab ejus .. genitrice nunc habetur quinta Gosc. *Edith* 36.

3 (as title of officer or official): **a** (in Roman imperial household); **b** (in Byz. imperial administration); **c** (w. ref. to official of Carolingian monarch); **d** (w. ref. to papal official, in origin the *~ius notariorum*); **e** (spec. as *Mediolanensis*); **f** (*~ius notariorum* in Eastern Orthodox Church); **g** (w. ref. to official in episcopal administration); **h** (spec. w. ref. to head of school); **i** (w. ref. to chief clerk, registrar, or sim.).

a sanctorum Calocerii et Partemii, uxoris Decii imperatoris eunuchorum, qui cum essent unus praepositus cubilis, alter ~ius, nolentes idolis sacrificare a Decio occisi sunt Bede *Mart.* 921A; Joannis et Pauli fratrum, quorum primus praepositus, secundus ~ius fuit Constantiae virginis, filiae Constantini *Ib.* 956A; s**363** [Jovianus] ex ~io factus est imperator R. Niger *Chr. II* 126. **b 1437** misit [imperator] .. ad eandem [sanctitatem tuam] magnum ~ium, Marcum Iagari, Angelum Dida, et Abbatem protosingellum, oratores ejus Bekynton II 22. **c** c**792** Angilberto ~io [v. l. ~o] .. Albinus salutem Alcuin *Ep.* 11; c**795** olim per Angilramnum archiepiscopum et sanctae capellae ~ium me ipsum vestrae commendavi sanctitati *Ib.* 90. **d 640** Johannes diaconus et in Dei nomine electus, item Johannes ~ius et servans locum sanctae sedis apostolicae (*Lit. Papae*) Bede *HE* II 19; **802** quam [paginam] .. a Sergio scriniario nostro scribi praecepimus ... data xv kal. Feb. per manum Eustachii ~ii sanctae sedis apostolicae (*Lit. Papae*) W. Malm. *GP* I 37 (=Conc. HS III 537; cf. Eadmer *HN* 321: primicherii); ultimi adventus ejus [sc. Caroli magni] Romam fuit causa quod Paschalis ~ius Leoni pape lingua amputata oculos eruit R. Niger *Chr. II* 150; domino ~io et curie Romane cancellario Gir. *Symb.* I 30 p. 308. **e 1277** magistrum Hardicianum beati Laurencii ~ium Mediolan' domini Pape capellanum *Pat* 96 m. 14 (cf. *CalPat* 210); **1281** reverendo viro magistro A., ~io Mediolanensi, domini pape capellano *Reg. Ebor.* 277. **f** primiterius patriarchalium notariorum *Flor. Hist.* III 39. **g 798** (12c) ego .. Dorobernensis archiepiscopus, et Cuba ~ius mecum, et multi alii ex illa ecclesia .. sapientes (*Clovesho*) *CS* 291; s**1215** vocati sunt a papa .. Rome ad concilium generale prelati universalis ecclesie, patriarche sc., archiepiscopi, episcopi, ~ii, archidiaconi, decani .., abbates, priores Wend. II 138. **h** sanctorum martyrium Sergii et Bachi, qui sub Maximiano .. passi sunt. nam Sergius ~ius erat scholae gentium, amicus imperatoris, beatus vero Bachus secundicerius erat ejusdem scholae Bede *Mart.* 1065A; stat ~ius unus in dextero choro et dicit cum ipso 'kyrie eleison', et respondet secundicerius cum sinistro choro 'Kyrie eleison' usque quater Alcuin *Suppos.* 1221B. **i** ordo placitandi in curia domini regis secundum leges et consuetudines regni a ~iis [v. l. predecessoribus] nostris protinus retro statutas Hengham *Magna pref.* p. 1.

4 (mil.) officer; **b** (*regalis ~ius*, w. ref. to member of retinue of Anglo-Saxon king); **c** (w. ref. to *ealdorman* or *eorl*). **d** (in gl., spec. as) standard-bearer, 'bannerer'.

c**1128** rex .. convocavit .. comitem de Fyf, .. et .. thaynetum de Falleland, et ~ios et duces et lumnarcas exercitus episcopi *Reg. S. Andr.* f. 52a; primosque omnes tribunos et ~ios potenter dissipavit *V. II Off.* 3; interim armantur festinanter rex Offa et sui et qui sibi proximi, electi commilitones et ~ii *Ib.* 18. **b** cum .. regales ~ii aliquos eorum captivos detinuissent, confessi sunt iidem captivi .. a primatibus Dacie premissos fuisse *V. II Off.* 22. **c** s**897** rex Alfredus custodes regni constituit .. in Cantia Ceolmundum ~ium M. Par. *Maj.* I 432 (cf. Fl. Worc. I 115: Ceolmundus dux Cantwariorum). **d** signifer aut signarius rem signat eandem, / his †primiferus [l. primicerius], vexillifer associetur, / primus pila ferens est primipilus in istis Garl. *Syn.* 1589B; *a banerer*, vexillifer, .. antesignarius, ~ius, .. primipilus *CathA.*

5 (etym., assoc. w. κήρα or κηρός). **b** (in gl., assoc. w. *cereus*) (cf. sense 3 *supra*).

KHPAC unde ~ius Abbo *QG* 11 (26). **b** ~ius, camerarius, qui primum cereum portat ante regem Osb. Glouc. *Deriv.* 406.

primicerus, primichaerius, primicherius v. primicerius.

primicola [CL primus+-cola], first or original inhabitant.

ex quo paradisi terrestris ~a viperina minus praesensit eludia O. Cant. *Pref. Frith.* 10.

primiferus v. primicerius.

primifestus [CL primus+festus], festival or holiday celebrated on the first day of a month or year.

festos celebrant initialem atque ultimum cujusque mensis, et anni item ... primos quosque dies Cynemernos .. ipsorum lingua .. appellant .. ac si ~i vocentur More *Ut.* 289.

primigenus [CL], first-born (in quot. as sb.).

divinum .. judicium quo ~is et semini eorum inflictum est J. Sal. *Pol.* 779A.

primipilaria v. primipilaris.

primipilaris [CL], **~ius** [LL], **~ia**

1 (as sb. m.) senior centurion of a legion, (generally) senior military commander, one who leads troops into battle; **b** (transf.).

ad illius ~is impetum et altum clamorem Franci animos resumpserunt Ord. Vit. IX 9 p. 527; hic primipilus .. qui primum pilum fert ante regem, qui etiam ~is dicitur Osb. Glouc. *Deriv.* 418; primipilus vel ~is [v. l. ~ius], qui primum pilum gestat in bello *Ib.* 466; Henricus de Estsexia, qui inter primates regni vir magni nominis habebatur .. domini regis ~ius (*V. S. Edm.*) *NLA* II 636. **b** c**1199** ut consanguineus tuus tanquam ~ius ecclesie vexillum fidei ferat ante reges et principes terre P. Blois *Ep.* 112. 337B; ferunt .. nonnulli aquilam vexillo ~ii [v. l. primipularii] Jovis insedisse Neckam *NR* I 23 p. 74.

2 (as sb. f. *~ia*, in quots. fig.).

c**1200** sicut ecclesia Cantuariensis fuerat quandoque ~ia fidei in regno et est metropolis provincie P. Blois *Ep. Sup.* 10. 4 (=*Ep.* 211); c**1205** hec est autem prima questio, que quasi subsequentium ~ia et magistra procedit in campus *Ib.* 61. 3; credo hanc exstitisse ~iam, et magistram omnium penitentium in negotio celestis gratie acquirende *Id. Serm.* 30. 650D; incontinentia; hec inter omnes pestes vitiorum ~ia est que fortius nos impugnat *Ib.* 57. 730B; cupiditas .. illa magistra nocendi, ~ia iniquitatis et auriga malitie *Ib.* 62. 743A.

primipilarius v. primipilaris.

1 primipīlus, primiplus, primiplus [CL primus+pīlus], one whose beard has just started to grow.

hic ~plus, qui habet primam berbam. hic primipīlus, qui fert pila ad prelia: primipīlus berbam primam desingnat habentem / ast primipīlus qui fert ad prelia pila *WW*.

2 primipilus [CL], senior centurion of a legion, (generally) senior military commander, one who leads troops into battle. **b** (understood as) standard-bearer.

1138 Alexandro de Boum, cohortis comitisse ~o *Act. Hen. II* I 5; Walterum, quem rex militie Malmesbiriensi ~um prefecerat *G. Steph.* 92 p. 178; hic ~us qui primum pilum fert ante regem Osb. Glouc. *Deriv.* 418; quod [castrum] .. Giraldo de Windesora, constabulario suo ~oque .. custodiendum exposuit Gir. *IK* I 12 p. 89; ut .. verum materni generis pejorisque partis ejusdem quasi ~um et signiferum vos probare possetis *Id. SD* 128; s**1390** statuit .. primipulum unum reliquos precedentem Bower XV 1 p. 2. **b** *a banerer*, vexillifer .. ~us *CathA.*

primiplus v. 1 primipilus.

primipotens [LL], foremost in power or authority, (as sb. m.) the Almighty.

ergo Primipotens reteget sua vulnera, dicens / 'cernite, captivi, pro vobis quanta subivi' M. Rievaulx (*Vers.*) 54. 51.

primipulus v. 2 primipilus.

primitas [ML < CL primus+-tas]

1 (usu. phil.) state or condition of being first (in order of time or other sequence).

omnis forma inheret set ratio inherentie prima ~ate Bacon VIII 42; ~as est in substantia per intellectum ex quo enim sine operatione intellectus non est est substantia secunda Middleton *Sent.* I p. 236b; secundo ostendo quod illud quod est primum secundum unam racionem ~atis, idem est primum secundum alias ~ates; et tercio ostendo quod illa triplex ~as uni soli nature convenit ita quod non pluribus naturis differentibus specie vel quiditative Duns *Ord.* II 150; nisi fortassis proposicio dicatur de primo simpliciter racione ~atis subjecti, non cause Bradw. *CD* 596A; quia universale est primum et proprium objectum intellectus, igitur primo cognoscitur ~ate generacionis Ockham *Quodl.* 72; quantum ad ~atem principii potest dici quod illud principium recitatum ab Aristotele .. est idem in re cum hoc 'aliquid est' Wycl. *Act.* 108.

2 state or condition of being first or pre-eminent in power, authority, or importance, priority, pre-eminence; **b** (as honorific title).

summus pontifex .. deberet ~atem respectu aliarum ecclesiarum habere Ockham *Dial.* 493. ergo, velint nolint, Petrus ~atem dignitatis accepit Netter *DAF* II 196va. **b** supplicat reverende ~ati vestre procurator religiosorum virorum *Reg. Rough* 266.

primiterius v. primicerius.

primitiae [CL]

1 first-fruits of agricultural produce, livestock, or one's work, usu. as offering to deity; **b** (as customary payment); **c** (transf. or fig).

~ias .. frugum vel animantium Domino consecrari lex praecepit, ~ias auri et argenti ad opus tabernaculi jussit conferri, i. optima quaeque in metallis Bede *Ep. Cath.* 15D; sancta Domini, ~ias vel decimas de oleo et vino *Gl. Leid.* 21. 18; ~ie duobus modis dicuntur: vel primaria et primitiva vel precipua in fructibus Andr. S. Vict. *Sal.* 26; **1176** nam et mel, licet prohibeatur a sacrificio, sicut assidue improperando proponis, mellis tamen ~ie offeruntur P. Blois *Ep.* 100. 309A. **b** omnes decimas quas pater ejus possiderat in annona, in vino, et ~iis Ord. Vit. V 19 p. 464; decimationes et ~ias ecclesiis subtrahunt J. Sal. *Pol.* 692D; nondum decimas vel ~ias solvunt Gir. *TH* III 19 p. 164; **1285** in decimis, premiciis, oblacionibus *RGasc* II 273b; c**1537** rex .. decimas et ~ias omnium collegiorum .. remisit *StatOx* 339; **1562** ~iarum frugum et annualis mellis *Dign. Dec.* 135 p. 146. **c** quod autem a magis primo omnium gentium velut nationum ~ias [?l. ~iis] adoratur omnium Creatorem .. significant esse venturum Theod. *Laterc.* 15; in ~ias eorum qui de eadem insula credendo salvati sunt, duo regii pueri .. speciali sunt Dei gratia coronati Bede *HE* IV 14 p. 237; qui hanc solempnitatem electionis gentium ~iis [AS: *frumcendo*] consecrasti imple mundum gloria tua *Rit. Durh.* 2; ut incipiamus etiam in hoc seculo quasdam ~ias illius pacis degustare Ailr. *Serm.* 24. 42. 335A; c**1155** vos circa litteram et syllabam, et circa hujusmodi elementares doctrine ~ias, vestrum adhuc ingenium exercetis P. Blois *Ep.* 6. 18A; quod opus nomini vestro credidi consecrandum, non inveniens cui magis oris mei ~ias offerrem, quam Domini sacerdoti W. S. Alb. *V. Alb. & Amphib.* 1; in unoquoque tempore celebrantur tres dies jejuniorum qui dicuntur ~ie quia eis sic dispensatum fuit Beleth *RDO* 11. 23; ipsam supinans ut ~ias pudoris acciperem violencia tota violare paravi Map *NC* III 2 f. 36v; ista nonnullas resurrectionis sue ~ias .. velut ante plenam messem prelibare meretur J. Ford *Serm.* 21. 6; [Jesus] amoris primicie / splendor invariabilis J. Howd. *Cyth.* 3. 3; letalis conflictus ~ie utrumlibet persolvuntur *Ps.*-Elmh. *Hen.V* 37 p. 95.

2 beginnings, inception.

a ~iis pubertatis sue usque ad exitum vite *V. Swith.* 9 p. 379; inter ~ias dominationis sue et in recentia unctionis regie P. Blois *Ep.* 10. 28B; quod .. vir .. a ~iis adolescentie sue vobis .. fideliter .. servierit *Ib.* 235. 537B.

3 prime, the best or most active period of one's life.

1384 juvenes monachi, ad artem dioleticam in ~iis eorum deputati, circa logicam et philosophiam per octo annos .. insistent *Cant. Coll. Ox.* III 174.

primitiare [ML < CL primitiae + -are]

1 to offer as first-fruits.

porro parvulus noster ab ipso sue nativitatis exordio in frigore et nuditate in diversorio, in presepio .. omnem .. formam humilitatis et religionis ~are et consecrare dignatus est. P. BLOIS *Serm.* 5. 577C; nomine qui Domini rem vult bene primiciari / observet quod ei detur sua porcio primum H. AVR. *Poems* 2. 73.

2 to produce as first-fruits.

hoc .. signo .. Dominus .. presignavit Kentegernum suum et ~avit [v. l. pronunciavit] quem postmodum plus mirandis multipliciter mirificavit J. FURNESS *Kentig.* 5 p. 171.

3 to cause to originate or come into existence.

1197 peto ut illa dilectio quam mihi tenerior etas ~iavit in vobis, a sue originis integritate non claudicet P. BLOIS *Ep.* 127. 378C; Phebus, qui sapiencie radiis tocius orbis ~avit ambitum MAP *NC* IV 3 f. 45; **c1206** diu est quod vestra me preveniente gratia dilectio inter nos suos ~avit affectus P. BLOIS *Ep. Sup.* 19. 1; quidam suos ulcisci prepropere parant et bellice sibi cladis et confusionis peremptorie precipicium ~are procurant E. THRIP. *SS* III 13; suos ~are temptarent insultus *Ps.*-ELMH. *Hen.V* 79 p. 229.

4 to initiate, introduce into (so as to be educated).

super solium non sedebit filius, nisi ~etur in litteris P. BLOIS *Ep.* 67. 213A.

primitis v. primas.

primitius [LL = *as var. of* CL primitivus]

1 first, foremost (in quality).

he primitie .. unde ~ius, -a, -um, i. precipuus et inter alios primus OSB. GLOUC. *Deriv.* 406.

2 of or belonging to earlier times, early, original, ancient.

799 hanc [vitam monachorum] primitiva [v. l. ~ia] per apostolos in Judaea initiavit aecclesia ALCUIN *Ep.* 168 p. 276.

3 who is in the initial stages, (in quot. as sb.) beginner.

ut non incongrua videatur ~iorum [v. l. ~iarum] vagibunda ambulandi difficultas ADEL. *QN* 38.

4 that is in its prime.

Ricardus secundus filius magnanimo parenti spem laudis alebat, ~ii tamen floris indolem mors acerba cito depasta corrupit *Eul. Hist.* III 41.

primitive [ML < CL primitivus + -e], initially, originally, primarily.

insipidus sapor dupliciter dicitur, ~e et positive, ~e cum sensu sapor non percipitur GILB. III 162. 2; ad habendum unum modum significandi primative vel aliter complexe, cui non potest veritas primarie corespondere WYCL. *Ente* 85.

primitivitas [CL primitivus + -tas], state or condition of being first or foremost, primacy, priority, primeness.

in Patre ergo dicitur esse unitas id est principalitas sive ~as ut detur verbis licencia, sive auctoritas NECKAM *SS* I 29. 8.

primitivus [CL]

1 of or belonging to earlier or the earliest time or stage, ancient, original: **a** (of person, also w. ref. to first in a series or line of succession); **b** (of institution, act, or abstr.).

a Melliti, archipraesulis a ~o Augustino tertii .. sanctitas GOSC. *Transl. Aug.* 20C; ~us noster Augustinus *Ib.* 29C; hec enim virgo postmodum una erat de septem illis ~is in quibus idem pater inchoavit tocius ordinis sui congregationes *Canon. G. Sempr.* f. 40v; **s1309** si ulterius permittantur ~orum donancium voluntates *Ann. Lond.* 163; sacrosancte fidei ~ii cultores R. BURY *Phil.* 10. 165. **b** membris .. illius ~ae ecclesiae Dominus non pepercit GILDAS *EB* 1 p. 26; supernae prolis paranymphus ~ae [*gl.*: frymcynnendre] dispensans ecclesiae rudimentum ALDH. *VirgP* 23 p. 253; coeperunt apostolicam ~ae ecclesiae vitam imitari BEDE *HE* I 26 p. 46; **799** hanc [vitam monachorum]

~a [v. l. primitia] per apostolos in Judaea initiavit aecclesia ALCUIN *Ep.* 168 p. 276; ~a Dei disponentis gratia J. SAL. *Pol.* 450D; ~e constitutionis legem observari necesse erit *Dial. Scac.* I 6J; Albano Anglorum prothomartire, qui Britanniam primitivo [v. l. primevo] sanguine purpuravit *Flor. Hist.* I 174.

2 (of plant) that is in the first or initial stage of life or growth, young.

grossos vocant ~as et immaturas ficus atque inhabiles esui BEDE *Cant.* 1111; nunc succum exigit pomorum silvestrium .. nunc uvarum liquorem desiderat ~arum DICETO *YH* I 294.

3 that has just come into existence, (very) early; **b** (as sb. n. pl.) the very first days or moments.

1171 a ~is adolescentie moribus cepit morum maturitate senescere P. BLOIS *Ep.* 27. 93D. **b** conabatur lascivie inundantis ~a [v. l. primitia] jejuniis crebris .. suffocando exstinguere R. COLD. *Godr.* 64; **c1345** in ~is consecracionis paterne quosdam nostre communitatis alumpnos ad benedicciones beneficiorum ecclesiasticorum dignabamini promovere *FormOx* 89.

4 first in power, authority, or importance, chief, principal.

constituit .. metropolitanam et ~um sedem in civitate Dorobernia W. MALM. *GP* I 31; animal leo rugiens in audatia ~um E. THRIP. *SS* VIII 5; ecclesiam .. tanquam sui et tocius regni munimentum et presidium ~um a fundamentis construxit ELMH. *Cant.* 81.

5 a first-bearing. **b** first-born.

a vaccarii rectum est ut habeat lac vacce veteris vij noctibus, postquam enixa erit, et ~arum [AS: frymetlinge] bistinguium xiiij noctibus (*Quad.*) *GAS* 451. **b** at Jacob edulium contempsit et jus ~orum prudenter acquisivit unde et benedictionem hereditavit BALD. CANT. *Serm.* 14. 38. 448.

6 from which a thing originates or emanates, primitive, original. **b** (gram., also as sb. n.) root or primary form of word; **c** (log. & phil., also as sb. n.). **d** (~ae scientiae) the primary sciences (the *trivium* & *quadruvium*, as dist. from advanced studies, medicine, law, and theology). **e** (as sb. n., w. ref. to Jesus Christ from whom everything originates).

gens .. permixta et a ~is scatebris longis derivata *Eul. Hist.* II 169. **b** fidiculam vero reor ad proceleumaticum pertinere, cujus ~um est fidis ALDH. *PR* 133 p. 183; unde haec [pronomina] derivantur? a genitivis ~orum ALCUIN *Gram.* 871A; mas ~um, masculus diminutivum *Id. Orth.* p. 2339; auctor est Priscianus quod nominativo ~i aliquando ultima littera subtrahitur et additur -bris, ut possit esse mulier, muliebris ABBO *QG* 3 (8); sume naman synd, ~a þæt synd frumcennede oððe fyrmyste swaswa ys scola on Englisc scol, mons dun .. sume synd dirivativa, þæt synd, ða ðe cumað of oðrum namum: scolasticus .. montanus ÆLF. *Gram.* 11; porcus .. dicitur ab hoc nomine quod est purus, eo quod sit minime purus, sed alii volunt esse ~um OSB. GLOUC. *Deriv.* 437; in lingua quidem Latina pauca sunt vere ~a nomina *Ps.*-GROS. *Gram.* 32; horum [nominum] sunt et ~a et derivativa. ~a vero sunt que primam habent inposicionem ut vis *Ib.* 37. **c** ~a quedam ratio est que sua virtute res omnes tam corporales quam intelligibiles comprehendit J. SAL. *Met.* 934C; putredo accidit dentibus aut ex causa ~a aut derivativa GILB. III 160v. 2; interrogacio tua procedit ex ignorancia ~orum, sc. logicalium, que nullus desudans cuicunque sciencie ignorare deberet OCKHAM *Dial.* 802. **d** **c1365** in tenera juventute, quando potissime proficerent in scienciis ~is *StatOx* 164; **c1451** in ~is scienciis et in sacra theologia debite instruantur *Mon. Francisc.* II 94. **e** in te primum ultimatur / primitivum derivatur WALT. WIMB. *Virgo* 60.

primito v. primitus.

primitus [CL], ~o

1 (at) first, in the first place, to begin with. **b** (w. vb. that denotes past action or event) originally; **c** (w. vb. that denotes present, desired, or future action).

Epiphanius autem refert eos ~us congregatos .. prope Alexandrium .. et postea in Alexandria *Comm. Cant.* I 10; ~us [*gl.*: in principio], ut dixi, principalium bis quaternos vitiorum duces ALDH. *VirgP* 12 p. 240; **13..** nota quod si aegritudine sit frigida

cum humoris vicio ~o debet ejus purgacio *RB Ossory HMC* 254. **b** 'in insula .. cui erat insigne castrorum' [*Act.* xxviii 11]. credo ~us 'insigne castorum' esse positum sed vitio librariorum r litteram adjectam BEDE *Acts* 993; animose .. belligeraverunt et ~us Christiani victoriam habuerunt ASSER *Alf.* 9; sancti corporis gleba .. ita videbatur formosa ut putaretur adhuc sicut ~us erat impositus, carne jacere integra GOSC. *Transl. Aug.* 37B; non ex necessitate nostra et angelica natura ~us peccavit et servire potuit peccato ANSELM (*Lib. Arb.* 2) I 209. **c** **c745** unde vos operam dare ~us oportet (DAN. WINT.) *Ep. Bonif.* 64 p. 132; ordo quomodo æcclesia debeat dedicari. ~us enim decet ut episcopus .. EGB. *Pont.* 27; ~ius cum aqua benedicta episcopus .. circumdare debeat omne cimiterium .. postea litania, deinde dicat: .. *Ib.* 54; ~us aspargatur signum aqua benedicta *Ib.* 117; pueri vero ~us alte legant, et postea, si opus fuerit, cantent LANFR. *Const.* p. 87; ostendit sacerdoti ~us, deinde capitulo quis esset *Mir. J. Bev. A* 308; quia de prima littera ~us est disserendum .. OSB. GLOUC. *Deriv.* 5.

2 for the first time.

Antonius .. a quo ~us per Aegiptum fertilis cenubiorum seges .. germinavit .. ALDH. *VirgP* 28 p. 264; a beatissimo Petro cui ~us dictum est a Domino Jesu Christo: .. ORD. VIT. I 24 p. 192; Paulus et Antonius .. qui ~us heremum expetierunt *Ib.* VIII 26 p. 439; **1401** nos .. concessimus .. Alesie .. quod predicta maneria .. dicta summa .. inde per prefatam Elizabetham ~us sic levata remaneant prefate Alesie *FineR* 206 m. 11.

3 previously, beforehand.

si quisquam cognationis sue firmet eum postea, reus sit omnium que habebit erga regem et portet faidiam erga contribules mortui, quia ~us [v. l. prius, AS: ær] reprobaverat eum (*Quad.*) *GAS* 189; si .. disputationibus praeesse .. intimatione eorum sibi ~us .. facta recusaverit *StatOx* 453.

primivirgius [ML < CL primus + virga + -ius], royal official who carries a rod as symbol of authority.

~ius, caballarus *GlC* P 808; hic ~ius, i. qui primam virgam fert ante regem OSB. GLOUC. *Deriv.* 407; hic ~ius, i. ille qui primam virgam gestat ante regem *Ib.* 598.

primna v. prymna.

primodictus [ML = *aforementioned*], first-named.

1215 duodecim .. denarios .. quos ~us Henricus [avus Henrici regis patris regis Johannis] rex ecclesie Sancti Oswaldi .. concessit *RChart* 215a.

primogenitura [ML < LL primogenitus + -ura]

1 primogeniture, right of succession or inheritance that belongs to the first-born; **b** (w. ref. to *Gen.* xxv 34 or *Gen.* xxvii 36); **c** (fig.).

c1208 bonorum siquidem meorum primitias initiavit michi Deus in ecclesia Rothomagensi, ibique quasi ~am meam ex ejus benignissima dispensatione percepi P. BLOIS *Ep. Sup.* 27. 2; in cujus [sc. patris sui] bona ex jure hereditario successit et ~e GIR. *SD* 72; primogenitus, cui competebant jura ~e S. LANGTON *Chron.* 96; **1256** propinquiores heredes eorum ratione ~e hereditarie succedant (*Leicester*) *BBC* 94; **1259** [Isabella] ad suam .. terra descendere desideret .. racione ~e sue secundum consuetudinem manerii *Cl* 370; solvo .. capitali messuagio primogenito suo pro dignitate ~e sue *RegiamM* II 27. **b** **1196** Esau vero dum foris evagatur et venatur, ~a patrisque benedictione et hereditate privatur P. BLOIS *Ep.* 134. 402B; jus ~e consistebat apud Esau primogenitum R. NIGER *Mil.* IV 2; **c1210** queris utrum in illa venditione, qua Esau vendidit ~e sue, dignitatem fratri suo Jacob pro lentis edulio, fuerit simonia P. BLOIS *Ep. Sup.* 58. 2; Ysaac .. ignarus benedixit Jacob, qui, fratre suo tum in ~a tum in benedictione supplantato .. M. PAR. *Maj.* I 8. **c** **1169** ei [sc. Cantuariensi ecclesie] ~e sortem, gloriam, et nomen, preripere moliatur BECKET *Ep.* 551 p. 50.

2 eldest stock.

1201 ipsa Avicia de ~a est; et petunt considerationem desicut primogenita est *CurR* II 68.

primogenitus [LL]

1 (as adj.) first-born, eldest (usu. w. *filius* or

filia). **b** (w. *frater* or *soror*;) eldest or elder (also w. abl. of comparison); **c** (transf. or fig.).

eris ~us super eum et de eo accipies *Comm. Cant.* I 48; pro hac temeritate expianda caelestis irae mucrone proles ~a percellitur ALDH. *VirgP* 53 p. 312; ~us filius ejus Rotbertus W. MALM. *GR* III 258; **1220** habuit duas filias, sc. illam Matillidem et quandam aliam ~am Aliciam nomine *SelPlCrown* 135; **1256** omnes filii ~i de legitimo matrimonio .. procreati (*Leicester*) *BBC* 94; c**1290** ad maritandam filiam meam ~am *Reg. Malm.* II 248; ad dextram vero imperatoris sedet filius ejus ~us [ME: *his eldeste sone*], qui regnare debet post eum *Itin. Mand.* 126. **b** eundem .. in celis Patrem habemus Deum quo miserante generosiorem illis et ~um ante illos habemus in celis fratrem Christum Jesum J. FORD *Serm.* 111. 6; **1202** testatum fuit quod ipse habuit fratrem ~um *SelPlCrown* 12; **1221** Ricardus filius Nicholai petiit terram versus Willelmum filium Nicholai fratrem suum, et Willelmus .. dicit quod ipse est ~us fratre ejus *CurR* X 45; **1222** de sorore sua ~a *Ch. Chester* 411; rex Willelmus, contra fratrem suum ~um arma movens *Flor. Hist.* II 22. **c** **955** ipsa apostolica æcclesia sicut in gratia principum apostolorum censetur apud vos ~a (*Lit. Papae*) *CS* 916; c**975** a rege uti dicam ~o ejusdem æcclesiae neophito *CS* 1146 p. 399; **1178** Satanas enim Satanam expulit, et abstulit eum ~a mors, sicut dicit Job [cf. *Job* xviii 13] P. BLOIS *Ep.* 48. 142B; qui initium virtutum per ~am fidem sortiti sunt *Canon. G. Sempr.* f. 34.

2 (as sb.): **a** (m.) first-born or eldest son (also transf.). **b** (f.) first-born or eldest daughter. **c** (m. or n.) first-born offspring (usu. w. ref. to *Exod.* xi 5, also transf.).

a quamvis vulgata Ebreorum traditio hunc fuisse arbitretur Sem ~um Noe ALDH. *VirgP* 54 p. 313; pater ~um amplectebatur .. mater minorem fovebat W. MALM. *GR* II 187; Ruben, ~us Jacob NECKAM *NR* I 3 p. 27; ergo in Unigenitum Dei, in ~um Patris, in mediatorem Dei et hominum totam se simul effudit J. FORD *Serm.* 9. 1; **1242** si ~us heredum .. moriatur .. Philippus, vel assignati sui .. habeant custodiam aliorum heredum *RGasc* I 156a; ut ~us creature sit idem primoregenitus recreature COLET *Sacr. Eccl.* 56. **b** **1254** ad ~am nostram maritandam *RGasc* I 305b. **c** in figura Agni Domini .. Jesu Christi cujus sanguine omnia ~a tibi de mundo redemisti, in nocte illa omne ~um in Aegypto peremisti EGB. *Pont.* 129; ipse [Deus] in una nocte omnia ~a Aegypti interfecit PETRUS *Dial.* 47; duplici malo duplici remedio consulitur, si in suggestione serves innocentiam, in passione constantiam. sic enim ~um asine ove redemisti J. FORD *app.* 3; nos debemus omnia ~a operum nostrorum Deo offerre T. CHOBHAM *Serm.* 12. 482b.

3 (as sb. n. pl.) (substance of) inheritance that belongs to the first-born (usu. w. ref. to *Gen.* xxv 34 or *Gen.* xxvii 36), **b** (transf.).

c**798** Esau propter intemperantiam ~a perdidit ALCUIN *Ep.* 132; licet Ruben fuerit secundum carnem primogenitus, ~a tamen reputata sunt Joseph [cf. *I Par.* v 2] AILR. *Serm.* 9. 28. 256; Esau .. ~a omissit AD. Scot *OP* 529B; denique de nimio agri studio et amore exposuit Esau ~a sua J. FORD *Serm.* 89. 9; Esau .. venditis ~is M. PAR. *Maj.* I 9; Esau vendidit ~a sua fratri suo Jacob *Eul. Hist.* I 33; *an heretage*, allodium, ~a *CathA*. **b** s**1175** tam episcopi quam abbates secundum ~a consecrationis sue GERV. CANT. *Chr.* I 251; ~a sibi defendit ignavie torpor tamquam primogenitus in multis fratribus [cf. et. *Rom.* viii 29] J. FORD *app.* 3.

primonatus [CL primus+natus *p. ppl.* of nasci], first-born.

1295 inter Edwardum, primogenitum filium regis ejusdem .. et ~am filiam germani nostri *Reg. Carl.* I 79.

primor v. primoris.

primorculus [ML < primor+-culus], (somewhat) first, first (little).

fyrste .. ~us *CathA*.

primordialis [LL], that belongs to the earliest time or the first stage, from which (all) other things are derived, primordial, original, primary; **b** (w. ref. to Creation).

expleto igitur, licet summatim, ~i expositionis nostrae ordine WILLIB. *Bonif.* 2 p. 7; illud depositum sub quo omnis spei pristine collocaverat ~e secretum R. COLD. *Cuthb.* 47 p. 95; propter distantiam a suo principio primo et ~i BACON VIII 259; si enim beatus Jeronymus, ab infancia in fundamentis ~ibus scienciarum .. enutritus OCKHAM *Pol.* III 73; ut spiritum ad imaginem Trinitatis creatum post presentis miserie incolatum ad suum reducat ~e prototypum R. BURY *Phil.* 20. 252; **1406** conatur illam [sc. execucionem voti] ad novos reducere tractatus, et amfractus, ad ~ia reducendo principia, quasi materia non sit satis trita et notoria *Conc.* III 302a. **b** haec est illa divisio ~is qua divisit Deus inter lucem et tenebras BEDE *Cant.* 1135; **798** quasi quodam modo quattuor dierum munera ~es quattuor dierum creationes designarent ALCUIN *Ep.* 148 p. 237; ad creationem ~is materie ex qua omnia creata sunt J. SAL. *Met.* 940D; quid .. sit yle, quid ~is materia investigaverunt multi, sed pauci veritatem assecuti sunt NECKAM *SS* III 9. 2; vide quod tribus nominibus appellant materiam illam ~em iiij elementorum S. LANGTON *Gl. Hist. Schol.* 40; de opere ~i sex dierum M. PAR. *Maj.* I 2 *tit*.

primordialiter [LL], from the very beginning, originally, initially.

ideoque ea illi solatia ~iter instituit BEDE *Gen.* 31; ut .. reducerentur cuncta in nihilum que de nihilo ~iter processerunt P. BLOIS *Ep.* 169. 464C; essencia divina in qua ~iter et causaliter et cognoscibiliter preexistunt omnes res W. MACCLESFIELD *Quaest.* f. 38ra; ad jus illud quod ~iter a matre sic exclusa non oritur *G. Ed. III Bridl.* 142 (=WALS. *HA* I 202).

primordium [CL],

1 first ordering, a beginning, origin, source; (pl.) beginnings (also w. ref. to the beginning of Creation); **b** (of river); **c** (of literary work or document); **d** (of person, w. ref. to birth or coming into being).

credendum est quia homo in ~io factus a Domino aetate legitimus et mente plenus THEOD. *Laterc.* 17; ab ipso nascentis mundi ~io ALDH. *Met.* 2 p. 62; nam volucres caeli nantesque per aequora pisces / olim sumpserunt ex me primordia vitae *Id. Aen.* 29 (*Aqua*) 5; unde creavit in ~io cum in fine restauravit perditum *V. Greg.* p. 107; longeque ante cuncta temporum ~ia LANTFR. *Swith. pref.*; non quod duo fuerint omnium ~ia .. sed sola dispositione providentie sue dixit et fecit omnia GERV. TILB. I 2 p. 28; hujus operis ~ia .. volo dignis autoritatibus confirmare BACON *CSTheol.* 25. **b** in insula stagni illius pergrandis de quo Deorwentionis fluvii ~ia erumpunt BEDE *CuthbP* 28; flumina .. Sabrine et Dee in eorum pene ~iis [TREVISA: *at þe hedes*; ME: *the begynnenges*] transcindit HIGD. I 43. **c** recolat et reminiscatur in ~io epistulae ALDH. *Met.* 4 p. 74; me enim quendam hominem in ~io operis utriusque sexus cognovisse testor *Lib. Monstr.* I 1; in testamenti cujuslibet exordio vel ~io duo sunt principaliter .. consideranda *FormMan* 16. **d** hujus colloquio dum rex idem uteretur in urbe Romana ante Eadmundi ~ia G. FONT. *Inf. S. Edm.* 4 p. 38.

2 elementary stage or form.

omnis namque doctrine ~ia hiis quibus proponitur eadem doctrina, debent esse magis capabilia GROS. *Hexaem.* I 2. 2.

primordius [CL primordium+-us], first, initial, original.

fyrste .. primitivus, primorculus, ~ius *CathA*.

primoregenitus [LL primogenitus+re-, cf. et. CL regenerare], first-reborn (in quot. as sb. m.).

ut primogenitus creaturae sit idem ~us recreaturae COLET *Sacr. Eccl.* 56.

primoris [CL *as adj.* primor ML]

1 one who is advanced in age or belongs to an earlier time, (pl.) elders, ancestors.

inter ~ores, *bitun ældrum GlC* I 218; **10..** inter ~ores, *betweon ieldrum WW*; proceres vel ~ores vel primarii, *yldest burhwara* ÆLF. *Gl.* 111; que ipsi aut corporeis oculis viderunt aut a ~oribus suis .. audierunt F. MALM. *V. Aldh.* 64C.

2 one who is in charge or is first in power, authority, or importance. **b** (pl.) magnates, noblemen, important persons.

hic ~or .. i. in ordine prior OSB. GLOUC. *Deriv.* 406; ut ~or in hac parte, viz. mense regalis dapifer summus W. DAN. *Ailred* 2 p. 4 f. 64v; qui modo primor est in regum domibus / cum in sandapila ligatis pedibus / supinus ponitur .. WALT. WIMB. *Sim.* 108. **b** Judaeorum ~ores BEDE *Ep. Cath.* 19; stupentes vero grande promissum ~ores Normannorum, multi diffidentiam suam non reticent W. POIT. II 4; ~ores Anglie, duces, episcopi, et abbates W. MALM. *GR* II 226; consules .. et ~ores regni una convenerunt ORD. VIT. XI 3 p. 174; Norwicensi episcopo Judeorum omnium ~ores occurrunt T. MON. *Will.* II 10; **1209** ~ores nostre civitatis graviter scandalizantur et murmurant quod .. P. BLOIS *Ep. Sup.* 24. 9.

primulus [CL]

1 (somewhat) first, first (little), earliest. **b** (n. sg. acc. as adv.) in the first place or for the first time.

dumescente pilis facie, radioque juvente / obscuris pallente genis, cum mala viriles / exacuit nemorosa rubos nec primula mento / vellera mollescunt, virides quot luserit annos HANV. I 218; c**1198** etate pululat a primula / in mores patrios mens emula / licet cor regium / libret sullimia / precordia (*Vers.*) *EHR* V 316; dum ~um gramen virtutum considerat quod in eis plantarat tam firmiter radicatum *V. Edm. Rich C* 592; ~as, G. *auke primer* GARL. *Unus gl.* 167; ~us, A. *lytylfurst WW*; *fyrste* .. primorculus, ~us *CathA*. **b** primitus, et primo, et primum adverbia, dicitur ~um adverbium et diminutivum OSB. GLOUC. *Deriv.* 406.

2 that surpasses or precedes all others, first in beauty, bearing, or importance, the best.

viola ~a est inter flores et pre ceteris odorifera T. CHOBHAM *Serm.* 23. 92va.

3 (*rosa ~a*) primrose (*Rosa primula*); **b** (as sb. f. *~a veris*); **c** (w. ellipsis of *rosa*); **d** (quasi-fig. or fig.).

cum data sit gratis rosa primula, flore soluto / vendere spinetum dedecus esse puto J. BATH 279; volatilia semel congregata invenerunt rosam ~am et pulcherrinam O. CHERITON *Fab.* 55 p. 226. **b** lavendule, ~e veris, nasturcii ortolani GILB. II 118v. 1; succus ~e veris immissus naribus valet *Ib.* III 160. 2; c**1300** recipe duas libras de salvia, unam de lavendula, et unam de ~a veris *Pop. Med.* 229; ~a veris, herba sancti Petri idem, solsequium idem, alia est ab herba paralisi *SB* 35; ~a veris, *prymerole MS BL Royal 12. E. 1* f. 100v; ~a veris, *prymrose*, *oxlippe MS BL Sloane 3545* f. 8v; *a prymerose*, primarosa, ~a veris *CathA*; arthritica officinis est ~a veris .. ab Anglis dicitur *a prymerose* TURNER *Herb.* A ijv. **c** tunc scolaris .. viola, ~a atque rosa nec non et quadrifolio farciet librum suum R. BURY *Phil.* 17. 221; deforis in campis stat primula cincta ligustris GOWER *VC* I 63. **d** cum eternalis primula / ruit ad tua jacula, / tunc relevantur perditi J. HOWD. *Cyth.* 138. 7; insit cordi meo craticula / cruciatur qua celi primula *Id. Ph.* 478; sit innixa celesti primule / florem sugat instar apicule *Ib.* 633.

4 (understood as): **a** daisy (*Bellis perennis*). **b** marigold (*Calendula officinalis*).

a consolida minor, primula veris idem, ossa fracta consolidat, G. *le petite consoude*, A. *waysegle* vel *bonwort* vel *brosewort Alph.* 45. **b** aliqui male vocant ~am veris calendulam GAD. 28v. 2; ~a veris, herba sancti Petri idem, solsequium idem, alia est ab herba paralisi *SB* 35.

primurella [AN *primerole*], (bot.) cowslip (*Primula veris*).

~a, A. *cuslop*, sed primula veris, G. *premerol*, et non sunt eadem herba sed multum assimilantur *MS BL Addit. 15236* f. 19v.

primus [CL]

1 furthest in front, front-.

~i illi ac praecipui dentes ecclesiae, i. apostoli BEDE *Cant.* 1131; sinciput, ~a pars capitis OSB. GLOUC. *Deriv.* 558.

2 first in order of time, earliest; **b** (pred.); **c** (w. cardinal numeral). **d** (*~a rosa*; also as sb. f. *~a veris*) primrose.

in ~is adolescentiae tuae annis GILDAS *EB* 33; ab Adam ~i hominis [*sic*] usque ad incarnationem Domini nostri Jesu Christi THEOD. *Laterc.* 3; ~ae praevaricationis nexibus adstricti ALDH. *VirgP* 20 p. 250; neque .. dubitandum est inter ~as creaturas angelos esse conditos BEDE *Ep. Cath.* 101; **942** ~i protoplasti facinore *CS* 776; per liberum arbitrium peccavit apostata angelus sive ~us homo ANSELM (*Lib. Arb.* 2) I 210;

illa [BVM] .. ~a fuit .. que maledictionem ~orum parentum evasit AILR. *Serm.* 22. 15. 319. **b** en ~us occurrit nobis Samuel jussu Dei legitimi regni stabilitor GILDAS *EB* 38; 'Pytagoram', nomen libri et philosophi qui ~us scripsit *Comm. Cant.* I 12; hic primus docuit cultores accola sanctos ALDH. *VirgV* 756; hic ~us regum Anglorum .. idola .. destrui .. praecepit BEDE *HE* III 8 p. 142. **c** illos tres ~os annos quibus finitimos expugnabat Sacra Scriptura numerat ANDR. S. VICT. *Dan.* 105; **c1210** per primos tres annos *Ch. Chester* 349 p. 348. **d** primula veris, ~a rosa [v. l. ~a veris] idem. G. et A. *primerole Alph.* 146.

3 that is in its first stage, young.

unde et primo quidem apparuit ~a mane Mariae Magdalene THEOD. *Laterc.* 11; ~um vinum valet senibus .. nocet vero juvenibus BACON V 91.

4 (as ordinal, first in a series or sequence). **b** (*~a feria*) Sunday. **c** (ellipt.) the first book, epistle, part, or sim.

in tali negotio praeloquatur in ~a epistola dicens GILDAS *EB* 97; iterum ad Corinthios in ~a epistola *Ib.* 100; xl et ~o anno mense sexto regni ejusdem Caesaris THEOD. *Laterc.* 2; intravit cubiculum .. erat enim ~a hora noctis BEDE *HE* II 12 p. 108; cantato ~o versu lxvii psalmi FELIX *Guthl. Cap.* p. 68; Nisan, ~us mensis, i. Martius *Gl. Leid.* 22. 13; jussu ~i Valentiniani imperatoris W. MALM. *GR* I 68; in voce ~e persone loquens ANDR. S. VICT. *Dan.* 44; quilibet potest videre ad oculum, si aspiciat celum, quod luna est prima secundum veritatem per tres dies vel quatuor antequam signetur in kalendario BACON *Tert.* 281; mensis lunaris a primatione lune incipit quapropter in principio mundi luna prima fuit *Id. Maj.* I 199. **b** **691** viij die mensis Januarii, ~a feria *CS* 42; NECKAM *NR* I 10 (v. 1 feria 3a). **c** eo spectat illud Boetii in ~o de Trinitate J. SAL. *Met.* 883B; in ~o contra Academicos dicit Augustinus *Ib.* 931C; sicut ait apostolus ~a ad Corinthios iij°: .. T. CHOBHAM *Serm.* 20. 97ra; in ~o ludi *Ludus Angl.* 163.

5 of the best or highest quality, prime, (as sb. f. or n. pl.) the best things. **b** (? w. ref. to gratuity or payment).

princeps, quasi ~a capiens *GlC* P 711; princeps .. quasi ~as capiens OSB. GLOUC. *Deriv.* 127. **b** **1267** nec videatur vobis remuneracionis nostre dilacio tediosa, ~a namque vestra que varia impedimenta contra voluntatem nostram hactenus distulerunt vobis quamcitius poterimus cum usuris reddi .. faciemus *Cl* 363.

6 most important, powerful, or distinguished, first in dignity or authority: **a** (of person, also as sb.); **b** (of institution, act, or abstr.).

a **680** ut [abbas] ~us vel inter ~os adhæreat *CS* 48 p. 76; ecce ~us apostolorum quasi oblitus sui prioratus BEDE *Ep. Cath.* 83; primus erat quorum Sigericus, onomate pulchro / victor honore potens, victor in arce nitens WULF. *Swith. pref.* 213; coram rege et ~is totius Anglie OSB. CLAR. *V. Ed. Conf.* 8 p. 81; **c1270** primo appellatur ~us de assisa [*foreman of a jury*] *SelCWW* cc. **b** Roma caput mundi, primi quoque culmen honoris ALCUIN *Carm.* 45. 31; harum .. omnium ~a est logica J. SAL. *Met.* 840A; †**725** (12c) ecclesia Domini nostri Jesu Christi .. sicut in regno Britannie est ~a et fons et origo totius religionis *CS* 142 p. 208; ~a virtus est perfecta ad seipsum innocentia BALD. CANT. *Serm.* 1. 43. 571.

7 from which (all) other things are derived, primary.

omnis alius intellectus verborum istorum est mysticus et non ~us OCKHAM *Pol.* I 92.

8 (*~us motus*, *~um mobile* or *movens*) primum mobile, first mover (also transf., w. ref. to prime source or original cause).

in speram nonam, quo ~us motus sive ~um mobile dicitur SACROB. *Sph.* 77; ~us motus dicitur motus ~i mobilis, hoc est spere none sive celi ultimi *Ib.* 86; item aptissima est motui. ergo debetur ~o mobili BACON *Maj.* I 155; sicut Avicenna docet tertio Metaphysice, ~um movens est cogitatio *Id. NM* 530; contrarius motui ~i mobilis *Id.* VII 71; illud .. in quo est principium motus, quod dicitur ~um movens T. SUTTON *Gen. & Corrupt.* 68 (cf. ib.: ultimum movens movet motum); raptu ~i mobilis [v. l. motabilis] ab Oriente in Occidentem *Eul. Hist.* I 14; si lector posita prudenter cuncta revolvat / hinc finem primi mobilis inveniet (*Vers.*) FLETE *Westm.* 113.

9 (of number) prime.

numerus ~us est ille qui unitate sola numeratur ADEL. *Elem.* VII *def.* 8; erit illorum numerorum uterque ad alterum ~us *Ib.* VII 1; si non repperitur numerus ~us qui priorem numeret *Ib.* 29; omnis numerus compositus ab aliquo ~o numeratur *Ib.*

10 (as sb. f. or n., eccl., canonical hour or office of) prime; **b** (*secundaria ~a*) office of BVM, said after prime. **c** (generally) first hour of the day, usu. to coincide with sunrise. **d** (*alta ~a*) high prime, about 9 A.M. **e** (*dimidia ~a*) half-prime, ? about 7 A.M.

c804 ~um [celebramus] propter initium diei .. tertiam .. sextam .. nonam .. vesperam .. completorium ALCUIN *Ep.* 304a; cantavimus de omnibus sanctis et matutinales laudes; post haec ~am [AS: *prim*] et septem psalmos ÆLF. *Coll.* 101; primo diluculo ~a canenda est *Id. Regul Mon.* 175; facta oratione cantent ~am et psalmos familiares cum suis collectis et septem psalmos et litaniam LANFR. *Const.* 87; statim post laudes ~am canunt W. MALM. *GR* IV 336; Athanasius symbolum fecit, quod ad ~am dicitur R. NIGER *Chr. II* 127. **b** dicuntur .. psalmi penitenciales .. in estate post secundariam ~am antequam fratres intrent capitulum *Obs. Barnwell* 104. **c** ~a, *prim.* tertia, *undern.* sexta, *middæg* ÆLF. *Gl. sup.* 175; colifium .. i. panis qui post meridiem vel post ~am laborantibus datur OSB. GLOUC. *Deriv.* 95; **1212** ipsa venit die crastina et fodit in orto usque ~am et circa ~am venit quedam mulier *SelPlCrown* 63; **s1214** ita ut inter ~am et nonam sedata esset .. illa perturbatio W. NEWB. *Cont.* 516; **d** ibi .. usque ad altam ~am expectes KNIGHTON I 22 (v. altus 5). **e** predicto die Martis circa dimidiam ~am contingebat [MS: contigebat] ambulare per predictam grangiam *IMisc* 234. 5.

11 (*~a Sabbati*) first day after the Sabbath (w. ref. to calculation of Easter).

sciebat .. resurrectionem Dominicam .. ~a Sabbati semper esse celebrandam BEDE *HE* III 4 p. 135; Dominica dies, quae tunc ~a Sabbati vocabatur *Ib.* III 25 p. 185; nox diluculi Resurreccionis ad ~am Sabbati pertinet *Eul. Hist.* I 66.

12 (n. sg. abl. *~o* as adv.): **a** at first, in the first place, originally, to begin with. **b** (*~o omnium*) first of all. **c** at the earliest moment, (*~o mane*) very early in the morning, at the break of dawn. **d** for the first time.

a unde et ~o quidem apparuit prima mane Mariae Magdalene THEOD. *Laterc.* 11; ~o abisse in Arabiam et iterum reversum esse Damascum; deinde .. BEDE *Acts* 964; ~o quidem foris sepultus est; tempore autem procedente .. *Id. HE* III 23 p. 176; sufficere sibi tamen credebant ad hoc opus aggrediendum ~o per Deum postea per homines *Canon. G. Sempr.* f. 110; ~o, quia onerosum; secundo, quia nexuosum est .. tertio T. CHOBHAM *Serm.* 5. 27rb. **b** **s1127** ~o omnium jurant archiepiscopi, sicque per ordinem episcopi J. WORC. 27. **c** noster paterfamilias exiit ~o mane ELMH. *Cant.* 87. **d** si excitat ipse ~o xx dies, iterans xl dies peniteat THEOD. *Pen.* I 8.9; **1269** A. defendens versus B. de placito transgressionis per ~o vel secundo vel tertio *CBaron* 82.

13 (n. sg. acc. *~um* as adv.): **a** in the first place, first in a series, to begin with. **b** for the first time. **c** (*cum ~um*) as soon as.

a fructus ~um quidem tenues postea jam paulatim maturi THEOD. *Laterc.* 17; ~um quidem, karissimi, .. satis esse dignum putavi .. *Id. Pen. pref.* p. 176; ~um quidem ponimus quod in prima aetate accidisse relatu multorum didicimus *V. Cuthb.* I 3; in hos ~um arma verti jubet, et sic ceteras .. copias .. delevit BEDE *HE* II 2 p. 84; prosaice primum scripsit sermone magister [Beda] / et post heroico cecinit miracula versu ALCUIN *SS Ebor* 685; ~um ad genua, mox ad femora, terre dimersi sumus W. MALM. *GR* II 174. **b** tempore .. Tiberii Caesaris .. radios suos ~um indulget, i. sua praecepta, Christus GILDAS *EB* 8; Picti in extrema parte insulae tunc ~um et deinceps requieverunt *Ib.* 21. **c** is, cum ~um ad abbatiam venit .. W. MALM. *GP* V 265.

14 (*in ~is*, also *imprimis*) at first, in the first place, to begin with.

in ~is haec insula Brettones solum .. incolas habuit BEDE *HE* I 1 p. 11; **957** (14c) imprimis [ME: *fyrst*] incipe apud vadum *CS* 988 p. 184; in ~is Donatus dicit quod .. ABBO *QG* 2 (5); si quicquam est quod in hac vita hominem teneat et inter adversa et turbines mundi equo animo manere persuadeat, id esse in ~is, reor, meditacionem sanctarum scripturarum W. MALM. *Glast. prol.* p. 40; [legatis] .. lectis .. litteris [apostolicis] coram rege .. licet non in ~is, vix tandem pro reverentia Domini pape susceptus est GERV. CANT. *Chr.* I 101; **1469** onerat se in ~is de xxvij li. v. s. *Exch Scot* 644.

15 (*~um quam* as conj.) before.

~um quam in abbatem designaretur dominus Thomas, vix quatuordecim fratres in monasterio videbantur FERR. *Kinloss* 70.

16 (as personal name) Primus.

ibi reconditi sunt martires ~us et Felicianus W. MALM. *GR* IV 352.

princeps [CL *also as adj.*]

1 one who begins or originates, initiator. **b** ancestor.

affirmator, auctor, ~eps, astipulator, assertor, dissertor OSB. GLOUC. *Deriv.* 59. **b** de gente Macedonum, unde ipse Alexander fuit, vel de familia et ~ipibus ejus ANDR. S. VICT. *Dan.* 76.

2 one who is pre-eminent or the best in a milieu or activity, master, expert.

puto .. ~ipem .. fornicationis unum esse, innumeros vero esse qui ei hoc officio pareant GOSC. *Lib. Confort.* 57; hic [Aristotiles] est Peripateticorum ~eps J. SAL. *Met.* 859A; ut Zeno Stoicorum ~eps BALSH. *AD rec. 2* 176; **a1332** epistola ~ipis medicorum [sc. Galeni] ad Alexandrum de regimine sui corporis *Libr. Cant. Dov.* 42; concordans cum Aristotele, philosophorum ~ipe R. BURY *Phil. prol.* 2; per Hus hereticorum ~ipem GASCOIGNE *Loci* 5.

3 one who is in charge (of), leader, chief, commander (sts. w. gen. or *super* & acc. to specify sphere of command or responsibility); **b** (transf. & fig.).

thelonius dicitur domus negociationis vel princeps navalis tributi *Comm. Cant.* III 12; archipirata, ~eps piratorum *GlC* A 727; navarchus, ~eps navis *ib.* N 2; strategae, ~ipes *Ib.* S 557; decurio, ~eps super x homines *Gl. Leid.* 25. 9; exercitus ~ipe carens et discipline militaris ignarus W. MALM. *GR* II 165; ovilio .. archimandrita, hoc est ~eps ovium OSB. GLOUC. *Deriv.* 401; pentacontarcus, ~eps super quinque *Ib.* 473; hospitium ~ipis militie [W. *pennteulu*] *Leg. Wall. B* p. 197. **b** hic archetipus .. i. ~eps figurarum OSB. GLOUC. *Deriv.* 24; vulpium istarum [Judas] ~eps et signifer fuit J. FORD *Serm.* 110. 4; est ordo sextus princeps, quia principis instar / subjectos alios disponit et imperat illis H. AVR. *Poems* 43. 43; per unitatem ~ipis in apibus potest ostendi unitas judicis supremi super unam communitatem OCKHAM *Dial.* 949.

4 (*~eps pacis*, *~eps ~ipum*, or sim., w. ref. to) Jesus Christ (as Prince or Lord of Peace). **b** (*~eps archangelus* or sim.) Archangel Michael. **c** (*~eps apostolorum* or sim.) St. Peter; **d** (applied to St. Paul).

de ipso ~ipum ~ipe ac de electo ejus populo BEDE *Cant.* 1188; coram ipso ~ipe caritatis J. FORD *Serm.* 44. 2; donec in adventum deposcit nos Isaias / plenius explanans eterni principis ortum GARL. *Myst. Eccl.* 354; quando contemplaris / cruce saucium / principem regnancium [cf. *Apoc.* i 5: princeps regum terrae] J. HOWD. *Sal.* 20. 7; ~eps pacis Christus [cf. *Is.* ix 6] OCKHAM *Pol.* I 106. **b** o Michahel, summi princeps archangele Christi WULF. *Brev.* 179; Michael enim prepositus est paradisi, et ~eps constitutus a Deo super omnes animas suscipiendas *Canon. G. Sempr.* f. 105v. **c** audiamus .. quid ~eps apostolorum Petrus de tali negotio signaverit GILDAS *EB* 106; **p675** clerici tonsuram sancti Petri, apostolorum ~ipis, pertinaciter refutantes ALDH. *Ep.* 4 p. 482; apparuit ei beatissimus apostolorum ~eps [sc. Petrus] BEDE *HE* II 6 p. 92; jam domus alma Dei, princeps qua corpore pausat / Petrus, apostolica primus in arce pater ALCUIN *Carm.* 9. 73; Petrus, ~eps ordinis appostolici OSB. CLAR. *V. Ed. Conf. ep.* p. 64. **d** ille summus dux et ~eps militie Christiane Paulus GOSC. *Transl. Mild.* 21 p. 185.

5 (*~eps sacerdotum* or sim.): **a** (in the Old Testament) high priest. **b** (eccl.) bishop or archbishop; **c** (? applied to the prince-bishop of Durham).

a Herodes .. sciscitatus a ~ipibus sacerdotum Judaeorum ubi Christus nasceretur, didicit ab eis quod in Bethleem Theod. *Laterc.* 6; ductus est ad Caipham ~ipem sacerdotum *Ib.* 10; ~eps sacerdotum .. dicens: "sanguis ejus super nos et super filios nostros" [*Matth.* xxvii 25] Bede *Acts* 956; hic Ptolomeus peciit ab Elazaro, ~ipe sacerdotum, ut mitteret ei de unaquaque tribu Judeorum sex senes et sapientes Gros. *Hexaem. proem.* 152. **b** venit et ~eps episcoporum Dunstanus cum suis Byrht. *V. Osw.* 425; excessit ergo humanis rebus deductus angelorum manibus ad paradisum ~eps sacerdotum Odo Osb. *V. Dunst.* 32 p. 107; a tredecim episcopis quorum ~eps erat Wlfredus Cantuarie archiepiscopus W. Malm. *GP* IV 156; hic ierarca .., i. sacer ~eps sicut episcopus Osb. Glouc. *Deriv.* 25. **c** **1376** item iiij ministrallis .. domini ~ipis in festo exaltacionis Sacre Crucis *Ac. Durh.* 582.

6 (*~eps tenebrarum, hujus mundi*, or sim.) Satan, the Devil; (also w. ref. to Antichrist); **b** (applied to human agents of evil).

~eps tenebrarum non occurrat mihi *Ps.*-Bede *Collect.* 388; Manicheorum dogma convincit insanum qui Dei naturam a ~ipe tenebrarum bello victam et esse vitiatam dicebat Bede *Ep. Cath.* 87; ~ipem mundi diabolum dicit quia principatur eis qui .. mundum potius quam mundi conditorem diligunt *Id. Hom.* II 11. 160; vanum et falsum est in Beelzebub ~ipe demoniorum illum ejecisse demonia Andr. S. Vict. *Sal.* 96; duobus predictis tenebrarum ~ipibus [sc. Lucifero et Antichristo] Ad. Marsh *Ep.* 216 p. 384; **1412** papa immediatus vicarius ~ipis hujus mundi ruinam celerem .. pecietur *Conc.* III 340a. **b** quod ante tribunal Pontii Pilati adstatur, a nobis terrorem adque formidinem judicum et ~ipum hujus mundi abstulit Theod. *Laterc.* 20; quantae legionum turmae praedictis spiritalium nequitiarum ducibus et tetris tenebrarum ~ipibus [*gl.*; princeps dictus a capiendi significatione] famulentur Aldh. *VirgP* 13 p. 241; cum ipsos malitiae ~ipes .. ad viam vitae perduxerit Bede *Cant.* 1138; principes atros tenebris [Christe] immersisti J. Howd. *Cant.* 322.

7 supreme or sovereign ruler (usu. of a country, people, or empire); **b** (applied to God as supreme ruler of ancient Israel); **c** (applied to Roman emperor); **d** (applied to spec. kings, also to the Holy Roman emperor).

quis gladio vestrum ab iniquo ~ipe, ut Jacobus Johannis frater [cf. *Act.* xii 2], capite caesus est? Gildas *EB* 73; ~ipes sublimiores ibi anhelabunt pro ardore .. in tremendo die *Ps.*-Bede *Collect.* 381; respublica cujus rector est philosophus, cujus ~eps non delectatur muneribus W. Malm. *GR* V 449; est ergo tiranni et ~ipis hec differentia .. maxima, quod hic legi obtemperat J. Sal. *Pol.* 513B. **b** contra fortitudinem ipsius Dei qui in Judea ~eps et dominus est Andr. S. Vict. *Dan.* 73. **c** princeps, imperium qui Romae rexerat amplum Aldh. *VirgV* 1039; usque in tempora Diocletiani ~ipis Bede *HE* I 4 p. 16; Romani ~ipes Titus et Vespasianus Sæwulf 64; iste quoque Paulinus pro Theodosio ~ipe librum quendam prudenter ornateque composuit Gros. *Hexaem. proem.* 1. **d** et princeps Karolus, sancto qui more benignus / illius hic codex enitet actus ope Alcuin *Carm.* 70. 3. 7; quicquid .. ad famosissimum ~ipem Edgarum misissent Gosc. *Edith* 63; ~eps patrie nostre rex insignis Eadwardus Osb. Clar. *V. Ed. Conf. ep.*; **s1341** serenissimo ~ipi, Domino Lodowico, Dei gracia Romanorum imperatori (*Lit. Regis*) Avesb. f. 98 p. 337; **s1347** treugis inter serenissimos ~ipes .. regem Francie et .. regem Anglie Avesb. f. 116v; **1459** pro parte illustrissimi ~ipis ac domini nostri domini Jacobi secundi regis Scotorum *Conc. Scot.* II 79.

8 ruler of principality or dependent territory, high-ranking nobleman or royal official, prince; (in Pre-Conquest Eng.) ætheling or ealdorman; **b** (in or of the principality of Wales or Ireland); **c** (Cont., w. ref. to duke or sim.); **d** (in or of the Holy Roman empire, also as *~eps elector* prince-elector).

c**764** consilio .. atque consensu omnium optimatum et ~ipum gentis Cantuariorum *Ch. Roff.* 8 p. 11; **781** (11c) Offa rex Merciorum. Broida ~eps *CS* 241; ~eps vel comes, *ealdorman* Ælf. *Gl.* 155; si .. ~ipes *hundred* [AS: *se hundredes ealdor*] ita se rem .. habere cognoverit *GAS* 213; qui .. plebei episcopi [fidejussionem solverit] aut ~ipis [AS: *ealdormannes*; cf. et. *Quad.*: aldremanni, i. comitis], duas libras solvat (*Cons. Cnuti* 58. 2) *GAS* 351; nomina ~ipum nostre provintie W. Malm. *GP prol.* p. 4. **b** c**1184** (1337) ego Resus Sudwall' proprietarius ~eps (*RChart*) *MonA* V 632a; **1222** hec est convencio facta inter dominum R. comitem Cestrie et Lincolnie et dominum L. ~ipem Norwallie *Ch. Chester* 411; **1236** H. Dei gracia etc. L. ~ipi de Abberfrau et domino Snaudonie salutem *Cl* 381; **s1246** David ~eps Wallie obiit *Ann. Exon.* 13; **s1306** Edwardus ~eps Wallie factus fuit miles *Ann. Lond.* 146; **1557** indentura, facta .. inter honorabilem ac illustrem ~ipem dominum Thomam Radeclif ac regni Hibernie predictis domino regi et regine deputatum *Ac&PCIr* 34. **c** c**1075** Willelmus Anglorum rex, Normannorum et Cenomannorum ~eps *Regesta* 105 p. 27; **1082** W. Anglorum rex Normannorum atque Cenomannensum ~eps W. .. *Regesta* 149 p. 122; c**1093** domino nostro ~ipe Normannorum Roberto concedente Anselm (*Ep.* 157) IV 24 (cf. CAPR. *Hen.* 55: Willelmus .. Roberto .. Normannie ducatum concessit); a**1094** dilectissimo domino, reverendo Flandriae ~ipi Roberto, Anselmus Anselm (*Ep.* 180) IV 64. **d** **s1341** persuasit cum ~ipibus Alemannie et contra .. Philippum fedus inire Avesb. f. 95 p. 330; **1440** illustri ac potenti ~ipi, Frederico, duci Saxonie .. ~ipi electori Bekynton I 105; **1440** Henricus .. rex Anglie .. inclito ~ipi, Ludowico comiti Palatino Reni, sacri Romani imperii archidapifero, ~ipi electori et Bavarie duci .. salutem *Ib.* 182.

9 member of a royal family, prince (sts. w. ref. to the first-born as heir to the throne).

Middilengli .. sub ~ipe Peada filio Pendan regis fidem .. perceperunt Bede *HE* III 21 p. 169; continuo fama dilabitur ad ~ipes perempti regis, qui non longe excubias agebant M. Par. *Maj.* I 352; **1409** per solucionem factam domino comiti Orcadie, laboranti pro negociis serenissimi ~ipis, filii regis nostri, existentis in Anglia *ExchScot* 102; **1483** recepcio regis Ricardi tercii .. cum regina et ~ipe; et ibidem ~eps fuit creatus *Fabr. York* 210.

10 (f.): **a** (applied to a queen); **b** (w. ref. to royal consort); **c** (in gl.).

a **1559** beneficium .. Christianissimae ~ipis Mariae hujus regni Scotiae reginae dotariae ac regentis *Conc. Scot.* II 152; c**1570** confiteor me .. reginae Elizabethae, ut subditum legitimae ~ipi suae, obedientiam .. debere (*Quaest.*) *Monarchia* III 66. **b** **s1535** corpus optimae principis [Catherinae conjugii regii consorte] ad Burgum Petri delatum P. Verg. *Camd.* 336. **c** Sarrai, ~eps mea *GlC Interp. Nom.* 278; Sarra, ~eps *Ib.* 280.

princerna v. pincerna.

princibilis [cf. CL principalis, nobilis], first in importance or dignity, chief, principal.

s1229 quorum precipuus et ~is fuit magister Johannes M. Par. *Maj.* III 172.

principalis [CL]

1 that existed at the beginning, initial, original, primary. **b** (of colour) principal. **c** (*~e peccatum*) the original offence. **d** (as sb. n.) original document, an original.

Geta vero ~e et primitivum nomen est Aldh. *PR* 133 p. 184; alio argumento probare contendis panem vinumque post consecrationem in ~ibus permanere essentiis Lanfr. *Corp. & Sang.* 417D; prepediente quidem rationem intelligendi ~i significatione verborum J. Sal. *Met.* 842D; materia .. origo est ~is et fundamentum accidencium per se sensibilium Bacon VII 14; licet sum filius vester, tamen pater meus est causa ~is generacionis mee *G. Roman.* 294. **1437** de exhibicione dictarum litterarum obligatoriarum ~ium aut earum veri transsumpti *Cl* 287 m. 8*d*. **b** colores ~es secundum se sunt color albus et niger; colores .. medii sunt azoreus, aureus, et rubeus Bad. Aur. 99. **c** c**1211** neglexerunt veram confessionem et ex cursu temporis negligentia transiit in contemptum, qui majus peccatum est quam fuerit ~e peccatum P. Blois *Ep. Sup.* 28. 24. **d** cum amodo non teneat ~e, quicquid ex eo vel ob id securum est .. decrevimus irritandum Gerv. Cant. *Chr.* I 582; **1549** ~ia vero remaneant apud registrum *Conc. Scot.* II 124.

2 first in importance or authority, chief, principal: **a** (of person); **b** (of animal or artefact). **c** (*~is littera*) principal letter (w. ref. to illuminated initial); **d** (of place, natural phenomenon, or institution); **e** (of act or abstr.); **f** (eccl., of feast; also as sb.).

a **704** ipsae ~es personae de quibus contentio .. exorta est *CS* 110 p. 160; descripto ~i judice et ejus vestimentis Andr. S. Vict. *Dan.* 61; †**1093** (12c) [comes et comitissa] baronibus suis ~ibus concesserunt ut .. *Ch. Chester* 3 p. 4; **s1193** municeps ~is castelli de Dovera Diceto *YH* II 111; **1313** quilibet ~is inhabitator seu ejus vicem gerens tam aularum quam camerarum .. *StatOx* 111; de his, qui de facto non habent dominos ~es .. illi non minus tenentur obedire pape circa hereticos expurgandos Ockham *Dial.* 908; cum exercitu magno, sc. Frisonum, Anglorum .. quorum omnium dux ~is ipse electus est *Eul. Hist.* I 392. **b** benedictio chrismatis ~is Egb. *Pont.* 121 *tit.*; juxta ~e altare celebrius recondere Gosc. *Wulfh.* 13; ~is arae domus altissimis .. fornicibus .. circumvolvitur *V. Ed. Conf.* f. 49; quia violato ~i altari tota ecclesia .. iterum consecranda est Anselm *Misc.* 322; super tectum ~is aule Ord. Vit. VII 13 p. 341; cadaver presulis ecclesie S. Johannis Baptiste, quam juxta ~em ecclesiam fecerat W. Malm. *GP* I 7. **c** pulchritudine ~is litterae illius libri illectus Asser *Alf.* 23. **d** occidentalis pars Saxoniae semper orientali ~ior est Asser *Alf.* 12; sed tamen ~is sedes regni ad Earnulf juste et merito provenit *Ib.* 85; proximo decursu ~is fluvii *V. Ed. Conf.* f. 49; ad ~em sedem episcopatus *DB* II 117; per quattuor partes mundi unde flant iiij venti ~es Andr. S. Vict. *Dan.* 73; fluminibus egregiis .. ~ibus et famosis novem .. rigatur insula Gir. *TH* I 7 p. 30. **e** quatuor sunt ~es virtutes: prudentia, justitia, fortitudo, temperantia *Ps.*-Bede *Collect.* 180; primitus ut dixi, ~ium [*gl.*: capitalium, *heafod*] bis quaternos vitiorum duces Aldh. *VirgP* 12 p. 240; ecclesia .. beatissime Dei Genetricis .. Glastonie, sicut ex antiquo ~em in regno meo obtinet dignitatem W. Malm. *GR* II 150; in fine ponit conclusionem ~em dicens quod .. T. Sutton *Gen. & Corrupt.* 49; ex quo videtur .. quod falsitas scripture sit ~ior veritate Wycl. *Ver.* I 284; c**1407** disputet ~ia sua argumenta et alia argumenta que voluerit .. cum bachilario responsali *StatOx* 194; **1478** prior capitalis .. habens ~e regimen sive administracionem alicujus domus religiose *Ib.* 290. **f** de quinque Dominicis ~ibus Lanfr. *Const.* p. 136 *tit.*; **1282** diebus Dominicis et festis ~ioribus *Deeds Balliol* 277; **1363** in pulsacione campanarum in ~ibus *Ac. Durh.* 385.

3 of or connected with a ruler or an important person, princely: **a** (of person); **b** (of act or abstr.); **c** (w. ref. to St. Peter as the prince of apostles); **d** (applied to God).

a puri quippe sacerdotes erant, non ~es, non curiales, non regales Gir. *GE* II 38 p. 359. **b** ut .. ~is [*gl.*: regalis] alimoniae pulmentum in tenerrima pubertate contempserint Aldh. *VirgP* 21 p. 252; hic primus regum Anglorum .. idola .. destrui .. ~i auctoritate praecepit Bede *HE* III 8 p. 142; **842** ut regalium tributum [v. l. tributorum] et ~i dominacione .. inmunis liberaque .. permaneat *CS* 438; exactione ~i de Normannia numerosi bellatores acciti sunt Ord. Vit. III 11 p. 125; **s1139** si hoc pro indulgentia ~i toleratur W. Malm. *HN* 475; dum principum et ~ium edictorum auctoritatem obliquis modis elevare conamini Gardiner *Bucher* 208. **c** [S. Petrus] auctoritate ~i [*gl.*: *frimþlicum*] et authentico pontificatu promulgat .. Aldh. *VirgP* 55 p. 314. **d** puri cordis fidem prolatam per oris confessionem ~i auctoritate remunerat Ord. Vit. II 2 p. 227.

4 (leg., of chief agent or instigator of deed or crime) principal. **b** (as sb. m.) chief agent, perpetrator, person directly responsible for deed or crime.

1313 ~is occisor fregit prisonam et fugit ad ecclesiam *Eyre Kent* I 92; **1494** pro qua quidem felonia predicti C. E., ut ~is actor, et W. frater ejus assistens ei .. *Sanct. Durh.* 59. **b** Johannes .. qui ~is fuit illius homicidii *State Tri. Ed. I* 82; **1352** ~es in hac parte convinci non possunt (v. accessorius 3); **s1307** ~es hujus faccionis fuerunt T. comes Lancastrie et G. comes de Warwyke Knighton I 409; **1507** Johannes .. ut ~is .. et .. Robertus, ut accessarius .. Willelmum percussit *Sanct. Durh.* 202.

5 (w. ref. to money or debt): **a** (w. *debitor*) who is primarily liable as surety for a debt or who is liable for the principal sum of a debt. **b** (w. *debitum* or sim.) that constitutes or concerns the principal sum of a debt. **c** (as sb. m.) principal sum (of a debt).

a **1260** Thomas constituit se ~em debitorem de .. ij marcis si .. Robertus et Rogerus in illa solucione defecerint *Cl* 218; **1264** plegios inveni subscriptos .. quorum quilibet debitor ~is pro me devenit et pro me manucepit solvere dictas xl marcas ad predictos terminos et locum si in solucione dicte pecunie defecero *Cl* 377; **1268** quadraginta libras solvet .. et ad hoc faciendum invenit quatuor fidejussores et ~es debitores .. Willelmum .. de x libris, Johannem .. de x libris *Cl* 545; **1272** prior .. dicit quod de .. debito ei respondere non tenetur, desicut predictus Diei, qui est ~is debitor, superstes est et satis habet unde de predicto debito satisfacere potest *SelPlJews* 65; **1308** preceptum est levare dictam pecuniam tam de plegiis quam ~i debitore *Rec. Elton* 153; **1419** licet manucaptores per defaltam ~is debitoris arrestati fuerint *MGL* I 174. **b** **1276** quam penam solvere promittimus .. si in solucione .. facienda defecerimus, .. ~i debito nihilominus rato manente *Reg. Malm.* I 428; pro unoquoque termino rite non observato, decem solidos pro misericordia, una cum ~i redditu abbati .. solvemus *Ib.* II 83; **1287** ad solucionem ~is debiti *Deeds Balliol* 333. **c** utriusque mercimonii, tam ~is quam accessorii, .. a toto gravamine potuit facillime respirare GIR. *SD* 106; **1271** cadat de ~i quod antea fuerit persolutum *Cl* 410; **1274** tam super ~i quam super custibus dampnis et interesse refundendis domui nostre *Foed.* II 34; **1287** peciit judicium de ipsis tanquam de convictis tam de dampnis quam de ~i (*CourtR Fair St. Ives*) *Law Merch.* I 15; **1328** concordare non poterunt super .. arreragiis .. quia ~e fatebatur, viz. pensionem quadraginta marcarum .. *Reg. Paisley* 28; **1338** consideratum est per seneschallos quod satis faciat de ~ibus petitis citra proximam *Gild Merch.* II 334.

6 (as sb. m. or f.) one who is in charge, a chief, ruler, a principal. **b** (eccl. & acad.) head or principal of religious house or college.

799 dirige scriptum illud pro tuo fidele glorioso ~i *Ep. Alcuin.* 183 p. 308; ipsa est sc. ~is Wiltoniae specula per totam patriam clarissima GOSC. *Edith* 36; principes, i. ~es et eminentes qui in hujus regni regibus eminuerunt et ceteris potentiores fuerunt ANDR. S. VICT. *Dan.* 56; pincerna .. conventus et .. serviens ~i de sartarino *Cust. Westm.* 73; cum quereret episcopus quis esset ~is qui sibi loqueretur processit unus tegulator de Estsex *Eul. Hist. Cont.* 352; minister ordinis [sc. Fratrum Minorum] .. plures conventus et ~es, plures etiam fratres et eorum amicos, graviter offendebat per subtraccionem privilegiorum *Ib.* 403; **1431** volo quod feretrum meum deferatur in le Charuell et ibidem exequie mortuorum de nocte cum missa in crastino teneantur per ~em capelle superioris et confratres suos et per capellanum capelle inferioris *Reg. Cant.* II 438. **b** **1282** scholares nostri ex semetipsis eligant unum ~em cui ceteri omnes .. obediant in hiis que officium ~is contingunt *Deeds Balliol* 277; **1285** me confirmasse .. magistro W. de F. ~i et scolaribus .. de Balliolo Oxonie *Ib.* 9; **1313** quia nomina delinquencium per ~es domuum qui inter socios suos continue versantur, melius poterint esse nota .. *StatOx* 110; **1412** ~es aularum *Ib.* 213; **1442** ad instanciam Roberti S. ~is aule Profunde *MunAcOx* 528; **1578** Mr Russell, aulae Glocestriae ~is *StatOx* 412.

7 (as sb. n.): **a** main or principal part. **b** principal item.

a implet .. Satanas mentem alicujus et ~e cordis, non quidem ingrediens in eum BEDE *Acts* 954; caput .. suum ~e mentis appellat *Id. Cant.* 1105D; galea caput ejus ornatur, ut et ipse inde decoretur et ejus ~e securum habeatur *Simil. Anselmi app.* 193 p. 98. **b** **1368** consuetudo hundredi de Stretford .. talis est, quod heredes terrarum et tenementorum .. post mortem antecessorum suorum habebunt .. ~ia, viz. de quocumque genere catallorum, utensilium et necessariorum domorum et culturarum melius catallum illius generis, viz. optimum plaustrum, optima caruca, et optimum ciphum, et sic de aliis instrumentis *CoramR* 427 m. 21; **1413** lego et ordino J. filio meo et heredi totam armaturam meam et gladium meum de auro ultra ~ia sibi ut heredi de jure pertinencia *Reg. Cant.* II 23.

8 chief point, principal matter. **b** (leg.) principal case, plea, or sim.

cum .. accessorium rei principali soleat apponi, subtili verborum trajectione .. accessorium ~e constituens GIR. *DK* I 14; plenariam recepit potestatem et sic concesso ~i conceditur accessorium OCKHAM *Dial.* 711; s**1343** volentes eas [peticiones] evadere et tractatum super ~i .. intrare AD. MUR. *Chr.* 148. **b** c**1270** concessit dicta I. quod procederetur ibidem in ~i omisso appelacionis articulo *SelCCant* 124; **1279** ulterius respondit ad ~e et ad totam accionem predicti regis *SelCKB* I 55; **1284** causam que inter A. .. et J. .. vertitur tam super appellacione quam super ~i .. audiat *RGasc* II 223b.

9 mortuary payment, (*nomine ~is*) by way of mortuary.

1292 nomine sui principal' (*AncD* A 11568) *Cat AncD* V 169; ecclesia debet habere unum vivum ~e de Isabella Cokus et ideo Henricus molendinarius, qui bona sua recepit, distringatur pro predicto *CourtR Hales* 257; **1294** quod dictus Hugo nullam terram tenuit jure hereditario neque ad certum terminum, herietum non debet nisi suum ~e ad ecclesiam tantum *Ib.* 285; c**1347** si dictus Hugo obierit infra terminum, dabit vj denarios nomine principal', et de omnibus aliis tenentibus qui obierint .. dictus Hugo capiet et habebit eorum ~ia *AncD* C 6782; **1367** obiit in villa .. J. B. .. ideo habuimus unum equum cum sella pro ~i *Ann. Dunstable app.* p. 414; **1422** lego melius averium meum coram corpore meo in die sepulture mee secundum ordinacionem nomine ~is *Reg. Cant.* II 256; **1426** lego principali altari illius parochialis ecclesie infra cujus parochie limites continget me diem claudere extremum nomine ~is sive mortuarii secundum quod consuetudo illius loci exposcit et a morientibus ibidem solvi solebat *Ib.* II 357.

principalitas [LL]

1 state or condition of being original, initial, or primary. **b** (w. ref. to God's primacy).

ponit terciam proprietatem elementorum, sc. quoad ~atem constitucionis eorum ex primis qualitatibus T. SUTTON *Gen. & Corrupt.* 133. **b** in Patre ergo dicitur esse unitas, id est ~as sive primitivitas ut detur verbis licentia NECKAM *SS* I 29. 8; dominium, serenitas, / summaque principalitas / sit tibi, summa bonitas J. HOWD. *Cyth.* 150. 7.

2 pre-eminent position, pre-eminence, priority.

pronomen, verbum praecedens, non ~ate sed ministrando nomini sequitur TATWINE *Ars prol.* 3 p. 3; omnis enim socna simplex est habentibus aut conjuncta, in custodia vero trina ~ate distincta (*Leg. Hen.* 20. 1a) *GAS* 560; habens sic duplicem fortitudinem sc. ex perpendicularitate et ex ~ate BACON *Maj.* II 515; in agibilibus .. de se indifferentibus statuendis, potencia .. supra scienciam ~atem habet OCKHAM *Pol.* II 837.

3 (acad.) office or dignity of a principal or head of house, headship.

1305 cum .. R. de S. .. ~atem aule .. Chekerhalle .. habuit *Cart. Osney* I 111; **1324** R. G. dedit ~atem aule dicte le Deephalle *Ib.* III 163; pro ~ate aule dicte le Nevilehalle *Ib.*; **1344** super jure ~atis quarumdam scolarum *FormOx* 155; a**1350** quod nullus vendat vel emat ~ates *StatOx* 79n; c**1350** nos .. te .. privamus .. a ~ate aule .. propter perturbacionem pacis *MunAcOx* 470; c**1412** sub pena amissionis sue ~atis et inhabilitacionis ad omnem gradum habitum vel habendum *StatOx* 222.

4 territory ruled by a prince, principality, (*~as Walliae*) principality of Wales.

de quolibet comitatu er burgo regni nostri Anglie et ~atis nostre Wallie (*Pat*) *Foed.* XV 124.

principaliter [CL]

1 from the beginning, initially, originally.

unde in Johanne: 'hoc est opus Dei ut credatis in eum quem ille misit' [cf. *Joh.* vi 29], quasi dicitur: non est hoc opus hominis, sc. ~iter NECKAM *SS* IV 18. 17; unde ignis qui est nobilissimum elementum est ~iter constitutus ex qualitate nobilissima inter primas qualitates T. SUTTON *Gen. & Corrupt.* 133.

2 in the first place, to start with, chiefly, mainly, principally. **b** (*primo et ~iter*) first and foremost; **c** (comp. *~ius*, usu. w. *quam*) more or rather (than), more appropriately or particularly (than), (*minus ~iter*) to a lesser extent, less (than).

p**675** firmamentum fidei ~iter in Christo et sequenter in Petro collocatum ALDH. *Ep.* 4 p. 486; quid autem ~iter petendum .. sit .. manifestat BEDE *Hom.* II 12. 164; si secundo loco et non ~iter sint per ipsam quaecumque sunt ANSELM (*Mon.* 7) I 20; quia igitur ~iter pro Dacis institutus est hic redditus, danegeldum .. dicitur *Dial. Scac.* I 11 A; ad hoc videtur ~issime institutus [sc. princeps] ut corrigat et puniat delinquentes OCKHAM *Pol.* I 110; David in tribus ~iter peccavit; (J. BRIDL.) *Pol. Poems* I 172. **b** primo et ~iter petit quod .. Willelmus .. declaret sibi querelam suam *State Tri. Ed. I* 42. **c** s**1228** quod huic principi post Romanam ecclesiam ~ius incumbebat M. PAR. *Maj.* III 147; nomen calidi dignius et ~ius dicitur de calido in igne quam de aliis calidis BACON *CSTheol.* 51; nam quia habitus ~ius dicitur de forma quam de situ, privacio dicetur ~ius de privacione forme quam de privacione situs SICCAV. *PN* 157; utrumque convenit eis minus ~iter quam corporibus naturalibus T. SUTTON *Gen. & Corrupt.* 51; viri ecclesiastici .. cum habeant potestatem vendicandi et defendendi in judicio res ecclesie, et talis potestas ad nullum spectat ~ius quam ad ipsos, relinquitur quod habent aliquo modo dominium OCKHAM *Pol.* I 308.

3 as a principal debtor or in a manner that concerns the principal sum of a debt.

1252 omnes .. ~iter vel accessorie obligatos ab hujusmodi obligationibus .. quietos esse volumus (*Cl*) *RL* II 388; **1262** non videtur quia vobis ~iter ad solutionem dicte pecunie teneamur *RL* II 203; ne .. aliquid durum in nostri prejudicium vel gravamen attemptetis .. statuatis ~iter vel accessorie statuta exsequendo quoquomodo *Ann. Durh.* 187; **1289** pro .. debitis alienis, de quibus non sint ~iter vel accessorie obligati *RGasc* II 510b.

4 in a princely manner, as one who has power or authority.

fac nos quesumus Domine .. causas .. semper frequentare .. et .. recolere ~iter [AS: *aldorlice*] inchoatas per Dominum *Rit. Durh.* 9; in arce sapientiae ad mensam coelestis philosophiae, ecclesiastice princeps, ~iter praesidenti ferculum tibi aureum afferre GOSC. *Trans. Aug. prol.* 13; construxit per Augustinum .. ecclesiam et archiepiscopatum in regia metropoli sua, ubi ipse Augustinus et omnes successores sui ~iter praesiderent *Ib.* 43A; s**1227** rex .. denunciavit coram omnibus se legitime esse etatis, ut de cetero solutus a custodia regia negotia ipse ~iter ordinaret M. PAR. *Maj.* III 122.

principalitivus [cf. CL principalis, principatus+-ivus], (acad.) of a principal.

1432 tue discrescioni ~e .. mandamus .. ne .. *Form Ox* 439.

principalium [CL principalis+-ium], mortuary payment, (*nomine ~ii*) by way of mortuary payment.

nomine mortuarii vel ~ii ad remissionem peccatorum meorum *FormMan* 16.

principanter [ML < LL principante *pr. ppl. of* principari+-ter], in the manner of one who has power or authority.

principor .. i. magistrari verbum deponens unde ~anter, i. imperiose adverbium OSB. GLOUC. *Deriv.* 406.

principari, ~are [LL], to have primacy or rule (over), be superior to or in command of (also transf. or fig.); **b** (w. dat.); **c** (w. *super* & acc. or abl.); **d** (w. acc.). **e** (pr. ppl. as sb.) one who is ruling or commanding.

nisi quod sanguis per venas omnes ab ipso corde diffusus in nostro corpore plus ceteris humoribus ~atur BEDE *Gen.* 108; ubi .. ~abatur Sexburga GOSC. *Werb.* xxi; mens est quod in homine ~atur, summum et precipuum locum tenens BALD. CANT. *Serm.* 9. 36. 425C; hec duo, gula et ebrietas, in nobis Anglicis ~antur S. LANGTON *Serm.* 2. 9; ancillante, immo ~ante, summa centum milia librarum de sterlingis .. prosperabatur opus in manibus nunciorum *Flor. Hist.* III 88; **1435** dominacionem vestram illustrissimam sic dirigat in terris princeps pacis ut finaliter ~are valeat in excelsis *EpAcOx* 123. **b** Pontius Pilatus qui adsignatus fuerat ~ari genti Judaeorum ab ipso Tiberio Caesare THEOD. *Laterc.* 11; principem mundi diabolum dicit quia ~atur eis qui ordine perverso mundum potius quam mundi Conditorem diligunt BEDE *Hom.* II 11. 160; Augustinus .. utrique .. ecclesiae sub Christo ~atur; illam regit, hanc incolit GOSC. *Transl. Aug.* 44C; liberalitate Raimundi comitis qui ei civitati ~abatur W. MALM. *GR* IV 374; in nonnullis .. spiritui caro miserabiliter ~abatur ORD. VIT. VIII 1 p. 264; s**1154** quem, quod principatur regulis Arragonum et Galicie, imperatorem Hispaniarum appellabant R. NIGER *Chr. II* 188; de sciencia, cui alia sciencia superior ~atur OCKHAM *Dial.* 406. **c** Ebroinus major domus .. super Lotharium regem Francorum .. ~abatur DICETO *Chr.* I 122; constituit duos fratres ad ~andum super illa turma *Eul. Hist.* III 3. **d** proporcio caloris naturalis cum humido radicali per humidum cibale nutrita quod vitam ~at et conservat KYMER 3. **e** principatus .. noscitur institutus .. non propter honorem vel commodum ~antis OCKHAM *I & P* 13; ergo .. ~ans principaliter non propter bonos sed propter malos coercendos preesse debet *Id. Pol.* I 110; quomodo ~antes in ecclesia debent .. rebelles .. cohercere WYCL. *Mand. Div. prol.* 202; validissimus ~ancium dominus Ricardus .. rex Anglie et Francie *Quadr.*

Reg. Spec. 31; speculum constitutum est in vita hujus regis omnibusque ~antibus ut .. CAPGR. *Hen.* 35.

principatio [LL=*principality*], rule, pre-eminence, superiority (in quot. transf. or fig.).

cum omnes alii respectus preter accidencia absoluta extremorum superaddunt disposicionem extrinsecam, qua oportet expectare ad eorum ~onem, ut non ex hoc quod aliquid est motum et aliud mobile WYCL. *Ente Praed.* 67.

principatus [CL]

1 rule, dominion, governance (of a country or people); **b** (w. obj. gen.); **c** (w. *super* & acc.).

951 (12c) ego Oda .. archiepiscopus ejusdem regis ~um et benevolentiam sub sigillo sanctae crucis conclusi *CS* 892; **1089** indictione duodecima, ~atus Roberti comitis anno secundo *Regesta* 308 p. 80; in primo anno ~us duorum fratrum optimates utriusque regni conveniunt ORD. VIT. VIII 2 p. 268; translationem ~us ad istum Herodem alienigenam expresse de antiquis hystoriis refert Augustinus in libro De civitate Dei quinto decimo GROS. *Cess. Leg.* II 7. 1 p. 103; aliquis alius ~us, puta aristocraticus vel politicus quo funguntur simul plures, deberet ad tempus institui OCKHAM *Pol.* I 112; non habuisset ~um regalem, sed pure despoticum *Ib.* I 150; et in disenciendo objecciones has, ipse incidenter tractat de ~u politico et regali, et de ~u tantum regali FORTESCUE *NLN pref.* p. 63. **b** refert .. Josephus Gaium .. Judaeorum ~um .. Herodi .. tradidisse BEDE *Acts* 972A; **903** dux rogavit Eadpeardum regem, Æðelredum quoque et Æðelfledam qui tunc ~um et potestatem gentis Merciorum sub praedicto rege tenuerunt *CS* 603; decreverunt ut palam rebellarent et ~u Anglie Guillelmo regi surrepto sibi jus immo tirannidem assumerent ORD. VIT. IV 13 p. 258; hic cosmarca .. i. princeps mundi sicut Romanorum fuit dux nam cosmus vocatur mundus, et inde cosmarchia, i. ejus ~us OSB. GLOUC. *Deriv.* 25. **c** tetrarchia, ~us super quartam partem OSB. GLOUC. *Deriv.* 591; diabolus .. semper querit ~um et potestatem super hominem T. CHOBHAM *Serm.* 5. 27rb.

2 pre-eminence, priority, superiority, leadership.

plurima monasteria .. in quibus omnibus idem monasterium insularum .. ~um teneret BEDE *HE* III 4 p. 134; cum duceretur, vidit coetum sacrarum virginum inter quas beatam Agnetem quasi ~um tenere conspexit ALEX. CANT. *Mir.* 46 (II) p. 250; inter omnia .. Hibernie flumina .. ~um Sinnenus obtinet GIR. *TH* I 7 p. 31; **1330** quod unitas inter patrem et filios spirituales optineat prinsipatum *Lit. Cant.* I 308; de ~u Romane ecclesie de quo in scriptura divina nulla fit mencio OCKHAM *Dial.* 413.

3 state or condition of being heir to the throne, princeship.

1415 quando ibidem interfui cum domino rege nunc, tempore ~us sui *Reg. Cant.* II 74.

4 territory ruled by a prince, principality. **b** (*~us Walliae*) principality of Wales.

post eum Tancredus Antiochie ~ui prefuit W. MALM. *GR* IV 387; **1268** ducatus Apulie et ~us Capue *Cl* 560. **b** **1265** ~um nostrum Wallie .. tenemus de domino nostro rege *RL* II 285; **1345** inter .. fideles nostros ~us nostri Wallie *PQW* 817a. **1454** in regno Anglie, ~u Wallie, et dominio Hibernie (*Lit. Papae*) *Mem. Ripon* I 300; **1515** nostri in ~u nostro Wallie, antequam hujus regni gubernacula teneremus (*Lit. Regis*) *Mon. Hib. & Scot.* 517b.

5 (astr.) position in which a planet exercises its greatest influence.

inest item stellis vigor ex suorum effectuum locis, velud est domus, ~us, terminus, facies atque trigonalitas (ROB. ANGL. (I) *Jud.*) *MS BL Cotton app. VI* f. 162v (115v).

6 one who has power or authority, ruler.

adversus ~us [cf. *Ephes.* vi 12: adversus principes] Leviathan et potestates tenebrarum ALDH. *VirgP* 11 p. 240.

7 (order of angels: *cf. Eph.* i 21, *Coloss.* i 16) principality.

adjuro te .. per omnia agmina sanctorum angelorum .. ~uum, potestatum, virtutum (*Jud. Dei* 1. 22) *GAS* 405; per omnia agmina sanctorum angelorum et archangelorum, thrones, dominationes ~um [v. l. ~uum, AS: *aldormonna*] et potestatum, virtutum, cherubim atque seraphin (*Ib.* 5. 2) *Ib.* 411; in secunda [hierarchia], dominationes, ~us, et potestates AD. SCOT *QEC* 28. 854B; in primo [ordine] posuit angelos, archangelos, virtutes; in secundo dominationes, ~us, potestates; in tertio, cherubim et seraphim S. LANGTON *General Prol.* 195; in tertia [sc. hierarchia], primo ~us, secundo archangeli, tertio angeli AD. MARSH *Ep.* 246. 1 p. 417; sextus ordo [angelorum] appellatur ~us, et isti prevalent in habendo usum scolarem reverencie J. FOXTON *Cosm.* 89. 3 p. 258.

principiabilis [ML principiare+-bilis], (log. & phil.) that can be derived, initiated, or caused to come into existence, deducible from a first principle.

quod igitur natum est esse principium quo respectu unius, si esset ~e, idem erit principium respectu alterius si principiatur DUNS. *Sent.* I 2. 7. 16 p. 545a.

principiantive [ML principiante *pr. ppl. of* principiare+-ivus+-e], (log. & phil.) so as to cause to originate.

per has fortassis et hujusmodi raciones potest ostendi quod creacio activa sive creancia non est in creante nisi forsitan principiative vel pocius ~e BRADW. *CD* 664B.

principiare [ML]

1 to initiate, to cause to come into being, (log. & phil.) to deduce or derive from a first principle. **b** (p. ppl. as sb. n.) a derivative of a first principle, thing that has been caused or initiated.

penis Abel novis se satians, / fratris furor malum principians J. HOWD. *Ph.* 490; naturalis intellectus cognitio nullo modo ~iatur a voluntate MIDDLETON *Sent.* I p. 59a; prout natura distinguitur contra artem sive contra propositum propter oppositum modum ~iandi DUNS *Ord.* I 45; quia natura et voluntas sunt principia activa habencia oppositum modum ~iandi, ergo cum modo ~iandi voluntatis non stat modus ~iandi nature *ib.* II 60; alii sunt actus ~iati de lege nature, cum quibus Deus non potest dispensare WYCL. *Act.* 23; rex illustris .. quandam .. catharactam ~iari constituit *Ps.*-ELMH. *Hen. V* 20 p. 44; c**1490** ut leve satis foret suo successori, si vellet, opus perfecte consummare, quod ipse notabiliter egregieque multum ~iavit *Reg. Whet.* I *app.* p. 472. **b** cognitio quiditatis realis tam principiorum quam ~iatorum in relatione ad esse eorum apud intellectum agentem *Ps.*-GROS. *Summa* 359; ~iatum comparari potest ad principia dupliciter BACON XIII 5; parvus error in principiis est magnus in ~iatis *Id. Maj.* III 106; relacio creature ad creatorem et ~iati ad principium T. SUTTON *Quodl.* 8; omne principium distinguitur a ~iato OCKHAM *Quodl.* 212; hoc autem totum apparet ex habitudine principiorum et ~iatorum, causarum et causatorum BRADW. *CD* 158B.

2 to act as a prince over, rule over, govern.

videtur quod papa ~ians tot dominia secularia in clero et auferens illa de seculari brachio sit principium discordie et bellorum WYCL. *Chr. & Antichr.* 688.

3 (intr.) to make a start, commence.

est enim una intensio multiplex ad aliam, superparticularis vel superpartiens ad aliam, et similiter una remissio sed hoc semper taliter procedit et unum ~iat in linea constituta respectu cujus intensiones et remissiones sibi invicem proportionantur BACON IX 146.

principiatio [ML principiare+-tio], (act of) causing to exist or coming into being, origination, (phil.) derivation from a first principle.

hec igitur quam intelligit Augustinus '~o' .. est illa .. quam intelligit Chrysostomus 'causalitas et processio' GROS. 187; Deum significamus sub tali comparacione de cujus pleno conceptu non est racio sue singularitatis: de pleno enim conceptu ~onis creaturarum non est racio singularitatis MIDDLETON *Sent.* I p. 63a; actus igitur dicendi precedit omnem ~onem voluntatis DUNS *Ord.* IV 99; Deus non est formaliter individuum alicujus speciei et sic nullius decem generum est, quamvis sit in quolibet genere per ~onem sicut per se causa est in suo causato WYCL. *Ente* (*Sum.*) 89.

principiative [ML principiativus+-e], (log. & phil.) so as to originate, as derived from a first principle; **b** (contrasted w. *principiantive*).

istud tamen esse simpliciter non est formaliter esse intelligibile, quod est esse secundum quid creature, sed est ejus terminative vel ~e W. ALNWICK *QD* 39; ab eo sunt principaliter incompossibilia, a quo ~e habent suas raciones formales, sc. ab intellectu divino, formaliter tamen ex se BRADW. *CD* 206E; sic tenet doctor subtilis quod ~e est 'hoc impossibile' ex intellectu divino, quia, posito intellectu divino producente 'hoc' in 'esse' intelligibili, etsi nihil producat ad extra, 'est hoc impossibile' WYCL. *Acts* 115. **b** et per has fortassis et hujusmodi raciones potest ostendi quod creacio activa sive creancia non est in creante nisi forsitan ~e vel pocius principiantive BRADW. *CD* 664B.

principiativus [ML principiatus *p. ppl. of* principiare+-ivus], (log. & phil.) that initiates or causes to come into being, causative, originative (usu. w. obj. gen).

si habeat unitive plures gradus perfeccionis ~os ejusdem effectus DUNS *Metaph.* IX 14 p. 594a; quod motus vie procedat ab actu voluntatis quia aliter non movetur ex se, et per consequens non meretur; et taliter pati est actus virtutis, qui dicitur paciencia ~a voluntarie passionis pro pace servanda WYCL. *Ente. Praed.* 93.

principiator [ML principiare+-tor], (log. & phil.) originator, initiator, one who causes to come into being (in quot. of God).

contra hanc instantiam arguo, sicut Pater et Filius et Spiritus Sanctus dicuntur unus spiritus, quia sunt unus Deus qui creat: ita Pater et Filius possunt dici unus ~or Spiritus Sancti quia sunt unum principium quod Spiritum Sanctum principiat MIDDLETON *Sent.* I p. 115b.

principissa [ML], female member of a royal family or household, noblewoman, princess; **b** (applied to a queen). **c** (transf. & fig., *~a civitatum*) capital city, (w. ref. to) London as the princess of cities (cf. *Thren.* i 1).

s**1377** ubi tunc ~a cum juvene principe morabatur *Chr. Angl.* 124; s**1385** interventu domine Johanne ~e, matris regis, pro tunc discordia est sopita WALS. *YN* 341; venerabimur .. tales et tantos principem et ~am, ymmo pre cunctis aliis personis temporalibus mundi *Ps.*- ELMH. *Hen. V* 91 p. 254; s**1387** domina ~a regis mater AD. USK 5; sancte Brigitte, vidue ac quondam ~e Nericie in regno Suecie GASCOIGNE *Loci* 122; *a pryncesse*, ~a *CathA*. **b** **1461** scaccarium serenissime ~e et domine, domine Marie regine Scocie *ExchScot* 47; **1543** ~e ac domine nostre, Marie .. Scotorum regine moderne *Scot. Grey Friars* II 42. **c** s**1267** rex .. audito quod civitatum Anglie ~a per infidos indigenas in dolo fuerat occupata *Ann. Osney* 200.

principium [CL]

1 beginning, commencement, start. **b** earliest point in time, earliest stage (usu. w. ref. to *Gen.* i 1).

sanctus Job attendite quid de ~io impiorum et fine disceptaverit GILDAS *EB* 59; principium sumpsit super alta cacumina caeli / angelicus princeps et protus lucifer aethrae ALDH. *VirgV* 2734; c**1127** ut finis bonum ~ium sequatur *Regesta Scot.* 8; egritudinis tempora iiij, ~ium, augmentum, status, et declivium RIC. MED. *Signa* 32. **b** prima die in qua ~ia mundi sunt THEOD. *Laterc.* 23; fauni de veteribus pastoribus fuerunt in ~io mundi qui habitaverunt in locis super quae constructa est Roma *Lib. Monstr.* I 4+; **940** dum conditoris nostri providencia omnis creatura valde bona in ~io formata .. est *CS* 749; legifer ille pius quicquid jam scripserat olim / de mundi ac rerum principio siquidem ALCUIN *Carm.* 69. 36; Judei .. omnes animas in mundi ~io simul asserunt esse creatas PETRUS *Dial.* 23; 'in ~io', temporis sc. vel in ~io omnium rerum, antequam quidquam aliud faceret, 'creavit' ANDR. S. VICT. *Hept.* 6; aliquod nunc est tantum ~ium temporis T. SUTTON *Gen. & Corrupt.* 197; difficile est .. ~ium mundi intendere aut in quo tempore anni mundus incepit originem ASHENDEN *AM* 2v. 2.

2 initial or primary stage or form.

itemque si in hos [numeros] ~ia ipsa ducantur, erunt quoque ex eis producti ad invicem primi, eodemque modo infinite omnium in se ductorum extremitates ADEL. *Elem.* VII 27; illud quod corporale est contingit reverti in sua ~ia prima elementaria .. illud quod spirituale est erit resolvere in sua prima ~ia spiritualia J. BLUND *An.* 326; primum rerum ~ium DUNS *Prim. Princ.* 712 (*recte* 721) *tit.*

3 first part or section, a beginning; **b** (of written text). **c** front part (in quot. of ship); **d** (of thread or nerve, w. ref. to end); **e** (anat., of nose); **f** (of period of time).

792 cur ista tam longo repetita ~io nisi ut scias ardorem cordis mei? ALCUIN *Ep.* 13; c**1130** in ~io omnium beneficiorum dedimus eis .. xxx s. *Ch. Westm.* 249. **b** in ~io libri [Job] qui prosa contexitur et deinceps .. dactilo spondeoque scandere fertur ALDH. *Met.* 2 p. 63; cujus .. epistulae ~ium hoc est BEDE *HE* II 4 p. 87; quod magis solet fieri ubi T profertur sono Z in ~io syllabe, ut letitia, justitia ABBO *QG* 10 (23); figurarum .. quedam dicitur cum proprietate a parte ~ii, quedam a parte finis GARL. *Mus. Mens.* 2. 24; moderni .. non ponunt literas nisi unam in ~io linearum *Mens. & Disc.* (*Anon. IV*) 62; **1300** xij jurati quorum nomina in ~io rotuli sunt contenta *Rec. Elton* 98; **1463** in ~io istius compoti *Comp. Dom. Buck.* 67. **c** hic proreta .. i. ille qui in ~io navis hortatur socios OSB. GLOUC. *Deriv.* 501. **d** spasmus est egritudo nervosa qua moventur nervi ad sua ~ia *SB* 40; glomer ingens portantes paxillum in introitu fiximus; ibi ~io fili ligato .. devoluto glomere .. iter nostrum direximus *Eul. Hist.* I 396. **e** in vena frontis aut in ~io nasi inter duo supercilia GILB. II 95v. 2. **f** omnis textus .. continet annos viginti octo, i. Tiberii Caesaris annos sex, Gai annos quattuor, Claudii annos quattuordecim, cujus ~iis Petrus apostolus Romam venit BEDE *Acts pref.* 940A; Joas .. qui in sui ~io Templum renovavit *Eul. Hist.* I 49; eclipsis solis fuit in ~io Marcii *Ib. Cont.* I.

4 (acad.) act of taking a degree, principium, inception, commencement.

modo non est disciplina Christi in clericis, sed disciplina histrionum, quod patet in ~iis magistrorum quando scholares diversificant se PECKHAM *Serm.* 277n; **1296** universitates regni Francie tali duxit privilegio insignire ut omnes qui gradum magistralis honoris quacumque facultate assecuti fuerint in eisdem possint ubicunque terrarum lecciones resumere et easdem continuare pro sue libito voluntatis absque nove examinacionis vel approbacionis preludiis seu debito iterandi ~ii aut petende gratie cujuscunque (*Reg. Carl.* f. 14v) *EHR* LVI 289; in cujus commendacione, que solet aule ~ium post disputacionem .. de bachilariis fieri magistrandis TREVET *Ann.* 306; **1421** Willelmo Ebchest' in ~io bacallar' in theologia *Ac. Durh.* 463.

5 that from which a person or thing takes its being, cause, initiator, source.

merito salute privantur qui ~ium sapientiae, timorem Domini [cf. *Prov.* i 7] .. non habent BEDE *Prov.* 944; quamvis Pater sit ~ium et Filius ~ium et Spiritus Sanctus ~ium, non tamen sunt tria ~ia sed unum ANSELM (*Proc. Sp.* 10) II 205; ~ium rerum est perfecta sapientia, lumen preclarum, substantia substantiarum, argumentum rerum universarum PETRUS *Dial.* 20; ipse .. ~ium et causa fuit perditionis, tu, summum ~ium omnium, ~ium et causa es reparationis J. FORD *Serm.* 36. 6; anime ~ium nihil aliud est quam divina preconcepcio J. BLUND *An.* 325; [Deus] cognoscitur in suo effectu in quantum est omnium ~ium [TREVISA: ~ium] sive causa BART. ANGL. I 5; nam humor est corporum sensibilium materiale ~ium [TREVISA: *principal material*] et primum ac precipuum racione nutrimenti in suis p[er]agendis actionibus juvamentum *Ib.* IV 6 p. 99; ideo cor est in omnibus habentibus sanguinem quoniam necessario ~ium [TREVISA: *principal cause*] sanguinis est et non epar *Ib.*7 p. 104; res omnis que fit in hoc mundo erit in esse per efficiens et materiale ~ium ex quo producitur per virtutem efficientis BACON *Tert.* 107; et hominum et animalium omnium vivencium sperma est ~ium RIPLEY 320.

6 fundamental or intellectual source, basic principle; **b** (alch.).

ut per multa experimenta singularium generatur in anima intellectus ~iorum ex quibus ~iis adquiruntur scientie et demonstrationes J. BLUND *An.* 335; multoties utitur Philosophus hoc ~io generali T. SUTTON *Gen. & Corrupt.* 91; ~ia proprie non sunt scita, sed intellecta: intellectus enim est ~iorum, sciencia conclusionum (DUNS *Post.*) *GLA* III 206n. **b** ~ia sunt, quibus res in quolibet mistorum genere est facta, quae quia insunt, et jam certam sibi naturam substratam habent, in qua vigeant, et cum qua educi possunt. haec ~ia alia sunt ab Aristotelicis et non prima omnium intelliguntur. .. ~ia, autem sunt tria Mercurius, Sal, Sulphur *LC* 258a; ~ia, chymica *LC Ib.* tria ~ia, Moses in secundo capite non saltem mineralia intellegit *Ib.* 290b; *schoham*, lapis concretus crassioris inter principia Salis concreti signaculum existit *Ib.*

7 original or innate propensity.

habere aliquam disposicionem vel ~ium inclinans naturaliter ad vicium OCKHAM *Dial.* 592.

princissa [cf. ME *princise, princesse*], female member of a royal family or household, princess, noblewoman.

1321 Matill' Acaye ~a *TreatyR* I 622; inter .. ~am et .. Hugonam *Ib.*; injuriosa detencione prefate ~e *Ib.*; **1463** compotum Willelmi F., thesaurarii magistri hospicii nobilis ~e Anne, ducisse Bukyngham' *Comp. Dom. Buck.* 41; s**1467** domina Eliz. ~a ac primogenita Edwardi STONE *Chr.* 113.

†prineto, *f. l.*

†prineto se angelus [πριέτω σε ἄγγελος], necet te angelus *GlC* P 652.

pringnans v. praegnas.

pringrius, kind of plant, ? pimpernel.

hec pimpinella, A. *primerolle* .. hoc ~ius, idem *WW.*

prinio v. pernio. **prinsura** v. 2 presura. **printa, ~um,** v. prenta.

prinus [LL < πρῖνος]

1 holm-oak (*Quercus ilex*).

~us, i. ilex arbor vel lentiscus *Gl. Laud.* 1214; alter adest, coitusque locus dum queritur, arbor / prinus erat, sub qua vidimus esse, refert A. MEAUX *Susanna* 394; quasi ipse .. sub ~o .. pigricie pausaret *Reg. Whet.* II 366.

2 blackthorn, sloe (*Primus spinosa*).

hec ~us, *neirespine Gl. AN OX.* 554.

priodarius, preodarius [W. *priodawr* < LL proprietarius], (W.) peasant proprietor, tenant.

omnes ~ii liberi et nativi *Surv. Denb.* 150; istos pastus facit quilibet preodarius habens domum, sive fuerit liber sive nativus .. dicunt eciam quod filius liberi preodarii post mortem patris sui dabit domino pro relevio suo antequam hereditatem suam possideat x s. *Ib.*; ~ii .. tenent hic in quatuor lectis *Ib.* 165.

prior [CL; v. et. prius]

1 of or belonging to an earlier time or stage, former, previous, earlier; **b** (pred.). **c** (as sb. m., usu. pl.) man of an earlier time, predecessor. **d** (as sb. n. *~us*) earlier moment, (*per ~us*) at an earlier time, formerly, previously, before.

cum .. ~orem carnificem tanta prodigia videntem in agnum ex lupo mutaret GILDAS *EB* 11; sed et ~ori Dei populo etiam in praesenti datum est ut .. BEDE *Prov.* 949; c**810** illam .. fidem quam ~ores patres nostri devote servaverunt *CS* 334; saecla priora quidem, lubrico fantasmate lusa FRITH. 10; Anglici burgenses ibi manentes habent suas ~ores consuetudines *DB* I 179ra; cum post piraticas rapinas .. ~ori gratie redditus esset W. MALM. *GR* II 197; **1270** sub ~ori sigillo quod [*sic*] tunc utebamur *Cart. Chester* 130 p. 144. **b** diligamus quia ipse ~or dilexit nos BEDE *Ep. Cath.* 112. **c** secundum auctoritate [*sic*] majorum nostrorum adque priorum THEOD. *Laterc.* 13; noscendis ~orum gestis sive dictis .. curam .. impendis BEDE *HE pref.* p. 5; a ~oribus nec traditum nec fortassis compertum BALSH. *AD* 29. **d** **1373** quadraginta solidos argenti quos idem Johannes ab eis per ~us cepit *Deeds Balliol* 69.

2 that precedes immediately, (the previous).

pridie, in ~ori die OSB. GLOUC. *Deriv.* 477.

3 (sts. w. *posterior, secundus*, or sim.) first of two, first-mentioned; **b** (pred.). **c** (as sb. n. pl.). **d** (in title of book, as sb. or w. *Analytica*) Aristotle's *Prior Analytics.*

quorum ~ores .. cum lacrimis .. alii .. cum tristitia .. illud excipient GILDAS *EB* 1 p. 27; quarum [virginum] ~or .. filia Paulae .. adeo .. ingenio praedita claruit, ut .. ALDH. *VirgP* 49 p. 303; quorum prior locus est in ripa Pentae amnis, secundus in ripa Tamensis BEDE *HE* III 22 p. 173; inter duas etiam partes cum se precedit, ut 'Deus summus', ne nimius sibilus sit, ~or S sonum perdit ABBO *QG* 18 (20); ~or Willelmus rex GOSC. *Transl. Mild.* 21 p. 187; Hugonem Cestrensem et Hugonem Salopesberiensem ~orem fugavit, secundum interemit W. MALM. *GR* III 260; 'et ecce bestia alia'. hec bestia secunda ~oris alas evulsit et de terra sustulit ANDR. S. VICT. *Dan.* 55; quamvis .. cesset .. causa secunda, scribere nos tamen ~or illa premonet GIR. *TH intr.* p. 5; a Jabel, fratre suo natu ~ore, ordinatus et ornatus *Id. SD* 140. **b** cum illa [Eva] ~or peccaverit et Adam post et per illam ANSELM (*Orig. Pecc.* 9) II 150. **c** perversis doctoribus seductus est atque a sinceritate fidei depravatus habuit posteriora pejora ~oribus BEDE *HE* II 15 p. 116; fit .. nunc per ~ora, nunc per posteriora rerum manifestatio J. SAL. *Met.* 886A. **d** ex modo quodam docendi quem in his admirantius comperient in ~orum libris exercitati BALSH. *AD* 8; audiat .. ~ores Analetichos (NECKAM *Sac.*) *Med. Sci.* 373 (v. analytica); preter autem istos est liber ~orum, qui est de sillogismo in se et absolute considerato BACON XV 195; c**1301** similiter Aristoteles in ~oribus *Quaest. Ox.* 337; a**1332** libri ~orum Aristotilis *Libr. Cant. Dov.* 53.

4 first in series or sequence.

docere eos [novicios] ~orem petitionem facere LANFR. *Const.* 154.

5 first or who precedes in importance or authority, (as sb. m., usu. eccl. & mon.) a prior; **b** (w. *major, claustri*, or sim.); **c** (*~or episcopalis*) prior of a religious house whose abbot is mitred. **d** (of Hospital of the Knights of the Order of St. John of Jerusalem); **e** (of or in mendicant order, usu. as *~or provincialis*).

825 Torhthelm ~or (*Clovesho*) *Conc. HS* III 605; flectentes genua post quinque psalmos facto signo a ~ore [AS: *fram yldran*] *RegulC* 17; iterum monachus a diabolo invasus ad ~orem ecclesiae .. cucurrit OSB. *Mir. Dunst.* 19 p. 147; ~or monasterii .. Augustini GOSC. *Transl. Mild.* 30 p. 198; dicto ab abbate vel ~ore 'benedicite' loquantur in claustro LANFR. *Const.* p. 88; primo supprior, mox ~or, postremo abbas fuerat W. MALM. *GP* I 68. **b** inchoante ~ore claustri antiphonam 'Dominus Jesus' LANFR. *Const.* p. 110; ~or claustri, quocunque major ~or eat .. *Ib.* p. 143; supprior vel ~or claustri *Cust. Westm.* 17; supprior .. et tercius ac quartus ~or *Ib.* 18; absente .. majore ~ore *Ib.* 22; ~or conventualis cum advenerit .. dupplicabitur ei sua porcio tanquam priori nostro *Ib.* 80; **1353** ad te ejusdem monasterii ~orem claustralem .. direximus (v. claustralis 2d); **1478** abbas vel ~or capitalis domus alicujus conventualis *StatOx* 290. **c** alius vero sc. episcopus vel ~or episcopalis seu abbas alterius ordinis (*Cust. Bury St. E.* f. 106v) *HBS* XCIX 18. **d** s**1346** dominus Russingburgh .. ~or hospitalis sancti Johannis AD. MUR. *Chr. app.* p. 248. **e** **1235** viro venerabili .. fratri A. ~ori provinciali Fratrum Predicatorum in Anglia Robertus .. episcopus salutem GROS. *Ep.* 14 p. 59; voluit .. quod sicut ordo Fratrum Predicatorum xij habet ~ores provinciales vice xij apostolorum ECCLESTON *Adv. Min.* 51; **1297** littera .. ~ori provinciali fratrum ordinis Sancti Augustini .. ~ori provinciali de Monte Carmeli *Reg. Cant.* 189; **1312** dilectis sibi in Christo priori generali ordinis Sancte Marie de Monte Carmeli vel ejus locum tenenti ac ~ori provinciali ejusdem ordinis in Angl' *Cl* 130 m. 30 (28) *d.*; **1314** quem ipse Berengarius prefecerat in ~orem provincialem Anglie (*Rec. Eng. Domin.*) *EHR* V 108; **1426** Fratribus Predicatoribus de Perth .. ut patet per literas .. ~oris dictorum fratrum de recepto *ExchScot* 404.

6 (leg., of jury) a chief, foreman; **b** (of guild, in quots. Cont.).

1288 Reymundus Bernardi de Curbe ~or predictorum juratorum *Foed.* II 403. **b** **1306** ~oribus arcium et artificum .. civitatis Florencie *Pat* 127 m. 35; nobilibus et preclaris viris ~oribus arcium et vexilliferо justicie populi et communis Florencie (*Lit. Regis*) BEKYNTON I 250.

priora [CL prior+-a], (mon.) prioress.

c**1220** ego Mathildis ~a ecclesie Sancte Helene Lond' *AncD* A 2213.

prioralis [ML < CL prior+-alis], (mon.) of a prior.

c**1263** asserentes nos .. N. vestrum quondam priorem .. a statu ~i amovisse *DCCant.* 241; s**1465** in quadam alta camera habitacionis ~is sepidicti monasterii *Reg. Whet.* II 37.

prioratus [LL]

1 priority, pre-eminence, superiority.

ecce primus apostolorum quasi oblitus sui ~us BEDE *Ep. Cath.* 83; hi qui spirituales imperii ~um [AS: *ealdorscype*] .. exercent *RegulC* 7; quem ~um beatus Gregorius inter alterutram precepit [sc. inter

Cantuariensem et Eboracensem ecclesias], tute nosti H. CANTOR f. 4v; **s1162** dum inter se amplissime civitates de ~u disceptarent W. NEWB. *HA* II 8 p. 115; **s1237** propter Petri clavigeri dignitatem, .. necnon et cathedralem dignitatem, cum ~u vocationis M. PAR. *Maj.* III 417; certantibus .. filiis suis de ~u CIREN. I 368.

2 (eccl. & mon.) religious house governed by a prior or prioress, priory.

1201 quem ingressum habet in ~um de N. *CurR* I 382; **1217** ~um de Watton, cum terris, feodis .. *Pat.* 128; **1228** rex priori de S. salutem .. de xl marcis nobis reddendis qui arestati fuerunt .. in ~u vestro *Cl* 36; **c1266** fiet solucio [marcarum] in ~u de Newenham *Cl* 247; concessio unius orphane essende monialis in ~u de Kylburne *MGL* I 611; in ~u canonicorum regularium de Dunstaple (*V. S. Fremundi*) *NLA* I 456.

3 office or dignity or a prior, priorship; **b** (spec. as *claustralis* or *claustri*, w. ref. to domestic superior of cloistered monks).

cepit interea tedere Ceolfridum ~us, magisque delectare libertas monachicae quietis quam alieni cura regiminis *Hist. Abb. Jarrow* 8; **993** ~um praefati Æbbandunensis coenobii commisi *CD* 684 p. 267; **1073** onus ~us quod inportabile antea videbatur LANFR. *Ep.* 43 (18 p. 96); ab initio ~us sui EADMER *V. Anselm.* I 8 p. 14; ad ~us ministerium promoveri meruit ORD. VIT. IV 16 p. 287; cum tu novitius et claustralis appetas ~um P. BLOIS *Ep.* 13. 39C. **b** ad nullam prelationem valeret nisi ad ~um claustri W. MALM. *GP* I 49; ad infantum magisterium et ad curam claustralis ~us tuendam promovit ORD. VIT. III 2 p. 20; super officio perpetuo ~us claustralis monasterii *Meaux* III 191.

priorculus [ML < CL prior+-culus], (mon.) a little prior (perh. iron.).

hic ~us .. i. parvus prior OSB. GLOUC. *Deriv.* 406.

prioressa v. priorissa.

priorgenitus, previously begotten, or ? *f. l.*

†actigeni, priorgeniti [? l. antigenae, prius geniti] *GlC* A 649.

prioria [cf. ME, OF *priorie* < prior+-ia], (eccl. & mon.) religious house governed by a prior or prioress, priory.

1212 prior tenet j terram .. quam quidam R. .. dedit secum predicte ~ie quando ibi se reddidit canonicum *Fees* I 111; **1275** in priorya Spalding' *Hund.* I 272B; ad portam priorye *Ib.* 274a; **1373** Johannes Torkeseye .. vendidit unum librum magnum apud ~iam de Derteford in com' Cant' *Pat* 288 m. 4; **1415** item, lego ~ie de Bridlington c solidos sub ista condicione .. quod quilibet canonicus in predicta ~ia (*Test.*) *Foed.* IX 275.

priorissa [ML < CL prior+issa < ipsa], **prioressa** [cf. ME, OF *prioresse*], (mon.) head or deputy head of a community of nuns, prioress.

hic priorculus .. i. parvus prior et hec ~a OSB. GLOUC. *Deriv.* 406; **1179** in perdona per breve regis ~e de F. E., dim. m *Pipe* 75; **1198** E. de H. positus loco ~e de Wich' *CurR* I 50; **1221** rex concessit ~e et conventui de Wilton licenciam eligendi .. abbatissam *Pat* 326; **1228** de c acris bruere quas .. rex concessit ~e et monialibus de Bromham' *Cl* 19; **1287** Ricardus .. prioresse et conventui .. salutem *Reg. Heref.* 134; **1403** prioresse de Scomeburg et ejusdem loci conventus *FormA* 125; priioresse, et conventui et successoribus nostris *Ib.*; summonivit ~am de Clerkenwelle *MGL* I 601; **1520** abbatissa .. ~a .. subpriorissa .. tercia ~a *Vis. Linc.* II 153.

priorissalis [ML priorissa+-alis], (mon.) of or pertaining to a prioress.

dignitates abbatiales et ~es (*Ch*) *MonA* IV 108a.

priorissatus [ML priorissa + -atus], (mon.) nunnery or convent governed by a prioress.

1543 nomina monasteriorum, prioratuum, ~uum, et beneficiorum *Conc. Scot.* I cclv.

prioristicus [ML < CL prior *by analogy w.* logisticus], (log. & phil.) of or concerned with priority (? in time or importance).

nec aliter concipit philosophus racionem materie prime nisi considerando gradum ~um nature precedere prioritatem nature WYCL. *Form.* 212.

prioritas [ML < CL prior+-tas]

1 state or condition of belonging to or having occurred in an earlier time, priority. **b** (w. ref. to) ancestors (collect.) or previous generation(s).

si ergo in memoria est ymago ~atis aliquando affuit ~as in presentia sui ei imponens ymaginem J. BLUND *An.* 264; absit ut ~atem attendas temporis vel eternitatis in his NECKAM *SS* II 16. 4; si motus simpliciter est habens initium, ejus esse et ejus non esse dividuntur ~ate et posterioritate GROS. 103; **1253** si hoc probare poteritis .. quod .. castrum ceperitis antequam .. tunc .. castrum .. salvo custodiri faciatis .. si vero ~atem captionis .. castri ostendere non possitis .. tunc .. *RGasc* I 372a; poterit quis habere jus merum et proprietatem .. ex justo titulo .. sed majus jus propter temporis ~atem BRACTON f. 31; quid ad nos .. ~as aut posteritas temporis? ELMH. *Cant.* 87. **b** **1282** proditores nostri Lewelinus .. et David frater ejus .. qui etiam et quorum tota ~as semper, retroactis temporibus, prodiciones et guerras multiformes fecerunt (*Lit. Regis*) *Foed.* II 196; quemadmodum ystoriagrophorum grata laudabilisque ~as rerum gestarum nobis scribendo seriem pro nobis hactenus laboravit .. *DCCant.* 246; **1341** de conservacione jurium et prerogativarum .. regalium, que progenitorum nostrorum .. digne recolenda ~as magnifice defensavit (*Lit. Regis*) *Conc.* II 674b; **1343** regum Anglie .. recolenda ~as .. construxit ecclesias (*Lit. Regis*) AD. MUR. *Chr.* 144.

2 precedence in authority, rank, or dignity, priority.

1340 saniorem .. partem [communitatis] ex prerogativis in sciencia et ~ate domus aliisque consimilibus, ex quibus unus alio .. sanior solet numerari, vocari decerno *Deeds Balliol* 288; Christum respondisse semper inter ipsos [sc. apostolos] equalitatem esse debere, et ~atem auctoritatis ab ipsorum quocumque negasse OCKHAM *Dial.* 850; est ergo alia ~as dignitatis que tamen non est, ut Witcleff garrit, majoritas mundialis NETTER *DAF* II 196va.

3 (eccl. & mon.) office or dignity of a prior, priorship.

1272 cum .. Willelmus, nuper prior .. sponte et absolute ~ati sue resignaverit *Cl* 526.

4 first or principal part.

1312 eo est illa virgata terre ~as tocius hereditatis predicti Johannis de Asschlonde *IPM* 3017.

prioritialis [cf. CL prior+-itia+-alis], of a prior.

1542 rectorie dicte mense ~i dicti monasterii unite *Form. S. Andr.* II 190.

priorsum [LL], to the front, forwards.

~um, ad priorem partem OSB. GLOUC. *Deriv.* 466.

priorulus [CL prior+-ulus], (wretched) little prior.

c1430 de pigmeo et paupere ~o celle nostre de Belvero *Reg. Whet.* II *app.* p. 472; **s1432** quam .. pauperem ~um ab onere, injuste imposito, juridice exoneraret AMUND. I 304.

prisa, ~ia [ME, OF *prise* < CL pre(he)nsus *p. ppl. of* pre(he)ndere]

1 (act of) seizing, imprisoning (a person).

1313 quod nullus .. chalengetur occasione ~ie, detencionis vel mortis Petri de Gavaston' *Tract. Ed. II* 18.

2 (act of) taking or something taken (as customary or tributary payment); **b** (dist. as *antiqua*, *debita*, or *recta*); **c** (w. gen. or *de* & abl. to indicate (source of) product taken).

c1100 navis portans cc dolia .. vel plus debet ad ~am ij d. (*Ch.*) *MonA* I 143a; **1200** per ~am illam deterioratur ad walentiam x marcarum *CurR* I 144; **1220** ~as et creantias in villa vestra capere consueverunt constabularii ejusdem castri *Pat* 278; de ~is quas vicecomites ceperunt occasione placitorum corone *PlCrGlouc* 31; **1222** non vendantur [sc. aves] donec .. Henricus .. inde ~am nostram ceperit *Pat* 332; **s1250** eorum pecuniam .. accipiendo per tallias, per injuriosas extorsiones, tam mercimoniorum quam victualium quas ~as vocant, contra civium voluntatem et libertatem M. PAR. *Min.* III 72; **1254** illam prizam que antiquitus recipi consuevit, viz. duo dolia vini .. ex qualibet nave *RGasc* I 344a. **1260** militem nostrum E. de K. latorem presentium nostrum constituimus allocatum ad faciendam priseiam comitatus Richemund' una cum alio milite quem Henricus rex Angl' constituit .. ad dictam priseiam faciendam *Pat* 74 m. 6a; **1293** de .. omnibus aliis mercandisis venalibus venientibus infra portum de Hull post ~as .. regis *PQW* 223a; **1323** tempus habemus tranquillum in Anglia sine rapina et ~is consuetis *Lit. Cant.* I 109; **c1350** patriam solito modo ~is et oppressionibus devastando (*Reg. Roff.*) *MS BL Cotton Faustina B V* f. 57v. **b** **1254** de vinis suis que .. asportari faciat in Angliam, habeat ducenta dolia quieta de ~a .. salva tamen nobis antiqua ~a nostra *RGasc* I 320a; **1255** excepta antiqua ~a que de duobus tonellis fieri consuevit *CalCh* I 448; **1257** navis [quieta] de omnimoda ~a excepta debita et antiqua ~a regis, viz. uno dolio vini ante malum et alio post *Cl* 52; **1260** antiqua ~a nostra vini, unius viz. tonelli ante malum et alterius retro malum per viginti solidos pro tonello solvendos *Leg. Ant. Lond.* 103; **1274** salva tamen recta nostra ~a domini regis de vino sc. de nave .. duo dolea vini pro xl solidis *Ib.* 39. **c** **1203** pro ~a nostra xxvj tunellorum vini *Pat* 28b; **1204** defendunt ~am averiorum (v. deteriorare 2b); **1215** salvis nobis placitis ad coronam nostram pertinentibus et ~is vinorum (*Dublin*) *BBC* 20; **1230** ~a tine cervisie .. ville Bristol' (*Bristol*) *BBC* 327; **1262** de ~a lignorum et de ferramento *Rec. Leic.* I 98; capiendo ~as de bladis et aliis rebus, antequam venirent ad portum *Leg. Ant. Lond.* 51; rex nullam ~am capit de blado antequam navis sit ad portum *Ib.* 52; **1293** capit ibi prysas piscium *PQW* 604b; **1324** commissio facta ad capiendam certam ~am de navibus et batellis pro factura ripe regine *MGL* I 579; **s1297** quia nimis afflicti sunt per diversa talliagia, auxilia, ~as, viz. de frumentis, avenis, braseo, lanis, coriis, bobus, vaccis, carnibus salsis, sine solucione alicujus denarii de quibus se debuerant sustentasse WALS. *HA* I 68.

3 requisition.

1198 de ~is navium tempore guerre, l li. *RScac Norm* 309.

4 (w. ref. to extortion, loot, or booty).

1276 J. de S. .. et W. de S. indictati .. de aucis, [et] gallinis captis vi et retentis .. et quod hujusmodi ~as fecerunt absque pecunia soluta *Gaol. Del.* 85 m. 7; **1341** quia ut accepimus pro excessivis et importabilibus ~is et extorsionibus exactis et levatis tam per custodes ville .. quam alios ministros .. nos .. volentes .. remedium .. apponere .. concessimus .. *RScot* 613a; **1459** tempore quo naves Gallicorum advenerunt cum ~is Anglicis *ExchScot* 498.

prisagium [prisa+-agium; cf. et. OF *prisage* < CL pretium+-agium=*assessment*], prisage, customary payment levied usu. on imported wine.

1503 perdonavimus .. concelamenta tonagii, pondagii, ~ii vinorum custumarum et subsidiorum nostrorum *Pat* 592 m. 10; **1519** pro xix doliis vini Vasconie, unde pro ~io j doll' *Ac. Havener Cornw* 1f. 1.

prisaliae [cf. prisa; *aphaeretic form of* reprisaliae], reprisals.

1421 propter marquam, contromarquam, ~ias, seu reprisalias inter regnum nostrum Anglie et regnum Scocie seu partes Flandrie (*RScot*) *Foed.* X 190.

prisantia [OF *prisance*], assessment.

1244 exitus grang': .. in farina apud Ram' cv^xx^v r[inge] que fecerunt xij quar' dim' et p'sanc' [? l. prisancie], et iiij wok' ibidem lx r[inge] *Min Ac* 766/19.

priscelli v. periscelis.

Priscianus [LL], Priscian (*ob.* 518), Latin grammarian, (~*us magnus* or *major*; w. ref. to the first 16 books of his *Institutiones Grammaticae*). **b** Theodore Priscian (*ob. p* 400), author of medical treatise *Euporiston*.

ut ~us libro iij commentabatur ALDH. *PR* 132; quando auctores grammaticae artis .. regulas dissonas depromsisse cernebam .. Donato et ~o, Romano et Velio Longo dissentientibus .. BONIF. *AG pref.* (ed. *CCSL* p. 10); quid Probus atque Focas, Donatus Priscianusue ALCUIN *SS Ebor* 1555; de his que a nominibus fiunt auctor est ~us ABBO *QG* 3 (8); **c1080** ~us major, tractatus grammatice artis (*Invent.*) *EHR* XXXII 389; ~us grammaticus ORD. VIT. V 9 p. 343; unde et ~us ait OSB. GLOUC. *Deriv.* 7; Precianus magnus (*Catal. librorum*) *Chr. Rams* lxxxv; Prescianus constructus [sc. de constructione] *Ib.* lxxxvi; ~i regulas perlingunt R. BURY *Phil.* 9. 154. **b** refert Theodorus Priscianus quosdam asmaticos GILB. IV 190. 1.

Priscillianista [ML < LL Priscillianus + -ista], a Priscillianist heretic.

eo tempore [Theodosii] fuerunt heretici Piscillianistae [MS: Priscillianiste] R. NIGER *Chr. I* 48; heresis ~arum M. PAR. *Maj.* I 177.

priscus [CL]

1 who or that belongs to an earlier time, very old. **b** (as sb. m. pl.) men of old, ancients. **c** (*a ~o*) from of old, from time immemorial.

omittens ~os illos .. errores GILDAS *EB* 4; quem Gallicanum vocitabant sæcula prisca ALDH. *VirgV* 2115; **716** quo liberius ~a sollicitudinum sæcularium spineta camino spiritali fervens conpunctionis ignis absumat (*Lit. Hwætberchti*) *Hist. Abb. Jarrow* 30; vestimenta .. ~a novitate et claritudine miranda parebant BEDE *HE* IV 28 p. 276; pontificalis apex, priscorum formula patrum ALCUIN *SS Ebor* 1086; cedant .. poetarum preconia nec ~os heroas vetus attollat fabula W. MALM. *GR* IV 372; sic in ~is voluminibus reperitur ORD. VIT. II 10 p. 328. **b** ut .. juvenes mecum ludant qui ~os respiciant et modernos *Dictamen* 340. **c** ecclesie in quibus numerose a ~o bibliothece continebantur W. MALM. *GR* II 123.

2 (sb. f. as personal name) Prisca.

et prope Paulus et Crescentianus, ~a, Semetrius .. pausant W. MALM. *GR* IV 352.

prisia v. prisa. **prisio** v. priso. **prisius** v. prisus.

priso, ~io, prisona, ~us [ME, OF *prison* < CL prensio]

1 (act of) seizure, imprisonment.

1281 ~io et custodia .. personarum secularium captarum apud B. ad castellanum .. pertinet *RGasc* II 129b; **1313** ad illum articulum credencie quod nulla ~io debet fieri nisi per rectum processum, respondetur quod .. rex providere non potest .. quin officiales sui et ministri aliqua faciant minus juste *Tract. Ed. II* 10; **1324** eis preceperunt .. quod apud Newegate ~oni se redderent *MGL* II 296.

2 prisoner.

1130 Albericus de Ver reddit computum de dl li. et iiij dextrariis pro ~one qui aufugit de custodia sua et pro forisfactura comitatuum *Pipe* 53; **1166** in ~onibus conducendis ad Notingeham pro foresta *Pipe* 36; **s1174** ~ones vero qui cum domino rege finem fecerunt .. sunt extra conventionem istam *G. Hen. II* I 78; **1227** rex perdonavit .. excessum quem fecerunt suspendendo sine licencia regis quosdam ~ones qui evaserunt de prisona regis de Norhamt' *Cl* 4; **1272** qui pecuniam illam extorserint pro ~onis dimittendis per plevinam *MGL* II 356; pro escapio ~onorum [v. l. ~onum] *Fleta* 64; **1300** debent visitare quosdam ~ones in dicta prisona *Rec. Leic.* I 368; **1313** intellexit quod fuit accordatum coram vobis quod nullus prizonus imprisonaretur nisi per rectum processum *Tract. Ed. II* 8; **s1326** migravit ab isto seculo .. intestatus quia ~ona fuit *Ann. Paul.* 312; ad habendum corpus cujusquam ~one in Neugate *MGL* I 614.

3 prison; **b** (spec. as *arta, bona, fortis et dura, libera* or *vilis*). **c** (by metonymy) imprisonment (as a punishment); **d** (w. ref. to captivity or false imprisonment).

omne malefactum in quo infamia laboraverit, ponit malefactorum in ~ione per justiciam *Cust. Norm.* 51. 1; **1200** in ~ona episcopi Saresbiriensis *CurR* I 193; **1207** corpus ejus in ~one ponatur (*Breve Regis*) GERV. CANT. II *GR app.* p. lviii; **1269** ideo idem Thomas committitur ~one *SelPlForest* 52; **1276** ipsum retinuerunt in ~ona et verberaverunt et combusserunt plantas pedum ejus *Hund.* I 180a; **1290** de ~ona ductus fuit coram justiciariis .. in ferris et decapillatus tanquam priso (*CoramR*) *Law Merch.* III 11; **1318** in operariis conductis ad mundandum ~onam mulierum publicarum, xvj d. ob. *MunCOx* 259; **1388** idem W. H. quosdam prisones in gaola predicta in custodia sua existentes per duricias ~one viz. per imposicionem unius pressure de ferro posite super pollices eorundem prisonum et alias diversas penas coartavit quousque dicti prisones certas pecunie summas pro relaxacione dicte pene sic eis facte obtinenda predicto W. H. solverunt *IMisc* 242/21; *a preson*, carcer, argastulum, gaola, presona *CathA*. **b** in ~ione vili ducis agat penitenciam *Cust. Norm.* 56. 3; **1258** in libera ~ona (v. carcer 1c); **1277** de Bekaset pro bona ~ona xl s. de

Is' de Kent pro libera ~ona l s. *KR Ac* 249/22; c**1320** custos gaole de Newgate posuit homines attachiatos pro transgressione .. non tangente feloniam .., in vili ~ona et profunda inter latrones (*AssizeR London*) *Lond. Ed. I & II* II 156; **1368** in forti et dura ~ona (v. 1 poena 2); **1399** cum .. in arta ~ona ipsius episcopi adhuc moretur *Pat* 352 m. 42. **c** 1286 qui non habet plus perdendum, punitus fuit per ~onam *Eyre Chester* 12r 7d.; puniatur .. per ~onam duorum annorum *Quon. Attach* 95. **d** 1214 ceperunt eum .. et posuerunt eum in ~onam, sc. in firgiis, et posuerunt eum in uno celario *SelPlCrown* 68; **1221** Petrus Judas cepit quendam hominem et tenuit in ~ona quousque obiit et post mortem ejus suspendit eum per pedes *Ib.* 92; de prisonatoribus et ~onam habentibus vel facientibus *Fleta* 24.

prisonabilis [prisonare + -bilis], liable to imprisonment, imprisonable.

1292 licitum est ballivis .. ipsum capere et inprisonare si sit ~is vel ipsum arestare si non sit ~is sed arestabilis *Year Bk. 20–21 Ed. I* 127.

prisonagium [OF *prisonage*], prison-fee (paid by prisoner to gaoler).

1289 utrum homines .. ville, dum capi contingebat eosdem, de torragio seu ~io fuerint liberi et immunes, antequam participarentur in justiciatu immediato .. ville *RGasc* II 323b; **1315** arrestatus .. solvat .. quatuor denarios pro torragio vel ~io et non ultra *Ib.* IV 1626 p. 473b.

prisonare [priso + -are; cf. ME *prisounen*, OF *prisoner*], to imprison. **b** (p. ppl. as sb. m.) prisoner.

1196 ~averunt T. .. servientem vicecomitis *CurR* I 20; **1245** rectatus est et ~atus *IMisc* 1/4. **b** cepit inquisicionem .. per homines affines et consanguineos predictorum ~atorum *State Tri. Ed. I* 55; c**1300** datur nobis intelligi quod vos deberetis duxisse in ~ato quod non poneret se in illos qui ipsum accusarunt *Year Bk. 30–31 Ed. I app.* 529.

prisonarius [prisona + -arius; cf. et. OF *prisonier*, ME *prisoner*]

1 of or connected with prison or imprisonment, (as sb. m.) prisoner. **b** (as sb. f.) female prisoner.

1279 breve ad habendum corpus ~iorum coram justiciariis *MGL* I 297; ipsum arrestavit .. et ipsum liberavit vicecomiti tanquam ~ium *State Tri. Ed.* 56; **1347** ei concedere velimus quod ipse Willielmum de Rameseye et Patricium de Dunbar milites de Scocia similiter ~ios nostros pro .. negotiis .. ad partes Scocie destinare valeat *RScot* 708a; **s1363** venit rex Ciprie .. conducens secum unum regem Paganum de Lecto dictum ~ium *Eul. Hist.* III 233; papa .. potest liberare omnes ~ios [v. l. prisinarios, ME: *þe presoneris*] existentes in penis ad voluntatem propriam *Concl. Loll.* XII 9 p. 302; **1430** lego xx s. ad emendum panem .... ~iis in castro Ebor. *Test. Ebor.* II 8; **s1438** redempcionem ~iorum guerra captorum et omnimodorum aliorum lucrorum guerre AMUND. II 172 (=*Reg. Whet.* I 89); **s1439** Johannes comes de Somerset postquam denarius fuit 19 annis ~ius applicuit in Angliam W. WORC. *Itin.* 248. **b** 1422 vicecomes castri Ebor' .. ipsam secum duxit ut ~iam in castrum Ebor' *Mem. York* I 203; nec aliquis .. prisonarios seu ~ias capere audeat dum armati non existant UPTON 134.

2 prison-officer, gaoler.

teneantur miles, clericus, et serviens ut ~ii inferiores donec de consensu evasionis .. se acquietaverint *Fleta* 70; precipit rex .. custodibus gaolarum .. quod .. debitores .. custodiendos admittant .. alioquin de satisfaciendo hujusmodi creditoribus debito petito teneantur et si hujusmodi ~ii ad hoc non sufficiant, superiores inde respondebunt *Ib.* 139; **1289** proprium et perpetuum carcerem non faciemus .. tamen nostros proprios ~ios quoscumque apud Agennum .. tenebimus *RGasc* II 365.

3 (as sb. f.) prison-house.

1286 quod carcer sive ~ia fiat communis in villa predicta .; de carcere tenebit unam clavem .. prior .. et aliam ballivus *RGasc* IV 5128 p. 10a.

prisonator [prisonare + -tor], one who imprisons, imprisoner (in quot. one who imprisons unlawfully).

de ~oribus et prisonam habentibus vel facientibus *Fleta* 24.

prisonatus [prisonare + -tus], imprisonment.

1242 captus fuit .. et .. positus in ~u *AssizeR Durh* 48.

prisonus v. priso. **prissitare** v. pressitare. **pristare** v. praestare. **pristinum** v. pistrinum.

pristinus [CL]

1 that belongs to an earlier or original stage (of person or thing), pristine.

claudos et mancos incolomitati ~ae [*gl*.: antique, *þære ærran*] restituendo ALDH. *VirgP* 34 p. 276; studens .. monasterii locum .. a ~a flagitiorum sorde purgare BEDE *HE* III 23 p. 175; **796** qui fraterno amore pro se cotidie intercedat et lacrimis lavet ~ae errores vitae ALCUIN *Ep.* 105; **822** memorando ~ae locutionis antecessoris mei *CS* 308; ~e glorie memores W. MALM. *GR* II 181; c**1127** Scottorum ecclesia ~a antecessorum nostrorum diligencia Cantuariensi ecclesie amabilis et familiaris extitit *Regesta Scot.* 8; c**1250** preterea panis monachi redigatur ad statum prestinum *Ord. Ely* 2; **1279** aliud warrantum ostendat quam †pittinum [MS: pristinum] si sibi viderit expedire *PQW* 337b; **1300** ceroferarii .. intrent chorum et tunc redeant ad officium prestinum, nec discurrant invicem vel cum aliis, illicite trufando et confabulando *Vis. Ely* 13; **1429** Christus .. redemit humanum genus et vite ~e restauravit *Heresy Tri. Norw.* 90.

2 in an early stage (*i. e.* unripe).

albane, plurali numero ~e nuces OSB. GLOUC. *Deriv.* 47.

pristris v. 1 pistrix. **prisura** v. 2 presura.

prisus [cf. OF *pris = p.* ppl. of *prendre* < CL pre(he)ndere; prisa < ME, OF *prise* + -us], **~ius**

1 (as p. ppl.) taken, seized, or exacted as prise, prised, requisitioned.

1327 solvendo pro quolibet dolio, sic ~o, viginti solidos (*Cl*) *Foed.* IV 273.

2 (as sb. m.) one who is held captive, prisoner, or hostage.

1242 Amblardus .. tempore guerre .. stetit in servicio nostro et est in treuga nostra tanquam unus de ~iis nostris *RGasc* I 127a.

prius [CL]

1 (as adv.) at an earlier time or stage, previously, formerly, before, earlier (than). **b** (*non ~us .. donec*) not .. until.

si autem consecratum ~us fuit missas in eo celebrare licet THEOD. *Pen.* II 1. 5; somnium quod ~us [*gl*.: ante] viderat ALDH. *VirgP* 25 p. 259; caelicolas ista prostravit belua superbos / qui prius angelica fulserunt luce corusci *Id. VirgV* 2744; in India a qua ~us Hercules terrae motu fugatus recessit *Lib. Monstr.* II 6; ut .. fructus bonorum operum ibi nascerentur ubi ~us .. homines bestialiter vivere consueverant BEDE *HE* III 23 p. 175; arripe tela tibi prius inconsueta, sacerdos ALCUIN *SS Ebor* 169; constat quod ~us fuerint aves quam ova NECKAM *NR* I 48 p. 100. **b** 1412 non prius sibi interdicatur officii ministerium, donec .. congregacionis judicio satisfiat *StatOx* 217.

2 first, to begin with.

sed vellem ego ~us a te ipso audire quid .. opineris ANSELM (*Gram.* 2) I 146; tandem prece et instantia populi victus, sibi ~us unum, et postea filio alterum eruit oculum P. BLOIS *Ep.* 95. 302C; qui licet ~us multum reniteretur, eorum denique prebuit peticioni consensum TROKELOWE 66.

3 (as prep. w. acc.) prior to, before.

c**1221** revocato in statum debitum quicquid inveneritis ~us appellationem hujusmodi temere attemptatum .. *Ch. Coupar Angus* I 76; quod Christus non regnabit ~us diem judicii OCKHAM *Err. Papae* 971.

priuscus [cf. CL prius, priscus], that belongs to a previous or earlier time, old, ancient.

de qua visione dubitare non potuit, quia ita se subito sanum invenit ac si priusco tempore nihil umquam mali habuerit ALEX. CANT. *Mir.* 41 (I) p. 239 (cf. ib. II: ac si prius omnino nihil mali habuerit).

priusquam [CL, al. div.]

1 (conj.) at an earlier time than, before (usu. w. subj.).

qui, ~am formaretur in utero, praescitus et ~am exiret de vulva, sanctificatus GILDAS *EB* 47; prius tamen quam suppleti fuissent sex milia annorum dixit quia apparuit .. Jesus Christus ad eripiendum genus humanum THEOD. *Laterc.* 4; credendum est quod prius Lucifer .. corruisset quam protoplastus .. crudeliter cecidisset ALDH. *VirgP* 11 p. 239; fecerat .. ~am Brittaniam veniret, monasterium BEDE *HE* III 4 p. 134; ~am exiret de loco, petitae lucis gratiam recepit *Ib.* IV 10 p. 225; ut sonitus latronum audivit ~am videret ASSER *Alf.* 97; non prius tamen occubuit quam interitu Reinerii .. mortem suam compensasset W. MALM. *GR* I 47; vicesimo quarto [capitulo decreverunt] ut prius probentur laici quam monachentur *Id. GP* I 5 p. 11; dictum est quod non prius pestis ipsa quiesceret quam in basilica .. altare construeretur M. PAR. *Maj.* I 307; **1426** non prius presumat precentor tonare psalmum .. quam antiphonista plenum neuma vel tonum saltem perfectum cantaverit (*Const.*) AMUND. I 213.

2 sooner than, rather than.

dicit quod sibi liberatus fuit ~am Rogero Bigot *DB* II 338v; sed tamen prius sit vox recta quam omissa, nam habitus precedit privacionem HAUBOYS 184.

priva, sort of small boat, or ? *f. l.*

proficiscens vidi per mare has naves: dromones, galeas, cum galeis militaribus, lembos, ~as, liburnas, et triremes [*gl.*: lembus .. est parva navicula, ~as parve naves sunt; ? l. lembos, parvas liburnas] GARL. *Dict.* 137.

privabilis [ML]

1 who can be deprived (of office or dignity).

1425 fatebatur .. excepto quod ubi ponitur privandus asseruit se dixisse ~is (*Depositiones Eccl. Proc.*) *Surtees Soc.* XXI 22.

2 (log.) liable to privation, that can be removed or taken away.

pro quo notandum quod omnis malicia, formaliter dicta, est privacio boni. ideo, quot sunt maneries bonorum ~ium, tot sunt maneries maliciarum ut aliquod est malum pene, aliquod est malum subjective, et aliquod effective, et aliud significative WYCL. *Ente* 211.

privare [CL]

1 to deprive or rob (of, w. abl., *ab* or *de*): **a** (person or thing); **b** (abstr.); **c** (w. ref. to preventing or sparing from). **d** (pr. ppl. as sb.) one who deprives. **e** (absol. log.) to cause privation. **f** (intr.) to be deprived (of).

a si quis .. ebrietatis causa psallere non potest, stupens elinguis, caena ~atur GILDAS *Pen.* 10; Cinomannis, dudum a Martello succensa et domino suo Hugone ~ata W. MALM. *GR* III 236; callide regnum fratri surripiens, illum a regno ~avit M. PAR. *Maj.* I 280; cum .. persona ecclesie de Bardewalle .. judicio ecclesie .. ~atus fuisset de eadem *State Tri. Ed. I* 68; statuit ut quicumque pacem infringeret capite ~aretur *Eul. Hist.* I 379. **b** conflictationes hominum mente corruptorum qui veritate ~ati sunt GILDAS *EB* 105; dum unusquisque divina illuminatione ~atur, statim molestiis turpium cogitationum pulsatur *Ps.-*BEDE *Collect.* 271; quem dira .. fortunae ferocitas .. regenerantis gratiae sacramento ~atum [*gl.*: alienatum, segregatum] perniciter oppresserat ALDH. *VirgP* 26 p. 261; merito salute ~antur qui principium sapientiae, timorem Domini .. non habent BEDE *Prov.* 944; s**742** sit suo gradu ~atus *ASChr.*; c**1370** nos .. te .. annus .. a principalitate aule *MunAcOx* 470. **c** te pater Omnipotens servet per secula mitis / inferni vinclis verberibusque privans ÆTHELWULF *Abb.* 819. **d** ista privacio et inhabilitacio nulla est de jure, qui per appellacionem legitimam ab omni jurisdiccione ~antis fuit exemptus OCKHAM *Pol.* I 297. **e** latuit autem antiquos privacio propter maliciam sue accionis; nam cum accidit generabilibus, ~at illa SICCAV. *PN* 152. **f** s**1245** concilium .. in quo Fredericus .. ~avit summaliter imperio FL. WORC. *Cont. B.* 180.

2 to cause to disappear, to take away, remove.

ut, si unicum pignus .. ab illorum stirpe ~aretur [*gl.*: segregaretur, separaretur] ALDH. *VirgP* 36 p. 280; carpe .. escas urbane; non privent pocula mentem D. BEC. 1369; in ea [epilempsia] ~atur motus et non sensus GILB. II 109. 1 (v. ephialtes 1); privacio .. que est principium transmutacionis naturalis est semper cum potencia ad habitum quem ~at SICCAV. *PN* 43. **1407** terre terrarum prioris de W. .. quas Ricardus B. tenet .. fuerunt averyie quousque Ricardus B. ~avit *Doc. Bev.* 27.

3 (p. ppl. *privatus* as adj.) restricted for the use of a particular person or group of people, private: **a** (of property, artefact, or sim.) **b** (*camera* or *domus ~a*) latrine, privy (also ellipt. as sb. f.) **c** (of act) restricted to the person, private. **d** (*in ~ato*) in private.

a sumptu publico ~atoque adjunctis secum miserabilibus indigenis GILDAS *EB* 18; ruebant aedificia publica simul et ~ata BEDE *HE* I 15 p. 32; privilegium, lex ~ata vel propria praesumtio *GlC* P 575; ita ~ate et publice opes ad naves deportabantur W. MALM. *GR* II 179; **1155** numerus domorum Sandune: aula, camera ~ata, grangie due *Dom. S. Paul.* 134; ingressa erat in ~atum thalamum suum, et clauserat ostium suum et privatum orabat Patrem suum AILR. *Serm.* 9. 18. 254C; **1401** construxit .. domum secessui necessariam, secretum sive ~atum dormitorium vulgariter nuncupatum *G. S. Alb.* III 443. **b** **1133** debet facere bonam domum et bonam cameram et bonam ~atam *BM Ch.* 103 (Warner & Ellis, *Facs. Charters BM* I. xiii); villani .. faciunt aulam episcopi in foresta .. cum butilleria et dispensa et cameram et ~atam *Boldon Bk.* 26; **1141** recepit .. j ~atam domum juxta cameram *Dom. S. Paul.* 136; **1200** alias tres domos .. et unam ~atam ad opus serviencium *Kal. Samson* 23 p. 87; cum ad ~ata accessissem ut opus nature facerem *Latin Stories* 104. **c** vitam ~atam et monachicam cunctis regni divitiis .. praeferens BEDE *HE* IV 11 p. 225; quod publica fletum / mors tibi privatum suggerit ipse probo L. DURH. *Dial.* I 78; potest tamen homo evidenciam hujus sue eximie sanctitatis et vite egregie venerari et in oracionibus ~atis ejus suffragia petere et se suis precibus commendare *Offic. R. Rolle* xix. **d** si hoc imperitus et juvenis conarer in publico quod peritissimus et etate provectior alius incipere: formidaret in ~ato L. DURH. *Hypog. prol.* p. 62; tanquam in publico dignitatem observans licentius natura ludat in ~ato GIR. *TH* II 43 p. 128; dicendum est quomodo quidam sunt vitandi in ~ato, quidam in publico T. CHOBHAM *Praed.* 77; c**1297** vos rogamus .. quatinus omnes et singulos fratres nostros .. efficaciter inducatis tam in publico quam in ~ato quod ipsi in suis oracionibus devotis nos apud Deum habeant specialiter commendatos (*DCCant.*) *HMC Rep.* I 263; colligere in tenebris, i. in ~ato et secreto, alimentum anime [ME: *as i þostre þat is dearneliche*] *AncrR* 47.

4 (*~atum sigillum*) privy seal (also ellipt. as sb. n.).

1377 per billam de ~ato sigillo *Pat* 298 m. 31; **1459** de mandato .. regis literatorio sub ~ato ostenso super compotum *ExchScot* 566; **1460** ut patet per literas .. regis sub ~ato et subscripcione .. ostensas super compotum *Ib.* 617; **1465** ut patet per literas .. regis sub ~ato .. registratas *Ib.* 321; **1583** per breve de ~ato sigillo *Pat* 1236 m. 21.

5 (eccl.) ferial, not festal, (*~atus dies*) weekday, 'private' day. **b** every alternate day of the week starting from Sunday.

~atis diebus .. revertantur ad lectos suos LANFR. *Const.* p. 87; post nocturna usque ad quintam feriam ante Pascham ~atis diebus dicant solitos duos psalmos *Ib.* p. 96; c**1325** qualiter diebus Dominicis vigilie aguntur .. qualiter ~atis diebus matutini agantur *Ac. Durh.* 717; ~atis diebus in Quadragesima *Cust. Westm.* 90. **b** in ~atis diebus, viz. Dominica, die Martis, die Jovis ac Sabbato, tria generalia ad refeccionem habuerunt fratres .., ceteris vero diebus, sc. feria ij, feria iiij et vj, duo generalia, in diebus autem sollempnibus .. W. MALM. *Glast.* 80.

6 (of person): **a** who does not hold public office. **b** not of noble birth. **c** (as sb. m.) private person or person not of noble birth.

a nemo ejus tempore ~atus latro, nemo popularis predo W. MALM. *GR* II 155; Rogerus autem considerans personas que cum illo aderant nimis esse ~atas, obtulit ei prudenter ac dedit inducias *V. Chris. Marky.* 42; **1285** ex feoffamento Edm' fratris regis Anglie qui est ~ata persona et non habet potestatem alterum feoffare *PQW* 247a; si vicarius .. parvam pensionem solverit .. domui religiose .. conpetit vicario assisa quam quidem si ~ate solverit persone non conpetit vicario set et persone *Fleta* 332. **b** s**1455** licet spuriosi dimidiatique sanguinis fuerit habueritque patrem qui de ~ata muliere procreamen sumpsit *Reg. Whet.* I 165. **c** reges, publici, ~ati, sacerdotes, ecclesiastici GILDAS *EB* 26; plures .. tam nobiles quam ~ati BEDE *HE* V 23 p. 351; si ~atus extraxerit falsarium a carcere RIC. ANGL. *Summa* 37 p. 81; appellandi .. ~ato licentia denegetur *Ib.*; nescio si .. cum aliquo procerum vel ~atorum tam manifesta sit actum pervicacia AD. MARSH *Ep.* 30 p. 123.

7 particular, specific.

persone ~atarum sectarum .. valeant .. ~atam regulam dimittere WYCL. *Compl.* 88; quedam .. glossa ~ata sic loquitur *Id. Op. Evang.* I 108; s1382 ingredientes religionem ~atam quamcumque ex hoc redduntur inhabiliores ad observanciam mandatorum Dei KNIGHTON II 180; **1437** absque quacunque condicione seu intencionis declaracione ~a vel expressa *Cl* 287 m. 11*d*.

8 close, intimate, familiar, privy. **b** (as sb. m.) close or intimate friend.

quod .. specialem divinae dilectionis praerogativam ac ~atam [*gl.*: non publicam, singularem, *asceredre*, *þa ascyredam*] amoris munificentiam .. promeruerit ALDH. *VirgP* 7; Judithe neptis regis conubio ~ataque amicitia donatus W. MALM. *GR* III 253; sepe conveniebant ad ~ata colloquia ORD. VIT. III 3. 46; **1214** tunc responderunt H. et A. de D. quod illi fuerunt de ~ata familia .. regis jurati quod si illi aliquid audirent quod fuisset contra regem quod .. regi illud intimarent *SelPlCrown* 70; decet imperatoriam magestatem ~atos habere fideles cum quibus delectabitur BACON V 51. **b** intus et in triclinio cum ~atis omni lenitate accommodus .. W. MALM. *GR* IV 312; Tyberius .. dixit .. Volusiano sibi ~ato *Flor. Hist.* I 111; ad hoc tendebant omnimodo ut exterminarent ~atum suum *V. Ed. II* 258.

9 (leg.) of the same family, related, (also as sb. m.) relative.

1285 quod ista excepcio mere jacet in ore ~ati et quod predictus abbas omnino est extraneus *Law Rep.* III 230; **1291** cognovit ipsum Henricum esse ~atum predicto Willelmo de cujus seisina *PlRCP* 89 m. 138; **1295** Willelmus pater suus obiit per quod idem Adam est verus tenens ipsius Roberti et ~atus quo ad tenementa predicta *Ib.* 110 m. 223.

10 removed from public scrutiny or cognizance, secret, confidential, private, (as sb. n. pl.) private business or affairs.

quamquam ipse primum parvus contemptibilis et ~atus futurus sit, indocibilis tamen erit ~ata loqui ANDR. S. VICT. *Dan.* 61; **1221** nomina occisorum in rotulo de ~atis *PlCrGlouc* 60; **1241** ad judicium de xij juratoribus quia non liberaverunt eorum ~ata ante ultimum diem *JustIt* 8692. 4.

privaric- v. praevaric-.

private [ML]

1 in private, privately.

unde, rogo, unus vestrum ad me velociter et ~e veniat *Enc. Emmae* III 3 p. 42; nitebatur semper occidere eum et publice et ~e insidias ei imponere *G. Roman.* 285; tunc papa per sibi assistentes erit ~e intoxicatus vel publice interfectus GASCOIGNE *Loci* 157.

2 as private person.

Lotharius diademate deposito ~e vixit DICETO *Opusc.* 215; ob inerciam depositus et clericus factus in monasterio ~e vixit *Eul. Hist.* II 121.

privatim [CL]

1 in private, privately (sts. w. implication of secrecy). **b** in a manner that does not attract attention.

commissum sibi gregem et puplice et ~im docere praetermittebat BEDE *HE* IV 21 p. 256; **1126** pollicitus es quibusdam nostrorum ~im cum sacramento et aetiam omnibus in capitulo dicens "non exibo a finibus Normanniae" *Ep. Anselm. Bur.* 97; s**1139** ista .. tum ~im, tum etiam publice, coram rege affirmans W. MALM. *HN* 470; mane facto revertens Godoschaldus ad Rogerum susceptam ab eo Christinam duxit ~im Redburnam ad archiepiscopum *V. Chris. Marky.* 43 p. 112; fieri debet homagium non ~im sed loco publico et communi, coram pluribus in comitatu, hundredo vel curia BRACTON 80. **b** nuces .. non .. sonoriter dentibus frangent, sed cum suis [c]nipulis ~im aperient *Cust. Westm.* 117; si qui nuces habuerint, non eas sonoriter dentibus frangent, sed cum suis cultellis ~im aperient *Cust. Cant.* 172.

2 as a private possession.

Simon . . donum Spiritus . . pecunia emere ac ~im cupiebat habere BEDE *Ep. Cath.* 91.

3 separately, independently, severally.

nec ego privatim constare bono sine possum TATWINE *Aen.* (*De malo* 3) 188; vespertinum officium canat unusquisque ~im [AS: *on sundran*] in loco suo *RegulC* 47.

4 in a special manner, specially, particularly.

adverbia quoque partim in quosdam casus, partim verborum modos temporare, partim in quaedam ~im nomina jus habent, ut per species contemplari licebit LINACRE *Emend. Lat.* V.

privatio [CL]

1 deprivation (of); **b** (w. ref. to seizure or confiscation). **c** (log. & phil., also as Aristotelian category στέρησις) privation, loss, negative quality (sts. contrasted with CL *habitus*).

homines ~one oculorum et amputatione pedum manuumve deformare parvipendebat ORD. VIT. VIII 24 p. 422. **b 1460** sub pena legiancie et pena mortis et ~one bonorum *Paston Let.* 611 p. 213. **c** quod dicis malum esse ~onem boni concedo: sed nihilominus video bonum ~onem esse mali ANSELM (*Casus Diab.* 10) I 247; ~o et habitus habent esse circa idem subjectum J. BLUND *An.* 129; similiter, cecum et videns sunt opposita ut ~o habitus NECKAM *SS* II 59. 5; nos intelligimus non ens [sc. nichil] per †prenomen [ed. Maloney: privationem] entis BACON *CSTheol.* 45; ~io est alicujus remotio negatio vel abjectio *Id.* VIII 44; contrarietas principiorum dicatur contrarietas ~onis ad habitum SICCAV. *PN* 41; ~o autem significat aliquid positive et affirmative, et illud idem quod suum oppositum, puta 'habitus', significat affirmative, ipsa '~o' significat negative OCKHAM *Quodl.* 547.

2 removal (of person from office or position). **b** act of taking away (a right or privilege).

ut non detrimentum monachice conversationis disciplina incurrat vel res monasterii abbatis ~one depereant W. MALM. *GP* V 221; **1295** ~o vicarii . . super vicio incontinencie *Ch. Sal.* 367 *tit.*; **c1335** sub pena ~onis a capella seu custodia capelle (*Ord.*) *Eng. Clergy* 256; non erant sex menses elapsi a ~one Ricardi usque ad prefeccionem H. GRAYSTANES 25 p. 79; **1514** beneficia . . per mortem, resignationem, ~onem sive dimissionem . . vacancia *Eng. Clergy* 198; **1520** sub pena ~onis ab eorum officiis *Conc. Scot.* I cclxxv. **b** in ~onem juris regalis nichil presumpsimus *V. Ed. II* 186. sunt . . quedam [pene] que dignitatis et ordinis inducunt depositionem vel alicujus actus ~onem vel prohibitionem BRACTON f. 104v.

3 castration (of animal).

1311 in ~one caponum et pulcell' jd. (*Cobynton*) *MinAc* 1040/21 m. 3.

privative [LL], (log. & phil.) in a manner that implies privation or negation, privatively, negatively (also contrasted w. LL *positive*).

lux et tenebra ~e opponuntur, et lux est color, ergo color et tenebra ~e opponuntur J. BLUND *An.* 120; ideo [Deus] positive non potest cognosci, nisi per effectum suorum operum, quamvis ~e [TREVISA: *privative*] et per abnegationem . . describatur BART. ANGL. I 5; intelligere indigestionem aut ~e ut indigestio dicatur nulla digestio GILB. I 68v. 2; in ~e autem oppositis, sicut cognicio est per se extremi habentis se per modum habitus seu positive, privacionis autem per accidens, similiter et potencia rationalis SICCAV. *PN* 139; ~e opposita dicuntur contraria T. SUTTON *Gen. & Corrupt.* 86; beatitudo insuper et miseria sunt contraria, non solum opposita ~e; habent igitur fieri per contraria positiva, non solum per opposita ~e BRADW. *CD* 114D; connotando positive vel ~e circumstanciam cause formalis WYCL. *Trin.* 85.

privativus [ML]

1 (usu. log. & phil.) that denotes or expresses privation or negation, privative (also contrasted w. CL *positivus*); **b** (w. obj. gen.). **c** (as sb. n.) thing that expresses privation or negation.

nomina que premisi incorporeum et insensibile universalibus convenire ~a in eis dumtaxat sunt J. SAL. *Met.* 882B; nihil potest esse tale in quo est lux; ergo inter lucem et tenebras non est ~a oppositio J. BLUND *An.* 130; forte ille conceptus ~us finiti

nihil ponit, quamvis det intelligere positivum DUNS *Ord.* III 38; dominium [sc. bonorum spectancium ad Fratres Minores] Romane ecclesie reservatum non est quid negativum vel ~um OCKHAM *Pol.* II 630. **b** sicut autem hoc nomine 'impersonale' tollitur et persona et numerus, ita hoc nomen 'innascibilis' ~um est et nascibilitatis et processibilitatis NECKAM *SS* II 9. 1. **c** nec tamen ista composicio 'ex positivo et ~o' est in essencia rei, quia privacio non est de essencia alicujus positivi DUNS *Ord.* IV 166; omnia concreta ~a et sua abstracta, sicut 'cecum', 'cecitas' . . 'privatum', 'privacio' OCKHAM *Quodl.* 515; ita est de omnibus ~is *Ib.* 547.

2 (gram.) privative.

'de' memorativum est et intentivum et ~um: de homine, detraho, desum ALCUIN *Orth.* p. 2334; a quo verbo [sc. βύω] et ab 'a' ~a preposicione derivatur abyssus GROS. *Hexaem.* I 21. 4.

privatorie [ML privatorius+-e], (gram.) in a form that denotes or expresses privation or negation, privatively.

sic fit ut quedam absque privatione negata vera sint, que ~ie affirmata vera esse non possint ABBO *QG* 21 (46).

privatorius [ML], that expresses privation or negation privative.

privo . . inde ~ius OSB. GLOUC. *Deriv.* 461.

privatus [cf. CL privare, privatio, habitus], (log. & phil.) privation, negation, absence (as Aristotelian category στέρησις).

lux quadrifarie partitur, quia aliqua lux est clara vel obscura, pauca vel multa, secundum Aristotelem et Averoys, qui ponunt nigredinem ~um, albedinem habitum sive formam BAD. AUR. 149.

privebatur v. provehere.   **privelegium** v. privilegium.

1 priveta [ME, OF *privete* < ML privitas], a privy.

s1404 loca tantum tria communia, sc. ~am, capellam . . AD. USK 89.

2 priveta v. trivecta.

privetustatus v. praevetustatus.

Privicarnium [cf. Carniprivium], Lent.

1289 in ~io primo venturo *RGasc* II 378a;

privigna [CL]

1 step-daughter.

~a, *nift GlC* P 604; data sibi in uxorem ~a W. MALM. *GR* III 257; nisi . . matrem filia facta ~a supplantasset GIR. *IK* I 3. p. 38; **1281** quam Dunelmensis ecclesia, ut ~a, effronter aggreditur *Reg. Ebor.* 202; hec previgna, A. *stepdoghter WW*; puella cujusdam pandoxatoris ~a *Mir. Hen. VI* II 39 p. 104.

2 step-mother.

~a . . sibi [puero], matre sua mortua, molesta et immitis erat EDDI 2.

privignus [CL]

1 step-son (sts. contrasted w. *filius*); **b** (transf. or fig.).

prifignus, *nefa GlC* P 675; non ~um sed filium se probet esse ANSELM (*Ep.* 249) IV 160; convalescente ~o noverca ingemuit ORD. VIT. XI 9 p. 197; que volens habere concubitum ~i sui Bellerophontis *Natura Deorum* 45; **s1239** filii in ~os convertebantur M. PAR. *Maj.* III 628; cur natum veluti prevignum deseris? WALT. WIMB. *Carm.* 476; de interitu gloriosi regis Edwardi previgni sui (*Brithnodus*) *NLA* II 540. **b** quidam sancte ecclesie matris nostre ~us . . domum nostram . . deprimere . . non cessat *FormOx* 387; **c1430** in omni previgno pacis et filio litis *Reg. Whet.* II 382.

2 (in gl., understood as) previously born.

prifignus, ante natus *GlC* P 677.

privilegialis [ML < CL privilegium+-alis], given or enjoyed as privilege.

1180 illa . . ~is ecclesie Romane protectio P. BLOIS

Ep. 58. 174A; quadam, ut ita dicam, ~i necessitate sanctam esse oportuit W. NEWB. *HA* III 15 p. 250.

privilegialiter [ML privilegialis+-ter], by way of privilege.

s1206 data est sententia diffinitiva a domino papa Innocentio pro monachis et ~iter in perpetuum confirmata *Flor. Hist.* II 132; **1300** licet . . sit . . idipsum ecclesie vestre per sedem apostolicam ~iter indultum *Lit. Cant.* I 14.

privilegiare [ML]

1 to endow with a privilege or prerogative, to privilege: **a** (person); **b** (town or city); **c** (eccl., or acad.); **d** (w. ref. to major festal days); **e** (transf. or fig.); **f** (w. ref. to exempting, also w. *ab* & abl. to specify exemption); **g** (p. ppl. as adj.) privileged, who or that enjoys special status; **h** (p. ppl. as sb. m.) one who enjoys special status, privileged person.

a nisi dominus ville . . sit ~iatus de feodo per chartam (*Leg. Malcolmi II* 9. 2) *RegiamM* p. 5; **s1190** papa ~iavit Hugonem Dunelmensem episcopum *G. Ric.* I 146. **b** rogans attentius quatinus memoratam villam, cum omnibus appenditiis suis et libertatibus prescriptis, sicut et ipse summus pontifex ~iaverat, ut et ipse rex eandem villam Abbendonie privilegio suos confirmaret *Chr. Abingd.* I 21; si quis nativus quiete per annum et diem in aliqua villa ~iata manserit GLANV. V 5; racione civitatis ~iate, que olim metropolis fuit et caput regni BRAKELOND f. 142v; **1271** vocati fuerunt in loco non ~iato nec exempto *SelCCant* 183; villam Beverlaci ~iatam noverant *Mir. J. Bev. C* 338; vix in Anglia est locus aliquis qui non infra villarum ambitus contineatur, licet ~iati loci quidam . . FORTESCUE *LLA* 24 p. 54. **c** tractat de conventu monachorum in loco illo congregando atque cenobio ~iando . . simul et ~ietur monasterium M. PAR. *Maj.* I 358; Romam, ut ecclesiam suam ~iaret, petiit *G. S. Alb.* I 4; scolas publicas variarum artium . . innovavit. quibus in multis ~iare procuravit bona studentibus ordinando CANTLOW *Orig. Cantab.* 278. **d** si contingat in Dominicis ~iatis quas supra memoravimus BELETH *RDO* 66. 73; sunt ~iati dies quatuor quarte ferie, quatuor sabbata, tres dies Dominice . . septimana ~iata est ultima septimana Quadragesime *Ib.* 88. 91. **e** hi [sc. tropi] ad modum schematum ~iati sunt, et solis eruditissimis patet usus eorum J. SAL. *Met.* 849B; ratio qua prediti sumus et ~iati GIR. *GE* II 9 p. 209; ideoque si matrimonium carnale gaudet libertate indulta, spirituale matrimonium ~iatum est pleniore gratia libertatis P. BLOIS *Ep.* 54 165A; hac tamen speciali gratia et peculiali gloria Deus Angliam totius orbis angulum pre omnibus terrarum regionibus dignatus est illustrare et quadam dignitatis prerogativa ~iare *Mir. Wulfst.* II 16 p. 168. **f 1271** quis eos ~iavit a jurisdiccione ordinaria *SelCCant* 193; **1421** beneficiis . . exceptis . . aliorum . . quos . . a non solucione . . ~iavimus *Reg. Heref.* 7; **s1433** ab omni jurisdiccione temporali ejusdem penitus ~iare AMUND. I 334. **g** quod ~iatus non potes, privatus obtinebis W. CANT. *V. Thom.* I 27 p. 36; **s1179** rex Francorum in coronatione sua . . Philippum Flandrie comitem ~iatum habuit ministerialem DICETO *YH* I 438; **1267** concessimus eis quod ipsi terras . . et possessiones predictas ut ~iati tenere possint imperpetuum *Pat* 85 m. 17/18; tenementum est villenagium quamvis privilegiatum BRACTON f. 7; **1565** registrum . . omnium . . ~iatarum personarum juribus sive libertatibus . . universitatis . . utentium *StatOx* 392. **h** non penitus sed pene miles et prorsus ad gradum ~iatorum non perveniens W. CANT. *Mir. Thom.* VI 13 p. 424; **1262** circa negotium . . de ~iatis . . regis Francie . . attrahendis *RL* II 224; **c1270** nec de oblationibus a ~iatis alicubi aliquid requiratur *Conc. Scot.* II 11; **1285** ad instanciam Templariorum, Hospitalariorum, aut aliorum ~iatorum (*Stat. Westm.*) *StRealm* I 92b.

2 to confer or grant as privilege.

~iate lucis beneficio GIR. *TH* II 43 p. 127; de . . Anglorum regis ~iato in Hiberniam jure *Id. EH cap.* p. 219; cartas . . atque ~iatas libertates renovavit OXNEAD *Chr.* 104.

privilegiarius [CL], (one) who enjoys special status or privilege.

privileg[i]arius, qui utitur privilegio *GlC* P 812; ~iarius, qui utitur privilegio OSB. GLOUC. *Deriv.* 484.

privilegiatio [ML], (act of) endowing with privilege.

de fundatione . . et ~one monasterii *G. S. Alb.* I 4

rub. (v. dotatio 2a); remedium dispensacionis ac ~onis in dispendium deterioriacionis et ~onis WYCL. *Ver.* III 95.

privilegio v. privilegium.

privilegium [CL]

1 special right, privilege, prerogative (usu. conferred by bull, charter, or letter); **b** (w. *ut* & subj. to specify privilege); **c** (eccl. & mon., spec. as *~ium clericale*). **d** (*~ium fori*) right to have a case heard in court; **e** (ironic).

accepit ab eo .. epistulam ~ii ex auctoritate apostolica firmatam BEDE *HE* IV 16 p. 241; virronis exercitualia apud Danos qui suum ~ium [*Quad.*: socnam; AS: *socne*] habeat [v. l. habeant] (*Cons. Cnuti* 71. 3) *GAS* 359; ~io apostolico aut regio precepto plurimi [rectores] tuti sunt, ne judicibus suis obtemperent J. SAL. *Pol.* 680C; **1164** inspectis siquidem previlegiorum predictorum transcriptis *Regesta Scot.* 243; in Londonia tres principales ecclesie scholas celebres habent de ~io et antiqua dignitate W. FITZST. *prol.* 9 p. 4; **1258** contra privelegium regi et regno suo a sede apostolica indultum *Cl* 309; **1275** non speret se usurum ~io universitatis *StatOx* 61. **b** habet ex antiquo ~ium ut in precellentibus festivitatibus ad dextram ejus consideat W. MALM. *GR* II 192; dedit .. ~ium ut clerici terre sue non irent ad placitandum extra potestatem eorum ORD. VIT. III 2 p. 26. **c 1254** racione ~ii clericalis (v. clericalis 1d); **1260** licet coram eis propter ~ium clericale respondere nolit vel non possit *Cl* 150; **1262** cum W. de W. clericus .. rettatus esset .. de receptamento R. le Rus qui Robertum dictum Hobbe le Maryner interfecit et in prisona de L. detentus et postmodum ab ipso episcopo per ~ium clericale esset requisitus et ei liberatus *Cl* 190; c**1300** amisistis ~ium clericale, eo quod estis bigamus *Year Bk. 30–31 Ed. I app.* 530. **d** a**1204** ~io fori, regie prohibitioni *Reg. Paisley* 54; qui autem in jus vocatus fuerit, veniat de principali causa responsurus vel fori ~ium allegaturus RIC. ANGL. *Summa* 15; **1237** ad solutionem .. faciendam .. obligat se et omnia sua .. renunciando ~io fori, regie prohibitioni, et omni juris remedio *CurR* XVI 11; c**1240** omni appellacione, exepcione, et cavillacione cessantibus, et fori ~io et prohibicione regia et omnis juris remedio civilis et canonici nobis ratione personarum vel rei competenti vel competituro *Cart. S. Greg. Cant.* 189; **1261** renunciando .. ~io fori et maxime crucesignatorum et crucesignandorum *Cl* 464. **e** alios quamplures more materno per spiritalem sacri baptismatis uterum a primi parentis ~io regeneravit B. *V. Dunst.* 30 p. 42.

2 (document that contains) text of privilege.

781 ~ium libertatis ecclesiasticae .. libenter subscribens *CS* 239; testimonium ~ionis [v. l. privilegii] *Ib.*; **897** investigavit haereditarios libros Cenulfi regis, et in ~iis illius scriptum inveniebat *CD* 323; cui rex precepit ut ~ium componeret, quod libentissime paruit BYRHT. *V. Ecgwini* 380 (*recte* 370); a**1070** concessi .. archiepiscopo dictare ~ium ad omnes illas terras *E. Ch. Yorks* I 88; hinc hundredum in veteribus regum Anglicorum ~iis centuriatam nominari frequenter inveniens *Dial. Scac.* I 17 p. 109; **1225** ad deferendum ad dominum regem ~ium quod Walterus .. [deposuit in] archa in celario .. templi *Pat* 551; cista, in qua commune sigillum et ~ia reconduntur *Cust. Westm.* 36; s**1388** misit rex pro cartis et ~iis Westm' apud Kenyngton' et in presencia cancellarii .. et aliorum .. ejus jussu erant perlecta *Chr. Westm.* p. 180.

3 privilege (transf.) inherent characteristic, grace. **b** person who exhibits grace.

propter peculiaris castimoniae ~ium [*gl.*: prerogativam, *for synderlicum wurþmente*, singularis lex vel privata] ALDH. *VirgP* 5 p. 233; **705** inde per omnipotentem rerum Conditorem tuae sanctitatis privelegium obsecro ut mihi innotescere digneris quid de hac re agere debeam WEALDHERE *Ep.* 22; degenerante masculorum ~io virilius et robustius feminei sexus [avium] efferuntur GIR. *TH* I 12 p. 36. **b** nec quisquam mihi succenseat .. quod beatum Thomam ~ium martyrum appello GERV. CANT. *Combust.* 16; decet .. ut hujus autentici ~ii [S. Thome] translatio valde solennis sit *Ib.* 26.

privitas [ML < CL privus+-tas]

1 state or condition of being a private person (in quot., as form of address).

1333 a vestre ~atis gloria imploramus que nobis deficit armaturam *Collect. Ox.* I 20.

2 something secret or confidential, a secret.

1241 ad judicium de xij juratoribus quia nullum presentaverunt inventorem nec liberaverunt ~ates suas ante ultimum diem *JustIt* 8692. 1d.

priviter [CL privus+-ter], privily, secretly.

s**1300** ~iter quidam ribaldus cum ballivis et coronatoribus domini regis in civitate predicta ad hospicium domini Galfridi de Burdun monachi .. personaliter accessit *G. Durh.* 22; s**1404** ducem Glovernie occiderat ~iter *Eul. Hist. Cont.* 402.

privus [CL], one's own, private.

quatinus sanctos .. innumerabiles ex ~is contribulibus possideret LANTFR. *Swith. pref.*; hac ratione vales ferulis nos subdere privis *Altercatio* 85; ad privum properatque thorum clavimque remoto / pulvillo cernens secum miratur WULF. *Swith.* I 352.

priza v. prisa.

1 pro [CL]

1 in front of, before.

cumque pro foribus aulae in qua vesci consueverant transitum fecisset .. OSB. *V. Elph.* 125; pro foribus ecclesiae receptaculum illis [feminis] congruum aedificavere GOSC. *Aug. Maj.* 58B; putabat se pro foribus .. habitaculi assistere (*Ithamar*) *NLA* II; sedente episcopo .. pro tribunali *Proc. A. Kyteler* 25.

2 for the sake of or purpose of; **b** (in phr. attached to sb. w. ellipsis of vb.); **c** (w. gd. or gdv.). **d** (*pro eo ut* & subj. or sim.) so that, in order that. **e** (*mittere pro* or sim.) to send for (in order to obtain). **f** (*pro meliori*) for the best.

eo quod sacrificium voluntarie seipsum optulit Patri pro nobis THEOD. *Laterc.* 21; **679** pro remedium animae meae dono terram *CS* 45; collecta pro hoc .. synodo BEDE *HE* IV 16 p. 242; mulier si filiam suam supra tectum ponet vel fornacem pro sanitatem [v. l. sanitate] febris, v annos peniteat EGB. *Pen.* 8. 2; omnis homo cesset a furto pro vita sua [AS: *be his feore*] (*Quad.*) *GAS* 161; **1220** qui pro negociis suis projectus est ad curiam Romanam *Pat* 280; pro majori securitate mortis scissum est gurgulio ejus FAVENT 18. **b 1314** in duobus molis pro mustardo *Comp. Worc.* 37; **1343** j equus albus pro sella elemosinar' *Ac. Durh.* 205; **1392** pro iij canclis pro trahere vinum *Ac. H. Derby* 208; **1451** lego .. unam obbam pro vino *MunAcOx* 624. **c** hanc ergo cum pro adjuvanda nave majori deposuissent in mare BEDE *Acts* 992; debent pro caballo transducendo iij denarios *DB* I 12a; **1180** pro .. cumulum thalami fractum reficiendo *Pipe* 150; **1332** quemlibet bovem pro v s. et quamlibet vaccam pro xl d. pro lardarium regi imponendo *LTR Mem.* 105 m. 13; pro libertate ecclesiastica .. roboranda *Croyl.* 5; c**1420** ad aliquam universitatem pro clericis fiendis destinare *Misc. Scrope* 302; **1549** diligentiam faciant pro perquirendis et comprehendendis suis apostatis et fugitivis *Conc. Scot.* II 92. **d** pro eo ut diceret, non cessabant haec semper decantare BEDE *Gen.* 34D; **1265** mercatores .. vobiscum finem quadraginta marcarum fecerunt, pro sic ut eis essetis in auxilium ad navem illam .. reducendam *Cl* 61; **1276** dederunt Waltero de Bocking' dim' marcam pro sic quod reciperet eum sine ballivo hundredi *Hund.* I 180a. **e** rex pro illo pictore destinavit, qui cum ad eum venisset *G. Roman.* 370; s**1326** rex et .. Hugo le Spenser .. miserunt undique pro hominibus armorum de retinenciis suis AVESB. f. 77v p. 282. **f** s**1342** pro meliori exstitit concordatum quod .. AD. MUR. *Chr.* 127; s**1392** J. S. reluctari nitebatur primo valde constanter, demum tamen submisit se pro meliori, ut alii faciebant *Chr. Westm.* p. 208.

3 for the benefit or in the interest of. **b** (*pro invicem*) for one another.

classis parata fortiter dimicare pro patria GILDAS *EB* 6; imitans et in hoc Christum animam pro ovibus ponentem [cf. *Joh.* x 11 or xv 13] *Ib.* 11; pro me tuo peregrino / preces funde Theodoro THEOD. *Pen.* (*Verse Epil.*) p. 203n; oravit pro animabus exercitus sui BEDE *HE* III 12 p. 151; **836** ut elemosinam .. communiter pro me et pro totum gentem Merciorum tam benigniter stare demittetis et multiplicare dignemini *CS* 416. **b** divertunt ergo ab invicem pontifices moerentes pro invicem, magis tamen pro se quisque pio timore sollicitus OSB. *V. Dunst.* 38 p. 116; a**1074** hoc tantum restat .. ut pariter vel gaudeamus vel solliciti simus pro invicem ANSELM (*Ep.* 4) III 104; c**1082** studeamus .. pro invicem orare LANFR. *Ep.* 10 (23 p. 106); cum singula illius corporis pro invicem sollicita sint membra: ut si quid patitur unum, compatiantur et reliqua AD. SCOT *Serm.* 355D.

4 in favour of (person or act).

1307 jurati concordaverunt .. et idem prefatus major cum aldermanno et communitate pronunciavit pro testamento isto tanquam legitime probato *RR K's Lynn* I 11; post sentenciam .. pro Athanasio [sc. latam a judice] OCKHAM *Dial.* 528.

5 in exchange for, as payment, reward, or retribution for. **b** (to indicate price) for. **c** (*pro amore*) for love, for free, gratis.

pro modico furtu xx dies peniteat EGB. *Pen.* 3. 7; mercedarius, qui mercidem dat pro labore sibi inpenso *GlC* M 181; pro unaquaque harum forisfacturarum solvet regi c sol' *DB* I 1 rb; pro quibus [Merclesham et Havochesten] dedit canonicis iniquam commutationem *DB* I 22b; †**948** (12c) ut pro caducarum expensione substanciarum percipere merear regnum *CS* 860; si .. aliquid .. acceperant .. pro disturbare ne inde .. querimonia veniret GERV. CANT. *Chr.* I 218; c**1280** pro qua terra .. prior et conventus .. Willelmo escambium equi valoris facient de terra de M. prenominata *Feod. Durh.* 189n. **b** emit octavam partem .. molendini .. pro l solidis *Cust. Battle* 135; Ricardus Talbot pro ij millibus marcarum redemptus AD. MUR. *Chr.* 75. **c** c**1330** sarclabit per unum diem pro amore .. et debet facere iij *lovebones* post precarias (*Ext. Barenton'*) *Growth Eng. Ind.* 585.

6 in place of, instead of.

veneratio nequitiae pro benignitate, cupido tenebrarum pro sole GILDAS *EB* 21; [barbosae mulieres] tigres et leopardos .. pro canibus nutriunt *Lib. Monstr.* I 22; sicut frustra panis pro frusta .. saepe scriptum invenimus BEDE *Acts* 993; translato ergo ad caelestia regna Osualdo, suscepit regni terrestris sedem pro eo frater ejus, Osuiu *Id. HE* III 14 p. 154; oves pro ovis, immo potius oves cum ovis, lupo dedit GIR. *GE* II 34 p. 332.

7 in accordance or conformity with, according to. **b** (*pro parte*) partly, in part (also w. ordinal numeral to indicate exact part). **c** (*pro rata*) in proportion (to), proportionately. **d** (distributively, to indicate interest or percentage) for each, per. **e** (in phr., *pro tanto quod* or *quanto.*) in as much as.

847 pro possibilitate virium faciat sibi secundum Salvatoris praeceptum *CS* 451; si .. valuissem .. interpretationem pro posse virium .. exsolvere B. *V. Dunst.* 30; ille Romam pro more profectus W. MALM. *Wulfst.* I 10; denique ut questioni tue pro meo captu [v. l. pro posse] respondeam ROB. BRIDL. *Dial.* 29; his dictis, pro velle disponentis confestim fiunt omnia T. MON. *Will.* VI 15 p. 252; c**1230** vidit capellanos quos constabularius pro voluntate sua vocabat ad celebrandum in castro de N. *Feod. Durh.* 224; **1415** volentes .. decretum .. predict' .. execucioni .. pro virilibus demandari *Conc.* III 375. **b** victo invisibili hoste pro parte a beato postquam adiit claustra arcisterii BYRHT. *V. Osw.* 418; Radulphus .. Niger .. qui pro quarta parte navem possidebat W. CANT. *Mir. Thom.* III 47; est fons in Momonia cujus aqua si quis abluitur, pro parte vel pro toto canus efficitur *Eul. Hist.* II 128. **c** c**1250** tam expensis personarum quam vicariorum pro rata suarum portionum *Conc. Scot.* II 13; c**1250** quelibet ecclesia pro rata temporis decimas percipiat *Ib.* II 22; c**1350** dimidia pars precacionis ab eisdem pro rata porcionum suarum *Ib.* 73; **1354** *les eschetours sont chargez .. a respoundre des parcelles de ditz rents et fermes* pro rata temporis *RParl* II 260a; pro rata pecunie mutuam graciam receperunt *G. S. Alb.* II 417; auxilia eciam de coperticipibus [*sic*] qui reddent pro rata si tenementum coperticipum allotatum evincatur FORTESCUE *LLA* 53 p. 134. **d 1203** dabo illi pro libra duos denarios de lucro *Starrs* I 24; **1571** pro .. usura .. ultra ratam x li. pro c li. pro uno anno (v. collateralis 3c). **e** caritas est laudabilis pro quanto est operis meritorii causa et principium OCKHAM *Quodl.* 592; pro tanto dixit apostolos in Judea non fuisse adeptos predia, quia non sic adepti fuerant ea ut illa sibi intenderent retinere *Id. Dial.* I 346; partim mensurabilis dicitur organum pro tanto quod non in omni parte sua tempore mensuratur HAUBOYS 182; c**1410** vestre .. bonitati me recommendo .. graciarum acciones effundens .. pro tanto quod vestra .. bonitas .. michi non vetuit per vestrarum litterarum inscripta solacia .. promissionis fructu clemencius visitare *FormOx* 191.

8 with regard to, in respect of, concerning, about.

isdem Osbernus tenet de episcopo Cilledene. pro uno *solin* et uno jugo et x acris se defendit *DB* I 11va; vide nunc quo modo, pro eo ut diximus, prefati numeri disponuntur ROB. ANGL. (I) *Alg.* 122; de omnibus oneribus .. rector .. respondebit pro tribus partibus et moniales .. pro duabus partibus *DryBurgh* 27; **1321** major et communitas .. respondent quod istud breve non dirigitur ipsis majori et communitati, sed tamen ballivis .. regis; et ideo nichil facient pro brevi isto *Lit. Cant.* I 47; pro fundacione .. dedicacione ac antiquitate patet evidenter ex vetustissimo chronicarum libro FLETE *Westm.* 34.

9 (w. verb that expresses treatment, consideration, or assessment) as being (of certain condition, quality, or status), for. **b** (in quasi-adverbial phr. *pro certo* or *constanti*) for certain, as a certainty, with certainty, (*pro vero*) truly, as the truth.

948 bona voluntas in die examinationis pro bono opere reputabitur *CS* 869; **956** etenim liquet neminem licere amovere hoc donum nisi anathema fieri pro minimo ducat *CS* 957; pro miserrimis ergo habendi sumus qui cum tribus digitis nobis signaculum fidei imprimere possumus, hosti nobis noxio et pernicioso succumbimus ALEX. BATH *Mor.* II 30 p. 151; pro multo infeliciore habendus est qui per caudam equi diaboli trahendus est ad furcas infernales *Ib.* III 12 p. 149; **1275** venit predictus officialis et petit ipsos tanquam clericos et ut sciatur pro quali ei liberari debeant, preceptum est .. *SelCKB* I 19; confirmatum fuit judicium .. tanquam bonum secundum legem .. Anglie .. qui .. judicium confirmaverunt pro bono *State Tri. Ed.* I 3; **1303** acquietanciam facimus per presentes loco omnium aliarum acquietanciarum que pro cassis amodo et juribus vacuis habeantur *DC Westm.* 12372; **c1345** sentencia excommunicacionis .. involutus et .. pro tali publice denunciatus *FormOx* 133; ut ex domo ejus templum facerent et ipsum pro deo colerent W. BURLEY *Vit. Phil.* 80; **1397** item quod Gwiliam de Clonne .. adulterat cum Agnete Clerke quam tenet pro uxore, superstite alia uxore .. cujus nomen ignorant (*Vis. Hereford*) *EHR* XLV 445; **1419** T. G. .. capitur per suspicionem pro Scoto *Mem. York* II 116; **1424** capellanum .. in magistrum .. collegii .. electum et .. custodibus pro magistro .. collegii .. notorie nunciatum *Lit. Cant.* III 145; **1476** quid ipsum arestavit pro felone (*AssizeR Newport*) *March. S. Wales* 88. **b** constat pro certo quia .. BEDE *Ep. Cath.* 45; ut quod de .. Mildretha confinxerunt pro vero credatur GOSC. *Lib. Mild.* 1; pro certo non est simplex bonum cujus voluntate perit summum bonum ANSELM (*Mon.* 18) I 33; pro certo didici *Canon. G. Sempr.* f. 128; **1301** intelligens .. pro constanti quod *Chr. Rams. app.* 374; **s1239** haec est namque causa pro vero M. PAR. *Maj.* III 588; scitate pro certo quod *Ib.* 596.

10 because of, in view of, on account of; **b** (w. inf. phr. treated as sb.). **c** (*pro eo quod*, *pro qua*, or sim.) because, in view of the fact that.

Joel monens inertes sacerdotes ac deflens detrimentum populi pro iniquitatibus eorum GILDAS *EB* 83; inlusio pro crapula facta a perceptione sacri mysterii prohibere non debet (*Libellus Resp.*) BEDE *HE* I 27 p. 60; principes sublimiores ibi anhelabunt pro ardore; non est qui faciat ventum illis *Ps.*-BEDE *Collect.* 381; **705** hac .. pro causa WEALDHERE *Ep.* 23; regi .. pro interna suimet neglegentia displicens BEDE *HE* V 13 p. 311; si quis sepem vel fossatum fecerit, pro quo strictior fiat publica via regis *DB* I 12b; Heliensis pagus perpetuo putidus est pro circumfusis paludibus DEVIZES f. 39v p. 66; **1201** Jordanus prepositus episcopi Exoniensis interfectus fuit .. et pro morte ejus fugerunt Reginaldus B. et E. et P. *SelPlCrown* 1; **1218** inventus fuit mortuus in nive pro frigore *Eyre Yorks* 245; **1225** vicecomes dicit quod non potest apponere manum pro comite Sarr' *LTR Mem* 7 17*d.* (olim 10 *d.*); **c1290** misit predictum hominem pro dicto suo ad prisonam *State Tri. Ed. I* 40; **1313** S. de H. existens super carectam .. cecidit pro mocione unius equi in eadem carecta ita quod .. statim obiit *Eyre Kent* 154. **b 1236** tenet Scorestan pro esse falkonarius domini regis *Fees* 586. **c** hoc faciebant pro eo quod eis perdonaverat saccam et socam *DB* I 1 ra; **c1100** moriens monachis eam [sc. decimam] jure reliquit, pro qua monachi eum nutrierant et studiose docuerant (*Ch.*) ORD. VIT. V 19 p. 443; pro eo namque logica dicta est quod rationalis J. SAL. *Met.* 859D; inde expulsi, pro eo quod tributa .. solvere recusarent DICETO *Chr.* 79; **1285** occasione emende olim .. imposite Gaylardo C., Guillelmo R. C., .. pro eo quia .. non liberaverant .. Gailardum de S. a capcione *RGasc* II 243b; **1311** non poteramus nos intromittere, pro eo quia illud factum evenerat ante tempus treuge *Ib.* IV 562 p. 164b; **s1322** pro eo quod .. confederatis favebat .. fuit .. decollatus AVESB. f. 77.

11 (in oaths): **a** by. **b** (*pro Deo*) in God's name.

a ho, hoh, pro gutture Dei! DEVIZES f. 36 p. 47; **s1254** "o pro capite Dei" ut utar verbis suis [Hen. III] consuetis, "quid sibi vult istud?" M. PAR. *Maj.* V 451. **b 1219** peciit ipsa pro Deo ut dimitteret ei anulos *CurR* VIII 35.

12 (w. words that express time) for a period of, for the duration of. **b** (*pro tempore*) for or at a certain time, at or for the time (being).

non habetur cognicio propria simplex de aliquo singulari pro tempore pro quo non potest haberi cognicio ejus specifica OCKHAM *Quodl.* 74; **s1102** hoc anno Henricus IV filius Henrici III cepit imperare apud Teutonicos, et regnavit pro ix annis KNIGHTON I 117; innocens pro tempore pro quo servat innocenciam WYCL. *Innoc.* 489; **c1415** habendum officium a .. vicesimo primo die Septembris pro termino vite vestre *BBAdm* I 374; **1441** concessimus prefato David Home officium ballivi de Coldingham pro quadraginta annis *Pri. Cold.* 126; **s1398** ducem .. pro decem annis bannivit a regno AD. USK. 24. **b** habet abbas loci illius, qui pro tempore fuerit, pontificalia ornamenta M. PAR. *Maj.* I 361; **a1350** cancellarius, qui pro tempore fuerit, nullum licenciet .. nisi *StatOx* 29; abbas qui in monasterio beati Augustini Cantuariensis pro tempore fuerit ELMH. *Cant.* 454; volumus quod .. abbas et conventus pro tempore existentes exhibeant imperpetuum octo cereos .. supra tumbam nostram (*Test. Hen. V*) *EHR* XCVI 90.

13 (w. temporal adv.): **a** (*pro nunc*, also as one word) (for) now, at present, for the time being. **b** (*pro tunc*) at that time, then. **c** (*pro semper* or sim.) for ever.

a 1292 viginti quatuor statuta pro nunc sufficiunt *MunAcOx* 61; **1318** ne que nobis pronunc constare videtur vos lateant, ecce (*DCCant.*) *HMC Rep. Var. Coll.* I p. 220; nolo eos pro nunc audire OCKHAM *Dial.* 593; **s1342** quod ad treugas ad minus pro nunc condescenderetis AD. MUR. *Chr.* 224; quoniam pro nunc .. non asserimus R. BURY *Phil.* 2. 32; **1450** cellam .. pronunc possessam aut imposterum, cum vacaverit *Pri. Cold.* 168. **b** inter metas terre Sancti Cuthberti protunc fuerat comprehensa (*Brev. Chron.*) *Hexham* I 220; omnis actus exterior potest elici a phrenetico et furioso, qui tamen pro tunc nullum actum virtuosum possunt habere OCKHAM *Quodl.* 101; **1399** ad terminandas, dissoluto parliamento, certas peticiones in eodem parliamento porrectas protunc minime expeditas *RParl* III 418b; **1431** ad ponendum ipsam multitudinem pro tunc in silencio et in cordium tranquillitate *Cl* 282 m. 17*d.*; **1442** rex, cum consilio suo ibidem protunc existenti mature avisatus *Pri. Cold.* 143; **1447** in denariis liberatis J. E. capellano, pro expensis J. W. protunc prioris, viz. a festo Pent' usque diem resignacionis ejusdem *Ac. Durh.* 631. **c** precepta affirmativa obligant semper, sed non pro semper OCKHAM *Dial.* 464; **1346** lectisternia viridia .. sine mora deponant simpliciter, et pro semper *Conc.* II 730b; **s1457** in Turcorum .. opprobrium .. pro sempiterno *Reg. Whet.* I 269.

14 (understood as) away from.

prosilaticum [v. l. profilaticum] dicitur a pro quod est procul et silacten [v. l. filacten] quod est custodire *Alph.* 150.

2 pro [CL], **proh, proth,** (interj., to express grief) oh! (usu. w. sb. in nom., also as one word).

sed proh dolor indigna suorum parentum .. incuria .. illiteratus permansit ASSER *Alf.* 22; incestuosi, parricide, homicide multi apud nos prodolor repperiuntur BART. EXON. *Pen.* 68; **1308** sed, procholor! nova et calamitosa vox (*Bulla Papae*) *Reg. Carl.* II 3; **1319** ut jam prothdolor .. sola fuga .. eorum superbiam vincere nos speramus *FormOx* 49; **c1322** proht dolor! *Pol. Songs* 270; proh dolor R. BURY *Phil.* 4. 60; **s1355** universitate Oxonie pro dolor! dissoluta AVESB. f. 124; sed protholor, hiis diebus BRINTON *Serm.* 51 p. 226; **1441** progdolor jam propter defectum observancie statuti *StatOx* 264; **a1445** in presentis .. temporis fece [MS *illegible*] quo pro nephas proch malum proch pudor (*Lit. Humf. Glouc.*) *EHR* XX 497; proth pudor FORTESCUE *LLA* 22 p. 50; propudor! quasi cum mureligis feras venatur qui feminam, quam tamen ad domesticam curam natura disposuit, educit a domo ad regendas gentes *Id.* NLN II 9.

proacurator v. procurator.

proaereticus [προαιρετικός], (gram.) purposive, that expresses purpose or preference.

verba ~a quia per se intendunt et non oblique accionem et passionem ut quorum sunt principia construuntur cum infinitivis, ut desidero legere *Ps.*-GROS. *Gram.* 50.

proafferre [CL pro- + afferre], to put forward, set out.

1192 quod habeant metas suas sicut proalate fuerant per sacramentum proborum virorum de civitate (*Dublin*) *BBC* 20.

proagere [ML < CL pro- + agere]

1 to bring forward, carry out or perform (in advance).

1284 hiis proactis, recepta sufficienti caucione *RGasc* II 221a.

2 (in gl.).

praesedit, proagit, defendit *GlC* P 733.

proamita [CL = *great-grandfather's sister*]

1 paternal great-aunt. **b** (spec. as) grandfather's sister.

filiis .. et filiabus et nepotibus et neptibus, avunculo et amita deficientibus tunc proavunculus et proamita heres propinquus BRACTON f. 64v. **b** ~a, proavia, soror avi OSB. GLOUC. *Deriv.* 484.

2 paternal aunt's grandmother.

~a mea, *minre faþan yldremoder* ÆLF. *Gl. Sup.* 174.

proarare [CL pro- + arare], to plough in advance (so as to delineate boundary).

c1200 pro dimidia carucata terre per rectas divisas sicut ego ipse et Johannes de H. .. proaravimus *Reg. Aberbr.* I 62.

proastium [LL < προάστειον, προάστιον], suburb.

c1305 excluserunt pedites et Wallicos qui hospitabantur in civitatis ~io ne regi periclitanti subvenirent (*Chr. Bury* f. 197) *EHR* LVIII 69.

proaula, proaulum [ML; cf. προαύλιον, πρόαυλις], vestibule, porch.

proaula, i. domus coram aula, *selde* ÆLF. *Gl. sup.* 183; Raginaldus in ipso ~o seorsum se armat W. FITZST. *Thom.* 136 p. 136; priaula, A. *a percha WW*; hec porticus, A. *porche*; hec ~a, idem est *WW*; hec paraula, locus ante aulam *WW*; *a porche*, consistorium, .. ~a *CathA*.

proava v. proavia.

proavia [CL], **proava**

1 great-grandmother.

proauuia, *þridde moder* ÆLF. *Gl. Sup.* 173; esse filiam et successive nepti Miltrudi ~iam GOSC. *Lib. Mild. cap.* p. 68; **1228** per assignationem Michaelis de S. senescalli Cecilie ~e sue *BNB* II 229; cum scema recitant matris et avie / patris et proavi sive proavie WALT. WIMB. *Sim.* 147; frater proavi et ~ie vel soror qui dicuntur proavunculus magnus et promatertera magna BRACTON f. 68v; **1290** quedam M. ~a sua obiit seisita de predicta terra ut de jure *SelPlMan.* 39; **1383** quedam Margareta S. ~ia .. Willelmi E. cujus heres ipse est, viz. filius Galfridi filii Henrici filii predicte Margarete *PlRCP* r. 327; hec ~a, *the forne modyre WW*.

2 (understood as) grandfather's sister.

proamita, ~ia, soror avi OSB. GLOUC. *Deriv.* 484.

proavunculus [CL = *great-grandmother's brother*]

1 maternal great-uncle. **b** (~*us magnus*) great-great-uncle.

filiis autem et filiabus et nepotibus et neptibus, avunculo et amita deficientibus tunc erit proavunculus et proamita heres propinquus BRACTON f. 64v. **b** frater proavi et proavie vel soror qui dicuntur ~us magnus et promatertera magna *Ib.* f. 68v.

2 uncle's grandfather, great-grandfather.

~us meus, *mines eames yldrefæder* ÆLF. *Gl. Sup.* 174.

proavus [CL]

1 great-grandfather.

gradus .. sic sunt: pater, avus, ~us, abavus, atavus, triavus quasi tertius avus *GlC* A 25; †**901** (12c) hoc est quod ~us meus Ecgberht rex comparavit *CS* 592; **11..** ~us, *þridefeder WW Sup.* 504; Galfrido de Mandeville, ~o presentis comitis Willelmi *Found. Waltham* 14; **1299** totus comitatus de Surr' fuit foresta tempore H. regis ~i regis nunc, unde idem H. rex obiit seisitus *SelPlForest* 117.

2 ancestor; **b** (applied to Adam).

avorum et ~orum genimina dinumerans ALDH. *Met.* 2 p. 68; cum haec de domo David illa de filiabus Aaron originem duxerit, animadvertat ~os earum .. BEDE *Luke* 319; genus a ~is .. nobile .. ducens *Id. HE* II 1 p. 73; junior [Athelbertus] .. dicitur ab illo .. ~o rege Athelberto a protodoctore Augustino primitus Christianizato GOSC. *Transl. Mild.* 2; David ille ~us Christi H. LOS. *Serm.* 408; reminiscere patrum tuorum et ~orum ORD. VIT. VIII 5 p. 293; **1220** ex dono regis Henrici ~i *CurR* VIII 254. **b** nostra vetus tunica est caro quam habemus ab Adam, nostro ~o [ME: *aldefader*] *AncrR* 141.

proba [LL], something that establishes a fact, proof, evidence. **b** ? sample (in quots. of grain) taken for testing.

1198 quod ipse Robertus Draac .. daret vadium et plegios ad ~am illam prosequendam *CurR* I 59. **b** **1274** r. c. de iij quart' frumenti de exitu de ~a; et de exitu grangie lxxiij quart' iij buss' frumenti cum curallo (*Chillerton, I. of W.*) *MinAc* 984/3 r. 3*d.*; de vij buss' dim' vescarum de exitu de ~a *Ib.*

probabilis [CL]

1 who or that meets an acceptable standard, worthy of approval, commendable, praiseworthy, trustworthy: **a** (of person); **b** (*vita ~is*, adj. also predicative); **c** (of act or abstr.).

a **673** quaeque decreta .. sunt a sanctis ac ~ibus patribus (*Conc. Hertf.*) BEDE *HE* IV 5; simile quoque huic aliud miraculum ostensione multorum ~ium virorum qui praesentes fuerant *V. Cuthb.* IV 5; beatissimus vir Oswaldus ~is extitit dignis actibus, et justus .. operibus BYRHT. *V. Osw.* 469; c**1077** ibi affuerunt ex parte episcopi ~es personae, paratae facere predictum sacramentum *Pl. Anglo-Norm.* 18; his operibus femine deputabantur, que natu nobiles, et sobriis moribus ~es, interesse regine obsequiis digne judicabantur TURGOT *Marg.* 4; erant vero ibi plurimi ~es trapazete, qui librarent, examinarent atque dijudicarent secum figuram, et pondus, et metallum .. dominicorum talentorum AD. EYNS. *Hug.* IV 9; **1387** scribat proficua et expensas .. ad dictam gildam provenientes et .. ostendat coram magistro et custodibus et †probabilioribus [l. ~ioribus] fratribus *Collect. Staffs* 4th S. XIII (1988) p. 25. **b** vita illius usque ad metam mortis ~is [*gl.*: laudabilis] extitit ALDH. *VirgP* 53; Dunstanum, qui vitae ~is et linguae extiterat eruditae B. *V. Dunst.* 13; pure et ~is vite monacho OSB. CLAR. *V. Ed. Conf.* 8. **c** a**751** provabilibus desideriis et petitionibus piis assensum semper praebere gloriosum constat esse *CS* 160; quo posset tam latum Christi ovile ~i cautela sine sui exitio custodire B. *V. Dunst.* 19; testimonium ~e GOSC. *Lib. Mild. cap.* p. 69; verum conjux illius lamentari non desistens, conqueri cepit quod non haberet, qui hoc ~i experimento addiscere audet ALEX. CANT. *Mir.* 35 (I) p. 228; spirituali cotidie nutriebatur adipe et ~i etas ejus tenera instituebatur moralitate DOMINIC *V. Ecgwini* I 1; nichil vita ejus sanctius, nichil justitia ~ius fuit W. MALM. *GR* II 160; non puto urbem esse in qua sint ~iores consuetudines W. FITZST. *Thom. prol.* 12 (v. desponsatio 1a).

2 that can be proved, demonstrable, provable; **b** (as sb. n.) thing that can be proved.

si autem insortiatus non fuerit mortuus set cutis variationem vel ~em corporis contrahat egritudinem (*Leg. Hen.* 71. 2) *GAS* 590; nam vivente abbate suo, qui .. sine ~ibus culpis .. per tirannidem furentis marchisi expulsus fuerat, alium abbatem suscipere dubitabant ORD. VIT. III 5 p. 82; **1433** pro eo quod quedam inquisicio .. ~is et manifesta juris et tituli predictorum evidencia existebat *Cl* 283 m. 4*d.*; **1451** omnia debita mea cognita et ~ia *Test. Ebor.* II 197. **b** cum hujusmodi aliquid dicitur ~ia falsi similia non sunt BALSH. *AD* 20.

3 that has the appearance of truth, plausible, probable. **b** (as sb. n.) thing that is probable.

~is erit narratio, si in ea videbuntur inesse quae solent apparere in veritate, si personarum dignitates servabuntur, si causae factorum exstabunt, si fuisse facultates faciundi videbuntur si .. ALCUIN *Rhet.* 22; **1166** excusationem qua diuturnitatem silentii purgare studuistis, sicut ~is est, ita probatam habeo et acceptam J. SAL. *Ep.* 180 (181); conjectant sanctum Patricium .. pestiferis cunctis insulam purgasse. sed ~ior asserit historia .. semper insulam destitutam fuisse GIR. *TH* I 28; tamen de theologia in se, cujus est subjectum essencia divina ut hec essencia (sicut dictum est de subjecto theologie) non videtur ~is DUNS *Ord.* I 204; alia .. responsio videtur quibusdam magis ~is KILVINGTON *Soph.* 45h; **1407** quam ~issima racione prelibatus BEKYNTON II 129. **b** [syllogismus] dialecticus est ex ~ibus faciens opinionem (SHIRWOOD) *GLA* III 16.

4 that can be brought to an approved state, reparable (unless to be construed as sense 1).

1300 Robertus de B. debet respondere de .. iij loricis ~ibus, ij loricis debilibus *Pipe* 145 r. 2.

probabilitas [CL]

1 quality or fact of being probable, appearance of truth (in quot. of sensual perception).

Ariana quidem pestis ceteris omnibus, que ante eam fuerunt, validius consurrexit adversus eam, fortiusque invaluit numero hostium, fortitudine tyrannorum, subtilitate sermonum, ~ate sensuum J. FORD *Serm.* 85. 3.

2 something that is likely to be true, a probability.

si quis autem alterne ~atis disquisitione utrimque exercitatus hoc non susceperit, differentiam tamen eorum que de aliquibus vera sunt juxta hec que dicta sunt quoque modo interim consideret BALSH. *AD rec.* 2 48; preterea, licet dicta opinio de duobus habitibus posset aliquam ~atem habere de theologia ut tradita est in scriptura DUNS *Ord.* I 203; ultima ~as que occurrit pro consequencia Philosophi declaranda, est ista .. *Ib.* II 192; istarum quinque ~atum, tercia et quarta possunt ponderari *Ib.* III 291.

3 qualification for approval.

1297 dumtamen aliqualis ~as personis assumendis [sc. in numerum monachorum] per fidedignorum testimonium .. suffragetur *Lit. Cant.* I 24.

probabiliter [CL]

1 in a manner worthy of approval, commendably, satisfactorily.

1236 et si utrumque sciat ~iter non tamen admittetur de plano, set ita ut sit in probacione primo per annum *Stat. Linc.* II 145; c**1407** de difficultatibus et dubiis que possent moveri ~iter ex textu vel processu in quo questio .. fundatur *StatOx* 194; a**1443** qui ipsum sic presentatum dummodo ~iter cantet, et bonam vocem habeat, in domo capitulari admittant *Stat.Linc.* II 347.

2 plausibly, credibly.

erit itaque opere pretium te laboris tui assecutum esse fructum, si bene solveris, me item, si ~iter opposuero, mea promissione non esse fraudatum ADEL. *QN intr.* 5; .. ut .. vix aliquis plenam scientiae laudem referat: adeo inveteratus usus placet, adeo fere nullus novis, licet ~iter inventis, serenitatem assensus pro merito indulget W. MALM. *GR* III 292; **1166** ad cetera quoque vitia ~iter dilatata interpretatione protenditur J. SAL. *Ep.* 193 (187); ut hoc figmentum delator regiis auribus tutius et ~ius presentaret GIR. *EH* II 19; **1258** satis .. exposuerunt nuncii nostri predicti qualiter nec nos nec frater noster .. de voto aut proposito vestro in parte illa nichil prorsus scivimus aut ~iter scire potuimus *Cl* 315; quamvis ista opinio possit ~iter sustineri OCKHAM *Quodl.* 682.

3 with a degree of probability, probably.

idem quoque cum reverentia et humilitate ~iter asseruerunt sufficere debere, .. in via mandatorum Dei .. currere ORD. VIT. XIII 13 p. 30; s**1253** ille callidus supplantator, calumniator iniquus .. servis Dei, quo ~ius stare videntur, eo fortiores ponit insidias *G. S. Alb.* I 392; quanto ~ius porcionem modestam .. ipse distribuisses ELMH. *Cant.* 209.

probamen [CL probare + -men], something that establishes a fact, evidence, proof.

spem solident signis, ventura probamine firment *V. Ed. Conf. Metr. I* 472.

probamentum [LL]

1 act of testing, proving.

aperuit autem quibusdam post largiora ~a perseverantibus in pulsando AD. EYNS. *Hug.* II 10.

2 something that establishes a fact, evidence, proof.

ut pluribus errorum ~is convincerentur BEDE *Cant.* 1075; insuper mentis ~is vestrae auctoritatis pro nobis explicavit devotionem ALCUIN *Ep.* 41; **9..** maximum securitatis ~um *Ch. Roff.* 34b; trepidabant affatim quasi pro judiciali ~o et virginis examinatione ne si ad lubricam juvenis propositionem eventus falleret GOSC. *Lib. Mild.* 26; satis .. abundeque mihi sufficiunt labor vester, solicitudo, et gratia ad omne vere dilectionis ~um D. LOND. *Ep.* 15; combussit omnes libros in quibus nobilitas gentis illius in templo servabatur ascripta, ut deficientibus ~is ipse ad hanc pertinere videretur M. PAR. *Maj.* I 78; mecum deliberavi protinus universa, que in partibus Italicis et Teutonicis addidici, et quorum ~a feci et sum expertus RIPLEY 180.

probare [CL]

1 to regard as right or good, approve: **a** (a person); **b** (w. gen.); **c** (w. inanim. or abstr. obj.); **d** (w. dependent clause); **e** (in gl.).

a ab hoc tempore ut ille ~atissimis viris revelavit, angelorum auxilio deprecatus Dominum in maximis angustiis suis non est defraudatus *V. Cuthb.* I 4; **10..** abbas propatus omnino, / benedictus a Domino / cum caritatis fructibus *Anal. Hymn.* LI 246; siquis .. per totum comitatum detulisset theloneum, ~atus inde referebat *DB* I 268rb; Ernulfum virum laude dignissimum, in scientia litterali et religione diu ~atum *V. Gund.* 48; ~atissimorum et authenticorum comprovincialium virorum testimonio GIR. *TH* II *pref.*; c**1298** rex ad regni regimen dignum deputavit, / Johannem Warennie, quem sepe probavit (*Dunbar* 102) *Pol. Songs* 168. **b** egregium artificem novimus abbatem Abbendoniae †pictusae [l. picturae], sculpturae et aurificii ~atissimum, Speraver nomine GOSC. *Transl. Aug.* 46A; penes episcopos .. erit potestas conversationis eorum ~antes .. humanius erga eos agere BART. EXON. *Pen.* 129. **c** c**798** citius ad confessionis ~atissima medicamenta confugiat, salutifero poenitentiae se abluat medicamine ALCUIN *Ep.* 138 p. 219; a**925** (14c) pecunia emit ~ata *CS* 640; vir prudens et ~ate per omnia religionis *Canon. G. Sempr.* f. 62v; ? c**1207** decrevimus .. ecclesiam .. instituere prebendariam, et in ea ~ate vite et litterature collegium facere clericorum *Dign. Dec.* 1; cesor bursam illius abscidit cum xl solidis ~ate monete publice *Mir. Wulfst.* II 22; ~atissimum Lucani proverbium GERV. TILB. II 17 p. 400; **1407** ~atur summa empcionum *Househ. Ac.* 265; **1410** que lana fuit sufficienter ~ata quod crevit in regno Anglie *ExchScot* 114. **d** a**1086** non ~o quod papam Gregorium vituperas LANFR. *Ep.* 59 (52). **e** ~atum, *heriendlice GlP* 471.

2 to put to the test, to test: **a** (a person); **b** (refl.); **c** (an animal); **d** (inanim. or abstr. obj.); **e** (absol.)

a si ~atus fuerit in omni penitentia, in lacrimis et orationibus, humanius circa eum episcopus potest facere THEOD. *Pen.* I 8. 12; a terra resurges, in igne ~aberis ALCH. *Ep.* 297; amicus in necessitate ~andus est [AS: *sceal .. cunnian*] *Prov. Durh.* 3; c**1166** interim ~at nos Dominus an diligamus eum J. SAL. *Ep.* 195 (189); bene dicitur, cum ~atus [ME: *ipreoved*] fuerit, quia Deus sic ~at [ME: *preoveð*] suos electos sicut aurifaber probat [ME: *fondeð*] aurum in igne *AncrR* 61; s**1418** strenuus ipse miles, tociens ~atissimus vir in armis *Ps.*-ELMH. *Hen. V* 64 p. 180. **b** dum se ~andi [v. l. reprobandi] formidat exercitium, occulta manet lux tota meritorum GIR. *TH intr.* p. 5. **c** ut cursu majore equos suos invicem ~are liceret BEDE *HE* V 6 p. 289. **d** obtime dicuntur quae monetarius ~at qui sic imaginat aurum vel argentum *Comm. Cant.* I 140; quia ~andi si sint vera an instructa mendacio nullus patet accessus ea quae per orbem terrarum aurato sermone miri rumoris fama dispergebat *Lib. Monstr. prol.*; historiam .. ad legendum ac ~andum transmisi BEDE *HE pref.* p. 5; **801** aurum perfecti decoris non erit, nisi fornace ardoris ~etur ALCUIN *Ep.* 232; si tantum ad ~andum intrasti religionem, sc. non premisso voto religionis cum proposito manendi in ea, toto tempore probationis potes redire ad seculum ROB. FLAMB. *Pen.* 32; sicut aurifaber ~at [ME *fondeð*] aurum in igne *AncrR* 61 (v. 1a supra); **1326** in carbone et servicio fabrorum ~ancium minam plumbi fundendam, xij d. *ExchScot* I 57; regem habemus non pro justicia alicui facienda .. sed pro nobilitate nostra conservanda et pro obediencia nostra ~anda *Itin. Mand.* 114. **e** nolo excusare illos ultra. ~a tu ipse, et sic potes credere mihi ÆLF. BATA 4. 7.

3 to put to the test by judicial process (sts. involving ordeal or combat): **a** (a person); **b** (a charge, also ellipt.); **c** (*~are duellum*) to put a charge to the test by means of a duel.

a si Anglicus non audeat eum ~are per bellum (*Quad.*) *GAS* 484. **b** **1201** hoc offert ~are versus eum ut homo maamiatus de hoc maamio consideracione curie *SelPlCrown* 2; hoc offert ~are versus eum per corpus suum consideracione curie *Ib.* 5; Reginaldus offert ~are per quendam liberum hominem Arkald qui filiam suam habet in uxorem pro eo desicut ipse transivit etatem lx annorum *Ib.* 7; hoc offert ~are per corpus suum sicut curia consideravit *PlCrGlouc* 16. **c** s**1344** qui ad duellum inde ~andum capucium suum jecit coram rege publice in parliamento OTTERB. 222 (v. duellum 3b).

4 (w. inf.) to try, attempt.

s**940** sic [? l. si] demonice fermentationis stimulo incedens nostrum integrum et inviolatum donum fraudulenter infringere ~averit *Chr. Abingd.* I 94.

5 to prove or demonstrate (to be or to have done something): **a** (a person, also ellipt.); **b** (w. inanim. or abstr. obj.); **c** (w. dependent clause or inf. as predicate).

a siquis de consuetudine sextarium mellis celaverit, ~atus inde pro uno sextario reddit quinque *DB* I 179rb; et perquirat *abere þeof* (fur ~atus) quicquid perquirat, aut qui de morte domini sui tractavit, numquam sibi vitam adquirant (*Quad.*) *GAS* 329; usurarios .. defendit rex Eadwardus, ne esset aliquis in regno suo; et si aliquis inde ~atus esset (*Leg. Ed.*) *GAS* 668. **b** cujus [sc. aquae] nos magnam suavitatem dulcedinis usque hodie degustantes cum gratiarum actione ~avimus *V. Cuthb.* III 3; cujus prophetiae verba quam veraciter essent prolata rei ~avit eventus WULF. *Æthelwold* 8; Delos .. eadem insula est que et Ortygia; quod sic ~atur *Natura Deorum* 16; **1201** si inter Christianum et Judeum fuerit dissensio de accommodatione alicujus pecunie, Judeus ~abit catallum suum et Christianus lucrum *SelPlJews* 1; Johannes .. melius ~avit vitam abbatis quam ipse abbas qui nunc est mortem predecessoris sui *State Tri. Ed. I* 4; primo hoc proponit secundo ~at T. SUTTON *Gen. & Corrupt.* 60. **c** ~are voluit si quis velit defendere dum pro deo habuerunt *Comm. Cant.* I 326; quod ita gestum rerum ~avit [*gl.*: manifestavit] eventus ALDH. *VirgP* 38; rex Henricus .. omnibus qui aliquid eorum que dixi fecisse ~ari poterant aut oculos erui, aut manus, vel pedes, vel alia membra .. faciebat amputari EADMER *HN* 229; nunc vero oportet, ut quod per numeros proposuimus, ex geometrica idem verum esse demonstremus [v. l. ~emus] ROB. ANGL. (I) *Alg.* 76; sicut non est ~atum quin possit velle illud in quo non reperitur aliqua racio boni DUNS *Ord.* II 103; **1460** bonum esset quod juvenis dux Suffolchie cum suis militibus et armigeris uteretur suis calcaribus et jam ~aretur in bello cui esset fidelis, an caro vel pissis *Paston Let.* 611.

6 (refl.) to prove oneself (to be); **b** (absol.).

cui [sc. hirco] miserrima [sc. mulier], et potius se bestiam patiendo quam ille agendo ~ans, se etiam ad abusum supponebat GIR. *TH* II 23; c**1211** se proditorem nostrum in hoc facinore manifestum esse ~avit *Id. Ep.* 6 p. 218. **b** ita vir beatus in utraque parte fidelis inventus est et quia ineptiori letitia non fuerit resolutus in prosperis, constans et incolumis in graviori necessitate ~avit J. FORD *Wulf.* 21.

7 to bear witness (in quot. absol.).

ad comitem Symonem mensurata, aperuit oculos, et sic, per merita martiris, vita restituta. o mira Christi clemencia! .. sed motu [? l. metu] regalium parentes noluerunt nec potuerunt ~are *Mir. Montf.* 86.

8 to prove by judicial process (sts. involving ordeal or combat): **a** (a charge); **b** (w. dependent clause); **c** (absol.).

a homines comitis Alani uno quoque anno habuerunt inde x solidos praeter iiij annos ultimos et hoc volunt ~are quolibet modo *DB* II 177a; hanc terram calumpniatur Robertus Fardenc .. et hoc vult ~are contra totum hundredum, omnibus legibus *DB* II 371a; si quis hujusmodi de se crimen confitens sceleris ejusdem consortes provocare voluerit, et objectum alii vel aliis crimen commisso duello ~are valuerit, mortem quam meruit effugiat *Dial. Scac.* II 7A. **b** quidam homo comitis vult ~are quod hundredum verum testatur vel juditio vel bello *DB* II 146b; si .. appellans victus fuerit .. qui se obligavit ~asse quod non potuit *Fleta* 51; **13** .. G. de K. venit ad hundredum et ~avit sexta manu quod duo boviculi qui vendicabantur erant suum proprium catallum *C. Baron* 88. **c** homines illius ville testantur quod Burchardus similiter habuit socam de liberis hominibus sicuti de suis villanis, et non habent aliquid testimonium praeter se, et tamen volunt ~are omni modo *DB* II 285b.

9 to act as a *probator*, to turn approver, to confess guilt, accuse accomplice, and seek to prove accusation by combat.

secus est de feloniam confitentibus .. dum tamen sua cognicio proprie felonie et proferum ~andi per coronatores .. sint recordata *Fleta* 56; *to blame*, .. reprehendere, ~are, vituperare *CathA.*

10 to prove ownership of (property, in quot. impounded beasts).

1372 Johannes Golye in misercordia quia non habet Willelmum Athelard ad ~andum iij bidentes hic qui exstiterunt in custodia *Arch. Bridgw.* 269.

11 to establish the genuineness and validity of, prove (a will).

1304 pro testamento isto bene et legitime ~ato *Deeds Balliol* 167; **1321** quod receperunt de testamentis ~andis *MGL* II 368; **1408** vos .. creamus .. nostrum .. vicarium generalem ad .. testamenta .. subditorum nostrorum defunctorum ~andum *Eng. Clergy* 190; **1535** ad ~andum .. testamenta *Mem. Ripon* I 107.

probaticus [LL < προβατικός]

1 that pertains to sheep, (*~a piscina*, also ellipt.) sheep pool (w. ref. to *Joh.* v 2).

~a piscina quae quinque porticibus cingebatur BEDE *Hom.* I 23. 83; ex altera parte templi Domini est ecclesia beate Anne matris Mariae matris Domini, juxta quam est ~a piscina *Descr. Constant. app.* 263; a domo Pylati ad ~am piscinam passus centum GERV. TILB. II 23; occuluisse solo Salomon rex dicitur illud, / tandem probatice ripa recepit aque GARL. *Tri. Eccl.* 46; item ~am piscinam, ubi Christus languidum sanavit BRYGG *Itin.* 384; s**1428** quomodo juxta ~am piscinam civitatis Londoniarum jacuisset AMUND. I 232.

2 that belongs to the fold (in quot. fig.).

qui palpo fuerit, ille pacificus / illeque dicitur esse probaticus; / qui vera loquitur est melancolicus WALT. WIMB. *Palpo* 25.

probatio [CL]

1 approval, assent.

iste leges .. presupponunt ~onem in populo ad utrumque PECKHAM *Puer. Obl.* 418.

2 (act of) testing or proving; **b** (w. ref. to judicial ordeal); **c** (w. ref. to a *probator*). **d** (*locus ~onis*) the folio on which one can find the means of testing (whether a book is the actual one cited, dist. from another copy of the same text).

~o quinque jugorum, id est corporalium rerum curiositas, que est vana gloria, ad concupiscentiam refertur oculorum ROB. BRIDL. *Dial.* 52; est autem notius, quod proponitur, ut ~one indigeat ALF. ANGL. *Cor* 1. 2; quomodo tribulatio patientiam, patientia ~onem, et spem sit operata ~o, postremo et caritatem eliquaverit spes J. FORD *Serm.* 96. 11; melius est ergo ~o veneni et tyriace in pullo quam in gallo *Quaest. Salern.* P 128; dico, quod quidquid concordat secundo G et primo. ~o: que equalia sunt eidem sibi invicem sunt equalia GARL. *Mus. Mens.* 9; **1330** per expensas domus domini regis per totum tempus compoti, testante rotulo ~onis super compotum vj^{c}xxxix li. v s. vij d. ob. *ExchScot* I 327. **b** in aqua fervente accipiat homo lapidem, qui per funem suspendatur, in simpla ~one per mensuram palmae, in tripla autem unius ulnae (*Jud. Dei*) *GAS* 407; si autem minister altaris accusatus adjutorio amicorum careat, oftam judicialem sumat et in ea divinum judicium subeat, nisi eucaristialem ~onem preeligat, et sibi liceat (*Cons. Cnuti*) *Ib.* 287. **c** .. regis probator dicitur. a die vero qua ad ~onem suscipitur usque ad expletum promissum, vel usque quo defecerit, ad victualia de fisco percipit quaque die denarium unum *Dial. Scac.* II 7B. **d** **1389** primo loco ponitur figura numeralis pandens quotus sit liber ille in ordine gradus sui; secundo adjungitur nomen voluminis; tercio numeralis locus ~onis; quarto dicciones probatorie (J. WHYTEFELD *Pref. Catal.*). *Libr. Cant. Dov.* 409.

3 (period of) probation, novitiate: **a** (mon.); **b** (acad.).

a de monasterii ~one diuturna ad heremiticam pervenerat vitam (*V. Furs.*) BEDE *HE* III 19 p. 168; si .. dicatur quod civiliter mortuus sit eo quod contulit se religioni, ex adverso responderi poterit quod vir redire poterit ad seculum quia non assumpsit nisi habitum ~onis BRACTON f. 310v; s**1227** postea concedant eis pannos ~onis M. PAR. *Maj.* III 137; novicii .. anno ~onis sue .. completo, in sexta feria semper suam facient professionem *Cust. Westm.* 226; **1330** ad habitum monachalem portandum .. tempore ~onis, et ulterius solempniter profitendum *Lit. Cant.* I 322; **1451** si .. vicarius cum aliquibus .. dispensaret, ut ~onis caputium minime portarent *Mon. Francisc.* II 83. **b** c**1390** conquerentes, quod .. de novo .. electi anno ~onis transacto forent in socios acceptati *FormOx* 229; **1425** dicti quatuor bacallarii .. ante annum ~onis .. plene ut socii incorporari non valent in eodem [sc. collegio]. *Reg. Cant.* I 344;

4 (leg.) probate (of a will).

s**1258** illa ~o nichil ratificat nisi ultimam voluntatem defuncti *Leg. Ant. Lond.* 41; s**1267** magnates .. civitatis denunciarent excommunicatos, eo quod recipiunt ~onem testamentorum de terris et tenementis legatis *Ib.* 106; **1280** ~ones testamentorum omnium scolarium indistincte infra .. universitatem decedencium *StatOx* 96; **1283** coram loci ordinario, ad quem testamentorum ~o pertinet, ejusdem defuncti testamentum examinatum extitit *Reg. Ebor.* 83; ~onem illam hactenus recipere recusassis *Reg. Brev. Orig.* f. 245v; **1535** testamentorum ~o, approbacio, et insinuacio *Mem. Ripon* I 107.

5 something that establishes a fact, proof, evidence: **a** (gram. & rhet.); **b** (log. & phil.); **c** (leg.).

a da exemplis horum ~onem ALDH. *Met.* 10 p. 85; hic altera ~o inducitur ALCUIN *Rhet.* 31; hoc quod tu a me exigis, ego a te intentus exspectabam; sed quoniam tu easdem ~ones asseris irreprobabiles: meum est qui dubito aperire quid me sollicitet ANSELM *Gram.* 146. **b** ~o sua est circularis, cujusmodi ~o non valet T. SUTTON *Gen. & Corrupt.* 65; in omni ~one, premissa debet esse notior conclusione *Ib.* 66; quod lapis secundum suum esse distinctum intelligitur a Deo ab eterno; unde bene procedit ~o illius W. ALNWICK *QD* 55. **c** sacha: quod, si aliquis aliquem nominatim de aliquo calumpniatus fuerit, et ipse negaverit, forisfactura ~onis vel negationis, si evenerit, sua erit (*Leg. Ed.*) *GAS* 647; cum opinionem ejus .. adversa ~o nequaquam evacuaret J. SAL. *Pol.* 575B; sine strepitu judiciali et sine libelli et articuli obligacione viriliter compellere, super quibus omnibus et singulis creditur simplici verbo dictorum mercatorum .. aut unius eorum certo nuncio, sine alterius honere probicionis [? l. ~onis] *FormMan* 11; **1309** quia impossibile est ~o filiacionis nisi presumptive *Year Bk.* 186; **1434** non habetur una ~o, licet mulier prius concessit, ut dicitur, et postea negavit *MunAcOx* 505.

probationarius [CL probatio+-arius], (acad.) probationer.

1565 nullus scholaris graduatus, socius vel ~ius ullo alio pileo quam quadrato .. extra collegii parietes .. utetur *StatOx* 386.

probativus [CL], that has the function of proving.

modus agendi est quintuplex, sc. diffinitivus, divisivus, ~us, et improbativus, et exemplorum positivus *Comm. Sph.* 249; signum hujus rei ~um est quod scivit literas cum non didicerit GROS. *Hexaem.* X 9.

probator [CL], (leg.) one who puts to the test. **b** one who confesses guilt, accuses an accomplice, and seeks to prove the accusation by combat; **c** (dist. as *~or regis*).

cum sis largitor, doni non esto probator D. BEC. 1483. **b** **1159** in liberationibus Willelmi ~oris xxiij s. *Pipe* 48; **1166** et in liberationibus Ricardi ~oris et custodibus ejus xx s. et vj d. *Pipe* 117; **1205** cives Norwic' suspenderunt ~ores qui arestati fuerunt apud Norwic' et optulerunt se facturos probum nostrum *Cl* I 37b; **1220** postea devenit ~or et cognovit totum et eosdem appellat quos Rogerus et eciam unum alium *SelPlCrown* 129; **1221** cognovit idem Robertus quod ipse latro est et non est diaconus nec subdiaconus sicut ipse prius se fecit. et devenit ~or ad faciendum quinque duella *Ib.* 92; **1250** in expensis Johannis de

Lintal ~oris circa ipsius armaturam quando pugnavit cum Ricardo de Hecham, quem devicit *LTR MiscR* 5/35; c**1300** melius est tibi recognoscere veritatem et devenire ~or, antequam per patriam sis convictus *Year Bk 30 & 31 Ed. I app.* 541; **1368** duello ibidem inter eos percusso prefatus ~or devicit prefatum W. *Pat* 278 m. 17 (v. *duellum* 3b); **1415** tonsores monete nostre, ~ores communes et notorii latrones seu felones *Mem. York* II 45 (cf. AMUND. II 169); **1419** devenit probator de diversis roberiis et feloniis (*Liber Albus*) *MGL* I 298. **c 1155** in liberationibus Hunfr' Pincewerre ~oris regis xxvj s. et iij d. et ob' *Pipe* 4; **1168** in liberatione ~oris regis et pro ipso ducendo et reducendo ad N. et L. xlix s. *Pipe* 174; quoniam igitur, objecto et probato criminis ejusdem reatu, vitam sibi salvare potest, et item quia ad regis utilitatem procul dubio fit quicquid ad regni pacem videtur accedere, regis ~or dicitur *Dial. Scac.* II 7 A.

probatorius [LL *as sb. f.=letter of recommendation*]

1 that pertains to testing. **b** that identifies a volume in a library catalogue.

triformis est sanctarum status animarum, ~ius, purgatorius, remuneratorius. in primo pugnant, in secundo pausant, in tertio sine fine gaudentes exultant W. DAN. *Sent.* 36; actor ante lapsum termini ~ii producere debet testes ad probandum libellum *Praxis* 37; si actor produxerit testes super libello, licet reo excipere tam contra dicta quam contra personas hujusmodi testium, qui testes rei dicuntur testes reprobatorii testium ~iorum; contra hujusmodi testes reprobatorios actor potest etiam excipere .., isti vero testes dicuntur testes reprobatorii testium reprobatoriorum ~iorum *Ib.* 154. **b 1389** primo loco ponitur figura numeralis .. quarto dicciones ~ie *Libr. Cant. Dov.* 409 (v. *probatio* 1d).

2 (as sb. n., mon.) novices' quarters.

Wardoniam se transtulit ingressu monachatus petito et impetrato, habitum mutavit, ~ium intravit J. FURNESS *Walth.* 33 (=BOWER VI 30); **1221** cum monasterium quoddam ordinis Cisterciensis intrasset in ~io cum novitiis commorando .. (*Lit. Papae*) *Mon. Hib. & Scot.* 20b; fecit .. in ~io cacellam testeam ad modum parvule cisterne sub terra (*Alredus*) *NLA* I 42.

probatrix [ML < CL probare+-trix], (sb. f.) one who confesses guilt, accuses an accomplice, and seeks (through proxy) to prove accusation by combat (in quot. dist. as *~ix regis*).

1155 in liberatione Willelmi filii Warini probatoris vj s. et viij d. .. et in liberatione cujusdem femine ~icis regis xv s. et ij d. et ob. *Pipe* 4.

1 probatus v. probare.

2 probatus [CL *n. pl.* probata < πρόβατον], sheep.

offers si probātos, interponĕre probātos H. AVR. *CG* f. 9v. 10.

probe [CL]

1 in a proper or appropriate manner, satisfactorily, aptly.

quam ob rem si quid ~e factum est, magis juvat fame trapete quam id ipsum fecisse ADEL. *ED* 8; jam vero Gunnulfus totus in lacrimis resolutus "~e, venerabilis abbas, locutus es" ait OSB. CLAR. *V. Ed. Conf.* 30; referens quam ~e quamque facete coegisset eum referre lapidem MAP *NC* II 23 f. 32.

2 thoroughly, well.

s**1141** comes Cestrensis, quamvis ancipiti periculo involutus, ~e tamen castelli angustias evasit W. MALM. *HN* 487 p. 47; mihi .. qui te suavitatemque ingenii tui ~e nossem FREE *Ep.* 58.

3 stoutly, in a valiant manner.

s**1140** comes Gloecestre .. militis et ducis ~e officium exequebatur W. MALM. *HN* 483 p. 42; s**1066** ille .. pugna commissa, hostibus diutius ~e resistens .. sagittarum imbre circa se ruente, oculo .. primo vulneratus *Chr. Rams.* 179; obsessi .. ~e resistentes duas naves regis combusserunt *Meaux* II 261.

probend- v. praebend-. **probicio** v. probatio. **probilio** v. probus.

---

probitas [CL]

1 moral integrity, uprightness; **b** (as mode of address).

coepit circuire in monasterio casulas infirmarum Christi famularum, earumque vel maxime quae vel aetate provectae vel ~ate erant morum insigniores BEDE *HE* III 8 p. 143; si probus es non sis jactator de probitate D. BEC. 93; ~ate .. atque prudentia non tacendus GIR. *EH* XI 10; **1391** consideratis et [MS lacuna] preclare ~atis meritis nobilis viri magistri A. de B., .. eidem .. super conversacione honesta .. testimonium perhibemus *MunAcOx* 471; quam et consuetudinem successores ejus observant, ita quod nichil ~atis vel virtutis facit progenies illa *Itin. Mand.* 142. **b 1301** rex .. consilio et probis hominibus ville Sancti Severi .. ~atem vestram rogamus quatinus .. *RGasc* III 402a.

2 (mil.) great ability, prowess, valour; **b** (dist. from *bonitas*). **c** deed that manifests prowess or valour.

Cenomanni, gloria quorum / bello monstratur per probitatis opem G. AMIENS *Hast.* 258; s**455** ~ate Gortimeri coarctatus, cum diu perseverasset .. fugit H. HUNT. *HA* II 3; Alfwoldus .. celebribus quatuor causis, prudentia sc. seculari, ~ate militari, generis nobilitate, et morum venustate, apud omnes sui temporis clarus habebatur et insignis *Chr. Rams.* 62; urbs Acronensis capitur probitate potentum / regum GARL. *Tri Eccl.* 142; s**866** cum comes Algarus junior magna militaris ~atis gesta fecisset *Croyl.* 18; s**1386** cum domino Henrico Persy juniore, quem Scoti Henricum Haatspore vocaverunt propter innatam sibi ~atem *V. Ric. II* 73. **b** ~as .. tam est boni quam mali; bonitas non nisi bonum, ~as utrumque facit MAP *NC* V 3 f. 60v. **c** prefatus heros post innumeras ~ates, dum ad ignem in hieme letus sederet ORD. VIT. III 5 p. 73; s**1141** vos igitur, consules et viri consulares, meminisse vos decet vestre virtutis et nobilitatis; hodie ~ates vestras innumerosas in cacumen fortissimum extollite GERV. CANT. *Chr.* 116; ob probitatem victorie plurimum ab Anglis collaudatur BOWER XV 15.

3 benefit that issues from high status, or resource that produces high status.

de bonis terre regis in magnam frugem multarum ~atum et divitiarum adoleverat W. FITZST. *Thom.* 96; a**1397** ~atem equitii abstulit, et debitum monasterii per cc libras et ultra ampliavit *Meaux* III 228.

problema [CL < πρόβλημα]

1 difficult or puzzling question proposed for a solution, enigmatic statement or riddle.

ut .. enigmatum ~ata luculentae urbanitatis versibus patefacias ALDH. *Met.* 10 p. 96; considerari .. debet parentis et prolis indubitata sanctitas, quod alter viderit enigma vigilans sine obstaculo, et altera solverit ~a delonge porrecto prophetie oculo W. MALM. *GR* II 155; **11** .. ~a, *redles WW Sup.* 312; problema verendum / fatalis trunci *V. Ed. Conf. Metr.* I 458.

2 difficult question that exercises the mind.

~a, questio inexplicabilis OSB. GLOUC. *Deriv.* 470; sane notare hic possumus ~a Joathan de filiis Gedeonis P. BLOIS *Ep.* 48. 145A; solvere vincla / in problematibus scit J. SEWARD 93.

3 question proposed for academic discussion or scholastic disputation; **b** (in title of work by Aristotle); **c** (w. ref. to biblical text); **d** (w. ref. to *Job* xxxviii 1–7) ? song that relates to (divine) question.

proplesma [? l. problema], propositio *GlC* P 680; Latini habent duodecim menses similiter Greci et Hebrei, Egyptii et Angli, in ~atibus, id est in foresetnyssum BYRHT. *Man.* 2; vidit .. Aristoteles omnia ~ata que sunt de simplici inherentia predicati cadere sub unam methodum NECKAM *NR* II 173 p. 298; adhuc philosophi probans periciam / de verme modico problema faciam WALT. WIMB. *Carm.* 404; per jam dicta in hoc tercio probleumate .. patet magnus error et stultus BACON I 170; sancti tale mihi ~a proponunt *Leg. Ant. Lond.* 206; secundum quod adminiculatur est ars operativa circa ~a dialecticum terminandum KILWARDBY *OS* 597; primus intellectus probleumatis Samsonis fuit ille, quem actualiter cogitavit. quod tamen probleuma sub eisdem verbis potuisset et adhuc posset alius proponere OCKHAM *Dial.* 836; a**1407** magister disputaturus questionem vel ~a *StatOx* 194. **b 1443** textus problematum Aristotelis (*Catal. Libro-*

---

rum) *Cant. Coll. Ox.* I 6; **1521** probleumata Aristotelis (*Ib.*) *Ib.* 62. **c 672** .. acsi istic fecundo Britanniae in cespite dedasculi Argivi Romanive Quirites reperiri minime queant, qui caelestis tetrica enodantes bibliothecae ~ata sciolis reserare se sciscitantibus valeant ALDH. *Ep.* 5; Ricardus .. multos .. tractatus super obscura prophetarum ~ata allegorice seu tropologice disseruit ORD. VIT. VII 25 p. 431. **d** melos et laudis sempiterne problema J. HOWD. *Cant.* 251; antequam mane lucifer oriretur, / et laudis sonaret in celo problema *Ib.* 412; te laudis officio dulce problema, / melos eximium, vas laudis eterne, / te scalam erigo petenti supprema; / fons es exuberans, mei mentis eterne *Ib.* 551.

probleuma v. problema.

proboscis [CL < προβοσκίς], **promoscis**, **promuscis** [LL] part of animal used to obtain food, usu. snout, muzzle, trunk; **b** (of elephant).

promuscidis, quasi anguilla, unde manus bestiae dicitur *GlC* P 699; *snowt or bylle*, rostrum, promuscida, -e, f. *PP*. **b** elephanti .. turres ad bella cum interpositis jaculatoribus portant et hostes erectis promuscidibus caedunt *Lib. Monstr.* II 2; rostrum [elephanti] .. promuscida dicitur *Best. Ashmole* f. 16; in vicem manus [elephas] promuscidem tendit NECKAM *NR* II 143; *a nese*, nasus, nasibilis participium, ~is est rostrum elephantis, ~ida et miscis [i. e. promuscis] idem sunt, sc. rostrum elephantis *CathA*.

2 muzzle or halter for animals.

mosle .. for a nette [i. e. *neet* 'beast']: oristrigium .. promossida est idem *PP*.

probose v. probrose.

probrare [ML < CL probrum+-are], to insult, revile, or reproach.

~o .. i. injuriare OSB. GLOUC. *Deriv.* 463.

probrose [CL], in an abusive manner, reproachfully.

1166 ut vos malit cum aliis exulare Deo quam inutiliter ~e conteri mundo J. SAL. *Ep.* 184 (174 p. 150); s**1214** nisi datis undecim milibus marcarum argenti pro trcugis tricennalibus citius in Angliam, procurante Roberto de Curcun .. recessisset, profecto ~e captus extitisset *Flor. Hist.* II 152 (=Ann. Lond. 16: probrose); hoc signum est odii quod contemptibiliter et ~e dicitur res que .. odio habetur *AncrR* 120; s**1170** inertes ac miseros enutrivi et erexi in regno meo, et qui fidem non ferunt domino suo, quem a plebeio quodam clerico tam probrose patiuntur illudi *Meaux* I 195; s**1345** sic .. predictus Johannes probrose, sicut pluries, obsidionem deseruit confutatus *Ib.* III 54.

probrositas [ML < CL probrosus+-tas], contumely, revilement, or reproach.

probro .. i. injuriare .. unde .. hec ~as OSB. GLOUC. *Deriv.* 463.

probrosus [CL]

1 that involves reproach, disgraceful, shameful.

sed dicto citius verborum spicula pcltis / presbiter obtundit mecham molimine vincens, / quam probrosa manus strictum fallentis obuncat ALDH. *VirgV* 1023; in hoc utroque domini habitu inimicorum quidem sententia ~o BEDE *Mark* 285; **10** . . ~as, *onscuniendlican .. ~um, onscuniendlic .. ~is, facenfullum WW*; **1170** dicebant .. quod reditus ejus domino regi dampnosus et us futurus erat J. SAL. *Ep.* 300 (304 p. 718); nonne turpe est, nonne ~um est? BALD. CANT. *Serm.* 4. 51 412C.

2 that conveys injurious reproach, abusive, opprobrious.

quomodo illum Christum, cui tu famularis, super quem tot et tam ~a et contumeliosa illata scio, cognoscere potui *Eccl. & Synag.* 95; indignantur .. quasi ~a sint talium nomina vel memoria GOSC. *Aug. Maj.* 44B; orto inter ipsum et monachos ~o tumultu ORD. VIT. 4 p. 19; nuda quippe vitia manifeste promebat et occultorum conscios ~is redarguitionibus stimulabat *Ib.* VIII 27 p. 450; dein Boamundus ad se deductos ~is cohercuit verbis et dignis castigavit angariis *Ib.* IX 9 p. 524; spina, sputum, illusio, / probrosa genuflexio / non cessant interimere J. HOWD. *Cyth.* 18. 11.

probrum [CL]

1 disgrace, ignominy, shame.

evidens .. inexcusabilis arrogantiae ~um [*gl.*: vitium] et ostentationis indicium ex eo declaratur ALDH. *VirgP* 55; probrum cupiunt fratres velare paternum *Id. VirgV* 2507; si fors est patibulo cum dedecore multisque ~is affigunt ORD. VIT. IV 13 p. 261; nec immerito istud descripsimus pro miraculo, cum vix ullus vel certe nullus hoc ~o careat vel tormento *V. Edm. Rich P* 1802D; probra ferens populi deserta petit caper iste. / probra crucis passus victor petis ethera, Christe *Vers. Worc.* 103.

2 vituperative or abusive utterance, reproach, insult.

injuste irasceris contra me, nimiisque minis me terres et ~is detestaris ORD. VIT. X 24 p. 149; hoc ~um .. i. convicium OSB. GLOUC. *Deriv.* 463.

3 an action worthy of reproach or shame.

cum auctorem suum didicissent pro ipsorum salute et innumera ab impiis genera ~orum et ipsam mortis subisse sententiam BEDE *Hom.* II 9. 144.

probus [CL]

1 that has an upright character, righteous, honest; **b** (~*us homo*, in formulaic address); **c** (as law-worthy or office-worthy man).

namque proco fuerat, quo non praestantior alter / regibus exceptis, mundum qui jure gubernant, / desponsata probo pactis sponsalibus arrae ALDH. *VirgV* 2068; virum sanctum, et sapientem, ~umque moribus BEDE *HE* III 23; virum incorruptae fidei et animi probi *Ib.* V 19 p. 328; quidam probus homo nomine Ælfstanus *Text. Roff.* f. 148v; s1169 vir .. ~us et prudens, vir fide et strenuitate conspicuus GIR. *EH* I 11; s1339 cui .. diceret quod curiales et ~os se non ostenderent rex Francie et gens sua .. modo tali procrastinando W. GUISB. *Cont.* II 346. **b** a1155 barones et vavasores et p[ro]bi [homines] [MS: probiliones] terre mee *Regesta* 652 (=*MonA* I 630b); c1160 Gaufridus Ridel omnibus ~is hominibus suis Francis et Anglis, salutem *Danelaw* 337; a1168 Wiberius prior et conventus .. ~is hominibus Lundonie .. salutem *FormA* 177; a1215 Willelmus Dei gracia rex Scottorum omnibus ~is hominibus tocius terre sue salutem (*Ch. Regis*) *Gild Merch.* I 197; 1242 rex cabdello et ~is hominibus Agnensibus, salutem *RGasc* I 46b; 1573 regina .. dilectis sibi ~is hominibus ville de Walmesford, salutem *Pat* 1106 m. 17. **c** 1209 Thomas Inkel, forestarius de Clive, invenit in bosco de Siberton' quandam placiam sanguinolentam, et traciavit sanguinem in nive usque domum Radulfi Red de Siberton' et statim mandavit viridarios et ~os homines *SelPlForest* 3; a1295 communia de Berwico gubernentur per xxiiij ~os homines de melioribus et discretioribus, ac fidedignioribus ejusdem burgi ad hoc electos *Gild Merch.* I 236; 1383 xxiiij ~os et legales cives de dicta civitate Ebor' *Mem. York* II 11; 1397 coram dicto majore et aliis ~is hominibus dicte civitatis *Ib.* II 6; 1581 per sacramentum duodecim ~orum et legalium hominum dominiorum predictorum *Pat* 1205 m. 8.

2 that has great ability (esp. w. ref. to military prowess); **b** (dist. from *bonus*); **c** (in fig. context).

hic audax fuit et ~us nimiumque jocundus ORD. VIT. X 20 p. 118; s1227 .. facta est motio .. in opus crucis per orbem universum cruce signatorum .. ut ex solo Anglorum regno plusquam sexaginta milia ~orum hominum .. profecti referantur M. PAR. *Maj.* III 126; regi Francorum, querenti quare non essent ita ~i milites nunc sicut fuerunt in tempore .. Rolandus et Oliverus *Latin Stories* 126; s1192 unum exercitum cuidam militi ~o .. commisit .. ipse miles ~us dux primi exercitus occisus est *Meaux* I 266; s1461 Henricus Quintus miles .. valde strenuus, multumque ~us in armis *Reg. Whet.* I 406. **b** hunc .. non dico bonum, .. sed ~um, quia strenuus in agendis, audax in periculis, .. et juris et injurie fortis evictor MAP *NC* V 3 f. 60v. **c** in torneamento se posuit et habuit pro amore sue dilecte tanquam ~us [ME: *kene*] miles suum scutum undique perforatum *AncrR* 154.

3 (as sb. m.) person of upright character; **b** person of great ability or status, esp. nobleman; **c** (m. or f. as pers. name).

Superbia .. / .. plerumque probos propriis prosternere telis / nititur et strages alienis factitat armis ALDH. *VirgV* 2708. **b** s1231 Lewelinus .. castella de Neth .. prostravit, ~is partium illarum sibi subjugatis

Ann. Cambr. 78; cum quodam magistro de Burgundia ac etiam quodam ~o de Picardia, cujus nomen erat magister Johannes le Fauconer *Mens & Disc.* (*Anon. IV*) 50; a1281 per vicecomitem et escetorem .. et alios milites et ~os, testificatum fuit quod .. *Meaux* II 154. **c** Hilius ~us regnavit annos iij et menses iij THEOD. *Laterc.* 25 p. 160; unde ~a inter poetas clarissima ALDH. *PR* 135; Neroni .. Vespasianus successit, cui Titus, .. cui Tacitus, cui ~us GERV. TILB. II 16.

4 (as sb. n.) something that establishes a fact, proof, evidence.

1205 probatores qui .. optulerunt se facturos ~um nostrum *Cl* I 37b; 1379 habet diem reveniendi .. cum ~o et littera sigillata per majorem *Rec. Leic.* II 174.

5 (in gl.).

10.. ~o, *gecorenum WW.*

procacia [LL]

1 forwardness, effrontery, or impudence.

non attendunt predicationem aut doctrinam, sed nude assertionis sue contumaciam per solam ~iam defendunt R. NIGER *Mil.* III 66.

2 licence, wantonness, shamelessness.

~ia vestra vos aliquas demonstrat machinari insidias *Hist. Meriadoci* 383; s1254 venit rex Francorum de Terra Sancta et pacificavit id veredictum discidium quod infeliciter muliebri ~ia in finibus Flandrie ortum est OXNEAD *Chr.* 199.

procacitas [CL]

1 forwardness, effrontery, or impudence.

illi contradicentes cum maxima ~ate illius dicta negabant FELIX *Guthl.* 43; 926 si quis vero hanc largicionis munificenciam arrepto ~atis stimulo infringere .. temptaverit *Ch. Burton* 3; labia Christi evangelio consecrata, immunda et damnabili verborum ~ate polluere P. BLOIS *Ep.* 40. 120C; altera quedam monialis ejusdem domus, ~atis lingue et inquiete suspitionis vitio laborans, omnes sorores suas anxie molestabat *Canon. G. Sempr.* f. 77v.

2 licence, wantonness, shamelessness.

obtundi .. ~atem a constancia lamentans MAP *NC* III 2 f. 35v; factus .. es fabula in clero et in plebe ludibrium, prurientium desevit in te linguarum ~as P. BLOIS *Ep.* 86. 262D; cum clamosa voce et muliebri ~ate nomen ejus crebro ingeminans et membra singula cum motu concutiens excitare eum voluit, sed nil proficere potuit COGGESH. *Visio* 7; consensus vel testimonium peccati alterius, ~as cum nutu vel tactu vel attractu *AncrR* 72; s1282 iste [sc. sacerdos parochialis] ~atis causa, membra humana virtuti seminarie servientia super asserem artificiata ante talem choream preferebat *Lanercost* 109; 1433 verborum indecenti lascivia ~ateque lacessunt BEKYNTON II 65.

3 shameful or wanton deed.

si ~atem ibidem vir et mulier exercuerint GIR. *IK* II 7 p. 128.

procaciter [CL]

1 with forwardness, effrontery, or impudence.

a1082 nostras .. litteras .. quas ut ipse postea michi testatus est ~iter irrisisti LANFR. *Ep.* 23 (47); tandem .. importuna illorum petitione et impulsione fractus, quam ei continuabant et ~iter inculcabant, ad sui honorem et regni quietudinem que postularant in episcopos committere indulsit G. *Steph.* 34; multa similia blasphemantes asserunt adeo firme et ~iter ut etiam mori non timeant pro sua assertione R. NIGER *Mil.* III 66; ~iter .. statim infrunita femina MAP *NC* III 2 f. 36; ex qua lesione demon rugitum emittens ~iter contra apostolum reclamabat COGGESH. *Visio* 15; a subjeccione ipsius Offe et posteritatis sue ~iter recesserunt *V. II Off.* 10.

2 licentiously, wantonly, shamelessly.

ejus quoque pedes humiliter abluens cujus manus in sua traditione noverat ~iter esse polluendas BEDE *Hom.* II 5. 131.

procancellariatus [CL pro-+ML cancellariatus], (acad.) office of vice-chancellor, vice-chancellorship.

1549 postridie calendas Octobris munus ~us vacabit *StatOx* 350.

procancellarius [CL pro+LL cancellarius], (acad.) vice-chancellor.

1549 Edwardus sextus .. cancellario, ~io, doctoribus .. salutem *StatOx* 341; ~ius et procuratores .. stabunt in scrutinio *Ib.* 350.

procare, ~ari [CL]

1 to urge or incite.

to proke, ~are LEVINS *Manip.* 159.

2 to woo or seduce.

disce senex per facta senum non velle procari, / disce puer sapiens in Daniele fore A. MEAUX *Susanna* 409 p. 50; in illa etate feci .. illud adulterium, illud furtum .. feci illum incestum, illam monialem ~atus sum ROB. FLAMB. *Pen.* 9; aliquam ~atus es non tibi? dic quot et quibus et quas *Ib.* 228; tanquam procus qui ~atur [ME: *woweð*] adhuc eam isto modo *AncrR* 157; ~or, A. *to wowe* WW; *to wowe*, petulari, ~ari *CathA.*

procassium v. purcatium.

procatarcticus [προκαταρκτικός], that precedes immediately or initiates.

pneumatosis, i. ventositas pro catarrica causa, dicitur ab a quod est procul et catarreon quod est fluere quasi procul de[f]fluens, hinc causa primitiva *Alph.* 141.

procatarricus v. procatarcticus.

procatio [CL], wooing or seduction.

1394 in tempore confessionis est opportunum tempus ~onis, id est, *of wowying*, et aliarum secretarum conventionum ad peccata mortalia *Conc.* III 222a.

procator [ML < CL procare+-tor], one who woos or seduces; **b** (in fig. context).

a *wowere*, petulcus, ~or, procus, procax *CathA.* **b** cum .. ante nimiam dileccionem pecunie Deum verum sponsum dilexit, et ipsum jam propter inordinatam concupiscenciam deserit atque ~ores malos in se assumit: quid aliquid nisi fornicacionem et idolatriam facit? ROLLE *IA* 213.

procavere v. praecavere.

procax [CL]

1 excessively assertive, importunate, impudent.

Paulus, / .. / quem pithonissa procax clamavit voce proterva ALDH. *CE* II 11; morbo regio turgescens, ut dudum demens, et impudens, ~ax imprecabatur, fetidum exalavit spiraculum *Id. VirgP* 32 p. 272; stulta dehinc murmuratio ~acis ministri, firma ex fide pontifici sic superata, quievit B. *V. Dunst.* 27; en! torvae cornices nidificant in edibus nostris, et injuriam sepe nobis faciunt ~acibus, i. adversis, suis vocibus ÆLF. BATA 5. 9; fit ex consensu omnium pro vendicanda libertate pristina ~ax conspiratio ORD. VIT. IV 4 p. 184; juvenem pulchrum et ~acem, qui multa protervitate proci complebat officium W. CANT. *Mir. Thom.* III 9; c1176 estis .. fabula in ore hominum, studiumque omnium fere commune est linguas ~aces laxare contra vos in detestandum susurrium P. BLOIS *Ep.* 5. 14C.

2 licentious, wanton, or shameless.

lingua ~ax insulsa et paratior mores corrodere alienos quam corrigere suos J. SAL. *Pol.* 388A; statim apprehendens eum, deosculata est eum, et ~aci vultu blandiebatur *Latin Stories* 2; mulieres vultu et veste ~aces HIGD. VII 408 (=KNIGHTON I 109).

procedere [CL]

1 to go or move forward or onward, advance, progress; **b** (mil., esp. w. hostile intent); **c** (of piece on chess board); **d** (w. inanim. subj.).

fauni nascuntur de vermibus natis inter lignum et corticem et postremo ~unt ad terram et suscipiunt alas *Lib. Monstr.* I 4+; processi de montium latebris ad aquam erectis pergebant pectoribus *Ib.* III 7; *aler*, ire, ambulare, .. gradi, incedere, ~ere *Gl. AN Ox.* f. 153; processit pedes Cantuariam tanquam peregrinus humilis W. GUISB. 127; 1412 postmodum fuerunt ex magna causa revocati et non processerunt [ad Franciam] *ExchScot* 164. **b** contigit gentem Merciorum .. adversus Orientales Anglos in bellum ~ere BEDE *HE* III 18; s1297 abbreviare .. quot equitaturas quisque posset invenire ipsi in proximo processuro ad bellum *Flor. Hist.* III 101; s**868** ~unt Dani Northumbriam et illam . . devastant *Eul. Hist.* III 4; s**1403** "~e, signifer!", quod est dictu "*anavant, baner!*" *Ib. Cont.* III 397. **c** it pedes ad bellum: prior incipit ille duellum / semper procedit (*Vers. Corpus*) *Hist. Chess* 519. **d** **1242** due vie que ~unt de foresta estupate sunt *AssizeRDurh* 45; in generatione illorum, sc. causatorum et processorum ut esse intelligentia vel anima Bacon VII 66.

2 (of an activity or process) to continue, to proceed, to develop (esp. w. pers. or mental faculty as subj. also abstr.); **b** (leg.); **c** (arith.); **d** (geom. & mus.); **e** (a literary work).

tria constituo in quibus et per que via inventioni sic patebit ut a primo eorum ~ere, per secundum accedere, per tertium ad inveniendum pervenire facile possit inventor Balsh. *AD rec. 2* 83; a**1200** inde recta linea proscidente in transversum de versus *lest Cart. Sallay* 26; per amorem voluntatis ~entem Ad. Marsh *Ep.* 1; innata est nobis via cognicionis ~endo a communioribus ad minus communia T. Sutton *Gen. & Corrupt.* 50; qualiter . . contra ipsum [sc. constitucionem apostolicam] objecciones adversariorum ~unt . . intencionem et modum ~endi istius constitucionis Ockham *Pol.* I 292; . . si hec racio ~eret, videretur quod divulgatio apud Christianos esset majoris auctoritatis quam divina scriptura *Id. Dial.* 450. **b** et si lada ~at, sit were sue dignus. si non ~at, habeat rex weram, et sit ipse fur utlagatus apud omnem populum (*Quad.*) *GAS* 219; cum . . ex unius jurati testimonio ~at duellum, duodecim ad minus hominum exigit constitutio juramenta Glanv. II 7; si lis ~eret Gir. *SD* 100; . . statim sine ulteriori dilatione ~at assisa *Leg. Ant. Lond.* 210; c**1298** sicut opus fuerat, sic res processit in actum (*Dunbar* 180) *Pol. Songs* 174; nos Henricus, Dei gratia rex Anglie, . . in condicione testamenti nostri et hujus ultime voluntatis nostre ~imus in hunc modum (*Test. Hen. V*) *EHR* XCVI 89. **c** postea †procdeas [l. procedas] reliquas mediando figuras, / quin supra docui, si sint tibi mille figure (*Carm. Alg.* 99) *Early Arith.* 75. **d** semicirculus itaque qui ambit N S transitque supra H donec redeat ad locum a quo processit transibit supra puncta reliqua Adel. *Elem.* XIII 15; prima enim ~it ex una longa, et altera brevi, et altera longa, et sic usque in infinitum Garl. *Mus. Mens.* 1; sic ~it juxta numerum, quousque habueris circularem processum *Mens. & Disc.* (*Anon IV*) 35; sciendum est quod quilibet modus acceptus sine ligabilis littera est, excepto illo qui ~it ex omnibus longis Hauboys 320. **e** quia vero et parum erant emendati, et sic nescio cujus invidi manus jam venerant, antequam ~erem paratius manum apposui L. Durh. *Hypog.* 64.

3 to proceed (by means of speech), to utter or proclaim.

s**1227** credebatur quod Coradinus, cum videret guerris se undique coartatum, deberet inde certius similiter ~ere verbum pacis M. Par. *Maj.* III 129.

4 to go or proceed (in a given manner, esp. w. adv. or adv. phr.); **b** (impers. pass.).

ligna æcclesiae non debent ad aliud opus jungi nisi ad æcclesiam aliam vel igni comburenda . . vel coquere cum eis panes licet, et talia in laicato opere non debent ~ere Theod. *Pen.* II 1. 3; j parc' et vj arpenni vineae et reddit xx modios vini si bene ~it *DB* II 43v; s**1169** consultius et instructius ad insultum ~entes Gir. *EH* I 3; s**1232** viros sc. indiscretos et nimis asperos, qui in hac visitatione ita insolenter et immisericorditer processerunt, quod in pluribus monasteriis rationis metas excedentes compulerunt multos ad remedium appellationis confugere M. Par. *Maj.* III 235; cumque audisset quod [fratres] tam sumptuose processissent Eccleston *Adv. Min.* 10; sicut contra contumaces processerunt Graystanes 19 p. 67; s**1342** capitose et sua propria opinione inconsulte sepe processit *Plusc.* IX 39. **b** **1217** modo indebito et contra consuetudinem regni nostri processum fuit in electione illa facienda *Pat* I 86; licet testis veritatem debeat dicere totam, tamen cum specialiter ~itur super uno articulo, nichil queratur ab eo de aliis, ut . . Ric. Angl. *Summa* 30; qualiter ad electionem faciendam . . ~atur L. Somercote 31; s**1345** ponderet . . circumspeccio regia, cogitet et recogitet diligenter, cui, si ad premissa utique sancta, salubria, honorabilia, et valde utilia, processum non exstiterit, merito debeat imputari (*Lit. Papae*) Ad. Mur. *Chr.* 185.

5 to proceed (to a further action, w. inf.).

s**1302** rex Francie . . processit Flandrenses debellare *Flor. Hist.* III 112; c**1471** te desideramus, quod ad gaolam illam de prisonibus . . ~as deliberare *Reg. Whet.* II 127.

6 to initiate or conduct legal proceedings; **b** (impers. pass.). **c** (abl. of gd. as name of a writ).

deinde liceat per amorem ~ere, si perfectam velit amicorum consocietatem habere (*Quad.*) *GAS* 393; s**1239** prelati non audent ~ere contra usurarios M. Par. *Maj.* III 556; tunc provisum fuit de raptoribus, tam clericis quam laicis, quomodo sit contra eos ~endum *Leg. Ant. Lond.* 65; **1301** aut contra eos hujusmodi occasione vel causa . . ~ant (*Lit. Papae*) *MGL* II 163; **1313** quia dicti sectatores processerunt ad judicium super latrocinio denariorum sub nullius sigillo consignatorum cum idem J. non erat captus super isto latrocinio *Eyre Kent* 78; **1338** ad eligendum vicecomitem juxta tenorem brevis predicti processerunt *SessPCambs* 60; **1516** in eadem congregatione declaratum est quis sit grossus modus ~endi, primo viz., ut citetur reus per bedellum *StatOx* 332. **b** nec juri consonum esset . . quod contra tales acquietancias de novo ad sectam regis pro eisdem feloniis utlagarentur aut ad aliquod judicium contra eos ~eretur *RParl* I 124b; c**1307** si ~atur ad judicium, vel ad inquisicionem, vel ad legem vadiatam tunc sic —A. tenens versus B. *CBaron* 81; **1419** quia quicquid inde processum est, per eorum . . voluntatem factum est (*Liber Albus*) *MGL* I 116; **1462** in congregacione solemni processum est contra Thomam Glowcetyr . . propter perjurium manifestum *MunAcOx* 757. **c** **1593** *Here's a* certiorari *for your* ~endo. [*Attacks them with his staff.*] (Peele *Chron. Edw. I* Wks. (Rtldg.) 382/1) *OED* s.v. procedendo.

7 (of legal provision) to proceed, to have force in a situation, be valid or pertinent, apply.

1230 fiat breve de inquirendo. [*cancelled*] quia breve non processit *LTR Mem* 11 m. 14*d*.; **1236** breve suum non est de recto nec de cursu secundum legem Anglie, immo inpetratum per quandam falsam narracionem et eciam si breve tale ~eret . . *CurR* XV 1784; s**1312** ordinaciones non ~unt; primo, quia non apparent electi per prelatos . ., non probantur *Ann. Lond.* 212.

8 to come forth, come into being, issue.

oportebat . . ut forma quaeque rerum ad imperium Domini primo perfecta ~eret, quomodo et homo ipse Bede *Gen.* 21; Agnes . ., mortuo Joanne, nupsit Elie; processit ex his Robertus P. Blois *Ep.* 115. 343B; mater hujus regis Henrici, vivente priore marito, imperatore, sc. Henrico, eremitice peregrinante, nupsit altero, sc. Galfrido, de quibus rex Henricus processit Higd. VII 21.

9 to issue, to emanate; **b** (p. ppl. in *s. act.*); **c** (of Holy Spirit).

quod de ejus contubernio tantum aecclesiae decus processisset *V. Gund.* 25. **b** si warantum ostenderint ab rege [v. l. ordinario] non processum *Fleta* 430. **c** **679** glorificantes . . Spiritum Sanctum ~entem ex Patre et Filio inenarrabiliter (*Conc. Hatfield*) Bede *HE* IV 15 p. 240; a**859** (12c) credo et in Spiritum Sanctum ~entem a Patre et Filio *CS* 415; Spiritus Sanctus a Patre et Filio non factus, nec creatus, nec genitus, sed ~ens Abbo *QG* 21 (44); c**1250** homo . . factus . . ad imaginem ~entis Paracliti per amorem voluntatis ~entem Ad. Marsh *Ep.* 1; s**1254** Latini, qui dicunt Spiritum Sanctum ~ere a Patre et Filio M. Par. *Maj.* V 456.

10 (of an allegorical interpretation) to proceed or arise from a text.

Rabanus dicit quod per hominem istum Decalogus designatur, per uxorem Synagoga. sed hec lectio non ~it S. Langton *Ruth* 89.

11 a (of person) to advance (in age). **b** of a period of time) to go by, pass.

a **1242** nullum adhuc beneficium ecclesiasticum est adeptus et multum in diebus suis processit *RGasc* I 76b. **b** ~ente tempore et ipse sibi monasterium . . construxit Bede *HE* III 19.

12 to go before, in front of (assoc. w. *praecedere* or by misreading of abbr.).

849 (11c) ne . . ex memoria patrum labentur ~entium condicta *CS* 455 (1); s**1297** exercitus, quem post se in Vasconia reliquerat, cum per unum strictum passagium transire deberet, exploratorem qui exercitum ~eret emisit *Meaux* II 265.

13 to display, reveal, or project (assoc. w. *prodere*).

viri nobiles et statura venerabiles, tantum reverentie ~entes in vultu et gerentes in habitu G. Cold. *Durh.* 2.

procefalus v. procephalus.

procelcuma [cf. CL celeuma < κέλευ(σ)μα], form of command.

s**1248** eadem hora in quadam ecclesia, que juxta litus erat, missam celebravit, quasi ~a nauticum canendo, Deo gratias post pericula pontica reddituros M. Par. *Maj.* V 36; Jesu, juge melos angelicum, / quis dolebit te canens canticum? / proceleuma, tu, recte nauticum / sidus, placas hoc mare mysticum J. Howd. *Ph.* 366.

proceleumaticus v. proceleusmaticus.

proceleusmaticus [*προκελευσματικός*], a metrical foot, the proceleusmatic.

x sunt pedes, qui aequam divisionem sortiuntur . . id est pirrichius, spondeus, dactilus, anapestus, proceleumaticus Aldh. *PR* 112; Paulinus . . 'parieti' dactylum fecit de proceleumatico, conglutinatis contra naturam A et R in unam syllabam, I et E in alteram Bede *AM* 123; partimur . . in aequo hos: spondeum –|– . . proceleumaticum ◡◡|◡◡ Bonif. *Met.* 109; procelleusmaticus dicitur cum longa elevationis et longa depositionis in breves resolvuntur, sic: ĭ, ĭ ĭ, ĭ Odington 90.

procella [CL], **~um**

1 storm, gale; **b** (transf.); **c** (w. ref. to Hell).

quibus confugiunt undique de diversis locis miserrimi cives, tam avide quam apes alvearii ~a imminente Gildas *EB* 25; profusis lacrimarum fontibus serenitatem aetheris in ~arum [*gl.*: ~a dicta quod percellat, i. percutiat et evellat, nimborum, imbrium, *scura*] turbines commutans Aldh. *VirgP* 47; si ~a fortior aut nimbus perurgeret Bede *HE* IV 3 p. 210; quia hec est spes impii de qua dicitur quod spes impii est tanquam spuma que a ~a deicitur S. Langton *Serm.* 2. 14; ideo quasi anchorata est sub ecclesia sicut anchora sub navi ad eam tenendam ne tempestatibus et ~is [ME: *stormes*] obruatur *AncrR* 45; qualiter navicula quedam . . post nimias tempestatum procellas . . prospero itinere pervenit ad portum *Mir. Hen. VI* IV 139 *tit.* **b** s**1415** sagitarii . . tot simul emisere jacula ut illa ~a grandinea primitus equites dissiparent Wals. *HA* II 312. **c** sic quoque spumiferis undarum fluctibus aequat / errabunda vocans caelorum sidera sontes, / quis servata restat tenebrosis poena procellis Aldh. *CE* 4. 12. 22.

2 (fig.) violent disturbance of civil or domestic affairs, commotion, trouble. **b** mental or spiritual disturbance.

qui, dum transmarinis moraretur in locis, ecce, subita pestilentiae ~a Brittanniam corripiens lata nece vastavit *Hist. Abb. Jarrow* 13; ~am hujusce perturbationis Bede *HE* II 5 p. 91; ut post tantas talesque ~as seculi hujus undique saevientes ad portam salutis aeternae te duce pervenire merear *Nunnam.* 87; sed ~is tribulationum incumbentibus cessare ab incepto opere coactus est Ord. Vit. III 5 p. 79. **b** **1165** parcat illi Deus, et non sinat ut ~a turbinis hujus ab animo meo excutiat caritatem J. Sal. *Ep.* 163 (151); fecit Orionas quando roborata ecclesie fide contra ~a mundi martyres emisit Ad. Scot *Serm.* 145B; versa est in tranquillitatem tempestuosa ~a Gir. *EH* I 29; si qua proinde adversitatis incubuerit nubes, si qua ~a persecutionis ingruerit, si intonuerint mine J. Ford *Serm.* LVII 11; in nomine Christi precepit spiritui ~arum ne verbum attendere proponentes divinum presumeret impedire *V. Edm. Rich C* 605.

1 procellare [ML < CL procella + -are]

1 (of wind or storm) to rage (in quot. fig.). **b** to speak or behave in a stormy manner, to rage; **c** (of utterance). **d** (trans.) to say, utter raging.

c**1435** algido [*sic*] paupertatis aquilo ~ans michi radices concutit et evertit *FormOx* 449. **b** non sopor inserpat oculis vigilantibus aula / patroni famulis, ne rusticus ille procellet D. Bec. 1105; si tibi sit rosea facies non inde procelles; / fastus inest pulcris, formas fastus comitatur *Ib.* 1683. **c** nisi fetor ab ore [tue uxoris] procellet *Ib.* 2254. **d** semper amaris / utitur alloquiis . . mala queque procellans *Ib.* 1680.

2 (of a storm) to blast (in quot. fig.).

ve mihi jam soli, quem sola procella procellat D. Bec. 1657.

2 procellare v. protelare.

procellentia v. percellentia.

procellere [CL = *to throw violently forward*]

1 (refl.) to put (oneself) forward, to promote (oneself).

s**1307** noluit alicui dominorum parificari, sic extollens se supra se cunctis proceribus ~ere, ipsosque contemptui habere . . disposuit *Flor. Hist.* III 139.

2 to strike w. punishment (in sense of 1 *percellere* 2).

p**1159** eos nullius contradicione vel appellatione obstante ecclesiastica censura ~as *Reg. Glasg.* 18; c**1365** pena . . ~antur, quicumque . . convicti fuerint *StatOx* 165.

3 to affect (w. emotion, w. abl., in sense of 1 *percellere* 4).

reges et principes pro tanta rerum mutatione admiratione ~untur, et cum tanto rege fedus inire, amicitias jungere, pacem componere gratulantur AILR. *Ed. Conf.* 745B.

procelleusmaticus v. proceleusmaticus.

procellosus [CL]

1 characterized by storms or gales, stormy; **b** (in fig. context).

672 carina ~um sulcante salum reducere ovante ALDH. *Ep.* 5; nullam molestiam ~ae tempestatis sentiens . . WULF. *Æthelwold* 5; sacrum . . pavimentum pluvia, grando, nix ac ~us impetus palustrem reddebat lacum GOSC. *Transl. Mild.* 21 p. 182; ~ior aliis, corus hic regnat GIR. *TH* I 6; stella de qua prodiit / radius solaris, / mentis pelle tenebras / nec nos patiaris / absorberi fluctibus / procellosi maris S. LANGTON *BVM* 2. 18; s**1457** tu filios tuos ire in mare periculosum, ac etiam ~issimum, facis, ubi Syrtis et Scylla furiunt (*Lit. Soldani Egyptii*) *Reg. Whet.* I 270. **b** a**797** ~a saecularium negotiorum tempestas huc illucque nos agitat ALCUIN *Ep.* 60; s**1138** fere totam Northymbriam . . ferro et flamma vastaverunt . . in hac autem ~e tempestatis rabie RIC. HEX. *Stand.* f. 41; in hac . . ~a tempestate, et ipsum famosissimum monasterium Medehamstede sicut et ceteri cum monachis igne consumptum est H. ALBUS 24; sunt [nubes] . . in alta suspense, sunt ad dominationem turgide, sunt ad indignationem turbide, sunt ad litigia ~e J. FORD *Serm.* 16. 8; beati Petri naviculam in fluctibus pelagi ~is felici remige gubernare *Dictamen* 34. 1; inter mundi turbines ~os ELMH. *Cant.* 128.

2 turbulent; **b** (of volcano).

Hister fluvius . . a meridie ad orientem means ~us W. JUM. *Cont.* I 2. **b** c**1173** sevientis flamme ~a vorago omnes incolas aut expulit aut combussit P. BLOIS *Ep.* 46. 135B.

3 (transf., of condition or affair) tempestuous.

802 adjuva laborantem, erige jacentem, porrige manum pietatis fratri pene in salo ~ae cogitationis submerso ALCUIN *Ep.* 253; mare turbulentum est hoc seculum adversitatibus ~um HON. *Spec. Eccl.* 949B; **1178** nam a meridie nox ista incepit que tempus alienum sibi quadam tyrannide ~a usurpans in suas tenebras lucem vertit P. BLOIS *Ep.* 52. 159C; quidam detrahebant, multique colloquiis illecebrosis et exemplis ~is bonos mores ejus corrumpere et suis moribus conformare satagebant J. FURNESS *Walth.* 16; **1543** hoc tempore ~o Lutheranis et aliis nephandis heresibus . . pullulantibus *Conc. Scot.* I p. cclii.

procellum v. procella.   **proceneticus** v. proxeneticus.

procephalus [προκέφαλος], (metr.) that has an extra syllable prefixed.

pathos quidem Latina lingua passiones dicuntur, sunt autem numero sex: acefalos, procefalos, lagaros, procilios . . ALDH. *Met.* 10 p. 94.

procĕr [CL *as pl. only*]

1 (as sb.) member of the social elite of a country, culture, or organization.

cum dira nefandam / fama necem caneret plebis procerisque BEDE *CuthbV* 623; si ~er vel virro fidelem hominem habeat (*Cons. Cnuti*) *GAS* 325; Riulfus . . unus ~erum Normannice gentis W. MALM. *GR* II 145; ~erum spiritualium sacerdotalem societatem

AD. MARSH *Ep.* 6; **1372** de consensu et assensu . . baronum et ~erum in pleno parlamento *Mon. Hib. & Scot.* 346a; ~eres, *gentylmen WW*.

2 the Lord.

Procerem visitare memento / proque meis rogitans culparum nexibus esto *Mir. Nin.* 118; ast pueri genibus flexis pietate vicissim / ad veniam Patris Procerem vocitare parabant ÆTHELWULF *Abb.* 347.

3 (as adj.) of high social status, noble.

secum habens comites, barones, et ~eres vavassores MAP *NC* V 6 f. 67v.

procerare [CL pro-+cerare], to impress (the matrix of a seal) in wax.

1259 in cujus rei testimonium sigillum officialis Cornub' huic scripto una cum sigillo meo ~ant *Cart. Mont. S. Mich.* 33 p. 26.

procerialis [CL procer+-alis], that pertains to high social status, noble.

940 (14c) potest . . Wulfric / proceriali potencia / ditatus proferre *CS* 751.

procerimus v. procerus.

proceritas [CL]

1 quality of being tall, height (of person or thing).

ut flammantis pyrae cacumina minacem obolisci ~atem [*gl.*: altitudinem] . . xxx cubitis in conum praecellerent ALDH. *VirgP* 36; non brevitas, non ~as, non grossitudo . . quemquam deformabit GOSC. *Lib. Confort.* 109; rex Eduardus . . erat discrete ~atis, barba et capillis cigneus, fatie roseus W. MALM. *GR* II 220; per abietes et cedros, que ceteras arbores et ~ate vincunt, et odore precellunt AILR. *Serm.* 421A; **1166** et arbor nec ex sui ~ate et robore nec ex ramorum multitudine . . sed ex fructuum utilitate pensatur J. SAL. *Ep.* 181 (182); nemore . . corylorum . . ~ate preclaro GIR. *IK* I 12 p. 92.

2 the quality of being noble, nobility (usu. retaining sense of height).

eminentium atque elatarum palmarum ista profecto gloriatio est, que in id ~atis et glorie gradatim profecerunt secundum benedictiones, quas dedit eis legislator J. FORD *Serm.* 15. 7; hec quidem turris eo terribilior contra faciem Damasci, contra omnem videlicet impetum potestatis adverse, quo per discretionis ~atem sublimior et per agonizandi exercitium fortior et bellicosior est *Ib.* 77. 5; ad . . stature grandis et pulcre ~atem GIR. *SD* 38; brachiorum illa nobilitas, / digitorum plana proceritas J. HOWD. *Ph.* 188.

3 aggregate of elite men, the nobility.

902 duo Anglorum lanugine clitones tenera linquunt ibi auras suetas, . . habundansque simul ~as ex utraque parte ÆTHELW. IV 4.

procernere [CL pro-+cernere], to plan, arrange (w. regard to future).

mentibus laxatis, genetrix consentit amata, / pignora quod patrem possint adducere corpus / cautius hincque suam monuit procernere vitam ÆTHELWULF *Abb.* 382.

procērus [CL]

1 that extends to a great height, tall (of person or thing); **b** (compar. *procerior*); **c** (superl. *procerissimus* or *procerimus*).

ossa tegat tellus quamvis modo mole sepulcri, / ast tamen in proceras conscendit spiritus arces ALDH. *CE* 4. 2. 35; statura ~era, facie candida, specie vivida GOSC. *V. Iv.* 85A; ordines atiesque ita instituebat ut milites ~i corpore precellentes robore essent W. MALM. *GR* III 238; ~is corporibus, congruis et coloratissimis vultibus GIR. *TH* III 10 p. 150; [Haraldus] armis strenuus, ~o corpore, et inestimabili strenuitate *Found. Waltham* 14; valde procere stature statuam *Ps.-Elmh. Hen. V* 129. **b** vos sicut gigantes ~erioris stature pre ceteris secundum preeminentiam dignitatis BALD. CANT. *Serm.* 5. 14. 533A. **c** erexerunt statuam ~issimae magnitudinis quae c et vii pedes altitudinis habet *Lib. Monstr.* I 3; hominum genus . . qui . . Cyclopes dicebantur et ~issimarum arborum altitudinem excedebant *Ib.* I 11; rex . ., horribili lepra percussus, . . ante mortem in tantum imminutus decrevit ut non major

puerulo duodenne videretur, quamquam in vernante sua virilitate miles fuerat ~imus BOWER XV 9.

2 extended in length, long.

preterea est animal parvum, ut asserit Esculapius, ~am habens formam, rufum colorem . . mustela quidem appellatum *Quaest. Salern.* B 107.

3 (by assoc. w. *procĕr*) that possesses the quality of nobility or excellence; **b** (w. ref. to social rank). **c** (as sb. m.) eminent person, magnate.

atque poli proceros vidit cum mente maniplos ALDH. *CE* 4. 2. 10; filius regis Scotie, quamvis statura parvus, ~us tamen et aspectu placabilis, . . cingulo militari donatus est *Ann. S. Edm.* 20. **b** nobilis hic nimium, procĕri de sanguinis ortu, / exstitit, in populis summo celebratus honore ÆTHELWULF *Abb.* 56; cadunt hinc inde milites ~i *Found. Waltham* 2; commissum fuerat subscriptis ~ioribus dominis regni, viz. archiepiscopo Cantuariensi, dicto archiepiscopo Eboracensi FAVENT 2. **c** **1265** dominum regem, et ~os, et magnates regni sui *Cl* 103.

procescio v. processio.   **procescionabilis** v. processionabilis.   **procescionale** v. processionalis.   **procesconare** v. processionare.   **proceser** v. prosocer.   **processeonarium** v. processionarius.

processibilis [CL processus < procedo+-bilis], capable of proceeding.

caveto autem ne putes in his nominibus 'generabilis', 'nascibilis', '~is' principalem significationem esse essentialm NECKAM *SS* II 16. 3; DUNS *Sent.* I 26. 4 (v. aetiatus).

processibilitas [processibilis+-tas], capacity to proceed or develop.

nisi quia quidam eam donabilitatem sive ~atem appellant R. MELUN *Sent.* II 350; sicut autem hoc nomine 'impersonale' tollitur et persona et numerus, ita hoc nomen 'innascibilis' privativum est et nascibilitatis et ~atis NECKAM *SS* II 9. 1; neque putes intellectum hujus nominis 'habilis' includi in intellectibus predictorum nominum. si enim hoc vel illud esset, oporteret predictis nominibus principaliter copulari essentiam. quod si est, oportet his nominibus, 'innascibilitas', 'nascibilitas', '~as', supponi essentiam *Ib.* 16. 3; nomina . . notionalia quedam sunt abstractiva, ut paternitas, nativitas, ~as BART. ANGL. I 15.

processio [LL]

1 (act of) proceeding.

s**1367** quia negocium ipsum dominum regem tangebat in parte . . justiciarius et alii judicium unde reddere et ulterius procedere in hac parte, absque speciali mandato domini regis, non audebant. ideoque negocium ipsum usque ad certum diem fuit continuatum, ut interim breve regium de speciali mandato ~onis et plenarie execucionis posset adipisci *Meaux* III 141.

2 (theol.) issuing, emanation, procession (esp. of Holy Spirit).

'ex Deo processi et veni' . . quod vero de Deo Patre processit Verbum, aeterna ~o est, non habens tempus, per quem factum est tempus (*Ps.*-BEDE *John*) *PL* XCII 752A; s**1098** mota questione ex parte Grecorum, evangelica auctoritate probare volentium Spiritum Sanctum ~onem non habere nisi tantum a patre FL. WORC. II 43 (=EADMER *HN* p. 119); in libro 'de ~one Spiritus Sancti' W. MALM. *GP* I 53; notiones . . sunt quinque, secundum Hugonem et Augustinum, sc. paternitas, innascibilitas, filiatio, ~o, et communis spiratio BART. ANGL. I 4; s**1280** quos notum est Spiritu Sancti ~onem inpugnare *Chr. Peterb.* 63; difficilius est intelligere ~onem Spiritus Sancti a duabus personis BACON *Maj.* II 231; a**1332** Anselmus de ~one Spiritus Sancti contra Grecos, liber j *Libr. Cant. Dov.* 16.

3 forward movement, progression (in quot. w. ref. to calendrical synchronization). **b** (astr.) progression (of a planet).

secundum hanc . . ~onem ultimo mensi xj et xxiiij adjuncta statuam AD ADEL. *Elk.* 5; circa naturam temporis †processurus [MS: processionis] questio prima reseranda occurrit, que est utrum tempus est BACON VIII 218. **b** ista tradicio satis videtur consonare cum principiis naturalibus, si per eam possent salvari omnia apparencia secundum longitudinem et latitudinem; forte enim per eam possent salvari staciones, et retrogradaciones, et ~ones planetarum DUNS *Ord.* VIII 264.

4 ceremonial procession (esp. eccl. & acad.). **b** right to hold a ceremonial procession.

iste ordo ~onis [AS: *embeganges*] semper teneatur quotiens ~o [AS: *embgang*] agitur *RegulC* 34; interea sacerdos praecedente ~one cum qua ad altare venit, vadat ad locum constitutum LANFR. *Const.* 107; quum ~o .. transiret prope carcerem in quo erat, decantavit, 'gloria, laus et honor', et cetera. .. et institutum est in ecclesia, ut in Ramis Palmarum ubique cantetur R. NIGER *Chr. I* 72; ad procescionem .. [pulsentur] due majores [campane] *Cust. Cant. Abbr.* 308; **1378** solemnem ~onem per medium civitatis predicte faciebant *MGL* II 481; fecit sermonem coram universitate Oxonie in ~one ibi generali, cantato ibi 'Te Deum laudamus' usque in finem GASCOIGNE *Loci* 9; multi de libris ejus hereticis publice combusti sunt, quidam Oxon' in ~ione generali, quidam autem in cimiterio ecclesie cathedralis Sancti Pauli London' *Chr. Hen. VI & Ed. IV* 167. **b** **s1191** archiepiscopus .. sententiam excommunicationis in eum [episcopum Dunelmensem] tulit publice .. quia .. episcopus Dunelmensis jura ecclesie Eboraci, sc. .. ~ones hebdomade Pentecosten .. detinuit occupatas *G. Ric. I* 226; **s1223** Eustachius .. petiit ab abbate .. ~onem, procurationem, visitacionem, et omnimodam juridictionem .. M. PAR. *Maj.* III 67.

processionabilis [LL processio+-bilis], that is used in a ceremonial procession.

onus .. duorum cereorum procescionabilium luminarium *Reg. S. Aug.* 348.

processionabilitas [CL processio + -bilis + -tas], (theol.) capacity or nature (of Holy Spirit) to issue, emanate, or proceed.

propter [Spiritus Sancti] .. ~atem Pater non est major .. Spiritu Sancto procedente BART. ANGL. I 3; a Patre generationem, et Spiritus Sancti a Patre per filium ~atem *Ib.* XIX 116.

processionalis [ML < LL processio+-alis]

1 that pertains to or is used in a ceremonial procession.

a1195 libri ~es plenarii vj alii vij in rogationibus tantum (*Catal. Librorum*) *EHR* III 122 (cf. *Cart. Reading* 225); **c1300** crux ~is deficit. candelabra ~ia deficiunt *Ch. Sal.* 370; **1317** unum libellum ~em *Reg. Heref.* 42; **1328** panem, vinum, et cereos ~es, et alia luminaria in cancello necessaria *Lit. Cant.* I 264; **a1332** ympni ~es in festivitatibus quorumdam sanctorum *Libr. Cant. Dov.* 48; **1423** lego eidem capelle unam crucem ~em cupream deauratam *Reg. Cant.* II 290.

2 (as sb. m. or n.) book that contains texts for use in eccl. processions, procession book, 'processional'.

1195 epistolare unum, gradales vj, ~ia x (*Catal. Librorum*) *EHR* III 125 (cf. *Cart. Reading* 226); sint [sc. in ecclesia] libri .. gradale, manuale, procescionale [*gl.*: *processional*] NECKAM *Ut.* 119; **c1250** unum ~e, unum bonum missale, duo psalteria *Vis. S. Paul.* 11; **1337** item deficit ~e Ricardi Cantoris (*Invent. Librorum*) *Lit. Cant.* II 149; **1425** lego ecclesie predicte unum ~e novum nondum complete factum sed perficiendum de bonis meis propriis *Reg. Cant.* II 315; *a processionary*, processeonarium, ~e *CathA*.

processionaliter [ML < processionalis+-ter], in ceremonial procession.

cum psalmis et laudibus preit ~iter fratrum coventus T. MON. *Will.* I 19; eant clerici ~iter in capitulum *Offic. Sal.* 29; **p1237** canonici .. ~iter iverunt *Ch. Sal.* 267; venerunt .. combinati ~iter et exeuntes in fine sequebatur unus senex debilis portans unum psalterium in manu ECCLESTON *Adv. Min.* 30; caput .. prioris prenominati in conspectu villarum, tanquam ~iter circumeundo, in edito super lanceam perferentes WALS. *HA* II 3; **s1250** thesaurus ille percelebris .. ~iter cantantibus organis et choro canora voce concinente deportaretur BOWER X 3.

processionare [LL processio+-are], to process, participate in a ceremonial procession.

1389 bini et bini in ordine sobrio et moderato gressu sic ~ando ad dictam ecclesiam *Guild. Cert.* 46/448; clerus una cum dicti monasterii abbate et conventu canentes obviaverunt ~ando FAVENT 9; **1432** sacerdotum rite ~ancium *StatOx* 238; ad palacium pape procesconant *Beunans Meriasek* 163.

processionarius [LL processio+CL -arius]

1 that pertains to or is used in a ceremonial procession.

1222 crux una ~ia (*Invent.*) *Reg. S. Osm.* II 127; **1360** una porta ~ia .. ex parte orient' indiget reparat' valoris xx s. *IMisc* 182. 12. 7.

2 (as sb. m. or n.) book that contains texts for use in eccl. processions.

s1291 exivit conventus processionaliter .. pro pluvia postulanda. erat enim eis ventus contrarius ita quod irruente turbine in eorum oculos vix ~ia sua poterant intueri *Flor. Hist.* III 73; **1320** unum librum continentem martilog[ium], manual[e], et processionar[ium] *CBaron* 130; **1362** ij missalia, j portiforium ex usu seculari, .. j ~ium *Pri. Cold.* p. xl; **1368** unus ~ius *Invent. Norw.* 138; **1429** lego eidem ecclesie .. iij ~ios cum ympnario notato *Reg. Cant.* II 595; *a processionary*, processeonarium, processionale *CathA*.

processive [processivus+-e]

1 with onward movement, in a progressive manner.

nec movetur motu proprio, nisi ~e GROS. *Hexæm.* V 21 p. 180; homo .. movetur ~e, loquitur, comedit, et similia operatur per animam racionalem BRADW. *CD* 86B.

2 in ceremonial procession.

consuevit .. conventus .. in refectorium ~e incedere *Cust. Westm.* 19; **s1308** tantum calicem sancti Edwardi cum patena, cancellarius atque thesaurarius regni, si presbiteri fuerint, ante regem ~e poterunt bajulare *Ann. Paul.* 261; quando conventus de ecclesia aut de capitulo ~e claustrum ingreditur *Cust. Cant.* 206.

3 in order, in sequence.

s1254 J[ohannes], prior de Neuburgo .. super hiis casibus certificatus, hec scripture plenius et ~e commendabat M. PAR. *Abbr.* 334; ut ~e patet iij Reg. et iiij NETTER *DAF* I 417b.

processivus [CL processus, *p. ppl. of* procedere+-ivus]

1 that proceeds or progresses, progressive (usu. w. *motus*).

motus ~us est super viam habentem aliquam resistenciam FISHACRE *Quaest.* 54; hujus comes mathesis / est demonstrativa, / vera tantum eligens / ex his processiva GARL. *Poems* 6. 21; primo dicit sensus quod est animal, cum moveatur motu ~o BACON XV 47; sic eciam est in motu locali recto et ~o SICCAV. *PN* 160; item sic videtur in produccione rerum a Deo, sicut in produccione motus ~i ab animali BRADW. *CD* 190A.

2 (astr.) favourable to progress or advance.

item Mars in natura sua est superflue calidus et siccus in decimo octavo gradu Aquarii carens testimoniis et tamen in ortu suo est ~us et in sextili aspectu ipsum Solem aspicit GROS. 50 (cf. BACON IX 198); si luna fuerit in cursu velox et dominus ascendens, et dominus sextus, et, secundum alios, dominus septimus fuerint ~i, id est directi N. LYNN *Kal.* 219.

1 processor v. praecessor.

2 processor [CL processus *p. ppl. of* procedere+-or], (theol.) one who proceeds (w. ref. to Holy Spirit).

item, sumatur hoc nomen A ita quod contineat spiratorem et ~orem NECKAM *SS* II 19. 5.

processurus v. procedere, processio.

processus [CL]

1 progress onward or through successive stages, course of events; **b** (mil.). **c** course (of a written work).

erat .. revera talis cujus Deo devotae conversationis non solum exitus, sed et introitus et ~us, sit jure sequendus *Hist. Abb. Jarrow* 1; si est ens corruptivum .. quod si est, erit ~us in infinitum GROS. 105; me quidam juvenis diligit et pro amore meo infirmatur. et totum ~um vetule narravit *G. Roman.* 326. **b** **1296** ut .. omnino a quibuscumque ~ibus bellicis et invasionibus hostilibus cessaretur *RGasc* III 342a. **c** in ~u epistulae ita suas calamitates explicant BEDE *HE* I 13; in ea [aecclesia] multorum sanctorum, quorum aliquos in ~u notabimus, corporales servantur exuvie W. MALM. *GR* I 20; absque longo ~u et multiloquio *Plusc. prol.* 4.

2 ceremonial procession.

exportatur .. [corpus Augustini] cum omni ornatu et ~u ac jubilo celebritatis ecclesiasticae GOSC. *Transl. Aug.* 18D; venienti [sc. Willelmo] Stigandus cum potentissimis Anglis ~u et favore suo applausit W. MALM. *GP* I 23; **1378** ~us factus ad coronationem domini regis Anglie, Ricardi, secundi post conquestum, anno regni sui primo (*tit.*) *MGL* II 456.

3 spatial extension, development (w. ref. to geom. figure).

superficies et equidistantium laterum et triangulorum cum fuerint eorum ~us unus, erit quantitas unius ad alterutrum sicut quantitas unius basis ad alteram .. sint duo trianguli secundum unam quantitatem surgentes ABG et AGD dueque superficies laterum equidistantium secundum duorum triangulorum ~um HG et GZ ADEL. *Elem.* VI 1.

4 (theol.) process of issuing, emanation, procession.

.. unde patet quod Pater et Filius duo tunc principia; itemque Filius atque Spiritus Sanctus duo procedentes forent .. ita sint quoque ex distinctione pluralitatis plures, ut persone tres, principia duo, procedentes et duo, nisi forte arbitretur quis principium atque ~um propria professione singularitati dicata PULL. *Sent.* 687A.

5 course of time over which any process extends, duration; **b** (*~u temporis* or sim.).

Ceoluulfum .. cujus regni et principia et ~us tot ac tantis redundavere rerum motibus ut .. BEDE *HE* V 23. **b** **s1075** comes Waltheofus .. securi decapitatur, et in eodem loco terra obruitur, sed ~u temporis .. corpus ejus de terra levatur FL. WORC. II 12 (*cf.* DICETO *Chr.* 209); **c1155** que ad multorum noticiam pervenire credimus ne ~u temporum in oblivionem revocentur scripto commendare decrevimus *Doc. Theob.* 27; ~u dierum Walthenus, vernantis juventutis limen attingens, sperabatur a multis ad episcopatus nomen grande J. FURNESS *Walth.* 18 p. 255C; **1226** quod ne †processus [l. processu] temporis vertatur in dubium *Cart. Mont. S. Mich.* 16 (cf. ib. 25 [**c1227**]: quod ne tractu temporis vertatur in dubium); **s837** ~u .. temporis .. virtus emarcuit M. PAR. *Maj.* I 378 (=*Flor. Hist.* I 416); **1412** cauciones .. antiquitate temporis adeo corrumpuntur quod ~u temporis ad nichilum redigentur *StatOx* 212.

6 progress, advance, development (of idea or concept).

efferant Epicurei precipuas sententias suas, quas kiriadoxas vocant, quibus totius philosophie putant servire ~um J. SAL. *Pol.* 545C.

7 legal process or proceedings, action, suit. **b** grounds for legal proceedings, case. **c** written record of legal proceedings. **d** sentence, penalty.

de .. multiplici ~u domini Thurstani Eboracensis archiepiscopi et Cantuariensium episcoporum super quadam subjectione H. CANTOR f. 1; **1246** ~us inter priorem de Motesfunt et rectorem de Bedewinde (*tit.*) *Ch. Sal.* 309; de ~u coram justiciariis itinerantibus *Fleta* 23; redditum fuit indicium .. et postea per breve domini regis miserunt recordum et ~um loquele predicte coram R. de Hengham et sociis suis placita regis tenentibus *State Tri. Ed. I* 3; **1382** prosessu inde continuato de predicta felonia convictus fuit et suspensus *SelCCoron* 107; **1447** et Roberto Bartram pro instrumento facto de eleccione prioris et toto ~u ejusdem, xxvj s. viij d. *Ac. Durh.* 631. **b** recitatoque ~u Templariorum adjecit papa quod licet ex ~u prehabito ipsum ordinem de jure delere non posset W. GUISB. 396; si persona in casu isto prius presentaverit ~um episcopo, debet preferri in gracia WYCL. *Sim.* 29. **c** **1268** ~um .. nobis sub sigillo suo mittat *Cl* 479; **1281** super recordo et ~u cujusdam inquisitionis *PQW* 407a; **1295** originalia .. instrumenta causarum .. viz. bulle, commissiones, procuratoria, certificatoria, et similia, que sunt de substanciali parte ~us, in consistorio .. exhibita .. parti .. instrumenta exhibenti illico .. reddantur, in suo ~u .. collocanda *Conc.* II 207b; **1358** inspeximus tenorem recordi et ~us loquele que fuit coram justiciariis nostris *Cart. York* 43; **1360** recorda et ~us sessionis W. Polglas et R. Ceriseaux justiciariorum (*AssizeR Cornw*) *EHR* XXI 531. **d** **1428** ~us .. aggravandi .., sententias promulgandi *Mon. Hib. & Scot.* 371b; **1484** si J. et R. .. aggravacionis sententiam .. sustinuerint .. ~um nostrum .. duximus reaggravandum *Dign. Dec.* 69 p.

138; **1545** ~us nostros reaggravandos duximus *Conc. Scot.* I cclxiv.

8 written discourse on particular theme, tract.

c**1390** que omnia Christus asseruit ante institucionem hujus sacramenti, ut patet Johannis VI ex ~u (WYNTERTON) *Ziz.* 213; **1407** de modo cessandi et resumendi lecciones .. tractat .. hic ~us *StatOx* 199; c**1407** de difficultatibus et dubiis que possent moveri probabiliter ex textu vel ~u in quo questio seu problema fundatur *Ib.* 194; quoniam auctoritas mea non grandis est, intuendus est ~us beati Thome de Aquino, in secunda secunde CAPGR. *Hen.* 7.

9 process of thought or speech, line of reasoning. **b** (*~um dare*) to make a request.

et sciendum, quod duplex est via quadrupli: una est secundum viam propriam, alia secundum viam communem. et ad hoc bene percipiendum talis est noster ~us GARL. *Mus. Mens. app. P* 96; postmodum reiteratur ut a principio per modum circularis ~us *Mens.&Disc.* (*Anon. IV*) 27; objici potest contra istum ~um T. SUTTON *Gen. & Corrupt.* 53; talis [peticio principii] .. est ~us Aristotelis *Ib.* 66; in utroque ~u, sc. recto et reflexo, premissa est aliquo modo notior et prior conclusione *Ib.* 66; quod .. loquatur ibi de necessitate contraria libertati, et simpliciter absoluta, ~us suus et verba indicant evidenter BRADW. *CD* 732D; per sollennem et regalem ~um major argumenti mei probatus est in libro De justa appreciacione sacre scripture J. BURY *Glad. Sal.* 594. **b** Domine Jesu Christe, ~um do tibi, ut ALCUIN *Liturg.* 477C.

10 (as pers. name).

et in altera basilica ~us et Martinianus, et in tertia Felices duo W. MALM. *GR* IV 352.

procestrium [CL *as pl. only*], (in gl., understood as): **a** sort of raised platform. **b** place outside a town. **c** low point of a wall or steps by which it may be ascended.

a *a scafalde* .., ~ium *CathA.* **b** pluraliter ~ia .. per compositionem i. loca extra civitatem OSB. GLOUC. *Deriv.* 112. **c** secundum alios vero ~ia dicuntur loca degradata per que murus ascenditur OSB. GLOUC. *Deriv.* 112.

proch v. 2 pro.

Prochristus [CL pro+Christus], the Prochrist, person imagined as the opponent of Antichrist.

item Antichristus futurus non magis ex se habet, unde sit futurus, quam ~us equaliter possibilis futurus BRADW. *CD* 209A.

procid- v. et. proscindere.

1 procidere [CL <pro+cadere]

1 to fall forward (from an upright position), fall flat, prostrate oneself (in prayer or supplication). **b** (of man or animal under a blow).

~ens ante januam pronus in terram oravit in silentio *V. Cuthb.* II 7; cum tremens ad pedes ejus ~ere vellet BEDE *HE* II 12 p. 110; surrexit .. miser .. et exiens inde venit et ~it ante pedes Ælfeagi episcopi WULF. *Æthelwold* 46; ~ens ante pedes sancti Ebrulfi, protulit eulogias benedictionis ORD. VIT. VI 9 p. 59; pro minima earum omnium cum occurreret memorie ~atis [ME: *falleð*] coram altari vestro in modum crucis ad terram *AncrR* 134; s**1213** rex ei occurrens cancellatis manibus ad pedes archiepiscopi ~ebat *Meaux* I 392; ~it rex in faciem consideracionis sue, gracias agens Deo ante tronum summe clemencie sue *G. Hen.V* 16. **b** s**1066** Haroldus .. militis offitium sedulo exsequebatur .. ut nullus [sc. hostis] impune accederet quin statim uno ictu equus et eques ~erent W. MALM. *GR* III 243.

2 (*~ens*, her.) dropping, swooping (upon prey).

aquilae situs triplex, ~ens, volans, erectus vel expansus. ~ens et velut praedae incumbens habetur in antiquis Romanorum signis militaribus ubi porrectis in coelum pennis fulmine incumbit pectore SPELMAN *Asp.* 127.

2 procidere [CL pro- + caedere], (assoc. w. *praecidere* 5) to cut short (a process).

1279 ecclesiarum multiplicationem .. qualiter .. ~erim, ostendit cedula PECKHAM *Ep.* 41.

procilios [προκοίλιος], (metr.) that has one additional syllable in the middle.

671 pathetica .. septenae divisionis disciplina, hoc est acefalos, lagaros, procilios, cum ceteris qualiter varietur ALDH. *Ep.* 1 p. 477 (=W. MALM. *GP* V 195: protilos).

procinctorium [CL procinctus+-torium], fortification.

1204 ubi postea competencius castellum et baluum [? l. baillium] et alia procunctoria fieri possint *Cl* 6b.

procinctus [CL]

1 state of preparation or readiness (esp. in phr. *in ~u*, usu. w. gen.); **b** (w. ref. to mil. action, also in fig. context); **c** (w. ref. to journey).

vixit in episcopatu annis quinquaginta, beatus qui tanto tempore in ~u bonorum operum fuerit W. MALM. *GR* II 108 (cf. id. *GP* II 79). **1166** archiepiscopus .. noster in ~u ferende sententie constitutus iter arripuerat ad urbem Suessionum J. SAL. *Ep.* 145 (168 p. 110); cum coram viro sancto sermocinarentur de his dum adhuc res in ~u esset et gloriarentur accincti et discincti .. J. FORD *Wulf.* 86; **1319** quatinus in vestre visitacionis ~u, nos nunc primos velitis ordinare postremos *Doc. Eng. Black Monks* I 188. **b** ceteris in ~u belli positis BEDE *Sam.* 614; elemosina cui cotidie ferventer hec era insistebat marito agonizanti in ~u bellico plus quam fari norim succurrebat ORD. VIT. IV 5 p. 189; omnes .. ex solo visu et ~u armorum insignes *G. Herw.* f. 338; .. his [sc. libris] bellico sub ~u pro telis et armis .. religiosis quibusque .. utendum esse memorabat AD. EYNS. *Hug.* II 13; vir ille [saec. xi] privatus domi sua tantum procurabat, de militie ~u quoad vixit nil exercens *Chr. Abingd.* II 6; s**1259** cum cerneret suos jam in ~u insurgendi contra eum RISH. 1. **c** **800** ego siquidem in praecinctu [v. l. ~u] ob vestri itineris festinationem haec qualiacumque sunt dictavi ALCUIN *Ep.* 201; a**1160** diem recipere recusavit, dicens se iam in ~u Romani itineris esse J. SAL. *Ep.* 19 (56); tanquam in ipso vie ~u GIR. *EH* II *pref.* p. 308; in ipso veniendi Lincolniam ~u *Id. Symb.* I 28 p. 294; c**1213** in ~u itineris eundi in Angliam fore se finxit *Id. Ep.* 7 p. 252; in ~u quoque itineris positus, ut egrederetur de terra sua cum quibusdam viris religiosis secreto contulit .. *V. Edm. Rich P* 1813B.

2 means of (mil.) action. **b** (in gl. understood as) battle. **c** expedition.

Raimundus, nullius umquam ignavie conscius et cui semper cura primum in ~u militari esse W. MALM. *GR* IV 366; Godefredus rex Jerusalem .. in ~u bellico pene assiduus contra Philisteos constitit ORD. VIT. X 21 p. 130. s**1138** interim, Willelmus filius Dunecan, circa Clitherhou cedens et persequens, ~um militie Anglorum in turmis quatuor sibi occurrentem excepit J. HEX. *HR Cont.* 291; s**1141** Willelmus de Clerfeith, prudenter elapsus de manibus comitis Rannulfi, in Thicchehill, castrum suum se recepit, frequentique ~u proturbavit comitem ipsum et socios ejus *Ib.* 308; s**1153** in ~u militari augmentum glorie juveniliter sibi querens *Ib.* 328. **b** in ~u, *to gefeohte* ÆLF. *Gl. Sup.* 180; *a bataile*, .. ~us, -ti, ~us, -tus *CathA.* **c** si .. de expeditione, id est de ~u, cui ipse rex interesit, sine licentia quisquam discesserit, rerum facultatumque discrimen cunctarum incurrat (*Æthelred*) *GAS* 257; de ~u ducis ad Angliam (*tit.*) SILGRAVE 74.

3 army, fyrd. **b** obligation to support the army.

~us, *fyrdinge* ÆLF. *Gram.* 300; ~us, *fyrdinge Id. Gl. Sup.* 170; **11**.. ~us, *furding WW*; quo [pretio] ille accepto receptui cecinit, ~um militum feriari permisit W. MALM. *GR* II 165; trium milium marcarum promissio lenem comitis fallebat credulitatem, ut ~u soluto de tanta pecunia menti blandiretur sue *Ib.* V 395. **b** **1012** (12c) exceptis quae omnibus communia sunt, viz. ~u, pontis arcisve recuperatione *CD* 1307.

4 (assoc. w. *praecinctus*) area physically or jurisdictionally bounded, that surrounds or is attached to a building, administrative unit, or sim., precinct, defined area: **a** (assoc. w. monastery); **b** (assoc. w. castle); **c** (assoc. w. city); **d** (assoc. w. hundred or county); **e** (assoc. w. manor or lord's territory); **f** (assoc. w. court).

a habeat idem locus liberum ~um, id est, ambitum et cimiterium mortuorum circa se, absque episcopali vel cujuslibet respectu vel exactione OSB. CLAR. *V. Ed. Conf.* 11 p. 90 (=*NLA* I 340); s**1320** quoddam tugurrium de patrimonio sancti Petri, infra ~um abbatie Westmonasterii spiritualitati annexum *Flor. Hist.* III 193; **1540** scitum circuitum et ~um predicti nuper monasterii *Pat* 689 m. 51/4. **b** **1285** concessimus .. Elye .. justiciatum .. infra honorem et ~um castri .. de Caupenna *RGasc* II 283. **c** **1397** extra stratam de Layrthorp, infra limites, bundas, et ~um libertatis civitatis Ebor' *Mem. York* II 6; **1501** constituimus .. ad appruandum .. omnia et singula terras .. infra villam nostram Berwici ac ~um et limites ejusdem *RScot* 545a. **d** **13**.. qui sunt extra ~um hundredi predicti *Reg. S. Aug.* 328; s**1460** villam .. de Wakefelde, que est infra ~um comitatus Eboracensis *Reg. Whet.* I 381. **e** si .. sit aliquis qui aliquam terram tenuerit infra precinctum [v. l. ~um] manerii *Fleta* 407; **1312** sunt .. in diversis campis et croftis que vocantur Hornesland infra unum clausum et ~um cxl acre terre et pasture *Cust. Battle* 139; si villanus fugiat in antiquam regis tenuram et ibidem commoratur per annum et diem, vel in burgum privilegiatum, et hoc est intelligendum dummodo fuerit intra libertatem et ~um illius dominii vel territorii *Ars notaria* 443. **f** **1457** Oxon', curia telariorum et fullonum ibidem et de ~u ejusdem [sc. curie] infra quinque leucas *MunCOx* 220.

5 protection of or responsibility for precinct. **b** (in gl.) service or duty.

a**1149** ipse [sc. Ricardus Pecche] dando dimidiam marcam argenti unoquoque anno sit quietus ab omni servicio et omni consuetudine preter ~um [MS: p'cinttu'], et preter auxilia si quando abbas accipit auxilia, et preter duo denarios de wardpeni *Doc. Bury Sup.* 4. **b** in ~u, *in ðegnunge GlC* I 167.

6 vicinity, near proximity.

est lapis, sicut didici, consors humano femori, / qui quanto licet spatio asportetur ab aliquo, / nocte per se revertitur .. / si opus fiat Veneris juxta procinctum lapidis, / lapis sudorem faciet et proles non proveniet (GIR.) *Eul. Hist.* II 139.

procingere [CL *p. ppl. only*], to prepare or make ready.

cum lascivientis divitis luxus libidini vota sua ~it J. SAL. *Pol.* 505C; **1218** ad obsequium crucifixi pie peregrinacionis iter ~itis et paratis *Pat* 152; illuc ergo die dum se procingeret uno / ad proficiscendum calcaribus, et pluviali / se procingentes habitu .. (H. AVR. *Guthl.*) *MS Cambridge Univ. Libr. Dd. xi 78* f. 81.

proclamare [CL]

1 to proclaim, announce publicly (sts. expressing official or leg. directive); **b** (w. dir. speech); **c** (w. dependent cl., esp. as impers. pass.); **d** (transf., of non-verbal communication). **e** (pr. ppl. as sb. m.) one who proclaims. **f** (p. ppl. as sb. m.) one to whom proclamation has been made.

1230 rec[ipit] pannagium ac omnes aven' gallin' de redditu predicte foreste .., pannagium quando ~atur, et indictaciones si que fuerunt viz. de viridi et venacione *Cart. Boarstall* 560; s**1355** hoc .. per edictum ~ari mandavit AVESB. f. 124; **1419** in testamento suo, ~ato et irrotulato secundum consuetudinem .. civitatis (*Liber Albus*) *MGL* I 450; **1458** de firmis terrarum de Knok .. que de mandato domini regis erant ~ate vaste pro venacionibus *ExchScot* 480; c**1520** bannis .. solemniter ~atis *Conc. Scot.* I p. cclxxvi. **b** dulcem melodiam ymnista modulaturus ~et et .. carmen triumphale decantet 'bonum certamen certavi' [*II Tim.* iv 7] ALDH. *VirgP* 18 p. 248; audivimus abbatissam .. clara voce ~are "sit gloria nomini Domini!" BEDE *HE* IV 17 p. 245. **c** alta voce ~astis quod .. GIR. *SD* 128; faciat .. in nundinis et ecclesiis parochialibus et mercatis non sepe set sepius solempniter ~ari quod .. *Fleta* 62; fecit ~ari [justiciarius] in itinere suo .. quod omnes .. brevia sua deliberassent *State Tri. Ed. I* 11; s**1355** dominus rex ~ari fecit .. quod omnes magnates et homines armorum .. forent parati apud Sandwicum AVESB. f. 125v; in duobus plenis comitatibus publice faceret ~ari quod .. Herbertus ad alterum diem adveniret *Meaux* II 290; erga noctem ~ari fecit in buccina per medias acies, quod omnes .. se pararent .. ad assultum *G. Hen. V* 8. **d** **1437** campanario ~anti obitum *Mem. Ripon* I 130. **e** quam discretus in ~antibus zelus, et nulla penitus excusatio, nec murmuratio in proclamatis AD. SCOT *TT* 613C. **f** in ~atis AD. SCOT *TT* 613C (v. re supra).

2 (*~are caput*, also w. *ad amputandum*) to declare a person (liable to execution).

1282 capud suum non fuit antea ~atum *PS* 1691/70; **1283** solvi faciatis Thome de Maundevill' id quod sibi debetur pro capite Odonuild ~ato ad amputandum et quod idem Thomas ad scaccarium regis Dublin' portari fecit, ut dicit *Ib.* 1684/40.

3 to call out (order).

cibos preparo, dominus interim ad se celeri gradu servum properare, item itemque ~ando, imperat PULL. *Sent.* 869D.

4 to claim or assert.

ventilata est causa de primatu, quem Lanfrancus Dorobernensis archiepiscopus super Eboracensem aecclesiam jure sue aecclesie ~abat W. MALM. *GR* III 298 (=*GP* I 27); s1070 possessiones quamplures sui episcopatus ab Aldredo archiepiscopo .. sua potentia retentas, que tunc eo defuncto devenerant in regiam potestatem, viriliter ~abat, justiciamque inde fieri flagitabat DICETO *Opusc.* 202.

5 to protest or complain (in quots. absol.).

dum .. collectio census fieret, ~abat ecclesia .. sed nihil profecit (*Leg. Ed. retract.*) GAS 637; dato die Lune proxima sequenti post festum Omnium Sanctorum ad ~andum omnes ut obicere vel opponere volentes contra electum (*Reg. Roff.*) MS BL Cotton *Faustina Bv* f. 4.

6 (mon.) to accuse (in chapter, *cf. clamare* 4). **b** (pr. ppl. as sb. m.) one who accuses (in chapter). **c** (p. ppl. as sb. m.) one who has been accused (in chapter).

si frater peccans .. ~atus etiam abbati vel priori contumaciter responderit praesumpserit LANFR. *Const.* 166; s1067 in somnis abbatem nuper mortuum videt in capitulo presidentem, ~ans [v. l. ~antem] singulos et eos corrigens [v. l. ~entem] *Eul. Hist.* I 405. **b** 1298 quamdiu in capitulo de regulari disciplina tractatur nullus loquatur nisi ~ans, proclamatus, et judex *Reg. Cant.* II 816. **c** 1298 nullus loquatur nisi proclamans, ~atus, et judex *Reg. Cant.* II 816.

proclamatio [CL]

1 proclamation, public announcement (sts. expressing official or leg. directive).

1199 magna facta ~one monachis *RChart* 9a; 1201 qui post ~onem sunt utlagati *CurR* I 440; de hoc fit solempnis ~o et post ~onem recedunt *State Tri. Ed. I* 15; 1315 de ~one facienda in Hibernia *RScot* 135b *tit.*; primo die debet fieri ~o, primo in aula vel in monasterio, seu alio loco publico ubi parliamentum tenetur *Mod. Ten. Parl.* 31; 1552 bannorum debitis ~onibus *Conc. Scot.* II 134.

2 accusation: **a** (leg.); **b** (mon.).

a nemo apud regem ~onem faciat de aliquo qui ei secundum legem rectum offerat in hundreto suo (*Leg. Hen.* 34. 6) GAS 566; si quis ex ~one, quam apud justiciam fecerit, placitum suscipiat (*Ib.* 59, 27) *Ib.* 580. **b** ibi rigor ordinis monachorum inviolabilis permanet, ibi pax inter fratres, et in capitulo ~ones conquiescunt *Cust. Westm.* 188.

proclamator [ML < CL proclamare+-tor], official who makes public announcements, crier.

1300 item pacatum ~ori domini regis pro feodo suo ij s. *Rec. Leic.* I 236; 1338 Tibaldo ~ori xij d. *Gild Merch.* II 334; 1365 officium ~oris tam coram justiciariis nostris .. assignatis .. in comitatu Kanc' quam coram vicecomite nostro ejusdem comitatus *Pat* 272 m. 12; 1388 in denariis solutis Jevan Coly, ~ori negociorum domini regis in magnis et parvis sessionibus et com[itatibus] ibidem tentis et aliis negociis domini regis proclamand[is] *MinAc* 1222/3 m. 4; 1419 nec marescallus nec ~or aliquis inter concives appareat, nisi de seipsis et ad voluntatem eorundem civium (*Liber Albus*) *MGL* I 54; 1471 officium ~oris coram nobis in banco nostro *Pat* 527 m. 19; 1506 officium hostiariorum et ~orum in scaccario nostro una cum domibus superedificatis vocatis *le heven Ib.* 399 m. 6/16.

proclamatorie [ML proclamator+-ie], in the manner of a crier.

legatus a sede apostolica .. cum esset apud Bononiam, ut dicebatur, ~ie citabat in consistorio existens episcopus Londoniensem, Lincolniensem *Ann. Dunstable* 234.

proclamatorius [ML < CL proclamator+-ius *or* CL proclamare+-torius], that relates to or conveys a proclamation, (*litterae ~iae*) letters proclamatory.

1309 cum .. Walterum de Legh' .. elegerint in priorem, eisdem litteras ~ias in forma juris concedere curaremus *Reg. Cant.* II 1108; publicata electione ..

ipse electus in itinere versus regem obtinuit literas ~ias ab archiepiscopo Eboracensi GRAYSTANES 49.

proclamitare [LL], to proclaim, announce publicly (repeatedly).

synodaliter ~itando, aiens eum petiisse Romam, dedignando sui pontificis quærere licentiam HERM. ARCH. 25.

proclisma v. proclysma.

proclivis, ~us [CL]

1 that has a downward incline, sloping down.

'respiciens Mambre' [*Gen.* xxiii 17], i. conspicuus et confinis erat et ~is in situ loci et omnes arbores ejus *Comm. Cant.* I 141; **8 ..** ~ior, *forðloten WW*; a capite .. Arietis computatione incepta, si infra prima tria reperiatur signa, erit *elmeil*, id est obliquatio ipsius [solis] .. septentrionalis et ~is ADEL. *Elk.* 15.

2 (of the sun) declining, sinking.

jam .. Phebo in oceanum ~i W. MALM. *GR* IV 333.

3 (w. *ad* or *in*) inclined toward or prone to (person, thing, action, or abstr. concept).

vulgus ergo et populus, cujus vita et intentio erat ~a ad malum omni tempore DOMINIC *V. Ecgwini* I 5; multos .. olim amicos ~iores in hostem quam in fidem expertus W. MALM. *GR* I 47; quia modo omnia magis ad pejus quam ad melius sunt ~ia *Ib.* IV *prol.*; Franci .. ferociores erant et intractabiliores, et ob id ad omne malum ~iores ORD. VIT. IX 4 p. 482; ~is ad odium inimici P. BLOIS *Serm.* 37. 670D; obnoxium infinitis necessitatibus, erumnosum, ~um ad vitia, invalidum ad virtutes *Id. Ep.* 157. 451B; cum .. ~is sit cursus ad voluptates GIR. *TH* III 24; longe .. in clementiam pietate ~ior *Ib.* III 51; s1298 cum pluribus de nobilioribus, quorum mens sanior erat et ad rem publicam ~ior BOWER XI 31.

proclivus v. proclivis. **procluus** v. praecluis.

proclysma [cf. προκλύζειν], clyster, enema.

cum proclisma removetur, lavet prius locum cum aqua decoctionis lenticule GILB. VII 300. 2.

Procne [CL], (myth.) wife of Tereus, who was turned into a swallow. **b** (transf.) a swallow.

~e mariti sui gesta cognoscens gravi estuavit ira *Natura Deorum* 82; Tereus rex Tracie Prognem filiam Pandionis .. habuit in uxorem WALS. *AD* 100. **b** progna, *swalwe GlC* P 710; solers Progne videns rettulit hoc avibus / et monet evelli nocituraque semina lini. / .. / .. rursus persuadet hirundo / evelli segetem pennigeris nocuam NECKAM *Fab.* 18. 2; retia Progne timens volucrum consortia fugit *Ib.* 18. 11.

proco [cf. CL procare], (in gl., understood as one who woos.)

~o, *a wowere WW.*

procognoscere [CL pro-+cognoscere], to get to know previously.

†949 (10c) sancti viri presago spiritu bestiales ~entes insidias *CS* 880.

procommendare [CL pro-+commendare], to commend previously.

non .. tale talium sermonibus sic seriis ~avi matrimonialis sodalicii contractum E. THRIP. *SS* IV 27.

procomplere [CL pro-+complere], to complete (? assoc. w. *percomplere*).

1316 hospitale de Sklibek .. quod progenitores sui construere ceperant et ipse postmodum ~evit *Terr. Fleet* 101.

proconsul [CL]

1 (in gl. understood as) official subordinate to a consul.

~ul, minus consule *GlC* P 602.

2 a title applied to the occupant of an administrative post: **a** (of a viceregent); **b** (of class of reeve); **c** (of viscount); **d** (of justice in eyre); **e** (of sheriff); **f** (of municipal official).

a naufragium perpessae sunt naves illius [Julii Caesaris], dum ipse pugnabat apud Dolobellum, qui erat ~ul regi Britannico NEN. *HB* 162; habuit Michael ~ul

Hebreorum provinciam sibi magis obedientem COLET *Cel. Hier.* 182. **b** ~ul, *undergerefa ÆLF. Gl.* 110; ~ul, *hehgerefa Id. Gl. Sup.* 183. **c** Rodbertum .. vicecomitem Archarum ad Sancti Sidonii castrum repente destinavit. prefatus ~ul Dominico mane cum illuc advenisset ORD. VIT. XI 37 p. 292; et ex iis .. ~ules .. super provincias constituit R. NIGER *Chr.* II 167. **d** apud ~ules, quos nostrates vulgariter dicunt justitias esse errantes J. SAL. *Pol.* 576C. **e** ne .. cogaris in certuria aut foro presidis vel ~ulis .. reddere rationem J. SAL. *Pol.* 396C; 1526 carta venditionis Gilberti .. ~ulisque Aberdonensis facta domino Thome .. archidiacono Aberdonensi de annuis redditibus *Reg. Aberd.* I 391. **f** 1388 quod si amicabiliter fieri non poterit, seu .. extunc dicti iiij ~ules et consules dicto magistro generali terre predicte referre et debite requirere teneantur *Mem. York* II 4; a1405 ~ules et consules Stralessoundenses de Comitiva Hanse .. injuste arestabant omnes mercatores de Lenna in villa Stralessound existentes *Lit. Cant.* III 80; 1498 cum .. archiprefecto, ~ibus, consulibus et senioribus .. civitatis Rigensis *Foed.* XII 701.

proconsulatus [CL = *office or position of a proconsul*], the office or position of a justiciar, justiciarship.

illustris comes Legecestrie Rodbertus modeste ~um gerens apud Britannias J. SAL. *Pol.* 626D.

procrastinare [CL]

1 to put off till the next day or until another day, (also absol.) to delay, to procrastinate.

ne tota die jejunium sustinere vel etiam ~are cogaris BEDE *CuthbP* 5; ~at, differt in alium diem *GlC* P 661; ~at ibi paucis diebus SULCARD f. 15v; jacebat in natali ejus, quod die primo Pentecostes fuerat, sed ~atum servitium die secundo fiebat W. MALM. *GP* V 269; ~are, diutinare, perendinare, aliquando pro dilatare OSB. GLOUC. *Deriv.* 466; ~atum est usque mane ad perficiendum quod laudabiliter fuerat inchoatum GIR. *PI* II 13 p. 186.

2 to pass or use up (a period of time) in delay.

s1300 hec et alia instantissime a dominis postulata, ~atis diebus pluribus .. concessit rex confirmare et ratificare *Flor. Hist.* III 109.

3 (in list).

da regulas verborum, quae huic pedi minime refragentur! elimino, ingurgito, eradico, ~o ALDH. *PR* 132.

procrastinatio [CL], act of delaying, delay, procrastination.

ereptio ejus a vinculis in annua ~one omnimodis expetebatur ORD. VIT. IV 14 p. 266; agmen quoque hostium cum Helia duce suo statim ut regem citra fretum venisse comperit, absque ~one fugiens invasam urbem multo pejorem quam invenerat deseruit *Ib.* X 10 p. 59; [angeli] Deo serviunt .. subito et instanti jussa perficiunt sine ~one BART. ANGL. II 2.

procreamen [CL procreare+-men], offspring.

s1455 de privata muliere ~en sumpsit *Reg. Whet.* I 165.

procreare [CL]

1 to bring into being by procreation, to engender, beget (of human or animal, also absol.); **b** (of a mother) to bring forth, give birth to, bear. **c** (w. ref. to asexual generation). **d** (of plant) to put forth, produce.

ad propagandam posteritatis sobolem et liberorum ~andorum [*gl.*: i. generandorum, *gestrynendlicra yrfwerda*] ALDH. *VirgP* 19; ~avit, genuit *GlC* P 742; animam ~ati hominis non, ut quidam existimant, a patre vel a matre existendi initium sumere WULF. *Æthelwold* 4; 12 .. dedit A. uxori sue et P. filio suo et heredi de dicto W. et dicta A. ~ato unum mesuagium *Cart. Chester* 638; 1290 J. le Redeprest .. est culpabilis de murdro, unius parvi ~ati de concubina sua *Leet Norw.* 35; c1330 habenda et tenenda .. Hugoni et Ingellise et heredibus suis, de ipsis legitime ~atis *Feod. Durh.* 73n; gignere .. et concipere potest mulier sed nulla tenus ~are. nam ~are composita dictio est de pro et creo; quasi creationis loco viro tributa potestas FORTESCUE *NLN* II 19. **b** ut regina sospes et absque dolore gravi subolem ~aret BEDE *HE* II 9 p. 99. **c** pisces .. calore morientur et ex eis ~abuntur serpentes G. MON. VII 3; [natura] nova quotidie animalia sine omni mare vel femina ~at et producit GIR. *TH* I 15 p. 49. **d** super turrim Lundoniarum ~abitur arbor G. MON. VII 3.

2 to bring into being, create (functionary).

1254 ad majorem et juratos inter ipsos, sicut consuetum est, ~andos *RGasc* I 467b.

3 to generate or produce: **a** (a product); **b** (metr.); **c** (mus.); **d** (math.).

a bombicines . . sericum ~ant ex frondibus P. CORNW. *Disp.* 150. **b** si vero eadem sillaba producitur, iambus certissime ~atur ALDH. *PR* 113 p. 154. **c** cantus vel tenor est primus cantus primo ~atus vel factus *Mens. & Disc. (Anon. IV)* 74; figura . . scripture aptorum superficies quadrilatera est, cum ex sola calami linea ~etur in qua tanquam in genere convenit omnis notula musicalis *Mus. Mens. (Anon. VI)* 399. **d** si drachmis equale fuerit vel ~atur una radix substantie simul etiam medietas radicum, que cum substantia sunt, pronunciatur, adjectione simul et diminutione abjectis ROB. ANGL. (I) *Alg.* 74; ad unitatem addita unitas dualitas ~atur BART. ANGL. XIX 113.

procreatio [CL]

1 (act of) generation or procreation; **b** (w. ref. to blood).

semen, per quod intelligitur ~o generationis, potest et de uno et de multis dici *Eccl. & Synag.* 59; inter senes ac steriles ~o nulla speratur PULL. *Sent.* 957C; non avis in earum ~one unquam ovis incubat GIR. *TH* I 15 p. 48; quomodo vel sponsa censebitur, si filiorum ~oni non intendit? J. FORD *Serm.* 97. 1; coitus est viri ac mulieris commixtio ex utriusque naturali ac voluntaria conjunctionis actione cum spermatis emissione, fetus ~o, operis multa comitante delectatione *Quaest. Salern.* B. 15. **b** calor naturalis regnat interius qui est causa magni appetitus, et bone digestionis, et boni sanguinis ~onis *Quaest. Salern.* P 26.

2 creation of person in a professional capacity.

1254 cum . . impossibile sit ipsos [sc. cives] . . apud Burdegalam interesse dicta die assignata ad majorem et juratos inter ipsos . . procreandos, unde erit eis necessarium terminum illarum ~onum prorogari *RGasc* I 467b; **1503** xiij die Novembris quod erit anno xix Henrici VII ~one infrascripti servientes ad legem ex fide facti *Treat. J. P.* 135n. 1.

procreativus [procreatus *p. ppl. of* procreare+ -ivus], productive or generative.

cum humiditas obtusitatis ~a sit D. MORLEY 80; est ergo vanitas precessiva et ~a vanitatum NECKAM *Eccles.* f. 74rb.

procreatrix [CL], (f.) productive (of), (also as sb.) creatress.

adde quod nulla esset delectatio in coitu tali, ~ix peccati NECKAM *SS* II 59. 4.

procrucire [CL pro-+crucire, cf. CL cruciare], to cause physical pain to, to torture, or ? *f. l.*

1308 cum tota Christianitas hujus doloris sit particeps et hic casus fideles ~iat [? l. percutiat] universos *Reg. Carl.* II 7.

procubus [LL], prone, prostrate.

cruribus ipse pater navalia procubus arma / confirmat positis, intentans lumina caelis FRITH. 364.

procudere [CL], to beat into shape, hammer out, beat out (in quot. fig.).

summos animum procudit in ausus J. EXON. *BT* I 298.

procul [CL]

1 (of spatial relationship) in a position some distance away, far away. **b** to a position some distance away.

~ul reliquid gregem, ipsa sola venit ad puteum *Comm. Cant.* I 167; pignora nunc pavidi referunt ululantia nautae, / . . auscultare procul, quae latrant inguina circum ALDH. *Aen.* 95 (*Scilla*) 11; in insula . . quae duobus ferme milibus passuum ab urbe ~ul abest BEDE *HE* III 16 p. 159; ad civitatulam . . non ~ul inde sitam *Ib.* IV 17 p. 245; **774** (12c) juxta occidentalem ripam fluminis illius quod vulgo Lim vocatum est, haut ~ul a loco ubi meatus sui cursum in mare mergit *CS* 224; Francorum siquidem

invincibilis ferocitas finitimos et ~ul positos omnes deterruit ORD. VIT. IX 14 p. 587; tunc bona fama bonam prope seu procul extulit urbem L. DURH. *Dial.* I 223; assunt carnes et azima / dies venit, dies tua / procul sint allecia, / dulce canit alleluya LEDREDE *Carm.* 27. 23. **b** truculentus superbiae natrix . . de latebrosis animae nostrae recessibus . . eliminatus ~ul [*gl.*: longe] divino terrore trudatur ALDH. *VirgP* 12.

2 (of temporal relationship) at a distant time.

s1143 a festo Sancti Michaelis usque ad non ~ul ante Natale Domini *Meaux* I 126.

3 far (from a condition or situation).

nullus tunc predo publicus, nullus latro domesticus, insidiator conjugalis pudoris ~ul W. MALM. *GR* I 48; omnis ab illo fraus et amaritudo ~ul fuerunt ORD. VIT. V 4 p. 315; ~ul absit a corde meo tanta duricia *Ib.* 10 p. 383.

4 far (from connection or association with someone or something).

homo ~ul ab aulicis misteriis secretus W. MALM. *GR* V *prol.*; profectus, ~ul a religione, profanus, execratus OSB. GLOUC. *Deriv.* 480.

5 (~*ul dubio*, sts. as one word) without doubt.

GILDAS *EB* 72, ALDH. *VirgP* 18, **948** (v. dubius 4b); etiam cum interiora appetit, ad haec ~ul dubio minor redit BEDE *HE* II 1 p. 74; sciens ~uldubio quod nihil ei prospere procederet, si illo offenso discedere non timeret OSB. *Mir. Dunst.* 23; nec tantum Limericum, verum etiam Hiberniam totam sibi suisque jam occupare ~uldubio proposuisse GIR. *EH* II 10 p. 327; **s246** quo tempore pestilentia ingens per omnes pene provincias Romani imperii extenditur ob ultionem ~uldubio violati nominis Christiani M. PAR. *Maj.* I 139; Zacharias pontifex expulit de templo regem Oziam thurificantem, ~uldubio eum occidisset nisi cessisset KNIGHTON I 34.

6 (as quasi-prep., also w. acc.) in a position some distance away from, far from.

nec procul hos [*sic*] alii pendent a pollice, plures / a pede L. DURH. *Dial.* II 319; **12..** quamdam partem terre que jacet . . tam procul quam curtilagium Hugonis f. Matillidis durat prout mete divise dividunt *Rec. Eton* XXXIII 2.

proculcare [CL], to tread down, trample on (in quots. fig.).

tunc omne gaudium ecclesie in luctum convertitur, altaria denudantur, et tunc omnia sancta ~antur HON. *GA* 679B; tunc quippe sceptrum exactoris superat, quia violentiam diaboli . ., virtute crucis ~at *Id. Spec. Eccl.* 842A.

proculia [cf. CL procul *and* Proculus *as* praenomen], daughter born in absence of father.

hec ~ia est nata patre existente procul *WW*.

proculius [cf. CL procul *and* Proculus *as* praenomen], son born in absence of father.

hic ~ius est filius natus patre existente procul *WW*.

procumbere [CL]

1 to bend or lean forward. **b** to bow or throw oneself forward or down (in prayer or supplication). **c** to be bent forward or down (in quot. of a damaged or deformed finger).

et si ad hoc tantum ministerium quo calciamentorum ejus corrigiam ~ens solveret se dignum fateretur BEDE *Hom.* I 1. 25; quem cum in terram distractis crinibus distortis brachiis mortiferis rictibus ~entem aspicio *Ep. ad amicum* 12. **b** quae cum illuc advenisset, et aliquantisper in oratione procubuisset, somnii sui effectum in conspectu fratrum consecuta est GOSC. *V. Iv.* 90C; [Edwardum] venientem ad se et conantem ad genua ~ere allevat W. MALM. *GR* II 196; continuo . . letitia puerili, constantia virili, cursu incepto, ante altare ~it *Id. GP* V 269; humo . . ~ens cum lacrimis et singultibus Dominum diutius exoravit ORD. VIT. IV 14 p. 266; gratias agens pro reddita vita, ante pedes resuscitatoris ~eret *Ib.* VI 9 p. 77. **c** qui mihi minimum digitum dextre manus restituit. procubuerat siquidem in vola, et officii militaris opus impediebat W. CANT. *mir. Thom.* VI 160.

2 to fall forward or down; **b** (w. ref. to violent death); **c** (in gl.). **d** (transf., of wind) to blow.

donec [arbor] caelesti numine nutabunda crudeliter corrueret et supernae potestatis instrumento lugubriter succisa ~eret [*gl.*: *asige, hnipte*] ALDH. *VirgP* 21. **b** rem ignorantes adversarios utpote suos clientes convocabant. ubicumque igitur obviabantur, tanquam oves ~ebant et obtruncabantur ORD. VIT. IX 9 p. 539; eliso cerebro humi ~ebant homines *Ib.* IX 10 p. 560; neque talia bella paravit. / nec sub ea tanti procubuere viri GOWER *VC* I 456. **c** procubit, cecidit *GlC* P 718; **10..** ~eret, *gefeoll WW*. **d** ventus ~ens a montibus OSB. BAWDSEY cliii.

3 to adopt a prone position on the ground, to lie down.

nec / in Parnasso procubui nec somnia vidi ALDH. *Aen. pref.*; rinoceros ~it et obdormit in gremio speciose virginis AD. DORE *Pictor* 151.

procunctorium v. procinctorium. **procurag'** v. procuratio.

procuramentum [CL procurare+-mentum], (act of) procurement or subornation.

1275 fecit Willelmum . . appellari per ~um Walteri *Hund.* I 449a; **1281** non fuit captus ad suum ~um *PQW* 392b; item si in aliquo comitatu concelaverit [aliquod] . . vel procuraverit in gravamen appellantis vel appellati vel alterius, occasione doni, timoris, affinitatis, promissi, amoris, vel alicujus ~i *Fleta* 22; **1397** per ipsum, vel per alias personas de ~o, abbettamento, assensu *Foed.* VIII 27.

procurancias v. procuratia.

procurare [CL]

1 to take care of or responsibility for (person or thing); **b** to maintain, to provide for, to provide with procuration.

sobrietas . . confirmat sanguinem, procurat venas, constringit nervos *Ps.-*BEDE *Collect.* 252; hic medicus dudum sanabat vulnera carnis / putrida fibrarum procurans ulcera fotu ALDH. *VirgV* 517; si quis exlegem servaverit vel ~averit, satisfaciat ut supra dictum est (*Cons. Cnuti*) *GAS* 319; prepositum constituit qui ceteris preesset et eos ~aret H. CANTOR f. 3; in aecclesia que agenda sunt ~ant, et preces que letanie vocantur inchoant ORD. VIT. VII 12 p. 210; frater ille qui preest hospicio hac nocte me splendide ~avit *Latin Stories* 40. **b** si parentes non habeat aut cibum, prepositus regis ~et eum (*Quad.*) *GAS* 49; canonicos suos rebus necessariis, claustrum quoque honestis instrumentis plene ~averat J. HEX. *HRCont.* 284; **s1190** susceptus est et ~atus in abbatia G. *Ric.* I 125; **1234** item parentes monachorum ad domum istam divertentes honorificentius solito admittantur, et uberius ~entur maxime parentes claustralium (*Vis. Bury*) *EHR* XXVII 736; decanos . . rurales . . nolumus a rectoribus . . ~ari PECKHAM *Ep.* 561 p. 740; **1312** quod procuratorium quod sibi concessimus ratione ecclesie nostre de Hautwisill pro omnimoda utilitate monasterii nostri quantum ad dictam ecclesiam ~anda ante datum presencium per biennium revocavimus et adhuc tenore presencium revocamus *Reg. Aberbr.* I 288; **1370** infirmis . . in cibis et potibus . . ad terminum vite . . volumus ~ari *Lit. Cant.* II 499; **1429** visitatores per omnes ecclesias visitatas ~abantur in victualibus et non in pecuniis (*Ac. Bursar*) *DCDurh.*

2 to act as procurator. **b** (acad.) to act as proctor.

in consolatu [v. l. consulatu] Cyrinii et Longini . . ~ante quidem Syriae Vitellio THEOD. *Laterc.* 2; sub consolatu Sulpicii . . ~ante Syriae Casio preside *Ib.* 10. **b 1461** suspensi sunt . . ab omni officio . . malandi et advocandi usque ad festum Michaelis *MunAcOx* 683.

3 to make it one's business to, see about (w. inf.).

secundum poeticae traditionis disciplinam cola vel commata seu pentimemerin et eptimemerin annectere progressis binis aut ternis pedibus ~avi ALDH. *Met.* 6; a**718** te implorare ~o BONIF. *Ep.* 9; abbatibus . . maximis ibidem predicabatur obsecrationibus, ut . . nomina majori[bu]s officiis equantes vel inplentes, studiosissime inpendere ~arent *GAS* 247; dominium in juniorem filium . . cum effectu transferre ~ans GIR. *EH* II 25; hic indagare cum limpiditate ~emus GILB. II 100v. 1; omnino nichil ad id dico quod ex proposito jam nunc exequi ~o curans E. THRIP. *SS* VI 2; **1289** ~at et nititur auferre domino et hominibus suis communam pasture sue *SelPlMan* 32; nullus . . officiorum . . alterius servientem in servitio suo recipiat, nec ad eum venire ~et (*Lib. Memorandorum*) *MGL* III 443;

c**1340** qui pacem .. universitatis .. impediunt vel impedire ~ant *FormOx* 162; **1574** si quis .. aliquem .. induxerit vel inducere ~averit ad .. eligendum aliquam personam *StatOx* 400.

4 to arrange or bring about: **a** (absol.); **b** (w. acc.); **c** (w. acc. & inf.); **d** (w. inf. or ger.); **e** (w. dependent cl.); **f** (pejorative) to contrive or concoct.

a ad ritum .. canonicum Domino ~ante perducti sunt BEDE *HE* V 22; Willelmus comes Pictavensis .. cum insolenti responso .. Alexium offendisset, illo non curante vel potius ~ante, Solimanni incurrit insidias W. MALM. *GR* IV 383; prefatus vir ~ante Guillelmo rege .. filiam Guidonis Pontivi comitis Agnetem nomine uxorem duxit ORD. VIT. VIII 5 p. 300; corpus comitis .. in ipso reverende crucis prospectu, ~ante Laurentio sedis ejusdem archipresule, celebratis solemniter exequiis, est tumulatum GIR. *EH* II 14 p. 334; Deo permittente et diabolo ~ante BACON *CSPhil.* 426. **b** hec est .. que perniciosissimam inducit pestem et, tirannidis ~ans ortum, compagem quietis et pacis, qua nichil salubrius est, molitur extinguere J. SAL. *Pol.* 777A; victoriam nempe dicebat a Jove sibi fuisse commendatam, non bene gnarus quod sibi sic lasciviendo fatalem properaverit sibi ~are confusionem fatale funditus per factum E. THRIP. *SS* III 8; s**1300** illud factum ex antiquo odio processit et ex magna malicia fuerat ~atum *G. Durh.* 4; s**1397** siquis ~averit mortem regis *Eul. Hist. Cont.* III 374. **c** **1293** veniebant amici .. Cristine et ~abant predictam Cristinam habere nomine dotis quandam porcionem terre falsa suggestione quasi esset libere condicionis *SelPLMan* 166; **1342** sigillum majoris Oxonie hiis apponi ~avimus *Deeds Balliol* 137; s**558** magistrum suum in exilium redigi ~avit *Eul. Hist.* I 207; **1549** hoc ipsum similiter per alios fieri ~ent *Conc. Scot.* II 100. **d** hos quos eatenus materiae conpage vobis deos fabricastis, confringendos diminuendosque summopere ~ate (*Lit. Papae*) BEDE *HE* II 10 p. 103; a**960** (12c) mansas .. tyrannide abstractas reddere ~at imperialis nostra potestas *CS* 936; cujus fidei [sc. Christianitatis] participem provintiam suam .. facere ~asset, nisi tam leta principia mors per insidias uxoris .. festinata succideret W. MALM. *GR* I 75; s**1204** originalia .. mittere ~etis (*Lit. Papae*) *Chr. Evesham* 134; ego ista omnia inviolabiliter jubebo et ~abo fieri imperpetuum *Chr. Dale* 12; s**1234** omnes illi qui literas illas mitti ~averunt M. PAR. *Maj.* III 293; superioribusque suis reconciliavit, et ordini suo restitui ~avit *Latin Stories* 103; **13..** [qui] .. ~averint pro contrario supplicare *Conc. Scot.* II 66. **e** ~ate .. ut ipse prior .. adveniat BEDE *HE* II 2 p. 83; ~atum est divinitus ut .. introitum ejus in perpetuam animarum vitam cognoscerent *Ib.* IV 21 p. 258; **1220** in tantum ~at quod mater sua non ausa fuit eum retinere *BNB* II 252; cum .. ut eidem regi federe matrimoniali specialius conjungerentur, diligenter et efficaciter ~assent *V. II Off.* 23. **f** **1340** sinistra .. que de .. Roberto sunt vobis suggesta forsitan non sunt vera, sed, ut timeo, ~ata *Lit. Cant.* II 218.

5 to provide (person or service); **b** (absol.).

Lucas .. qui apud Antiocham medicinale cataplasma ~ans [*gl.*: providens] ALDH. *VirgP* 24; narrat suis homo quae viderat; favebant et auctores illi itineris ~abant OSB. *Mir. Dunst.* 2; juxta est qui et tibi consulere et filiae tuae salutem valet ~are *Ib.* 12; illi .. qui cum eo manducabant, nepoti suo aliisque inimicis ejus favebant, ejusque secretis denudatis adminiculum illis summopere ~abant ORD. VIT. XII 5 p. 328; s**1238** ne ~aretur aliquid venenosum .. ipsum ipsi officio prefecerat M. PAR. *Maj.* III 482; **1280** si aliquis scolaris .. adversarium .. invenire contingeret, licitum sit ipsum coram cancellario citari ~ari *StatOx* 96; precepit abbas ut omni die postquam latroni bona et bonum vinum ~asset, ipse monachus coram latrone aquam et panem comedit *Latin Stories* 135; **b** nec hostem qui intus erat ad libitum coartare valuit, quia fortiter sibi ~abat, et amplos aditus habebat ORD. VIT. *VII* 10 p. 196.

6 to turn into (w. *in*).

vultum .. ~at in rugam *Reg. Whet.* II 453.

7 (*~are placitum*, leg.) to support a plea.

inhibitum .. quod nullus minister regis in curia regis placita coram se mota manuteneat seu ~et *State Tri. Ed. I* 18; **1300** de Johanne le Blekestere quia implacitavit Johannem le Newebrid in curia Cristianitatis per quod ballivi amittunt placita sua (dim. marcam) de Ranulpho Saluz quia ~avit predictum placitum (ij s.) *Leet. Norw.* 51.

8 to obtain, procure (person, thing, office, or service). **b** to render (a person) into (a certain condition, w. pred. acc. and predicative adj.). **c** (in gl.) to buy, purchase. **d** (in gl., understood as) to lend, grant, lease.

multi in vado .. intercepti, pluresque profecto perissent nisi equi emissarii, adverso amni oppositi, violenti gurgitis vortices fregissent; ibi quibusdam vita ~ata W. MALM. *GR* IV 353; ei in capella quadam commodum officium ~abat J. SAL. *Anselm* 1027C; s**1113** rex .. ~avit Radulfum .. in archiepiscopatum Cantuariensem B. COTTON *HA* 59; **1314** pro quadam littera ~anda de comite *Rec. Leic.* I 282; a**1349** per quosdam suos emulos nominatus est ac etiam ~atus ad quoddam officium domini regis sibi et nobis dampnosum .. videlicet, ad colligendum lanas *Lit. Cant.* II 288; pro re vero omnino insensibili cujusmodi sunt Deus, angelus, vacuum infinitum, et talia, pone ymaginem ut faciunt depingentes, vel per aliam rem ei contrariam, similem, vel aliter pertinentem ejus memoriam ~abis BRADW. *AM* 135; remissiones malefactorum .. ~averunt *Plusc.* VII 17. **b** s**1237** si non Phrethericum magnum Alemannorum imperatorem sibi inimicum ~asset M. PAR. *Maj.* III 390. **c** **10..** ~ans, *begende WW*. **d** **10..** ~ans, *lǣnende WW*.

9 to procure or suborn (by some inducement); **b** (w. dependent cl.); **c** (absol.).

alienigenas, quos .. ~averunt cum magnis sumptibus ad veniendum super Angliam *Leg. Ant. Lond.* 69; juratores in panello nominatos non permisit jurare eo quod non credebat ipsos per eum nec per predictum Hugonem fuisse ad hoc ~atos *State Tri. Ed. I* 19; Radulfus noluit aliquam veritatem per eos inquirere, immo permisit quod per unicam solam calumpniam quam idem Willelmus calumpniavit dicendo quod omnes fuerunt ~ati *Ib.* 35; quidam ~averunt eum esse probatorem qui presentati fuerunt convicti *Eyre Kent* I 90; **1337** inducens, immo seducens scolares quamplures ut .. adirent Stamfordiam, ubi studium adulterinum erigi ~avit *FormOx* 95; **1353** juratores predictos appropinquasse et cum ipsis locuti fuisse et eos ~asse, ipsisque denarios, cibum et potum dedisse, per quod juratores illi ad largum per unam noctem perrexerunt et dicta jurata non capta remansit *Pat* 239 m. 20; **1391** Johannes Worthsted *parchemyner* assuetus est ~are custumarios Willelmi Drawer aliis firmariis portarum civitatis *Leet Norw.* 75; papa .. ~avit electores imperii principes Alemannie. unde, langravio duce Thuringi electo et cito post mortuo, Willelmum .. denuo elegerunt *Meaux* II 71 n. 1. **b** **1313** de hiis qui ~averint vel consenserunt quod juratores inquisicionum factarum de etate heredum determinaverint ipsos heredes plene etatis cum non essent ut dominus rex per hoc amitteret custodias hujusmodi heredum *Eyre Kent* I 39. **c** **1321** requisiti si aliquis alius esset auxilians vel ~ans ad illud factum dicunt quod non *SelCCoron* 74.

10 to accuse (in mon. chapter).

1526 item tu contra regulam monasticam eras Oxonii, tempore sessionis justiciariorum, publice in pretorio inter juridicos ad ~andum et indictandum archidiaconum Leicestr. et quatuor famulos suos, ubi judices publice te increpabant, in scandalum religionis tuae (*Vis. Thame*) *EHR* III 707.

procuratia [ML < CL procuratus, *p. ppl. of* procurare + -ia]

1 position of authority of a procurator.

1220 miserunt quemdam procuratorem suum S. de K. cum litteris de ~ia *BNB* III 350; **1342** pretendentem ipsum magistrem Johannem .. captum et in prisona .. adhuc detentum .. si ea occasione et non alia arestetur una cum literis de ~ia sua deliberari faciatis *RScot* 623a; tunc ipsum Johannem una cum ~ia sua .. a prisona .. liberari faciatis *Ib.*; **1410** sciatis quod commisimus fratri J [illegible] custodiam procuracionis abbatis de Conchis .. cum pertinenciis, ac omnium terrarum .. ad eandem ~iam pertinencium *FineR* m. 15.

2 maintenance, dues (orig. in kind, later commutted to money), esp. visitation due of bishop.

1241 de placito quare exigit ~ias *CurR* 1751 (cf. ib. 1655: de placito quare exigit hospicia); de placito ~ie *Ib.* 1783; s**1239** ab eis pecuniam non minimam extorsit nomine ~ie M. PAR. *Maj.* III 616; s**1245** redditus .. thesaurarii Saresbiriensis cum aliis multis violenter, ut pretactum est, sed precipue a viris religiosis, rapiuntur. ~ie et munera exiguntur, sibi festinanter transmittenda, et contradicentes graviter puniuntur *Ib.* IV 416; s**1247** procurancias [MS: ~ias] .. ab omnibus vicinis et aliquibus remotis episcopis et abbatibus exigebat *Id. Abbr.* 300; **1348** licenciam dedimus prefatis cardinalibus quod ipsi per procuratores suos ~ias suas .. levare .. possint *Foed.* V 631.

procuratio [CL]

1 (act of) taking care, managing, or administering, care, attention.

737 (11c) praefata .. Dei famula Dunne constructum in praedicto agello monasterium .. filiae suae .. largita est .. cartulam conscripti agri, necnon et omnem monasterii ~onem, .. matri illius maritatae conservandam injunxit *CS* 156; ~o, *sciir GlC* P 592; omnes munitiones, totamque justiciam et ~onem totius Normannie, et medietatem ducatus michi dimitte ORD. VIT. XI 20 p. 227; **1219** procuratores constituimus, magistrum Alanum de Lenn, .. magistrum Thomam de Lichefeld, et Stephanum de Segrave .. ad controversias .. ita quod .. duo vel unus eorum ~onem istam nichilominus exequatur *Pat* 197; a**1250** dicti prior et conventus dictum manerium de Kingesham per ~onem et providenciam Dei .. non poterint adquirere (*Cart. Boxgrove*) *MS BL Cotton Claudius A. VI* f. 128v; nisi .. per ~onem suam et interventum nunciorum suorum .. nostre se coaptaverit voluntati *Leg. Ant. Lond.* 136; magis ex ~one aliorum quam ex proprio motu GRAYSTANES 30.

2 administrative office or function (in quots. of steward or proctor).

Rogerius .. captus sit non ut episcopus, set ut regis serviens, qui et ~ones ejus administraret et solidatas acciperet W. MALM. *HN* 473; sed nec ~ones villarum aut jurisdictiones etiam seculares sub aliquibus principibus et secularibus viris, ut justitiarii eorum fiant, clericorum quisquam exercere presumat (*Conc. Lateran.*) W. NEWB. *HA* III 3 p. 219; c**1236** iterum alia decretalis prohibet ne quisquam clericorum exercere presumat ~ones villarum GROS. *Ep.* 72* p. 211; **1318** ~o. .. Willelmum de Melburn nostrum .. procuratorem .. et nuncium specialem facimus, constituimus, et ordinamus (tit.) *Reg. Carl.* II 172.

3 (act of) bringing about, arranging, or contriving, arrangement, instigation, contrivance; **b** (in pejorative sense).

sic studiosorum ~one monachorum Manliensis cella surrexit ORD. VIT. V 19 p. 466; non multo post dux eundem per amicorum ~onem in amicitiam recepit *Ib.* XII 45 p. 480. **b** classis ejus Guillelmi patris sui classi multum dispar fuit, que non exercitus virtute sed proditorum ~one ad portum Portesmude applicuit ORD. VIT. X 19 p. 110; s**361** Hylarius .. ~one [cf. M. PAR. *Maj.* I 165: factione] Saturnini Arelatensis episcopi .. pulsus in exilium *Flor. Hist.* I 189; **1290** cum Johannes Huwes de Cotesford inculpatus fuisset quod dominus Tehobaldus de Verdun inplacitari fecit homines domini ejusdem .. ad ~onem et abettum ejusdem Johannis, idem Johannes venit et verbo ad verbum negat *SelPlMan* 37; veritatem dicam .. nec .. celari permittam .. per alicujus abettum vel ~onem *Fleta* 21; non tenebatur per minas aut ~onem alicujus aliquid facere nisi quod ad officium suum [s]pectavit *State Tri. Ed. I* 22; **1391** filii Walteri Blower ex ~one et abbetto dicti Walteri assueti sunt depredare garbas in autumpno de Adam Swan et aliis *Leet Norw.* 75; Edwardus anno Domini DCCCCLXXV .. per sue noverce ~onem martirizatus est OTTERB. 54; diverse subornaciones et ~ones juratorum per predictum abbatem ad defraudandum ipsum R. de jure suo indies facte fuerint *Reg. Brev. Orig.* f. 221.

4 (technical) skill.

ipse .. haud segniter jussa magistri complevit, et capsam in qua reliquie sanctorum apte conderentur ~one sua fabricavit, quam auro argentoque comiter ornavit ORD. VIT. VI 5 p. 31.

5 (act of) obtaining, procuring.

abbatem suum .. rogavit, ut prioratum Manlie alii commendaret, quatinus ipse ad aliarum ~onem rerum liberior procederet ORD. VIT. V 20 p. 468; **1305** metent eciam in autumpno per ij homines ad ~onem avene per diem integrum *Ext. Hadleigh* 237; s**1166** magna per Angliam commocio facta est et amicorum ubique ~o diligens perquisita BOWER VIII 12.

6 (act of) maintenance. **b** (means of) maintenance, allowance. **c** (pl.) provisions, supplies.

hanc .. virtutem discretionis bifide tam ante episcopatum quam in episcopatu semper noscitur habuisse, nunc siquidem divine contemplationi, nunc pauperum totus deditus ~oni *V. Gund.* 10. **b** edico omnibus meis prepositis, ut in meo proprio recte laborent, et me inde procurent, et deinde, quod eis nemo debet quicquam largiri in adjutorio mee ~onis, nisi .. (*Cons. Cnuti*) *GAS* 357; c**1133** concessit .. ei abbas ~onem unius monachi in vita sua, et cum obierit vel cum monachus factus fuerit, concessit eandem ~onem uxori sue (*Ch. Burton*) *EHR* XX 288 n. 37; revertimini .. ad urbem proximam et invenietis ~onem copiosam OSB. CLAR. *V. Ed. Conf. app.* 1 p. 125; pallia .. et preciosas exuvias subtumulaverunt, et arcus, et pharetras, et plurimos bizanteos mortuorum ~oni adjecerunt ORD. VIT. IX 9 p. 532; c**1188** ~onem unius diei, tam in cibo quam in potu *Ch. Sal.* 45; ultra viij s. vj d. annuatim solutos pro sinod' et procurag' per annum *Val. Eccl.* II 395a. **c** s**1102** sub ipso siquidem in brevi ~onum instaurantur promptuaria *Chr. Battle* f. 41; s**1206** sicut senescaldus in quotidianis [MS: cotidianis] ~onibus hominum et equorum *Chr. Evesham* 195; s**1251** qui regi et regalibus hospitia cum ~onibus splendidis exhibuisset M. PAR. *Maj.* V 199; s**1345** quibus archiepiscopus ~ones diurnas persolvit AD. MUR. *Chr.* 162.

7 maintenance, dues. **b** visitation due for bishop, or sim., 'procuration'. **c** compulsory annual payment made by clergy of a country to papal representative accredited to that country.

1152 juncta .. Haierico duci Normannorum, comiti Andegavorum, salvo jure meo, videlicet ~one et expedicione, acta egi, donata donavi, concessa concessi, duce vidente, volente, et concedente *Act. Hen. II* I 31; **1201** excercitus et ~ones quas nobis debetis *Pat* 3b; **1311** quod quidem statutum maxime ad ~orem [*sic*] fratrum Predicatorum dicti loci editum erat *Collect. Ox.* II 222; **1397** item quod .. vicarius vel rector tenetur invenire unum capellanum ad celebrandum in .. capella diebus dominicis et festivis, .. quod non facit. [manus secunda: allegat impotenciam propter exilitatem ~onis] (*Vis. Heref.*) *EHR* XLV 455. **b** s**1179** quod quidam fratrum et coepiscoporum nostrorum .. graves in ~onibus subditis suis existunt (*Decretum Papae*) *G. Hen. II* I 224; **1194** quieta .. a cano, et conevetho, et ~onibus, et hospiciis, et omnibus aliis exactionibus, et sinodalibus, et auxiliis *Regesta Scot.* 368; c**1207** concessimus .. predictis canonicis quod prebende sue sint inmunes a visitacione et ~one archidiaconi *Dign. Dec.* 1; **1229** verumptamen, racione visitacionis facte vel faciende, quia domicilium episcopi ita vicinum est ecclesie predicte, ~onem non exiget nec habebit, sed post visitacionem ad propria reddibit *Feod. Durh.* 214; **1286** solvant ~onem archidiaconi *Reg. Heref.* 134; prior ~ones visitationi debitas alternis vicibus reciperet GRAYSTANES 42; **1547** ~ones quoque si quae hujusmodi visitacionis ratione debeantur *Mem. Ripon.* I 109. **c** s**1225** Otho cepit ab omnibus ecclesiis Anglie conventualibus, nomine ~onis, duas marcas argenti WEND. II 290 (cf. B. COTTON *HA* 112: ~ones gravissimas); s**1216** Walo legatus exegit ~ones per totam Angliam ab ecclesiis cathedralibus et domibus religiosis, pro singulis sc. ~onibus quinquaginta solidos M. PAR. *Maj.* II 663 (cf. *Flor. Hist.* II 160); **1290** nos, Gifredus de Vezano, apostolice sedis nuncius, recepimus a priore et conventu Westmonasterii viginti unum solidos sterlingorum pro ~one nostra undecimi, duodecimi, et terciidecimi annorum more nostre in Anglia *DCWestm. Mun.* 18/5/733; s**1239** Otto legatus, domini pape diaconus, .. exigebat novas ~ones OXNEAD *Chr.* 167; **1308** recepta ~onum dominorum cardinalium in universo l li., xj s. xj d. (*Rep. Collectoris Papae*) *EHR* XLI 353.

procuratiorem v. procuratio.

procurativus [CL procuratus, *p. ppl. of* procurare+-ivus], that pertains to care (of, w. gen.).

cum .. electuariis digestionis ~is GILB. I 21. 1.

procurator [CL]

1 one who has responsibility (for person, thing, or duty), manager, keeper, carer; **b** (w. ref. to angel).

~or clericus anime sue fieri debet BYRHT. *Man.* 40; eorum quibus fratres corporaliter seu spiritualiter indigebant ~or sollertissimus ORD. VIT. III 7 p. 94; Rannulfus Flambardus .. summus regiarum ~or opum et justiciarius factus est *Ib.* X 19 p. 107; unde factum est, quod visum ~orem suum non potuit alloqui *V. Chris. Marky.* 31; ego, non medicus set medicine procurator GOWER *VP pref.* **b** quod .. angeli prefecti et ~ores hominum sunt in obsequium Dei, prophetarum scripta testantur COLET *Cel. Hier.* 182.

2 one who is appointed to perform business or administer property in the absence or incapacity of another, a representative, agent, or proxy; **b** (in leg. affairs); **c** (irregular or transf.).

verum quia ad citationem primam [T. Becket] in propria persona se non exhibuit, misso tamen ~ore secundo citatur H. BOS. *Thom.* III 32; rex .. Guillelmum .. in Hiberniam ~orem transmisit GIR. *EH* II 15; **1284** viginti et septem canonicis personaliter et sex per ~ores *Ch. Sal.* 362; s**1327** ego, Willelmus Trussell, ~or prelatorum, comitum, et baronum, et aliorum in procuratorio meo nominatorum *G. Ed. II Bridl.* 90; **1441** nostris fidelibus et dilectis clericis, magistris Andree Holes, ~ori nostro, et Ricardo Caunton, legum doctoribus BEKYNTON I 235; **1549** magister Joannes Mayr, decanus facultatis theologiae Universitatis Sancti Andreae, et Martinus Balfour, doctores in theologia, annosi, grandaevi, et debiles, comparuerunt per ~ores *Conc. Scot.* II 84. **b** ~or .. rei tenetur satisdare RIC. ANGL. *Summa* 20; ~or quoque actoris .. cavere .. de defensione facienda debet *Ib.* 21; ~or est qui mandato domini spontaneus procurat ejus negotia W. DROGHEDA *SA* 99; in crimine tam detestabili .. non tenebatur ipsa personaliter, sed sufficiebat per ~orem comparere *Proc. A. Kyteler* 4; a**1341** dominum N. .. ~orem nostrum, attornatum, et nuncium specialem facimus *Pri. Cold.* 29. **c** de qua .. deliberacione [gayole] Henricus .. clericus .. medius fuit inter eos [sc. justiciarium et querentem] et ~or predicte deliberacionis *State Tri. Ed. I* 59; ad tantum enim excecavit ~or Luciferi plebem dei WYCL. *Sim.* 43; rex non est nisi ~or rei publice in nomine Domini Dei sui *Plusc.* VII 18.

3 title denoting the occupant of various administrative posts, 'proctor'; **b** (*~or regius*); **c** (*~or generalis*); **d** (*~or patriae*); **e** (acad.); **f** (of merchant guild); **g** (*~or fiscalis*). **h** steward or sim.

679 juxta notissimos terminos a me †demonstratus [l. demonstratos] et proacuratoribus meis *CS* 45 [a *in tmesis*]; **9..** percuratori [l. procuratori], *gerefan WW*; villicus, vel actor, vel curator, vel ~or, vel rector, *tungerefa* ÆLF. *Gl.* 111; ~or, *scirman Id. Gl. Sup.* 183; a**1127** sub domino nostro rege Henrico regni Anglie ~or (*Brev. Hen. I*) *EHR* XXXIX 79; a**1217** signifer domini regis et ~or tocius civitatis *MS BL Addit. 14252* f. 90v) *EHR* XVII 486; **1293** abbas .. tempore quo fuit canonicus de Oseney et ~or predicte abbathie *Cart. Osney* I 273; **1365** ~ores cantarie Beate Marie in ecclesia omnium Sanctorum *Deeds Balliol* 205; **1413** in eadem convocatione inter ~ores cleri et alios *Ziz.* 434. **b** c**1550** .. cum annuis suis fructibus per regios ~ores censentur ASCHAM *Ep.* 312. **c** s**1252** de sollicitudine generalis ~oris episcoporum Anglie (*tit.*) M. PAR. *Maj.* V 346; **13..** item sunt alie expense facte in curiis regis annuatim pro officio generalis ~oris in diversis curiis regis (*Valuation of New Temple*) *N&Q* II 124; **1463** Wilhelmus Sturvyll, ~or generalis *MunAcOx* 699. **d** **930** episcopis, abbatibus, ducibus, patriae ~oribus *CS* 1343 (=*CS* 677; *cf. CS* 669); **1012** abbatibus, ducibus, patrie ~oribus regia dapsilitate orantibus *Ch. Burton* 37. **e** **1248** presentibus apud Wodestok' tam ~oribus scolarium universitatis quam burgensibus Oxonie *Cl* 216; c**1250** de assensu cancellarii et ~orum universitatis *MunAc Ox* 12; **1311** ~or eorum, qui et bursarius dicitur *Ib.* 89; a**1350** a ~oribus eligantur duo ~ores domorum universitatis .. ut domos tempore vacationis possint reparare *StatOx* 70; **1407** magister Ricardus Flemmyng, canonicus ecclesie cathedralis Eboracensis, et ~or borealis universitatis antedicte [sc. Oxonie] *Mun AcOx* 237; **1453** nos .. premissa digna meditacione pensantes notum facimus universis quod omnes et singulos rectores qui pro tempore fuerint facultatum, decanos, ~ores nationum, regentes *Reg. Glasg.* 397; **1594** coram vicecancellario aut ~oribus natis *StatOx* 452. **f** **1284** (1389) prout secundum merita persone et qualitatem ejusdem fraternitatis jure predicte rector et ~ores decreverint *GuildCert.* 45/392; **1463** Thomas Dalton et Tibot Coke, ~ores artis coquorum universitatis Oxonie *MunAcOx* 701; **1491** per magistrum et ~ores artis scissorie *StatOx* 298. **g** **1425** exhibita nobis pro parte .. Johannis de Scribanis, ~oris fiscalis camere apostolice peticio continebat quod *Reg. Cant.* III 148 (=*Conc.* III 454b); **1434** per solucionem factam Johanni de Sancto Michaeli, scutifero regis, ~ori fiscali ejusdem, pro fedo suo de anno computi .. xx li. *ExchScot* 602; **1538** magistro Hugoni Vischart ~ori fiscali reverendissimi [cardinalis] .. j celdra *Rent. S. Andr.* 19; **1552** ut ~oribus fiscalibus pro computis .. testamentorum mandatum dant *Conc. Scot.* II 130. **h** ait ~ori suo, "quid nobis administrationis habes ad noctis hujus sustentationem conferendum?" B. *V. Dunst.* 27; hunc ille [sc. Lanfrancus] in Anglia secum adduxit, et quia in rebus etiam exterioribus industrius valde erat, rei familiaris sue ~orem constituit *V. Gund.* 10; s**1102** ne quilibet clerici sint secularium prepositi vel ~ores, aut judices sanguinis (*Conc. Lond.*) EADMER *HN* 164; flebat .. totius aecclesiae conventus pro tanti famuli morte. ~or quippe diligentissimus res fratrum amministrabat officiosissime ORD. VIT. VI 9 p. 77; s**1147** rex omnem exercitum suorum dimisit, exceptis paucissimis militibus, et domus sue ~oribus OSB. BAWDSEY p. clxix; in quibusdam aliis festis, que simul enumerata in cartula ~oris domus illius inveni ALEX. CANT. *Mir.* 42 (II) p. 240; Esegarus regie ~or aule, qui et Anglice dictus *stallere*, id est regni vexillifer *Found. Waltham* 16.

4 Roman administrative title (in quots. of governor of minor province).

Felix fit ~or Judee, apud quem Paulus se defendit R. NIGER *Chr. II* 112; Festus ~or Judee *Ann. Exon.* f. 6.

5 (*domus ~or*) Merovingian administrative title, 'Count of the Palace'.

his temporibus Childeberto Dagobertus junior successit, cujus domus ~or fuit Pipinus R. NIGER *Chr. I* 63.

6 (in Carthusian order) head of lay brothers of a house.

per dominum Robertum, tunc quidem ~orem ac paulo post priorem Withamie AD. EYNS. *Hug.* V 16.

7 (in Franciscan order): **a** layman holding property on behalf of Friars. **b** friar responsible for begging.

a **1232** Willelmo le Cuteler de Hoiland, mercatori Oxonie .. quia predictus Willelmus est ~or fratrum Minorum Oxonie *Pat* 469. **b** frater Salomon .., cum adhuc novitius esset, factus est ~or venitque ad domum sororis sue ut eleemosynam peteret ECCLESTON *Adv. Min.* 15.

procuratorie [CL procuratorius+-e], as a representative or agent.

casus quibus excommunicatur quis ipso jure: .. quando quis symoniacus est principaliter vel ~ie GROS. *Templ.* 7. 4.

procuratorius [CL]

1 that pertains to a representative, agent, or proxy, or to a person occupying an administrative post (*cf. procurator* 3). **b** (*litterae ~iae* or sim.) letters procuratory, that authorize one to act as representative, agent, or proxy.

procurator dictorum religiosorum, cujus ~ia copia nobis a dicto paupere clerico facta *Chr. Peterb.* 88; destinatus est in Angliam procurator quidam .. ad predictam domini pape collacionem nomine ~io suscipiendam *Flor. Hist.* II 445; habent titulo ~io nomine regine incognite WYCL. *Versut.* 98; quia dux Suthfolcie Willelmus Powle, nomine ~io regis Anglie .. GASCOIGNE *Loci* 190; **1482** quoddam ~ium mandatum sive litteras procuratorii *Ch. Edinburgh* 150; **1593** in computo generali officii sui ~ii *StatOx* 449. **b** **1235** dilectos nobis in Christo abbatem sancte Radegund' et fratrem Henricum canonicum suum procuratores nostros constituimus mittentes vobis duo paria litterarum ~iarum *TreatyR* I 65; c**1240** venistis .. cum literis ~iis [v. l. procuratorum] tantum ad tractandum de pace GROS. *Ep.* 91; s**1229** tunc magister Stephanus prelatis omnibus literas domini pape ~ias ostendit M. PAR. *Maj.* III 187; **1263** littere ~ie (*tit.*) *Ch. Sal.* 337; s**1237** magister Otto venit legatus in Anglia .. convocavit omnes prelatos Anglie, archiepiscopos, episcopos, .. et suo nomine literas ~ias deferentes OXNEAD *Chr.* 165; **1313** litere ~ie et plene potencie magistri et conventus ultramarini ordinis domus sancti Johannis Jerusalem (*tit.*) *Foed.* III 459b.

2 that pertains to maintenance or maintenance allowance.

a**1441** in solvendis domino Lincolniensi ~iis censibus *Reg. Whet.* II 410.

3 (as sb. n.) faculty or power of an agent, agency.

1277 ~ia vel excusaciones admittant, et procuratores sive excusatores ad faciendum fidem de vera et legitima causa excusacionis compellant *Doc. Eng. Black Monks* I 90; **1284** per Gwillelmum de Longa Villa, clericum et procuratorem vestrum, juxta virtutem sui ~ii PECKHAM *Ep.* 543; bene sperabant per defectum ~ii partis adverse de curia illa libere recedere sine die *G. Durh.* 22; altercacione longa facta super ~io

GRAYSTANES 43; directi fuerunt ad curiam Romanam propter hujus negocii expedicionem fratres Willelmus de Romenal et Robertus de Fekenham procuratores cum ~io eorundem THORNE 1970; **1482** quoddam procuratorium mandatum sive litteras ~ii *Ch. Edinburgh* 150.

4 document that authorizes agency.

1259 memorandum quod W. Bonqueor reddidit Paris' ~ium factum in Anglia . . de facto Scicilie *Cl* 261; **1273** in cujus rei testimonium presenti ~io sigillum nostrum duximus apponendum *Foed.* II 4; s**1286** per idem tempus misimus ~ium cum certo procuratore ad curiam Romanam *Ann. Worc.* 493; s**1327** procurator prelatorum, comitum, et baronum, et aliorum in ~io meo nominatorum *G. Ed. II Bridl.* 90; s**1412** postquam legati suum ~ium exhibuissent, obtulerunt que in subscriptis articulis denotantur WALS. *YN* 435; s**1435** tenores . . ~iorum et litterarum compulsoriarum hujusmodi seriatim sequuntur AMUND. I 385.

5 (as sb. f. or n.) office of proctor (mon.).

1399 cum omnibus aliis pertinentibus ~io de Lire alienig' *Pat* 351 m. 5. **1414** ad presentacionem . . nostri regis veri procuratoris ~io nomine venerabilium virorum abbatis et conventus de Melros *Melrose* 518; **1499** ballivus ex speciali mandato . . sasinam corporalem Roberto Lauson, procuratori fratrum Minorum ville de H. et nomine procuratorie eorum fratrum . . tradidit *Scot. Grey Friars* II 23.

procuratrix [CL]

1 woman who has responsibility (for person, thing, or duty), manager, keeper, carer.

at presbyter qui ~icem rerum suarum male tractari conspiceret W. MALM. *Mir. Mariae* 207; alii quasi miciores secularium agendorum prudentem ~icem appellabant *V. Chris. Marky.* 76.

2 agent. **b** provoker of pleas (in eccl. courts).

femine secundum leges . . non possunt esse judices . ., nec fidejubere, nec ~ices, nec arbitre esse OCKHAM *Pol.* I 160; natus sub concupiscencia viciosa et prurigine libidinosa proprie carnis mee, que velud diaboli ~ix et michi penitus adversatrix assidue me propelleret ad carnis spurcicias UHTRED *Medit.* 196; quibus tenemur . . denarium quotidiani victus solvere pro mercede . . vestram fraternitatem nobis ~icem substituimus in [*sic*] hujusmodi solucionis in aliquota sui parte *Reg. Whet.* II 448. **b 1391** Matildis de Parys est communis ~ix officialis correctoris et decani et fecit quamplures homines et mulieres perdere argentum suum injuste *Leet. Norw.* 71.

procurium [CL procurare + -ium], maintenance or maintenance allowance.

a**1149** dederunt . . decimam tocius ~ii domus sue *Cart. Chester* 47 p. 94.

procurrere [CL], to run forward or ahead (in quots. w. ref. to mil. engagement); **b** (of literary composition) to run on. **c** (transf., w. ref. to time).

Willelmus suos clamore et presencia hortari, ipse primus ~ere, confertos hostes invadere W. MALM. *GR* III 244; in hostem impigre ~ere *Ib.* 246. **b** in hunc modum totius carminis bini ac bini versus ~ebant OSB. *V. Dunst.* 40 p. 119. **c** dies septimanas non aequali cum luna tramite ~it (*Lit. Ceolfridi*) BEDE *HE* V 21 p. 337.

procursus [CL]

1 forward movement or development, progress (of an activity or process).

post irrevocabilem sanctae operationis ~um BEDE *Tab.* 415; . . hoc quod ipse non solum in ~u vitae suae recte vixerit *Ib.* 475; s**1128** ubi cum originem et ~um regni Francorum rex quereret Henricus, sic quidam non inductus respondit H. HUNT *HA* VII 38 (cf. M. PAR. *Maj.* II 155); s**1190** reflectendus nunc ab oriente in nostrum occidentem videtur sermonis ~us W. NEWB. *HA* IV 14; antiquitus namque legislatores, dum non eis aut populo placuit legis nature ~us, alias sepe quas optabant leges ediderunt FORTESCUE *NLN* II 51.

2 rushing or bursting forth.

advesperascente sepe diluculo, ut ipse referebat, multitudo tanta spirituum malignorum cellulam suam introibat . . sciscitantibus nobis, an ipse de hujusmodi ~ibus pertimesceret, dixit R. COLD. *Godr.* 188.

3 right to pass over land not one's own in hunting or driving animals to pasture, or *? f. l.*

1256 quia si essent assartate bestie amitterent ~us [*? l.* percursus] suos ad transversum foreste *Ambrosden* I 353; **1276** quia . . concessimus . . quod . . habeat percursum suum per longam for[cstam] nostram ad feras inventas et motas in terris suis . . capiendas, vobis mandamus quod ipsum Johannem ~um [*? l.* percursum] suum predictum . . habere permittatis *Cl* 93 m. 8.

procurvare [CL], to bend forward.

manum contractam dextra sua tetigit, et quasi ferula †contingentis [*? l.* contingens] digitos ~atos percussit R. COLD. *Cuthb.* 108; illa genibus ~ata . . procumberet *Id. Godr.* 131; ante limina ecclesie genibus ~atis prosternitur *Ib.* 152; agnine, vervecine carnes, et ovine, / ventrem procurvant, infla[n]t, caroque bovina (*Modus Cenandi*) EETS XXXII 2. 50.

procurvatura [CL procurvatus *p. ppl. of* procurvare + -ura], forward curvature.

eo quod digitorum ~a ad palme planiciem artissime constringeretur R. COLD. *Cuthb.* 108.

procurve [CL procurvus + -e], in a forwardly bent position.

junior ille cum festinatione manum supra ~e sedentem seniorem protendit R. COLD. *Cuthb.* 89 p. 190; digiti . . illius ad arctum palme inferioris . . se ~e inflexerant *Ib.* 108.

procurvus [CL]

1 curved outwards or forwards, or bent over.

senserat . . quendam manu sua ~os palme sue digitos contingere R. COLD. *Cuthb.* 108.

2 bent or bending forward (as indication of respect, reverence, or submission), bowed or bowing.

gloria namque viro totis a partibus orbis, / agricolae plures, fecundae gramina terrae, / procurvi proceres, juvenum foetura locuples FRITH. 610.

procus [CL]

1 one who woos, suitor, wooer.

Justina . . quam neque ~us [*gl.*: *wogere*] ab integritatis arce detrudere nec magica maleficorum necromantia ullatenus vincere valuerunt ALDH. *VirgP* 43; eheu pontificum fraudes qui more procorum / ornatam proprio sponsam invasere patrono FRITH. 763; qui eam jurarent sine professione causa ~orum velum gessisse W. MALM. *GR* V 418; a**1194** scis, quia Hippodamia, quandiu cursum ~orum concertantium projecto auro retardabat, prevolabat ad palmam P. BLOIS *Ep.* 91. 286C; ecce Walthenus factus est, quasi unus ex nobis, ~us et amator J. FURNESS *Walth.* 16; tu portella procis clausa, / salus egris, fessis pausa WALT. WIMB. *Virgo* 67; ab inicio sicut ~us pone [ME: *as mon þe woweð*] AncrR 152; tanquam nobilis ~us [ME: *wowere*] *Ib.* 154.

2 representative or proxy who negotiates marriage for another.

hujus consortium cum . . missis ~is a fratre ejus . . peteret BEDE *HE* II 9; mittuntur ~i ad dominam, mittuntur dona regalia, mittuntur etiam verba precatoria *Enc. Emmae* II 16; Agatha regis filia . . postmodum Amfursio regi Gallicie per ~os petenti missa est desponsanda ORD. VIT. V 11 p. 392.

prodecanus [CL pro- + LL decanus], (acad.) sub-dean.

1560 ut hi solum in collegium admittantur qui ~i, unius prebendarii, et ludimagistri judicio . . scribere saltem mediocriter noverint *Educ. Ch.* 502.

prodecessor v. praedecessor. **prodegalitas** v. prodigalitas.

prodere [CL]

1 to reveal, indicate; **b** (w. written text or abstr. as subj.).

presbitero non licet peccatum episcopi ~ere, quia super eum est THEOD. *Pen.* II 2. 9; verum Arsenius . . omnem concinnati sceleris scenam ~idit [*gl.*: reservavit, ostendit, *geypte*] et sacrum flaminem a tam flagitiosis facinoribus immunem esse declaravit ALDH. *VirgP* 32 p. 273; [Lernaeus anguis] qui quondam

fertur Herculem hac turba serpentium et sibilantibus circumstetisse capitibus atque in eo sibi ~itus nihil profecisse perhibetur *Lib. Monstr.* III 1; tristitiam cordis vultu indice ~ebat BEDE *HE* IV 23 p. 264; artis et eximiae lisina nunc indice prode *Altercatio* 83; **10** . . ~at, *cyðeð* WW; reliqui quoque quatuor supra nominati sancti sui successores et coepiscopi dum transferuntur, cujus essent meriti ex odoris virtute ~untur GOSC. *Transl. Aug.* 42B; quo dicto Cnutoni faties immutata iram rubore ~idit W. MALM. *GR* II 181; primum signorum Deus hic prodendo suorum *Vers. Cant.* 16; c**1473** meum animum, a conjunctissimo utrique nostrum viro cui me totum ~idi, accepit *Let. Ch. Ch.* 25. **b** jam prudentiori conatu tamquam per obstrusis cavernorum rivulis novam et integram se veritas ~at ex utero THEOD. *Laterc.* 1; c**675** ut prisca ~unt opuscula ALDH. *Ep.* 3 (cf. id. *PR* 142 (143)).

2 to give up, hand over, forfeit.

1397 si . . convictus fuerit, ~et libertatem . . ville *Gild Merch.* II 197.

3 to hand over, to betray.

sacramenta regni caelestis, quibus initiatus erat, anathematizando ~idit BEDE *HE* III 1; ab eodem comite ~itum eum . . interfecit *Ib.* 14 p. 155; nocte . . qua urbs ~ita fuit, proditionem ipsam et modum ~endi manifeste precinuit GIR. *DK* I 16 p. 196; qui [fur] per canem divitis prodi dubitavit *Latin Stories* 149; mihi gratis . . panem porrexisti? / an ut meum dominum prodi potuisti? *Ib.*; ~itus, A. *betrayed* WW.

prodesse [CL]

1 to be of use, to do good, to be helpful: **a** (of person); **b** (of thing); **c** (of act or abstr.).

a nec Venus aut Veneris prodest spurcissima proles ALDH. *VirgV* 1330; genti suae . . pietate largiendi . . multum profuit BEDE *HE* III 27 p. 194; non solum fratrum cum quibus moror imperiis deservire gestio, verum etiam quibusque hujus insule juxta modulum mee parvitatis desidero ~esse ABBO *QG* 1 (3); prelati qui non ~esse cupiunt sed preesse GIR. *TH* III 28 p. 174; ? c**1280** et prodesse nequeunt sancti confessores [AN: *espleyt ne poent fere cil ki vunt prechanz*] (*De temporibus* 28) *Pol. Songs* 136; mulier . . sacerdoti suo diceret, "domine, hec nocte multum vobis profui et a magna molestia vos liberavi . ." *Latin Stories* 21; non explicita intencione nocendi vel ~essendi proximo WYCL. *Ver.* II 11. **b** me sine quid prodest dirorum parma virorum? ALDH. *Aen.* 70 (*Tortella*) 5; quas (fruges) in partes ecclesie debuerat sequestrasse, cum reliquo blado domum allatas reposuit in horreo suo, propriis usibus profuturas *Canon. G. Sempr.* f. 41v; s**1322** Scoti, destruentes omnia que possent ~esse ad victum Anglicorum, retraxerunt se ultra mare Scoticum AD. MUR. *Chr.* 37. **c** inde putant facere eleemosynas, quae nihil prosunt eis *Ps.-*BEDE *Collect.* 379; a**796** suffragia . . viventium prosunt morientibus vel ad veniam peccatorum vel ad majoris gloriae augmentum ALCUIN *Ep.* 31; tactus sancti corporis sicut praesumptuoso obfuit, ita officioso ut et aliis ~esse contulit GOSC. *Transl. Aug.* 38D; quesivit a me dilectio vestra quid sit monachatus, an prosit, ad que prosit, et quantum prosit G. CRISPIN *Ep. sup.* 1 p. 89; et cui nil profuerat / illa felix ambicio, / nunc sencio / Dionei nimiam / clemenciam / favoris P. BLOIS *Carm.* 1. 6; quid ~est Deo [ME: *hwet is God þe betere*] si pro ipsius amore me ipsum affligam? AncrR 143; nisi . . habeat . . karismata ad virtuosius prodescendum [*sic*] ecclesie WYCL. *Sim.* 53.

2 (in weakened sense) to come after.

1319 ut . . super hoc instructio plenior . . haberi valeat temporibus profuturis *Lit. Cant.* III 400; **1497** proprietatem . . decimarum ,, tanquam vestre vi carie pertinencium temporibus profuturis allegetis *Reg. Aberbr.* II 307.

prodessentia [CL prodesse + -entia, cf. CL essentia], usefulness, advantage.

tanta namque est communicacio et ~ia creaturarum, quod nulla illarum posset esse, nisi, communicando cum qualibet, prodesset eidem . . et de ~ia patet ex hoc quod res maxime nociva homini prodest sibi quoad finem, cum integrat universitatem, sicut homo, inseparabiliter hoc appetens et intendens WYCL. *Ente* 294.

prodetestari [CL pro- + detestari], to express or feel abhorrence for beforehand.

appetitum inanis glorie cum occasionibus suis adeo fugiebat et ~abatur, ut *Canon. Edm. Rich* 194.

prodigalis [CL prodigus+-alis], prodigal, extravagant, lavish.

rex iste Malcomus adeo liberalis erat, ymmo verius ~is *Extr. Chr. Scot.* 55.

prodigalitas [LL], prodigality, extravagance, lavishness.

~as .. eroganda et non eroganda profundit J. SAL. *Pol.* 715A; c1205 ~as et avaritia vitia sunt, sibi contraria, fronte opposita P. BLOIS *Ep. Sup.* 31. 2; tempore .. sub eodem repatriavit Constantinopolitanus Baldewinus, clitellis refertis de Anglorum [liber]alitate M. PAR. *Min.* II 414 (cf. id. *Abbr.* 278: de Anglorum ~ate); munificentia regis Offe, quam sinistra interpretatione ~atem appellabant *G. S. Alb.* I 9; cuilibet facile est avariciam et prodegalitatem exercere, et difficilis est tenere largitatem *Quadr. Reg. Spec.* 31 (cf. BACON V 43: ~atem); volo .. ~ati vestre frenum imponere, ne brevi tempore vestram substanciam dissipatis [*sic*] multis temporibus acquisitam *Dictamen* 369; s1342 iste Clemens vir insignis litterature fuit, sed ~atis profusissime WALS. *HA* I 254.

prodigaliter [LL], in a prodigal, extravagant, or lavish manner.

s1189 sinite ipsum que sua sunt ~iter consumere M. PAR. *Min.* II 18; s1214 distribuentes regium thesaurum ~iter *Flor. Hist.* II 151; multi ~iter contra liberalitatem eciam Aristotelis distribuant indignis que non donant sed proditorie usurpant dissipando bona Dei WYCL. *Civ. Dom.* I 11; s1376 ~iter expendens que per avariciam a suis tenentibus pauperibus extorquebat *Chr. Angl.* 84; s1422 omnem .. substanciam .. minus monachaliter, satisque ~iter, expendebat AMUND. I 86; 1478 bona ~iter dilapidaret et dissiparet *Mon. Hib. & Scot.* 479a.

prodige [CL]

1 in a prodigal, extravagant, or lavish manner.

quidam etiam locuples mercator ~e et improvide vixit HON. *Spec. Eccl.* 1035D; ?1312 quando Petrus de thesauro prodige fit insolens (*De Morte P. de Gaveston*) *Pol. Songs* 260.

2 to an abundant degree.

Scotlandum, virum probum et ~e eruditum, Augustiniana domus patrem suscepit accommodum GOSC. *Transl. Aug.* 34A.

prodigere [CL], to waste, squander, or lavish.

voluptuarie expense quas .. gloria inanis consumit et ~it in edificiorum superfluo apparatu NECKAM *NR* II 172.

prodigialis [CL], that has the nature of a prodigy or miracle. **b** amazing, astounding.

s1147 omnibus ad hec agenda intentis, ~e quid a parte Flandrensium evenire contigit OSB. BAWDSEY p. clxvii; o stupende novitatis ~e secretum! R. COLD. *Godr.* 86; conticuere .. utrique, et intentius ad tam ~e mysterium ora convertebant *Ib.* 145; quippe tot enormes artus cernens animalis, / mirator stupidus fit forme prodigialis NIG. *Paul.* f. 47v. 1. 312; incredibilis quidem et ~is injuria nature, si non extarent certa vestigia veritatis MAP *NC* IV 8 f. 51; s1233 non potest illud ~e portentum verbis describi M. PAR. *Maj.* III 242; similitudine ~i extraneatisque incursibus ipsos comminatorie tentavit in peccatis immergere (J. Bridl.) *NLA* II 71. **b** ~is proditor ipse prodigusque malorum MAP *NC* IV 1 f. 43v; s1207 quibusdam ~ibus adinventionibus .. resplenduit civitas M. PAR. *Min.* II 109.

prodigialiter [CL]

1 in a prodigious or miraculous manner.

s1244 dum alea fortunalis mundum sic ~iter variaret M. PAR. *Min.* II 482.

2 in an extraordinarily bad manner.

s1248 quibus omnia bona regni indiscrete, ~iter et prodigaliter distribuit et dispersit M. PAR. *Maj.* V 6.

3 (by assoc. w. *prodigaliter*) in a prodigal, extravagant, or lavish manner.

s1247 calceamentisque militaribus, que vulgariter *heuses* dicuntur, seculariter, immo potius ~iter, calciati et calcarati M. PAR. *Maj.* IV 599.

prodigiosaliter [CL prodigiosus + -alis + ter], in the manner of a prodigy or miracle.

s1210 turris .. fortissima absque omni impulsu turbinis aut tempestatis magis ~iter quam causaliter cecidit ix kalendas Octobris *Ann. S. Edm.* 19.

prodigiosus [CL]

1 that pertains to or has the nature of a prodigy, portentous.

~a nature ludentis .. opera GIR. *TH intr.* p. 7; numquid non ~um sapientie simulacrum de quo dictum est: ecce sapientior es tu Daniele J. FORD *Serm.* 36. 3; prodiga corporis est prodigiosa Venus NECKAM *DS* II 422.

2 concerned with prodigies or wonders (or as sb. f.).

s1181 mulier quedam prophetissa sed ~a .. loquebatur dormiens aliquid spirituale labiis compressis GERV. CANT. *Chr.* 295.

3 (as sb. n.) prodigy, wonder.

798 nec .. ~um reor, quod tanto tempore nobis non apparuit, sed naturali sui cursus ordine ALCUIN *Ep.* 155 p. 252; Centauros et Scyllas, Gorgonas et Harpyias, aliaque ~a ALB. LOND. *DG* 6. 25.

prodigium [CL]

1 unnatural event or manifestation portending a momentous occurrence; **b** (spec. as calamitous). **c** (in phr. *signa et* ~*ia*, cf. *Joh.* iv 48).

cum priorem carnificam tanta ~ia videntem in agnum ex lupo mutaret GILDAS *EB* 11; haec tanta ~ia [*gl.*: s. quod porro dicant i. futura predicant] cernens Claudius tribunus obstipuit et .. credidit Dei Filium salvantem saecula Christum ALDH. *VirgP* 35; portentum, vel ~ium, vel ostentum, *fortacen* ÆLF. *Gl.* 108; territus ille tanto ~io nichil referre ausus est nec potuit W. MALM. *GR* II 205; orientalium regionum ~ia .. in publice notitie lucem dudum prodiere GIR. *TH* II *pref.* p. 74; fecit multa mirabilia et ~ia [ME: *meistries*] in conspectu ejus *AncrR* 153. **b** dicunt bestias esse nocturnas, et non tam bestias quam dira ~ia *Lib. Monstr.* II 20; **745** .. ut hereticorum fabulas, et vana ~ia, et signa precursoris antikristi non sectantur BONIF. *Ep.* 59 p. 110; ~ium, monstrum *GlC* P 753; s793 hic ostensa sunt seva ~ia in Norðhumbra, que populum miserabiliter terruerunt, nam ignei dracones visi sunt in aere et statim secuta est magna fames *AS Chr.*; rogo te, domina sanctorum omnium, / que nunquam despicis preces humilium, / procul a finibus nostris hoc noxium / potenti dextera pelle prodigium WALT. WIMB. *Palpo* 145. **c** ni cuncta signorum et ~iorum [gl. novorum signorum] gesta, quae litterarum apicibus inserta leguntur, diligenter didicerit ALDH. *VirgP* 43; dignitatem gradus et auctoritatem Dominus per eum in signis et ~iis perfecte pleneque augebat *V. Cuthb.* IV 2; gentem vestram de illa servitute tot signis et ~iis liberabat *Eccl. & Synag.* 58; s1296 signa et ~ia verisimilia *Plusc.* VIII 21.

2 a wonder, a marvel.

hiis rationibus confutatum Eadmundus socium docuit qui super librorum distractionibus largitatem ipsius tanquam ~ium increparat *V. Edm. Rich C* 601.

3 proof.

signorum .. ut dicit philosophus ii Priorum penult' quoddam est Icos, et quoddam ~ium: ~ium autem, ut dicit, est signum demonstrativum et necessarium, quod ideo scire facit; dicitur enim ~ium quasi pro digito habitum BRADW. *CD* 566B.

prodigus [CL]

1 prodigal, extravagant, lavish (also as sb.); **b** (as sb. m., w. ref. to *Luc.* xv 11–32); **c** (of abstr. idea).

alea, ~us *GlC* A 465; ~us, *stryndere Ib.* P 821; 10 .. ~us, *strydere WW*; ~i sunt qui in ea pecunias suas effundunt quorum memoriam .. brevem .. sunt relicturi in seculo W. MALM. *GR* IV 313; hic non dapsilis sed ~us erat, non familiam secum sed exercitum semper ducebat ORD. VIT. IV 7 p. 219; dat largus danda, retinet que sunt retinenda; / prodigus effundit que sunt sua D. BEC. 2201; largus erat nec ~us, provisor honesti, magne humilitatis, sapientie atque prudentie vir ALEX. CANT. *Mir.* 42 (I) p. 241; quidam de alieno ~i, de proprio sunt avari P. BLOIS *Ep.* 12. 39A; 1261 sane considerantes quod lites sunt protege sumptuum, quietis avare, vexatrices corporum et mencium distractrices *Stat. Linc.* I 311. **b** a805 dicuntur .. usitato nomine divitiae substantiae, sicut de ~o legitur in evangelio ALCUIN *Ep.* 268; tu prodigo

post scelera / concordie das federa, / stoleque prime premium J. HOWD. *Cyth.* 6. 10. **c** in longinquos et advenas .. ~a liberalitas GIR. *TH* III 48 p. 192.

2 (in non-pejorative sense) generous, liberal.

omne patrimonium .. ~a [*gl.*: profusa vel larga, *cystigre*] liberalitate contulerunt ALDH. *VirgP* 52; ~a, larga, *cystig, rumgifol GlP* 505.

3 luxuriant, full (in quot. of a beard).

facies illi serena et niveo candore preclara, barba ~a GOSC. *Transl. Mild.* 21 p. 182.

4 unbridled, unrestrained (in quot w. ref. to sexual behaviour); **b** (w. gen.); **c** (as sb. f.).

~us, perditus in feminis *GlC* P 754. **b** tuque—sed o facinus!—tune, inquam, prodiga sexus, / femina plus, quam jura sinant, et mollior equo, / tune ergo, Venus, ausa venis in premia forme? J. EXON. *BT* II 275. **c** pudoris prodigam non eligam / nec Sabinam moribus amoribus P. BLOIS *Carm.* 28. 1.

prodire [CL]

1 to come or go forward, proceed, come forth; **b** (*in caeli faciem* ~*ire*, of the moon) to appear (in the sky). **c** (fig. of person or thing) to advance. **d** (of the breath, w. ref. to death). **e** (of inanim. thing) to come out, emerge, emanate; **f** (of act or abstr.).

donec prodiret Christus regnator in orbem ALDH. *VirgV* 333; post cibum .. in campum ~eunt W. MALM. *GR* II 205; nostri .. sumpta ex Dei parte audatia ex urbe versus Ascalonem ~eunt, obvia hostibus inferentes pectora *Ib.* IV 371; Antiocheni .. patefactis castrensium consiliis ceperunt paulatim intrepidi ~ire ORD. VIT. IX 9 p. 520; ne item mulieres in publico ~irent OSB. BAWDSEY p. xcliv. **b** quinta decima luna .. in caeli faciem ~eunte (*Lit. Ceolfridi*) BEDE *HE* V 21 p. 334. **c** ut tibi in lucem ~eant que verborum velata sunt dissimulatione, pauca .. dignum duxi denudare NIG. *Ep.* 17; si non subvenias matri mesticie, / rigorem temperans dire sentencie, / contendam acriter, contendam anxie / ad forum prodiens tue clemencie WALT. WIMB. *Carm.* 282. **d** sic quoque crudescens multabat poena secundum / morbo regali plectendo lurida membra, / donec putrescens prodiret pectore flatus ALDH. *VirgV* 957. **e** Herodes .. multos ex satellitibus igne ex interiori parte ~eunte amiserit W. MALM. *GR* II 169; colus .. aliquando dicitur pro conilla aliquando vero pro quodam intestino ex quo stercora ~eunt OSB. GLOUC. *Deriv.* 113; prodigia .. in publice notitie lucem dudum ~iere GIR. *TH* II *pref.*; metallorum .. diversorum genera .. nec ad usum ~eunt nec proficiunt *Ib.* III 10 p. 152; 1452 volo .. quatuor .. nobilia, de bonis meis ~euntia, distribuenda .. inter pauperes sacerdotes *MunAcOx* 643. **f** quia omnis nativitas masculi decimi mensis tangit initia, et sic ~it ad hujus vitae quatentia THEOD. *Laterc.* 13; immunis .. ab omnibus his unde tantorum odiorum ~ierit occasio *V. Ed. Conf.* f. 43; coepit archiepiscopus Anselmus tractare quem in loco ejus posset episcopum substituere, et habens consilium, quod sicut credimus de vultu Dei ~iit, .. Radulfum abbatem Sagii .. ad episcopatum Rofensem elegit *V. Gund.* 48; porro inter Normannos et Flandritas recidiva dissensio ~iit ORD. VIT. IV 8 p. 237; impietas .. justiciario labente impudenter ~iit *Ib.* VII 16 p. 249; nulla ut reor unquam sophistis in bellicis rebus gloriosior materia ~iit *Ib.* IX 1 p. 458.

2 to come into existence, issue, be produced. **b** (of plant or its parts) to spring up, sprout.

hic de obscura satis et paupere parentela ~iit ORD. VIT. VIII 8 p. 311; ideo Vesta virgo dicitur et virgines ei sacrate; de qua re semine nihil ad hoc ~it *Natura Deorum* 4; greges item illi Tritonum circa se e mari natantes ~ibant *Deorum Imag.* 16. **b** ideo .. in modum femine estatem posuere, quod in eo tempore germina omnia ~euntia sic suis tamquam a matris utero emergant folliculis ALB. LOND. *DG* 4. 8; Pan .. femora .. habebat denudata cum herbis et arboribus ~euntibus ex ea *Deorum Imag.* 9.

3 to emerge as, become.

exhinc ~it Guillelmus rex Anglorum per nupcias et dux Normannorum per paternam successionem GERV. TILB. II 21.

proditialiter [CL proditio+-alis+-ter], in a manner that pertains to betrayal or treachery, treacherously.

1282 proditores nostri Lewelinus .. et David frater ejus .. ~iter contra nos insurrexerunt *Foed.* II 196.

proditio [CL], treacherous abandonment, or violation of trust or confidence, betrayal; **b** (w. subj. gen.); **c** (w. obj. gen.). **d** (*alta ~o*) high treason.

Willelmus de Ou, ~onis apud regem accusatus delatoremque ad duellum provocans, dum se segniter expurgat, cecatus et extesticulatus est W. MALM. *GR* IV 319; ~onis et rapine incommoda GIR. *TH* II 26; Ulixes .. litteras .. sub nomine Priami per vilem nuntium ad Palamedem misit, in quibus gratias agebat Priamus Palamedi de ~one *Natura Deorum* 191; subrogare ut vos non immerito iniquitatis et ~onis arguere valeamus *V. II Off.* 2; David .. tria capitalia peccata commisit: adulterum cum Bersabee, ~onem [ME: *treisun*], et homicidium sui fidelis militis Urie *AncrR* 13; Thomam Grey, militem famosum et nobilem si non eum hec ~onis macula violasset *G. Hen. V* 2; qui super extorcione rapinis et ~ione damnati sunt apud Tyburne decapitati sunt *Chr. Hen. VI & Ed. IV* 169. **b** peremtus est ~one .. conjugis suae BEDE *HE* III 24 p. 180; Arne .. patriam vendidit et prodidit sed hanc ~onis sue penam recepit quod in avem monedulam fuit mutata *Natura Deorum* 115; si ~o Edrici comitis Devonie seu Salusburgensis non intervenisset KNIGHTON I 10. **c** cujus anno regni duodecimo apud Wyndelsore strangulatus est Godwynus, ~onis sue jugulator, quodam panis frusculo in prandio *Feudal Man.* 137; prodicio Jhesu. / vendicio Joseph. / fraus Jude Christum fraus fratrum vendidit istum. / hii Jude Christi Joseph tu forma fuisti *Vers. Cant.* 24. **d** per sex comites Anglie tunc coram assistentes appellati sunt de alta ~one contra regem et regnum *Chr. Kirkstall* 130; commisit altam ~onem erga dictum regem Henricum quintum *Langley app.* 251; s**1462** indictatus .. de et super certis altis ~onibus et feloniis *Reg. Whet.* II 12; **1581** parcell' terrarum .. nuper Willelmi Stanley militis de alta ~one attincti *Pat* 1205 m. 8.

proditionaliter [ML < CL proditio+-alis+-ter], in a manner that pertains to betrayal or treachery, treacherously; **b** (compar.).

in mortis victimam ~iter seduxerunt P. BLOIS *Ep.* 238. 542A; **1301** cernentes tot dampna .. in exheredacionem nostram et destruccionem populi regni nostri ~iter irrogari (*Cl*) *Foed.* II 887a (cf. RISH. 207, WALS. *HA* I 94); **1315** in ingenti armatorum multitudine ~iter ingredi presumserunt *RScot* 136a; s**1345** quidam .. ipsum ~iter occiderunt AD. MUR. *Chr.* 170; iste Offa sanctum Ethelbertum regem Orientalium Anglorum ad se causa ducendi filiam suam venientem, de pravo consilio uxoris sue ~iter fecit mori BROMPTON 776; retulerunt sibi omnia per ipsas filias suas tam ~iter ordinata *Eul. Hist. Annot.* II 217. **b** **1283** Lewelinus filius Griffini, Wallie quondam princeps, et David germanus ejus, spreto fidelitatis quam nobis debuerunt debito, assueta relinquere non valentes, ~ius solito villas nostras conbusserunt *Reg. Heref.* 80 (cf. *Chr. Peterb.* 64).

proditiose [ML proditiosus+-e], in a manner that pertains to betrayal or treachery, treacherously.

~e in regem Anglie irruere *G. Ric. I* 128; s**1187** hos Salahadinus cum patruo suo Saracuno tunc temporis apud Egyptios militans ~e peremit incautos *Itin. Ric.* I 4; s**1187** comes Tripolitanus .. vexillum regis in terram ~e demittens, Christianos fecit fugam meditari M. PAR. *Maj.* II 328 (cf. *Flor. Hist.* II 98); s**1230** Templarii et Hospitalarii .. significaverunt subdole et ~e nimis soldano Babilonie quod imperator proposuit adire flumen Jordanis OXNEAD *Chr.* 158; s**1334** comes de Asseles fuit ~e conversus ad Scotos *Ann. Paul.* 362; s**1307** capta Scocia ~e per R[obertum] le Bruys AD. MUR. *Chr.* 10; s**1377** per idem tempus captus est quidam miles, nomine Johannes Menstreworthe, qui ~e exercitum deseruerat Anglicanum *Chr. Angl.* 135.

proditiosus [ML < CL proditio+-osus], that pertains to betrayal or treachery, treacherous: **a** (of person or group); **b** (of act).

a s**1229** applicuit .. comes Britannie, vir ~us et cavillator M. PAR. *Min.* II 319; s**1306** sue proditiose faccioni noluit assentire *Eul. Hist.* III 188. **b** s**1234** tunc consiliarii sepedicti, violentia ~a, .. illis omnia .. concesserunt M. PAR. *Maj.* III 266; s**1321** ~is suorum domesticorum insidiis *Flor. Hist.* III 204; c**1340** hostibus .. in .. sceleribus participem extitisse, opem et ~um consilium impendendo *FormOx* 142; s**1459** remota .. justicia, nil aliud sunt regna, secundum Augustinum, nisi magna latrocinia, sive .. ~a prodigiosaque conspiramenta *Reg. Whet.* I 347.

proditor [CL], person who abandons treacherously or violates trust or confidence, betrayer, traitress; **b** (w. ref. to Judas); **c** (transf.); **d** (in gl.).

~or, *læwend* ÆLF. *Gl. Sup.* 168; si quid urgente periculo utile et archanum decrevissent, statim ad Danos per ~ores deferebatur W. MALM. *GR* II 165; omnes gentes apostatam et ~orem sicut lupum maledicunt ORD. VIT. IV 13 p. 261; honesta quidem occupatio: non fures, non factiosi, non ~ores, non predones GIR. *EH* I 14; **1314** quicquid in hiis finibus mali perpetratur, / dictis proditoribus totum inputatur (*Bannockburn*) *Pol. Songs* 264; dominus Johannes Holdcastel, fautor fortissimus Lollardorum et regis ~or STRECCHE *Hen. V* 148. **b** **800** revocate ad mentem Judam ex apostolo ~orem factum ALCUIN *Ep.* 205; **903** sciat se esse maranatha cum Juda ~ore in die adventus Domini *CS* 600; aie invisibilis et inconprehensibilis Deus, qui a Juda ~ore osculando traditus es *Nunnam.* 69; anathematis mucrone percussus sententiam damnationis cum Juda ~ore sortiatur *V. Gund.* 36; socii videlicet Jude furis et ~oris ejusque similium J. FORD *Serm.* 110. 4. **c** id .. recti constantisque judicis non est et justi quod ejus animi ~or custosque wltus affectum defacili precipitanterve delegat E. THRIP. *SS* II 21. **d** ~or, A. *a traytour, or a turmentour WW.*

proditorie [ML proditorius+-e], in a manner that pertains to betrayal or treachery, treacherously. **b** as a traitor, or in respect of treachery.

verumtamen inconsulta carnis affectio, ~ie blandiens et amicabiliter fallens, in devium te retorquet P. BLOIS *Ep.* 11. 33A; s**1174** qui contra innocentiam vestram nequiter et ~ie .. calcaneum extulerunt (*Lit.*) *G. Hen. II* I 70; s**1258** interfecti sunt ~ie .. a Walensibus intercepti *Flor. Hist.* II 419; **1347** .. ipseque et Duncanus de Fyf .. qui ad fidem et ligeantiam .. Edward de Balliolo regis Scotie .. a prefato rege Scotie ~ie recesserunt *RScot* 688a; callide, false, et ~ie fecit hec omnia .. in magnum dedecus et dampnum regni *V. Ed. II* 172; s**1419** castrum de Werk capitur per Willelmum Haliburton .. qui deceptus .. interfectus est ~ie BOWER XV 31. **b** nec dubium .. alioquin ex consensu gravissimo sunt ~ie accusandi WYCL. *Sim.* 6.

proditorius [ML < CL proditor+-ius], that pertains to betrayal or treachery, treacherous: **a** (of person or group); **b** (of act).

a **1182** consilio siquidem et suggestione proditorie factionis minus consulte contra vos erexerat et direxerat arcum suum P. BLOIS *Ep.* 2. 7A; regis mandatum, quo interdictum fuit .. archiepiscopo ne me, velut ~ium inimicum, ad comitivam suam evocaret AD. MARSH *Ep.* 188; **1314** hic est proditorius vir Bartholomeus (*Bannockburn*) *Pol. Songs* 263; s**1367** partes ~ias predis potenter privabit puberculus presens J. READING f. 192. **b** o peccata, quam blanda et quam ~ia michi fuistis, pretendebatis delicias, et erant ibi venenum et mors P. BLOIS *Ep. Sup.* 45. 3; s**1255** unde prelati et ecclesiarum rectores super tam facto ~io et injurioso usque ad mortem doluerunt OXNEAD *Chr.* 204; **1314** iste deceptorius vir non erat solus / per quem proditorius jam fiebat dolus (*Bannockburn* 54) *Pol. Songs* 264; quicquid placet comiti domestici [MS: domesticis] regis dicunt ~ium esse *V. Ed. II* 224; c**1460** si hec enim ~ia condicio esset insinuata per H. Fylongly vel per me, .. *Paston Let.* 606; **1488** ~ia tradicione in nostram personam regiam *Reg. Paisley* 85.

proditrix [CL], (female) person who abandons treacherously or violates trust or confidence, betrayer; **b** (fig.).

hinc ~ix regni, hostis patrie, insidiatrix filii judicatur, universaque substantia ejus regni proscribitur GOSC. *Transl. Mild.* 18; ut nequissima ~ix edacibus flammis concremaberis ORD. VIT. X 24 p. 148; ego ~ix, ego michi laqueus facta sum MAP *NC* III 2 f. 35; s**1327** dixit se timere, ne vir .. ipsam tanquam ~icem igni aut servituti perpetue damnaret MORE *Chr. Ed. II* 317. **b** verecundia coram hominibus aliquando est ~ix, tunc viz. cum putat abscondi posse quod facit vel quod facere cupit ANSELM *Misc.* 309.

producentia [CL producere+-ia], (act of) production.

omnis talis ~ia vel produccio WYCL. *Ente Praed.* 146.

producere [CL]

1 to bring or lead forward (person or thing). **b** (transf.) to bring to notice or awareness. **c** to promote.

ut idem .. fontem de arente terra orando produxerit BEDE *HE* IV 28 p. 271 *tit.*; cum me .. paulatim in ulteriora ~eret *Ib.* V 12 p. 305; quando mare inundatur, ad mallinam extenditur Sabrina super omnem maritimam et tegit et usque ad fontem ~itur NEN. *HB* 217. **8..** et .. ~it, *and forþ gelet WW*; direxit ad illam nuncium suum, qui ipsum ad tantam ~tum miseriam indicaret M. PAR. *Maj.* I 32 (=*Flor. Hist.* I 39); disce quis faciem aurore producit J. HOWD. *Cant.* 368. **b** post Philargiria producit tertia bellum, / interpretatur vitium quod forte cupido ALDH. *VirgV* 2571; prophetarum auctoritas, qui ejus incarnationem, passionem, et resurrectionem suis praesignaverunt scriptis, ad medium ~itur BEDE *Hom.* II 9. 143. **c** productos odere pares J. SAL. *Pol.* 810B (cf. Lucan *Phars.* IV 710).

2 to present in court or public forum: **a** (defendant or witness); **b** (evidence); **c** (suit); **d** (elipt. or absol.).

a poterit subesse dubitatio, nisi testem idoneum produxero W. MALM. *Wulfst. Ep.* 3; sunt .. de hac re testes innumeri, ad quam confirmandam sententiam de multis ad medium paucos ~am AD. SCOT *TGC* 827B; presente altera parte testes ~antur RIC. ANGL. *Summa* 30 p. 47; s**1323** volens Rogerum ~ere populo et acerba morte dampnare *Flor. Hist.* III 217 (cf. *Act.* xii 4); **1419** petentes statim nominabunt sectam suam, scilicet duos testes .. et habebunt diem ~endi eos ad proximum hustengum (*Liber Albus*) *MGL* I 469. **b** s**1318** nulla .. evidencia seu probacione super hoc ~ta *Ann. Paul.* 283; si non possunt commode testes vel instrumenta per actorem tunc ~i *StatOx* 332. **c** **1219** quod Alvredus fuit ita saisitus et quod ei descendit jus terre illius .., ~it sectam *CurR* VIII p. xi; **1246** cum averiis, equis, et porcis suis .. enormiter destruxit bladum .. et ~it sectam *SelPlMan* 7; c**1307** in via regia .. prostravit, pannos suos fregit, et maletractavit injuste .. et inde ~it sectam *CBaron* 83; **1419** inde ~it sectam (*Liber Albus*) *MGL* I 300. **d** **1307** de fide .. testium .. an sint amici vel inimici partis ~entis vel contra quam ~untur et an sint de jurisdicione vel familia seu districcione ~entis *Reg. Cant.* 1172.

3 (*~ere paginam*) to administer and supervise the production of a pageant.

c**1420** tunc ipsi homines de Usegate ~erent paginam predictam [navis Noe] pro se et marinariis .. an .. piscenarii ~erent terciam partem ludi pagine predicte *Mem. York* I 166.

4 to bring into being, to produce: **a** (living creature); **b** (w. inf.); **c** (at Creation); **d** (an effect of nature or season); **e** (artefact); **f** (theol.). **g** (p. ppl. as sb. n.) thing produced.

a apis .. dulcia natorum pignora, nesciens conjugii illecebrosa consortia, .. ~it [*gl.*: extrahit, ostendit, *for getihþ*] ALDH. *VirgP* 5; quia nunc, humano genere multiplicato et terrarum orbe repleto, sub astris minus ~untur monstra *Lib. Monstr.* I *pref.*; ? **1175** uxorem .. ad quam .. ~itur ex insperato puella ARNULF *Ep.* 101; s**1254** omnes quotquot ex illis ortum sunt ~ture vel ~ende vel ~turi vel ~endi, tanquam fratres erunt et sorores M. PAR. *Maj.* V 481. **b** s**1457** illud horribile monstrum, quod regnum Anglie jam nuper abortive produxit adesse *Reg. Whet.* I 288. **c** **1314** Pater potuit ~ere omnem creaturam sine Filio ~ente, de potencia absoluta *MunAcOx* 100; quodlibet .. istorum est contingens ad utrumlibet quoad Deum, cum ipse existens ante mundum potest nullam creaturam ~turus esse, ~ere, vel ab aliquo tempore produxisse WYCL. *Ver.* II 69. **d** ut querenti 'cujus temporis calor quid agat' respondetur 'vernus flores ~it, estivus fructus maturat' BALSH. *AD rec. 2* 158; rerum .. quas .. natura produxit tam naturas quam defectus enodare GIR. *TH intr.* p. 7. **e** qui tamen artifex congrue diceret: "~at es statuam", si verbo suo productivam virtutem eri imprimeret et virtutem impressam in actum produccionis moveret GROS. *Hexaem.* VII 1. **f** quod autem persona ~ta actu isto et illo sit alia et alia, probacio, quia non potest eadem persona ~i duabus productionibus sufficientibus et totalibus DUNS *Ord.* II 337. **g** c**1301** habet racionem producibilis et non ~ti (v. producibilis).

5 (esp. phil.) to bring about or produce (an effect).

unde patet quod calor aeris et nature est minister, quia mediante calore nobilissime species et forme tam naturales quam artificiales de potencia ad actum ~untur BART. ANGL. IV 1; meatus agiles mensura castigat, / recto producens morulas incremento J. HOWD. *Cant.* 309; primum movens simul habet in virtute sua omnes effectus possibiles ~i per notum DUNS *Ord.* II 190; igitur quod modo sine produccione insit, virtute tamen principii quod esset productivum ejus si posset distingui — et pro tanto dicatur quasi-productum — non variat formaliter actum ab illo quo ~eretur si esset producibile *Ib.* II 316; activum .. natum est ~ere similem actum in alio quod est in potencia ad illum actum T. SUTTON *Gen. & Corrupt.* 94; sol potest ~ere infinitos effectus, et tamen sol est finitus OCKHAM *Quodl.* 738.

6 to stretch or extend (outwards or forwards); **b** (transf. in temporal sense).

~unt brachia, plicant digitos AILR. *Ed. Conf.* 782C; elevato utrisque manibus gladio jubet captivum cervicem ~ere et unum ferientis expectare conatum *Id. SS Hex.* 1. **b** Ruanus .. trans omnem antiquorum patrum longevitatem .. vitam producit GIR. *TH* III 2 p. 142.

7 (p. ppl. as adj., in quots. comp.) of great length or spatial extent, long. **b** (of temporal extent) prolonged, drawn out.

lignum, quod ad opportunam mensuram tribus pedibus diximus brevius, ultra necessarium modum aliis tribus pedibus factum est ~tius GOSC. *Transl. Mild.* 34; descensus tamen hinc productior et minus anceps / amnis ad ancipites esse videtur aquas L. DURH. *Dial.* I 345; domus quedam alia, ista major et ~tior R. COLD. *Godr.* 157. **b** [nox] in ipsa hieme multo Scythis quam Afris est ~tior BEDE *TR* 7; in diebus brevioribus breviores dicantur hymni et in longioribus ~tiores [AS: *lengran*] *RegulC* 28; **1171** non minus timent corporis egritudinem quam gehennam et in omnibus spatium vite ~tioris affectant P. BLOIS *Ep.* 27. 94C; est quidem melus iste tertius, eo ~tior quod citharizantis manibus corpulentis nimis et gravibus et †digitus [l. digitis] ad tam dignam meli materiam resonandam minus aptis H. BOS. *LM* 1402D.

8 a (usu. geom.) to direct or draw forward, to extend (a line). **b** to trace the length of (a boundary).

a dico esse impossibile ~ere de puncto a lineam linee AG equalem et de puncto B lineam linee BG in illam partem equalem ADEL. *Elem.* I 7; ~atur .. a puncto B linea super superficiem GDHZ *Ib.* XI 4; areum ~tum querat inter ascensiones circuli obliqui, et gradus equalis inventus in latere tabule versus sinistram cum signo scripto in capite tabule ostendet sibi gradum ascendentem N. LYNN *Kal.* 199. **b** **14..** sciatis me dedisse .. terram .. secundum divisas suas, sicut Osbertus vicecomes et Galfridus de Escolland .. perambulaverunt et produxerunt *Feod. Durh.* 112n.

9 to express or generate (sound or speech).

accentus .. a cantu vocatus est, quia in ipso tantum ~itur sonus vocis BONIF. *Met.* 109; quia de anima cepimus, de ea aliquantulum ~atur oratio ALB. LOND. *DG* 6. 10.

10 (gram.) to lengthen in pronunciation, to scan as long: **a** (vowel); **b** (syllable).

a Amorreus, Jebuseus, et alii hujusmodi, et in primitivis brevianda est E penultima. in dirivativis, sc. nominibus populorum, ~enda est regulariter S. LANGTON *Chron.* 71; A constat magis esse ~tam quam I, et I quam O, et O quam U *Ps.*-GROS. *Gram.* 26. **b** quia omnis sillaba in ultimo versu adiaforos est, id est indifferenter accipitur nec interest, utrum corripiatur an ~atur ALDH. *Met.* 10 p. 82; si .. eadem sillaba ~itur, iambus certissime procreatur *Id. PR* 113; omnis syllaba novissima versus .. ad voluntatem poetarum vel correpta ~itur vel corripitur ~ta BEDE *AM* 93; in questione prima quesitum est 'salubris' penultima correpta an ~ta dici debeat vel conveniat ABBO *QG* 2 (5); mihi .. videtur melius invocare Deum Patrem honorifice ~ta sillaba, quam Brittonice corripere ÆLF. *Gram.* 2; nomen .. istud Anglice dissyllabum est cujus syllaba secunda si correpto accentu proferatur 'electus sapor'; si ~to, 'electus latro' interpretatur J. FURNESS *Walth.* 10; eodem modo accidit variacio secundum longitudinem et brevitatem, ut media ~itur hujus nominis proprie Maria et in hoc nomine communi maria pro aquis salsis breviatur BACON *Gram. Gk.* 5.

11 (math.): **a** to produce by multiplication. **b** (as sb. n.) product.

a numerus quadratus est qui ex ductu numeri in se ipsum ~itur quem duo numeri equales continent ADEL. *Elem.* VII *def.* 13; cum ductus fuerit numerus in duos numeros, erit ~tum ex uno eorum ad ~tum ex altero quantus unus ducentium ad alterum *Ib.* VII 17; duodecim .. in xxx ducti non amplius quam ccclx ~unt *Id. Elk.* 5; accipe igitur v et iis cum se ipsis multiplicatis ~untur xxv ROB. ANGL. (I) *Alg.* 70; ostensum est quantum ~at quisque ductus in se OCREATUS *Helceph* 135. **b** ad ~tum ADEL. *Elem.* VII 17 (v. 11a supra); deinde totum multiplicationis ~tum numero xxxviiij adjicimus ROB. ANGL. (I) *Alg.* 80.

producibilis [LL=*capable of producing*], (phil. & theol.) that can be produced (also as sb. n.): **a** (of thing brought about or produced); **b** (of effect).

a vel potest dici quod forma naturalis et proprietates naturales consequentes angelum sive ex parte materie sive ex parte forme non sunt ~es, nisi a supernaturali agente, id est a Deo a quo est et dependet immediate tantum tota essencia angelorum MIDDLETON *Sent.* II 62; **c1301** [essencia], excluso esse, habet racionem ~is et non producti *Quaest. Ox.* 336; ergo Deus est omnium ~ium a se habens noticiam distinctam et actualem, vel saltem habitualem, priorem eis DUNS *Ord.* II 188; et hoc modo concedo quod si Pater est fecundus active, quod Filius est ~is, sed ex hoc non sequitur aliqua potencia quasi-materie *Ib.* IV 83; producitur omne ~e a Deo ad intra secundum esse intelligibile, et omnis talis produccio est absolute necessaria, consequens formaliter primum necesse esse WYCL. *Ente Praed.* 146. **b** nec est dicendum quod major illa est vera nisi ab eodem agente sint duo effectus necessario secundum ordinem ~es DUNS *Ord.* III 255; quilibet effectus ~is a Deo est finitus OCKHAM *Quodl.* 199; quia effectus infiniti arguunt causam infinitam; sed effectus ~es a Deo possunt esse infiniti *Ib.* 738.

producibilitas [LL producibilis+-tas], capacity to be produced or generated.

prime sunt idee eterne, et vocantur a Lincolniensi concreatrices rei, nec ponunt aliud nisi Deum esse, et talia posse produci a Deo secundum ordinem debitum et mensuram, ut ~as hominis in Deo esset, quamvis non esset alia essencia preter Deum, cum sit coeterna et correspondens producitati Dei, sicut coeterna cum Deo est talis veritas WYCL. *Log.* II 32; Deus .. non potest producere rem adextra, nisi secundum ejus ~atem *Id. Ente Praed.* 35; producere res extra producibiles ut sunt sic distincte et proprie valde intelligibiles, formabiles, exemplabiles, et producibiles, racionabiliter, negando proprie proprias et simpliciter necessarias rerum extra producibilium raciones exemplaria, intelligibilitates, et ~ates WYCL. (*Univ.*) *Misc. Phil.* II 5.

producitas [CL producere+-tas], capacity to produce or create.

WYCL. *Log.* II 32 (v. producibilitas).

producte [CL]

1 over a long period of time, protractedly.

sumens vina bibo, producte deinde relibo NECKAM *Poems* 453.

2 (gram.) with lengthening in pronunciation.

'ĭdem' correpte neutrum, 'īdem' producte masculinum BEDE *Orth.* 30.

productilis [LL], that extends outwards.

sperae et calami procedentes [cf. *Exod.* xxv 36], i. ~es *Comm. Cant.* I 306; vir elegantioris forme, stature procere, faciei aliquantulum ~is ac oblonge R. COLD. *Cuthb.* 114; cujus spherice compositionis forma late videtur esse dimensionis et oblonge, ~is ab ancipite usque in occipite *Id. Osw.* 51; duos .. cherubim aureos, et ~es facies ex utraque parte oraculi AD. SCOT *TT* 661C (=*Exod.* xxv 18).

productio [CL]

1 (act of) bringing forward or into view.

1471 post litterarum, evidenciarum, instrumentorum, et munimentorum ~onem, ostencionem, publicacionem, et lecturam *Scot. Grey Friars* II 220.

2 (act of) presenting in a court or public forum (esp. *~o* or *~ones testium*).

post longas disceptationes et allegationes, et testium .. ~ones DICETO *YH* 170; **c1200** noveritis eam [causam] ventilatam esse coram nobis tantum per v dies, computatis citationibus et ~onibus *DCCant.* 237; accusatos incontinenti testium ~one .. convicerunt GIR. *RG* II 13 p. 66; **s1205** jam ~onibus testium sit renuntiatum *Chr. Evesham* 167; si [testes] venire noluerint admoniti, nichilominus recipiantur et valeat ~o RIC. ANGL. *Summa* 30 p. 47; **1307** peto me ad ea probanda admitti et ad hoc michi .. competentem terminum assignari pro primo termino ~onis mee *Reg. Cant.* II 1170.

3 bringing into being, production: **a** (of birth or generation); **b** (of inanim. object or abstr. idea); **c** (w. ref. to utterance or articulation); **d** (theol.).

a propter multam humiditatem et superfluitatem multam et melancolicam libere exeuntem, fit magnorum cornuum ~o *Quaest. Salern.* B 135; non lege propagationis ex semine viri de muliere sed lege ~onis rami de arbore GROS. *Cess. Leg.* II 5 p. 95; tempora ~onis porcellorum *Fleta* 169; **s1327** transit annus iste felix et fertilis frugum ~one et fructuum WALS. *HA* I 190. **b** si verbo suo productivam virtutem eri imprimeret et virtutem impressam in actum ~onis moveret GROS. *Hexaem.* VII 1; **c1363** ignis producendus de potencia materie, eciam ante ejus ~onem, est in eadem materia secundum esse possibile (KYN.) *Ziz.* 45. **c** utrum verbum sit racio alicujus alterius ~onis CAPGR. *Hen.* 183. **d** quia essencia divina circumscripta ~one habet illud productum DUNS *Ord.* II 253; differt ergo ~o divina summe a ~one naturali *Ib.* IV 44; ~o activa est persona producens et non persona producta; ~o passiva est realiter persona producta et non persona producens. et ideo non potest idem producere se, sed alium OCKHAM *Quodl.* 22; inter quos [Jacobitas] et Grecos, sicud et inter nos, de ~one Spiritus Sancti semper est controversia S. SIM. *Itin.* 32.

4 (gram.) the lengthening of a vowel or syllable in pronounciation.

illa [nomina] quae naturaliter ~one gaudent et quae poetica exemplorum adstipulatione plurimum indigent .. ut musa, meta, .. ALDH. *PR* 116; ectasis, ~o syllabae *GlC* E 18; 'subrepo' quoque, si a verbo quod est 'repo' componitur, ~one letatur, sin a 'rapio' corripitur ABBO *QG* 6 (17); difficilis oritur questio si ~io et brevitas considerari debeant in vocalibus secundum majorem et minorem moram adjacentem sue figuracioni *Ps.*-GROS. *Gram.* 26.

5 ? (act of) drawing (a person) aside, waylaying, kidnapping.

1280 si quis convictus fuit in burgo .. super seduccione vel ~one, sive masculus fuerit sive femina, quod conburentur (*PlCrownHants*) *AssizeR* 784 m. 35*d*. (*olim* 78*d*.).

6 product.

de ratione denarii bis ducti ad ~onem millenarii AD. MARSH *Ep.* 190 (*recte* 180 p. 323).

productivitas [CL productivus+-tas], capacity to produce or create.

notum est quod illa racio est exemplar extrinsecum juxta quod Deus producit, cum non possit producere illas, nisi secundum suam ~atem WYCL. *Log.* II 32.

productivus [LL=*suitable for lengthening*], that has the tendency to produce, productive or generative (of); **b** (*fieri ~us*, w. acc.).

erit fumus in pilas ~us GILB. II 74 (*recte* 76). 1; qui tamen artifex congrue diceret "producat es statuam", si verbo suo ~am virtutem eri imprimeret et virtutem impressam in actum produccionis moveret GROS. *Hexaem.* VII 1; omnis .. actio alicujus est effectus vel quasi effectus ~a *Ps.*-GROS. *Summa* 375; tunc .. videtur productum esse perfectum quando attingit suum principium ~um DUNS *Ord.* II 5; significant habitum ~um hujusmodi accionis, seu aptitudinem ad agendum BRADW. *CD* 410D; sequitur quod quelibet anima sit infinitum perfecta, quia infinitarum rerum .. est in quantolibet tempore ~a WYCL. *Act.* 12; **c1368** Deus est ~us creature (KYN.) *Ziz.* 77. **b** non dicitur potentia primi infinita, sc. quia infinitam multitudinem fit ~a BACON VII 117.

productor [LL=*one who leads away*], one who presents (a witness, suit, or evidence) in court or public forum.

venturis [sc. testibus] ad judicium provideatur a ~ore RIC. ANGL. *Summa* 30 p. 44.

productorius [CL productor+-ius], that pertains to production (of witnesses).

s**1428** assignatisque per nos procuratoribus antedictis certis ~iis terminis competentibus, nonnullisque testibus per dictos procuratores hinc inde productis AMUND. I 248.

productrix [CL productus *p. ppl. of* producere+-trix], that tends to produce, productive.

confluunt et concurrunt virtutes naturales effectrices et in actum ~ices copie bonorum naturalium GROS. *Cess. Leg.* III 3 p. 138.

produculus [CL productus *p. ppl. of* producere+-ulus], that has been extended (somewhat) forward or outward, made proud.

~us, mad prud WW.

proegeticus [< προηγητικός], (gram., w. ref. to governing verb) principal.

verbum proheceticum exigens obliquum potest infinitivum modum exigere, ut 'desidero legere' BACON XV 74.

proegumenus [προηγούμενος], of a primary action, of a first principle.

propigmena [v. l. proprigmena, ?l. proigumena] causa dicitur causa antecedens *Alph.* 149.

proeliari, -are [CL]

1 to engage in military combat, fight; **b** (w. cognate acc.); **c** (fig.).

a vulneribus quae ei inflicta fuerant ~anti in insula Vecta BEDE *HE* IV 14; si quis factiosus .. ad eam [ecclesiam] confugiat, nullus eum septem diebus contingat vel extrahat. si quis hoc presumat, culpabilis sit infractionis regie pacis et ecclesie, et amplius, si forisfaciat amplius, si pro fame vivere possit, si non inde ~etur (*Quad.*) *GAS* 51; alioquin ~aturos .. quid equi, quid arma juvarent? GIR. *PI* I 12 p. 46; c**1298** adhuc vos pro patria decet preliari (*Dunbar* 194) *Pol. Songs* 175; s**1346** cum eodem fortiter ~arunt AVESB. f. 111. **b** s**1291** imperator qui posset ~ari prelia Dei W. GUISB. 230. **c** 798 in unitate catholicae fidei firmiter stare et ~ari bella Domini ALCUIN *Ep.* 160; procedunt .. filii Israel cantantes et ~abuntur prelia Domini cum letitia J. FORD *Serm.* 62. 12.

2 (transf.) to contend, strive.

ut ibi militans principi fortius ~aretur contra nos H. BOS. *Thom.* VII 1 p. 525; in altera basilica miraculum prebetur cum muliebris sexus mirabiliter ~atur LUCIAN *Chester* 61.

proeliaris [CL=*of or for battle*], (as sb. n.) ammunition or weapon.

sagittarios locat ac ballistas. secundum eos qui hastis contisque utebantur, inde ~ium gestatores BOECE f. 204v; quemcumque offenderet fugientem .. aratri jugo usus pro ~i .. trucidavit *Ib.* f. 236v.

proeliatio [LL]

1 (act of) waging war, warfare.

s**1455** quousque tocius cessaret tempestas ~onis *Reg. Whet.* I 168; s**1460** irruerunt in campum ~onis *Ib.* 373.

2 (transf.) altercation, disputation.

post multam .. ~onis rixam ingressus cimbam Eduuardus ad Luelinum properavit MAP *NC* II 23 f. 32; s**1433** quod nec jaculo racionis .. nec aliquo alio hujusmodi ~onis instrumento, retrorsum volebat recedere AMUND. I 363.

proeliator [CL], one who engages in military combat, fighter, warrior; **b** (in fig. context).

quod .. ex tua gente fortes ~ores contra meos populos mitti debere predicas *Eccl. & Synag.* 64; Jacobus comes Dowglas, vir prudens et potens ~or *Chr. Kirkstall* 128. **b** impudens audaxque ~or, ut nil intemptatum relinqueret, per spiritum blasphemie virginem impugnare non metuit *V. Chris. Marky.* 53.

proeliolum [CL proelium+-olus], little battle.

a bataile, .. prelium geritur, preliolum diminutivum *CathA.*

proeliosus [CL proelium+-osus], (in quots. annus ~us) characterized by military conflict.

s**1243** annus .. Ytalicis ~us et hostilis M. PAR. *Maj.* IV 283 (cf. *Flor. Hist.* II 268); annus .. Ytalicis adversarius, Germanie turbulentus, Hispanie ~us, Terre Sancte suspectus *Id. Min.* II 477; s**1242** annus .. Hyspanie ~us OXNEAD *Chr.* 172.

proelium [CL], armed encounter between opposing forces, battle; **b** (*campestre* ~*ium*) battle on an open field. **c** (*navale* ~*ium*) naval battle. **d** (in gl.).

conserto gravi ~io campo qui vocatur Haethfelth BEDE *HE* II 20; at nunc quia siluit terra a ~iis, ideo non silet a vitiis, et juxta verbum sapientis, quia licet vivere, libet ambire J. FORD *Serm.* 82. 8; nos fortuna in ~io pristino favore non destituet GIR. *EH* I 9; Britones .. sese infra fortitudinem ~ii sui .. recipiunt, sed confestim impetum fecerunt in illos *Eul. Hist.* II 345. **b** quia tot milites non habebat quot sibi ad campestre ~ium committendum sufficerent G. MON. I 7; s**1214** principes .. decreverunt communiter campestre ~ium cum hostibus conserere WEND. II 107; s**1234** perempti sunt .. ab eis in campestri ~io tempore vernali cum suis episcopis heretici memorati, ita quod nec unus eorum evasit M. PAR. *Maj.* III 267; s**1347** cum .. Philippo in campestri ~io dimicasset AVESB. f. 116; in campestri ~io Pictavie G. HEN. V. 17. **c** Cleopatram .. quae cum Antonio contra Caesarem navale ~ium gessit *Lib. Monstr.* III 23; Ailricus abiit in navale ~ium contra Willelmum regem *DB* II 14v. **d** bataille, .. hoc ~ium *Gl. AN Glasg.* f. 18rb; a bataile, .. ~ium geritur *CathA.*

proem- v. prooem-. **proeminere** v. praeeminere.

profamen [CL pro-+LL famen], prediction.

et doceant transacta profamina regis abysse / prodigium fluxisse *V. Ed. Conf. Metr.* I 469.

profanare [CL], ~ari

1 to profane, violate the sanctity of (something holy): **a** (place); **b** (abstr.); **c** (person).

non permisit basilicae sacrarium intrando pollutis pedibus ~are [*gl.*: i. contaminare, violare] ALDH. *VirgP* 33; cum .. quaereret .. quis aras et fana idolorum .. primus ~are deberet BEDE *HE* II 13 p. 113; **1188** altaria denudantes .. locum devotioni et orationi addictum penitus ~antes (*Lit. Regis*) *Ep. Cant.* 182; sacram basilicam suam tam execrabili facinore .. ~are GIR. *GE* I 34 p. 106; terram sanctam prophanasti (*Lit. Imp.*) *Itin. Ric.* I 18 p. 35; **1346** morbum non sanas regalem, regna prophanas *Pol. Poems* I 32. **b** maluit .. crudeliter occumbere quam pudicitiae jura ~ando [*gl.*: inmaculando, violando vel contaminando, polluendo, awitliende] vitam defendere ALDH. *VirgP* 31; fidem quam habebant iniquis ~abant operibus BEDE *CuthbP* 9; fidem .. provinciae ex parte ~atam *Id. HE* III 30 p. 199; statuimus quod nulla ecclesia .. sine diocesani concensu construatur vel in constructis .. divina officia .. celebrentur quin pocius secundum canones sacros prophanentur *Reg. Aberd.* II 6; non esse licitum pagano dari in conjugium virginem Christianam .. ne fides et sacramenta caelestis regis .. ~arentur ELMH. *Cant.* 153. **c** Stigandus .. ab .. papa interdictus Haraldum prophanavit, dum in regem benedicere debuit ORD. VIT. XII 31 p. 432.

2 to fail to respect or observe, defy (order etc.).

vir .. apostolicus et terrarum potentatus .. audientes de ejectis nostris et proscriptis sic, mox in primo obstupuerunt auditu, et factum admodum ~antes H. BOS. *Thom.* IV 13; omnes .. si qui hanc [ordinationem] prophanare .. presumpserint .. sequestro *Feod. Durh.* xlii; **1410** sanctiones .. patrum subsannari et ~ari presumpsit *Conc.* III 330a.

profanaticus [CL profanus+-aticus], profane.

~us, profanus, .. execratus OSB. GLOUC. *Deriv.* 484.

profanatio [LL], profanation.

populum .. ab erratica gentilitatis ~one .. evocavere WILLIB. *Bonif.* 6 p. 34; ecclesias instaurare precepit, post annos lxxiiij heretice ~onis ORD. VIT. V 9 p. 343; procul hic honor .. atque decus hoc a nobis et a nostris amoveantur, hecque prophanationis propulsentur abolitione *Chr. Battle* f. 75; **1236** si .. miles super hujusmodi ~one non sit convicta, misericordia et veritas .. militis .. citam stillent liberationem GROS. 29; super sacramentum ~onibus et ecclesiarum ~onibus AD. MARSH *Ep.* 76; s**1308** in illorum perversa professione, que pocius detestanda ~o dici debet, plane Christum abnegabant .. et super crucifixum vilissime mingebant *Flor. Hist.* III 143.

profanator [LL], one who profanes or defiles.

1175 sacrorum canonum contemptores et ecclesiastice auctoritatis prophanatores (*Conc. Westm.*) G. *Hen. II* I 87; intrudere pro pastore devoratorem .. pro sanctificatore ~orem AD. MARSH *Ep.* 247 p. 458.

profanus [CL]

1 not consecrated or dedicated to religious use (also as sb.).

12 .. quia absurdum est in sacris sordes negligere que dedecerent in prophanis, .. precipimus quod .. pallia altaris .. munda custodiantur *Conc. Scot.* II 36; **1520** ne .. in hujusmodi capellis, oratoriis, et locis prophanis .. missas celebrare .. presumant *Ib.* I cclxxiii.

2 ceremonially or morally unclean, unholy (usu. w. ref. to what is regarded as non-Christian); **b** (w. *ab* & abl.). **c** (as sb. n. pl.) pagan rites.

si cum matre quis fornicaverit, xv annos peniteat ..: et hoc tam ~um incertum [l. incestum] .. dicitur THEOD. *Pen.* I 2. 16; spurcas ethnicorum culturas et ~ae gentis idolothita ALDH. *Met.* 2 p. 64; cotidieque ruunt idolorum fana profana, / et populi Christus resonabat in ore fidelis ALCUIN *WillV* 2. 7; repetii Turcos quos .. relinquo ut ~os et reposco Christianos ORD. VIT. XI 26 p. 251; ab ydolorum cultura et prophanis ritibus ydolatrie .. ad fidei lineas .. convertit patriam J. FURNESS *Kentig.* 34 p. 220; locum prophanissimum, in quo effusus fuit sangwis multorum martirum ut Romanam curiam elegerunt WYCL. *Chr. & Antichr.* 670. **b** vita .. monachi .. cuncta admittit que docet perfectio Christiana, cuncta dimittit quae a Christi vestigiis eadem perfectio judicat esse ~a EADMER *V. Osw.* 16. **c** s**1282** Priapi prophana parans *Lanercost* 109 (v. Priapus).

3 impious, irreverent, wicked.

quod credere ~um est ut non illuc fluant gurgites quo inmane monstrum ingreditur *Lib. Monstr.* I 34; stuprum sceleris calcantem corde profanum ALDH. *VirgV* 2562; sancta omnia loca destruxit. .. sic illo in tempore prophanus nomine obstante tyrannidem exercebat *V. Neot. A* 11; quam ~o tumore caecatus .. desipuit ORD. VIT. X 9 p. 55; cum .. nostri temporis oculi non solum vana sed etiam ~a sepius voluptate capiantur AD. DORE *Pictor* 142.

profari [CL]

1 to utter, tell forth; **b** (w. indir. qu.).

ne unum quidem sermonem umquam ~fari poterat BEDE *HE* V 2 p. 283; e quibus ista mihi tenui sermone profare / satius imperio quam cuncta linquere verbis *Mir. Nin.* 453. **b** quid pars a specie distet, te posco, profari *Altercatio* 73.

2 to foretell.

~fatur, id est praeloquitur futura BEDE *Sam.* 556; **14** .. de quo loco in lingua Cornubica quia prophatum fuit ab antiquo, *in Polsethoe y whylyr anethow*, .. 'in Polsethow †habitacionis [l. habitaciones] seu mirabilia videbuntur' (*Cart. Glasney*) *Journal of the Royal Institution of Cornwall* VI (1878–80) 217.

profatio [cf. CL profari], preliminary utterance

10 .. proemium, profatio *WW*; profor, -aris, unde .. hec ~o, -onis OSB. GLOUC. *Deriv.* 216.

profatus [CL], utterance, prophecy.

praescivit porro Michahelis adesse pro .. [v. l. profatum] FRITH. 1301.

profectibilis [1 profectus+-bilis], that can be made to advance, increase, improve, or progress; *cf. profectivus.*

cum dicitur quod anima influeret in quamlibet partem corporis immediate .. dico quod prout vivere dicit primum actum vite, sic quelibet pars immediate vivit per animam mediante toto corpore quod est primum ~e ab ea MIDDLETON *Sent.* I 90b.

profectibilitas [1 profectus+-bilis+-tas], capacity to advance, increase, improve, or progress.

angelica natura condita in propria liberi arbitrii potestate quod potestas naturaliter media est inter ~atem in melius et defectabilitatem in pejus GROS. *Hexaem.* III 14 p. 112; ~as enim non exit in actum nisi per graciam prevenientem et subsequentem *Ib.* p. 113.

profecticius [CL], (of dowry or inheritance) derived from a bride's family.

~ia [dos] dici poterit que datur a patre vel matre vel alio parente . . pro filia maritanda BRACTON f. 92; **1276** liberi in parentum potestate et familia constituti, habentes proprium ex causa ~ia, vel adventitia *Conc.* II 28b; **1446** bona . . adipiscenda . . quacumque via ac titulo, viz., hereditario, adventicio, provecticio [i. e. profecticio] *MunAcOx* 554.

1 profectio [CL < profectus *p. ppl. of* proficisci], (departure, setting out for) journey or expedition. **b** (mil.) expedition; **c** (w. ref. to *fyrdwita*).

temtavit iter dispositum . . incipere. . . subtraxit se illi ~oni et remanere domi passus est BEDE *HE* V 9 p. 298; **1027** notifico vobis me noviter isse Romam . . . hanc quidem ~onem Deo jam olim devoveram sed pro negotiis regni . . huc usque perficere non poteram (*Lit. Regis*) *Conc. Syn.* 509; ~o in exercitum cum hominibus episcopi *DB* I 87va; si alicujus uxor voveret Jerosolimam proficisci [ed. *PL*: votum fecisset de Hierosolymitana ~one] BELETH *RDO* 16. 29; in regionem longinquam gruppe ~o mea J. FORD *Serm.* 118. 4. **b** s**1142** ~onem ad Oxenfordum meditabantur W. MALM. *HN* 523; s**1322** annus iste . . regi . . invisus propter infelicem †proteccionem [l. profeccionem] ad partes boreales et in Scociam, ubi pene perdidit mediam gentem suam, . . propter fugam suam ante Scotorum faciem in proprio regno suo WALS. *HA* I 167. **c** **930** sine expeditionis ~one, arcis pontis constructione *CS* 1343.

2 profectio [CL profectus *p. ppl. of* proficere+ -tio]

1 benefit.

801 Deus sanctitatem tuam ad multorum ~onem . . incolumem . . custodire dignetur ALCUIN *Ep.* 242.

2 advancement, progress.

paternitatis vestre piam ~onem obsequiali prosequor affectione AD. MARSH *Ep.* 199; ~oni sciencie materialiter impediendo OCKHAM *I & P* 44; ne calumniancium invidia . . tante ~onis . . lux splendida pereat, . . has literas . . fecimus consignari *MunAcOx* 473; **1545** a die profectionis nostre ad primatialem et metropolitanam ecclesiam Sanctiandree *Conc. Scot.* I ccxcii.

profectior v. provehere.

profecto [CL], undoubtedly, assuredly; **b** (in answer); **c** (to emphasize a particular case, w. conditional cl.).

ut habeas veram vitam, perennem ~o, non deciduam GILDAS *EB* 32; qui montem videre non potest, ~o nullum habet visum ANSELM (*Lib. Arb.* 3) II 213; hec ~o manifeste cernimus ORD. VIT. X 19 p. 112; ~o beata [gens], quibus Deus . . sensum et divitias contulit OSB. BAWDSEY cxlvii; certe, ~o, nempe OSB. GLOUC. *Deriv.* 51; quia ~o [*gl.*: i. proculdubio] jubar solare sanis oculis gratiosum J. FURNESS *Kentig.* 22 p. 197. **b** cur dicam impium nisi fuerat . .? ~o . . hic non ad jactanciam . . Lodovico . . retulit MAP *NC* V f. 66. **c** si talis ~o coemptionis condicio ab impudentibus istis . . ingesta fuisset, eadem responsa accepissent GILDAS *EB* 67; si adversum nos ad Deum suum clamant, ~o et ipsi, quamvis arma non ferant, contra nos pugnant BEDE *HE* II 2 p. 84; qui correctores si recurrerent ad interiorem logice considerationem, ~o perviderent in utraque assertione stabilem fidei firmitatem ABBO *QG* 21 (45); ultimus ille dies Danis ~o fuisset, si perseverandum rex putasset W. MALM. *GR* II 180.

profectivus [1 profectus+-ivus], that causes advance, increase, improvement, or progress; *cf. profectibilis*.

[sol] movet quandoque caliditatem generativam, nutritivam, et ~am GROS. *Comp.* 219.

profectualiter [1 profectus+-aliter], successfully, profitably.

s**1296** mercatores sumus, et sine adventacione Anglorum in Flandriam et sine transitu Flandrensium in Angliam negociari ~iter non valemus *Flor. Hist.* III 290.

1 profectum [CL profectus *p. ppl. of* proficere], (as sb. n.) gut, entrails.

tharme, intestinum, . . omasus, ~um *CathA*; *a farfra*, ~um *Ib.*

2 profectum v. proicere.

3 profectum v. protectum.

profectuosus [ML < 1 profectus+-osus], beneficial, advantageous, profitable.

scripta ~a antiquorum astrologorum diligenti studio forent inspecta ASHENDEN *AM* 2ra.

1 profectus [CL < proficere]

1 advancement, success, increase, (stage of) progress.

electi, carnis adhuc vinculo retenti et in ~u virtutum positi, . . ad domum superne habitationis . . continuis bonorum operum gressibus . . properare contendunt BEDE *Gen.* 142; quoniam multos . . qui quadam difficultate immo impossibilitate aggravati nihil proficiunt aut post magnum ~um repente irreparabiliter deficiunt ANSELM (*Praesc.* 3) II 263; Christianorum ~ui ut eventus rei postea probavit, occulte invidens ORD. VIT. IX 7 p. 504; mors est nature defectus, ut estimo; non est / artis profectus sero citove mori L. DURH. *Dial.* IV 56; maximus . . laudis ~us est quoties sequentibus bonis priora vincuntur GIR. *TH* I 18 p. 51; vocati estis ad jugiter orandum, meditandum, legendum vel aliquid honestum manibus operandum. per consideracionem vestri ~us vel defectus . . videre potestis, qualis fuerit executio vocacionis vestre *Spec. Incl.* 3. 1.

2 benefit, advantage, profit.

ligna aeclesiae non debent ad aliud opus jungi nisi ad aecclesiam aliam vel igni comburenda, vel ad ~um in monasterio fratribus THEOD. *Pen.* II 1. 3; a quantis ~ibus quamque sacratis ordinibus nostrae necessitudinis primordia . . processerint ALDH. *Met.* 1 p. 62; **798** ut, quantum me tristificat absentia . . tantum vos laetificet praesentia, et defectus meus vester sit ~us ALCUIN *Ep.* 156; a**1073** nullus est . . a me aut per me in hac terra animarum ~us LANFR. *Ep.* 1; si villanus ita crevisset sua probitate quod . . haberet . . sedem et privatum ~um [=Quad . . *sundernotam*] in aula regis (*Inst. Cnuti*) *GAS* 457; totum quod vivo, totum quod scio, vestris ~ibus offero, vestre devoveo utilitati AILR. *Serm.* 422C; si diligenter advertas quantum bonum tibi fecit . . ita invenies illum circa tuum ~um occupatum quam nichil aliud faceret nisi quod tibi soli intenderet et ad tuam salutem *Spec. Eccl.* 14; s**1310** ecclesie sancte et regis ~um, regni et populi commodum *G. Ed. II Bridl.* 36.

3 material profit, revenue.

si de communibus ~ibus burgi legalis fuit assedatio et levatio *Iter Cam. Artic.* 42; **1226** salvis nobis . . jure, possessione, ~ibus, aisiamentis, et libertatibus quas . . habuimus *Pat* 69; **1304** nemora . . devastata et prostrata seu vendita que non venerunt ad ~um . . regis *RGasc* III clxxx; c**1311** sunt . . xxxiij acre de subbosco debili, quia totum fere spine et tribuli, et sic ~us vix valet inde nunc per annum xij d. *Cust. Battle* 139; **1388** est ibidem quidam boscus forinsecus . . et ~us ramelorum nichil quia vastatur. et est alius boscus . . cujus attachiamenta et ~us nichil valent ultra feodum custodis quia vastatur *IMisc* 240/13; ex libri editione que nunc . . procuratur in officinis . . majorem etiam ~um mihi spondeam MORE *Ut.* lxxxii.

2 profectus [CL *p. ppl. of* proficisci], expedition.

in victualibus nautarum per duos ~us in Wasconiam, et unum ~um in partes boreales emptis *Ac. Beaulieu* 171.

proferentia [cf. proferre 6], expression.

simili utique forma dinoscitur communem Latini ydiomatis ~iam excedere in prestrictu *Dictamen* 334; dicciones . . in ~ias consuere possumus Tullianas *Ib.* 339 (v. grammaticaliter).

proferre [CL]

1 to bring forward or into the open; **b** (w. earth or nature as subj.).

si . . cibos invenerit [pauper], his se . . in occulto reficere satagit, neque eos in publicum vult ~ferre BEDE *Hab.* 1249; a**1089** ubi sol lucet candelam ad proferendum lumen ~ferri minime oportet LANFR. *Ep.* 10 (23); ego remaneo visurus ubera / que profert parvulo virgo puerpera WALT. WIMB. *Carm.* 221; nimphea . . folia habet similia cicoree sed minora et oblonga, alcius super aquam ~ferens capud *Alph.* 126. **b** ita namque omnis natura firma et solida quidquid ~tulerit ostendit, reparante auctore Deo dum generat THEOD. *Laterc.* 17; frigidus ex gelido prolatus viscere terrae ALDH. *Aen.* 27 (*Coticula*) 1; fluvius Indiae Ganges qui aurum cum lapidibus ~fert preciosis *Lib. Monstr.* II 27; lacus plurimos . . quasi speciale quid hec insula ~fert GIR. *TH* I 8.

2 to produce (fruit). **b** to emit (light); **c** (transf. & fig.).

nocturnis quoque horis estus erat nimius et intolerabilis; non agri, non arbores quidquam fructuum protulerunt W. S. ALB. *V. Alb. & Amphib.* 25 (*recte* 15); libanotidis tria sunt genera, unum ~fert semen quod canteres vocant *Alph.* 102. **b** a**1089** candelam ad ~ferendum lumen (v. 1a supra). **c** vinea parva mihi flaventes protulit uvas ALDH. *VirgV* 2790; nescivi dona gratiae spiritalis quibus illustrata es a Domino ad ~ferendos fidei fructus BEDE *Cant.* 1186; terra . . cordis lacrimis irrigata ~fert fructum bonarum cogitationum AILR. *Serm.* 27. 16. 351.

3 to bring to light, make public.

illa . . ~ferre conabor in medium GILDAS *EB* 4 (v. medius 24b); cum Dominus malitiam maligni hostis . . ~ferret in lucem atque omnibus redderet manifestam BEDE *Tob.* 929; **789** (13c) ~latae sunt inscriptiones . . in medium *CS* 291 (v. inscriptio 3); ~feruntur in medium scelera dictu horrenda W. MALM. *GP* I 53; nostris multa precipua subtracta sunt obtutibus, dum dicaces sophiste malebant in ocio quiescere quam abdita diserte ~ferendo laborare ORD. VIT. VI 1 p. 2; quod . . in abdito cordis est, hoc . . in lucem ~fert et producit in publicum J. SAL. *Met.* 834C.

4 to show forth, display. **b** to produce, show in evidence (document or sim.).

totam iram suam ~fert impius, sapiens autem dispensat per partes BEDE *Prov.* 1021; mille tibi ~feram paria amicorum AILR. *Spir. Amicit.* I 21. 663. **b** sicut et in evangelium [v. l. evangelio] testimonia ~feruntur de propheticis libris THEOD. *Laterc.* 7; sedis apostolice et nova et vetera edicta ~ferentem W. MALM. *GR* I 87; c**1201** Hugo aliquando ~tulit quoddam placitum corone coram justic' quod . . Ricardus tunc serviens hundredi concelaverat *SelPlCrown* 41; **1221** R. venit et ~fert literas J. regis patentes in quibus continetur quod ipse perdonavit ei mortem ejusdem *Ib.* 112; non . . pro qualibet pelle ~lata vel pro quolibet capite ostenso erit una bestia cuilibet repetenti allocanda *Fleta* 160; **1308** ~fert quamdam partem cujusdam scripti inde inter eos cyrographati que hoc testatur (*PlRCP*) *Year Bk.* I (*Selden Soc.* XVII) 21; **1322** ~tulerunt breve domini regis ad supersedendum de ipsis ulterius exigendis ad alium comitatum occasione predicta *SelCCoron* 78.

5 to present, proffer. **b** to tender (coin).

[magi] dixerunt quia: 'quae optulimus munera ut Deo ~ferimus [cf. *Matth.* ii 11] THEOD. *Laterc.* 5; a**705** si nullis te capacibus ~latae promissionis retiaculis perplexum . . reminisceris *Ep. Aldh.* 7 p. 496; **1322** ~fert legem per plegium Messoris et J. P. ad terciam manum *CBaron* 135; quod ~tulerunt Margarete, que fuit uxor Thome de Nessefeld . . viginti libras auri et argenti bone et legalis monete *Mem. York* II 28. **b** denarius sive obolus retonsus . . ~latus ad aliquid emendum *Leg. Ant. Lond.* 13.

6 to pronounce, utter, address. **b** to state, mention. **c** to express (also fig.). **d** (w. *sententiam* or sim.) to express an opinion, (also leg.) to give a verdict.

odit Dominus . . ~ferentem mendacia testem fallacem *Ps.*-BEDE *Collect.* 169; tertius ast testis profert e pectore questus ALDH. *VirgV* 935; cujus prophetiae verba quam veraciter essent ~lata rei probavit eventus WULF. *Æthelwold* 8; a**1081** satis vilia multumque indigna de multis audientibus ~tulisti LANFR. *Ep.* 23 (47); s**1139** mine . . ~late W. MALM. *HN* 474; quicquid in os veniet, audacter profer *Enth. Phil.* 81; creatura que sub bestiali forma humana verba ~ferret GIR. *TH* II 19. **b** ille nominis Christi gerulus ad exemplum militiae Christianorum agonem ~tulit [*gl.*: i. narravit, ostendit, *rehte*] ALDH. *VirgP* 3 p. 231; alii plures quos nominatim ~ferre perlongum est ORD. VIT. VII 16 p. 251; quod utile credo, ~ferre non tardabo *Ib.* X 24 p. 150. **c** jaspis coloris viridi / profert virorem fidei FRITH. *Cives* 2. 2; **956** penes illum locum quod assertione multorum hominum ~fertur ita, *æt Anninga Dune CS* 961; inerat ei . . ad ~endum [rem] gratiosa verborum facilitas TURGOT *Marg.* 3. **d** judicium animi sui non valens pro voto ~ferre W. MALM. *GR* II 132; intellexit vir acrioris ingenii unius tantum partis auditis allegationibus non debere ~ferri sententiam *Ib.*

II 199; prudenter inite consilium, sententiam ~ferte, quid in hoc agendum sit discrimine Ord. Vit. VIII 9 p. 316; ad examen rectitudinis jure ~ferendum .. ecclesiastica negocia rationabiliter diu disseruit *Ib.* XI 31 p. 274.

7 to pronounce or produce (a sound): **a** (vowel, syllable, or word); **b** (mus. note or phrase).

a in disillabis, ubi ambae breves fuerint, paenultima cum acuto accentu ~fertur Aldh. *PR* 113 p. 155; oracio, que dicitur ab Aristotele esse discreta quantitas, est tempus vel reducitur ad tempus mensurans voces ~latas quoniam dicit 'mensuratur .. sillaba brevi et longa' Bacon III 155. **b** recta mensura appellatur quidquid per rectam mensuram recte longe vel recte brevis ~fertur Garl. *Mus. Mens.* I 17; quia si multitudo brevium fuerint, quanto plus apropinquatur fini, tanto debent longius ~ferri *Mens.&Disc.* (Anon. IV) 26; triplici vero more longe, semilonge, breves et semibreves in voce ~feruntur, sc. more longo, [more] mediocri, et more lascivo Haudlo 104; discantus alius simpliciter ~latus, alius truncatus qui hoketus dicitur, alius copulatus qui copula nuncupatur Hauboys 184; figure .. cantus choralis sunt viij sed proprie v dumtaxat, que dicuntur partes prolacionis, id est cantilene vel oraciones, id est oris racionis, quia ab ore hominum precipue ~late sunt Hothby *Cant. Mens.* L 51.

proferum v. profrum.

professio [CL]

1 public declaration, avowal, confession of (faith); **b** (w. obj. gen.); **c** (for public registration or census).

ne putes te nuda solummodo ~one verborum mihi posse placere Bede *Cant.* 1213; ut in Petro sponsa Christi tertio de amore interrogata trina ~one se diligere testaretur J. Ford *Serm.* 107. 7; **1549** solennis et annua sit ~o baccalaureorum .. et .. inauguratio ceterorum ordinum *StatOx* 343. **b** coetus electorum qui testimonium purae suae conscientiae pia ~one ac probis actibus reddunt Bede *Cant.* 1179; c**797** ego .. episcopus .. credo .. in .. Deum unum et verum ..... in hac ~one fidei sacerdotale officium .. dono percipio (*Professio episcopi*) *CS* 298; quod ego quoque in professione fidei breviter posui Lanfr. *Corp. & Sang.* 434A; adoratio est ~o summe majestatis in Deo, oratio .. est vocis protestatio cum fiducia impetrandi T. Chobham *Praed.* 222. **c** cum .. beata virgo .. veniret ad locum illum ad faciendum ~onem suam .. divertit ad stabulum et ibi peperit salvatorem T. Chobham *Praed.* 31.

2 (as profession of obedience or allegiance): **a** (by knight); **b** (by bishop).

a inolevit consuetudo solennis, ut ea die qua quisque militari cingulo decoratur, ecclesiam solenniter adeat, gladioque super altare posito .., quasi celebri ~one facta seipsum obsequio altaris devoveat J. Sal. *Pol.* 602A. **b** **1072** quod .. Eboracensis archiepiscopus ~onem Canturiensi archiepiscopo facere etiam cum sacramento debeat *Conc. Syn.* 602; a**1075** absolutam tibi Lanfrance Dorobernensis archiepiscope tuisque successoribus de canonica oboedientia ~onem facio Lanfr. *Ep.* (3); s**1191** papa .. mandavit Hugoni Dunelmensi episcopo .. ut ipse ~onem et obedientiam canonicam faceret .. Gaufrido Eboracensi archiepiscopo *G. Ric. I* 209; **1284** jurisdiccione ordinaria et profitendorum ~one nobis .. semper salvis *ChartR* 73 m. 27; **1309** ex vinculo juramenti quod in ~one nobis et ecclesie nostre Cantuariensi .. per vos olim facta corporaliter prestitistis *Lit. Cant.* I 34; **1444** Lanfrancus archiepiscopus .. ab universis Anglie episcopis .. ~ones .. accepit *Ib.* III 185.

3 (mon.) vow or public declaration of faith marking entry into monastery, profession; **b** (w. ref. to written record of profession).

melius est, ut Deo sine ~one serviret spontaneus, quam in monasterio ~one se alligans servire cogeretur invitus *Simil. Anselmi* 82; habitu fallebant ac ~onis vocabulo, dediti ganee, peculiis, innumeris .. prevaricationibus Ord. Vit. IV 6 p. 208; quam multi .. sacerdotes sancti .. se monachorum regulam et ~onem nec promisisse nec servare non nesciunt Ailr. *Spec. Carit.* III 95. 612; obedientiam illi, ~onem vero loco et ordini de Sempingham rite devovit *Canon. G. Sempr.* f. 62v; **1399** in cultellis .. datis noviciis .. in die ~onis eorum *Ac. Durh.* 447; **1451** novicii ante ~onem sint expropriati *Mon. Francisc.* II 85. **b** praecipiente abbate .. ~onem suam scribat Lanfr. *Const.* p. 170; **1401** in armariolo .. continentur ~ones monachorum *Ac. Durh.* 454.

4 faith or religion professed.

pro Christianae ~onis [v. l. confessionis] titulo Aldh. *VirgP* 19; quamvis nomen et ~onem haberet Christiani Bede *HE* II 20 p. 125; victos .. victoribus ~one Christiana pares Ord. Vit. IV 1 p. 165; est quedam communio gratie cunctos qui Christiane ~onis censentur .. complectens Bald. Cant. *Serm.* 15. 33. 551; qui preest in spiritualibus, et illi quibus preest, debent esse ejusdem ~onis saltem generalis, hereticus autem et catholicus non sunt ejusdem ~onis etiam generalis Ockham *Dial.* 587; regula apostolica est omnibus sue ~onis uniformis sed regule sectarum privatarum valde sunt difformes Wycl. *Compl.* 89.

5 monastic order.

c**1160** sanctimonialibus ~onis de Sempingham *Danelaw* 63; primus gardianus Oxonie fuit frater, W. E., adhuc novitius; commodatus .. fuit ei habitus ~onis Eccleston *Adv. Min.* 13; **1295** proviso quod unum canonicum tue ~onis .. tecum habeas commorantem *Reg. Carl.* I 55; aliam .. quidam de Giseburnie ~one egressi .. fundaverant G. Cold. *Durh.* 9; **1459** vobis .. participacionem .. suffragiorum .. que .. per totam nostram ~onem, sive in monasterio, sive in cellis eidem annexis .. fieri consueverunt .. concedimus *Reg. Whet.* II 6.

6 occupation, profession.

cum .. non modo in clericali gradu constitutos sed etiam monachica ~one [*gl.*: i. gradu, conversatione] fungentes ad militiae cingulum cogeret Aldh. *VirgP* 38; **847** cujuslibet etiam dignitatis vel ~ones vel gradus pervertere *CS* 451; Abbo genere Francus, ~one monachus, officio diaconus Abbo *QG* 1; si quid ~oni nostre congruum precedentium vel sequentium capitula docuerint (*Leg. Hen.* 8. 7) *GAS* 554; posuerat .. in triclinio diversarum ~onum ornamenta, hinc calicem et evangelia, inde armillas et monilia W. Malm. *GR* II 217; quorum est diversa ~o, diversa solet esse conversatio H. Bos. *Thom.* II 3; in variis ~onibus amatores justicie sollicitius investigans Diceto *YH* I 434; honori, et directioni, et tranquillitati totius scholastice ~onis Ad. Marsh *Ep.* 16.

7 (acad.) teaching in specific branch of learning.

1302 responderunt quod si venisset cessatum fuisset in ipsius absencia a lectura per alios magistros ~onis sue (*Reg. Episc.*) *EHR* XXVI 508; **1577** tres autem hos regentes nolumus, prout in reliquis regni nostri academiis consuetudo est, novas ~ones quotannis immutare .. verum, in eadem ~one se exerceant, ut suis studiis et ingeniis praeceptorem reperire queant *EHR* XIV 260.

professionalis [CL professio + -alis], pertaining to the act of profession of canonical obedience.

s**1072** (1276) capas ~es, professiones, **1363** unam capam ~em (v. cappa 5c).

professionaliter [CL professio + -alis + -iter], by way of one's profession.

aratoris lege sub agraria ~iter instituti E. Thrip. *SS* III 2; sed vereor ne tam pertinaci rusticitatis in duricia tam continue ~iter perseverantes *Ib.* III 3.

professor [CL]

1 one who avows or professes (w. obj. gen.); **b** (~*or evangelicae paupertatis*) one who professes evangelical poverty.

novi .. quis casus veri ~ores apud vulgus sequatur Adel. *QN intr.* p. 5; quidam verissime amicitie ~ores mimicos severissime persequuntur P. Blois *Ep.* 12. 38A; non deest tanti propositi ~orem modico temptationis turbine subverti (*V. S. Guthlaci*) *NLA* II 2. **b** ~or evangelice paupertatis P. Blois *Ep.* 102. 316A; paupertatis evangelice ~ores R. Bury *Phil.* 6. 90; ad modum loquendi modernorum mendacitatem habitualem describencium, nullus evangelice paupertatis ~or voluntarius habitualiter est mendicus R. Maidstone *PP* f. 166.

2 one who makes profession of a monastic order or sim.), a professed person.

monastice religionis ~oribus *Chr. Rams.* 35; monastici ordinis ~or P. Blois *Ep.* 13. 42A; **1198** (1332) ~ores dicti monasterii *CalCh* IV 268; **1255** idem episcopus ~or ordinis tui (*Lit. Papae*) *Mon. Hib. & Scot.* 71a; s**1292** fratres de ordine Minorum .. monachos et ~ores patris beatissimi Benedicti .. infestabant *Flor. Hist.* III 75; Cisterciensis ordinis ~or .., abbas de Fontibus *Meaux* I 114.

3 one who professes faith in, one who professes a faith (w. obj. gen.).

a Christiane fidei ~oribus Diceto *YH* II 133; s**1239** omnes orthodoxe fidei ~ores (*Lit. Imperatoris*) M. Par. *Maj.* III 586; libens adorator .. Dei dumtaxat unius ~orque spontaneus E. Thrip. *SS* XI 14; pro ~oribus talium sectarum privatarum Wycl. *Compl.* 89.

4 one who practises a profession or makes a business of (w. obj. gen).

Alfredus .. regis Danorum sub specie mimi subiens tentoria ut jocularie artis ~or Silgrave 45.

5 teacher of specific branch of learning, professor.

plerique logice ~ores molesti sunt interpretes verborum et aucupes syllogismorum J. Cornw. *Eul.* 10; **1304** B. P., juris utriusque ~or *RGasc* III 445b; **1325** Thome .. et Matthaeo .. juris civilis ~oribus *MunAc Ox* 114; Franci juridici, i. ~ores juris de Francia (J. Bridl.) *Pol. Poems* I 145; devotus sacre theologie ~or *Mir. Hen. VI* III 94; bonarum literarum ~ores, quibus incumbit juventutem ad meliorem frugem convertere Ferr. *Kinloss* 6.

†profeste, *f. l.*

quasi ad tripudia novi partus concurrimus delectet .. †profeste minus [v. l. pro fescenninis] sedulo interscere organa divine laudis (*Osmundus*) *NLA* II 242.

profestus [CL]

1 (*dies* ~us) day not kept as a holiday, ordinary or working day. **b** ellipt. (as sb. m.) working day.

[dies] ~i sunt qui nulla speciali celebritate insigniuntur Beleth *RDO* 3. 16; cotidie vj fercula, unumquodque diversi generis in ~is diebus, in festis vero diebus prime dignitatis tres pitantie uicuique *Found. Waltham* 15; tam in festis quam in ~is diebus *Offic. Sal.* 66; acolythatus .. conferri potest .. privatim et cum paucis et si aliquod istorum trium tibi defuerit, id est non cum paucis et sollemniter et in die ~o acolythatum suscepisti .. sine pape dispensione non ministralis Rob. Flamb. *Pen.* 185; studentes .. diebus ~is .. horas canonicas simul dicant. in diebus vero Dominicis et aliis festis duplicibus omnes conveniant in capella *Hist. Durh.* 3 p. 140. **b** precipi puto, ut cotidie in ~is certum tempus ad arandum, certum tempus ad operandum Rob. Bridl. *Dial.* 163.

2 (in gl.) particularly festive.

compontur quoque festus, ~us, -a, -um i. dies omnino festivus Osb. Glouc. *Deriv.* 235.

3 (as sb. m. or n.) the eve of a festival.

~i etiam vocantur vigilie festorum dierum Osb. Glouc. *Deriv.* 235; s**1423** in ~o, sive vigilia, passionis gloriosi Anglie protomartyris Amund. I 154; celebrando in festo sancti Niniani .. viz. in nocte seu ~o ejusdem *Reg. Aberd.* I 307; **1481** intravit libertatem S. Petri in Salton in ~o exaltacionis S. Crucis *Fabr. York* 261.

profet- v. prophet-. **proffrum** v. profrum.

proficere [CL]

1 to achieve. **b** (w. *ut* & subj.) to succeed in, to manage to. **c** (pr. ppl. as adj., in quot. compar.) successful.

nec ipse, quamvis multum laborans, ~ficere aliquid valebat Bede *HE* III 11 p. 150; ~fecta, *gefremid GlC* P 617; cum diu persisterent nec quicquam ~ficerent *Chr. Battle* f. 68; quidam licet non tantum forte ut sanctus iste ~fecerint domo Dei *Canon. G. Sempr.* f. 34; de vestris devotis meditacionibus ad noctem cotidie computetis quantum ~feceritis et quantum defeceritis illo die *Spec. Incl.* 3. 2; cum nihil diutius expectando ~ficeret Anglicorum exercitus dispergitur *Ps.-Elmh. Hen. V* 60. **b** fossores .. progredientes eo usque ~fecerant ut muri extrema fundamenta diruerent *Itin. Ric.* III 9. **c** assecutivorum usus .. eo ~ficientior quo congregatius et brevius conquisitus Balsh. *AD rec. 2* 164.

2 to help, benefit, contribute to (w. dat.); **b** (w. *ad* & acc.); **c** (absol.).

eis ~ficiebat immaturae mortis supplicium, qui tali funere rapiebantur Gildas *EB* 19; quid nobis ~ficit [*gl.*: *fremaþ*] ars tua? multum prodest ars mea omnibus Ælf. *Coll.* 97; ut egenorum ~ficeret compendio W.

MALM. *GR* II 196; **1464** residuum . . bonorum . . lego ad . . distribuendum pro anima mea . . per executores meos, prout ipsi melius viderint . . saluti anime mee ~ficere *MunAcOx* 708; architectos et latomos . . ad se vocare et novae fundationi a Killusche ~ficere FERR. *Kinloss* 16. **b** dis crisio [i. τὸ χρήσιμον] est utilitas, i. ad quam utilitatem ~ficiat et quae sanitas sit in labore ejus *Comm. Cant.* I 16; cujus cinerum reliquias ad expiationem Israhelitici populi ~ficere superna spoponderunt oracula ALDH. *Met.* 2 p. 65; plura . . que et ad monachorum stipem et suarum animarum salutem ~ficerent W. MALM. *GP* V 200. **c** potius officere parati sunt quam ~ficere GIR. *TH* II 54.

3 to advance, move forward, make progress. **b** to make progress (toward a condition). **c** to advance in rank. **d** (assoc. w. *proficisci*; *cf. proficisci* 3).

non facile poterant Normanni eos invadere. invadentes tamen . . nunc ~ficiunt nunc repelluntur SILGRAVE 78; **1461** aliter vere melius ~fecissem . . in itinere per ambulare quam per equitare *Paston Let.* 655. **b** inferioris vite gradus . . paulatim ~ficiens [*gl.*: i. ascendens, *þeonde*, crescens] superiorem . . praeoccupet ALDH. *VirgP* 10. **c** per septenos ecclesiae gradus paulatim ~ficiens [*gl.*: i. crescens, pollens] ad summum pontificatus apicem . . perveniret ALDH. *VirgP* 43; habuit . . rectores . . industrios, qualis erat Adulfus ~ficiens in Eboracensem archipraesulem GOSC. *Mir. Iv.* lxi. **d** commisit rex crucem suam . . Edwardo, filio suo, ut ~ficeret pro se et pro patre in terram sanctam *Leg. Ant. Lond.* 125.

4 to increase in size or extent.

rami vel fructus primum quidem tenues . . postea . . maturi vel firmi videntur ~ficere THEOD. *Laterc.* 17; membra [sc. post intercessionem S. Thome] . . restituta comperit, parva . . sed in majus ~ficientia BEN. PET. *Mir. Thom.* IV 2 p. 180; sicut predicta terra se extendit versus austrum . . donec ~ficiatur ei plenarie duodecies viginti acre cum pertica xx pedum *Feod. Durh.* 111n.

5 to improve, develop; **b** (w. *ad* or *in* & acc.); **c** (w. *in* & abl.); **d** (pr. ppl.).

Dunstani abbatis . . discipulatui se tradidit. cujus magisterio multum ~ficiens . . monastici ordinis habitum . . suscepit WULF. *Æthelwold* 9 (=ÆLF. *Æthelwold* 6); si non possum in hac vita ad plenum vel ~ficiam in dies usque dum veniat illud ad plenum ANSELM (*Prosl.* 26) I 121; concludendo . . causa premissa, dicere audeo quod dominus iste qui bene ~fecit et didicit, ut jam aparet, ad docentis gradum tutus ascendere poterit *Incept. Ox.* 170; a**1350** quod . . expectaret . . quousque adeo ~fecerit ut sufficiens testimonium habuerit *Stat Ox* 30. **b** a populari vita revertens, religiosa . . atque immaculata ad meliora ~ficiens *V. Cuthb.* II 1; quatenus in eorum bona conversatione laudetur episcopus, honoretur ecclesia, populus ~ficiat in laudem Dei O. CANT. *Const.* 72; semper ad meliora ~ficere et numquam deficere ANSELM (*Ep.* 162) IV 34. **c** ut in fide veritatis . . persistere ac ~ficere curarent BEDE *HE* II 17 p. 118; **796** in omni floreas felicitate et in omni ~fitias bonitate ALCUIN *Ep.* 101; in bonis moribus ~ficere optamus W. MALM. *GR* I 81; cum in artibus per sex annos legisset, ac mirabiliter ~fecisset *V. Edm. Rich C* 600. **d** Eadgarus quotidie erat ~ficiens ut David pietate ac fortitudine OSB. *V. Dunst.* 28; sic in hac vita perseverare in ~ficienti sanctitate ut in futura gaudeat in sufficienti felicitate ANSELM (*Ep.* 71) III 191; quosdam studentes Oxon' . . si reperti fuerint ydonei et ~ficientes *FormOx* 227; **1417** ad tractandum nobiscum de . . negociis statum . . universitatum . . Oxon' et Cantabrigge . . ac graduatorum in eisdem ~ficiencium *Reg. Cant.* III 34.

6 (tr.) to further, cause to increase.

722 ut opus sibi creditum pietatis . . annitente Deo ~ficiatur (*Lit. Papae*) *Ep. Bonif.* 17; Estgamera . . fuit liberata Frederico pro terra ad ~ficiendum mansiones suas *DB* II 170b; **1444** vestram devocionem augeat et ~ficiat Trinitas increata *Lit. Cant.* III 189.

proficiria sira v. pityriasis. **proficiscere** v. proficisci.

proficisci [CL], **~ere**

1 to set out, to go on a journey; **b** (impers.).

cum ~eretur Moyses imperante Domino ad Aegyptum et secum comitaretur conjux cum liberis THEOD. *Laterc.* 16; ut . . peregre ~antur [*gl.*: pergant] ALDH. *VirgP* 6; jamjamque divino cibo satiatus et suffultus, in fortitudine ejus glorificans Dominum prospere ~ebat [vv. ll. ~ebatur, profectus est] *V. Cuthb.* I 6; denique profecturo et ~ente illo unanimus egenorum et vagorum gemitus, quasi patre se et altore destitutum, testabatur *Hist. Abb. Jarrow* 34; c**1190** postquam R. rex Anglie et P. rex Francie profecti sunt versus Jerosolimam *Regesta Scot.* 319; **1229** profecturus est . . in partes transmarinas *Pat* 279; **1258** parati exinde nobiscum proficissi in expedicionem nostram *SelPlMan* 60; **1473** qui ad eum profectum iri parabatur *Lit. Cant.* III 261; sub eorum salvo conductu dictis comiti Gilberto, Willelmo, et Johanni concesso profiscissentibus versus . . regem Karolum W. WORC. *Itin.* 216. **b** usque Beverlacum . . peregre profectum est *Ps.*-ELMH. *Hen. V* 115.

2 to emanate.

672 e quorum catalogo tuam ~i solertiam . . fama percrebruit ALDH. *Ep.* 5 p. 491; H vero tantum metro utilis semper absque ullo sono vocalibus preponitur ubi ascribenda videtur et consonantibus quibus apponenda est postponitur, ut ab interiore spiritu pinguior ~atur ABBO *QG* 11 (25); vitam eternam, ex qua necessario ~itur beatitudo PULL. *Sent.* 820A; Tullius . . dicit, quod omnis que a racione suscipitur de aliqua re institucio debet a diffinicione ~i FORTESCUE *NLN* I 31.

3 (assoc. w. *proficere*) to progress (*cf.* 1 *proficere* 3d).

in opus eos verbi . . ~i suadet BEDE *HE* I 23 p. 43; capitur quippe post mortem ad melos angelicum, quia eciam in musica ex spiritu purgato ~ente immoratur ROLLE *IA* 192.

4 (assoc. w. *profiteri*) to profess.

c**1272** cum ipsa ordinem anacoriste voverit et in eo ~i voluerit (v. anachorissa).

proficius v. proficuus.

proficuarius [LL proficuus+-arius], responsible for the revenue (of a county).

1250 mandatum est baronibus de scaccario quod allocent T. C., quondam vicecomiti regis . . in proficuis eorundem comitatuum id quod ei restat allocandum de tempore quo fuit ~ius predictorum comitatuum *Cl* 306; **1250** mandatum est baronibus de scaccario quod ipsum Henricum non onerent in compoto suo tanquam firmarium sed ut ~ium et custodem regis predictorum comitatuum *Cl* 323.

proficubilis [LL proficuus+-bilis], profitable, or ?*f. l.*

1359 communitati . . proficubilia [? l. profitabilia] et oportuna *Doc. Bev.* 4.

proficus v. proficuus.

proficuus [LL]

1 beneficial, profitable, useful.

quod . . arbitror multorum saluti, si referatur, fore ~uum BEDE *HE* IV 20 p. 249; non alii largus, non sibi ~uus ADEL. *ED* 14; pravis moribus multisque actibus non sibi †proficius [l. proficuis] intentus ANSELM BURY *Mir. Virg.* 13; exemplum castitatis prebens, non solum sanctimonialibus illis ~uum M. PAR. *Maj.* I 392; **1281** nobis siquidem videtur quod media via est magis ~ua et honesta *Reg. Heref.* I 274; **1358** unio eidem . . ecclesie plus onerosa quam ~ua videbatur (*Lit. Papae*) *Mon. Hib. & Scot.* 314a.

2 (as sb. m., f., or n.) benefit, profit, advantage.

modo appretiantur xij lib. sed non ad ~uum canonicorum *DB* I 2rb; regis gratiam . . sine omni ~uo, immo cum damno maximo non perdatis ANSELM (*Ep.* 151) IV 13; episcopi . . debent cum summa diligencia predicare et exemplificare spirituale ~uum (*Cons. Cnuti*) *GAS* 301; **11 . .** volo ut statuta illius domus sint ad profecuum tocius villatus et ad honorem Dei *Gild Merch.* II 22; quantum . . ad ~uum ecclesie . . elaboraverim GIR. *Symb.* I 32 p. 325; **1282** est ibidem quedam gutura . . cujus profiquum valet per annum ij s. *IPM* 31/3 m. 2; **1375** non est ausus . . ire in negociis suis ad suum prophicuum expediendum pro metu mortis *SessPLincs* I 221; s**1403** ad . . bonum et ~uum sacri imperii (*Bulla Papae*) AD. USK 82; s**1431** complanata est strata . . in evacuacionem aquarum et ~uum transeuncium populorum *Chr. S. Alb.* 63; **1476** singulis commoditatibus et †proficius [l. proficuis] dictis *Reg. Glasg.* 431.

3 revenue.

debet facere regi lx lib. de ~o *DB* II 287b; **1185** cepit . . de dicta terra iiij m. de ~uo *RDomin* 36; **1269** terram . . cum . . suis pertinenciis, profiscuis et escaetis *Cl* 141; **1272** de una medietate eorundem proficuum [*sic*] et exituum *Cl* 505; Anna Bullen tocius episcopatus Dunelmensis ~uas habuit per spacium unius anni *Hist. Durh.* 15; **1409** unde nullum preficuum provenit ista septimana (*Rec. Auditor*) *EHR* XIV 519; pro nullius favore manutenebis proficium singulare contra proficium publicum (*Stat.*) *MGL* I 41; quod custodia pontis et redditus et ~ua inde duobus probis hominibus . . committantur (*Ch.*) *Ib.* I 152; **1546** alios omnes redditus, ~uos, et emolumenta . . academie . . proveniencia *StatOx* 340; **1552** redditus et annualia ~ua *Pat* 850 m. 21.

profilare v. purfilare. **profilaticum** v. prophylacticum. **profinellus** v. cophinellus.

profingere [CL pro-+fingere], to form (mental) image of, to imagine (character), (in quot. p. ppl. as adj.) imagined.

iste modus raro vel nunquam fit competenter sub persona scribentis, sed per prosopopeiam, id est profictam personam GERV. MELKLEY *AV* 28.

profiquus v. proficuus. **profiscuus** v. proficuus.

profitabilis [ME, OF, *profitable* < profectus], profitable.

1263 concessi eciam eisdem tres alias vias ~es ad burgum de Adgareslep (*Pat*) *EHR* XVI 333.

profiteri [CL]

1 to declare, affirm; **b** (w. acc. & inf.); **c** (w. *quod* & subj.).

cum palam omnibus causa humilitatis id ipsum ~eatur ABBO *QG* 21 (46); solamque Christi professi caritatem J. FORD *Serm.* 60. 6. **b** ille etiam servis Dei anachorita professus est . . in ea aqua a Deo donata omnis liquoris sibi esse suavitas [v. l. suavitatem] *V. Cuthb.* III 3; ubi fidem suae sanationis integram se habere professa est BEDE *HE* IV 10 p. 225; nonnullas terrarum possessiones . . viva voce me adquisisse ~or GOSC. *Milb.* 202; omnis . . creatura suo modo ~etur Deum esse et invitat hominem ad cognoscendum creatorem suum T. CHOBHAM *Praed.* 163. **c** solebat . . sepe ~eri quod ad nullam prelationem valeret nisi ad prioratum claustri W. MALM. *GP* I 49.

2 to admit, confess; **b** (w. *quia* & ind.). **c** to make sacramental confession.

quapropter primus prae caeteris hujusmodi dedecus patula protestatione tuae serenitati ~eor B. *V. Dunst.* 1. **b** tibi verissime . . ~eor quia nihil omnino virtutis habet religio illa BEDE *HE* II 13 p. 111. **c** si quis morti dampnatus ~eri [v. l. confiteri] desideret, numquam negetur ei (*Leg. Hen.* 66. 4) *GAS* 585; Hagna. ad te veni, si quid deliqui totum ut ~ear. Leocyon. sic decet, filia, animam salvam facere LIV. *Op.* 159.

3 to make profession of canonical obedience; **b** (w. dat.); **c** (w. inf.).

1121 cum Anselmo de facienda professione . . jurasset . . ~eri distulit (*Lit. Archiep.*) *Conc.* I 402b; Girardum Eboracensem, professionem Anselmo facere detrectantem . . coegit ~eri J. SAL. *Anselm* 1032A; benedictionem petiit a . . archiepiscopo, sed ~eri noluit GERV. CANT. *Imag.* 76; **1284** jurisdiccione ordinaria et ~endorum professione nobis . . semper salvis *ChartR* 73 m. 27. **b** iratus . . rex dixit ei quod odium ejus perpetuo haberet . . si non personaliter saltem Lanfranco ~eretur H. CANTOR f. 1v. **c** c**850** (12c) ~eor illud observare quod servaverunt praedecessores mei (v. desponsio 2).

5 to take the vows of a religious order, make one's profession; **b** (w. acc. of order or rule); **c** (w. *in* & acc.); **d** (w. *in* & abl.). **e** (w. dat.) to make profession to. **f** (p. ppl. as adj.). **g** (p. ppl. as sb.).

1204 nunquam monacus professus fuit *CurR* III 153; s**1238** regulam secundum formam ordinis ~eantur M. PAR. *Maj.* III 504; s**1272** prius debebant monachi coram priore ~eri in capitulo et postea coram episcopo in ecclesia *Ann. Durh.* 21; si aliquid canonicum obsistat propter quod ~eri non debet . . ante annum completum habitum regularem deponat *Obs. Barnwell* 132; **1473** indulgencia pro . . monachis . . tempore dati . . bullae professis, ac infra terminum postea professuris *Lit. Cant.* III 268. **b** **1289** ordinis predicatorum quem fuisti professus *Mon. Hib. & Scot.* 149a; **1424** regulam S. Augustini in eodem prioratu . . ~eor *Reg. Cant.* I 223; s**1465** ordinem et regulam Sancti Benedicti . . ~eri . . desiderant *Reg. Whet.* II 45.   **c** s**1483** ut . . in eadem domo in anachoritam ~eri possis *Reg. Whet.* II 258.   **d** s**1314** ad seculum sunt reversi, periculum nimium asserentes in tali ordine [sc. Dominicanorum] ~eri, ubi penitentibus precluditur via vite *Flor. Hist.* III 164; juvenes . . cum eis [sc. fratribus] detinentur inviti, donec ~eantur in ordine RIC. ARMAGH *Def. Cur.* 1397 (*recte* 1297); die quo habitum religionis assumpsit, in quo habitu professus fuit *Reg. Brev. Orig.* 224v.   **e** Templarii . . in prima professione sua . . osculantur . . presidentem suum cui ~entur *Meaux* II 249.   **f** quid habes operis? professus sum monachus [*gl.*; *ic eom geanwyrde monuc*] ÆLF. *Coll.* 90; **1361** (1606) priorem et confratres, professos et non professos (*Chr. Abingd.*) *EHR* XXVI 733; **1452** commonachi professi *Melrose* 555; **1520** duos religiosos professos *Conc. Scot.* I cclxxxiv; ejusdem monasterii professus, ut vocant, monachus FERR. *Kinloss* 61; **1546** in . . dominam E. monialem professam (v. consecrare 3d).   **g** c**1130** si illi bonum fuisset, sicut fratrem nostrum ecclesie nostre professum . . retineremus, sed . . *Ch. Westm.* 248A; commonachum nostrum, monasterii nostri professum A . . procuratorem nostrum constituimus *Reg. Malm.* II 79; **1300** Thomae sacerdotis et professi *Lit. Cant.* I 9; Hugo de Horingge monachus sacer et professus ecclesie sancti Benedicti de Hulmo *Flor. Hist.* II 505; frater J. F. predicti monasterii sacerdos et professus FLETE *Westm.* 33.

6 to receive the monastic profession of, admit into a religious order, profess.

1329 littera de noviciis ~endis *Lit. Cant.* I 294; s**1277** archiepiscopus . . vocatus erat per capitulum suum ut veniret in propria persona et . . novitios ~eret GERV. CANT. *GR cont.* 290; s**1467** abbas . . potestatem dedit . . priori . . ad ~endum . . commonachos, qui pridem religionem in . . prioratu ingressi sunt *Reg. Whet.* II 68.

7 to claim: **a** (w. acc. & inf.). **b** (w. refl. pron. & pred.); to profess oneself to be.

a summum profiterier audet / se fore philosophum cunctoque sophismate comptum *Altercatio* 27; gentem que sibi terre nostre deberi dominium . . ~etur GIR. *EH* I 7.   **b 676** (12c) Dei famulam se ~etur *CS* 43.

8 to make one's own business or profession, practise.

~eor, prosequor *GlC* P 589; quasi artem cantitandi professum W. MALM. *GP* V 190; stipendiorum intuitus in prelia destinat professum militiam L. DURH. *Hypog.* 62.

9 to teach, lecture: **a** (w. acc. of subject taught); **b** (w. *scholam*); **c** (absol.).

a 1517 professus sum per menses aliquot Evangelium Matthei *Ep. Erasm.* II 579; admittimus te ad interpretandam et ~endam universam sacram scripturam tam veteris quam novi testamenti *StatOx* 356.   **b** Lanfrancus . . publicas scolas de dialectica professus est ut egestatem monasterii scolarium liberalitate temperaret W. MALM. *GP* I 24.   **c** Clemens meus Oxonii ~etur auditorio tanto quanto non ante quisquam (MORE) *Ep. Erasm.* III 907.

profligare [CL], **~ere** [CL *as p. ppl. only*; cf. fligere]

1 to strike.

to type a ball, ~ere LEVINS *Manip.* 141.

2 to strike down; destroy, devastate, overthrow; **b** (transf. of disease).

mundi statum ~atis [*gl.*: i. affligatis, conflictis, procul fugatis, *affligidum*, *destructis*] tenebrarum principibus beavit ALDH. *VirgP* 39 p. 291; proflicta, *forslægen GlC* P 706; ultio dilectam profligat summa jugalem FRITH. 921; vicinitas . . predis ac cedibus incendiisque feraliter ~ata est ORD. VIT. VIII 24 p. 424; veri Dei cultus et lex sic ~abuntur et corruent ut quo ulterius corruant non habeant ANDR. S. VICT. *Dan.* 73; s**1322** duo magistrates . . urbes . . capiunt regisque milites ~unt *Meaux* II 340.   **b** genibus . . gutta ~atis egrotabat T. MON. *Will.* III 22 (v. gutta 6a).

3 to get rid of, banish, put to flight; **b** (person).

qui nostram suevit depellere paupertatem dignabitur corporis nostri ~are caecitatem OSB. *Mir. Dunst.* 3; omnem fantasiam . . ceu noctem a sole percussam absterruit et ~avit GOSC. *Transl. Mild.* 37 p. 209. **b** in ipsius virginis festo dormienti alapam inflixerit longiusque hunc ~averit GOSC. *Lib. Mild. cap.*; hos

. . in hostem pugnantes, hostilis gladius vel acriores adversarios exhausit. . . ex his mille ducenti, reliquis ~atis, extincti sunt *Id. Aug. Min.* 758A; princeps ~atus ANDRÉ *Hen. VII* 17; omnes Erebi Furiae longe ~atae sunt *Ib.* 41.

4 to squander, spend, consume, waste.

672 quae trapezitarum numerosis monetae oportuissent nummismatibus ~ari ALDH. *Ep.* 5 p. 492; ~avit, erogavit *GlC* P 790; ut . . quicquid ex veteris delegationis titulo ~averit . . de propriis facultatibus . . inferre cogatur J. SAL. *Pol.* 578B; patrimonium Christi dilapidans et ~ans, false largitionis obtentu me totum in capturam inanis glorie . . eviscero P. BLOIS *Ep.* 102. 318C; dicentes in perniciem patriae pecunias ~ari CIREN. II 215.

5 to finish, complete.

~atis, transactis *GlC* P 637; ~etur, perficiatur *Ib.* P 830; iste . . solus contra tot obsistentes rem ~averit et vicerit W. MALM. *GP* I 44; inditio sunt bella que ~avit, testimonio monasteria que construxit *Ib.* V 209.

6 (in gl.).

profligit, collegit *GlC* P 623.

profluenter [CL], abundantly.

ex . . thesauris pecunias ~issime conferebat AD. SCOT *TT* 714A.

profluere [CL]

1 (of liquid) to flow forth; **b** (of bodily fluid); **c** (of tears).

de rimis lapidum profluxi flumine lento ALDH. *Aen.* 80 (*Calix vitreus*) 1; quatuor flumina paradisi ad irrigandam universam terram . . ~uunt EGB. *Dial.* 16 p. 411; pinnicula ~uentis incausti B. *V. Dunst.* (v. encaustum a); in ~uentem amnem dejicitur W. FITZST. *Thom. prol.* 15.   **b** per torcular . . patet designari angustiam passionis qua Christi corpus in ligno confixum fuit unde ~uxit sanguis redemptionis et dulcedo vite et salutis *Eccl. & Synag.* 119; vermibus cum sanie ~uentibus W. MALM. *GR* II 222; tabes ex putrescentibus carnibus nascitur; et donec fuerint putrefacte, ~uere non cessat AILR. *Serm.* 395C; nasus vero circa medium exterius quidem sanguine indurato concretus erat, sed liquido patebat de naribus ipsum nequaquam ~uxisse AD. EYNS. *Visio* 13A.   **c** priores . . cum lacrimis . . quae ex Dei caritate ~uunt . . illud excipient GILDAS *EB* 1; ex gemino fonte compunctionis solent ~uere lacrymae ALCUIN *Moral.* 620D.

2 (transf. of speech or writing) to flow, come readily.

doctorum verba . . quaedam mystica latent , quaedam . . cunctis audientibus facilia ad intellegendum ~uunt BEDE *Prov.* 991; scripta amenissime ~uencia *Mir. Hen. VI* I prol. p. 8.

3 (transf.) to flow on, continue (in quots. of family line).

bis senos intima[t] / prosper †patraarcha [l. patriarcha], / Israelitica / fabili prosapia / sena profluxera[n]t / sensiæs [i.e. centies] milia (*Arbor eterna*) *Conc. HS* I 623; hec generatio Cain ~uxit usque ad diluvium R. NIGER *Chr.* I 2.

4 (fig.) to overflow with, to abound in (w. abl.).

rex . . cepit . . ecclesiam . . venerari, . . eleemosynis ~uere, . . leges . . observare *Chr. Rams.* 125.

5 to be derived from, to emanate from (w. *ab*, *de* or *ex* & abl.)

percussio lateris commemoratio passionis Christi est, de cujus vulnere salus nostra ~uxit BEDE *Acts* 972; o misericordia, de quam opulenta dulcedine et dulci opulentia nobis ~uis ANSELM (*Prosl.* 9) I 107; motus specierum ~uentium ab ymaginativa per medium oculorum et aurium in aerem LUTTRELL *Occam* 21.

profluus [ML]

1 that flows forth.

prorupit in lacrimas . . adeo ~uas ut singultiente voce discipulum prope astantem concuteret W. MALM. *GR* II 218; uberrimo stillicidio ~ui sanguinis pavimentum imbuitur GOSC. *Transl. Mild.* 24 p. 192; sanguis ~uus GIR. *EH* II 17.

2 fluent: **a** (of speech); **b** (of speaker or writer).

a eloquentie etiam in communi loquela torrens ~uus, qui nec inter comedendum a divinis vacaret eloquiis W. MALM. *GP* I 65.   **b** in divinis tractatibus explanator ~uus ORD. VIT. X 15 p. 85.

3 (of garment) flowing.

~ua vestis regine dum lutosum pavimentum verrendo sordidatur GOSC. *Transl. Mild.* 21 p. 182.

4 (of person, w. *in* & acc.) pouring out (fig.).

totis ergo in misericordiam visceribus ~uus W. MALM. *Wulfst.* I 15 p. 22; astantem turbam innumeram ~uam in lacrimas effecerunt *Mir. Wulfst.* I 7a p. 120; archidiaconus . . in omnem libidinem pronus ac ~uus GIR. *Invect.* I 13 p. 125.

5 abundant, bountiful.

opulentus, . . uber, . . profluens, ~uus OSB. GLOUC. *Deriv.* 399; carus sum mundo dum caris rebus habundo, / carus sum mundo dum profluus ero rotundo WALT. WIMB. *Scel.* 113; **1526** caveat . . abbas deinceps ne cito manus apponat suas ~uis et superfluis nemorum . . vendicionibus (*Vis. Thame*) *EHR* III 715.

profluvium [CL]

1 a flowing forth, flood: **a** (of river); **b** (of rain); **c** (of tears).

a verba . . que . . de ore suo ut ~ium paradisi precedebant M. PAR. *Edm.* 236.   **b** s**1141** ad flumen . . Trenta nomine, quod ar ortu suo et pluviarum ~io tam magnum fuerat ut nullatenus vado transitum preberet W. MALM. *HN* 489 p. 48; nubes in pluvias resolvit et erupit inundatio tanta ut . . aque ~io crumena . . a tecto decurreret W. CANT. *Mir. Thom.* IV 10.   **c** s**1192** fuso ibidem piarum ~io lacrimarum W. NEWB. *HA* IV 29 p. 378; confuse lamento velut imbrem incessanter educeret ~ia lacrimarum P. BLOIS *Ep.* 238. 541A; lacrimarum ~io *Canon. G. Sempr.* f. 159v; quod profecto non valeo sine lacrimarum ~io scribere vel pronuntiare M. PAR. *Maj.* V 572; corpus afflixit abstinentia victualium . . lacrymarum ~io *V. Edm. Rich P* 1793E.

2 (excessive) discharge (of blood).

~ium sanguinis mulieris, quod etiam menstruatus . . dicitur OSB. GLOUC. *Deriv.* 350; corpore nudato et crebris disciplinis usque ad sanguinis ~ium acriter afflicto GIR. *IK* I 2 p. 25; sanaverat . . tactu suo Dominus mulierem a ~io sanguinis AILR. *Serm.* 27. 4. 349.

3 looseness of bowels, diarrhoea, dysentery.

curaverat ipse ministrum / profluvii ventris fuerat qui tale gravatus ALCUIN *SS Ebor* 727; cum pusiolus in fontem baptismi mergeretur . . alvi ~io sacramenta interpolavit W. MALM. *GR* II 164; milites . . recentibus illic carnibus et aqua utentes, multi ~io ventris extincti sunt ORD. VIT. III 14 p. 153; Trajanus . . ventris ~io extinctus est R. NIGER *Chr. II* 116; magna antiquitus quando nephariam / ventris nepharii fudit spurciciam / . . quondam cum periit Judas suspendio, / Judeam polluit ventris profluvio WALT. WIMB. *Sim.* 18.

4 (fig.) course, running out (of time).

s**1247** sub illius anni ~io, in crastino videlicet sancti Michaelis *Flor. Hist.* II 343.

5 flowing forth (fig.), outgoing.

1330 innumera subire . . ~ia expensarum *Lit. Cant.* I 323.

profluxus [LL]

1 (act of) flowing, flood; **b** (transf. & fig.).

vulgari laticis neglecto ~u *Ps.*-ELMH. *Hen. V* 110. **b** quo modo . . decurrentia de monte alto flumina nemo retinere valet, sic ~us apostolici sermonis . . nullo resistentium potentiarum valet certamine superari BEDE *Cant.* 1149; ut jus descendendi quod in fonte suo gustavimus . . totaliter ostendat; necessarium fore videtur ut jus illud in sui ~us rivo, quo majus pateat, etiam visitemus FORTESCUE *NLN* II 34.

2 (med.) flux (of blood or excrement).

mulierem quendam a ~u sanguinis curavit *Eul. Hist.* I 136; ~u ventris extinctus est *Ib.* I 321.

profodere [CL pro-+fodere], to dig up in advance.

1354 regiam stratam . . ~it et terram inde levavit (*CoramR*) *Pub. Works* II 273.

profrum [ME, AN *profre* < CL proferre]

1 proffer, payment made to the Exchequer at appointed time; **b** (w. ref. to time appointed for payment of proffer).

1255 ita quod per clericos et ballivos suos respondeat ad scaccarium de purofrio suo de termino Sancti Michaelis *Cl* 142; **1256** singuli vicecomites Anglie veniant ad scaccarium in crastino S. Michaelis et in crastino Clausi Pasche in propria persona sua, tam cum firmis suis quam summonitionibus, ad ~um suum inde faciendum (*MemR*) *Hist. Exch.* 644; **1266** vicecomes .. in crastino S. Michaelis .. accedere non potest ad scaccarium ad ~um suum .. faciendum *Cl* 213; **1271** omnes vicecomites regi proferum suum fecerunt ad scaccarium (*MemR*) *Hist. Exch.* 645; **1287** quia .. vicecomites regis per regnum puroffros suos ad scaccarium ultimo per duas vices factos minus plene fecerint *Hist. Exch.* 645; **1302** idem H. de H. et antecessores sui solebant capere et de jure habere rationabiles expensas suas versus scaccarium singulis annis pro duobus ~is faciendis *MonA* III 160a; **1332** amerciamenta diversorum firmariorum .. quia non venerunt ad scaccarium proffrum suum faciendum *LTRMem* 105 m. 5; **1396** ~a sua facere et computare possint *Mem. York* I 158; **1449** adventus vicecomitum .. ad scaccarium ad ~a sua facienda *KRMem* 225 rot. 2. **b** de justiciario .. et ballivis insularum provisum est quod .. sufficiat quod transmittant ad ~um Sancti Michaelis singulis annis quicquid regi debuerint pro illo termino *Fleta* 84; omnes vicecomites, firmarii, ballivi .. qui ad ~um scaccarii venire debent in crastino Sancti Michaelis .. firmas suas, redditus et exitus suos .. reddituri *Ib.*

2 (leg.) offer, proposal, petition.

secus est de feloniam confitentibus .. dum tamen sua cognitio proprie felonie et proferum probandi per coronatores *Fleta* 56; si reperiatur per nomine militum qui visui interfuerunt, quod visus terre factus fuit, tunc ad proffrum petentis clamabitur reus, qui die illo juste se velit essoniari HENGHAM *Magna* 11.

profucare [CL pro-+fucare 2], to dye or stain (fig.), to counterfeit, feign.

est igitur longe fortius timenda eorum .. amicitia ~ata [vv. ll. defucata, prefucata] quam inimicitia despicata GIR. *TH* III 21.

profugare [ML < CL pro-+fugare], to put to flight, drive away, banish; **b** (w. abstr. obj.).

fugatis episcopis, destructis ecclesiis, monachis et clericis ~atis GERV. TILB. II 17; trux populi ~ati M. PAR. *Maj.* I 133; Britones .. bellis ~atos sue ditioni subegit *Eul. Hist. Annot.* II 189; tyrannum a Wyndeshore usque turrim Londoniensem et inde usque Dovoriam ~avit *Meaux* I 250; **s1204** monochos [*sic*] Cantuarienses ~avit [J. rex] et bona eorum confiscavit OTTERB. 76; **s1325** aliis nobilibus de Anglia ~atis WALS. *HA* I 177. **b** viri .. contumacia poterit ~ari *RL* I 124; **s1237** licet ad ~andum a laribus ecclesie illud .. contagium M. PAR. *Maj.* III 431; ~ans errores et excessus emendans AD. MARSH *Ep.* 25; faciatis ministrari necessaria sua juxta evidentem necessitatem, omni superfluitate eminus ~ata *FormOx* 236.

profugere [CL], **a** to flee. **b** to flee to (w. acc. of place).

ultro in exilium aliqui ~iunt quo extorres .. a potestate Normannorum sint liberi ORD. VIT. IV 3 p. 172; fugio componitur .. profugio, -is OSB. GLOUC. *Deriv.* 222. **b** nocte ~it Hispaniam .. intendens ut astrologiam .. a Saracenis edisceret W. MALM. *GR* II 167.

profugium [ML < CL pro-+fuga+-ium], fleeing, flight. **b** flight in advance; **c** (w. gen.).

hoc ~ium, i. fuga OSB. GLOUC. *Deriv.* 222. **b** adversa acie necdum conspecta, ~io salutem suam cum agmine toto committit W. POIT. I 18; *foreflight*, ~ium LEVINS *Manip.* 119. **c** si homo siþcundus fugetur, ~io domus [AS: *fordrife þy botle*], non erit ipsius sedis (*Quad.*) *GAS* 119.

profugus [CL], ~a

1 fleeing, fugitive, exiled (also as sb. m.); **b** (w. gen.).

~us [*gl.*: i. exul, *flyma*, expulsans] longe proficiscens exulat adeo ALDH. *VirgP* 32; cum .. per diversa occultus .. regna multo annorum tempore ~us vagaretur BEDE *HE* II 12 p. 107; ~us, de patria pulsus *GlC* P 580; ~us, *flyma* ÆLF. *Gl. Sup.* 171; Demetrius

.. vagus et ~us super terram vitam miseram exsilio et opprobrio terminavit P. BLOIS *Ep.* 47. 139C; **1295** ~as seu bannitos *RGasc* III 300a; rex misericors exules et ~os .. in extraneis regnis vagantes revocat gratiose HOLCOT *Wisd.* 181. **b** omnes episcopi .. primati suo suffragium negarunt, partes agentes mercenarii et libertatis ~i W. MALM. *GP* I 49; dormit ~us ire fratris Jacob, ad caput habens lapidem, mentem in Christo AD. SCOT *QEC* 812A.

2 (of hair) retreating, receding.

crine nigro et juxta frontem ~o W. MALM. *GR* V 412.

profulgere [CL pro-+fulgere], to shine forth. **b** to shine forth upon. **c** (pr. ppl. as adj.) radiant.

profulgent pridias Ageus Gaiusque secundus *Kal. M. A.* 4; Macharius mirus profulsit sidere senis *Ib.* 98; idibus Ypolitus perfulsit [v. l. profulsit] carne solutus *Ib.* 225; autumnus oritur praefulgens [v. l. profulgens] tempora denis *Ib.* 235. **b** †811 cum summae apostolicae dignitatis sedes semper ex hoc divini prospectus nitore dinoscitur ~eri (*Lit. Papae*) *CS* 337. **c** virgo / phebigero plusquam prefulgentissima [v. l. profulgentissima] vultu HANV. IX 392.

profunctorius [cf. LL perfunctorius], routine, perfunctory.

s1505 possem multa .. alia memoria digna in hoc ~io orationis cursu .. repetere ANDRÉ *Hen. VII* 88.

profundabiliter [CL profundus+-bilis+-iter], downwards, down to the bottom.

funes autem vel clavi quibus Cristianus affigitur isti cruci sunt caritatis vincula .. ~iter usque ad infimam creaturam, latitudinaliter secundum extensionem mundi, .. sed longitudinaliter secundum duracionem creaturarum a mundi principio in eternum WYCL. *Ver.* II 259.

profundalis [CL profundus+-alis], that extends downwards.

sicut .. non possunt simul distendi tempora sic nec loca; loquimur enim de situ immobili equali linea lineari superficiali vel ~i substancie locate in qua est locus subjective WYCL. *Euch.* 246.

1 profundare [ML < CL pro-+1 fundare]

1 to put on a firm basis, establish (in quot. leg., w. *intentionem*; *cf.* 1 *fundare* 2).

quod querens audita brevi sua ~et intentionem BRACTON f. 240.

2 to deepen, make deep (also transf. & fig.). **b** (dep. as intr.) to go deep.

1253 ad ~andum fossatum *RGasc* I 375b; scientiam .. / que se .. latando profundat J. HOWD. *Cant.* 179 (v. 1 latare); sub porta de Newgate [canalis] spacio xij pedum ~atur, et directe extenditur sub muro cimiterii *Mon. Francisc.* I 510. **b** tua quantum dileccio profundatur, / qui clausos eruis de specu squaloris J. HOWD. *Cant.* 288; crescit vulnus et ~atur [ME: *deopeð*] interius in animam, secundum quod delectacio amplius .. processit *AncrR* 108.

3 to sink, submerge, engulf; **b** (refl. or pass., w. *in* & abl. or *inter* & acc.; *cf.* 3 *fundare*).

quem .. horror opprimentium occupationum ~at AD. MARSH *Ep.* 173. **b** locus habet interius et exterius et ~at se inter latera continentis BACON III 190; cum .. fuerit creatus in magna nobilitate naturalium et sine inclinacione ad malum, et tamen ex toto conatu suo se ~avit in malicia MIDDLETON *Sent.* II 94a; ubi homines sunt ~ati in nimis grossis concepcionibus, expedit revocare eos recordando modum loquendi ultra hoc quod opporteret WYCL. *Act.* 45; **1412** genus humanum .. ~atur in ista heresi *Conc.* III 340a.

4 to enhance, intensify.

digestio .. ~atur in cibo, sed retentio circa partes membri GILB. VI 246v. 1; membrum .. sentiens suam repletionem contrahit se et voluntarie juvatur; et forsitan natura ~avit spiritus in egestione sive in expellendo ventositatem, unde fit motus et delectatio, quemadmodum ~atur in omni quod meretur expelli, ut sanie, spermate *Ib.* VI 247. 1.

5 (p. ppl. as adj.): **a** situated far below the surface, set deep. **b** thorough, complete.

a gracilibus existentibus et ~atis venis, coloris lividi GILB. I 53v. 1; succos florum sic elice profundatos J.

HOWD. *Cont.* 336; oculus ~atus in capite BACON *Maj.* II 84. **b** appellari debere Antichristum potissimum et hereticum ~atum NETTER *DAF* II f. 5.

2 profundare v. profundere.

profundatio [ML < 1 profundare+-tio]

1 (act of) going deep, penetration, sinking down.

1237 locus .. in quo plantatus est radicum ejus ~oni ramorumque dilacioni non satis nec sicut vellem correspondere dinoscitur GROS. *Ep.* 46.

2 intensification.

secundum majoritatem et minoritatem ~onis caloris est cura facilior vel difficilior GILB. I 71. 1; omnino curatus est .. rarefactione, ut est aloe et fellis subtiliatione, .. confortatione visus et cerebri, ut musco, .. mitigatione, ut lacte mamithe, ~one ut cum succo raphani *Ib.* 187v. 2.

3 (~o *sudoris*) membrane that protects a foetus.

~o sudoris Ps.-RIC. *Anat.* 40 (v. camisia 2).

profunde [LL]

1 to a great depth, deeply; **b** (in fig. context). **c** (compar.) further on, at a later point in the text (*cf. inferius*).

ille arbores que ~ius radices suas in terram figunt vivent diucius HOLCOT *Wisd.* 168; ~e natans pisciculus FORTESCUE *NLN* II 59. **b** quanto ~ius vadatur in malo, tanto tardius exitur *AncrR* 126. **c** **1002** his unanimi conspirantibus consensu quorum vocabula hinc ~ius annotata esse conspiciuntur *CD* 1297.

2 a at a great depth (of sigh); **b** to a great depth (of bow).

a graviter et ~e suspirans W. MALM. *GR* II 226. **b** intrantes chorum fratres ~e debent inclinare *Obs. Barnwell* 78.

3 with deep insight or learning, profoundly.

valde ~e [AS: *deoplice*] loqueris, et ultra etatem nostram protrahis sermonem ÆLF. *Coll.* 100; bene doces et recte ammones nos, et valde ~e supra nostre humanitatem nature. sed .. loquere iterum .. juxta nostrum intellectum ÆLF. BATA 4. 5; rebus gestis .. ~e perscrutatis ORD. VIT. VII 5 p. 169; vir optimi ingenii ac ~e literatus *Croyl. Cont. A* 115.

4 (w. ref. to guilt or liability) gravely, seriously.

~e forisfaciunt se ipsos (*Inst. Cnuti*) *GAS* 613 (v. forisfacere 3); iteratum facinus ~ius ledit quam quod primitus est commissum FORTESCUE *NLN* II 71.

5 (w. ref. to thought or feeling) very greatly, profoundly, thoroughly.

non audeo quod ~ius [ME: *deopluker*] aut intimius se juveni sacerdoti revelet circa hujusmodi *AncrR* 133; ad quos .. principalius et ~ius pertinet illorum intellectum cognoscere OCKHAM *Dial.* 404.

6 (of physical state) profoundly, soundly.

~e dormit H. BOS. *Thom.* II 6 (v. dormire 2).

profundere [CL], **2 profundare**

1 to pour out (liquid).

amfora ~fusa bilibit ALDH. *PR* 131 p. 180; fertur quia .. fons ebullierit .. qui .. usque hodie copiosa fluenti sui dona ~fundat BEDE *HE* V 10 p. 301; ~fundo. ~as, i. effundere OSB. GLOUC. *Deriv.* 225.

2 to emit freely, pour out (from the body), shed. **b** to cover with an outpouring of (in quots., blood).

~fusis [*gl.*: i. emissis] lacrimarum fontibus ALDH. *VirgP* 47; ~fusis ex uno pectore lacrimis BEDE *HE* IV 26 p. 273; purgatus lacrimis humili de corde profusis ALCUIN *Carm.* 88. 7. 9; factus est iste episcopus lacrimas multas ex corde ~fundendo *V. Gund.* 33; lacrimis religiosa assentatione ~fusis W. MALM. *GR* I 51; Jhesu cum sanguinem fundis purpureum / et mater gurgitem profundit aqueum WALT. WIMB. *Carm.* 618. **b** Thomam .. Christi athletam, qui .. diram perpessus persecucionem, proprio est cruore ~fusus *NLA* I 8; in sanguinem converse sunt et omnes qui in nave erant sanguine ~fusi videntur (*Cuthbertus*) *Ib.* 234.

3 to bring forth, give birth to. **b** to produce.

in hanc lucem xiiij° kal' Martii matris ex utero ~fusus sum ORD. VIT. V 1 p. 301; si anime animam, due sc. unam .. ~fundunt profusio ista aut fiet inter generandum, aut post aut ante PULL. *Sent.* 729D; *to childe*, parturire, eniti, fetare, parere, ~fundere *CathA*. **b** illos panes ~fundi impetravit R. COLD. *Godr.* 276.

4 to send out in a stream, pour forth, utter (words).

oratio uno ore et clamore ~funditur BEDE *HE* I 17 p. 34; se precibus cupiunt Domino mandare profusis ÆTHELWULF *Abb.* 299; his .. similibusve mente devota ~fusis, in domum infirmorum .. se deferri fecit *V. Gund.* 42; ego .. discere paratus sum, non docere; non dare sed accipere; haurire, non ~fundere AILR. *Spir. Amicit.* I 5. 661.

5 to give freely or generously, to spend. **b** spend wastefully, squander, to waste.

949 ego .. corroborationem contuli. .. ego .. permissionem ~fudi *CS* 880; gratiosam sui posteris ~fudit memoriam per miraculorum frequentiam W. MALM. *GR* I 49. **b** malens utique suas margaritas a filiis clausas fructuoso sudore investigare quam ~fusas a porcis fastidiosa despectione calcari BEDE *TR* 9 p. 198; rebus meis inaniter ~fusis, ex opulento .. cogor .. vite sustentaculum mendicare GOSC. *Transl. Mild.* 22 p. 187; ~fundere, vastare, disperdere OSB. GLOUC. *Deriv.* 474; thesaurus .. facile ~funditur, si nullis iterum pecuniis restauretur GIR. *EH pref.* p. 223.

6 (p. ppl. as adj., of person or conduct): **a** generous. **b** extravagant, prodigal, wasteful.

a erat .. in dandis muneribus ~fusus G. MON. III 14; s**1138** erant illi avidiores ad petendum et is ~usior ad dandum W. MALM. *HN* 467 p. 23; prodiga liberalitas, ~fusa benignitas GIR. *TH* III 48. **b** in bonis temporalibus, quibus more Tantalico pepercisti, manu ~fusiore congregata dispergens fructum capiet voluptatis P. BLOIS *Ep.* 17. 65A.

7 copious, plentiful. **b** (of speaker) profuse, eloquent. **c** immoderate, excessive.

ni ~fusior eis munificentia cumularetur GILDAS *EB* 23; nisi ~fusior .. alimentorum copia daretur BEDE *HE* I 15 p. 32; ~fusis, *genythfyllum GlC* P 595; ambo .. laudabiles, ambo ~fusiora preconia emeriti W. MALM. *GR* I 10; mors Adriani summi pontificis .. Angliam nostram unde fuerat oriundus .. commovit irrigavitque lacrimis ~fusioribus J. SAL. *Met.* 945B; si natale solum .. ~fusioribus laudum titulis auctor extulerit GIR. *IK* I 12 p. 93. **b** primus omnium hujus temporis sermocinatorum famosissimus et ~fusissimus W. MALM. *GR* V 440. **c** largior in dando, ~fusior in peccato GILDAS *EB* 33; gazas ecclesiasticas conviviis ~fusioribus insumebat W. MALM. *GR* III 267; quos .. ~fusissimis expensis munerabat *Ib.* IV 314; s**1179** in expensis ~fusioribus transegit triennium (v. conflictus 2b).

profunditas [LL]

1 depth, measurement or distance from top downwards or from outer edge to interior. **b** quality of being deep; **c** (fig.).

altitudo caeli, numerus stellarum, et ~as terrae *Comm. Cant.* III 19; multitudo stellarum, ~as terrae .. et capilli capitis .. haec non nisi a Deo tantum numeranda sunt *Ps.*-BEDE *Collect.* 46; ad vallem multae latitudinis ac ~atis BEDE *HE* V 12 p. 304; non est [fons] de magnitudine neque de ~ate. ~as illius usque genua NEN. *HB* 215; debet coronator plagas .. mensurare cujus sunt longitudinis et cujus ~atis BRACTON f. 122b; fecit .. Noe arcam .. in altitudine vel ~ate xxx cubitorum *Eul. Hist.* I 26; c **1443** fundum .. continentem in latitudine .. septem pedes .. et in ~ate sive longitudine .. quindecim pedes *Deeds Balliol* 126. **b** rivulus .. non tam aquarum ~ate quam .. palustri .. limositate .. transmeabilis GIR. *IK* I 6 p. 62; s**1099** quod neque ab oriente, neque ab occidente, neque ab austro, propter quarundam vallium ~ates proficerent M. PAR. *Min.* I 139; meatus .. non magis racione ~atis aquarum quam littoris .. periculosos *Ann. Lond.* 107. **c** longitudinis ejus [sc. caritatis Christi] non est finis quoniam eterna est .. nec ~atis ullus est terminus J. FORD *Serm.* 26. 6; comprehendere .. non valeo que sit longitudo eternitatis tue, que bonitatis latitudo, que virtutis sublimitas, que ~as sapientie *Ib.* 96. 8.

2 deepest or innermost part, depths, deep place; **b** (transf. or fig.). **c** (of building) foundation.

dic mihi nomen illius divitis qui loquitur ad Abraham ex ~ate inferni. dico tibi, Tantalus est *Ps.*-BEDE *Collect.* 72; navis ab aquarum ~ate emergens EADMER *V. Osw.* 23; sepulcrum illud .. in aquae ~ate videtur esse conspicuum M. PAR. *Maj.* I 363; ~as stomachi calidior atque forcior est ad dirigendum .. ea que sunt in ea BACON V 71; bidentes in locis aquosis .. vel ~atibus et pasturis insanis depasci non permittant *Fleta* 167; **1378** fossate .. defective et periculose .. pro defectu mundacionis et reparacionis indigentis tam in ripariis quam in ~ate *IMisc* 216/2. **b** ille bajulus qui anhelat pecunie acquirende .. est ~as sine fundo et non est in eo terminus BACON V 140. **c** domum Domino .. fundavit; cujus ~atem in terra cum domibus mire politis lapidibus fundatam .. non est meae parvitatis explicare EDDI 22; ~atem ipsius ecclesie criptis et oratoriis subterraneis .. cum magna industria fundavit RIC. HEX. *Hist. Hex.* I 3.

3 (of intellect, thought, meaning) profundity, mystery (esp. of Holy Scripture or sim.).

haec .. verba Domini mystica .. sed discipuli quibus dicebantur adeo carnales adhuc erant ut eorum ~atem minime caperent BEDE *Hom.* II 12. 167; vir Dei .. praefato fratri verbum Dei evangelizare coepit, qui numquam ante neque post tam magnam ~atem scientiae ab ullius ore audisse testatur FELIX *Guthl.* 50 p. 154; **798** abyssus immensitas aquarum, abyssus ~as scripturarum ALCUIN *Ep.* 136; sacra scriptura .. cujus .. tanta est litterarum ~as ut ab humano intellectu .. maximo studio nequeat comprehendi R. BURY *Phil.* 6. 89; **1377** viri .. variarum .. scienciarum luculenta ~ate .. adornati *FormOx* 380; s**1390** hunc maxime propter ~atem sensus et sciencie plus cunctis metuerit WALS. *HA* II 197.

4 (of physical or mental state) profoundness, intensity, depth (in quots. of sleep).

circa ~atem somni et stuporem, qui accidunt in febre GAD. 10. 1; subeth, i. sompni ~as *SB* 41.

5 (of road) state of being worn hollow, filled with pot holes or muddy, founderous.

1330 racione ~atis regie strate .. transeuntes .. sepius fuerant impediti *PQW* 527a.

profundosus [CL profundus+-osus], deep.

quem de lutoso profundo et ~o luto levant funes, quibus intersunt imo subtersunt panni veteres AD. SCOT *QEC* 814B.

profundus [CL]

1 that extends a long way down, deep. **b** (of bridge) that has a great space below.

~us putei latex aut gelida cisternae limpha ALDH. *VirgP* 9; Orion .. talis fuisse confingitur ut .. potuisset .. ~issimi quamvis gurgitis undas superare humeris *Lib. Monstr.* I 56; duxit .. me in ~issimas valles W. MALM. *GR* II 111; donec cadaver suffossum .. paludi ~e immerserint *Id. GP* V 258; oberat fugientibus .. fluvius .. rapidus et ~us ORD. VIT. IX 9 p. 532; sed si aliquis fons imus est et ~us, calor estatis non potest ipsum desiccare et hoc .. accidit .. ex terre profunditate *Quaest. Salern.* B 112; quod .. est ~um existenti sursum, hoc est altum existenti deorsum FISHACRE *Sent. Prol.* 83; malefica illa fossam parari fecit ~am, ut nefandum propositum perduceret ad effectum M. PAR. *Maj.* I 355. **b** pons ~issimus tocius Anglie sub ponte et strictus W. WORC. *Itin.* 28.

2 situated far beneath the surface. **b** (of eye) deep-set. **c** (as sb. n.) the lowest part, depth; **d** (w. gen. or sim.). **e** (fig.) extreme degree, depth.

in fundum ergastuli ~um [*gl.* i. altum, seaþ] retrusus ALDH. *VirgP* 36 p. 283; **1220** idem J. fuit in ~o carcere, et quod ibi fregit carcerem et fere potuit exire *SelPlCrown* 134. **b** oculus ~us videt a remotis BART. ANGL. III 17. **c** spiritibus .. qui .. nunc relaberentur in ~a BEDE *HE* V 12 p. 306; qui rotat astriferum rapido cum turbine celum / atque sua magnum penetrat virtute profundum WULF. *Brev.* 81; ego bibam ad ~um ÆLF. BATA 4. 11 p. 35; tam .. in ~o quam in superficie OCKHAM *Quodl.* 26. **d** de tartari profundo ALDH. *VirgP* 36 p. 283; Satanan demersum in ~is tartari BEDE *HE* V 14 p. 314; **1134** in ~um gehenne ignis (v. gehenna a); **1288** W. le E. du C. cepit W. de B. et projecit eum in ~o de gayole *Leet Norw.* 11; **1354** lanas, pelles lanutas et coria in ~o navium et batellorum suorum et buscam desuper, ut nos sic de custuma nostra defraudent, ponunt *Pat* 242 m. 4d. **e** quos .. obligatos egestate tabescere in ~o miseriarum ANSELM (*CurD* II 19) II 131; te, quia te de tam ~o iniquitatis eripuit; in se, quia sola gratia ejus, ne in idem ~um rueret tenuit se *Simil. Anselmi* 636C.

3 that stretches a long way inwards, situated far from the edge, deep. **b** (as sb. n.) innermost part (w. gen.); **c** (as sb. n. pl.) entrails, innards.

~e cavee scelus detexit W. MALM. *GR* II 212; s**1139** usque ~as Guallias *Id. HN* 480 p. 36. **b** in ~um nemoris *V. Fridesw.* B 12. **c** dum filius intras / ense profunda patris G. WINT. *Epigr. Hist.* 9.

4 that comes from a depth, deep.

cum ~o [*gl.*: i. intimo vel imo] praecordiorum suspirio ALDH. *VirgP* 10; gemitus ~os ANSELM (*Ep.* 148) IV 4; ~is gemitibus suspirabant ORD. VIT. IX 10 p. 553.

5 (of person) who has great or penetrating insight; **b** (*doctor ~us*, as title of Thomas Bradwardine).

si promotus in imperatorem .. non esset ~us in noticia sacrarum scripturarum OCKHAM *Dial.* 884. **b** ista deduccio videtur esse coloracior contra doctorem ~um concedentem quod Deus vult approbative et causative peccata WYCL. *Ver.* II 2; *Id. Act.* 92 (v. doctor 2c); doctor ~us NETTER *DAF* I 69 (v. frivophilus).

6 (of personal attribute, action, work) that shows depth of insight or knowledge, profound.

maturiori tractatu, consilio ~iori W. MALM. *GP* I 43; plures ~e sagacitatis viri ORD. VIT. III 3 p. 63; brevem et luculentam sensuque ~am super Cantica Canticorum expositionem dimisit in ecclesia *Ib.* VIII 1 p. 264; Petro .. et successoribus ejus precipitur ducere in altum rete, id est ~am sacre scripture intelligentiam in capturam hominum aperire P. BLOIS *Ep.* 23. 84A; putabam .. antea per Aristotelica dogmata et argumentaciones quasdam ~as .. veritatis tue me penetrasse abyssos RIC. ARMAGH *AP* 20.

7 deep in meaning, mysterious. **b** (as sb. n. pl.) innermost secrets, mysteries.

671 ne ars opaca et ~a quae longa explanandarum rerum ratione indiget .. infametur ALDH. *Ep.* 1 p. 477; faris tam ~am Latinitatis loquelam, ut pene eam intelligere non valemus ÆLF. BATA 4. 28 p. 57; ~a Scripturarum sintagmata percipere nequibant ORD. VIT. III 2 p. 20; non intelligentes ~as Dei cogitationes BALD. CANT. *Serm.* 9. 30. 424; quamvis .. multi sint simplices sacerdotes qui non noverunt ~a misteria sacre Scripture T. CHOBHAM *Praed.* 57. **b** rimamini .. pectoris vestri ~a GILDAS *EB* 106; Ambrosius, frater ~orum. .. quamdiu in ~um ingreditur fructum de alto capere videtur *Ps.*-BEDE *Collect.* 323; s**528** tunc Priscianus ~a grammatice rimatur *Chr. S. Neot.* 120; qui ~a doctorum prolixaque rimari fastidiunt ORD. VIT. I 22 p. 94.

8 (of oath) solemn.

1299 noveritis juramenta ore salvatoris reprobata .. et ideo hujuscemodi adjuracione ~a vobis interdicimus *Reg. Cant.* 849.

9 (of physical or mental state) profound, intense; **b** (of darkness, light, colour); **c** (of sleep, peace, or sim.). **d** (in moral sense) extreme.

lupi ~a fame rabidi GILDAS *EB* 16; ~ae credulitatis frena relaxans ALDH. *Met.* 1; per noctes, id est in tenebris ~ae ignorantiae BEDE *Cant.* 1118; quo magis .. injuriatur, eo ~iori caritatis affectu inferentibus sibi molestiam compatiatur? AILR. *Spec. Car.* III 4. 581. **b** etsi nomen diaboli in calculo scribas candido nihilominus tenebras significat ~as BEDE *Tob* 925; ut quislibet diluculo de monasterio exiens .. adhuc luce ~a domum redeat W. MALM. *GP* V 211; ~a jam vespera *Id. Mir. Mariae* 226; sicut gallus dormientes in ~a nocte cantando excitat ORD. VIT. VI 4 p. 13; **1438** unum *koverlith* cum testero viz. cum nodis de rubio super uno *ground* de ~o blodio *Reg. Cant.* 561. **c** sibi ~am in reliquum securitatem .. peperit W. MALM. *GR* I 16; ~o .. somno AILR. *An.* II 17; tanto vehementiorem sompni ~ioris quietem incutit *Found. Waltham* 1. **d** faciendo contra .. legem ewangelicam magis peccant et per consequens ex majori contagione symonie sunt ~iores heretici WYCL. *Sim.* 95.

10 (of road or sim.) worn hollow, full of pot holes, founderous. **b** (transf., of season) marked by founderous conditions.

a**1216** tres [acras] juxta ~am viam *Cart. Cockersand* 826; c**1245** neque ad viam ~am que ducit ad Waldeley

Cart. Tutbury 260; s**1260** vias concavas et ~as .. in quibus hujusmodi pericula transeuntibus imminere dicuntur (*Lit. Regis*) *Flor. Hist.* III 355; **1366** villa de Strode .. pro defectu pavimenti .. adeo ~a et transeuntibus tam equitibus quam peditibus tediosa existit *Pat* 273 m. 13; **1424** mille marcas applicandas et exponendas super reparacionibus et emendaciones debilium et ~arum viarum *Reg. Cant.* 299; **1436** pro .. emendacione viarum concavatarum et magis ~arum *Ib.* 551. **b 1302** seysona .. ~a (v. imbrosus).

11 (as sb. n.) tract of deep water, depths (w. gen.), ocean.

~i .. maris Rubri GILDAS *EB* 1 (v. 1 glarea 1a); bissum [*Exod.* xxv 4: byssum]: herba marina in ~um maris crescens *Comm. Cant.* I 289; Effrem dicit quod in Mari Rubro concae a ~o natantes super aquas .. ita .. se .. concipiant *Ib.* III 29; tunc seipsum in ~um mergit et moritur *Ps.*-BEDE *Collect.* 63; idcirco noli, moneo, dare vela profundo *Altercatio* 64; pelagus, .. ~um, Neptunus OSB. GLOUC. *Deriv.* 558.

12 boundless expanse (of sky).

quod signat procerum 'caelestis' dogma 'profundi' ALDH. *CE* 4. 9. 9.

13 depth, measurement or distance from top downwards (also fig.).

maris quoque latitudinem sive ~um nemo est qui judicet ALEX. CANT. *Dicta* 9 p. 149; tante majestatis tam humile ~um tanteque humilitatis tam sublime fastigium J. FORD *Serm.* 98. 8; neque mors, neque vita .. neque fortitudo, neque altitudo neque ~um, neque tribulationes .. neque alia creatura poterit nos separare a charitate Dei OCKHAM *Err. Papae* 957 (cf. *Rom.* viii 39); murorum altitudinem et fossatorum scrutatur ~um *Ps.*-ELMH. *Hen. V* 122.

profuse [CL], profusely, lavishly, in abundance.

676 (12c) cum gratia superna .. ~ius enitesceret (v. enitere 1a); ut .. frequenter uberius et ~ius bibamus vinum quam illa regionum loca que gaudent proventibus vinearum LUCIAN *Chester* 46; ipse tunc decreverat Novi et Veteris Testamenti leges tam ~e prolatas, .. non esse .. necessarias ad salutem FORTESCUE *NLN* I 43.

profusio [CL]

1 pouring out, emanation. **b** shedding (of tears).

fundo componitur profundo .. unde .. hec ~o, -onis OSB. GLOUC. *Deriv.* 225; ut .. est promanatio Trinitatis Dei in omnia, ita simul trium personarum .. quaeque ~o est COLET *Cel. Hier.* 180. **b** coepit .. episcopus tristis usque ad lacrimarum ~onem effici BEDE *HE* III 14 p. 157; in ~onem lacrimarum erupit *V. Chris. Marky.* 13; est .. acceptissimum Deo sacrificium ~o lacrimarum AILR. *Spec. Car.* II 20. 569.

2 bringing forth.

si anime animam .. profundunt ~o ista aut fiet inter generandum aut post aut ante PULL. *Sent.* 729D.

3 profuseness, lavishness, extravagance.

ista dicuntur non nisi mirabiliter affluentissima fecunditate facundie, sed gravitati displicent nimia ~one ROB. BRIDL. *Dial.* 9.

progdolor v. 2 pro. **progegies** v. progenies.

progenerare [CL], to produce.

certum .. enim est ex vite ~ari vinum, non sanguinem JEWEL *Apol.* B vi.

progenialis [CL progenies+-alis], of a family, (in quot., *linea* ~is) family line, genealogy.

1412 sequitur linea ~is dicti W. *Couch. Furness* 52.

progenicula [CL progenies+-ica+-ula], small family, not numerous offspring.

~a, -ae, i. parva progenies OSB. GLOUC. *Deriv.* 249.

progeniculare [CL pro-+LL geniculare], to bend the knee, kneel.

~antes flexis poplitibus EDDI 50; c**732** subnixis precibus acsi ~ans flexis poplitibus BONIF. *Ep.* 36.

progenies [CL]

1 (collect.) offspring, descendants; **b** (of dog). **c** litter.

in qua regnabit proles prolesque nepotum / sicut regnabat patrum numerosa propago, / quorum progenies et avi glomerantur avorum ALDH. *VirgV* 650; hoc de ~ie Guillelmi regis breviter caraxatum .. sufficiat ORD. VIT. V 11 p. 394; nobilem sociam .. habuit, ex qua copiosam ~iem gencravit. octo enim filios habuit et duas filias ORD. VIT. V 12 p. 397; c**1190** renunciari illam clamacionem quam habebam adversus Ginot Magnum de Blida et Thomam Leman et omnes fratres suos et sororem suam et totam ~iem illorum, tam presentem et futuram *Cart. Blyth* 216. **b** canem curtum .. cujus et ~ies plurima .. similem .. pati defectum ostensa est GIR. *IK* II 7 p. 131. **c** aliquando una capra de una ~is ij vel iij habebit hedos *FormMan* 42.

2 race, tribe, stock, family; **b** (W. representing *wyrion*); **c** (Ir.); **d** (in spiritual context). **e** relationship, kinship. **f** retinue, household (not related by blood).

tota Nordanhymbrorum ~ies, i. e. illarum gentium quae ad boream Humbri fluminis inhabitant BEDE *HE* I 15 p. 31. **10** .. ~ies vel tribus, *mægþ WW*; pater ejus fuit filius Ansfridi de ~e Dacorum ORD. VIT. VIII 3 p. 280; c**1170** W. de Vernum fecit mecum finem de hominibus suis, sc. de G. filio W. Magni et de fratribus suis et sororibus cum tota ~ie et Hugone et filiis et tota ~ie sua .. pro iiij marcis argenti quas mihi dedit *Ch. Chester* 160; **1200** homines qui sunt de progegie [*sic*] sua *CurR* I 187; Elenard' .. fuit inimicus ~iei .. Willelmi, quia quidam Willelmus filius ipsius Elenard' occidit patrem ipsius Willelmi *Eyre Yorks* 224. **b 1334** villata de Moghedrene consistit in tribus ~iebus libere tenencium et una ~ie que non dicitur pure libera nec pure nativa; .. ~ies Map Bonyeth' .. consistit in tribus lectis .. quarta ~ies consistit in uno lecto quod vocatur Wele Kendalo *Surv. Denb.* 306. **c 1350** memorandum quod J. filius H. H. etc. .. in presencia justiciarii Hibernie elegerunt super sacramentum suum Walterum Harold Capitaneum ~iei des Harolds (*Electio Capitanei*) *EHR* XXV 116. **d** conserva in novam familiae tuae ~iem adoptionis spiritum quem dedisti *Rit. Durh.* 29. **e** si debeant duo germani fratres singulas sorores accipere, quae sunt ab illis longa ~ie generatae BEDE *HE* I 27 p. 50. **f** s**1396** alterutra pars eligeret de ~ie sua triginta personas contra triginta de parte contrarie BOWER XV 3.

3 lineage, line of descent.

progeniem Domini narrans ab origine prima ALDH. *VirgV* 510; hujus etiam viri ~ies per nobilissima inlustrium regum nomina antiqua ab origine Icles digesto ordine cucurrit FELIX *Guthl.* 2; **10** .. ~em, *forecynren WW*; volo de linea regum Francorum .. veritatem subtexere .. quia ~iem eorum nescire dampnum duco scientie W. MALM. *GR* I 67; quia docebat eos Jabes, inserti sunt in ejus projeniem quasi a majoribus ejus geniti S. LANGTON *Chron.* 88; ab ista .. enim ~ie rex David ortus est *Ib.* 92.

progenitor [CL], ancestor, progenitor.

incognita ~oribus suis regna caelorum sperare didicit BEDE *HE* III 6 p. 138; illam .. huc invitant ipsi ~ores sui reges GOSC. *Transl. Mild.* 10; etsi a ~oribus carnis tue acceperis carnem, pariter et animam accepisti? H. BOS. *LM* 1358C; Christi .. secundum carnem ~ores J. FORD *Serm.* 6. 4; s**1356** sicut aliqui vel aliquis ~orum nostrorum, quondam regum Scocie ea .. tenuerunt (*Ch.*) AVESB. f. 132b.

progenitrix [CL pro- + genetrix], ancestress, progenitress.

1459 per predecessores nostros serenissimos principes Scottorum reges in laudem .. beatissime Margarite regine ~icis nostre *Reg. Dunferm.* 456.

progenitura [progenitus + -ura], primogeniture.

jure ~e fulcitur *Plusc.* VII 4.

progenitus [CL *p. ppl. of* progignere], (understood as) first born (in quot. as sb., w. ref. to *Deut.* xii 60).

1239 preceptum legis est ut de primitiis et ~is sacrificia et hostias offeramus GROS. *Ep.* 127 p. 408.

progignere [CL]

1 to beget, generate, bring forth; **b** (transf.).

tres pueri avita Ebreorum stirpe progeniti [*gl.*: generati, nati] ALDH. *VirgP* 21; infantes ab his hominibus ac feris in mari progenitos *Lib. Monstr.* II 32; liberi ejus de Ædilberga regina progeniti BEDE *HE* II 14 p. 114; Agnetem .. uxorem duxit ex qua filium nomine Guillelmum progenuit ORD. VIT. VIII 5 p. 300; Oswaldus .. de spineto pagane gentis velut florens rosa educitur, de palea spurcitie abjectionis candidissimi farris similis ~itur R. COLD. *Osw.* 8; quicquid .. docuit, docuisse putatur Apollo, / a quo progenitum fabula Greca refert J. SAL. *Enth. Phil.* 860; quomodo sc. ex nobilissimo sanguine et stirpe regia antiqua Anglie secundum carnem progenitus erat BLAKMAN *Hen. VI* 3. **b** adoptivas regenerantis gratiae filias ex fecundo ecclesiasticae conceptionis utero spiritalis verbi semine progenitas [*gl.*: i. generatas, natas] ALDH. *VirgP* 2.

2 (of plant) to bring forth, produce; **b** (in fig. context).

ex ipsis lignorum ramusculis exorti seu vernantis prati holusculis progeniti [*gl.*: forþ atogene] ALDH. *VirgP* 9. **b** nascitur ista frutex ex ista radice frondens / .. / necnon invidiae pestis progignitur inde ALDH. *VirgV* 2714.

3 (of place) to give birth to, produce.

quamvis praecipua praecellant flumina fontis, / frigida quem gelidis progignit glarea limphis ALDH. *VirgV* 221; felix Italia prae cunctis partibus orbis / quae meruit talem progenuisse virum W. CHESTER *Vers. Anselm.* 2. 174.

4 to create.

novum genus progignitur / quinta die de limpidis / nascens aquis natantium / volantiumque sub polo BEDE *Hymn.* I 11. 621.

5 (w. abstr. obj.) to give rise to, cause.

solet .. proceleumaticus a tertia declinatione per obliquos casus .. progigni, ut 'nemoribus' ALDH. *PR* 125.

progna, progne v. Procne.

prognosis [LL < πρόγνωσις], prophecy, prediction.

dive [i. e. vide] tuo fors prognossim feliciter aevo (JOHN THE OLD SAXON *Vers.*) *ASE* IX 72.

prognossis v. prognosis.

prognostica [προγνωστική=*name of an antidote*, cf. CL *n. pl.* prognostica; cf. et. CL proris = *prow*+LL gnosticus < γνωστικός, prora 2, nasalis 2, nascale], (med.) injection via the nostrils to induce sleep.

proris nostica [v. l. proronostica], i. injectio que fit in naribus ad provocandum sompnum *Alph.* 149.

prognosticalis [ML < CL prognostica+-alis], that predicts.

de olore quasi in ~is eventus indicium ei mirabiliter datum AD. EYNS. *Hug.* III 6 (*tit.*).

prognosticare [ML < prognostica+-are]

1 to foretell, predict, forecast; **b** (w. *de* & abl.). **c** (med.) to give a prognosis of.

cum dispositionem aeris .. ~are volueris GROS. 49 (v. dispositio 2d); cum ergo calorem excellentem futurum ~are volueris, considera planetarum calidorum plurima testimonia GROS. 50; homo exercitatus in his posset omni die pronosticare aeris dispositionem BACON *Tert. sup.* 8; quasi ~ans se fraudes Francorum de regno suo .. expulsurum ELMH. *Metr. Hen. V* ch. xi *tit.* p. 100. **b** qui aliquando ~avit de seipso, dicens "ego curialibus interponor sicut sal inter anguillas viventes" KNIGHTON I 128. **c** de talibus .. non te intromittas, sed ~a quod apparet, et recede J. MIRFIELD *Brev.* 56.

2 to portend, give an indication of, indicate; **b** (med.).

quod regni discidium vere quaedam ~averat cometes .. per octo dies apparens HERM. ARCH. 22; et nisi pro voto respondent omnia, vultu / candet et ignitis oculis pronosticat iram HANV. V 112; circa Natale .. corvi .. pullos habuere, alicujus forte novi et prematuri facinoris ~antes eventum GIR. *TH* II 27 p. 113; quidam estimant dictam cometam pronosticare bellum Salopie *Dieul.* f. 145vb p. 175; s**1399** credens per hoc bona sibi pronosticari AD. USK 41; *to bode*, portendere, preostendere, pronosticare *CathA*; ubi .. litere rubie supra scribuntur semper pronosticant quomodo id verbum pronuncietur *Femina* 2. **b** caladrius .. si avertit faciem suam ab infirmo, mortem pronoscicat imminentem BRINTON *Serm.* 18 p. 71.

prognosticatio [ML pronosticare+-tio], prognosis, prognostication, forecast: **a** (of weather); **b** (med.).

a de impressionibus aeris seu de ~one. ad precognoscendam diversam dispositionem aeris futuram propter diversitatem motuum superiorum .. perscrutari GROS. 41; de ~one temporis GARL. *Tri. Eccl.* 27 *in marg.*; intencio mea in hoc libro est compilare sentencias astrologorum de accidencium mundi ~one ASHENDEN *AM* 1ra. **b** si motus inter materiam morbi et naturam sit uniformis, potest fieri ~o penes illam radicem, aliter vero non BACON IX 188; fuit in arte medicine peritissimus .. de cujus curis et pronosticacionibus referuntur plurima admiranda TREVET *Ann.* 212; acutorum morborum non sunt certe pronosticaciones neque intenciones mortis GAD. 26v. 2; preterea cavendum est diligenter in pronosticacione ptisicorum quia interdum loquendo moriuntur et moriendo loquuntur J. MIRFIELD *Brev.* 76.

prognosticativus [ML < prognosticatus *p. ppl. of* prognosticare+-ivus], that portends or foretells, (w. gen.) indicative of.

grandia saxivoma .. inevitabilis pronosticativa ruine *Ps.*-ELMH. *Hen. V* 54; murmura future sedicionis pronosticativa quieverant *Ib.* 100; *to bode*, portendere, .. pronosticare ~us *CathA*.

prognosticon v. prognosticus.

prognosticus [CL *as sb. n. pl.* < προγνωστικός]

1 prognostic, that foreshows or predicts, (w. gen.) indicative of; **b** (w. ref. to gospel sortilege at bishop's consecration); **c** (w. obj. gen., in quots. med.).

generaciones ~as cometarum R. BURY *Phil.* 7. 107. **b** archiepiscopus .. nihilominus processit in consecratione . . . in evangelio sententia hec pronostica inventa est, 'dormis?' (*Marc.* xiv 37) J. SAL. *Hist. Pont.* 19. **c** de signis pronosticis vulnerum GILB. V 232v; continet .. signa ~a infirmitatum ad salutem seu mortem tendencium RIC. MED. *Pract.* 10.

2 (as sb. n.) that which foreshadows or gives warning, omen, indication, token; **b** (w. ref. to gospel sortilege at bishop's consecration); **c** (w. obj. gen.); **d** (in cl. foll. by *quod* & subj.).

hoc non sine ~o creditur contigisse GIR. *Invect.* II 5; s**1197** in cujus susceptione quasi infaustum quoddam accidit pronosticum *Ann. Wint.* II 65; s**1258** senserunt orientales triste pronosticum comperisse, sc. quod imago Machometi .. cum tota civitate fulgure contrita perierunt OXNEAD *Chr.* 218; s**869** visiones in firmamento vise sunt ad magnum ~um et terrorem intuentibus *Eul. Hist.* I 242; pronosticum, -i, n. *PP*; ex .. pullis suis corvus pullum unum ex nido expulit . . . quod multi contemplantes pronosticum indicarunt STRECCHE *Hen. V* 148. **b** cum .. Lanfrancus omnibus virtutibus solidaret ingenium .. tum elemosina precipue, aiunt ejus ~on fuisse, 'date elemosinam et ecce omnia munda sunt vobis' (*Luc.* xi 41) W. MALM. *GP* I 43; consecratus est Eboraci ab eodem archiepiscopo . . . nec vero sine divino nutu, credi fas est ~on hoc ei fuisse: 'ecce vere Israhelita; in quo dolus non est' (*Joh.* i 47) W. MALM. *Wulfst.* I 12; archiepiscopus consecratus est. cui super humeros textus ewangelii apertus impositus dum consecraretur, sicut mos est, cum a domino papa respiceretur, viso versu obstupescens .. ait: "eia videto, 'sicut novit me Pater et ego agnosco Patrem ..' ". (*Joh.* x 15) quo .. ~o visum est multis H. CANTOR f. 18; s**1241** N. de Fernham electus Dunelmensis, consecratus est in episcopum . . . et fuit pronosticon 'cum audieritis prelia et seditiones, nolite terreri' (*Luc.* xxi 9) M. PAR. *Maj.* IV 135. **c** quod .. ad ecclesiam suam rediit Dominica in Quadragesima qua cantatur 'esto michi in Deum protectorem ..' arbitrati sunt aliqui pacis esse ~um .. propter figuram quinquagenarii H. CANTOR f. 25v; s**1140** cecidit insuper altare vas eucharistie .., quod regie ruine pronosticum fuit manifestum M. PAR. *Min.* I 265; planctus horribiles emiserat [sc. piscis] quod multi asserebant esse pronosticum futurorum *Meaux* II 177. **d** s**1066** natus .. puer .. ambas manus junco, quo pavimentum tegebatur, implevit quod quidem in ~um estimabatur quod in multam potestatem cresceret SILGRAVE 72; s**1460** ostendit .. gladium .. pendentem in aere .. in signum et pronosticum, quod Dominus .. evaginaturus .. esset .. gladium ulcionis *Reg. Whet.* I 385.

3 forecast, prediction (that involves interpretation of sign). **b** (med.) prognosis.

haud patiens vatem prognostica fantem FRITH. 1071; herbosis in pascuis rana reperta fuit; .. rex .. verbum hoc eructavit "pessimos .. rumores vermis iste portavit." utens .. tanquam ~o vero, certissimum hoc signum esse dicebat adventus Anglorum GIR. *TH* I 32; venture pluvie proferre pronostica novit / cultor GARL. *Tri. Eccl.* 31. **b** in exemplo medicus egrotanti de morte prognosticum [dans] incutit timorem *Quaest. Salern.* B 179; Galienus super principium pronotici BACON IX 187.

4 (as title of book) Prognosticon: **a** (of Hippocrates); **b** (of Julian bishop of Toledo); **c** (of Julianus Pomerius).

a studium medicine .. quis desiderans audiat .. tam aphorismos quam Pronostica Ypocratis NECKAM *Sac.* 374; Hippo. in libro Pronosti[co] GILB. I 70v. 2; in Pronosticis dicit [Ypocrates]: oportet ergo medicum diem principii non ignorare RIC. MED. *Signa* 32; a**1332** liber Pronosticorum Ypocratis *Libr. Cant. Dov.* 56. **b** c**1070** librum Pronosticon (*Catal. librorum*) *Rev. Ben.* LII 108; **10..** liber Pronosticorum Juliani (*Catal. librorum*) *EHR* XXXII 387–93; a**1332** Pronosticon, libri iij *Libr. Cant. Dov.* 43. **c 14..** ~on Juliani Pomerii in uno volumine (*Cart. Reading*) *EHR* III 121.

prograbatum [CL pro-+grabatus], bed.

a bedde, .. dormitorium, grabatum, ~um, lectus *CathA*.

programma [LL < πρόγραμμα], notice, proclamation.

cujus [regis] fere per universum orbem distraxerunt ~ata iniquitatis vinculum Joannis ministerio colligatum continentia H. BOS. *Ep.* 1445C; epistola est quod nominatim certe persone dirigitur, ~a quod ita dirigitur alicui ut ipse aliis ostendat VAC. *Lib. paup.* 236; c**1350** quandoque vestrorum notificacione programatum et aliis diversis modis sepius prosequentes me in certam spem dictorum implementorum et fructuum statuistis [pollicitaciones] (*Reg. Roff.*) *MS BL Cotton Faustina B. V* f. 24v.

programmatizare [LL programma+-izare < -ιζειν], to proclaim, publicize.

1396 statuta .. nullatenus in publicam noticiam deducuntur, seu quadantenus publicantur, aut ~antur *Conc.* III 228b.

progredi [CL]

1 to advance, proceed (often w. *ultra* or sim.); **b** (to a spec. place); **c** (in battle or w. hostile intent); **d** (w. *obviam*) to go to meet; **e** (w. inf.).

gentilium turmas .. immobiles manere fecit nec usquam .. ulterius ~i [*gl.*: i. ambulare, *forðgang*] ALDH. *VirgP* 38 p. 288; utilius esse ratus est ibi potius verbum praedicare quam ultra ~iens eos, quibus praedicare deberet, inquirere BEDE *HE* III 7 p. 139; Carnotum usque perveni. .. me ultra ~i ad praesens non permiserunt ANSELM (*Ep.* 286) IV 205; certi limites sunt constituti ultra quos ~i non potest .. in predicando T. CHOBHAM *Praed.* 73. **b** jam usque in vallem Moriamne progressus eram, quando vestram suscepi epistolam ANSELM (*Ep.* 301) IV 222; ad tentorium regis nostri ~itur W. MALM. *GR* II 131; a Sandwico Cantiam, inde in Westsaxoniam ~iens *Ib.* II 180. **c** in hostem progressi .. victoria potiti sunt BEDE *HE* III 2 p. 129; multorum .. maxima conglobatio milium pedibus suis .. contra Traces progressa est ORD. VIT. V 19 p. 449. **d** Syri qui essent in loco, progressi obviam W. MALM. *GR* IV 366; s**1179** rex .. obviam progressurus .. regi Francorum .. occurrit DICETO *YH* I 433. **e** in ipsa obsidione militem ducis pabulari progressum et a leone invasum W. MALM. *GR* IV 373; obsidere oppidum .. progressus est G. MON. I 6.

2 (astr., of planet) to move w. direct (as dist. from retrograde) motion.

sciendum .. quibus horis planete ~ientes, quibus .. retrogradi, quibus stationarii fiant ADEL. *Elk.* 13; si vero de ~iente scire desideras, quantum tempus a sua directione usque nunc transierit *Ib.* 14.

3 to advance (from concealment or building), come forth or into the open. **b** to protrude, project.

ubi turbo persecutionis quievit, progressi in publicum fideles Christi qui se .. speluncis occulerant BEDE *HE* I 8 p. 22; nusquam a monasterio nisi necessario ~iens W. MALM. *GP* V 213; in munitionibus .. suis callide latitabat . . . callidus .. precavebat ne si ~eretur, .. in manibus hostium relinqueretur ORD. VIT. VIII 5 p. 303; archipresul in triclinio receptus delituit sed paulo post .. fugatis .. clericis .. progressus *Ib.* XII 25 p. 409; stimulabatur foris ~i ad necessaria nature R. COLD. *Cuthb.* 51. **b 1454** j lectus cum tapeta blodei coloris cum ollis albis habentibus flores liliorum ~ientes *Ac. Durh.* 149.

4 to arise or spring from: **a** (of person); **b** (of inanim. or abstr.).

a de plebeia stirpe progressus Guillelmo Rufo .. adulatus est ORD. VIT. X 19 p. 107; exterminabo te ut nequaquam ~ientes de te imperabunt mundo *Eul. Hist.* I 51. **b** septies quaternos metrorum pedes, quibus universa non solum principalia octo genera ~iuntur, verum etiam species, quae ex eadem stirpe pululantes ALDH. *Met.* 8 p. 77; ut letalem guerram per protoplasti reatum progressam .. sedaret ORD. VIT. XII 21 p. 380; quod ab introitu dicti magistri donec recederet odor quam suavissimus ex illo ~iens ejus olfactum immutavit *V. Edm. Rich C* 598.

5 to spread, increase.

donec flamma super capita eorum extimplo progressa est ORD. VIT. VIII 13 p. 341.

6 to proceed, go on: **a** (of person, to further action); **b** (of speech or reasoning).

a ~iamur ad ea que restant ANSELM (*Ver.* 9) I 189; quamvis me in angustias .. ducas, desidero .. multum ut, sicut incepisti, ~iaris *Id.* (*CurD* 20) II 88; fortunam sibi aspirare videns longius ~itur W. MALM. *GR* II 202. **b** quoniam ratio loci ac ratio temporis quas hactenus simul progressas eisdem vestigiis una potuit indagare prosecutio, hic ab invicem digredientes .. singulatim suis investigentur discussionibus ANSELM (*Mon.* 21) I 36; correxit nobilitas Aldelmi victualium inopiam, ut sermo ~iens edocebit W. MALM. *GP* V 197.

7 (transf.) to proceed, progress. **b** to advance (toward a higher or better state). **c** (p. ppl. as adj.) advanced; **d** (of age).

quando .. in tantum ~itur ejus pessima vita, ut nec cognoscat nec confiteatur peccatum suum, tunc penitus mortuus est AILR. *Serm.* 40. 8. **b** exhortans fratres ad altiora ~i ORD. VIT. VI 9 p. 64; que ad perfectiorem abstinentiam ~i non valent, libra panis .. contente sint AILR. *Inst. Inclus.* 12. **c** hanc [sc. navem] decor insignit qualem progressior usus / post longum lucratur opus J. EXON. *BT* III 168. **d** quippe jam eis etas progressior et fortuna despectior imminebat W. MALM. *Wulfst.* I 2.

progressibilis [ML < CL progressus *p. ppl. of* progredi+-bilis], that affords a way forward.

nullus ei vie exitus fugituro ~is patuit R. COLD. *Cuthb.* 39.

progressio [CL]

1 advance, progress (w. ref. to march or expedition); **b** (transf.).

jactitans solum oceanum ~oni sue esse obstaculum W. MALM. *GR* III 234; s**1319** ordinatum fuit quod .. magnates arriperent iter versus Scociam .. et quod sumptus magnos talis ~o requirebat .. clerus sibi decimam, .. rurales xviij^{am} concesserunt *G. Ed. II Bridl.* 56. **b** agit .. sobrietas .. ne sit ipsarum virtutum immoderata ~o AILR. *Jes.* III 20.

2 (astr.) movement (of planet) in the order of zodiacal signs, direct movement.

de statione et ~one et retrogradatione planetarum ADEL. *Elk.* 13; sunt et alie fortitudines et debilitates, quas planete accipiunt ex diverso esse in suo circulo brevi, .. viz. ortus, occasus, ~o, statio, retrogradatio .. ~o dicitur quando sensibiliter movetur contra firmamentum GROS. 45; dico accidencia motus eorum ut velocitatem, tarditatem, ~onem, retrogradationem, et hujusmodi KILWARDBY *OS* 72.

3 (arith.) succession, series.

nam prima ~o numerorum est ab uno usque ad decem ALCUIN *Ep.* 133.

progressionarius [CL progressio + -arius], (astr.) characterized by forward, direct movement; **b** (transf.).

secundum quos circulos illis [sc. planetis] contingat, ut nunc stationari, nunc ~ii, nunc retro[g]radi judicentur D. MORLEY 171. **b** vale et noveris nos malle stationarium vel ~ium te esse quam retrogradum G. FOLIOT *Ep.* 10.

progressivus [CL progressio+-ivus]

1 moving forward. **b** (w. play on astr. sense) in direct (as dist. from retrograde) motion. **c** (w. *motus* or sim.) forward movement.

Anglici ad Scociam fiant progressivi (*Bannockburn* 88) *Pol. Songs* 266. **b** cornibus ad coitum nitentibus effugit arcus / ex oculis, ad quos retrograde serpit harundo / in digitis, nervo mox progressiva relicto HANV. II 89; retrogrados nescit errores Cynthia; nusquam / stat biga cum Phebi curru contraria mundo / impetus errantis fit progressivus in orbe *Ib.* IX 131. **c** animalia non movent se motu ~o, nisi quia una pars movet aliam DUNS *Metaph.* IX 14 p. 583; eosdem habent motus, sive quantum ad sursum sive quantum ad deorsum, sive quantum ad motum ~um *Id. Ord.* II 325; quod est impossibile de motu ~o cum alique partes quiescunt, et alie moventur uno motu et alie alio WYCL. *Act.* 4.

2 concerned with or having progression or forward movement. **b** (w. *virtus* or *vis*) ability to move forward.

non videtur quod aliquid movetur ad 'ubi' in corporibus nisi gravia et levia et animalia ~a DUNS *Metaph.* IX 14 p. 583. **b** magnum inconveniens esset stellas habere virtutem ~am et non habere instrumenta naturalia ad progrediendum *Id. Sent.* I 3. 4. 2 p. 163; quamvis autem possit [apis] inter volatilia computari, tamen quia pedibus utitur, in quibus est sua vis ~a, merito potest inter gressibilia numerari UPTON 152.

3 that involves forward action, active.

si voluntas emendi vel vendendi constat citra fines ita quod sit ~a, non est studiosa . . si . . voluntas fuerit ~a, i. e. sc. quod inquirat aliquem cui vendat vel a quo emat S. LANGTON *Quaest.* f. 342vb.

progressor [LL], one that advances (in quot. of number; *cf.* Aug. *Mus.* VI 6. 16).

~ores et occursores anime illabantur GROS. 5 (v. occursor).

progressus [CL]

1 forward movement, going forth, advance. **b** means or opportunity for advance, path. **c** expedition, tour.

nunc morulas ejus in longo protendit, / nunc quoque contrahit in arto progressus J. HOWD. *Cant.* 3; Spiritus Sanctus . . habet esse . . per quandam quasi excussionem sive expulsionem aut ~um DUNS *Ord.* II 290; rex . . in vultu solido, incessu venerando et paucis concomitantibus domesticis . . incedebat . . . ex ipsa . . vultus taciturnitate, mansueto incessu et ~u sobrio *G. Hen. V* 15; hoc [*sic*] ~us, *a goynge forthe WW*. **b** duci Normannico liber ~us patet ad devastandam hostis opulentiam W. POIT. I 19. **c** **1347** nos ne ~um dictorum fidelium nostrorum ad dictas partes Scocie pretextu capcionis et arestacionis hujusmodi . . impediatur assignavimus . . fideles *RScot* 684a; Willelmus, cunctis paratis que ad dictum ~um necessaria putabantur, cursu placito appulit Hastingas OTTERB. 63; expense in ~u warde post festum Pasce *DCCant. Rur. Econ.* 40; **1486** de xiij li. x s. receptis de . . priore per manus . . vicecustodis maneriorum in ~u suo *Cant. Coll. Ox.* II 213.

2 course (of events, time, narrative, or sim.); **b** (w. ref. to section between beginning and end).

ad sexti etatem anni felici ~u pervenit AILR. *Jes.* III 20; si exordium et ~us consideretur ecclesie et a primis ejus natalibus generationem ejus enarrare coeperimus J. FORD *Serm.* 56. 6; Cesaree domus totum relege et revolve ~um et invenies quia in brevi periit memoria eorum P. BLOIS *Ep.* 67. 213B; ~us . . ab hoc inicio debet esse per lineam generacionis humani generis usque ad Christum salvatorem; cui ~ui convenit admisceri historias et actus prophetales, Christum et corpus ejus, quod est ecclesia, presignantes GROS. *Hexaem.* I 4; talem . . ~um de hac historia inducit . . Godfridus in suo Pantheon CAPGR. *Hen.* 19. **b** exordium, ~um, et terminum . . vitae illius . . investigans BEDE *CuthbP prol.*; Dominus . . laudum nostrarum initium, ~us, et finis J. FORD *Serm.* 52. 9; tam . . luminosum . . sanctitatis initium, tam lucidum . . ~um, . . tam gravem . . consummationem *Ib.* 58. 3.

3 progress, development, advance. **b** advance, process (as dist. from *recessus*).

glorie . . non minimum habet . . et ex tunc non defecit sed in sue lucis habuit semper augmentatione ~um J. FORD *Serm.* 57. 2. **b** in omni . . ~u nature ad acquisicionem ejus ad quod vadit, fit recessus ab ejus opposito; unde sunt ibi necessario due transmutaciones SICCAV. *PN* 160.

4 (arith.) progression.

sit ad omnia hujusmodi breve artis indiculum inter modorum numeros continuo ~u distantias duplicare BALSH. *AD rec.* 2 168; inquirere . . de ~u multitudinis et magnitudinis sectione P. BLOIS *Ep.* 101. 313A.

progymnasma [ML < προγύμνασμα], preliminary exercise, essay.

misimus ad te ~ata illius MORE *Ut.* lxxvii.

proh v. 2 pro.

prohabere [CL pro-+habere], to consider, regard.

materne nature pejorisque partis ejusdem melancolia pessima vos plenum esse pro certo prohabetis [MS: *corr.* probatis] GIR. *SD* 120; sunt et alie considerationes, quibus prolixitas vel brevitas egritudinis cognoscitur, vel ~ita, sc. ipsa egritudo et dispositio egritudinis et extrinsecus acceditur RIC. MED. *Signa* 37.

prohaeresis [ML < προαίρεσις], act of choosing, deliberate choice; **b** (w. ref. to Aristotle *Metaph.* IX. 1048a 10–11).

post queritur utrum sit [sc. liberum arbitrium] idem quod ~is. videtur quod sic, quia actum habent communem, sc. eligere qui actus est proprius utriusque HALES *Qu.* 592; duplex est eleccio ad propositum, sc. adhesio per se bono secundum ~im, et talis eleccio fuisset in statu innocencie et manebit semper in patria, qualiter eliguntur ab homine Deus, virtus et gracia WYCL. *Sim.* 49. **b** intellectus . . nec potest se determinare ad alterum illorum [sc. oppositorum], sed requiritur alterum determinans, quod libere potest exire in alterum oppositorum: hoc . . est appetitus, secundum eundem, vel ~is DUNS *Ord.* II 334; necesse ergo alterum aliquid esse quod proprium est, dico hoc autem appetitum aut ~in BRADW. *CD* 754A.

proheres [LL], substitute for or representative of heir.

sollerti se cura excussavit omnemque ~um substantiam abnegando rennuit WILLIB. *Bonif.* 5 p. 19.

prohemium v. prooemium.

prohibere [CL], **~eri**

1 to keep (person) away, exclude (also w. abl. or *ab* & abl.). **b** to keep (something) away.

qua ratione poterit a sacri baptismatis gratia ~ere? BEDE *HE* I 27 p. 54; Boreas . . non illum a suo coepto opere ~eri [potuit] BYRHT. *V. Osw.* 433; locus . . quem . . prerupta rupium . . adeo cohercent ut centum viri . . quantumvis numerum itinerantium aditu ~ere queant W. MALM. *GR* IV 376; ~eo, unde . . prohibesis verbum defectivum i. ~eas, Plautus 'verum queso ut prohibesis' [l. prohibessis; *Aul.* 611] OSB. GLOUC. *Deriv.* 268; metuit [?l. metunt] cum predicant, unde etiam simplices non sunt ~endi S. LANGTON *Ruth* 106. **b** ~endo pulverem ab oculis GAD. 113v. 2 (v. cilium b).

2 to keep (person) from doing something, prohibit, prevent (usu. w. acc. or dat. of person); **b** (w. inf.); **c** (w. *ne* or *ut non* & subj.); **d** (w. *quod* & subj.); **e** (w. *ab* & abl.).

quod ipse . . esset iturus consulte ad tempus celavit, ne, viz., si palam vulgaretur quod proposuerat, vel ~eretur et retardaretur ab amicis *Hist. Abb. Jarrow* 22; in die quo pater R. Malet ivit in servitium regis tenebat eum et homo Drogonis ~et *DB* II 247a. **b** non audeo excitare eum, quia proibuit nobis evigilare eum ÆLF. BATA 4. 13; in aqua Trente soliti erant piscari et modo querelam faciunt eo quod piscari ~entur *DB* I 280ra; non arcetur ab introitu ecclesie meretricula . ., et vos papam ingredi ~etis? W. MALM. *GR* II 202; **1138** ~emus etiam apostolica auctoritate sanctimoniales . . anulis aureis uti *Conc. Syn.* 778; **1289** sub eadem pena qua . . ~itus fuit transire pontum *RGasc* II 435a; apostolus . . non intendit ~ere Corinthiis in omni casu apud infideles judicare OCKHAM *Dial.* 917. **c** ~iti a Deo ne preces pro vobis fundant GILDAS *EB* 50; ~uit autem eos leni motu manus, ne hanc injuriam fratribus nidificantes facerent *V. Cuthb.* III 5; cruorem illorum . . si . . -erer ne biberem G. MON. IX 18; **1208** ~eo . . ut nemo illos . . injuste detineat *Regesta Scot.* 481; c**1285** ~et . . rex . . conservatoribus . . ne . . concedant citationes *Reg. Malm.* I 107. **d** c**1145** ~eo quod nullus . . molestiam eis inferat *Ch. Chester* 20; c**1168** ~itum est quod predicto hospitali ab aliquo divisum fuerit super forisfactum meum nullus detineat [*sic*] *Regesta Scot.* 28 p. 137; **1212** ~uerunt . . quod nemo inde aliquid amoveret antequam adjudicatum esset quis catalla habere deberet *SelPlCrown* 64. **e** hoc obstaculo ab amplexu ~itus W. MALM. *GR* II 205; a postulando . . ~entur . . minor xvij annis et surdus RIC. ANGL. *Summa* 26.

3 to prevent (something from occurring).

~ens . . Dominus sacrificia . . sibi a talibus offerri GILDAS *EB* 42; quod [sc. conjugium] episcopus ~ere et corrigere non posset BEDE *HE* III 22 p. 173; vobis . . quos sequi pignora patris vestri video, hoc pro plurimis occasionibus ~ere non audeo ORD. VIT. VI 10 p. 98; presulis a digito rex aurum ferre volebat / Anglicus, hoc presul palmam claudens proibebat *Poem Edm. Rich* 8; libanotidis . . folia cathaplasmis adhibita, emeroydas ~ent *Alph.* 102.

4 to check, restrain.

aut oculo frustrans aut linguae murmure dampnans / aut gressus prohibens FRITH. 1319; noli has lacrimas ~ere AILR. *Spec. Car.* I 34. 540.

5 to withhold, refuse or forbid (something); **b** (w. dat. of person).

quid . . severitatis ingruit his qui non solum implenda non faciunt et ~ita non declinant GILDAS *EB* 98; equum non ~ent, tamen consuetudo non est comedere THEOD. *Pen.* II 11. 4; si quis divinam rectitudinem armis ~et, solvat legis transgressionem apud Danos (*Cons. Cnuti*) *GAS* 345; que interdixerunt interdico, que ~uerunt ~eo (*Conc.*) W. MALM. *GR* V 427; **1447** clerico J. L. portanti literam domini regis priori et capitulo ~entem confirmaciones amodo concedendas, iiij s. iiij d. *Ac. Durh.* 631. **b** mortalibus ~entes mala, bonis faventes GILDAS *EB* 37; castra metatus est . . prope ad pontem ut transitum pontis civibus ~eret ASSER *Alf.* 82; **1202** ~uit ei sepissime accessum ad domum suam *SelPlCrown* 44; **1241** propter contumelias quas ibi fecit ~ita fuit ei villa de P. per ballivos ejusdem ville *CurR* XVI 1851.

6 (p. ppl. as sb. n.) prohibition.

illis tantum qui ignorantes canonum auctoritatem vel fuisse ~itum canonicas emerunt indultum sit ORD. VIT. IX 2 p. 464; **1168** quia fodierunt contra ~itum in foresta *Pipe* 138; culpavit . . Jonathan Saul, quia ejus transgressus est ~itum AD. SCOT *Serm.* 257B; s**1180** comes Flandrie maritavit duos neptes suas . . contra voluntatem et ~itum domini sui *G. Hen. II* I 269.

7 (~*e*, as name of writ).

1206 reddit comp' de x m. et j palefrido pro habendo quodam ~e *Pipe* 209; **1207** pro habendo ~e *Pipe* 68.

prohibitio [CL], fact of making (an action) impossible or unlawful, prevention, action of hindering (person) from doing something, prohibition; **b** (royal); **c** (papal); **d** (leg., ~*o regia* or sim.) writ of prohibition granted by the king's court.

597 non . . usque ad ~onem percipiendi sancti mysterii (*Lit. Papae*) BEDE *HE* I 27 p. 60; multiplicationes . . evangeliorum . . nec approbo . . nec prohibeo sed ~ones inde majorum expecto GIR. *GE* I 48; **1202** W. T. . . prohibuit ei sepissime accessum ad domum suam . . et super illam ~onem inventus fuit noctu sub pariete talami *SelPlCrown* 44; naturam locutionis iv genera circumsistunt; quedam sunt ~onis quedam permissionis, quedam precepti, quedam consilii GERV. MELKLEY *AV* 2; nunc restat questio quare secundum bonum sine quo non est salus et malum quod mortem non operatur non sunt duo signa sicut in predictis preceptio et ~o, sed unum tantum, sc. consilium Gros. Quaest. Theol. 204; s1381 domos civitatis penetraverunt comedentes et bibentes ac rapientes sine ~one Eul. Hist. III 353; licet hec verba ~onis expresse in evangelio non dicantur, illa tamen ibidem tacite comprehenduntur Fortescue NLN I 4. **b** si contra pacem regis et super ejus ~onem navis adveniret DB I 262va; nec pro regali ~one ab incendiis et rapinis seu cedibus abstinebant Ord. Vit. XI 35 p. 286. **c** cognati .. palam sine reprehensione contra canonicam ~onem commisceri non vereantur Anselm (Ep. 427) V 374; ab illa ~one sive .. excommunicatione absolvimus, quam .. adversus investituras .. factam intelligis (Lit. Papae) W. Malm. GR V 416; s1239 contra ~onem domini Pape M. Par. Maj. III 527. **d** 1218 post ~onem domini regis nunquam secuta fuit BNB II 11; ?1270 renunciando .. regie ~oni et omnibus privilegiis ecclesiasticis et secularibus Cart. Bilsington 90; 1300 renunciantes in hoc facto omnibus impellacionibus super hoc habitis, appellacionibus, in integrum restitucioni, regie ~oni, et omni alii remedio juris canonici et civilis Ambrosden I 490; renunciantes .. omni juris auxilio canonici et civilis, maxime vero regie ~oni et episcopali Feod. Durh. 190n; rex vicecomiti .. contra ~onem nostram. si ille qui impetrat breve de prohibitione velit .. Reg. Brev. Orig. 35.

prohibitive [ML prohibitivus+-e], by way of prohibition.

sequitur ibidem ~e hoc modo: 'cave ne offeras ..' (Deut. xii 13) Ric. Armagh Def. Cur. 1393 (recte 1293).

prohibitivus [ML]

1 that prevents or hinders, prohibitive (in quots. w. obj. gen.).

asseritur materialitatem in eis actus intelligendi .. esse ~am Ps.-Gros. Summa 428; aliqua sunt ~a hujusmodi motus deorsum Bacon VIII 201.

2 (med.) that prevents disease, preventative.

non competit ibi fortis medicina, set solum mitigativa et .. prolongativa et ~a Gad. 46v. 1.

prohibitor [CL], one who forbids or prevents.

coronam regni de ejus manu rex detrectavit suscipere, astutia qua consuerat ~ores ex parte apostolici subornans W. Malm. GP I 23; quam .. securi hi somni ejus .. quomodo non securi, cum ipsum ~orem sollicitum habeat, ne illam aliqua ex filiabus excitare presumat? Ad. Scot Serm. 322C.

prohibitorie [CL prohibitorius+-e], by way of prohibition.

mandat ~ie Deus in lege 'non ascendes per gradus ad altare meum' (Exod. xx 26) Ad. Dore Pictor 165.

prohibitorius [CL], that prohibits a course of action. **b** (litterae ~iae) letters prohibitory. **c** (ellipt. as sb. f.) prohibitory letter.

cum sit igitur edictum ~ium, restat quod in jus vocari vel vocare potest qui non prohibetur Ric. Angl. Summa 14; 1462 aliisque melioribus et ~iis clausulis Mon. Hib. & Scot. 437b. **b** 1222 litteras nostras .. ~ias Cl I 515b; tulit literas .. regis ~ias BNB II 422; litteras .. Justitiani legatis exhibuit ~ias, ne in dicta causa procederent Meaux I 293; abbas .. a .. rege litteras ~ias obtinuit Ib. II 291; s1246 rex Francie .. a domino papa litteras ~ias ad regem Anglie ne terras suas inquietaret .. impetravit Wals. YN 145. **c** 1170 prohibet hoc dominus papa mandato iterato, et sunt ~ie ejus in regno J. Sal. Ep. 296 (300 p. 704).

prohibitus v. praehibere, prohibere. **prohicere** v. proicere.

prohostire [CL pro-+hostire], to make (a measure) level.

~ire, equare Osb. Glouc. Deriv. 480.

proht v. 2 pro. **prohut** v. prout.

proicere (projic-) [CL]

1 to throw. **b** to cast (lot). **c** (alch.) to cast (substance into a crucible), to make projection. **d** to broadcast, sow (seed). **e** to cast, dig up (land, peat). **f** to throw as a weapon (fig.), hurl (utterance).

plena .. spiritibus hominum, qui instar favillarum cum fumo ascendentium, nunc ad sublimiora ~erentur Bede HE V 12 p. 306; quomodo capis pisces? .. pono retia mea in amne et hamum projicio [AS: pyrpe] et sportas Ælf. Coll. 93; s1048 invitat Suanus ut Beorn intraret navem. non vult. apprehenditur ab hominibus navis et ~itur intus AS Chr.; ecclesia Spiritus Sancti .. extra murum est, ad austrum quantum potest ~i sagitta Sæwulf 70; lapides annisu brachiorum certatim longius prohicere decertabant R. Cold. Cuthb. 87; apparitores .. pupillas effossas et nervis adhuc super faciem dependentes .. presciderunt et in campum projecerunt Mir. Wulfst. II 16 p. 171; 1313 projecit murilegorum cadavera in puteo L. ita quod aer corrumpitur Leet Norw. 29. **b** projecta sorte pociores .. eligunt qui extera regna petituri victum sibi perquirant G. Mon. VI 10; 1312 assignatur eidem Elene in proparte dotis sue .. tercia pars unius acre terre .. sorte †prorecta [l. projecta] Cl 130 m. 20d.; projecta sorte fortiores eliguntur Eul. Hist. II 276. **c** elixir .. debet projici taliter ut si de albo corpore partem ei projeceris, de elixir partes undecim projicias Rob. Angl. (I) Alch. 518b; iterum abde in fortem ignem per horam maximam prohiciendo in crucibulo de conburente satis et de arsenico rubeo si haberes (M. Scot Alch. 5) Med. Cult. 153; si dehinc partem unam super centum projicias, retinetur substantia lapidis ab eo cui mixtum est Dastin Ros. 21; 1418 si aliqua .. parcella .. ~iatur super aliquod metallum (v. elixir); si album elixir projiciatur super mercurium Luna pregnantem, erit medicina ad album Ripley 197. **d** 1367 projecit mustard seid in gardino suo Hal. Durh. 66. **e** lviij acrae terrae projecte [gl.: essarz] de silva DB I 179vb; 1435 si desiderarent projicere turbas in mora sua Reg. Brechin I 84. **f** s1239 adversarii .. nostri .. scandala .. in nos constantissime projecerunt Gerv. Cant. GR cont. 184.

2 (of sea) to throw up on shore; **b** (fig.).

utque precando famem projectus ab aequore nautis / expulit Alcuin SS Ebor 697; alga, quicquid mare ~it Osb. Glouc. Deriv. 46; 1343 episcopi habere consueverint wreccum maris .. tam de piscinis regalibus quam de aliis rebus quibuscumque, ad terram ibidem projectis Foed. (RC) II 2. 1125a; 1395 in expens. T. C., G. E., et J. K. versus eundem locum [Novum Castrum] pro j nave projecta super solum domini prioris, xij s. Ac. Durh. 599. **b** sicut enim eum unda convivii non demersit, ita et abstinentiae in superbiam non projecit Eddi Wilf. 21.

3 to send project, propel (from body).

exalans de naribus suis projecit nebulam ingentem Ord. Vit. VIII 17 p. 372; excreare, sputum ~ere Osb. Glouc. Deriv. 201; salivas in pavimentum projiciebat (Comgallus) VSH II 8.

4 to throw down, prostrate: **a** (person or animal); **b** (building).

a Odo velut ignivomus draco projectus in terram Ord. Vit. VIII 4 p. 292. **b** s1180 Capitolium Rome fulmine projectum est M. Par. Maj. I 12, 128; projecerunt ad terram, et penitus destruxerunt magna maneria .. et domos plurimas projecerunt et in partes confregerunt Gascoigne Loci 133.

5 to direct (thought or attention). **b** (leg.) to cast, make (essoin).

alias .. cogitatione projecta et extasis divine adhuc plenus W. Malm. GP V 218; totam fiduciam in ipsum projicit qui apostolis .. loquens ait, 'in mundo pressuram habebitis' Ad. Marsh Ep. 16 p. 102. **b** 1280 essonium illud non fuit projectum secundum tenorem brevis ..... essonium illud satis bene et competenter fuit intratum SelCKB I 64.

6 to throw away, discard, reject (esp. something unwanted or little valued); **b** (weapon). **c** (w. dat.) to throw to, **d** (math.) to discard. **e** (abstr.).

surrex si ciciderit in liquorem tollatur inde ..; si .. mortua, omnis liquor projiciatur foras .. et mundetur vas Theod. Pen. I 7. 8; contempsit mundum felix cum flore virentem, / arida ceu paleae projecta peripsema sordent Aldh. VirgV 2057; dispectui habita foras ~erentur et pedibus conculcata in terram verterentur Bede HE III 22 p. 171; c1081 litteras .. legere despexisti et cum magna indignatione .. supra quoddam sedile eas projecisti Lanfr. Ep. 29 (27); ne aliquis .. scrinium abriperet, .. pretiosas crustas sinibus ingerens lignum nudatum cum ossibus aliquorsum ~eret W. Malm. GP V 255; scopilia, ea que in domo scopantur et foras ~iuntur Osb. Glouc. Deriv. 567; ipsam manuum suarum lavaturam faciet infirmarius vel in igne prohici vel in sacrarium deferri Cust. Cant. I 334; 1449 quia .. xxj [matrices] projecerunt agnos suos abortivos et xxiiij fuerunt steriles Crawley 483; ~ientes proles suas ad ostia ecclesiarum Conc. Scot. II 72. **b** passim fugiunt, arma ~iunt Bede HE I 20 p. 39; regem non resistentem sed armis projectis solo pronum .. cepit W. Malm. GP II 74 p. 153; postquam viderant nichil se profecisse, gladiis projectis neci colla submisere Ord. Vit. IX 15 610. **c** animalia coitu hominum polluta occiduntur, carnesque canibus ~iantur Theod. Pen. II 11. 9; p675 reliquias epularum .. immundis devorandas porcis ~iunt Aldh. Ep. 4 p. 484; heu abjecta a Deo, projecta diabolo; immo abiciens Deum, amplectens diabolum Anselm (Med. 2) III 81; bruta ad esum reservantur hominibus: tu, vilis sarcina, proitieris vermibus Pull. CM 210. **d** quod id circo contingere videtur quia projecisti 10 res diminutivas cum 10 rebus adjectivis Rob. Angl. (I) Alg. 96n. **e** vitam presentem spe future projecerat W. Malm. GP I 6; omnem verecundiam projecerat Ib. I 54 p. 101.

7 to cast out, banish, expel (w. ab or de & abl.).

ac si Lucifer ille de caelo projectus Gildas EB 74; tunc expugnatus est diabulus et de caelo projectus est cum angelis suis Theod. Laterc. 2; projiciatur ab aecclesia sicut hereticus nisi habeat penitentiam Id. Pen. I 5. 9; sic vos invicem deseratis ut vos Deus non deserat; sic vos invicem reiciatis, ut Deus vos a facie sua non ~iat Anselm (Ep. 168) IV 45; de paterno cespite projectus ad mortem usque in exteris exulavit regionibus Ord. Vit. XII 39 p. 462; mulier ista significat humanam naturam que immunda per vitia et peccata projecta est de paradiso Ailr. Serm. 5. 9. 235; quod papa hereticus .. sit de papatu projectus Ockham Dial. 568.

8 (p. ppl. as adj.) prominent, projecting. **b** (as sb. n.) projecting roof or room. **c** what is laid down, base, projecture.

non magne stature et ventre paulo projectiore W. Malm. GR IV 321. **b** 1283 ambana, projecta et domorum stillicidia, fenestre et antefenestre .. sint libere burgensium RGasc II 201b; 1289 discordie in eadem villa exorte .. occasione operum, domorum, prejectorum [l. projectorum], enbannorum Ib. II 415a; 1293 supplicavit .. procurator .. communitatis Grandis Castri .. quod licenciam concederemus habitantibus .. qui domos habent .. infra clausuram murorum .. quod possint pontes seu soleria et perchetos facere de .. domibus ad .. muros et supra muros, non obstante hoc quod dicitur contineri in instrumentis .. quod in .. muris non debent pergeti fieri nec fenestre Ib. III 74b; a pentis, appendix .. dicitur †profectum [l. projectum] si de lignis, menianum si de lapidibus CathA. **c** projectum [gl.: fundamentum] sive pes parietis stipitibus muniatur Neckam Ut. 110.

proinde [CL; al. div.]

1 (as logical consequence) therefore, consequently.

c800 quam felix est, qui de hoc labore transiet in requiem ... ~e non transitorias amemus divitias sed semper manentes Alcuin Ep. 243 p. 391; qui autem decidit, non proficit. ~e si vultis proficere .. nolite modica despicere Anselm (Ep. 403) V 347; Ecgwinus, cujus actibus digne scribendis ipse vix sufficeret .. Homerus. quantus ~e ego, qui ejus vitam scribere presumo, digne illius excellentiam stilo commendare omnino impotens? Dominic V. Ecgwini prol. p. 78; libere educatos, nullius ducis ferotiam pati posse; .. ~e, si subditos velit, Marcherium .. eis prefitiat W. Malm. GR II 200; agamus ~e quantum possumus ut perfecta caritas foras mittat timorem Ailr. An. III 41; consequens ~e est quod nisi ad excusandam hanc magnam in me temeritatem et presumptionem, obedientia cum charitate, charitas cum obedientia procedat Ad. Scot QEC prol. 801C.

2 (as practical result) for that reason.

ij hidas dedit .. pro anima Willelmi comitis .. et ~e est unus monachus in aecclesia positus DB I 176ra; 1207 H. cum H. de S. et R. de W. et aliis attachiatis ~e et cum quibusdam utlagatis per sectam suam venit ad domum SelPlCrown 41; precepit filiis suis .. qui utlagati sunt pro inde Ib. 76; 1308 cum tanta provide [? l. proinde] nobis imnineat gemenda materia, fletum non possumus declinare Reg. Carl. II 7; abbas G. emit ab H. primo rege Anglorum xx solidatas terre in B., datis ~e et pertinentiis dicto regi c bobus pascualibus G. S. Alb. I 78.

3 (ne ~e) much less, let alone.

eodem autem tempore conventus in loco minori morabatur, eo quod locus major necdum perfectus esset, ne ~e dedicatus Chr. Witham 500.

proire v. perire.

projacere [CL pro-+jăcere], to project, lean out.

s1254 mansiones tricameratas, et quatuor etiam stationum, vel amplius, a quarum fenestris ~ebant utriusque sexus hominum infinita multitudo M. PAR. *Maj.* V 481.

projactare [CL pro-+jactare]

1 to lay (in quot. timbers in building).

1312 in vadiis unius cimentarii de Maldon' cum serviente suo ~ant' gystas super cameram ultra portas majores *MinAc Essex* 843/3.

2 to toss about.

s1226 fluctibus marine tempestatis ~atus, decubuit graviter infirmatus *Flor. Hist.* II 185.

projectio [CL]

1 (act of) throwing. **b** (alch.) casting of substance into crucible, projection, transmutation of metal.

item in motu ~onis projectum projicitur quando projiciens non manet projiciens DUNS *Metaph.* V 2 p. 197b; Socrates vult proicere merces in mari, posito casu communi de ~one mercium in mari KILMINGTON *Soph.* 48 p. 146. **b** de clavibus alkimie: .. purificatio, distillatio, .. liquatio, ~o BACON *Tert. sup.* 86; sunt .. claves artis, congelatio, resolutio, inceratio, ~o *Id. NM* 548; sic ergo facies ~onem DASTIN *Ros.* 21; multi per ignoranciam destruxerunt opus suum, quum faciunt ~onem super metallum impurum RIPLEY *Axiom.* 117.

2 ejection (of spit).

die .. xvij. emendatum est sputum ejus et laudabile in colore et substantia et facilis ~onis RIC. MED. *Signa* 36.

3 overthrow, defeat.

s1455 jam .. projectus est accusator ille impius ... .. illius ~o vestra erit ereccio ad culmen honoris *Reg. Whet.* I 170.

4 forming of mental project, planning.

a peccato .. composicionis vel ~onis libelli famosi *Mon. Francisc.* II 98.

projector [CL projectus p. ppl. of proicere+-tor]

1 one who throws.

~or cultellorum [ME: *cnif warpere*] *AncrR* 76.

2 one who throws down or fells.

1464 arborum .. succisores .. ~ores *Reg. Heref.* 88.

3 one who throws away, rejects, or spurns.

perplures inveniuntur .. gastrimargie contemptores, castitatis amatores; sed perpauci et rarissimi videntur auri aut gemmarum ~ores J. FURNESS *Walth.* 17.

projectorius [CL projectus p. ppl. of proicere+-orius], that causes vomiting, emetic.

leucis, i. viola alba ~ie est virtutis et extenuatorie *Alph.* 98.

projectus [CL]

1 (act of) throwing.

Golias prosternitur projectu lapilli *Carm. Lew.* 149.

2 that which is cast up (by the sea), flotsam.

1057 (1334) Brancestre cum omnibus ad se pertinentibus et cum omni maris ~u quod nos Anglice *sǽ upwurp* [cf. *CD* 809: *shipwrec*] appellamus *Cart. Rams.* II 72.

projenies v. progenies.   **projicere** v. proicere.

projudex [ML < CL pro-+judex], substitute for a judge.

sic vultus patris in puero pro matre perorat / et quasi projudex inter utrumque sedet *Latin Stories* 210.

projudicare v. praejudicare.

prolabi [CL]

1 to slip or slide forward or into (also w. *in* & acc.).

sic etiam chalibem prolapsum gurgite Gothi / ad proprios iterum jussit remeare lacertos ALDH. *VirgV* 868; dum repentina fieret ratis subversio .. adolescentulum ilico amplexatus est et cum ipso in profundum .. prolapsus est ORD. VIT. XII 26 p. 418; a1270 terras adhuc remanentes, que protinus .. in Humbriam sunt penitus prolapsure *Meaux* II 92n.

2 to slip from, away or out from; **b** (from memory).

prolapsum nefas [sc. ex ore], *utawundenne gylt oþþe utaslidene synne* GlP 50; gaudens quod de manu hostili utcumque prolapsus evaserit ORD. VIT. XII 39 p. 459; quo accedente ad manum, statim ubi anulum contigit, eum cum summa facilitate non extractum, sed prolapsum potius cum ingenti letitia secum tulit V. Edm. Rich P 1820A. **b** notabilitates medicinales quas .. nunc tenet labilis memoria mea ..; ne, si semel a predicta mea brevi memoria ~antur, non possent de facili iterum a tam rudi collectore revocari J. MIRFIELD *Brev.* 46; 1422 ne patrum .. statuta jugis memoriae confinibus ~antur *Conc.* III 419a.

3 to collapse (w. abl. of cause).

fere tribus annis dominatus est et repentina sorte cum lamentis pluribus .. prolapsus est ORD. VIT. XI 29 p. 267; s1176 clericus furia pene prolapsus, ignitum velut ferrum excandens BOWER VIII 26.

4 to lapse, stray, fall into error; **b** (w. *ad* or *in* & acc.).

purpureum surculorum florem misticis obumbrationibus prolapsi recuperatorem mundi praefigurantem ALDH. *Met.* 1 p. 62; neque tunc consortium feminarum repudiabat, ut ceteri qui ex oportunitate timent ~i W. MALM. *GP* V 213; fidei .. immemores quam domino promiserunt, in facinus proditionis turpiter prolapsi sunt ORD. VIT. VIII 23 p. 406; tres sunt prolapse anime reparationes confessio, precatio, laudatio W. DAN. *Sent.* 42. **b** qui scientiam profitentur astrorum, alii opinionis errore ~untur ad fabulas .. alii sola imaginationis virtute contenti sunt J. SAL. *Pol.* 439D; mens .. paulatim defluit, et animus usu continuato ad deteriora ~itur P. BLOIS *Ep.* 131. 387C; tandem in peccatum carnis ~untur [sc. regina et filius] *Latin Stories* 106.

prolaetarius v. proletarius.

prolagare [CL pro-+ML laga+-are], to outlaw, banish. Cf. *utlagare.*

prolego, *to outlawe WW*.

prolapsio [CL], moral lapse.

innocens ~o temporali castigata est verbere W. MALM. *GP* V 259; prolabor .. unde prolapsus et ~o OSB. GLOUC. *Deriv.* 300.

prolapsus [LL], (w. ref. to time) lapse, passage.

prolabor .. unde ~us et prolapsio OSB. GLOUC. *Deriv.* 300; omne quod servit mortalibus per ~um temporis mortalitatis dispendium patitur R. BURY *Phil.* 16. 206.

1 prolate v. proferre.

2 prolate [CL pro-+late], fully.

a779 memores .. sumus verborum .. quae ex abundantia cordis vestri prolata nostris auribus sonuerunt adimplenda; .. quid ergo ~e aliud nobis agendum est .. nisi quod .. fideliter et ad invicem custodiamus (*Lit. Regis Papaeque*) *Ep. Bonif.* 122 p. 259.

prolatibilis, prolatilis [CL prolatus p. ppl. of proferre+-bilis, -ilis], that can be brought forth or uttered.

'non quia dicitur, sed quia creditur', id est, non ex vi verbi ~ilis sed ex vi verbi credibilis, id est Christi S. LANGTON *Quaest.* 364; 'non quia dicitur, sed quia creditur', id est, non agitur hic de verbo ~ibili sed credibili, id est, Filio Deo *Ib.*

prolatilis v. prolatibilis.

prolatio [CL]

1 bringing forth, production (of): **a** (child); **b** (fruit); **c** (written work).

a in prolis ~one gemitus [est] BEDE *HE* I 27 p. 54. **b** cernimus arbusta viriditatem foliorum amittere, a fructuum ~one cessare *Regim. Princ.* 98. **c** Beccenses cenobite studiis litterarum sunt dediti et in questione seu ~one sacrorum enigmatum utiliumve sermonum insistunt seduli ORD. VIT. IV 10 p. 246; probatur .. aliquid quandoque per testes, .. quandoque per presumptiones, quandoque per alterius partis ~ones et confessiones RIC. ANGL. *Summa* 29.

2 offer, proposal.

rex .. prohibuit, nisi habita ~one meliori in predictis amplius non sollicitarent eum J. READING f. 173.

3 (act of) speaking, utterance; **b** (w. obj. gen. or phrase).

cum quanto vox sit minor, tanto prior est in voce, sequitur quod minima vox prima est in voce sive in ~one *Fig.* 40; debent ista verba proferri cum uno spiritu et sub una ~one nulla pausatione interposita *Brev. Sal.* II 491. **b** solem non esse super terram facit esse noctem et non esse diem. in hac ~one 'non esse' facit 'esse' et 'non esse' ANSELM *Misc.* 340; sicque per triduum sine verbi ~one jacuit ALEX. CANT. *Mir.* 21 (II) p. 198; vices .. abbatis in divine legis ~one sepius explevit ORD. VIT. V 18 p. 437; ubicunque occurrit nomen Domini vel Dei vel si quid tale in psalmo, ad ~onem dictionis humi stratus genuflexit Gilebertus *Canon. G. Sempr.* f. 42v; ad ~onem 'Sancta Maria ora pro nobis' eat processio ad fontes *Offic. Sal.* 80; in nominis ejusdem ~one GIR. *GE* I 51 p. 153.

4 pronunciation, manner or form in which word or phrase is pronounced, delivery.

quomodo ergo convenient haec tam contraria secundum ~onem et tam necessaria secundum probationem? ANSELM (*Mon.* 22) I 39; c1218 cum reverentia magna celebretur hoc baptismi sacramentum .. in distinctione et ~one verborum (v. distinctio 3d); dicitur semivocalis liquescere quando non retinet totam moram sue ~oni debitam *Ps.-*GROS. *Gram.* 25; inflexiones vero vocales tales vel tales, et ~ones ille vel ille non a natura sunt, sed ab humana impositione KILWARDBY *OS* 638; 1285 Bokebroc sub aliqua ~one satis pro Bukebroc potest intelligi et assumi *JustIt* 622 m. 20d; unum idemque est in sentencia quod ad utrumque dictum est, etiam si diversitas sit in ~one sermonis *Tract. Ebor.* 674.

5 that which is uttered, a spoken statement.

sermones vocat allegoricas ~ones, seu in dictionibus seu in orationibus LANFR. *Comment. Paul.* 196; cum aures percutit sacra prolacio WALT. WIMB. *Carm.* 213.

6 pronouncement (esp. w. *sententia*).

de ~one terribilis sententie, que talis erit 'ite maledicti, in ignem eternum' AD. SCOT *QEC* 836A; 1283 ~onem arbitrii acceptandi *RGasc* II 208a; 1310 magistro .. scholarium suorum inquisicionem, citacionem, examinacionem, sive ~onem, absolutam, et sentenciarum suarum execucionem .. committimus *Reg. Whet.* II 307 app.; ~o diffinitive sentencie contra ipsum OCKHAM *Dial.* 628; 1365 ad sentencie nostre ~onem et diffinicionem finalem procedimus *Lit. Cant.* II 476; s1376 elegit .. dilacionem ~onis sentencie *Chr. Angl.* 79.

7 (mus.) extension, expansion, prolation; **b** (w. ref. to division of semibreve into minims).

quia in sequentibus ad evidenciam istius figure manifestabitur distincciones modorum in ~onibus et mensuracionibus ac multa alia WILL. 29; determinaciones mensurarum similiter sunt tres, viz. modus, tempus, et ~o HOTHBY *Cant. Mens.* L 58. **b** quando semibrevis tres continet in se minimas, tunc dicitur major ~o; quando vero duas, tunc dicitur minor ~o TUNST. 262; perfecta valet tres minimas, et tunc dicitur de majori ~one. imperfecta valet duas minimas et tunc dicitur de minori ~one HOTHBY *Cant. Fig. Ve* 40.

prolativus [LL], (gram.) that which extends or completes the predication, prolative.

Deus autem, sicut Verbo suo eterno temporaliter fecit aridam, sic eodem Verbo statuit ut nomine ~o nuncuparetur terra GROS. *Hexaem.* IV 10.

prolator [LL]

1 one who brings forth, offers, or produces.

ut eis denarii ~orem ostenderent postularunt R. COLD. *Cuthb.* 129 p. 277.

2 one who promulgates or publishes.

s**1208** proscribuntur interdicti ~ores, episcopus sc. Lundoniensis, Heliensis GERV. CANT. *GR cont.* 107; s**1239** quorum ~or factus est magister *Ib.* 184.

3 one who utters, speaker.

hoc pronomen 'ego' ex generali institutione significat me et quemlibet suum ~orem S. LANGTON *Quaest.* f. 207rb.

prolecta v. plecta.

prolectare [CL], to lead (a person) on to an action, entice, lure.

ut quamvis utraque sciant necessaria, magis tamen exemplorum quam exhortationum eos ~et auditus W. MALM. *Wulfst. prol.* p. 2.

prolegare v. prolagare.

proleicus [CL proles + -icus], of or relating to the production of offspring.

†polceacus [? l. proleicus], *longynge to berthe WW.*

prolempsis v. prolepsis. **prolempticus** v. prolepticus. **prolemsis** v. prolepsis.

prolepsis [LL < πρόληψις]

1 anticipation, representation of something future as already present.

masculum et feminam creavit eos, creavit dicit propter animam et non simul tempore plasmavit eos sed in prescientia, unde hic loquitur de illis in simili, vel ~is est, id est preoccupatio S. LANGTON *Gl. Hist. Schol.* 50.

2 (gram. & rhet.) prolepsis, figure in which a matter is stated in a brief or general manner before being made specific or set forth in detail.

~is . . est praeoccupatio sive praesumtio, dicitur figura, quando ea quae sequi debent ante ponuntur, ut in psalmis: 'fundamenta ejus in montibus sanctis; diligit Dominus portas Sion.' anteposuit 'ejus' et postea cujus, id est, Domini BEDE *ST* 143; in constitutionibus principum . . per prolemsim fit plurium conceptio personarum ut non tam persone quam universitatis tota constitutio videatur esse vel quevis alia promulgatio J. SAL. *Pol.* 544D; prolempsis idem est quod anticipatio. est ergo prolempsis quotiens clausula de novo apposita anticipat finem clausule preincepte. hec fit utiliter ex indignatione vel ira GERV. MELKLEY *AV* 32; unde debet dici sylepsis quod est concepcio, et ~is quod est presumpcio, que sunt figure construccionis, non sc. sylempsis, prolempsis BACON *Gram. Gk.* 69; de prolempsi contingit dubitare, et est prolempsis 'rerum seriatim explicandarum presumcio' *Id.* XV 55; sequitur detractionis genus quod in pluribus ejusmodi clausulis consistit, inter quas aliquid est commune quod tamen in unica positum, in reliquis est subaudiendum. . . hoc genus in tris species a grammaticis diducitur, zeugma, syllepsin et . . ~in LINACRE *Emend. Lat.* xlii; ~is est cum generalis dictio, quae in multitudinis numero fere precedit, rursus in partibus intelligitur *Ib.* liii; fit ~is per omnia quae generale in partes diducunt, per nomina . ., per pronomina . ., per adverbia *Ib.* liiii v.

prolepticus [προληπτικός], (gram.) anticipatory, proleptic.

in tali construccione dividitur totum per partes actualiter . . et sic in omnibus modis prolemptice construccionis BACON XV 55.

proles [CL]

1 offspring, progeny (usu. collect.). **b** child, descendant. **c** (w. ref. to Christ) son (of God).

num centennis tu . . vel coaevus Mathusalae exceptus paene omni ~e servaberis? GILDAS *EB* 30; in qua regnabit proles prolesque nepotum / sit regnabat patrum numerosa propago ALDH. *VirgV* 648; matrimonio junctus est, ut talis . . ex eo ederetur ~is ALCUIN *WillP* 2 p. 117; **880** sex homines qui prius pertinebant ad villam regiam . . cum omni ~e et stirpe eorum ad eandem conscripsimus ecclesiam *CS* 547; numerosa ~e fecunda W. MALM. *GR* II 228; non tantus est amor ~is in parentes quantus et parentum in ~em GIR. *SD* 70; fraudem facit frater fratri / pater proli, proles patri WALT. WIMB. *Van.* 121. **b** caelestis irae mucrone ~es [*gl.*: i. filius] primogenita percellitur ALDH. *VirgP* 53; Virgo, proles Davitica J. HOWD. *Cyth.* 148. 1; rex Lodowicus obiit cum prima prole WYKES *Vers.* p. 131; **1301** Matilda . . est conquesta quod cum W. de B., cum qua se

dudum matrimonium contraxisse et duas ~es . . eidem peperisse *Reg. Cant.* II 744; de . . desponsacione sua cum alia uxore, et de ~ibus ex ipsis propagatis *Meaux* I 336; habuit octo ~es quarum quarta fuit Sancta Katerina GASCOIGNE *Loci* 53. **c** Patris et Prolis dignetur Spiritus almus / . . auxilium . . dedere ALDH. *VirgV* 36; **985** in Patris ac Prolis Sanctique Flaminis onomate *CD* 648; annos virginee quingentos Prolis ab ortu GARL. *Tri. Eccl.*129.

2 (transf.).

proles sum terrae glescens in saltibus altis ALDH. *Aen.* 78 (*Cupa vinaria*) 8; ita non est perfecta ~es talis memorie nisi sit actualis noticia tanta illius objecti quanta potest competere tali intellectui respectu talis objecti DUNS *Ord.* II 263; talis est ~es intellectualis sive verbum perfectum hujus objecti *Ib.* III 32.

3 stock, family line.

1218 Robertus . . petit . . dimidiam carucatam terre . . ut illam unde . . avus suus fuit saisitus . . et hoc offert probare . . per computacionem ~is *Eyre Yorks* 86.

proletarius [CL *in sense 2*]

1 who has many children, prolific.

1174 ~ius est [sc. abbas] adeo quod paucis annis ei soboles tanta succrevit, ut patriarcharum seriem antecedat *Ep. J. Sal.* 310 (322 p. 792); s**1173** C. abbas electus Sancti Augustini, quia . . ~ius testimonio multitudinis comprobatus est . . degradatus DICETO *YH* I 354; Henricus Loodiensis episcopus . . eo quod ~ius exiterat . . spoliatus, sexaginta enim et unum . . filios et filias genuerat OXNEAD *Chr.* 257; s**1280** Henricus . . dignitate episcopali eo quod ~ius extiterat . . spoliatus est. sexaginta enim et unum . . filios et filias genuerat B. COTTON *HA* 161.

2 of the lowest class of citizens, of the common people (in quot. as sb. m.).

illi . . ignaviae operam dantes quasi prolaetarii ad solam voluptatem domi residerent ABBO *Edm.* 1.

prolibare [CL], to pour forth (in quot. fig.).

preclara laudis themata / vivus prolibavit *Offic. R. Rolle* xl.

prolicida [CL proles + -cida], one who kills one's own child.

s**1254** sicut soror ejus . . esse meruit . . patricida, ita et ista ~es infeliciter promeruit et multorum causa peremptorum. prior enim natu filius ejus per illam peremptus est M. PAR. *Maj.* V 437.

prolificare [ML < CL proles + -ficare + -tio], to procreate.

communiter bestie [cognoscunt] tempus ~andi et aves tempus nidificandi (*MS Pal. Vindob. 4316*) WYCL. *De Tempore* f. 93a.

prolificatio [Ml < CL proles + -ficare (act of) begetting, production of offspring, procreation.

fides ergo per se non rectificat matrimonium, nec requiritur ~o actualis, sed oportet quod sit personalis intencio procreandi WYCL. *Mand. Div.* 361; ut . . idem est sacrificans et generans, ita eadem est actio sacrificatio et ~o; et eadem oblatio et proles, quae est justitia COLET *Sacr. Eccl.* 70; illa denudatio carnis apud Judeos expeditioque mentulae ad faciliorem coitum, adque copiosiorem ~onem *Id. Rom. Exp.* 225.

prolificus [CL proles + -ficus], that produces offspring, generative, prolific.

ibi est sperma ~um aliqualiter, . . sed generat morbidum GAD. 37v. 1; coitus . . talis si continuetur . . de fecundo et ~o sterilem efficit KYMER 19; semen . . ~um, aptum generacioni *Ib.*

prolixare [CL], to extend in time, prolong.

prolongare, protelare, ~are OSB. GLOUC. *Deriv.* 155; si . . iv primis diebus ~antur signa digestionis . . longa erit egritudo RIC. MED. *Signa* 37; ne hostis veniens et victualia inveniens moram ~aret *Croyl.* 79; **1415** pecierunt diem ~ari ad tractandum de materia antedicta *Chap. Linc. MS A.* 2. 30.

prolixe [CL]

1 (w. ref. to speech or writing) at (great) length, in a prolix manner.

tres lectiones . . ~e [AS: *lange*] si ita tempus permiserit legantur *RegulC* 54; a**1074** plura et ~ius vobis scripsissem LANFR. *Ep.* 37 (9); utilius . . sepius orare breviter quam semel nimis ~e AILR. *Inst. Inclus.* 9; primo agit de Esau ut postea ~ius texat generationem de Jacob S. LANGTON *Chron.* 73; hunc errorem ponit et tractat et probare conatur ~e, sed de verbis ejus recitando pauca OCKHAM *Pol.* III 205; nunc vos Michael satrapa Gabriel vera †polix [l. prolixe] dans nuncia *Miss. Westm.* 368.

2 at length, for a considerable period of time.

Dei gravamen habeant, nisi cessent et ~ius emendent (*Quad.*) *GAS* 313 (cf. ib. (*Cons. Cnuti*): plene satisfecerint); et hec ~ius agens, demum surgebat, et quod restabat de missa persolvebat *V. Gund.* 21; hec ~ius exequens, vitam suam armis justicie et pietatis usque in finem providentissime munire non destitit *Ib.* 40; ~e pulsentur . . campane *Cust. Cant. Abbr.* 295 (v. 1 colpatio).

prolixitas [CL]

1 extensive growth.

nimia crinium unguiumve . . ~as PULL. *Sent.* 986D (v. densitas 1); rex . . mulierem habebat umbilico tenus barbatam. . . in barbe ~ate morem gerens patrie GIR. *TH* II 20.

2 extent, length, size.

[atrium] in magnam se ~atem a templo protendebat BEDE *Kings* 728; **796** sicut vos de longitudine petrarum desiderium vestrum intimastis, ita et nostri de ~ate sagorum deposcunt *Ep. Alcuin.* 100.

3 length, duration (of time); **b** (w. gen. of *tempus* or sim.); **c** (w. gen. of event or condition).

in ecclesia beati Petri . . ad orationem prosternitur. qua cum magna ~ate completa, ad sacra missarum misteria celebranda sollenniter preparatur DOMINIC *V. Ecgwini* I 6. **b** cum totius anni . . ex variis venantium studiis occupetur J. SAL. *Pol.* 391D; quod ratione non possumus, temporum ~ate sepelimus omnisque diuturnitate . . evanescit afflictio GIR. *Ep.* 4 p. 184; ut nove legis plenitudinem ~as temporis non auferret M. PAR. *Maj.* I 81; vel quando missa dominicalis omnino differatur propter ~atem temporis ab una dominica usque ad aliam dominicam *Brev. Sal.* I mclxxi. **c** da ei ~atem vitae *Rec. Coronation* 6; ut ait Galenus et notandum quod per ~atem . . signorum vel ad brevitionem, intentionem vel remissionem, brevitas vel ~as egritudinis denotatur RIC. MED. *Signa* 37; **1414** de vestri regni pacifica ~ate tractatis *Conc.* III 360b; presta ei ~atem vite WALS. *HA* I 333.

4 procrastination, dilatoriness.

1254 postquam navis aliqua cum vinis . . ad aliquem portum . . applicaverit, baillivus . . qui officium prize tenuerit, infra quinque dies . . duo dolia prize, et non amplius . . recipere non postponat; caventes ne propter ~atem seu ignoranciam baillivi . . vel si vellet se maliciose absentare, merchatores valeant incommodum reportare *RGasc* I 344b.

5 (excessive or tedious) length (of speech or written composition). **b** (of writer) long-windedness; **c** (as productive of tedium).

s**1153** probitates . . multe breviter . . perstringende sunt ne rerum gestarum copia plenius elucidata nimietatem congerat ~atis H. HUNT. *HA* VIII 34; sunt autem hujusmodi plurime asserciones . . que si aggregarentur in unum in magnam crescerent ~atem GROS. *Cess. Leg.* I 11 p. 75; s**1235** Gregorius papa IX videns Decretalium tediosam ~atem . . eas . . abbreviatas . . legi precepit M. PAR. *Min.* I 381; c**1317** tante ~atis et varietatis statutorum memoria non est capax *FormOx* 22; pro ~ate vitanda est minime disserendum OCKHAM I 323. **b** brevitatem causidici in historici ~atem convertamus GERV. CANT. *Imag.* 33. **c** ne ~as sermonis mei fastidium generet legenti ALCUIN *Dogm.* 258B; idcirco hic plura breviter supersedi, ne ~as caritative epistole fastidium ingereret lectoris ignavie ABBO *QG* 50; ~as fastidii mater est ADEL. *QN* 3; ne prolixa veritas vel vera ~as fastidium generet audienti GERV. CANT. *Imag.* 33; c**1380** que singula nunc scribere ~as, mater fastidii, me perturbat *FormOx* 312; nulli ergo fidelium tedio sit narracionis hujus tam inculte ~itas *Mir. Hen. VI* I 8 p. 27.

prolixius [CL prolixus + -ius], (metr.) form of syzygy.

[sinzigiae] quarum vocabula haec esse noscuntur: proxilius [v. l. prolixius], diprolius, diopros ALDH. *PR* 141 (142) p. 201; proxilius ex tribus longis et tribus brevibus constans hujuscemodi scematibus componitur ut – – – ∪∪∪ *Ib.*

prolixus [CL]

1 that has extensive growth, luxuriant (in quots. of beard).

mulieres .. pellibus indutae, barbam usque ad mammas ~am habentes *Lib. Monstr.* I 22; barbam habebat ~am Bede *HE* IV 14 p. 235; barba .. ~a barbatus Dominic *V. Ecgwini* II 2; per barbas, quas more patrie grandes habuerant et ~as Gir. EH II 36.

2 extended, extensive, long, large: **a** (of natural phenomenon); **b** (of artefact); **c** (of speech or written work); **d** (of abstr.).

a exceptis .. ~ioribus promontoriorum tractibus Gildas *EB* 3; mittit satellitum canumque ~iorem catastam *Ib.* 23; a**1089** illos .. qui corporaliter tantum et propter terrena lucra se amant intervalla locorum quo ~iora sunt eo a mutuo amore impensius separant Lanfr. *Ep.* 10 (23); **1414** via .. per gravem et ~um ascensum .. montis protenditur *Reg. Exon.* (*MS Devon RO Charter 9* f. 291). **b** magnam .. ~ae cartulae rotellam in manu gestantem B. *V. Dunst.* 33; **1419** lego .. quod alii septem pauperes vestiantur tunicis ~is de ruseto *Wills N. Country* I 22. **c** opusculis tam ~is quam succinctis Bede *AM* 108 (v. opusculum c); post etiam de ceteris sermo ~ior erit W. Malm. *GR* IV 312; quoniam de septim tomis .. quidam ~iores sunt, ut facilius inveniri possit quod queritur, etiam singulis tomis singula et propria capitula sua premisimus H. Bos. *Thom. pref.* p. 159; aures sanctitatis vestre .. flosculis verborum Tulliane eloquentie onerare vel multis sermonibus epistole ~ioris pulsare parvitas scientie mee timuit P. Cornw. *Disp.* 153. **d** **1570** regalem ejus authoritatem .. agnosco, nec minus amplam et ~am, quam qua .. eius proavi unquam fuerunt praediti (*Quaest.*) *Monarchia* III 67.

3 (of period of time) long, extended.

post hiemalem et ~am noctem Gildas *EB* 12; rotante ~i temporis diuturnitate Aldh. *Met.* 4; **1072** hoc oro omnipotentem Deum, quatinus vitam vestram ad honorem et firmamentum sanctae aecclesiae suae ~am in hoc seculo faciat Lanfr. *Ep.* 5 (5); quem anno plerumque integro, vel etiam ~iori tempore .. sepius adierat Ad. Eyns. *Hug.* III 7; dies ~ior Bacon *Maj.* I 295 (v. clima 1a).

4 (of activity, process, or condition) lengthy, protracted, that takes a long time; **b** (of divine office).

mox ille suscepto sacerdotio ~a itinera quae summis sunt sacerdotibus solita Romanam .. tetendit ad urbem B. *V. Dunst.* 27; a**1082** tam ~e querimoniae .. finem legitimum imponemus Lanfr. *Ep.* 19 (42); iste [mulieres] longam et ~am operis exsecutionem exigunt et multam .. concussionem .. ut .. calor excitetur .. muliebria provocans ad debita nature persolvenda *Quaest. Salern.* B 12; **1230** si .. ~e treuge .. capiantur, sc. duorum vel trium annorum *Pat* 410; **1302** si in certificando vos .. terminum excesserimus limitatum, non vos tedeat mora nostra, cum in execucione tam proluxa, temporis brevitas nos excuset *MGL* II 232; cronia est ~us morbus corporis qui multis temporibus moratur *SB* 17. **b** ~a officia set Spiritus Sanctus intererit nostris sacramentis H. Los. *Serm.* 148; qui omnes sicut ceteri eorum sacerdotes in missarum solempniis ~issimum officium .. faciunt S. Sim. *Itin.* 32; de ~a protraccione divinorum officiorum numquam fastidium passus est Blakman *Hen. VI* 6.

5 too long or extensive; **b** (impers. w. prolative inf.).

historie iste sunt vobis narrande quia ~e [ME: *to long*] forent ut hic scriberentur *Ancr* 50. **b** quoniam .. de utroque dicere ~um .. sufficiat .. de quibus enuntiari contingat distinguere Balsh. *AD* 15; de quibus ~um esset discurrere per singula Graystanes 26.

6 (of person) dilatory, procrastinating.

1263 regina Francie valde ~a existit .. in verbis pariter et in factis *RL* II 235.

7 (compar.) later.

1211 de ij pullis ~ioris etatis remanentibus anno preterito *Pipe Wint.* 25; etas doctrinam credere prisca solet. / doctrinam loquitur sapiens prolixior etas Walt. Angl. *Fab.* 29. 15; diem petiverunt ~um *Proc. A. Kyteler* 31.

prolocutio [LL], discussion, negotiation, agreement.

hec sunt verba pacis et ~ones [AS: *forword*], quas A. rex et omnes sapientes ejus cum exercitu firmaverunt (*Quad.*) *GAS* 220; c**1120** me concessisse totum *can* unius navis, quam proloquentur, liberum et quietum; et quicumque cum navi sua, secundum ~onem eorum, venire voluerit .. volo ut .. secure veniat *Regesta Scot.* 4; a**1136** si villanus terram tenuerit sine ~one domini sui (*Newcastle upon Tyne*) *BBC* 103; **1256** contra proloqucionem inter nos et vos per diversos nuncios .. habitam *Cl* 107; **1293** idem W. per collusionem et ~onem inter ipsum et A. de V. manutenuit quamdam Egideam de Cogan contra eundem Johannem *RParl Ined.* 34; accusans dicit quod ~o facta fuit in presencia talium *Fleta* 31; **1309** facta fuit ~o inter ballivum domini regis .. et ballivos abbatis de Monte Sancti Michaelis *PQW* 824b; s**1353** de ~one concordie inter reges Francie et Anglie Wals. *HA* I 277.

prolocutor [ML < CL pro- + locutor]

1 speaker (in quot. of prologue); **b** (as president of assembly); **c** (as parliamentary speaker, Speaker of the House of Commons).

[*first prologue*] [~or] *Non-Cycle Plays* 11. **b** **1425** traxerunt se in domum inferiorem sub domo .. capitulari, ut .. unum referendarium sive ~orem ex seipsis eligerent, qui vice eorum omnium et singulorum causas exponeret et responsa *Conc.* I xx; s**1433** facto .. posterius per ~orem vocum scrutinio per circuitum Amund. I 359. **c** quorum [militum parliamenti] primicerus et ~or parliamenti ex regis assignacione fuit dominus Johannes Bussy Otterb. 192; **1422** venerunt certi milites missi per ~orem et ceteros ipsorum socios vocatos et congregatos pro tota communitate regni Anglie in eodem parliamento *RParl* IV 171b; s**1454** miles .. suum nisum apposuit, quomodo in parliamento ~or fieret taliterque .. mediavit quod .. ~or inter communes effectus esset *Reg. Whet.* I 136; rex .. fecit parliamentum accusare Cantuariensem archiepiscopum et cum incepisset ~or proponere contra archiepiscopum, dixit rex "non proponas contra cognatum meum. recede, pater, securus" *Eul. Hist. Cont.* 376; quoad usque ~or communitatis .. novam requisicionem fecerat *Croyl. Cont. C* 562.

2 one who speaks on another's behalf, spokesman, negotiator.

ipsum inter ~ores interfecit G. Mon. II 6; c**1213** decanus .. ab eo, qui pro nepote nostro loquebatur, quoniam ut ~orem habeat opus est elingui, quesivit .. contra quem appellaret archidiaconus ille Gir. *Ep.* 7 p. 244; s**1245** imperator .. discretos ac sollennes ad concilium suos procuratores et ~ores destinavit *Flor. Hist.* II 293; **1323** de provinciarum ~oribus et ductoribus qui per nundinas .. soliti fuerant concitare sediciones Wals. *HA* I 170; s**1381** mortuus est Walterus tegulator. clamabat autem comitiva: "quid facit rex cum nostro ~ore?" *Eul. Hist. Cont.* 354; dicunt quod Abraham fuit amicus Dei et Moyses fuit ~or Dei [ME: *Godys foregoere*] *Itin. Mand.* p. 74.

3 (leg.) advocate, pleader. **b** sponsor, guarantor; **c** (at baptism).

1203 R. dicit per J. de S. ~orem suum .. (*Assize R*) *Northants Rec. Soc.* V 117; **1239** licet rex cum omnibus ~oribus banci, quos narratores vulgariter appellamus, in contrarium niteretur M. Par. *Maj.* III 619; quamdiu querelans vel suus ~or dicat annum et diem convencionis *Reg. Aberbr.* I 255. **b** **1170** hujus venditionis .. ~ores et fidejussores et testes fuerunt Philippus de Cartrait .. *CartINorm.* 323. **c** aut baptizati ~or, seu sponsor Pull. *Sent.* 953B.

prolocutorialis [ML prolocutorium + -alis], (*locus ~is*, mon.) parlour, room for conversation with visitors.

1506 in loco ~i ejusdem monasterii *Melrose* 580.

prolocutorium [ML proloqui + -torium], (mon.) parlour, room for conversation with visitors.

1497 acta erant hec in ~io Melrosensi *Melrose* 594.

prolocutrix [CL proloqui + -trix], spokeswoman, advocate (f.).

quid est hoc, o domina comitissa? confecerunt magnates Anglie cartam et pepigerunt tecum, ut fieres eorum, quia eloquens es, advocata et ~ix? M. Par. *Maj.* V 336.

prologismus [προλογισμός], consideration, reflection, argument.

potest .. similiter argui de animabus et angelis .. adhuc .. et posset fieri similis ~us de hominibus integris in corpore at anima .. et de punctis corporum eorundem Bradw. *CD* 186D.

prologizare [προλογίζειν], to make or speak a prologue.

~are est prologum facere *CathA.*

prologus [CL < πρόλογος], prologue, introduction, preface: **a** (to speech); **b** (to written work); **c** (w. ref. to Jerome's prologues to the books of the Bible).

a tristem vultum pretendunt, ~um premittunt et a longe inchoant *AncrR* 24. **b** incipit ~us in librum monstrorum *Lib. Monstr. prol.*; antequam veniat ad titulum sequentis voluminis .. ~os .. aliquorum adactos inveniet, ut ei si facile non occurrerint spaciosa volumina, saltem ibi summatim reperiat Diceto *Chr.* I 19; de quo Beda in ~o historie Anglorum testatur M. Par. *Maj.* I 336; Boetius in ~o hypotheticorum syllogismorum Bacon *Tert.* 11; dividitur .. constitucio [sc. apostolica] in tres partes, viz. in proemium seu ~um, tractatum, et conclusionem Ockham *Pol.* I 294. **c** in primis de ~o Hieronimi in Genesi *Comm. Cant.* I *pref.* p. 298; Ieronymus .. in primo bibliothece ~o Gir. *TH* III 30; unde in ~is Biblie sepe obelus et acuitur penultima, cum tamen debet gravari Bacon *Tert.* 236; **1337** liber qui dicitur Brito super ~os Biblie *Lit. Cant.* II 146; beatus Hieronymus insinuat in ~o Biblie Ockham *Dial.* 500; **1510** Bruto super omnes ~os Biblie *Cant. Coll. Ox* I 48.

prolongabilis [LL prolongare + -bilis], that can be extended or prolonged.

corpus .. ~e usque in centrum *Ps.*-Gros. *Summa* 505 (v. dilatabilis).

prolongare [LL]

1 to lengthen (in space).

qui .. peccata peccatis .. accumulat quasi funiculos .. augendo ~at Bede *Hom.* II 1. 117; [lignum] quod .. tribus pedibus diximus brevius, .. aliis tribus pedibus factum est productius. sex enim pedum spatio ~atum est Gosc. *Transl. Mild.* 34; si .. constiterit Jordanum .. paxeriam .. in flumine B. .. ~asse, seu aliquid construxisse .. ex quo solitus cursus navium .. impediatur *RGasc* III 475a.

2 to prolong (in time), protract, extend; **b** (w. ref. to *Psalm.* cxix 5); **c** (w. ref. to *Psalm.* cxxviii 3); **d** (gram., of syllable).

796 non quod mortem meam optare velim sed ut vita illius ~etur Alcuin *Ep.* 114; Adonai qui ter quinos annos Ezechie regi ad vitam donavit, egrotanti Ludovico spacium vite ~avit Ord. Vit. XIII 18 p. 49; hodie incipit lux diei ~ari, umbra noctis adbreviari Hon. *Spec. Eccl.* 819A; alkymia operativa .. docet invenire talia que possunt vitam humanam ~are Bacon *Tert.* 40; **1274** ballivus .. ~avit distinccionem et equitavit illum equum ad mortem *Hund.* I 136b; s**1302** treuge .. fuerunt ~ate usque ad festum Pasche proximo sequens, sub spe pacis reformande *Ann. Lond.* 129; scrutinium ultra unius diei .. spacium nolumus ~ari *Mon. Francisc.* II 110. **b** ~atum diutius incolatum suum conquerens anima *Chr. Rams.* 99; incolatus meus ad hoc videndum ~atus est *Croyl.* 98. **c** rex .. Guillemus ~ans iniquitatem sibi W. Newb. *HA* I 2; s**1305** superabundante perversorum judicum malicia, ~ancium iniquitatem suam Rish. 225; ~antes iniquitatem suam *Cant.* 200. **d** bos, bovis, bovibus, cujus prima syllaba brevis, dum semper genitivus sincopam patitur, ~atur Abbo *QG* 38.

3 to postpone, delay; **b** (w. inf.); **c** (w. *quin*). **d** to keep waiting.

distulit, moram fecit, tardavit, ~avit .. *ylde, elcode GlH* D 715; frequenter .. super peccatis nostris sacerdotes consulere debemus .. et non per totum annum usque ad quadrigesimam peccati medicinam ~are Alex. Bath *Mor.* IV 18 p. 153; mors apostolici non diu ~ata tardavit eorum impetum W. Malm. *GP* III 124; **1236** quia oportuit ipsum terminum illum ~are .. et dixit .. quod voluit .. terminum elongare *BNB* III 160; isto itinerario deficiente ~atum est passagium usque ad festum nativitatis Sancti Johannis Baptiste in tres annos *Leg. Ant. Lond.* 131; componendi .. pacis federe prefixum ad oportune vacacionis tempus ~ato *Plusc.* VI 23. **b** s**1324** rex Anglie .. servicia .. debita facere ~avit *Meaux* II 348; c**1390** vobis

.. scribere hactenus ~avi, eo quod .. reditui vestri clerici indies expectabam *FormOx* 237. **c** omnes .. controversias .. motas a parte sua, super aliqua terra vel alia re, remittebat. nec .. multo post fuerat ~atum quin plures injurias per ipsum .. perpessi sumus, eo quod nos super .. possessionibus .. contra justitiam spoliare presumpserunt *Meaux* II 37. **d** c1250 vos ~avi quod denarios .. nondum persolvi *FormOx* 483; videns partem adversam indies roborari, potius elegit congredi quam ita in damnum suum ~ari *Eul. Hist.* III 223.

4 to remove, distance; **b** (pass., w. *ab* & abl.) to be removed, remote from.

c1192 ipsos canonicos .. a jure suo nullo modo ~are aut disturbare velitis *Ch. Chester* 243. **b** tantum fit longius quantum distat ab Ynacho Codrus, vel quantum ab occidente ~atur eous HERM. ARCH. 25 p. 61.

5 to remove, carry off (goods).

1384 octo dolia eorundem vinorum ~avit, abduci fecit *AncC* 43. 41; **1404** bona eorundem asportarunt, ~arunt, et detinuerunt *Lit. Cant.* III 80.

6 to dispossess (person).

1215 si quis fuerit disseisitus vel ~atus [cf. *Magna Carta* 52: elongatus] per regem sine judicio de terris, libertatibus et jure suo, statim ei restituatur *StRealm* 7.

prolongatio [LL prolongare+-tio], extension, prolonging.

a1120 (1232) dedi eis ~onem feriarum apud N. *CalCh* I 153; **1279** priori .. sine ~one, debita in quibus eidem tenemur .. solvatis *RGasc* II 67a; ~onis vite ad ultimos terminos naturales BACON IX 181; s1302 ~onem treugarum non scientes *Ann. Lond.* 129; in quibus duorum eleccio, viz. vite ~onis et ejusdem abbreviacionis, palam vobis offertur KYMER 3; non est .. tempus narracionis in spe firma celebrandi cum ~one dierum; presertim, cum .. semper ingruentis morbi michi feces minantur .. recidivum *Reg. Whet.* II 420.

prolongativus [prolongatio+-ivus], that delays or postpones.

medicina .. ~a GAD. 46v. 1 (v. prohibitivus 2).

prolongus [CL pro-+longus]

1 very or excessively long.

c1148 quorum nomina seriatim inserere ~um foret *Cart. Sallay* 2.

2 of oblong shape.

butyrum, lac, et caseus, prolongus et tetragonus, / hec sunt eorum fercula que ponuntur ad pocula *Eul. Hist.* II 135.

proloqu- v. et. prolocu-.

proloqui [CL]

1 to speak out, utter. **b** (p. ppl. in *s. pass.*).

haec et alia multa ~ens, sese solo sternebat FELIX *Guthl.* 52 p. 164; cepit .. abbati et monachis conviciari ... cum .. talia superbo spiritu ~eretur ELMH. *Cant.* 213. **b** verbis per intervalla dimidiatis potius quam prolocutis ovem unam sibi dari precabatur L. DURH. *Brig.* 55.

2 to announce, declare: **a** (foll. by direct speech); **b** (w. *quod*); **c** (w. indir. qu.).

a vociferans ac nimia cordis exsultatione ~ens "affuisti, pater carissime, affuisti" OSB. *Mir. Dunst.* 25 p. 159; Augustinus .. videbatur ~i inclamantibus leta rerum facie "ecce assum .." GOSC. *Transl. Mild.* 11. **b** **1194** hoc factum perambulavit et prolocutus fuit quod hoc malum et hoc dampnum ei contingatur per A. *CurR* I 57; W. de C. qui adamavit uxorem ejusdem Simonis prolocutus fuit quod ipsa debuit nodare filum ad suum pedem *PlCrGlouc* 60. **c** regis obitum inquirant, velocius redeant et quid factum sit ~antur OSB. CLAR. *V. Ed. Conf.* 5 p. 76.

3 to discuss, debate, negotiate, arrange (also w. *de* & abl.); **b** (in perf. tense *s. pass.*). **c** (impers. pass.) there was discussion, discussion took place.

c1120 totum *can* unius navis quam ~entur (v. prolocutio); facta inter me et te genitore meo ~ente convencione ORD. VIT. XIII 45 p. 135; **1257** ipse qui loquitur prolocutus fuit illud matrimonium *Reg. Gasc. A* II 491; postquam .. dicta sibi fuerint omnia quomodo sint agenda .. atque secrecius cum abbate de anima sua .. fuerint prolocuti .. generalem abbati .. faciant confessionem *Cust. Westm.* 225; obloqui, ~i *porparler Gl. AN Glasg.* f. 18ra; dicere .. debet .. scivisse ipsum accusatum proloquutum fuisse mortem regis *Fleta* 31; s1381 conducunt quemdam militem causidicum .. quia ipsimet propter maleficia sua .. non merebantur audiri, ad intercedendum et ~endum pro eis WALS. *HA* II 30. **b** **1201** die que prolocuta fuit inter ipsum comitem et H. .. coram abbatibus *CurR* II 47; **1217** convencionem prolocutam inter dominum .. regem .. et nos .. teneri faciemus *Pat* 109; **1241** prolocuta fuerunt maritagia que jam facta sunt *CurR* XVI 1487; **1264** cum inter nos et barones regni nostri .. quedam pacis federa nuper apud Lewes essent prolocuta *Cl* 389; **1266** domos .. habendas ad totam vitam ejus in forma inter dictos custodes et ipsum prolocuta *Cl* 217; **1333** quedam personam vestram concernencia, que inter nos .. modo privato nuper fuerant proloquuta *Lit. Cant.* II 6. **c** ita prolocutum est de pace prolocuta inter .. episcopos .. et nuntios domini regis GERV. CANT. II ci; **1241** quando prolocutum fuit quod ipsa debuit maritari Ricardo de P. *CurR* XVI 1465.

proloquium [CL]

1 utterance, statement.

ille ad tam inopinabile ~ium obstupescens GOSC. *Transl. Mild.* 22 p. 187; hinc contueri possumus illud Dei ~ium operibus adimpleri, ubi Dominus in lege promiserat unius anni fructus sua benedictione multiplicari R. COLD. *Cuthb.* 107 p. 242.

2 preamble, preface.

sermo .. ipsius de veritate supersit; .. de Dei gloria textus ~ium R. COLD. *Osw.* 45.

proludere [CL]

1 to carry out preliminary exercises or manoeuvres for a fight.

dum gloriabundus ~it ipsa securitate incautior, terebratus victoriam Anglis concessit W. MALM. *GR* II 228; laxatis .. nodis dimittuntur [tauri ferocissimi] per atrium ~ere, qui ante quicquid obstabat solebant cornibus et pedibus impetere *Id. GP* III 110.

2 (tr.) to practise, rehearse for.

ibi virtutem suam et militiam experiatur, ibi prelia ~at W. MALM. *GP* V 264; dum ipse incautior nocturnum furtum ~it *Id. Mir. Mariae* 204.

proludium [LL]

1 preliminary exercise, practice.

intelligentes sancto placere ~ium quo frequens exhiberet miraculum W. MALM. *GP* V 217; hec sunt Aldhelmi opera cotidiana, hec sunt virtutum ejus ~ia *Ib.* V 270.

2 prologue, proclamation of a forthcoming performance of a play.

a bane of a play, preludium, ~ium *CathA*.

proluere [CL]

1 (intr., of river) to flow, flow by.

fluvii circa civitatem .. ~entes *G. Steph.* 30; civitas .. aquis .. undique ~entibus inaccessa *Ib.* 70.

2 (tr.) to wash, bathe.

se proclinavit in amnes / potavitque libens et tempora proluit unda *V. Merl.* 1146.

prolumen [CL pro-+lumen], wick (for lamp).

1310 viij d. de j parvo mortario cum ~ine in camera vendito *Ac. Exec. Ep. Exon.* 7.

prolus v. proles.

prolutio [CL proluere+-tio], deluge, flood.

proluo .. unde .. hec ~o, -onis, et hec proluvies, -ei i. aquarum copia OSB. GLOUC. *Deriv.* 302.

proluvies [CL], ~ium

1 overflow, flood.

hec proluvies, -ei, i. aquarum copia, et hoc ~ium, -ii, i. aque inundatio OSB. GLOUC. *Deriv.* 302.

2 discharge.

aera proluvies corrumpit sordida NECKAM *DS* II 947 p. 394; †plumes [l. proluvies], caries, sanies, pus res eadem sunt GARL. *Syn.* 1589B.

3 (understood as) pouring forth, effusion, bountiful donation (by conf. w. CL *prolubium*).

~ium, indiscreta effusio. Terentius 'qua est hec tam subita largitas quod proluvium?' OSB. GLOUC. *Deriv.* 468.

proluxus v. prolixus.

promagister [CL], deputy master, pro-master.

1296 si magistri, ~i, vel prioris gracia suorum ordinum .. licencia vel assensus accederet *Reg. Heref.* 339.

promanantia [promanans *pr. ppl. of* LL promanare+-ia], flowing forth.

quod est receptivum influentie et ~ie non est ens extra materiam BACON VII 32.

promanare [LL], to flow or stream forth.

ostenditur .. quandam lucem spiritalem et divinam ~are a Deo et procurrere per omnia suaviter COLET *Cel. Hier.* 168; velut a perenni quodam fonte ~at MORE *Ut.* 37.

promanatio [LL promanare + -tio], flowing forth, emanation.

ut enim est ~o Trinitatis Dei in omnia, ita simul trium personarum quasi triplicitatum vel ad minima quaeque profusio est COLET *Cel. Hier.* 180.

promannuus [CL pro-+mannus 2+-us], as recompense for a man.

~uo censu peccata ad infernum trahunt seu tradunt ut sic diabolum ditent J. WALEYS *Schak.* 464.

promaritimus [CL pro-+maritimus], situated near the coast, coastal; (in quot. n. pl. as sb., coastal region).

~a, *sægeseotu GlC* P 599.

promatertera [CL =great-grandmother's sister]

1 maternal great-aunt, (~a *magna*) maternal great-great-aunt.

illis deficientibus, tunc vocantur ex parte matris frater proavi et proavie, vel soror, qui dicuntur proavunculus magnus et ~a magna BRACTON f. 68b.

2 aunt's grandmother.

~a mea, *minre moddrian eldremoder* ÆLF. *Gl. Sup.* 174.

promeare [CL pro-+meare], to proceed, advance; **b** (w. *in* & acc.).

per aera ista transcurrendo ~avi R. COLD. *Godr.* 155; s1093 evenit ut .. unus de principibus terre cum rege familiariter agens, ~antibus verbis in hoc, ut fit, sic ei inter alia diceret .. EADMER *HN* p. 35.

promercalis [CL], suitable or appointed for sale (of goods), (in quot. *dies* ~is, market day).

in die ~i, eo die quo omnia exponuntur publice emptoribus *Jus Feudale* 333.

promere [CL]

1 to bring forth, produce (also w. abl. or *de* or *ex* & abl.). **b** to serve (a drink).

nil fecundum stereli de viscere promo ALDH. *Aen.* 97 (*Nox*) 2; nam tu perpetuum prompsisti lumine lumen *Id. VirgV* pref. 24; dum promit germina tellus *Ib.* 165; gemitus cordis .. effunduntur, singultus dolentis anime ~untur BALD. CANT. *Serm.* 8. 6; do totum pueris, quod pervigilio / promo de pauperi sensus erario WALT. WIMB. *Palpo* 168. **b** *to birle*, ~ere, haurire LEVINS *Manip.* 142.

2 to bring into view or out of concealment, reveal.

arcana Dei verbis oracula prompsit ALDH. *VirgV* 252; sapientia .. / implevit sacrum pectus et ora Deo. / pectus eam voluit, vox protulit, actio prompsit W. MALM. *GR* III 284; nuda .. vitia manifeste ~ebat et occultorum conscios probrosis redargutionibus stimulabat ORD. VIT. VIII 27 p. 450; hoc mihi me revocans pia gratia verbere prompsit L. DURH. *Dial.* III 515.

3 to utter, express, declare (an utterance); **b** (substance of utterance); **c** (w. acc. & inf.). **d** (w. ref. to literary composition) to compose.

ecce, molosorum nomen mihi fata dederunt, / Argolicae gentis sic promit lingua loquelis ALDH. *Aen.* 95. 2; tunc aeger juvenis mutusque adducitur illi, / promere qui nullis poterat jam verba loquelis ALCUIN *SS Ebor* 1100; prumpsit, locutus est *GlC* P 824; hec .. ultro ori occurrebant exempla que ~ebat per temporum intervalla W. MALM. *GR* I 61; Henricus .. ingentes querelas contra utrumque fratrem ~ebat ORD. VIT. VIII 18 p. 378; rex sapiens in regendo, voce pressa verba ~ens STRECCHE *Hen. V* 147. **b** ipsa se nobis veritas liquidissimis labiorum ~at nectareis THEOD. *Laterc.* 1; nunc clara ingenito dicatur gloria Patri / nec minus et genito promatur gloria Nato ALDH. *CE* 3. 84; licet mihi .. meum ~ere desiderium ANSELM (*Ep.* 76) III 198; dulce sapit qui dulce canit, qui gaudia promit, / qui bona pro modulo disserit ampla suo L. DURH. *Dial.* IV 369. **c** alii .. sagacioris sententiae conjecturis ~ere coeperunt hunc ex divina dispensatione in perpetuae beatitudinis praemia praedestinatum fore FELIX *Guthl.* 8. **d** ex priorum .. scriptis .. ea quae ~eremus didicimus BEDE *HE pref.* p. 6; nequeam si promere dignos / laude tua versus ALCUIN *SS Ebor* 428; Normannorum gesta .. Normannis ~ere scripto sum conatus ORD. VIT. V 1 p. 301.

4 (p. ppl. as adj.) ready to hand, available. **b** (*pecunia ~pta* or sim.) ready money, cash in hand. **c** (*~ptum habere*) to be ready to. **d** (*in ~pto* as adv. phr.) readily. **e** in an improvised or unpremeditated manner, hurriedly.

1212 omnes naves .. ~ptas esse faciatis ad eundem in servicium nostrum *Steelyard* 13 (=*Cl* I 127b). **b** **1259** si forte pecuniam ~ptam ad presens non habeat *Cl* 431; **1275** emit de .. R. R. et R. T. unum equum pro xxiiij s. nec ipsos denarios ~ptos habuit ad solvendum *SelPlMan* 150; **1459** volo quod .. uxor mea .. et filius meus emant de bonis meis .. ita quod solvant .. in ~pta pecunia *Test. Ebor.* II 245. **c** ~ptum quidem habeo velle sanctos patrie me laudare sed destituit conantem scire et posse W. MALM. *GP* IV *prol.* **d** s**1433** ipso pro actibus suis remissionem regis in ~pto demonstrante *Plusc.* XI 6. **e** in ~pto missis undeque nunciis *Plusc.* IX 25.

5 **a** (of person) quick, ready, prompt to act (also w. abl. or *in* & abl.). **b** (w. ref. to speech) fluent. **c** (of quality) ready. **d** characterized by promptness.

a agmina tanta / venerat haud trepido contra rex pectore promptus ALCUIN *SS Ebor* 534; nec manu ~ptus nec consilio bonus W. MALM. *GR* I 4; secum duxit .. ~ptos et utiles librarios ORD. VIT. IV 18 p. 294; erat .. in militia ~ptus, in dando nimis prodigus, gaudens ludis *Ib.* VI 2 p. 4; ille sanctus abbas .. ~ptus in miraculis fuit (*Molua* 39) *VSH* II 220; **1257** ut ecclesiarum prelati ~ptiores et efficaciores existerent (*Bulla Papae*) *Reg. Newbattle* 229. **b** juvenis .. loquella ~tus BEDE *HE* V 2 p. 284; cui prompto gaudens respondit episcopus ore ALCUIN *SS Ebor* 157; qui sermone fuit nitidus sensuque fidelis, / ingenio calidus, promptus et ore suo *Id. Carm.* 99. 17. 6; potens in seculo et oris volubilitate ~ptus esset W. MALM. *GP* III 133. **c** **752** prompta voluntate .. emendare me velle spondeo BONIF. *Ep.* 108; **796** dum voluntas prumpta est in eo ALCUIN *Ep.* 115; ~pte audatie et impigri animi .. Edwinum W. MALM. *GR* I 48; utinam quam ~pta voluntas est, tam etiam sit presto facultas AILR. *An.* II 1; ~ptiori quadam velocitate predas persequuntur GIR. *TH* I 12. **d** in omnibus de negociis regni poscentibus ~ptum et utile consilium impertiebatur ORD. VIT. VII 16 p. 248.

6 (of person or thing) ready or prepared to or for, readily inclined to: **a** (w. dat.); **b** (w. *ad* or *in* & acc. or *pro* & abl.); **c** (w. inf.). **d** (w. *mente* or sim. as adv. phr.) readily.

a ventre castigatior, vigiliis et orationibus ~ptior .. nec in adolescentia incurrit culpam W. MALM. *GP* III 100; omnes .. ejus .. jussui se ~ptos exhibent ORD. VIT. VII 5 p. 167; Christus .. qui semper suis ~ptus auditor est, nobis .. auxilium prestolantibus celeriter auxiliatus est *Ib.* IX 11 p. 566. **b** ad caedem ~ptas protenderet manus GILDAS *EB* 18; hic decus ecclesiae, promptus in omne bonum ALCUIN *Carm.* 92. 2. 6; quia .. linguam ad benedicendum ~ptam haberet W. MALM. *GP* I 49; c**1156** devotum animum et ad obediendum domino †pronitissimum [l. promtissimum] *Cart. Glouc.* II 111; dictum est predictis Henrico et Nicholao qui alias †prouiti [l. promti] fuerunt pro abbettamento illius indictamenti quod tunc sint ibi calumpniaturi pro rege juratores *State Tri. Ed. I* 38; navibus .. anchoris illatis, erectis velis si ventus flaverit, ad navigandum prontis et paratis STRECCHE *Hen. V* 151; **1511** homines ad arma .. ~pti sint et parati ad deserviendum nobis *Foed.* XIII 300. **c** qui adversa .. ~ptus est sustinere BEDE *Acts* 964A; vestra largitas Lugduni ~pta fuit me conducere ANSELM (*Ep.* 262) IV 176; ~ptus erat aliena procaciter rapere ORD. VIT. III 12 p. 133; ~ptus est Deus ad se convertentibus dare indulgenciam (*Mochoemog* 18) *VSH* II 173; Ysaac non moritur cum sit promptus mori *Carm. Lew.* 347; **1299** quos ~pti sumus eidem marescallo liberare *MGL* II 135. **d** **780** quem quocumque quidem, Christo ducente, cucurrit, / prumptus mente pede jamque secutus eram ALCUIN *Carm.* 2. 8; omnipotentiam tuam, Domine, prumta mente confiteor *Nunnam.* 68; sollemnia recensemus, quae prumtis cordibus ambientes .. suscipimus *Rit. Durh.* 87; pauperibus Christi quod prompta mente dedisti ORD. VIT. VIII 9 p. 318.

promerere, ~eri [CL]

1 to deserve first or in advance.

promeruisse fidem sequitur meruisse salutem, / cujus et est meriti promeruisse fidem WULF. *Poems* 17.

2 to deserve, have a claim to, earn; **b** (supine); **c** (pr. ppl.); **d** (p. ppl.).

Oswaldus .. titulos non inferiores ceteris ~uit, nam .. monachorum regulam jure suo ampliavit W. MALM. *GR* II 149; hoc ejus nequitie ~uerunt ORD. VIT. IV 13 p. 259; non indigne laudem a dignis ~eri debuerat GIR. *TH* III 50 p. 196; non congruit .. largitati divine occasionem ~endi beatitudinem tollere GROS. *Cess. Leg.* I 4 p. 21; s**1326** fuit distractus, postea suspensus, deinde decollatus, qui humiliter et pacienter sustinuit omnia et fatebatur coram omni populo se graviora ~uisse *Ann. Paul.* 320; ~eor, A. *to deserve WW*. **b** pax Dei est omnium pacum optima ~itu et diligentia dignissima observatu (*Cons. Cnuti*) *GAS* 281. **c** te, sinagoga, que magno Regi olim electa fueras et dilecta, postmodum vero culpis tuis ~entibus repudiata es et abjecta, alloquor *Eccl. & Synag.* 53; alii .. ~entibus culpis usque ad mortem vinclis irretiti sunt ORD. VIT. XI 20 p. 231; ~ente industria .. inventus est dignus ut .. J. SAL. *Thom.* 4. **d** cor pharaonis ad propria revehens, plagas Egypti cernentis et in ~ita obcecatione perdurantis *V. Fridesw. B* 13; ut .. reciperet ~itam pro labore retributionem *Flor. Hist.* I 185.

3 (w. inf. or *ut* & subj.) to deserve to.

benedicta .. gens quae talem .. ~uit habere regem BEDE *HE* III 29 p. 196; quem senex Simeon veteris sub culmine templi / infantem venerans palmis portare sacratis / promeruit letus *Mir. Niniae* 431; confestim divina miseratione consolari ~uit WULF. *Æthelwold* 5; unde suavissimis superorum spirituum concentibus saepe interesse ~uit OSB. *V. Dunst.* 19; scio peccata mea ~eri ut servum Dei non possim contemplari ORD. VIT. VI 9 p. 70; s**592** inter cetera pietatis opera, Trajani quondam imperatoris animam .. a penis inferni ~uit liberare M. PAR. *Maj.* I 254.

promeritor [CL promerere+-tor], one who deserves.

Deus Paulum corone statuit ~orem BRADW. *CD* 353A.

promeritorie [CL promeritorius+-e], by merit.

constat enim, confirmatos in beatitudine consummata, non posse ulterius in merito proficisci, et si ~ie, posueris recte seu juste .. BRADW. *CD* 306D.

promeritorius [CL promerere+-torius], that earns merit; **b** (w. obj. gen.) deserving (of), worthy (of).

1207 qui .. sperat de ipsa [sc. obedientia] premium, ~iam exhibebit eandem (*Lit. Papae*) GERV. CANT. II lxxxvi. **b** c**1169** idem .. magnum et ei quod minimum videtur subintulit premium, ut doceret quoniam et minimi diligens observantia vite ~ia est J. SAL. *Ep.* 301 (281).

promicare [CL], to shine forth (also fig.).

promicat ecclesia pacato foedere nexa FRITH. 536; nil juvat principem arx lambens sydera, / .. / nil pulcris promicans auleis camera, / cum ferit Atropos ferali dextera WALT. WIMB. *Sim.* 124; ~o, *to shewe or shyne WW*.

promilitare v. promulgare.

prominentia [CL]

1 that which projects, projection, protuberance; **b** (topog.).

faciem totam ita tumor coequaverat, quod vix nasi ~ia, vix oculorum concava apparebant SENATUS *Wulfst.* 108. **b** a ~ia duorum lapidum de R. *Melrose* I 113; 'vadosos levat', i. e. in ~iam extendit TREVET *Troades* 65.

2 distinction, excellence, prominence.

1235 qui suorum ~ia meritorum .. apostolice sedis gratiam plene meruit obtinere (*Lit. Papae*) *RL* I 558.

prominere [CL]

1 to extend outward, project; **b** (pr. ppl. as adj.)

expansis cruribus erecti pedes ad coelos sursum ~ebant *V. Cuthb.* I 3; dum mihi .. de collo rubor tumoris ~eat BEDE *HE* IV 17 p. 246; lingua extra palati concavum ~eat W. MALM. *Wulfst.* II 9; oculis glaucis et ~entibus GIR. *EH* II 11 p. 327; unde hujusmodi volatilia generaliter habent pectus prominens *Quaest. Salern.* B 267. **b** archa .. a lateribus habens ostiola ~entiora R. COLD. *Cuthb.* 43.

2 to be imminent, threaten (*cf. imminere*).

1339 non dicet quod facimus de materia ista scutum contra eum qui nostro ~ebat capiti mortis ictum (*Lit. Regis*) W. GUISB. *Cont.* 323; s**1166** Henricus attendebat undique sibi bella ~ere, utpote habens contra se Wallenses BOWER VIII 12; cum omnes medici solius mortis exitum nobis ~ere promitterent *Feod. Durh.* lxxvi.

prominuere v. praemunire.

prominulus [CL], that projects or protrudes slightly.

audit Judaicum vulgus rancidulum / et labrum rabide rugat prominulum WALT. WIMB. *Carm.* 99.

promiscere [ML < CL pro-+miscere], **~uere,** to mix, mingle.

~ue vel ~e, i. conjunge, *gemenge GlP* 415; **11 ..** ~uo, -is, *entremetler WW Sup.* 67; ~eo, unde promixtus OSB. GLOUC. *Deriv.* 346.

promiscue [CL], without distinction, indiscriminately, all in the same way.

sunt ex iis que ~ue conjungi cum multis possunt LINACRE *Emend. Lat.* i.

promiscuus [CL]

1 that consists of members or elements of different kinds grouped together, diverse. **b** (of sound) confused.

quid .. tam impium .. est quam ad similitudinem Simonis magi, non intervenientibus licet interea ~uis criminibus, .. quempiam velle mercari GILDAS *EB* 67; dum calamitosa famis .. ~uum [*gl*.: i. commune, mixtum, *mistlic* vel *gemeind*, *gemenged*] Aegipti vulgus .. grassaretur ALDH. *VirgP* 38 p. 290; ~uus, -a, -um, i. mixtus OSB. GLOUC. *Deriv.* 346; quippe robur exercitus et vulgus ~uum ordinabitur in medio R. NIGER *Mil.* III 63. **b** ut .. sonum tamen adhuc ~uum in auribus haberem BEDE *HE* V 12 p. 306; viri .. qui vociferabantur ~uis vocibus *V. Edm. Rich P* 1818C.

2 (w. ref. to two alternatives) both; **b** (of sex). **c** (gram., of gender) common.

10 .. ~ui, *gehwæderes WW*. **b** quanta multitudo ~ui [*gl*.: utriusque vel gemini] sexus .. ad fidem catholicam .. confluxerit ALDH. *VirgP* 35 p. 278; Rodbertus .. xlv ~ui sexus homines extinxit ORD. VIT. XI 11 p. 205; conveniunt in campum die prefixo justiciarii et plebs innumerosa sexus ~ui pugiles quoque cum armaturis suis preparati *Mir. Wulfst.* II 16 p. 170; est alia insula ubi sunt ~ui sexus, viri et mulieres habentes membra genitalia utriusque [sexus] *Itin. Mand.* 140; multitudinem ~ui sexus aspiciencium ex fenestris et foraminibus *G. Hen. V* 15. **c** est epicoenon, quod Latine dicitur ~uum, pariter marem et feminam significans, in quo nec articulus variatur nec facile sexus deprehenditur, ut hic piscis, .. haec aquila BONIF. *AG*

479; *sum cyn is gecweden* epicena, *þæt is on Leden* ~ua *and on Englisc gemenget* ÆLF. *Gram.* 19; hic et hec aquila generis ~ui OSB. GLOUC. *Deriv.* 11; genus naturale in rebus est disposicio secundum quam contingit salvare speciem et sunt duo, masculinum a quo, femininum ad quod vel in quo, ~uum est quod in se utramque naturam gerit, sc. agendi et paciendi. . . sex . . in universo sunt genera: masculinum, feminum, neuter, ~uum, commune et omne *Ps.*-GROS. *Gram.* 39.

3 that affects everyone alike, indiscriminate.

vulgi promiscua strages FRITH. 465; illo . . anno quo obiit, ~ua febris plus quam dimidiam partem plebis depasta W. MALM. *GR* III 272.

promissarius [CL promissus *p. ppl. of* promittere+-arius], one who promises.

de munuscularilis et ~iis et quod promittere non expediat ad virtutem J. SAL. *Pol.* 497d.

promissio [CL]

1 promise, declaration, or assurance with respect to future; **b** (w. obj. gen.); **c** (w. *de* or *super* & abl.). **d** (transf.) the thing promised.

de ~one laici non debent moram facere, quia mors non tardat THEOD. *Pen.* II 14. 3; rex promisit se abrenuntiatis idolis Christo serviturum . . et in pignus ~onis inplendae . . filiam suam Christo consecrandam . . episcopo adsignavit BEDE *HE* II 9 p. 99; cui quum Juno regnum, Pallas virtutem polliceretur, ~one tamen Helene Venerem pulcherrimam judicavit ALB. LOND. *DG* 11. 20; **1262** super quibusdam condicionibus et ~onibus *Cl* 123. **b** hoc modo tractetur quoadusque humilitate . . et emendationis ~one . . misericordiam consequatur LANFR. *Const.* 165; ut . . vota quae fiunt sine ~one fidei et sacramento . . judicentur esse completa ANSELM (*Ep.* 468) V 417; cum multas ~ones tam terrarum quam stipendiorum multis inaniter emisset GIR. *EH* I 2. **c 1197** ~onem quam . . abbati et conventui Westmonasterii fecimus super pensione ecclesie . . scripto duximus corroborandam *Ch. Westm.* 481; c**1260** nisi vestra clemencia ipsum induxerit ad complendam frequentem ~onem suam in nos de bosco et pastina *Ann. Durh.* 187. **d 1321** propter loci distanciam et temporis brevitatem . . promiciones predictas facere non potuit *CartINorm.* 41.

2 divine assurance of future good or blessing, that which is promised by God; **b** (by Christ). **c** (*terra ~onis*) the Promised Land (w. ref. to Canaan or the Holy Land).

stat . . firma ~o veritatis qua dicitur, 'cum transieris per aquam tecum ero' [*Is.* xliii 2] BEDE *Cant.* 1214; asserebat . . hoc totum desiderium suum esse . . cum pauperibus Christi vivere . . ut ~onem quam suis Deus pollicetur posset habere ORD. VIT. V 19 p. 457; numquid Abraham in die illa aliquid de ~one Dei sibi vel semini suo deesse causabitur J. FORD *Serm.* 5. 4. **b** et sic secundum suam ~onem die Pentecosten [*sic*] dedit dona hominibus THEOD. *Laterc.* 22; ut ipsa ~o Dominici eloquii vos ad eternam festivitatem evocet, que dicit, 'venite ad me omnes qui laboratis . . et ego reficiam vos' W. MALM. *GP* I 32; tuus sermo, tua ~o est. promisisti dicens, 'et ego si exaltatus fuero a terra omnia traham ad meipsum' [*Joh.* xii 32] ELMER CANT. *Record.* 714C; tunc ~one dominica completa, qua dicitur 'linguis loquentur novis' [*Marc.* xvi 17] (*Abban* 13) *VSH* I 11; ut ~o Jesu Christi daretur credentibus J. FORD *Serm.* 14. 8. **c** ab Aegypto . . ad terram ~onis per medium mare . . patres cum liberisque reducens THEOD. *Laterc.* 21; in terra ~onis Israheliticus populus [sc. habitabit] *Comm. Cant.* I 438; ab exitu de Egypto usque ad introitum in terram Chanaan . . quousque ad terram ~onis pervenerunt AD. SCOT *TT* 671; terra Chaldeorum et terra Chanaan terraque ~onis triplicem statum nostre carnis designant BALD. CANT. *Serm.* 10. 8. 493; filii Israel quadraginta annos expenderunt in itinere trium dierum . . nec terram ~onis intraverunt P. BLOIS *Ep.* 16. 60B; iste Halaon conquisivit totam terram ~onis ad manus Cristianorum *Itin. Mand.* 132.

promissive [LL], as a promise.

notabis, hanc conjunctionem 'si' trifariam accipi: illative, ~e, et conditionate (GALBRAITH) *GLA* IV 259 n. 499.

promissivus [CL promissus *p. ppl. of* promittere+-ivus], that expresses a promise, (gram.) that pertains to the future tense (in quot. understood as mood).

[modus] ~us, per quem promittimus nos aliquid facturos, . . ut scribam, legam BONIF. *AG* 496; futurum, quod quidam ~um modum dicunt, cum adhuc nos agere pollicemur, ut docebo *Ib.* 499.

promissor [CL], one who or that which promises, promiser.

mendaces ~ores, invidiosos amicos . . cum acceperim ADEL. *QN prol.*; spectata fide ~oris sanitati restituta est W. CANT. *Mir. Thom.* II 82; ipse . . ~or est magnificus, et munificus retributor P. BLOIS *Ep.* 26. 92C; sperans adimplendum in proximo quod animus ~or futurum dictabat GIR. *PI* III 21; hoc ad falsos ~ores refertur, qui dicunt: . . "dabo, dabo" O. CHERITON *Fab.* 2; illa promissio non esset efficax, cum non oporteat dare optimum nec medium ~or, sed quidlibet dando foret satisfaccio WYCL. *Log.* II 62.

promissorius [CL promissor+-ius], that involves a promise, promissory.

juramentorum . . aliud ~ium ut de futura *Fleta* 334; juramentum quoddam est assertorium et quoddam ~ium. . . juramentum autem ~ium est quando juratur veritas de futuro, ut contingit in voventibus aut promittentibus WYCL. *Mand. Div.* 196.

promitorium v. promptuarium.

promittere [CL]

1 to send forth, in quot. to set out, display.

kalendarium subsequens fuit factum ad meridiem universitatis Oxon. . . ~ens unam tabulam cujus multiplex fructus patet ex suo titulo *SB* 5.

2 to promise, to undertake to give or perform. **b** to promise, give (a woman) in marriage. **c** (*sacramentum ~ere*) to take an oath. **d** (leg.) to undertake to prove. **e** (w. inf. or gdv.) to promise to; **f** (w. *ad* or *de* & gd.).

perpetuam Deo viduitatis castimoniam ~entem GILDAS *EB* 32; promittens dona puellis ALDH. *VirgV* 2203; quod dare non possis, noli promittere verbis ALCUIN *Carm.* 62. 23; quis omnia potest facere que ~it? W. MALM. *GP* I 44; c**1198** donec idem G. unam ecclesiarum nostrarum . . quam ei promisimus habeat *Ch. Westm.* 308; ~o, A. *to behote WW*. **b** ~itur virgo atque Eduino mittitur BEDE *HE* II 9 p. 98. **c** s**1135** quamvis promisisset sacramentum fidelitatis Anglici regni filie regis Henrici *Ann. Cambr.* 39. **d** ut qui nominant et ~unt *grithbreche* vel *hamsocnam* (*Leg. Hen.* 22. 1) *GAS* 561. **e** quid erga eum agere rex promisisset edocuit BEDE *HE* II 12 p. 108; siquis . . alium pro se mittere ~eret *DB* I 56va; illum [sc. populum] liberandum . . ~erem W. MALM. *GR* II 226; si tibi eo usque ~is attingere, . . tibi male blandiendo mentiris GIR. *GE* II 8 p. 205; **1262** de ducentis libris quas . . promiserat . . mittendas *Cl* 192; **1269** Robertus . . promisit solvendum . . Petro . . ducentas libras argenti *Cl* 130; s**1399** ~entes . . parere arbitrio eorundem (v. astringere 2b); **1420** promisit . . relevare et extunc de facto relevat *Reg. Cant.* I 51. **f** c**1377** cancellarius ad faciendum pro clerico vestro sicuti pro fratre suo in alto et basso . . promisit *FormOx* 383; c**1380** de exhibendo me ad scolas . . michi promisit *FormOx* 323.

3 to promise that: **a** (w. acc. & pres. or fut. inf. or ellipt.); **b** (w. *ut* or *quod* & subj. or fut. ind.).

a 705 utrisque ~entibus illam pactionis condicionem se observaturos WEALDHERE *Ep.* 22; oblita est . . fidei . . dominicae . . quam se die baptismatis servaturam esse promiserat BEDE *Prov.* 947; ~unt se non nulli oboedire veritati *Ib.* 976; nec vult nec potest cor meum oblivisci, quam certo non dico promisisti sed praedixisti mihi me posse expectare te redituram ANSELM (*Ep.* 76) III 198; ~ens efficaciores multo se gratias ei relaturum GIR. *TH* II 19 p. 103; **1305** octo libras . . Roberto . . per thesaurarium . . solvi ~imus *RGasc* III 481a; c**1447** ~ens se satisfacere Deo et ecclesie pro . . commissis suis *Eng. Clergy* 217. **b 825** abbatissa . . promiserat ut omne quod ei reddita non fuerat . . emendare voluisset (*Clovesho*) *CS* 384; promiserunt ei quod . . ipsi ad eum redirent ORD. VIT. III 3 p. 54; juravit rex, nisi puer promisisset quod esset secularis, martirium acciperet (*Abbanus* 6) *VSH* I 6; **1197** nos . . firmiter . . promissise predicto abbati . . quod . . ad luminare magni altaris . . quinque marcas argenti persolvemus *Ch. Westm.* 481; jactitando proposuit et promisit quod ab Anglia nos . . archipresul . . arceret GIR. *SD* 30; c**1221** ~o . . quod . . obvenciones . . faciemus . . deferri *Dryburgh* 21; **1253** ipsi promiserunt ei quod nunquam haberet inde malum, condicione quod reduceret eos ad damam *SelPlForest* 106.

4 (w. ref. to divine assurance or promise): **a** (of God); **b** (of Christ). **c** (*tellus* or *terra promissa*) the promised land.

a propter illum versiculum quod [*sic*] David jusjurando Deus promiserat dicens . .THEOD. *Laterc.* 14; hodie . . nobis coepit ostendere . . pietatem suam quam ante tot annos promiserat Abrahae, sc. quod in semine ejus benedicerentur omnes gentes [cf. *Gen.* xxii 18] AILR. *Serm.* 24. 1. 326; tota anima diligendus est Deus in promissis suis, qui magna nobis dedit, sed majora promisit BALD. CANT. *Serm.* 9. 22. 422; ergo ab eterno promisit, licet non esset creatura cui ~eretur GROS. *Quaest. Theol.* 205. **b** tunc maxime eos increpavit [Dominus] quando tanta illis promisit, sicut scriptum est, 'precepit eis ab Jerosolymis ne discederent, sed exspectarent promissionem Patris quam audistis . . per os meum [*Act.* i 4] AILR. *Serm.* 13. 10. 285; in prima angustia fuit homo antequam promitteret filius Dei quod ipse solveret pretium Patri pro misero homine T. CHOBHAM *Serm.* 6. 29vb. **c** usquequo promissae telluris regna capessit ALDH. *VirgV* 2481; introducit hominem in regnum promisse terre, in qua est Jerosolima R. NIGER *Mil.* II 46 p. 149.

5 to assert, declare (that something will happen), predict (an event) as certain.

jam enim ab hac hora numquam iterum in hoc saeculo sicut Paulus Effesis promiserat [cf. *Act.* xviii 21], nos invicem erimus visuri *V. Cuthb.* IV 9; vidit Dunstanum transitoriam prenuntiantem penam et futuram ~entem gloriam W. MALM. *GP* I 20; sicut comminando vir ille promiserat, sic anno contigit non completo GIR. *EH* I 40 p. 291.

6 (p. ppl. as sb. n.) promise. **b** (transf.) that which is promised.

alter, dum pollicita fefellisset, obeuntem gibbum amisit camellum, alius promissa [*gl.*: i. munera] complens asello sospite perfruitur ALDH. *VirgP* 37; cujus promissi et prophetiae veritatem sequens rerum astruxit eventus BEDE *HE* IV 27 p. 275; plura si diu viveret promisit sed morte preveniente promissa complere non potuit ORD. VIT. VI 5 p. 30; puella de thalamo juxta promissum exiens GIR. *GE* II 11 p. 226. **b 1221** sciatis nos recepisse . . mille sexcentas . . libras . . de auxiliis et promissis Hybernie *Pat* 296.

promontarium, promontorium, promonturium v. promunturium. **promossida** v. proboscis.

promotio [CL]

1 moving forward, advance (in quot. of army).

s**1138** de ~one exercitus ad Scociam *Meaux* I 119.

2 (act of) promotion to higher office or rank, advancement, elevation. **b** (w. gen., *ad* or *in* & acc.) promotion to; **c** (acad.); **d** (in fig. context); **e** (w. ref. to state or period after promotion, the fact or event as dist. from a process).

tres in mea ecclesia sese promoverunt episcopos, licet canonica eorum non sit ~o EDDI 30; promotiones, ordinationes, consecrationes, ecclesiarum dedicationes ORD. VIT. XII 21 p. 392; s**1077** Paulus . . creatus est in ejusdem domus abbatem. cujus ~o multum placuit archiepiscopo M. PAR. *Min.* I 23; s**1325** ut rex Francie . . et regina supplicarent domino pape pro ~one sua. . . tum . . consecravit eum . . papa in episcopum *V. Ed. II* 284; s**1447** ad episcopatum Glascuensem fuit translatus . . et infra duos vel tres annos post ejus ~onem defunctus est *Plusc.* XI 7; vetat . . ne ullus Archiepiscopus . . suas proles . . ad beneficia . . ecclesiastica . . promoveat . . . ~o aut provisio desuper concessa . . sit . . invalida *Conc. Scot.* II 155. **b** episcopis . . interdico ne tibi ullus eorum manus ad ~onem pontificatus imponat W. MALM. *GP* III 119; non minus obstupuit in tam subita ~one ad presulatum quam David reprobatis a Samuhele primogenitis fratribus in provectione ad regnum ORD. VIT. IV 11 p. 250; secundus tomus . . agit . . de ~one ejus in archilevitam . . et causa ~onis H. BOS. *Thom. pref.* p. 157; rex . . anulum demonstrans, ab episcopo acceptum in regni ~one G. FONT. *Inf. S. Edm.* 1. **c 1473** ~onem ad magistratus dignitatem *Lit. Cant.* III 261. **d** ut humiliatio carnis Verbi sit inclinatio, et exaltatio majestatis humilitatis sit ad alta promotio J. FORD *Serm.* 25. 6. **e 1156** te . . ab ipso ~onis sue tempore honoravit (*Bulla Papae*) ELMH. *Cant.* 411; hic ante tempora ~onis dum paulo inferior in regis curia militaret *Dial. Scac.* I 5P; unde contigit ut in ipsis ~onis sue auspiciis . . visus sit offendisse regem AD. EYNS. *Hug.* III 9; inter . . sue ~onis in archidiaconum initialia GIR. *RG* I 5; ceteri in eminentie cathedralis apicem sublimati . .

spatium vite productioris affectant. iste vero a primo sue ~onis ingressu, summo desiderio appetebat finem vite P. Blois *Ep.* 27. 94C; **1552** praebendae, rectoriae, vicariae, . . aut aliquarum aliarum ~onum, sive dignitatum spiritualium *Foed.* XV 311.

3 advancement, furthering (of affair, business, or project); **b** (w. *ad* & acc.); **c** (ellipt., ~*o terre sancte*) furthering of the matter of the Holy Land (w. ref. to Crusade). **d** (~*o Parliamenti*) opening of Parliament.

1289 ~onem operis pontis Agenni super Garonam incepti . . peroptantes *RGasc* II 442a; **c1210** prout ~oni operis ecclesie S. Werburge videtur expedire *Ch. Chester* 233; **1220** auxilium ad ~onem negociorum nostrorum faciatis *Pat* 254; **1267** non solum propter mala repellenda sed ad ~onem quorumcumque utilium Bacon *Maj.* I 402; ad predictionem et ~onem pacis *Ann. Paul.* 301; **s1383** turba que . . maxime steterat contra . . Crucis . . fidei ~onem, consentit . . decrevitque pro votis episcopi crucesignati Wals. *HA* II 84. **b** ~o ad vacandum studio Docking 119. **c s1195** admonuit . . papa . . omnes Anglie prelatos super ~one terre sancte, ut populus predicantes crucem fidelibus imponerent M. Par. *Maj.* II 412; de impedimento undique ~onis terre sancte M. Par. *Min.* I 454; quoniam cessat terre promotio sancte / armat dum populi pectus imago crucis Garl. *Tri. Eccl.* 70. **d** cancellarius . . monstrabit causas Parliamenti, primo generaliter, postea specialiter . . post ~onem Parliamenti rex debet predicare clericos et laicos *Mod. Ten. Parl.* (*Hib.*) 388.

4 advantage, welfare, improvement: **a** (of person); **b** (of community or sim.).

a ad . . puerorum sumptus, educationes et ~ones . . quanta sufficere posse putabis? Gir. *GE* II 23; **1272** quia desideramus ~onem burgensium nostrorum de C., volumus . . quod . . burgenses habeant imperpetuum nundinas S. Jacobi (*Chard*) *BBC* 250; tales nil cogitant de ~one subjectorum suorum solummodo de ~one eorum propria *Leg. Ant. Lond.* 151; Ethelwoldus . . petit a rege puellam tanquam pro ~one habenda, quia Ordgarus dux heredem non habuit corporalem nisi filiam illam *Eul. Hist.* III 18. **b 1215** pro utilitate et ~one domus nostre (*Eynsham*) *BBC* 45; **1226** quedam vobis significamus de ~one domus vestre [sc. abbatie] *Pat* 60; **1396** pro minutis expensis domini comitis de Carric, factis apud Abirden circa ~onem rei publice, in qua magnifice se habuit, iij li. ix s. iiij d. *ExchScot* 388.

promotivus [ML < CL promotus *p. ppl. of* promovere + -ivus], that which promotes or furthers (the welfare of), beneficial, helpful; **b** (w. gen., *ad* or *in* & acc.).

1303 ipsum favore prosequi ~o ejusque promocionem . . pro viribus procurare *RGasc* III 414a; **c1400** epistolas ~as *FormOx* 207; **1403** vestra serenitas dignetur attentius audire, nostrosque subditos pauperes sub alis defense regalis tueri auxiliis ~is, ne tam dampnabilem jacturam suarum rerum . . incurrant *Foed.* VIII 305; **1407** regi . . fautori nostro ~o benigno *Lit. Cant.* III 101. **b 1296** sicut ipse [sc. Deus] novit sibi esse acceptum et sue ecclesie et clero honorificum et salutis nostre anime misere ~um vel saluti nullatenus retardativum (*DC Cant.*) *HMC Rep. Var. Coll.* I 263; quecumque imperatori sive suis in complacenciam cedere possent . . seu aliis quantumcumque preciosis, in ipsorum gaudia seu solacia ~is, . . a regis famulis . . ministrantur *Ps.-Elmh. Hen. V* 31 p. 76; pro tanto reipublicae ~o commodo *Ib.* 40; illud succincto sermone percurrere in antecedens ad quedam subsequencia creditur ~um *Ib.* 83.

promotor [ML < CL promotus *p. ppl. of* promovere + -tor]

1 one who promotes to higher office, rank, or degree; **b** (acad.).

cujusmodi sunt scripture sacre impugnatores et . . personarum inhabilium ~ores et omnino capientes istud officium et post ejus accepcionem negligentes Wycl. *Ver.* II 176. **b 1469** volentes promoveri ad licentie sive magisterii gradus . . . ~ores quam promovendos . . ab observatione juramentorum . . absolventes *Mon. Hib. & Scot.* 46oa.

2 one who advances or furthers (affair, business, or project); **b** (w. ref. to peace or discord); **c** (w. ref. to king's affairs). **d** (leg.) one who prosecutes a case. **e** (acad., Scot.) university finance officer. **f** officer of guild.

1261 negotii ~ores *RL* II 190; operis incepti ~or sollicitus Oxnead *S. Ben. Holme* 292; **1425** comparuerunt . . ~ores officii dicti reverendissimi archiepiscopi contra fratrem W. predictum assignati et deputati, ac . . articulos in memorata causa . . ad promovendum officium . . in scriptis proposuerunt *Reg. Cant.* III 126; **1426** magistrum R. C. . . procuratorem sive ~orem cleri . . ad promovendum officium . . archiepiscopi contra . . fratrem W. R. . . de crimine heresis suspectum . . deputatum *Conc.* III 454a. **b 1239** scimus vos esse . . amatorem, inchoatorem, . . pacis ~orem Gros. *Ep.* 79; **s1386** pacis condiciones . . quarum prolocutor et ~or erat dominus T. P. *Chr. Angl.* 369; **s1325** magnus dissidii suscitator et ~or Wals. *HA* I 178; **s1404** minister ordinis, turbulentorum fratrum consilio instigatus, et ~orum suorum imperitorum numero roboratus *Eul. Hist. Cont.* 403. **c 1283** senescallos . . judices, castellanos, ~ores, procuratores, defensores, consiliarios et alios servitores, quibus indiguerit ad dictum ducatum nostrum custodiendum et regendum *RGasc* II 198b; **s1294** in curia Romana procurator et precipuus negociorum . . regis . . executor extiterat et ~or Fl. Worc. *Cont.* C II 274; **1316** defensorem et ~orem jurium nostrorum in tota senescalcia Landarum in ducatu predicto [Aquitanie]. . . concedimus quod . . P. remaneat et sit defensor et ~or seu procurator jurium nostrorum *RGasc* IV 1785; **1448** W. Gray . . tui in Romana curia procuratoris . . . procurator . . tuus semper fuit ~or tue voluntatis; et diligenter . . fecit que videret te cupere (*Lit. Papae ad Regem*) Bekynton I 158; **1484** gratuita servicia que . . magister Willelmus Biller notarius . . impendit . . contemplantes . . constituimus ipsum magistrum Willelmum ~orem nostrum omnium et singularum causarum tam civilium quam criminalium *Pat* 554 m. 18. **d 1392** per magistrum fratrem J. P. ordinis Predicatorum, tanquam per ~orem officii domini Cantuariensis . . de tribus articulis . . accusatus *Ziz.* 343; **1425** probare intendit ~or et instigator *Reg. Cant.* III 128 (v. instigator 2); **1426** ad dicti magistri J. de S. ~oris et instigatoris nomine quo supra promotorio instantem peticionem *Reg. Cant.* III 144; si judex intendit procedere [in causa contemptus] ex officio mero, tunc assignabit aliquem procuratorem suae curie in ~orem necessarium officii sui . . sed si judicis officium fuerit promotum per voluntarium ~orem [etc.] *Praxis* 53 (*recte* 63). **e 1482** de eleccione ~oris universitatis et ejus officio. . . eligatur ~or . . qui tractabit singulas causas universitatem concernentes *Mun. Univ. Glasg.* II 9. **f 1389** clavem principalem custodiat custos . . et duas alias claves duo ~ores qui pro tempore fuerint ad hoc electi *Rec. Gild Camb.* 83.

3 supporter.

c1212 insurgit in nutritorem suumque sibique tam proficuum totis querit prosternere nisibus ~orem Gir. *Ep.* 5 p. 202; **1215** quo sibi ut credebat tanquam ~ori suo magis tenebatur obnoxius W. Coventr. II 228; **1305** [Robertus cardinalis] praefati ordinis . . ~or assiduus *Melrose* I 349; habuit iste ~orem suum, qui multis de conventu dona obtulit, si accipere voluissent Graystanes 34; **1403** gloriosissimo principi . . serenissimo fautori et ~ori nostro gracioso *Foed.* VIII 297.

promotorius [ML < ML promotor + -ius]

1 concerned with moving or urging forward; (in quot. as sb. n.) goad.

~ium, A. *a prychel WW*.

2 (leg.) concerned with prosecuting (a case).

1426 comparuit in judicio . . mag. Johannes . . promotor et instigator, ~io nomine *Conc.* III 453b; **1426** nomine . . ~io (v. promotor 2d).

promotrix [ML < CL promotus *p. ppl. of* promovere + -trix], one who or that which promotes or furthers, promoter (f.).

1337 per ipsam universitatem ad magistratus honorem . . promotus extitisset gratitudinis tamen delictum ingrate preteriens ipsam ~icem quam pro viribus subvertere sit conatus inducens immo seducens scolares quamplures *Collect. Ox.* I 16; **s1376** Alicia . ., ~ix ejus negociorum, . . sentencias definitivas pro causis suis ibidem publice a judicibus petere non timeret *Chr. Angl.* 96.

promovere [CL]

1 to (cause to) move (forward). **b** (p. ppl. as adj., transf.) advanced. **c** extended.

possunt . . articuli singuli . . movendo plicari . . et quovis dirigendo ~eri R. Cold. *Cuthb.* 42. **b** unum ex pueris aevo et animo promotiorem Gosc. *Transl.*

Aug. 38C. **c** si apud regem promociorem justiciam habeat (*Leg. Hen.* 14. 4a) *GAS* 559.

2 to incite, induce, urge; **b** (w. *ad* & acc.).

1450 his et aliis . . persuasi, promotique piis considerationibus . . perdonamus . . Johanni . . offensas *Lit. Cant.* III 206. **b** quem ad lectionem longe ante ~erat Asser *Alf.* 106; opinati sunt . . maligni Anselmum . . hoc more terrendum atque ad explendam regis voluntatem . . illico ~endum Eadmer *HN* p. 51; Dominus . . aspera dirigit in vias planas . . ut ad perseverantiam ~eat fatigatos, quos in stadio discurrentes bravii dilatio suspendit Diceto *YH* II 144; **1222** rex . . omnibus fidelibus suis Hibernie, salutem . . justiciarium nostrum et . . Johannem ad omnia agenda nostra expedienda ~eatis et eis sitis . . auxiliantes *Pat* 365.

3 to promote to higher office or rank, elevate, (eccl.) to appoint to a benefice (w. *in* & abl.); **b** (w. *ad* or *in* & acc.); **c** (acad., also p. ppl. as sb. m.). **d** (*ex officio promoto*) by virtue of both the office and one's appointment to it.

1217 ne permittatis . . quod aliquis Hiberniensis . . eligatur aut ~eatur in aliqua cathedrali *Pat* 23; in episcopatu Dunkeldensi . . fuit promotus dominus Alexander de Lawder *Plusc.* XI 7. **b** ad ordinem presbyterii promotus est Bede *HE* III 23 p. 177; sciebam, inquit, fratres, ante paucos dies me licet indignum ad celsitudinem hujus ordinis in proximo ~endum *V. Gund.* 48; Wilfridum ad presbyteratus officium ~it Eadmer *Wilf.* 8; placuit ei, ut ~erer in archiepiscopum . . me id non volente A. Tewk. *Add. Thom.* 10; **1220** placuit eidem S. postnato filio melius ~eri in ecclesiam illam quam uxorem ducere *SelPlCrown* 136; prohibitum est ne quis . . illegitimus ad dignitatem ~eatur *Flor. Hist.* II 371; **1309** clericum . . ad competens beneficium ~ere *Lit. Cant.* I 33. **c 1409** nullus . . conferat promoto ad viginti marcas . . nisi . . ille, cui conferre disposuit . . magister ejus fuerit *StatOx* 204; **1516** neque licebit . . ulli incorporato . . in aliqua facultate presentare quousque realiter promotus fuerit ad aliquem alium gradum *Ib.* 333. **d** ex officio mero vel promoto *Rec. Gild Camb.* 74 etc. (s. v. merus 3c).

4 to further, advance (affair, business, or project).

[musica] religiosis pias fovet et ~et intentiones Gir. *TH* III 12 p. 155; putatis in susceptione mitre, sandaliorum et annuli vestri monasterii dignitatem plurimum ~isse P. Blois *Ep.* 90*. 284B; **1340** domino J. F. pro expensis suis eundo London' ad parliamentum ad prosequend' et ~end' negoc' domus de C., vj li. xiij s. iv d. *Ac. Durh.* 537; **1595** religiosum conatum et opus ~ere, adjuvare, et stabilire . . cupiens *Pat* 1431 m. 17.

5 to promote or further the interests of (person or community). **b** (leg.) to provide for (children in anticipation of provisions of will).

c1192 (1283) eam [sc. domum hospitalem] pro Dei amore et nostro, in quantum poteritis, ~ere studeatis (*Pat*) *Ch. Chester* 221; **1220** aliquando fuit inde seisita et demisit se ut ~eret Robertum filium suum *CurR* IX 369. **b 1376** quod cum secundum consuetudinem civitatis London' a toto tempore extitit usitatio quod cum aliquis . . decesserit et habuerit uxorem et liberos non promotos quod tunc uxor ejus habeat terciam partem omnium bonorum . . defuncti et si habuerit liberos promotos quod tunc uxor ejus habeat medietatem omnium bonorum *Pl. Mem. Lond.* A21 6b.

6 to cause to happen; **b** (war or sim.).

nichil, quantum ad legationem, hac ~it industria W. Malm. *HN* 519 p. 73; hortamur quatenus ipsi hanc ultimam voluntatem et dispositionem nostram . . ~eant ad executionis effectum (*Test. Hen. V*) *EHR* XCVI 98. **b s1166** rex . . attendebat sibi bella ~eri *Plusc.* VI 22 (cf. Bower VIII 12: attendebat undique sibi bella prominere).

prompator v. promptator.

promptator [cf. ME *prompten*, 2 promptus + -ator], one who incites to action, instigator, prompter.

c1400 causa hujus constitucionis est pro eo quod servientes veniunt sepe ad civitatem et in ea libenter expectare vellent si mali consiliarii et promp[t]atores non essent *Mem. York* I 195.

prompte [CL]

1 without difficulty, readily.

quod loca non ponantur nimis obscura, quia tunc non faciliter nec ~e a memoria capientur BRADW. *AM* 13.

2 unhesitatingly, eagerly, willingly.

catholicam .. observantiam .. promtissime ac libentissime .. patefacere BEDE *HE* V 21 p. 333; obprobria pro illo libenter ac promte omnia sufferre *Ib.* p. 343; cunctis affabilitatem ostendebat, benigne si quid orabant concedebat, ~e si .. suggerebant auscultabat ORD. VIT. IV 4 p. 178; lapides .. ~ius et expeditius ad manum habent GIR. *TH* III 10 p. 151; ~issime subsequentes *Id. EH* I 24 p. 269; sola igitur prodicione, magistro vestro dicante et natura perversa se promte ad hoc applicante, precellere studuistis *Id. SD* 32.

promptificare [ML < 2 promptus + -ficus + -are], to make ready, prepare, (refl. & pass.) to be ready; **b** (w. inf.); **c** (w. *ad* & acc.).

nec viliter deses efficiaris in adversis qui te tam viliter ~abas in prosperis E. THRIP. *Collect. Stories* 204. **b** crebro se pro filiis liberis obicere ~avit persecutoribus *Id. SS* III 30; sed et hoc, ut auguror, quod eleganter asserit idem cachynnator ut indiscretus de facili fores ridere ~atus *Ib.* IV 18. **c** ad eum variis tormentorum cruciatibus se raptim ~at interficiendum E. THRIP. *Collect. Stories* 196; ordinariam tam detestabilis se ~are transgressionis ~avit ulcionis ad execucionem *Id. SS* II 19.

promptificatio [ML < promptificare + -tio], readiness, alacrity.

qui, quo tardius iter arrepturi surrexerint, morosam velocitate vegetique segniciem ~one pensare pergunt E. THRIP. *SS* VI 1.

promptim [LL], quickly.

venti sed fremitus .. / chrismate quod dederim promptim lenire memento BEDE *CuthbV* 151; prumptim concurrite cuncti ALCUIN *Carm.* 109. 1. 8; surgite nunc prumptim terrae de pulvere fratres *Ib.* 109. 15.

promptio [CL promptus + -io], ready proffering, swift production.

princeps .. debet dona tribuere .. indilata ~one et hilari jocunditate J. WALEYS *Commun.* I 3. 8.

promptitudo [LL]

1 readiness, eagerness, willingness (often in epistolary salutation); **b** (w. gen.).

1269 regi .. suus .. clericus Johannes .. salutem cum omni ~ine famulatam *Cl* 174; 1443 ut ego infelix, qui omni ~ine dominis .. obsequor, qui omni .. solicitudine illorum .. honorem curo BEKYNTON I 177. **b** domino .. archiepiscopo frater Λ. obedientialem famulatus supplicissimi ~inem AD. MARSH *Ep.* 5; 1301 episcopo .. [J.] abbas .. salutem et seipsum cum omni ~ine complacendi *Chr. Rams. app.* p. 371; salutem et devotam ~inem obsequii, reverencie, et honoris *Cust. Cant.* I 17; 1337 quicquid poterunt .. cum omni promptitud[in]e .. complacendi *Collect. Ox.* I 36; statim erigi fecit veli virgam in medium mali, ut simul suam ~inem velandi ostenderet G. HEN. V 3; 1442 cum continua ~ine complacendi *Pri. Cold.* 139.

2 (w. ref. to performance of task) promptness, quickness.

1259 ea [negocia] fecimus ~ine sollicita expediri *Cl* 469; 1262 affectio quam fideles nostri habent erga nos per ~inem operis .. evidenter appareat effectu *Cl* 143; 1266 habere faciatis .. duci .. mille marcas .. ita quod .. ~ine vestra reputat se contentum *Cl* 263; 1304 ut .. Stephanum vestre societati laudabili cum ~ine adjungatis *FormOx* 9; 1309 facere cum omni ~ine quod negastis *Lit. Cant.* I 34.

3 ready competence, facility.

Cornubie subdiaconus .. idiomatis Anglici carens ~ine AD. MARSH *Ep.* 34.

promptuarium [CL]

1 store-room (esp. for food and drink), repository; **b** (w. ref. to building in which beer is brewed).

prumtuarium, cellarium *GlC* P 811; quis repplet cellaria sua sive ~ia [AS: *hedderna*] sine arte mea? ÆLF. *Coll.* 98; ~ium, cellarium, penu, repositorium OSB. GLOUC. *Deriv.* 484; quicquid aut in culina paretur aut congestum sit in ~io aut in mensa resplendeat

J. SAL. *Pol.* 737A; s1176 quicquid etiam vel in horreis, vel in cellis vinariis, vel in ~iis, regiis usibus insularii reservaverant DICETO *YH* I 407; s1252 quia non invenit potum cum sitiret, nisi cervisiam, violenter ostia ~ii, que fortia erant et repagulata, cum magno tumultu confregit M. PAR. *Maj.* V 343; ~ium, *spence* or *botrye* WW. **b** promitorium, Anglice *a brewhouse* a novo reedificavit *Hist. Durh.* 156.

2 (transf. or fig.).

cujus assertioni quia in tantum fidem accomodasti ut ~io memoriae verba ex integro reconderes ABBO *Edm. pref.*; ut ex pectoris nostri ~io victurum .. amicitie pignus contineant W. MALM. *GR* IV *prol.*; ut mater misercordie de suo ~io plenum miserationum sibi salutis poculum propinaret, profusius obsecrabat J. FURNESS *Walth.* 114; pura .. substantia sanguinis .. preparata ab epate tanquam a bono dispensatore corporis a pleno nature prontuario elicita, omnibus membris venatim transmittitur RIC. MED. *Anat.* 226; ut dicam brevius, potus et pastio / Marie promitur de promtuario WALT. WIMB. *Carm.* 131; Paradisus .. omnium bonorum ~ium, universe pulchritudinis, letitie et gaudii repletus *Eul. Hist.* II 12; s1385 schismatis instaurator, mendacii ~ium .. J. Wyclef WALS. *YN* 340; s1389 perfidie promptuarium, sentina avaritie .. Michael atte Pole *Id. HA* II 187.

promptulus [LL]

1 ready to act, prompt, quick; **b** (of abstr.) characterized by quickness.

tuis ~us respondeo interrogationibus ALCUIN *Rhet.* 1; turpe est .. regem in convivio esse dicaculum, nec esse in prelio ~um W. MALM. *GR* II 156; ~us, -a, -um, i. aliquantulum promptus OSB. GLOUC. *Deriv.* 459; vir .. ~us in responsionibus bonis GIR. *RG* II 9 p. 58; discurrit impiger vadens et veniens, / minister promptulus plus equo serviens WALT. WIMB. *Palpo* 112. **b** dixeris ea ut libet, et fuerint vel nimis ~o subitaneoque elapsa affectu vel provida deliberatione prolata G. HOYLAND *Ep.* 2. 291B.

2 (w. *ad* & acc. or inf.) quick, readily inclined (to).

801 utinam tam utilem in domo Dei servulum, quam prumptulum vestrae obedire voluntati ALCUIN *Ep.* 229; vides hominem ~um ad loquendum [cf. *Prov.* xxix 20: velocem ad loquendum] AILR. *Spir. Amicit.* III 30. 683; abbas promtulus valde ad conserendas contumelias W. DAN. *Ailred* 37; puer promtulus .. ad velle quicquid volueris DEVIZES f. 39r; tam ~us statim ad revertendum fuit GIR. *SD* 8.

1 promptus v. promere.

2 promptus [CL]

1 readiness: **a** (in ~u *habere* to have ready to hand, available, at one's disposal). **b** (in ~u *haberi* or *esse*) to be available; **c** (in ~u *esse* w. inf.).

a dum .. quicumque lectionibus sacris cuperent erudiri, haberent in promtu magistros qui docerent BEDE *HE* IV 2 p. 205; habuit .. filiam cujus nomen scriptum non in ~u habeo W. MALM. *GR* I 126; 1159 quod in ~u habeo proferam J. SAL. *Ep.* 111; mundum universe mundique causas vel mente percurrere et omnia in ~u habere GIR. *TH intr.* p. 7; 1282 quia non habeo pecuniam in ~u ad perficienda legata, volo quod omnes reditus meos quos habeo .. vendantur .. ut testamentum meum compleatur *Osney* I 412; simplices et pauperes copiam librorum non habentes in ~u J. MIRFIELD *Brev.* 94. **b** quoniam de situ et institucione loci nostri .. aliquanta jam memorie commendata, ad posterorum monimentum, nobis in ~u habentur *Chr. Battle* f. 8; [gratia] semper tibi erit in ~u tuos suppletura defectus et salutares prestitura profectus P. BLOIS *Serm.* 774C; cum panes baccilibus argenteis ibidem in promtu sit *Cust. Cant.* 113. **c** ut cunctis qui aliquod capitulum de utrolibet Testamento legere voluissent in promtu esset invenire quod cuperent *Hist. Abb. Jarrow* 20; manent omnes cruces .. quarum unam in claustro .. in ~u est videre W. MALM. *GP* V 230.

2 (in phr. ~um or in ~u *habere* or *esse* w. inf.) to be ready to.

1259 ecce in ~u sumus sollempnes nuncios nostros ad vestram destinare presenciam *Cl* 469; hec est .. sentencia ut in ~u habeo omni poscenti homini declarare PECKHAM *Kilw.* 125.

3 (in ~u) in the open, in plain view. **b** (w. *esse*) to be evident, obvious; **c** (foll. by inf. or cl.).

promo .. per compositionem inpromptu indeclinabile, i. in aperto OSB. GLOUC. *Deriv.* 459. **b** circumspicite, exempla sunt in ~u; .. satis patet, non eget dictu ANSELM (*Ep.* 248) IV 159; quod cuivis gesta legenti Anglorum in ~u est W. MALM. *GP* III 112; responsio in his omnibus sufficiens in evidenti est et inductio manifeste probationis in ~u P. BLOIS *Serm.* 756A; 1284 mandamus ut .. ubi dilapidatio est impromptu .. eorum fraudulenciis obvietis PECKHAM *Ep.* 512 p. 671. **c** in promptu est autem intelligere quomodo de manu hominis requirat Deus BEDE *Gen.* 108C; non .. in ~u mihi est quid respondeam ANSELM (*CurD* II 18) II 128; legenti vitam Karoli in ~u occurrit quod sermo meus a vero non exulat W. MALM. *GR* I 68; verba tua .. quam vana sunt et superflua satis in ~u est W. S. ALB. *V. Alb. & Amphib.* 13.

4 in an improvised or unpremeditated manner, hurriedly.

callidi .. obsessores in fabrili fornace que in ~u structa fuerat ferrum missilium calefaciebant ORD. VIT. VIII 13 p. 341.

promt- v. prompt-. **promturium** v. promunturium. **promulada** v. promulsis.

promulcare [CL promulcum + -are], to tow (a ship).

~are, navim ducere OSB. GLOUC. *Deriv.* 480.

promulcere v. permulcere, promulgare.

promulcum [CL], **~us,** tow-rope.

promulcus, funis cum quo navis ducitur OSB. GLOUC. *Deriv.* 480.

promulcus v. promulcum.

promulgare [CL]

1 to proclaim, promulgate (law, edict, judicial sentence); **b** (w. acc. & inf.). **c** (w. *in* & acc.).

regis decreta .. mutantur et aliter legem ~are [gl.: i. statuere, *gewidmærsian*, ~are, proferre] putantur ALDH. *VirgP* 18; promulcet [l. promulgat] legem, profert *GlC* P 748; ego praesens adfui, quando istam sententiam apostolicus ~avit ANSELM (*Ep.* 410) V 355; legem in totam ~avit Angliam, qua eum .. coli pro sancto preciperet W. MALM. *GP* V 269; si sentancia divorcii fuerit inter eos ~atura *Fleta* 341; sentencias latas in A. .. irritas ~averunt GRAYSTANES 19; s1341 ut .. ipsi .. in suis dioecesibus .. sentencias publice †promilitarent [MS: promulgarent] WALS. *HA* I 240. **b** edictum per provintiam ~atur Urbanum apostolicum deberc dici et credi W. MALM. *GP* I 49; ~ando peccatores esse excommunicationi subdendos OCKHAM *Pol.* I 34. **c** in delinquentem excommunicatio ~atur W. MALM. *GR* II 175; iratus contra papam quod excommunicationem in eum propter investituras ecclesiarum ~averat W. MALM. *GR* III 263; 1258 perdonavimus eidem Rogero utlagariam in ipsum ~atam pro transgressione predicta *Pat* 72 m. 16.

2 to make known, declare, publish; **b** (w. indir. qu.).

certius idcirco promulgat tempora Christi / omnibus antiquis praesaga voce prophetis ALDH. *VirgV* 327; cum suos .. ecclesia catholica .. doctores semper celebrare non cessat .. eisque [l. eosque] scriptis memorialibus ~et in posteros V. Greg. p. 75; fortasse, o lector, ambiges .. cur .. actus Sueini, strenuissimi regis, ~averim *Enc. Emmae arg* p 6; insula que nuncupativo usu ab incolentibus Ramesia ~atur *Chr. Rams.* 182; Ricardus Cornubiensis .. Parisius .. errores .. ~averat BACON *CS Theol.* 52; non est verisimile quod ipse sustinuisset saltem in Avinione de se tam periculosam infamiam suscitari et publice ~ari OCKHAM *Pol.* III 39. **b** deinde miro omnibus modo qualiter doceat similiter ~avit *V. Greg.* p. 109.

promulgatio [CL]

1 (act of) making known, publication, dissemination (w. obj. gen.).

ad eorum errorum ~onem *Ziz.* 306.

2 official proclamation.

725 ab .. archiepiscoporum .. ~onibus et perturbationibus *CS* 142; in constitutionibus principum, magistratuum edictis aut ~onibus J. SAL. *Pol.* 544D.

promulsis [CL]

1 sauce.

hec promulada, *grovy WW*.

2 beverage made of (ale and) honey.

a bragget, drink, ~is, -idis, haec LEVINS *Manip.* 86; *meade, drinke*, ~is, -idis, hic *Ib.* 205.

promulsorium [CL promulsis + -orius], room in which one takes refreshment.

~ium, pransorium, cenaculum OSB. GLOUC. *Deriv.* 472.

promun(c)torium v. promunturium.

promuntoriolum [CL promunturium + -olum], small promontory.

Cornwallia .. Britannica lingua .. *Kernaw* dicitur, eo quod in cornu tenuatur et in altum promontoriolis quasi cornibus undiquaque excurrit. .. minime mirum .. hunc tractum qui .. promontoriolis quodammodo cornutus, Kernaw .. appellatum CAMD. *Br.* 147.

promunturium, promuntorium, promontorium [CL]

1 piece of land projecting into the sea, headland, promontory.

exceptis diversorum prolixioribus promontoriorum tractibus quae arcuatis oceani sinibus ambiuntur GILDAS *EB* 3; oceanus .. / pulsabat promontoria (ALDH.) *Carm. Aldh.* I. 109 p. 526; farus in edito rupis promontorio [*gl.: healicum sænesse*] posita splendescit *Id. VirgP* 9 p. 237; non solum promonturia rupesque praealtas ad defensionem terreni orbis contra fervorem marinae tempestatis opposuit BEDE *Sam.* 511; promontaria, montes maris *GlC* P 638; prom[on]turium, eminens locus in mare *Ib.* P 802; venerunt ad caput Libani, ubi ille mons in mare vadit et est promontorium HUGEB. *Will.* 4 p. 101; **10** .. promontorio, *foremunte WW*; utrinque vero utrius terre promontoria .. prospici possunt GIR. *TH* I 1; nota quod Sigeum est promunctorium Asye, ubi Hellespontus apercius dilatatur TREVET *Troades* 10.

2 prominent hill. **b** (transf.) fortified hill, castle, prominent building.

in ea [Brittannia] sunt xxviij civitates et innumerabilia promuntoria cum innumeris castellis *AS Chr. pref.*; viam .. quam tunc in valle promuntoria nemorosa reddebant tortuosam ac per hoc predonibus opportunam TREVET *Ann.* 269; cives exierunt in obviam regis usque promontorium de Blakhethe *G. Hen. V* 15. **b** munierunt civitates et opida militibus Britannie et promuniteria [vv. ll. promunctoria, promontoria] in diversis locis statuta G. MON. V 13; "concede .. mihi .. quantum una corrigia possit ambiri .. ut ibidem promontorium edificem.' .. Hengistus .. saxosum locum .. cum corrigia circuivit et infra spatium mensuratum castellum edificare cepit *Ib.* VI 11; inter urbis hujus mirabilia .. sunt tot promunctoria civium, tot edificia palatiorum HIGD. I 24.

promuntorius [CL promunturium + -ius], mountainous, hilly.

regio quodammodo promontoria, quodammodo depressa sive plana, nam .. per medium ejus .. montes protenduntur excelsi qui Scotos .. a Pictis .. separabant FORDUN *Chr.* II 7.

promurale [CL pro- + 2 muralis], defensive outer wall, outwork, counterscarp.

exterius ~e, quod ad castellum muniendum aggere cumulatissimo in altum sustollebatur *G. Steph.* 16; antemurale .. defensio ante murum sicut vallum et fosse quod et pro murale dicitur OSB. GLOUC. *Deriv.* 344; hoc ~e, defencio ante murum *WW*; *a countermure*, ~e LEVINS *Manip.* 192.

promus [CL]

1 servant who dispenses food and drink, steward, butler.

de ministris domus: .. hic ~us, *despenser Gl. AN Glasg.* f. 21rc; ~us, dispensator, *botelare WW*; **1535** stipendia .. superioris ~i sive pincerne dicti collegii per annum xx s. *Val. Eccl.* II 264.

2 store-room.

ingressusque domum, cellas, conclavia, promum / circuit R. CANT. *Malch.* V 72; promptuarium, cella-

---

rium, penus, ~us OSB. GLOUC. *Deriv.* 479; ave, cujus ventris promus / et matricis sacre domus / Deo gaudent hospite WALT. WIMB. *Virgo* 27.

promuscida, promuscidis, promuscis v. proboscis.

pronasci [LL = *to be born beforehand*], to be born (from), (transf.) to arise, originate (from).

ignoratio discipulorum .. de amore ~itur BEDE *Luke* 458A; cujus .. nisi nostrae salutis ac vitae quae de illius .. morte ~itur? *Id. Acts* 948D.

prone [CL], eagerly, willingly. **b** in a well-disposed manner, favourably.

ascivere suis deceptum prone loquelis / veri doctorem FRITH. 613; hoc ~ius episcopi mirabantur causidicorum audatiam W. MALM. *GP* III 106; **1286** regiis ~e cupientes favere profectibus (*Ep.*) *Conc.* II 127. **b s1256** corda magnatum et populorum ad se conciliata ~ius inclinavit M. PAR. *Maj.* V 572.

pronepos [CL]

1 great-grandson.

qui solus nepotum et ~otum piacula proprii praerogativa meriti abolere potuisset ALDH. *VirgP* 53 p. 311; abnepus, qui natus est de ~ote *GlC* A 24; **10** .. ~us, *þridda sunu WW*; eodem tempore Wido cognomento Bollein senioris Geroii ~os cum Hodierna conjuge sua in pago Corboniensi honorabiliter vigebat ORD. VIT. III 5 p. 77; de patre et matre: filius et filia, nepos et neptis, ~os et proneptis, adnepos et adneptis, abnepos et abneptis ROB. BRIDL. *Dial.* 159; **1200** predictus W. reddidit G. de F. ~oti suo .. terram *Ch. Chester* 318; Ambrosius dicit super epistulam ad Romanos quod fuit ~os Esau S. LANGTON *Chron.* 74; ergo non fuit filius Machir, immo ~os *Ib.* 103.

2 (understood as) nephew of a nephew.

solus nepotum et ~otum [*gl. nefena nefen*] ALDH. *VirgP* 53.

proneptis [CL]

1 great-granddaughter.

de patre et matre: filius et filia, nepos et neptis, pronepos et ~is ROB. BRIDL. *Dial.* 159; a nepote vel nepte usque ad pronepotem vel ~em BRACTON f. 67.

2 great-niece.

Edwardus .. ~em suam, Margaritam, ex fratre, Edmundo Ireneside, Malcolmi regis Scottorum nuptiis copulavit W. MALM. *HN* 451; dum michi Margaritam ~em suam in conjugium tradidit ORD. VIT. VIII 22 p. 395; et sic ex illo, tamquam fonte lucidissimo, vite religiose rivulus in S. Margaritam ~em ejus .. emanavit J. FURNESS *Walth. prol.* 2.

pronexium [cf. CL pronectere], a fastening, mooring rope.

pronesium, *mærelsrap* ÆLF. *Gl. Sup.* 182; scalamus .. pronexium .. cum n non cum v *PP*.

pronga, pranga [ME *pronge, prange*], pointed instrument, perh. fork.

1288 in ij novis prong' pro garbis levandis de veteri lig[atura] carect' faciendis (*Moundsmere*) *MinAc*; **1394** non liberavit curia illum *prange* quod J. B. extraxit contra pacem *CourtR Ottery St. M.* m. 72; **1407** j branga quam J. B. extraxit super eum *Ib.* m. 89.

pronificare [CL pronus + -ficare], to make (person) inclined, prone, or eager (to).

quarto patet quod ex frequencia numerorum occursorum generatur in memoria organica quidam habitus quo homo ~atur ad imaginandum et efficiendum circa tales numeros occursores WYCL. *Innoc.* 486.

pronitas [ML < CL pronus + -tas], proneness, inclination, propensity; **b** (w. *ad* or *in* & acc.); **c** (w. gen.).

docentur inquirere .. de fato, de ~ate nature, de casu et libero arbitrio P. BLOIS *Ep.* 101. 313A; dicimus item quod posse peccare est bonum, ita quod hoc verbum 'potest' non copulet fragilitatem vel ~atem sed naturalem potentiam NECKAM *SS* IV 9. 3; hoc puta pro libero arbitrio mali hominis, ratione sc. ~atis nature corrupte *Ib.* IV 12. 1. **b** penes duo attenditur ordo prohibitionum, sc. penes magnitudinem peccati prohibiti et penes ~tatem ad perpetrationem DOCKING 106; corruptio facta est in nobis per originale, et ex illa accidit ~as ad concupiscentiam carnis HALES

Qu. 658; ~as hominum ad dissenciendum et male agendum OCKHAM *Pol.* II 669; advertit inimicus ejus infirmitatem et ~atem ad lapsum *AncrR* 16; ecce ~as que suboritur ad peccandum BRADW. *CD* 289B; vehementes habent ~ates ad res singulas que prohibentur ipsis (*Ep.*) *Reg. Whet.* II *app.* p. 388; **a1519** humanus status, ac in malum ~as COLET *Ep.* 185. **c a1350** ut .. appellandi maliciose ~as .. cohibeatur *StatOx* 93.

pronitissimus v. promere.   **pronobus** v. pronubus.

pronoea [CL πρόνοια], divine providence (personified).

Pronois [*gl.*: notitia, providentia] in partu fati nimis omnia pressit, / et duras leges imperiosa dedit J. SAL. *Enth. Phil.* 513; ut 'utrum Pronea que Latine Providentia vocatur mundum regat' ut Stoici dixerunt 'an non' ut Epicurei BALSH. *AD rec. 2* 133.

pronoein [προνοεῖν inf. of προνοέω], foresight, foreknowledge, divine providence.

nec ad paradoxas Stoici, nec ad kiriadoxas Epicuri movetur, sed sic cum Stoico pronoen asserit, ut .. J. SAL. *Met.* 935A.

pronois v. pronoea.   **prono luta** v. provolvere.

pronomen [CL]

1 (gram.) pronoun; **b** (spec. as *demonstrativum, possessivum*, or *relativum*).

a ~inibus .. trochaici pedes formantur positione longis, ut ille, iste, ipse, noster ALDH. *PR* 116 p. 159; ~en C littera terminatum BEDE *AM* 92; dictum autem ~en est, quod pro ipso nomine positum, licet minus plene, idem tamen significat BONIF. *AG* 492; de ~ine quoque, ut quibusdam placet, quod est 'alter, alterius', cum sequatur regulam ~inum in -ius desinentium, que in prosa penultimam producunt ABBO *QG* 5 (13); partes orationis sunt octo .. nomen, ~en, verbum .. ÆLF. *Gram.* 8; ~en is *þæs naman speliend Ib.*; ~en est pars oracionis que pro proprio nomine ponitur uniuscujusque substanciam sine qualitate significans *Ps.-GROS. Gram.* 42. **b** eo quod ~en, quod semper demonstrativum aut relativum est, proprii nominis expleat vicem J. SAL. *Met.* 882A; sicut dicitur quod ~en possessivum significat personam possessoris principaliter S. LANGTON *Quaest.* 373; ~en demonstrativum non est significativum nisi ex intencione proferentis; et ideo ex hoc quod proferens vocaliter ~en demonstrativum intendit diversimode demonstrare unum vel aliud OCKHAM *Quodl.* 193.

2 (assoc. w. CL *praenomen*) forename or title.

796 ideo secundum ~en [sc. archepiscopi] tuum esto superspeculator non solum gregis tibi commissi, sed etiam tui ipsius ALCUIN *Ep.* 116; martir, participans; pronomen virgo pudica; / quelibet est sacre speculatio forma Marie H. AVR. *Poems* 103. 9.

pronominare [LL = *to indicate by a pronoun*; cf. et CL praenominare], to mention beforehand, (p. ppl. as adj.) aforenamed, aforementioned.

ego et heredes mei omnia ~ata dictis canonicis warantizabimus *Cart. Osney* IV 190.

pronominatio [CL], (rhet.) antonomasia.

antonomasia Grece idem est quod ~o Latine, sc. nominis unius pro alio posito, hoc est generalioris pro generalis GERV. MELKLEY *AV* 67; per 'Tullium' designamus similem, id est 'eloquentem', et iste color appellatur ~o VINSAUF *AV* II 3. 6 p. 285.

pronoscere [CL pro- + noscere], to know in advance or beforehand, to have foreknowledge (of).

David prophetico spiritu gratiae tuae sacramenta ~ens EGB. *Pont.* 121.

pronostic- v. prognostic-.   **prontuarium** v. promptuarium.

pronuba [CL]

1 attendant at a wedding, bridesmaid; **b** (fig.).

paranimpha, ~a *GlC* P 169; ~a, *heorþsuæpe Ib.* 701; ~a, *hadswæpa*, ipsa est paranimpha ÆLF. *Gl. Sup.* 174; paranymphus, ~a et paranympha BACON *Gram. Gk.* 138; ~a dicta eo quod nubentibus preest, que nubentem viro conjungit TREVET *Troades* 79. **b** quem foeta patre virgo lactat celibe, / reges adorant angeli pronunciant / cantant superna, stella signat pronuba GOSC. *Edith* 46; non valet has Juno conjungere, non Hymeneus, / pronuba virtutum gratia sola potest J. SAL. *Enth. Phil.* 224; pronuba belli / seditio primumque ferens Discordia pilum HANV. VI 93.

2 (understood as) midwife.

paranympha, ~a que parturientibus [v. l. procumbentibus] assistit OSB. GLOUC. *Deriv.* 477.

3 procuress; **b** (fig.); **c** (of a man).

1279 si . . perditionis filius per se vel ~am interpositam aliquid illicitum cuicunque vestrum suggesserit . . PECKHAM *Ep.* 70 p. 85; quod nulla meretrix, ~a nec communis garrulatrix moretur in aliqua warda *MGL* I 257; judicium collistrigii pro una muliere quia communis meretrix et ~a (*LBLond.* H f. 194) *MGL* I 608; ut amoveri facerent universas publicas concubinas in fornicacione vel adulterio delinquentes et ~as de corpore civitatis *Mem. York* II 159; **1443** Lucia . . ~a et meretrix *MunAcOx* 533. **b** concupiscencia delectacionis carnalis cum racionis consensu, ~a, consensus . . peccati alterius *AncrR* 72. **c 1519** Thomas Fitzwilliam generosus tenet in amplexibus fornicariis uxorem Thome Edlington . . et dictus Thomas Edlington notatur pro ~a inter eosdem *Vis. Linc.* I 65.

pronubatia [cf. CL pronuba], activity of or occupation as procuress.

1443 te Luciam . . super . . perturbacione pacis multiplici, lenocinii, ~ie, perjurii, et aliis multis delictis . . convictam *MunAcOx* 534; **1502** Margareta S., Margeria B., Juliana W. . . notantur super communi ~ia. Alicia . . notatur super fornicacione (*Vis. Cant.*) *Arch. Cant.* XLVII 27.

pronubere [LL], to act as an attendant at a wedding.

protinus accitus Malchus venit: ecce maritus / jam pronupturus monachus sponsusque futurus R. CANT. *Malch.* II 478.

pronubus [LL]

1 bridegroom's attendant or friend, groomsman.

U ante B producitur, ut . . ~us BACON *Tert.* 264.

2 procurer, pimp.

1419 de pena hominis inventi communis luxuriatoris vel pronobi *MGL* 154; ~us, A. *a bawde WW*; *a baldestrot*, ~us *CathA*.

pronuntenc' v. pronuntiare.

pronuntiare [CL]

1 to announce publicly, proclaim (aloud), make known; **b** (w. acc. & inf. or sim., also fig.); **c** (w. *quod* & inf.); **d** (absol.).

redemptorem soli [v. l. saeculi vel soli, gl.: terre] archangelo ~iante [gl.: predicante] ALDH. *VirgP* 40 p. 292; multi per eloquentiam possunt amantibus et faventibus suavius ~iare bona quae ipsi non amant BEDE *Prov.* 988; **1309** gratum habentes . . quicquid . . actum fuerit in premissis †pronuntenc' [?l. pronuntiant'] pro ipsis procur[atoribus] *PQW* 836a; debet cancellarius Anglie . . ~iare causas parliamenti, primo in genere, et postea in specie *Mod. Ten. Parl.* 33 p. 378. **b** pectus suffocatur, tussis cachinnat, genua trepidant . . haec omnia jamque ruituram domum corporis cito ~iant *Ps.-*BEDE *Collect.* 119; cum Dominus in Evangelio ~iet non esse magnum si diligamus eos qui nos diligunt BEDE *Ep. Cath.* 110A; palam se jussis illius parere nolle ~iabat *Id. HE* I 7 p. 19; ex conversatione tanti viri sese felicem fore ~ians EADMER *V. Osw.* 4 p. 5; referre etenim qualiter pater . . Rameseiam . . reliquerit . . neminem ~io posse *Ib.* 30 p. 34; cotidiane quorumdam calumpnie qui vanam esse ~iant omnem vitam contemplativorum BALD. CANT. *Serm.* 7. 39. **c** ~io publice quod Christianus princeps ab archiepiscopo suo tale sacramentum exigit injuste W. MALM. *GP* I 50. **d** coeperunt loqui linguis prout Spiritus Sanctus dabat eis ~iare BEDE *Retract.* 999.

2 (usu. leg.) to pronounce (decision, judgement, verdict, or sentence); **b** (w. acc. & inf.) to pronounce that something is to be done. **c** (usu. w. *pro*) to give judgement or opinion (for).

ergo de similibus idem ~iabis juditium si dialecticam nosti W. MALM. *GP* I 41; **1300** noluit ~iare judicium contra . . clavigerum *Rec. Elton* 98; **c1470** quatuor defalte sunt ~iande contra reum si non comparuerit in terminis sibi per decretum judicis assignatis

BBAdm I 243. **b s1239** condempnati sunt in quingentis militibus, quos . . ultra mare transmitti ~iavit M. PAR. *Maj.* III 560. **c 1303** propter quod major ~iavit pro testamento isto bene et legitime probato *Deeds Balliol* 167; **1313** exhibitum fuit . . testamentum . . et pro ipso . . per nos ~iatum *Reg. Cant.* 1343; **1339** propter quod ~iatum est pro isto testamento tanquam legitime probato *Deeds Balliol* 60; **1345** nos pro eodem testamento ~iantes, administracionem . . bonorum defuncti . . executoribus . . committimus *FormOx* 112; testamentum . . per nos approbatum, insumatum, legitimeque ~iatum pro eodem *MunAcOx* 595.

3 to state, relate, assert; **b** (w. acc. & inf.); **c** (w. double acc) to assert (to be), describe (as).

de vestra quid exitiabili structura ~iatur? GILDAS *EB* 109; propter illud quod ante jam ~iatum fuerat Jacob fugienti THEOD. *Laterc.* 14; quidquid . . de una ~iatur persona, de aliis pariter oportet intelligi ANSELM (*Proc. Sp.* 11) II 207; modus hanc artem inveniendi est, ut radices jam ~iatas per medium dividas ROB. ANGL. (I) *Alg.* 70. **b** hoc ipso quod praesciri aliquid dicitur, futurum esse ~iatur ANSELM (*Praesc.* 1. 2) II 248. **c** quamvis omnes filios Adae, excepto virginis Filio, 'peccatores' et 'filios irae' in scriptis suis ~iet ANSELM (*Orig. Pecc.* 22) II 162; nonne sine omni cunctatione eum ~iabis meliorem quem plus noveris diligentem? AILR. *Spec. Car.* II 17. 45. 564A.

4 to utter aloud, declaim, recite.

considentibus fratribus in capitulo lectis et ~iatis, quae legi et ~iari consuetudo est LANFR. *Const.* p. 173; postquam . . antiphonam 'peccata mea Domine' ~iaverat discessit ORD. VIT. III 5 p. 81.

5 to utter, pronounce, or articulate (in a certain manner); **b** (in singing).

quodsi paenultima acuto aut circumflexo accentu ~iatur . . ALDH. *PR* 112 p. 152; antepenultima gravi accentu ~iabitur ut Catellus, Metellus ABBO *QG* 2 (5); sicut ~iant pater Brittonice et malus et similia, quae in metro habentur breves ÆLF. *Gram.* 2; diccio Gallice dictata habens sillabam primam vel mediam in E stricto ore ~iatam requirit hanc litteram I ante E ~iari, verbi gracia, *bien, dieu, mieur, trechier, mier* et sic de consimilibus *Orthog. Gall.* S1 p. 5; sciendum autem quod secundum Grecos ~iandum est gymnasium et gymnosophista per G videlicet et Y literam Samiam GROS. *Hexaem. proem.* 49; quia aliter in multis ~iant Italici, et aliter Hyspani, et aliter Teutonici, et aliter Anglici et ceteri BACON *Gram. Gk.* 27. **b** tunc cum illa pausatione adjungatur brevis et altera brevis pro pede, quod quidem est difficile ad ~iandum, quoniam unus pes entitur in alio pede *Mens. & Disc.* (*Anon. IV*) 35; dicet enim eas solido modo ~iari HAUDLO 154; cum semibrevis solum in duabus mensuris inveniatur perfecta, et hoc proprie et per se absque alico extrinseco, sequitur quod solum in duabus mensuris debet altera minima ~iari *Fig.* 41.

pronuntiatio [CL]

1 (act of) uttering aloud, declamation, recitation.

cumque jam tertium ordinem nocturnorum evangelica ~o Trinitati dedicaret . . GOSC. *Transl. Mild.* 19; ad ~onem . . cujuslibet evangelii ad ipsum lectorem se convertat chorus *Offic. Sal.* 30; ad omnem antiphonam quam abbas incipit post versum primi psalmi, et ad 'Te Deum', et ad ~onem in capitulo, cum ipse inclinat, et ipsi inclinabunt *Cust. Cant.* 11; cum varie . . super forma ~onis graciarum opiniones fuerunt *StatOx* 223.

2 public announcement, proclamation.

de ~one pro parliamento *Mod. Ten. Parl.* 33 p. 378.

3 (leg.) juridical pronouncement, verdict.

c1470 post quarum quatuor defaltarum ~onem judex debet decernere mandatum execucionis *BBAdm* I 243.

4 statement, assertion, a saying. **b** (rhet.) oratorical delivery or performance.

tribus ~onibus diffinit apostolus caritatem, viz. ex corde puro, et conscientia bona, et fide non ficta W. DAN. *Sent.* 43; poeta [Horatius] . . tales ~ones derisit dicens . . T. CHOBHAM *Praed.* 302. **b** duplicem namque una ~o gerit sententiam . . unus enim est ejus sensus . . alter vero est ejus intellectus ANSELM (*Mon.* 19) I 34; si haec non eadem ~one leguntur qua de Patre et Filio proferuntur *Id.* (*Proc. Sp.* 11) II 208; sunt . . partes artis [rethorice]: inventio, dispositio, elocutio,

memoria, ~o T. CHOBHAM *Praed.* 268; nemini placet ipsa libido mentiendi quamvis ei placeat delectatio narrationis et ~onis dum narratur mendacium *Ib.* 289; de inventione etiam dispositione, elocutione, memoria, et ~one KILWARDBY *OS* 593.

5 a (gram.) manner in which a word is uttered, pronunciation. **b** utterance, diction, speech (w. ref. to content).

a que non esse Latina monstrat ~o ABBO *QG* 16 (36); talia gerebantur in villa regali quae vulgari dicitur Easterige ~one BYRHT. *HR* 6; vocalis E, quia media vocalium est, quia componitur ex motibus mediis, et facilis ~onis non nimia constriccione nec nimio hyatu figurarum clausionem impediens *Ps.-*GROS. *Gram.* 24; Alexander Barkeley . . scripsit, de ~one Gallica Introductorium BALE *Index* 20; Guilhelmus Salesbury scripsit . . De ~one Anglica ad regem Henricum Octavum *Ib.* 148. **b** ~o est ex rerum et verborum dignitate vocis et corporis moderatio ALCUIN *Rhet.* 4; nam et ~onis lex alia melo, alia metro, alia prose prescribitur J. SAL. *Met.* 851D; est ~o quasi totius orationis condimentum VINSAUF *AV* II 3. 170 p. 318; ad prosam . . pertinet debitus modus accentuandi et aspirandi syllabas . . et hoc non solum propter debitum ~onis sed propter intellectum BACON *Tert.* 234.

pronuntiativus [LL = *affirmative, indicative verbal mood*], (gram., understood as) pronunciative or declarative (verbal mood).

noverit in septem sigillis septem modos verborum comprehendi: indicativum . . ~um ut . . 'audi me Jacob et Israel quem ego voco' . . imperativum . . optativum . . conjunctivum . . infinitivum . . impersonale ALCUIN *Exeg.* 1120B.

pronuntiator [CL], (rhet.) one who delivers speech or oration.

debet . . hec tria variare ~or secundum varietatem materie VINSAUF *AV* II 3. 171.

pronus [CL]

1 (usu. of person or animal) that leans forward or downward (also pred. and as expression of humility or submission).

venerunt statim post vestigia ejus duo pusilla animalia maritima humiliter ~i [v. l. ~a] in terram, lambentes pedes ejus, volutantes tergebant pellibus suis *V. Cuthb.* II 3; prostrati, supplices ~is vultibus Dominum gloriae magnificebant FELIX *Guthl.* 7; eadem est ergo mulier sed ibi pedes solum Domini ~a unguebat BEDE *Hom.* II 4. 127; a**801** nec ex uno quolibet paternae possessionis prato mihi flores colligendos esse censeo, sed multorum patrum, humili corde, ~a cervice, florida rura peragranda mihi esse video ALCUIN *Ep.* 213; animal quadrupes, ~um in terram GIR. *TH* II 19 p. 105.

2 (of person, also w. *jacere*) flat on one's face, prone.

procidens ante januam ~us in terram oravit in silentio *V. Cuthb.* II 7; ibi . . ~us ad pedes Henrici regis corruit ORD. VIT. I 24 p. 182; corruens in terram et aliquandiu ~us jacens BEDE *HE* IV 29 p. 278; qui ~us jacens ventrem et vultum terre coherere facit ANDR. S. VICT. *Dan.* 108; queritur quare mulier submersa inveniatur supina, vir autem ~us *Quaest. Salern.* B 104.

3 (fig.) of character or conduct that moves downwards.

958 cunctipotens Pater arce superna sedens ~am labilemque humani generis conspectans fragilitatem *CS* 1040; ut ~iore casu in ima vitiorum lapsos . . confringat GIR. *TH* I 22.

4 that moves towards the end, (as sb. n.) latter part or end.

in ~o majoris misse vel exitu vesperorum *Form. S. Andr.* I 104.

5 characterized by precipitous movement, (*per ~a* as adv. phr.) headlong, at top speed.

itaque audito regis adventu fugam per ~a invadunt W. MALM. *GR* II 180.

6 inclined or well disposed (toward), prone, eager; **b** (w. *ad* or *in* & acc.); **c** (w. inf.); **d** (w. gen.); **e** (w. dat.); **f** (w. *ut* & subj.).

959 (12c) quandam ruris particulam ~a . . devotione

.. largitus sum *CS* 1052; dum se servum Domini majestatis ~a reverentia recolit GOSC. *Transl. Mild.* 6 p. 163; non modo non agit, quibus adipiscatur optata, verum ~iori affectu ea committit quibus miseriam magis accumulet suam AILR. *Spec. Car.* I 22. 525. **b** sed .. investigandum est unde tam vitiosa et tam ~a sit ad malum ista voluntas ANSELM (*Praesc.* 3. 13) II 285; leena ceteris .. bestiis inmanior et in venerem ~ior ANDR. S. Vict. *Dan.* 54; **1166** si me videritis, quod Deus avertat, ~uiii ad aliquid turpitudinis J. SAL. *Ep.* 148 (177); ut .. curiam totam in sue partis defensionem faceret ~niorem DEVIZES f. 40 p. 70; vetule naturaliter sunt frigide et sicce, unde non sunt ~e ad coitum *Quaest. Salern.* B 45; cum natura hominis sit ~a ad carnis commixtionem T. CHOBHAM *Praed.* 132. **c** primus homo hac vi floruit, dijudicans singula vere, ~us velle bona PULL. *Sent.* 720D; **1167** ipsum archiepiscopum .. clementissimum patrem inveniet et longe ~iorem ignoscere quam ulcisci J. SAL. *Ep.* 207 (217 p. 364); reos longe ~ior absolvere quam condemnare GIR. *TH* III 49 p. 194. **d** et quidem mihi imperata perficiendi ~a est voluntas TURGOT *Marg. prol.* p. 234. **e** rex, ut semper calori ~us erat, novas causas irarum invenit W. MALM. *GP* I 49; **s1141** jaculatum incendium in domos burgensium, qui .. ~iores erant imperatricis felicitati *Id. HN* 499. **f** ~ior est humana natura, ut ei qui a bono retrahit ei qui ad bonum invitat consentiat *Mir. Fridesw.* 74.

prooemialis, prohoemialis [ML < CL prooemium, prohoemium + -alis], that belongs to or serves as a preface, prefatory.

qui [liber] primo dividitur in partem ~em et executivam FISHACRE *Sent. prol.* 98; in prima parte [tractatus], que prohemialis est ROB. ANGL. (II) 144; sicut et facit Hieronymus in epistola ~i Biblie prelibata BRADW. *CD* 708D; unde in ~i epistola .. Anselmus NETTER *DAF* II 122ra.

prooemiari, prohoemiari [CL], **~iare** [ML], to write a preface.

ne tam diu prohemiari lecturo generat nausiam, jam nunc quod intendo incipiam W. MALM. *GR* IV *prol.*; proemiare [v. l. proemare], prologum facere OSB. *Glouc. Deriv.* 470.

prooemium, prohoemium [CL < προοίμιον], **~ia**

1 introductory part, usu. preface, preamble, proem; **b** (rhet.).

quid de auctore prophetarum Esaia dicam? qui ~ium profetiae suae .. ita exorsus est GILDAS *EB* 42; in primis ~ium V. Greg. p. 75 tit.; de prohemio oboediendi V. *Cuthb.* I i *tit.*; **801** miratus .. sum quomodo quidam sapientes surda pectoris aure apostolicum legissent ~ium [v. l. prohemium] ALCUIN *Ep.* 212; prohemum Regularis Concordie Anglicae nationis *RegulC* 1; ni incoepta gloriosae vitae ipsius ~ia [v. l. praemia] omnemque hujus opusculi diffinitionem degeneri vitiorum stilo, ut cernis, attaminando foedarem B. V. *Dunst.* 1; ubi auditoris patientiam jam hinc ex prohemio [MS: h *interlined*] convenio, ne alienis scriptis gravatus effugiat W. MALM. *GP* V 187; explicit ~ium ante rem. incipit ~ium in ipsam rem. ~ium in Gemmam Ecclesiasticam GIR. *GE prol.* p. 5 tit. **b** habet sex partes, sc. ~ium sive exordium, narrationem, partitionem sive divisionem, confirmationem, confutationem sive reprehensionem, conclusionem sive perorationem KILWARDBY *OS* 589.

2 (transf.) a beginning, initial phase.

conperirem prochemium [vv. ll. prohemium, proemium, praemium] mediumque aut finem vitae ejus WILLIB. *Bonif. prol.* p. 3; per singulos .. a prochemio [vv. ll. prohemio, proemio] gradus virtutis documenta et laboris .. constantiam hujus sancti viri perstrinximus *Ib.* 6 p. 26; hic Patris didicit Verbum silencium et risus celicum fletus prohemium WALT. WIMB. *Carm.* 42.

3 front part.

latitudo ejus ab humerorum prohemio pene in occipitis se fines dilatando extenderat R. COLD. *Cuthb.* 20 p. 42; dixit se Beatum Cuthbertum in navis prohemio et gubernamine usque ad portus littora vidisse *Ib.* 30 p. 69.

proorare [CL pro- + orare], to ask for or plead.

erga barones .. suos ejusdem abbatis advocatus effectus, persone tali .. multas eleemosynas dandas .. efficaci sermone persuasit et ~avit GIR. *Spec.* III 12 p. 196.

propacare [CL pro- + pacare], to satisfy by means of payment, to pay (person in advance).

1249 de xx lib' sterlingorum .. x marcas relaxavimus .. de quibus nos fore fatemur plenarie ~atas *Cart. Sallay* 220 p. 136.

propagabilis [ML < CL propagare + -bilis], that can be extended, carried on, or reproduced.

mihi meisque successoribus foret obprobrium sempiternum, et peccatum in genus meum cum gravi vindicta diucius ~e V. *II Off.* 24.

propagaliter [cf. CL propagare, propago + -alis + -ter], by propagation or procreation.

s1429 post prime prevaricationis piaculum in protoparentis posteros ~iter derivatum AMUND. I 280.

propagare [CL]

1 to propagate, reproduce, to cause to grow or multiply: **a** (plant); **b** (human offspring); **c** (original sin); **d** (number or sim.). **e** (transf. or fig.).

a sicut non nisi de primis terrae seminibus habemus quod ad nutrimentum corporum ~amus ANSELM (*Praesc.* 3. 6) II 271; vitem prŏpago, bibet inde futura prŏpago SERLO WILT. 2. 93; ut flos ex alvo virgule propagatur J. HOWD. *Cant.* 7. **b** ad ~andam [gl.: ad manifestandam, ad extendendam vel protelandam, ad generandam, *to acennene*] posteritatis sobolem ALDH. *VirgP* 19 p. 249; gens originaliter ab his ~ata GIR. *TH* III 7 p. 147. **c** sicut de Adam et Eva peccatum in omnes homines ~atum est ANSELM (*CurD* II 8) II 103. **d** in numero tamen quamdam pluralitatis extensionem facimus, dicendo de paucis plures dimensiones ~ari THURKILL *Li.* 127. **e** tempore .. summo Tiberii Caesaris quo absque ullo impedimento ejus ~abatur religio GILDAS *EB* 8; sobrietas .. confirmat sanguinem .. contemnit libidinem, recreat somnum, ~at senectutem .. et hominem constabilit *Ps.*-BEDE *Collect.* 252; quam spiritaliter ad Deum quomodocumque cordis incomparabili speculo oculorum nostram providendo ~avit ad Deum conversionem V. Greg. p. 84; ex quo utroque monasterio plurima .. monasteria per discipulos ejus .. ~ata sunt BEDE *HE* III 4 p. 134; inde multiplices ~antur hystorie de .. eventibus qui fiunt in mundo cotidie ORD. VIT. IX 1 p. 457; in illius ~anda laudis .. gloria KETEL *J. Bev.* 263.

2 (intr.) to grow (in quot., fig.).

1113 fide catholica in illis climatibus exuberante ac ~ante (*Inquisitio*) *Conc.* I 392a.

propagatio [CL]

1 reproduction, propagation: **a** (of plant); **b** (of human offspring); **c** (transf. or fig.).

a usque ad ultimum terre felici eorundem palmitum ~one pervenit J. FORD *Serm.* 116. 2; tercia generacio est per modum ~onis ut germinis a semine arboris a radice R. MARSTON *QD* 80. **b** exceptis ad ~onem [v. l. propaginem] sobolis futurae relictis ALDH. *Met.* 2 p. 63; erat namque huic eidem viro Dei ex humana parentum ~one quidam germanus frater, nomine Wulfricus B. V. *Dunst.* 18; ergo ~o viri de sola virgine ita non est naturalis .. sed mirabilis ANSELM (*Orig. Pecc.* 11) II 154; membris genitalibus ~o concessit Alf. ANGL. *Cor* 3. 2; intelligatur predictus servus homo parvulus natus, non lege ~onis ex semine viri de muliere sed lege productionis rami de arbore GROS. *Cess. Leg.* II 5 p. 95; materie correspondentes diversis agentibus et produccionibus sunt alterius et alterius racionis quod patet in generacione per ~onem et putrefaccionem DUNS *Ord.* II 256. **c** Scotia .. ~onis .. gratia Hiberniam imitari [nititur] GIR. *TH* III 11; similis est ordinatio ecclesie catholice in fidei ~one R. NIGER *Mil.* III 64; immensa religionis ~one per illius, ut credimus, merita cotidie reflorente *Canon. G. Sempr.* f. 126.

2 offspring, progeny.

Roberti Glaornensis comitis filius, specialis sc. ~onis sue splendor et decus *G. Steph.* 74 p. 148.

propagative [ML propagativus + -e], by propagation or extension.

1237 sic quod [Deus] dispensative alicui bonum revelat, cum in commune producitur, ~e ad utilitatem subjecte multitudinis transfertur (*Ep.*) M. PAR. *Maj.* III 455.

propagator [CL], one who propagates or produces as offspring, male parent, father; **b** (transf.).

a fader, pater, paterculus, parens, genitor, ~or *Cath A.* **b** tanquam plantator et ~or erroris GOSC. *Lib. Mild.* 10 p. 78; habuit haec contio rectores et ~ores *Id. Mir. Iv.* lxi; †**664** (14c) successor legacionis fidei beati Gregorii et ~or ewangelii *CS* 22 p. 39.

propagatrix [ML], one who produces as offspring, female parent, mother: **b** (transf.).

a modyr, genitrix, mater .. parens, ~ix *CathA.* **b** **1166** licet apud nos fortuna novorum parens et fama nutrix et ~ix eventuum verorum et fictorum nichil innovaverint relatu dignum J. SAL. *Ep.* 146 (165 p. 88).

1 propagatus v. propagare.

2 propagatus [CL pro- + (com)pago + -atus], large, stout, well-built.

corpore alacer et ~atus et in dubiis casibus audax G. S. *Alb.* I 8; **s1238** [Tartari] robusti viribus, corporibus ~ati, impii, inexorabiles M. PAR. *Maj.* III 488; grandis est, rectus, ~atus, capillus crispus LIV. *Op.* 207.

propaginaliter [CL propago + -alis + -ter], by propagation or procreation, by lineage or descent, as offspring.

proles de vobis et ipsa suscipienda vel ~iter inde proventura GIR. *PI* III 27 p. 299; tam in ipsum quam in suos, ~iter ab ipso descendentes *Id. Spec.* IV 34 p. 344.

propaginatio [CL propaginare + -tio]

1 reproduction, propagation (of plant).

~o, *wintwiga plantung* ÆLF. *Gl* 149.

2 side-branch of a vine, offshoot.

traduces, ~ones [v. l. propagationes], origines OSB. *Glouc. Deriv.* 594.

propago [CL]

1 offshoot of plant (also in fig. context); **b** (fig.).

dum per provincias Petrum sequeretur divini verbi semina serentem et ~ines [gl.: origines, progenies, *tealgran, bogas*] evangelicae vitis credentium scrobibus pastinantem ALDH. *VirgP* 25 p. 257; nec ab re est si vineae nomine ipsam ecclesiam quae per mulierem fortem est designata sentiamus esse figuratam et eos esse ~ines vineae qui sunt filii mulieris BEDE *Prov.* 1033; ne degenerent ~ines vinee in labruscam, frumenta in lolium P. BLOIS *Ep.* 113. 341A; dabit tibi .. vitis solatium tam in agresta, quam in turionibus et ~ibus NECKAM *NR* II 167 p. 279. **b** **c1203** exactissima diligentia laborabam vitiorum in eis propagines veternosas excidere P. BLOIS *Ep. Sup.* 4. 4.

2 offspring, progeny; **b** (transf. or fig.).

cujus paterni geniminis prosapia et maternae generationis ~o [gl.: origo, proles, *tudder*], ignota saeculis genuini partus natura, delitescit id ipsum apostolo attestante ALDH. *VirgP* 54 p. 313; solet scriptura in feminis successionem significare ~inis BEDE *Cant.* 1188; vos, dilecta cohors, patris generosa propago ALCUIN *Carm.* 51. 2; jactatur pelago regum generosa propago ORD. VIT. XII 26 p. 417; est .. homo Dei racionalis indago, filialis ~o, Dei naturalis imago HOLCOT *Wisd.* 40. **b** jam paternus affectus Edgari, magis ecclesie quam regni ~ine mens pensans in filia GOSC. *Edith* 76; gens sancta .. stirps regis, fidei ~o W. MALM. *GP* I 34; ex Christi latere processit sancta propago *Vers. Cant.* 22.

3 origin, lineage.

~o, origo *GlC* P 791; puella de ~ine Adam nata EADMER *Excell. B. M.* 562A; aliorum .. sanctorum quorum ~o de Albione processit .. historias .. composuit ORD. VIT. XI 33 p. 282; cum ergo traduce nature et tam clara et superexcellenti genealogia sitis utrimque derivati, ab illa vos esse degeneres dedignemini, et sancte ~inis exsortes fieri J. FURNESS *Walth. prol.* 4.

4 (act of) producing as offspring, procreation. **b** source of procreation (perh. w. ref. to semen).

nomine .. sanguinis ~inem carnis designat BEDE *Retract.* 1026; alia vero persona est Adam peccans cum tota sua progenie originaliter in eo viciata et ex concupiscentiali lege ~inis in originali peccato de eo nascitura GROS. *Cess. Leg.* I 8 p. 38. **b** utinam non solum nervus femoris, unde ~o generationis erumpit P. BLOIS Serm. 715A.

propagulum [CL pro- + pangere + -ulum; cf. et. CL repagula], something that blocks or restrains, perh. door-bar or door-bolt.

1298 publice necessarieque defensionis contra deliros predictos assumpto ~o .. Scociam est ingressus Reg. Cant. 279.

propalam [CL], openly, in full view.

~am, valde palam GlC P 582; ut panem altaris versum in carnem, vinum calicis in sanguinem ~am ostenderet W. MALM. GP I 17.

propălare [LL]

1 to (bring out so as to) make visible, to show, display (also in fig. context).

basilicas construunt .. ac veluti victricia signa passim ~ant GILDAS EB 12 (=BEDE HE I 8 p. 22); ubi tandem post tot annos placuit celestem thesaurum absconditum in agro ~are hominibus quem haberent pretiosum GOSC. V. Iv. 84B; thesaurum tuum, tot seculis abditum, in lucem ~asti W. MALM. GP V 251.

2 to make known, reveal, disclose; **b** (w. indir. qu. & subj.).

illi strofam in abdito perpetratam profetica virtute ~atam [gl.: divulgatam, manifestatam; geswuteled] cognoscentes ALDH. VirgP 37 p. 286; en revelatum est mihi hoc mysterium et ego vobis ~abo NEN. HB 185; jam enim ultio Dei per sanctum [Eadmundum] debebat ~ari HERM. ARCH. 1 p. 28; eorum quidam Andegavensi favebant sed manifestam rebellionem ~are non audebant ORD. VIT. XIII 18 p. 46; audita voluntate ipsius quam tamen .. in publicum ~are nolebat GIR. RG III 12 p. 111; super quodam negocio .. quod rex eis injunxit .. imperatori propallandum RGasc I 139b; c1273 ex secularium fida relacione indubitanter accepimus quod non sine angustia propallimus Ann. Durh. 91. **b** ut nescientibus ~arem quam profusus in largitate ille sit ASSER Alf. 81; quid sibi nocte illa revelatum fuisset universis ~avit BYRHT. HR 52 p. 50; haut ad escam neque potum vadam .. donec hoc prodigiosum quid fuerit a Deo nobis ~etur (Cadocus 26) VSB 82; feruntur .. nonnulli mortui .. ubi corpora eorum inhumata jacerent nescientibus ~asse AILR. An. III 17; justus judex non distulit Dominus dilecti sui Martini .. expoliationem quanti pendat ~are Chr. Battle f. 39v; que ventura essent sibi ex ordine ~avit Croyl. 2.

3 to tell, narrate.

novies binos circiter / propalant evangelica / trini Tonantis famina / turris fregisse fragmina / cum immensa maceria (ALDH.) Carm. Aldh. 1. 189.

4 to set forth, describe, state.

prout in recapitulacione .. evidencius ~atur Cust. Westm. 16; aliqua .. ex hiis que eorum incumbunt officio breviter ~are Ib. 149 (=Cust. Cant. 195).

5 to make available or accessible, to publish (text).

historiam .. latius ~ari desideras BEDE HE pref. p. 5; veteranum amicum †lacesere [MS: lacescere] jam desine ad scribendum suasve scedulas ad †praepalandum [l. propalandum] H. LOS. Ep. 1; denique decretalia sinodi Remensis capitula ~ari imperavit ORD. VIT. XII 21 p. 391; falsa .. acta de morte Christi .. fecerunt ~ari R. NIGER Chr. I 32; liber 'De Principis Instructione' .. inter primos inchoatus, inter ultimos autem ~atus GIR. Catal. Brevior 423 (cf. ib. JS VII p. 334); s1457 in tantum .. superbierat .. quod .. ederet in suo vulgari .. alias tree [om. Oraciones], ut populo ad dicendum ~aret Reg. Whet. I 280.

propălatio [LL]

1 (act of) making known, disclosure, revelation; **b** (w. subj. gen.); **c** (w. obj. gen.); **d** (w. de).

hec accusacio ponitur in his verbis 'factus est nobis in traduccionem', i. ~onem secundum Grecismum HOLCOT Wisd. 88. **b 1407** ~one quorumdam civium nostrorum .. coram nobis .. juratorum .. extitit declaratum .. quod .. Lit. Cant. III 100. **c 1169** secrete obligationis, cujus superius memini, in finem alterius anni dilata est ~o J. SAL. Ep. 285 (288 p. 648). **d** antequam de ejus obitu plena fieret ~o Croyl. Cont. B 474.

2 (act of) making available or accessible, publication (of written work).

pro ejusdem scientiae defensione ac ~one BEDE Hom. II 16. 184A; publicacione .. et ~one operum suorum et opinionum vocem habebat in tantum terribilem quod .. Reg. Whet. I 279.

propallare v. propalare.

propandere [CL], to extend further, to spread widely. **b** to tell, make known.

~ere, extendere OSB. GLOUC. Deriv. 478; propansus, propensus, propagatus Ib. **b** ~ere .. dicere OSB. GLOUC. Deriv. 478.

propansio [CL propandere + -sio], (act of) spreading widely, extension.

propando .. unde ~o, -nis OSB. GLOUC. Deriv. 449.

proparcenaria [CL pro- + parcenaria], joint heirship, shared tenancy, coparcenary.

1285 si competat tenenti visus terre, excepcio non tenure, ~ia (maxime ubi particeps fuerit infra etatem) ... item auxilium ~ie concessum est MS Bodl. Douce 139 f. 154v.

propars, propartia [CL pro- + pars; cf. et CL proportio], (leg.) purparty, proportion, share (usu. of inheritance): **a** (Eng.); **b** (Scot.); **c** (w. ref. to division into portions).

a 1218 ipsa debuit habere medietatem tocius terre predicte ut in ~te sororum BNB II 7; **1232** custodia et maritagium predicti heredis liberata fuit eidem Matillidi in ~te dotis sue ~tam Ib. 534; **1249** ita quod homagium .. Willelmi remansit Petro de Geneve in ~tem suam, racione uxoris sue Cl 150; actio de ~te que inter coheredes jus terminat et distinguit BRACTON f. 370v; nec in brevibus de custodia, de conservicio nec de ~te sororum quia si plures petant nulla scire potest per se que pars ei accidere debet ad partem Fleta 404; **1364** pro proporciam predictam capitale messuagium .. una cum .. integra advocacione ecclesie .. assignata fuerunt ~ti .. Isabelle Reg. Heref. 20; **1423** pro ~tiis .. Alicie, Emme, Cecilie Fine 230 m. 5. **b 1292** ~tem suam peciit de grosso et corpore ejusdem regni Scocie RISH. 359; **1299** cum ~te servicii nobis debiti Reg. Aberbr. I 277; **1359** nihil hic de warda de Baldowry, nec ~te terre domini Henrici de Ramesay, infra baroniam de Guthery ExchScot 590; **1360** totam illam ~tem baronie de Dunde tam infra burgum quam extra Reg. Brechin I 17. **c 1391** inter quas [sorores] propertia facta fuit de predictis comitatibus, advocacionibus, et castris (CoramR) MonA III 199a.

propassio [LL, usu. to render προσπάθεια], compelling urge, passionate inclination or propensity, anticipation of passion.

quod genitus est subitus ad malum animi motus, sive ire, sive invidie, seu stultiverbi, seu luxurie, similiumque que ~ones vocantur PULL. CM 201; dicitur hec ira ~o, id est subitus animi motus, accidens viciate nature, sine deliberatione boni vel mali ROB. BRIDL. Dial. 165; sciendum quod passio dicitur quando caro titillat visa muliere, ~o autem quando malus ille affectus erumpit in effectum OSB. GLOUC. Deriv. 440; quam figuram antropospaton [? anthropopathion ἀνθρωποπάθειαν], hoc est humanam ~onem, vocant GIR. PI I 6 p. 19; est autem duplex timor in genere, sc. naturalis et animalis; naturalis quo quis timet amittere bona nature sine perturbacione intellectus aut voluntatis quoad mores .. iste autem qui in nullo concutit racionem declinando justiciam vocatur ~o, et non est peccatum sed pena peccati WYCL. Mand. Div. 84; Christus super patibulum tres cruciatus sustinuit, sc. passionem, ~onem, et compassionem ORD. EBOR. I 107.

propassionalis [LL propassio + -alis], impulsive, passionate.

unde ~es animi motus, quos evincere nemo potest, ante baptismum puniuntur PULL. Sent. 876D.

propastura [CL pro- + pastura], (right of) pasturage.

1211 de xij de W. K. pro quadam ~a habenda Pipe Wint. 166.

propatruus [CL = great-grandfather's brother]

1 paternal great-uncle, (~us magnus) paternal great-great-uncle.

fratrem proavi ex parte patris qui dicitur ~uus [vv. ll. paternus, paterinus] magnus BRACTON f. 68v.

2 grandfather of (paternal) uncle.

~uus meus, mines fæderan eldrefæder ÆLF. Gl. Sup. 174.

propatulus [CL], completely open or visible, (~o or in ~o as adv.) in plain view, in the open, in an entirely open or manifest manner (usu. transf.).

sanctus Hieremias ad exemplum virginalis materiae in ~o [gl.: in manifesto, in aperto, on openysse, on æwunge] nobis accurrit ALDH. VirgP 20 p. 250; cujus figura naturae in ~o est quia .. BEDE Cant. 1164; **925** si quis post hoc illum antiquum librum vel aliud quodlibet contra hanc nostram diffinicionem in ~o adduxerit Ch. Burton 2 p. 3; c1150 res est in ~o OSB. CLAR. Ep. 33 p. 116; **1166** dispensationis vero causa in ~o est ut eam omnino non oporteat aut paucis expediat allegari J. SAL. Ep. 145 (168 p. 100); statim viro sancto populoque per ipsum ~o claruit quod .. GIR. David 382; c1223 confessiones .. mulierum audiantur extra velum et in ~o quantum ad visum, non quantum ad auditum Ch. Sal. 141.

prope [CL, compar. ~ius; v. et. proxime]

1 (as adv.) at or to within a short distance, close by, near by.

quasdam .. bestias ~e ad Mare Rubrum nasci ipsa fabulositas perhibet Lib. Monstr. II 10; circuiens omnia ~e vel longe BEDE HE IV p. 213; qui prope dum veniunt, hostes agnosco malignos ALCUIN SS Ebor 941; amicus tam ~e [AS: neah] quam longe bonus est Prov. Durh. 2; quia ~e est Dominus in omni loco omnibus invocantibus eum in veritate AILR. Ed. Conf. 752A; quare quidam bene vident longe et ~e, quidam longe et non ~e, quidam bene ~e et non longe? Quaest. Salern. Ba 20; ita diabolus cum serpentem induisset ~ius accessit et ait .. T. CHOBHAM Praed. 205; diabolus .. intravit in corda quorumdam qui ~e erant a lateribus ejus G. Hen. V 2 p. 18.

2 in close temporal proximity, near.

'ululate quia prope est dies Domini' [Is. xiii 6]—si tunc ~e erat, quid nunc putabitur? GILDAS EB 44; per omnia ~e non erat sed longe quando venit Christus Comm. Cant. I 444; et interrogavit quam ~c esset hora BEDE HE IV 22 p. 262; tempus absolucionis meae esse ~e CUTHB. Ob. Baedae clxiii; s879 eodem anno eclipsis solis inter nonam et vesperam sed ~ius ad nonam facta est ASSER Alf. 59; sicut aurora non est sol sed quodammodo testis est quod ortus solis ~e est AILR. Serm. 44. 23; de Joas, rege Juda, ponemus exemplum ... sic etiam, ut ~ius exempla petamus, Nero Cesar Senecam .. neci exponere non abhorruit GIR. SD 118 (cf. ib. 124: sicut in Absalone patuit et, ut ~ius exempla petamus, in filiis regis Anglorum H. secundi).

3 almost, nearly (usu. w. totus or omnis).

Colossus .. ~e omnia Romanae urbis opera miro rumore praecellit Lib. Monstr. I 3; in Brixonte .. bestiae quaedam non magnae sed ~e omnibus nationibus ignotae gigni perhibentur Ib. II 31; totam .. ~e insulae .. superficiem BEDE HE I 15 p. 32; de cunctis ~e provinciis Ib. III 14 p. 156; qui ~e morituri esse videbantur Ib. IV 22 p. 261; quod nimium bellicosus et victor ~e in omnibus bellis erat ASSER Alf. 42.

4 (w. verb that expresses perception or understanding) closely or intimately.

~ius agnoscitur de vertice et claritudine generis ac de proximitate temporis GOSC. Wulfh. prol. p. 418; et qui hujus veritatem cognosceret tam in diversis linguis ad invicem quam unius in se, ~e esset videre nominum naturam Ps.-GROS. Gram. 32.

5 near in degree or scope; (~e est w. ut & subj.) it is likely, probable, or relevant (to).

quam .. brevis est vita nostra tam ~e est ut de ipsius et nostra mutua praesentia .. congratulemur .. ANSELM (Ep. 13) III 118.

6 (as prep.) near, by (usu. w. acc.); **b** (w. dat.).

stante .. arca ~e glareas testamenti in medio Jordanis canali GILDAS EB 11; Rufinus in Mellena civitate ~e Jerusalem habitavit Comm. Cant. I 1; Ptolomais, civitas Judaeae maritima ~e montem Carmelum BEDE Nom. Act. 1039; erat .. ~e ipsam civitatem ad orientem ecclesia Id. HE I 26 p. 47; civitas .. sita .. ~e mare meridianum quod interluit Galliam Britanniamque ASSER Alf. 49; ~e ipsam aecclesiam est monasterium feminarum sanctae Euphemiae virginis

Descr. Const. 259. **b** corpus in ecclesia curarunt condere patres / quae constructa maris stat prope litoribus ALCUIN *WillV* 34. 74.

7 close to (in time); **b** (w. dat.).

clericus .. supradictus .. tota nocte coangustatus ~e mortem accederat *VCuthb.* II 3; vesperascere, ~e vesperam esse OSB. GLOUC. *Deriv.* 625. **b 1387** predicta Margareta est pregnans et ~e partui *PlRCP* 505 r. 110d.

8 in connection with (a person), as far as one is concerned.

1217 universitas magnatum .. consimilem debeat ~e nos periculo formidare *Pat* 71.

9 (as adj. compar. ~*ior*) nearer (in space), closer; **b** (w. *ad* & acc.); **c** (w. dat., in quality or degree).

egit iter quondam venerandus forte viator / qua se per segetes propior jam semita duxit ALCUIN *WillV* 15. 2; quo clamore multi resumentes animum Francos conversi urgere et ~iores cedere cepere W. MALM. *GR* IV 389; incipiamus ex propinquis sic non transeundo diapente regula tenoris, quod fit tripliciter, aut ex ~ioribus ab infra ditonum inclusive, vel remotioribus infra diapente et supra ditonum, aut ex ambobus *Mens. & Disc. (Anon. IV)* 75. **b** in insula .. quae sita est in Tamesi flumine inter East-Seaxum et Cantuarios sed ad Cantiam ~ior est quam ad East-Seaxum ASSER *Alf.* 3. **c** si quis .. eorum mitior et veritati aliquatenus ~ior [v. l. proprior] videretur GILDAS *EB* 21; qui fuerunt Agno ~iores erunt sine dubio excellentiores AILR. *Serm.* 45. 26.

10 closer with respect to relationship, connection, or importance, (leg., ~*ior*) who has precedence over (w. abl. of comparison).

a1250 si .. Adam vel heredes sui voluerint feodum suum invadiare .. vel alio modo dimittere, dicti prior et conventus ~iores erunt omnibus hominibus duodecim denar' si illud habere voluerint *AncD* A 724; c1258 si illud tenementum vendere voluerint, dicti canonici et successores sui ~iores erunt omnibus aliis duodecim denariis *Ib.* A 792.

propedare v. propedire.

propediem [CL; al. div.], before long, very soon.

~ien, cito *GlC* P 816; praesumens Conanum pro venia delicti et gratia ~iem deprecaturum W. POIT. I 45; **1166** sed quicquid episcopi in appellatoriis suis ~iem scripserint J. SAL. *Ep.* 184 (174).

propedire [ML; cf. et. CL praepedire], to hinder, impede; **b** (w. *ne* & subj.).

~are, impedire, tricare, irretire OSB. GLOUC. *Deriv.* 472; cum repente divina miseratione gressus puelle ~iti sunt *Mir. Fridesw.* 31; **1270** super hoc ~iti .. Robertum .. ad partes predictas .. destinare non possumus *Cl* 290; **1394** cum .. non possimus .. interesse, aliis .. negociis licite ~iti *Comp. Swith.* 168. **b** ut mulierem ~iat ne ipsa amplius transgrediatur legis nature precepta FORTESCUE *NLN* II 27.

1 propellare [CL pro-+(ap)pellare], to call, name, address.

areisoner, affari, alloqui .. ~are, impellare *Gl. AN Ox.* f. 153; *to calle,* .. ~are, appellare *CathA.*

2 propellare v. propellere.

propellere [CL], **2 propellare** [ML]

1 to push or thrust forward, propel; **b** (transf.).

circio .. navem in altum ~ente GIR. *EH* I 3 p. 232; legitur quod Sisyphus habens saxum collo ligatum debuit illud ~ere ad summitatem montis T. CHOBHAM *Praed.* 98; natantia igitur omnia plus trahunt corpus per aquam quam ~unt, et ideo magis dicuntur reptilia GROS. *Hexaem.* VI 3. 2. **b** natura, quippe tociens dicta semper ad contraria, semper ad adversa vos ~ente GIR. *SD* 124.

2 to push, thrust, or drive away, expel (usu. w. abl.); **b** (fig.).

c705 cum praesule proprio pontificatus apice privato tellure paterna ~i ALDH. *Ep.* 9 (11) p. 501; ad excolendas vineas bestiasque nocentes ex his ~endas BEDE *Cant.* 1110; **933** bustis sponte patentibus so-

---

mata jam rediviva ~entibus *CS* 694; s1100 [rex H.] effeminatos curia ~ens (v. curia 3b); cum propriis quondam edibus .. ~itur AD. EYNS. *Hug.* V 1 p. 75; quos .. a villa propulsos excluderent *Mir. J. Bev. C* 338. **b** ubicumque amor Dei hospitatus fuerit, et is qui ei locum praebuit in se locum iniquitati dederit, procul dubio 'corripitur' et ~itur amor vel spiritus Dei 'a superveniente iniquitate' ALEX. CANT. *Dicta* 14 p. 165.

3 (transf.) to ward off, repel (undesirable activity or condition).

ingressus es .. professusque Christi militiam in qua non solum aperte obsistentis hostis violentia est ~enda, sed et .. ANSELM (*Ep.* 37) III 145; iracundiam patientia comprimant, levitatem servata gravitate cohibeant, suspiciones dilectionis contemplatione ~ant AILR. *Spir. Amicit.* III 32. 684A; **1507** ad ~andum impetum pluvie *Cant. Coll. Ox.* II 249.

propemodum [CL], very nearly, virtually, pretty well.

ne momentum quidem in supra dictis ~um ordinibus appareat .. GILDAS *EB* 26; reges habet Britannia .. continuo ~um mentientes *Ib.* 27; o mirandum negotium et ~um [*gl.: fornean*] investigabile decretum ALDH. *VirgP* 31 p. 269; in secularibus ~um esse videbatur hebes et negligens W. MALM. *Wulfst.* III 10; mundi etiam fertur sic postposuisse gloriam, sic ad supernam anhelare patriam, ut jam ~um carnis cerneretur deposuisse sarcinam, et immortalitatis tunicam induisse *V. Fridesw. B* 4; tota ~um terra, preter montana quedam .. silvis immensis .. fuerat obsita GIR. *TH* III 2 p. 171.

1 propendēre [CL]

1 to hang down; **b** (understood as trans.).

[pallii] due linee ~entes sunt due leges, Christi passionem preferentes W. FITZST. *Thom.* 25 p. 37. **b** si pedes extra lectum ~erentur, non adverteret W. CANT. *Mir. Thom.* II 86.

2 (transf.) to be inclined (towards), to have propensity for; **b** (pr. ppl. as adj.) prone, inclining.

[fomes peccati] ad male agendum pronos reddit tura, unde declines ~eant ad vitia PULL. *Sent.* 763A. **b** quantum ad mentem in dies fit in vetita ~entior, in dijudicando tardior *Ib.* 758B.

3 to depend (on), stem (from).

reipublicae salus a recta juventutis institutione ~et FERR. *Kinloss* 6.

4 (p. ppl. *propensus* as adj.) eager, willing, urgently disposed, keen; **b** (w. *ad* or *in* & acc. or *in* & abl.).

ejusque tectis restaurandis curam habeat ~iorem sicut habere desiderat salutem GOSC. *Transl. Mild.* 21 p. 182; xx manc. emendetur, nisi prohibitio ~ior amplius exigat (*Leg. Hen.* 37. 2) *GAS* 567; quicquid per negligenciam .. peccavimus exactiore et ~iore diligentia in posterum emendemus BALD. CANT. *Serm.* 6. 9. 414; cura ~iori bonus fieri quam videri malens GIR. *EH* I 43; hiis, si laudabiliter vixissent, ~iorem sciebat deferri honorificentiam AD. EYNS. *Hug.* V 1 p. 77; mater vero, mulier bona, Walthenum, velut Rebecca suum Jacobum, affectu ~iori diligebat J. FURNESS *Walth.* 11; **1278** ~iorem diligenciam desiderate provisioni eidem ecclesie impensuri *Reg. Heref.* 57. **b 1100** sicut benignitas mea ~ior est in eis (*Ch. Regis* 11) *GAS* 522n; in ejus liberationem conjugali caritate ~ior W. MALM. *HN* 457; faciam .. tantoque impensius quanto vos ~iores ad audiendum esse animadverto OSB. GLOUC. *Deriv.* 61.

5 urgently required.

huic Willelmo [regi Scocie] vendidit rex [Anglie] Ricardus pro sumptibus ~ioribus ad Terram Sanctam castellum de Berwick OTTERB. 72.

2 propendēre [ML =*to weigh, assess*], to extend further, to spread widely.

~o -is, i. extendere OSB. GLOUC. *Deriv.* 446.

propensare [CL pro-+pensare; cf. et. praepensare], to consider, plan, or ponder beforehand, (leg.) to premeditate.

roberia, et pax fracta .. et assaltus ~atus *MGL* I 114.

---

propense [CL *in sense* 2]

1 so as to hang down (fig.).

Brittannia insula in extremo ferme orbis limite circium occidentemque versus divina, ut dicitur, statera terrae totius ponderatrice librata ab Africo boriali ~ius tensa axi GILDAS *EB* 3.

2 urgently, keenly, pressingly.

quos ~ius morte, cum abessent, tremebant, sponte .. sub unius tecti culmine invitabant GILDAS *EB* 23; nec in comparatione hujuscemodi bonum dehonestari video sed, quod melius est, ~ius [*gl.:* manifestius, diligentius, plenius, *geornlicor, rumlicor*] laudari censeo ALDH. *VirgP* 9 p. 238; †**949** (10c) inter alia testimonia ~ius intellegenda *CS* 880; si autem per incuriam fuerit peccati admissio, tunc demum Dei misericordie ~ius cogitetur, ne superveniat venie desperatio ALEX. CANT. *Dicta* 1 p. 116; c1165 quos in ecclesiasticis negociis devotiores et fideliores intelligimus, eos ad ecclesiastica beneficia †propentius [? l. propencius] et securius promovemus *Ch. Westm.* 286; **1242** habentes .. propentius vestri gracia [*sic*] commendatos *RGasc* I 160b; patrum vestrorum dignemini reminisci et librorum ~ius indulgete studio R. BURY *Phil.* 5. 82.

propensio [cf. 2 propendēre], (act of) spreading widely.

propendo .. i. extendere .. et hec ~o, -nis OSB. GLOUC. *Deriv.* 446.

proper v. propter.

properanter [CL], speedily, quickly.

festinat Abraham, accelerare jubet Saram, ~er famulus injunctum complet officium BEDE *Gen.* 168A; jubet eam .. ad se ~er venire *Id. Cant.* 1110; currite vos, juvenes, Christi properanter in aulam ALCUIN *Carm.* 98. 2. 1; **968** sine ullo respectus articulo omnibus horis atque momentis ~er ad finem festinant *Ch. Burton* 23 p. 37; petite libros vestros cito, et in scamnis vestris sedentes legite, et firmate acceptos vestros, ut ~er reddere valeatis cras in primo mane ÆLF. BATA 4. 4; nichil improvisus aut inprovidus aut ~er agebat MAP *NC* V 6 f. 67v.

properantia [CL], haste, hurry.

propero .. i. festinare .. et hec ~ia OSB. GLOUC. *Deriv.* 434.

properare [CL]

1 to move rapidly, to hurry (toward a destination or objective); **b** (w. acc. or *ad* or *in* & acc., also transf.); **c** (w. inf.).

nec scientia, nec sapientia erunt apud inferos, quo tu ~as *Ps.-Bede Collect.* 31; sed fuge, rumpe moras, propera, percurre volando ALCUIN *Carm.* 4. 70. **b** dum vero septima jam dies [*sic*] ad requiem properat mundus iste THEOD. *Laterc.* 24; de paradiso sponsi caelestis ad quem se ~are [*gl.:* festinare] fatebatur ALDH. *VirgP* 47 p. 302; pacificus est rex ad cujus consortium ~o BEDE *Cant.* 1125; dum properas portum velis hucusque secundis ALCUIN *SS Ebor* 1570; s1087 qua perlecta idem presul .. Lundoniam ~avit ORD. VIT. VIII 1 p. 256; **1167** morbus cum in summo est ~at in defectum J. SAL. *Ep.* 254 (221); [res humane] cum ad summum pervenerint .. ~ant ad descensum GIR. *TH* III 12 p. 157. **c** inde Asiam properat sanctis convertere biblis ALDH. *CE* 4. 8. 12; hic quoque compulsus Romam properabat adire ALCUIN *SS Ebor* 605; dum divina opus caelestis semina vitae / spargere per multas properaverat accola terras *Id. WillV* 16. 2; **850** (13c) aeterna .. gaudia caelestis patriae adipisci ~ant *CS* 407; **1168** cum .. Italie civitates in ipsum irruere ~arent J. SAL. *Ep.* 244 (272 p. 552); dum per aquam .. comitem sequi ~aret GIR. *EH* II 3 p. 313.

2 (pr. ppl. as adj.): **a** that moves quickly. **b** that occurs quickly, hurried, premature.

a plus pernix aquilis, Zephiri velocior alis / necnon accipitre properantior ALDH. *Aen.* 100 (*Creatura*) 35. **b** considerandum esse dux respondens, ne discessio ~antior opinionem pariat minus honoram W. POIT. I 45; tractus enim ille terrarum majoribus quam citramontanus fervoribus vaporat, ideoque ~antior ~antiores estas messes maturat ORD. VIT. IX 14 p. 592.

3 (trans.) to cause to be quick or rapid, (p. ppl. as adj.) quick, rapid, speedy. **b** to cause to occur swiftly, hasten.

~ata, *geofstigan GlS* 211; similiter deditione se liberant ~atissima quando reversum ad oppugnandum vident Normannorum principem W. Poit. I 19; advenerunt illi ~atis gressibus W. Malm. *GP* II 84. **b** presentant quod mors Jordanis de Coppedoc fuit †perperata [MS: properata] per verberacionem Roberti de Coppedoc *Hund.* II 176b.

properatio [CL], haste, hurry.

vana nobis infructuosaque adeo ~one deferimur insani Map *NC* IV 13 f. 54v.

propere [CL], quickly, rapidly. **b** hastily, in haste, or ?*f. l.*.

aurea tum propere penetrarat regna polorum / Spiritus Aldh. *VirgV* 2160; rex cum quingentis equitibus ~e perrexit Ord. Vit. IV 4 p. 180; eya! pergamus propere / mandatum hoc perficere *Med. Stage* II 317. **b** humiliter sustinuit voluntatem Patris nec quasi ~e [?l. proprie] ait "redde quod debes" [cf. *Matth.* xviii 28] T. Chobham *Serm.* 23. 93ra.

properus [CL], quick, rapid, who or that acts quickly or moves rapidly (also pred.). **b** (abl. sg. n. *~o* as adv.) quickly, rapidly.

quibus ita gestis cum talia senatui nuntiarentur et ~o exercitu vulpeculas .. subdolas ulcisci festinaret .. Gildas *EB* 6; passibus ut properis trames per rura patescat Aldh. *VirgV* 1543; dixerat, et properis volitabat gressibus inde / nuncius ac vatis praesentia corruit almi *Mir. Nin.* 121; sciens .. quod non eos diu vigere sinerent morbus et mors ~a Ord. Vit. VIII 2 p. 280; puppibus acceleratis ~us pertransiit *Ib.* IX 6 p. 500. **b** ~o, *hræþe GlC* P 829.

propes [ML < CL pro- + pes], loose part of the sheet by which a sail is trimmed to the wind.

~es, *fotrap* Ælf. *GR* 167; ~es, *sceacline Id. Gl. Sup.* 182.

propessio v. perpessio.

propheta [CL < προφήτης], **~es** [LL], prophet; **b** (in the Old Testament). **c** (applied to Vergil); **d** (in the New Testament, also f.); **e** (applied to Jesus Christ); **f** (applied to a saint); **g** (applied to Mohammed); **h** (applied to soothsayer); **i** (other).

~a vel vates, *witega* Ælf. *Gl.* 155; **11** .. ~a, *witesaga WW Sup.* 480; profiteor .. et hic profeta, -te, quasi profitens tacita Osb. Glouc. *Deriv.* 229; hic ~a, *a profete WW*. **b** audiamus .. quid ~a dixit: 'diligite .. justitiam qui judicatis terram' [*Sap.* i 1] Gildas *EB* 62; secundum quod ~a praedixit Theod. *Laterc.* 6; sicut de patriarcha per ~am dicitur, 'Jacob dilexi, Esau autem odio habui' [*Mal.* i 2] *V. Cuthb.* I 3; legimus Ezechielem et Danielem et minores ~as Ælf. *Regul. Mon.* 195; Helyas sacerdotes et ~as Baal occidit R. Niger *Chr. I* 7; psalmista .. eximius ~arum R. Bury *Phil.* 1. 2. **c** rusticus est Corydon, dixit hoc forte propheta / Virgilius quondam Alcuin *Carm.* 32. 31. **d** plurima pro Christo patiens tormenta prophetes [sc. Baptista Johannes, *gl.*: i. propheta] Aldh. *VirgV* 439; Anna ~es filia Phanuel gaudens affuit Ord. Vit. I 2 p. 8. habet .. secum Joseph .. duo fassula .. cruore ~e Jhesu et sudore perimpleta J. Glast. 21 p. 54. **f** audet adhuc supplex virgo pulsare propheten [vv. ll. prophetem, prophetam] Bede *CuthbV* 518; gaudet Anglia ~am sibi preesse, non regem, qui et morbos curaret et ventura prediceret Ailr. *Ed. Conf.* 763C; hujus rei ~a verus beatus Thomas martyr creditur extitisse *V. Edm. Rich B* 624. **g** **s1188** deprecamur eum ut infundat orationem suam super prophetas suos et maxime .. Mahumetum ~am (*Lit. Salahadini*) *Itin. Ric.* I 18 p. 37; et Machometum, porcum putridum, ~am Dei et nuncium esse affirmare S. Sim. *Itin.* 29. **h** in aliis .. nationibus quam hac Britannica .. ~as hujusmodi raro reperies Gir. *DK* I 16 p. 196; sumpsis diversis libris ~e, Sibylle viz., Aquile, et Merlini Elmh. *Cant.* 254. **i** marrubium agrestis dicitur prassion, alii eupatorion, alii philopes, Egyptii assetepan, ~e emataurii, .. Romani marrubium *Gl. Laud.* 990; malva silvatica .. dicitur moloceagria, Pitagoras anitoa, alii acopon, .. Egyptii locortes, ~e uramoys [sc. ura myos], Itali malvam rusticam *Ib.* 996.

prophetalis [LL < CL propheta + -alis], **prophetialis** [LL < LL prophetia + -alis], prophetic, of, connected with, or typical of a prophet or prophecy.

erat gratia Spiritus Sancti ~alis quam in peccato perdidit *Comm. Cant.* I 32; sed cum forte foret felix praecursor adultus / atque prophetali jam maturesceret aevo Aldh. *VirgV* 406; quique prophetali praefatur mente futura Bede *CuthbV* 162; de ~ali gratia quam ei Deus affuderat alias dictum est W. Malm. *GP* II 86; omnis ~alis [Trevisa: *of prophecie*], sacerdotalis, et regalis dignitatis privilegio .. insignitus Bart. Angl. I 21 p. 16; versus ~iales in honore vestri (J. Bridl. *gl.*) *Pol. Poems* I 124; in modo intelligendi, qui est obscurus et ~ialis *Ib.* 125.

prophetaliter [ML < LL prophetalis + -ter], prophetically, in the manner of a prophet or as prophecy.

ipsa ~iter subjunxit Gosc. *Wulfh.* 10 p. 430.

prophetare [LL < προφητεύειν]

1 (intr.) to prophesy, to speak or be active as prophet; **b** (of Merlin).

Amos prohibitus ne ~aret in Israel Gildas *EB* 53; dic mihi quis primus ~avit? Adam *Ps.-Bede Collect.* 16; eodem spiritu imbutus tempestatem et serenitatem praevidit quo et Paulus apostolus .. navigantibus ~avit [cf. *Act.* xxvii 9ff.] *V. Cuthb.* II 4; hortatur eos apostolus ut meliora charismata desiderent, et maxime gratiam ~andi Lanfr. *Comment. Paul.* 199B; Gad, Nathan, et Asaph ~abant in Israel G. Mon. II 7; nonne per visiones eciam Ezechiel et Daniel ~arunt? Gir. *Invect.* VI 3 p. 207. **b** hic Merlinus tempore Arthuri fuit et longe plenius et apertius quam alter ~asse perhibetur [v. l. prophetizavit] Gir. *IK* II 8 p. 133; cumque in hunc modum diu ~asset Merlinus M. Par. *Maj.* I 215.

2 to prophesy, foretell, indicate beforehand: **a** (w. acc.); **b** (w. acc. & inf.); **c** (w. *quod*); **d** (w. *de*).

a [Guthlacus] regnum sibi [sc. Æthelbaldo] ~avit Felix *Guthl.* 52 p. 166; quamvis patriarchae et sancti priorum temporum multa de Christo dictis factisque ~arent Bede *Acts* 952; passio Christi ~ata est Ælf. *Regul. Mon.* 183; Dominus .. iste sanctus quem tinctio David .. clamat .. ad sanctum Patricium ter denis annis priusquam nasceretur .. ~atus .. innotuit Rhyg. *David* 1; concedis tu Moysen .., quicquid ex Dei nomine ~averit, fideliter enuntiasse et dixisse? Petrus *Dial.* 4; audierunt quendam librarium .. vera multis ~antem (*V. S. Samsonis*) *Lib. Landav.* 7; anum que .. multa de ipso ~avit W. Malm. *GP* II 78; quid de duabus filiis Godwini comitis rex ~averat Ailr. *Ed. Conf.* 765D *tit.*; quia Deus noluit Britones in insula diucius regnare donec tempus veniret ~atum primitus a Merlino Elmh. *Cant.* 258. **b** remque illam tam mirabilem, statim suscitatis pastoribus ut viderat indicavit ~ans quoque eis animam esse sanctissimi episcopi *V. Cuthb.* I 5. **c** ~atum est a quadraginta annis .. quod unus papa .. purgabit jus canonicum Bacon *Tert.* 86. **d** Adam audierat ~asse de duobus judiciis Gir. *TH* III 13 p. 159; Balaam .. de ortu stelle et Salvatoris ~avit M. Par. *Maj.* I 9; per libros preteritorum reminiscimur, de futuris quodammodo ~amus R. Bury *Phil.* 15. 202; ~avit de cognicione [v. l. conjunccione] Christi et ecclesie *Eul. Hist.* I 19; beatus Bernardus .. de eo sic ~avit .. *Meaux* I 154; **s1448** terre motus de quo instructores quidam .. publice ~abant *Croyl. Cont. B* 526.

3 (pr. ppl. as sb.) one who prophesies, prophet.

Esaias, nequaquam pars ultima profetantium Aldh. *Met.* 2 p. 64; sicut in potestate ~antium non erat semper habere Spiritum Sanctum Bede *Ep. Cath.* 73; hoc ille more ~antium quasi preteritum narrat *Eccl. & Synag.* 117; nec fidem habuit ~anti Ailr. *Ed. Conf.* 773B; actio ~antis Neckam *SS* IV 25. 21 (v. prophetatio a).

prophetatio [LL], (act of) prophesying, prophecy; **b** (w. obj. gen.).

postquam Romani principes Titus et Vespasianus in ultione Domini totam civitatem Jerosolimam funditus destruxissent, ut ~o Dominica impleretur [cf. *Luc.* xix 43–44] Sæwulf 64; actio ergo prophetantis mala fuit, sed illa fuit ~o, ut ita loquar, ergo prophetia fuit mala, ergo fuit a diabolo secundum eos Neckam *SS* IV 25. 21; queritur utrum omnis ~o sive prophetia sit a Spiritu Sancto Hales *Qu.* 330. **b** ~o nostre redemptionis *Ib.* 331.

prophetes v. propheta.

prophetia [LL < προφητεία]

1 prophecy, prophetic uttrance or writing (sts. as title of book); **b** (as concerning past or present events). **c** (w. ref. to prophecy as a faculty; usu. *spiritus ~iae*, cf. *Apoc.* xix 10) spirit of prophecy; **d** (as office or function of prophet).

quid de auctore prophetarum Esaia dicam? qui prooemium profetiae suae .. ita exorsus est Gildas *EB* 42; revertensque ad domum suam, ~iae verba in mente retinens *V. Cuthb.* I 3; ecce Ambrosii Merlini ~ia Ord. Vit. XII 47 p. 486; capitula ~ie prime quam habuit carissimus frater in Christo Thomas de Eboraco Ad. Marsh *Ep.* 213 p. 378; credo .. ~iam Hildegardis ex dyaboli astutia processisse Peckham *Paup.* 76; **a1332** ~ia Merlini *Libr. Cant. Dov.* 29; ~ia Sibille *Ib.* 50; de .. ~ia Sancti Bernardi de Henrico rege *Meaux* I 152. **b** cum et ~iam non modo de futuris constet esse sed de presentibus et futuris et preteritis J. Sal. *Pol.* 408A; 'prophetavit', est enim ~ia de preterito sicut de futuro S. Langton *Gl. Hist. Schol.* 45. **c** per ~iae spiritum tempestatem predixerit futuram Bede *HE* III 15 p. 158; sunt .. qui dicant quia per ~iae spiritum .. pestilentiam .. praedixerit *Id. HE* IV 17 p. 244; ~ia perspicuus .. virgini Edithe .. mortem predixit W. Malm. *GP* I 19; hoc eis tanquam in spiritu ~ie .. dixisse memoratur *Chr. Rams.* 107; nolunt dicere se spiritum ~ie habere Ockham *Dial.* 505. **d** nam et Hieremias puer ~iae ministerium suscepit Bede *Prov.* 1004; Caiaphas .. licet sacrilegus .. cum esset pontifex anni illius, prophetavit, ut constet ipsum ab officio ~ie gratiam .. accepisse J. Sal. *Pol.* 684B.

2 (liturg., w. ref. to reading from books of the prophets).

dicitur .. predicatio quandoque evangelium et ~ia et sermo T. Chobham *Praed.* 16; duo ebdomadarii in tunicis. unus ad ~iam alter ad epistolam *Cust. Norw.* 32.

prophetialis v. prophetalis.

propheticare [LL propheticus + -are], to prophesy (in gl.).

to proficy, prophetare, prophetizare, ~are *CathA*.

prophetice [LL, cf. προφητικῶς], prophetically, in a prophetic manner or as a prophecy.

et revera vere ~e et omnia prophetica hic H. Bos. *Thom.* VI 11 p. 516; sicut ~e scriptum fuit, sic recitatum ~e, tanquam venturum sit secundum intentionem apostoli Bacon *CSPhil.* 403; 'verba oris ejus iniquitas et dolus' ait psalmista, per spiritum previdens ~e protestacionem .. Joannis vicesimi secundi Ockham *Dial.* 740; summe [MS: summo; l. Simon] ille justus / ait prophetice / mundo lumen ortum, / salutem patrie / Ledrede *Carm.* 34. 38; **s1168** quasi ~e effigiavit mores, actus, et numerum virorum apostolicorum qui post venturi forent in ecclesia Dei *Eul. Hist.* III 86 (cf. *Meaux* I 239); credo quod quidam somniat eas ~e fuisse tunc illatas *Ziz.* 469.

propheticida [CL propheta < προφήτης + -cida], one who slays a prophet.

Machometus .. [Judeos] ~as vocat S. Sim. *Itin.* 29.

propheticus [LL < προφητικός]

1 of or concerned with a prophet or prophecy, prophetic (usu. of utterance or writing). **b** (*spiritus ~us*; *cf. Apoc.* xix 10) spirit of prophecy. **c** (as sb. n.) prophetic utterance or writing, prophecy.

audiamus potius quid ~a tuba persultet Gildas *EB* 50; secundum ~am vocem Mosy Theod. *Laterc.* 3; futura profeticae divinationis oracula .. praesago afflatus spiritu expertus est Aldh. *VirgP* 29 p. 268; postremo addit, ~o ore dicens, "jam enim quando veniemus ad habitacula vestra" *V. Cuthb.* II 8; ut verbis ~is utar Ailr. *Ed. Conf.* 742D; **s1217** nesciens illius ~e comminationis ultionem M. Par. *Maj.* III 13. **b** audite .. quid de vobis ~o spiritu sanctus .. apostolus .. praedixerit Gildas *EB* 104; cui tempore illo propositus Boisil magnarum virtutum et ~i spiritus sacerdos fuit Bede *HE* IV 25 p. 269; quaedam ~o praedixerat spiritu Alcuin *WillP* 23; obitus sui diem spiritu ~o predicabat *Meaux* I 117. **c** magno cum ululatu illud ~um dicat Gildas *EB* 35; juxta illud ~um .. Bede *Cant.* 1156; **c1011** caveant .. ne illud prophaeticum de eis dicatur: 'quod infirmum fuit non consolidastis' *GAS* 249; eam [ecclesiam] .. juxta profetitum illud 'erit deauratio in templis' plurimum adaugere curavit *Leg. Ant. Lond.* 214; Enoch .. scripsit quedam ~a (Kyn.) *Ziz.* 5; sidera discuciant, obscura profetica dicant *V. Ed. Conf. Metr.* 468.

2 (of person) who acts like a prophet or has prophetic ability.

quorum inertiam .. ~us noster increpat armentarius Osb. *V. Dunst.* 8 p. 78; judicem .. quem rex ~us et opilionum fortissimus .. denuntiat Ælnoth *Cnut prol.* 2.

3 (as sb. m.) prophet.

1451 commentator super libros ~orum *MunAcOx* 610.

prophetissa [LL < προφῆτις], prophetess; **b** (transf., applied to the soul).

Anna, filia Phanuel, profetissa eundem Redemptorem Sacrosancti Spiritus praesagio vaticinabatur [cf. *Luc.* ii 36] Aldh. *VirgP* 13 p. 243; desiderabilis Symeoni seni .. desiderabilis Annae ~ae Bede *Cant.* 1171; angelica nuncia resurrectionis Domini Maria sanctarumque ~arum turba Gosc. *Wulfh. prol.* p. 418; **1165** ne aliquid subtraham, asserunt nescio quas ~as Teutonicas vaticinatas esse J. Sal. *Ep.* 140 (152 p. 54); alii dicunt Delboram ~am uxorem Lapidoth S. Langton *Chron.* 103; Sibylla .. ~a regem edocuit R. Bury *Phil.* 3. 43; tu namque ipsi quod Debbora, quam ipsa commemorat, mulier sancta et profetissa fuit Fortescue *NLN* II 22. **b** sit etiam ~a anima hec videat sc. transacta, videat et ventura, habens oculos ante et retro Ad. Scot *Serm.* 358B.

prophetizare [LL < προφητίζειν]

1 (intr. or absol.) to prophesy, to utter prophecy or act as prophet.

animalemque tarditatem trucibus virge plagis ad fidem excitat, ut scriptura ~at: sola vexatio intellectum dabit auditui [*Is.* xxviii 19] Gosc. *Transl. Mild.* 21 p. 183; ~avit Simeon et Anna confessa est Ad. Scot *Serm.* 334C; juvenis quidam .. Fantasticus agnomine vocatus .. in phrenesim raptus statim insanivit et nescio quo spiritu ductus ~are [v. l. prophetare] cepit et verbis de preterito futura predicere Gir. *TH* II 47; promontorium Ambrosii ubi Merlinus ~avit *Id. IK* II 8 p. 133; diligenter computata temporum racio Platonem indicat a tempore quo ~avit Jeremias centum ferme postea annis natum fuisse W. Burley *Vit. Phil.* 226.

2 (trans.) to prophesy, foretell, predict. **b** (w. acc. & inf.). **c** (w. dir. or indir. qu.).

dum vera predicas, falsa tamen ~as [v. l. prophetas] Adel. *QN* 50; prophecia queritur / a dudum prophetizato J. Howd. *Sal.* 19. 8; unum audeo ~are, quod continue durabunt prelia Wycl. *Sim.* 9. **b** huic monasterio gravissimam tribulacionem affuturam .. ~o *Croyl. Cont. A* 123. **c** sic Judei Christo fecerunt dicentes "prophetisa nobis, quis est, qui te percussit" *G. Roman.* 329.

prophicuum v. proficuus.

prophonetice [cf. προφωνεῖν, *προφωνητικῶς], exclamatorily, with a loud voice.

presbiter .. proponat quedam ypotetice, i. e. personaliter vel suppositive .. quedam ~e [*gl.*: *criablement*], i. e. exclamatorie Garl. *Dict.* 133.

prophylacticus [προφυλακτικός], prophylactic, (as sb. n., med.) a prophylactic.

†prosilaticum [v. l. profilaticum] dicitur a pro quod est procul et †silacten [v. l. filacten] quod est custodire *Alph.* 150.

propiare [LL]

1 to approach, come close: **a** (in space); **b** (in time).

a ut quid incultae solitudinis volucres, humani successus insueti, illam ~iandi fiduciam habuerunt Felix *Guthl.* 39 p. 122; quisque manu patulas claudat ut auricula / haudquaquam sufferre valens propiando rugitum Wulf. *Swith. pref.* 167; pontis ut usque pedem propiat rex, stant ibi cives R. Maidstone *Conc.* 288; mox ut ~iabat ad fanum Ciren. I 120; nam captivorum delacio certa cohortes / plures testatur, quod propiare volunt / ut vi dirumpant acies simul arcitenentum Elmh. *Metr. Hen. V* 418. **b** citra hore none terminum jam ~iantem R. Cold. *Cuthb.* 108 p. 243; tempus partus propiat, miser cruciatur (*Vers. de viro pregnante*) *Latin Stories* 150.

2 to be situated nearby, (pr. ppl. as adj.) neighbouring, adjacent.

ex aula ~iante [v. l.: vel propinqua] .. mulier inmensa velocitate currens clamabat Felix *Guthl.* 8.

propicon v. tropicus.   **propiferius** v. propriferius. **propigmena** v. proegumenus.   **propignaculum** v. propugnaculum.

propina [ML, *back-formation from* CL propinare]

1 place in which drink (or food) is served, tavern.

~a .. i. taberna eo quod famem pellat Osb. Glouc. *Deriv.* 460; ~a, taberna, cauponia, propinatorium *Ib.* 479; *a butry,* ~a *CathA.*

2 (act of proposing a) toast.

s**1423** abbas .. in cypho .. inscribi fecit hoc metrum: 'pocula Martino quinto cum corde propino.' postquam .. abbas hanc ~am fecerat .. Amund. I 153.

3 gift.

1494 pro vino donando .. pro una ~a vitulorum, pullorum, confeccionum, et cere pape et .. cardinalibus .. donandorum (*Ac.*) *Conc.* III 639b.

propinaculum v. propugnaculum.

propinare [CL], to give to drink, to administer or offer as drink; **b** (fig.); **c** (absol.).

exaltatus Jesus Christus / in crucis patibulo / haustu fellis et aceti / propinatus poculo *Anal. Hymn.* LI 78 p. 83; dum .. ~atur potus .. ~ato omnibus potu Lanfr. *Const.* p. 109; **1166** ei venenum ~averunt J. Sal. *Ep.* 147 (166); pocula non poscas nisi que pincerna propinet D. Bec. 1009; cujus [Edelredi] mater Eduuardo regnum invidens ipsi venenum ~avit Map *NC* V 3 f. 60; sicut cum egrotanti filio poculum ~atur amarum, dicit mater "ad sanitatem bibe" *V. Edm. Rich P* 1810B; iste liquor colatus ~etur Gilb. I 31v. 1. **b** verax medicus, dum .. virulento spiritalis nequitiae poculo letaliter infectis caelestis medicinae antidotum vitaliter ~aret [*gl.*: potum dederat] Aldh. *VirgP* 7 p. 235; idem Dominus qui poculum nobis sapientiae spiritualis ~avit Bede *Tab.* 418A; abbas ~et fratribus caritatem, deosculans singulorum manus Ælf. *Regul. Mon.* 187; nacta locum lacrimas tristes mens leta propinat Nig. *Mir. BVM* 1857; s**1170** ille sacrosanctus sanguis .. diligenter repositus est, post modicum toti mundo ~andus Gerv. Cant. *Chr.* I 228; labiis nostris cantica propinabis J. Howd. *Cant.* 285; ~avit ei Eva de dolio suo, id est, de utero suo, sanctum Abel Walt. Wimb. *Elem.* 320. **c** coeptum ministerium nobis omnibus ~andi usque ad prandium conpletum non omisit Bede *HE* V 4 p. 287; abbas ~ando [v. l. propinnando; AS: *scencende*] circumeat fratres *RegulC* 42; **1157** justum arbitror ut egregie cibato ~etis J. Sal. *Ep.* 85 (33 p. 57); prior autem surgens dabit locum episcopo ~abitque invicem ei osculando manum ipsius *Cust. Norw.* 87.

propinatio [CL *as sense 2*]

1 (act of) giving to drink; **b** (w. obj. gen.).

Ganymedes factus est pincerna Jovis, qui propter gratiam ~onis meruit fieri signum celeste Alb. Lond. *DG* 15. 11; *bryllyng of drynke,* ~o *PP.* **b 1463** allocantur ei pro *lez dresces* et lecag' ccxlvij piparum cervisie cum vasto et perdicione in ~one earundem, viz. pro qualibet pipa xiiij lagene, mmmcccclviij lagene *Comp. Dom. Buck.* 58.

2 (act of) drinking to one's health, a toast.

numquid non in calicibus hujusmodi sumendis atque gustandis mutua alternatim psallentium ~o cernitur? J. Ford *Serm.* 87. 5.

propinator [LL], one who serves drink, butler; **b** (in fig. context).

hic ~or .. qui potum administrat Osb. Glouc. *Deriv.* 460; *buttelere* .. ~or *PP; bryllare off drynke or schenkere,* ~or *PP; a butler,* .. ~or *CathA.* **b** ille ebrius et inebrians, qui ~or est et poculum G. Hoyland *Ascet.* 273c; c**1458** adeo copioso ymbre emittis eloquia sapiencie tue, acsi ~or esset tibi Tullius *Reg. Whet.* I 314.

propinatorius [ML], (as adj.) of or for drinking, (as sb. n.) place in which drink is served, tavern.

hoc ~ium .. i. domus unde propinatur Osb. Glouc. *Deriv.* 460.

propinatrix [ML], one who gives to drink or serves drinks (f.); **b** (fig.).

hic propinator .. qui potum administrat .. et hec ~ix Osb. Glouc. *Deriv.* 460; *bryllare off drynke or schenkere,* propinator .. ~ix *PP.* **b** hoc proponit Pietas, mentis expiatrix, / fons misericordie, vite propinatrix Garl. *Epith.* I *Summa* 26; luna propinatrix humoris solque caloris / fons *Ib.* III 341.

propinatus [CL propinare+-tus], (act of) giving to drink.

tunc quidem in primo ~u exhausere illud vas medonis ad unius palmulae mensuram B. *V. Dunst.* 10 p. 18; s**929** in primo ~u, vasculum illud exhausere avidi potatores M. Par. *Maj.* I 448.

propincernarius [cf. ML propincerna], deputy cup-bearer (at Anglo-Saxon court).

958 (13c) cuidam meo .. ~io Kenerico nomine duas cassaturas .. concedo *CS* 1035.

propinitare [*frequentative of* CL propinare], to give to drink (freq.).

~are, sepe propinare Osb. Glouc. *Deriv.* 479.

propinnaculum v. propugnaculum.

propinquabilis [CL propinquare+-bilis], approachable, accessible.

set, quod sit malleabile, / compassionis malleo, / bonum quo sine langueo, / immo patenter pereo, / sis michi propinquabile J. Howd. *Cyth.* 141. 9.

propinquanee [ML propinquaneus+-e], closely.

propinquus .. unde propinquaneus .. i. propinquus, et ~ee, i. conjuncte adverbium Osb. Glouc. *Deriv.* 434.

propinquaneus [ML, CL propinquus+-aneus], near in kinship, closely related.

propinquus .. unde ~eus .. i. propinquus Osb. Glouc. *Deriv.* 434; ~eus propinquus [v. l. propinqueus], consa[n]guineus, contribulus, congermanus, cognatus *Ib.* 474.

propinquare [CL]

1 to come close, draw near, to approach (in space); **b** (w. dat.); **c** (w. *ad*).

interea abbas cum eodem scolastico ambulabat ad videndum, ut autumo, si jam fratres cum defuncti corpusculo ~assent B. *V. Dunst.* 18. **b** non enim te tangere aut [v. l. tibi] ~are audemus Felix *Guthl.* 33 p. 108; cum monasterio ~arent et aedificia illius .. aspicerent Bede *HE* IV 23 p. 264. **c** cursitores dum ad Pontem Ferreum ~arent Turcos invenerunt innumeros Ord. Vit. IX 8 p. 519.

2 to approach (in time).

~ante [*gl.*: accedente] fati termino Aldh. *VirgP* 18 p. 247; quia tempus nunc ~at, ultima mandata mea intende Felix *Guthl.* 50 p. 154; suos propinquos ammonet quia mundus jam ~et [v. l. ~at] ad finem Bede *Tob.* 935; velut quinquagesimo die ~ante apostolorum est summa restaurata *Id. Acts* 944; curva senectus / certe propinquat Alcuin *Carm.* 54. 20; nocte ~ante rex tubas fecit canere ad portam fratris sui *Latin Stories* 92.

3 to approach (a state or condition).

qui verba increpantis humiliter recipit jam ~at veniae reatus quem gessit Bede *Prov.* 983; plus juvat mentem indagantem summae veritati ~are Anselm (*Mon.* 66) I 77.

4 to be situated near or close (to), to border on (in quot. w. dat.).

item alteri bis duobus addito uno miliaris sc. Hountendone ~at comitatui *V. Neot. A* 21.

propinquarius [ML < CL propinquus+-arius], near in kinship, closely related, (in quot. as sb. m.) a close relative.

1100 sive uxor sive alius propinquorum [vv. ll. ~ius, propinquior] (*Ch. Regis.* 4. 1) *GAS* 522.

propinquatio [LL], (act of) coming near or drawing close (in space), approach.

de ovo piscis quod formam recipit et augmentat absque ~one piscis alicujus Gilb. VI 245v. 2.

propinque [CL], in proximity, close at hand, nearby.

ex ore quandoque dulcis sonus exit sed prava sententia latet sub dulci sono qui resonat ~ius T. Chobham *Praed.* 205; hec namque pars perspective perfecte cognita ostendit nobis modum quo res longissime distantes faciamus apparere ~issime positas Gros. 74.

propinqueus [ML < CL propinquus+-eus], near in kinship, closely related.

propinquaneus [v. l. ~eus], propinquus, consa[n]guineus, contribulus, congermanus, cognatus Osb. Glouc. *Deriv.* 474.

propinquitas [CL]

1 nearness, proximity (in space).

minuit propinquitas / flamme vim fervoris P. Blois *Carm.* 5. 2. 4; magis .. accedit ~as hujus parietis ad summam ~atem quam accedat ejus remotio ad summam remotionem Neckam *NR* II 173 p. 304; apparet autem secundum eos luna magna et stelle parve propter ~atem lune ad visum et elongacionem stellarum a visu Gros. *Hexaem.* V 15; **1449** considerantesque ~atem loci habitacionis, sive mansi vobis dispositi, ad ecclesiam parochialem de Wye *Lit. Cant.* III 199.

2 closeness with regard to family relationship, kinship, consanguinity; **b** (w. degree of consanguinity specified). **c** (collect.) those connected by consanguinity.

omnis parentelae pia ~as [*gl.*: consanguinitas, pax, *gehendnyss* vel *cneores*] et familiaris clientelae domestica sollicitudo Aldh. *VirgP* 44 p. 297; **690** igitur hanc terrarum praescriptarum largitionem non solum pro pecunia quadam siu ~ate sed mercede quoque ab omnipotente Deo Eabbae .. possidendam .. confirmamus *Ch. Minster-in-Thanet* 40 p. 140; destino dare .. terram .. Æbbae abbatissae atque carnali ~ate proximae in Deoque matri monasteriali *Ib.* 42 p. 149; c**800** melior est Christus propinquus et amicus quam totius saeculi numerosa ~as vel amicitia Alcuin *Ep.* 209 p. 348; **955** aliquantulam ruris particulam .. ministro meo mihi ~ate conjuncto .. concessi *CS* 908. **b** in tertia ~ate carnis licet nubere secundum Graecos .. in quinta secundum Romanos Theod. *Pen.* II 12. 25. **c** **779** suae ~atis homini .. possidendum libera utens potestate relinquat *CS* 230; quam postea cuidam civium Huntendonie dedit in uxorem et illius causa reliquam ejus honoravit ~atem *V. Chris. Marky.* 5; interdum propter singularem maliciam subditorum vel ~atis, aut insufficienciam ad imperium assumendi, universitas mortalium optime gubernari non valet Ockham *Dial.* 877.

3 closeness in nature, appearance, or meaning.

item sunt quidam colores tante ~atis quod non habent nomina sibi assignata propter affinitatem Gerv. Melkley *AV* 8; aliter dicitur quod sunt duo conceptus propinqui, tamen et propter istam ~atem videntur esse unus Duns *Ord.* IV 179; humidum convenit ei secundario secundum ~atem ad aerem T. Sutton *Gen. & Corrupt.* 134.

propinquus [CL]

1 situated in proximity, near (in space), neighbouring (also pred.). **b** (compar. as sb. n.) adjacent territory , vicinity. **c** (*de ~o* as adv. phr.) close, nearby.

Hiberniam Britannie ~am Gir. *TH* I 3 p. 25; c**1230** octo acras .. que jacent ~iores juxta terram B. *AncD* A 1997; c**1230** dimidiam partem tocius terre quam habui in villa de Edene, sc. ubique partem ~iorem soli *Feod. Durh.* 135; **1430** xl acras terre de domino meo ~iores extra predictum fossatum *Ib.* 3 n. **b** c**1290** xxiiij tam milites .. de visneto et de ~ioribus de Bereford *State Tri. Ed. I* 38. **c** **1435** peciam terre et more de le Monrwmond de ~o jacentem ad grangiam suam de Fernwell *Reg. Brechin* I 65.

2 (of person) who lives nearby, (*~us vicinus*) near neighbour. **b** (as sb. m.) neighbour.

dabat .. duobus ~ioribus vicinis suis ij solid' unicuique *DB* I 252ra; Ingelardus tunc vicecomes cepit ~iores vicinos .. et eos postea deliberavit aliqua redempcione *PlCrGlouc* 95. **b** culmina celsa crepant ignitis usta favillis / atque propinquorum turmas combusserat ardor Aldh. *VirgV* 954.

3 close (to), near (a condition).

1291 R. percussit .. J. et plagam ei fecit sicut predictum est per quod idem J. ~ior fuit morti. ideo R. liberatur ordinario ut culpabilis *Eyre Kent* I 99.

4 close in friendship, affection, or disposition (also of abstr.). **b** (as sb. m.) close or trusted friend.

~ior est homini gula quam alia temptatio T. Chobham *Praed.* 251; qui ~us est pravo socio pravos mores addiscet ab eo *Ib.* 282. **b** quid .. juvat poenitentia quando nec occisis suis ~is succurrere valent nec captivos suos .. redimere Asser *Alf.* 91; s**1100** crucifixio Simones apostoli, ~i Salvatoris, et dormitio Johannis evangeliste *AS Chr.* 100.

5 near in family relationship, closely related, (as sb. m. or f.) a close relative; **b** (of heir, also as *~ior*). **c** (w. ref. to entitlement to inheritance) close (to).

si quis pro ultione ~i hominem occiderit, peniteat sicut homicida Theod. *Pen.* I 4. 1; ibi autem quaedam puella cognata mea et ~a infirmabatur *V. Cuthb.* IV 4; regina Aeanfled ~a illius Bede *HE* III 24 p. 179; pontificique comes Ecgbert conjunctus adhaesit / cui quoque sanguineo fuerat jam jure propinquus Alcuin *SS Ebor* 1428; c**800** melior est Christus ~us et amicus quam totius saeculi numerosa propinquitas vel amicitia *Id. Ep.* 209 p. 348; **812** signum manus Cyneberhti regis ~i. signum manus Coenuualdi regis ~i *CS* 341; congregantur parentes occisi et praedantur eum qui occidit ejusque ~os *DB* I 179rb; contra parentes et sanguine ~os Gir. *SD* 8; est .. ~issimus in linea consanguinitatis dicto olim regi Ricardo secundo inter omnes modo viventes Fortescue *Tit. Edw.* 2. **b** si ille G. ~ior heres ejus sit .. Glanv. XIII 3; **1200** si predicta Galiena ~ior heres ejus est *SelCivPl* 1; c**1211** recongnovit quod nullum alium habuit heredem ~iorem quam comitem M. de Fif' *Regesta Scot.* 496; [heredes] sunt ~i et ~iores. ~ior autem dici potest ille ad quem jus proprietatis immediate post mortem antecessoris descendit, vel propter etatem Bracton f. 64v; si quis haberet [v. l. habuerit] plures filios et unicam filiam, masculi erunt heredes ~i et filia heres remota *Ib.*; **1433** quodque Willelmus filius predicti Rogeri fuit heres ejus ~ior *Cl* 283 m. 3. **c** **1201** Avicia sorores habet qui [*sic*] eque ~e sunt hereditati sicut ipsa Avicia *CurR* II 68; c**1230** heres ~ior erit ad illud emendum, salvo servicio meo (*Salford*) *BBC* 89; **1268** predictus W. et heredes sui vel assignati erunt ~iores omnibus aliis de uno denario *Deeds Newcastle* 117; **1291** quod .. sit heres ejus ~ior ad habend' et tenend' hujusmodi dimidiam virgatam *SelPlMan* 40; **1301** pre omnibus aliis ~ior est de sanguine ad terram illam habendam *Ib.* 125; **13..** cum burgensis burgagium suum vendere voluerit, cognatus ejus ~ior est ad burgagium illum emendum quam aliquis alius (*Cust. Paston*) *EHR* XV 408; **1430** si .. H. et L. .. messuagium .. alicui velint vendere seu alienare, ego J. et heredes mei ad ea emenda omnibus aliis erimus ~iores *Feod. Durh.* 73n.

6 close in nature, meaning, or sim. **b** close in logical sequence. **c** likely, probable, near to the truth.

quedam aliis ex similitudinis ratione ~a et pene eadem, quedam autem planius ab aliis differentia et penitus diversa Balsh. *AD rec. 2* 108; fit ibi generacio a convenienti, quia equa et asinus sunt ~a in genere Siccav. *PN* 181; aliter dicitur quod sunt duo conceptus ~i, tamen et propter istam propinquitatem videntur esse unus conceptus Duns *Ord.* IV 179. **b** neque vero quorum ~a est demonstratio neque quorum valde longa J. Sal. *Met.* 866B; speciale est ~ius sensui quam universale Bacon XV 47; in casu summe utilitatis vel vicino, aut extreme necessitatis vel ~e Ockham *Pol.* I 244. **c** sine dubio si nunc prius esset auditum et non esset usu attritum hoc Augustini verbum sc., quod Pater est Filii princip[i]um, eque propinguum esset, ut ex hoc Augustini verbo intelligeretur impium sc. Filium a Patre creatum vel factum, quam propinguum est Gros. 187.

propionaculum v. propugnaculum.

propitiabilis [CL], well inclined, propitious.

ut preces has attendas ~i dignatione Alcuin *Liturg.* 532B; ~is, *miltsigendlic GlP* 955; concors agna lupis atque feris propitiabilis (*Vers.*) Gosc. *Edith* (II) 68; ut .. universis ~e fiat asilum *Chr. Battle* f. 10 p. 36; sacrificium laudis .. sit te miserante propiciabile, in vitam eternam *Ord. Cartus.* 104.

propitiabiliter [ML < CL propitiabilis+-ter], in a well-disposed or propitiatory manner.

1265 res temporales, que illius fuerant, per distributionem in pios usus ipsum juvando sequuntur, et coram celesti judice pro ipso ~iter intercedunt (*Const. Othoboni*) *Conc.* II 11a; **1424** ~iter ut patronus loci fratribus in eorum sustentacionem et puram elemosinam erogavit eisdem *Reg. Heref.* 46.

propitianter [cf. CL propitiare], in a well-disposed or propitiatory manner.

propitio .. vel propitior .. inde .. ~er adverbium Osb. Glouc. *Deriv.* 463.

propitiare [CL], **propitiari** [LL]

1 to render propitious or favourably disposed, to propitiate.

796 Christo Deo ~iante in omni floreas felicitate Alcuin *Ep.* 101; ~iare [v. l. ~iari], placare Osb. Glouc. *Deriv.* 472; beatus .. Cuthbertus, votis desiderii nostri ~iatus .. pius illuxit *Cuthb. Hib. pref.* p. 63; Admetus .. denique et Apollinem Herculemque ~iat, id est sapientiam et virtutem Alb. Lond. *DG* 13. 3; alius [sc. dicit] adversus numen imperatoriae majestatis auro velut anathemate ~iandum [esse] More *Ut.* 55 (83).

2 (intr.) to be propitious or favourably disposed (toward).

854 (12c) ut Deus omnipotens et nobis et nostris posteris ~iare dignetur *CS* 468.

3 (refl. & pass. or depon.) to be propitious or favourably disposed (toward), to have mercy, (p. ppl. *~iatus* also pred.).

qui per humanitatem interpellat pro nobis apud Patrem idem per divinitatem ~iatur nobis cum Patre Bede *Ep. Cath.* 90; misericordiam Domini invocaret et eam generi humano ~iari rogaret *Id. HE* IV 3 p. 210; ad preces nostras quaesumus, Domine, ~iatus intende Egb. *Pont.* 26; **797** ut Deus vobis omnibus ~ietur Alcuin *Ep.* 128 p. 190; c**1074** ipse quoque vos vestrosque fideles clamantes ad se ~iatus exaudiat Lanfr. *Ep.* 38 (10).

propitiate [CL propitiatus < *p. ppl. of* propitiare+-e], with favourable disposition.

tunc ejus misercordiam ~ius [AS: *miltse*] impetrabimus (*Quad.*) *GAS* 301.

propitiatio [LL]

1 propitiation, atonement. **b** (w. ref. to *Lev.* xxiii 28; *dies ~onis*) Day of Atonement, Yom Kippur. **c** (w. ref. to Jesus Christ as propitiation for sins; *cf. Rom.* iii 25).

c**1223** sacrificia que pro valde bonis sunt gratiarum actiones pro non valde malis sunt ~ones *Ch. Sal.* 146; **1382** ~o et satisfaccio pro peccatis quotidianis (Tyss.) *Ziz.* 175; versis semper vultibus in propiciatorium, in ipsam viz. ecclesiam, in qua apud Deum sit ~o pro peccatis Elmh. *Cant.* 148. **b** septimo a Pascha mense decima die mensis quae ~onis sive expiationis vocabatur Bede *Hom.* II 19. 205; dies .. qua predicta hostia offertur dicitur dies ~onis Bald. Cant. *Serm.* 4. 41. 410; Zacharias, cum in die ~onis incensum poneret M. Par. *Maj.* I 79; non contigit accidens sacerdoti magno in die ~onis Bradw. *CD* 52E. **c** non pro illis solum ~o est Dominus quibus tunc in carne viventibus scribebat Johannes sed etiam pro omni ecclesia Bede *Ep. Cath.* 90; [Jesus] qui mihi apud Patrem advocatus est et ~o pro peccatis meis Ad. Scot *Serm.* 366B; apud ipsum .. qui est ~io pro peccatis nostris *Reg. Whet.* II 410.

2 favourable disposition, mercy (that issues from atonement or expiation); **b** (as personal quality).

inlustrationem .. divinae ~onis in vobis diffusam .. agnoscentes (*Lit. Papae*) Bede *HE* II 11 p. 106; ut salutaribus jejuniis eruditi a noxiis quoque vitiis abstinentes, ~onem [AS: *rumodnis*] tuam facilius impetremus *Rit. Durh.* 17; sacramentum .. Dominicae passionis, divinae ~onis, concordiae et unitatis Lanfr. *Corp. & Sang.* 415A; gestans insignia Aaron non legis velamine adumbrata, sed divinae ~onis munere per gratiam Christi insignita Osb. *V. Dunst.* 29 p. 104; **1166** ~onem Dei debeant demereri J. Sal. *Ep.* 145 (168 p. 106); acquiritur Dei ~o in anima et in ecclesia R. Niger *Mil.* III 25; **1228** ~onem divinam uberius merearis *Reg. S. Osm.* II 144. **b** c **1160** rogantes ut

.. miserias Landavensis ecclesie .. oculis ~onis vestre respiciatis J. SAL. *Ep.* 129 (57 p. 98).

3 help, aid, support.

auxilium, vel opem, suffragia dic, vel asilum / .. / et de propitio fit propitiatio nomen GARL. *Syn.* 1578B; s1459 ~ione Neptuni .. qui facit mirabilia in superficie equoris .. victoriam optinuit *Reg. Whet.* I 330.

propitiativus [CL propitiatus *p. ppl. of* -ivus], that renders propitious or brings mercy.

Christus enim est quoad sufficienciam propiciacio, hoc est, medicus vel medicina ~a tocius humani generis WYCL. *Eccl.* 60.

propitiator [LL], one who renders propitious, propitiator (usu. applied to Christ).

c801 habemus advocatum, i. ~orem, Dominum Jesum apud Patrem ALCUIN *Ep.* 223; vadis ~or ad immolandum pro omnibus EADMER *Excell. B. M.* 566C; [Jesus Christus] non tam ~or quam propitiatio dictus est AD. SCOT *Serm.* 366B; propitio vel propitior .. inde ~or OSB. GLOUC. *Deriv.* 463; intra quasdam divine suavitatis experientias officium ~oris exsequitur P. BLOIS *Ep.* 139. 415D.

propitiatorium [LL]

1 (in the Old Testament, *cf. Exod.* xxv 17–20) the covering of the Arc of the Covenant, as the place where God is approached in expiation, mercy-seat; **b** (applied to Christ, the Cross, or the Church).

expandunt ergo alas cherubim et ~ium tegunt .. ac velut ~ium contuentes obumbrant BEDE *Tab.* 405; cherubim gloriae in ~io vel angelica .. praesidia *Ib.* 407; ~ium vel sanctum sanctorum vel secretarium, vel pastoforum, *gesceot bæftan þæm heahweofode* ÆLF. *Gl. Sup.* 186; operculum arce .. dicebatur ~ium, quia super eo Deus apparens populo propitiabatur AD. SCOT *TT* 656C; satius ut .. semper habeant vultus versos in ~ium, semper respiciant serpentem eneum GIR. *GE* II 20 p. 265; 1166 hec enim sunt duo cherubin quorum alis lex et ~ium adumbratur se mutuo respicientia, versis tamen vultibus in ~ium J. SAL. *Ep.* 145 (168 p. 106). **b** si tibi [Johanni Evangelistae] gloriosum pectus illud fuit familiare reclinatorium, rogo sit idem mihi per te salutare ~ium ANSELM (*Or.* 11) III 44; hanc [crucem] nobis proposuit misericordie ~ium, virtutum ascensorium P. BLOIS *Serm.* 4. 575A; putatis quod non gaudeat Christus coram arca Novi Testamenti .. coram ~io exauditionis? *Ib.* 33. 660C; crux ferculum Salomonis, ascensus purpureus, reclinatorium pietatis, ~ium exauditionis BALD. CANT. *Serm.* 8. 8; versis semper vultibus in ~ium, in ipsam viz. ecclesiam, in qua apud Deum sit propiciacio pro peccatis ELMH. *Cant.* 148.

2 place of atonement or propitiation (w. ref. to church or part of it).

progreditur .. ad illud sanctum sanctorum, ad illud Domini sacrarium ac ~ium GOSC. *Transl. Aug.* 17B; ~ium quasi propiciationis, id est placationis oratorium quia propiciabile placatio est ROB. BRIDL. *Dial.* 102; domum .. orationum et animarum ~ium in dissensionis tumultum .. convertit G. *Steph.* 53; ~ium, locum placationis et laudis OSB. GLOUC. *Deriv.* 472.

3 (in gl., understood as) prayer of atonement or propitiation.

hoc ~ium .. i. propitiationis oraculum OSB. GLOUC. *Deriv.* 463.

propitiatrix [LL *also as adj.*], one who propitiates (f.).

ipsoque adhuc motu affirmans, saltu et plausu suo injocundo ~icem Editham interpellabat GOSC. *Edith* 291.

propitiose [CL propitius + -osus + -e], propitiously, as act or sign of mercy.

de Hannibale duce Carthaginensi quem mulier ~e Romanis tradidit occidentum [l. occidendum] HOLCOT *Wisd.* 80.

propitius [CL], propitious, well disposed, favourably inclined; **b** (of character or conduct).

ordinatam me caritatem habere ~ius donavit BEDE *Cant.* 1104; Dominum sibi ~ium fieri precabatur *Id. HE* IV 29 p. 279; 957 nec in futuro regni coelestis clavigerum ~ium habeat *CS* 988; concede ~ius [AS: *rummodlice*] ut qui jam te ex fide cognovimus usque ad

contemplandam speciem tuae celsitudinis perducamur *Rit. Durh.* 2; si principem fortem ~ium habes, parum timebis decreta vel leges GIR. *GE* II 27 p. 303; veteres ad te, Domine, clamaverunt: / patres nostros propicius exaudisti J. HOWD. *Cant.* 240; sicut mater ~ia [ME: *reouful*] se interponit inter suum filium et patrem iratum volentem filium verberare *AncrR* 142. **b** quia ~ia divinitate .. sollempnia dedicationis ecclesiae celebramus .. BEDE *Hom.* II 25. 433; tantam gratiam illi ~ia Dei contulerat pietas RIC. HEX. *Hist. Hex.* II 6 p. 53; hic perpetrati reatus ignominiam †perpitia [l. propitia] divinitate superexcellat AD. MARSH *Ep.* 104; fortuna forsitan modo propicia / post tempus modicum erit contraria WALT. WIMB. *Carm.* 343; [fortuna] que nunc rapit, nunc largitur, / nunc insanit, nunc blanditur, / nunc trux, nunc propicia *Id. Van.* 5.

proplema, proplesma v. problema.

propōla [CL < προπώλης]

1 retailer (in quot. seller of ointment).

~e, unguenta vendentes OSB. GLOUC. *Deriv.* 176.

2 shop, place in which ointment is (made or) sold.

~a, domus unguentaria OSB. GLOUC. *Deriv.* 474; *schop* .. ~a .. *miropolum PP.*

propoleos v. propolis.

propolis [CL < πρόπολις], bee-glue, propolis.

~eos gluten est quo cera affigitur vel stipatur *Gl. Laud.* 1158; ~eos, i. cere albe GILB. VII 359v. 2; ~eos est cera alba *SB* 35; ~eos, i. favus sive cera alba et virginia quam primo faciunt examina, i. nove apes *Alph.* 150; ~eos, cera alba, virginea, cire virginale *MS BL Addit. 15236* f. 182.

propolitus, f. l.

tunica cornea .. que assimilatur cornui lucido bene abraso et propolito [? perpolito] in luciditate et duricie *Ps.-Ric. Anat.* 26 p. 14.

proponere [CL]

1 to place or put forward for display. **b** (*venum ~ere*) to display or put forward for sale.

verba .. tam primae conjugationis quam tertiae quae in tribracho ~posuimus ALDH. *PR* 119 p. 163; cum ~posite fuerint quattuor linee proportionales ADEL. *Elem.* VI 15; panes proponunt altari, thuraque ponunt *Vers. Worc.* 113. **b** ancillasque prius ludibrio lecti habitas, jamque pregnantes, venum [v. l. venales] ~ponebant W. MALM. *Wulfst.* II 20.

2 to put forward for consideration or as declaration or statement, to state; **b** (w. acc. & inf. or *quod* & ind.).

post aliquanta optione ~posita loquitur dicens GILDAS *EB* 50; angelici casus illis ~ponit exemplum BEDE *Ep. Cath.* 77; sermo de mundi contemptu ~ponitur, de eterna beatitudine et beata eternitate disseritur *V. Gund.* 3; testes .. sunt habendi, nisi odium vel aliquid competens in nominatione ~ponatur, cur haberi non possint (*Leg. Hen.* 318) *GAS* 564; prudens predicator numquam ~ponet thema suum nisi sumptum ex Sacra Scriptura T. CHOBHAM *Praed.* 274; 1217 nullatenus tornietis .. sicut ~posueratis, ut audivimus *Pat* 116. **b** nam si fluvium quem equo et navi transire possum, ~pono me non nisi navi transiturum et idcirco differo transmeare quia navis abest ANSELM (*CurD* I 9) II 63; dum denique rex ei quisnam esset indicavit et se regem esse ~posuit *Episc. Som.* 14; 1214 ~posuit quod H. de P. et A. de D. .. et .. alii ceperunt eum apud J. .. et posuerunt eum in prisonam sc. in firgiis *SelPlCrown* 68.

3 (leg.) to bring forward for discussion or examination, to present (a case). **b** (intr. or absol.) to argue (for or against an accused person, usu. w. *pro* or *contra*). **c** (p. ppl. *propositum* as sb. n.) matter discussed or argued in court.

negocium tandem post multa tempora in consistorio xvj kal. Octobris per advocatos ~poni procurarunt (*Reg. Roff.*) *MS BL Cotton Faust. B V* f. 5. **b** 1325 coram vobis .. cause .. auditore, ~ponit procurator .. archiepiscopi .. procuratorii nomine, pro eodem, et dicit .. *Lit. Cant.* I 153; s1397 rex .. fecit parliamentum accusare Cantuariensem archiepiscopum. et cum incepisset prolocutor ~ponere contra archiepiscopum, dixit rex "non ~ponas contra cognatum meum .. recede, pater, securus". *Eul. Hist. Cont.* 376; s1459 assurrexit advocatrix justicia, ~posuitque

contra dominos dictos replicatorie *Reg. Whet.* I 345. **c** 1313 attendentes quod .. oportet judicare secundum allegata et ~posita .. dictos perventos a predictis criminibus .. secundum acta et ~posita in hiis scriptis duximus sentencialiter absolvendos *RGasc* IV 1171 p. 328a.

4 to put forward for others to hear or perceive, (~*ere verbum Dei*, w. ref. to reading from Scripture or preaching).

1414 ~posito primitus verbo Dei invocataque .. Spiritus Sancti gracia .. *Reg. Cant.* I 4; 1419 unus ipsorum monachorum .. verbum Dei solempniter ~posuit *Ib.* I 62.

5 to put forward for acceptance, to offer.

c1155 regis Malcolmi et regine ejusdem .. dona subsequencia ~pono: hec scilicet, Pardusin, Petnaurcha, .. *Regesta Scot.* 118 p. 182; medicina spiritualis inutilis est nisi ~ponatur ad aliquod vitium expugnandum T. CHOBHAM *Praed.* 143.

6 to put in action, apply, (*obsidionem ~ere*) to lay siege.

1316 si aliquam vim armatam in perturbacionem pacis nostre ~posuerint *Cl* 134 m. 30; ~posuerunt obsidionem castro et ville B. et altero castro de R. et illa hostili armatu capere omnibus viribus studebant ELMH. *Hen. V Cont.* 121.

7 to put forward as law, regulation, or sim., to promulgate, issue, establish.

cum .. hujus .. monasterii statutis ~positis curam gereret BEDE *HE* III 23 p. 176; Admetus .. Alcesten in conjugium petit, cujus pater edictum ~posuerat, ut si quis duas feras dispares currui suo adjungeret, is eam conjugem duceret ALB. LOND. *DG* 13. 3.

8 to put forward as advice or suggestion, to suggest, propose.

ostendit se .. non quamlibet sapientiam .. sed ipsam Deitatis cognitionem nobis adsequendam ~ponere BEDE *Prov.* 945; ubi corda eorum quos erudit nova sibi virtutum studia quibus spiritaliter debriantur subeunda ~ponant *Id. Cant.* 1185; 1404 accepto consilio, ~posuerunt eum deducere cum navi sua ad Callesiam *Lit. Cant.* III 78.

9 (assoc. w. CL *praeponere*) to place in authority (over), to put in charge (of). **b** (p. ppl. *propositus* as sb. m.) person in charge (of), (mon.) prior. **c** (secular) prefect, provost, reeve, or sim. **d** (acad.) provost.

mens in se provida domuique sue bene ~posita GIR. *Spec.* III 16 p. 237. **b** Cudberct eidem monasterio factus ~positus BEDE *HE* IV 25 p. 269; ut ibi .. fratribus custodiam disciplinae regularis et auctoritate ~positi intimaret et propria actione praemonstraret *Ib.* p. 270; quaedam matrona .. urgebat ~positum dicens se non peccasse in sanctum sed velle se honorare eum GOSC. *Aug. Min.* 746c; 1202 (1227) in arbitrio abbatis et monachorum de transmutandis propositis seu aliis quibuslibet officiariis causa consistat *CalCh* I 16. **c** c805 Beornheard ~positus, Hæhferþ comis *CS* 321; c1160 de villa autem guarantizanda contra vicecomitem et ~positos et siras et hundredum et castella .. adinvenit Robertus plegios *Dom. S. Paul.* 123; ~positi mei qui pro tempore fuerit in villa Laurencii *Reg. Aberbr.* I 265; habebat et quemquam cujusdam sue civitatis ~positum, hominem nequissimum *Latin Stories* 1. **d** 1457 ~posito et scolaribus collegii nostri regalis .. Cantabrigiensis *Lit. Cant.* III 229.

10 to set up as (one's) plan or intention, to plan, to intend, to purpose (to): **a** (w. inf.); **b** (w. acc. & inf.); **c** (w. *quod* & subj.).

a non quod eam quam laudabat deserere atque ad alios ire ~ponat sed .. BEDE *Cant.* 1136; ut de S. Guthlaci solitaria vita, sicut ~posui, scribere exordiar FELIX *Guthl.* 28 p. 92; neque .. illa venenum dare regi ~posuerat sed puero ASSER *Alf.* 14; c1145 quicumque autem eos inde disturbare ~posuerit *Ch. Chester* 77; cum .. membra sopori dare ~posuisset M. PAR. *Maj.* I 355; 1290 postea congnoverunt se quod ~posuerunt ire apud le Blakemore ad faciendum roboriam et aliam feloniam *SelCCoron* 129. **b** se .. veri Dei militem esse ~posuit [*gl.:* destinavit] FELIX *Guthl.* 27. **c** scimus aliquos .. firmiter ~posuisse quod seculum relinquerent et pene jam faciebant AILR. *Serm.* 6. 16. 241.

11 (p. ppl. *propositum* as sb. n.) plan, intention, purpose. **b** (*ex proposito* or sim.) on purpose, deliberately. **c** (*habere in proposito* or sim. & inf.) to plan or purpose (to); **d** (w. *ut* & subj.); **e** (w. gd.).

propositum [v. l. prepositum] factum distinguit fine voluntas WALT. ANGL. *Fab.* 38. 19; malefica illa fossam parari fecit profundam ut nefandum ~positum perduceret ad effectum M. PAR. *Maj.* I 355; s**1236** ut .. regium ~positum et voluntatem in publicum propalaret *Ib.* III 380; occultum .. ~positum meum novit Deus (*Ed. Conf.*) *NLA* I 351. **b** c**1165** in his autem omnibus contra honorem domino regi debitum aut utilitatem ex ~posito nichil feci J. SAL. *Ep.* 142 (139 p. 22); agens in naturam et intellectum agentem ex ~posito et deliberacione BACON *CSTheol.* 39; pene potius molliende sunt quam exasperande. delinquunt latrones ~posito per factionem ebrii, impetu per ebrietatem BRACTON f. 105; nonnulli eciam nudati, a ~posito, ante eum incedebant GRAYSTANES 10 p. 47. **c** ~positum nostrum est loqui maxime de istis sanctis AILR. *Serm.* 15. 17; s**1188** in ~posito habemus per terras imperii vestri transire (*Lit. Regis*) DICETO *YH* II 52; meum .. inde ~positum est nichil novi cudere MAP *NC* I 12. f. 11v; c**1206** ut habeat in ~posito de cetero non peccare P. BLOIS *Ep. Sup.* 60. 4; **1242** quia habuit in ~posito de promovendo ecclesiam de C. *CurR* XVI 1895; **1375** artificiarii .. fuerant in ~posito recedendi *KRAc* 458/11 m. 1. **d** eratque mentis ~positum ut eligeretur Faritius abbas Abendonensis W. MALM. *GP* I 67; c**1165** sciatis .. pro certo quia michi ~positum est ut non sim de cetero curialis J. SAL. *Ep.* 142 (139 p. 22). **e** s**1192** rex repatriandi ~positum declaravit W. NEWB. *HA* IV 29 p. 378.

12 main or original point or purpose.

sed ad ~positum revertam GILDAS *EB* 75; nos autem ad ~positum redeamus *V. Gund.* 32; principium .. Jeronymi quanquam ad ~positum non faciat, .. ad memoriam revocavi GIR. *GE* I 49 p. 132; nunc transeamus ad finale ~positum sub tali forma sciendum quod .. *Mens. & Disc.* (*Anon. IV*) 82; ista auctoritas Gregorii non videtur ad ~positum OCKHAM *Dial.* 496; non est ad propositum, sed totaliter est impertinens reputandum *Id. Pol.* I 324.

13 mode of conduct or way of life (that conforms to a certain intention or purpose); **b** (w. ref. to monastic rule).

propter virginale pudoris ~positum [*gl.*: gradum, initium, *for femhadlicum ingehede*] et gimnicum filosofiae studium ALDH. *VirgP* 27 p. 262; ne levitate mentis a bono movearis ~posito BEDE *Prov.* 956; cum vel molestia corporali vel injuria temptemur humana licere nobis aliquid de nostri ~positi rigore laxare *Id. Acts* 972; a**1081** episcopale ~positum non decet operam dare hujusmodi studiis LANFR. *Ep.* 33 (49); unde nunc illam exhortor in ~posito virginitatis permanere *V. Chris. Marky.* 30; significant hominem tenacem .. sagacem, duri ~positi et non cito convertibilem ad credendum audita M. SCOT *Phys* 83 f. 22va. **b** declina a malo et fac bonum, diligenter et perseveranter observa ordinis, in quo vocatus es, sanctum ~positum J. FURNESS *Walth.* 104; talem cenobialis ~positi rigorem decrevit (*David*) *NLA* I 257; secularem illum habitum relinquere et monasticum suscipere ~positum docuit (*Hilda*) *Ib.* II 32.

proponibilis [ML < CL proponere + -bilis], (log. & phil.) that can be put forward or proposed (in quot., as sb. n.).

secundum rationem intelligendi presupponunt cognitionem in intellectu ~e vel eligibile simpliciter ostendentem, non determinantem voluntatem ad sic proponendum vel eligendum MIDDLETON *Sent.* I 365a.

proportamentum [cf. proportare, proportum], verdict of assize.

c**1192** quietantiam et relaxationem recognitionis et ~i in civitate Cestrie *Ch. Chester* 256; c**1220** notum sit vobis omnibus me dedisse .. relaxationem recognitionis et ~i in civitate Cestrie (*Chester*) *BBC* I 9; **1238** (1300) notum .. quietanciam et relaxacionem recognicionis et ~i in civitate Cestr' *ChartR* 86 m. 3/19.

proportare [CL = *to bring forward, cite*; cf. et.OF *porporser*, AN *purporter*, ME *purporten*]

1 to purport, to show (usu. absol., sts. as refl. & pass. or quasi-dep.): **a** (w. doc. as subj.); **b** (w. topographical feature as subj.).

a suus dapifer offert se nescisse sicut juditium pro portat *DB* II 275b; c**1199** secundum quod carta ejus ~at *Regesta Scot.* 414; c**1230** sicut carta .. plenius testatur et ~at *Dryburgh* 50; c**1350** secundum quod carta sua .. in se ~at, continet, et testatur *Melrose* 473; **1362** sicut carta sive litere .. in se plenius juste continent et ~antur *RMS Scot* 121 p. 35; **1451** confirmatio ejusdem sicut carta .. D. Dempster et confirmatio ejusdem ~ant et testantur *Reg. Brechin* I 167. **b** c**1165** unum toftum cum prato, sicut vadum ~at usque ad terram Hudkel (*Ch.*) *Rec. Templars* 272; c**1224** concessi etiam predictis monachis claudere predictam hayam sicut cursus aque se ~at propter semitam ammovendam *Ch. Chester* 335 p. 336; **1266** concessimus .. unam partem bosci nostri de H., sicut fossata ~ant (*Ch.*) *MonA* VI 546a; **1249** per medium gardini usque ad quandam fraxinum in fossato predicto versus occidentem sicut bunde ~ant *Cl* 116 m. 12*d*.; **1316** prout mete et bunde condonant et ~ant (*Cranfield*) *Ac. Man. Coll. Wint.*; s**1452** prout mete et bunde .. tenementorum .. demonstrant et ~ant *Reg. Whet.* I 101.

2 to claim.

1275 idem Johannes [coronator] falso ~avit decenam de Netheraven' quod amoverunt corpus Rogeri Trencheffoyel occisi antequam coronator illud vidisset *Hund.* II 259a.

proportatio [proportare + -tio], declaration, statement, verdict.

defendens petit ~onem [*gl.*; declarationem veredictam] patrie vel vicineti quod .. pecunie summam non habuit .. ipse defendens quietus remaneat si ~o patrie hoc dixerit *Quon. Attach.* 68.

proportia v. propars.

proportio [CL]

1 (leg. portion, share, also w. ref. to purparty); **b** (transf.).

1200 [terra] data est ei tenenda in dominico ut in ~one sua *CurR* I 367; **1203** xij acras quas habet in ~one que eum et uxorem contingit *Ib.* II 243. **b** nata neci subite; gravis et—proh!—portio [MS proportio] dira / nobis invisa!—proh dolor!—id tamen est (*Vers.*) *V. Ed. Conf.* f. 52v p. 84; lucis proporcio librata procedit J. HOWD. *Cant.* 115; magnificus is vero dicendus erit, qui res magnas et excelsas cum animi quadam ampla et splendida ~one agit et administrat LIV. *Op.* 377.

2 relation between things with regard to magnitude, number, amount, or sim., proportion, ratio (esp. math. or mus.). **b** (transf., w. regard to degree, scope, or sim.).

si nosse vis quot libre quot marcas .. efficiant, cognita earum ~one, facile deprehendes THURKILL *Li.* 127; ~o tamen numeri DH ad numerum HZ sicut ~o quadrati ex BG ad quadratum ex GH ADEL. *Elem.* X 80; solus numerus tamen neque radicibus neque substantiis ulla ~one conjunctus est ROB. ANGL. (I) *Alg.* 68; de situ Hibernie localique ipsius cum majore Britannia ~one GIR. *TH intr.* p. 7; notandum est quod tria semper habere debetis in memoria: sonum vel ~onem, concordantiam et tempus et quantum temporis *Mens. & Disc.* (*Anon. IV*) 74; ydromel habet ipsum mel compositum cum aqua frigida sine omni decoccione, nec habet certam ~onem mellis ad aquam *Alph.* 12; ~o est diversarum rerum adinvicem corporalis collacio. ~o est habitudo quantitatum ODINGTON *Mus.* 48. **b** que est ~o resistentie ad resistentiam, eadem est ~o motus ad motum 101 J. BLUND *An.* 101; in qua ~one se habet lux ad colorem in eadem ~one se habet collisio sive percussio ad sonum *Ib.* 149; enim vero si fuerit altitudini humilitas impar, aliquid minus a perfecto habebit justitie pulchritudo nec erit gemine virtutis equa ~o J. FORD *Serm.* 15. 9; multiplici ~one contra sententiam Divinitatis .. mixtionis legem excedens AD. MARSH *Ep.* 245 p. 411; ad primum respondeo et dico quod ~o objecti ad potenciam est ~o motivi ad mobile vel activi ad passivum ~o objecti ad habitum est sicut ~o cause ad effectum DUNS *Ord.* I 100; poterit per naturam suam habere ~onem ad quecumque immaterialia BACONTHORPE *Quaest. Sent.* I 10A.

proportionabilis [LL], that is in due proportion (to), proportional (w. regard to number, size, or amount); **b** (transf., w. regard to degree or scope). **c** (? as sb. n.) due proportion (or counterpart).

si etiam fuerint solida equidistantium superficierum similium secundum unam creationem ~ia, erunt linee ex quibus continentur ipsa solida proportionales ADEL. *Elem.* XI 39; portiones similes que habent portiones ~es respectu suarum spherarum BACON *Maj.* II 59; corpus et angelus sunt improporcionabiles motores; ergo motus eorum sunt improporcionabiles; sed omne tempus omni tempori est ~e MIDDLETON *Sent.* I 332; per hec patet responsio ad objeccionem geometricam qua obicitur sequi exposicione continui ex non quantis quod qualitercunque est ~e continuum continuo, taliter est ~is numerus numero WYCL. *Log.* III 58; cum habent medietates, quartas et sic de aliis partibus ~ibus *Id. Chr. & Antichr.* 659. **b** hec membra sunt illis ~ia in firmitate GILB. I 32v. 1; forte respondebit quod materia hominis i. e. corpus humanum non est ~e anime rationali maxime in dignioribus naturis PECKHAM *QA* 108; quidam autem hanc racionem solvere cupientes affirmant motus celestes non esse ~es adinvicem aliqua proporcione racionabili BRADW. *CD* 868B; igitur acceptis partibus ~ibus motoris et moti, pars motoris non movebit partem mobilis in minore tempore nec majore quam totum movet totum OCKHAM *Quodl.* 771; nec inequaliter cum meritum non sit ~e merito WYCL. *Act.* 65; fit generacio colorum mediorum secundum colorum principalium dominacionem et proporcionem et quanto sunt ~iores tanto sunt delectabiliores BAD. AUR. 106. **c** quod in unoquoque convenit vel in suo ~i evenire necesse est BACON XV 322.

proportionabilitas [ML < LL proportionabilis + -tas], (state or condition of being in) due proportion, proportionableness, proportionality.

de essencia trianguli non est lignum, ergo a simili nec de essencia circuli aurum, demus quod sit ~as DUNS *Metaph.* IV 2 p. 173; cum oporteet secundum Joachim proporcionale nobis contingere vel saltem ~as illa est Deo possibilis WYCL. *Civ. Dom.* III 258; pauci .. sciunt concipere distinccionem istarum rerum et pauciores sciunt invenire ~ates earum in diversis naturis *Id. Trin.* 52.

proportionabiliter [LL], in due proportion, proportionally, proportionately.

secundam [bonitatem] vero, i. moralem, non influit equaliter, i. ~iter nature, sed secundum predestinationem suam PECKHAM *QA* 160; **1342** procuracione unica .. ad quam omnes .. ~iter faciat contribuere .. sit contentus (*Const.*) *Conc.* II 699a; isti ~iter dicunt de inquisicione facienda de papa super heresi diffamato OCKHAM *Dial.* 562; quod .. fossatum .. fieri deberet et sustentari communibus expensis, ~iter pro quantitate prati ibidem *Meaux* II 220; **1477** ordino elemosinam ~iter ponendam super tabulam *Scot. Grey Friars* II 197; **1520** emolumentis predictis ~iter .. divisis *Form. S. Andr.* II 88.

proportionalis [LL]

1 that is in (due) proportion, proportional, proportionate, w. regard to number, size, or amount; **b** (arith. & geom.)

medio .. in amplitudinem pectori ~em versus ilia descendente GIR. *EH* II 11 p. 327; s**1249** quidam homuncio, non autem nanus, quia membra habens sibi ~ia M. PAR. *Min.* III 60. **b** latera .. angulos equales duorum triangulorum respicientia ~ia ADEL. *Elem.* VI 8; numeri ~es sunt quorum quod ex multiplicationibus secundi in primo fuerit sicut quod ex multiplicationibus quarti in tertio *Ib.* VII *def.* 18; quanto plus et plus recedit angulus contingentie ab oculo .. tanto magis minoratur angulus linearum concurrentium in oculo, ut ipse recessus sit ~is diminutioni ipsius anguli J. BLUND *An.* 103; discrete autem unum corpus excedit reliquum per partes indivisibiles, que non sunt partes numerales vel ~es geometrice suo toti WYCL. *Chr. & Antichr.* 660; numeri ~es sunt quattuor: primus in secundo, tanquam tercius in quarto aut in primo, tercius tanquam in secundo, quartus ut duo, quattuor, sex, duodecim ODINGTON *Mus.* 48.

2 (transf., w. regard to degree or scope).

ille fumus habens in se ~em naturam aeris et aque est proprium objectum odoris J. BLUND *An.* 194; magnetes lapides arcus in volsura circumquaque habebantur et hinc et inde in assumptione ~i trahebatur et sic in mensura equiperata constabat GREG. *Mir. Rom.* 9; si .. ignorant quam ~e quam connexum .. quam reciprocum sit inter fideles et dominos fidei vinculum GIR. *Symb.* I 7 p. 219; omnes gestus et exultaciones .. ut fiant ~es sermoni .. BACON *Tert.* 308; videtur quod fantasma non est ~e intellectui nisi aliquid imprimat non tanquam aliquid medium set ut objectum et proportionatum intellectui *Quaest. Ox.* 339; c**1363** cum impossibile sit aliquid esse presens sine presencia ~i et tam omne quod non potest esse, sit presens (KYN.) *Ziz.* 90.

3 (log.) analogous.

causa materialis est causa ex qua est suum causatum. et hec est duplex, sc. ~is et propria. ~is, ut genus est causa materialis cujuscunque sui per se inferioris WYCL. *Log.* II 92.

proportionalitas [LL], state or condition of being in proportion, proportionality (math. *continua ~as*) constant ratio; **b** (transf.).

quantitates que dicuntur continuam ~atem habere sunt quarum eque multiplicia aut equa sunt aut eque sibi sine interruptione addunt vel minuunt ADEL. *Elem.* V *def.* 5; cum vero propositi fuerint numeri continua se ~ate sequentes quorum duo extremi contra se primi, erunt ipsi secundum suam proportionem minimi *Ib.* VIII 2; continua ~ate distinguuntur GILB. III 163. 2; continua ~as est quociens secundus ad tercium se habet, sicut primus ad secundum, quolibet fuerunt in ordine ut quattuor, sex, novem ODINGTON *Mus.* 48. **b** motus divisibilis et proportionalis ~ate et divisibilitate spatii GROS. 2; in majoribus terminis major ~as invenitur BACON *Maj.* I 99; duplex est bonitas creature: una prima et naturalis, alia secunda et moralis. primam Deus influit equaliter in omnes, secundum quod equalitas dicit proportionem, non autem secundum quod dicit ~atem PECKHAM *QA* 160; dicendum [est] quod inter imaginem creatam et Trinitatem non est equalitas proportionis; est tamen equalitas ~atis, quia sicut Pater gignit Filium et ex illis duobus procedit Spiritus Sanctus, ita mens gignit verbum et illo mediante spirat amorem *Ib.* 193; invenietur quod pulchritudo que apparet ex conjunccione earum non apparet nisi propter ~atem earum BRADW. *CD* 121A.

proportionaliter [LL]

1 proportionally (with regard to number, size, or amount); **b** (in degree).

si fuerint tres numeri ~iter se comitantes fueritque primus quadratus, erit etiam tertius quadratus ADEL. *Elem.* VIII 20; stellarum corpora ita ~iter compacta sunt *Id. QN* 74; ~iter est inter unum et centrum OCREATUS *Helceph.* 134; cordis [cithare] non ruptis sed tensis ~iter vel remissis J. SAL. *Pol.* 530B; ut [luna] equoreas undas .. juxta sui vel incrementa vel detrimenta ~iter dirigat et disponat GIR. *TH* II 3 p. 78; sed sunt corpora illa secundum harmonicam proporcionem conjuncta et se habent ~iter sicut eorum diametri ODINGTON *Mus.* 44; experienciam autem omnium predictorum habebis si super lineam ~iter divisam et debitis clavium notis distinctam .. cordam apte tetenderis WILL. 17. **b** plurimis autem sermonibus salubris divortii perquirentes viam, singulisque rebus ~iter pertractatis T. MON. *Will.* I 16 p. 48; similiter omnes res non naturales debito modo prepararentur et ~iter administrarentur cuilibet secundum vires BACON IX 161; hoc est ~iter album T. SUTTON *Gen. & Corrupt.* 158; item ~iter ut peccatum plus sonat ad Dei contemptum, est ipsum amplius puniendum WYCL. *Sim.* 11.

2 proportionally in respect of the number of shares required.

si qui vero procreantur ex nativo unius et nativa alterius inter dominos ~iter pueri ipsi dividantur GLANV. V 6; quando caseus ~iter scinditur *Cust. Westm.* 116; atque fraccionis hora, prout salubrius consueverit, magis ~iter hostiam frangat, atque cum una porcione, ut moris est, debito tempore commixtionem faciat *Cust. Cant.* 289;

3 analogously, correspondingly.

1125 materne cura solicitudinis .. filios consuevit .. educare .. ~iter itaque .. Romana ecclesia .. parvulos .. lacte sapientie sue nutrit (*Bulla Papae*) *Conc.* I 406a; sic ~iter dicendum est de divisionibus causalium ut dictum est de divisione causarum WYCL. *Log.* II 96.

4 as (one's) share or portion.

de tota parte illa terre arabilis quicquid sibi ~iter contigere [*sic*] poterit in illa crofta jacente in .. *Reg. Malm.* II lxxx.

proportionare [ML]

1 to make proportionate, proportion: **a** (w. regard to number, size, or amount). **b** (transf., w. regard to degree or scope).

cum quantitates equales ad aliam quantitatem ~abuntur erit earum ad illam proportio una ADEL. *Elem.* V 7; omnes numeri compositi ~ati ad numerum compositum, erit proportio ad eum ex proportione laterum eorum *Ib.* VIII 5; oportet igitur quod scienter ~antur [*sic*] et componantur [medicine] GARL.

Mor. Scol. 593 *gl.*; **s1238** [Tartari] capita habentes magna nimis et nequaquam corporibus ~ata M. PAR. *Maj.* III 488; **1370** unum coclear argenti deauratum ad ~andum vinum sive aquam pro calice magni altaris *Fabr. York* 185; breves et semibreves proporcionaliter adequantur et in scripto per debitas figuras ~ari adinvicem designantur HAUBOYS 182. **b** modus existendi ~atur essentie habenti illum modum BACON *Maj.* II 507; **1298** penis condignis tanto ~atis delicto *Reg. Cant.* 275; libros delectabiles videre, sonos temperatos audire, objecta visui ~ata sentire convenit regi MILEMETE *Nob.* f. 43v p. 86; si actus esset res absoluta .. tunc esset summe ~atus ad gignendum noticiam sui ipsius WYCL. *Act.* 18; puritati eris claritas lucis ~atur *Eul. Hist.* II 13; si homo ordinaretur solum ad bonum ~atum suis viribus J. BURY *Glad. Sal.* 592.

2 to divide proportionately.

habebat .. cereum .. continue ardentem secundum hec tria octonaria ~atum *Croyl.* 27; **1350** si .. [testator] habeat uxorem et pueros tunc resecanda sunt omnia bona sua equaliter ~anda in tres partes *Reg. Rough* 233; **1355** eis vadia sua ad sumptus hominum .. racionabiliter super quemlibet eorum juxta facultates suas proporcionand' et levand' *RScot* 783a.

3 (intr.) to be in proportion (to), be in accord (with), correspond.

arguit horologium minus ~are contemporantie et solis progressionis [? l. progressioni] .. quam gnomo vel stilus in horologio seu in horoscopio J. GODARD *Ep.* 222.

proportionate [ML < proportionatus *p. ppl. of* proportionare + -e], with regard to proportion or according to a certain proportion.

causa materialis dicitur dupliciter: sc. ~e vere ~e, ut quando una forma est potentia respectu alterius GROS. 126.

proportitas [cf. proportare + -tas], declaration, statement, verdict.

si .. ~as patrie dicit quod tantam pecuniam non habuit (*AssizeR*) *APScot* I 318.

proportum, porportum, purportum [cf. proportare, ME, AN *proport, purport*, OF *porport*]

1 purport, contents or meaning (of document).

1230 secundum ~um cirographi *BNB* II 357; **1230** habent respectum .. de audiendo judicio secundum ~um cartarum suarum de ammerciamentis hominum suorum que exigunt per easdem cartas *LTR Mem* 11 m. 6*d.*; **1232** ut tunc coram rege secundum purportum cartarum suarum de amerciamentis que exigunt per suas cartas discuciatur *KR Mem* 11 m. 9; **1234** secundum porportum cartarum illarum *Cl* 592; **1275** J. de L. coronator .. falso proportavit decenam de Netheraven' quod amovit corpus Rogeri .. occisi .. et pro falso proporto suo dimittendo cepit de dicta decena unam marcam *Hund.* II 259a; **1291** rehabeat .. seisinam qualem prius habuit de .. manerio secundum ~um predicti finis *RParl* I 67b; **1330** contra tenorem et ~um predicte carte (*AssizeR*) *Cart. Rams.* III 96; **1587** he litere nostre patentes .. erunt .. bone et valide .. secundum effectum purport' et veram intencionem inde *Pat* 1303 m. 14.

2 verdict.

Alicia dicit quod .. Hugo nunquam dotavit eam de terra illa et inde ponit se super purportum patrie *Eyre Yorks* 128; **1219** Nigellus .. defendit totum et dedit dimidiam maream pro inde habendo perporto, et habuit. et perportum eum adquietavit *Ib.* 220; c1230 posuerunt se super purportum visneti, scilicet, hominum prioris, et purportum ibi liberavit eos *Feod. Durh.* 252.

propositio [CL]

1 (act of) bringing forward for show, display, or acceptance. **b** (*panis ~onis, cf. Exod.* xxv 30) shewbread, (*mensa ~onis*) table for offering of shewbread. **c** bread offered for consecration at the Eucharist. **d** (~*o verbi Dei* w. ref. to preaching or reading from Scripture). **e** thing put forward for acceptance, an offering; (~*o sancta*, w. ref. to) the Eucharist.

paradigma, -tis, i. ~o exempli OSB. GLOUC. *Deriv.* 439. **b** per leunculos qui labrum illud Salomonis supportant, per bases que mensam ~onis sustentant

---

[cf. *II Par.* iv 19] G. STEPH. 78 p. 156; inter candelabrum et mensam ~onis extra velum .. positum fuisse affirment AD. SCOT *TT* 635B; dicebantur .. panes ~onis, quia propositi erant coram Domino in memoriam .. duodecim tribuum filiorum Israel *Ib.* 677D; item quando David accepit gladium Golie et panes ~onis, dicitur in Marcho quod hoc factum est sub Abiathar [cf. *Marc.* ii 26] S. LANGTON *Chron.* 99. **c 597** si a mulieribus mundi essent, panes ~onis acciperent (*Lit. Papae*) BEDE *HE* I 27 p. 59; oblationes quae veniunt in altari [*sic*] panes ~onis appellantur EGB. *Pont.* 15. **d 1317** in sancta synodo per episcopum .. cum previa ~one verbi Dei in hac ecclesia cathedrali *RB Ossory HMC* 230; post aliqualem ~onem verbi Dei, monicionem quandam episcopus legit in Scripturis *Proc. A. Kyteler* 30; post ~onem verbi Dei continuavit episcopus et replicavit processus et objecta juxta retroacta *Ib.* 39. **e** cum ibi .. ab Agarenis factum sit prostibulum meretricum ubi quondam mensa panum fuerat et ~o sancta et ibi sit usque hodie stabulum jumentorum ubi corpus Christi .. exstitit DICETO *YH* II 133.

2 (act of) bringing forward for consideration or thing put forward as declaration or statement, proposition; **b** (math.); **c** (log., w. ref. to premise of syllogism).

reliquid Scriptura pro quid sed tamen in facto aliquo vel in mentis suae ~one [Balaam] Deum offendit *Comm. Cant.* I 437; centenas aenigmatum ~ones componere nitebatur ALDH. *Met.* 6 p. 76; ~o est, ut 'melius accurantur quae consilio geruntur quam quae sine consilio administrantur' ALCUIN *Rhet.* 31; illud vero perfunctorie non est praetereundum quod praefatae ~onis tuae veritatem in ipsa aeternitatis veritate, quae Deus est, indissolubiliter constare perhibuisti LANFR. *Corp. & Sang.* 418A; poete .. distinguunt poemata sua in tres partes, sc. in ~onem et invocationem et narrationem T. CHOBHAM *Praed.* 260; quod .. corporali duello .. astruerent universos suarum ~onum articulos AD. MARSH *Ep.* 30 p. 125; in libro de Visu hoc idem vult auctor cum dicit in decima ~one BACON *Maj.* II 113. **b** liber secundus incipit xiiij ~ones continens ADEL. *Elem.* II *tit.*; nostra igitur prima ~o talis est substantia et 10 radices 39 coequantur drachmis ROB. ANGL. (I) *Alg.* 76. **c** contexe ergo tu ipse quattuor ultimas ~ones quas feci in duos syllogismos ANSELM (*Gram.* 3) I 147; cum dicitur ~o categorica intelligitur habens predicatum terminum et subjectum. cum vero sillogismus categoricus .. J. SAL. *Met.* 843C; ~o dialectica aut demonstrativa, universalis, particularis aut indefinita *Ib.* 918A; ista ~o 'quandocumque iste rex sedet, tu scis istum regem sedere' supponit quod .. KILVINGTON *Soph.* 47hh p. 136; hujus racionis primo ponit majorem ~onem T. SUTTON *Gen. & Corrupt.* 62; primo manifestat quod sit [racio] demonstrativa per causam; secundo probat ~onem assignatam *Ib.* 63.

3 (act of) coming into view, appearance.

post hec intendimus calcis ~onem et olei distillationem et aque exaltationem BACON *Min.* 314.

propositionalis [ML < CL propositio + -alis], (log.) of or pertaining to proposition, propositional.

instrumenta ~ia WYCL. *Univ.* 27.

propositionaliter [ML propositionalis + -ter], (log.) in a manner characteristic of proposition.

cum sit qualitas et sic accidens absolutum non dependens ab affluencia vel carencia temporalium, sequitur quod non ~iter ad illa diminuitur vel augetur WYCL. *Civ. Dom.* II 120; in minori foret ille sensus: hoc significat hominem esse asinum; et ~iter in sequentibus valeret silogismus *Id. Ente* 89.

propositiuncula [CL propositio + -uncula], little or insignificant proposition (log.).

ad questiones pristinas dirimendas nec ~am unam adjecerant J. SAL. *Met.* 869A.

propositive [ML], (log.) in a manner typical of a proposition, as in a proposition.

ex rebus pure bonis, inordinate anterioratis vel posterioratis, vel aliter ~e se habentibus WYCL. *Ente* 165.

propositor [ML], one who is in charge of or responsible for, (in quot.) reeve.

c1500 officium ~oris maris et marisci (*CourtR* 92/1262) *Terr. Fleet* lxv.

propositorius [CL propositus *p. ppl. of* proponere+-arius], that introduces or is put in front, prefatory, introductory.

verba .. ~oria, ut *dominus vobiscum* T. CHOBHAM *Conf.* 130.

propositura [cf. CL proponere, positura, LL praepositura]

1 (act of) putting in front.

hec est necessaria ordinacio in ~a et numero qui dicitur et refertur ad numerum sub numero BACON V 150.

2 (mon.) office of prior.

~e locum in emptis ecclesiis eos non patimur habere BART. EXON. *Pen.* 97 p. 262.

proprestura v. purprestura.

propriare [CL], to make one's own, to appropriate, acquire (usu. w. dat.); **b** (transf.).

faciat quod audeat super quem invenitur, vel sibi ~iet [AS: *swa he hit agnode*] vel advocet (*Quad.*) GAS 141; si quis hoc recipiat nec ultra advocet, si ~iare [AS: *agnian*] sibi velit (*Ib.*) *Ib.* 226; si quilibet rem in communi ~iare velint sibi et utrimque sint testes .. (*Leg. Hen.* 64. 6) *Ib.* 584; tunc rogavit Osgarus abbas ipsum Alferum principem quatinus sibi permitteretur ~iari pretio ipsam terram *Chr. Abingd.* I 355; s**1426** post Haltwesilie rectoriam propriare / prudenter studuit (*Vers.*) AMUND. I 220; hanc cantaream sibi quesivit propriandam (J. WHET.) *Pol. Poems* II 263. **b** ecce vides: verbo propriato dicitur aurum / fulvum, lac nitidum, rosa prerubicunda, mel ipsum VINSAUF *PN* 770.

propriatio [CL propriare+-tio], (act of) making one's own, acquisition, appropriation (and the right of ownership that issues from it).

sic diximus de ~one [AS: *be þære agnunge*] ut adducat credibile testimonium de eo (*Quad.*) GAS 139; **1518** eciam unio, anexio, et ~io spiritualium ad nos .. et nostros successores pertinebit .. *Dign. Dec.* 71 p. 85.

propriator [CL propriare+-tor], one who acquires or establishes ownership.

s**1439** dives item cella, Pembrok a plebe vocata / per patris media fuit ecclesia propriata / ossa tegique sua legit propriator in ipsa AMUND. II 185.

propricida [CL proprius + -cīda], one who commits murder of himself, a suicide.

puto .. quod hoc facere non sit temptare Deum vel exponere periculo ~e sed .. NETTER *DAF* I 516b.

proprie [CL]

1 as one's own. **b** as one's own right or privilege.

hunc proprie librum Milredus possidet ipse *Epigr. Milredi* 802; parvum burgum .. quod ~ie pertinet coquinae archiepiscopi *DB* I 52a. **b** nec non libertas monasterii est penitentiam secularibus judicandam [v. l. judicandum], quia ~ie clericorum THEOD. *Pen.* II 6. 16.

2 properly, strictly speaking. **b** appropriately, correctly.

sagma [*Lev.* xv 9]: ~ie dicitur asinarum, ligneus, latus, ac magnus *Comm. Cant.* I 372; haec autem ~ie in patria Scottorum est BEDE *HE* I I p. 13; **798** si igitur propter substantiae diversitatem non est ~ie Filius Dei, qui ex Virgine natus est, sed adoptive ALCUIN *ad Beatum* 320; acromata, -tum, i. ~ie scenicorum carmina OSB. GLOUC. *Deriv.* 15; officium illud .. ab officiendo non per antiphrasin sed ~ie dictum GIR. *TH* II 54; ad intelligentiam alterius quesiti, nota quod luna non lucet ~ie, sed lumen a sole recipit *Quaest. Salern.* R 25; desitio .. ~iissime sumpta est BACON III 262 (v. desitio); multipliciter enim dicitur tactus ~ie et methaforice T. SUTTON *Gen. & Corrupt.* 50. **b** nam omne verbum, si ~ie dicitur de aliqua re ut hoc ipsum faciat quod profertur ANSELM *Misc.* 347.

proprietarie [ML < CL proprietarius+-e]

1 as owner of private property.

quod nullus ecclesiasticus potest vivere ~ie *Ziz.* 2; si autem ista forma apostolorum usque hodie in prelatis servata fuerit, tunc longe aliter quam modo

~ie occupant, forent bona ecclesie dispertita WYCL. *Versut.* 99; s**1454** ad bajulandum cum Juda loculos applicare plus ~ie .. tuas manus *Reg. Whet.* I 133.

2 singly, separately.

cum, inquam, talis sic vicissim informat plura supposita, quomodo forma substancialis pocior non poterit communiter plura supposita, sed solum proprietorie unicum suppositum substancialiter performare? derogacio magna videtur quod non poterit causa formalis communiter, sed solum proprietorie, causare suppositum unicum causicione, que est informacio WYCL. (*Univ.*) *Misc. Phil.* II 30.

proprietarius [CL *as sb. only*]

1 (as adj.) of or pertaining to the owning of property.

1284 volentes omnem fraudem ~iam a vobis perpetuo excludere PECKHAM *Ep.* 583 p. 800; ut nullus vestrum in eis possit sibi jus ~ium vendicare *Ib.*; **1451** a peccato .. ~ie rerum detencionis *Mon. Francisc.* II 98.

2 of ownership or proprietorship.

patet igitur quod non est de racione dominii, in quantum hujusmodi, quod sit ~ium, et per consequens quod donans quidquam alteri alienet a se dominium WYCL. *Dom. Div.* 201; quia homo illius opinionis informans duodenam fingeret periculum incomodum ex affeccione ~ia *Id. Ver.* II 59; s**1378** dominium civile est dominium ~ium (WYCL.) WALS. *HA* I 363.

3 that is owned.

putans .. querelam suam non esse justam aut solum non esse suum ~ium *Plusc.* VIII 27 p. 156.

4 who has proprietary power.

c**1184** vestre universitatis notitie innotescat quod ego Resus Sudwall, ~ius princeps, venerabile monasterium vocabulo Stratflur edificare cepi *MonA* V 632a.

5 (eccl. & mon.) who owns property (and thus violates the vow of poverty), (as sb. m.) monk who owns property.

quod monachi quamplures ~ii palam et aperte fieri consueverunt GIR. *Spec.* III 11 p. 182; **1234** omnes etiam ~ii .. incendiarii .. et sodomite .. excommunicentur (*Vis. Bury St. Edm.*) *EHR* XXVII 735; **1249** ~ios .. vocant illos qui preter conscienciam prelati sui aliquid sibi possident, quod prelatus non dederit aut permiserit (*Stat.*) *Doc. Eng. Black Monks* I 41; omnes ~ii, incontinentes, inobedientes *Cust. Cant.* 150; secundum hoc .. religiosus, quando uteretur rebus consumptibilibus, ~ius censeretur OCKHAM *Pol.* I 299; a voto spontanee paupertatis excidunt et ita in sterculinio, cum monacho ~io, sibi sepulturam sument *Reg. Whet.* II 384.

6 (as sb. m.) owner, proprietor. **b** (W.) free tenant (cf. et. *priodarius*).

sacramenta vero domino ac ~io [terrarum] super indemnitate .. interpositis GIR. *DK* II 4; si a ~io fuerint implacitati vocare possunt ad warantum feoffatores suos BRACTON f. 31; si igitur ecclesia vere habet res in potestate, ecclesia possidet res mobiles et immobiles, quamvis non omnino eodem modo quo seculares ~ii PECKHAM *Paup.* 35; simul stare possunt seisina ~ii et firmarii. unius quantum ad liberum tenementum et alterius quantum ad usumfructum *BNB misc.* III 299; **1454** in quadam navi .. de ~io cujus ad presens ignoratur (*KR Mem*) *Bronnen* 1405; **1467** ~ius de jure atque possessor cujusdam navis *Cl* 318 m. 8d. dummodo persona humana aliqua superstes fuerit bona et navis non intelligentur a ~iis auferenda set illis reservabuntur qui domini et ~ii antea fuerint *RScot* 473b; **1552** dominus ~ius navis vocate *the George of Caleis Pat* 845 m. 40. **b 1355** tencionis reddidit ~ii et coheredes [illius lecti vocati Gwely Gwarthhoet] semper ante hec tempora nativi vocati fuerunt .. predictus venerabilis pater decanus et capitulum .. ipsos et heredes .. a condicione illa de cetero liberaverunt (*Indent.*) *Tribal System app.* p. 106; **1391** David ap Eden' Duy, Erddylat vergh Angharet .. ac Jeuan ap Angharet, ~ii in Brynpolyn in dominio episcopi et capituli Assavensis *AncD* A 8750.

7 (eccl.) appropriator of benefice, appropriatory.

1439 in ecclesiis quarum rectores aut ~ii extra diocesim .. demorantur *Reg. Cant.* III 287; s**1433** quia prior ille possessor est et ~ius bonorum omnium

.. prioratui pertinencium et nequaquam suo abbati donantur omnia bona .. sed ad talem ~ium pertinet in persona sua propria agere pro sua ecclesia AMUND. I 332; **1441** inter priorem et conventum prioratus Beate Marie de Cumbwell' et ~ios ecclesie parochialis de Beausfelde .. ex parte una *Reg. Cant.* I 313; **1471** prior .. et .. conventus, ~ii parochialis ecclesie .. de D. *Reg. Whet.* II 105.

8 (as sb. f.) owner (f.), proprietress.

s**1455** apud .. Johannam .. dominam ipsius manerii et ~iam *Reg. Whet.* I 191.

proprietas [CL]

1 (right of) ownership or (fact of) owning property; **b** (considered as violation of monastic vow of poverty).

Brionniam si tibi vis retinere, sicut eam pater tuus in sua tenuit ~ate, tibi non differo reddere ORD. VIT. VIII 13 p. 340; si infra illos quindecim dies non venerit, adversario ejus adjudicabitur saisina ita quod de cetero non audietur nisi super ~ate per breve de recto GLANV. I 7; **1205** cum ex libratis terre .. quas .. comes dedit eisdem prius in ligia ~ate sua et carta sua confirmavit *RChart* 141a; **1224** differetur accio super ~ate quousque discussum fuerit super possessione *BNB* II 193; si quis plures haberet filios, jus ~atis semper descendit ad primogenitum BRACTON f. 64v; **1325** Rogerus et Adam jurati et examinati super ~ate dicti batelli dicunt .. quod .. *CBaron* 144; quo [proprio sudore] ~as lucrati panis soli sudanti accrevit et omni homini alii sublata est inde communio FORTESCUE *NLN* II 33. **b 1234** ut penitus pestis ~atis extirpetur (*Vis. Bury St. Edm.*) *EHR* XXVII 735; **1240** emisimus autem a cella predicta fratrem P. super fornicatione, ~ate, inobedientia .. convictum GROS. *Ep.* 108 p. 319; **1283** damnabile ~atis vitium PECKHAM *Ep.* 418 p. 539; B. .. prior, non sine symoniaca pravitate et vicio ~atis GRAYSTANES 10 p. 48; **1443** fratri Thome .. in vicio ~atis detecto *Lit. Cant.* III 176.

2 (thing held as) property, possession; **b** (considered as violation of monastic vow of poverty).

c**1081** equos et ~ates quas habebant rapuisti LANFR. *Ep.* 29 (27). **b** ut .. monachi ~ate careant W. MALM. *GP* I 42; ergo sit his [monachis] proprium nil proprietatis habere NIG. *Poems* 400; quod commune fuerat in ~atem convertens GIR. *Symb.* I p. 207; **1309** dicit .. quod .. prior est persona religiosa non habens ~atem (*PlRCP*) *Year Bk.* I (*Selden Soc.* XVII) 68.

3 (eccl.) a proper, part of the office for a particular feast.

antiphona de ~ate si habeatur; sin autem de communi (*Brev. Heref.*) *HBS* XL 23; oratio de ~ate, sin autem de communi *Ib.*; ante lectionem de ~ate *Ib.*; **1416** tres prime [lecciones] erunt de ~ate sanctorum Crispini et Crispiniani, tres medie de translacione sancti Johannis predicti [sc. de Beverlaco], et tres ultime de exposicione evangelii plurimorum martirum *Reg. Cant.* III 29.

4 special quality, characteristic feature, peculiarity, property; **b** (of abstr.). **c** (w. ref. to) treatise on (particular) properties.

s**1350** cujus [crucifixi] .. operarius nullam ejus formosam et notabilem ~atem sculpebat nisi in feria sexta *Meaux* III 35. **b** in Deitate manet quoque subsistentia triplex / proprietas ergo credatur nomine trino ALDH. *VirgV* 40; distabat tamen .. sic linguae Hierosolymorum a Galilaeis de quibus apostoli erant BEDE *Retract.* 998; nam quicquid incorporeum est aut spirituus est aut ~as corporis aut spiritus J. SAL. *Met.* 882C; de variis ~atibus lucis et ignis J. FORD *Serm.* 7 *tit.*; ut sciat ~ates et proportiones numerorum T. CHOBHAM *Praed.* 10; frigiditas est elementaris qualitas [v. l. qualitatis] quedam activa ~as [TREVISA: *coldenesse is a worchinge propirte of an element qualite*] BART. ANGL. IV 2 p. 86; **1431** [libros] .. de ~atibus elementorum *StatOx* 235; c**1460** pensetis instabilem rivum, utinam Hibernico non ingratissimum, cujus nacionis aliquales ~ates sunt iste: animo seva, wltu ferox, torva affatu *Paston Let.* 610. **c** similiter duas ~ates tractantes de justicia et jure continentes circa duodecim vel tredecim vel quatuordecim capitula WYCHE *Ep.* 543.

5 (mus.) property: **a** (w. ref. to notation to describe quality of a ligature); **b** (to describe quality of a hexachord, natural, hard, or soft).

a inter figuras que sunt sine littera et cum littera

talis datur differentia quoniam ille que sunt sine littera debent .. amplius ad invicem ligari. sed hujusmodi ~as aliquando amittitur propter litteram hujusmodi figuris associatam GARL. *Mus. Mens.* 2. 5; omnis figura imperfecta sumitur tripliciter: aut cum ~ate et cum plica vel sine plica, aut sine ~ate et cum plica vel sine plica .. *Ib.* 3. 12–14; differencia est inter hoc principium et principium primi imperfecti supradicti quod iste procedit juxta ~atem et perfeccionem punctorum materialium et primus sine ~ate et cum perfeccione precedit *Mens. & Disc.* (*Anon. IV*) 25; quandocumque secundus punctus alcior est primo et primus punctus caret omni tractu, cum ~ate dicitur HAUDLO 120; si tractus .. ascendens qui causat oppositam ~atem fiat curtus *Ib.* 132; ligatura figurarum cum ~ate ascendens habet primam figuram inferiorem secunda et meram quadratam HOTHBY *Cant. Fig.* Ve 41. **b** ~as .. nil aliud est quam differencia plani cantus TUNST. 222b.

proprietorie v. proprietarie. **proprigmena** v. proegumenus.

propriferius [CL proprius+-fer+-ius], one's own, that has been properly collated or bestowed (on one).

c**1184** concessi .. civitatem meam .. extra clausam mei dominici propiferii et absque terra .. et sciendum quod in acclauso mei dominici predicti propiferii habent W. M. et R. .. iiij libras argenti .. et sciendum est per has predictas iiij libras tenebunt W. M. et R. .. in predicto dominico propiferio Roberti de O. quousque .. Robertus de O. escangabat eis .. ad valentiam iiij librarum *Cart. Beauchamp* 180.

proprisum v. purprisa.

proprius [CL]

1 one's own, belonging to or connected with one: **a** (of possession, property, or sim.); **b** (of person). **c** (*in ~ia persona* or *in ~iis* as adv.) personally, in (one's own) person; **d** (of part of body); **e** (of act or quality).

a Sandwice jacet in suo ~io hund'[redo] *DB* I 3ra; **1234** nec aliquis monachus aliquid ~ium penes se habeat (*Vis. Bury St. Edm.*) *EHR* XXVII 735; **1236** magnates pecierunt ~iam prisonam suam de illis quos ceperunt in parcis et vivariis suis *SelPlForest* cxix; **1293** dicit se nullam bestiam ~iam habere unde possit arrare nisi ex mutuo *SelPlMan* 111; **1460** de custuma quatuor lastarum .. lane de ~iis gregibus abbatis de Melros *ExchScot* 33. **b** ~ia tua amota conjuge ejusdemque honesta morte GILDAS *EB* 31; quod a ~io discipolo xxx argenteis venundatur Judaeis ante presignatum est in Joseph THEOD. *Laterc.* 20; qui maculat uxorem proximi sui iij annos absque uxore ~ia jejunet *Id. Pen.* I 14. 9; nichil in hoc puero materne nature revera videmus. totus enim noster est ~ius GIR. *SD* 68; heu! facinus! proprius miles Basilius illum / telo consequitur, visus ab arce procul GARL. *Tri. Eccl.* 53; **1294** abbas, monachi .. conversi, clerici, et ~ii homines dictorum religiosorum *Reg. Paisley* 94. **c** s**1178** videbatur eis plus posse proficere si viros sapientes et bellicosos misissent quam si in ~iis issent G. *Hen.* II I 199; **1216** ad nos in ~ia persona veniatis *Pat* 13; **1219** vult sequi [sc. placitum] in ~ia persona *CurR* VIII 35; s**1238** abbas in ~ia persona, vel si necessitas urget, per clericum vel monachum M. PAR. *Maj.* III 513; culpam suam .. in ~ia persona cognoscet *Cust. Westm.* 117; **1322** nobis scire facias, in ~ia persona vel per litteras tuas sub sigillo tuo *Lit. Cant.* I 75. **d** sacerdotes habet Britannia .. non commoda plebi providentes sed ~ii plenitudinem ventris quaerentes GILDAS *EB* 66; de manu tua ~ia *Comm. Cant.* I 474; ut membra sua ~ia .. laniaret FELIX *Guthl.* 41 p. 128; **738** ego Eadberht rex Cantuariorum ~ia manu confirmavi *Ch. Roff.* 3 p. 4; quam propriis animam ferri vidisset ocellis ALCUIN *SS Ebor* 1360. **e** ne forte ~iae disputationis verbosa garrulitas .. firmo scripturarum fulcimento carens a quolibet criminetur ALDH. *VirgP* 19 p. 249; Latinam .. linguam aeque ut ~iam, in qua nati sunt, norunt BEDE *HE* IV 2 p. 205; proprius, Domine, te zelus attrivit [cf. *Psalm.* lxviii 10, *Joh.* ii 17] J. HOWD. *Cant.* 91; **1392** E. de sua ~ia negligencia et insania cecidit in puteum *SelCCoron* 50; quo cognito, rex, ~ie infirmitatis inmemor sed federis initi cum duce Burgundie reminiscens Ps.-ELMH. *Hen.* V 127 p. 330.

2 special or peculiar (to). **b** (as sb. n.) special feature, property, peculiarity (usu. w. inf. or *ut* & subj.).

omnis domus habens ~ias leges moresque quibus utebantur *Comm. Cant.* I 59; similiter .. ~ium fuit Hebraeis et paene naturalis leprositas *Ib.* I 208; hec podagra .. i. pedum ~ia quedam infirmitas OSB. GLOUC. *Deriv.* 411; de Deo predicantur passiones ~ie sibi OCKHAM *Quodl.* 551. **b** etenim ~ium est unius esse ex altero et ~ium est alterius alterum esse ex illo ANSELM (*Mon.* 38) I 56; habet enim hoc ~ium arrogantie tumor ut se commetiatur aliis J. SAL. *Met.* 825C; ratio est quoddam instrumentum quo mens omnes sensus suos exercet; ~ium ejus est investigare et apprehendere veritatem *Ib.* 941C; zinzinnare ~ium pardorum est OSB. GLOUC. *Deriv.* 631; sapientis est .. fastidiosa quelibet alterna delectatione distinguere GIR. *TH intr.* p. 8; elementa perire putantur, quod est eorum ~ium, sicut et corporis ALB. LOND. *DG* 6. 10.

3 (gram., of sb.): **a** that designates a particular kind or type; **b** that designates an individual person or place, (as sb. n.) proper name.

a alabastrum, ~ium nomen lapidis *Comm. Cant.* III 56; dicta vocatur avis ~io cognomine gallus [i. *cock*] ALCUIN *Carm.* 49. 1; alabastrum, vas de gemma, ~ium nomen lapidis et vas nominatur de illo lapide factum *GlC* A 442; primum 'percunctatio', secundum velut ~io nomine 'interrogatio' appellabatur BALSH. *AD rec.* 2 127. **b** Turbo, si sit ~ium, Turbonis facit; si appellativum, turbinis BEDE *Orth.* 55; Calistratus, ~ium viri; Idasteles, ~ium viri; Diodorus, properter [?l. proprium] viri; Adepiades, ~ium viri *Gl. Leid.* 38. 11–13; in '-or' vero ~ia penultimam genitivi habent correptam ut 'Castor, Castoris, Nichanor, Nichanoris' ABBO *QG* 16 (37); Meander, ~ium nomen fluvii OSB. GLOUC. *Deriv.* 362; [nomen] dividitur quoque in ~um et commune sive appellativum. ~um quidem est quod uni soli conveniens est de sua racione ut Socrates Ps.-GROS. *Gram.* 37.

4 (mus., ~*ius cantus*) properchant, natural hexachord (that beginning on C).

sunt tres differentie a quibus omnis cantus habet denominari, sc. ♮ durum sive quadratum, b molle sive rotundum, et natura sive ~ius cantus .. omnis cantus naturalis in ejus confinio principium habet et finem, et ideo vocatur ~ius cantus *MS BL Addit.* 8866 f. 22; C ~ius cantus .. G ♮ quadratum .. F b molle *MS BL Royal 12.C.VI* f. 52v; ille vero cantus qui neutram earum [vocum] admiserit ~ius cantus vocatur quia voces sue non moventur sicut reliquorum sed stabiles persistunt ODINGTON *Mus.* 97.

5 that is in accordance with the strict sense of a word, proper, real.

diptongus est conjunccio duarum vocalium ut fiat unus sonus vocalis, vel vocalis cum consonante, et habent octo ~ias diptongos et tres improprias BACON *Gram. Gk.* 7; investigat ~ium modum tactus T. SUTTON *Gen. & Corrupt.* 50.

6 (as sb. n.): **a** one's own property, (pl.) one's own things or possessions. **b** (*ad ~ia redire* or sim.) to return to one's home, business, or country.

a ut .. non furtim usurpent aliena sed liberaliter communicent ~ia J. FORD *Serm.* 24. 2; **1203** de suo ~io xx solidos et j pallium .. de suo ~io j marcam et j capam. .. de suo ~io robavit ij solidos *SelPlCrown* 46; **1464** allocate .. pro cona triginta quatuor librarum quatuor unciarum argenti fabricati in grossis domine regine die memorie de ~iis ejusdem *ExchScot* 292. **b** dedit mihi licentiam .. inde ad ~ia revertendi ASSER *Alf.* 81; mane facto jam amplius ductore non indigens ad ~ia cum gaudio reversus est videns WULF. *Æthelwold* 42; velut expulsus demum redire ad ~ia *Enc. Emmae* II 1; domicatio, reditus ad ~ium OSB. GLOUC. *Deriv.* 177; divina opitulante gratia prospere .. ad ~ia reversione GIR. *TH* II 43; s**1307** populus ad ~ia est reversus (v. funeralis a); abiit unusquisque in sua ~ia *Eul. Hist.* I 129.

7 (leg.) demesne, (~*in* ~*io*, w. ref. to being held in demesne).

10 .. duarum carrucarum in ~io in Suamberga cum villanis ad eam pertinentibus .. et villam F. ubi sunt tres carruce proprie cum his omnibus que ad eam pertinent (*Ch.*) *VCH Sussex* I 364n.

propter [CL]

1 (as adv.) close at hand, nearby.

Licitfeld est villa exigua ... nemorosa circa regio, rivulus aque ~er fluit W. MALM. *GP* IV 172.

2 (as prep.) near, close to, in the neighbourhood of. **b** (w. sense of motion) near to, towards.

gemitus atque suspiria sanctorum ~er te corporaliter versantium GILDAS *EB* 32; has ij terras tenuit W. comes, et geldab' ~er Tedekesberie. .. hanc terram dedit regina Rogerio de B., et geldab' pro iiij hid' in Tedechesberie *DB* I 163va; Dani, relicta statione quam hiemandi gratia ~er Lundoniam ceperant, cum innumera classe .. portum Sandwicum subeunt OSB. *V. Elph.* 133. **b** ~er veritatem et mansuetudinem et justiciam deduxit eum mirabiliter dextera Dei *Lit. Cant.* II 116.

3 because of, in view of, on account of, as a result or consequence of: **a** (in explanation of a state of affairs); **b** (in phr. ~*er quid*); **c** (in giving motive for an action); **d** (w. abl.); **e** (in giving grounds for an opinion or attitude). **f** (~*er hoc* foll. by *quod*) because.

a eorum quis praeest si qui ~er ejus imperitiam vel desidiam seu adulationem perierint GILDAS *EB* 110; dicuntur pentascemi ~er praedicta quina scemata ALDH. *Met.* 10 p. 88; si sint verbalia .. naturaliter producta, ~er mutam et liquidam breviari non possunt ABBO *QG* 2 (6); cum .. captivos in vinculis tenuissent, ~er quos .. pecuniam infinitam suscepisse potuerant GIR. *EH* I 13; s**1330** captus fuit et decollatus, ~er quod .. barones .. in punctu magne dissensionis fuerant AVESB. f. 78b; qui credebant eum fuisse filium aurige, †proper [MS: propter] dictum unius fatui tempore suo (J. BRIDL.) *Pol. Poems* I 133; si dispensacio fuerit illegitima ~er ordinem juris omissum J. BURGH *PO* VII 9 f. 119. **b** non cognoscuntur ista propria cognicione ~er quid DUNS *Ord.* I 23; hec demonstracio probans mundum esse unicum, est ~er quid. habet .. causam pro medio termino, et ideo dat nobis scienciam hujus rei cum sua causa, et ipse est perfectissimus modorum BRADW. *CD* 11A; c**1430** aliquid dicere .. quod .. penes dialeticum .. amplius sophistice quam ~er quid potissime demonstraret *Reg. Whet.* II 439. **c** ~er metum Archelai filii Herodis habitavit in Nazareth THEOD. *Laterc.* 7; ~er divinarum legum caeremonias ritusque paternae traditionis, spurcas ethnicorum culturas .. repudiarunt ALDH. *Met.* 2 p. 64; Deus .. ~er merita sanctorum .. nostrae fragilitati parcit BEDE *Gen.* 110; abbas .. ten' unam hidam, quam praefectus villae hujus ~er inimicitiam quandam ab isto manerio abstulit *DB* I 32rb; Romani ~er thesaurum S. Petri et invidiam simul tulerunt Leoni pape oculos et linguam olim (*Jud. Dei* XII 1) *GAS* 420; judici .. querenti quare [illum occiderunt], secundum Anglicum suum expendidit, dicens "~er denarium in bursa" *Latin Stories* 128; s**1345** remansit .. ~er festa et ~er procuracionem quindecim florenorum AD. MUR. *Chr.* 192. **d** **751** attamen in eo quod a te ~er zelo fidei actum est, a Domino Deo nostro indulgentiam postulemus (*Lit. Papae*) *Ep. Bonif.* 87 p. 199. **e** merito beatissimum dicebam Petrum ob Christi integram confessionem, at Judam infelicissimum ~er cupiditatis amorem GILDAS *EB* 1 p. 26; infaustus ille annus .. tam ~er apostasiam regum Anglorum .. quam ~er vaesanam Brettonici regis tyrannidem BEDE *HE* III 1; maxime cum nature philosophi ~er supradictam causam septenarium Minerve adtribuerint ABBO *QG* 22 (49); **1331** vellemus .. quod hujusmodi littere .. dupplicarentur ~er eventus inopinatos *Lit. Cant.* I 390. **f** de alia domo quae jacet in Brunlei ~er hoc tantum quod praepositus de ipsa villa fuit amicus hominis illius qui hanc domum habebat *DB* I 30ra; Templarii et Hospitalarii .. multum perturbant conversionem infidelium .. ~er hoc quod [vo]lunt omnino dominari BACON *Maj.* III 121.

4 through the instrumentality or to the accompaniment of, by means of, with.

~er crebra compunctionis suspiria imis praecordiorum ilibus prolata graviter ingemescant ALDH. *VirgP* 14; ~er venenata horrentis chelidri flabra calamitosum vulgus ingenti strage catervatim trucidabatur *Ib.* 52 p. 309; alius .. insinuando quod [cibum et potum] emere vellet, debuit venditoribus dicere "~er denarium in bursa" *Latin Stories* 128.

5 (w. something considered as an end or object) because of, for the sake of, for the purpose of, for. **b** (w. gd. or gdv.); **c** (w. inf.). **d** (expressing the direct purpose of a vb.).

Naboth innocens ~er paternam vineam oppressus est GILDAS *EB* 40; s**655** ferventissimum .. amorem quem habet ~er beatam vitam (*Lit. Papae*) BEDE *HE* III 29 p. 196; relicto imperio ~er Dominum regnumque perpetua venit Romam *Ib.* V 7 p. 292; †**903** (12c) ne perdamus vitam perpetuam ~er vanam hujus mundi gloriam *CS* 894; de duobus scolaribus sepulcrum Ovidii adeuntes [*sic*] ~er eruditionem *Latin Stories* 43 *tit.*; **1361** [archiepiscopus pie desiderans] incrementum salubre cleri regni nostri, ~er multiplicacionem doctrine salutaris *Lit. Cant.* II 409. **b** huc